中国年鉴精品工程
High Quality Project of China's Yearbook

# 天津滨海新区年鉴

# YEARBOOK OF TIANJIN BINHAI NEW AREA

## 2022

天津市滨海新区地方志编修委员会　编

方志出版社
Publishing House of Local Records

**图书在版编目（CIP）数据**

天津滨海新区年鉴. 2022 / 天津市滨海新区地方志编修委员会编. —北京 : 方志出版社, 2022.12
ISBN 978-7-5144-5526-7

Ⅰ. ①天… Ⅱ. ①天… Ⅲ. ①滨海新区－2022－年鉴
Ⅳ. ①Z522.13

中国版本图书馆 CIP 数据核字（2022）第 252645 号

责任编辑：顾洁
责任校对：刘玉霞
责任印制：梅中英
出 版 者：方志出版社
地　　址：北京市朝阳区潘家园东里 9 号（国家方志馆 4 层）
邮　　编：100021
网　　址：http://www.zgfzcb.cn
发　　行：方志出版社图书营销中心（010-67110500）
印　　刷：山东黄氏印务有限公司
开　　本：889 毫米 ×1194 毫米　1/16
印　　张：33.75
字　　数：880 千字
版　　次：2022 年 12 月第 1 版
印　　次：2022 年 12 月第 1 次印刷
定　　价：220.00 元

# 滨海新区地方志编修委员会



# 滨海新区年鉴编审人员

# 序

国务院办公厅2015年8月印发的《全国地方志事业发展规划纲要（2015—2020年）》（以下简称《规划纲要》）要求，到2020年要做到地方综合年鉴一年一鉴，公开出版，实现省、市、县三级综合年鉴全覆盖。《规划纲要》还要求，坚持存真求实，正确处理质量与进度的关系，将精品意识贯穿于年鉴编纂出版工作全过程。2015年12月，中国地方志指导小组办公室启动中国年鉴精品工程，将其与先期实施的中国志书精品工程视为姊妹工程，一道作为加强地方志质量建设的重要抓手。

实施中国年鉴精品工程有助于推动中华优秀传统文化传承发展。近年来，在党中央、国务院的高度重视和关心支持下，全国地方志事业发展迎来最好的发展时期。年鉴编纂发端于欧洲，鸦片战争后被引入我国，在我国走过了100多年的发展历史。在长期的编纂中，年鉴在内容和形式上不断发展，逐渐演变成为适合反映中国国情、具有鲜明中国特色的一种文化载体，并在改革开放后出现了快速发展的局面。2006年5月，国务院《地方志工作条例》颁布施行，明确将地方综合年鉴纳入地方志工作范畴，年鉴工作走上了有法可依的轨道。《规划纲要》出台，为从依法编鉴转变到依法治鉴指明了方向。2016年12月，中国地方志指导小组印发《全国年鉴事业发展规划（2016—2020年）》，更进一步明确了到2020年全国年鉴事业的任务书、时间表、路线图。经过多年的发展，年鉴工作已经成为地方志工作的重要组成部分，成为中华民族优秀文化传统的有机组成部分，其存史、资政、育人作用日益彰显。实施中国年鉴精品工程，是年鉴工作者紧扣时代脉搏、坚持创新发展的一项重要举措，对于坚定文化自信，传承弘扬好中华优秀传统文化意义重大。

实施中国年鉴精品工程有助于为全面建成小康社会提供更多智力支持和历史借鉴。党的十八大作出全面建成小康社会的战略部署。党的十八届五中全会提出到2020年如期实现全面建成小康社会的目标要求。完成《规划纲要》确定的目标任务是年鉴工作者的神圣使命，更是年鉴工作者以自身力量为全面建成小康社会献上的厚礼。一方面，可以更好地利用年鉴这种年度资料性文献，及时记录各地区在全面建成小康社会伟大征程中每年取得的新成绩和新经验、出现的新情况和新问题、涌现的优秀人物和典型事迹等；另一方面，可以更好地积累地情、国情资料，为推动经济社会发展和深化改革提供智力支持，为推进国家治理体系和治理能力现代化提供历史借鉴。

实施中国年鉴精品工程有助于全面推进地方志事业转型升级。地方志不是单纯修志编鉴工作，而是全体方志人“修志问道，以启未来”的一项事业，这项事业包含着巨大的时代担当与使命追求。地方志工作要在“五大建设”总体布局和“四个全面”战略布局中发挥与其自身价值、功能相匹配的作用，就要因时而谋、乘势而上、顺势而为，全面推进地方志事业转型升级。转型升级，当下最重要的目标就是完成“两全”目标，包括“年鉴全覆盖”目标；长远的目标就是基本形成地方志编修体系、理论研究和学科建设体系、质量保障体系、资源开发利用体系、工作保障体系“五位一体”的地方志事业发展综合体系，包括“五位一体”的年鉴事业发展综合体系。中国年鉴精品工程是一项探索工程，也是一项创新工程，是推进地方志事业转型升级的重要内容。通过实施中国年鉴精品工程，不仅有助于确保年鉴质量，不断编纂出版具有鲜明时代特征、年度特点和地域特色的精品年鉴，也有助于推动年鉴工作适应经济社会发展形势和时代需要，不断改革创新，与时俱进。

多年来，在中国地方志指导小组办公室的指导和全国各级地方志工作机构的共同努力下，年鉴种类数量快速增长，年鉴成果粲然可观，为实施中国年鉴精品工程奠定了坚实的基础。实施中国年鉴精品工程，就是要在全国地方志系统起到示范作用，进一步培育精品意识，打造精品年鉴，以点带面，在提高年鉴质量方面探索出一条切实可行之路，使这项探索工程和创新工程能够积累经验，发挥引领作用。

“万山磅礴，必有主峰；龙衮九章，但挈一领。”实施中国年鉴精品工程，是筑牢地方志事业特别是年鉴事业发展根基之举，其意义与价值不言而喻。但编修出年鉴精品佳作，绝非朝夕之功，需要付出长期艰辛的努力。希望通过实施中国年鉴精品工程，能够进一步推进年鉴质量建设，使年鉴真正成为传承中华民族优秀传统文化的重要载体，成为展示中国国情、地情的重要窗口，成为“为当代提供资政辅治之参考、为后世留下堪存堪鉴之记述”的资源宝库，在全面建成小康社会过程中作出更大贡献。

是为序。

中国社会科学院原副院长
中国地方志指导小组原常务副组长　李培林

# 编辑说明

一、《天津滨海新区年鉴（2022）》坚持以马克思列宁主义、毛泽东思想、邓小平理论、“三个代表”重要思想、科学发展观、习近平新时代中国特色社会主义思想为指导，坚持辩证唯物主义和历史唯物主义的立场、观点和方法，坚持解放思想、实事求是的原则，全面、客观、系统地记述滨海新区自然、政治、经济、文化、社会、生态文明等方面的发展情况。

二、《天津滨海新区年鉴》是在中共滨海新区委员会领导下，由滨海新区人民政府主办、滨海新区地方志编修委员会办公室承办、各有关单位共同参与编纂的资料性文献。创始于2011年，逐年编纂并公开出版。

三、《天津滨海新区年鉴（2022）》是滨海新区年鉴的第12卷，记载时限为2021年1月1日至12月31日。凡在文中直书月、日的，均指2021年内的日期。为保证事物的完整性，对一些事物的记述适当做了上溯或下延。

四、《天津滨海新区年鉴（2022）》采用分类编辑，设类目43个、分目272个、条目1569个，各类统计表38个。设特载、专记、大事记、区情概览、中国共产党滨海新区委员会、滨海新区人民代表大会、滨海新区人民政府、中国人民政治协商会议滨海新区委员会、中国共产党滨海新区纪律检查委员会 滨海新区监察委员会、民主党派 工商联、群众团体、法治、军事、全面深化改革、中国（天津）自由贸易试验区、天津经济技术开发区、天津港保税区、天津滨海高新技术产业开发区、天津东疆保税港区（天津港东疆片区）、中新天津生态城、经济管理、农业、工业、商贸服务业、对外贸易和区域经贸合作、旅游业、建筑业 房地产业、金融业、交通 邮政 通信、城市建设、乡村振兴、生态环境保护、应急管理、科学技术、教育、文化、卫生健康、体育、社会生活、镇 街道、人物 荣誉、统计资料、附录共43个类目。其中，天津经济技术开发区、天津港保税区、天津滨海高新技术产业开发区、天津东疆保税港区（天津港东疆片区）、中新天津生态城、乡村振兴、对外贸易和区域经贸合作、旅游业、生态环境保护、应急管理为新设类目。除中英文目录外，另编索引。

五、《天津滨海新区年鉴（2022）》文稿和图片均由各承修单位审核后提供，署名撰稿者及摄影者，图片署名不详的标注供图单位，所用图片拍摄时间均为2021年。

六、《天津滨海新区年鉴（2022）》行文使用规范语体文、记述体。数字用法、标点符号用法分别采用国家标准《出版物上数字用法》（GB / T 15835—2011）、《标点符号用法》（GB / T 15834—2011），计量单位采用国家技术监督局1993年12月发布的《量和单位》系列国家标准。

七、《天津滨海新区年鉴（2022）》所用数据以滨海新区统计局提供的为准，统计资料使用现行法定计量单位。未列入统计范围的，以业务主管部门提供的为准。

6 月 30 日，滨海新区庆祝中国共产党成立 100 周年海河夜景灯光　　（贾成龙　摄）

6 月，泰达街道庆祝中国共产党成立 100 周年主题宣传街景　　（区融媒体中心　供图）

100

同唱一首歌 永远跟党走
天津·滨海新区
庆祝中国共产党成立100周年文艺演出
同唱一首歌 永远跟党走
天津滨海新区庆祝中国共产党成立100周年文艺演出

①6 月 16 日，汉沽街道在滨海新区融媒体中心举办“永远跟党走”庆祝中国共产党成立 100 周年管乐音乐会　（汉沽街道　供图）

②6 月 27 日，“和富杯”经开区职工庆祝中国共产党成立 100 周年红歌赛汇报演出　（区融媒体中心　供图）

③6 月 25 日，“同唱一首歌 永远跟党走”滨海新区庆祝中国共产党成立 100 周年文艺演出　（泰达街道　供图）

④9 月 30 日，太平镇冬枣节以“庆丰收感党恩 引领乡村振兴”为主题举办丰收节暨第十二届冬枣节　（太平镇　供图）

⑤6 月 17 日，中塘镇向“光荣在党 50 年”党员颁发纪念章　（中塘镇　供图）

⑥6 月 19 日，泰达街道共绘“美丽滨海 幸福泰达”庆祝中国共产党成立 100 周年墙绘活动　（区融媒体中心　供图）

① ④ ② ③ ⑤ ⑥

①3月2日，滨海新区党史学习教育动员部署会
（区融媒体中心　供图）

②7月，区委党校教师李华为远景三村作党史宣讲
（区委党校　供图）

③1月，新北街道“小杜调解”志愿服务队持续开展社区调解工作　（区委组织部　供图）

④6月11日，天津港保税区在博迈科临港场地二号码头举办“没有共产党就没有新中国”音乐党课大型交响乐活动　（区融媒体中心　供图）

⑤6月7日，天保控股公司在庆祝中国共产党成立100周年环湖健步行活动暨党史学习教育知识竞赛决赛前重温入党誓词（区融媒体中心　供图）

⑥5月12日，天津港保税区举办职工学党史健体魄鼓干劲争上游春光行活动
（区融媒体中心　供图）

女高音独唱
南湖的船 党的摇篮
演唱：曾乙
张士燮 乔羽 词 时乐濛 曲
没有共产党 就没有新中国
——音乐党课——
女高音独唱
南湖的船 党的摇篮
演唱：曾乙
张士燮 乔羽 词 时乐濛 曲
BOMESC
OFFSHORE

回首百年路 健步新征程

天津港保税区
“红心永向党 奋进正当时”
春光行
主办单位

①5月，一汽丰田天津基地打造智慧物流生产线（区融媒体中心 供图）

②5月19日，第二届中国（东疆）航运产业周第六届中国海事金融（东疆）国际论坛在天津滨海新区举行（东疆管委会 供图）

③6月4日，世界首台大直径超小转弯硬隧道掘进机在东疆中铁装备正式下线（东疆管委会 供图）

④7月21日，空中客车天津宽体飞机完成和交付中心首架A350飞机交付仪式在天津港保税区举行（区融媒体中心 供图）

⑤7月26日，“中国（天津）二手车出口海外展销会·迪拜站”首发式在天津港环球滚装码头举行（田靖娅 摄）

消除一切安全隐患 保障生产工作安全
6S是改善的前提 是标准的基础

中國東方航空
CHINA EASTERN
1st A350

2021 中国(天津)二手车出口
海外展销会·迪拜站

11 月 12 日，天津新港海关“船边直提”集装箱量破 10 万标准箱　（都业良　摄）

9 月 13 日，中奥智慧科技发展有限公司在经开区奥的斯电梯泰达基地揭牌　（区融媒体中心　供图）

12 月 18 日，天津港年集装箱吞吐量首次突破 2000 万标准箱　　（区融媒体中心　供图）

2021 年，康希诺生物新冠疫苗三期生产基地　　（贾成龙　摄）

① ④
② 
③ ⑤

①12月10日，天津滨海吾悦广场开业

（区融媒体中心　供图）

②12月31日，位于生态城临海新城片区的爱琴海购物公园开业　（贾成龙　摄）

③9月29日，大港街振业里社区举行新时代文明实践“赶大集”活动，图为小朋友们共绘文明画卷　（刘丹　摄）

④10月30日，天津大学新城医院开诊

（生态城管委会　供图）

⑤7月1日，滨海新区中医院北塘院区开诊

（贾成龙　摄）

天津大学新城医院

5 月 20 日，东疆亲海公园正式开放 （贾成龙　摄）

5 月 1 日，生态城东堤公园建成开园 （生态城管委会　供图）

2021 年，河滨公园新貌　　（市规划资源局滨海分局　供图）

野生鸟类云集北大港湿地　　（贾成龙　摄）

6月6日，方特水上乐园开业　　（贾成龙　摄）

4月，生态城和睦路樱花大道　　（生态城管委会　供图）

4月26日，全球首家熊出没酒店在滨海新区中新天津生态城开业　　（区文旅局　供图）

12月31日，周大福金融中心跨年灯光秀　　（贾成龙　摄）

①
②
③

①4月23日，“阅百年历程　传精神力量”2021滨海全民阅读节活动开幕　　（区文旅局　供图）

②6月8日，2021年“世界海洋日”国家海洋博物馆科普讲座进校园活动　　（程琳雅　摄）

③9月23日，同谱民族团结曲、共筑携手发展情——2021“喜迎国庆”黄南·滨城文化交流专场演出　　（区文旅局　供图）

# 天津市滨海新区地图

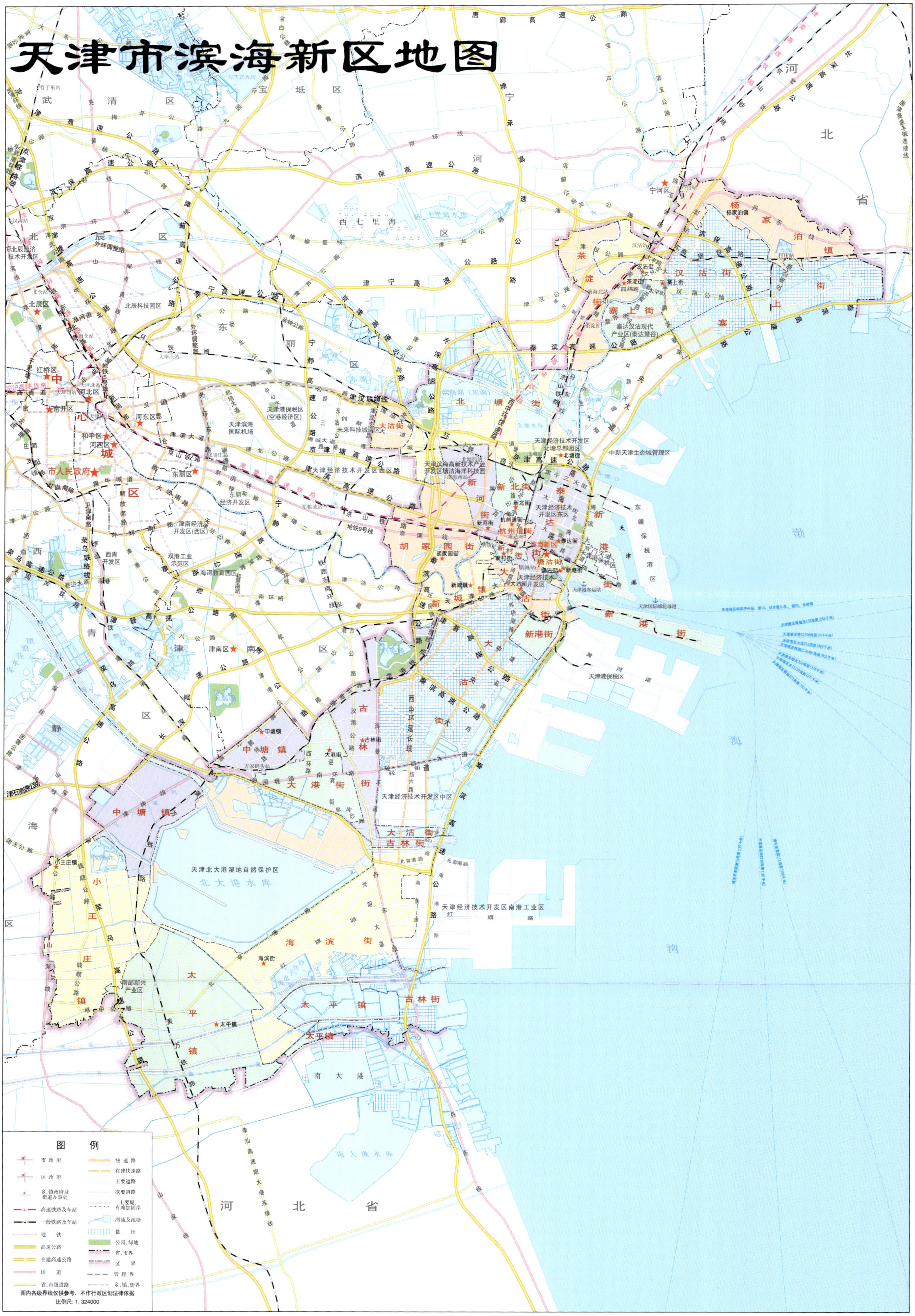


审图号：津S（2022）001

天津市测绘院有限公司编制

# 天津市滨海新区交通图

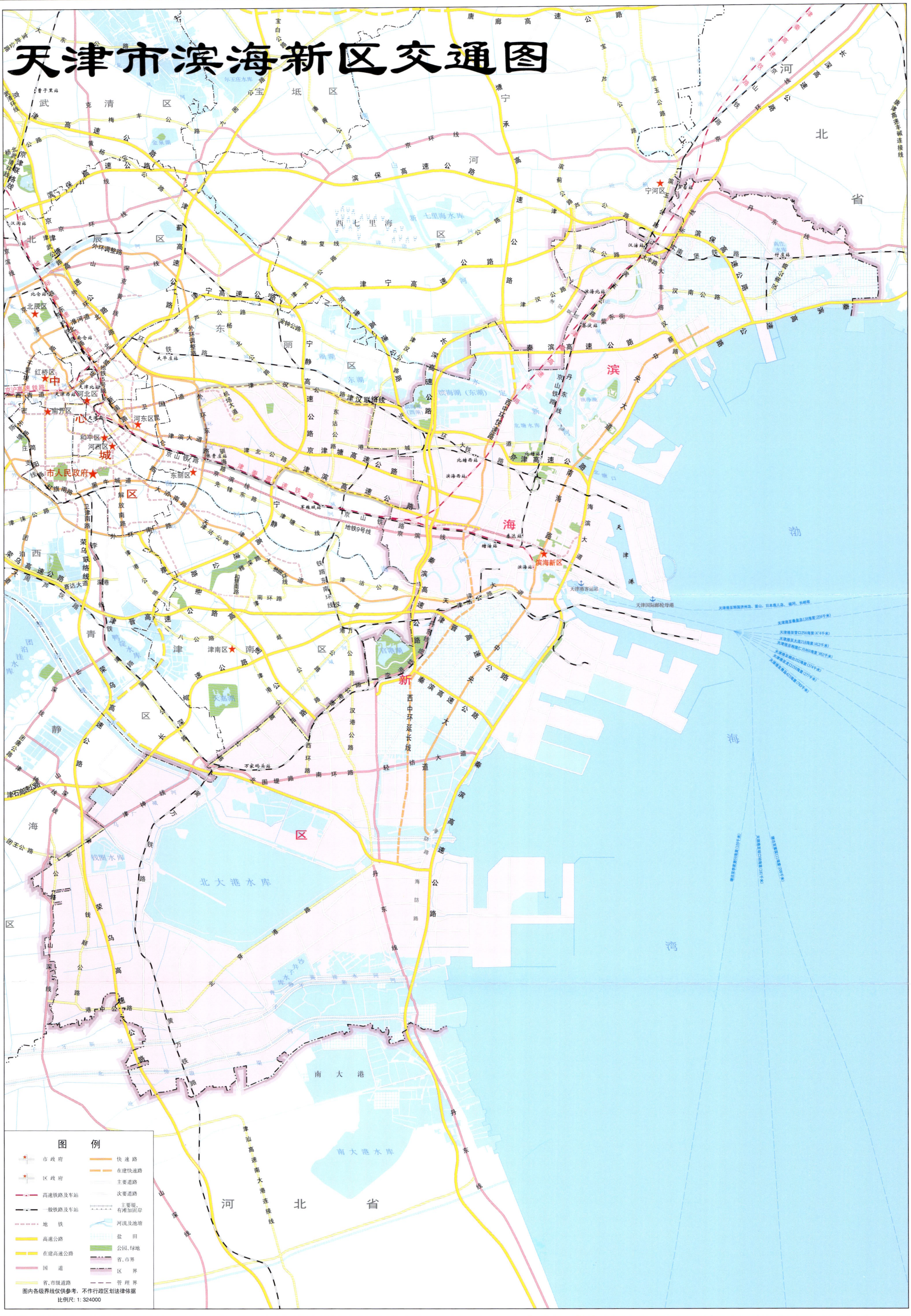


审图号：津S（2022）001

天津市测绘院有限公司编制

# 目　录

## 特　载



## 专　记



## 大事记



## 区情概览



## 中国共产党滨海新区委员会

## 滨海新区人民代表大会



## 滨海新区人民政府

## 中国人民政治协商会议滨海新区委员会

## 中国共产党滨海新区纪律检查委员会
## 滨海新区监察委员会



## 民主党派　工商联

## 群众团体

## 法　治

## 军　事



## 全面深化改革



## 中国（天津）自由贸易试验区

## 天津经济技术开发区



## 天津港保税区

## 天津滨海高新技术产业开发区



## 天津东疆保税港区（天津港东疆片区）



## 中新天津生态城

## 经济管理

## 农　业

## 工 业



## 商贸服务业

## 对外贸易和区域经贸合作



## 旅游业



## 建筑业　房地产业

## 金融业



## 交通 邮政 通信



## 城市建设

## 乡村振兴

## 生态环境保护



## 应急管理



## 科学技术

## 教　育

## 文 化



## 卫生健康

## 体　育



## 社会生活

## 镇 街道

## 人物 荣誉



## 统计资料



## 附 录



## 索 引

# CONTENTS

## Features



## Special Records



## Chronicle of Events



## District Situation Overview



## Binhai New Area Committee of the Communist Party of China



## The People's Congress of Binhai New Area

## The People's Government of Binhai New Area



## Binhai New Area Committee of Chinese People's Political Consultative Conference



## Binhai New Area Commission for Discipline Inspection of the Communist Party of China Binhai New Area Commission of Supervision



## Democratic Parties & Federation of Industry and Commerce



## Mass Organizations

## Rule of Law



## Military Affairs



## Comprehensively Deepen Reform



## China (Tianjin) Pilot Free Trade Zone



## Tianjin Economic and Technology Development Area



## Tianjin Port Free Trade Zone



## Tianjin Binhai Hi-Tech Industrial Development Area



## Tianjin Dongjiang Port Free Trade Zone (Chongqing Bonded Port Area)



## Sino-Singapore Tianjin Eco-City



## Economic Management

## Rural Revitalization



## Ecological Environment Protection



## Emergency Management



## Science and Technology



## Education



## Culture



## Health



## Sports



## Social Life

## Towns & Streets



## Characters & Honor



## Statistics



## Appendices



## Index

# 在中国共产党滨海新区第四次代表大会上的报告（节选）

天津市委常委、滨海新区区委书记　连茂君

（2021年12月2日）

中国共产党天津市滨海新区第四次代表大会，是在全面开启社会主义现代化建设新征程，全面建设生态、智慧、港产城融合的宜居宜业美丽“滨城”，加快推进新时代高质量发展的关键节点，召开的一次十分重要的大会。大会的主题是：坚持以习近平新时代中国特色社会主义思想为指导，激发“二次创业”奋斗激情，勇担新使命，奋进新征程，为全面建设美丽“滨城”，加快打造新时代高质量发展示范区而努力奋斗。

**一、全面总结成绩经验，切实增强继续奋勇前行的信心和力量**

区第三次党代会以来，面对国内国际形势的深刻复杂变化、改革发展稳定的艰巨繁重任务，特别是面对新冠肺炎疫情的严重冲击，区委团结带领全区上下，坚持以习近平新时代中国特色社会主义思想为指导，深入贯彻习近平总书记对天津工作“三个着力”重要要求和一系列重要指示批示精神，按照市委、市政府决策部署，接续推进区第三次党代会确定的目标任务，加快建设生态、智慧、港产城融合的宜居宜业美丽“滨城”。

我们坚持政治统领，党的领导更加坚强有力。深入学习习近平新时代中国特色社会主义思想，贯彻落实习近平总书记对天津工作“三个着力”重要要求和一系列重要指示批示精神，特别是习近平总书记两次视察新区的重要指示，完善“学、办、督、报”四个维度清单式闭环落实体系，高质量完成中央和市委巡视整改各项任务，以改革发展的生动实践践行“两个维护”。区委总揽全局、协调各方，圆满完成党政机构改革，支持人大、政府、政协和法院、检察院依法依章程履行职责，深化与各民主党派、工商联、无党派人士合作共事，民族、宗教、侨务、港澳和对台等工作水平不断提升。坚持党建引领共同缔造，充分调动千行百业资源力量，为群众、为企业、为基层办实事、解难事，党旗在疫情防控、应急救灾、创城创卫等基层一线高高飘扬。

我们坚持协同发展，服务辐射能力不断增强。紧紧扭住非首都功能疏解这个牛鼻子，持续推进产业协同、交通协同、审批协同。累计承接北京重点项目3919个、协议投资1.05万亿元，其中央企二、三级总部项目347个、注册资金4922亿元。着力提升京津合作示范区等载体承接功能，深化滨海—中关村科技园管理体制和运行机制创新，科技园累计注册企业2700余家。打造轨道上的京津冀，津秦、津保高铁相继开通。率先投用“京津通办”自助服务厅，300个高频事项“跨省通办”。

我们坚持质效发展，综合经济

实力稳步提升。坚持项目为王，强化新动能引育，实际利用内资累计完成4950亿元，集聚了52家百亿级企业，培养了46家上市公司，世界500强企业、中央企业和中国民营500强企业在新区投资项目均超过1000个。打造“1+3+4”主导产业，形成4个千亿级产业集群，工业总产值有望突破万亿元。建设“4-2-1”主题园区，园区内主导产业生态项目占80%以上。加速聚集新业态新产业，金融租赁和融资租赁公司资产总额突破1.9万亿元，跨境租赁业务占全国的80%以上，商业保理资产总规模跃居全国第一位，平行进口汽车连续五年进口量占全国的65%以上。发展效益质量显著提升，税收占比近90%，发展战略性新兴产业经验做法连续获国务院督查激励。信创、合成生物学、细胞生态等重点领域海河实验室启动建设，国内首家由国家地方共建的现代中药创新中心揭牌，建成中国（天津）知识产权保护中心和中国（滨海新区）知识产权保护中心，2020年R&D经费投入强度达3.62%，2021年国家高新技术企业数量是2016年的2.4倍，中科院天津工业生物技术研究所在国际上首次实现二氧化碳到淀粉的人工全合成。出台《关于进一步加快人才高质量发展的实施意见》,成立17个产业（人才）联盟，“人才特区”建设成效显著。

*我们坚持破立并举，改革开放活力强劲释放。*综合配套改革圆满完成，累计争取国家级荣誉称号、政策试点135项。开发区法定机构改革成效明显，经验做法得到中央深改办充分肯定。新型研发机构改革扎实推进，天津国际生物医药联合研究院改革稳步实施。国企改革持续深化，414家国企实现混改出清出让。全面实施“三考合一”改革，有效推动工作动力、干劲、质量不断提升。深化“一制三化”改革，信用承诺审批分级管理和“一企一证”综合改革在全国率先推行，获批全国信用体系建设示范区，2020年度营商环境评价居国家级新区前列。对外开放水平进一步提升，累计实际利用外资225.5亿美元，预计2021年进出口贸易总额达6000亿元。空客天津总装公司近五年累计交付飞机269架。中埃·泰达苏伊士经贸合作区成为“一带一路”合作标志性项目，人民币在合作园区率先跨境使用。成立全国首个专司政策与产业创新的法定机构—自贸区创新发展局，建设高新区、生态城自贸联动创新区，自贸区38项试点经验和实践案例在全国复制推广。天津港建设世界一流智慧港口、绿色港口成果突出，“一港六区”实现统一运营管理，社会职能剥离和非经营性资产移交有序推进，建成全球首个智慧零碳码头，铁矿石“公转铁”运输占比提升28.9个百分点，2020年度集装箱吞吐量增幅居世界前十大港口首位。

*我们坚持城乡统筹，美丽“滨城”建设起步坚实。*“双城”发展战略列入市委、市政府决策部署，编制“滨城”国土空间总体规划，全面启动“滨城”建设，累计完成固定资产投资近9000亿元，南北两翼配套短板逐步补齐，绕城高速全线贯通，B1及Z4线加快建设、Z2线全线开工，基础设施和公共事业配套不断完善。“1+1+3+N”新型智慧城市架构基本形成，北方大数据交易中心获批，成功入选国家智能社会治理综合实验基地，中新生态城智慧城市治理模式与泰达街智慧社区获全国创新社会治理优秀案例奖。加快推进示范镇建设和棚户区改造，城镇化率达95.9%，全面完成44个困难村结对帮扶任务，获批建设国家现代农业产业园和国家农村产业融合发展示范园，乡村振兴考核位居全市前列。

*我们坚持绿色发展，生态环境质量持续改善。*树牢“绿水青山就是金山银山”理念，深化党政同责，扎实推进中央环保督察反馈问题整改，深入开展污染防治攻坚，城市更加生态宜居。高标准推进“871”重大生态工程建设，完成绿色生态屏障1.85万亩造林任务，北大港湿地保护区列入国家重要湿地名录，12条入海河流稳定消劣，近岸海域优良水质面积比例较2017年提高62.9个百分点。加快淘汰落后产能，累计完成1788家“散乱污”企业治理、6.3万户散煤专项整治，单位GDP能耗累计降低25.9%。天津排放权交易所总交易量跃升至全国第二位，今年以来国家核证自愿减排量交易量位居全国第一。建成区绿化覆盖率39.2%，$PM_{2.5}$年均浓度由2016年的66微克/米$^3$降至今年的36.8微克/米$^3$。五年来历史遗留违法占地整改率位居全市第一，今年以来实现违法侵占农用地“零新增”。

*我们坚持生命至上，疫情防控取得明显成效。*大力弘扬伟大抗疫精神，8批次134名医护人员驰援湖北，圆满完成援鄂任务。坚决落实“四早四集中”要求，慎终如始落实常态化防控措施，实施无缝管道式闭环管理机制，做好海空港、冷链、村居、院感、隔离点等各项防控工作，“歌诗达·赛琳娜”号邮轮突发事件处置成为经典战“疫”，在全市率先分类分批推进复工复产，两天完成“滨城”大筛，疫苗接种率在全市两次综合考核中分别位于第一、第二位，抗疫经验做法得到市级各方面充分肯定。在抗疫斗争中，各级党组织和广大党员干部闻令而动、冲锋在前，涌现出单玉厚等一批先进典型，让我们铭记英雄、崇尚英雄、致敬英雄！

*我们坚持共建共享，群众幸福指数不断提高。*每年实施20项民心工程，近7成财政支出投入民生

领域。坚持就业优先，累计新增就业60.8万人，城乡居民人均可支配收入较2016年分别增长28.4%和28.8%。精准脱贫攻坚战圆满收官，助力青海、甘肃“两市四县”提前脱贫摘帽。新建或接收中小学、幼儿园78所，新增学位近6万个。天津茱莉亚学院落成启用，成为促进中外人文交流新平台。国家海洋博物馆、滨海文化中心、中新友好图书馆等相继投入使用，成为享誉国内外的文化新地标。三级医院达到9家，新增病床位1340张。成功创建第六届全国文明城区、国家公共文化服务体系示范区，被列入全国新时代文明实践中心建设试点区，中新生态城入选国家全域旅游示范区。成功举办全国第十届残运会暨第七届特奥会，累计举办全国性或国际性论坛、展会活动24次。77项民生事项下沉至村居受理，实现“滨海通办”“网上全办”。平安滨海、法治滨海建设扎实推进，扫黑除恶专项斗争取得显著成效，政法队伍教育整顿工作得到中央督导组肯定，2021年生产安全死亡事故起数和人数比2016年分别下降35.2%和44.5%，成为全国首批市域社会治理现代化试点地区。连续三届蝉联“全国双拥模范城”称号。

我们坚持从严从实，党建工作成效持续提升。扎实开展“两学一做”学习教育、“不忘初心、牢记使命”主题教育和党史学习教育，组织开展庆祝建党一百周年系列活动，党员干部理想信念进一步坚定。深化实施组织力提升工程，中央党建领导小组秘书组“两新”组织党建联系点工作成效显著，金桥焊材、云账户荣获全国“两新”组织党建创新实践案例，高质量完成村居和镇换届，村居“一肩挑”实现全覆盖。完善干部育选管用机制，重实干、重实绩、重担当的鲜明导向全面树立。严格落实中央八项规定及其实施细则精神，重拳整治形式主义官僚主义和不担当不作为问题，实现三届区委巡察全覆盖，坚决肃清黄兴国流毒影响，反腐败斗争取得压倒性胜利并全面巩固，落实全面从严治党主体责任考核连续四年被评为全市优秀单位。

事非经过不知难。两年来，疫情防控一线的同志们始终坚守岗位、任劳任怨，不惧风险、冲锋在前，为经济持续健康发展和社会平稳有序付出了艰辛努力，让我们以热烈掌声对他们表示衷心感谢！

各位代表，同志们：看似寻常最奇崛，成如容易却艰辛。回顾过去五年，这些成绩的取得，是习近平新时代中国特色社会主义思想科学指引的结果，是市委、市政府坚强领导的结果，是全区广大党员干部群众共同拼搏的结果，是各驻区单位、各民主党派、各人民团体和社会各界人士同力同行的结果。在此，我代表中共天津市滨海新区第三届委员会，向全区党员干部群众，向各民主党派、各人民团体和各界人士，向驻区单位、部队和武警官兵，向所有关心支持新区改革发展的同志们、海内外朋友们，致以崇高敬意！

回顾五年来栉风沐雨、砥砺前行的奋斗历程，我们深深体会到：

必须坚决捍卫“两个确立”，做到绝对忠诚、坚决执行。只有坚定维护习近平同志党中央的核心、全党的核心地位，坚持习近平新时代中国特色社会主义思想的指导地位，才能汇聚众志成城的磅礴力量，创造富民强区的辉煌成就。

必须坚持以人民为中心的发展思想，做到人民至上、共同富裕。只有始终秉承初心使命，一切为了群众、一切依靠群众，一切发展成果由群众共享，才能始终保持同人民的血肉联系，赢得人民的认同和拥护。

必须坚持完整、准确、全面贯彻新发展理念，做到转型升级、高质发展。只有充分发挥新发展理念的指挥棒、红绿灯作用，才能有效破解发展中一系列结构性、周期性、体制性问题，实现更高质量、更有效率、更加公平、更可持续、更为安全的发展。

必须坚持自主自立自强，做到改革创新、担当奋进。只有把创新置于现代化建设全局中的核心地位，“闯”字当头、“创”字为要、“干”字当先，进一步提升体制创新、自主创新能力，才能够打造发展新动能、塑造发展新优势、开辟发展新境界。

必须坚持系统思维，做到坚守底线、统筹推进。只有加强前瞻性思考、全局性谋划、战略性布局、整体性推进，防范化解重大风险，统筹疫情防控和经济社会发展，统筹发展和安全，才能使经济社会发展各项工作相互促进、相得益彰。

必须坚持全面加强党的领导，做到党建引领、从严治党。只有坚持和加强党对一切工作的领导，大力夯实基层组织基础，才能最大限度地凝聚党员干部群众；只有刀刃向内祛顽疾，重拳出击反腐败，激励保护干部担当作为，才能使党员干部本职工作敢担当、创新发展敢担当、关键时刻敢担当，才能使我们的事业破浪前行、行稳致远。

在总结成绩和经验的同时，要清醒看到我们的工作还存在不少短板和弱项，主要表现在：“二次创业”的精气神还不高昂，脑袋上的“津门”没有完全打开，市场意识、创新精神、开放观念还不够强，敢闯敢试、敢为人先的劲头还不够足。新旧动能转换还不够快，主导产业结构仍然偏重偏旧，新动能底盘较小，新能源占比偏低，转方式、调结构的任务繁重。“滨城”建设发展还不平衡不充分，教育、医疗等优质资源配置短板突出，南北两翼发展还有差距，本质安全水平还不够高，防范化解重大风险任务艰巨。管党治党还不够有力，圈子文化、好人主义树倒根存，干部能力水平同新时代发展还不相适应，不担当不作为问题时有发生，基层党风廉政建设和反腐败斗争形势依然严峻复杂。

成绩让我们充满力量，差距让我们牢记使命。我们一定要增强危机感、紧迫感、使命感，知责于心、担责于身、履责于行，以勇于奋斗、敢于斗争的精神状态，以抓铁有痕、踏石留印的工作作风，推动各项工作向着更高目标阔步前进！

**二、立足新发展阶段，明确未来五年工作目标和方向**

未来五年是以习近平新时代中国特色社会主义思想为指导，奉献新时代、奋战新征程全面启动的五年，是立足新发展阶段、贯彻新发展理念、构建新发展格局、推进高质量发展，促进共同富裕至关重要的五年。认清形势、顺应大势，对于全面建设美丽“滨城”，加快打造新时代高质量发展示范区意义重大。我们必须充分认清国际国内形势，立足新发展阶段，抢抓新时代的战略机遇。世界百年未有之大变局加速演进，新冠肺炎疫情依然严峻复杂，我国经济发展面临周期性因素和结构性因素叠加、短期问题和长期问题交织等多重挑战。但挑战中有机遇、变局中有新局，国内经济长期向好趋势不会改变，实现中华民族伟大复兴的大趋势不可逆转，特别是随着京津冀协同发展、“一带一路”高质量建设等重大国家战略的深度实施，新区依托产业“优势牌”、改革“加速器”、创新“动力源”，必将迎来新一轮承接优质资源、集聚发展要素、构建新格局的历史机遇。我们必须贯彻新发展理念，下好高质量发展的先手棋。新区作为全市发展的龙头和引擎，国家和市委支持新区高质量发展的政策在升级加力，“津城”“滨城”双城发展格局加速构建，国家自主创新示范区、自贸区等创新联动发展，尤其是我们牢牢锚定实体经济这一最大优势，坚持创新立区、制造强区，新动能的“强筋壮骨”和传统产业的“脱胎换骨”，必将助力我们在推进高质量发展中当先锋、打头阵。我们必须主动构建新发展格局，重事功、练事功、善事功。新区筚路蓝缕、垦荒拓土的“一次创业”取得举世瞩目成就，靠的是不服输、不畏难、勇争先的血性。进入新发展阶段，我们只要立足国内大循环、国内国际双循环相互促进的大战略，勇于自我更新、主动担当作为，全面解放思想、开发开放创新，凝聚发展力量、形成奋进合力，广泛唱响“我是滨城人、奉献大滨城”的“二次创业”主旋律，就能在构建新格局中抢占发展先机、赢得战略主动。

今后五年工作总体要求是：高举中国特色社会主义伟大旗帜，坚持以习近平新时代中国特色社会主义思想为指导，全面贯彻党的十九大和十九届二中、三中、四中、五中、六中全会精神，坚决捍卫“两个确立”，深入落实习近平总书记对天津工作“三个着力”重要要求和一系列重要指示批示精神，统筹推进“五位一体”总体布局，协调推进“四个全面”战略布局，坚持稳中求进工作总基调，立足新发展阶段、贯彻新发展理念、构建新发展格局、推进高质量发展，全面深化改革开放，促进共同富裕，统筹疫情防控和经济社会发展，统筹发展和安全，大力弘扬伟大建党精神，充分激发“二次创业”奋斗激情，深入实施“五大战略”、全力推进“四大工程”、坚持党建引领共同缔造，担当作为，创新竞进，进一步发挥全市发展龙头引擎作用，全面建设生态、智慧、港产城融合的宜居宜业美丽“滨城”，加快打造新时代高质量发展示范区。

思路决定出路，目标引领方向。新区要统筹运用好发展的机遇、优势、条件，坚持传承与创新并重，明确今后五年经济社会发展的奋斗目标：

美丽“滨城”建设取得新成效。坚持新发展理念和人民城市为人民理念，统筹生产、生活和生态空间，“一核两副双港多组团”城市空间布局更加优化，“滨城”建设“十大工程”全面推进，城市公共服务和基础配套显著完善，职住平衡、港产城融合、城乡一体的格局全面形成，生态、智慧、港产城融合的宜居宜业美丽“滨城”基本建成。

经济发展质量迈上新台阶。现代产业体系基本形成，先进制造业和现代服务业双轮驱动成效显著，新动能进一步壮大，主导产业核心竞争力处于国内第一方阵，工业战略性新兴产业占规上工业增加值的41%以上，GDP达9000亿元，规上工业总产值达1.5万亿元，限上服务业营收达1万亿元，形成6个千亿级产业集群，高质量建成“一基地三区”核心区。

创新改革开放实现新突破。自主创新和产业创新能力大幅提升，重点领域改革综合效应充分放大，国内大循环和国内国际双循环战略支点作用充分显现，自贸区创新活力迸发，成为全国创新驱动、深化改革、扩大开放的示范引领。

社会文明程度得到新提高。社会主义核心价值观成为社会风尚，全国文明城区创建成果巩固发展，笃定“二次创业”、建设美丽“滨城”的精气神更加昂扬，一批文化重点项目加快建设，公共文化服务体系和文化产业体系更加健全，形成更具影响力的海洋文化品牌和“滨城”城市品牌。

生态文明建设取得新成果。绿色发展理念深入人心，“871”重大生态工程巩固提升，“双碳”战略取得显著成效，“一屏一带三湿地多廊道”生态格局全面形成，基本建成国家生态文明试验区。

促进共同富裕达到新水平。城乡协调发展，居民收入增长和经济增长基本同步，教育、卫生、体育服务水平不断提高，社会保障能力持续增强，乡村振兴战略全面推进，基本实现教育发展优质化、健康卫生高质化、群众收入均等化、社会保障普惠化。

社会治理效能得到新提升。社会治理的社会化、法治化、智能化、专业化水平大幅提升，法治政府建设向纵深推进，党建引领共同缔造激发更大社会活力，成为城市现代化治理的示范。

实现今后五年的奋斗目标，总遵循是习近平总书记对天津工作“三个着力”重要要求和一系列重要指示批示精神，总引领是立足新发展阶段、贯彻新发展理念、构建新发展格局、推进高质量发展，促进共同富裕，总定位是市委构建“津城”“滨城”双城发展格局的部署。我们要坚定不移按照中央和市委为我们锚定的新方位、赋予的新使命，以“二次创业”奋斗激情，拥抱新时代、展现新作为、实现新跨越。“滨城”是一方充满生机活力的热土，一代代“滨城”儿女的血液里，涵养了海纳百川的开放包容，沉淀了勇立潮头的担当特质，赓续了实业报国的血脉基因。回首来时路，正是依靠这种创业精神，我们才战胜了前进道路上的困难挑战，取得重要战略成果。展望新征程，全区上下要牢记在全市的领跑之责、竞进之责、担当之责，持续用力、久久为功，勇担新使命、创造新辉煌！

**三、完整、准确、全面践行新发展理念，深入实施“五大战略”，推进更高标准的高质量发展**

实现宏伟蓝图、完成既定目标，必须坚决贯彻新发展理念，以科技创新为引领、先进制造为支撑、扩大开放为牵引、深化改革为动力、优美环境为保障，推进经济实力、科技实力、综合竞争力跃升到新水平。

1. 深入实施创新立区战略，打造创新发展先导区。全面落实“四个面向”重要要求，坚持以政为引、以用为立、以转为要、以企为主、以人为本，打造自主创新重要源头和原始创新主要策源地。

科学构建创新体系，提升创新硬实力。高标准建设信创、合成生物学、细胞生态等海河实验室，实现国家超级计算天津中心高效运营，打造中国信创谷、生物制造谷、京津冀特色细胞谷、北方声谷、现代中药创新中心等创新标志区，构建“重点实验室原始创新＋创新中心技术创新＋工程中心应用创新”的创新体系。聚焦自主可控软硬件、创新药物、海洋技术等重点领域，提高融合协同创新能力和效率，解决“卡脖子”问题，打造我国重要关键核心技术战略新高地。

系统搭建创新载体，提升创新生产力。加快建设“新型研发机构＋科研院所＋科创园区＋企业”多层级创新载体。推进天津国际生物医药联合研究院按照“一院一企”模式，构建创新创业综合载体，建设生物医药专业化园区；推动清华大学天津电子信息研究院、浙江大学滨海产业技术研究院等向新型研发机构转型，充分激发创新活力。强化与中科院天津工业生物技术研究所、天津大学等院地深度合作，加快推进南开大学滨海校区建设，搭建创新人才培养、科技成果转化的高端平台。提升滨海—中关村科技园、清华启迪科技园等专业化服务能级，加快建设天津科技大学科技园，着力建设海外人才离岸创新创业基地，形成大众创业、万众创新的生动局面。发挥企业创新主体作用，健全“科技型中小企业—高新技术企业—雏鹰企业—瞪羚独角兽企业”梯次培育体系，推动“育苗成树、连树成林”，争取到2026年国家高新技术企业达6300家。

统筹完善体制机制，提升创新支撑力。建立市场主导、企业主体、政府引导、多方协同的科技项目创新机制，深化“揭榜挂帅＋里程碑”组织方式，鼓励龙头企业牵头组建产学研创新联合体，开展国家、市级重大科技专项协同攻关。建立以信任为前提、亲清包容的新型科研管理机制，强化科研院所、科研人员在项目经费管理、技术路线决策等方面的主体地位，深化科研院所科技成果使用权、处置权、收益权改革。建立以应用为导向的科技成果转化机制，建设科技成果产权交易中心、科技成果转化基地、中小试熟化平台，巩固推广“创通票”“银政通”等制度创新成果，探索推进知识产权证券化，大力提升科技成果本地转化率。

着力集聚各类人才，提升创新源动力。牢固树立人才是第一资源的理念，深化人才发展体制机制综合改革，实施“鲲鹏计划”升级版，高水平建设国家级人力资源服务产业园，加快构建适应高质量发展的人才制度体系。重点构建以产业（人才）联盟、企业需求为导向的人才认定机制，以主导产业、重点行业紧缺人才为导向的人才引育机制，以创新价值、能力、贡献为导向的人才评价机制，以在编在岗工作和不在编弹性使用相结合的用才方式，聚天下英才而用之。弘扬科学家精神和工匠精神，鼓励创新、宽容失败，让每一个有创新梦想的人都能专注创新，让每一份创新活力都能充分迸发。争取到2026年全区人才总量突破100万人，全民科学素质普及率达21%。

2. 深入实施制造强区战略，打造国家先进制造研发基地中心区。坚持战略性新兴产业培育与传统支柱产业转型并举，提升产业链供应链韧性和现代化水平，推动制造业加快向价值链中高端迈进。

壮大主导产业，提升新动能能级。聚焦“1+3+4”主导产业，全力引育新动能，推进“五个一批”良性发展。加快新兴产业集群集聚，加快中石化百万吨乙烯、一汽丰田新能源汽车、联想智慧创新服务产业园等重大龙头项目建设，培育更多“专精特新”企业和制造业单项冠军企业，重点打造以信创产业、人工智能为代表的智能科技产业集群，产业规模达2100亿元；以合成生物、疫苗、细胞及基因治疗为重点的生物医药产业集群，产业规模达1200亿元；以风电、光电、氢能、冷能、锂电池为主攻方向的新能源产业集群，产业规模达1200亿元；以航空、海洋、节能环保等新兴产业需求为导向的新材料产业集群，产业规模达2100亿元。加速产业转型升级、转向发展，坚持用新一代信息技术为制造业赋能增效，构建完整可靠的工业互联网应用体系，推动传统产业数字化、智能化、绿色化，实现石化产业向精细化工、新材料转型，建设世界一流化工新材料产业集群，产业规模达4300亿元；汽车产业向新能源车、智能网联车转型，产业规模达3300亿元；装备制造产业向智能制造、高端制造转型，产业规模达1100亿元。前瞻布局智能机器人、智慧医疗、数字经济、海洋技术等新赛道，点燃发展新引擎。

建强产业链条，营造产业发展生态。围绕主导产业，坚持规划引领、政策导向、联盟拉动、考核杠杆，推动先进制造业集群发展。深化串链补链强链工程，全面实施“链长制”，充分发挥主导产业（人才）联盟作用，推动政、产、学、研、用、金、服七要素高效联动，实现产业链延伸、价值链提升、供应链融通。支持产业链向前端研发和后端销售延伸，推动产业链上下游、产供销、大中小微企业整体配套。发挥龙头企业引领作用，大力实施“新五基”强化工程，推动关键核心技术工程化产业化。打造一批有特色、可落地、强体验的应用场景，为新技术、新业态、新模式发展提供更多硬核支撑。构建以滨海产业基金、高质量发展资金为主体的多元化投融资体系，高水平建设滨海基金小镇，激发制造业源头活水。引育一批高端、专业服务机构，打造适配产业全链条、企业全生命周期的服务环境。

做优主题园区，夯实转型发展载体。以“4-2-1”产业布局为指引，推动各开发区、街镇园区差异发展，构建“一核两带多片区”产业总体空间布局。天津经济技术开发区聚焦新一代信息技术、化工新材料、汽车装备制造、生物医药等主导产业，打造全国先进制造研发基地的核心区；天津港保税区聚焦高端装备制造、食品加工制造、运输设备制造、国际贸易等主导产业，打造以人的智慧为生产力的产业聚集区，建设全国海洋经济示范区和国际航空物流中心；滨海高新技术产业开发区聚焦新一代信息技术、现代新兴服务业、生物医药、新能源新材料等主导产业，建设北方一流科技城，打造国家自主创新示范区“升级版”；东疆综合保税区聚焦融资租赁及商业保理、国际贸易、航运物流等主导产业，打造国际一流水平的租赁创新示范区、国家级进出口贸易促进创新示范区；中新生态城聚焦智能科技服务、文化健康旅游、绿色建筑与开发等主导产业，打造产城融合示范区，建设国际合作的生态之城、智慧之城、幸福之城。强化园区新型基础设施建设，推动5G移动网络千兆和光网千兆深度覆盖，搭建公共数据收集、存储、传输和运算服务综合平台。发挥主题园区共同缔造理事会作用，营造互利互补、共享共赢发展环境。

3. 深入实施改革活区战略，打造全面深化改革先行区。勇当改革的拥护者、实践者、清醒者和保护者，谋划更多关键战役性改革，推出更多创造型实用型改革，以全面深化改革的新成效激发高质量发展的新动能。

深化法定机构改革，进一步激活开发区主力引擎。持续做深做优做实法定机构改革“后半篇文章”，完善开发区绩效评价、考核激励、选人用人和薪酬总额管控机制，优化聘期管理，健全员额外人员管理体系。逐步推动开发区社会职能剥离，完善开发区教育医疗事业单位集团化管理、市场化运作模式。坚持开发区事开发区办，推动更多管理权限下放，全面提高开发区发展能级。

深化要素市场化改革，进一步激活高质量发展活力引擎。发挥市场在要素配置中的决定性作用，让生产要素的活力充分释放。优化创新型产业用地和复合型用地的规划用地模式，建立健全节约集约利用土地评价及挂钩机制，提高亩均产出和税收贡献。统筹实施“滨城”新市民政策，试行“滨城”特色的居住证和户籍制度，畅通劳动力和人才流动渠道。建设多层次资本市场体系，提升排放权、粮油、金融资产等交易场所功能，积极参与国家基础设施公募REITs等试点。建立健全数据资源要素市场化配置体系，加快建设北方大数据交易中心，推动数据资源与金融、科技、实体经济深度融合。健全要素价格市场形成机制，推进海水淡化工业利用和新能源发电、LNG燃气直供，进一步降低企业生产成本，让企业获取最大效益。

深化市场主体改革，进一步激活企业发展动力引擎。坚持党的领导在公司治理中的核心地位，强化本质改、系统改，选人、管物、建制多措并举，全面完成国企改革和结构性优化升级。有序推动区属各类国有企业整合重组和市场化转型，健全国企治理结构，深化劳动、人事、分配制度改革，探索多种形式的中长期激励机制，完善国有资产统一监管体系，增强国有经济竞争力、创新力、控制力、影响力和抗风险能力。优化民营经济支持政策，深化市场准入制度改革，加强质量基础设施建设，充分发挥企业家精神，激发民营经济活力，推动民营企业提质增效升级，争取到2026年全区市场主体规模达51万家。

深化街镇经济改革，进一步激活发展潜力引擎。发挥街镇经济发展生力军作用，完善政策和服务保障体系，实现特色化、协同化、融合化、优质化发展。调整街镇行政区划，优化空间布局，明晰主导产业定位，构建一镇街一业、产镇街融合、职住平衡的街镇发展格局。盘活街镇存量建设用地，创新"点状供地"等灵活供地方式，探索建立集体建设用地入市制度。创新街镇抓发展体制机制，提升街镇干部抓经济的能力水平，加大街镇赋能力度，依法依规下放更多审批权限，实现街镇项目"就地办、马上办"。打好"财政+金融"组合拳，建立健全有效机制，发挥街镇高质量发展资金效力，吸引社会资本全面提升街镇及园区基础设施配套水平。健全开发区与街镇融合发展机制，大力发展"飞地经济"，实现资源一体配置、成果共享互惠。

4. 深入实施开放兴区战略，打造更高能级"双循环"战略引领区。主动融入新发展格局，积极参与国内统一大市场构建，不断提升在"双循环"中的嵌入度，增创国际国内合作发展和区域竞争新优势，更好服务京津冀协同发展，推动共建"一带一路"高质量发展。

打造服务京津冀协同发展的升级版。完善京津合作示范区等平台功能，推动央企和领军企业设立区域综合性总部、职能型总部机构，主动承接优质制造业产业转移，培育形成一批总部楼宇，打造京津冀配套完善"产业区"。深化区域港口群、机场群协作，建设集疏运专用货运通道，推进海关异地通关互认，构建海陆空网四位一体的通道体系，打造京津冀高效便捷"出海口"。做大做强天津粮油商品交易所，筹建天津石油天然气交易中心，完善天然气产供储销体系，建设国家能源战略储备基地，打造京津冀能源物资"供应地"。突出亲海品海特色，优化出行出游交通网络，构建"海上+陆上""线上+线下""四季+全天候"旅游场景和服务体系，打造京津冀宜居宜游"后花园"。

打造一流"双港"建设的升级版。深度融入"一带一路"建设，努力成为国内国际双循环战略支点。推动天津港专业化码头建设，提升港口装卸、物流运输、工程建设等数字化水平，规模发展靠港船舶岸电，深化"一港六区"统一运营管理，提高资源配置效率，实现整体功能、规模、实力上水平，打造世界一流智慧港口、绿色港口、枢纽港口。拓展集装箱航线航班，创新海铁多式联运体系，支持港航信息、金融保险、航运经纪等现代航运服务业发展，提高口岸进出口贸易本地结算率，建设北方国际航运核心区。拓展加密货运航线，建成航空口岸大通关基地，打造国际航空物流中心和北方航空货运中心。争取到2026年天津港集装箱吞吐量突破2300万标准箱，天津滨海国际机场货运吞吐量突破50万吨。

打造自贸试验区建设的升级版。全面落实创新时限最先、政策上缘最高、创新幅度最宽、创新内容最大胆的"四最"要求，推动实业创新、实用创新、实效创新，打造世界一流自由贸易园区。完善自贸区区域功能和产业布局，积极推进自贸区扩区，加快联动创新区建设，实现区内试验和区外复制良性互动。发挥自由贸易账户优势，发展"贸易+制造+结算"业态，集聚更多财务中心、结算中心、订单中心。大力发展数字贸易、绿色贸易，进一步优化贸易结构。探索研究自由贸易港政策，推进综合保税区功能升级，做优保税加工制造、保税物流分拨、保税研发设计、保税维修再制造、保税展示销售功能，构建开放型经济发展新格局。

打造现代服务业的升级版。深入落实全市服务业扩大开放综合试点举措，进一步放宽现代服务业的市场准入，做优商业贸易、仓储物流等传统生产性服务业，并向交易中心和结算平台转型，大力发展软件与信息服务、法律服务等新型生产性服务业。推动跨境金融、绿色金融等创新发展，做强做优融资租赁、商业保理等特色金融业态，加快发展"数字仓库+可信仓单+质押融资+大宗商品市场+场外风险管理"供应链金融，建设更高水平的金融创新运营示范区。发挥国家数字服务出口基地示范作用，培育新区数字服务贸易促进平台，规划建设中国·天津数字谷，争创国家数字经济示范区。大力发展互联网平台服务型经济、共享经济，培育壮大网络货运、跨境电商、直播电商、线上医疗等新业态，争取到2026年平台经济营业收入总额达9000亿元，全面建设国际消费中心城市核心承载区。加快生活方式转变和消费结构升级，拓展家庭、健康、养老、旅游、文化等服务领域，促进生活性服务业向多样化和高品质转变。

5. 深入实施环境优区战略，打造国际化营商环境样板区。树牢“营商环境就是生产力、竞争力”理念，坚持软硬环境两手抓、两手硬，打造成本洼地、发展高地。

打造最佳城市环境。统筹“滨城”建设“十大工程”，为资源集聚提供城市支撑。坚持精准规划，突出世界眼光、国际标准、高点定位、滨海特色，探索建立城市规划体检评估机制，优化存量空间、谋划发展空间、协同融合空间，坚持职住平衡、港产城融合、城乡一体，打造更加完善的城市空间布局。坚持精致建设，以国家新型城市基础设施试点建设为契机，深入推进以人为核心的新型城镇化，树立经营城市理念，实施城市更新行动，强化市场化综合开发模式，打造“两横两纵”轨道交通网络和核心区“九横七纵”骨架路网体系，强化文、教、卫、商等服务配套，建设完整社区，全面建成国家级城市一刻钟便民生活圈示范区。完善城市本质功能，提升城市抗洪防灾能力，全面建设韧性城市。坚持精细管理，构建扁平高效的城市管理体系，完善城市“智慧大脑”，形成“四全”网格体系，加快建成国家智能社会治理综合实验基地，全面打造精明城市。我们要通过完善城市综合配套，增强吸纳外来人口的能力，促进市域人口向新区集聚，提升城市活力。

打造最美生态环境。统筹好发展与减排，系统推进碳达峰，打造“双碳”先导示范区。聚力绿色生态，优化提升绿色生态屏障，持续实施水系连通、地下水源置换工程，保护修复自然岸线、湿地、地下水、入海河流等生态资源，高质量推进“一带一湾”建设。发展绿色产业，积极开发利用风能、光能等清洁能源，打造CCUS技术应用示范，积极探索用能权交易，支持天津排放权交易所创新交易产品，到2026年新能源占比达30%。倡导绿色生活，加快建立生活节能减排测算、评估机制，推广绿色建筑，全面推进生活垃圾分类，强化水资源利用总量和效率指标双重管控，打造“无废城市”“低碳城市”。

打造最优服务环境。坚持市场化、法治化、国际化、便利化方向，强化“不为不办找理由，只为办好想办法”理念，建设人民满意的服务型政府。打造诚信滨海，推进政务诚信、商务诚信、社会诚信和司法公信，全面构建新区社会信用体系。打造便利滨海，深化“一企一证”“证照分离”等改革，推动马上就办从行政审批向综合服务全拓展、网上全办从“网上办”向“指尖办”全延伸、全区通办从新区和开发区向街镇及村居全下沉，进一步拓展“跨省通办”范围和深度。打造专业滨海，优化“专家+管家”式服务体系，实施企业服务专员制度，开发应用“智慧企业服务平台”，推进政务服务从共性审批监管向个性化、定制化服务转变。打造效率滨海，树牢“今天再晚也是早，明天再早也是晚”理念，优化“承诺拿地即开工”“交地即交证”模式，持续压缩口岸通关时间和成本，真正实现办得快、办得好。

**四、坚持人民至上理念，全面推进“四大工程”，更高水平建设宜居宜业美丽“滨城”**

深入践行以人民为中心的发展思想，不断提高人民生活品质，让人民获得感成色更足、幸福感更可持续、安全感更有保障。

1. 全力推进民生福祉工程，建设共同富裕之城。聚焦群众“急难愁盼”问题，综合施策、精准发力，逐步实现幼有善育、学有优教、劳有厚得、病有良医、老有颐养、住有宜居、弱有众扶。

提高教育发展优质化水平。坚持把孩子们的事情办好，实施六大“行动计划”、五大“提升工程”，推进教育领域综合改革，严格落实“双减”政策，争取到2026年增加中小学学位4.1万个、幼儿园学位0.9万个，加快建设全国学前教育普及普惠发展区和全国义务教育优质均衡发展区。加快与主导产业适配的职业教育聚集园区建设，探索新型产教融合模式，大力推进技能型人才培养，加快建成现代化教育强区。

提高健康卫生高质化水平。把保障人民健康放在优先发展的战略位置，加强与市区及国内知名医疗机构合作，打造“龙头医院”，建设“区域医疗中心”，发展“专科名院”，加强基层医疗机构服务能力建设，三级医院达12家，构建广覆盖、可持续的三级医疗服务体系。完善居民健康管理、重大疾病防治体系，大力发展中医药事业，提升食品药品安全水平，为人民提供全方位全生命期健康服务。

提高群众收入均等化水平。健全实现更充分更高质量就业的促进机制，支持灵活就业和新就业形态良性发展，确保“零就业”家庭保持动态清零。健全多层次就业保障体系，倡导勤劳致富，形成大众创业、万众创新的浓厚氛围。健全工资合理增长机制，多措并举构建三次分配制度体系，增加中低收入群体收入，在共同富裕上走在前列。

提高社会保障普惠化水平。深入实施全民参保计划，加快发展多层次社会保险，健全基本养老、基本医疗保险筹资和待遇调整机制，扩大工伤保险、家庭护理保险参保覆盖范围。完善分层分类社会救助体系，主动帮扶“四失”“五类”人员，兜牢民生底线。实施应对人口老龄化战略，构建居家社区养老、机构养老相协同，医养康养相结合的养老服务体系。坚持“房住不炒”，促进房地产市场持续健康发展。加快推进城市化还迁房和老旧小区改造等民生工程建设，积极推进保障性租赁住房建设，完善多主体供给、多渠道保障、租购并举的住房体系，让每一位“滨城”人都住得舒心、安心。

2. 全力推进文化繁荣工程，建设现代文明之城。坚持守正创新，扛起举旗帜、聚民心、育新人、兴文化、展形象的使命任务，统筹推进以文化人、以文惠民、以文兴业，让“滨城”文化展现独特魅力。

推动城市文明程度新提升。坚持物质文明与精神文明相互促进，大力弘扬爱国文化，加快“精卫填海”、抵御外侮、实业报国等“滨城”优秀传统文化创造性转化、创新性发展。擦亮全国文明城区品牌，深化群众性精神文明创建活动，实现文明街镇、文明村居全覆盖，持续提升城市文明程度和市民文明素质。实施文物保护修缮工程，强化非物质文化遗产传承保护和活化利用，进一步激发“滨城”人的自豪感和荣誉感。

打造公共文化服务新品牌。深入实施文化惠民工程，开展公共文化点单配送服务，不断丰富群众性文化活动。系统整合优化红色文化资源，积极挖掘海洋文化内涵，广泛宣介大沽炮台、渔盐史话、海洋民俗等特色文化地标。深化新时代文明实践中心建设，推进南北两翼文化设施组团式发展，鼓励各方广泛参与公共文化服务新业态、新空间、新阵地，提升国家公共文化服务体系示范区能级，让公共文化服务润心，让人民群众点赞。

塑造文化产业发展新优势。健全现代文化产业体系和市场体系，培育壮大“文化+”新业态，扩大优质文化产品供给，推动创意设计、动漫、电子竞技、研学旅行等产业集聚。全面推进国家文化和旅游消费试点城市建设，发挥中新生态城全域旅游示范区和国家文化出口基地品牌功能，支持国家海洋博物馆、泰达航母主题公园争创国家5A级景区，优化特色旅游精品线路，推动文旅融合发展，打造海洋文旅特色品牌。

3. 全力推进乡村振兴工程，建设融合发展之城。坚持“产业兴旺、生态宜居、乡风文明、治理有效、生活富裕”总要求，加快实现“五个振兴”，谱写乡村全面振兴新篇章。

建设美丽乡村样板区。打造自然生态美丽乡村，实现农村宜居宜业。保护传承乡村特有地域环境、文化特色、建筑风格等“基因”，让乡村守得住乡情、留得住乡愁。深化“百村示范、千村整治”工程，全面完成农村生活污水治理、“厕所革命”、农业面源污染防治等重点工作，让乡村更净更美。建设“以人为本”的特色小镇，实施数字乡村战略，加快城乡基础设施互联互通，让乡村生活更便捷更舒适。

建设国家现代农业示范区。推动“三产”融合发展，大力发展都市型农业，实现农业高质高效。坚持设施化、园区化、绿色化、标准化，大力发展智慧农业、认养农业、订单农业；严格耕地保护，加快农业节水综合利用工程建设，全力保障粮食安全、种子安全；深化供销社改革，发挥乡村振兴产业（人才）联盟作用，组建一批产供销一体的新型合作社；实施“三品一标”行动，持续扩大茶淀玫瑰香葡萄、崔庄冬枣、杨家泊对虾等地理标志农产品影响力，加快建设国家现代农业产业园。以工业化思路推进农业发展，推动农产品精深加工，全面建设农业食品创新产业园、国家农村产业融合发展示范园。大力发展复合农业，推行“渔盐光风互补”，提升农业附加值。大力发展体验式、浸入式农业，培育都市休闲农业和乡村旅游康养等新经济新业态，打造津京城市居民的农业科普基地、休闲养生基地、乡村旅游目的地。

建设城乡协同发展先行区。推动“三金”增收，实现农民富裕富足。提高农民土地流转租金收入，创新宅基地“三权分置”实现形式，盘活利用集体资产、资源。提高农民合作入股股金收入，支持龙头企业与农民合作社、家庭农场、广大农户组建农业产业化联合体，引导新型经营主体与农户建立契约型、股权型利益联结体。提高农民就业创业薪金收入，加强农民职业技能培训，大力发展农村电商，鼓励农民用自己的双手创造幸福生活。

4. 全力推进社会治理工程，建设和谐安全之城。深入开展市域社会治理现代化试点创建，推动治理理念、治理手段、治理模式创新，努力成为全国社会治理现代化建设示范区。

打造法治滨海。推动法治政府建设示范创建，深化行政执法体制改革，构建权责法定、执法严明、智能高效、廉洁诚信、人民满意的政府治理体系。深化司法体制综合配套改革，巩固拓展政法队伍教育整顿成果，努力让人民群众在每一宗司法案件中感受到公平正义。全面实施“八五”普法宣传教育和民法典普法工作，营造全社会尊法学法守法用法浓厚氛围。

建设平安滨海。坚持和发扬新时代“枫桥经验”，做优做实区、街镇两级矛盾纠纷调处化解中心，完善矛盾纠纷源头预防、排查预警、多元化解机制，依法及时就地解决群众合理诉求。推进立体化智能化社会治安防控体系建设，严厉打击各类违法犯罪活动，健全扫黑除恶长效机制。坚持底线思维，持续开展危险化学品、道路交通、城镇燃气、建筑施工、地下管线等行业领域隐患大排查大起底大整治，有效防范和坚决遏制重特大安全事故发生，不断提升城市本质安全水平。常态化抓好疫情防控，牢牢守住“外防输入、内防反弹”两道防线，捍卫来之不易的疫情防控成果。统筹抓好金融风险防范化解，坚决守住不发生系统性和区域性风险的底线。健全风险研判、信息共享、社会协同、快速响应、科技支撑等全过程跨部门联动机制，加快实现全灾种大应急统筹应对。

缔造和谐滨海。把加强党的领导融入社会治理全过程、各环节，综合发挥政治、法治、德治、自治、智治治理效能，构建网格化管理、精细化服务、信息化支撑、开放共享的基层服务平台，全面提升基层社会治理能力和治理体系现代化水平。持续实施美丽“滨城”共同缔造行动，坚持决策共谋，推进村居共谋民生、街区共谋治理、园区共谋发展；坚持“滨城”共建，推进党员示范建、专项攻坚建、社会协同建、志愿服务建；坚持建设共管，推进微事网格互助管、小事村居协商管、中事街镇协调管、难事全区统筹管；坚持效果共评，向群众汇报、请群众评判；坚持成果共享，把各项惠民政策落到实处，让人民共享改革发展成果，让城市更和谐、更温暖、更有归属感。

各位代表，同志们，江山就是人民，人民就是江山，让人民幸福就是“国之大者”。我们要牢记民心是最大的政治，多谋民生之利，多解民生之忧，更好满足人民对美好生活的向往，努力让人民生活更殷实、笑脸更多、品质更高。

**五、大力弘扬伟大建党精神，坚持党建引领共同缔造，进一步激发“二次创业”奋斗激情**

要认真贯彻落实新时代党的建设总要求，全面加强党的领导，不断提升政治判断力、政治领悟力、政治执行力，以党建新成效引领发展新局面。

1. 坚决捍卫“两个确立”。坚持砥砺忠诚品格，践行“五个必须”，杜绝“七个有之”，坚决做到“两个维护”。学懂弄通做实习近平新时代中国特色社会主义思想，从党的百年奋斗的重大成就和历史经验中汲取力量，推进党史学习教育走深走实，用伟大建党精神提振精气神、激扬决胜力。坚决有力执行，对习近平总书记重要讲话、重要指示批示条条落实、件件落地、事事见效，确保党中央提倡的坚决响应、党中央决定的坚决执行、党中央禁止的坚决不做。

2. 强化党的领导核心作用。坚持把党的领导贯穿各项工作的全过程、各方面，系统谋划，统筹协调，确保重要任务、重点工作始终抓在手上、落到实处。坚持民主集中制，完善“三重一大”决策机制，不断提高各级领导班子科学决策、依法决策、民主决策水平。坚持党对经济工作的领导，完善党委研究经济社会发展、定期分析经济形势等工作机制，切实提高驾驭经济工作的能力。坚持党对国家安全的领导，深入落实总体国家安全观，提高风险预见预判能力，有效防范化解各类风险。坚持党管意识形态，对内健全重大情况分析研判、应急处置和定期通报机制，传播好声音，凝聚正能量，弘扬主旋律，打好主动仗；对外加强国际传播力，提升新区影响力。

3. 筑牢党的坚强战斗堡垒。聚焦抓基层、强基础、固基本，突出政治功能，提升组织力，推动组织覆盖提速扩面、基层治理提质增效、党建引领提档升级。全面消除农村软弱涣散党组织，深入抓好社区和村级组织评星定级、机关事业单位“党建＋服务基层”、国企党建促改革攻坚、“两新”组织“两个覆盖”，确保基层党组织全面进步、全面过硬。强化党建与业务深度融合，推动党建工作向中心聚焦、为全局聚力。严格落实各项组织制度，全面提升党内政治生活的质量水平。从严从实抓好党员教育管理，实施新一轮党员教育培训五年规划，加强党内激励关怀帮扶，促进党员强能力、当先锋、立标杆。

4. 激发干部担当奋进活力。开展“二次创业”，更加迫切需要大事难事敢担当、危急时刻勇作为的干部队伍。要大力加强干部队伍建设，打好育选管用“组合拳”，持续激发干部担当作为的内生动力。多管齐下“育”，加大干部教育培训、轮岗交流力度，强化思想淬炼、政治历练、实践锻炼、专业训练，全面提升“八个本领”“七种能力”，打造德才兼备、忠诚干净担当的高素质专业化干部队伍。突出标准“选”，坚持把政治标准放在首位，注重在急难险重任务和复杂环境中选拔识别干部，打破论资排辈，不搞平衡照顾。宽严并重“管”，坚持业绩导向，深化“三考合一”，完善日常监督管理机制，加大容错纠错和澄清正名力度，为担当者担当。注重实绩“用”，坚持以事业选人、赛道相马、实践考察、实绩决定，落实“三个坚决不等”“三个区分开来”，让担当实干者快上、腾挪闪绕者快下。

5. 纵深推进全面从严治党。坚持自我革命，把“严”的主基调长期坚持下去，一以贯之从严管党治党。强化责任落实，推动党委（党组）主体责任、纪委监委监督责任、书记第一责任人责任、班子成员“一岗双责”贯通发力，切实做到知责于心、担责于身、履责于行。强化作风建设，锲而不舍落实中央八项规定及其实施细则精神，驰而不息纠治“四风”特别是形式主义官僚主义，常态化治理不担当不作为问题，着力治庸提标杆、治懒提效能、治散聚合力。强化政治监督，构建纪律监督、监察监督、派驻监督、巡察监督统筹衔接、贯通协同的监督机制，加强对“一把手”和领导班子监督，大抓基层监督，高质量实施新一届区委巡察，持续深化纪检监察体制改革，提升综合监督治理效能。强化“清廉滨海”建设，常态化开展警示教育，精准运用监督执纪“四种形态”，深化正风肃纪反腐，一体推进不敢腐、不能腐、不想腐，巩固发展反腐败斗争压倒性胜利。

6. 汇聚携手奋进磅礴力量。支持和保证人大及其常委会依法行使职权，探索党建引领下的全过程人民民主建设。加强人民政协专门协商机构建设，不断提高政治协商、民主监督和参政议政水平，推动协商民主广泛、多层、制度化发展。加强对台、港澳、侨务工作，积极促进政党关系、民族关系、宗教关系、阶层关系、海内外同胞关系和谐。发挥工会、共青团、妇联等人民团体作用，进一步提升政治性、先进性、群众性，把各自联系的群众紧紧凝聚在党的周围。充分发挥老干部优势和作用，共同致力美丽“滨城”建设。

# 天津市滨海新区政府工作报告（节选）

## ——2021年12月12日在天津市滨海新区第四届人民代表大会第一次会议上

天津市滨海新区代理区长　单泽峰

**一、过去五年工作回顾**

过去五年，是滨海新区深入落实重大国家战略、加快实现国家赋予功能定位的五年，也是坚定不移推进开发开放历程中极不平凡的五年。五年来，我们坚持以习近平新时代中国特色社会主义思想为指导，全面贯彻党的十九大和十九届二中、三中、四中、五中、六中全会精神，深入落实习近平总书记对天津工作“三个着力”重要要求和一系列重要指示批示精神，在市委、市政府和区委坚强领导下，牢牢把握稳中求进工作总基调，坚持以供给侧结构性改革为主线，创新竞进、砥砺前行，经济社会高质量发展态势持续巩固。

坚持主动融入京津冀协同，在落实重大国家战略中加快高质量发展

承接非首都功能疏解成效明显。五大承接平台功能不断提升，累计引进北京项目3919个，协议投资额超万亿元。滨海—中关村科技园累计注册企业突破3000家。京津合作示范区建设初具雏形。合作共建滨唐、滨沧示范产业园。协同发展领域不断拓展。形成“5横3纵1环”高速公路网，津石、塘承高速加快建设；津秦、津保高铁相继开通，京津城际延伸线实现“公交化”运行。航空口岸大通关基地一期建成，国际邮件互换局投入使用。设立首个京津通办自助服务厅，300个高频政务事项实现“跨省通办”。“一带一路”建设战略支点作用持续增强。加快天津港世界一流智慧港口、绿色港口建设，建成全球首个“智慧零碳”码头。开通至雄安新区绿色通道，搭建京津冀港口智慧物流协同平台，在全国率先实现区域通关一体化。“一港六区”实现统一运营管理，天津港集装箱吞吐量增速位居全球十大港口前列。累计完成国际班列运量29万标准箱，中蒙俄经济走廊集装箱多式联运被评为国家多式联运示范工程。国际邮轮母港进出境游客达235万人次。泰达苏伊士经贸合作区、意大利中小企业产业园加快建设。

坚持大力实施创新驱动发展战略，在推动“三大变革”中加快新动能引育

创新平台加速集聚。国家自主创新示范区加快建设，聚集国家合成生物技术创新中心、国家先进计算创新中心等市级以上研发机构528家，国家级众创空间24家。先进计算与关键软件（信创）、合成生物学、细胞生态海河实验室揭牌，现代中药创新中心成为首个部市共建的国家级制造业创新中心。创新主体加快成长。国家高新技术企业、科技型中小企业分别达到3900家和3740家，“独角兽”“瞪羚”“雏鹰”和领军（培育）企业超过2000家。创新成果竞相涌现。新一代超级计算机、“PKS信创体系”、12英寸单晶硅片、全球首款软件定义互连芯片和内生安全交换芯片等关键核心技术实现重大突破，中科曙光分布式存储系统位列中国海量存储系统榜首，全球首次实现二氧化碳到淀粉的人工全合成。创新生态不断优化。成立17个产业（人才）联盟，驻区两院院士、特贴专家等高层次人才达1171人，博士后科研工作站和创新实践基地223家。建成中国（天津）知识产权保护中心和中国（滨海新区）知识产权保护中心，国家知识产权示范城区加快建设，有效专利达到7.2万件。

*坚持实体经济发展方向，在推进转型升级中加快构建现代产业体系*

产业集群加快壮大。建成8个国家新型工业化产业示范基地，形成汽车及机械装备制造、石油化工2个两千亿级产业集群，新一代信息技术、新能源新材料2个千亿级产业集群。航空航天产业形成以载人航天、大型商用客机、大推力火箭、智能无人机等为核心的“三机一箭一星一站”产业格局。空客A320累计交付269架，A350宽体机完成首架交付，A321项目落地。汽车及新能源整车产能达到150万辆。南港世界一流化工新材料基地加快建设。战略性新兴产业加快成长。围绕“1+3+4”现代产业体系，实施创新集聚谷行动，中国信创谷、生物制造谷、京津冀特色细胞谷和北方声谷加快建设。信创产业形成以超算、曙光、飞腾、麒麟为代表的安全自主可控全产业链，获批国家人工智能创新应用先导区。生物医药、网络信息安全产品和服务产业入选国家战略性新兴产业集群，细胞、新能源、国产自主可控信息安全产业入选国家创新型产业集群试点。国家海洋经济创新发展示范城市加快建设。新业态新模式加快发展。金融创新运营示范区加速建设，集聚金融、类金融机构2700余家，各类上市公司46家。国家租赁创新示范区建设加快推进，金融租赁和融资租赁公司资产总额突破1.9万亿元，飞机、船舶、海工平台跨境租赁业务总量占全国的80%以上，成为全球第二大飞机租赁聚集地。集聚中国电建、美的等保理企业640家，商业保理资产总规模跃居全国第一位。基于互联网的新兴服务业增势强劲，云账户、今日头条、运满满等平台企业加快成长。跨境电商综合试验区建设提速升级。保税维修和再制造蓬勃发展，成为亚太地区重要的航空制造维修基地。

*坚持把改革开放先行区作为第一定位，在深化改革扩大开放中释放发展活力*

行政管理体制改革持续深化。完成新一轮政府机构改革，在全国率先实施开发区、自贸试验区法定机构改革，建立“三考合一”机制，行政运行体系更加高效。“放管服”改革扎实推进。全面落实“一制三化”改革，政务服务事项“一网通办”“最多跑一次”成为常态。全国首创信用承诺审批分级管理，率先推行“一企一证”综合改革，建立“承诺拿地即开工”服务标准，推行“一套材料办审批”模式。推进要素市场化改革，推行新型产业用地高效复合利用。事中事后监管创新举措获国务院督查激励。获评全国信用体系建设示范区。营商环境考核评价居国家级新区前列。国有企业改革稳步推进。压缩国资监管层级，优化国有资本布局，成立国有资本投资运营公司，完成国有企业混改出让出清414家。实施新一轮国有企业薪酬制度改革，强化企业全员业绩考核。全面完成国有企业“三供一业”和退休人员社会化管理承接工作。自贸试验区引领开放作用持续增强。积极开展首创性、差异性改革探索，累计实施497项制度创新措施，向全国复制推广38项试点经验和实践案例，自贸试验区制度创新指数连续两年位居全国前列。实施离岸融资租赁对外债权登记、经营性租赁收取外币租金结汇等一批全国首创性举措，国内首笔跨境人民币保理业务成功落地。自贸试验区扩区工作积极推进，高新区、中新生态城联动创新区挂牌成立。创新FT账户分公司模式，开立账户1100个，累计收支超3600亿元。对外开放水平不断提升。累计实际利用外资225.5亿美元，预计2021年外贸进出口总额达6000亿元，其中出口增长13%。世界500强企业、中央企业和中国民营500强企业在新区投资项目均超过1000个。“两化”搬迁、三星陶瓷电容等767个项目竣工投产；南港120万吨乙烯、国家合成生物技术创新中心等1200个项目加快建设。

*坚持绿色低碳发展，在加强生态文明建设中打好污染防治攻坚战*

蓝天碧水净土保卫战取得阶段性成果。完成1788家“散乱污”企业和6.3万户散煤治理，实施320个项目清洁生产技术改造，35蒸吨及以下燃煤锅炉实现“清零”，全面淘汰国Ⅲ及以下排放标准中重型营运柴油货车，$PM_{2.5}$年均浓度比2016年下降43.9%，空气优良天数比率提高9.7个百分点。完成24个片区雨污分流改造。污水处理能力达到88万吨/日，城镇污水集中处理率达到95.2%，城区黑臭水体全部消除。打好渤海综合治理攻坚战，12条入海河流全部消劣。健全土壤污染防治体系，实现环境质量监测点位全覆盖。生态质量持续提升。推进“871”重大生态工程建设，加强北大港湿地保护修复，有水湿地面积由2017年的140平方公里增加到240平方公里，被列入《国际重要湿地名录》。完成双城间绿色生态屏障造林1.85万亩。实施蓝色海湾整治修复行动，修复岸线8.8公里，岸线生态功能不断提升。全面加强控沉工作，压采深层地下水超2600万立方米。实施海绵城市建设三年行动，建成区达标面积超25%。“双碳”工作扎实推进。风电、光伏等新能源发电装机规模达到1462兆瓦。氢能示范产业园加快建设。天津排放权交易所总交易量跃升至全国第二。大力倡导绿色生活方式，生活垃圾分类体系基本形成。

*坚持以人民为中心的发展思想，在走好新时代群众路线中持续增进民生福祉*

社会保障体系更加健全。坚持

实施20项民心工程，民生支出占财政支出的近70%，加快补齐民生短板。累计新增就业60.8万人，城镇登记失业率控制在3.5%以内。城乡居民人均可支配收入较2016年分别增长28.4%和28.8%。社会保险待遇稳步提高。完善社会保障和救助体系，发放各类救助和保障资金45亿元。建设各类保障性住房1.7万套，还迁棚户区居民1.5万户，2697户农村困难群众危房彻底清零。社会事业全面发展。新建、接收中小学、幼儿园78所，新增学位近6万个。建成天津茱莉亚学院，加快建设中国核工业大学。新建新区肿瘤医院、天津医大总医院滨海医院、中医医院，第五中心医院新门急诊楼正式启用，三级医院达到9家。21家医院建成智慧门诊。国家海洋博物馆、滨海文化中心、周大福金融中心成为美丽“滨城”新地标。中新生态城入选国家全域旅游示范区，成功获批国家文化出口基地。街镇、村居综合文化服务中心实现全覆盖。建成养老机构12个、老年日间照料中心133家。成功举办全国第十届残运会暨第七届特奥会。荣获全国文明城区、国家卫生区、国家无障碍环境示范区、国家公共文化服务体系示范区和全国健康促进区等荣誉称号。城市功能不断提升。高标准推进国土空间总体规划编制，深化“滨城”总体城市设计。加强“大棚房”、乱占耕地建房等突出问题清查整治，清理历史遗留违法占地1.2万亩，整改率位居全市第一，今年以来违法侵占农用地实现“零新增”。不断完善公共配套设施，实施畅通工程41项，第二大街跨津山铁路桥、洞庭路地道等顺利通车，西外环高速全线贯通，轨道交通B1、Z4线加快建设，Z2线全线开工。新开公交线路34条，施划停车泊位近10万个。改造农村电网321公里，建成5G基站6800个，获批国家新型城市基础设施建设试点。改造老旧小区70个。新建改造供水管网2500公里、燃气管网191公里、供热管网58公里。疫情防控实现双胜双赢。大力弘扬伟大抗疫精神，派出8批次134名医护人员驰援湖北。实行全方位疫情管控，“歌诗达·赛琳娜”号邮轮突发事件处置、“滨城大筛”、冷链物流管控等成为疫情防控经典案例。建立“五个早”工作机制，在全市率先推进企业复工复产。有序开展疫苗接种工作，加快构筑全民免疫屏障。

坚持深入实施乡村振兴战略，在打赢脱贫攻坚战中提升“三农”工作水平

农业产业结构不断优化。提升高标准农田3.7万亩，建成蔬菜保供基地6个，国家现代农业产业园获批。建成梦得、神驰等四大奶牛养殖基地，培育家庭农场16个，创建市级示范家庭农场10个。农村人居环境持续提升。深化农村人居环境综合整治，农村生活垃圾无害化处理率100%。深入推进“厕所革命”，累计改造公厕617座、户厕1.2万座。建成10个农村人居环境整治示范村。全部完成179家规模化畜禽养殖企业粪污治理和34家工厂化水产养殖尾水治理。脱贫攻坚圆满收官。深入开展东西部扶贫协作和对口支援工作，累计投入资金超30亿元，实施精准帮扶项目486个，派出党政干部和专技人员399人，助力青海、甘肃“两市四县”全部提前脱贫摘帽。3名个人、2个集体荣获全国脱贫攻坚先进称号。投入资金2亿元，精准实施8个产业帮扶项目，全面完成44个困难村结对帮扶任务。

坚持共建共管共享，在“共同缔造”中全面提升社会治理体系和治理能力现代化水平

智慧城市建设稳步推进。建成智慧滨海运营中心，实现大数据一张图感知城市、大平台一张网惠及民生、大运营一条链服务产业。北方大数据交易中心获批，成功入选国家智能社会治理综合实验基地。全市首创全域全科网格化管理模式，开通滨海掌上行App。实施天眼“雪亮工程”，扎实推进智慧平安社区建设，织就守护平安的“智慧天网”。安全生产形势总体稳定。实施安全生产三年专项行动，系统推进安全风险评估、安全发展示范城市试点创建，聚焦重点行业、重点领域，持续开展大排查大整治，整改隐患36万处。2021年安全生产死亡事故起数和人数比2016年分别下降35.2%和44.5%。加强食品、药品安全监管，“双安双创”示范区创建工作扎实推进。平安滨海建设持续深化。深入开展扫黑除恶专项斗争，实施“雷霆”“昆仑”等专项行动，重拳整治社会治安乱点，破获各类刑事案件1.9万起，成为全国禁毒示范城市。加大历史遗留问题解决力度，累计化解信访积案913件，被评为全国首批市域社会治理现代化试点地区。

不断加强政府自身建设

五年来，我们坚持务实高效廉洁，在全面从严治党中不断加强政府自身建设。坚持从严治政。全面加强政府系统党的建设，推进“两学一做”学习教育常态化制度化，扎实开展“不忘初心、牢记使命”主题教育和党史学习教育，“四个意识”更加牢固、“四个自信”更加坚定、“两个维护”更加自觉。坚持依法行政。加强法治政府建设，主动接受区人大及其常委会法律监督、区政协民主监督，累计办理人大代表建议2080件、政协提案1581件。严格执行“三重一大”制度，行政决策机制更加完善。政务公开力度进一步加大。行政执法监督平台被评为第一批全国法治政府建设示范项目。政法队伍教育整顿取得积极成效。全面完成“七五”普法，积

极开展“八五”普法。坚持廉洁勤政。严格落实中央八项规定及其实施细则精神，驰而不息纠治“四风”，开展“讲担当促作为抓落实、持续深入治理形式主义官僚主义不作为不担当问题”专项行动。强化公共资源交易、工程招投标等重点领域廉政风险防控。严控“三公”经费，持续压缩一般性支出。加强军政军民团结，完善退役军人服务保障体系，蝉联三届“全国双拥模范城”。支持工青妇等群团组织开展工作，民族宗教侨务、对台、外事工作进一步加强，意识形态、安全保密工作有效落实。

过去五年的成绩来之不易，这是习近平新时代中国特色社会主义思想科学指引的结果，是市委、市政府坚强领导的结果，是区委团结带领全区上下齐心协力、攻坚克难的结果，是区人大、区政协和社会各界监督支持的结果。

发展中还存在一些亟待解决的问题

在看到成绩的同时，我们也清醒认识到，经济社会发展中还存在一些亟待解决的问题：思想不够解放，敢为人先、敢闯敢试的魄力不足；创新引领能力不强，战略性新兴产业规模不够大；民生领域存在薄弱环节，城乡发展不平衡；污染防治任务依然艰巨，生态保护修复任重道远；防范安全生产、社会稳定风险压力较大，社会治理还有短板弱项；政府部门形式主义、官僚主义和不作为不担当问题依然存在。对这些问题，我们将采取有力措施，切实加以解决。

**二、今后五年的主要工作**

今后五年政府工作总体要求是：高举中国特色社会主义伟大旗帜，坚持以习近平新时代中国特色社会主义思想为指导，全面贯彻党的十九大和十九届二中、三中、四中、五中、六中全会精神，坚决捍卫“两个确立”，深入落实习近平总书记对天津工作“三个着力”重要要求和一系列重要指示批示精神，统筹推进“五位一体”总体布局，协调推进“四个全面”战略布局，立足新发展阶段、贯彻新发展理念、构建新发展格局、推进高质量发展，全面深化改革开放，促进共同富裕，统筹发展和安全，大力弘扬伟大建党精神，充分激发“二次创业”奋斗激情，深入实施“五大战略”、全力推进“四大工程”、坚持党建引领共同缔造，担当作为，创新竞进，进一步发挥全市发展龙头引擎作用，全面建设生态、智慧、港产城融合的宜居宜业美丽“滨城”，加快打造新时代高质量发展示范区。

今后五年经济社会发展的奋斗目标是：“一核两副双港多组团”城市空间布局更加优化，公共配套服务显著完善，职住平衡、港产城融合、城乡一体的格局全面形成，生态、智慧、港产城融合的宜居宜业美丽“滨城”基本建成，“津城”“滨城”相映生辉、竞相发展。现代产业体系基本形成，先进制造业和现代服务业双轮驱动成效显著，新动能进一步壮大，主导产业核心竞争力国内领先，工业战略性新兴产业占规上工业增加值41%以上，规上工业总产值达1.5万亿元，限上服务业营业收入1万亿元，形成6个千亿级产业集群，高质量建成“一基地三区”核心区。自主创新和产业创新能力大幅提升，法定机构、要素市场化等重点领域改革综合效应充分放大，国内大循环和国内国际双循环战略支点作用充分显现，升级版自贸试验区创新活力迸发，成为全国创新驱动、深化改革、扩大开放的示范引领。社会主义核心价值观更加深入人心，全国文明城区创建成果巩固发展，笃定“二次创业”、建设美丽“滨城”的精气神更加昂扬，一批文化重点项目加快建设，公共文化服务体系和文化产业体系更加健全，形成更具影响力的海洋文化品牌和“滨城”城市品牌。生产生活方式绿色转型成效明显，“871”重大生态工程巩固提升，“双碳”战略取得显著成效，“一屏一带三湿地多廊道”生态格局全面形成，天更蓝、地更绿、水更清、城市更美丽。城乡协调发展，居民收入增长和经济增长基本同步，各项社会事业发展水平不断提高，社会保障能力持续增强，乡村振兴战略全面推进，基本实现教育发展优质化、健康卫生高质化、群众收入均等化、社会保障普惠化。社会治理社会化、法治化、智能化、专业化水平大幅提升，法治政府建设向纵深推进，党建引领共同缔造激发更大社会活力，城市更宜居、更韧性、更温暖，成为城市现代化治理示范。

深入实施创新立区战略，打造创新发展先导区

加快重大科技创新平台建设。聚焦信创、合成生物、先进计算等领域，加快建设大科学装置和创新基础平台，抓好海河实验室建设，推进新一代超级计算机高效运营，打造中国信创谷、生物制造谷、京津冀特色细胞谷和北方声谷创新标志区。推动清华大学天津电子信息研究院、浙江大学滨海产业技术研究院等向新型研发机构转型。深化与天津大学合作，推进南开大学滨海校区建设，加快天津科技大学科技园建设。加强关键核心技术创新突破。围绕信息系统关键核心芯片、区块链技术及支撑系统等新一代信息技术，创新药设计、新药临床研究等医药技术，车用操作系统、集群控制等无人系统关键技术，智能机器人、高性能智能传感器等高端装备制造技术，先进电子材料、复合材料等新材料制备技术，大功率风电、氢能等新能源技术，新体系动力电池、氢燃料电池发动机等新

能源汽车技术，实施前瞻性、战略性国家和市级重大科技专项，加大关键核心技术攻关力度，着力解决一批“卡脖子”问题。持续优化创新创业生态。完善“雏鹰—瞪羚—领军”企业梯度培育机制，不断壮大创新主体规模，力争到2026年国家高新技术企业达6300家。加强全域科普工作。完善人才服务保障机制，打造全流程、全链条的创新创业服务体系。充分发挥中国（滨海新区）知识产权保护中心平台作用，加强知识产权保护。

深入实施制造强区战略，打造国家先进制造研发基地中心区

培育壮大战略性新兴产业。以新一代人工智能为引领，建设国家基础软件创新中心，构建包括CPU芯片、服务器、操作系统、网络安全等信创产业核心链条在内的PKS和鲲鹏生态体系。重点打造以信创产业、人工智能为代表的智能科技产业集群，产业规模达到2100亿元；以合成生物、疫苗、细胞及基因治疗为重点的生物医药产业集群，产业规模达到1200亿元；以风电、光电、氢能、冷能、锂电池为主攻方向的新能源产业集群，产业规模达到1200亿元；以航空、海洋技术、节能环保等新兴产业需求为导向的新材料产业集群，产业规模达到2100亿元。促进平台经济、共享经济健康发展，培育壮大数字经济，加强5G、人工智能、工业互联网等新技术推广应用，争创国家数字经济示范区。加速传统产业转型升级。推动石油化工产业向精细化、绿色化转型，抓好北燃LNG、天津石油化工科学试验基地等重大项目建设，打造世界一流化工新材料产业集群，产业规模达到4300亿元。加快汽车产业向新能源、智能网联车转型，抓好一汽丰田、一汽大众新能源汽车项目建设，加快建设国际级生产基地，产业规模达到3300亿元。推进装备制造向智能制造、高端制造转型，抓好海洋工程装备制造基地、临港环保装备制造等重大项目建设，做优做强博迈科、太重等龙头企业，产业规模达到1100亿元。放大飞机制造、大型航天器等优势，打造千亿级航空航天产业集群。大力发展“四新”经济。推动跨境金融、绿色金融等特色金融产品创新发展，做大做强商业保理、融资租赁等特色金融产业，大力发展供应链金融，建设更高水平的金融创新运营示范区。探索工业互联网平台、供应链管理等新业态新模式。积极发展智能制造、服务型制造等交叉性产业，推进生产性服务业与制造业融合。支持传统商业向电子商务应用转型，打造国际消费中心城市和区域商贸中心城市核心承载区。

深入实施改革活区战略，打造全面深化改革先行区

深化法定机构改革。完善开发区绩效评价、考核激励、选人用人和薪酬总额管控机制。推进开发区社会职能剥离，完善教育医疗事业单位集团化管理、市场化运作模式。推动更多管理权限下放，全面提高开发区发展能级。深化要素市场化改革。优化创新型产业用地和复合型用地模式，建立健全开发区、街镇集约用地和新增项目用地挂钩机制。统筹“滨城”新市民政策。建立多层次资本市场体系，提升排放权、金融资产等交易场所功能，建设北方大数据等交易中心。健全要素价格市场形成机制，扩大电力市场化交易规模。深化市场主体改革。有序推动区属国有企业整合重组和市场化转型，健全法人治理结构，深化劳动、人事、分配制度改革，完善国有资产统一监管体系。健全民营经济支持政策，大力支持民营企业发展。

深入实施开放兴区战略，建设更高能级“双循环”战略引领区

打造服务京津冀协同发展示范区。推动滨海—中关村科技园、北方航空物流基地、南港化工新材料基地等重点载体平台创新发展，打造非首都功能疏解重要承载地。精准对接疏解清单，推动央企和龙头企业区域性、功能性总部及新兴业态项目向新区集聚。强化产学研对接合作，构建北京龙头企业产业化基地和重点科研成果产业化转移基地，为京津冀世界级城市群建设提供产业支撑。深化全方位协同。健全交通体系，加强海、铁、路、空联动，深化区域港口群、机场群协作。完善天津港集疏运体系，构建联接“三北”的大通道，加快北方国际航运核心区建设。深化京津冀港口协同发展，构建功能完善、分工合理、高效协同的津冀世界级港口群。建立服务京冀和雄安新区专属服务体系，打造京津冀高效便捷“出海口”。加快建设航空口岸大通关基地，打造国际航空物流中心和区域航空枢纽。积极融入“一带一路”建设。发挥中欧班列战略通道作用，做强国际海铁联运、中转集拼功能，提高班列运营质量，推动泰达苏伊士等境外合作区开发建设。拓展航空服务贸易新业态，加快电子商务海外仓布局，畅通“陆海空网”立体式大通道。坚持以自贸试验区引领开放。立足服务京津冀协同发展，加大“首创性”制度创新力度，在投资贸易自由化、便利化等方面开展创新，探索原产地规则、知识产权互认等国际规则，加快打造国内经济双向循环的重要资源要素配置枢纽、京津冀现代产业集聚区、中日韩自贸试验区战略先导区。积极推进扩区工作，构建自贸片区和联动创新区一体化创新体系，打造世界一流自由贸易园区。

深入实施环境优区战略，打造国际化营商环境样板区

打造最佳城市环境。坚持精准规划，加快打造“一核两副双港多组团”城市空间布局。加强耕地保护，

强化违法用地治理。坚持精致建设，谋划总投资超5700亿元的221个重点项目，统筹推进城市更新、新型基础设施、市政配套、新型城镇化等美丽“滨城”十大工程。构筑“两横两纵”轨道交通网络和核心区“九横七纵”骨架路网体系。坚持精细管理，完善智慧城市架构，构建集信息感知、数据研判、决策治理于一体的智慧城市管理新模式，全面建设精明城市和智慧城市。加快构建“5、10、15分钟生活圈”，全面建成国家级城市一刻钟便民生活圈示范区。打造最美生态环境。持续打好污染防治攻坚战，围绕建设“双碳”先导示范区，推进城乡建设绿色发展，不断改善大气和水环境质量，突出抓好渤海综合治理，加强自然岸线、湿地、入海河流等修复保护。倡导绿色生活方式，推广建筑节能和绿色出行，推进生活垃圾分类，加快创建“无废城市”“低碳城市”。打造最优服务环境。推进政务诚信、商务诚信、社会诚信和司法公信，全面构建社会信用体系。深化“一企一证”“证照分离”等改革，进一步拓展“跨省通办”。健全“专家+管家”式服务体系，实施企业服务专员制度。优化“承诺拿地即开工”“交地即交证”模式。持续压缩口岸通关时间成本。

全力推进民生福祉工程，建设共同富裕之城

提高群众收入均等化水平。年新增就业岗位不低于8万个。健全工资合理增长机制，构建和培育三次分配制度体系，增加中低收入群体要素收入。深入实施全民参保计划。持续提升社会救助水平，大力发展残疾人事业和慈善事业，推进养老事业高质量发展，在共同富裕上走在全国前列。坚持“房住不炒”，推动房地产健康发展。提高教育优质化水平。加快建设全国学前教育普及普惠发展区和全国义务教育优质均衡发展区，增加中小学、幼儿园学位5万个。加快职业教育聚集园区建设，全面构建全民终身教育体系，加快建成现代化教育强区。提高卫生健康高质化水平。打造一批“龙头医院”“区域医疗中心”和“专科名院”。完善基层卫生服务体系和重大疾病防治体系。大力发展中医药事业。不断提升食品药品安全保障水平。

全力推进文化繁荣工程，建设现代文明之城

推动城市文明程度实现新提升。完善全国文明城区建设长效机制，深化群众性精神文明创建活动，持续提升城市文明程度和市民文明素质。打造公共文化服务新品牌。深入实施文化惠民工程，培育一批群众性文化活动精品。深化新时代文明实践中心建设，推进国家公共文化服务体系示范区创新发展。放大文旅产业发展新优势。培育壮大“文化+”新业态。推进国家文化和旅游消费试点城市建设，做强生态城全域旅游示范区品牌。支持国家海洋博物馆、泰达航母主题公园争创国家5A级景区，加快滨海新区文化旅游度假区建设。

全力推进乡村振兴工程，建设融合发展之城

大力发展现代都市型农业。积极发展高效设施种植业、高端畜牧业、现代渔业和种源农业。加快国家现代农业产业园建设，推进国家农业食品创新产业园创建，培育智慧农业、认养农业、订单农业。强化质量兴农、品牌强农，构建“一业一品一园”发展格局。壮大街镇经济综合实力。优化调整街镇行政区划，优化空间布局，明晰主导产业定位，构建一镇街一业、产镇街融合、职住平衡的街镇发展格局。加大街镇赋能力度，依法依规下放更多审批权限。设立街镇高质量发展资金，加强园区基础设施建设。健全开发区与街镇融合发展机制，大力发展“飞地”经济，实现资源一体配置、成果共享互惠。健全农民增收保障体系。深化农村产权制度改革，探索宅基地所有权、资格权、使用权分置实现形式，大力发展新型农村集体经济。加强农民职业技能培训，支持农民就业创业，建设农民富裕富足先行区。持续提升农村人居环境。深化“百村示范、千村整治”工程，推进示范小城镇和特色小镇建设。深入推进农村生活污水治理、农业面源污染防治等工作，抓好“四好农村路”建设，加快建设美丽乡村。

全力推进社会治理工程，建设和谐安全之城

加强法治滨海建设。推动法治政府示范创建，提升政府工作法治化、民主化、科学化水平。深入推进“八五”普法，加强民法典宣传教育。加强平安滨海建设。推进立体化智能化社会治安防控体系建设，严厉打击各类违法犯罪活动，常态化推进扫黑除恶专项斗争，巩固拓展政法队伍教育整顿成果。坚持和发扬新时代“枫桥经验”，加大矛盾纠纷排查化解和根治欠薪工作力度。加强安全滨海建设。持续开展危险化学品、道路交通、建筑施工、城镇燃气等领域隐患大排查大起底大整治，加强应急救援体系建设，有效防范重特大安全事故。积极化解政府性债务，坚决守住不发生区域性系统性金融风险的底线。

**三、2022年重点工作**

2022年是深入学习贯彻党的十九届六中全会精神、喜迎党的二十大胜利召开的重要一年，也是贯彻落实区第四次党代会精神、加快美丽“滨城”建设的关键之年，做好全年工作至关重要。我们要笃定高质量发展不动摇，奋力谱写美丽“滨城”建设新篇章。

主动服务重大国家战略

紧紧抓住疏解北京非首都功能这

个“牛鼻子”，主动融入“一带一路”建设，在服务重大国家战略中展现滨海新作为。加快打造承接非首都功能疏解标志区。推进滨海—中关村科技园、京津合作示范区等载体建设，以引进北京项目为主攻方向，以大型央企总部为重点，紧盯一级总部、二三级区域总部，实施精准招商，着力引进一批优质项目。深化协同发展体制机制。持续推进政务服务事项“跨省通办”，提升异地办理便利度。推动津石高速、塘承高速建成通车，加快推进京滨城际、津潍铁路建设。强化大气污染联防联控联治，加强上下游水系协同治理。更好融入“一带一路”建设。优化天津港集疏运结构，推进天津港集疏运货运专用通道建设，加快打造“公转铁”“散改集”双示范港口。推动中欧班列常态化运营。加快苏伊士经贸合作区提档升级。支持天津机场三期改扩建，推进顺丰电商产业园、中远空运北方基地等重点项目建设，加速国际航空物流中心建设。

大力提升自主创新能力

把科技自立自强作为重要战略支撑，围绕国家自主创新示范区建设，加快打造自主创新重要源头和原始创新主要策源地。提升创新平台功能。推进国家合成生物技术创新中心、国家先进操作系统创新中心、国家网络信息安全适配基地等重大载体建设，加快海河实验室和现代中药创新中心建设。布局一批人工智能、集成电路等战略性、储备性研发项目，攻克一批关键核心技术和行业共性技术。做大做强创新主体。实施高新技术企业倍增计划，国家高新技术企业达到4600家。推进“雏鹰—瞪羚—领军”企业梯度培育，助力国家专精特新“小巨人”企业成长。优化创新服务体系。实施专利强企工程，建设产业知识产权运营中心。建立“人才点餐、政府配餐”机制，赋予产业（人才）联盟项目、人才评定和推荐权。

加快打造现代产业体系

围绕“1+3+4”现代产业体系，大力实施串链补链强链工程，推进产业基础高级化和产业链现代化。提升先进制造业发展能级。深入落实中国信创谷建设三年行动计划，加快联想智慧创新服务产业园、恩智浦半导体测试中心、中环领先半导体硅片等重点项目建设。加快生物制造谷和京津冀特色细胞谷建设，推动中科复兴天津生物产业基地、康希诺腺病毒载体疫苗、凯莱英小核酸药物基地等项目投产。加快北方声谷建设，打造智能语音、智能软件“一体两翼”产业体系。加快发展新能源汽车、高端汽车、动力电池等产业，推动中环太阳能叠瓦一期竣工投产。推进空客A321项目建设，加快打造空客亚洲中心。延伸高端精细化工产业链，推动南港LNG、京津输油管道等重点项目投产运营。推动一汽丰田销售公司、艾达自动变速器等项目落地。深入实施质量强区战略，开展质量提升行动，推进质量治理现代化。积极发展现代服务业。规划建设“中国·天津数字谷”，推进中电光谷、腾讯云数据中心建设。积极发展平台经济，支持保税区、东疆打造网络货运生态圈。推动国家示范物流园区创新发展，加快京津物流园、考拉华北智慧物流中心等项目建设。加快构建“一廊一带一区多组团”旅游空间布局，高标准建设全域旅游示范区。加大项目引进建设力度。开展产业链招商、平台招商、以商招商，加快引进一批重大项目。推动总投资1240亿元的新智物联感知产业园、华电海晶光伏发电等209个新项目开工，总投资5179亿元的飞腾麒麟大厦、今日头条大厦等412个在建项目加快建设，推动立联信芯片封测、360天津创业平台、曙光二期等156个项目投产运营。

全面深化改革扩大开放

坚持向改革要动力，向开放要活力，打造更高能级开发开放平台。持续深化“放管服”改革。推广“智能审批”，拓展电子证照应用场景。优化升级“一企一证”综合改革，实行“一次告知、一表申报、一窗受理、一次办成”。实施“交地即交证”，压缩企业投资周期。加强事中事后监管，推动市场主体信用信息公示和涉企信息归集共享，着力打造市场化、法治化、国际化营商环境。加快国有企业改革。完成竞争类企业混改出让出清100户。深化“智慧国资”系统建设，强化实时监控和动态监督。深化自贸试验区制度创新。持续推出一批可复制可推广的改革试点经验，探索开展无形资产租赁等创新业务。加快粮油、油气等大宗商品交易中心建设，提升碳排放、知识产权等要素市场功能。推进国家电子商务综合试验区建设。大力发展“贸易＋制造＋结算”业态，集聚更多财务中心、结算中心、订单中心。积极发展离岸金融、离岸贸易等新型离岸业务。推动跨境商业保理、保税维修、保税展示业务扩面，探索开展保税研发。抓好跨境综合服务中心和海外工程投资服务中心建设，构建跨境投融资绿色通道。

加快美丽“滨城”建设

深入落实“双城”发展战略，坚持精明增长、紧凑城市理念，全面提升城市品位。坚持规划引领。完成国土空间总体规划编制和“滨城”总体城市设计，加快推进海岸带保护与利用等专项规划及涉农街镇国土空间规划编制工作。提升城市载体功能。加快津歧路拓宽改造、工农大道改建等路网工程，启动西中环、车站北路跨海河桥建设。加快轨道交通B1、Z2、Z4线建设。抓好新型基础设施建设，5G基站达到7400个。推进海绵城市建设，32%建成区达到海绵城市标准。大力实施城市更新。加快推进美丽“滨城”

十大工程，实施海河外滩改造一期环境提升工程和泰达时尚广场、保税区海港片区等更新项目。抓好83个老旧小区改造和棚户区改造。持续改善生态环境。推进电厂15公里范围内燃煤锅炉关停整合。全面落实河长制、湖长制、湾长制，确保12条入海河流稳定消劣。推进“871”重大生态工程建设，加强北大港湿地生态保护修复，完成双城间绿色生态屏障建设300亩，强化蓝色海湾整治修复，实施生态城生态海堤、北部区域海岸带生态修复工程。全力推进“双碳”工作。加快能源结构调整，推进“盐光互补”、海上光伏、绿色智慧能源等示范项目建设。加快生态城智慧能源小镇建设。着力推进“无废城市”建设。

深入落实乡村振兴战略

坚持农业农村优先发展，推进乡村全面振兴。发展壮大现代农业产业集群。实施高标准农田改造3900亩。提升中地、神驰现代化奶牛养殖基地，推动新希望六和生猪养殖基地和澳新奶牛引种场建设，培育市级以上龙头企业27家。着力培育新型经营主体。加快推动土地流转，健全资产分红、股份合作等农民利益联结机制，市级示范家庭农场达到11家、家庭农场18家、农民生产经营合作社268家。持续优化农村人居环境。加快农村城镇化，稳步实施还迁工作。推进全域清洁化工程,深化“三美四乡”建设。全力提升街镇发展能级。深化街镇抓发展抓项目体制机制和能力建设，盘活街镇存量建设用地，探索“点状供地”等灵活供地方式。用足用好街镇高质量发展资金，引进社会资本参与街镇园区基础设施改造提升，实施凯旋街、金源路等整修工程，提升街镇园区载体功能。巩固拓展困难村帮扶成果，进一步加大东西部协作和对口支援工作力度。

持续增进民生福祉

坚持把民心作为最大政治，大力实施民生福祉工程和20项民心工程，让民生保障更加有力。加强就业和社会保障工作。做好重点群体就业服务，新增就业8.8万人。实施全民参保计划，落实阶段性降低社保费率政策。加大社会救助力度，落实低保和低收入群体救助政策。加快保障性租赁性住房建设。大力发展养老事业，加强街镇养老综合服务中心和日间照料中心建设。提升教育卫生服务水平。建成汉沽东扩区幼儿园、大港东城二幼、泰达第一小学二部等6所中小学、幼儿园，启动港西学校建设。全面抓好“双减”工作，进一步减轻学生负担。建成市中心妇产医院滨海院区，加快空港医院二期建设，推动五中心医院市级医学中心建设。加强常态化疫情防控，有序推进疫苗接种工作。深入开展爱国卫生运动。加快发展各项社会事业。以喜迎党的二十大为主题，举办社区文化艺术节等群众性文化活动。加强文旅融合发展，推动国家文化和旅游消费试点城市建设。推进全国首批城市一刻钟便民生活圈试点区建设，建成10个以上便民生活圈。加强国防动员和国防后备力量建设，巩固军政军民团结，争创双拥模范城“四连冠”。支持工会、共青团、妇联等群团组织开展工作。

提升社会治理能力和水平

强化党建引领共同缔造，着力构建共建共治共享的社会治理新格局。加强智慧城市建设。完善智慧城市管理平台，优化全域全科网格化管理，办好“12345”便民服务热线。加强重大风险防控。完善政府性债务管控机制，进一步加大债务化解力度。深入开展安全生产专项整治，加强重点行业、重点领域风险防控，推动安全生产形势持续向好。扎实开展“双安双创”工作。完善社会矛盾纠纷预防调处机制，依法依规解决群众合理诉求。加强社会治安综合治理。持续巩固政法队伍教育整顿成果，常态化开展扫黑除恶专项斗争，完善立体化、信息化社会治安防控体系，深入开展非法集资、地下钱庄等专项治理行动，严厉打击各类违法犯罪活动。

坚持以政治建设为统领，努力建设人民满意政府

做好政府工作必须加强政府自身建设，将坚持以政治建设为统领，全面加强政府系统党的建设，不断提高政治判断力、政治领悟力、政治执行力，着力打造一支高素质专业化的公务员队伍。自觉接受区人大、区政协和其他各方面监督，认真办理人大代表建议和政协委员提案。严格规范公正文明执法，全面落实行政执法“三项制度”。严格落实中央八项规定及其实施细则精神，坚决杜绝形式主义、官僚主义，深化不作为不担当问题治理，进一步减轻基层负担。深化廉政风险防控，加强审计监督和风险管控。从严控制一般性支出，持续压缩行政运行成本。全面实行政府权责清单制度，加大政务公开力度，努力建设人民满意政府。

# 庆祝中国共产党成立100周年系列活动

2021年，滨海新区围绕中国共产党成立100周年这条主线，以党史学习教育、大型主题展览、文艺演出、理论峰会等平台载体，开展系列庆祝活动。

学习宣传习近平总书记在庆祝中国共产党成立100周年大会上的重要讲话精神。“七一”前夕，区委书记连茂君带领区级领导班子成员和党员干部代表赴平津战役纪念馆、天津觉悟社纪念馆，缅怀革命英烈，重温入党誓词。7月1日，组织全区各级党员干部收听收看庆祝中国共产党成立100周年大会实况直播。7月2日，召开区委常委会（扩大）会议暨区委党史学习教育领导小组会议，学习传达贯彻习近平总书记在庆祝中国共产党成立100周年大会上的重要讲话精神。7月12日—14日，举行区委理论学习中心组党史学习教育第二期专题读书班，研读习近平总书记在庆祝中国共产党成立100周年大会上的重要讲话和关于中国共产党历史的一系列重要论述。全区各系统、各部门开展专题读书班100余场。

组织“两优一先”（优秀党员、优秀党务工作者、先进基层党组织）评选表彰，全区1名党员、1个基层党组织受到党中央表彰；33名党员、12名党务工作者、25个基层党组织受到市委表彰；149名共产党员、78名党务工作者、148个基层党组织受到区委表彰。向1.3万余名老党员授予“光荣在党50年”纪念章，组织100名新党员面向党旗庄严宣誓，8000余名党组织书记讲党课、7000余个党支部召开专题组织生活会。各级党组织书记走访4252名功勋荣誉党员、老党员和生活困难党员，发放慰问金400余万元。开展“我为群众办实事”活动，41名区领导带头梳理形成“项目清单”和“群众诉求清单”433项，为基层、为企业、为群众解决一批难点堵点问题。

理论阐释。制定《关于滨海新区庆祝中国共产党成立100周年宣传报道方案》，从7月中旬开始在全区范围内围绕习近平总书记“七一”讲话的重大意义、重要内容和丰富内涵开展宣讲715场次，受众2.2万余人，其中领导干部开展宣讲253场次，受众7900余人。利用各类电子显示屏3000余块，过街天桥37个，建筑围挡1800块、户外宣传牌3492块、公交站宣传牌196块，灯杆道旗6212杆，近1.2万张宣传海报等载体，刊发宣传标语口号。组建区委党史学习教育宣讲团，受众1.4万名党员干部。成立“新时代劳模宣讲团”“红色文化宣讲团”“党员说理论宣讲队”“红领巾宣讲团”，开展2634场宣讲，受众24.3万人次。开展“百个爱国主义教育基地传精神”主题活动，在大沽口炮台遗址博物馆、塘沽烈士陵园等爱国主义教育基地设立青少年讲解岗，推出主题展览展示、讲座报告、基层巡展等活动。举办第六届唯物史观与马克思主义史学理论论坛暨中国共产党成立100周年理论研讨会，邀请全国知名专家学者交流研讨，出版《唯物史观与中华思想史研究文集》。制作拍摄“百部微党课”并进行全媒体推送。

舆论引导。中央、市级、区级主要媒体和全国主流网络媒体刊载滨海新区迎庆中国共产党成立100周年相关稿件1万余篇次，阅读量近3000万人次。通过中国日报、未来电视等海外平台开展国际传播，全球覆盖阅读量突破4000万，打响“滨城”国际品牌。组织区级媒体刊发习近平总书记重要讲话全文，刊发《感受党的百年风华 奋力建设美丽“滨城”》《百年征程谱华章 赓续奋斗正当时》《接续奋斗路 启航新征程》等评论及反响报道，宣传阐释习近平总书记重要讲话精神。人民日报以“滨城”核心区为素材地，制作推出中国共产党成立100周年微电影《在场》，刊发《党建引领 共同缔造 滨海中关村科技园谱写高质量发展新篇章》等报道。《新华每日电讯》刊发《盐碱滩上崛起美丽“滨城”》《109枚公章为何封存进了博物馆》等报道。央视播发《今年以来天津港集装箱吞吐量突破1000万标准箱》《霓虹靓津门 绽放海陆空》《祝福百年华诞 津城灯火璀璨》等报道。“七一”前后，中央和市级媒体刊发“滨城”内容相关稿件188篇次。组织滨海新区庆祝中国共产党成立100周年无人机飞行表演，500架无人机以“灯光+动画”的形式细数中国共产党成立100周年发展的历史时刻。围绕“党建引领 共同缔造”主题，组织20余家国内主流媒体和10个国家共30余人举行“中外媒体走进滨城”大型采访调研活动。新华社“GLOBALink”（全球连线）、“China Focus”（聚焦中国）等海外品牌栏目连续刊发6篇反映美丽“滨城”的新媒体英文稿件。中国日报海外脸书官方账号“Invest in China”（投资中国）连续发文4篇，图文并茂推介“滨城”生态、智慧、港产城融合和宜居宜业的鲜明特质。策划推出滨海钢琴公益云展播”活动，通过未来电视海外传播渠道进行宣传推荐、视频推广、图文推送，并进行英语、西班牙语、葡萄牙语、俄语等多语种传播。

文化活动。挖掘红色资源，梳理滨海新区党史历程，组织编印《中国共产党天津市滨海新区历史大事记（要事摘编）》。组织重走习近平总书记视察的天津港、滨海—中关村科技园。联合延安革命纪念馆、中共一大会址纪念馆、西柏坡纪念馆举办《不忘初心，牢记使命——庆祝建党百年革命圣地系列展览》，在国家海洋博物馆开设《巍峨的丰碑》长征精神主题展，在航母基地开设平津战役主题展，接待基层党组织和各类团组750余个、党员群众近10万人。滨海文化中心打造红色剧目《红色记忆》大型音舞诗画舞台剧，在滨海图书馆、滨海文化中心等网红打卡地开展红色阅读活动。举办“百年党史，滨城诵读”活动，组织优秀主持人和各行各业先进典型深入到乡村社区、企业学校讲述红色故事。发挥图书馆、博物馆、滨海文化中心等100多个新时代文明实践基地、450多个新时代文明实践所（站）阵地作用，组织体验式学习教育活动。推出党的革命历程主题展、“牢记初心使命，发扬红色传统”中国共产党在天津的革命实践主题展、“没有共产党就没有新中国”报纸展览一批专题展览。开展“颂歌献给党”原创歌曲征集、党史学习进万家、“童心向党”少儿美术作品展等37项大型主题活动。利用塘沽、汉沽烈士陵园和大港英烈园等爱国主义教育基地，重温革命传统，传承红色基因。开展庆祝中国共产党成立100周年活动和“永远跟党走”群众性主题宣传教育。开展“同唱一首歌永远跟党走”群众性歌咏活动，44支代表队参加，通过新媒体平台推送播出，吸引30万余人次线上观看。举办滨海新区庆祝中国共产党成立100周年文艺演出，来自各条战线的文艺骨干与500余名现场观众互动。举办“百年红色光影奋进崭新征程”重点影视剧展映展播、“庆祝建党百年·党史学习进万家”、百部微党课、百堂思政课、百部红色经典书籍阅读等活动。

（袁 明）

## 开展党史学习教育

2021年3月2日，滨海新区召开党史学习教育动员部署会，区委书记连茂君出席并作动员讲话，区长杨茂荣主持并传达有关精神。区人大常委会主任许红星，区政协主席韩远达出席。

统筹安排党史学习教育。成立中共天津市滨海新区委员会党史学习教育领导小组，区委书记连茂君任组长，区长杨茂荣、组织部部长张弢、纪委书记王琴、区委常委、办公室主任赵前苗任副组长，宣传部部长马波任常务副组长，相关部门领导任成员。领导小组下设办公室，承担领导小组日常工作，马波兼任主任，办公室下设综合协调组、联络组、实践活动组、材料简报组、宣传组、巡回指导组。综合协调组设在区委宣传部，主要负责全区开展学习教育总体统筹协调，与市委学习教育领导小组办公室、市委指导组沟通联系，以及协调各组开展工作。联络组设在区委办公室，主要负责服务区委常委会和常委同志开展学习教育，同时联络服务区人大常委会、区政府、区政协党组学习教育。实践活动组设在区委组织部，主要负责组织开展“我为群众办实事”实践活动，负责组织专题民主生活会、组织生活会。材料简报组设在区委宣传部，主要负责全区学习教育情况综合、重要文件、重要讲话、综合性文稿和《简报》起草工作。宣传组设在区委宣传部，主要负责全区学习教育宣传报道、舆论引导和典型宣传。巡回指导组设在区委督查室，主要负责对全区各单位开展学习教育情况进行督促指导。全区各单位成立领导机构，推动党史学习教育开展。区委印发《滨海新区关于在全区开展党史学习教育的实施方案》《区委常委会党史学习教育安排方案》指导全区学习教育。制定“我为群众办实事”实践活动实施方案及督导方案以及党史学习教育活动报道等专项工作方案。

扎实开展党史学习教育。区委书记连茂君主持召开25次常委会、专题会研究部署全区党史学习教育工作，作出批示65次。区委理论学习中心组集体开展学习研讨22次，组织专题读书班3期，经验交流会3次。区委理论学习中心组3篇学习体会文章先后在《天津日报》《天津工作》《支部生活》报刊上刊发。全区15个局级、98个处级理论学习中心组学习2423次，举办专题读书班（研讨班）520次，各级党组织开展学习7600多场次。开展“党课开讲啦”“学习身边榜样”活动，全区8734名党组织书记讲授专题党课，受众党员14.7万人。与南开大学、市委党校等合作开设党史学习教育课程60余节，开展党课讲座87次，区委党校主体班次安排22场党史专题讲座，组织全区7400余名干部参加全市第一期党史学习教育网络专题班。全区各党支部召开组织生活会，各党支部和14万余名党员围绕党史学习教育查问题抓整改。组织推动党员干部利用“学习强国”学习平台，看时政、学理论、挑战答题，形成党史学习教育“比学赶超”氛围。召开第六届唯物史观与马克思主义史学理论论坛暨中国共产党成立100周年理论研讨会、百年中国共产党与中华优秀思想文化暨中华思想史第六届、第七届高峰论坛，出版《唯物史观与中华思想史研究文集》。

探索学习教育宣讲模式。打造“理论宣讲+志愿服务+新媒体”三位一体宣讲模式，围绕党史学习教育、“四史”教育、“七一”重要讲话精神、党的十九届六中全会精神，开展理论宣讲5100余场次，受众37万人次，形成区图书馆“博士天团”、区融媒体“滨海新区70个全国第一”、寨上街道“墙根讲堂”等基层宣讲宣传品牌36个。推动中共十九届六中全会精神宣传贯彻，2次召开区委常委会会议进行安排部署，区委四届二次全会对学习宣传贯彻中共十九届六中全会进行全面部署，区委书记连茂君带头做十九届六中全会精神宣讲报告。区委宣讲团赴各开发区、各部门、各街镇、重点企业等80余个单位面对面宣讲；800余名基层离退休干部组成社区志愿者宣讲团，编辑《中国共产党简史故事》宣讲课件，拍摄制作300余个党史学习教育辅导专题讲座视频，入村、进居、进企互动化宣讲；37名各类先进人物开展巡回式宣讲。举办《铸魂——延安时期的从严治党》全国首展，开设“巍峨的丰碑——长征精神”“平津战役”等主题展，全区各级党组织参观红色阵地、举办主题党日、开展红色观影等现场学习2.6万次、68.5万人次。

开设学习教育专栏。区级媒体开设“学党史 悟思想 办实事 开新局”等专题专栏6个，津滨海、“学习强国”滨海新区平台等新媒体平台开设“庆祝建党百年 党史学习教育”专题专栏。围绕庆祝建党百年主线，组织中央、市级新闻媒体和全国重点网络媒体开展集中采访26次。围绕“党建引领 共同缔造”“我为群众办实事”主题，组织开展集中采访8次，中央和市级主流媒体刊发滨海新区党史学习教育稿件180篇。推出专题视频栏目《科创致敬历史》，讲述滨海新区促进企业发展实践，阅读量130万人次。

总结推广经验做法。挖掘党史学习教育经验做法，总结推广“新时代文明实践赶大集”、东疆海关“党史共学、实事共办”、大港街春晖里社区“跟着电影学党史”等素材，其中“新时代文明实践赶大集”入选中央文明办《建设新时代文明实践中心工作方法100例》。策划推出25期“奋斗百年路，滨海新征程”主题系列视频，拍摄9位获天津市优秀共产党员、优秀党务工作者称号的代表人物主题短视频《初心的答卷》。市委党史学习教育领导小组办公室采用滨海新区简报和动态信息28篇，区委党史学习教育办公室刊发简报152期，介绍经验做法720个，编印“我为群众办实事”专刊14期，展示代表性案例138个。

搭建共同缔造体系。区委印发《关于党建引领共同缔造美丽“滨城”的指导意见》及2021年行动方案。成立5个专项组，推进99项区级重点民生项目落地见效。组织召开“我为群众办实事”经验交流会、党史学习教育中期推动会，推动党建引领共同缔造“我为群众办实事”工作。划分民生红网格6953个，成立“暖夕阳”“银剪刀”等特色服务队伍，解决群众小事急事13万余件。41名区级领导深入基层一线，认领久拖未决的民生大事，破解“滨海热线”疑难问题工单249个。各开发区、街镇和区级部门领导班子解决群众问题2763件。研发“滨海百姓需求”小程序，为9.2万名群众办理需求事项14.6万件。区融媒体中心和小王庄镇联合申报“‘烟花’吹落黄金

梨 多方助农暖滨海”案例获天津市“我为群众办实事”十大经典案例奖；寨上街道“百姓议事厅”被天津市评为“我为群众办实事”服务百姓创新案例。牢记习近平总书记考察天津港时的重要指示精神，与天津港建立定期沟通磋商机制，天津港年集装箱吞吐量首次突破2000万标准箱。纵向组建17个产业（人才）联盟，横向根据地域相近原则成立30个主题园区共同缔造理事会，实现72个园区全覆盖，解决1929个企业关心关注的问题，促成产业链合作项目2200余个。构建以3个领域海河实验室、国家超级计算天津中心、生物制造谷、中国信创谷、细胞谷、北方声谷为代表的“三室一心四谷”创新体系，自贸区实施制度创新措施487项，38项经验案例在全国复制推广，滨海新区营商环境在全国18个国家级新区中评价名列第二，其中13项一级指标成为各领域标杆。区委书记连茂君带头走遍21个街镇，区委召开加快街镇经济发展工作会议，制定出台支持街镇经济高质量发展的“1+5”文件。29位区级党员领导班子成员每人确定1个村居作为联系点，区级机关各党组织整合优质资源、服务事项“下沉入党建红网格”，356个社会主体“积极入党建红网格”，区级机关党员干部到社区入列轮值。71个机关企事业单位1400余个党支部与21个街镇所属472个村居党组织进行结对共建，超过167万人次参与志愿服务。

加强学习教育指导。组建区级指导组，采取巡回指导、随机抽查、调研访谈等方式开展9轮巡回指导，共指导开发区、机关企事业单位、街镇93家，实地走访农村社区、企业学校、科所站队等基层单位450余个次，采取座谈交流、电话抽查、随机访谈等方式抽查党员群众500余人，发现各类问题23个，编发督查专报9期，挖掘出一批在活动开展中涌现的典型事例。

（袁　明）

# 美丽“滨城”建设攻坚行动

2020年11月26日—27日，天津市委十一届九次全会作出“十四五”时期初步形成“津城”“滨城”双城发展布局的战略部署。2021年，滨海新区成立美丽“滨城”建设领导小组，由区委书记任组长、区长任第一副组长，下设10个攻坚工作组，明确“创新立区、制造强区、改革活区、开放兴区、环境优区”五大战略，推进“民生福祉、文化繁荣、乡村振兴、社会治理”四大工程，全力实施美丽“滨城”建设攻坚行动，各项工作均取得显著成效。

一是实施“创新立区”战略，创新势能不断积蓄。创新平台提级扩能，先进计算与关键软件、合成生物学、细胞生态3个海河实验室揭牌，现代中药创新中心成为首个国家地方共建的国家级制造业创新中心，天津科技大学科技园正式投用。创新主体培育壮大，国家高新技术企业、科技型中小企业分别达到3900家和3740家，“瞪羚”“雏鹰”和领军（培育）企业超过2000家，新晋“独角兽”企业3家。取得“十大”创新成果，新一代超级计算机、“PKS信创体系”、世界首款内生安全交换芯片、群体智能操作系统及其应用等关键核心技术实现重大突破，物联网射频感知核心芯片技术达到国际先进水平；全球首次实现二氧化碳到淀粉的人工全合成；康希诺腺病毒载体新冠疫苗量产，便携吸入式新冠疫苗研制成功；凯莱英连续反应绿色制药技术、合源生物自主知识产权细胞新药和细胞注射液取得重大进展；8项创新成果获国家科学技术进步奖。

二是实施“制造强区”战略，产业引擎动能强劲。围绕“1+3+4”现代产业体系建设，聚焦产业链高质量发展，加快中国信创谷、生物制造谷、京津冀特色细胞谷和北方声谷建设。按照双链长机制，集中攻坚信创等10条优势产业链，加快培育车联网、轻工2条产业链，在链企业工业总产值8065亿元，增速21.8%，信创产业形成以超算、曙光、飞腾、麒麟为代表的安全自主可控全产业链，获批国家人工智能创新应用先导区，战略性新兴产业和高技术制造业增加值占全市规上工业增加值比重分别为15.82%、10.6%。实体项目引育成效显著，120万吨/年乙烯及下游高端新材料产业集群、中环DW智慧化工厂、“两化”搬迁改造项目、中沙聚碳酸酯项目、北疆港区C段智能化集装箱码头、华熙生物透明质酸钠项目、中科曙光天津产业基地、天津海洋工程装备制造基地、一汽丰田新能源汽车、奇虎360天津创业平台等“十大实体经济项目”建设顺利，总投资23.2亿元的电装电子第二工厂项目等“十大招商项目”签约落地，联想信创总部等236个项目开工建设，164个项目竣工投用，实际利用内外资分别增长25%和9.8%。金融创新运营示范区加速建设，金融租赁和融资租赁公司资产总额突破1.9万亿元，商业保理资产总规模跃居全国第一位。17个产业（人才）联盟吸引1752家成员单位，引进高层次人才4537人，促成2200余个合作项目。

三是实施“改革活区”战略，多领域改革取得突破。要素市场化改革多点推进，北方大数据交易中心获市政府批复同意设立，与市司法局、市民政局达成数据共享协议；新型产业用地政策加快落地，完成4处地块控规调整；2家试点单位启动新型研发机构深化改革，启动国际生物医药联合研究院体制改革；新增深交所创业板上市企业1家，新增内资融资租赁试点企业6家；“滨城”户籍政策经市政府原则通过；以南疆、临港为试点开展能源综合配套改革工作。法定机构改革持续深化，印发泰达街改革总体方案、实施方案及配套政策，构建适合法定机构特色的监督体系。市场主体改革持续深化，国企混改出让出清完成140户，181家区属企业推行经理层任期制和契约化管理，区直属国企房屋资产盘活实现收益18.12亿元；建立民营经济运行情况分析机制，建立“专精特新”种子企业库，2批入库企业累计143家。实施区属公立医院绩效考核，完成年度薪酬水平核定、综合改革补助拨付工作。

四是实施“开放兴区”战略，对外开放水平显著提升。依托自贸试验区政策和港口资源，服务京津冀协同发展战略和“一带一路”建设。全面深化自贸试验区首创性、功能性制度创新，天津自贸试验区“保税租赁海关监管新模式”入选商务部第四批“最佳实践案例”，实现自贸试验区联动创新示范基地建设模式、“FT分公司”模式、商业保理“金融商品转让”融资成本抵扣新模式、“五位一体”供应链金融创新体系、国内首笔跨境人民币保理业务等“五个全国首创”，自贸试验区制度创新指数位居全国前列，泰达综合保税区实现进出口总额102.6亿元，比2020年增长7倍以上。对接服务京津冀协同发展升级加力，承接非首都功能项目1095个，其中承接央企二三级企业和项目61个，投资额667亿元。交通领域协同持续加强，津石高速天津东段、塘承高速滨海新区段主体完工。体制机制协同深化，京津冀审批“跨省通办”事项150项，实现北京、天津、广州三地经开区268项事项通办。推动北方国际航运枢纽建设，天津港绿色港口、智慧港口建设加快推进，C段智能化集装箱码头启用，全年集装箱吞吐量首次突破2000万标准箱，增速位居全球十大港口第一。

五是实施“环境优区”战略，城市环境不断优化。通过总体规划引领、重点项目带动来改善硬环境，通过聚焦政务服务、提升智慧平台来优化软环境。“滨城”国土空间总体规划方案编制完成，“滨城”总体城市设计第一阶段滨城风貌概念规划设计取得阶段性成果，出台城市更新指导意见和城市更新计划，获批国家新型城市基础设施建设试点，谋划投资超5000亿元的221个重点项目，强化市场化综合开发模式，统筹推进“滨城”建设十大工程。“十大基础设施建设项目”加速推进，轨道交通Z2线开工，第二大街桥、洞庭路地道建成通车，闸南路跨南疆铁路桥、津石高速完工，天津港集疏运专用货运通道、西中环快速跨海河桥工程加快建设，基本实现5G网络全区覆盖、重点区域连片优质覆盖，33项重点电力工程投产送电、新区供电能力整体提升41%，入选国家智能社会治理综合实验基地。完成双城间绿色生态屏障造林600亩，“零碳能耗智慧建筑”建成并投入试运行，东疆东部岸线、临港中港池北部岸线等生态景观工程完工开放，空气质量达标天数增加4.3个百分点，水环境综合指数改善17.13%，天津排放权交易所总交易量升至全国第二。营商环境对标一流，营商环境考核评价居国家级新区前列，获评全国信用体系建设示范区，推行“一套材料办审批”模式，完成“承诺拿地即开工”案例5例，深化“一企一证”改革，出口退税全流程审批实现平均7个工作日内完成，高压用户办电实现3个环节办结，双万双服解决企业满意得分居全市前列。电子政务云中心为智慧滨海二期“数字孪生城市”“智慧工地”“疫苗接种管理系统”等系统部署分配云资源。

六是推进“民生福祉工程”，民生保障更加有力。保就业、强教育、优医疗、重保障、善治理，增强“滨城”居民幸福感安全感。实施20项民心工程，全年新增就业9.5万人，新增企业职工基本养老保险参保10万人。天津实验中学海港城学校、塘沽一中塘沽湾学校、天津科技大学附属中学、生态城枫叶学校建成投用。肿瘤医院滨海医院、总医院滨海医院、滨海新区中医医院、生态城仁和天成医院等4所甲级医院投用。制定租赁住房“租购同权”试行办法，中福天河智慧养老社区二期交房，“安心养老”智能化便老服务平台与“津滨海”App对接。天津K11购物艺术中心、大港万达广场、生态城季景天地、滨海吾悦广场、天津滨海金隅嘉品MALL、生态城爱琴海购物公园等6大商业体开业。抓好常态化疫情防控，接种新冠疫苗520万剂，全民免疫屏障更牢固。

七是推进“文化繁荣工程”，文化魅力有效提升。突出主线思想引领，举办百年中国共产党与中华优秀思想文化暨第六、第七届中华思想史高峰论坛，中华思想通史图书馆建成并开馆，出版发行《中国共产党天津市滨海新区历史大事记（1919—2021）》，“学习强国”新区学习平台成为直辖市中首个率先上线的区级（地市级）学习平台。城市文明程度提高，成立长效办并完成中央复审迎检工作，推动完成新区新时代文明实践中心、25个所、

469个站全覆盖。媒体融合成效显著,新媒体产品发布“时度效”提升,“津滨海”客户端初步实现“一端在手、应有尽有”。“美丽滨城·会客厅”建成并成为展示美丽“滨城”的重要平台。文旅融合提质增效，举办第十三届滨海艺术节和首届全域旅游休闲节，推出20条微旅游线路、10条工业旅游线路，东疆湾沙滩景区入选国家体育旅游示范基地，区万人群众文化设施建筑面积300平方米。新区获批国家公共文化服务体系示范区，大沽街再次被文旅部命名中国民间文化艺术之乡、新区图书馆少儿馆区社会化运维开馆等“十大文化公共服务成就”丰富“滨城”优质文化资源供给。

八是推进“乡村振兴工程”，构建新型工农城乡关系。农业结构优化，高效种植业、高端畜牧业、现代渔业加快发展，新区获批国家现代农业产业园，启动建设对虾种苗繁育基地建设、工厂化循环水养殖建设等18个项目。建设高标准农田1040公顷，小王庄镇试种13.33公顷海水稻，小麦秸秆基本实现全量化利用，农作物秸秆综合利用率99%以上。开展家庭农场建设，培育农户家庭农场3个，创建6家示范家庭农场，纳入名录系统家庭农场818个。加快推进新城镇城镇化建设项目、胡家园街农村城市化建设项目。出台加快街镇经济发展实施意见及5个实施细则，发挥招商引资、税收分成、“飞地”招商、闲置楼宇就地使用等政策效应,中塘工业园引入实体项目19个、楼宇企业82家，鼓励金融机构加大对涉农企业及农村地区的信贷支持，全年落地项目179个，总投资98.3亿元。

九是推进“社会治理工程”，城市治理水平显著提升。被评为全国首批市域社会治理现代化试点地区，被授予全国禁毒示范城市称号。加快建设法治滨海，出台实施《滨海新区重大行政决策程序规定》《行政复议体制改革实施细则》及14项配套制度；人社、水务领域组建综合行政执法队伍；行政执法监督平台功能拓展走在全市前列。平安滨海建设持续深化，建立“112”多维布警巡防网络，处置“黑财”3.8余亿元;组织开展“滨城创安系列行动”，电信网络诈骗犯罪达成“两升两降”工作目标；建成724个智慧平安社区。严守公共安全底线，建立常态化债务风险防控和债务化解管理机制；实施安全生产专项整治三年行动，督改隐患4.1万余项；全区406家学校食堂100%建成“互联网+明厨亮灶”；建立应急物流运输中转站，建成22家仓储物流企业、133部车辆组成的应急保障队伍。

十是全力保障“滨城”建设实现良好开局。压实主体责任，组织各单位党组织主要负责人向区纪委全会述责述廉，全面推行区委、区政府班子成员述责述廉，压实关键少数管党治党主体责任。激励担当作为，注重在“滨城”建设实践中发现识别优秀干部，举办城市更新等13个实践锻炼培训班，遴选130余名年轻干部奔赴美丽“滨城”建设一线。强化共同缔造体系，印发《关于党建引领共同缔造美丽“滨城”的指导意见》及2021年行动方案；开展“党建+我为群众办实事”“党建+我为基层办实事”活动，为9.2万余名群众办理14.6万余件需求，办结回复率97.3%，五星好评率99.6%；4480名机关干部下沉至426个村居“入列轮值”。

（蔡菁华）

## 新冠肺炎疫情防控

2021年，滨海新区疫情防控工作坚持“三级架构、一级指挥”指挥体系，坚持区委常委会和区防控领导小组、区防控指挥部工作会议“三会合一”，区委区政府主要负责人先后20次主持召开区疫情防控领导小组和指挥部会议暨新区新冠肺炎疫苗接种领导小组会议，从严从细从实抓好外防输入、内防反弹，把好海港防控、集中隔离点管理、冷链物流、区域协查排查、院感防控、重点场所常态化防控等重要关口，筑牢疫情防控和全人群免疫屏障两道防线，巩固疫情防控成果。

常态化防控。加强组织领导，强化专业能力，配备充足人员，确保工作职责落实落地。一是完善平急一体化突发疫情应急指挥体系。成立区防控指挥部疫情防控8个专业组，区疫情应急统筹处置工作专班11个工作组。二是提高流调排查应急处置能力。成立区指挥部流调溯源专项工作组和区域排查管控专业组。在原有流调专业队伍、流调综合队伍、调查协查队伍的基础上，扩充组建流行病学综合调查队伍。排查管控风险地区来返滨人员，排查中高风险及重点地区人员信息38.9万条，对具有重点地区暴露史人员按相关要求落实管控措施。三是提升核酸检测能力。建成2个城市检测基地，分别组建检测基地检验队伍，具备应急状态24小时全负荷运行条件。制定核酸检测工作方案及配套方案。建立街镇—村居—网格—网格小组—采样点等一一对应的核酸筛查组织架构。四是抓社区防控全覆盖。强化各开发区、各街镇“三级包保”制度，严格落实

“五包一”工作机制及重点人员管控措施。常态化开展监督检查，适时开展落实情况“回头看”。全年开展监督检查33次，抽查网格小组长1444人次。向全区26个开发区、街镇印发《疫情防控社区（村）重点人员服务管理工作应知应会》《疫情防控社区重点人员服务管理工作明白纸》。五是做好国际航班入境人员接驳工作。完善疫情期间接驳转运工作方案，明确全程新冠疫苗接种、集中居住、闭环管理、健康监测、核酸检测等接驳转运工作人员管理措施及专车专用、通风消毒、应急处理等转运车辆管理要求。承接航班47架次，闭环转运、集中隔离6937人，发现阳性病例35人，均按要求妥善处置，未发生输入性病例引起的本地感染。

疫苗接种。成立9个疫苗接种工作专班推动疫苗接种。3月14日，在全市率先上线新区疫苗管理系统，以身份证为唯一识别码，建立属地和行业双标签，通过信息平台可视化分析，实时掌握各属地接种率、单日接种趋势、当日分时段接种压力趋势等情况。成立摸排领导小组，精准比对，确保不漏一企、一户、一人。固定接种和移动上门接种相结合，据实动态调整接种点力量。接种高峰期，全区设27个临时接种点、8个大型场馆固定接种点、25支移动接种队，日最大接种能力10.5万剂次。至年末，全区接种521.92万剂，首剂接种率104.7%，全程接种率102.8%。60岁及以上人员首剂接种27.55万人，接种率77.7%。加强免疫125.25万人，完成率88%。

口岸防控。天津市成立海港防控暨进口冷链物品管控专业组，滨海新区指挥部和市商务局牵头整体工作，按照“专人专班、专司专办、专责专督”的要求，分设综合协调组、海港防控组、冷链防控组，实行责任包保制度，建立日自查、周督查、月复核的风险排查机制。一是严格落实国际航行船舶船员全流程闭环管理。制定《天津海港口岸国际航行船舶船员疫情防控工作方案》《国际航行船舶船员下船工作流程》，对信息报送、登临检疫、接驳转运等提出明确要求，确保入境船员闭环管理。升级船上人员管控，强化与船员物理隔离措施。全年入境天津港船舶1.14万艘，接驳转运港口入境下船人员1.43万人，上船人员1.36万人，检出新冠病毒阳性病例均按防控要求妥善处置，未发生输入性病例引起的本地感染。二是严格落实口岸高风险人员个人防护和闭环管理。对引航员、船代、登轮人员进行摸排、登记，严格控制数量，降低感染风险，并纳入集中居住管理。在保障防护物资质量同时，梯口值守人员进行核查督促，在船上由防疫监督员进行监督管理，确保登船作业人员个人防护措施落实到位。要求所有集中居住人员在全程接种新冠疫苗，核酸检测阴性后方可上岗。集中居住人员相对固定。强化对港口货运司机的管理，严格货车司机入港口前核酸检测阴性证明、健康码等查验工作，确保不丢不漏。三是强化进口冷链食品管控模式链条化。建立“入境申报→提箱离港→运输转运→入库消毒、核酸检测→出库进入流通市场”全闭环、全覆盖管控模式。

集中隔离点管理。成立隔离点管控专业组，由区级领导任指挥长，规范完善集中隔离点管理，强化隔离点工作规范与流程。一是安排备足集中隔离点。至年末，启用隔离点16个，可用隔离房间1660间。为应对疫情突发状况，应急储备隔离点18个，经改造后24小时内可投入使用，应急储备隔离房间2456间。二是全面发挥专班作用。驻隔离点专班工作人员410余人。工作人员落实登记造册、培训上岗、集中住宿、闭环管理、健康监测制度。储备隔离点专班人员配备明确到人，可随时从名单库中进行人员递补。三是抓好隔离点监督检查。开展隔离点综合督查，实地了解16个隔离点防控措施落实情况，查补漏洞短板，要求责任单位立行立改。开展外防输入专项检查，对水路、航空入境的重点隔离场所全面检查外防输入各项措施落实落地情况及闭环管理情况，发现问题及时明确整改时限和具体要求。对发现问题整改落实情况开展“回头看”，对舆情投诉和自查发现问题整改落实情况进行复查，重点核查矛盾突出和整改不到位的区域。

医疗救治和院感防控。成立医院感染控制专业组，统筹协调医院感染控制工作；完善区指挥部院感质量控制组，开展院感工作培训及督导检查。一是升级改造发热门诊，做好发热人员鉴诊。全区设置发热门诊13家。建设重点人群定点发热门诊，确定海滨人民医院为国内中高风险地区及集中隔离点有关患者等高风险人群就医发热门诊。落实发热门诊出入口24小时值守，发热门诊患者全部核酸检测制度，6小时内反馈结果，结果反馈前全部留观。二是加强医院管理，做好院感防控。医院住院病区严格执行24小时门禁管理，原则上实行无陪护；设置缓冲病房，无核酸检测报告的危急重症患者先行收入院内缓冲病区救治，核酸报告出具阴性结果后才可转出；严格执行院内感染相关制度，人流、物流、空气流严格管控，严防交叉感染。开展各类培训30余次，强化医务人员个人防护。加强重点人员核酸检测频次。

重点场所常态化防控。明确28类重点场所重点单位群防群控任务，区分26个开发区街镇、12个机关部门工作分工，健全相关工作机制。一是强化零售药店监管。落实零售药店实名制登记销售制度，督促辖区药店做好退热、止咳、抗病毒和抗菌素药品用药人员旅居史问询和健康码、金盾标识、行程码查验工作。实名登记107.73万人次，发热1.42万人次，通过查验健康码行程码排查到途径中高风险地区购药人员20人，通过查验金盾标识发现未接种新冠疫苗人员4535人次。二是严格落实“测温、亮扫码、戴口罩”三件套措施。全天候督查5个开发区和21个街镇对车站、码头、农贸市场、商超、餐厅（馆）、麻将馆、KTV、美容美发店等重点点位测温、亮扫码、戴口罩等疫情防控情况。全年，督查点位1.17万个，发现问题点位3756个，下发督查通报48期，各开发区、街镇均整改完毕。三是全面做好废物处置。落实隔离点医疗废物处置“日报告”“零报告”制度，处置隔离点和集中居住点医疗废物934吨。做好港口高风险人员废弃防护用品收集处置，收运处置天津港集团防护物品129吨，集中居住点废物52吨。做好船舶生活垃圾处置，将天津港入境船舶及国内中、高风险地区船舶疫情期间所产生的生活垃圾和生活污水在退岸收集、运送、贮存、处置等环节参照医疗废物和医疗废水处理，收运处置国际船舶、国内中高风险区域内航船舶生活垃圾85吨。

（韩晓鹏　韩骕）

# 东西部扶贫协作和支援合作

2021年度，滨海新区深入贯彻落实习近平总书记在全国脱贫攻坚总结表彰大会上的重要讲话精神，坚持“升级加力、多层全覆盖、有限无限相结合”的工作思路，不断健全机制、优化方式、凝聚合力，推进东西部协作甘肃省甘南州合作市和天水市张家川县、对口支援青海省黄南藏族自治州及对口合作长春市工作，持续抓好巩固拓展脱贫攻坚成果，全面推进助力乡村振兴，各项工作取得良好成效。

组织推动。滨海新区东西部协作和支援合作工作领导小组成员单位58家，全年召开区级会议8次，研究部署帮扶工作。其中，区委常委会3次，区农村工作会议暨巩固拓展脱贫攻坚成果同乡村振兴有效衔接工作会议1次，区东西部协作和支援合作工作领导小组会议4次。制定出台《滨海新区高质量推进东西部协作和支援合作助力巩固拓展脱贫攻坚成果同乡村振兴有效衔接2021年实施方案》及11个专项工作方案、《2021年滨海新区与长春市对口合作工作要点》《滨海新区助力结对地区实施“百村振兴计划”工作方案》《滨海新区面向对口支援地区开展“民族团结一家亲·百行百业交流行”活动方案》等政策文件，推动工作开展。区委书记连茂君赴黄南州、区长杨茂荣赴合作市和张家川县调研考察，召开高层联席会议，研究双方交流合作总体思路，推动统筹社会帮扶资金使用、援派人员管理等具体工作落实。

人才支援与劳务协作。滨海新区向甘肃省甘南州合作市、甘肃省天水市张家川县、青海省黄南州、西藏昌都、新疆兵团、陕西省水源区选派挂职党政干部23人。其中，处级17人、科级6人；选派柔性专业技术人才108人，包含教师、医生、产业园区人才、农技人才等专业技术人才。全年帮助结对地区农村劳动力转移就业9132人，其中脱贫人口7994人。

项目援建和产业合作。全年安排财政援助资金1.38亿元，匹配项目105个。在产业合作中，发挥产业优势，开展针对性招商对接活动，引导企业投资。为受援地区引进企业17家，实际投资3115万元。其中，为青海省黄南州新引进企业8家，为甘肃省合作市、张家川县引进企业9家，通过利益联结机制带动合作市、张家川县受益人数5825人。

结对帮扶。滨海新区4个开发区与黄南一市三县，20个街、镇与受援地区20个街、乡、镇，新区6个村居与受援地区6个村继续开展结对帮扶。区133所学校、幼儿园与帮扶地区134所学校、幼儿园开展结对帮扶。区11家医院与结对地区县级及以上医院结对。其中，区6家二级及以上医院与青海省6家医疗卫生机构结对，2家医院与张家川县2家县级医院、1家医院与合作市1家县级医院结对，2家中医医院与和田地区2家县级医院结对。全部落实帮扶举措，提升受援学校、医院教育、医疗服务水平。开展“万企兴万村”活动，220家企业和社会组织签约帮扶结对地区13个示范村26个帮扶项目。其中，111家企业和社会组织签约黄南州8个示范村16个帮扶项目，44家企业和社会组织签约合作市2个示范村4个帮扶项目，65家企业和社会组织签约张家川县3个示范村6个帮扶项目。

社会帮扶。滨海新区从社会各界募集款物4216.5万元，捐赠青海省黄南州1246.5万元、甘肃省甘南州合作市1970万元、甘肃省天水市张家川县1000万元。全年实现消费帮扶2.08亿元，完成全年任务105.8%。

文化旅游帮扶。滨海新区与青海省黄南州、甘南州合作市等地开展两地文化交流，举办活动60余场，惠及群众1万余人。开展旅游帮扶，推广宣传帮扶地区旅游资源，鼓励旅行社设计扶贫旅游专线，组织新区339人赴结对地区旅游观光。

精准帮扶。滨海新区做好对黄南民族高中班238名学生的服务管理；加强在津务工少数民族人员服务管理，开展调研问需、专场招聘、政策宣传、职业介绍、节日慰问等活动，发放节日慰问金3万余元。举办“五名西部行”（名医、名师、名企、名家、名匠）活动。“名医西部行”在甘肃省张家川县组织医疗专家团队开展医疗帮扶活动，深入刘堡镇卫生院、闫家乡神树村卫生室开展义诊咨询；在黄南州举办以“津青共同携手，建设健康黄南”为主题的名医进黄南活动，援青医疗团队深入黄南州三县一市开展巡回义诊。“名师西部行”组织教育科研团队赴张家川县开展教育管理、教学改革、教育信息化建设等方面的专题讲座、业务交流、专技培训讲座。“名企西部行”组织商会会长、民营企业家一行赴合作市开展民营企业西部行活动，考察当地自然条件、农产品生产、旅游项目规划，开展项目对接会，就卫生室提升改造、产业帮扶、旅游产业规划宣传推广、法律服务等方面签订帮扶协议。“名家西部行”组织文旅企业负责人、书画家、艺术家组成文化交流团赴黄南州和张家川县考察交流，举办文艺专场演出、交流座谈会、书画展览和公益讲座。“名匠西部行”组织天津职业技术师范大学和天津奥群牧业有限公司专家组成名匠帮扶工作组，实地走访合作市乡村振兴示范村，现场为村民讲授“互联网+畜牧业”智能化养殖课程，现场指导日光温室搭建和日常管理技术等。

帮扶宣传。滨海新区利用各级各类媒体平台资源，加大宣传报道力度，围绕助力巩固拓展脱贫攻坚成果同乡村振兴有效衔接重点任务，各级媒体平台刊发稿件1400余篇（次）。

助力乡村振兴。滨海新区落实东西部协作和对口支援工作中，重点支持乡村振兴示范村建设发展，助力完成结对地区选定13个示范村，并制定村庄规划、确定年度项目。

（孟　葵）

# 大事记

## 1月

**5日** 第七届滨海新区道德模范暨“滨海好人”评选结果揭晓，评选出第七届“滨海好人”271名。

**6日** 天津市“芯火”双创基地（平台）在天津滨海高新区成立。

**8日** 滨海新区获2019—2020年度国家级健康促进区称号，在全国64个参评县（区）中位列前五名，创建典型经验在全国推广。

**9日** 中共滨海新区第三届委员会第十三次全体（扩大）会议暨经济工作会议召开。会议审议通过区委常委会2020年工作报告和抓党建工作情况报告、《中共天津市滨海新区第三届委员会第十三次全体会议决议》、《中共滨海新区区委关于加快建设美丽“滨城”的实施意见》和《美丽“滨城”建设2021年攻坚行动方案》。

**10日** 天津经济技术开发区与瑞博生物公司、凯莱英医药集团签署合作协议。

**16日** 滨海—中关村科技园举办“牢记嘱托　奋发有为”——新政发布暨重点项目集中签约活动。签约项目12个，同期发布《关于进一步推动滨海—中关村科技园高质量发展的若干措施》。

**是日** 天津经济技术开发区获2021中国IC风云榜“年度最具成长潜力园区奖”。

**17日** 天津港全球首创传统集装箱码头全流程自动化升级改造项目全面运营。

**21日** 滨海新区召开警示教育大会暨进一步优化营商环境工作会议。

**22日** 滨海新区与中国中铁京津冀区域总部签署项目合作框架协议。力争未来10年内投资1500亿元，参与滨海新区基础设施、高端装备制造、康养文旅等项目投资建设。

**23日** 滨海新区召开村、社区“两委”换届工作部署会。

## 2月

**2日** 滨海新区召开乡村振兴战略实施工作领导小组会议暨区委农村工作领导小组会议。研究乡村振兴“十四五”规划和创建国家级现代农业产业园区规划编制工作，以及2021年第一批“挂图作战”任务，对全年农业农村重点工作进行部署。

**4日** 滨海新区举行“聚力滨城建设·共赢美好未来”重点招商项目“云签约”活动，签约项目68个，总投资约340亿元，涉及智能制造、生物医药、新能源新材料、新一代信息技术、金融、现代服务业等领域。

**10日** 天津港口岸大沽口港区临港造修船基地2号修船码头1号至3号泊位对外开放。码头泊位岸线总长858米，具备30万吨级船舶维修能力。

**18日** 2021年天津市第一批重大项目集中开工活动在天津港保税区空港经济区举行，开工项目14个，总投资超2540亿元，涵盖信创、生物医药、新能源等战略性新兴产业。

**24日** 滨海新区文学艺术界联合会成立暨第一届代表大会召开。近200名文学艺术工作者代表参加会议。选举产生滨海新区文学艺术界联合会第一届委员会。

**25日** 京津冀协同发展产业投资基金在天津滨海高新区注册设立，总规模500亿元。

**是日** 滨海新区召开美丽“滨城”建设誓师大会暨滨海新区精神文明建设工作部署会。

**是日** 滨海新区滴滴出行科技有限公司董事长兼首席执行官程维、云账户（天津）共享经济信息咨询有限公司董事长杨晖、天津经济技术开发区慈善协会秘书长陈继红获评全国脱贫攻坚先进个人，泰达国际心血管病医院和天津滨海聚成投资有限公司（瀚度水）获评全国脱贫攻坚先进集体。

**25日—28日** 市委常委、区委书记连茂君带队到浦东新区和苏州市学习考察。在浦东新区，深入浦东展览馆、上海中心大厦的陆家嘴金融城党群服务中心、陆家嘴（集团）有限公司参观学习；在苏州，赴苏州市规划展示馆、盘门古城区遗址、苏州工业园区考察。

**26日** 北京大学天津校友联合创新中心科技成果及应用场景分享会在高新区举办。其间，北京大学天津校友联合创新中心揭牌。

**29日** 滨海新区获批创建国家人工智能创新应用先导区。

## 3月

**1日** 市委常委、区委书记连茂君主持召开区委全面深化改革委员会会议，传达学习贯彻习近平总书记在中央全面深化改革委员会第十七次会议上的重要讲话精神和市委全面深化改革委员会会议精神，审议区委全面深化改革委员会2020年工作总结报告、2021年工作要点和改革任务台账。

**2日** 滨海新区召开党史学习教育动员部署会，安排部署新区党史学习教育工作。

**是日** 滨铁1号线欣嘉园东站至欣嘉园站双线贯通。

**5日** 滨海新区召开政法队伍教育整顿动员部署会。区委书记连茂君、市政法队伍教育整顿第一指导组组长杨文璁出席并讲话。

**8日** 滨海新区印发《关于党建引领共同缔造美丽“滨城”的指导意见》。

**9日** 滨海新区出台《关于推进滨海新区城市更新工作的实施意见（试行）》。

**是日** 天津自贸试验区企业国网国际融资租赁有限公司发行“21国网租赁ABN001”绿色资产支持票据，成为全国首单实现发行的“碳中和”资产支持票据。

**10日** 《滨海时报》更名为《滨城时报》。

**是日** 由天津港保税区企业中国铁路设计集团有限公司主编的国内首部铁路行业BIM标准《铁路工程信息模型统一标准》（TB/T 10183—2021）由国家铁路局发布，于2021年6月1日起实施。

**15日** 滨海新区2021年春季重点建设项目集中开工活动在天津滨海高新区渤龙湖科技园举行。集中开工重点项目115个，总投资1193亿元，涉及装备制造、新能源新材料、智能科技、生物医药、现代服务业和民生保障等领域。

**是日** 《天津市滨海新区国民经济和社会发展第十四个五年规划和二〇三五年远景目标纲要》向社会公布。

**18日** 市委副书记、市长廖国勋赴中国科学院天津工业生物技术研究所调研座谈，了解技术路径、学科体系、运行机制、创新成果等情况，并与一线科研人员深入交流。

**22日** 滨海新区智慧山科技文化创意产业园获评2020年度全国版权示范园区（基地）。

**22日—23日** 市委副书记、市长廖国勋带队到滨海新区调研天津三星电机有限公司MLCC滨海三期扩能、中环DW、天津海洋工程装备制造基地、天津茱莉亚音乐学院、中国电科微波复合介质基板研发生产、“智慧津南”和“数据湖”（一期）、经纬恒润天津研发总部、鹏瑞利国际健康商旅城等项目。

**27日** 滨海新区政协在“传递政能量 传播政声音——首届人民政协新媒体发展论坛暨地方政协网络新媒体影响力排行榜颁奖礼”上，获政协新媒体年度最佳融合创新奖（地市级）。

**31日** 天津国际生物医药联合研究院与中国（滨海新区）知识产权保护中心签订合作协议，中国（滨海新区）知识产权保护中心生物医药服务分中心挂牌。同时，天津知识产权公证服务中心线上服务平台启动。

**是日** 滨海新区与南开大学签署深化战略合作框架协议。在创新载体建设、优势学科共建、人才智力引进等方面深化合作。

**是日** 天津滨海高新区生成天津市第一张不动产电子证照，标志滨海高新区推进“互联网+不动产登记”再升级。

**是月** 天津港保税区企业天津凯普林光电科技有限公司研发出国内首款330微米千瓦级高亮度工业蓝光激光器，填补国内光电市场空白。

## 4月

**2日** 中新天津生态城荣膺2020中国十大最具投资价值园区。

**6日** 天津资本市场服务周启动，启动仪式上深圳证券交易所天津基地揭牌，滨海新区与深圳证券交易所签署战略合作框架协议。

**7日** 市委副书记、市长廖国勋赴天津港调研座谈。在太平洋集装箱码头公司察看天津港总体规划、航线分布、岸桥智慧化改造等情况，随后登船赴国际邮轮母港，沿途了解航道建设、邮轮业务、岸线开发等。

**是日** 天津市首家专注提供“一站式法律服务”的专业组织——公信法律战略合作联盟在滨海新区揭牌，由12家专业机构共同成立。

**9日** 滨海新区召开农村工作会议暨巩固拓展脱贫攻坚成果同乡村振兴有效衔接工作会议、区委农村工作领导小组会议、区乡村振兴战略实施工作领导小组会议、区扶贫协作和支援合作工作领导小组会议。

**是日** 全球最大集装箱海运联盟——海洋联盟在天津港开通欧洲新航线，为天津港2021年新开通的首条外贸远洋干线。从天津港出发，途经新加坡、科伦坡、苏伊士运河，抵达安特卫普、汉堡、鹿特丹等欧洲主要港口。

**10日** 天津乡村振兴产业（人才）联盟在新区成立。

**是日** "桃花朵朵醉春风、百年华诞同欢庆"——滨城首届桃花节在小王庄镇南抛庄村开幕。现场举办桃树认领、联谊交友、汉服展示、摄影大赛、农夫集市、亲子读书会等活动。

**13日** 首条直供雄安新区的天然气主干管道——蒙西管道项目一期工程（天津—河北定兴）在滨海新区开工建设，工程总长413.5千米，年设计输量66亿立方米。

**14日** COMSATS工业生物技术联合中心成立。是中国科学院天津工业生物技术研究所与南方科技促进可持续发展委员会（COMSATS）共同建设的推动南南合作、服务于"一带一路"倡议的国际联合中心。

**是日** 天津经济技术开发区管委会与人民数据管理（北京）有限公司（国家大数据灾备中心）签署战略合作协议。在自贸试验区离岸数据中心建设、天津大数据交易平台运营、IDC大数据灾备中心、人民数据资产服务平台落地等领域开展合作。

**18日** 国务院安委会第十四考核巡查组到滨海新区开展考核巡查工作。

**22日** 天津周大福金融中心高度认证暨授牌仪式在滨海新区举行。世界高层建筑与都市人居学会认证天津周大福金融中心为中国北方地区最高建筑暨世界第七高建筑，高度530米。

**23日** 天津港开启"海上高速—FAST"内贸海运新模式，"新惠州"轮驶离天津港联盟国际集装箱码头开往广州港南沙港区。

**是日** 滨海全民阅读节在滨海—中关村协同创新示范基地启动。主题为"阅百年历程　传精神力量"，推出以党史学习教育为重点内容的群众性主题阅读推广活动。举办观影、荐读、沙龙讲座、少儿朗读吟唱、绘美丽"滨城"长卷、沙滩阅读节等项目。

**24日** 中新天津生态城首届全域旅游休闲节在国家海洋博物馆开幕。旅游节为期7个月，围绕"生态、智慧、海洋和建党百年"特色主题，举办开幕盛会、漫城畅游、成果献礼、文旅赛事、暖冬购物等系列活动。

**25日** 康希诺生物股份公司与军事科学院军事医学研究院生物工程研究所合作研发的重组新型冠状病毒疫苗（5型腺病毒载体）克威莎TM获批上市。

**26日** 滨海新区小微企业首贷续贷服务中心启用。

**28日** 区委召开常委会暨区委全面深化改革委员会会议，传达学习市委全面深化改革委员会扩大会议、全市进一步深化国有企业改革动员部署会和全市基层监督工作会议精神，研究新区贯彻落实措施。

**29日** 亚洲基础设施投资银行天津办公室交付启用。位于于家堡自贸试验片区，面积约4300平方米。是国际金融组织在天津设立的首个办事机构，是亚投行在北京总部外设立的首个分支机构。

**30日** 市委副书记、市长廖国勋赴国家超级计算天津中心调研，超算中心在先进制造信息化能力建设、产学研协同、产业聚集等方面体制机制优势，开展核心技术攻关，为新兴产业发展、社会治理信息化建设等提供优质服务。

## 5月

**1日** 天津市2021年海洋伏季休渔专项执法行动在滨海新区中心渔港码头启动。

**3日** 第25届"中国青年五四奖章"揭晓，云账户（天津）共享经济信息咨询有限公司董事长杨晖获中国青年五四奖章，天津航天长征火箭制造有限公司获评中国青年五四奖章集体。

**5日** 第十三届滨海艺术节在滨海文化中心开幕。活动首次将文商旅活动相融合，带动文化和旅游消费。文艺演出与第二届"赶非遗大集、览'滨城'文化"非遗展演展示展卖活动同时举办。

**7日** 市委副书记、市长廖国勋赴中新天津生态城和东疆保税港区调研。先后到一汽丰田新能源汽车项目、生态城智慧中心、国网天津综合能源服务中心、东疆产业与创新发展展示中心实地考察。

**是日** 首个"京津通办"自助服务厅在滨海新区政务服务中心投入使用。

**是日** 第一届创青春——滨海新区青年创新创业大赛在滨海高新区渤龙湖科技园举办。新区15家人才联盟、各基层团组织、创新创业企业家、青年代表100余人参加活动。

**9日** 滨海新区第二届青少年机器人竞赛新区专项赛在北京师范大学天津生态城学校举行。专项赛分地心勘探竞赛、智慧积木制作竞赛、1千克乐高相扑赛3个赛项，分小学组、初中组，400多名中小学生参赛。

**10日** 市委常委、区委书记连茂君到保税区临港区域，深入天津新港船舶重工有限公司和太重（天津）滨海重型机械有限公司，就高质量推进海洋经济发展进行专题调研。

**是日** 滨海新区与中国汽车技术研究中心有限公司签署战略合作框架协议。

**10日—18日** 滨海新区党史学习教育知识竞赛启动。比赛分初赛、复赛和决赛三个阶段，各开发区、街镇及区级各部门、区级国家机关单位71支代表队213名选手参加比赛，6支代表队进入决赛，区市场监管局代表队获一等奖。

**上旬** 《滨海新区打造国际一流营商环境实现高质量发展2021行动计划》发布。

**11日** “IP赋能，聚势而变”2021IP主题研讨交流活动在中新天津生态城国家动漫园举行。来自全国影视、动画、漫画、游戏等文化重点领域百余位嘉宾参加。

**14日** 天津市对接融资平台——“津心融”平台在滨海新区政务服务中心上线。

**15日** 中国·天津供应链金融产业（人才）联盟在滨海新区成立。

**是日** 滨海新区与辽宁石油化工大学签署战略合作框架协议，合作共建产学研一体化平台辽宁石油化工大学滨海石化产业研究院。

**是日** 滨海基金小镇揭牌。首批入驻基金公司和相关机构10余家。

**18日** 2021亚洲品牌论坛在中新天津生态城举行。论坛以“品牌金融创新与品牌资产化”为主题，开展学术研讨、成果发布、经验交流等品牌创新活动。

**是日** “巍峨的丰碑——弘扬伟大的长征精神 走好今天的长征路”主题展览在国家海洋博物馆开展。展出图片260余幅，展陈红军指战员武器装备、书信手稿、生活用品等物品。

**19日** 中国石化天津南港高端新材料项目集群在滨海新区南港工业区启动。中国石化将在天津投资603亿元，建设南港120万吨/年乙烯、北京化工研究院中试基地、长城润滑油、催化剂生产基地等11个重点项目。

**20日** 滨海新区与中国中车集团签署战略合作框架协议。

**20日—22日** 第五届世界智能大会“中国人工智能创新发展高峰论坛暨揭榜优胜成果发布会”在滨海新区举行，同时举行项目签约仪式、第五届世界智能大会“新经济与智慧城市建设”高峰论坛。大会首次采用“线上线下”融合模式，举办2场高峰会、18场平行论坛，开展“智能科技展”、5项年度赛事、智能体验、城市治理国际论坛、科技周等活动。滨海新区签约项目109个，投资总额432亿元。腾讯云启产业基地落户天津滨海高新区。

**22日** 天津新能源产业（人才）联盟在天津滨海高新区成立。

**25日** 滨海新区举行“担保交易新模式、助力国六销全国”2021启动大会。全国首批获国六环保信息公开车型奔驰GLS450在天津口岸通关，投入市场。

**28日** 市人大常委会副主任梁宝明带领市人大执法检查组第一组到滨海新区检查贯彻实施《天津市文明行为促进条例》情况。

**是日** 滨海新区举行第七届道德模范颁奖暨“迎庆建党百年百场道德模范事迹宣讲”启动仪式，25人获第七届滨海新区道德模范称号。

**29日** 永远跟党走·津城行“中国银行杯”2021年天津百万市民健步大会（滨海站）在官港森林公园举行。新区机关、学校及银行系统20家、近1000余人参加。

**是日** 天津K11Select购物艺术中心开业。

**30日** 滨海新区入选全国首批“科创中国”创新枢纽城市名单，是京津冀唯一入选城市（区）。

## 6月

**1日** 滨海新区与中交集团签署战略合作协议，双方将在轨道交通、基础设施建设、城市综合开发、生态环保、国企混改等领域开展合作。

**2日** 滨海新区召开2021年援甘援青柔性专业技术人才行前动员暨培训会，选派81名柔性专业技术人才援甘援青。

**4日** “细胞谷”试验区在滨海新区揭牌。

**是日** 世界首台大直径超小转弯TBM（硬岩掘进机）“抚宁号”在位于滨海新区的中铁工程装备集团（天津）有限公司下线。

**是日** 滨海新区乡村振兴局揭牌。

**6日** 第二大街跨津山铁路立交工程竣工通车。

**7日** 北京大学滨海医院新综合门诊楼急诊启用。设24小时急诊内科、外科，妇产科急诊（夜间）、儿外科急诊（夜间）、眼科急诊（夜间）、耳鼻喉科急诊（夜间）、口腔科（夜间）、急诊抢救室等，床位72张。

**8日** 滨海新区举办2021年第二批重点建设项目集中开竣工活动。新开工项目121个、竣工项目109个。

**是日** 2021新一代人工智能（天津）产业发展高峰论坛在天津滨海高新区举行。其间，京津冀协同创新发展联盟授牌、14家企业签约入驻滨海中关村（天津自创区）创新中心。

**10日** 第一批天津市质量认证示范区表彰大会暨第十四次“世界认可日”宣传推动活动在天津滨海高新区举行。活动中对第一批质量认证示范区（点）进行表彰。各质量认证示范区（点）分别就推动质量认证工作的经验和亮点工作做典型发言。

**15日** 滨海新区召开党史学习教育“我为群众办实事”实践活动

经验交流会。

**是日** 泰达科创谷项目在滨海新区启动。项目位于滨海新区核心区南部，占地16.67平方千米，其中自贸试验区范围内5.46平方千米。

**16日** 滨海新区33名优秀共产党员、12名优秀党务工作者、25个先进基层党组织在天津市召开的“两优一先”表彰大会上获表彰。

**是日** “邮票寄党情 方寸忆党史”庆祝中国共产党成立100周年主题邮展暨天津市第十四届集邮展览在滨海新区文化中心美术馆开幕。展出邮集200框近3000枚邮票。

**17日** “滨城”国际消费季举行启动仪式，区文旅局发布“‘滨城’亲海旅游线路”11条。

**18日** “科创中国”天津（滨海）行活动暨生物医药产业论坛在天津滨海高新区举办，主题为“科技经济融合 创新服务发展”。

**是日** “幸福生活颂党恩”首届“滨城”乡村艺术节开幕式文艺演出在滨海新区文化馆剧场举行。

**是日** 滨海新区庆祝中国共产党成立100周年职工文艺演出在滨海演艺中心歌剧厅举行。

**21日** 滨海新区与国网天津市电力公司签署推进能源电力“碳达峰、碳中和”先行示范区建设战略合作框架协议。

**23日** 中外媒体走进“滨城”大型采风活动在滨海新区举行，20余家国内主流媒体和美国、英国、日本、巴基斯坦等10个国家30余名媒体人参加活动。

**24日** 滨海新区入选国家水系连通及水美乡村建设试点名单，成为天津市唯一入选区。

**25日** 滨海新区召开“两优一先”表彰大会。表彰优秀共产党员149名、优秀党务工作者78名、先进基层党组织148个。

**是日** “同唱一首歌 永远跟党走”天津·滨海新区庆祝中国共产党成立100周年文艺演出暨钢琴公益云展播活动在滨海广场举行。

**是日** 天津市跨境电子商务示范园区（滨海高新区）暨天津开放大学跨境电商产业园揭牌仪式在天津滨海高新区举行。其间，天津市跨境电子商务示范园区、天津开放大学跨境电商产业园揭牌。天津滨海高新区与天津开放大学签署全面战略合作框架协议。

**28日** 滨海新区文化和旅游局首批推出七大主题10条工业旅游线路并对外发布。

**29日** 滨海新区城市建设集团有限公司成立，包括地产置业、工程施工、建设服务、资产运营、改革发展五大行业，是覆盖拆、建、租、管、服的城建全产业链的综合运营集团。

**30日** 滨海新区中医医院暨天津中医药大学第四附属医院启用。医院占地面积6.02万平方米，总建筑面积15.2万平方米，位于滨海—中关村科技园柳州东道292号。医院门诊设26个临床科室、13个住院病区、11个医技科室及23个专病门诊。设置病床500张，其中ICU设置5张。

**是月** 滨海新区获评实施中国妇女儿童发展纲要国家级示范区。

## 7月

**1日** 国家超级计算天津中心“天河”E级计算机关键技术验证系统获得SSSP Graph500（单源最短路径）榜单世界第一和BIG Data Green Graph500（大数据图计算能效）榜单世界第一。

**2日** 区委召开常委会（扩大）会议暨区委党史学习教育领导小组会议，学习贯彻习近平总书记在庆祝中国共产党成立100周年大会上的重要讲话，学习贯彻习近平总书记在青海考察、在中央政治局第二十九次集体学习时的重要讲话精神，传达学习市委常委会扩大会议精神。

**5日** 滨海新区发布《关于开展滨海新区海域综合整治的通告》。

**6日** 滨海新区滨湾万科城项目获颁天津市“交地即交证”首本不动产权证书，标志市“交地即交证”颁证新模式在新区开启。

**10日** 滨海新区召开庆祝中国共产党成立100周年座谈会。

**是日** 2021年中国航海日庆祝活动在滨海新区举办。活动主题为“传承航海文化，普及航海知识，共建海洋强国”，数十名企业代表、学生家长及师生参观体验航海文化教育、航海科普宣传及航海教育宣讲三大活动板块。

**13日** 滨海新区与天津中医药大学签署共建滨海新区中医医院第二周期合作协议暨合作补充协议。区委书记连茂君与“人民英雄”国家荣誉称号获得者、中国工程院院士、天津中医药大学名誉校长张伯礼会谈。

**是日** 滨海新区举行学习贯彻习近平总书记“七一”重要讲话精神专题宣讲报告会。邀请市委宣讲团成员、市委党校副校长、天津行政学院副院长徐中作专题宣讲报告。

**16日** 首批6家天津市滨海新区企业改革开放史教育基地授牌。包括中国建筑第八工程局有限公司华北分公司、恒银金融科技股份有限公司、天津药物研究院有限公司、中远海运船员管理有限公司天津分公司、天津海鸥表业集团有限公司、一汽—大众汽车有限公司天津分公司。

**是日** 2021天津储能发展论坛在滨海新区举行。来自政府部门、科研院所、电网企业、储能企业、新能源企业的300余名嘉宾参会，围绕储能产业进行深入探讨。

**19 日** 滨海新区召开政法队伍教育整顿总结大会。市政法队伍教育整顿第一指导组就新区政法队伍教育整顿"回头看"工作反馈指导意见，区委政法委通报新区政法队伍教育整顿工作情况，对窦兴海等 30 名优秀政法干警进行表彰。

**是日** 中国电力建设集团有限公司与滨海新区签署战略合作框架协议。与保税区签署投资公司项目合作协议，中电建天津投资有限公司揭牌。

**23 日** 天津大学滨海海洋工程研究中心揭牌。

**是日** 滨海新区率先试点市场主体住所(经营场所)信息在线核验。

**是日** 天津海河生物医药科技集团新检测基地在天津经济技术开发区落成，基地面积 1 万平方米。

**24 日** 第十七届沪津深三城论坛暨滨海新区第一届双碳论坛在于家堡举行。论坛聚焦国家"双碳"目标和政策，围绕"'双碳'战略与城市可持续发展""'双碳'目标下的能源产业发展方向"等重点问题展开研讨，并就如何形成"碳达峰、碳中和"的合作机制进行深入对接。来自上海市、天津市、深圳市以及北京市等地近 300 名专家学者、企业代表参会。其间，16 个新能源、合同能源管理、碳捕捉碳封存 CCUS 项目同时签约，总投资 132.7 亿元。

**26 日** 滨海新区入选第四批国家公共文化服务体系示范区名单。

**27 日** 滨海新区与渤海大学签署战略合作框架协议。双方共建渤海大学天津滨海基地，建设人才培养、科技成果转化、产业孵化、校友资源聚合的新型研发机构。

**29 日** 滨海新区碳中和首期高级培训班在国家超级计算天津中心开班。新区相关政府部门人员及重点行业企业代表 100 余人参加培训。

**30 日** 中国科学技术协会第二十三届年会天津分会场暨中新生态城智慧能源高质量发展建设论坛举行。论坛围绕"碳中和下的新型电力系统建设与发展"展开交流，院士周孝信等嘉宾作主旨报告和专题报告。新区相关部门及高校、科研院所与代表性企业负责人等 110 余人出席论坛。同期举办"智慧能源、综合能源、新型电力系统成果"推介活动。

**是日** 滨海新区与五矿证券有限公司签署战略合作协议。

**31 日** 滨海新区召开全面推进生活垃圾分类工作会议。会议以电视电话会议形式召开，在各开发区、各街镇设分会场。

**是日** 滨海新区获批国家新型城市基础设施建设试点。

## 8月

**2 日** 滨海新区与甘肃省建设投资（控股）集团有限公司签署"天津市滨海新区中塘镇镇域投资开发合作意向框架协议"。甘肃建投集团意向对中塘镇进行整体开发，开展基础设施、教育、医疗卫生、生态环境治理、文旅康养、特色小镇、产业园区、旧城改造、土地资源整合、安置房建设等全方位开发建设。

**是日** 中新天津生态城获批第二批国家文化出口基地，成为天津市首个国家文化出口基地。

**2 日—25 日** 由区教体局、区市场监管局、各辖区派出所、消防救援部门、卫生保健所、街道办事处等部门组成 33 个联合治理小组，对全区范围内校外教育培训机构(含学科类和非学科类）持续开展专项检查调研。对新区 865 家校外教育培训机构进行全面检查，其中学科类校外教育培训机构 510 家。

**3 日** 滨海新区规划委员会暨城市更新领导小组召开第一次会议。会议审议滨海新区重点区域城市更新项目规划。

**是日** 《滨海新区推进创新立区、打造自主创新升级版若干措施（试行）》出台。涉及创新型企业培育、创新型载体建设、双创载体发展等 9 方面 24 项措施。

**5 日** 区委召开开发区工作领导小组会议暨新动能引育工作领导小组会议。会议总结新区产业链链长制工作情况，区发展改革委、各开发区等相关单位汇报新动能引育工作进展及区域新动能引育工作和主题园区(主导产业)发展建设等情况。

**6 日** 京津穗开发区政务服务改革创新合作联盟在线签约仪式举行，北京经开区、天津经开区、广州经开区通过"跨省云签"方式签署"京津穗经开区政务服务改革创新合作联盟框架协议"，启动 268 项政务服务事项"跨省通办"。

**9 日** 市委书记李鸿忠到天津港保税区天津航空口岸大通关基地，调研检查项目建设运营和疫情防控工作。听取关于自贸试验区制度创新、大通关基地功能布局、未来发展规划等汇报，到食品冷链检验检疫室和国际邮件互换局深入了解入境货物抽检、邮件检测、通关流程等情况。与天津滨海国际机场、天津海关和滨海新区、市滨海国际有关部门主要负责人现场研究会商。

**是日** 市委书记李鸿忠深入滨海新区调研。分别到肿瘤医院空港医院和天津鲲鹏信息技术有限公司了解情况并进行座谈交流。听取肿瘤医院空港医院历史沿革、院区规划建设、学科特色等情况汇报，走进肿瘤精准检测与转化中心、肿瘤免疫细胞治疗中心，了解医院发展运行情况和科学研究成果。察看天津鲲鹏信息技术有限公司创新成果展示，了解生产经营情况。

**10 日** 市委副书记、市长廖国勋到凯莱英医药集团（天津）股份有限公司调研。参观企业展厅和实验室，了解发展沿革、技术攻关、生产管理、产能布局等情况。

**是日** 滨海新区申报的天津市细胞产业创新型产业集群入选国家级创新型产业集群试点。

**11日** 中国（天津）自由贸易试验区滨海高新区联动创新区、中新生态城联动创新区揭牌。

**18日** 区委召开美丽"滨城"攻坚工作推动会，贯彻落实天津市"双城"发展战略。

**是日** 南港港铁物流专用线开通。项目正线长度3.1千米，主要装卸散货、矿石、袋装PVC颗粒、化肥、集装箱等大宗货物。

**是日** 中国首台5G+北斗导航室外无人驾驶AGV在位于经开区微电子工业园的天津朗誉机器人有限公司下线。

**20日** 滨海新区与天津理工大学签署全面战略合作协议。

**25日** 市委副书记、市长廖国勋赴信创产业企业调研。分别到麒麟软件有限公司、飞腾信息技术有限公司、天津鲲鹏信息技术有限公司听取情况介绍，了解企业情况。

**26日** 天津港保税区与泰达合作区"双区联动"暨中国二手汽车出口埃及首发仪式在天津港保税区临港工业区举行。6辆中国二手汽车从天津港登船，沿"海上丝绸之路"运往中埃·泰达苏伊士经贸合作区。

**27日** 滨海新区人民政府、中新天津生态城管委会与大连万达集团股份有限公司签署合作协议，共同打造集文化旅游、商业购物、休闲娱乐、体育康养功能为一体的海滨文旅综合体项目。万达文化旅游度假区项目选址生态城临海新城区域，包括文化旅游产业和生态社区两部分。

**30日** 市委副书记、市长廖国勋到信创产业企业调研。听取中环领先材料技术有限公司汇报技术路线、产品类别、市场应用等情况。座谈会上，天津中环半导体股份有限公司、曙光信息产业股份有限公司、360集团、天津光电通信技术有限公司、恒银金融科技有限公司等企业负责人先后发言。

**是日** 滨海新区入选全国首批城市一刻钟便民生活圈试点地区。

**是日** 滨海新区文物保护与旅游服务中心揭牌。

**31日** 滨海新区CCUS（二氧化碳捕集利用与封存）技术与应用推动工作会在滨海新区环境创新研究院举行。区发展改革委、区生态环境局、天津排放权交易所、中国检验认证集团、中国华能、天津国能、中石油、中海油、北京百利时等20余家企事业单位60余位行业专家参与，探讨二氧化碳捕集利用技术及应用等"双碳"议题。

**是日** 滨海新区杨家泊镇村民马会好入围"中国好人榜"之"孝老爱亲"月度候选人榜单。

## 9月

**1日** 《天津市滨海新区社会救助审核确认权限下放改革工作实施方案》开始实施，全区最低生活保障、特困人员供养、低收入家庭救助、临时救助审核确认等权限下放街镇。

**是日** 新城镇塘沽湾学校投入使用。是依托塘沽一中教育集团教育教学资源的公办九年一贯制学校，学校设初中部和小学部，可容纳学生1600余名。

**是日** 天津市实验中学滨海育华学校投入使用。学校位于天津港片区，设初中部和高中部，有教学班30个，可容纳学生1500名。

**2日** 天津市首家津帼家庭手工坊在滨海新区中塘镇张港子村揭牌。

**3日** 滨海新区召开区委常委会（扩大）会议、区委理论学习中心组集体学习、区委全面依法治区委员会会议暨法治政府建设工作推进会议，审议《滨海新区法治社会建设实施纲要（2021—2025）》，研究部署推进新区法治政府建设工作。

**4日** 12时10分，滨海新区遭遇强降雨，暴雨预警信号升级为红色。全区最大降雨量出现在泰达街，达224.2毫米。

**是日** 第十七届中国汽车产业发展（泰达）国际论坛在滨海新区开幕。论坛主题"融合·创新·绿色"，设智库视点、开幕大会、高端对话、高峰研讨四场全体会议和十场分论坛会议，并特别设置以"碳中和愿景下的产业管理与布局"为议题的政企智库闭门会。

**7日** 天津市召开渤海综合治理攻坚战发布会，滨海新区作为渤海综合治理攻坚战的最前沿和主战场，近岸海域生态环境质量明显改善。

**8日** 天津经济技术开发区管委会与全球汽车零部件百强企业敏实集团有限公司签署投资合作协议，敏实集团北方总部基地落地泰达。

**10日** 滨海新区与微医控股（浙江）有限公司签署战略合作协议。

**11日** 2021年滨海新区全域科普展示交流活动暨滨海新区全国科普日启动仪式在滨海文化中心举行。

**12日** 第五届全国净滩公益活动在东疆亲海公园附近海域举行。活动由中国海洋发展基金会主办，天津绿色之友海洋公益组织承办，主题为"守护美丽海岸线 我们共同行动"。

**13日** 天津政务服务自助机和"跨省通办"窗口在北京城市副中心政务服务中心启用，滨城政务服务事项实现在北京异地办理，部分事项实现24小时自助办理。

**13日—14日** 市委常委、区委书记连茂君率滨海新区党政代表团赴青海省黄南藏族自治州学习考察。先后到黄南藏族自治州尖扎县、三江源扶贫生态产业集中园区、昂拉千户府爱国主义教育基地、黄南州职业技术学校新校区、黄南州医院全科医师培训基地、同仁市第二幼儿园参观，并召开滨海新区对口支援黄南州工作座谈会，持续深化东西部协作，推动巩固拓展脱贫攻坚成果同乡村振兴有效衔接工作。

**14日** 隆平小站香文化馆在天津经济技术开发区天隆众创空间揭牌，同期举办袁隆平心系天津小站稻产业发展展览。

**是日** “中国（天津）二手车出口海外展销会·迪拜站”开幕式，通过视频方式在迪拜拉斯奥科尔汽车市场与天津港保税区森扬国际汽车城同步举行。7家天津试点企业参会，30余台车辆参加展销。

**15日** 甘肃省天水市委书记张永霞率天水市党政代表团到新区参观考察。代表团参观考察经开区甄优农业公司总部、天津周大福金融中心、天津消费协作天水中心馆。天津港保税区与天水市张家川县签署东西部协作框架协议。

**是日** 中新天津生态城第二社区入选中国图书馆学会公布的2021年“书香社区”名单，成为天津市唯一上榜的“书香社区”。

**16日** 第四届“绽放杯”5G应用征集大赛智慧城市专题赛颁奖典礼暨5G智慧城市高峰论坛在中新天津生态城举行。大赛征集到来自全国各地530个项目，32个项目进入决赛，最终产生一等奖8名、二等奖10名、三等奖14名、优秀奖28名。

**16日—17日** 百年中国共产党与中华优秀思想文化暨中华思想史第六届、第七届高峰论坛在滨海新区举办。论坛围绕“社会形态与思想史研究”“百年中国共产党与中华优秀思想文化”展开探讨。中国社科院原院长王伟光作《坚持社会形态与思想史融通　忠实继承和弘扬中华优秀传统思想》主题报告，区委宣传部部长马波出席。同期，位于新区图书馆四楼的中华思想通史图书馆开馆，《中华思想通史绪论》《中国社会形态史纲》《中华思想史文论（一）》三部图书作为《中华思想通史》重要阶段性成果集中发布。

**17日** 京津冀特色细胞谷试验区在天津经济技术开发区挂牌。

**是日** 2021京津冀细胞产业创新发展高峰论坛在天津国际生物医药联合研究院举办，北京、天津、河北等地政府部门、研究院所与医院、科技企业、金融机构等单位代表参加。论坛围绕“细胞技术应用转化瓶颈问题的几点思考”“间充质干细胞工艺质量研究考虑要点”“CAR-T细胞血液肿瘤治疗进展”等主题展开探讨。

**是日** 注册在天津自贸试验区的国家电网有限公司全资子公司国网国际融资租赁有限公司成功发行“21国网租赁MTN002（可持续挂钩）”，成为全国首单租赁企业发行的可持续发展挂钩债券。

**19日** “2021美丽滨城高校行”开通海河教育园—航母主题公园及海河教育园—国家海洋博物馆—方特欢乐世界两条旅游专线试运行。

**22日** 天津市第一批革命文物——海河防潮闸除险加固工程开工，工程投资5.23亿元，除险加固后，海河防潮闸防潮、排涝标准将分别达到200年一遇和50年一遇。

**是日** 零散务工人员集体入会暨零散务工人员工会和服务基地揭牌仪式在滨城灵活就业服务中心举行。这是天津市成立的首个零散务工人员工会，100名零散务工人员代表现场递交入会申请并领取工会会员证。

**23日** 天津东疆保税港区获批国家级示范物流园区。

**是日** 天津车驰港口检验中心在天津港保税区启动，成为全国首家、行业首家港口检验中心。

**24日** 迎国庆黄南·滨城文化交流专场演出暨天津市第十三届滨海艺术节闭幕式在滨海文化中心举行。黄南州民族歌舞剧团与滨海新区文艺工作者同台演出。

**是日** 国际学术期刊《科学》发表有关人工合成淀粉的科技创新成果。位于新区的中国科学院天津工业生物技术研究所在人工合成淀粉方面取得重大突破性进展，首次在实验室中实现从二氧化碳到淀粉的从头合成。

**25日** “妈祖缘·两岸楹联作品展”在新区妈祖文化园开展，展出100名书法家的100副楹联作品。

**26日** 天津海洋文化旅游产业（人才）联盟成立大会暨战略发展交流会在中新天津生态城召开。首批吸纳海洋文化旅游产业行业龙头企业118家，涵盖天津、北京、上海、深圳等地区。

**27日** 首届京津冀自贸试验区联席会议在滨海新区召开，签署“京津冀自贸试验区三方战略合作框架协议”，发布京津冀自贸协同制度创新成果案例。

**28日** “细胞谷”建设论证会暨细胞产业生态圈创新发展论坛在天津滨海高新区举办，高新区“细胞谷”试验区挂牌。其间，高新区与合源生物CMC中心、天津外泌体科技有限公司、新动能产业基金、天士力健康产业基金等项目签约。

**29日** 滨海新区举行街镇重点招商项目集中签约活动。签约项目59个，投资总额约180亿元，涵盖制造业、现代服务业、环保、新能源等行业。

**是日** 长深高速公路天津段海河特大桥扩建工程通车，工程北起津塘公路、南止长深高速公路葛沽互通立交，全长2.85千米。

## 10月

**10日** 天津科技大学软件学院在滨海校区揭牌。

**11日** 区委副书记、区长杨茂

荣出席国际消费中心城市新闻发布会，围绕新区做强亲海消费的思路举措、重大工程、重点项目等方面回答记者提问。

**12日** 第四届中国医疗器械创新创业大赛生态城专场在中新天津生态城举办，来自全国各地的20个项目团队参加。其间，生态城产业园发展有限公司与国家医疗器械产业技术创新战略联盟签署战略合作协议。

**12日—13日** 由中央广播电视总台天津总站、央广网天津频道和央广网京津冀融媒体中心10余名记者组成的“央媒看天津走进十六区”大型主题采访活动联合报道团走进滨海新区，对康希诺生物股份公司和凯莱英医药集团、飞腾信息技术有限公司、天津鲲鹏信息技术有限公司和麒麟软件有限公司等企业进行采访，并参加滨海新区高质量发展媒体座谈会。

**12日—14日** 滨海新区政府代表团赴甘肃省甘南州合作市、天水市张家川县学习考察，深入合作市、张家川县看项目、访农户，并召开两场东西部协作工作座谈会，调研了解帮扶项目建设运营、贫困群众生活改善等情况。

**14日** 第九届（2021）中国商业保理行业峰会暨第八届于家堡保理论坛举行。论坛以“顺大势 勇开新局 聚初心 再谱华章”为主题，与会专家学者就商业保理行业未来发展进行探讨。央企保理五十人论坛揭牌，并永久落户天津经济技术开发区。

**是日** “永远跟党走 文明实践看天津”系列直播滨海新区站主会场—“文明实践我来啦”故事汇活动在滨海文化中心举行，新区新时代文明实践基地授牌。其间，在滨海科技馆、塘沽街道馨苑社区、古林街道官港一社区、太平镇崔庄村（滨海古枣园）和大沽口炮台遗址博物馆设分会场，开展“致敬建党百年沉浸式科学巡游”“微实事广场”便民惠民志愿服务、滨海新区非物质文化遗产项目集中展示等文明实践活动。

**15日** 滨海新区人民政府与中建方程投资发展集团有限公司签署战略合作协议。

**17日** 市委书记李鸿忠深入联想（天津）智慧创新服务产业园项目调研，并与联想集团董事长兼首席执行官杨元庆，执行副总裁、中国区总裁刘军等座谈交流。

**是日** 全球首个“智慧零碳”码头——天津港北疆港区C段智能化集装箱码头投入运营。码头建成3个20万吨级泊位，岸线长度1100米，可同时停靠2艘20万吨级集装箱船舶。

**18日** 联想（天津）智慧创新服务产业园项目在保税区启动，项目总投资10.9亿元。

**是日** 第六届中国创新挑战赛（天津）信创产业赛现场赛在天津滨海高新区召开，吸引来自全国各地的创新挑战团队、行业专家、需求企业、高校院所、服务机构等100余人参与。

**19日** 区委理论学习中心组集体学习暨滨海新区知识产权保护大会举行。国家知识产权局副局长何志敏作专题辅导。

**是日** 滨海新区制定出台《滨海新区推进创新立区、打造自主创新升级版若干措施（试行）》，涉及创新型企业培育、创新型载体建设、双创载体发展、科技成果转移转化、科技金融支撑、知识产权运营服务体系建设、公共服务平台等服务体系建设、科技创新人才引育、重点产业支持措施等9个方面24项措施。

**是日** 2021年火炬科技成果直通车京津冀—环渤海专场活动在滨海新区举办，来自环渤海地区五省二市的科技主管部门、成果路演团队、行业专家、科技企业、高校院所、技术转移机构代表参加。

**是日** 生态城季景社区入选2021年全国示范性老年友好型社区。

**20日** 茶淀街道（葡萄）入选农业农村部第十一批全国“一村一品”示范村镇，为新区唯一入选单位。

**是日** 大沽街道凭借“大沽龙灯”上榜2021—2023年度“中国民间文化艺术之乡”名单，为新区唯一入选单位。

**21日** 滨海新区三届人大常委会举行第四十二次会议，决定单泽峰为滨海新区人民政府代理区长。

**是日** 中国（天津）自由贸易试验区机场片区维修再制造产业联盟成立。空中客车（天津）总装有限公司、庞巴迪（天津）航空服务有限公司、古德里奇航空结构服务（中国）有限公司等14家企业负责人作为联盟初创成员单位代表参加成立仪式。

**22日** 第四届京津冀智慧医疗创新论坛暨京津冀国家技术创新中心生物医药工程实验室揭牌仪式在天津国际生物医药联合研究院举办。

**23日** 滨海新区重点项目现场推动会在天津东疆保税港区、中新天津生态城召开。

**是日** “中国有约A Date with China·你好天津 Hello Tianjin”2021年国际媒体主题采访活动走进滨海新区。国际媒体采访团深入中新药业集团股份有限公司、吉宝季景兰庭社区、国网天津综合能源服务中心与智慧能源小镇零能耗小屋、国家海洋博物馆，了解和探寻滨海新区在对外开放、创新创业、文化生活等方面取得的发展成就。

**26日** 天津茱莉亚学院举行校园落成典礼。国家主席习近平夫人彭丽媛向天津茱莉亚学院校园落成典礼致贺信。市委书记李鸿忠出席并宣读贺信，向美国茱莉亚学院荣誉院长、首席中国事务官波利希授予“天津市荣誉市民”证书。中国前驻美大使崔天凯、教育部副部长田学军、市政协副主席曹小红致辞。

**28日** 第六届中国创新挑战赛（天津）生物产业赛现场赛在天津港保税区举行，来自全国各地的创新挑战团队、行业专家、需求企业、高校院所、服务机构等50余人参加活动。

**30日** 天津大学新城医院开业运营。医院坐落于中新天津生态城，为社会办非营利性三级综合医院，以治疗神经系统常见病、多发病及疑难危重症为主要特色，一期床位515张。

## 11月

**4日** 滨海新区政协原副主席、党组成员，滨海新区应急管理局原党组书记、局长（兼）单玉厚获评全国应急管理系统一级英雄模范。

**5日** 滨海新区招商引贸推介会在第四届中国国际进口博览会期间举办，活动以“借势滨海、共享机遇、共赢发展”为主题，宣传推介滨海新区。

**是日** 天津港保税区企业叠风新能源凭借“旋筒帆项目”入围2021首届全球港航创新创业大赛十强，为天津市唯一入选项目。

**5日—10日** 世界500强高科技企业霍尼韦尔公司、全球第三大汽车涂料制造商立邦汽车涂料、国内创新药龙头江苏恒瑞医药股份有限公司等国内外企业在第四届中国国际进口博览会上与滨海新区签订合作协议。

**7日** 滨海新区遭遇数十年罕见超强暴雪，最大降雪量39.4毫米，积雪深度26厘米。

**8日** 天津经济技术开发区企业华海智汇入围第六批国家级制造业单项冠军示范企业名单，为滨海新区唯一入围企业。

**16日** 先进计算与关键软件（信创）、细胞生态海河实验室在天津滨海高新区揭牌。

**17日** 大沽口炮台遗址博物馆获第一批国家级文明旅游示范单位称号。

**20日** 中国创新方法大赛全国总决赛项目展示赛段在滨海新区举办，来自全国各行业科技型企业201个创新项目参赛。

**23日** 天津港保税区、天津滨海高新区、天津东疆保税港区、中新天津生态城面向全国公开选聘管委会副主任。

**25日** 东疆湾沙滩景区入选2021年国家体育旅游示范基地名单。

**27日** 合成生物学海河实验室在空港经济区揭牌。

**29日** 天津空港型国家物流枢纽入选“十四五”首批国家物流枢纽建设名单。枢纽位于天津自贸试验区机场片区范围内，面积3.18平方千米。

**30日** 滨海新区、天津经济技术开发区、天津港保税区、天津滨海高新区与新奥集团及其所属公司签署协议。新奥集团计划在滨海新区投资200亿元，围绕产业互联网、低碳能源等领域开展深入合作。

## 12月

**2日—4日** 中国共产党天津市滨海新区第四次代表大会在区委党校召开，大会选举产生新一届区委、区纪委，通过《中国共产党天津市滨海新区第四次代表大会关于中共天津市滨海新区第三届委员会报告的决议》等。连茂君当选为区委书记，单泽峰、张弢当选为区委副书记，任福志、王琴、徐恒、韩昱、戴雷、宋哲、尹晓峰、赵前苗、张福旺当选为区委常委。

**6日** 滨海新区工商业联合会（总商会）召开第四次代表大会，审议通过滨海新区工商联（总商会）第三届执委会工作报告和大会决议，选举董丽敏为新一届滨海新区工商联（总商会）主席（会长）。

**是日** 滨海新区出台《关于进一步强化招商引资推动“滨城”建设的意见》。

**7日** 滨海新区企业天津云遥宇航科技有限公司与长光卫星技术有限公司联合研制的新型气象观测小卫星——“天津大学一号”卫星，搭乘“谷神星一号”遥二运载火箭在酒泉卫星发射中心发射升空，卫星顺利进入预定轨道。

**8日** 滨海新区与东丽区签署落实“双城”战略协同联动发展框架协议。

**9日** 中国共产党天津市滨海新区第四届委员会第二次全体（扩大）会议召开，安排部署学习宣传贯彻落实中共十九届六中全会精神，审议通过《中共天津市滨海新区委员会关于深入学习宣传贯彻落实党的十九届六中全会精神的实施意见》和全会决议。

**是日** 滨海新区召开“‘十大工程’助推美丽‘滨城’建设”主题新闻发布会，美丽“滨城”建设“十大工程”启动，重点项目221个，总投资5731亿元。“十大工程”包括轨道交通系统工程、双港集疏运工程、城市交通承载力工程、城市更新改造工程、新型城镇化工程、社会事业提质工程、市政配套完善工程、生态环境提升工程、文旅商业提升工程和新型基础设施工程。

**11日—13日** 中国人民政治协商会议天津市滨海新区第四届委员会第一次会议召开，听取和审议区三届政协常委会工作报告和提案工作报告；列席区四届人大一次会议，听取并讨论《政府工作报告》及其他有关报告；选举产生区四届政协主席韩远达，副主席以及秘书长和常务委员；审议通过区政协四届一次会议政治决议、常委会工作报告决议、提案工作报告决议和提案审查情况的报告。

**12日—14日** 天津市滨海新区第四届人民代表大会第一次会议在区委党校召开，出席代表378人。会议审议和批准区人大常委会和“一府两院”工作报告，票决产生2022年20项民心工程项目，选举产生新一届区人大常委会组成人员、区人民政府领导班子成员，以及区监察委员会主任、区人民法院院长、区人民检察院检察长，通过区人大各专门委员会组成人员。

**15日** 全球首个零碳码头智慧绿色能源系统在天津港C段智能化集装箱码头并网。

**16日** 滨海新区与东软集团股份有限公司、大连东软教育科技集团有限公司签署战略合作协议。

**是日** “红色土地 英雄河北——河北革命史联展”开幕仪式暨西柏坡精神宣传教育基地揭牌仪式在滨海文化中心举行。

**17日** 滨海新区融媒体中心、小王庄镇和天津广播联合申报的“‘烟花’吹落黄金梨 多方助农暖滨海”案例获天津市“我为群众办实事”十大经典案例奖。

**18日** 第四届软件定义互连技术与产业创新联盟大会暨软件定义互连创新应用大赛在滨海新区举行。大会以“SDI赋能万物智联”为主题，发布国内自主研制世界首款内生安全交换芯片“玄武芯ESW5610”，举办软件定义互连科技创新成果展，组织软件定义互连创新应用大赛。其间，天津信息技术应用创新产业（人才）联盟宣布成立。

**是日** 天津滨海金隅嘉品Mall开业，建筑面积8.1万平方米。

**20日** “滨城”代表队在第一届全国博士后创新创业大赛创新赛、创业赛和揭榜领题三个组别比赛中，获2金、6银、6铜，金奖总数、获奖项目总数位居天津市第一。

**21日** 滨海新区街镇经济发展经验交流会暨促进街镇2022年高质量开局推动会召开。街镇负责任人就加快街镇经济发展的经验、成效以及确保高质量开局的思路举措进行交流发言。

**21日—26日** 新时代美术作品展在滨海美术馆开展，展出京津冀三地书画家山水、人物、花鸟等作品100余件。

**22日—23日** 2021（第八届）全球租赁业竞争力论坛峰会举行。峰会由全球租赁业竞争力论坛和中国·东疆租赁产业（人才）联盟联合主办，以“融入产业链，擘画新租赁”为主题，邀请政府部门和监管机构领导、国际顶级租赁领域专家学者、业内领先企业高管参加，探讨租赁行业热点、解决行业痛点问题。

**24日** 滨海新区与中国电子、京东、用友、金蝶、金山办公等公司签署“共建中国信创谷框架协议”。

**28日** 天津市肿瘤医院滨海医院新院开诊。医院位于黄港生态休闲区，占地面积13.3万平方米，建筑面积15万平方米，床位1200张。

**是日** 滨海新区汉沽医院新院开诊，位于汉沽东扩区，占地面积13.3万平方米，建筑面积14.7万平方米，规划床位600张。

**29日** “滨城之约，燃情冬奥”——滨海新区首届冰雪旅游季活动媒体对接会在国家海洋博物馆举行，滨海新区首届冰雪旅游季活动同步启幕。活动持续到2022年2月底，涵盖文旅冬奥、书香冬奥和科技冬奥3大板块30项活动。

**是日** 中新联合协调理事会第13次会议在线上召开，会议由中共中央政治局常委、国务院副总理韩正和新加坡副总理、经济政策统筹部长王瑞杰共同主持。会议审议通过中新天津生态城工作报告，副总理韩正要求中新天津生态城要在推进碳达峰、碳中和方面先行先试，加快绿色低碳和城市建设相互融合。

**30日** 天津数据安全产业（人才）联盟在滨海新区成立。联盟由国家超级计算天津中心联合高等院校、科研机构、金融机构、社会组织等共同发起，首批成员单位60余家。

（区地方志办）

# 区情概览

## 自然地理

**【地理位置】** 滨海新区位于天津东部沿海地区，地处环渤海经济带和京津冀城市群的交会点，是亚欧大陆桥最近的东部起点。东临渤海湾，西与天津市东丽区接壤，南与河北省黄骅市为邻，北与天津市宁河区、河北省唐山市丰南区相邻。地理坐标北纬 38° 40′ ～ 39° 00′，东经 117° 20′ ～ 118° 00′，南北长，东西窄，呈弯弓状。行政区划面积 2270 平方千米，海岸线 153 千米。天津港通达全球 400 多个港湾，是东、中亚内陆国家重要的出海口。天津滨海国际机场连接国内外 30 多个世界名城。

（区地方志办）

**【地质】** 滨海新区地质发展逾 30 亿年，历经地台基底形成、地台盖层发育和大陆边缘活动带三个阶段，形成今北部基岩浅埋至裸露、南部基岩深埋且坳隆相间、断裂发育的地质构造格局。滨海地区位于其南部深埋区黄骅坳陷区内。主要构造单元有宁河凸起、北塘凹陷、板桥凹陷、歧口凹陷，构造单元之间主要断裂有北北东向的沧东断裂带和北东东向的北大港断裂带及北西西向的海河断裂、汉沽断裂、增福台断裂带等。

滨海地区新生代构造活动特点表现在古新世至渐新世时期，以大陆边缘活动带为主，基底断裂、生长断裂发育。中新世至上新世时期，盆地扩张微弱，火山活动减弱，区域活动性断层转至海上，仅在少数活动性较强的断裂交织点局部有小规模岩浆侵入与喷发，陆地内部断层活动微弱，包括黄骅坳陷的边界断裂——沧东断裂活动量也较微弱，显示出凹陷盆地构造特征。第四纪在继承上新世整体沉陷基础上，断裂和地震活动发育，渤海湾的打开与形成约在早至中更新世，古永定河、古黄河约在晚更新世形成。

滨海地区主要分布于黄骅坳陷属中、新生代断陷，坳陷沉积盆地，基岩顶板以中生界为主，其次为古生界，顶板埋深 1400 米 ~ 7000 米，与上伏地层成角度不整合接触。中生代末断陷活动强烈，使滨海地区新生代沉积成为巨厚的、以砂岩与泥岩为主的不等厚互层的堆积物，除缺失古新统外，自始新统至第四系均较发育，自下而上地层为：古近系的孔店组、沙河街组、东营组，新近系的馆陶组、明化镇组，第四系平原组，地层总体有由西向东加深、加厚趋势。

黄骅坳陷西南段狭窄，东北段开阔，系近海陆相湖盆。新生代以来经历的不同构造阶段控制着沉积相的演变。块断初期（孔店组沉积期），由于盆地北翘南倾，孔店组主要分布在南部。地层主要由盐湖冲积扇沉积体组成，反映古气候干燥炎热。强烈沉降与湖盆扩张期（沙河街组沉积期），盆地以沉降为主，自沙三段开始，盆地内数个次级凹陷水域逐渐连通，到沙一段时期，盆地水域达到最大范围。沉积形成一套暗色砂泥岩互层。湖盆收缩期（东营组沉积期），渐新世末，由于区域构造隆升，东营组沉积环境基本处于黄骅坳陷湖盆萎缩时期，以砂、泥岩为主，分布稳定，化石丰富，为湖湾沉积环境。河流沉积环境（馆陶组——明化镇组沉积期），渐新世末，盆地断陷活动基本结束，湖盆萎缩，经历长期侵蚀和准平原化，盆地整体下沉，辫状河、高弯度曲流河发育，建造以砂泥岩为主体，厚度较大，旋回性强，范围广的新近系沉积。冲积—海积沉积（第四系沉积期），全新世为一套松散堆积层，其岩性组合和生物化石组合特征及其变化反映黄骅坳陷全新世以来沉积环境由滨海—近岸浅海至河口湾、潟湖、滨海平原再至冲积平原的演变。

（区地方志办）

【地貌】 滨海地区原为大海。北宋庆历八年（1048）至南宋建炎二年（1128），黄河发生三次经天津入海的北徙改道，行水62年。其河水每年向海输送泥沙约12亿吨，将海岸线向海中推进约25千米。加之海水潮汐近千年冲刷，渐成典型堆积平原为特征的地貌，面积2256.49平方千米。堆积平原分海积冲积低平原和海积低平原区，地面海拔（大沽高程）小于5米，总体地势低平，微向海倾斜，由西向东增厚。区内多潟湖、洼淀湿地、残留故道、盐滩沼泽，临海地区土壤盐渍化严重。由东向西，大致环渤海西岸分布的三条贝壳堤为海退遗迹，系世界著名三大贝壳堤之一，在国际海洋、第四纪地质、古气候、古环境研究领域中占重要地位。

（区地方志办）

【气候】 滨海地区位于北半球中纬度亚欧大陆东岸，属暖温带半湿润半干旱季风型大陆性气候，兼有海洋气候特征。冬季受蒙古冷高压前部控制，盛行西北风；夏季主要受西北太平洋副热带高压西侧影响，多偏南风。季节变化明显，春季干旱多风、冷暖多变；夏季高温多雨、水热共济；秋季天高云淡、风和日丽；冬季寒冷干燥、雨雪稀少。

（区地方志办）

【自然灾害】 滨海地区平均海拔不足5米，缺少天然屏障。主要自然灾害有风暴潮、赤潮、海冰、大风、冰雹、大雾、暴雨、暴雪、沙尘暴、雷暴以及地震、洪涝、干旱。风暴潮常出现在4月—11月，发生时间多在每月朔（初一）、望（十五）期前后2日—3日大潮时，多发生在春分和秋分节气。渤海和黄海北部，每年冬季均有不同程度结冰现象，系北半球纬度最低结冰海区。海冰为一年冰，轻冰年与重冰年冰情差异很大。滨海新区一般于当年12月下旬—翌年2月中下旬为结冰期。下旬终冰，冰期40天～60天。渤海（主要是渤海湾、黄河口和大连湾等地）常有赤潮发生。1990年前，发生的赤潮缺乏完整记录与统计。2000年前，赤潮特点是频率低，规模较大。2000年后，赤潮发生呈现小面积、高频率、广分布的特点。发生赤潮的海水常带黏性，并腥臭，俗称臭水。能引起赤潮的生物60余种。

滨海地区海岸线长，地面高程低，处于诸河尾闾。上游泄洪排涝多经此入海，加之各河防洪闸上下淤积，泄水量达不到原设计标准，且降水不均，大暴雨集中夏秋，多受海潮顶阻，易生洪涝。

2021年9月4日，滨海新区出现局地大暴雨天气。最大日降雨量224.2毫米（06时—14时），出现在泰达街，为2009年泰达街自动气象站建站以来日降水量最大值，达到滨海新区年平均降雨量（539.9毫米）的41.5%，新区多处涵洞、地道、路段积水严重，交通要道封闭9处，短时内镇海桥地道积水严重，最深时7.41米，遇难1人。

11月6日—7日，滨海新区出现大暴雪天气。最大降雪出现在塘沽街，降水量50.2毫米，积雪深度26厘米为新区自有降水观测记录以来最大一次降雪，纯雪降水量突破历史极值。受其影响，全区范围内死亡1人，农作物受灾面积62.7公顷，农作物绝收面积0.73公顷，直接经济损失1.90亿元。

（区地方志办）

# 自然资源

【土地资源】 滨海新区土壤母质以河流冲积物为主，多为潮土、盐土及沼泽土，土壤性能不佳，耕作层多属壤土或黏土，肥力较低，且有不同程度盐渍化现象。

滨海新区尚有大量待开发荒地和滩涂。其中，荒地面积1.2万公顷，滩涂面积4万公顷。滩涂高潮滩面积2000公顷，中潮滩面积6666.67公顷，低潮滩面积1.47万公顷，水下浅滩面积1.67万公顷。滩涂开发利用近3%，发展潜力巨大。

（区地方志办）

【石油、天然气资源】 滨海地区石油、天然气资源丰富。陆上大港油田，海上渤海油田，面积大、油层厚、含硫低、价值高。1964年，大港油田开钻成功。1969年，渤海油田打出第一口井。1975年、1977年，海四油田、埕北油田相继投产。油气田有效勘探面积占渤海海域面积的70%。其所产原油均为优质能源与化工原料。

（区地方志办）

【水资源】 海河、蓟运河、永定新河、潮白河、独流减河等流经滨海新区入海，途中多被拦蓄，入境水量不丰，夏季汛期方有较多水量注入。域内有北大港、黄港等大型平原水库，蓄水能力5.4亿立方米，具有一定调蓄功能。

滨海地区系退海形成的滨海平原，以陆相为主的地下水资源少，淡水埋藏深，因紧靠渤海湾，浅层地下水盐碱程度高，几无淡水。含水层以粉细砂为主，颗粒细，透水性弱，径流迟缓，富水性弱。第四系底界埋深420米～440米，含水砂层总厚88米～290米。地下水补给、径流、排泄条件比较差。因地表水源不足而大量开采地下水。1970年始，打机井以供农业用水。因深层水开采过量，造成静水位下降，地面下沉严重。20世纪80年代初，滨海南部第三、第七含水组形成较大范围地下水位降落漏斗，漏斗中心在大港油田指挥部，面积约40平方千米。1987年，第三、第四、第五、第六4个含水组，均形成水位下降漏斗，漏斗面积约130平方千米。为控制地面下沉，部分机井停用，并停止打井。

滨海新区地表淡水匮乏，2018年水资源总量1.81亿立方米，人均水资源量61.54立方米，远低于全国平均水平2009米$^3$/人，属于资源型严重缺水地区，城乡用水主要依靠外调地表水。随着南水北调中线工程通水，长江水成为区主要水源之一。2021年，滨海新区平均降水量481.86毫米，属偏枯水年。地表水资源量1.24亿立方米，大中型水库年末库存量1.88亿立方米，出境入海水量31.57亿立方米。总供水量5.89亿立方米。其中，地表水源供水3.31亿立方米，地下水源供水0.38亿立方米，非常规水源供水2.2亿立方米。

（区地方志办）

【水产资源】 渤海为陆地环抱浅海，海域位于大陆架上，平均水深26米。黄河、海河、滦河、辽河等河流的注入带来大量有机物，利于浮游生物繁殖，适宜鱼类生长。滨海新区位于渤海湾中心，海岸线长，浅海水域宽广，滩涂逾400平方千米，为洄游鱼虾、多种地方性鱼虾、贝类繁殖生长的良好场所。水产生物150种，其中有小黄鱼、梭鱼、鲶鱼、鲈鱼、平鱼、鳀鱼等68种，及对虾、梭子蟹、毛蚶等。沿海地区利用浅海滩涂、洼地、盐田发展海水养殖业，其中对虾为扩大养殖生产主要品种。

滨海新区内陆水域广阔，淡水生物资源丰富。北大港水库、黄港水库等生长大量水生植物和底栖动物，成为杂食或草食鱼类养殖的天然场所。池塘淡水养殖的主要品种有鲢、草、鲤、鲫、鳙、鳊、鲳等，亦引进青虾、河蟹、贝类等新品种。

（区地方志办）

【海盐资源】 滨海新区为海积平原，域内拥有长芦海晶集团、长芦汉沽盐场等盐场，系国内海盐主要产地，盐田逾3.33万公顷。海水含盐量26‰～30‰，适宜晒制海盐。所产原盐氯化钠含量95%～96%，既是优质食盐，又是上等化工原料，历史悠久，驰名中外。滨海新区原盐年产逾270万吨。

（区地方志办）

## 建置区划

【行政区划】 至2021年末，滨海新区包括天津经济技术开发区（南港工业区）、天津港保税区、天津滨海高新技术产业开发区、东疆保税港区、中新天津生态城5个国家级开发区，下辖塘沽、新北、杭州道、新河、大沽、北塘、胡家园、新港、新村、泰达、汉沽、茶淀、寨上、大港、古林、海滨16个街道和新城、杨家泊、中塘、太平、小王庄5个镇，行政村139个，社区居委会333个，工作站8个。

（区地方志办）

【建置沿革】 1994年2月，天津市委、市政府提出成立滨海新区领导小组，实施对滨海新区开发建设的领导。3月，天津市第十二届人民代表大会第二次会议通过决议，决定用10年左右的时间基本建成滨海新区。1995年，滨海新区领导小组办公室成立。2000年，中共天津市滨海新区工作委员会和滨海新区管理委员会成立。2005年，中共十六届五中全会提出，推进天津滨海新区等条件较好地区的开发开放，带动区域经济发展，将滨海新区开发开放纳入国家总体发展战略布局。2006年，国务院颁发《关于推进天津滨海新区开发开放有关问题的意见》，明确滨海新区的功能定位。2009年11月6日，根据国务院对天津市调整部分行政区划的批复要求和天津市委、市政府关于滨海新区管理体制改革的部署，天津市委、市政府发出通知，就滨海新区管理体制改革工作提出实施意见。11月

天津经济技术开发区，图中地标性建筑为天津周大福金融中心

焦永普　摄

9日，天津市委、市政府召开滨海新区管理体制改革动员大会。滨海新区管理体制改革主要内容：建立统一的行政架构，撤销滨海新区工委、管委会，撤销塘沽区、汉沽区、大港区现行建制，建立滨海新区行政区，辖区范围包括塘沽区、汉沽区、大港区全境。东丽区和津南区的部分区域，不划入滨海新区行政区范围，仍为滨海新区产业规划区域。构建精简高效的管理机构，建立滨海新区区委、区人大、区政府、区政协，区级机构比原有3个行政区大幅精简。组建两类区委、区政府的派出机构。一类是城区管理机制，成立塘沽、汉沽、大港3个工委和管委会，主要行使社会管理职能，保留经济管理职能；一类是功能区管理机构，成立9个功能区党组和管委会，主要行使经济发展职能。形成新区的事在新区办的运行机制，赋予新区更大的自主发展权、自主改革权、自主创新权。凡属于天津市权限范围内的，新区可以自行决定的事情，原则上都下放给新区。凡新区能办的事，支持先行先试。凡新区需要报送国家审批的事项，市相关职能部门按程序报送。12月，中共天津市滨海新区第一次代表大会在塘沽大剧院召开，选举产生滨海新区第一届区委领导机构，何立峰当选为区委书记。2010年1月，分别召开区人大、区政协第一届第一次会议。2013年9月，滨海新区深化管理体制改革，撤销塘沽、汉沽、大港3个城区工委、管委会。2014年12月，中国（天津）自由贸易试验区设立。2015年4月挂牌运行。2018年，滨海新区深化功能区管理体制改革，将区位相邻、功能定位相近的原中心商务区并入天津经济开发区、原临港经济区并入天津港保税区，改革后设有天津经济技术开发区（南港工业区）、天津港保税区、天津滨海高新技术产业开发区、东疆保税港区、中新天津生态城5个国家级开发区。2021年，完成泰达街及塘沽街、大沽街、新村街、新港街和杭州道街等周边街道行政区划界线勘定，与东丽区、西青区和津南区等相邻区界线勘定。

（区地方志办）

## 人口　民族宗教

**【人口】** 2021年末，滨海新区户籍户数57.60万户，户籍人口153.85万人。其中，男性78.26万人，女性75.59万人。按年龄构成分，0岁～17岁29.17万人，18岁～34岁32.50万人，35岁～59岁59.77万人，50岁及以上32.41万人。人口迁入9.71万人，迁入率0.63%；人口迁出6.19万人，迁出率0.4%。人口增长数4.15万人，人口机械增长率0.27%。

（区统计局）

**【民族宗教】** 至2021年末，滨海新区有54个少数民族（只缺少基诺族），人口6.9余万人（常住人口5.6万人，流动人口1.29万人），占全区总人口的3.3%，其中超过千人的有蒙古族、回族、苗族、彝族、朝鲜族、土家族。从聚集程度看，有3个少数民族聚居村，为新城镇南开村、海滨街远景一村、太平镇远景二村，主要是回族，占各村人口总数30%以上。

滨海新区有寺观教堂11处。其中，佛教寺庙1座（潮音寺），伊斯兰教清真寺7座（滨海清真大寺、大沽清真寺、南开村清真寺、黄圈村清真寺、大港清真寺、远景一村清真寺、远景二村清真寺），天主教堂1座（塘沽中心桥教堂），基督教堂2座（塘沽堂、大港堂）。滨海新区有宗教团体1个，即滨海新区伊斯兰教协会。

（邵　鑫）

## 政治经济社会建设

**【政治建设】** 2021年，滨海新区落实全面从严治党主体责任。对各单位全面从严治党主体责任和推进政治生态建设情况进行考核表彰。组织党委（党组、工委）向区委进行党建工作述职，对新任职区管干部进行党风廉政教育集体谈话。完成3轮区委巡察，同步开展涉粮问题专项巡察，对三届区委巡察整改情况进行“大起底”，实现三届区委巡察全覆盖。夯实基层组织建设。完成村、社区“两委”换届。完成5个镇领导班子换届，选任优秀干部担任镇领导班子成员。开展党史学习教育，深化我为群众、为企业、为基层办实事活动，为6.3万余名群众办理10.5万余件需求事项、五星好评率96.3%。提升干部专业化素质。坚持新时期好干部标准，面向全国公开招聘3名开发区管委会副主任、2名优秀干部进入党政部门，遴选137名年轻干部下沉各条战线改革创新、蹲苗历练，推动34名重点行业和关键岗位干部交流轮岗。建立一体推进考核体系，滨海新区被中组部确定为全国公务员平时考核工作联系点。优化人才创新发展环境。成立18个产业（人才）联盟，吸引1807家成员单位，包括高校和科研院所151家、世界500强企业89家；引进高层次人才，促成产业链合作项目。巩固党风廉政建设成效。加强对“一把手”和领导班子监督，落实主体责任日常监督、集体谈话、述责述廉、年度考核机制。开展作风整顿，落实中央八项规定及其实施细则精神，查处形式主义官僚主义和不担当不作为问题，专项治理享乐主义、奢靡之风隐形变异问题。落实《滨海新区激励干部新时代新担当新作为容错免责实施办法（试行）》，召开警示教育大会，107 个单位 1.4 万余名党员干部接受教育。

（区地方志办）

【经济建设】 2021 年，滨海新区地区生产总值比上年增长 7.3%。其中，第一产业增长 10.6%，第二产业增长 6.9%，第三产业增长 7.7%。三次产业结构比为0.4：46.9：52.7。一般公共预算收入 572.4 亿元，比上年增长 11%。其中，税收收入 505.7 亿元，增长 11.7%，占一般公共预算收入的 88.3%。增值税 168.5 亿元，比上年增长 9.7%；企业所得税 146.9 亿元，增长 13%；个人所得税 38.3 亿元，增长 34.4%。一般公共预算支出 807.9 亿元，比上年增长 0.2%。新增市场主体 6.53 万户，比上年增长 17%。新增内资企业 2.61 万户，比上年增长 12.6%。新增外资企业 543 户，比上年增长 25.7%。新增个体工商户 3.87 万户，增长 19.9%。

农业发展。农林牧渔专业及辅助性活动产值 3.3 亿元，下降 26.9%。新增设施农业建设面积 358.39 公顷，实施高标准农田建设项目 3 个，总面积 840 公顷。工商注册农民专业合作社 896 家，其中市级农民专业合作社 46 家。成功申报国家农民合作社示范社 4 家。建设对虾种苗繁育基地、工厂化循环水养殖、现代渔业绿色示范等项目 18 个。小王庄镇获批国家农村产业融合发展示范园创建资格。

工业经济。工业增加值比上年增长 8.1%。规模以上工业中，采矿业增加值增长 3.4%，制造业增长 8.1%，电力、热力、燃气及水生产和供应业增长 43.6%。石油、煤炭及其他燃料加工业增加值比上年增长 22.9%，化学原料和化学制品制造业增长 10.9%，医药制造业增长 25.4%，计算机、通信和其他电子设备制造业增长 10.7%，铁路、船舶、航空航天和其他运输设备制造业增长 20.8%。建筑业总产值 2458.71 亿元，比上年增长 9.9%。商品房施工面积 2839.77 万平方米，比上年增长 1%。

商业贸易。商品销售额比上年增长 32.4%。限额以上商品销售额中，金属材料、化工材料、石油及制品、煤炭及制品销售额增长较快，分别比上年增长 43.2%、56.7%、29% 和 44.7%。社会消费品零售总额比上年增长 0.1%。大型商业设施 54 个，总建筑面积约 170 万平方米。天津 K11 Select 购物艺术中心、生态城爱琴海购物公园、季景天地购物中心、金隅嘉品 Mall、滨海吾悦广场等大型商业设施开业。

固定资产投资。固定资产投资（不含农户）比上年增长 7.2%。第一产业投资下降 9%；第二产业投资增长 6.6%,其中工业投资增长 6.6%；第三产业投资增长 7.8%，其中交通运输仓储和邮电业增长 8.4%，信息传输、软件和信息技术服务业增长 1.2 倍，科学研究和技术服务业增长 59.2%。基础设施投资增长 18.3%，民间投资增长 12.5%。

对外开放。新设外商投资企业 481 家。实际使用外资 43.2 亿美元，比上年增长 15.8%。实际利用内资 1419.3 亿元，比上年增长 23.1%，占全市的 42%。进出口总额 6339.1 亿元，增长 14.7%。其中，出口 2445.3 亿元，增长 26.1%；进口 3893.8 亿元，增长 6.9%。推动创新中欧班列发展模式，中欧班列开行 5.8 万标准箱，增长 23.4%。

交通和邮电。港口货物吞吐量 5.3 亿吨，比上年增长 5.3%；集装箱吞吐量 2026.94 万标准箱，比上年增长 10.4%。机场旅客吞吐量 1512.17 万人次，增长 13.8%；机场货邮吞吐量 19.49 万吨，增长 5.4%。邮政业务总量 50.83 亿元，比上年增长 37.8%，邮政业务收入 65.94 亿元，增长 24.4%。

旅游业。东疆亲海公园、东堤公园、南堤公园、南湾公园集体对外开放，大沽口炮台遗址博物馆获第一批国家旅游文明示范单位，东疆湾沙滩景区入选国家体育旅游示范基地，天津长芦汉沽盐场工业游项目、安防视频监控科技旅游基地获评第三批天津市工业旅游示范基地，累计 9 家。方特水上乐园、熊出没酒店两项综合性旅游项目建成开业。

金融业。金融机构（含外资）本外币各项存款余额 7300.25 亿元，比年初增加 696.76 亿元，比上年末增长 10.6%；各项贷款余额 1.32 万亿元，比年初增加 699.48 亿元，比上年末增长 5.6%。证券机构交易总额 8159.22 亿元，增长 2.4%。设立滨海新区小微企业首贷续贷服务中心，为小微企业提供首贷续贷政策咨询、贷款产品介绍和贷款受理等一站式便捷服务。推动“津心融”平台入驻新区政务服务中心，整合各类新金融产品，搭建线上金融服务“超市”。

科技创新。先进计算与关键软件、合成生物学、细胞生态海河实验室揭牌。发挥企业创新主体作用，8 项成果获国家科学技术进步奖。康希诺疫苗获批投用；全球首次实现二氧化碳到淀粉的人工全合成；科大讯飞 5G+AI 应用示范工程推进。成立供应链金融、新能源、乡村振兴、海洋文化旅游产业（人才）联盟，累计 17 个。

（区地方志办）

【文化建设】 2021 年，滨海新区文化和旅游局加挂区文物局牌子，明确文物保护相关职责，推进文化执法机构与公益性事业单位改革，完成区文物保护与旅游服务中心、区文化馆人员整合。推进国有企业改革，完成塘沽大剧院、汉沽大剧院、新港影剧院、北塘影剧院、长征影剧院5家单位全民所有制企业改制工作；滨海新区文化中心投资有限公司接手滨海新区秋实影剧院有限公司（原塘沽大剧院）等企业运营工作。推进国家公共文化服务体系示范区创新发展，实现四大馆图书通借与通还，启动公共数字资源联采联建工作。推进国家文化和旅游消费试点城市建设工作，成立领导小组，印发实施方案。完成2家街镇数字文化馆建设，滨海新区图书馆少儿馆区社会化运营项目免费开放，14个公共场馆实现延时服务。中新天津生态城图书档案馆获批成为全国第7批社会管理和公共服务综合标准化试点项目单位。大沽街道成为“2021—2023中国民间文化艺术之乡”。加大文化执法力度，滨海新区“扫黄打非”办获得2021年度全国“扫黄打非”先进集体。滨海新区网络安全应急指挥中心成立，举报各类网络违法和不良信息。实行网信行业分级分类监管。组织开展文娱、“饭圈”乱象、假新闻、校外违规培训广告等20余项治理行动。新时代文明实践中心（所、站）实现村居全覆盖，建设经验被新华社、人民网等25个平台媒体刊载。2人获第8届全国道德模范提名奖。1人当选第7届天津市道德模范。开展“新时代好少年”学习宣传，举办“百堂思政课”系列活动。“志愿滨海”App全年发布活动1.2万余场，参与志愿者逾45万人次。

（袁明　李月文）

**【社会建设】**　2021年，滨海新区社会事业全面发展，民生保障持续改善。

教育事业。在天津市“双减”阶段性重点任务综合督查情况反馈中，课后服务得分全市第一。实验中学海港城学校建成投用，新增中小学学位1500个。小学生课后服务参与率90%，初中学生课后服务参与率95.6%。压减学科类培训机构337家，压减率86.4%。深化高中育人方式改革，紫云中学等5所学校进入天津市品牌高中市级复审。推动集团化办学，塘沽一中塘沽湾学校、天津市实验中学育华学校开学。医疗卫生事业。第五中心医院认证为首批市级创伤中心，大港医院、泰达医院成为市级创伤中心建设单位。家庭医生签约老年人16.24万人，为失能半失能人员提供入户服务。全面实施政府25项妇女儿童保健惠民项目，妇女儿童保健服务20万人次。建立居民健康档案，老年人健康体检近10万人。提高医疗卫生资源供给质量，第五中心医院门急诊楼启用、儿科学被认定为市医学重点学科，滨海新区中医医院开业应诊，肿瘤医院完工。体育事业。建成社区健身园85个、社区体育园28个、多功能运动场10个、健身步道3条、笼式足球场2个。举办线上线下群体赛事活动59次。申报等级运动员154人，有等级裁判员410人。居民收入支出。城镇居民人均可支配收入5.96万元，比上年增长8.3%。城镇居民生活性消费支出3.25万元，比上年增长11.8%。就业形势。新增就业登记32.5万人。实现困难人员就业1890人，发放创业担保贷款3650万元，组织补贴性职业技能培训6322人次，新增就业9.5万人，城镇登记失业率3.45%。社会保障。开通异地就医住院联网结算定点医疗机构36家、门诊联网结算定点医疗机构142家，首批试点开通异地就医门诊联网结算定点零售药店1家。推进全民参保计划，企业职工基本养老保险新增参保10余万人。

（区地方志办）

**【生态文明建设】**　2021年，滨海新区统筹推进生态保护和疫情防控，打好污染防治攻坚战。生态环境质量显著改善。打好蓝天保卫战。关停整合30万千瓦热电联产电厂15千米半径范围内燃煤锅炉，开展臭氧污染防控专项行动。推进各项重点工程，削减污染排放，热电联产15千米半径5台燃煤锅炉完成燃气锅炉安装调试；管控挥发性有机物无组织排放，完成21家石化企业和32家仓储企业泄漏检测与修复（LDAR）工作。管控移动源污染，检查货车1.25万辆，遥测322万辆，落实国三及以下中重型柴油货车区域限行要求。推进国三及以下排放标准中重型营运柴油货车提前淘汰工作。专项治理大港地区异味，建设绿色港口，提高天津港铁矿石铁路运输比例，大气$PM_{2.5}$平均浓度38微克/米$^3$，改善20.8%。环境空气质量达标天数265天，增加14天，优良天数72.6%。土壤环境治理。所有农用地均属于优先保护类耕地，无受污染耕地，建设用地安全利用率100%。坚持管控建设用地和农用地风险。管控建设用地环境风险，落实建设用地调查评估制度。推进地下水污染防治工作，完成冲海积地下水重点污染源调查评估项目报告编制和专家评审、地下水污染防治规划初稿编制、南港工业区地下水环境状况调查报告编制，推进大港石化产业园区地下水环境状况调查。核定危险废物产生单位重点源，并转移和处置。加强水环境保护。北大港有水湿地面积由2017年140平方千米增加到240平方千米，被列入《国际重要湿地名录》，监管农村生活污水处理和水产养殖企业，做好河道巡查，严禁污染源入河。开展跨境入海河流监控，定期监测北塘水库饮用水源地水质，按要求公开水质信息。统筹协调入海河流与近岸海域环境保护的关系，兼顾流域污染防治和海洋生态环境保护需求，建立健全入海排污口长效管理机制。

（区地方志办）

# 中国共产党滨海新区委员会

## 综　述

【概况】　2021年，滨海新区区委坚持以习近平新时代中国特色社会主义思想为指导，贯彻落实中共十九大和十九届历次全会精神，贯彻落实习近平总书记对天津工作“三个着力”重要要求和一系列重要指示批示精神，特别是习近平总书记视察新区时作出的重要指示精神，坚定捍卫“两个确立”，坚决做到“两个维护”，坚持稳中求进工作总基调，走高质量发展之路，全面建设新时代生态、智慧、港产城融合的宜居宜业美丽“滨城”。

（郑　晨）

【深化改革创新】　2021年，滨海新区推进重点领域改革，法定机构改革。建立开发区内部绩效考核、薪酬管理等制度，健全内部精准考核激励机制。高新区海洋科技园社会职能剥离工作取得阶段性成果。实施泰达街道体制机制改革，完成人员身份选择全员聘任上岗工作，办理事业单位登记手续。深化要素市场化改革，围绕土地、技术、数据、资本、劳动力五大要素，健全市场化运行机制。新兴产业用地政策落地实施，完成4处地块控规调整。天津国际生物医药联合研究院改革方案获批。推进国资国企改革，出台《滨海新区国企改革两年行动实施方案（2021—2022）》，完成混改出让出清130户，完成全民所有制企业公司制改革。加快区属国企专业化整合，初步构建以国资运营公司为平台的城建、供热、商业、粮食四大板块，涵盖资产管理、民生服务、城镇化建设、供热、商业贸易等五大产业领域。开展街镇经济改革，出台《关于支持街镇经济发展的实施意见》以及5个实施细则，建立5个开发区、6个区级经济部门与街镇结对帮带机制，13项行政和公共服务类审批权限委托下放街镇。深化融合发展机制，推动大沽街道与天津经济技术开发区，新河街道、新北街道与天津滨海高新区深度融合。打造更高能级对外开放平台，落实全市稳外贸外资28条措施，通过世界智能大会、进博会等平台签约一批重点项目，推进平行车进口恢复常态化，构建良好跨境电商发展生态。融入“一带一路”国家发展战略，深化沿线经贸投资文化合作，中埃·泰达苏伊士经贸合作区成为“一带一路”合作标志性项目，人民币在合作园区率先跨境使用。推进国家租赁创新示范区建设，飞机、船舶、海工平台等跨境租赁业务总量占全国的80%，成为全球第二大飞机租赁聚集地。推进自贸区体制创新，创新发展“109条”任务完成85项，实施制度创新措施502项。建设高新区、生态城自贸联动创新区，成立两个自贸试验区联动创新示范基地。推进天津港建设世界一流智慧港口、绿色港口，深化“一港六区”统一运营管理，天津港全年新开通内外贸航线10条，集装箱吞吐量增速位居全球十大港口首位。依托“科创中国”融通平台，构建产学研深度融合、协同创新模式，新区被中国科学技术协会授予“科创中国”创新枢纽城市称号。加快战略科技力量布局，“一心三室四谷”（国家超级计算天津中心；先进计算与关键软件、细胞生态、合成生物学海河实验室；中国信创谷、生物智造谷、京津冀特色细胞谷、北方声谷）创新体系初步构成，“四谷”项目开工56个、总投资192亿元。先进计算与关键软件（信创）、合成生物学、细胞生态3个领域海河实验室“核心”落户新区。国家超级计算天津中心天河E级计算机关键技术验证系统多项指标全球排名第一，服务6000余家用户，产生经济效益超120亿元。2个京津冀特色“细胞谷”试验区揭牌成立，“细胞谷”专家库组建完成。加强滨海—中关村科技园与天津科技大学科技园合作，推动“校区—科技园区—产业园区”三区融合发展。成立生物制造产业（人才）联盟，吸纳北合科技大豆蛋白深加工等13个重点产业化项目开工入驻。成立信创产业投资母基金，天津信创产业（人才）联盟成员70家。新建乡村振兴、新能源、供应链金融、海洋文旅4个产业（人才）联盟，联盟总数18个。瞄准高精尖缺，引进创新创业领军人才等高层次人才20人。推荐入选天津市“111”工程杰出企业家、新型企业家培养对象65人，占全市52.4%。“海河英才”行动计划引进落户1.2万人。

（郑　晨）

【区域高质量发展】 2021年，滨海新区推动京津冀协同发展，对接北京优质资源，华电集团、中国联通等央企项目落地，注册347家央企新设企业，注册资金额4922亿元。滨海—中关村科技园新增项目1012家，增长50.3%，企业超过3000家；新增高新技术企业、科技型中小企业、雏鹰企业数量增长188%、281%、176%。推进投资超200亿元的北燃LNG项目全面建设，推动中石化南港120万吨乙烯在内的总投资603亿元的11个项目全面启动。提升发展质量和效益，实施先进制造业和现代服务业双轮驱动，壮大新动能。制定《滨海新区2021年新动能引育工作方案》，围绕“14337”五大指标（天津市引育新动能五年行动计划工作目标中的几项核心指标，“1”是指国家高新技术企业达到1万家以上、“4”是指工业战略性新兴产业增加值占规模以上工业增加比重达到40%以上、“3”是指高技术增加值占规模以上工业增加值比重达到30%以上、“3”是指高技术服务业增加值及以互联网和相关服务业为代表的现代新兴服务业增加值占服务业增加值比重达到30%以上、“7”是指科技型上市企业达到70家以上）形成六大工程，按月开展重大项目调度。推动跨境金融创新发展，做强做优商业保理、融资租赁、绿色金融等特色金融产品，商业保理资产总规模居全国新开工第一位。发展战略性新兴产业经验做法获国务院督查激励。中科院天津工业生物技术研究所在国际上首次实现二氧化碳到淀粉的人工全合成，新一代超级计算机、“PKS信创体系”等关键核心技术取得突破，发布中国自主研制的世界首款内生安全交换芯片“玄武芯”。形成现代产业体系，制定滨城“1+3+4”产业工作手册，实行“一个链、一个链长、一个产业（人才）联盟、一个主题承载园区、一支主导基金支撑、一个专业化专班服务、一套系统化配套政策”模式，打造信息技术应用创新、生物医药、新能源、高端装备、汽车和新能源汽车5条“强链”，车联网、新材料2条“新链”，集成电路、绿色石化、航空航天3条“短链”。推进总投资9000亿元的近900个项目，联想（天津）智慧创新服务产业园、中铁六院总部等218个项目新开工，华电南港热电工程、丰田新能源汽车项目等709个项目在建，临港博迈科2号码头等116个项目竣工。

（郑　晨）

【美丽“滨城”建设】 2021年，滨海新区编制完成“滨城”国土空间总体规划，完善《美丽“滨城”建设指标体系》，制定《美丽“滨城”建设2021年攻坚行动方案》，建立分级分组调度、任务落实推动、督查考核、联络沟通4项工作机制，明确任务分工，推动45项具体任务、182条具体措施落地落实。推进轨道交通系统、双港集疏运、城市交通承载力、城市更新改造、新型城镇化、社会事业提质、市政配套完善、生态环境提升、文旅商业提升和新型基础设施等“滨城”建设“十大工程”。建立农村困难群众危房改造动态清零机制，完成1030户农房抗震改造。按照新模式推进56个老旧小区改造，惠及5.4万户。建立全区建设大统筹机制，安排社会民生、基础设施、房地产项目376个，全年投资207.2亿元。建设现代化综合交通运输体系，推进智慧交通系统建设。绕城高速全线贯通。轨道交通B1线、Z4线加快建设，Z2线开工建设，形成轨道“三线并驱”建设新局面。第二大街跨津山铁路桥、洞庭路地道、大连东道延长线等重点项目建成通车，闸南路跨南疆铁路桥年底建成，城市路网交通全面改善。建设天津港集疏运专用货运通道工程，完善天津港“北进北出、南进南出”集疏运体系。完善城市商业功能，天津K11 Select购物艺术中心、金隅嘉品Mall、爱琴海购物公园、大港万达广场、新城吾悦广场、季景天地6大商业综合体开业。“1+1+3+N（一个智能城市大脑，由云计算平台、边缘计算平台、应用软件平台、大数据中心、共性支撑平台和城市运营管理中心组成；一张城市智联网络，由互联网、城域网、视联网、物联网、车联网和智能设施等组成；善政、兴业、惠民三大板块；聚焦三大板块，建设若干智慧应用场景）”新型智慧城市架构基本形成，入选国家智能社会治理综合实验基地，中新生态城智慧城市治理模式与泰达街智慧社区获全国创新社会治理优秀案例奖。优化营商环境，加强诚信体系建设，获评全国社会信用体系建设示范区。推出“一企一证”改革2.0版，改革经验获中央深改办专版刊发。新区各级政务服务大厅设置“跨省通办”窗口，推出“承诺拿地即开工”审批模式，深化“企业哨，开发区、部门报到”机制，以“双万双服促发展”活动为载体，包联帮扶180余个重点企业、88个重点项目，企业问题解决满意率居全市前列。2020年度营商环境评价中居国家级新区前列，18个一级指标中13个指标成为相关指标领域的标杆。

（郑　晨）

**【生态宜居建设】** 2021年，滨海新区推进“双碳”工作，发展绿色产业，建设氢能示范产业园，打造CCUS应用示范，风电、光伏等新能源发电装机规模达到1462兆瓦。建成全球首个零碳码头，构建“风光储荷一体化”绿色能源系统。推出中新生态城零碳“智慧大屋”，搭建“无废城市”信息管理平台，全域推广垃圾分类精品示范小区。天津排放权交易所总交易量跃升至全国第二，国家核证自愿减排量交易量位居全国第一。提升生态质量，强化大气治理，$PM_{2.5}$年均浓度降为37.95微克/米$^3$，空气质量达标天数居全市前列。推进“871”重大生态工程建设，完成绿色生态屏障1233.33公顷造林任务。加大湿地保护修复力度，北大港湿地保护区列入国家重要湿地名录。实施蓝色海湾整治修复行动，完成28项海洋生态修复工程，修复岸线长度8.8千米。修复水生态环境。实施海绵城市建设三年行动，建成区达标面积超25%。淘汰落后产能，完成1788家“散乱污”企业和6.3万户散煤治理。完成24个片区雨污分流改造，污水处理88万吨/日，城镇污水集中处理率95.2%，城区黑臭水体全部消除。打好渤海综合治理攻坚战，12条入海河流水质均达到Ⅴ类及以上，达标率100%。健全土壤污染防治体系，建设用地安全利用率100%。

（郑　晨）

**【全面依法治区】** 2021年，滨海新区加强民主政治建设，把党的领导贯穿人大工作始终，支持区人大及其常委会依法行使任免权、重大事项决定权和监督权，听取和审议“一府两院”专项工作报告23项。坚持党对政协工作的全面领导，支持区政协发挥政治协商、民主监督、参政议政职能，提案办理协商6次，专委会专题协商和界别协商10次，实现协商工作经常化制度化。深化法治滨海建设，践行习近平法治思想，推进全面依法治区工作。深化司法体制改革，支持区人民法院、区人民检察院依法独立行使审判权和检察权。建成“滨法智服平台”。推进法治政府建设，获评2021年全市第二批法治政府建设综合示范区和第二批法治政府建设示范创建单项示范项目称号。开展矛盾纠纷排查化解“双百行动”，排查各类矛盾纠纷近3.3万件，化解率99.94%。优化公共法律服务，推进法律援助、司法救助等领域便民利民措施。启动实施“八五”普法，开展民法典宣传教育民心工程。

（郑　晨）

**【保障和改善民生】** 2021年，滨海新区社会保障水平稳步提升，新增就业9.67万人，城镇登记失业率在3.4%以内，调查失业率在4.1%以内。完成城乡居民养老保险参保8.24万人、医疗保险参保55.52万人。深化“滨海通办”改革，将77项便民服务事项下沉至21个街镇，实现就近可办，提升群众办事便利度。新建社区老年日间照料中心30个、养老服务床位1680张，总量9000张。在全市率先将低保、低收入和特困人员救助供养审核确认权限全部下放至21个镇街。优化教育体育资源配置，推进教育资源建设，天津茉莉亚学院落成启用，塘沽一中教育集团塘沽湾学校建成开学，天津市实验中学滨海育华学校、大港育秀幼儿园建成使用。“双减”（有效减轻义务教育阶段学生过重作业负担和校外培训负担）工作稳步推进，在全市“双减”阶段性重点任务综合督查情况反馈中，课后服务得分第一；加强校外培训机构监管，压减学科机构，在全国率先完成“营改非”登记。完成85个社区健身园、28个体育园、10个多功能运动场、2个笼式足球场和3条健身步道建设。提高健康卫生水平，完善居民健康管理、重大疾病防治体系，发展中医药事业，提升食品药品安全水平。深化公立医院综合改革，14家二三级公立医院建立医院章程。加快基础设施建设，肿瘤医院开诊，第五中心医院新门（急）诊楼投入使用，中医医院一期工程试运行，滨海新区汉沽医院迁入新址。全年新增床位704张，三级医院10家。推进乡村振兴战略，推进示范镇建设和棚户区改造，城镇化率95.9%。获批建设国家现代农业产业园和国家农村产业融合发展示范园。争创国家农业食品创新产业园取得实质进展。乡村振兴考核位居全市前列。实施“三品一标”行动，扩大茶淀玫瑰香葡萄、大港冬枣等地理标志农产品影响力。开展农村人居环境整治，推进农村“厕所革命”工作。完成44个困难村结对帮扶任务。推动东西部协作和支援合作工作，新增落地投资企业17家，帮助结对地区农村劳动力9000人实现就业，实现消费帮扶2亿元。统筹安全发展，探索多元化解途径，推进法治信访建设，群众满意率位列全市前三名。开展政法队伍教育整顿，全区政法系统78名干警、26个集体获国家级、省部级荣誉称号，区公安局板厂路派出所获评平安中国建设先进单位，区法院赫连建敏获评平安中国建设先进个人。建立全区自然灾害风险普查数据库，科学应对子牙新河等南部河道秋汛洪峰险情。实施危化品、燃气、建筑施工、道路交通、消防安全等专项整治。把握“外防输入，内防反弹”要求，抓好疫情防控工作，强化指挥体系，精准精细落实各项防控措施，常态化抓好无缝管道式闭环管理，重点抓好海港、冷链、隔离点、院感等各方面防控工作。做好疫苗接种，在全市两次综合考核中位列第一和第二位，构建免疫屏障，国务院督导组给予充分肯定，并把有关经验做法向全国复制推广。

（郑　晨）

**【全面从严治党】** 2021年，滨海新区压实管党治党政治责任，落实全面从严治党主体责任，区委常委会研究全面从严治党工作相关议题174个。组织对各单位2020年度全面从严治党主体责任和推进政治生态建设情况进行考核，对28家优秀单位予以表彰。组织22家单位党委（党组、工委）书记向区纪委全会述责述廉，对182名新任职区管干部进行党风廉政教育集体谈话。对43个党委（工委、党组）所属125个基层党组织开展集中巡查，推动136个问题挂单整改。加强巡察工作组织领导，开展3轮巡察，推动被巡察党组织建立健全制度机制922项，推动40个区属单位和139个行政村完成3183项问题整改。抓好区、镇和村居换届选举，召开区第四次党代会，第四届区人代会、区政协会，新一届区级领导班子在年龄结构、学历层次、人员构成等方面进一步优化。完成5个镇领导班子换届工作，选任75名优秀干部担任镇领导班子成员，班子成员平均年龄下降至42.5岁。推动85家区级机关党组织入格联建，引导262个社会主体入格贡献。深化模范机关创建，建设“首善机关、效能机关、安全机关”，出台《提升机关效能践行美丽“滨城”攻坚行动实施方案》。开展“党建+我为群众办实事”“党建+我为基层办实事”活动。加强“两新（新经济组织和新社会组织）”组织保障力度，完善“党组织书记直通车”工作机制，举办“政策进楼、企业问需”零距离服务系列活动。面向全国招录34名农村专职党务工作者、160名社区工作者，充实到农村、社区工作一线。选聘17名优秀村和社区党组织书记为事业编制人员。提升干部队伍专业化素质，坚持德才兼备、以德为先、任人唯贤，强化在疫情防控、创建文明城区、国家卫生城区、疫苗接种、推动高质量发展等重点任务一线考察考核干部，全年调整处级干部556人。公开招聘3名开发区管委会副主任，1名党政班子副职。举办城市更新、乡村振兴等实践锻炼培训班14期，选派143名干部参加“五大战略”“四大工程”等攻坚任务，40余名优秀年轻干部受到重用。结合镇领导班子换届，选拔3名40岁以下年轻干部担任班子正职，选拔15名35岁左右年轻干部担任班子成员。加强对“一把手”和领导班子监督，完善落实主体责任日常监督、集体谈话、述责述廉、年度考核机制，压实“一把手”第一责任人责任和班子成员“一岗双责”。开展作风整顿，落实中央八项规定及其实施细则精神，查处形式主义官僚主义和不担当不作为问题92起。开展整治享乐主义、奢靡之风隐形变异问题专项治理，查处享乐主义奢靡之风问题99起。推进容错纠错防错，落实《滨海新区激励干部新时代新担当新作为容错免责实施办法（试行）》，对2起6人予以容错免责。构建“1+7+3”体系，推进开发区、街镇村居、基层事业单位、国有企业、公立医院、学校和政法系统等7个区域领域基层监督工作。在3家国企创新设立监督中心，消除监督盲区。向5个开发区派出监察专员，授予监察权，新增授薪人员23名。深入反腐败斗争，纪检监察系统接收信访举报6046件，处置问题线索1722件，立案535件，挽回经济损失1.77亿元。运用“四种形态”处置2031人次。其中，运用第一种形态1526人次，占75.1%；第二种形态387人次，占19.1%。落实“清廉天津”建设各项任务，出台82项工作举措。开展群众身边腐败和作风问题“点题整治”，处置问题32起，处理45人。分层分类分区域开展警示教育，召开全区警示教育大会，107个单位1.4万余名党员干部接受教育。

（郑　晨）

## 重要决策

**【概况】** 2021年，滨海新区区委坚持稳中求进工作总基调，立足新发展阶段、贯彻新发展理念、构建新发展格局，坚定不移走高质量发展之路，全面建设生态、智慧、港产城融合的宜居宜业美丽“滨城”。先后研究制定《滨海新区国企改革两年行动实施方案（2021—2022）》《滨海新区2021年新动能引育工作方案》《滨海新区关于进一步加强和改进义务教育学校作业管理的若干措施》等重要决策，围绕构建双循环新发展格局，用改革的思路开新局、创新的办法增活力、开放的举措提能级，有效破除制约发展的体制机制障碍，精准发力抓改革、促开放、谋创新，活力动能持续增强。

（刘克文）

**【加快建设美丽“滨城”意见实施】** 2021年1月9日，中国共产党天津市滨海新区第三届委员会第十三次全体（扩大）会议暨经济工作会议召开。全会审议通过《中共滨海新区区委关于加快建设美丽“滨城”的实施意见》和《美丽“滨城”建设2021年攻坚行动方案》。提出聚焦聚力美丽“滨城”建设，明确创新立区、制造强区、改革活区、开放兴区、环境优区“五大战略”，实施民生福祉、文化繁荣、乡村振兴、社会治理“四大工程”，推进滨海新区“二次创业”。

（刘克文）

**【推进滨海新区城市更新工作的实施意见实施】** 2021年3月9日，滨海新区区委、区政府制发《关于推进滨海新区城市更新工作的实施意见（试行）》，意见以构建“产业导入+公共设施建设+高品质社区建设”的城市开发新模式为出发点，通过引入市场主体和社会资本来开展建筑物拆迁补偿、产业植入、高品质社区打造等区域统筹开发建设，充分发挥市场在土地资源配置中的关键作用。提出变革房屋征收方式，利用社会资本完成房屋拆迁补偿；创新规划管理制度，实行协商式规划；改变单一的土地出让竞价模式，采取多条件综合比选；优化土地出让模式，实行土地招拍挂前移；在保证政府收益的前提下调整地价计收方式，充分调动市场积极性；创新招商方式，以规划激发城市活力；严格项目管理，实行全周期管控；约定启动房屋拆迁最低比例，促进项目实施共8个方面实现创新突破。

（刘克文）

**【加快街镇经济发展的实施意见实施】** 2021年8月12日，滨海新区制发《关于加快街镇经济发展的实施意见》，提出加强顶层设计，拓展发展空间，加快产业提质升级，强化政策支持，完善体制机制，从财政支持、增配人员、下放权限等方面给予街镇更多资源，促进街镇与开发区融合发展。力争到“十四五”末，街镇地区生产总值占全区比重提高到12%以上，固定资产投资占全区比重提高到10%以上，规模以上工业总产值占全区比重提高到8%以上。

（刘克文）

## 重要会议

**【概况】** 2021年，中共滨海新区区委召开区代表大会1次，区委全体会议5次，区委常委会会议41次，区委议事协调机构会议6次，其他重要工作会议18次。进行重要活动2次。

（杨　葳）

**【区第四次党代会】** 2021年12月2日—4日，中国共产党天津市滨海新区第四次代表大会召开。12月2日，举行大会开幕式，区委书记连茂君代表中共天津市滨海新区第三届委员会向大会作题为《勇担新使命，奋进新征程，为全面建设美丽“滨城”，加快打造新时代高质量发展示范区而努力奋斗》的报告。区委副书记、代理区长单泽峰主持。12月4日，大会闭幕，选举产生新一届区委、区纪委，审议通过《中国共产党天津市滨海新区第四次代表大会关于中共天津市滨海新区第三届委员会报告的决议》《中国共产党天津市滨海新区第四次代表大会关于中共天津市滨海新区第三届纪律检查委员会工作报告的决议》。

（杨　葳）

**【区委全体会议】** 2021年1月9日，中国共产党天津市滨海新区第三届委员会第十三次全体（扩大）会议暨全区经济工作会议召开。会议深入贯彻中共十九大和十九届五中全会精神，全面落实市委十一届十次全会暨经济工作会议部署，总结2020年工作，部署2021年任务和滨海新区科技创新三年行动，为打造高质量发展示范区、社会主义现代化建设先行区，加快建设生态、智慧、港产城融合的宜居宜业美丽滨海新城开好局、起好步。区委书记连茂君出席会议，就《中共滨海新区区委关于加快建设美丽“滨城”的实施意见（讨论稿）》作说明，并代表区委常委会讲话。区委副书记、区长杨茂荣对2021年经济工作、美丽“滨城”建设2021年攻坚行动和新区科技创新三年行动作部署。会议审议通过区委常委会2020年工作报告和抓党建工作情况报告，审议通过《中共天津市滨海新区第三届委员会第十三次全体会议关于批准师武军等7名同志辞去区委委员职务的决定》《中共天津市滨海新区第三届委员会第十三次全体会议决议》《中共滨海新区区委关于加快建设美丽“滨城”的实施意见》和《美丽“滨城”建设2021年攻坚行动方案》。

9月10日，中国共产党天津市滨海新区第三届委员会第十四次全体会议召开。区委书记连茂君主持会议，区委副书记、区长杨茂荣，区人大常委会主任许红星，区政协主席韩远达出席。区委常委、区委组织部部长张弢就关于召开中国共产党天津市滨海新区第四次代表大会相关事宜作说明。会议审议通过《关于批准沈蕾等3名同志辞去中国共产党天津市滨海新区第三届委员会委员职务的决定》《关于召开中国共产党天津市滨海新区第四次代表大会的决议》。

11月27日，中国共产党天津市滨海新区第三届委员会第十五次全体会议召开。区委书记连茂君出席会议并讲话，市委换届选举工作第一督导组组长么俊东及督导组成员到会指导。区委副书记、代理区长单泽峰，区人大常委会主任许红星，区政协主席韩远达出席。全会决定将中共天津市滨海新区第三届委员会的报告和中共天津市滨海新区第三届纪律检查委员会的工作报告提请中共天津市滨海新区第四次代表大会审查；通报酝酿滨海新区四届区委委员、候补委员、纪委委员候选人预备人选名单情况；审议通过《中共天津市滨海新区第三届委员会第十五次全体会议关于召开中国共产党天津市滨海新区第四次代表大会的决议》。连茂君代表区委常委会就中共天津市滨海新区第三届委员会的报告作说明。区委常委、区委组织部部长宋哲就滨海新区四届区委委员、候补委员、纪委委员候选人预备人选名单作说明。就中共天津市滨海新区第三届纪律检查委员会工作报告进行书面说明。

12 月 4 日，中国共产党天津市滨海新区区委四届一次全体会议召开，选举产生第四届委员会常务委员会和书记、副书记。

12 月 9 日，中国共产党天津市滨海新区区委四届二次全体（扩大）会议召开。全会坚持以习近平新时代中国特色社会主义思想为指导，全面贯彻中共十九大和十九届二中、三中、四中、五中、六中全会精神，落实市委十一届十一次全会部署，对学习宣传贯彻习近平总书记重要讲话精神和《中共中央关于党的百年奋斗重大成就和历史经验的决议》进行全面部署，审议通过《中共天津市滨海新区委员会关于深入学习宣传贯彻落实党的十九届六中全会精神的实施意见》和全会决议。区委书记连茂君主持并代表区委常委会讲话，区委副书记、代理区长单泽峰就《中共天津市滨海新区委员会关于深入学习宣传贯彻落实党的十九届六中全会精神的实施意见（讨论稿）》向全会作说明。区人大常委会主任许红星，区人大常委会党组书记王洪茹，区政协主席韩远达，区委副书记张弢出席。

（杨　葳）

**【区委常委会会议】** 2021 年 1 月 11 日，滨海新区区委常委会（扩大）会议召开。听取区人大常委会党组、区政府党组、区政协党组和区人民法院党组、区人民检察院党组工作汇报。传达学习习近平总书记在中央政治局民主生活会上的重要讲话和 1 月 7 日市委常委会会议相关议题精神，研究部署贯彻落实工作；传达学习中央农村工作会议、全国巩固拓展脱贫攻坚成果同乡村振兴有效衔接工作会议和 1 月 7 日市委常委会相关议题精神，听取新区贯彻落实措施的汇报；传达学习习近平总书记在中央政治局第二十三次、第二十四次集体学习时的重要讲话精神，研究部署贯彻落实工作；传达学习天津市进一步优化营商环境工作会议精神，研究部署贯彻落实工作；传达学习天津市“全国双拥模范城”授牌暨双拥模范单位和个人表彰大会精神，研究部署贯彻落实工作；研究审议《关于进一步推动滨海—中关村科技园高质量发展的若干措施》；听取新区食品安全工作情况汇报。

1 月 22 日，滨海新区区委常委会（扩大）会议召开。传达学习习近平总书记在省部级主要领导干部学习贯彻中共十九届五中全会精神专题研讨班上的重要讲话精神和1月15日市委常委会会议相关议题精神，研究新区贯彻落实措施；传达学习习近平总书记关于政法工作的重要指示、中央政法工作会议精神和1月15日市委常委会会议相关议题精神，研究新区贯彻落实措施，听取新区禁毒工作情况汇报。

1 月 30 日，滨海新区区委常委会（扩大）会议召开。传达学习习近平总书记在十九届中央纪委第五次全体会议上的重要讲话、全会公报精神和1月29日市委常委会相关议题精神，研究新区贯彻落实措施，审议区纪委三届十次全会相关事项；传达学习《中国共产党中央委员会工作条例》《中国共产党党员权利保障条例》，研究新区贯彻落实措施；传达学习市两会精神。

2 月 9 日，滨海新区区委常委会（扩大）会议召开。传达学习习近平总书记在贵州考察调研时重要讲话精神和 2 月 8 日市委常委会会议相关议题精神，研究部署贯彻落实工作；传达学习中央第十一巡视组巡视天津市情况反馈会议精神和 2 月 8 日市委常委会会议相关议题精神，研究部署中央巡视反馈意见整改落实工作；传达学习中央第二环境保护督察组督察天津市情况反馈会、全国生态环境保护工作会议和 2 月 8 日市委常委会会议相关议题精神，研究部署中央第二生态环境保护督察组反馈意见整改落实工作。

2 月 23 日，滨海新区区委常委会（扩大）会议召开。合并召开区委理论学习中心组集体学习，学习《中国共产党章程》，深入贯彻落实中共十九届五中全会精神和习近平总书记在省部级主要领导干部学习贯彻党的十九届五中全会精神专题研讨班开班式上、在中共中央政治局第二十七次集体学习时等一系列重要讲话精神，传达学习市委书记李鸿忠在 2 月 18 日市委理论学习中心组学习贯彻党的十九届五中全会精神和习近平总书记重要讲话精神专题会议上的讲话精神。合并召开区规划管理委员会会议，传达学习天津市“十四五”规划重点任务推动落实现场会精神和市长廖国勋在全市重大项目集中开工活动上的讲话精神，研究审议《滨海新区重点支持产业目录》《2021 年滨海新区城建项目计划》《关于推进滨海新区城市更新工作的指导意见》。学习有关党内法规和中央、市委关于深化政治巡视的有关文件、部署和要求。

3月1日，滨海新区区委常委会（扩大）会议召开。传达学习习近平总书记在党史学习教育动员大会上的重要讲话精神、《中共中央关于在全党开展党史学习教育的通知》。

3月12日，滨海新区区委常委会（扩大）会议召开。传达学习贯彻十三届全国人大四次会议和全国政协十三届四次会议精神，研究新区贯彻落实措施；传达学习习近平总书记在中央党校（国家行政学院）中青年干部培训班开班式上的重要讲话精神，研究新区贯彻落实措施；传达学习习近平总书记在全国脱贫攻坚总结表彰大会上的重要讲话精神、《关于加快推进乡村人才振兴的意见》、3月1日市委常委会相关议题精神、全市农村工作会议暨巩固脱贫攻坚成果同乡村振兴有效衔接工作会议精神、全国脱贫攻坚先进个人先进集体代表座谈会精神，研究新区贯彻落实措施；听取新区2020年“三争取”情况的汇报。

3月30日，滨海新区区委常委会（扩大）会议召开。合并召开区委党史学习教育领导小组会议，传达学习习近平总书记在福建考察时的重要讲话精神、3月26日上午市委常委会会议相关议题精神和市委书记李鸿忠在3月29日上午市委理论学习中心组党史学习教育专题读书班开班式上的讲话精神。

4月9日，滨海新区区委常委会（扩大）会议召开。合并召开区新冠病毒疫苗接种工作领导小组会议，通报全区疫苗接种工作情况，研究部署相关工作。传达学习习近平总书记在中央政治局第二十七次集体学习时的重要讲话精神和3月18日市委常委会会议相关议题精神，研究新区贯彻落实措施。传达学习京津冀协同发展领导小组会议精神和3月18日市委常委会会议相关议题精神，研究新区贯彻落实措施。传达学习市长廖国勋3月22日到滨海新区调研重点项目时和3月23日在现场办公会上的讲话精神，研究新区贯彻落实措施。

4月16日，滨海新区区委常委会（扩大）会议召开。合并召开区新冠病毒疫苗接种工作领导小组会议，通报全区疫苗接种工作情况，研究部署相关工作。传达学习习近平总书记关于革命文物工作重要指示精神、全国革命文物工作会议精神和4月12日市委常委会会议相关议题精神，研究新区贯彻落实措施。合并召开区委全面依法治区委员会会议暨滨海新区法治政府建设示范创建动员部署会，传达学习全市依法治市工作会议暨市委平安天津建设工作会议精神，部署开展滨海新区法治政府建设示范创建活动工作。

4月23日，滨海新区区委常委会（扩大）会议召开。合并召开区委财经委会议，听取关于新区一季度经济运行情况汇报，分析当前形势，研究部署下一步工作。

4月28日，滨海新区区委常委会（扩大）会议召开。合并召开区新冠病毒疫苗接种工作领导小组会议，通报全区疫苗接种工作情况，研究部署相关工作。传达学习市委全面深化改革委员会扩大会议精神，研究新区贯彻落实措施。传达学习全市基层监督工作会议精神，研究新区贯彻落实措施。传达学习全市进一步深化国有企业改革动员部署会精神，研究新区贯彻落实措施。

5月13日，滨海新区区委常委会（扩大）会议召开。合并召开区新冠病毒疫苗接种工作领导小组会议，通报全区疫苗接种工作情况，研究部署相关工作。合并召开区委党史学习教育领导小组会议、区委理论学习中心组集体学习，传达学习习近平总书记在广西考察调研时重要讲话精神和4月29日市委常委会会议相关议题精神，研究部署新区贯彻落实工作。传达学习市长廖国勋5月6日到高新区调研信创企业和5月7日到生态城、东疆保税港区调研时的讲话精神，研究贯彻落实措施。

5月25日，滨海新区区委常委会（扩大）会议召开。合并召开区新冠病毒疫苗接种工作领导小组会议，通报全区疫苗接种工作情况，研究部署相关工作。通报国家卫生区复审工作情况，研究部署相关工作。传达学习天津市党政代表团赴甘肃省学习考察情况和4月29日市委常委会会议相关议题精神，听取滨海新区东西部协作和支援合作工作情况的汇报。

6月1日，滨海新区区委常委会（扩大）会议召开。传达学习习近平总书记在中央政治局第二十八次集体学习时的重要讲话精神和5月27日市委常委会会议相关议题精神。合并召开区新冠病毒疫苗接种工作领导小组会议，传达学习全国新冠肺炎和夏季重点传染病疫情防控工作视频会会议精神，通报全区疫苗接种工作情况，研究部署相关工作。观看问题点位暗访片，通报国家卫生区复审工作情况，研究部署相关工作。

6月10日，滨海新区区委常委会（扩大）会议召开。合并召开区河（湖）长制工作领导小组会议暨新区防汛抗旱工作会议，传达学习习近平总书记在推进南水北调后续工程高质量发展座谈会上的重要讲话精神、5月18日市委常委会会议相关议题精神、6月9日市河（湖）长制工作领导小组会议暨全市防汛抗旱工作会议精神，听取2021年汛期新区天气趋势预测情况、河（湖）长制工作安排情况、水旱灾害防御工作准备情况和防汛抗旱工作准备情况。

6月19日，滨海新区区委常委会（扩大）会议召开。合并召开区疫情防控工作领导小组和指挥部会议，传达学习国务院全国疫情防控工作电视电话会议精神，研究部署贯彻落实工作。通报部署国家卫生区复审工作。合并召开区扫黑除恶专项斗争领导小组会议，传达学习全国扫黑除恶专项斗争总结表彰大会和天津市扫黑除恶专项斗争总结表彰大会暨常态化扫黑除恶斗争部署推进会精神，研究部署贯彻落实工作。

6月25日，滨海新区区委常委会（扩大）会议召开。传达学习6月23日市委市政府安全生产工作专题会议精神，研究部署新区贯彻落实工作。合并召开区委党史学习教育领导小组会议、区委理论学习中心组集体学习，学习党的十八大以来的历史。

7月2日，滨海新区区委常委会（扩大）会议召开。合并召开区委党史学习教育领导小组会议，传达学习习近平总书记在中共中央庆祝中国共产党成立100周年大会上的重要讲话精神、7月2日市委常委会会议相关议题精神，研究新区贯彻落实措施。传达学习习近平总书记在青海考察时的重要讲话精神、在中央政治局第二十九次集体学习（新形势下加强我国生态文明建设）时的重要讲话精神、6月10日和6月17日市委常委会会议相关议题精神、6月18日市委理论学习中心组集体学习暨天津市推进碳达峰碳中和工作会议精神，研究滨海新区贯彻落实措施。传达学习习近平总书记在中国科学院第二十次院士大会、中国工程院第十五次院士大会、中国科协第十次全国代表大会上的重要讲话精神和6月10日市委常委会会议相关议题精神，听取关于第五届世界智能大会有关情况和滨海新区全域科普工作情况的汇报。合并召开区优化营商环境领导小组会议，通报滨海新区参加2020年国家级新区营商环境评价情况，研究部署新区优化营商环境建设工作。

7月10日，滨海新区区委常委会（扩大）会议召开。合并召开区委党史学习教育领导小组会议，传达《中共中央办公厅关于认真学习贯彻〈习近平总书记在庆祝中国共产党成立100周年大会上的讲话〉的通知》、7月5日市委常委会会议相关议题精神，听取汇报新区贯彻落实措施。观看视频《被审查调查人忏悔实录》并进行讨论交流。听取滨海新区全国文明城区建设测评情况和未成年人思想道德建设工作情况汇报。

7月15日，滨海新区区委常委会（扩大）会议召开。合并召开区新冠病毒疫苗接种工作领导小组会议传达学习7月12日全国2021年下半年疫苗接种视频会精神，研究部署相关工作。合并召开区委区和镇领导班子换届工作领导小组会议、区委理论学习中心组集体学习，观看教育警示片；传达《中国共产党组织工作条例》《中国共产党组织处理规定（试行）》精神，并就换届政策、程序、纪律等有关要求进行学习。

7月31日，滨海新区区委常委会（扩大）会议召开，合并召开区疫情防控工作领导小组和指挥部会议，传达学习7月31日上午市委常委会会议（合并召开市疫情防控工作领导小组和指挥部会议）精神，研究部署滨海新区贯彻落实措施。合并召开区委理论学习中心组集体学习，传达学习习近平总书记在中央政治局第三十次集体学习（我国国际传播能力建设）时的重要讲话精神和7月5日市委常委会会议相关议题精神，研究新区贯彻落实措施。

8月6日，滨海新区区委常委会（扩大）会议召开。传达学习习近平总书记在西藏考察时重要讲话精神和7月26日市委常委会会议相关议题精神，研究部署新区贯彻落实工作。合并召开区委理论学习中心组集体学习，学习《中国共产党机构编制工作条例》，研究部署新区贯彻落实工作。

8月13日，滨海新区区委常委会（扩大）会议召开。传达学习市委书记李鸿忠8月9日到滨海新区调研检查时的讲话精神，市长廖国勋8月2日调研康希诺生物股份公司、8月10日调研凯莱英医药集团和8月11日到新区调研危化企业安全生产工作时的讲话精神，研究部署贯彻落实工作；传达学习天津市全域创建文明城市推动会议精神，研究部署贯彻落实工作；传达学习中办、国办《关于进一步减轻义务教育阶段学生作业负担和校外培训负担的意见》和8月4日市委常委会会议相关议题精神，听取新区“双减”工作情况汇报。

8月23日，滨海新区区委常委会（扩大）会议召开。合并召开区政法队伍教育整顿领导小组会议，传达学习全国第二批政法队伍教育整顿动员部署会议和全市第二批政法队伍教育整顿动员部署会议精神，研究新区贯彻落实措施。

9月3日，滨海新区区委常委会（扩大）会议召开。合并召开区委理论学习中心组集体学习，学习习近平法治思想。传达学习8月17日中央财经委员会第十次会议精神，研究新区贯彻落实措施。

9月18日，滨海新区区委常委会（扩大）会议召开。合并召开区疫情防控工作领导小组和指挥部会议，传达学习9月15日全国新冠肺炎和流感等秋冬季重点传染病疫情防控工作视频会议精神，研究部署新区疫情防控和疫苗接种工作。传达学习中央民族工作会议精神和9月1日市委常委会会议精神，研究部署新区贯彻落实工作。传达学习习近平总书记在河北承德考察时重要讲话精神和9月1日市委常委会会议精神，研究部署新区贯彻落实工作。

9月24日，滨海新区区委常委会（扩大）会议召开。传达学习习近平总书记在2021年秋季学期中央党校（国家行政学院）中青年干部培训班开班式上的重要讲话精神和陈希在全国优秀县委书记表彰会议上的讲话精神、9月16日市委常委会会议相关议题精神，研究部署新区贯彻落实工作。

9月28日，滨海新区区委常委会（扩大）会议召开。传达学习习近平总书记在陕西榆林考察时的重要讲话精神和9月17日市委常委会会议相关议题精神，研究部署新区贯彻落实措施。

10月22日，滨海新区区委常委会（扩大）会议召开。传达学习市委书记李鸿忠10月16日到联想—天津智慧创新服务产业园调研时的讲话精神、在10月22日市委常委会会议经济议题上的讲话精神，听取关于滨海新区前三季度经济运行情况汇报，分析当前形势，研究部署下一步工作。

10月23日，滨海新区区委常委会（扩大）会议暨区疫情防控工作领导小组和指挥部会议召开。学习贯彻习近平总书记对疫情防控工作作出的重要指示，传达贯彻国务院联防联控机制电视电话会议和市委常委会扩大会议暨市防控领导小组和指挥部会议部署要求，研究部署新区疫情防控工作。

11月5日，滨海新区区委常委会（扩大）会议召开。合并召开区疫情防控工作领导小组和指挥部会议，传达市疫情防控指挥部相关会议精神，研究部署滨海新区疫情防控和疫苗接种工作。传达学习习近平总书记在中央全面深化改革委员会第二十次、第二十一次会议上的重要讲话精神和市委全面深化改革委员会第十六次会议精神，研究部署贯彻落实工作。传达学习全市加强对“一把手”和领导班子监督推动会暨警示教育大会会议精神，研究贯彻落实措施。传达学习全市信访干部座谈会会议精神，研究贯彻落实措施。

11月9日，滨海新区区委常委会（扩大）会议召开。合并召开区委理论学习中心组集体学习，传达学习中央人才工作会议精神和10月8日市委常委会会议相关议题精神，研究贯彻落实措施，审议区委人才工作领导小组调整名单。传达学习中央人大工作会议精神和10月15日市委常委会会议相关议题精神，研究贯彻落实措施。

11月13日，滨海新区区委常委会（扩大）会议召开。传达学习党的十九届六中全会精神和11月12日市委常委会会议相关议题精神，研究部署贯彻落实工作。传达学习习近平总书记在中央政治局第三十三次集体学习（加强我国生物安全建设）时的重要讲话精神、10月20日市委常委会会议相关议题精神，研究贯彻落实措施。

12月7日，滨海新区区委常委会会议召开。传达学习市委十一届十一次全会精神。

12月10日，滨海新区区委常委会会议召开。传达学习习近平总书记在深入推动黄河流域生态保护和高质量发展座谈会上的重要讲话精神、《中共中央、国务院关于深入打好污染防治攻坚战的意见》、10月28日市委常委会会议相关议题精神，听取新区污染防治攻坚战进展情况汇报。合并召开区疫情防控工作领导小组和指挥部会议，传达学习12月7日国务院联防联控机制电视电话会议和市指挥部调度会议精神，部署近期疫情防控工作，通报疫苗接种情况。

12月12日，滨海新区区委常委会会议召开。传达中央经济工作会议精神和12月11日市委常委会会议相关议题精神。

12月17日，滨海新区区委常委会（扩大）会议召开。合并召开区委理论学习中心组集体学习，学习习近平总书记到天津、滨海新区调研时的重要指示要求，就习近平总书记调研滨海新区三周年有关工作进行部署。合并召开区疫情防控工作领导小组和指挥部会议，通报疫苗接种情况，部署近期疫情防控工作。合并召开区委理论学习中心组集体学习、区委农村工作领导小组会议、区乡村振兴战略实施工作领导小组会议、区扶持经济相对薄弱村发展工作领导小组会议，学习习近平总书记关于乡村振兴的重要论述；传达全市抓党建促乡村振兴工作会议精神并汇报新区贯彻落实措施；听取汇报乡村振兴工作进展情况、国家现代农业产业园工作进展及食品创新产业园规划思路。听取2021年公安工作和队伍建设情况汇报。

12月25日，滨海新区区委常委会（扩大）会议召开。合并召开区疫情防控工作领导小组和指挥部会议，通报疫苗接种情况，部署近期疫情防控工作。合并召开区委全面依法治区委员会第6次会议，传达习近平总书记在中共中央政治局第三十五次集体学习时的讲话精神（建设中国特色社会主义法治体系）和12月23日市委常委会会议相关议题精神，并以“深入学习宣传贯彻习近平法治思想奋力开创法治滨海建设新局面”为主题讲授法治课。

12月28日，滨海新区区委常委会（扩大）会议召开。合并召开区委理论学习中心组集体学习，学习《中华人民共和国安全生产法》，听取新区全年安全生产工作情况汇报。传达学习市委人大工作会议精神，研究新区贯彻落实措施。

12月31日，滨海新区区委常委会（扩大）会议召开。传达学习市委十一届十二次全会精神，研究部署贯彻落实工作。

【区委议事协调机构会议】 2021年2月2日，滨海新区乡村振兴战略实施工作领导小组会议暨区委农村工作领导小组会议召开。深入研究新区乡村振兴“十四五”规划和创建国家级现代农业产业园区规划编制工作，以及2021年第一批“挂图作战”任务，对2021年农业农村重点工作进行部署。

2月23日，滨海新区区委财经委员会会议召开。研究听取滨海产业基金有关情况、滨海新区债务化解工作总体方案和子方案，以及经开区、保税区等12个单位债务化解工作子方案。

3月16日，滨海新区区委财经委员会会议召开。研究听取滨海新区债务化解工作总体方案。

4月9日，滨海新区农村工作会议暨巩固拓展脱贫攻坚成果同乡村振兴有效衔接工作会议、区委农村工作领导小组会议、区乡村振兴战略实施工作领导小组会议、区扶贫协作和支援合作工作领导小组会议，以电视电话会议形式召开。深入学习贯彻习近平新时代中国特色社会主义思想，认真落实中央和市委农村工作会议精神，总结新区“三农”工作，安排部署下一阶段重点任务。

5月8日，滨海新区区委全面深化改革委员会（扩大）会议召开。专题听取各开发区、天津国际生物医药联合研究院、部分街镇和承担重点改革任务的区级部门主要负责人抓改革工作述职并作综合评议，全面检测改革成效，主动查摆短板不足，夯实“一把手”第一责任人责任，推动全区改革工作持续升级加力。

6月3日，提升党员领导干部网络舆情应对能力专题研讨班、区委网络安全和信息化委员会工作会议暨区委理论学习中心组集体学习召开。市委宣传部副部长、市委网信办主任王芸作专题辅导，区委组织部部长张弢传达有关会议精神。

（杨　葳）

## 重要活动

【概况】 2021年，滨海新区深入贯彻落实习近平总书记视察天津和新区时作出的重要指示精神，以党的建设为引领，抓好重大活动的落实，把学习宣传贯彻党的十九届六中全会精神作为重大政治任务，开展党建引领共同缔造活动。先后举办第五届世界智能大会、第一届滨城双碳论坛等重要活动。

（刘克文）

【党建引领共同缔造活动】 2021年，滨海新区出台《关于党建引领共同缔造美丽“滨城”的指导意见》和年度行动计划，推动幸福村居、主题园区等九大行动，深化决策共谋、发展共建、事务共管、效果共评、成果共享的“五共”机制，吸纳85家区级部门、1876家社会主体入格联建，引导2.5万名党员干部入格报到、4800余名机关党员干部入列轮值，形成急难愁盼一键受理、分类处置、反馈回访的工作闭环，为9.4万名群众办理需求事项15.2万件，五星好评率96.3%。打造公益大集、公益超市等办实事品牌。组建18个产业（人才）联盟、30个主题园区共同缔造理事会，链接企业和高校院所3万余家，促成项目2200个，联盟建设经验在天津市委《工作交流》上刊载。滨海新区党建引领共同缔造的做法受到中央政策研究室领导肯定，天津市政府安排1场主题新闻发布会。

（宋小炯）

【第五届世界智能大会】 2021年5月20日—22日，第五届世界智能大会“中国人工智能创新发展高峰论坛暨揭榜优胜成果发布会”在滨海新区举行，同时举行项目签约仪式、第五届世界智能大会“新经济与智慧城市建设”高峰论坛。大会首次采用“线上线下”融合模式，举办2场高峰会、18场平行论坛，开展“智能科技展”、5项年度赛事、智能体验、城市治理国际论坛、科技周等活动。滨海新区签约项目109个，投资总额432亿元。腾讯云启产业基地落户天津滨海高新区。

（于秀臣）

7月24日，第十七届沪津深三城论坛暨第一届滨城双碳论坛在滨海新区召开
区融媒体中心　供图

**【第一届滨城双碳论坛】** 2021年7月24日，第十七届沪津深三城论坛暨第一届滨城双碳论坛在滨海新区召开，论坛由天津滨海综合发展研究院主办。研讨“双碳战略与城市可持续发展”“双碳目标下的能源产业发展方向”等重点问题，并就如何形成“碳达峰、碳中和”的合作机制进行深入探讨。来自上海、天津、深圳以及北京等地的近300名专家学者、企业代表参会交流。新能源、合同能源管理、碳捕捉碳封存CCUS等16个新区项目签约，总投资132.72亿元。

（张 齐）

9月16日，滨海新区举办第九期干部学习大讲堂　　区委组织部　供图

## 组织工作

**【概况】** 2021年，滨海新区各级组织部门坚持以习近平新时代中国特色社会主义思想为指导，贯彻中共十九大和十九届历次全会精神，践行新时代党的组织路线，落实中央、市委和区委部署要求，统筹推动党的建设和组织工作取得新成效，为美丽“滨城”建设提供坚强组织保证。做好庆祝中国共产党成立100周年有关工作，推动党史学习教育及“我为群众办实事”活动。完成区、镇和村、社区领导班子换届，统筹干部“育选管用”全链条，完善“三考合一”（班子、绩效、督查三项考核合并）体系机制。

（谯元华）

**【党的政治建设】** 2021年，滨海新区开展对党忠诚教育，推动广大党员干部贯彻落实习近平总书记重要指示批示精神和党中央决策部署。把中央市委巡视整改和选人用人、意识形态、机构编制专项检查及区委民主生活会有关整改工作作为最严肃的政治任务，制定组织部门负责的整改方案，聚焦“人事因制”深查彻改，133项任务全部见底清零。加强领导班子政治建设，从组织、干部、人才、考核等方面协同发力，推动组织部门政治监督，强化政治要件执行力。履行区委党建工作领导小组办公室职责，将全面从严治党工作纳入领导小组工作要点，制定印发新区贯彻落实市委关于一体推进不敢腐、不能腐、不想腐意见的任务分解，运用“三考合一”机制每季度监测评价各单位党建工作情况。落实市委关于进一步提高民主生活会质量的若干意见和“五查看”“五不开”“五叫停”机制。

（宋小炯）

**【干部队伍培训】** 2021年，滨海新区把习近平新时代中国特色社会主义思想作为党员干部首修课，组织学习习近平总书记在党史学习教育动员大会、庆祝中国共产党成立100周年大会上的重要讲话等最新精神，将“四史”纳入干部教育培训内容，区委党校理论教育和党性教育总课时占比76%。把学习贯彻党的十九届六中全会精神作为当前和今后一个时期的重要政治任务，制定全区干部轮训方案，组织7693名党员干部完成网络学习培训，依托区委党校和天津干部在线等平台，举办各类实体班次24期、干部实践锻炼班14期、网络专题培训班5期、干部学习大讲堂和公务员系列专题讲座15期、领导干部政策理论宣讲报告92场，培训干部近5万人次。

（宋小炯）

**【领导班子换届】** 2021年，滨海新区组织20多个部门做好9400余名换届人选联审工作，排除110余名不符合条件人选。组织区级领导班子换届，完成1457名“两代表一委员（党代表、人大代表、政协委员）”的提名推荐选举工作，完成区党代会、人代会、政协会大会选举，首次实现区委常委人选在大会、全会选举中“双全票”，市委批复的其他人选均当选。统筹5个镇领导班子换届，落实区领导包保责任制，派出指导组全流程把关，精准把握换届人选年龄、学历、性别、来源经历、专业特长等结构要求，75名新一届领导班子成员全部当选一体推进村、社区换届与乡村振兴、基层治理，完成139个村、333个社区“两委（党组织、村居委会）”换届，100%实现书记主任“一肩挑”，“两委”成员平均年龄下降4.2岁，大专以上学历占80.6%，实现年龄学历“一降一升”。坚持把换届风气监督贯穿全过程，严明“十严禁”纪律要求，加强宣传和警示教育，实现换届风气测评满意度 100%。

（宋小炯）

【干部选拔任用】 2021 年，滨海新区编制实施领导班子和干部队伍建设三年行动方案，注重在疫情防控、高质量发展等重大任务中考察考核干部“政治三力”，调整处级干部 636 人，晋升各职级公务员 822 人。坚持拓宽来源、优化结构、改进方式、提高质量，公开招聘 3 名开发区管委会副主任，从开发区、国企及全国选拔优秀干部到街镇和区级部门任职。实施年轻干部培养工程，推行“难题项目 + 攻坚专班”实训机制，试行“成长导师”帮带机制，举办城市更新、乡村振兴等实训班 14 个，选派 143 名干部参加“五大战略”“四大工程”等攻坚任务，44 名优秀年轻干部受到重用。落实干部任职回避制度，全覆盖排查处级及以上领导干部与亲属在同一地区、同一系统、同一单位内工作情况，及时调整安排应回避人员。统筹调度机关事业单位 10 多批次 5000 人的应急队伍投入疫苗接种、隔离点值守、流调排查、“大筛”等紧急任务，组建 3 支 1100 多人支援队奔赴津南抗疫，在全市新闻发布会介绍新区防疫经验，通讯特稿《美丽滨城：组织强担当，党旗分外红》在新华网等刊载。加强东西部协作和支援合作，向青海黄南州、甘肃张家川等受援地选派党政干部 25 人、专技人才 108 人，接收挂职党政干部 8 人、专技人才 28 人，推动新区 13 个村与受援地村党组织结对，培训受援地干部人才 1521 人次。制定《滨海新区关心关爱援派干部人才若干措施》，加强全周期管理服务，全年提拔 20 名援派干部。

（宋小炯）

【干部管理监督】 2021 年，滨海新区落实《中共中央关于加强对“一把手”和领导班子监督的意见》，实现上级“一把手”约谈下级“一把手”常态化，开展党组织书记履行干部选拔任用工作职责离任检查 12 人次、主要领导干部离任经济责任审计 26 人次、领导干部自然资源资产离任审计 10 人次。加强干部全方位管理和经常性监督，组织 1300 余名区管干部集中填报个人有关事项，依规依纪处理 20 名漏报瞒报的干部。落实“家事”“私事”“要事”即时变化备案制度，推动家访向国资国企等重点领域延伸覆盖，全年家访 707 人次。畅通信访举报渠道，全年各类信访举报 100% 受理查核。强化选人用人监督，运用记实监督系统常态化巡查干部职务调整和问责情况，督促 31 家单位整改选人用人问题。

（宋小炯）

【公务员管理】 2021 年，滨海新区推进职务职级并行制度，制定《滨海新区公务员（参公人员）晋升职级工作手册》，规范晋升工作的要件标准和操作流程。制定《关于进一步规范机关借调人员的暂行办法》《关于加强专项工作人员抽调和管理工作办法》，统筹规范全区干部借调抽调工作。加强人员编制使用管理，推动 7 个超编单位向空编单位分流干部 41 人。加强因私出国（境）管理，制定《滨海新区国家工作人员因私出国（境）管理办法》，集中管理证件 5000 多本。贯彻干部人事档案条例，指导区人社局做好 4000 多名公务员档案数字化，完成 128 名新招录公务员档案入库，开展干部档案专项审核，清查解决 17 个历史遗留档案问题，组织完成近 5000 名干部档案的抽查检查和问题整改。

（宋小炯）

【基层党组织建设】 2021 年，滨海新区坚持问题导向，聚焦市、区两级全面从严治党主体责任考核发现问题，制定整改清单，纳入督查平台，强化日常监测。区委书记、纪委书记、组织部部长集体约谈主体责任考核成绩落后的 8 个单位党委（党组）书记，形成书记抓、抓书记、层层抓的责任链条。组建 6 个巡查组，集中巡查 125 个基层党组织，发现问题 136 个，发送整改督办函 43 份。分片区分领域召开 4 场中央和市委巡视反馈基层党建问题整改推动会，逐一解剖问题、讲解措施、挂单销号。建立全区党组织结构图，动态抓好各领域党组织的“撤并建（撤销、合并、新建）”，实行台账式管理。推动解决二、三级企事业单位未建党组织问题，先后在疫苗接种点、隔离点专班、下沉干部、支援津南工作队等成立临时党组织 502 个。组织招录农村专职党务工作者 34 人、社区工作者 160 人，选拔 26 名优秀村居干部纳入事业编，选派 7 个乡村振兴帮扶组。运用评星定级机制，引导村居党建清单式、日常化，整顿软弱涣散党组织，提升基层治理综合效能。建立机关和企事业单位党建工作清单，开展国企党建“回头看”，督导公立医院 10 项重点任务、中小学思政课等党建工作落实落细。开展互联网、物流企业、协会商会等“两新”（新经济组织和新社会组织）组织排查，探索开展新业态党建，开通党组织书记直通车和轮值活动，调整“两新”工委成员单位直接联系点，指导东疆保税港区、中新天津生态城组建“党建联盟”。云账户被中共中央评为全国先进基层党组织，金桥焊材获全国非公企业党组织发挥实质作用“最佳实践”奖，恒银金融、云账户分别入选创新案例。16 个街道建立“大工委”，333 个社区建立

"大党委"，分别由区级领导干部、街道班子成员兼任第一书记。"两新"党组织建设依托园区片区、商务楼宇党群服务中心（站），举办"政策进楼、企业问需"零距离服务系列活动。

## 滨海新区基层党组织构成情况表

（截至2021年12月31日）

表1 单位：个

| | 总数 | 党委 | 党总支 | 党支部 |
|---|---|---|---|---|
| 总数 | 8865 | 567 | 379 | 7919 |
| 街道 | 3117 | 288 | 98 | 2731 |
| 镇 | 403 | 23 | 44 | 336 |
| 机关 | 1329 | 82 | 66 | 1181 |
| 事业单位 | 1144 | 33 | 62 | 1049 |
| 国有经济组织 | 684 | 40 | 62 | 582 |
| 集体经济组织 | 15 | — | 1 | 14 |
| 非公经济组织 | 2741 | 63 | 67 | 2611 |
| 社会组织 | 119 | 1 | 2 | 116 |
| 其他 | 2833 | 348 | 119 | 2366 |

（宋小炯）

**【党员队伍建设】** 2021年，滨海新区贯彻落实《2019—2023年全国党员教育培训工作规划》，举办各类培训班1.5万个，培训党员56.1万人次，超额完成轮训任务。丰富党员教育内容形式，推进"党课开讲啦"，制作"精品党课"94部、"身边榜样"党课83部、微党课56部。组织全区党员收看《榜样6》等13部电视党课，在"学习强国"、共产党员网、"津云"等刊发滨城党建信息150余篇。注重从产业工人、青年农民、高知群体和"两新"组织中吸收优秀分子，新增入党申请人7400余人、积极分子2500余人、发展党员2500余人。开展党费收缴使用管理专项整治，建立党费管理人员分级备案制度。建立党员先锋岗1.4万个、责任区1.1万个，开展志愿服务11.2万人次。依托全国党建网联盟建好"滨城党建网"，整合500余个子网站，嵌入"组织在线"模块，累计发布党建信息66万余条。

## 滨海新区基层党员队伍构成情况表

（截至2021年12月31日）

表2 单位：人

| | 总数 | 预备党员 | 女 | 少数民族 | 35岁及以下 |
|---|---|---|---|---|---|
| 总数 | 150025 | 2915 | 55651 | 4247 | 33075 |
| 机关 | 12658 | 387 | 3677 | 398 | 3551 |
| 事业单位 | 14915 | 459 | 9381 | 492 | 4488 |
| 公有制经济组织 | 11235 | 619 | 3791 | 466 | 4432 |
| 非公经济组织 | 32448 | 892 | 14492 | 1283 | 14837 |
| 社会组织 | 797 | 36 | 498 | 33 | 385 |
| 农牧渔民 | 5951 | 181 | 1095 | 63 | 893 |
| 学生 | 38 | 31 | 14 | 4 | 38 |
| 离退休人员 | 61506 | 1 | 17021 | 1154 | 2 |
| 其他 | 10477 | 309 | 5682 | 354 | 4449 |

（宋小炯）

【人才队伍建设】 2021年，滨海新区贯彻中央人才工作会议精神，制定《滨海新区人才发展“十四五”规划》，出台《滨海新区高级专家延迟退休操作规程》等政策。强化党管人才，成立区委人才工作领导小组，筹备区委人才工作会议，组织召开产业（人才）联盟和共同缔造理事会座谈会。落实党委联系服务专家制度，组织慰问高层次人才代表82人，推荐131名优秀人才担任区“两代表一委员”。实施用人单位自主聘任初中级职称政策，向乡村振兴、新能源、供应链金融等18个产业（人才）联盟开放19项人才项目评定推荐权，落实科研攻关任务“揭榜挂帅”等制度，释放人才体制机制活力。引进高层次人才44人，培训人才近500人，培育天津市杰出人才1人，65人入选天津市杰出、新型企业家名录，占全市52.4%。发挥人才发展基金激励保障作用，全年资助项目31个、资金2491.34万元。组织企业人才参加第一届全国博士后创新创业大赛，获2金、6银、6铜。落实高层次人才服务证29项政策待遇，发放服务证965张。为康希诺、天津港等单位人才提供购房、子女入学、配偶就业等服务26人次，为185家领军企业引进急需紧缺人才4146人。与多所高校和职业院校进行人才对接，推进产教城融合发展基地建设。开展“高校学子进滨城”“美丽滨城高校行”系列活动，在新华网、《共青团》杂志、《中国妇女报》等刊发滨城人才故事84篇次。

（宋小炯）

【三考合一】 2021年，滨海新区完善“季度＋年度”考核机制，细化考核单位分类，优化5个法定机构、21个街镇、69个区级部门考核指标，制定国企季度考核方案，指导主管部门优化事业单位绩效管理。聚焦基层工作，实施街镇攻坚月考，按月晾晒成绩、通报排名，到岗到人点明“好”“中”“差”，激励干部担当尽责。抓好区委组织部、新村街道、杨家泊镇3个单位全国公务员绩效管理实验工作，拓展至13个部门、17个街镇共同探索实践。把考核结果与干部评优、绩效奖励、晋升任用等有机衔接，加大奖优罚劣，及时约谈成绩靠后单位负责人，调整慢而落伍的干部，为实干担当的118名干部优先晋升职级；首次开展公务员及时奖励，7个集体和26名个人受到区委区政府表彰。落实中央关于统筹规范督查检查考核和持续为基层减负要求，实行领导干部测评、领导干部述法、基层党建述职、落实主体责任、选人用人“一报告两评议（专题报告年度干部选拔任用工作情况，评议干部选拔任用工作、评议选拔出来的干部）”5项考核融合组织。

（宋小炯）

## 宣传工作

【概况】 2021年，滨海新区宣传思想工作把学习宣传贯彻习近平新时代中国特色社会主义思想作为首要政治任务，贯彻落实党的十九大和十九届历次全会精神，围绕中心服务大局，突出庆祝中国共产党成立100周年这条主线，组织全区党员干部开展党史学习教育，用党的创新理论武装头脑，推动习近平新时代中国特色社会主义思想落地生根。

（袁　明）

【中心组学习】 2021年，滨海新区把学习贯彻习近平新时代中国特色社会主义思想作为党委（党组）理论学习中心组“首修课”，结合党史学习教育，分10个专题对全年学习重点进行统筹安排。集体学习24次，举办专题读书班3次。围绕党章党规、习近平总书记考察调研的重要讲话精神、习近平法治思想、意识形态工作等内容推动全区15个局级理论学习中心组、98个处级理论学习中心组开展专题学习2423场次，举办专题读书班520期。围绕习近平总书记重要论述，编发中心组学习参考14期。组织召开全区党委（党组）理论学习中心组经验交流会。区委理论学习中心组4篇理论文章先后在《天津日报》《天津工作》《支部生活》《天津市庆祝中国共产党成立100周年理论研讨会文集》上刊发。建立中心组学习列席旁听工作机制，依规管理、从严治学，开展旁听40余场。

（李朋红）

【理论宣讲】 2021年，滨海新区开展“理论宣讲＋志愿服务＋新媒体”三位一体的滨城宣讲模式，打造“滨海新区基层理论宣讲团”、寨上街“墙根讲堂”“党员说”等35个基层宣讲宣传品牌。开展“迎建党百年、讲滨城故事”主题宣讲活动，区委党史学习教育宣讲团举办129场集中宣讲报告会，2万名党员干部参加。邀请中央党校、中国社科院、北京大学、武汉大学专家学者作党史专题宣讲。围绕习近平“七一”重要讲话精神、中共十九届六中全会精神，深入基层一线、新时代文明实践阵地进行宣讲，开展各类宣讲5300余场，服务受众37万余人次。

（李朋红）

【重大主题宣传】 2021年，滨海新区统筹部署中国共产党成立100周年、中共十九届六中全会精神、疫情防控、天津楷模等各类主题社会宣传。按照《滨海新区贯彻落实〈新时代爱国主义教育实施纲要〉实施方案》，利用爱国主义教育基地、国防教育基地等阵地，结合中国人民抗日战争胜利76周年、纪念九一八事变90周年等重大主题，开展“百个爱国主义教育基地传精神”“以史为鉴 砥砺前行”等一系列爱国主义教育活动。结合中国共产党成立100周年，举办“时代新人说 永远跟党走”主题演讲大赛；以“奋斗百年路 启航新征程”为主题，中国共产党在滨海新区100年来领导革命、建设和改革事业为主线，组织拍摄百集微党课，为党员干部群众搭建“指间课堂”，在津滨海客户端等区媒全线推送。编著出版《中国共产党天津市滨海新区历史大事记》，全面反映党领导滨海人民进行革命、建设、改革的奋斗历程和辉煌成就。

（李朋红）

**【中共十九届六中全会精神学习宣讲】** 2021年，滨海新区组织全区15个局级理论学习中心组、98个处级理论学习中心组学习研讨十九届六中全会精神，组织集体学习569场次，受众1.2万人次。区委理论学习中心组学习贯彻中共十九届六中全会体会文章在《天津日报》刊发。区委书记连茂君为新区广大干部群众作中共十九届六中全会精神宣讲报告。依托滨海新区基层理论宣讲团800人队伍，开展“学深笃用 天津行动‘千名宣讲员走基层 讲时政话滨城’暨滨海新区学习贯彻中共十九届六中全会精神大宣讲”活动，宣讲1363场次，受众5.4万人次。

（李朋红）

**【社科阵地建设】** 2021年，滨海新区举办第六届唯物史观与马克思主义史学理论论坛暨中国共产党成立100周年理论研讨会和百年中国共产党与中华优秀思想文化暨中华思想史第六届、第七届高峰论坛，140余名中国社科院和全国高校知名专家学者与会交流研讨，中国社科院原院长、学部主席团主席王伟光发表主旨报告并在《天津日报》《滨城时报》理论版整版刊发。中华思想通史图书馆开馆，馆藏图书7000余册。《中华思想通史》阶段性研究成果《中华思想通史绪论》《中国社会形态史纲》《中华思想史文论》三部著作在滨海新区发布。滨海新区中华思想研究院学术委员会的多位全国知名专家，围绕中共十九届六中全会精神，撰写理论阐释文章，在《天津日报》《滨城时报》理论版刊发，在“学习强国”天津平台、津滨网等网络媒体转发。

（李朋红）

**【“学习强国”学习平台维护】** 2021年，“学习强国”滨海新区学习平台作为全国直辖市首个上线的区级平台，发布稿件2931条，阅读量约5900万次，阅读量“10万+”稿件124条。在实现党员全覆盖基础上，开设“滨海新区群团组织”端口，发动非党员加入“学习强国”群团组织，推广使用学习平台，吸纳3万名学员加入群团组织学习。

（李朋红）

**【中共十九届六中全会宣传】** 2021年，滨海新区召开“‘十大工程’助推美丽‘滨城’”主题新闻发布会，组织新华社、中央广播电视总台、《经济日报》、《中国日报》等30余家媒体和网络平台开展“媒体看滨城”集中采访活动，新华社刊发《滨海新区：科技“新苗”壮，五“谷”争丰登》，中央广播电视总台播发《贯彻落实六中全会精神特别报道：赶考新时代》，《光明日报》刊发《天津滨海新区：改革促宜业 惠民助宜居》。与海河传媒中心策划推出《公仆走进直播间——机制改革话发展》系列节目。《滨城时报》、滨海电台、滨海电视台和津滨海客户端等区级媒体各平台开设“学习宣传贯彻六中全会精神”“六中全会精神解读”等专题专栏。开展“新区掀起学习贯彻党的十九届六中全会精神热潮”调研采访活动，刊发《学习贯彻落实六中全会精神 接续奋斗 建功新时代——新区广大党员干部群众认真学习党的十九届六中全会精神》等相关报道533篇次。

（张 宁）

**【滨海新区第四次党代会主题宣传】** 2021年，中央、市级重点媒体和区融媒体中心刊发大会相关报道366篇次，全国重要商业网络平台和全区政务新媒体平台转载相关报道455篇次，总阅读量突破600万人次。

（张 宁）

**【美丽“滨城”主题宣传】** 2021年，滨海新区统筹中央、市级、区级媒体和全国重点商业网络平台资源，刊发各类宣传稿件12万余篇次。《人民日报》刊发《建设美丽“滨城”服务国家战略》等重点稿件33篇，专版刊发《美丽滨城 天津·滨海新区》，头版刊发《天津港：“智慧零碳”码头投产运营》。新华社刊发《盐碱滩上崛起美丽“滨城”》等新闻通稿46篇，《新华每日电讯》头版刊发《“津门古渡”变身“活力智港”》，刊发《滨海新区科技“新苗”壮 五“谷”争丰登》。中央电视台综合频道、新闻频道、国际频道、中国国际电视台聚焦新区生态环境、智慧城市、党的建设、重点领域和庆祝中国共产党成立100周年大型活动，在《新闻联播》《新闻直播间》《新闻30分》《经济半小时》等栏目上相继播出《赓续红色血脉 开创天津美好未来》《天津：创新驱动新动能加速形成》《筑牢进口冷链食品防疫网》《中舆记者走进天津滨海新区》等新闻报道71条次。聚焦美丽“滨城”建设、经济运行情况、政法系统教育整顿、区“十四五”规划出台、自贸区打造联动发展新格局、党建引领共同缔造等主题，在市、区级新闻发布厅组织召开专题新闻发布会7场。与天津海河传媒中心共同推出“津城滨城 双城闪耀”大型互动灯光秀，天津广播电视塔（天塔）及周大福金融中心（津沽棒）历史上第一次同时为滨海新区点亮。灯光秀期间，“天塔”与“津沽棒”通过视觉效果互致问候，点亮城市的夜空。设计建设“美丽滨城·会客厅”城市形象展厅，拍摄制作四折幕城市形象宣传片《这里是美丽滨城》。组织区级媒体推出“发现滨海之最”系列报道，其中《大沽灯塔——我国自行设计、建造的第一座海上灯塔》获评中宣部2021年全国县级融媒体中心优秀作品一等奖。

（张　宁）

【对外宣传】 2021年，第五届世界智能大会期间，中国日报网以智能科技产业和智慧城市建设为主题报道滨海新区，全球130余个网站转载发布，覆盖传播量超160万次；《人民日报》专版刊发稿件介绍新区在信创产业、“城市大脑”、智慧港口、能源管理、智慧生活等方面最新成果。在“七一”前夕，围绕“党建引领 共同缔造”主题，组织20余家国内主流媒体和美国、英国、日本、巴基斯坦等10个国家30余人举行“中外媒体走进滨城”大型采风活动；推出《海上看中国第三季——黄渤海篇》，在长芦盐场开展中英双语直播活动。“十一”期间，《中国日报》官方脸书平台连续刊发新区生物医药产业发展成果；推出“共键和谐 同奏未来（天津·滨海）钢琴公益云展播”活动，通过未来电视海外传播渠道进行多语种传播，国外传播量4135万次。建立新区对外宣传联席会议机制，成立“滨城”外宣工作专班，在海外社交媒体平台（Twitter、Facebook、YouTube）上线“发现滨海”账号（Discover Binhai），11月15日，首发天津茉莉亚学院在滨海新区落成的相关稿件。

（张　宁）

## 统一战线

【概况】 2021年，滨海新区统战部落实市委统战工作领导小组部署，贯彻落实《中国共产党统一战线工作条例》（以下简称《条例》），开展专题宣讲培训67场，覆盖3500余人次。制定并推动新区各单位《条例》责任分工安排的落实。推动新区各级党委（党组）增强统战意识，下发统战工作年度要点。建立并落实开发区、区级部门和直属单位、街镇向区委报告年度统战工作机制。完成8个民主党派区级组织、区工商联、区侨联换届。协助做好区人大、区政协换届，安排党外人大代表161人、党外政协委员265人。调整街镇统战委员12人、专兼职统战干部27人，5个国家级开发区、21个街镇实现领导小组全覆盖。建立“党派成员之家”29个，在20家驻区单位设立党外高层次人才信息采集点。与唐山市、承德市、廊坊市、秦皇岛市签署“四市一区”少数民族流动人口和宗教工作联防联控合作协议。助力乡村振兴，募集款物4216万元，建立天津市首个非公经济代表人士注资“防返贫”1000万元资金池。

（刘慧琴）

【统战各领域教育活动】 2021年，滨海新区在统战各领域开展中国共产党党史学习教育。通过专题研讨、培训班、座谈会等形式，举办统战各领域思想政治引领培训14期、主题教育相关活动100余场次。举办各民主党派开展中共党史学习教育推动会暨思想政治建设培训班、中青年干部培训班；开展“弘扬爱国奋斗精神，建功立业新时代”活动；举办“滨知论道·胜利的密码”中共党史学习教育交流分享会；组织召开中共党史宣讲会，参观麒麟、飞腾等高新技术企业，参观“袁隆平心系天津小站稻产业发展”主题展；依托市民族团结进步教育基地——大沽口炮台遗址博物馆，举办“党旗在我心中、国旗在我心中”主题教育活动和民族团结进步宣传月活动；举办民营经济代表人士理想信念教育实践行活动，召开“听跟走”座谈会；区侨联、区留联开展“侨心向党同筑梦，风华正茂庆百年”系列活动，向新区各级侨联组织、留联组织、侨胞之家发出“学党的历史、讲党的故事、跟党的步伐、唱党的歌曲、献侨的力量”倡议；开展“两岸妈祖缘”祈福、赐福系列活动。在传统节日期间，通过走访慰问、视频连线、分享传统习俗、品尝传统美食等方式，组织“在津过年、情暖滨城”“粽香飘两岸、端午话亲情”“两岸情一家人 津台社区交流”等活动。将统战知识纳入国民教育体系，区台办将祖国宝岛台湾的相关知识推介到新区的部分幼儿园、小学。

（刘慧琴）

【多党合作事业】 2021年，滨海新区区委统战部落实《滨海新区各民主党派向中共滨海新区区委信息直报制度》，将民建区委会“关于加快打造国内大循环北方枢纽和国内国际双循环重要战略支点的相关建议”、致公党区委会“增加低洼地点警示提示 应对城市内涝灾害”等10篇涉及经济、科技、生态等方面的意见建议直报区委。区委召开协商通报会、议政建言座谈会4次。

对接农工党市委会开展“双城间绿色生态屏障建设”专题民主监督工作，为市委、市政府科学决策提供参考。全国两会期间，召开新区全国党外政协委员座谈会，报送建议23篇，部分建议被新华网、人民政协网等媒体刊载。为各民主党派作廉洁风险预警提示教育专题讲座，组织参观区党风廉政教育基地。

（刘慧琴）

**【党外代表人士队伍建设】** 2021年，滨海新区区委统战部落实《滨海新区党外代表人士队伍建设规划（2020—2027）》，在20家驻区单位设立党外高层次人才信息采集点。将驻区单位推荐的党外人才纳入新区党外代表人士队伍建设“十百千工程”人才库，入库党外代表人士246人，向市委统战部输送“十百千工程”人才140名。落实党外干部工作“六个共同”（共同制定计划、共同物色选拔、共同培养教育、共同考察人选、共同讨论研究、共同督促检查）机制。建立区委组织部、统战部党外干部工作联席会议制度。配合市委统战部完成在滨海新区基地进行挂职锻炼党外干部的管理考核工作。

（刘慧琴）

**【党外知识分子和新的社会阶层工作】** 2021年，滨海新区区委统战部推荐4名无党派代表人士参加天津市党外知识分子议政建言座谈会。开展“凝聚新力量·筑梦新时代”主题教育活动，组织开展特色寻美活动，发布寻美信息点击量6795.4万次。新的社会阶层人士统战工作形成“1+5+N”（滨海“心·家园”新的社会阶层人士统战工作实践创新基地、5个开发区基地、N个示范点）架构，实践创新示范单位20个。完成加强“两新”组织中新的社会阶层人士政治思想引导工作方法研究理论创新课题。

（刘慧琴）

**【党外知识分子联谊会工作】** 2021年，滨海新区党外知识分子联谊会（简称区知联会）结合庆祝中国共产党成立100周年，开展中共党史学习教育。组织会员收听收看庆祝中国共产党成立100周年大会，召开专题宣讲会学习习近平总书记“七一”重要讲话精神，举办座谈交流会，会员撰写学习心得体会50余篇。举办“滨知论道·胜利的密码”中共党史学习教育主题交流分享会，各民主党派、无党派人士和党外知识分子、新的社会阶层人士近100人参加活动，12名代表人士交流发言。组织会员参观平津战役纪念馆，开展红色教育。区知联会深入麒麟、飞腾、中交天津航道局有限公司“顾明工作室”等企业参观学习。抽调20名会员参加区党外知识分子培训班。推荐24名区知联会、新联会会员担任区第四届政协委员，4人当选区第四届人大代表。召开区知联会二届五次理事会、二届三次会员大会，部署重点工作，通过有关人事调整事项，全年新发展会员12名。

（刘慧琴）

**【民营企业统战工作】** 2021年，滨海新区区委统战部与18家银行合作建立“普惠金融联盟”平台，开展“政会银企对接会”10余次，通过“信易贷”平台、“小微企业金融超市”平台助力解决民营企业融资难、融资贵、融资信息不对称等问题，线上线下信用和经营性融资金额60多亿元。召开涉企政策征询会，13名企业家和商会代表对民企新政建言献策。建立多领域协商渠道，民营企业家成为纪检特约监察员、特约审计员、人民监督员，执结4615件涉企案件，清理7.5亿元涉企保管款，解除659个涉企查封冻结措施，清零所有台账内民企欠款。金桥焊材、恒银金融、云账户3家民企党建经验做法，被评为全国非公企业党组织发挥实质作用最佳实践和创新案例。

（刘慧琴）

**【社会服务活动】** 2021年，滨海新区区委统战部为6家民企现场发放信用贷款4500万元。以“服务台企、情暖滨城”为主题，为在区台企协调解决问题29个，协助249名台胞接种新冠疫苗。为9户困难归侨侨眷申请临时救助补贴4.9万元。成立社会协同行动专班，建立“同心帮帮连”亮点品牌，开展扶贫助困、法律援助、医疗义诊、送课下乡等活动30余次，打造20余个共同缔造美丽“滨城”经典案例。

（刘慧琴）

## 区级机关党建

**【概况】** 2021年，滨海新区区委区级机关工委按照新时代党的建设总要求，以习近平总书记在中央和国家机关党的建设工作会议上的重要讲话为根本遵循，以政治建设为统领，建设“模范机关”，开展“党建+我为群众办实事”“党建+我为基层办实事”活动，落实中央、市委、区委部署要求，进行机关政治建设、作风建设和组织建设。至年末，区委区级机关工委所属党组织724个（党委32个、党总支30个、党支部662个）。其中，工委直属党组织65个（党委29个、党总支19个、党支部17个），各党委（总支）所属党组织659个（党委3个、党总支11个、党支部645个），党员6909人。

（区级机关工委）

**【基层组织建设】** 2021年，滨海新区区委区级机关工委召开工委委员会议32次，研究基层党组织组建调整、党支部建设、党员教育管理等有关工作。做好基层党组织撤改建和换届选举工作，全年接收18个单位249个党组织，调整1个党组织隶属关系，新改撤建基层党组织67个，指导调整、补选、届满换届党组织93个，调整基层党组织书记和副书记20名，对75个任期届满党组织进行工作提示，全部完成换届任务。推动新建21个机关纪委选举工作，充实纪检干部队伍。完善"五好党支部"创建标准，确定30个"五好党支部"和25个相对后进党支部，对相对后进党支部实行包保联系，开展"党支部互帮互促"活动，为相对后进党支部指定结对帮扶党支部，采取"党员互动、活动互联、资源共享"途径，通过沟通交流、开展共建活动、业务指导等方式，进行一对一帮促，形成"抓党建、带队伍、促发展"合力，促进相对后进党支部提升转化。创新"支部书记上讲台"培训模式，举办4期党支部书记培训班、4期党务干部培训班，培训党支部书记368人、党务干部174人，8名支部书记上讲台进行授课培训。

（区级机关工委）

【党员教育管理】 2021年，滨海新区区委区级机关工委落实《中国共产党党员教育管理工作条例》和《2019—2023年全国党员教育培训工作规划》，开展教育管理，提升党员队伍建设水平。做好党员发展工作，按照"控制总量、优化结构、提高质量、发挥作用"总要求，规范党员发展程序，发展党员70人。提高党员队伍素质，按季度印发学习计划，把《中国共产党章程》学习作为第一课，学习《中国共产党和国家机关基层组织工作条例》《中国共产党党员权利保障条例》等党内法规、习近平总书记重要讲话精神。开展党史学习教育，为工委系统全体党员订阅党史学习教育书籍。开展"送书促学"活动，为各区级机关党组织、党支部书记、党务干部、全体党员购买《领导干部要提高"政治三力"》、《党支部书记实用手册（修订版）》（2021版）、《新时代共产党人的修养》等13类学习教育书籍。开展"区级机关党员讲诵党史"活动，区级机关党组织报送70个讲诵党史视频。开展"讲好党的故事，走好新时代长征路"主题党日活动，推动首善机关创建与党史学习教育相结合。开展"风雨百年创辉煌、高歌奋进新征程"主题征文活动，区级机关党组织上报89篇征文，确定"优秀征文"22篇形成汇编，印发各基层党组织学习。开展"奋进新征程、启航新时代"主题党日评选活动，区级机关党组织报送103个主题党日作品，评选18个最佳主题党日。组织观看红色音舞诗画演出、红色电影《1921》等，深化党史学习教育。结合党支部书记上讲台和党支部书记培训班，开展"滨城党员爱滨城"教育活动。与区文化中心合作举办特色课，培训党支部书记368人、党务干部174人、党员600余人。指导各基层党组织开展党章党规、优良传统、市情区情教育，进行习近平新时代中国特色社会主义思想教育培训、党章党规党纪教育培训、党史学习教育培训、党建引领共同缔造培训、滨海党员爱滨海教育培训、机关党建业务培训等。以支部为单位建立党员"政治生日"档案，定期组织为党员过"政治生日"活动，"七一"期间，各区级机关党组织开展重温入党誓词和入党志愿书等活动。加强党员经常性思想政治工作，提醒督促各基层党组织按季度分析党员思想状况，及时发现苗头性倾向性问题，制定措施进行整改，定期向机关工委和本单位党组（党委）汇报思想政治工作情况。执行《关于新形势下党内政治生活的若干准则》，督促各基层党组织落实"三会一课"、主题党日、组织生活会、民主评议党员、谈心谈话等党的组织生活制度，组织党员按期参加党的组织生活，党员领导干部带头参加所在党支部或党小组的组织生活。对存在严重违纪党员的单位进行工作指导，排查失联党员和流动党员。重新核查各区级机关党组织和党员电子档案，完善党员基础信息。全年接收党员组织关系3189人，转出党员组织关系580人。节日期间走访慰问生活困难党员59人、建国前城镇老党员14人和因公牺牲党员家属2人。

（区级机关工委）

【机关党建巡查】 2021年，滨海新区区委区级机关工委制定《2021年基层党建日常督导工作方案》，组建日常督导组，采取查阅档案资料、实地查看、个别谈话等方式，对61个单位的27个党委、19个党总支、68个党支部落实"三会一课"等党的组织生活制度、党组织换届、党务公开、党内情况通报等基础性工作情况进行日常督导，对44个单位2020年度党建巡查反馈问题整改情况、各单位倒排的64个相对后进党支部整顿提升情况进行专项督导。结合2020年度党建述职前调研工作，开展2020年度集中巡查，将发现的问题反馈给各单位，推进党支部标准化规范化建设。

（区级机关工委）

【党建述职评议】 2021年，滨海新区区委区级机关工委召开所属党组织书记抓基层党建工作述职评议会议，听取各机关党组织书记述职，区委区级机关工委书记赵前苗对现场述职和书面述职的各机关党组织书记进行点评，与会人员对现场述职和书面述职的各机关党组织书记抓基层党建工作情况进行民主评议。在对46个直属党组织主要负责人被问责等有关情况进行排查基础上，按照现场测评、党建考核情况，对进行个人述职的38位党组织书记提出总体评价等次建议。组织专门力量对所属机关党委（总支）的基层党组织书记述职评议考核工作进行现场指导并点评。

（区级机关工委）

**【党代表选举】** 2021年，滨海新区区委区级机关工委完成两级党代表选举工作。制定《中共天津市滨海新区委员会区级机关工作委员会关于党代表会议代表选举工作的实施方案》，确定区委区级机关工委党代表会议代表117名。其中，指定代表54名，经选举产生代表63名。召开中国共产党天津市滨海新区委员会区级机关工作委员会代表会议，选举产生出席区第四次党代会代表90名。

（区级机关工委）

**【党建服务基层】** 2021年，滨海新区区委区级机关工委搭建工作平台，发挥党组织战斗堡垒作用和党员先锋模范作用。推动创建“首善机关”，印发《关于下拨留存党费推动“模范机关”“首善机关”创建、“党建+服务基层”工作开展的通知》，下拨专项党费为基层党组织创建“首善机关”提供经费支撑，编制《区委区级机关工委“党建+服务基层”第三批典型事例资料汇编》，宣传各区级机关党组织服务基层、服务企业、服务群众的先进事迹和经验做法。开展“党建+办实事”活动，在“千名党员结对帮扶”活动中，6000余名区级机关党员结对帮扶老党员、困难党员319人，区级机关在职党员参与帮扶覆盖率100%。践行“一线工作法”，夯实“双报到”载体，在职党员参与社区活动、开展志愿服务。督促各区级机关党组织结合实际开展“创建党员先锋岗、争当服务群众标兵、党员承诺践诺”等活动。孟祥飞被评为全国优秀共产党员，孟祥飞、车剑锋、田凯被评为天津市优秀共产党员，李汉东被评为天津市优秀党务工作者，滨海新区大数据管理中心党支部被评为天津市先进基层党组织。孟祥飞、车剑锋、田凯、杜宪力、周晓舟被评为滨海新区优秀共产党员，李汉东、李鹏勇、江姗、石静被评为滨海新区优秀党务工作者，评选出滨海新区大数据管理中心党支部等6个滨海新区先进基层党组织，赵帅等50名滨海新区区级机关优秀共产党员，谯元华等30名滨海新区区级机关优秀党务工作者，滨海新区区委办公室会务室党支部等20个滨海新区区级机关先进基层党组织。

（区级机关工委）

**【基层党组织表彰】** 2021年，滨海新区区委区级机关做好市、区级工青妇组织评选表彰的推荐工作。区政务服务办审批二室被评为天津市工人先锋号，区统计局妇联、区政务服务办妇联被评为天津市妇联系统先进集体，区财政局胡滨、区住建委宋内花被评为天津市妇联系统先进个人，区政府办林志莹获评天津市优秀共青团员，区纪委监委田凯家庭被评为天津市最美家庭，区纪委监委田增志、区纪委监委陈新宇、区水务局赵燚家庭被评为滨海新区最美家庭，区纪委监委田增志家庭被评为滨海新区最美家庭标兵户。

（区级机关工委）

**【文体公益活动】** 2021年，滨海新区区委区级机关工会联合会、区级机关妇联、团工委联合开展“庆祝建党100周年——机关干部职工听党话感党恩跟党走”知识竞赛活动，4881人参加；组织开展“庆祝中国共产党成立100周年”乒乓球比赛活动，24家工会98人报名参加；举办“迎国庆”区级机关羽毛球比赛，21家工会96人报名参加；特邀书法名家开展4次专题讲座，讲授书法绘画知识，区级机关100余书法爱好者参加；组织开展滨海新区机关书画创作比赛，16家工会61人参加比赛，收集书画作品75幅；组织开展“翰墨书丹心 浓彩绘家园——庆祝中国共产党成立100周年”滨海新区机关书画展，组织83家单位上报1809幅作品，挑选103件优秀作品进行展出，3700余人参观。做好服务基层干部职工阵地建设，文化商务中心职工乒乓球室增添乒乓球桌2台、大港集中办公地点增设爱心妈咪之家1处、文化商务中心建立120平方米职工健身室1个。组织150余名机关妇女干部开展机关系统女干部心理健康辅导讲座活动，动员机关系统8家妇女组织参加“红心唱响新时代 昂首阔步新征程”庆祝中国共产党成立100周年网络红歌联唱活动。

（区级机关工委）

**【机关效能建设】** 2021年，滨海新区区委区级机关工委开展“提升机关效能，践行美丽‘滨城’”攻坚行动，印发《提升机关效能 践行美丽“滨城”攻坚行动实施方案》，督促指导各单位制定提升效能具体措施。制定印发《关于进一步加强区级机关作风建设的若干措施》，组织2次区级机关作风建设全面检查、3次常态化专项检查，通过实地检查、座谈交流、调取资料等方式，重点检查“政治意识、执行能力、减负成效、机关形象、宗旨意识”五个方面，促进区级机关作风转变。

（区级机关工委）

# 对台工作

【概况】 2021年，滨海新区贯彻习近平总书记关于对台工作的重要论述，落实党中央对台工作方针政策和市委、区委决策部署，开展涉台宣传教育，深化滨台经贸合作，推进基层交流交往，维护涉台大局稳定，区台办被中央台办、国台办评为全国对台工作系统先进集体。

（张　寅）

【对台经贸】 2021年，滨海新区借助天津投资环境推介会、上海招商推介会、东疆保税港区政策推介会、天津市台协滨城大区揭牌仪式等平台，宣传新区的营商环境和产业优势，推动惠台政策落实，组织经开区金融局、区商促局参加推介会并开展洽谈。全年新批准设立台企22家，新增资台企7家，投资额1.1亿美元。

（张　寅）

【服务台胞台企】 2021年，滨海新区组织开展“服务台企、情暖滨城”大走访活动，协调解决用工稳岗、筹资融资、政策减免、子女入学、疫苗接种等问题29个。各开发区和涉台部门、街镇建立沟通联系机制，完成台胞来信来访和困难问题、突发事件的排查、梳理、调处、服务工作24件。开展“我为群众办实事”实践活动，掌握接种意愿，开辟绿色通道，有序组织240余名台胞接种新冠疫苗。

（张　寅）

【两岸交流交往】 2021年，滨海新区巩固推动与台湾新竹的友好关系，举办“共叙同胞情 新春拜大年”“粽香飘两岸 端午话亲情”“两岸情 一家人 我在滨城过中秋”等线上线下交流活动。利用两岸同根同缘同祖，以妈祖文化园为载体，开展“两岸妈祖缘”祈福、赐福系列活动。组织在区台商台青开展“看新区发展 讲滨城故事”活动。

（张　寅）

【对台宣传和涉台教育】 2021年，滨海新区借助新媒体微视频等传播方式，向台胞宣传新区的发展变化和建设成就。依托“津台之桥”微信公众号在“中国台湾网”“华夏经纬网”刊发新区动态20余篇。组织开展“童心飞扬 快乐绽放”我与台籍小学生共庆“六一”活动，组织台籍小学生开展佩戴红领巾、谈谈我的“家乡美”、班级团建小游戏、制作小贺卡、歌咏比赛、游戏互动等活动。组织台商台胞参观大沽口炮台遗址博物馆、台湾小学生参加读书分享会，康师傅控股集团党委等台企党组织围绕庆祝中国共产党成立100周年开展主题党日活动。推动涉台宣传教育进党校、进学校、进机关、进社区，开展“我与宝岛心连心 盼望祖国早统一”“两岸一家亲共圆中国梦”等主题教育活动。

（张　寅）

# 网络安全和信息化管理

【概况】 2021年，滨海新区区委网信办贯彻落实习近平总书记关于网络安全的重要讲话精神，落实中央和市委、区委各项决策部署，加强网络安全建设，提升网络空间治理能力，为滨海新区经济社会发展、为美丽“滨城”建设发展提供可靠网络安全保障和信息化支持。

（顾原　高国光）

【网络安全宣传周】 2021年10月中旬，滨海新区区委网信办组织开展第八届国家网络安全宣传周活动。其间，结合中国共产党成立100周年主题，围绕网络安全领域中共十八大以来取得的重大成就以及“十四五”时期工作方向，推出10个网络安全公益短视频和2个H5宣传页面，开展网络安全进机关、进企业、进校园、进社区、进乡村等活动，策划企业网络安全健康公益体检、网络安全专家讲师团公益讲座等公益服务活动，为区内50家机关、企事业单位开展30余场知识讲座，为飞腾、麒麟等20余家高新技术企业、独角兽企业提供网络安全技术服务。

（高国光）

【网络管理】 2021年，滨海新区区委网信办围绕增强网络风险防范意识，健全网络综合治理体系，加大技术管网力度，提升治网能力等方面开展工作，重点加强对具有媒体属性和舆论动员功能的网络平台的监督管理，加大谣言类、文娱类等网络不良有害信息清理力度，持续清朗网络空间。

开发上线属地网站管理系统，对1.34万家网站和3290个App实现“一网站一卡”“一应用一卡”“一企业一档”，全年发现处置涉黄涉赌网站233家，注销1308家潜在风险网站。清理文娱类有害信息14条，封禁“饭圈”相关违规账号15个，撤销非官方授权“粉丝团”账号21个；清理危害未成年人身心健康网络有害信息2800余条，封禁相关违规账号25个；清理假新闻、谣言类文章29篇、视频3个，封禁相关违规账号2个。审核评估新增微信小程序67个，建议暂缓上线2个。

出台《关于贯彻落实〈天津市网络虚假信息治理若干规定〉的实施意见》。贯彻落实《网络信息内容生态治理规定》，加大对属地网络信息内容平台行政检查力度，对检查中发现存在违法违规行为的平台，

6 月 28 日，滨海新区代表队获天津市党史学习教育知识竞赛二等奖，滨海新区获优秀组织奖　　颜伊伟　摄

依法采取约谈等措施，督促整改落实。全年采取约谈措施 42 次，办理行政处罚案件 1 件。联合区市场监管局、区卫健委等相关单位，对属地 9 家互联网企业、5 家医疗美容机构进行行政检查。加大普法宣传，提升企业依法办网意识。制定《滨海新区网信行业分级分类监管办法》，探索建立以行业信用评价结果为依据的监管模式，加强行业自律。

（胡仁忠　许孟鑫）

【网络宣传引导】　2021 年，滨海新区区委网信办组织全区各部门学习宣传贯彻《习近平关于网络强国论述摘编》，举办全区提升党员领导干部网络舆情应对能力专题研讨班、“学摘编　悟思想　强本领”网信业务大比武活动知识竞赛、《论述摘编》网络宣传阐释作品征集等活动。组织开展滨海新区党史学习教育知识竞赛，3 万余名党员干部参加个人赛竞赛，71 支队伍 213 名选手参加团体赛竞赛。6 月，组织滨海新区代表队参加天津市党史学习教育知识竞赛，获二等奖，滨海新区获优秀组织奖。

围绕习近平总书记考察天津滨海新区两周年、全国“两会”、党史学习教育、中国共产党成立 100 周年、十九届六中全会等重大时间节点加强统筹协调、主动策划，做强网上正面宣传，全年组织区级政务新媒体发布相关稿件近 13 万篇，阅读量超 3000 万次；向人民网、新华网等中央网络新闻媒体，搜狐网、网易网、新浪网等重点商业网站推广滨海新区贯彻落实举措相关稿件 5000 余篇。在人民网、今日头条客户端等平台策划推出“生态、智慧、港产城融合的宜居宜业美丽滨城”“瓣瓣同心　蓬勃兴盛　滨海新区稳步推进落实京津冀协同发展战略”“滨海新区创新赋能　加速生物医药产业发展”等专题页面。策划开展“科创致敬历史”“奋斗百年路　滨海新征程”等网上主题宣传，从企业和优秀基层党组织视角，展示新区发展风貌和建设成果，策划制作 6 集专题片和 25 期系列短视频，曝光量 1700 万次。策划制作推出滨海新区“五大战略”系列宣传海报、《初心的答卷》《红色的引擎》《美丽滨城点绿成金》短视频、《诗与远方交融并行》《“智”向未来“慧”及你我　体验滨城的 N 个智慧场景》VLOG 以及长图等新媒体产品，曝光量超 1000 万次。在今日头条和澎湃新闻客户端推广滨海新区高质量发展和招聘高端人才等稿件，展示“滨城”创新创业氛围和营商环境、生活环境，曝光量超 160 万次。打造“滨城”头部传播账号，推广“津滨海”App 下载使用，提高“滨海发布”账号质量，提升“滨城”新媒体传播力和影响力。组织开展“网络中国节”文化传播活动，推送图文 1379 个、视频 125 个，总浏览量 137.5 万次。围绕“文明上网”“诚信建设万里行”组织开展网络公益活动 24 场。举办第八届“美丽津城　魅力滨城”网络微小说大赛，征集稿件 1058 篇，评选出优秀作品 100 篇。

（颜伊伟）

【网络安全保障】　2021 年，滨海新区区委网信办监测发现来自互联网网络安全威胁 3300 万余次，经分析确认网络安全风险隐患 913 个，均通报相关单位完成整改。排查出 22 款 App 存在违法违规收集使用个人信息问题，通知、协助责任单位完成整改。摸排区内重点部门疫情相关在用系统，检查全区电子政务网络使用和安全防护情况。监测视频会议 App、企业门户网站、复工复产便企小程序等信息系统网络安全风险，累计预警境内外高风险威胁 IP 地址 285 个，发现、排除 32 家企业网络风险隐患百余个，均完成整改。组织 10 名网络技术人员，为全区 25 个疫苗接种点提供技术服务。

6 月 3 日—7 日，联合区公安局开展滨海新区 2021 网络攻防实战演习。全面检验新区各单位网络安全防护和应急处置能力，对发现的网络安全隐患及时进行整改。

（高国光）

【网络安全应急指挥体系建设】　2021 年，滨海新区强化举报辟谣，营造良好网络生态。举报中心协同新区网络监督员举报各类网络违法和不良信息18.44万条。强化落实新区属地网站平台的内容安全主体责任。组织属地重点商业网站签署“共同抵制网络谣言承诺书”，并动员社会力量参与共同治理。

（孟繁蕊）

**【信息化建设】** 2021年，滨海新区“1+1+3+N”新型智慧城市架构基本形成，入选国家智能社会治理综合实验基地、国家新型城市基础设施建设试点，中新天津生态城智慧城市治理模式与泰达街智慧社区获全国创新社会治理优秀案例奖，北方大数据交易中心获批建设，飞腾CPU、银河麒麟操作系统和全流程全环节立体安全防护的自主计算体系“PKS体系”，在政府、医疗、能源、金融等领域得到应用，成为国内自主创新绿色计算信息系统的核心基础。

编制并印发《天津市滨海新区智慧城市建设“十四五”规划》，制定《天津市滨海新区政府投资信息化项目管理实施细则》。编制《滨海新区国家智能社会治理综合实验基地建设方案》，经中央网信办等八部委评审，入选国家智能社会治理综合实验基地。结合“智慧街镇”项目和社区减负平台建设，打造“社区在线服务系统”“健康管理信息系统”“为老服务系统”“社区减负平台”，为居民提供智慧化民生服务，为基层工作者减轻工作负担。

开展“互联网＋监管”系统多级联动应用建设，以监管事项在滨海新区执法监督平台等业务系统嵌入式落地应用为途径，开展监管事项关联应用、法律法规编码化管理、审批许可告知承诺事中事后监管等有关工作，探索能复制、推广的国家“互联网＋监管”系统多级联动应用模式，为建设国家试点输出“滨城”经验。

推动京津冀协同发展之产业协同与智慧城市建设项目实施。区委网信办组建项目管理专职队伍，推进融合网、津滨海、安全体系、大数据中心、区块链、城市智能计算平台、物联感知平台、场景化政务服务、政务帮办、执法监督、数字孪生、网格管理系统、智慧渣土、智慧工地、智慧人社、智慧街镇等首批31个子项目建设实施，其中25个项目基本完成建设。

印发《天津市滨海新区大数据发展规划（2021—2025）》。由区网信办牵头、中新生态城建设的北方大数据交易中心经市人民政府批复同意并登记设立。智慧滨海大数据平台日均汇聚城市基础数据、实时数据、专题数据约200万条，数据总量7余亿条。推动市级政务数据回落新区，获取市高院、市司法局等部门400万余条政务数据回落新区。

上线滨海新区新冠疫苗接种管理系统，实现居民、企业、主管部门和区防指的四级联动多功能闭环管理，完成400多万人次接种任务。综合分析亮码、核酸检测、医保、学籍信息等多维度数据200余次，向各开发区、街镇推送未接种人员信息数据364万条，向区防指提供日常统计分析报表1299次，形成疫情防控数据统计结果3802个。做好新区范围内健康码赋码人员数据、健康码码色核实，处理上报健康码30.09万人次，核查健康码红橙码原因及解答问题超200余次。

（孙明辉　徐庆宇　杨娅楠）

**【电子政务】** 2021年，滨海新区政务外网新铺设链路22.39千米，优化核减链路36.59千米，链路总长度1446.83千米（骨干链路长度629.7千米，接入链路817.13千米）。新增物理点位34个，新增用户单位6个。发放VPDN无线网卡3158张，为1344家单位提供政务专网访问服务。完成区财政局、人社局业务系统由市直属专网向区政务专网迁移工作，至年末，在网用户系统129套。完成区政务专网运维服务资费标准第三方评测，下调光纤链路租赁标准，年度节省经费幅度14.03%。推进政务专网升级，开展融合网建设，完成云中心核心网络设备升级、骨干传输网节点扩容、大港、汉沽汇聚节点网络升级改造、资源监管系统建设，完成融合网三级等保备案及测评。完善区政务专网应急保障实施方案，联合政务云、视频会商开展年度联合应急演练。开展4次区电子政务专网节点机房、业务系统和接入终端安全巡检，确保电子政务专网安全稳定高效运行。升级区电子政务平台安全管理体系，增加态势感知、边界管控等安全监控措施，提升区级政务应用IT基础设施运行环境安全系数。

区政务云中心新增涉及区文旅局、区金融局等13个委办局的27个业务系统。使用CPU9746核，内存2.74T，硬盘106.83T，显卡14块，高功率机柜4.5个，100M带宽1条。利用安全监控插件等技术手段对云资源的分配和使用进行动态监控并进行合理资源核减，核减服务器235台，累计核减CPU2202核，内存7466G，硬盘157T。完成政务云平台三级等保测评，综合得分90.81分。全年阻断8357万余次非法访问。

（孙明辉　张浩）

## 督查工作

**【概况】** 2021年，滨海新区区委督查室围绕区委、区政府中心工作和常态化“蓝军督察”，落实区委主要领导对督查工作“政督、实督、严督、下督、智督”“对标学习借鉴，提升督查质效”要求，从政治要件、重大决策部署、重大专项、主要领导批示、会议调研决定事项等方面，抓好督查落实，推动中央和市委、区委各项决策部署的全面贯彻落实。全年督查事项3711项，编发各类督查报告266期。

（简　勇）

【政治要件督查】 2021年，滨海新区区委督查室成立要件督查工作室，制定要件督查实施办法，明确要件督查工作流程，对滨海新区牵头承担的政治要件督查任务，及时分解任务，明确年度目标，采取“季度督查”方式，并适时开展“回头看”。先后对习近平总书记关于自贸区建设和中新生态城建设贯彻落实情况开展5轮督查，编发督查报告6期，向市委市政府办公厅和区委主要领导报送相关落实情况。

（简　勇）

【重大决策部署督查】 2021年，滨海新区区委督查室统筹协调国务院第八次大督查迎检工作，督促责任单位立行立改，上报整改情况报告2期。对滨海新区承担的2021年市政府重点工作和市民心工程、区委常委会工作要点、美丽“滨城”建设攻坚行动、区政府重点工作、区民心工程六大类358项重大决策部署纳入清单式管理，明确阶段性工作目标、责任领导、责任单位。每季度开展全面督查，开展4轮督查，督查事项1432项次，落实实地督查155项次，编发督查报告10期、督查通报8期。

（简　勇）

【重大专项工作督查】 2021年，滨海新区区委督查室对中央、市委巡视涉及新区整改任务落实情况开展督查。参加联合考核评价组调度会议，开展整改考核评价。梳理中央、市委历次巡视发现问题、主题教育和专项整治检视问题以及审计发现问题未整改到位事项，合并开展专项督查。强力推动解决各类历史遗留问题。围绕天津市委土地管理领域违纪违法问题专项巡视反馈意见的整改落实情况开展督查。对市委市政府主要领导在东疆保税港区调研座谈时重要要求落实情况开展跟踪督查，形成专报2期。对市委、区委2020年度民主生活会任务落实情况开展3轮督查，形成专报2期，上报报告1期。对区委2020年度落实全面从严治党主体责任暨推进政治生态建设现场考核整改落实情况开展2轮督查，形成督查专报2期。对垃圾分类、街镇招商、乡村振兴等工作开展专项督查。“大棚房”问题全部整改到位，违建别墅按规定时限完成拆除。

（简　勇）

【领导批示和交办事项督查】 2021年，滨海新区区委督查室针对区委区政府主要领导批示事项，及时分类交办，跟踪办理进度，按时反馈情况，累计办理领导批示件931件，编发督查报告63期。对2020年和2021年前三季度未办结事项开展“回头看”，办结623项。做好区委常委会、区政府常务会、区长办公会等重要会议和区领导调研议定事项督查工作，将区委主要领导重点关注事项列为重点任务，督办领导会议调研议定事项1129项。办理“互联网+督查”留言，接件121件，平台按时回复率100%。

（简　勇）

【市委市政府督办事项】 2021年，滨海新区区委督查室坚持全流程督办，逐个建立工作台账，逐项落实工作要求，强化跟踪落实，加强痕迹管理，确保市委、市政府督办事项高质高效办结。完成市委常委会2021年工作要点涉及新区29项工作任务等工作的督查上报，督办市政府常务会、市政府专题会等相关事项落实情况66项次，督办市政府主要领导批示件36件次。向市委市政府报送各类报告、台账61件。

（简　勇）

【蓝军督察行动】 2021年，滨海新区区委督查室上下半年分别组织召开蓝军专题工作会，部署督察工作。在“督察—通报—整改—复核—问责”闭环机制基础上，健全完善问题移交、现场复核、调度会通报、公示曝光、红黄牌、约谈6项机制。不定期进行“换防”，对各组督察区域进行2次调整，避免“熟人督察”。结合防疫工作新特点新要求，明确督察重点，制定各类专项行动方案，每周编发工作计划和督察要点，每日进行工作调度，形成“专项方案+周计划+日调度”指挥体系。围绕常态化疫情防控、党史学习教育巡回指导、疫苗接种、创卫复审等开展督察，走访点位3.88万个，发现并督促整改各类问题6759个，编报督察专报65期，编发情况通报104期。对18家部门单位“亮黄牌”警告，在区防控指挥部调度会上通报55次，移交媒体公开曝光3次。编发计划要点50期，开展日调度283次。6月24日，市委检查组检查新区防疫工作，与蓝军队员进行座谈交流，跟随蓝军开展实地督察，对滨海新区蓝军体制机制、督察模式给予充分认可。天津广播电视台对“蓝军”督察工作进行跟踪采访，8月10日，天津卫视播发报道《滨海新区：加强“蓝军”督查，堵住防疫漏洞》，介绍蓝军在港口、冷链、“七小”、社区防疫督察方面的经验做法。

（简　勇）

## 保密管理

【概况】 2021年，滨海新区推进各项保密重点工作，健全体制机制，完善区委保密委员会办公室机构设置，增设区委保密委专职副主任并对区委保密委成员进行调整。

（张倩倩）

【保密宣传教育】 2021年，滨海新区加强重点人员重点领域保密管理，开展领导身边工作人员保密教育培训，加强涉密人员和机关借调、物业、运维和外包服务等人员保密管理。扩大保密宣传教育覆盖面，区保密局为9个机关单位开展保密教育培训。依托区委党校干部“大讲堂”对78家机关单位人员进行保密培训，全年培训900余人次。

（张倩倩）

【保密检查】 2021年，滨海新区加大保密督查检查力度，开展5项保密专项检查工作，检查60个机关单位。

（张倩倩）

## 机构编制工作

【概况】 2021年，滨海新区贯彻落实《中国共产党机构编制工作条例》，推进党政机构和事业单位改革向纵深发展，建立科学配置、权责一致、履职到位、流程通畅、科学分工、运行高效的职能体系。

（李钊杨）

【推进政府法治化建设】 2021年，滨海新区完成行政复议体制改革，增加司法局机关行政编制17名，增设行政复议内设机构2个。动态调整权责清单725项，制定职责清单8815项，形成边界清晰、权责一致、运行高效、法治保障的职能体系。

（李钊杨）

【重点领域机构设置优化】 2021年，滨海新区为区委组织部等19个部门加挂营商环境建设室牌子，构建新区营商环境建设一体化体系。为区农业农村委加挂区乡村振兴局牌子、区林业局牌子、现代农业产业园管委会牌子，推动脱贫攻坚成果同乡村振兴有效衔接。为区教体局增设校外教育培训监管室，加强校外教育培训监管机构建设，明确承担面向中小学生的校外教育培训监管和综合治理职责，为减轻义务教育阶段学生作业负担和校外培训负担提供保障。

（李钊杨）

【基层管理体制构建】 2021年，滨海新区精简泰达街道机关规模，机关内设机构由8个整合为2个，事业单位实行“两集团一中心”（泰达街道文化教育事业集团、泰达街道卫生健康事业集团；泰达街道社区治理中心），强化党的建设、综合管理等职能。为19个街镇核拨专项事业编制39名，保障优秀基层党组织书记纳入事业编制管理。

（李钊杨）

【优化民生领域事业单位布局】 2021年，滨海新区新建天津外国语大学附属高新区海洋外国语学校、泰达第四幼儿园、东疆第一幼儿园、塘沽第十一幼儿园。泰达医院、泰达国际心血管病医院与天津大学共建合作。设置公立医院内设机构，解决7家医院内设机构设置长期不规范问题。深化区供销合作社联合社改革，推进原塘沽、汉沽、大港3个供销合作社的机构整合工作，精简优化高效核定人员编制和机构设置。

（李钊杨）

【公益类事业单位转型】 2021年，滨海新区完成国家海洋博物馆、国际生物医药联合研究院、区民政事务服务中心3家事业单位性质由公益一类调整为公益二类，事业单位活力得到激发和释放。

（李钊杨）

【机构编制核查与使用】 2021年，滨海新区完成第二次全国机构编制核查工作，按照“四清两对应”（机构清、编制清、领导职数清、实有人员清；实有人员与配备的编制职数相对应、实际设置机构与批复机构相对应）要求，对机构编制进行二次核查，为机构编制管理提供真实、准确、完整和规范的基础数据支撑。控制机构编制增长，做到严控编制使用计划、严控增人审核关口、严控机构职数增加、严格规范基础台账。落实空编率要求，按照行政编制6%、事业编制8%的比例，梳理行政编制、事业编制纳入全市统筹。坚持机构编制只减不增原则，差异化精准定编，对18个部门（单位）调控使用统筹编制75名，重点保障应急管理、医疗保障等民计民生领域改善人员队伍结构、充实专业技术人才需求。

（李钊杨）

## 老干部工作

【概况】 2021年，滨海新区老干部工作围绕党史学习教育、离退休干部党支部建设、事业单位改革、“双先”评比表彰、离退休干部正能量发挥等重点工作，推进老干部工作高质量发展，涌现出全国老干部优秀工作者王云江等先进典型代表。

（陈　楠）

【老干部思想政治建设】 2021年，滨海新区强化“老干部局+街工委+

党支部”三级联动、“宣讲团+理论组+志趣协会”三支力量、“学习+活动+宣传”三个阵地开展党史学习教育。组织老同志学习《中国共产党简史》等4本指定书目，参观渔盐文化展、请老党员讲历史、走进初心堂。离退休干部党支部通过“学习强国”、微信公众号观看辅导视频，参与知识竞答，开展“微党课”“云交流”2370多场次。举办“在党旗下成长 最难忘的一件事”主题征文，遴选100篇作品编辑成册，其中11篇作品被评为天津市优秀征文。开展“感党情、颂党恩”线上祝福寄语活动，向天津市委老干部局报送19个视频，在“枫叶正红”微信公众号上播发，点击量5300余次。开展“我看建党百年新成就”专题调研，召开座谈会28场次，走访离退休干部120余人次，收集意见建议33条，解决离退休干部党支部场地受限、老干部使用智能手机不懂不会、老年人养老等问题8个。摄制专题片《誓言——我心中的故事》，在滨海电视台一套、二套播出。编印《滨海新区老干部学习资料》8期，制作“夕阳红精神课堂”2期，配发理论辅导资料6200余册（套）。

（王云江）

**【离退休干部党组织建设】** 2021年，滨海新区在社区新建离退休干部党支部7个，做到应建尽建，总数达到122个，评选出2020年度“五好”离退休干部党支部示范点16个。中组部刊发滨海新区离退休干部党支部建设的经验做法，区委书记在批示中给予肯定。在老干部活动中心3个分部建立离退休干部党支部共享活动阵地，满足老干部开展学习和组织生活的需要。开展“送学上门”活动，将全区397名有特殊困难的老同志纳入服务对象，建立工作台账，使送资料、送温暖、送服务成为支部工作新常态。总结推广寨上街道铁坨里社区离退休干部党支部党员分类积分管理做法，在《支部生活》《中老年时报》“津滨海”等媒体进行集中报道。

（王云江）

**【老干部生活待遇落实】** 2021年，滨海新区老干部局协调区有关部门召开专题部署会，落实提高离休干部生活补贴标准相关工作；按规定为18名抗战时期离休干部提高享受按副市长级标准报销医药费待遇，并提供报销渠道变更等政策解释和相关服务；走访离休干部，回应老干部关切。协调解决离休干部医疗预备金发放、医药费报销、离休干部无固定遗孀采暖费减免等问题23件次。春节期间，走访慰问离休干部127人，局级退休干部163人，有特殊困难的离休干部遗孀44人，局级离退休干部遗孀43人，易地安置在新区的离休干部2人。建立离休干部“一人一策”基本信息库。完善离休干部健康档案，做好家庭病床宣传工作。赴第一养护院调研，推动建立离退休干部入住的绿色通道。组织全区101名离休干部和局级退休干部在4所定点医院进行健康体检。向老同志发放《新冠病毒疫苗科普手册》（第四版），指导老同志提高防控常识。制定下发《关于进一步做好滨海新区离退休干部逝世后治丧工作的规定》，为已故离休干部办理骨灰免费存放相关手续。对有特殊困难的老干部有针对性地开展精神慰藉和资金帮扶工作。

（李晓丹）

**【老干部文化生活】** 2021年，滨海新区整合原塘沽、汉沽、大港老干部活动中心，组建滨海新区老干部活动中心。6月20日始，活动中心周末向离退休干部开放。举办离退休干部“庆祝建党百年、聚焦沧桑巨变”百幅摄影作品展。组织老同志参加“永远跟党走——滨海新区庆祝中国共产党成立100周年群众性歌咏展演”活动，大合唱“我们走在大路上”在滨海新区电视台播放。举办离退休干部“聚焦小康生活、留驻美好瞬间”摄影爱好者采风和交流活动。举办离退休干部“爱党情·感党恩”庆祝中国共产党成立100周年华诞文艺汇演，300余名老同志参与。举办离退休干部“建党百年丹青颂、建成小康入画来”书画作品巡回展。举办“不忘初心

6月26日，区老干部局举办离退休老干部乒乓球联谊赛
区老干部局 供图

跟党走、健康快乐夕阳红”离退休干部庆祝中国共产党成立100周年趣味运动会，全区700余名老同志参加。组织老同志参加天津市“同心 聚力 筑梦”第十八届沙狐球邀请赛、“河西杯”第七届乒乓球邀请赛、“北辰杯”第九届台球邀请赛、“东丽杯”第九届门球邀请赛、“红桥杯”第九届象棋邀请赛等赛事。区老干部活动阵地建设经验在天津市老干部活动阵地推动会上做典型发言。

（王双利）

## 党校工作

**【概况】** 2021年，滨海新区区委党校贯彻落实《中国共产党党校（行政学院）工作条例》和中共十九大十九届二中、三中、四中、五中、六中全会精神，以建设忠诚担当、开拓创新、务实进取的一流党校为目标，开展党史学习教育、聚焦主业主课、深化教学改革、强化科研资政、全面从严治校。

（李杰林）

**【干部教育培训】** 2021年，滨海新区区委党校根据不同培训对象的特点，设计各类主题班次，推动用学术讲政治，在主体班次运用互动式、案例式、研讨式、体验式、辩论式等教学方法完成培训任务。举办6期处级领导干部进修班、2期处级领导干部任职培训班，培训干部856人次。围绕提高公务员思想政治素质、依法依规办事和推动工作、解决问题的能力，举办2期科级领导职务干部任职培训班、2期“8+X”专题培训班、2期公务员初任培训班和6期公务员专题讲座，培训公务员2700余人次。配合区委组织部举办2期入党积极分子培训班，培训1680人次。举办“推动‘十四五’制造业高质量发展”“推进乡村振兴工程实施”“推进自主创新示范区建设”等6期专题研讨班，培训处级以上干部369人次。围绕习近平治国理政重要思想、十九届五中全会和市委全会精神解读、民法典、党的百年光辉历程、习近平经济思想等主题举办干部学习大讲堂10场，培训处科级干部4600余人次。开展对口帮扶培训，聚焦扶贫攻坚和东西部合作，举办黄南州党校系统骨干师资培训班，完成张家川县党员干部专题培训班滨海新区党校远程网络授课任务。

（李杰林）

**【理论研究与宣讲】** 2021年，滨海新区区委党校选拔12名骨干教师参加滨海新区基层理论宣讲团，深入基层开展宣讲200余场次，重点宣讲习近平新时代中国特色社会主义思想、中共十九届六中全会精神。完成26万字的《滨海新区党史百年大事记》编撰工作。与区融媒体中心合作，录制100集微党课并在新媒体上播放。在中国共产党成立100周年前夕，以党在滨海新区百年来领导革命、建设和改革事业为主线，选取不同历史时期具有代表性的100件重要历史事件、重大历史活动，以编年体+记事本末体方式予以记录，在《滨城时报》上发表。

（李杰林）

**【党史编研】** 2021年，滨海新区区委党史研究室以庆祝党的百年华诞为契机，编撰完成《中国共产党天津市滨海新区历史大事记》（1919—2021）。组织党校33名教师，联合区融媒体中心编写制作“奋斗百年路 启航新征程”百集微党课，在“津滨海”App播放，同时在《滨海时报》发表。编写3万字《天津市滨海新区全面建成小康社会大事记》。开展党史资料征编，收集、整理2020年区委、区政府重要文件资料，完成《滨海新区2020年大事述要》。协助市委党史研究室完善天津市首批红色资源名录。编辑完成《2021年中共滨海新区党史大事记》。开展党史研究，完成2020年市委党校《建立健全不忘初心牢记使命制度研究》课题。参与撰写《天津滨海新区新兴产业创新环境分析与对策》课题，在《求知》2021年第8期发表。参与撰写《滨海新区优化新兴产业创新环境对策研究》理论文章，在《经济与社会》2021年第23期发表。推出《中国共产党为什么“能”》《从历史视角理解维护核心》《从党的百年历程中汲取智慧和力量》3个“四史”专题课，在区委党校处级任职班、进修班，科级培训班，初任公务员培训班，年轻干部进修班和党性教育专题研讨班等10多个主体班次授课。参与区委宣讲团，到区委组织部等7个部门宣讲习近平总书记在全国党史学习教育动员大会、“七一”庆祝大会重要讲话精神。推出《毛泽东核心地位的确立》课程并在“新时代文明实践”活动中面向社区宣讲。

（肖颖　赵蕾）

## 综　述

【概况】　2021年，滨海新区人大常委会坚持以习近平新时代中国特色社会主义思想为指导，全面贯彻落实中共十九大和十九届历次全会精神，深入学习贯彻习近平总书记关于坚持和完善人民代表大会制度的重要思想，坚持党的领导、人民当家作主、依法治国有机统一，围绕中心服务大局，坚持履行法定职责，推进创新发展。全年召开常委会党组会议19次、常委会会议9次、主任会议11次，听取和审议“一府两院”专项工作报告23项，开展执法检查4项，组织专题询问1次，组织视察调研16项，依法作出重大事项决议决定7项，开展制度创新1项，完成区三届人大八次会议确定的各项目标任务。召开滨海新区第四届人民代表大会第一次会议，选举新一届区人大常委会组成人员和区人民政府领导班子成员。

（李　洋）

【人大代表构成】　2021年，滨海新区第四届人民代表大会代表选举产生人大代表440人。从代表综合情况看，当选代表中妇女185名，中共党员283名，少数民族18名。从代表学历分布看，研究生及以上学历140人，大学大专学历274人，中学中专及以下学历26人。从代表构成情况看，基层代表（一线工人、农民、专业技术人员等）191人，公务员、国有或集体企业负责人、事业单位负责人、解放军代表187人，非公有制经济人士等代表62人。代表中包括新的社会阶层人士25人，社区工作者30人，连任代表116人，同任两级以上代表38人。

（李　洋）

【人大代表选举】　2021年7月，滨海新区区、镇人民代表大会代表选举工作启动。滨海新区人大常委会依法、依规、依程序开展工作，历时6个月完成各阶段任务。划分区级选区156个、镇级选区135个；全区选民登记154.1万人、各镇选民登记11.3万人；提名推荐区代表候选人622人、镇代表候选人466人；讨论协商和确定正式区代表候选人600人、镇代表候选人466人。11月，选举产生滨海新区第四届人大代表440名、镇人大代表331名，完成区、镇人民代表大会代表选举工作。

（李　洋）

## 重要会议

【概况】　2021年，滨海新区人大常委会组织召开区第三届人民代表大会会议1次、人大常委会会议9次、主任会议11次，听取和审议“一府两院”专项工作报告23项。召开滨海新区第四届人民代表大会第一次会议。

（李　洋）

【区三届人大第八次会议】　2021年1月13日—15日，滨海新区第三届人民代表大会第八次会议在区委党校召开。区长杨茂荣代表区人民政府向大会作《政府工作报告》。会议审查和批准滨海新区国民经济和社会发展第十四个五年规划和二〇三五年远景目标纲要；审查和批准滨海新区2020年国民经济和社会发展计划执行情况与2021年国民经济和社会发展计划草案的报告，批准2021年国民经济和社会发展计划；审查和批准滨海新区2020年预算执行情况和2021年预算草案的报告，批准2021年区级预算；听取和审议滨海新区人民代表大会常务委员会工作报告；听取和审议滨海新区人民法院工作报告；听取和审议滨海新区人民检察院工作报告；票决滨海新区 2021 年 20 项民心工程项目；审议区人民代表大会关于保障和促进加快建设美丽“滨城”的决定。

（李　洋）

**【区人大常委会会议】** 2021 年 1 月 6 日，滨海新区第三届人民代表大会常务委员会第三十七次会议在滨海文化商务中心 C702 会议室举行。许红星主持会议。会议听取区人民政府关于滨海新区 2021 年民心工程初步候选项目情况的报告，将候选项目提交区三届人大八次会议审议表决。会议听取代表资格审查委员会关于区三届人大代表出缺情况及补选代表的代表资格审查报告，并将出缺情况和补选代表情况向社会公告。会议审议通过滨海新区人大常委会工作报告（草案），决定提请区第三届人大八次会议审议。会议审议通过滨海新区第三届人民代表大会第八次会议议程（草案）、滨海新区第三届人民代表大会第八次会议主席团和秘书长名单（草案）、滨海新区第三届人民代表大会第八次会议主席团常务主席名单（草案）、滨海新区第三届人民代表大会第八次会议执行主席分组名单（草案）、滨海新区第三届人民代表大会第八次会议副秘书长名单（草案）、滨海新区第三届人民代表大会第八次会议列席人员名单（草案）、滨海新区第三届人民代表大会第八次会议各代表团召集人名单（草案）、滨海新区第三届人民代表大会第八次会议议案审查委员会名单（草案）、滨海新区 2021 年民心工程项目人大代表票决办法（草案）。

3 月 16 日，区第三届人民代表大会常务委员会第三十八次会议在滨海文化商务中心 C702 会议室举行。许红星主持会议。会议传达学习十三届全国人大四次会议精神。会议审议通过滨海新区人大常委会 2021 年度工作要点。会议审议通过区人民政府关于提请审议调整滨海新区 2020 年国民经济和社会发展计划执行情况与 2021 年国民经济和社会发展计划报告的议案。会议听取和审议区人民政府关于滨海新区 2020 年生态环境状况和环境保护目标进展情况的报告。会议审议区人大常委会主任会议关于提请审议接受王玉环等辞去天津市滨海新区第三届人民代表大会代表职务的请求的议案，决定接受王玉环等辞去滨海新区第三届人民代表大会代表职务。会议审议通过有关人事任免事项。审议区人民政府关于张国盛免职的议案，表决通过区人大常委会决定免职名单，决定免去张国盛的天津市滨海新区人民政府副区长职务。审议区人民政府关于邓为民等任职的议案，表决通过区人大常委会决定任命名单，决定任命邓为民为天津市滨海新区卫生健康委员会主任，决定任命马文明为天津市滨海新区海洋局局长。审议区人民法院关于提请审议赫连建敏任职的议案，表决通过区人大常委会任命名单，任命赫连建敏为天津市滨海新区人民法院审判委员会委员。

5 月 27 日，区第三届人民代表大会常务委员会第三十九次会议在滨海文化商务中心 C702 会议室举行。许红星主持会议。听取和审议天津自由贸易试验区人民法院建设和履职情况的报告。会议听取和审议区人民检察院关于开展公益诉讼工作情况的报告。会议听取区人民政府关于滨海新区殡葬管理工作情况的报告。会议听取和审议区人民政府 2020 年度国有资产管理情况综合报告，审议国有自然资源（资产）管理情况专项报告。会议听取和审议区人民政府关于完善滨海新区公共卫生应急管理体系工作情况的报告。会议审议区人民政府关于研究处理区人大常委会关于天津市预防和治理校园欺凌若干规定执法检查报告及审议意见情况的报告。会议听取代表资格审查委员会关于补选区三届人大代表代表资格审查报告，确认当选代表资格有效，于会后将补选情况向社会公布。会议审议通过有关人事任免事项。审议区人大常委会主任会议关于提请审议窦克忠等任免职的议案，表决通过区人大常委会任免名单，任命窦克忠为天津市滨海新区人大常委会代表工作室（人事任免工作室）主任、任命吴秀山为天津市滨海新区人大常委会财经预算工作委员会副主任、任命潘玉民为天津市滨海新区人大常委会杭州道街道工作委员会副主任、免去林永梅的天津市滨海新区人大常委会代表工作室（人事任免工作室）主任职务、免去杨林的天津市滨海新区人大常委会新村街道工作委员会主任职务。审议区人民政府关于陈玉东、张健任免职的议案，表决通过区人大常委会决定任免名单，决定任命陈玉东为天津市滨海新区人民政府副区长、决定免去张健的天津市滨海新区人民政府副区长职务。审议区人民政府关于提请审议李向前免职的议案，表决通过区人大常委会决定任免名单，决定免去李向前的天津市滨海新区审计局局长职务。审议区监察委员会关于提请审议马红刚任职的议案，表决通过区人大常委会任命名单，任命马红刚为天津市滨海新区监察委员会副主任。审议区人民法院关于提请审议孙长华免职的议案，表决通过区人大常委会免职名单，免去孙长华的天津市滨海新区人民法院副院长、审判委员会委员、审判员职务。审议区人民法院关于提请审议王浩等任免职的议案，表决通过区人大常委会任免名单，任命王浩、王富贵、毛洪隽、田雨、刘鹏程、齐姗姗、李万元、李伟、张琦、庞昊、宗少凯、赵振博、贾宏伟、候华北、薛克明、魏星为天津市滨海新区人民法院审判员，免去李秀峰的天津市滨海新区人民法院审判委员会委员、汉沽民三庭庭长职务，免去王岩林的天津市滨海新区人民法院审判员职务。审议区人民检察院关于提请审议马艳峰等任职的议案，表决通过区人大常委会任命名单，任命马艳峰、李娜、杨晓、封佳琪、徐庆泉、戚祎萌为天津市滨海新区人民检察院检察员。

8月4日，区第三届人民代表大会常务委员会第四十次会议在滨海文化商务中心C702会议室举行。许红星主持会议。会议听取和审议区人民政府关于滨海新区安全生产专项整治三年行动工作情况的报告。会议听取区人民政府关于滨海新区乡村振兴战略工作情况的报告。会议听取区人民政府关于创建公共文化服务体系示范区工作情况的报告。会议审议区、镇人民代表大会换届选举有关事项，表决通过滨海新区人民代表大会常务委员会关于区、镇人民代表大会换届选举有关问题的决定、滨海新区选举委员会组成人员名单、滨海新区各镇选举委员会组成人员名单。会议审议通过有关人事任免事项。审议区人大常委会主任会议关于提请审议杨文芳等任免职的议案，表决通过区人大常委会任免名单，任命杨文芳为天津市滨海新区人大常委会办公室副主任、任命窦汝春为天津市滨海新区人大常委会古林街道工作委员会主任、任命吴鹏为天津市滨海新区人大常委会泰达街道工作委员会主任、免去卢盈的天津市滨海新区人大常委会大沽街道工作委员会主任职务、免去郭成报的天津市滨海新区人大常委会古林街道工作委员会主任职务。审议区人民政府关于提请审议陈均、张秀启任免职的议案，表决通过区人大常委会决定任免名单，决定任命陈均为天津市滨海新区城市管理委员会主任、决定免去张秀启的天津市滨海新区城市管理委员会主任职务。审议区人民政府关于提请审议师继军任职的议案，表决通过区人大常委会决定任免名单，决定任命师继军为天津市滨海新区财政局局长。审议区人民法院关于提请审议张永普等任免职的议案，表决通过区人大常委会任免名单，任命张永普为天津市滨海新区人民法院汉沽中心法庭庭长、任命李瑞凯为天津市滨海新区人民法院民事审判第二庭庭长，免去其天津市滨海新区人民法院审判监督庭副庭长职务、任命张俊者为天津市滨海新区人民法院民事审判第四庭庭长、任命王卫国为天津市滨海新区人民法院东疆保税港区融资租赁中心法庭庭长，免去其天津市滨海新区人民法院民事审判第一庭副庭长职务、任命包津燕为天津市滨海新区人民法院北塘中关村科技园中心法庭（互联网法庭）庭长，免去其天津市滨海新区人民法院民一庭副庭长职务、任命孙国文为天津市滨海新区人民法院大港中心法庭庭长，免去其天津市滨海新区人民法院行政审判庭副庭长职务、免去魏晓飞、翟婧、杨学秋的天津市滨海新区人民法院审判员职务。审议区人民法院关于提请审议丁亚华等任职的议案，表决通过区人大常委会任职名单，任命丁亚华（女）等580人为天津市滨海新区人民法院人民陪审员。审议区人民法院关于提请审议王世华等任职的议案，表决通过区人大常委会任命名单，任命王世华等20人为天津海事法院人民陪审员。

9月29日，区第三届人民代表大会常务委员会第四十一次会议在滨海文化商务中心C702会议室举行。许红星主持会议。会议审议区人大常委会执法检查组关于检查《中华人民共和国科技进步法》《天津市科学技术进步促进条例》实施情况的报告。会议听取区人民政府关于区三届人大八次会议及闭会期间代表建议办理工作情况的报告，并开展专题询问。会议听取审议区人民政府关于提请审议调整《滨海新区国民经济和社会发展第十四个五年规划和二〇三五年远景目标纲要》的议案。会议听取审议区人民政府关于滨海新区2021年以来国民经济和社会发展计划执行情况的报告。会议听取和审议区人民政府关于2020年区级财政决算草案及2021年以来预算执行情况的报告，审查

9月29日，滨海新区三届人大常委会第四十一次会议　区人大　供图

和批准2020年区级决算，并作出决议。会议听取和审议区人民政府关于我区2020年区级财政预算执行和其他财政收支审计工作报告。会议审议区人大常委会主任会议关于提请审议接受张健、董文胜辞去区三届人大代表职务的议案，决定接受王张健、董文胜辞去滨海新区第三届人民代表大会代表职务。会议审议区人大常委会主任会议关于提请审议调整滨海新区选举委员会、新城镇选举委员会组成人员的议案，表决通过有关决定。会议书面听取部分被任命的区人民政府工作部门负责人履职情况的报告。会议审议通过有关人事任免事项。会议审议区人大常委会主任会议关于提请审议刘金海等任免职的议案，表决通过了区人大常委会任免名单，任命刘金海为天津市滨海新区人大常委会法制室主任、任命刘冠东为天津市滨海新区人大常委会办公室副主任、任命王建来为天津市滨海新区人大常委会教育科学文化卫生工作委员会副主任、免去赵志杰的天津市滨海新区人大常委会法制室主任职务、免去潘久生的天津市滨海新区人大常委会新河街道工作委员会主任职务、免去石强的天津市滨海新区人大常委会胡家园街道工作委员会主任职务、免去丁占奎的天津市滨海新区人大常委会寨上街道工作委员会主任职务。会议审议区人民政府关于提请审议贾堤免职的议案，表决通过区人大常委会决定免职名单，决定免去贾堤的天津市滨海新区人民政府副区长职务。会议审议区人民政府关于提请审议潘久生等任免职的议案，表决通过区人大常委会决定任免名单，决定任命潘久生为天津市滨海新区民政局局长、决定任命王建勇为天津市滨海新区司法局局长、决定任命刘钺为天津市滨海新区审计局局长、决定任命史春锁为天津市滨海新区人民政府信访办公室主任、决定任命鲁力为天津市滨海新区应急管理局局长、决定免去刘金海的天津市滨海新区司法局局长职务、决定免去周云明的天津市滨海新区人民政府信访办公室主任职务、决定免去张军武的天津市滨海新区应急管理局局长职务。会议审议区监察委员会关于提请审议王建勇、周刚免职的议案，表决通过区人大常委会免职名单，免去王建勇、周刚的天津市滨海新区监察委员会委员职务。会议审议区人民法院关于提请审议胡旭免职的议案，表决通过区人大常委会免职名单，免去胡旭的天津市滨海新区人民法院审判员职务。会议审议区人民检察院关于提请审议胡旭任职的议案，表决通过区人大常委会任命名单，任命胡旭为天津市滨海新区人民检察院检察员。

10月21日，区第三届人民代表大会常务委员会第四十二次会议在滨海文化商务中心C702会议室举行。许红星主持会议。会议传达学习习近平总书记在中央人大工作会议上的重要讲话精神。会议审议通过有关人事任免事项。会议审议区人大常委会主任会议关于提请审议张殿武等任免职的议案，表决通过区人大常委会任免名单，任命张殿武为天津市滨海新区人大常委会财经预算工作委员会主任、任命王善为天津市滨海新区人大常委会塘沽街道工作委员会主任、任命张世生为天津市滨海新区人大常委会茶淀街道工作委员会主任，免去其天津市滨海新区人大常委会汉沽街道工作委员会主任职务、免去李桂杰的天津市滨海新区人大常委会茶淀街道工作委员会主任职务、免去邓大为的天津市滨海新区人大常委会塘沽街道工作委员会主任职务。会议审议区人大常委会主任会议关于提请审议接受杨茂荣辞去天津市滨海新区人民政府区长职务的议案，表决通过该议案，决定接受杨茂荣提出的辞去滨海新区人民政府区长职务的请求，报滨海新区人民代表大会备案。会议审议区人大常委会主任会议关于提请审议单泽峰任职的议案，表决通过区人大常委会决定任命名单，决定任命单泽峰为天津市滨海新区人民政府副区长。会议审议区人大常委会主任会议关于提请审议单泽峰为天津市滨海新区人民政府代理区长的议案，表决通过该议案，决定单泽峰为滨海新区人民政府代理区长。会议审议区人民法院关于提请审议欧瑛免职的议案，表决通过区人大常委会免职名单，免去欧瑛的天津市滨海新区人民法院审判员职务。会议审议区人大常委会主任会议关于增补天津市滨海新区第三届人民代表大会常务委员会代表资格审查委员会组成人员的议案，表决通过该议案，决定增补郭志寅为天津市滨海新区第三届人民代表大会常务委员会代表资格审查委员会主任委员、增补徐永炎为天津市滨海新区第三届人民代表大会常务委员会代表资格审查委员会委员。

10月22日，区第三届人民代表大会常务委员会第四十三次会议在滨海文化商务中心C702会议室举行。许红星主持会议。会议审议通过有关人事任免事项。会议审议区人民政府关于提请审议梁益铭等任免职的议案，表决通过区人大常委会决定任免名单，决定任命梁益铭、张兴瑞为天津市滨海新区人民政府副区长，决定免去梁春早、梅志红的天津市滨海新区人民政府副区长职务。会议审议区人民政府关于提请审议张殿武免职的议案，表决通过区人大常委会决定免职名单，决定免去张殿武的天津市滨海新区统计局局长职务。

11月18日，区第三届人民代表大会常务委员会第四十四次会议在滨海文化商务中心C702会议室举行。许红星主持会议。会议传达中共十九届六中全会精神。会议审议区人民政府关于提请审议滨海新区2021年区级预算调整方案（草案）的议案，并作出决议。会议听取区人民政府关于滨海新区2021年民心工程项目进展情况的报告。会议听取区人民政府关于美丽“滨城”建设情况的报告。会议听取区人民政府关于滨海新区推进义务教育优质均衡发展攻坚行动工作情况的报告。会议听取区三届人大八次会议及闭会期间代表建议、批评和督办工作情况的报告。会议听取区选举委员会关于区四届人大代表选举工作情况的报告。会议听取代表资格审查委员会关于区四届人大代表的代表资格审查报告。会议审议通过区人大常委会关于召开滨海新区第四届人民代表大会第一次会议的决定（草案），决定区第四届人民代表大会第一次会议于2021年12月12日召开。会议审议区人民政府关于2020年度区级预算执行和其他财政收支审计整改落实情况的报告。会议审议区人民政府研究处理科技进步“一法一条例”执法检查报告及审议意见的情况报告。会议审议2020年备案审查工作情况的报告。会议听取滨海新区国土空间总体规划编制情况的报告。

12月7日，区第三届人民代表大会常务委员会第四十五次会议在滨海文化商务中心C702会议室举行。许红星主持会议。会议听取区人民政府关于滨海新区2022年民心工程初步候选项目的报告，决定将候选项目提请区四届人大一次会议审议。会议听取区人民政府关于“七五”普法决议执行情况的报告，并就“八五”普法作出决议。会议审议区人民政府关于提请审议促进和保障滨海新区物业管理与社区治理融合共进的决定的议案，作出关于促进和保障滨海新区物业管理与社区治理融合共进的决定。会议审议通过滨海新区第三届人民代表大会常务委员会工作报告（草案），决定提请区四届人大一次会议审议。会议审议通过滨海新区第四届人民代表大会第一次会议议程（草案）、滨海新区第四届人民代表大会第一次会议主席团和秘书长名单（草案）、滨海新区第四届人民代表大会第一次会议主席团常务主席名单（草案）、滨海新区第四届人民代表大会第一次会议执行主席分组名单（草案）、滨海新区第四届人民代表大会第一次会议副秘书长名单（草案）、滨海新区第四届人民代表大会第一次会议列席人员名单（草案）、滨海新区第四届人民代表大会第一次会议计划和预算审查委员会名单（草案）、滨海新区第四届人民代表大会第一次会议议案审查委员会名单（草案）、滨海新区第四届人民代表大会第一次会议各代表团召集人名单（草案）、滨海新区第四届人民代表大会第一次会议选举办法（草案）、滨海新区第四届人民代表大会第一次会议民心工程项目票决办法（草案）、滨海新区第四届人民代表大会第一次会议关于设立专门委员会的决定（草案）、滨海新区第四届人民代表大会第一次会议专门委员会组成人员人选办法（草案）、滨海新区第四届人民代表大会第一次会议专门委员会组成人员人选名单（草案）。会议审议通过有关人事任免事项。会议审议区人大常委会主任会议关于提请审议祝照新任职的议案，表决通过区人大常委会任职名单，任命祝照新为天津市滨海新区人大常委会新村街道工作委员会主任。会议审议区人民政府关于提请审议程印波、蒋凤刚任免职的议案，表决通过区人大常委会决定任免名单，决定任命程印波为天津市滨海新区人民政府办公室主任、决定免去蒋凤刚的天津市滨海新区人民政府办公室主任职务。

12月14日，区第四届人民代表大会常务委员会第一次会议在区委党校求实厅举行。会议传达学习区委四届二次全体（扩大）会议精神。会议审议了区人民政府关于提请区人大常委会审议《滨海新区2021年第二次预算调整方案（草案）》的议案，表决通过了《天津市滨海新区人大常委会关于批准天津市滨海新区2021年预算调整方案的决议》。

12月29日，区第四届人民代表大会常务委员会第二次会议在滨海文化商务中心C702会议室举行。会议传达学习市委人大工作会议及区委常委会（扩大）会议精神。会议审议区人大常委会主任会议关于提请审议接受师武军等辞去天津市第十七届人民代表大会代表职务的议案，表决通过关于接受师武军等辞去天津市第十七届人民代表大会代表职务的决定。会议听取审议区人大常委会主任会议关于提请补选王俊明等为天津市第十七届人民代表大会代表的议案，通过投票选举王俊明、王洪涛、向文武、李守军、佟德建、邹永强为天津市第十七届人民代表大会代表。会议审议通过有关人事任免事项。会议审议区人大常委会主任会议关于提请通过区四届人大常委会代表资格审查委员会组成人员的议案，表决通过滨海新区人大常委会代表资格审查委员会组成人员名单，任命武广华为滨海新区人大常委会代表资格审查委员会主任委员，任命窦克忠为滨海新区人大常委会代表资格审查委员会副主任委员，任命邓金玉、龙云、冯晶、李红英、李海立、范立东、徐永焱为滨海新区人大常委会代表资格审查委员会委员。会议审议区人民法院关于提请审议郑岩等任免职的议案，表决通过滨海新区人大常委会任免名单，任命郑岩为滨海新区人民法院审判委员会委员，免去易志、岳小鹄、路磊、刘春芬、赵秀丰、刘宗军的滨海新区人民法院审判委员会委员职务。会议听取齐丽娜、张磊、孙玉娟三名由滨海新区选出的市十七届人大代表的履职情况报告。

（李　洋）

【区四届人大第一次会议】 2021年12月12日—14日，滨海新区第四届人民代表大会第一次会议在区委党校召开。会议听取和审议滨海新区人民政府工作报告；审查和批准滨海新区2021年国民经济和社会发展计划执行情况与2022年国民经济和社会发展计划草案的报告，批准2022年国民经济和社会发展计划；审查和批准滨海新区2021年预算执行情况和2022年预算草案的报告，批准2022年区级预算；听取和审议滨海新区人民代表大会常务委员会工作报告；听取和审议滨海新区人民法院工作报告；听取和审议滨海新区人民检察院工作报告。选举王洪茹为滨海新区第四届人民代表大会常务委员会主任，沈志勇、武广华、张国盛、宫丽艳、窦广春、张金友（兼）为副主任，选举委员人选；选举单泽峰为滨海新区人民政府区长，戴雷、尹晓峰、梁益铭、陈波、陈玉东、韩学武、张兴瑞、张桂华为副区长；选举王琴为滨海新区监察委员会主任；选举张长山为滨海新区人民法院院长；选举陈振兴为滨海新区人民检察院检察长；决定滨海新区第四届人民代表大会各专门委员会主任委员、副主任委员、委员人选。票决滨海新区2022年20项民心工程项目。

（李　洋）

## 人大监督

【概况】 2021年，滨海新区人大常委会坚持以人民为中心，着眼打造“津城”“滨城”双城发展格局的安排部署，对重大问题重点监督、对复杂问题连续监督、对困难问题联动监督，以法治建设引领改革、推动发展、保障善治，以富有成效的监督举措，推动发展成果惠及全区人民。

（李　洋）

【依法治区监督】 2021年，滨海新区人大常委会强化备案审查制度和能力建设，做到“有件必备、有备必审、有错必纠”，全年向市人大报备决定3件，审查备案“一府两院”规范性文件70件，对保障宪法实施、维护国家法制统一起到积极作用。常委会听取“七五”普法情况报告，并就“八五”普法作出决议；开展宪法宣传日活动，增强全社会宪法意识，弘扬宪法精神，维护宪法权威。

（李　洋）

【司法领域监督】 2021年，滨海新区人大常委会听取审议区人民法院关于自贸区法院建设和履职情况的报告，推进以司法服务助力自贸区深化改革和支持新区高质量发展的深入实践。听取审议区人民检察院公益诉讼情况的报告，促进形成检察机关公正司法与行政机关依法行政良性互动的工作格局，健全法治建设新路径。对行政诉讼中行政机关败诉的情况进行调研，拓宽完善法治政府建设的监督方式。

（李　洋）

【经济社会监督】 2021年，滨海新区人大常委会落实区第三届人民代表大会第八次会议《关于保障和促进加快建设美丽“滨城”的决定》，组织开展视察调研，听取专项工作报告，要求政府要强化责任担当，抢抓发展先机，培育发展动能，补强社会事业短板，不断改善民生福祉。关注京津冀协同发展，对滨海—中关村开展视察调研，就科技园建设发展提出意见建议，协调解决存在问题，取得良好成效。关注经济社会发展，听取审议国民经济和社会发展计划执行情况的报告，及时就有关事项进行调整，作出决议，确保经济社会发展保持稳中有进、稳中向好的态势。关注国有资产监管，贯彻落实政府向人大常委会报告国有资产管理情况制度，听取审议专项报告和综合报告，使国有资产更好地服务发展、造福人民。

（李　洋）

【财政监督】 2021年，滨海新区人大常委会加强对全口径预决算的审查监督，推动预算监督细化深化实质化。审查和批准决算，听取审议预算执行情况、预算调整方案的报告。听取审议审计查出问题整改情况的报告，强化对审计问题后续整改的监督。推进预算联网监督，完善监督体系，提升预算审查监督的效率和水平。关注政府债务，主任会议听取专项报告，督促政府加强风险防控和应急处置机制建设，打好防范化解重大风险攻坚战。

（李　洋）

【城市建设监督】 2021年，滨海新区人大常委会关注环境保护工作，落实环境报告制度，听取审议环境状况和环境保护目标完成情况报告，抓好审议意见落实。关注国家公共文化服务体系示范区创建，听取专项工作报告，为创建工作提供支持和保障。关注城市规划和建设，听取优化编制新区近期中期远期规划情况的报告，提出要学习借鉴北京城市副中心、雄安新区的规划理念和成果，使规划编制更加符合新区发展实际。关注公共卫生应急管理体系建设，听取审议专项工作报告，提高政府应对重大突发公共卫生事件的能力水平。关注安全生产工作，对安全生产工作开展视察，听取审议关于安全生产专项整治三年行动工作情况的报告，确保人民群众生命财产安全。围绕道路交通安全管理工作开展视察，推动构建精准高效的智慧交通管理体系。

（李　洋）

**【民生领域监督】** 2021年，滨海新区人大常委会关注民心工程项目建设，在区第三届人民代表大会第八次会议上实行民心工程人大代表票决制，落实项目的征集、审议和票决，监督推进项目实施各阶段工作。关注学前教育，听取义务教育优质均衡发展三年行动方案工作情况的报告，促进教育公平，确保全面达标。听取审议就业工作情况报告，推动政府提高就业服务的精准性。关注殡葬工作，听取殡葬管理工作的报告，推动营造文明殡葬新风尚。关注乡村振兴，听取专项工作报告，推动国家重大战略实施。围绕全区基层政权建设工作组织开展专项视察，推动完善和提升基层社会治理和民主自治水平。

（李　洋）

## 执法检查

**【概况】** 2021年，滨海新区人大常委会紧扣法律规定，多措并举开展执法检查，深入查找问题，逐条对照检查，提出意见建议，充分发挥执法检查的“法律巡视”监督利剑作用。全年，围绕医疗废物管理和处理处置、科技型中小企业发展、文明养犬、畜牧业转型升级等情况，开展执法检查4次，推动了有关法律法规的有效实施。

（李　洋）

**【医疗废物管理和处理处置执法检查】** 2021年，滨海新区人大常委会组织执法检查组对滨海新区实施《中华人民共和国固体废物污染环境防治法》和《天津市生活垃圾管理条例》情况，开展医疗废物管理和处理处置执法检查。深入泰达医院、永久医院、塘沽妇产医院、三槐路社区卫生服务中心，实地检查医疗固体废物分类收集、贮存、运输和处理处置情况，查看相关资料，现场听取汇报，提出意见建议。

（李　洋）

**【促进科技型中小企业发展执法检查】** 2021年，滨海新区人大常委会组织执法检查组到滨海新区部分科技型企业、科研机构、科技服务机构开展《中华人民共和国科学技术进步法》和《天津市科学技术进步促进条例》执法检查。深入紫光云技术有限公司、天津中科智能识别产业技术研究院、启迪之星（天津·生态城），听取企业发展过程、经营现状等情况介绍，了解企业的发展动态、科技创新、运营发展、市场应用等方面情况，征求意见企业意见，推动相关法律法规的落实执行。

（李　洋）

**【养犬法律法规执法检查】** 2021年，滨海新区人大常委会组织执法检查组对《天津市养犬条例》《天津市文明行为促进条例》贯彻实施情况开展执法检查。审查相关部门自查情况报告，对市人大常委会的问题线索进行暗访，到街道、小区、公园广场等重点点位实地检查养犬法律法规贯彻实施情况。执法检查组认真梳理检查情况，持续跟进对问题线索的督办，汇总形成执法检查报告报市人大常委会。

（李　洋）

**【畜牧业“一法一条例”执法检查】** 2021年，滨海新区人大常委会组织执法检查组开展《中华人民共和国畜牧法》《天津市畜牧条例》执法检查。深入太平镇、小王庄镇检查天津梦得集团有限公司奶牛养殖项目、天津新六农牧科技有限公司生猪养殖项目，对照执法检查重点，检查法律贯彻宣传、证照管理、养殖档案、违禁投入品、饲料台账、检测隔离、异地运输、追溯系统、粪污集中处理、废弃物资源化利用等情况。

（李　洋）

## 视察与调研

**【概况】** 2021年，滨海新区人大常委会切实用好宪法法律赋予的监督权，找准人大工作与改革发展创新的切入点、结合点和着力点，围绕推进高质量发展和全面深化改革、全面依法治区、全面建设新时代美丽“滨城”等全区中心工作，组织开展16项视察调研活动，监督形式不断丰富完善。

（李　洋）

**【“人大代表看滨海”暨区四届人大一次会议会前集中视察活动】** 2021年11月25日，滨海新区人大常委会组织区四届人大代表开展“人大代表看滨海”暨区四届人大一次会议会前集中视察活动，近300名区人大代表参加。代表先后视察了各开发区和两翼部分街镇的30余家企事业单位，分别为中铁工程装备、七一二通信、长城汽车等高端装备制造企业，明阳风电、嘉泰伟业等新能源、新材料企业，凯莱英、天津药研院、天九再生等生物医药企业，飞腾、麒麟、超算等新一代信息技术企业，清华大学电子信息研究院、中科院生物研究所等科研院所以及国寿嘉园、季景风阁智慧小区等便民养老服务机构。

（李　洋）

【推进滨海—中关村科技园建设发展视察活动】　2021年，滨海新区人大常委会围绕科技创新发展工作，就推进滨海—中关村科技园建设发展情况进行视察。深入天津石墨烯工程创新中心、科芯生态农业、天津永安职业健康检测评价有限公司、洪发生态科技、天津大学滨海新区校友之家等单位实地查看，听取企业发展、经营现状的情况介绍，详细了解企业发展动态和创新建设等情况。人大代表就进一步加强科技自主创新、打造新区自主品牌、加大招商引资力度、完善相关配套服务、优化创新营商环境等方面提出具体意见建议。

（李　洋）

【稳就业工作情况视察活动】　2021年，滨海新区人大常委会对稳就业工作情况进行视察。深入经开区创客总部天津基地和顶益天津有限公司了解情况，到寨上街实地察看劳动保障试点工作，了解实施积极就业政策、强化援企稳岗措施等贯彻落实情况。提出要大力促进高校毕业生、农民工、就业困难人员、退役军人等重点群体就业，开源拓岗，加强职业技能培训，开展就业困难帮扶，推动重点群体充分就业，强化政策宣传解读，对接企业优化服务，加强就业信息双向沟通传输渠道和平台建设，努力推动各项稳就业保就业目标任务落实到位，确保滨海新区就业形势总体平稳。

（李　洋）

【双城绿色屏障建设情况视察活动】　2021年，滨海新区人大常委会围绕双城间绿色屏障建设工程开展视察，深入胡家园于庄子和经开区西区双城绿廊项目现场，听取工作汇报，查看树木生长状况，询问林木种类、苗木成活率、水系联通工程、树林管护以及绿化资金投入等情况。指出建设双城间绿色生态屏障的一系列部署和举措，是贯彻习近平生态文明思想的必然要求，也是建设生态宜居美丽滨城的内在要求，要持续优化城市空间结构，拓展绿色发展空间，坚持生态与产业相辅相成、深度融合，真正“以绿为底”实现高质量发展。

（李　洋）

【“七五”普法决议执行情况及“八五”普法规划情况调研】　2021年，滨海新区人大常委会对“七五”普法决议执行情况及“八五”普法规划情况进行调研。实地查看新村街丹东里社区法治文化公园和新北街晓镇家园法治广场，听取区司法局关于滨海新区“七五”普法工作情况和“八五”普法规划情况的汇报，并进行座谈交流，对普法工作提出意见和建议。区人大常委会认为，区“七五”普法决议实施顺利，取得重要成果，全社会法治观念不断增强，社会治理法治化水平明显提高，“八五”期间，要继续提高思想认识，坚持以习近平新时代中国特色社会主义思想为指导，贯彻落实习近平法治思想，不断增强全社会的法治信仰，建立健全各类法治宣传教育平台共建共享机制，增强普法工作的针对性和精准度，推动形成办事依法、遇事找法、解决问题用法、化解矛盾靠法的良好法治环境。

（李　洋）

【国有企业改革情况调研】　2021年，滨海新区人大常委会围绕国有企业改革情况组织调研活动，分析国有企业改革存在问题，探索建立具有滨海新区特色的改革路径。调研组深入天保控股有限公司、滨海新区环塘污水处理有限公司，实地走访、开展座谈，了解企业经营情况、改革基本情况、主要问题困难及下一步工作计划。区人大常委会认为，国企改革意义重大，尤其是企业市场化转型改革，有利于提高国有经济竞争力，焕发国企活力，推动经济实现高质量发展。要进一步推进国有企业改革，建立现代企业制度，强化国有企业化解债务风险能力，推动企业做优做大做强，适应市场化、现代化、国际化新形势和经济发展新常态。

（李　洋）

## 人大建议

【概况】　2021年，滨海新区三届人大八次会议及闭会期间提出建议294件，其中会议期间243件、闭会期间51件，区人大常委会主任会议研究确定沈蕾等代表提出的“关于将东疆打造成为滨海新区平台经济创新发展示范区的建议”等8件涉及财经政治、社会建设、城建环保、监察司法四类建议作为年度重点督办建议。交滨海新区政府研究办理290件，交有关单位研究办理4件，内容涉及高质量发展、智慧城市建设、民生保障、生态环境保护及社会管理等方面。

## 滨海新区第三届人民代表大会第八次会议会议期间代表建议一览表

**表3**

| 建议编号 | 代表姓名 | 建议标题 | 类别 | 所在代表团 |
|---|---|---|---|---|
| 大会1 | 张月萍 | 关于修护原天化铁路的建议 | 城建环保 | 区交运局 |
| 大会2 | 蔺育红 | 关于建设南路太平街至朝阳街路段实施单向行驶的建议 | 监察和司法 | 寨上街 |
| 大会3 | 白学军 | 关于推动旧楼区提升改造的建议 | 城建环保 | 寨上街 |
| 大会4 | 李玉花 | 关于整顿学校门前交通混乱情况的建议 | 监察和司法 | 寨上街 |
| 大会5 | 王保学 | 关于解决生态城公交车部分线路的发车频次的建议 | 城建环保 | 寨上街 |
| 大会6 | 董文胜 | 关于加装北塘街青海湖路与泸州道交口交通信号灯的建议 | 城建环保 | 北塘街 |
| 大会7 | 曹宝勇 | 关于打通断头路，加快西中环建设的建议 | 城建环保 | 胡家园街 |
| 大会8 | 杜　瑛 | 关于丽湾公寓二次供水权属移交问题的建议 | 城建环保 | 塘沽街 |
| 大会9 | 杜　瑛 | 关于朝阳公寓二次供水权属移交问题的建议 | 城建环保 | 塘沽街 |
| 大会10 | 冯小香 | 关于解决塘沽街道高层小区消防设施瘫痪存在安全隐患的建议 | 监察和司法 | 塘沽街 |
| 大会11 | 张自惠 | 关于德阳里社区平房改造计划的建议 | 城建环保 | 寨上街 |
| 大会12 | 何　丽 | 关于对新城家园、馨苑社区供热管道进行更新改造的建议 | 城建环保 | 塘沽街 |
| 大会13 | 侯　方 | 关于建立专职食品安全协管员队伍的建议 | 教科文卫 | 塘沽街 |
| 大会14 | 董文胜 | 关于建设融创君澜小区周边公交场站的建议 | 城建环保 | 北塘街 |
| 大会15 | 张月萍 | 关于加开133、459班次和增设汉沽往返大港班车的建议 | 城建环保 | 寨上街 |
| 大会16 | 张月萍 | 关于整治停车位占用人行便道的建议 | 监察和司法 | 寨上街 |
| 大会17 | 王洪军 | 关于支持滨海新区高职教育发展的建议 | 教科文卫 | 新北街 |
| 大会18 | 邵　洁 | 关于增加谐海路与尧山道交叉口红绿灯的建议 | 城建环保 | 新北街 |
| 大会19 | 郭淑华 | 关于修缮谐海路、尧山道路面，改善雨水倒灌地下车库现象的建议 | 城建环保 | 新北街 |
| 大会20 | 殷　生 | 关于进一步加强滨海新区幼儿园、小学等教育资源优化供给的建议 | 教科文卫 | 新港街 |
| 大会21 | 李　博 | 关于加强天津海上危险化学品事故应急救援能力建设的建议 | 监察和司法 | 新港街 |
| 大会22 | 宋爱利 | 关于杜绝超越职责范围进行药品安全管理工作的建议 | 教科文卫 | 塘沽街 |
| 大会23 | 杜俊梅 | 关于制定专职网格员职业前景规划及相关激励机制的建议 | 财政经济 | 塘沽街 |
| 大会24 | 苗利军 | 关于向街道及时反馈企业基本信息的建议 | 财政经济 | 塘沽街 |
| 大会25 | 许红球 | 关于实现中阳里26、27、28、29号楼雨污分流的建议 | 城建环保 | 汉沽街 |
| 大会26 | 丁全海 | 关于完善海河大桥东侧城市主干道路排水基础设施建设的建议 | 城建环保 | 新港街 |
| 大会27 | 许建成 | 关于连接西外环高速与津港公路的建议 | 城建环保 | 大港街 |
| 大会28 | 张　峰 | 关于调整居民用电阶梯电价的档位用电量的建议 | 财政经济 | 新村街 |
| 大会29 | 魏　颖 | 关于促进社区家长学校建设的建议 | 教科文卫 | 新河街 |
| 大会30 | 冯　舸 | 关于编制滨城供热十四五专项规划的建议 | 城建环保 | 北塘街 |
| 大会31 | 魏　颖 | 关于解决贻港新城小区南侧芦苇荡问题建议 | 城建环保 | 新河街 |
| 大会32 | 李　明 | 关于方便群众出行对部分地点进行规划治理的建议 | 监察和司法 | 新河街 |
| 大会33 | 李　明 | 关于蓝山国际小区加装监控摄像头的建议 | 监察和司法 | 新河街 |
| 大会34 | 赵淑英 | 关于尽快拆除八方观园小区外围挡的建议 | 城建环保 | 大沽街 |
| 大会35 | 程玉华 | 关于碧水庄园、远景庄园、晟卉花园三个小区排水不畅问题的建议 | 城建环保 | 大沽街 |

续表3

| 建议编号 | 代表姓名 | 建议标题 | 类别 | 所在代表团 |
|---|---|---|---|---|
| 大会36 | 徐复金 | 关于老旧小区路口设置路标的建议 | 城建环保 | 海滨街 |
| 大会37 | 顾学东 | 关于增加通往海河南岸大梁子方向公交车的建议 | 城建环保 | 大沽街 |
| 大会38 | 王　刚 | 关于规划更多商业综合体项目，同时改进提升夜经济品质的建议 | 财政经济 | 杭州道街 |
| 大会39 | 王　彤 | 关于在米兰、紫台、智谛山、洞庭路壹号小区周边建立菜市场的建议 | 城建环保 | 杭州道街 |
| 大会40 | 段克文 | 关于尽快更换杭州道辖区交通信号灯的建议 | 城建环保 | 杭州道街 |
| 大会41 | 陈　曦 | 关于尽快解决时代名居底商污水外溢的建议 | 城建环保 | 杭州道街 |
| 大会42 | 陈庆同 | 关于将大沽化旧址开发纳入新区“十四五规划”的建议 | 城建环保 | 大沽街 |
| 大会43 | 施　刚 | 关于将塘沽南园划归给新区老干部局作为老干部活动中心的建议 | 城建环保 | 杭州道街 |
| 大会44 | 施　刚 | 关于在滨海新区大力推进近海游船及游艇旅游设施的建设开发，打造“滨城”出海观光旅游文化靓丽名片的建议 | 财政经济 | 杭州道街 |
| 大会45 | 张爱民 | 关于在中建六局总部正门杭州道上交通护栏开口的建议 | 监察和司法 | 杭州道街 |
| 大会46 | 关凤丹 | 关于在滨海新区塘沽洞庭学校西门附近设立公交站的建议 | 城建环保 | 杭州道街 |
| 大会47 | 邵娜拉 | 关于德海道安装路灯的建议 | 城建环保 | 大沽街 |
| 大会49 | 丰少敏 | 关于旭辉澜郡辖区和角道、和商道设立102、104公交站牌的建议 | 城建环保 | 胡家园街 |
| 大会50 | 张世旺 | 关于滨海新区教委应在胡家园辖区兴建一所　高中学校的建议 | 教科文卫 | 胡家园街 |
| 大会51 | 王双利 | 关于解决农田灌溉用水的建议 | 农业农村 | 汉沽街 |
| 大会52 | 李春花 | 关于将汉沽街金谷里部分楼前上水管道保温台移到楼体附近的意见建议 | 城建环保 | 汉沽街 |
| 大会53 | 白正三 | 关于消除原“华山商贸城”存在安全隐患的意见建议 | 城建环保 | 汉沽街 |
| 大会54 | 刘　江 | 关于对新村街向阳里社区供热管道进行更新改造的建议 | 城建环保 | 新村街 |
| 大会55 | 刘　俊 | 关于滨海新区塘沽惠安里10栋急需解决的几个问题 | 城建环保 | 新村街 |
| 大会56 | 刘　俊 | 关于滨海新区塘沽新北路立交桥加装护栏网的建议 | 城建环保 | 新村街 |
| 大会57 | 李力超 | 关于调整南港路铁路道口火车通行时间的建议 | 监察和司法 | 杭州道街 |
| 大会58 | 聂秀敏 | 关于对中心北路菜市场周边道路提升改造和交通设施建设的建议 | 监察和司法 | 杭州道街 |
| 大会59 | 李力超 | 关于滨海新区推广十二年义务教育的建议 | 教科文卫 | 杭州道街 |
| 大会60 | 李力超 | 关于改进洞庭路与米兰世纪交口交通状况的建议 | 监察和司法 | 杭州道街 |
| 大会61 | 曹宝勇 | 关于在胡家园街还迁区密集人流处设置公厕的建议 | 城建环保 | 胡家园街 |
| 大会62 | 曹宝勇 | 关于尽快在津塘公路胡家园段架设立交桥的建议 | 城建环保 | 胡家园街 |
| 大会63 | 谭　军 | 关于开展惩治非法张贴小广告的建议 | 监察和司法 | 塘沽街 |
| 大会64 | 丰少敏 | 关于胡家园街胡北家园小区增加出行道路的建议 | 城建环保 | 胡家园街 |
| 大会65 | 王绍山 | 关于办理幼儿园审批手续的建议 | 城建环保 | 海滨街 |
| 大会66 | 李　颖 | 关于调整津歧公路以西1公里生态绿化隔离带规划的建议 | 城建环保 | 海滨街 |
| 大会67 | 刘洪冬 | 关于增设油田市政消防站的建议 | 城建环保 | 海滨街 |
| 大会68 | 刘洪冬 | 关于在津歧公路设置消防紧急启动开口的建议 | 城建环保 | 海滨街 |
| 大会69 | 刘洪冬 | 关于进一步放宽集聚人才政策适用范围的建议 | 社会建设 | 海滨街 |
| 大会70 | 高文意 | 关于港西新城红旗路北侧沟渠改造的建议 | 城建环保 | 海滨街 |
| 大会71 | 李文奇 | 关于更新(更换)海滨人民医院社区卫生中心服务站电脑的建议 | 教科文卫 | 海滨街 |

续表3

| 建议编号 | 代表姓名 | 建议标题 | 类别 | 所在代表团 |
|---|---|---|---|---|
| 大会72 | 程玉华 | 关于"建议均衡教育资源，滨海新区中招应实行统招"的建议 | 教科文卫 | 大沽街 |
| 大会73 | 李力超 | 关于加快第二大街跨京山铁路立交桥工程建设的建议 | 城建环保 | 杭州道街 |
| 大会74 | 李文奇 | 关于成立海滨街老年大学的建议 | 教科文卫 | 海滨街 |
| 大会75 | 宋爱利 | 关于异地选址重建滨海新区塘沽妇产医院的建议 | 教科文卫 | 塘沽街 |
| 大会76 | 何书梅 | 关于进一步盘活国有资产推动康（医）养园建设的建议 | 社会建设 | 海滨街 |
| 大会77 | 潘久生 | 关于南益社区公交线路延线申请的建议 | 城建环保 | 新河街 |
| 大会78 | 王绍山 | 关于建设新农村联盟村平房改造为试点的建议 | 农业农村 | 海滨街 |
| 大会79 | 王绍山 | 关于办理文体中心审批手续的建议 | 财政经济 | 海滨街 |
| 大会81 | 高文意 | 关于诚信南里小广场安装健身设施的建议 | 教科文卫 | 海滨街 |
| 大会82 | 刘　萍 | 关于加强秦滨高速海河大桥段大车占用左侧车道的管理建议 | 监察和司法 | 大沽街 |
| 大会83 | 刘　萍 | 关于加强安阳桥建设的建议 | 城建环保 | 大沽街 |
| 大会84 | 张红云 | 关于提高农村老人养老补贴，建设小康和谐社会的建议 | 农业农村 | 海滨街 |
| 大会85 | 高文意 | 关于推进丰收道拓宽和健安道北延工程的建议 | 城建环保 | 海滨街 |
| 大会86 | 何书梅 | 关于更换老小区防盗门、安装外挂电梯、完善小区配套绿化等的建议 | 城建环保 | 海滨街 |
| 大会87 | 何书梅 | 关于新港假日–钻井新村之间公园增加公共厕所的建议 | 城建环保 | 海滨街 |
| 大会88 | 何书梅 | 关于120急救车增加抬搭病人服务的建议 | 教科文卫 | 海滨街 |
| 大会89 | 高和记 | 关于在大港油田港八井路口建设立交桥的建议 | 城建环保 | 海滨街 |
| 大会90 | 童广平 | 关于医疗保险系统升级完善，进一步规范处方的建议 | 教科文卫 | 杭州道街 |
| 大会91 | 李焕霞 | 关于南益小区建设公共卫生间的建议 | 城建环保 | 新河街 |
| 大会92 | 周春艳 | 关于规范医院陪护人员的建议 | 教科文卫 | 海滨街 |
| 大会93 | 李雪波 | 关于解决三角湖区域交通安全问题的建议 | 监察和司法 | 寨上街 |
| 大会94 | 李玉花 | 关于加强滨唐线大丰路大货车通行治理的建议 | 城建环保 | 寨上街 |
| 大会95 | 李力超 | 关于解决杭州道唐山里社区　部分楼门污水井外溢的建议 | 城建环保 | 杭州道街 |
| 大会96 | 刘　俊 | 关于合理安排社区卫生站工作时间的建议 | 教科文卫 | 新村街 |
| 大会97 | 闫素菊 | 关于尽快解决华蓉里社区煤气管道相关问题的建议 | 城建环保 | 杭州道街 |
| 大会98 | 黄　璐 | 关于尽快解决十堰里小区外市政管网改造的建议 | 城建环保 | 杭州道街 |
| 大会99 | 张红云 | 关于农村小产权房纳入新区维修改造计划的建议 | 农业农村 | 海滨街 |
| 大会100 | 王　勇 | 关于加快老旧小区电梯安装工程建设，促进新区和谐发展的建议 | 城建环保 | 大沽街 |
| 大会101 | 赵贤正 | 关于海景大道南延的建议 | 城建环保 | 海滨街 |
| 大会102 | 孙德盛 | 关于对中小学校上学、放学时段交通管控的建议 | 监察和司法 | 海滨街 |
| 大会103 | 郝玉香 | 关于校园加强安全管理的建议 | 教科文卫 | 小王庄镇 |
| 大会104 | 陈贵生 | 关于解决宁车沽桥下交通秩序的建议 | 监察和司法 | 新河街 |
| 大会105 | 孙德盛 | 关于规范管理街景夜市的建议 | 城建环保 | 海滨街 |
| 大会106 | 邓大为 | 关于利用京东等商业电子商务网站建立政府采购电子卖场　推进政府采购地址的建议 | 财政经济 | 塘沽街 |
| 大会107 | 邓大为 | 关于清理被违规占用的公建房设施的建议 | 城建环保 | 塘沽街 |

续表3

| 建议编号 | 代表姓名 | 建议标题 | 类别 | 所在代表团 |
|---|---|---|---|---|
| 大会108 | 潘久生 | 关于解决赵家地社区汛期积水问题的建议 | 城建环保 | 新河街 |
| 大会109 | 李家才 | 关于解决塘汉路地道内部渗水问题的建议 | 城建环保 | 新河街 |
| 大会110 | 唐云珍 | 关于解决早（便）餐亭落地难问题的建议 | 财政经济 | 新河街 |
| 大会111 | 李文达 | 关于加强滨海新区塘沽津塘公路通往西中环通行能力的建议 | 城建环保 | 新河街 |
| 大会112 | 李文达 | 关于解决滨海新区塘沽新河街赵家地片区雨水排水不畅问题的建议 | 城建环保 | 新河街 |
| 大会113 | 李文达 | 关于解决滨海新区新河街京达明居小区消防环路修建问题的建议 | 城建环保 | 新河街 |
| 大会114 | 韩　民 | 关于设立企业政策申报服务中心的建议 | 财政经济 | 新河街 |
| 大会115 | 韩　民 | 关于设立天津滨海新区天使投资引导基金的建议 | 财政经济 | 新河街 |
| 大会116 | 曹宝勇 | 关于在津塘公路三号还迁区外和港城大道北环铁路桥以东增设信号灯的建议 | 城建环保 | 胡家园街 |
| 大会117 | 刘　燕 | 关于进一步加快古林街东部新城发展建设的建议 | 城建环保 | 古林街 |
| 大会118 | 齐丽娜 | 关于探索物业费第三方监管与收费模式改革的建议 | 城建环保 | 北塘街 |
| 大会119 | 张　峰 | 关于加快老旧小区改造进度，改善居住环境的建议 | 城建环保 | 新村街 |
| 大会120 | 赵贤正 | 关于加强滨海新区大港南部城区（油田）公共文化体育设施建设的建议 | 教科文卫 | 海滨街 |
| 大会121 | 钱明刚 | 关于在海滨街居民小区增设充电桩的建议 | 城建环保 | 海滨街 |
| 大会122 | 李　颖 | 关于进一步强化小区内违规停车治理的建议 | 监察和司法 | 海滨街 |
| 大会123 | 李相珍 | 关于建立养老平台的建议 | 社会建设 | 海滨街 |
| 大会124 | 何书梅 | 关于油田三号院客运总站迁址的建议 | 城建环保 | 海滨街 |
| 大会125 | 王存杰 | 关于持续完善港口集疏运体系的建议 | 城建环保 | 天津港 |
| 大会126 | 何书梅 | 关于拓宽红旗路、增加自行车行驶道及人行路道的建议 | 城建环保 | 海滨街 |
| 大会127 | 何书梅 | 关于祥和早市迁址和完善配套设施的建议 | 城建环保 | 海滨街 |
| 大会128 | 关凤丹 | 关于加强老旧小区综合改造的建议 | 城建环保 | 杭州道街 |
| 大会129 | 赵贤正 | 关于尽快规划建设滨海南站周边基础配套设施的建议 | 城建环保 | 海滨街 |
| 大会130 | 沈　蕾 | 关于将东疆打造成为滨海新区平台经济创新发展示范区的建议 | 财政经济 | 新港街 |
| 大会131 | 沈　蕾 | 关于支持开展无形资产租赁业务　为创新型市场主体提供多元融资服务的建议 | 财政经济 | 新港街 |
| 大会132 | 沈　蕾 | 关于在天津自贸区内建设特殊综合保税区助力双循环新发展格局的建议 | 财政经济 | 新港街 |
| 大会133 | 张俊华 | 关于在古林街东部新城增加公立中小学、幼儿园的建议 | 教科文卫 | 古林街 |
| 大会134 | 张宝山 | 关于进一步加强北海路地道口交通秩序管理的建议 | 监察和司法 | 汉沽街 |
| 大会135 | 龙　云 | 关于对各类电动车和老年代步车的规范管理以保证道路安全的建议 | 监察和司法 | 大港街 |
| 大会136 | 胡长安 | 关于加大市区与大港公交车发车密度的建议 | 城建环保 | 大港街 |
| 大会137 | 胡长安 | 关于改善企业营商环境方面的建议 | 财政经济 | 大港街 |
| 大会138 | 王建来 | 关于滨唐公路与唐津交通汉沽收费站交叉路口交通安全设施规划改造的建议 | 监察和司法 | 杨家泊镇 |
| 大会139 | 刘江涛 | 关于解决大港新天地大厦停车难问题的建议 | 监察和司法 | 大港街 |
| 大会140 | 哈永琴 | 关于将滨海新区中医医院塘沽江西路门前设置网格线的建议 | 监察和司法 | 新河街 |
| 大会141 | 宋富炜 | 关于尽快解决融创洞庭路壹号碧海明珠小区供暖不热问题的建议 | 城建环保 | 杭州道街 |

续表3

| 建议编号 | 代表姓名 | 建议标题 | 类别 | 所在代表团 |
|---|---|---|---|---|
| 大会142 | 哈永琴 | 关于设置直达滨海新区中医医院北塘新院公交线路方便患者就医的建议 | 城建环保 | 新河街 |
| 大会143 | 哈永琴 | 关于将滨海新区塘沽江西路变成单方向行车交通道路的建议 | 监察和司法 | 新河街 |
| 大会144 | 单学军 | 关于尽快解决8.12爆炸唯一残骸，帮助受损企业走出困境的建议 | 城建环保 | 杭州道街 |
| 大会145 | 朱一梅 | 关于建设东疆配套道路的建议 | 城建环保 | 东疆保税港区 |
| 大会146 | 吴　鹏 | 关于进一步规范和增强校园体育和美育教学的建议 | 教科文卫 | 大港街 |
| 大会147 | 王桐玲 | 关于密切关注中学生心理健康问题的建议 | 教科文卫 | 大港街 |
| 大会148 | 王　敬 | 关于增设体育活动场所设施的建议 | 教科文卫 | 大港街 |
| 大会149 | 王　敬 | 关于加大对电动车不文明驾驶行为处罚力度的建议 | 监察和司法 | 大港街 |
| 大会150 | 刘　燕 | 关于在古林街东部新城增加社区医院的建议 | 教科文卫 | 古林街 |
| 大会151 | 薛玉林 | 关于改造迎宾街“地道洞子”消除安全隐患解决堵塞难题的建议 | 城建环保 | 大港街 |
| 大会152 | 王恩来 | 关于建设一批医养结合的专业养老机构的建议 | 教科文卫 | 大港街 |
| 大会153 | 孙开妍 | 关于加快北塘古镇特色小镇建设的建议 | 财政经济 | 东疆保税港区 |
| 大会155 | 孙开妍 | 关于新港八号路与秦滨高速桥下交口处交通标线施划的建议 | 监察和司法 | 东疆保税港区 |
| 大会156 | 张爱东 | 关于营造依法依规营商环境的建议 | 财政经济 | 大港街 |
| 大会157 | 高和记 | 关于穿港路绿化及安装照明路灯的建议 | 城建环保 | 海滨街 |
| 大会158 | 李　颖 | 关于市公交延伸港西新城及完善沿途公交车站设施的建议 | 城建环保 | 海滨街 |
| 大会159 | 刘志利 | 关于加大商品有机肥推广应用补贴的建议 | 农业农村 | 小王庄镇 |
| 大会160 | 刘志利 | 关于对老旧设施农业园区及温室大棚提升改造补贴的建议 | 农业农村 | 小王庄镇 |
| 大会161 | 孟德勇 | 关于盘活闲置楼宇迁建古林街社区卫生服务中心的建议 | 教科文卫 | 大港街 |
| 大会163 | 刘志利 | 关于推动家庭农场健康发展的建议 | 农业农村 | 小王庄镇 |
| 大会164 | 刘志利 | 关于加大政策扶持，打造冬枣特色果品产业的建议 | 农业农村 | 小王庄镇 |
| 大会165 | 王德利 | 关于石化六合里小区提升环境安全的建议 | 城建环保 | 大港街 |
| 大会166 | 刘志利 | 关于区级媒体为农产品宣传、打造特色农产品品牌的建议 | 教科文卫 | 小王庄镇 |
| 大会167 | 王德利 | 关于恢复石化六合里小区医疗站的建议 | 教科文卫 | 大港街 |
| 大会168 | 刘志利 | 关于打造新区生态农业旅游圈的建议 | 农业农村 | 小王庄镇 |
| 大会169 | 田寿茹 | 关于大港医院与大港中医医院事业编制职工医疗门诊二次报销相关问题的建议 | 教科文卫 | 小王庄镇 |
| 大会170 | 胡长安 | 关于世纪大道提升改造的建议 | 城建环保 | 大港街 |
| 大会171 | 郝玉香 | 关于推动小王庄镇示范镇增建项目建设的建议 | 财政经济 | 小王庄镇 |
| 大会172 | 郝玉香 | 关于将小王庄消防站基础设施配套项目纳入2021年政府投资计划的建议 | 财政经济 | 小王庄镇 |
| 大会173 | 陈　曦 | 关于加强老旧小区应对突发公共卫生事件的基础设施建设和物业管理的建议 | 城建环保 | 杭州道街 |
| 大会174 | 刘　燕 | 关于在古林街东部新城增加社区医院的建议 | 教科文卫 | 古林街 |
| 大会175 | 龙　云 | 关于盘活闲置国有资产的建议 | 财政经济 | 大港街 |
| 大会176 | 高绍玲 | 关于合理利用城市公园、绿地等空置场所为市民提供健身活动场地的建议 | 教科文卫 | 经开区 |
| 大会177 | 蔡　斌 | 关于治理学校周边道路违章停车的建议 | 监察和司法 | 经开区 |
| 大会178 | 许建成 | 关于大港城区老旧小区提升改造的建议 | 城建环保 | 大港街 |

续表3

| 建议编号 | 代表姓名 | 建议标题 | 类别 | 所在代表团 |
| --- | --- | --- | --- | --- |
| 大会179 | 郑玉利 | 关于调整公交927发车时间及缩短运行时间的建议 | 城建环保 | 太平镇 |
| 大会180 | 蔡　斌 | 关于在滨海新区推广“惠农光伏电站”建议 | 农业农村 | 经开区 |
| 大会181 | 单学军 | 关于解决天津中油滨海石油销售有限公司加油站恢复营业的意见 | 财政经济 | 杭州道街 |
| 大会182 | 龙　云 | 关于把握双城机遇，增强软实力，发挥滨城优势，加快滨城高质量发展的建议 | 教科文卫 | 大港街 |
| 大会183 | 王绍山 | 关于远景学校联盟分校与桃李园小学合并的建议 | 教科文卫 | 海滨街 |
| 大会184 | 刘树华 | 关于整治营口道机动车乱停乱放问题的建议 | 监察和司法 | 新村街 |
| 大会185 | 杨　卉 | 关于加强树木绿化杀虫的建议 | 城建环保 | 新村街 |
| 大会186 | 杨　卉 | 关于老人镶牙补贴政策的建议 | 教科文卫 | 新村街 |
| 大会187 | 张立娜 | 关于鼓励兴办老年大学的建议 | 教科文卫 | 经开区 |
| 大会188 | 张立娜 | 关于开展绿马甲行动的建议 | 城建环保 | 经开区 |
| 大会189 | 张世生 | 关于尽快启动汉沽街东扩区绿地公园建设的建议 | 城建环保 | 汉沽街 |
| 大会190 | 李翠华 | 关于茶淀片区平房安装天然气的建议 | 城建环保 | 茶淀街 |
| 大会191 | 李翠华 | 关于解决小区内饲养烈性犬问题的建议 | 监察和司法 | 茶淀街 |
| 大会192 | 邵英霞 | 关于加快打通茶淀街河西二、三、四经路断头路的建议 | 城建环保 | 茶淀街 |
| 大会193 | 都兰润 | 关于在城市拆迁中注重老年人等弱势群体安置 | 城建环保 | 茶淀街 |
| 大会194 | 都兰润 | 关于解决寨上大桥西烂尾楼问题的建议 | 财政经济 | 茶淀街 |
| 大会196 | 张洪良 | 关于解决汉沽片区农村农田灌溉问题的建议 | 农业农村 | 茶淀街 |
| 大会197 | 张洪良 | 关于对农村低压用电线路改造的建议 | 城建环保 | 茶淀街 |
| 大会198 | 刘树华 | 关于加强社区二次供水安全监管的建议 | 教科文卫 | 新村街 |
| 大会199 | 李云峰 | 关于增设茶淀街辖区四维路桥-大新村道口路灯的建议 | 城建环保 | 茶淀街 |
| 大会200 | 张长生 | 关于在滨海新区海滨街大港油田三号院公共汽车站增设一个公共厕所的建议 | 城建环保 | 海滨街 |
| 大会201 | 李立斌 | 关于加快滨海新区大港永明路延长线东延开通的建议 | 城建环保 | 大港街 |
| 大会202 | 李立斌 | 关于加强滨海新区大港津岐公路与世纪大道交口、学府路与育梁街交口交通管理的建议 | 监察和司法 | 大港街 |
| 大会203 | 王玉环 | 关于尽快拨款兴建大港三中新校舍的建议 | 财政经济 | 大港街 |
| 大会204 | 王玉环 | 关于在官港森林公园增设出租游览自行车的建议 | 财政经济 | 大港街 |
| 大会205 | 李湘珺 | 关于学龄前期特殊儿童管理的建议 | 教科文卫 | 大港街 |
| 大会206 | 吴　鹏 | 关于在大港片区建设体育健身公园的建议 | 教科文卫 | 大港街 |
| 大会207 | 张爱东 | 关于对福苑里居委会西侧、福安里东南测的污水提升系统异味进行治理的建议 | 城建环保 | 大港街 |
| 大会208 | 张爱东 | 关于对大港区交通信号控制系统优化的建议 | 城建环保 | 大港街 |
| 大会209 | 张爱东 | 关于加强大港区树木等绿化维护的建议 | 城建环保 | 大港街 |
| 大会210 | 杨　卉 | 关于规范教育培训市场的建议 | 教科文卫 | 新村街 |
| 大会211 | 龙　云 | 关于规划官港森林公园建成休闲观光、医养结合的旅游胜地的建议 | 城建环保 | 大港街 |
| 大会212 | 祁素萍 | 关于加强生态城对外交通建设的建议 | 城建环保 | 经开区 |
| 大会213 | 祁素萍 | 关于加强滨海新区环境光污染防治的建议 | 城建环保 | 经开区 |

续表3

| 建议编号 | 代表姓名 | 建议标题 | 类别 | 所在代表团 |
|---|---|---|---|---|
| 大会214 | 祁素萍 | 关于加强滨海新区创建国家食品安全示范区公众参与的建议 | 教科文卫 | 经开区 |
| 大会215 | 张爱华 | 关于协助推进天津科技大学塘沽校区土地置换的建议 | 财政经济 | 经开区 |
| 大会216 | 窦连敬 | 关于加强建设太平镇五个保留村的建议 | 农业农村 | 太平镇 |
| 大会217 | 窦连敬 | 关于农村用水需要有水务公司进行统一管理的建议 | 农业农村 | 太平镇 |
| 大会218 | 郑玉利 | 关于加快太平示范镇二期还迁房及配套设施建设进度的建议 | 城建环保 | 太平镇 |
| 大会219 | 郑玉利 | 关于在北穿港路加装路灯的建议 | 城建环保 | 太平镇 |
| 大会220 | 薛玉林 | 关于加强社区居民信息档案动态管理的建议 | 城建环保 | 大港街 |
| 大会221 | 崔秋凯 | 关于加大宣传滨海新区历史文化的建议 | 教科文卫 | 经开区 |
| 大会222 | 张爱华 | 关于进一步加强高校大学生就业创业工作的建议 | 社会建设 | 经开区 |
| 大会223 | 张爱华 | 关于进一步推进建设天津科技大学科技园的建议 | 财政经济 | 经开区 |
| 大会224 | 张春育 | 关于加强对我区老年人进行普法宣讲、健康教育的相关建议 | 教科文卫 | 胡家园街 |
| 大会225 | 张建雅 | 关于将进出临港立交桥道路拓宽的建议 | 城建环保 | 保税区 |
| 大会226 | 张宏广 | 关于增加居民小区停车库新能源汽车充电桩设施的建议 | 财政经济 | 保税区 |
| 大会227 | 吴寅秋 | 关于进一步改善公交线路方便居民出行的建议 | 监察和司法 | 古林街 |
| 大会228 | 邓金玉 | 关于真正杜绝幼儿园小学化，促进幼儿园身心健康发展的建议 | 教科文卫 | 中塘街 |
| 大会229 | 邓金玉 | 关于修建板港路至津港公路连接道路改为津岐路的建议 | 城建环保 | 中塘街 |
| 大会230 | 邓金玉 | 关于发挥街镇文化综合服务站作用，服务好群众文化生活需要的建议 | 教科文卫 | 中塘街 |
| 大会231 | 王伟娟 | 关于天津医科大学总医院滨海医院新址搬迁问题的建议 | 财政经济 | 茶淀街 |
| 大会232 | 王伟娟 | 关于将中新天津生态城蓟运河以西养鱼塘建成候鸟湿地公园的建议 | 财政经济 | 茶淀街 |
| 大会233 | 邵英霞 | 关于崔庄村拆迁征地问题的建议 | 城建环保 | 茶淀街 |
| 大会234 | 邵英霞 | 关于解决崔庄村饮水问题的建议 | 城建环保 | 茶淀街 |
| 大会235 | 祁素萍 | 关于进一步加强滨海新区文旅融合发展的建议 | 教科文卫 | 经开区 |
| 大会236 | 张俊华 | 关于关心辖区驻军军人实际困难、落实军人优先待遇的建议 | 社会建设 | 古林街 |
| 大会237 | 刘世平 | 关于尽快实施中港路南延工程改造的建议 | 城建环保 | 中塘街 |
| 大会238 | 郝玉香 | 关于协调加快推进小王庄示范镇还迁村原宅基地住房拆迁工作的建议 | 农业农村 | 小王庄镇 |
| 大会239 | 郝玉香 | 关于推动小王庄镇拆迁复垦工作的建议 | 农业农村 | 小王庄镇 |
| 大会240 | 刘海丽 | 关于治理滨海新区塘沽新河第二幼儿园西侧道路的问题 | 城建环保 | 新村街 |
| 大会241 | 孙开妍 | 关于513路公交车增设停车站点的建议 | 城建环保 | 东疆保税港区 |
| 大会242 | 孙开妍 | 关于秦滨高速东疆港区出口增加交通指示牌的建议 | 监察和司法 | 东疆保税港区 |
| 大会243 | 郭文爱 | 关于加强管理巩固创文成果建议 | 城建环保 | 新村街 |
| 大会244 | 付　娜 | 关于优化法治营商环境促企业发展之质量监管的建议 | 监察和司法 | 经开区 |
| 大会245 | 陈贵生 | 关于对滨海新区宝山道和金江路路边违章停车治理的建议 | 监察和司法 | 新河街 |
| 大会246 | 付　娜 | 关于提升120急救热线服务项目和能力的建议 | 教科文卫 | 经开区 |
| 大会247 | 甄士东 | 关于出台政策支持，促进家政服务业发展的建议 | 财政经济 | 新北街 |
| 大会248 | 刘子海 | 关于太平镇郭庄子村高速出口加装隔音设施建议 | 城建环保 | 太平镇 |

注：滨海新区第三届人民代表大会第八次会议会议期间代表提交建议248条，后撤销5条，实际交办243条。

## 滨海新区第三届人民代表大会第八次会议闭会期间代表建议一览表

表4

| 建议编号 | 代表姓名 | 建议标题 | 类别 | 所在代表团 |
|---|---|---|---|---|
| 闭会1 | 陈志强 | 关于进一步扶持政府性融资担保助推中小微企业发展的建议 | 财政经济 | 经开区 |
| 闭会2 | 俞建红 | 关于东滨街变成单行路的建议 | 监察和司法 | 汉沽街 |
| 闭会3 | 俞建红 | 关于东风路北建公厕的建议 | 城建环保 | 汉沽街 |
| 闭会4 | 苗利军 | 关于为社区工作者减负的建议 | 监察和司法 | 塘沽街 |
| 闭会5 | 李力超 | 关于发展海河经济打造“一河一海连世界”理念的建议 | 财政经济 | 杭州道街 |
| 闭会6 | 李力超 | 关于滨海新区老旧小区供热管道改造的建议 | 城建环保 | 杭州道街 |
| 闭会7 | 宋丽彬 | 关于修整滨海大道两边行人便道路面的建议 | 城建环保 | 大港街 |
| 闭会8 | 许建成 | 关于充分利用社区微信群为居民解决实际困难的建议 | 监察和司法 | 大港街 |
| 闭会9 | 胡长安 | 关于优化营商环境的建议 | 财政经济 | 大港街 |
| 闭会10 | 胡长安 | 关于方便大港片区企业、居民办事的建议 | 财政经济 | 大港街 |
| 闭会11 | 李　明 | 关于新区提升聚集性数字产业的建议 | 教科文卫 | 新河街 |
| 闭会12 | 韩　民 | 建设美丽滨城加速产业赋能关于打造天津滨海外贸综合服务平台的建议 | 财政经济 | 新河街 |
| 闭会13 | 辛可洋 | 关于优化营商环境的建议 | 监察和司法 | 大港街 |
| 闭会14 | 王存杰 | 关于进一步统筹沿海旅游资源，加快打造海洋游的建议 | 教科文卫 | 天津港 |
| 闭会15 | 段辉山 | 关于对北海路地道画出非机动车道的建议 | 监察和司法 | 天津港 |
| 闭会16 | 杨　卉 | 以高端“教育综合体”提升民生福祉软环境 | 教科文卫 | 新村街 |
| 闭会17 | 柴丽虹 | 关于滨海职业学院与新北街道文化建设联动的建议 | 教科文卫 | 新北街 |
| 闭会18 | 赵淑英 | 远景庄园、碧水庄园、昇卉花园长期下水不畅问题 | 城建环保 | 大沽街 |
| 闭会19 | 刘　燕 | 加大大港地域新能源电动车充电桩配置的建议 | 城建环保 | 古林街 |
| 闭会20 | 李文禄 | 关于开发打造滨城人文、休闲街区的建议 | 教科文卫 | 天津港 |
| 闭会21 | 陈志强 | 关于积极推动个人信用报告自助查询机布设打通新区个人信用报告查询服务“最后一公里”的建议 | 财政经济 | 经开区 |
| 闭会22 | 刘树华 | 关于在塘沽新胡路铁路道口安装道路交通信号灯和违章监控装置的建议 | 城建环保 | 新村街 |
| 闭会23 | 褚　斌 | 关于加快推动天津港区域新能源开发的建议 | 城建环保 | 天津港 |
| 闭会24 | 齐丽娜 | 关于探索全版权运营模式推进新区文化产业发展的建议 | 教科文卫 | 北塘街 |
| 闭会25 | 董文胜 | 关于推动落实新区公交成本规制办法的建议 | 城建环保 | 北塘街 |
| 闭会26 | 冯小香 | 关于打通春雨路与新港路交口方便群众出行的建议 | 监察和司法 | 塘沽街 |
| 闭会27 | 杜　瑛 | 关于加强集贸市场规划配套建设的建议 | 财政经济 | 塘沽街 |
| 闭会28 | 孙开妍 | 关于深化滨海新区国有企业改革的建议 | 财政经济 | 东疆保税港区 |
| 闭会29 | 孙开妍 | 关于整合新区旅游资源，增加旅游交通专线的建议 | 教科文卫 | 东疆保税港区 |
| 闭会30 | 孙开妍 | 关于为集疏港人员提供就餐等配套设施的建议 | 财政经济 | 东疆保税港区 |
| 闭会31 | 孙开妍 | 关于东疆公交线路优化的几点建议 | 城建环保 | 东疆保税港区 |
| 闭会32 | 孙开妍 | 关于对塘沽民泰里等老旧小区供热管道改造的建议 | 城建环保 | 东疆保税港区 |
| 闭会33 | 李文广 | 服务为民提升居民生活幸福感 | 城建环保 | 新北街 |
| 闭会34 | 石　磊 | 关于交通治理和丰富居民文化生活的建议 | 监察和司法 | 新北街 |

续表4

| 建议编号 | 代表姓名 | 建议标题 | 类别 | 所在代表团 |
|---|---|---|---|---|
| 闭会35 | 侯　方 | 关于加强滨城中医医联体联合门诊建设的建议 | 教科文卫 | 塘沽街 |
| 闭会36 | 刘　俊 | 塘沽上海道“工人新村站”公车站行车线与交通摄录问题 | 城建环保 | 新村街 |
| 闭会37 | 邓大为 | 关于在滨城建立更多专科医院解决群众看病难跑路远问题的建议 | 教科文卫 | 塘沽街 |
| 闭会38 | 杨　健 | 关于产业转型升级的建议 | 城建环保 | 海滨街 |
| 闭会39 | 周春艳 | 关于加快港西学校动工的建议 | 教科文卫 | 海滨街 |
| 闭会40 | 王　敬 | 关于规范城区门牌的建议 | 城建环保 | 大港街 |
| 闭会41 | 张天泽 | 坚持惠民服务先导，实现产业发展良性循环 | 教科文卫 | 大沽街 |
| 闭会42 | 王　肖 | 关于进一步改善滨城核心区就学条件的建议 | 教科文卫 | 杭州道街 |
| 闭会43 | 王　肖 | 关于进一步改善滨城核心区就医条件的建议 | 教科文卫 | 杭州道街 |
| 闭会44 | 赵淑英 | 德海道两侧绿化、无路灯问题 | 城建环保 | 大沽街 |
| 闭会45 | 冯　舸 | 关于让企业进得来留得住发展好，开创滨海—中关村高质量发展新局面的建议 | 财政经济 | 北塘街 |
| 闭会46 | 何　丽 | 关于恢复825等路公交车停靠站点的建议 | 城建环保 | 塘沽街 |
| 闭会47 | 谢家雄 | 关于完善古林街欣欣里社区生活设施的建议 | 城建环保 | 古林街 |
| 闭会48 | 谭　军 | 关于实施交警“人性化”执法展示新时期执法新风采的建议 | 监察和司法 | 塘沽街 |
| 闭会49 | 胡文哲 | 关于安阳道（迎宾道——河南路段）公交站点的建议 | 城建环保 | 大沽街 |
| 闭会50 | 刘世平 | 关于将公交车站牌向非行车道移动的建议 | 城建环保 | 中塘街 |
| 闭会51 | 陈伯君 | 关于区域规划、赋能扩权的建议 | 财政经济 | 新城镇 |

（李　洋）

**【“关于将东疆打造成为滨海新区平台经济创新发展示范区的建议”摘要】** 2021年，沈蕾代表提出“关于将东疆打造成为滨海新区平台经济创新发展示范区的建议”。建议以东疆保税港区为试点，建设滨海新区平台经济创新发展示范区，率先试点平台经济创新监管措施，构建专业化公共服务功能，着力解决行业发展中的突出问题和矛盾，形成具有滨海新区特色的平台经济运营和服务模式，培育一批特色鲜明、竞争力强的平台经济企业。一是持续推动跨境电商、网络货运、互联网医疗、教育培训、文化旅游、灵活用工等业务创新发展，根据企业需求，率先在全国、全市试点市场准入、“互联网+监管”等管理措施，做到“人无我有，人有我优”。二是不断拓展已经上线的东疆平台经济管理服务系统功能，推动平台与更多企业联通，加强交易、支付、物流、出行等第三方数据分析比对，增强对行业风险和违法违规线索的发现识别能力，实现以网管网、线上线下一体化监管。三是组建专门、专业团队，全程服务平台经济企业营业执照、银行开户、税务登记、发票办理、资格办理、增值电信许可、三级等保、系统对接等各项业务；深入企业，了解企业需求，着力解决平台经济发展中的突出矛盾和问题；筛选业务水平较高的商业化服务机构，为平台经济企业提供更多专业服务。四是针对平台经济企业中大多为初创型、科技型中小微企业，鼓励各金融机构、租赁公司、融资担保公司、各类基金等，不断创新金融产品，采取小微信贷、租赁+、融资担保、股权投资等多种方式，加大对平台经济企业的支持力度。

（李　洋）

**【“关于进一步加强高校大学生就业创业工作的建议”摘要】** 2021年，张爱华代表提出“关于进一步加强高校大学生就业创业工作的建议”。一是建议滨海新区和开发区及各功能区职能部门统筹企业用工需求，搭建一个能汇集企业和高校资源的交流平台，及时对接相关信息，提供更为便捷、常态化、长效化的就业创业服务。二是加强就业支持政策的宣传力度，让毕业生能够更了解滨海新区，特别是能主动投身到建设宜居宜业美丽滨海新城蓬勃发展中来，在“滨城”大有可为、大有作为。三是希望政府部门能利用自己分管领域的资源和优势，为高校对接企业、提供政策支持和加强服务方面提供更多的资源，促进高校和企业在人才培养、学生实践、就业签约方面的力度。四是结合社会新业态发展趋势和要求，特别是深入了解年轻一代大学生的需求，促进企业为这部分就业群体提供更多的服务和支持。

（李　洋）

**【“关于加快第二大街跨京山铁路立交桥工程建设的建议”摘要】** 2021年，李立超代表提出“关于加快第二大街跨京山铁路立交桥工程建设的建议”。杭州道与开发区二大街之间的连接主要靠京津塘高速跨京山铁路桥，以及津滨高速延长线，大量通勤车辆聚集，给交通环境和大气环境均造成很大影响。早在1993年，原塘沽区铁西区控制性详细规划中，便把这条道路线位列入其中，此后的滨海新区城市总体规划中一直预留规划道路，该桥线位符合滨海新区总体规划。然而该工程进展缓慢，与市民关切及滨海新区经济社会快速发展相悖。为加速形成“车畅其道、货畅其流、人畅其行”的交通出行环境，努力创建繁荣宜居智慧新城。因此提出如下建议：由规划、城建、交通、财政等职能部门联合调查该工程进展不畅原因，协调各方加快推进该工程建设进度，争取早日通车。

（李　洋）

**【“关于秦滨高速东疆港区出口增加交通指示牌的建议”摘要】** 2021年，孙开妍代表提出“关于秦滨高速东疆港区出口增加交通指示牌的建议”。秦滨高速新港八号路、集装箱物流中心出口是进入天津东疆保税港区的主要出口，外地来港区游玩和货运车车流量非常大，其匝道处原设有交通指示牌，但被撞坏撤除后，至今没有修复，造成外地车辆因指示标识不清而走错路，特别是外地车辆夜间行驶增加了不安全因素，建议尽快完善修复。

（李　洋）

**【代表建议办理与监督】** 2021年，滨海新区人大常委会落实代表议案建议“内容高质量、办理高质量”的要求，建立代表议案建议办理、反馈、督办和考评机制，完善听取代表建议办理情况报告制度，针对重点建议建立由主任会议牵头、各有关部门分工合作的“1+4”督办机制（主任会议重点督办，各工作委员会分工、代表参与、代表小组配合、代表工作室协调），针对代表建议办理情况开展专题询问，确保办理工作的落实，年内代表建议全部办复完毕。

（李　洋）

## 重大事项决定和任免工作

**【概况】** 2021年，滨海新区人大常委会坚持抓大事、议大事，聚焦事关全局、事关根本、事关长远的重大问题，加强调查研究，反映民意，凝聚共识，促进决策法治化、民主化、科学化，确保人民当家作主落到实处。坚持党管干部原则与人大依法行使选举权任免权相统一，确保市委、区委推荐的人选通过法定程序成为国家机关领导人员。

（李　洋）

**【重大事项决定】** 2021年，滨海新区人大常委会围绕助推高质量发展、区镇人民代表大会换届选举、开展第八个五年法治宣传教育、年度财政预决算等重大事项，先后作出《关于调整滨海新区2020年国民经济和社会发展计划执行情况与2021年国民经济和社会发展计划报告的决议》《关于区、镇人民代表大会换届选举有关问题的决定》《关于调整〈滨海新区国民经济和社会发展第十四个五年规划和二〇三五年远景目标纲要〉的决议》《关于批准滨海新区2020年区级决算的决议》《关于批准滨海新区2021年区级预算调整方案的决议》《关于开展第八个五年法治宣传教育的决议》等。

（李　洋）

**【人事任免和任后监督】** 2021年，滨海新区人大常委会任免国家机关工作人员97人，任命人民陪审员600人，接受1人辞去国家机关工作人员职务，常委会先后组织34人进行宪法宣誓，并委托区人民法院、区人民检察院自行组织相关被任命人员进行宪法宣誓。强化任后监督，在常委会会议上听取区政府组成部门负责人履职情况报告3人，增强被任命人员的法治意识、责任意识和民本意识。

（李　洋）

**【出台《关于促进和保障滨海新区物业管理和社区治理融合共进的决定》】** 2021年，滨海新区人大常委会执行市人大授权，落实市人大《关于促进和保障新时代滨海新区高质量发展的决定》，支持区政府建立和完善符合新区实际的社区物业管理机制，出台《关于促进和保障滨海新区物业管理和社区治理融合共进的决定》（以下简称《决定》），为区政府进一步创新和完善物业管理及社区治理的举措提供制度保障。《决定》结合新区社区构成情况复杂、物业管理参差不齐等实际情况，制定保障项目，支持政府在合理借鉴国内外先进经验、完善组织保障、物业机构考评管理、智慧物业建设以及紧急维修经费使用等方面创新举措，为政府出台规范性文件提供制度依据。

（李　洋）

## 代表工作

【概况】 2021年，滨海新区人大常委会坚持代表主体地位，完善联系机制，拓宽平台载体，强化服务保障，让代表工作更接地气，代表履职更具活力，代表建议更贴民意。

（李　洋）

【“四个一”载体建设】 2021年，滨海新区人大常委会推动“一家一站一网一中心”建设，促进代表工作深入开展。继续加强代表之家、代表联络站建设，推动各级代表进入“家站”联系接待群众、听取民意，实现代表密切联系群众、主动服务群众常态化。开辟“网上代表之家”，在门户网站建立代表履职服务平台。筹建代表履职服务中心，为提高代表的履职能力、促进代表之间工作交流、倾听民声汇集民智创造有利条件。

（李　洋）

【代表培训与管理】 2021年，滨海新区人大常委会推进学习培训全覆盖，组织代表轮训，拓展代表视野，提高政治站位。邀请市人大常委会代表工作室专家为新任代表开展专题履职培训。组织召开区情通报会和代表工作会议，搭建代表知情知政平台，提升代表工作水平。组织开展代表会前视察、联系选民等活动，督促代表接受人民监督，代表作用得到进一步发挥。

（李　洋）

## 专门委员会工作

【概况】 2021年，滨海新区人大各专门委员会围绕全区经济社会发展大局和区三届人大八次会议确定的各项目标，坚持监督有方、支持有力、务实有为的工作原则，依法履职，扎实工作，加强重点领域的监督，不断提高监督实效，协助区人大及其常委会行使职权，为推进全面建设新时代美丽“滨城”发挥了重要作用。

（李　洋）

【监察和司法委员会工作】 2021年，滨海新区人大监察和司法委员会围绕全区中心工作，主动适应新常态新形势新要求，用法治思维、法治力量不断推动法治政府建设、促进司法公正，提升监督工作质效，充分发挥服务大局职能作用，推动政府部门依法行政，推进法治化营商环境建设，持续促进全面依法治区深入细化。

（李　洋）

【财政经济委员会工作】 2021年，滨海新区人大财政经济委员会扎实推进计划监督、预决算审查、农业农村监督、代表服务等各项基础工作，完善政府向人大常委会报告国有资产管理情况制度，开展国有企业管理情况专题调研，综合运用多种监督手段，加强对政府债务管理使用的审查监督，建立健全开发区预算管理监督机制，进一步规范开发区预决算监督审查，推动人大财经工作再上新水平。

（李　洋）

【教育科学文化卫生委员会工作】 2021年，滨海新区人大教育科学文化卫生委员会在关切民生、问题导向、依法履职、强化监督、跟踪问效上下功夫。持续用力监督，紧盯学前教育普惠发展和义务教育均衡发展，实现办好人民满意的教育；推动新区科技创新，助力打造国家自主创新示范区升级版；强化监督调研，推动文旅事业高质量发展；以促进应急水平提升和深化医改工作为抓手，推进卫生健康事业持续发展。

（李　洋）

【城乡建设环境保护委员会工作】 2021年，滨海新区人大城乡建设环境保护委员会深入贯彻习近平生态文明思想，践行“绿水青山就是金山银山”理念，持续推动新区生态文明建设和城市规划建设管理迈向更高水平。抓“多规合一”和违法用地治理，强化国土空间规划对各专项规划的指导约束作用；深入推进城市基础设施建设、综合交通体系建设和民生项目建设，促进城市管理和公共服务水平精细化、智能化；推进碧水蓝天工程取得显著成效，促进生态湿地修复保护和海洋滩涂修复治理水平提升。

（李　洋）

【社会建设委员会工作】 2021年，滨海新区人大社会建设委员会履行宪法法律赋予的职责，回应群众关切，关注民生热点、焦点、难点问题，重点关注劳动就业、社会保障、民政事务、群团组织、安全生产等领域，持续巩固文明行为促进条例执法检查成果；坚持“真找问题、找真问题”，推动实现本质安全；推动扩大就业渠道的平台，多举措监督推动高质量就业，不断增强人民群众的获得感和幸福感。

（李　洋）

## 综 述

**【概况】** 2021年，滨海新区坚持以习近平新时代中国特色社会主义思想为指导，全面贯彻中共十九大和十九届历次全会精神，深入落实习近平总书记对天津工作“三个着力”重要要求和一系列重要指示批示精神，在市委、市政府和区委坚强领导下，牢牢把握稳中求进工作总基调，坚定不移贯彻新发展理念，主动融入新发展格局，笃定高质量发展不动摇，全面落实“双城”发展战略，经济发展稳中向好态势持续巩固，美丽“滨城”建设开局良好、起步有力。全年地区生产总值增长7.3%，规模以上工业总产值增长17.5%，突破1万亿元，一般公共预算收入增长11%，外贸进出口总额增长14.7%，城乡居民人均可支配收入稳定增长，节能减排降碳完成市下达的任务。

（王　萌）

**【落实国家战略】** 2021年，滨海新区全力服务京津冀协同发展，引进北京项目1095个，协议投资额2821.5亿元，落地央企二三级公司和项目56家，注册资金近500亿元。京津冀300个高频政务服务事项跨省通办，56个事项“同事同标”。融入“一带一路”建设，天津港完成海铁联运75.9万标准箱，增长25.2%，C段智能化集装箱码头启用，港口作业效率提升近20%，全年集装箱吞吐量2026.94万标准箱。中欧班列发行5.8万标准箱，增长23.4%。外贸进出口总额6339.1亿元，其中出口2445.3亿元，增长26.1%。实际利用内外资分别增长25%和9.8%，120万吨乙烯及下游高端新材料产业集群、联想信创总部等236个项目开工建设，总投资规模1782亿元；渤化“两化”搬迁改造、爱琴海商业综合体等164个项目竣工投用，总投资规模1277亿元。

（王　萌）

**【创新驱动发展】** 2021年，滨海新区布局战略性科技力量，先进计算与关键软件、合成生物学、细胞生态海河实验室揭牌，新一代超级计算机投入运行，8项成果获国家科学技术进步奖。中国信创谷、生物制造谷、特色细胞谷和北方声谷初具规模。国家高新技术企业、科技型中小企业分别达到3900家和3740家，“瞪羚”“雏鹰”和领军（培育）企业超过2000家，新晋中国独角兽企业3家。培育战略性新兴产业，连续三年获国务院办公厅督查激励，获批国家人工智能创新应用先导区，累计打造数字车间和智能工厂53个。加快发展现代服务业，金融创新运营示范区聚集金融、类金融机构2700家，各类上市企业46家，飞机、船舶、海工平台租赁业务总量占全国的80%以上，商业保理资产总规模跃居全国第一。网络货运、互联网出行、灵活用工、互联网医疗、网络传媒等平台企业加快成长。

（王　萌）

**【改革攻坚】** 2021年，滨海新区推出“一企一证”改革2.0版，推行“一套材料办审批”“承诺拿地即开工”等新型业务模式，建立灵活用地机制，获批全国社会信用体系建设示范区。全面深化自贸试验区制度创新，累计向全国复制推广38项试点经验和实践案例，占全国的19%，高新区、中新天津生态城联动创新区挂牌成立，“保税租赁海关监管新模式”入选全国最佳实践案例。

（王　萌）

【开发区建设】 2021年，经开区装备制造、生物医药、化工新材料产业产值两位数增长，华熙透明质酸、纬湃科技研发中心投用。保税区空客首架A350飞机交付，海洋工程装备制造基地项目稳步推进。高新区CPU设计和集成电路产值增长40.4%，网安产业纳入国家战略性新兴产业集群。东疆风电平台租赁呈现集聚优势，在全国率先开展成品油零售电子商务试点。中新天津生态城全域旅游资源版图扩充，综合游客接待量突破700万人次。建立开发区、部门和街镇结对帮扶机制，提升街镇发展经济能力，新落地179个项目，投资总额98.3亿元，获批国家现代农业产业园。持续巩固东西部扶贫协作和对口支援成果，为结对地区引导落地企业17家，实际到位投资额4800万元。

（王　萌）

【“滨城”建设】 2021年，滨海新区不断完善城市载体，组织编制“滨城”国土空间总体规划、街镇国土空间规划和专项规划，推进10个片区城市更新项目，实施56个老旧小区改造。持续实施畅通工程，第二大街桥、洞庭路地道等一批城市道路设施建成通车，轨道交通B1、Z4线加快施工，Z2线开工建设。累计建成5G基站6800个，基本实现5G网络全区覆盖、重点区域连片优质覆盖。在全市率先实现便民服务全流程全闭环响应，打造“社区在线服务系统”“健康管理信息系统”“为老服务系统”“社区减负平台”。雪亮工程累计建成视频探头3.2万余路，整合联网视频点位5万余路。

（王　萌）

【绿色发展】 2021年，滨海新区推动“双碳”工作，召开首届双碳论坛，集中签约项目总投资132.7亿元。获评国家级绿色工厂24家、绿色供应链管理示范企业11个、绿色制造系统集成项目3个。率先执行绿色建筑新国标，新建绿色建筑263万平方米。天津排放权交易所总交易量升至全国第二位，碳市场履约率连续六年100%。风电、光伏、储能等新能源产业加快发展，产值达到600亿元以上，新能源发电装机规模1462兆瓦，占总装机容量15.2%。坚持“五控”治气，完成电厂15千米范围燃煤锅炉关停整合，$PM_{2.5}$年均浓度36微克/米$^3$，优良天数比率72.5%。全面推行“湾长制”，开展入海排污口排查整治，完成春光路、霞光路雨污分流改造工程，12条入海河流达标率100%。加强建设用地环境风险管控，污染地块安全利用率100%。“871”重大生态工程建设持续推进，修复海岸线2.5千米，双城间绿色屏障造林40公顷，完成湿地生态补水6800万立方米。

（王　萌）

【改善民生福祉】 2021年，滨海新区就业形势稳中向好，发放创业担保贷款3650万元，全年新增就业9.5万人，城镇登记失业率3.45%，新增企业职工基本养老保险参保10万人。抓好“一老一小”照护服务，新建改建老年日间照料中心30个，大港晨晖北里幼儿园建成投用。加强常态化疫情防控，有序推进新冠疫苗接种工作，筑牢全民免疫屏障。加大教育补短板力度，建成实验中学海港城学校，实验中学育华学校、塘沽一中塘沽湾学校开学。开展“双减”工作，全区中小学生课后服务参与率90%以上，压减学科类培训机构337家，压减率86.4%。提高医疗资源供给质量，第五中心医院门急诊楼启用，滨海新区中医医院开业。文化体育繁荣发展，以庆祝中国共产党成立100周年为主题开展文化活动300余场次，东疆亲海公园、东堤公园、南堤公园、南湾公园对外开放。东疆湾沙滩景区入选国家体育旅游示范基地，市工业旅游示范基地9家。建成116个社区健身园、28个体育园及多功能运动场，举办47项次群众体育竞赛，获第十四届全运会群众展演银牌。

（王　萌）

【20项民心工程】 2021年，滨海新区坚持以人为本，继续实施20项民心工程。

提升社区居家养老水平。新建老年人日间照料中心30个，新增养老服务床位1680张。

全力促进就业创业。新增就业9.5万人。扶持大学生创业企业406家，举办创业培训班31期789人，发放大学生创业房租补贴175万元，向1家大学生创业孵化基地发放建设补贴20万元。开展技能培训8.5万人次。提供创业担保贷款4176.7万元。其中，个人创业贷款1418万元，小微企业创业贷款2758.7万元。

加强重点群体帮扶。为4000余名符合条件的残疾人发放居家托养服务补贴1013.22万元。为全区1253名有辅具需求的残疾人配发辅助器具1268件。春节期间慰问单身困难母亲家庭35户，为637名单亲困难母亲发放慰问品；为932名单亲困难母亲发放体检补贴，开展医疗、子女教育、应急等救助，发放各类救助金16.7万元；向618名单亲困难母亲发放生活救助金92.7万元；对25名农村低收入妇女开展“两癌”救助，发放救助金12.5万元。为全区符合投保条件的残疾人完成投保34.46万元。完成50个建筑工地的医疗药箱和药品配备工作，制定“关爱农民工药柜”管理制度，加强对药品领取使用的管理，结合工地完工情况及时对药箱配备进行调整。

提升社会保障水平。推进全民参保计划，实现新增参保12.03万人，完成全年指标的109%。失业保险缴费继续执行阶段性降低费率政策，累计为企业减负6.07亿元。落实失业保险待遇标准，对符合申领条件的失业人员发放失业保险金1.09亿元，7.52万人次。2021年城乡居民基本医保参保缴费应达到51.5万人，实际参保缴费55.38万人，完成市级指标的107.5%。

持续改善群众住房条件。向中低收入住房困难家庭发放租房补贴1712.26万元，惠及家庭2958户。56个小区改造工程中，49个小区竣工，7个小区完成工程总量70%。邓善沽还迁房主体建设完成。

促进农民增产增收。胡家园街200公顷高标准农田提升改造项目完工，太平镇261.67公顷、小王庄镇491.67公顷、汉沽街86.67公顷，计840公顷高标准农田建设项目完工。新希望集团现代化生猪养殖基地建成投产，现存栏5.8万头。

大力发展教育事业。新港四小分校、实验中学海港城学校、塘沽湾上海道学校、生态城34地块学校4所学校建成投用，中福中加地块小学、大港晨晖北里幼儿园建成具备投用条件。基本建成天津外国语大学附属外国语学校小学部。

关爱妇女儿童健康。为辖区妇女儿童提供20.8万人次保健服务。开展中小学生视力筛查，筛查17.52万人。

深化公共卫生体系建设。加强核酸实验室管理及实验室内质量控制，对新区医疗机构全部核酸实验室开展督导检查，推动各医院检验结果同质化，强化核酸实验室管理及质量控制。建成临港社区卫生服务中心。

丰富群众文化生活。召开“探寻工业文明，镜见滨城发展”2021年滨城工业旅游线路发布会，推出七大主题10条滨城工业旅游精品线路。完成第十三届天津滨海艺术节线上线下十大板块系列活动，举办第十三届天津滨海艺术节闭幕式。

开展休闲健身活动。采取线上线下相结合方式开展全民健身竞赛活动，组织开展全民健身竞赛活动57项。其中，线上活动22项、线下活动35项。

完善基础配套设施。完成汉沽东扩区1.75平方千米路灯、交安、绿化工程。完成春光路雨水管网新建工程。完成9个老旧小区3395户供水管网改造工程，铺设庭院管道2596米，架设户内管道3.57万米，新装、更换水表3395具。

改善群众出行条件。新开优化公交线路12条，有103路、116路、131路、955路、旅游2路、974路、135路、130路快线、927路快线、880路快线、822路南线、547路支线。施划停车泊位1290个。

加强宜居社区建设。建成新时代文明实践所25个、文明实践站469个，街镇、村居覆盖率100%。开展新时代文明实践志愿服务活动2.7万余场次。建成渤龙新苑党群服务中心并交付使用。

推进生态环境建设。完成“南四河”水系连通调度运行工程。完成成品油、车用尿素等环保类产品监督抽查1020批次。

改善农村人居环境。完成郑庄路、大汉路改造工程。制定《滨海新区2021年村庄清洁行动冬季战役工作方案》，开展村庄清洁行动冬季战役。组织人员对村庄环境进行暗查暗访，发现问题反馈各街镇并督促整改。

推进智慧城市建设。开展泰达街未来（智慧）社区建设试点，涉及3个社区41个小区，完成设备安装、系统试运行和调整优化。新建智慧社区608个，实现覆盖率70.4%。完成数字孪生城市一期建设并投入使用。

强化食品药品监管。完成食用农产品抽样检验3600批次。强化菜市场肉菜追溯体系运行维护管理，完成检查203家次，各点位平均达标率100%。

提升应急处置能力。完成心肺复苏技能标准化培训3576人。完成生态城消防文化公园提升改造工程。举办生产经营企业负责人安全生产网上培训，完成培训2322人。

加强法治宣传。利用“津滨海”App组织开展宪法、民法典知识答题活动；“12·4”宪法宣传周期间，全面开展宪法、民法典宣传工作，组织开展宣讲2700余场，受众26万余人次，征集民法典原创作品44件，其中2件作品获天津市法治宣传原创作品一类作品和优秀作品，制作原创海报、版画、微视频、音乐快板等作品1300余份。开展防范非法集资主题宣传活动，深入天津科技大学开展防范非法集资“进校园”主题宣传活动；在新村街人人乐超市门前广场组织防范非法集资主题宣传活动；深入杭州道街兰庭社区组织社区居民开展防范非法集资“进家庭”主题宣传讲座；赴胡家园街八堡村开展防范非法集资“进村落”主题宣传活动；深入区委政法委、区网格中心、区信访办等部门开展“进机关”集中宣传活动。

（区委督查室）

## 重要会议

**【概况】** 2021年，滨海新区政府本着“精简、高效”的原则，全年召开区政府常务会议41次，区长办公会议42次。

（田雨佳）

**【区政府常务会议】** 2021年，

滨海新区政府召开政府常务会议41次，研究各类议题154个，内容涉及经济社会发展规划、政策措施、财税经济、人事任免、规划审批、工程建设、土地管理、市容管理、安全生产、农业生产、依法行政、执法监察、民生保障、劳动就业、科教文卫、经费安排、机关管理等内容。

## 2021年滨海新区人民政府常务会议一览表

**表5**

| 时间 | 主要议题 |
| --- | --- |
| 1月3日 | 传达学习中央经济工作会议、市委常委会扩大会议、区委常委会扩大会议精神，传达学习市委十一届十次全体会议暨经济工作会议精神，审议滨海新区重大行政决策程序规定，听取2020年安全生产工作情况汇报，审议滨海新区全面加强危险化学品安全生产工作的实施意见，研究轨道交通B1线一期工程烟台道小区2、3、4、5号楼房屋征收事宜，审议滨海新区示范小城镇安置房专项维修资金管理办法，审议滨海新区高质量发展专项资金管理暂行办法，审议滨海新区国企改革两年行动实施方案（2021—2022年）及重点任务分工事宜，研究人事任免事项 |
| 1月20日 | 审议滨海新区重点支持产业目录，审议滨海新区瞪羚企业、科技领军企业和领军培育企业股改奖励管理暂行办法，审议关于调整完善滨海新区创新型企业领军计划实施方案的意见，审议滨海新区街镇国库集中支付改革实施方案，研究人事任免事项 |
| 2月1日 | 审议滨海新区行政执法“三项制度”配套制度，审议滨海新区城市地下管线信息管理办法，审议滨海新区2020年国务院教育督查组实地督查反馈意见整改工作方案，研究人事任免事项 |
| 2月7日 | 传达全国生态环境保护工作会议、第二轮第二批中央环保督察反馈会议精神，听取滨海新区污染防治攻坚和环保督察整改情况汇报，审议关于完善国有金融资本管理的实施意见 |
| 2月18日 | 审议滨海新区促进3岁以下婴幼儿照护服务发展体系建设实施方案，审议滨海新区打造国际一流营商环境实现高质量发展2021年行动计划，审议滨海新区关于进一步完善社会保障和救助体系的意见，审议轨道交通Z2线一期工程东段（滨海机场站-北塘站）PPP项目实施方案及“两评一案”审查结论，研究人事任免事项 |
| 2月22日 | 审议滨海新区规范合村并居问题整改工作实施方案，审议滨海新区2021年教育事业补短板工作计划，审议滨海新区2021年卫生健康事业补短板工作计划，审议滨海新区2021年城建项目计划，审议关于推进滨海新区城市更新工作的指导意见 |
| 2月27日 | 审议天津市滨海新区人民政府关于2020年法治政府建设情况的报告，研究人事任免事项 |
| 3月5日 | 听取滨海新区2021年建议提案办理工作汇报，审议调整《天津市滨海新区2020年国民经济和社会发展计划执行情况与2021年国民经济和社会发展计划报告》事宜 |
| 3月20日 | 传达全市新冠病毒疫苗接种工作部署推进会精神并部署相关工作，审议滨海新区殡葬领域突出问题整治方案，审议滨海新区民用建筑规划设计管理创新的指导意见（试行），研究人事任免事项 |
| 4月12日 | 审议滨海新区2021年督查工作方案、督查检查考核计划和重大决策督查事项任务分解表，审议滨海新区质量奖管理办法，研究人事任免事项 |
| 4月23日 | 审议滨海新区国家卫生区复审工作组织机构设置方案和滨海新区国家卫生区复审工作保障方案，审议修订滨海新区安全生产专项资金管理暂行办法，审议滨海新区城市安全风险评估及安全发展示范城市建设工作方案，审议滨海新区2021年政府投资计划和2021—2023年政府投资三年滚动计划指导意见，审议天津市滨海新区现代农业产业园建设规划（2021—2024年），审议滨海新区实施“滨城夜”魅力空间项目工作方案和滨海新区人民政府与良业科技集团股份有限公司深化合作框架协议事宜，研究滨海新区人民政府与航天际华（北京）安全科技有限公司签署战略合作协议事宜，研究滨海新区人民政府与中国汽车技术研究中心有限公司签署战略合作框架协议事宜，研究第五届世界智能大会滨海新区预算安排事宜，研究拨付滨海文化商务中心办公楼租金事宜，研究滨海建投集团申请设立保险债权投资计划事宜，研究滨海建投集团申请公开发行60亿元公司债券事宜，研究天津临港投资控股有限公司发行2021年企业债券事宜，研究拨付天津市公交集团成本规制相关补贴资金事宜 |
| 4月29日 | 听取农村户厕改造问题摸排整改情况汇报，审议加快培育和发展滨海新区住房租赁市场实施意见 |

续表5

| 时间 | 主要议题 |
| --- | --- |
| 5月18日 | 审议天津市滨海新区突发事件总体应急预案，审议滨海新区关于贯彻落实中央第二轮第二批生态环境保护督察组督察反馈意见整改实施方案，审议天津（滨海新区）人工智能创新应用先导区建设实施方案和天津（滨海新区）人工智能创新应用先导区建设专项工作领导小组工作方案，审议五个开发区国民经济和社会发展第十四个五年规划和二O三五年远景目标纲要，审议滨海新区区级行政单位房屋资产盘活工作方案，研究暂缓建设滨海新区有机废弃物综合处理项目粪便处理设施相关事宜，审议滨海新区2021年提前下达地方政府新增一般债务限额分配预案，研究人事任免事项 |
| 5月28日 | 听取全区当前经济运行情况汇报（合并召开滨海新区经济运行工作会），审议滨海新区关于加快街镇经济发展的实施意见，审议修订滨海新区行政执法监督考核指标体系 |
| 6月3日 | 审议修订滨海新区科技创新券的实施细则，审议滨海新区落实2020年保障性安居工程审计问题整改工作实施方案 |
| 6月8日 | 审议滨海新区关于加快街镇经济发展若干实施细则 |
| 6月16日 | 审议滨海新区“十四五”7项重点专项规划，研究滨海新区城镇老旧小区改造相关工作，研究人事任免事项 |
| 6月24日 | 传达市委、市政府安全生产工作专题视频会议精神并部署滨海新区安全生产重点行业领域攻坚工作，审议滨海新区推进义务教育优质均衡发展攻坚行动方案，审议滨海新区2021年食品安全监督管理计划，审议深入开展新时代爱国卫生运动实施方案，研究人事任免事项 |
| 7月3日 | 审议滨海新区积极主动融入双循环新发展格局实施方案，审议滨海新区健康促进与教育工作规划（2021—2025年） |
| 7月8日 | 审议滨海新区推进创新立区、打造自主创新升级版若干措施（试行），审议天津市滨海新区人民政府关于实施“三线一单”生态环境分区管控的意见 |
| 7月16日 | 研究调整滨海新区“十四五”规划纲要部分指标和内容，研究人事任免事项 |
| 7月26日 | 审议滨海新区供销合作社改革方案，审议修订天津市滨海新区居民住宅电梯应急基金使用管理规定，研究人事任免事项 |
| 8月7日 | 研究2021年滨海新区知识产权运营服务体系建设立项项目相关事宜，审议关于落实消防救援队伍人员优待保障工作的实施方案，研究人事任免事项 |
| 8月12日 | 审议滨海新区2项市级重点专项规划和7项区级重点专项规划，审议滨海新区乡村振兴战略“十四五”规划和2021年滨海新区乡村振兴行动方案，审议天津市滨海新区社会救助审核确认权限下放改革工作实施方案 |
| 8月24日 | 听取全区政务公开和一体化政务服务工作情况汇报（合并召开滨海新区政务公开和一体化政务服务存在问题整改整治工作会议）审议滨海新区“十四五”6个重点专项规划 |
| 8月25日 | 审议滨海新区“十四五”6个重点专项规划，研究人事任免事项 |
| 9月9日 | 听取9月4日强降雨应对情况及下一步工作安排的汇报，听取全区法治政府建设工作情况汇报（合并召开滨海新区法治政府建设工作推进会），审议滨海新区重大行政决策事项标准，审议滨海新区2020年决算草案及2021年以来预算执行情况的报告，研究人事任免事项 |
| 9月13日 | 审议推进滨海新区数据要素改革工作的实施方案，审议滨海新区关于贯彻落实天津市网络虚假信息治理若干规定的实施意见，研究废止天津市滨海新区人民政府关于印发滨海新区促进产业技术创新战略联盟加快发展意见的通知，审议滨海新区农民工市民化实施细则，研究人事任免事项 |
| 9月28日 | 审议“滨城”建设“十大工程”“十四五”预安排方案，审议关于印发滨海新区人民政府2021年度重大行政决策事项目录的通知，研究人事任免事项 |

续表5

| 时间 | 主要议题 |
| --- | --- |
| 10月21日 | 研究人事任免事项，传达市疫情防控指挥部第173次调度会议精神并部署工作，听取今年以来安全生产工作情况汇报并部署工作，听取2021—2022年采暖期供热准备工作情况汇报并部署工作 |
| 10月29日 | 通报滨海新区道路交通安全管理工作情况并部署工作，研究滨海新区与东丽区落实“双城”战略协同联动发展有关工作，审议天津市滨海新区大数据发展规划（2021—2025），审议关于进一步强化招商引资推动“滨城”建设的意见，研究滨海新区远年住房和老旧小区改造工程引入社会资本融资及采用特许经营模式建设实施方案，审议滨海新区农民工市民化实施细则，研究人事任免事项 |
| 11月11日 | 传达学习习近平总书记致中国质量（杭州）大会重要贺信精神并部署工作，传达市政府办公厅关于进一步做好转供电不合理加价行为清理规范工作的通知并部署工作，审议关于促进和保障滨海新区物业管理和社区治理融合共进的决定，审议滨海新区2021年预算调整方案，研究人事任免事项 |
| 11月17日 | 传达国务院办公厅关于部分债务沉重地区违规兴建楼堂馆所问题的通报并部署工作，通报滨海新区2021—2022年采暖期及2022年北京冬（残）奥会期间能源电力保障供应工作情况并部署工作 |
| 11月24日 | 审议《政府工作报告》《关于天津市滨海新区2021年国民经济和社会发展计划执行情况与2022年国民经济和社会发展计划草案的报告》《关于天津市滨海新区2021年预算执行情况和2022年预算草案的报告》，审议《滨海新区2022年20项民心工程候选项目安排》 |
| 12月1日 | 研究人事任免事项 |
| 12月8日 | 传达中共中央、国务院关于深入打好污染防治攻坚战的意见并部署工作，传达市委依法治市办关于对中央依法治国办法治政府建设第二督察组在津督察期间有关单位和人员严肃追责问责的通报并部署工作 |
| 12月9日 | 研究2021年新增地方政府债务限额分配情况，审议天津市滨海新区2021年第二次预算调整方案 |
| 12月15日 | 审议滨海新区区长、副区长、办公室主任分工，传达学习贯彻中央经济工作会议精神、市委常委会扩大会议精神和区委常委会会议精神，传达关于做好天津市集体活动常态化审批工作的通知并部署工作，传达关于开展全市政府购买服务领域不担当不作为问题专项整治的工作方案并部署工作 |
| 12月23日 | 研究部署滨海新区主要支撑指标工作 |
| 12月25日 | 审议滨海新区推进城市一刻钟便民生活圈试点区建设工作方案，审议滨海新区2021年食品安全工作报告，审议天津市滨海新区食品安全事故应急预案，审议滨海新区“十四五”农村户厕改造实施方案，审议关于滨海新区房屋建筑和市政基础设施工程施工招标“评定分离”办法导则（试行），审议滨海新区便民服务工单处置工作规则，审议加快推进滨海新区新型基础设施建设实施方案 |
| 12月27日 | 传达关于进一步强化天津市2022年元旦春节期间新冠肺炎疫情防控工作的通知并部署工作，听取京津合作示范区工作情况汇报，审议滨海新区区委宣传部 滨海新区司法局关于在全区开展法治宣传教育的第八个五年规划（2021—2025年），审议美丽“滨城”建设2022年攻坚行动方案和2022年美丽“滨城”建设任务书 |

（田雨佳）

**【区长办公会议】** 2021年，滨海新区政府召开区长办公会议42次，研究综合改革实施、城市规划、城市建设、固定资产划转、债务风险融资、基层社会治理等各类议题188个。

## 2021年滨海新区人民政府区长办公会议一览表

**表6**

| 时间 | 主要议题 |
| --- | --- |
| 1月4日 | 研究关于滨海新区规范通信管道（光纤）租赁的实施意见，研究推进解决潮音寺改扩建工程手续事宜 |
| 1月9日 | 研究关于进一步推动滨海—中关村科技园高质量发展的若干措施，研究南开大学滨海学院转设方案 |

续表6

| 时间 | 主要议题 |
| --- | --- |
| 1月20日 | 研究滨海新区人民政府与中国中铁京津冀区域总部（中铁投资）签署项目合作框架协议事宜 |
| 2月1日 | 研究滨海新区人民政府与中国能源建设集团规划设计有限公司签署关于加强能源、生态及基础设施领域战略合作框架协议事宜，研究滨海新区人民政府与津秦铁路客运专线有限公司签署新建天津至潍坊高速铁路滨海东站土地综合物业开发框架协议事宜，研究2021年第一批控规调整方案，研究塘沽农村城市化实施新城镇农民还迁住宅一期项目变更投资额事宜，研究滨海新区人民政府与深圳证券交易所签署战略合作框架协议事宜，研究核定天津生态城环保有限公司“8·12场地治理修复项目”管理服务费事宜，研究拨付海滨街沙井子三村“四季田园”拆除补偿款事宜，研究由住投公司融资解决“8·12”到期债务事宜 |
| 2月4日 | 研究滨海新区人民政府与深圳市宝能投资集团有限公司深化合作框架协议事宜，研究滨海新区第十五批隐性债务风险缓释融资事宜，研究滨海新区人民政府与齐鲁银行股份有限公司天津分行签署战略合作协议事宜 |
| 2月7日 | 研究安排2020年智能制造专项资金（第一批市级重大项目配套）区本级配套资金预算事宜，研究安排天津生态城环保有限公司“8·12场地治理修复项目”预算事宜，研究安排2021年度农业项目资金事宜，研究拨付城市维护多种用工人员工资事宜，研究调整京津冀协同发展之产业协同与智慧城市建设项目子项预算事宜，研究区交通运输局与中国铁路北京局集团有限公司签订京津城际铁路延伸线增开动车组客车合作协议事宜，研究滨海建投集团滨海农商银行股权无偿划转临港控股公司和高新区国资公司事宜 |
| 2月18日 | 研究对“团泊洼生活基地”区域落实基层社会治理属地化协议书事宜，研究拨付区环投公司银行贷款3月应还款资金事宜，研究智慧城市专项债项目还款事宜，研究石化三角地DGb（09）02单元10-02及周边地块控规修改方案 |
| 2月22日 | 研究发放2019年度天津市文明城区奖励和2020年度全国文明城区奖励事宜 |
| 2月27日 | 研究滨海新区人民政府与中国电信集团有限公司天津分公司签署“十四五”打造“全5G城市”建设战略合作协议事宜，研究滨海新区人民政府与南开大学签署深化战略合作框架协议事宜，研究滨海新区人民政府与南开大学签署共建南开大学滨海校区协议事宜，研究开展建设银行系经开区并购融资事宜，研究调整机关集中办公场所物业服务内容事宜 |
| 3月5日 | 研究拨付滨海产业发展基金首期认缴资金（第二批）事宜，研究汉沽东扩区市政基础设施配套有关事宜，研究安排渤化集团支持资金事宜，研究安排国资公司并购塘沽城投集团股权上缴收入事宜，研究调整滨铁1号线外滩公园站选址事宜，研究南部综合片区海滨街区S-HBJ01单元01至04街坊部分地块控规编制方案 |
| 3月20日 | 研究滨海新区人民政府与国家开发银行天津市分行签署战略合作框架协议事宜，研究安排滨海新区机关事业单位养老保险职业年金做实资金事宜，研究滨海新区第十六批隐性债务风险缓释融资事宜，研究天津临港投资控股有限公司发行非公开公司债券事宜，研究变更塘沽城投集团并购主体事宜 |
| 4月12日 | 研究滨海新区隐性债务风险缓释融资事宜，研究部分年初预算项目细化调整事宜，研究设立滨海新区小微企业首贷续贷服务中心事宜，研究安排庆祝中国共产党成立100周年系列宣传活动及党史学习教育专项经费事宜，研究滨海新区深化国企改革职工安置实施意见，研究天津先进技术研究院向国家超级计算天津中心划拨资产事宜 |
| 4月29日 | 研究深化南开大学与滨海新区合作工作实施方案，研究滨海新区人民政府与辽宁石油化工大学战略合作框架协议，研究2021年第五批控规修改方案，研究归集拨付滨海新区规划资源编研经费事宜，研究黄港湿地生态区水环境综合治理与修复工程房屋征收事宜，听取第五届世界智能大会筹备工作进展情况汇报，研究办理区政府办公室部分固定资产划转事宜 |
| 5月18日 | 研究滨海新区人民政府与中国交通建设集团有限公司战略合作协议，研究滨海新区人民政府与深圳正威（集团）有限公司战略合作协议，研究滨海新区人民政府与国网天津市电力公司推进能源电力碳达峰、碳中和先行示范区建设战略合作框架协议，研究滨海新区人民政府与中国中车集团有限公司战略合作框架协议，研究滨海新区人民政府与中国银行股份有限公司全面战略合作协议，研究滨海新区第十八批隐性债务风险缓释融资事宜，研究滨海新区人民政府与自然资源部北海局海洋预警监测中心合作共建协议 |
| 5月28日 | 研究滨海新区中医医院开办采购项目实施方案，研究拨付第三方检测机构筛查检测费用事宜，研究区长、副区长、区政府办公室主任分工 |

续表6

| 时间 | 主要议题 |
|---|---|
| 6月3日 | 审议滨海新区公共汽车运营成本规制及补贴办法，研究调整中国电建市政建设集团有限公司项目用地容积率事宜 |
| 6月8日 | 研究滨海新区与国家石油天然气管网集团有限公司合作协议 |
| 6月16日 | 研究滨海建投集团申报40亿元非公开发行公司债券事宜，研究调整定单式限价商品住房申请年龄限制条件事宜，研究2021年第六批控规修改方案，研究拨付汉沽东扩区市政基础设施配套建设相关工程经费事宜，研究滨海新区第十九批隐性债务风险缓释融资事宜，研究拨付区城市管理委2021年相关专项资金事宜，研究安排区环投公司银行贷款第二季度应还款事宜 |
| 6月24日 | 研究滨海新区人民政府与天津中医药大学共建滨海新区中医医院第二周期合作协议及合作补充协议，研究拨付滨海文化商务中心办公楼租金相关事宜，研究滨海建投集团并购区文投公司相关事宜 |
| 7月3日 | 研究天津港集团非经营性资产移交框架协议（第一批）相关事宜，研究滨海新区风力和光伏发电专项规划（2016年—2030年）局部修改方案，研究滨海新区消防救援支队人员经费相关事宜，研究区长、副区长、区政府办公室主任分工 |
| 7月8日 | 研究新河周转房居住环境改善相关工作方案 |
| 7月16日 | 研究滨海新区人民政府与中国电力建设集团有限公司战略合作框架协议，研究滨海新区人民政府与天津银行智慧城区建设全面合作协议，研究滨海新区人民政府与渤海大学战略合作框架协议，研究天津市滨海新区中塘镇镇域投资开发合作意向框架协议，研究滨海新区第二十批隐性债务风险缓释融资事宜，研究新城镇农村城市化二期拆迁补偿资金事宜，研究拨付远洋琨庭供热配套工程建设资金事宜 |
| 7月26日 | 研究滨海新区人民政府与五矿证券有限公司战略合作协议 |
| 8月7日 | 研究滨海新区人民政府与中国建设银行股份有限公司天津市分行全面战略合作协议，研究滨海新区人民政府与天津理工大学全面战略合作协议书，研究滨海新区第二十一批隐性债务风险缓释融资事宜 |
| 8月12日 | 研究滨海新区人民政府与人保财险天津分公司战略合作协议，研究拨付荟菁华煤粉炉改燃工程补贴资金事宜 |
| 8月24日 | 研究滨海新区人民政府与大连万达集团有限公司合作框架协议，研究调整天津市津创国融投资发展有限公司项目用地容积率事宜 |
| 8月25日 | 研究经开区绿色产业示范基地建设方案，研究滨海建投集团申请注册发行30亿元短期融资券事宜 |
|  | 研究滨海新区人民政府与微医控股（浙江）有限公司战略合作协议，研究解决青岛海信网络科技股份有限公司承建项目资金事宜，研究解决具有新区户籍在外省市普通高中就读学生转学工作所需师资、设备和经费问题的方案，研究天津港集团非经营性资产移交框架协议（第二批）相关事宜，研究区长、副区长、区政府办公室主任分工 |
| 9月2日 | 研究滨海新区人民政府与浙江乐活文旅集团有限公司战略合作框架协议，研究2021年第七批控规修改方案，听取北塘新北里房屋收购补偿及居民选房工作情况汇报，研究撤销胡家园产业园区事宜，研究滨海建投集团海滨大道高速公路项目融资再安排相关事宜，研究滨海新区人民政府与工商银行天津分行共同推动“十四五”时期高质量发展战略合作协议，研究高新区农工、建工新村棚户区改造暨房屋征收安置项目隐性债务市场化转出事宜，研究区环投公司2021年第三季度需偿还贷款资金事宜，研究拨付春光路雨水管网新建工程、大港霞光路片区雨污分流改造工程等四个项目经费事宜，研究免除天津渤天化工有限公司水资源费滞纳金及加处罚款相关事宜，研究临港控股建设银行理财产品到期债务风险化解相关事宜 |
| 9月13日 | 研究2021年第八批控规修改方案，听取滨海新区棚户区改造项目偿还2021年第三季度贷款利息事宜，研究滨海新区第二十二批隐性债务风险缓释融资事宜 |
| 9月28日 | 研究关于采用特许经营模式组织实施“天津智慧安全城市滨海新区应急管理大数据平台”项目事宜，研究北塘街原杨北、创业两村安置房房产证办理事宜，研究天保投控集团申报短期融资券和超短期融资券债务融资工具事宜，研究滨海建投集团购置滨海文化中心资产事宜，研究滨海新区人民政府与中建方程投资发展集团有限公司合作框架协议，研究区长、副区长、区政府办公室主任分工 |

续表6

| 时间 | 主要议题 |
| --- | --- |
| 10月21日 | 研究滨海新区支持天津科技大学建设发展专项资金事宜，研究滨海新区人民政府与京东世纪贸易有限公司深化合作框架协议，研究滨海新区人民政府与中国化学工程集团有限公司战略合作协议，研究滨海新区人民政府与东软集团股份有限公司及大连东软教育科技集团有限公司战略合作协议 |
| 10月29日 | 研究天津天保控股有限公司综合改革实施方案，研究滨海新区第二十三批隐性债务风险缓释融资事宜，研究区土地开发公司偿还到期天津港“8·12”贷款本息事宜，研究安排2021年天津市第四批智能制造专项资金（麒麟软件市级重大项目配套）区本级财政配套资金预算事宜，研究轨道交通Z4线一期工程车辆加装细水雾灭控火系统事宜，研究天津东大化工集团有限公司苯甲酸装置复工事宜，研究关于解决区教体系统校园保安招标及预算资金安排问题的方案 |
| 11月11日 | 研究天保投控集团开展并购贷款相关事宜，研究滨海新区推进大学科技园建设若干措施（试行），研究滨海新区隔离点酒店费用资金安排事宜 |
| 11月17日 | 研究天保投控集团开展并购贷款相关事宜，研究滨海新区第二十四批隐性债务风险缓释融资事宜，研究2021年第九批控规修改方案，研究大港城区分区DGa（09）05单元和官港水库休闲分区DGg（09）02单元控规修编方案，研究保障供热补贴资金事宜，研究天津市滨海新区政府投资信息化项目管理实施细则，研究接收“天津宋庆龄渤海儿童世界”的工作方案 |
| 12月7日 | 研究天津市智慧滨海集团有限公司组建方案，研究天津港“8·12”场地治理修复项目遗留设施等资产处置方案，研究滨海建投集团三项制度改革方案，研究滨海新区开发区财政体制调整方案，研究滨海新区第二十五批隐性债务风险缓释融资事宜，研究新港船厂借款本息事宜，研究拨付中国铁路北京局集团有限公司京津城际延伸线运营补贴资金事宜 |
| 12月8日 | 研究天津滨海高新区扩容方案，研究滨海新区人民政府与新奥集团股份有限公司合作框架协议，研究给予新动能引育科技创新突出贡献单位（个人）通报表扬的决定，研究安排2020年度国家高企认定区级配套奖励资金事宜，研究安排清华大学天津电子信息研究院支持经费事宜，研究天津市滨海新区知识产权运营基金管理办法和天津市滨海新区知识产权融资风险补偿资金管理办法 |
| 12月9日 | 研究追加有关开发区2021年市公交集团成本规制补贴资金事宜，研究万通新城国际及金域蓝湾存量房屋装修工程经费有关事宜，研究偿还区环投公司2021年第四季度到期贷款事宜，研究解决寨上街洒金坨村和大神堂村安置房购房款问题，研究新区棚户区改造项目偿还2021年第四季度贷款本息事宜，研究安排第五中心医院合作经费事宜，研究安排滨海医院搬迁和海滨人民医院发热门诊建设资金事宜 |
| 12月15日 | 研究拨付中国铁路北京局集团有限公司京津城际延伸线运营补贴资金；研究天津智慧安全城市滨海新区大应急融合平台建设项目特许经营实施方案 |
| 12月23日 | 研究共建天津·中国信创谷战略合作框架协议 |
| 12月25日 | 研究拨付滨海新区知识产权运营基金和融资风险补偿资金事宜，研究统计上报新区2022地方政府再融资债券需求相关事宜，研究拨付新港海关集中办公楼宇运营费用事宜，研究大沽口炮台保护规划（2021—2035），研究天津滨海国家海洋公园总体规划（2021—2030年） |
| 12月27日 | 研究天津自贸试验区开展平行进口汽车标准符合性整改试点工作的实施意见，研究滨海新区第一建筑垃圾处理厂项目特许经营实施方案，研究普惠托育专项行动合作协议，研究滨海新区人民政府与中国铁建股份有限公司战略合作框架协议，研究大港油田公共租赁住房产权移交事宜，研究滨海新区人民政府与工银金融租赁有限公司全面战略合作协议，研究火箭军士官学校选址事宜，研究物流分区HGa（08）02单元02街坊控制性详细规划新编方案（2021年第十一批），研究大港城区分区DGa（09）02单元03至05街坊局部地块控规修改方案 |

（田雨佳）

## 政务工作

**【概况】** 2021年，滨海新区政务服务工作以“世界标准”、国际通行为目标，以优化营商环境2021年行动计划为主线，着力打造主动、精准、整体式、智能化政务服务，打造市场化、法治化、国际化营商环境。完善政务信息和政府信息公开工作机制，创新工作方法，深化政务信息、政府信息和政务公开工作，提高政府工作透明度。办理全国、市级、区级建议提案615件，全部按期办复完毕。开展市级建议提案公开工作，按时在滨海新区政务网公开市级建议提案答复34件。天津滨海综合发展研究院融入区发展改革委各领域工作，发挥区委、区政府智囊作用。与泰达图书馆“院馆合作”持续稳定开展。全年刊发25期《双周决策观察》，持续关注国家宏观动态和先进地区典型经验。微信公众号“新区智库”更新26篇。

（程文焱）

**【行政审批改革】** 2021年，滨海新区推出“一企一证”改革2.0版方案，在加强工作协同、规范办理流程、优化智能审批、建立考核机制4个方面实现新突破，覆盖行业增至49个，实现“一证准营、全市通用”。对财政投融资类房屋建筑、基础设施项目，实行“一套材料办审批”审批方式，审批时间不超过7个工作日，项目可行性研究、环境影响评价、水土保持方案等8个事项实现“多评合一”，评审时间压缩75%。推进“互联网＋政务”建设，推出户外广告临时悬挂审批、普通道路货物运输许可、人力资源服务机构许可、劳务派遣经营许可、公共场所卫生许可5个事项“智能审批”服务，申请人线上自主申报，系统自动锁定比对信息，自动审批即时出具结果，打破传统审批时间和地域限制，实现24小时线上办理“不打烊”，办理1674件。探索“双减”工作新路径，创新培训机构“营利转非营利”审批流程，由串联审批变为并联审批，合并审批材料、精简审批环节、部门协同办公、缩短审批时限，完成50家培训机构“营利转非营利”登记工作。保税区首创政银互联“企业开办＋银行开户”“3+1”一体化服务新模式，企业开办后1小时内完成银行开户手续。经开区在南港工业区开展区域能评试点，为企业减负同时缩短办理时间近1个月。高新区推出114个“无差别审批”改革，审批效率提高40%。

（程文焱）

**【政务服务优化升级】** 2021年，滨海新区政务服务事项网办率97.68%，“马上办”比例89.89%，“最简告知承诺制”适用范围扩大至18个审批事项，“网上办”“马上办”“承诺办”成为常态。印发《深化“滨海通办”改革打造“便企利民”品牌进一步加强基层政务服务工作实施方案》，推进基层政务服务规范化、标准化、信息化、集成化。依托区政务帮办平台，上线“出生”“入学”“就失业”“置业”“婚姻”“社会救助”“退休”“死亡”一件事指引办理服务，实现群众办一件事“一图指引”。与北京市东城区、西城区、丰台区、海淀区，河北省渤海新区、唐山市曹妃甸区，山西省大同市建立“跨省通办”联动机制，153个政务服务事项“同事同标”。建立全国首个国家级经济开发区“政务服务改革创新合作联盟”，北京、天津、广州三地经济开发区268项事项通办。打造首个24小时“京津通办”自助服务厅，可异地自助办理天津142个和北京179个政务服务事项。作为全市首个电子证照推广应用试点区，启用电子证照信息采集系统，上线43个部门、21个街镇的165枚电子印章，首批35类电子证照实现与国家电子证照库归集。建立滨海新区政务服务“好差评”机制，主动对接市级“好差评”系统，在全市率先完成政务服务“一次一评”数据对接，评价5.32万人次，好评率99.9%，跟踪解决全部“差评”，反馈满意率100%。在各级各类办事大厅设置“办不成事”反映窗口52个，对“办不成的事”一帮到底。

（程文焱）

5月7日，京津通办自助服务厅内，申请人通过自助终端机异地办理北京政务服务事项　张晓惠　摄

**【优化营商环境】** 2021年，滨海新区加强营商环境建设顶层设计，制定并完成《滨海新区打造国际一流营商环境实现高质量发展2021行动计划》30项重点任务、145项具体改革举措和《美丽“滨城”建设“环境优区战略”攻坚工作组2021年工作计划》30项具体工作任务。21个营商环境指标牵头部门设立营商环境建设室，增强各部门统筹推进营商环境建设工作能力。上线营商环境综合评价平台系统，对2021年营商环境行动计划各项任务实施清单式管理，实现营商环

境指标自动监测、数据分析、优化提升和监督反馈，全方位实时掌握营商环境建设情况，有针对性地提升为企服务水平。企业开办成本再降低，在为新开办企业免费发放实体印章基础上，增加免费电子印章，向2.42万家新开办企业发放印章8.49万枚，为企业降低开办成本584.91万元。获得电力时间再压减，高压用户用电报装3个环节办结，10千伏2000千伏安及以下单点电源项目获得电力时间不超过12个工作日。获得用水用气更便捷，用水报装实现“掌上办”，用气报装线上线下多渠道办理。办理建筑许可再提速，社会投资低风险项目从获得土地到完成不动产登记审批时间不超过14个工作日，带方案出让土地项目从获得土地到完成不动产登记审批时间不超过30个工作日，既有建筑改造项目全流程审批时间不超过15个工作日。上线“惠企政策适配器”，利用“互联网+”手段，整合集成多部门、多层级惠企政策，按产业、层级、部门、支持方向等维度进行分类、颗粒度解析，企业适用政策免申即享，实现从“企业找政策”到“政策找企业”的转变。收录最新政策563条，推送政策5000余件次。经开区发布全国首套产业营商环境研究报告暨指标体系，结合经开区产业生态和产业发展要素，从企业全生命周期场景式的角度发现和解决产业发展中的问题，研究形成生物医药、平台经济、化工新材料营商环境指标体系，降低制度性交易成本、释放产业发展空间。东疆港保税区成立“白露商事登记服务工作室”，集项目对接、政策研究、创新服务等职能于一体，解决企业难题百余件。生态城创新企业服务模式，举办20余期政企“下午茶”活动，通过“非正式”会面，200余家企业为营商环境建言献策，帮助企业解决生产、融资、落户、子女教育等问题70余件。

（程文焱）

**【政务信息】** 2021年，滨海新区完善政务信息报送机制，建成“滨海新区政务信息管理系统”，制定《滨海新区政务信息报送考核办法（试行）》，组织开展2期政务信息培训。建立信息工作联席会制度，深入各开发区、各部门、各街镇走访调研，随时掌握经济社会发展信息，收集整理意见建议类信息26条。拓宽政务信息采集渠道，及时准确在第一时间报送第一手情况，数据、事例准确无误，推动信息服务提质增效。编发《滨海政务信息》250期，上报市政府政务信息1182条，滨海新区在全市各区信息采用量和得分排名第一。

（王　健）

**【政府信息和政务公开】** 2021年，区政府门户网站基层政务公开领域公开信息6232条。法定主动公开政府信息6328条。其中，文件类1659条、公示类4669条。发布政策解读64件。其中，文字解读38件、图片解读26件。区政府、区政府办公室共办结政府信息公开申请262件。申请引发行政复议和行政诉讼案件31件，审结27件。全面推进决策、执行、管理、服务、结果公开，印发《2021年滨海新区政务公开工作要点》。开展政务公开问题整改整治专项行动，开展政府开放周、群众“走进区政府”活动，组织新村街道、杭州道街道党员、群众代表实地参观区综治（网格）指挥中心、区行政执法监督平台，邀请人大代表、政协委员等公众代表列席区政府常务会议。组织开展政府信息和政务公开工作培训。区政府门户网站法定主动公开内容增设行政收费、招考录用等栏目，规范各开发区、各部门、各街镇网站法定主动公开内容。完成区政府及各开发区、各部门、各街镇机构信息调整。加大政策解读工作力度，提高政策解读时效性和可读性。增设重点领域公开专栏。在区政府门户网站做好各类规划、优化营商环境、常态化疫情防控、教育领域、集体土地征收等重点领域信息公开。增加法治政府建设、重大会议信息公开、重大决策意见征集、财政资金直达等重点领域栏目。设置行政复议决定书专栏，增加政府采购、公务员招考栏目并分别与天津市政府采购网、天津市人事考试网上报名公共服务平台进行链接。新设区海洋局网站、市级直属部门市规划资源局滨海新区分局在区政府门户网站增设对接端口。增加基层政务公开内容。实现各开发区、各部门、各街镇网站法定主动公开栏目内容与区政府门户网站法定主动公开内容涉及的履职依据等18个栏目、基层政务公开涉及重大建设项目等26个领域内容的信息共享。

（王　健）

**【建议提案办理】** 2021年，滨海新区办复全国建议提案2件，其中建议2件。代表委员所提问题得到解决或基本解决的2件。办复市级建议提案110件。其中，建议42件（会议期间41件、闭会期间1件）、提案68件（会议期间65件、闭会期间3件）。代表委员所提问题得到解决或基本解决73件，占总数66.3%；列入工作计划或在落实34件，占总数31%；因政策和条件所限难解决的3件，占总数2.7%。办复区级建议提案503件。其中，建议290件（会议期间239件、闭会期间51件），提案213件。代表委员所提问题得到解决或基本解决294件，占总数58.4%；列入工作计划或在落实的204件，占总数40.6%；因政策和条件所限难解决的5件，占总数1%。收回代表委员反馈意见491件，全部表示满意。

（区政府办建议提案工作室）

【建议与研究】 2021年，天津滨海综合发展研究院参与完成《滨海新区“十四五”规划纲要》及其目标指标和重点任务分解，形成311项工作清单落实到各单位、各部门。牵头组织研究“滨海新区如何积极主动融入双循环新发展格局”，形成《滨海新区积极主动融入双循环新发展格局实施方案》。承接滨海新区政协调研课题，完成“以工业互联网助推滨海新区构建现代工业体系”“关于双城格局下加快‘滨城’人口集聚的建议”研究报告。主笔完成《健全天津市滨海新区应急物流体系实施方案》。参与完成《滨海新区引进企业高管人才资金补贴的实施办法》修改，以及“滨海新区企业引进高级经营管理人才资金补贴协议”。参与编制《美丽“滨城”建设2022年攻坚行动方案》及建设任务书、《滨海新区发展改革委关于落实〈“十四五”时期推动天津外事工作高质量发展的实施意见〉的方案》《滨海新区抗震救灾恢复重建保障计划》等区级方案措施。开展专项研究《关于加快推进新区基础设施公募REITs试点工作的建议》获区领导肯定性批示。完成《天津推进滨海新区开发开放先行实践研究》。完成“践行新发展理念 融入新发展格局——天津市推进滨海新区开发开放研究”，编入《思想的力量——新时代党的创新理论天津实践》一书。参与2021年度国家安全工作调研课题“滨海新区积极主动融入双循环新发展格局”研究以及“滨海新区街镇经济发展研究报告”。

（张 齐）

## 人事 人才

【概况】 至2021年末，滨海新区驻区两院院士、国务院政府特殊津贴专家、有突出贡献专家称号等高层次人才1171人，设立博士后工作站（基地）223个。有留创园和创新创业中心6家。事业单位457家。其中，行政系统（不含街镇）事业单位374家、街镇事业单位83家。

（张洪亮）

【人才政策】 2021年，滨海新区开展人才及人力资源服务情况调研，形成《人力资源服务业发展状况调研分析报告》《人才统计分析报告》紧缺人才目录3项成果。出台《滨海新区储备人才住房和生活补贴审核管理办法》。印发《滨海新区集聚青年产业人才实施办法（试行）》，纳入区人才办人才服务证制度体系中予以推广实施。

（凤翔宇）

【人才引进与奖励】 2021年，滨海新区开展“海河英才”人才引进落户工作，防范打击违规落户、提升引才质量。为保障政策高质量运行，出台2项专项规定，组织开展3次专项整治活动，开展34次实地核查。全年，受理落户申请2.47万人次，审批发放准迁证1.33万张，完成落户1.35万人（含2020年批准落户、2021年办理手续人员）。其中，批准学历型人才8730人、资格型人才595人、技能型人才2656人、创业型人才216人、急需型人才767人，所占比例依次为67.3%、4.6%、20.5%、1.7%和5.9%。审核通过储备人才申请1.81万人次，涉及资金3.03亿元。其中，本科1.11万人，硕士6752人，博士193人。

（袁小芸）

【招才引智活动】 2021年3月，滨海新区承办“创业导师走进天津留创园”活动。7位信创、生物医药领域以及投融资方面的创业导师在滨海新区开展“创业名师讲堂”“创业项目路演”“创业企业会诊”等系列活动。活动2天，百余人参加。导师们对留创园在引进、孵化留学人员和项目以及载体建设和管理方面的重点难点问题给予意见建议，助推企业、园区发展。

参与主办“2021全国信创与人工智能发展博士后学术论坛”，在滨海新区天津科技大学设分会场。论坛以“信创与人工智能发展”为主题，围绕相关领域技术创新研究、产业化应用、人才培养与成长等设立专题论坛。

全年，举办线上招聘会109场、线下招聘会25场，邀请招聘企业8500余家次，提供招聘岗位17万个，网络招聘会浏览量9万次，达成就业意向2.1万人次。

（凤翔宇）

【离岸基地与人才服务】 2021年，滨海新区推进海外人才离岸创新创业基地“一核四园”建设（以滨海—中关村科技园为核心，以滨海新区内的国际生物医药联合研究院、天津经济技术开发区、天津港保税区、滨海高新区四个留学人员创业园为支撑，以一批滨海新区引智引才海外协作机构为保障）。全年，离岸基地对接海外人才330余位，收集项目270余个，深入对接海外优质项目55个，落地海外人才企业15家，新增注册资本2.2亿元，留创企业注册总资本4.6亿元。落地项目产业方向集中在生物医药、人工智能、大数据等高新技术产业。离岸基地新增3家国家高新技术企业、1家天津市瞪羚企业、4家国家科技型中小企业和3家天津市雏鹰企业。孵化企业年度获各级政策补贴、奖励超200万元。

开展“人才服务进联盟”“人才服务进乡村”活动，建立人才评价绿色通道，发挥好专业技术职称的激励作用。召集各有关单位举办座谈会11次，走访企业21家，梳理汇总各类问题及意见建议23条。为生物医药联盟企业增开一次定向职称评审工作，5家企业11人申报高级职称。为混合所有制企业数千名员工解决职称评价难题。

推荐申报10家人才公寓，进入专家评审阶段。

（张洪亮）

**【事业单位职称评审】** 2021年，滨海新区组织开展区属企事业单位（不包括教育和卫生系统）职称评审申报工作，向各级专业技术资格评审委员会推荐1553名专业技术人员参评。其中，正高级27人，副高级559人，中级967人。组织开展2021年度中小学教师职称评审工作。通过评审，有691名教师取得中高级教师资格。其中，正高级12人，副高级200人，中级479人。组织开展2021年度卫生技术专业高级职称评审工作。29人取得卫生技术高级专业技术资格。其中，正高级4人，副高级25人。

（王　坚）

**【继续教育】** 2021年，滨海新区组织开展事业单位继续教育培训。全区事业单位工作人员按照人社部和天津市继续教育政策要求，在专门继续教育培训网站完成公需课和专业课培训。有2.92万人参加网上继续教育培训。

（王　坚）

**【事业单位公开招聘】** 2021年，滨海新区开展事业单位公开招聘19次，计划招聘事业单位工作人员884名，聘用事业单位工作人员676人。

（杨士成）

**【事业单位工资管理】** 2021年，滨海新区落实事业单位工资管理政策，保障事业单位人员工资稳定增长。以教育系统、卫生系统为重点，服务教育、医疗卫生改革政策。落实“义务教育教师收入水平不低于当地公务员水平”要求，联合相关部门核算义务教育教师绩效考评奖发放标准，并全部发放到位，涉及人员1.72万人，金额5.15亿元。配合区教体局落实“双减”相关政策，制定具体工作方案，建立合理取酬与激励导向机制。协助国家超级计算天津中心制定高层次人才协议工资制实施方案。助推公立医院薪酬制度改革工作，形成新区一整套公立医院薪酬管理制度，提升新区医疗机构薪酬自主水平。

（王　嵩）

## 外事工作

**【概况】** 2021年，滨海新区外事工作坚持以习近平外交思想为根本遵循和行动指南，优化外事综合管理，加强对外交流合作，提高涉外安全与应急处置能力。召开区委外事工作委员会第三次会议，审议通过《中共天津市滨海新区区委外事工作委员会2021年工作要点》《天津市滨海新区因公临时出国（境）管理办法（附政策解读）》。

（于　艳）

**【因公出国（境）管理】** 2021年，滨海新区结合疫情期间外事工作要求，从严抓好外事管理。按照《滨海新区因公出国（境）管理办法（附政策解读）》，规范申报程序，细化管理规定，明确纪律要求，提高工作效率。执行因公出国（境）团组行前教育制度，确保出访人员熟知各项出访纪律要求，提高因公出国（境）安全防护意识。全年执行因公出国（境）任务团组2批3人次，均为随国家卫健委团组执行援外医疗任务团组。

（白广明）

**【因公证照管理】** 2021年，滨海新区做好因公证照登记造册和保管工作，执行“同步办照”和“照随人走”的动态管理机制，证照收缴率100%。全年保管有效期内因公证照434本，其中公务普通护照433本。申请注销过期因公证照303本。

（白广明）

**【涉外疫情防控】** 2021年，滨海新区持续开通24小时外事热线，做好涉外政策解释和宣介工作。坚持全链条闭环管理，接驳外籍人员1453人次。为2097名外籍人员接种疫苗，计4829剂次。为康希诺等重点涉外企业编撰专项应急预案，处置金耐达企业、“萨哈林8”轮、“赛特”轮等涉外疫情突发事件。为复工复产提供精准服务，全年审核437家企业4102人次的入境申请。

（白广明）

**【外事活动保障】** 2021年，滨海新区配合国家有关部委、天津市有关委局完成多批次高级别外事访问团接待任务。完成第五届世界智能大会的外籍嘉宾邀请、接待任务，接待比利时欧洲科技商会、亚投行金立群行长率领的高管团组、第五届世界智能大会使节代表团、德国媒体采访团等团组80余人次到访新区。

（于　艳）

**【维护海洋权益】** 2021年，滨海新区完成远洋捕捞情况摸底调查，及时了解、跟踪取得涉韩入渔许可证的船舶、船员情况，配合有关部门做好新区4艘被扣缴纳担保金的渔船（津汉渔04851、津汉渔04833、津塘渔 03186、津塘渔 03887）相关维权、应急处置工作。

（于 艳）

**【友城交流合作】** 2021 年，滨海新区依托友城项目，协办中巴建交 70 周年庆祝活动开幕式、中巴友谊长跑、风筝展示、津巴美食节开餐仪式等系列活动。采用线上线下相结合方式，协助举办天津日本外籍人员子女学校新校舍乔迁纪念庆典。支持合作办学项目，协助做好天津茱莉亚学院外籍师生来华邀请及签证事宜，保障预科和研究生项目顺利开学。

（于 艳）

## 信访工作

**【概况】** 2021 年，滨海新区信访办打造“搭连心桥 做贴心人”特色品牌。将新区信访办“来访接待窗口”设立为“示范点位”。推进信访积案攻坚，强化矛调中心建设，规范网上信访事项办理。全区整体信访形势平稳可控。完善矛盾纠纷化解机制，探索多元化解途径，推进矛调化解工作高质量发展。滨海新区信访办被人民网评为“2021 年度人民网网上群众工作民心汇聚单位”。滨海新区社会矛盾纠纷调处化解中心被评为天津市维护社会稳定先进集体。

（魏 鹏）

**【信访积案办结】** 2021 年，滨海新区制定下发《开展重复信访积案“大起底、大化解”集中攻坚行动的通知》《关于进一步压实责任启动重复信访专项治理百日攻坚行动的通知》。将各项积案分别落实区级领导及责任单位主要负责人包案。建立日通报、周评议、旬提示督导、月约谈工作机制，及时对专项工作进展情况进行全区通报、调度，将专项工作列为信访考核重要指标。完成国家信访局、市信访办交办的 532 件重复信访积案攻坚化解任务。至年末，梳理排查出 83 件信访存量案件并全部按期办结。

（魏 鹏）

**【矛盾纠纷处置】** 2021 年，滨海新区应用“1+2+X 调处方式”（“矛调中心 + 来访人、属事单位 + 人民调解员、律师、心理咨询师、警察、家属、战友、邻里等”方式进行矛盾、诉求的调处化解）综合运用教育疏导、行政复议、劳动仲裁、司法调解、行政调解、法律诉讼等方式，突破各种化解瓶颈，提高群众诉求解决效率。完善联合接访、领导接待、访调对接、律师咨询、心理咨询等接访区块，根据接访实际需要，组织 14 个职能部门常驻、轮驻方式开展窗口来访接待工作。设立行政复议接待窗口，建立行政复议听证室，提高群众疑难诉求解决效率。

（魏 鹏）

**【网上信访办理】** 2021 年，滨海新区保障网上信访渠道畅通。通畅事项转办流程。全面建立台账要素、统一办理标准，逐件审查核对，及时沟通请示。转送和审核环节原则要求日清日结，特殊情况不超过 24 小时。落实临近时限多渠道提醒、预警、催办制度，确保每件信访事项在及时受理、按期答复基础上做到提速办理。落实“一沟通两见面”工作要求，督促责任部门主动引导群众进行满意度评价，建立健全群众主导的评价机制。坚持日通报制度。

（魏 鹏）

## 机关事务管理

**【概况】** 2021 年，滨海新区完成部门预算及部门三公预算公开和决算报表编报工作。配合区财政局完成 2017—2021 年公务员津贴补贴清理工作。推进部门整体支出绩效评价工作。规范平台公务用车使用管理，履行公车管理主体责任，做好公务用车审批，完成公务出行服务保障任务。规范固定资产台账登记流程，建立资产台账。规范管理办公用房，完成全区党政机关办公用房清理整改工作，统计核查 84 个区本级部门办公用房使用信息，清理腾退办公用房使用面积 3300 余平方米，对 15 个单位提出具体整改要求；为 26 个单位和部门调剂临时办公用房。处理全区 5 个集中办公区厨余垃圾 610 吨、其他垃圾 740 吨、可回收垃圾 16 吨、有害垃圾 0.24 吨。

（刘英燕）

**【政府采购】** 2021 年，滨海新区政府采购集中采购目录和采购限额标准，履行政府招标采购程序。完成文化商务中心、国泰大厦、政通大厦、春风路 946 号、新城家园 37 号楼、异地交流干部周转住房及租赁项目的政府采购工作。压缩所有物业服务项目物业费，结合实际工作和各物业项目具体情况，对物业服务项目内容合理调整，形成新的物业服务需求。完成年度政府采购项目汇总统计工作。

（刘英燕）

# 中国人民政治协商会议滨海新区委员会

## 综　述

**【概况】** 2021年，滨海新区政协组织政协各参加单位、各界政协委员突出团结和民主两大主题，注重建言资政和凝聚共识“双向发力”，履行政治协商、民主监督、参政议政职能。落实新时代政协宣传思想工作，讲好“滨城”故事、政协故事，获首届地方政协网络新媒体影响力最佳融合创新奖。

聚焦“坚持共同缔造理念，高标准建设美丽‘滨城’”开展专题协商，围绕“滨城”人口集聚问题进行专题研究。围绕“大力发展‘四新’经济”召开议政性常委会。专题调研新区工业互联网建设，为加快实施美丽“滨城”建设建言献策。做好疫情防控及创卫督导工作。发挥协商监督作用，就落实《滨海新区关于加快街镇经济发展的实施意见》开展监督调研，形成专项监督报告，为做优做强街镇经济添助力、增合力。

视察20项民心工程进展情况，围绕加快“健康滨海”建设开展调研，就优化学前教育规划布局开展跟踪性监督视察，推动落实改进工作取得成效。抓好民生建议促办。把民生问题列为提案促办的重点内容，由政府区长督办、政协主席促办、政协专门委员会协办。围绕推进科普基地建设、加强知识产权保护、传承“滨城”传统历史文化进行协商调研，提出的建议得到重视采纳。为偏远街镇居民开展义诊咨询，协调推动委员企业与部分社区文明共建，组织开展送文化、法律、科技进社区活动。落实精准扶贫要求，与太平镇红星村困难群众结对帮扶。

把握团结民主两大主题，加强与各民主党派、人民团体和各界委员的联系，做好凝聚人心、汇聚力量工作。邀请各界别群众代表参与协商活动，组织委员与有关部门、界别群众面对面协商沟通，畅通民意反映渠道。把推动协商向基层延伸作为履职重点，在5个开发区和部分社区、企业等基层单位探索建立政协委员活动中心（站、室）14个。开展“有事好商量”基层协商议事，围绕共建美丽社区、提升基层治理能力等议题，举办系列“微协商微议事”。增进各界团结联合。组织民族宗教界委员专题视察宗教场所，围绕界别群众普遍关心的问题深入调研协商。发挥区政协港澳台侨和外事委员会作用，专题调研侨资企业发展情况，强化宣传推介，吸引更多海内外人士来“滨城”投资兴业。

（马擘戬）

**【委员构成】** 2021年，滨海新区四届政协设置32个界别，政协委员440人，常委会组成人员（主席、副主席、秘书长、常务委员）88人。政协委员中，中共党员175人，占39.8%；党外代表人士265人，占60.2%。妇女145人，占33%。少数民族27人，占6.1%。无党派代表人士63人，占党外委员23.8%。非公有制经济人士和新的社会阶层人士88人，占20%。

（马擘戬）

**【团结联谊】** 2021年，滨海新区政协支持民主党派、工商联、人民团体和无党派人士在政协履职中发挥作用，密切与党外知识分子、非公有制经济人士、新的社会阶层人士联系。各党派团体在区政协全体会议、常委会会议等重要会议上建言70余次，在三届六次全体会议中提出集体提案17件，在四届一次全体会议中提出集体提案24件。建立界别召集人制度，密切同各界代表人士走访联系。

（马擘戬）

**【建言资政】** 2021年，滨海新区政协举办实地考察、专题协商、专题调研、监督调研、召开座谈会、实地走访企业、发放调研问卷、跟踪性监督视察、利用“委员活动站”开展“有事好商量”基层协商议事等视察协商活动38次，学习培训13次，形成调研成果85篇。

（马擘戬）

**【基层政协委员活动中心建设】** 2021年，滨海新区政协在5个开发区和部分社区、企业等基层单位探索建立政协委员活动中心（站、室）14个。建立常态化活动机制，组织委员围绕企事业单位和基层群众关心关注的问题，开展“有事好商量”基层协商议事，围绕共建美丽社区、提升基层治理能力等议题，举办系列“微协商微议事”，把“在政协”协商拓展为“群众中”商量。

（陆　杰）

**【获政协新媒体年度最佳融合创新奖】** 2021年，由《人民政协报》、人民政协网主办，在“传递政能量 传播政声音——首届人民政协新媒体发展论坛暨地方政协网络新媒体影响力排行榜颁奖礼”上，滨海新区在2020年度地方政协网络新媒体影响力排行榜中，获政协新媒体年度最佳融合创新奖（地市级）。

（马擘戬）

## 重要会议

**【概况】** 2021年，中国人民政治协商会议滨海新区第三届委员会召开全体会议1次、常委会会议6次、主席会议8次，区政协第四届委员会召开全体会议1次、主席会议1次。选举产生区四届政协主席、副主席、秘书长和常务委员。

（邵　鑫）

**【区政协三届六次全体会议】** 2021年1月12日—14日，中国人民政治协商会议天津市滨海新区第三届委员会第六次会议召开。滨海新区区委书记连茂君等领导出席会议。会议听取区长杨茂荣所作的政府工作报告和其他报告；审议批准工作报告和提案工作报告；审议通过人事事项。17名政协委员围绕进一步融入京津冀协同发展、建设世界一流智慧绿色港口、加强文化强区建设、推进宜居生态建设等方面议政建言。各民主党派、工商联、有关人民团体、区政协专委会和政协委员向大会提交书面发言。区政协委员、各参加单位和各专门委员会提交提案302件，经审查立案292件。

（邵　鑫）

**【区政协三届常委会会议】** 2021年，区政协三届常委会召开会议6次。

1月12日，中国人民政治协商会议天津市滨海新区第三届常委会召开第二十一次会议。会议通过中国人民政治协商会议天津市滨海新区第三届委员会委员增补名单。

1月14日，滨海新区第三届政协常委会召开第二十二次会议。会议审议通过第六次会议政治决议（草案）、常务委员会工作报告的决议（草案）和提案审查情况的报告（草案）》。

3月18日，滨海新区第三届政协常委会召开第二十三次会议。会议传达学习全国“两会”精神，部署政协全年履职工作。会议传达学习十三届全国人大四次会议、全国政协十三届四次会议主要精神，审议通过《滨海新区政协2021年工作要点》《滨海新区政协2021年度协商工作计划》，审议通过关于接受王红卫等人请辞政协滨海新区第三届委员会委员、常委职务的决定。会后举办常委专题学习，区发展改革委负责人通报美丽“滨城”建设实施意见和2021年攻坚行动方案。

6月23日，滨海新区第三届政协常委会召开第二十四次会议。会议围绕“坚持共同缔造理念，高标准建设美丽‘滨城’”开展专题协商，建言献策。会议通过滨海新区政协关于表彰三届四次会议以来优秀提案的决定。区政协主席韩远达主持会议并讲话。区委常委、常务副区长贾堤出席。

9月15日，滨海新区第三届政协常委会召开第二十五次会议。会议围绕大力发展“四新”经济开展专题协商。审议通过《关于同意马延和同志辞去政协天津市滨海新区第三届委员会副主席、委员职务的决定》《关于同意张军武同志辞去政协天津市滨海新区第三届委员会副主席、委员职务的决定》。区政协主席韩远达主持会议并讲话。副区长梁春早出席。

11月30日，滨海新区第三届政协常委会召开第二十六次会议。会议审议通过政协滨海新区第四届委员会参加单位、委员名额和委员人选名单；审议通过关于召开政协滨海新区第四届委员会第一次会议的决定；通过四届一次会议日程和议程草案，审议并原则通过常务委员会工作报告和提案工作报告》；审议通过《关于授权主席会议通过政协天津市滨海新区第三届委员会常务委员会第二十六次会议未尽事宜的决定》。

（邵　鑫）

**【区政协三届主席会议】** 2021年，区政协三届委员会召开主席会议9次。

1月12日，中国人民政治协商会议滨海新区第三届委员会召开第三十三次主席会议。会议审议通过政协滨海新区第三届委员会委员增补名单草案。

1月13日，滨海新区政协第三届委员会召开第三十四次主席会议。会议审议拟提交各组讨论的大会《政治决议（草案）》《关于常委会工作报告的决议（草案）》；听取各组讨论《政府工作报告》、“十四五”规划和二〇三五年远景目标纲要草案和政协常委会情况汇报。

1月14日，滨海新区政协第三届委员会召开第三十五次主席会议。会议审议政协滨海新区第三届委员会第六次会议政治决议（草案）和常务委员会工作报告决议（草案）；审议政协滨海新区第三届委员会第六次会议提案审查情况的报告（草案）。

3月10日，滨海新区政协第三届委员会召开第三十六次主席会议。会议传达学习贯彻习近平总书记重要讲话精神和市委、区委部署要求，研究政协下一步工作。

6月18日，滨海新区政协第三届委员会召开第三十七次主席会议。会议审议通过关于召开中国人民政治协商会议滨海新区第三届委员会常务委员会第二十四次会议的决定，听取区政协三届第二十四次常委会会议筹备工作进展情况汇报并审议常委会会议发言材料，审议通过《政协天津市滨海新区委员会提案委员会提案审查工作细则》《政协天津市滨海新区委员会评选表彰优秀提案实施办法》，审议《滨海新区政协关于表彰三届四次会议以来优秀提案的决定（草案）》。

9月8日，滨海新区政协第三届委员会召开第三十八次主席会议。会议审议通过关于召开政协滨海新区第三届委员会第二十五次常委会会议的决定，听取区政协三届第二十五次常委会会议围绕“大力发展四新经济”建言献策前期筹备工作进展情况汇报并审议常委会会议发言材料，审议有关人事事项。

11月29日，滨海新区政协第三届委员会召开第三十九次主席会议。会议审议政协滨海新区第四届委员会参加单位、委员名额和委员人选名单（草案）；审议通过关于召开政协滨海新区第三届委员会常务委员会第二十六次会议的决定；审议区政协四届一次会议有关事项。

12月8日，滨海新区政协第三届委员会召开第四十次主席会议。会议审议通过政协滨海新区第四届委员会第一次会议预备会议议程，通过政协滨海新区第四届委员会第一次会议主席团、主席团会议主持人、主席团常务主席、大会秘书长、副秘书长建议名单，审议提案审查委员会名单（草案）、分组办法和各组召集人名单（草案）等。

12月31日，滨海新区政协第四届委员会召开第一次主席会议。会议审议通过关于召开政协滨海新区第四届委员会常务委员会第一次会议的决定；审议关于设置政协滨海新区第四届委员会专门委员会的决定（草案）、各专门委员会主任、副主任名单（草案）；审议通过各专门委员会组成人员名单；审议区政协2022年工作要点（草案）、协商工作计划（草案）；商定区四届政协主席、副主席分工。

（邵　鑫）

**【区政协四届一次全体会议】** 2021年12月11日—13日，中国人民政治协商会议滨海新区第四届委员会第一次会议召开。天津市委常委、滨海新区区委书记连茂君等领导出席会议。市委换届选举工作第一督导组组长么俊东及督导组成员到会指导。会议听取区长单泽峰所作的《政府工作报告》及其他有关报告；听取和审议区三届政协常委会工作报告和提案工作报告；选举区四届政协主席、副主席、秘书长和常务委员；审议通过区政协四届一次会议政治决议、常委会工作报告决议、提案工作报告决议和提案审查情况的报告。10名政协委员围绕打造全国重要国际离岸贸易中心、推进智慧城市建设、助力民营经济高质量发展、提升“滨城”医疗体系建设水平、完善社会救助保障体系等方面议政建言。各民主党派、工商联、有关人民团体、区政协专委会和政协委员向大会提交书面发言。本届政协以来，区政协委员、区政协各参加单位和各专门委员会提出提案1468件，经审查立案1361件。

（邵　鑫）

## 协商议政

**【概况】** 2021年，滨海新区政协组织18次协商议政活动，发挥新区政协智库专业优势，加强协商活动的专家参与。邀请各界别群众代表参与协商活动，组织委员与有关部门、界别群众面对面协商沟通。

（陆　杰）

**【共建“滨城”专题协商】** 2021年，滨海新区政协开展“爱滨城、勇担当、做贡献”活动，召开“砥砺前行、同心追梦”研讨会，与区人大联合召开区情通报会并形成机制。着眼加快实施“五大战略”“四大工程”，聚焦“落实共同缔造理念，高标准建设美丽‘滨城’”开展常委会专题协商，针对城市空间布局优化、推进“双碳”工作、加快新基础设施建设等形成28篇建言成果和专题协商报告。围绕“滨城”人口集聚问题开展专题研究，建言以人才带产业、以产业聚人口、产城人融合发展，为改进相关工作提供借鉴。组织视察“871”生态工程，实地考察海绵城市示范项目，专题调研北大港湿地保护。

（陆　杰）

**【产业体系建言献策】** 2021年，滨海新区政协着眼推进“1+3+4”产业体系建设，围绕“大力发展‘四新’经济”召开议政性常委会，就壮大主导产业集群、加快“信创谷”“细胞谷”建设、打造国际化营商环境等问题提交 27 篇建言成果。专题调研新区工业互联网建设，针对以工业互联网助推新区现代工业体系建设形成建言报告，区委主要领导批示政协建议质量较高、针对性强，区网信办、工信局专题研究推进。

（陆　杰）

## 政协提案

**【概况】** 2021 年，滨海新区政协提案委员会在区政协三届六次全会和区政协四届一次全会，收到提案 600 余件，经审查立案 560 件。其中，委员提案 517 件，各民主党派、有关人民团体等集体提案 43 件。关于经济建设提案 232 件，占 41%；政治建设提案 38 件，占 7%；文化建设提案 56 件，占 10%；社会建设提案 203 件，占 36%；生态文明建设提案 31 件，占 6%。

（陆　杰）

**【“关于加强自贸区自创区‘双自联动’促进生物医药产业发展建议”摘要】** 2021 年，张洪强委员提出提案“关于加强自贸区自创区双自联动，促进新区生物医药产业发展建议”。一是建议加强顶层设计，出台“双自联动”实施方案。从顶层设计的高度确立“双自联动”作为主导发展模式的地位，优化产业发展布局，驱动新区及全市经济高质量发展。二是建议优化模式创新，探索“双自联动”发展路径。制度创新与科技创新的联动，即国际投资贸易规则与创新转型升级的对接联动，充分发挥两大国家战略叠加效应，使自贸区和自创区真正形成改革开放的合力和创新转型的红利。三是建议出台前瞻政策，破除“双自联动”发展瓶颈。聚焦企业研发、孵化、产业化等方面需求，探索体制机制创新，为生物医药产业提供更多优惠政策，促进产业集群不断升级。四是建议增强金融扶持，激活“双自联动”发展动力。自创区科技创新的股权激励、三板市场等多层次资本市场建设结合，打通创投资本的“进退通道”，通过建设科技金融、创新成果转化等平台，实现区域空间载体升级、企业集聚和功能拓展。五是建议改善营商环境，便捷“双自联动”发展状态。加快政府职能转变，持续推动《优化营商环境条例》的落实，优化办事流程，在投资企业管理上“去行政化”，创新审批模式。

（马擘戬）

**【“关于切实抓好《天津市文明行为促进条例》落实促进城市文明程度实现新提高的建议”摘要】** 2021 年，孙德红委员提出提案“关于切实抓好《天津市文明行为促进条例》落实，促进城市文明程度实现新提高的建议”。一是建议宣传教育到位。一方面，各街道社区要发挥广泛联系居民的主渠道作用，不断增强《文明条例》宣传的影响力，提高广大市民知晓程度和重要意义的认识。另一方面，充分发挥报社、电台、电视台网站、微信等新媒体的作用，引导市民自觉做文明人，革除陋习，增强法治的道德底蕴，提高全体市民的文明素养。二是建议督促检查到位。要主动作为，深入基层察实情，对出现不文明的行为实现现场执法，达到宣传教育的目的。设立不文明行为举报电话、收集视频、照片、现场记录等形式，及时发现纠正制止不文明行为，不断推动《文明条例》全面落实，实现立法的目的，发挥法律的作用，提高法律实效。三是建议监督惩戒到位。对违反《文明条例》的行为人要采取各种有效的方法，不断增强法治观念，树立遵守守法意识，鼓励其参加文明行为促进工作相关的社会服务，亲身感受文明城市建设的责任，推动形成自我约束、自我管理、自我规范的良好氛围，不断提升城市文明程度。

（马擘戬）

**【“关于提升我区社区服务和治理能力水平的建议”摘要】** 2021 年，张金香委员提出提案“关于提升我区社区服务和治理能力水平的建议”。一是建议强化科技支撑，升级“互联网 + 社区”服务体系。一方面加快推进“滨海通办”线上服务平台的建设，另一方面积极向市有关部门呼吁建立“全市通办”平台，实现数据共享，资源共享。二是建议转变观念，适当为社区“减负”。要进一步理清政府和社区之间的关系，坚决避免社区过于机关化、行政化问题。改进工作作风，提升工作质效，增强基层工作力量，切实让社区“减负”减到实处，让社区做好社区应该做的事。三是建议明确社区职责，科学分解社区负担。让社区回归服务自治本位，不断提升社区治理能力水平。完善社区工作准入机制，梳理社区承担的各项任务，对社区本职工作、需要协助工作、职责外工作进行详细分类，明确责权利主体。四是建议加强社区干部队伍建设。要制定有吸引力的政策，鼓励和吸引优秀人才到社区工作中，大规模培养社区工作专业人才队伍，同时在招聘职业社工和志愿者时要适当考虑到性别比例严重失调的问题。五是建议努力打造“全科医生”式的社区队伍。全面推行“全岗通”制度，实行首问负责、一口受理，实现“一人在岗、事项通办”服务格局。

（马擘戬）

**【“关于优化新区营商环境的建议”摘要】** 2021 年，九三学社区委会提出提案“关于优化新区营商环境的建议”。建议：一是层层落实建设高水平营商环境的目标，广泛统一思想，全面强化推进。大力宣传营商环境对于新区高质量发展的重大意义，完善相关目标体系，层层传递压力，压实责任任务，推动各开发区、各部门、各街镇主动承担起优化营商环境建设的责任任务。对表现优秀的部门和个人给予重点奖励，为建设高水平营商环境营造良好氛围。二是以完善诚信体系、法治体系建设为目标，健全高标准、国际化的营商环境评价指标体系。构建涵盖各开发区、区政府职能部门、各街镇、园区，以及广大国企、民企、外企、辖区居民在内的全面市场诚信体系及评价指标体系，将政府各部门营商环境评价指标纳入绩效考核，定期公布、反馈考核结果。三是建立健全高水平营商环境配套制度。围绕引商、安商、助商、惠商的营商环境建设核心，不断建设、持续改进与之相配套的招商引资、人才引进、项目投融资、土地和商住房屋配套、公共基础设施和公共服务配套供给、民商事纠纷调解等方面的制度，打造1–2个国际化程度较高的商事仲裁委员会，提高我区在国际民商事仲裁的地位与影响力。四是优化司法服务，坚持公平和效率的统一。良好的营商环境离不开公正、高效的司法环境。积极学习深圳、苏州、杭州及其他地区相关经验，坚持公平和效率相统一，不断优化服务模式，为改善营商环境提供优质的司法服务和有力司法保障。

（马擘戬）

**【“关于滨海新区办好社区老年食堂的建议”摘要】** 2021年，九三学社区委会提出提案“关于滨海新区办好社区老年食堂的建议”。建议：一是各级领导和工作人员要深刻认识建设社区老年食堂的意义，把好事办好，争取惠及更多的老年群体。党中央高度重视养老服务工作，要把政策落实到位，惠及更多老年人。二是要按照社区、老年群体的分布和食堂现状，完善老年食堂布局，拾遗补缺全覆盖。尽量利用街道或社区可腾出的服务用房和废弃的车棚、仓库，已经出租的社区服务用房应予收回改做食堂，社区可利用的用房优先向养老事业倾斜。三是切实解决老年食堂经营者的资金困难，帮扶老年食堂健康发展。允许经营者以老年食堂为基础，简营社区商业、老年娱乐、理疗、保健、学习培训等活动获取合理收益，来弥补老年食堂的亏损。四是制定切实措施，把新区政府对老年食堂的关怀落到实处。建议民政、街道，将辖区内老年食堂的经营情况摸底，对老年食堂的监管指标分解落实人头，并和职能人员的职责挂钩。

（马擘戬）

**【“关于大力发展街镇经济的建议”摘要】** 2021年，董宏委员提出提案“关于大力发展街镇经济的建议”。建议：一是进一步加强招商引资队伍建设。设立专业的投资引进机构，树立主动的招商形象，并加快社会基础设施的建设。逐步改进招商引资模式，加快建设服务型政府，提高招商引资项目质量，打造“清、亲”的政商关系。招商政策制定要向注重技术进步，产品与服务升级，产业结构调整优化方向转变，由注重政绩考核向尊重民意更能促进地区可持续发展方向转变。二是强化街镇招商队伍建设，完善招商工作评价考核体系，注重选派综合素质高，有工作经验能担当有作为的干部充实到招商引资的队伍中来，把招商、经济发展工作纳入年终目标考核，对招商引资先进个人和部门应给与相应的奖励。三是出台鼓励政策，动员本区域商、企、党员干部，人人参与，形成良好发展经济的氛围，街镇要与本区域商协会共同努力以商招商，促进优质项目优质资本高级专业人才，大专院校的实验室项目向街镇聚集，街镇要根据实际情况制定实际的发展规划。四是优化提升营商发展环境，建设服务型政府，以家庭主妇式的思想意识，专业服务企业，让外地客商了解我区经济发展成果及投资环境，破解拼资源、拼政策、拼人力的传统招商瓶颈问题，让投资客商全面了解我区情况，提高知晓率，打造服务第一的营商氛围，让诚信政府在招商引资工作上体现出滨海的风采。五是腾地换企。政府相关部门出台政策将各街镇、各园区一些企业在几年前以低价购得的土地至今尚未开发且没有项目的土地回收回来，安置招商引资来的项目了，使政府对各园区的投资有所回报。六是大小项目一起抓。招商不仅以高大上的项目为目标，也应带动中小微企业共同发展，拉动基层群众就业。七是各街镇、园区要有严格的招商制度考核，要政治、经济一手抓。

（马擘戬）

**【“关于提升安全应急消防职业技能的建议”摘要】** 2021年，魏海委员提出提案“关于提升安全应急消防职业技能的建议”。建议：一是落实企业主体责任，完善培训计划和重点任务。开展在岗员工安全技能提升培训，构建针对性的培训课程体系和考核标准，重点提升基本技能水平和操作规程执行、岗位风险管控、安全隐患排查及初始应急处置能力。二是健全技能培训制度，全面提升应急处置能力。健全“师带徒”制度，出徒后方可独立上岗作业。推行“招工即招生、入企即入校、企校双师联合培养”的企业新型学徒制培养。三是推动技能型人才终身教育，拓展学历教育上升通道 。构建终身制教育体系，适应社会对技能型、管理型人才的需求。

高等学历教育院校可充分利用职业技能培训机构的消防模拟设施备，以见习、训练基地的形式，增加仿真消防设施的技能操作课程，提高实操能力。四是实行技能培训补贴，规范培训考核标准体系。落实技能培训补贴政策，细化有关资金补贴条件和具体标准。加快构建技能实训条件件标准、考试标准体系，实行备案制登记管理，加强对技能培训机构监督管理，纳入日常执法检查。

（马擘戬）

**【政协提案办理】** 2021 年，区政协三届六次全会所收提案全部办复完毕，满意率 100%。其中，解决和基本解决 164 件，占 71.3%；列入部门工作计划的 65 件，占 28.3%；列入工作参考的 1 件，占 0.4%。四届一次全会收到提案 350 件，经审查立案 329 件。其中，委员提案 312 件，各民主党派、有关人民团体等集体提案 17 件。关于经济建设提案 156 件，占 47%；政治建设提案 19 件，占 6%；文化建设提案 31 件，占 10%；社会建设提案 104 件，占 32%；生态文明建设提案 19 件，占 5%。

（陆　杰）

## 视察调研

**【概况】** 2021 年，滨海新区政协坚持以人民为中心的发展思想，聚焦民生改善、重大项目建设和街镇经济发展，组织开展形式多样的视察调研活动，看亮点、强信心、聚共识，积极助力新区高质量发展。

（陆　杰）

**【民生工程视察调研】** 2021 年，滨海新区政协以“政协委员看‘滨城’”为主题，组织委员视察 20 项民心工程进展情况。专题视察滨海新区中医医院建设，围绕加快“健康滨海”建设开展调研，针对促进新区大健康产业发展提出对策建议。组织委员围绕优化学前教育规划布局开展跟踪性监督视察，推动落实改进工作取得成效。围绕推进科普基地建设、加强知识产权保护、传承“滨城”传统历史文化进行协商调研。重点促办涉及食品安全的提案，专项视察群众健身设施建设管理情况。畅通社情民意反映渠道，发挥 96 名特邀监督员、60 名特邀信息员作用，通过《政协民声专报》等形式，关注和推动民生实际问题解决。联合民主党派组织医卫界政协委员、党派成员为偏远街镇居民开展义诊咨询。协调推动委员企业与部分社区文明共建，组织开展送文化、法律、科技进社区活动。落实精准扶贫要求，与太平镇红星村困难群众结对帮扶。把搞调研、办实事作为推进学习教育取得扎实效果的重要途径，形成 12 篇重点调研成果。

（陆　杰）

**【街镇监督调研】** 2021 年，滨海新区政协深入各街镇就落实《滨海新区关于加快街镇经济发展的实施意见》开展监督调研，通过召开座谈会、实地走访企业、调研问卷等形式，掌握第一手资料，会同街镇围绕完善联动发展机制、落实招商激励政策等问题共商对策，形成专项监督报告，组织街镇工委、商促局等部门召开专题研究 2 次。

（陆　杰）

**【重大项目走访】** 2021 年，滨海新区政协组织委员视察开发区重大项目建设，深入 110 余家企业开展走访服务，了解企业生产经营现状，帮助企业协调解决实际问题。组织委员调研农业科技企业发展，针对加快农业产业园建设、拓展农民就业增收渠道等提出建议，助推相关政策落实落地。

（陆　杰）

**【会前视察】** 2021 年，区政协组织开展“政协委员看滨城”暨区政协四届一次会议会前集中视察活动。区政协主席团会议组成人员、各民主党派负责人、政协各专门委员会主任以及新一届区政协委员 300 人参加，集中视察分 7 组，并进行视察动员。委员们先后视察美丽“滨城”规划展览馆、天津茱莉亚学院、神华（天津）新能源技术有限公司、小王庄镇徐庄子村古枣乡居民宿、天津港智慧港口、东疆港沙滩公园、天津滨海—中关村协同创新示范基地、滨海新区中医医院、国家海洋博物馆、季景峰阁智慧小区、七一二通信广播有限公司、长城汽车制造有限公司、生态城智慧中心和清华大学天津电子信息研究院项目。

（陆　杰）

## 专门委员会

**【概况】** 2021 年，滨海新区政协各专门委员会聚焦构建“双城”格局、推进“滨城”发展，推进建言资政和凝聚共识上双向发力。坚持“知情、献计、出力”的工作思路，突出界别特点，以助推京津冀协同发展战略的实施和滨城建设为目标，围绕文化惠民、“三农”重点工作、构建现代产业体系、疫情防控工作、街镇经济发展等内容资政建言，献策谋招。

（孙　聪）

**【提案委员会工作】** 2021 年，滨海新区政协提案委员会以《做好新时代人民政协提案工作》《人民政协提案工作 70 年》为教材开展读书活动，建立完善提案工作制度，发挥委员作用。多次组织委员调研、论证，完成重点调研报告《关于坚持共同缔造理念，高标准建设美丽滨城》《关于加快新区文旅游产业，推动新区高质量发展》。开展2020—2021年度优秀提案评选工作，表彰优秀提案63件。修订《提案工作条例》《提案审查工作细则》《优秀提案和先进承办单位评选表彰暂行办法》3项制度。

（孙　聪）

**【经济委员会工作】** 2021年，滨海新区政协经济委员会组织委员到汇智星源信息技术有限公司、华为天津鲲鹏生态创新中心，禧天龙公司等工业互联网平台公司和应用企业进行专题调研，与工信、科技等政府部门座谈研究，完成《以工业互联网助推滨海新区构建现代工业体系》调研报告。围绕金融业就进一步争取审批权限下放、赋能支持先进制造业发展、充分释放金融产业创新活力、引进保险业总部企业等方面形成建议和措施，形成《释放空港保险产业园潜能，助力先进制造业发展》的调研报告。组织委员和有关专家在充分调研基础上，提出进一步发展具有强大人口集聚功能的特色主导产业、构建便利舒适生活环境、加强北京人口导入力度等方面等建议，完成《关于双城格局下加快"滨城"人口集聚的建议》。组织委员会同港澳台侨和外事委员会、部分经济界别的政协委员，到区知识产权保护中心开展专题协商。开展经常性深入企业调研服务活动，全年走访企业30余家。

（孙　聪）

**【农业和农村委员会工作】** 2021年，滨海新区政协农业和农村委员会专委会围绕发展街镇经济、实施乡村振兴战略、提升农村公共文化服务水平等方面形成调研报告。《关于街镇经济发展的建议》调研成果在区政协三届六次全会上作口头发言；《关于乡村传统文化传承和保护的建议》在市政协专题协商会上作书面发言。围绕建立长效机制，巩固双创成果开展督导视察。组织委员深入有关街道、社区开展督导活动，针对小区绿植缺失、车辆乱停乱放等问题提出合理化建议。组织委员围绕街镇经济发展情况深入部分街道，就加快街镇经济发展调研督导，与街道就健全和完善街镇与开发区协同招商机制、招商线索推送响应机制、加强税收和财政核算返还流程知识培训等方面提出意见建议。组织委员深入部分街镇、村居就人居环境整治长效机制建设开展专题视察，委员们就建设规划、环境整治、基础设施建设等问题提出意见建议。

（孙　聪）

**【科技教育委员会工作】** 2021年，滨海新区政协科技教育委员会撰写《强化"创新主体"与"创新服务主体"同步引育　加快先进制造业研发基地建设》《打造"协创平台"与"创新特区"双引擎　提升自主创新能力》《创新优化大学科技园组织模式　助力新区"四新"经济发展》等7篇发言材料。围绕产业创新平台建设开展调研，形成《优化产业创新市场化生态　加快先进制造业研发基地建设》调研报告。深入企业围绕网络货运发展开展调研，形成《促进新区网络货运加快发展的建议》调研报告。围绕推进教育优质均衡发展，与民进区委会开展联合调研，形成《关于深化新区与区外名校合作办学的建议》调研报告。组织完成市政协十四届十九次"探索城市发展格局新路径　打造'津城''滨城'双城发展格局"议政性常委会发言材料调研起草工作，形成《优化产业创新市场化生态　加快先进制造业研发基地建设》专题发言；组织完成市政协"强化知识产权保护体系建设"专题协商会发言材料《关于中国（天津）自由贸易试验区知识产权工作发展的建议》的调研起草工作。组织区科技局、区教体委就知识产权工作开展调研视察、建言献策。

（孙　聪）

**【人口资源环境和城市建设委员会工作】** 2021年，滨海新区政协人口资源环境和城市建设委员会组织委员参加《中共中央关于新时代加强和改进人民政协工作的意见》专题辅导。组织委员深入空港经济区察看生态防护林工程建设情况，就细化规划方案、创新运作模式、加强苗木种植养护、严把质量、严格管控区监管等方面提出意见和建议。围绕深入开展"爱滨城、聚共识、勇担当、做贡献"活动，聚焦美丽"滨城"建设攻坚行动方案实施，专门组织人资环城建委的部分委员，与区交通运输管理局就"加强两翼公交提升改造，方便群众出行"开展专题协商工作。组织城建委部分委员深入塘沽街道督导创建文明城区督导包保工作，汇总整理《区政协创文督导视察意见》，督促相关部门务实高效进行整改。以委员企业、科技企业、民营中小企业为重点，完成咨询和政策解答和定期走访企业委员等工作。

（孙　聪）

**【医疗卫生体育委员会工作】** 2021年，滨海新区政协医疗卫生体育委员会就加强防控体系建设提出意见建议。结合实施新区"十四五"规划，组织开展疫情防控常态化工作调研。围绕专题开展重点调查研究工作，形成《关于立足"滨城"、辐射"津冀"，加速推进新区中医高质量发展的建议》调研报告，为高质量发展新区卫生事业提出对策建议。组织参加北大港湿地管理和生态屏障保护绿化带建设情况视察和协商活动。加强与市政协医疗卫生体育委员会联动，座谈协商议题，交流促进加强基层公共卫生服务体系和群众健康的工作经验。坚持开展义诊咨询活动。连续深入偏远乡村开展义诊咨询活动，开展送医药、送健康活动，创建专委会为民服务工作品牌。与农工党区委会、九三学社区委会联合，组织大港医院、大港中医医院，大港华兴医院等单位医疗专家，到海滨街道沙三村和求实社区为200余名群众进行义诊咨询。组织委员实地检查推动创文工作，对照指标体系，查找问题和短板，围绕重点问题和薄弱环节积极谋策建言。

（孙　聪）

**【社会和法制委员会工作】** 2021年，滨海新区政协社会和法制委员会深化调研实践，建立委员履职档案和考核登记制度。召开“关于提升我区社区服务和治理能力水平”重点提案主席促办协商会，带领部分社法委委员深入寨上街道平阳里、惠阳里和朝阳花园社区，实地调研社区党建、社会组织运行管理、老旧小区改造情况，详细了解社区在加强社区建设和治理、提升服务群众能力相关工作情况，会同区有关部门、政协委员就推动加强社区建设，提升基层社会治理水平等提出意见建议。组织委员参加评选2016—2020年天津市普法工作先进个人、司法监督、普法宣传等活动，完成区政协社会和法制委员会司法工作总结等资料报送。加强与政协委员的沟通和联系。加强与政府有关对口部门联系沟通，做好知情议政工作，加强与民主党派、工商联、人民团体的联系与合作，开展协同调研活动。

（孙　聪）

**【民族和宗教委员会工作】** 2021年，滨海新区政协民族和宗教委员会组织委员参加《中共中央关于新时代加强和改进人民政协工作的意见》专题辅导。组织委员收看市政协专题视频讲座。发挥区政协民族宗教委员会微信群作用，及时发布中央、市区委会议精神和政协工作动态。围绕贯彻落实党的民族政策，疫情常态化防控，鼓励民族宗教界委员为促进新区民族团结进步和社会和谐稳定建言资政。委员们选择经济社会发展中的热点和难点问题开展调查研究、建言献策。组织委员察看疫情防控、文明创建和建设改造、规范经营、环境整治等情况，为疫情防控和创建文明城区提出建议。组织参加市政协组织的天津市、区民族宗教工作交流会，交流协商平台载体的做法和成效。以委员企业、科技企业、民营中小企业为重点，完成咨询、政策解答和定期走访企业委员等工作，解决界别群众的生活难题。

（孙　聪）

**【文化和文史资料委员会工作】** 2021年，滨海新区政协文化和文史资料委员会组织委员开展新区国家文化和旅游消费试点城市建设工作视察。深入中新天津生态城方特熊出没酒店、市级工业旅游示范基地康师傅品牌体验馆、中新药业现代中药产业园，了解企业规划，智能发展、创新体验等方面发展情况并提出意见建议。围绕加强历史文化资源传承与保护开展调研。深入天津碱厂厂史馆和永利碱厂旧址视察，召开专题协商会，委员们就制定保护开发规划、建设博物馆场馆意义、数字化应用、史料征集挖掘等提出意见建议，形成《规划建设范旭东博物馆保护传承滨海新区历史文化资源》调研报告。配合市政协组织有关委员深入中新天津生态城就促进全域旅游高质量发展开展调研视察活动。完成市政协专题协商会发言材料《高质量发展全域旅游，助力美丽滨城建设》的调研起草工作。组织委员和机关干部开展庆祝中国共产党成立100周年书画笔会活动，并报送优秀作品参加市政协书画展。

（孙　聪）

**【港澳台侨和外事委员会工作】** 2021年，滨海新区政协港澳台侨和外事委员会组织委员聚焦新区“四新经济”发展深入开展调研。围绕“以大数据信息平台建设推进新区‘大数据＋化工新材料’融合发展”，提出建立网络化协调创新平台、推进数据资产管理和共享开放、降低化工新材料企业应用大数据技术门槛，打造标杆企业等建议；就“完善跨境电商多式联运体系建设”进行调研，提出依托天津港国际航运枢纽港优势，鼓励开辟海运快线，加强邮政和航空、铁路等的融合发展，为邮政速递服务跨境电商创造条件等建议，形成调研成果。组织委员聚焦加快美丽“滨城”建设关注民计民生，围绕完善社会救助保障体系、共享经济社会发展成果开展调研，提出统筹做好最低生活保障与医疗、教育、住房等社会救助政策以及促进就业政策的协调衔接；完善“救急难”服务平台，推动相关职能部门、社会组织之间的网上转办和转介；加强社会救助家庭经济状况核对机制建设，利用信息化技术，提高服务对象认定的精准性等提出建议。联合经济委员会，组织部分港澳台侨、外事委委员和部分经济界别的政协委员，到区知识产权保护中心开展专题协商。组织委员到区政务服务办事大厅，围绕持续深化“放管服”改革、依法平等保护各类市场主体、打造公平公正的法治环境、营造宜居宜业的人文环境等方面提出意见建议。

（孙　聪）

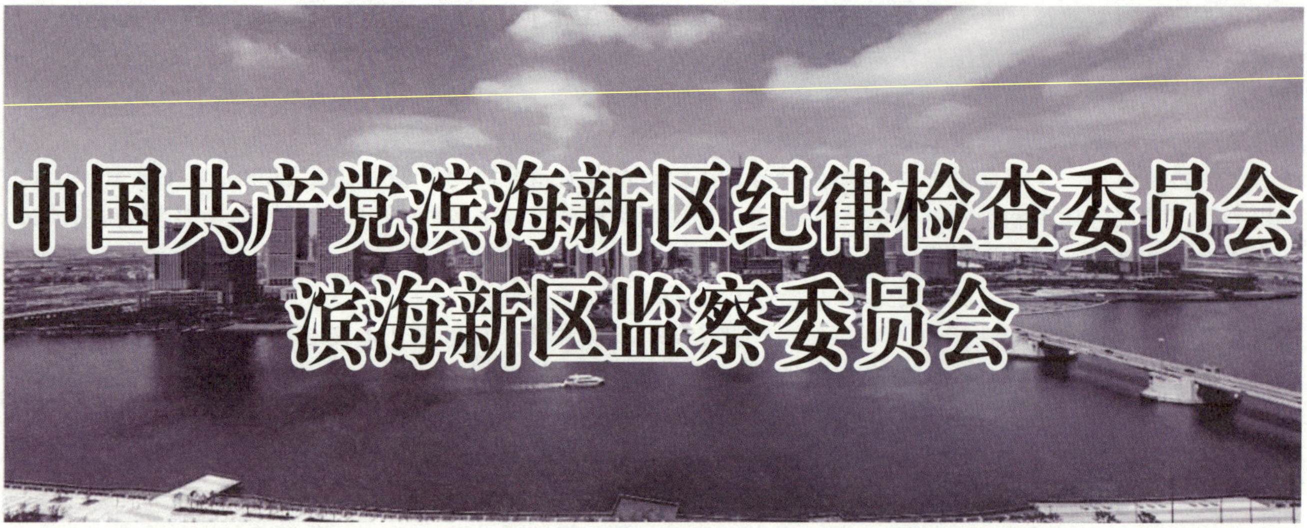

# 中国共产党滨海新区纪律检查委员会
# 滨海新区监察委员会

## 综　述

2021年，滨海新区纪委监委坚持以习近平新时代中国特色社会主义思想为指导，抓好党风廉政建设和反腐败斗争，深化不敢腐、不能腐、不想腐一体推进。聚焦“国之大者”加强政治监督。制定《滨海新区“十四五”规划重点任务监督工作台账》，细化任务。监督推动中央、市委巡视反馈意见整改落实。制定专项监督方案，全面落实巡视整改政治责任，确保各项整改任务落实到位、见底清仓。加强对“一把手”和领导班子监督，对全区86个部门和单位2020年度政治生态建设情况进行考核评价，推动净化政治生态往深里抓、向实处做。与市委巡视同步开展供销社系统巡察、涉粮领域专项巡察，对12家区管单位所属16家企事业单位开展深化改革专项巡察，对20个镇街党（工）委开展巡察整改“回头看”。加强纪检监察机关规范化法治化正规化建设，围绕新区高质量发展大局发挥监督保障执行、促进完善发展作用。

12月14日，中共天津市滨海新区第四次代表大会选举产生区纪委委员35名。

（刘洋旭）

## 重要会议

【概况】　2021年，滨海新区纪委监委多次召开会议传达学习贯彻习近平总书记关于全面从严治党、党风廉政建设和反腐败斗争重要指示批示，落实党中央、中央纪委国家监委、市委、市纪委监委和区委相关部署要求，推动纪检监察各项工作开展。全年，三届全体会议召开3次，四届全体会议召开1次。

（刘洋旭）

【区纪委三届九次全体会议】　2021年1月19日，中共天津市滨海新区纪委三届九次全体会议召开，组织22家单位党委（党组、工委）书记述责述廉，开展询问质询并民主评议。其中，区教育体育局、区工业和信息化局、区住房和建设委员会、区政务服务办公室、区金融工作局、塘沽街道、杨家泊镇、太平镇、小王庄镇、海泰控股集团10家单位党委（党组、工委）主要负责人向全会做口头述责述廉，区总工会、团区委、区工商联、区红十字会、区人民法院、区人民检察院、区审计局、泰达街道、新村街道、大沽街道、海滨街道、生态城投资公司12家单位党委（党组、工委）主要负责人向全会做书面述责述廉。区纪委委员、区监委委员、各纪检监察组织主要负责人、部分特约监察员等117人参加会议。

（马　魁）

【区纪委三届十次全体会议】　2021年2月8日，中共天津市滨海新区纪委三届十次全体会议召开。全会审议通过区委常委、区纪委书记、区监委主任王琴代表区纪委常委会所作《坚定不移推进纪检监察工作高质量发展　为加快建设美丽滨城提供坚强保障》的工作报告，总结2020年纪检监察工作，部署2021年工作任务，审议通过区纪委四届十次全体会议决议。

（刘洋旭）

【区纪委三届十一次全体会议】　2021年11月25日，中共天津市滨海新区纪委三届十一次全体会议召开。全会审议通过中共滨海新区第三届纪律检查委员会向中共滨海新区第四次代表大会的《牢记初心使命　忠诚履职尽责　坚定不移推进党风廉政

12 月 4 日，中共天津市滨海新区纪委四届一次全体会议　　贾成龙　摄

建设和反腐败斗争　为建设美丽“滨城”提供坚强保障》的工作报告，审议通过区纪委三届十一次全体会议决议。

（刘洋旭）

【区纪委四届一次全体会议】　2021 年 12 月 4 日，中共天津市滨海新区纪委四届一次全体会议召开。全会通过《中国共产党天津市滨海新区第四届纪律检查委员会第一次全体会议选举办法》，选举王琴为区第四届纪委书记，袁守奎、马红刚、刘欣为副书记，崔笑飞、卢文青、袁杰、周刚、张振毅为区纪委常委。

（刘洋旭）

【区纪委常委会会议、监委会会议】　2021 年，滨海新区纪委监委召开区纪委常委会会议 47 次、监委会会议 46 次，深入传达学习习近平总书记重要讲话精神和党中央、中央纪委国家监委、市委、市纪委监委以及区委决策部署要求，研究贯彻落实措施。研究区纪委监委机关加强党的建设、落实意识形态工作责任制等工作。研究审议全面从严治党、党风廉政建设和反腐败工作有关制度、规定或实施办法及相关解释。按照管理权限，研究对相关人员、单位涉嫌违纪或者职务违法、职务犯罪案件的处理。研究审议区纪委监委“三重一大”事项。

（赵　帅）

## 组织制度建设

【概况】　2021 年，滨海新区纪委监委围绕中心任务，构建并推动落实基层监督体系，统筹协同开发区监督工作，推动派驻机构改革及干部队伍建设，持续推进区属企事业单位、街镇纪检监察组织建设工作。

（刘洋旭）

【构建“1+7+3”基层监督体系】　2021 年，滨海新区纪委监委构建并推动落实“1+7+3”基层监督体系，制定“1”个总体性工作安排，即《关于进一步加强基层监督工作的安排》；构建“7”大领域基层监督格局，分别制定《关于以高质量纪检监督服务保障开发区高质量发展的实施意见（试行）》《关于加强街镇、村（社区）基层监督工作的实施意见（试行）》《关于加强基层事业单位监督工作的实施意见（试行）》《关于在区属国有企业开展派驻改革试点工作的方案》《关于加强滨海新区公立医院纪检监察工作的实施方案》《关于加强滨海新区教育体育系统纪检监察工作的实施意见（试行）》，推动公检法司四家单位分别制定加强基层监督工作实施意见；强化“3”项保障机制，分别制定《区纪委监委提级监督工作办法（试行）》《区纪委监委交叉监督协同办案工作办法（试行）》《关于向区纪委监委报告监督执纪执法重要事项的工作办法（试行）》。全年各派驻机构、街镇纪检监察组织、开发区及企业纪委处置问题线索 1071 件、立案 306 件，给予党纪政务处分 291 人。

（赵波然）

【统筹协同开发区监督工作】　2021 年，滨海新区纪委监委为发挥各开发区纪检组织监督保障执行、促进完善发展作用，营造开发区优良政治生态和发展环境，出台《中共区纪委关于以高质量纪检监督服务保障开发区高质量发展的实施意见》，制定 6 方面 18 条措施，服务保障实现更高层级更高水平改革开放创新，为开发区实现更高质量发展提供坚强保障。落实关于完善发展党统一领导、全面覆盖、权威高效的监督体系的重要要求，出台《关于统筹协同开发区监督工作的办法》，打通纪检监察监督、人大监督、民主监督、审计监督、财会监督、统计监督协调贯通的堵点，督促各开发区制定各类监督制度 50 余项，形成横向到边、纵向到底的监督工作“大格局”，助推开发区治理体系和治理能力现代化。

（刘　瑞）

【换届工作】　2021 年，滨海新区纪委部署推动领导班子、纪委委员换届考察相关工作，严格换届工作程序，完成区纪委领导班子、纪委委员换届选举，产生第四届区纪委领

7月22日，区纪委监委与中交一公局纪委监企共建工作启动仪式
刘继坤　摄

导班子。推进村、社区纪检组织建设，与区换届办共同召开2次全区视频会议，专题部署推进村、社区纪委和纪检委员的设置工作。至年末，全区党委建制的13个村和243个社区已全部设立纪委并配备纪委书记，党总支、党支部建制的126个村和90个社区已全部设立纪检委员。

（许　颖）

【企事业单位、街镇纪检监察组织建设】　2021年，滨海新区纪委监委持续推进区属企事业单位、街镇纪检监察组织建设，加大推动纪检监察组织建设力度，推动党委建制的区属企事业单位全部配备纪委书记。推动试点国有企业派驻纪检监察组改革，选优配强区属国有企业纪检组织人员。结合镇领导班子换届选优配强镇街纪检监察组织，对18名街道纪检监察工委书记、副书记，镇纪委书记、监察组组长，镇纪委副书记、监察组副组长进行配合调整。

（许　颖）

【纪检监察干部教育培训】　2021年，滨海新区纪委监委制定干部培训计划，将培训资源向基层倾斜，突出实训实效，强化效果评估。组织4次集中学习中央纪委国家监委《纪检监察干部培训系列课程》，举办基层监督业务案例教学培训班、全区村居纪委书记（纪检委员）培训班、新进入纪检监察系统干部培训班、审查调查业务培训班、案件审理业务培训班等多种班次，培训干部2700余人次。做好中央纪委国家监委学习贯彻监察法实施条例专题培训班、天津市纪检监察干部学习大讲堂分会场组织工作，安排1100余人次参加。组织33名处级领导干部分别到市委党校、区委党校参加干部进修班、任职班。选派82名干部到中国纪检监察学院、市纪委监委参加业务调训班，组织150名干部参加区干部学习大讲堂、公务员专题讲座。组织干部参加市纪委监委“周学周测”，全年参加考试干部1.2万余人次。

（许　颖）

【监企共建】　2021年7月22日，滨海新区纪委监委与中交一公局集团有限公司纪委开展监企共建活动，与企业在案件查办协作、预防预警、以案促改、廉洁文化建设等方面展开合作，加强纪检监察机关与企业党风建设和反腐败工作合作共建，构建深度融合、协同发力的工作格局。

（刘洋旭）

【特约监察员工作】　2021年，滨海新区纪委监委组织特约监察员参观全面从严治党主题教育展，帮助特约监察员学习领会全面从严治党新要求新部署，了解掌握全国、全市、全区纪检监察工作情况。邀请37名特约监察员参与区纪委监委信访接待工作，了解基层群众反映的热点、难点问题，依托其专业知识背景协助做好到访接待疏导工作，对区纪委监委工作人员受理信访举报情况进行有效监督。邀请特约监察员参与区纪委监委内部调研督查，发现纪检监察组织存在问题，发挥特约监察员参谋咨询作用。

（刘洋旭）

## 监督工作

【概况】　2021年，滨海新区纪委监委抓牢监督的基本职责、第一职责，强化政治监督、深化专项监督、做细日常监督，抓实基层监督，科学精准稳慎有效推进监督工作走深走实；推动纪律监督、监察监督、派驻监督、巡察监督统筹衔接，构建覆盖更广、层次更深、触角更灵的监督网络；对监督中发现的问题，坚持督改并举，精准运用监督执纪“四种形态”，持续释放监督效能，不断增强监督质效。

（杜思瑶）

【中央巡视反馈问题整改情况监督】　2021年，滨海新区纪委监委开展中央第十一巡视组巡视天津市反馈意见和整改落实情况专项监督。印发工作方案，明确4类14项监督重点；对标市纪委监委和区委的最新工作部署，制发2封《重要监督事项提示函》并开展1轮专项督导。建立《持续推进整改问题专账》和每月监督工作报送机制，推动各项整改任务落地落实、见底见效。

（杜思瑶）

**【市委巡视反馈问题整改工作监督】** 2021年，滨海新区纪委监委开展市委第五巡视组巡视滨海新区反馈意见整改落实情况专项监督。督促全区各纪检监察组织聚焦6类21项监督重点，全面铺开巡视整改监督工作，对全区90家单位的巡视整改方案进行联审把关，严格依据评分细则对各级党委（党委、工委）落实巡视整改工作开展评分，建立《滨海新区巡视反馈意见整改工作监督台账》，与区纪委监委牵头整改措施、区纪委监委自身整改措施三本台账一体部署、一同推进。

（杜思瑶）

**【“十四五”规划实施情况监督】** 2021年，滨海新区纪委监委制定《关于围绕滨海新区“十四五”规划实施监督推动党员干部讲担当促作为抓落实的工作方案》《滨海新区“十四五”规划重点任务监督工作台账》，对监督推动滨海新区“十四五”规划实施提出方案，督促党员干部讲担当促作为抓落实，确保“十四五”规划高质量落地实施。

（马　魁）

**【换届工作监督】** 2021年，滨海新区纪委监委深入开展区、镇、村居三级换届专项监督，出动纪检监察干部500余人，回复党风廉政意见6910人次，处置相关问题线索127件，给予党纪政务处分6人。

（姜维超）

**【“一把手”监督】** 2021年，滨海新区纪委监委围绕加强对“一把手”的监督、加强同级领导班子监督等4项重点内容，制定23项重点项目、43项重点任务，印发《区纪委监委关于加强对“一把手”和领导班子监督的通知》，监督推动各级党委（党组）“一把手”和领导班子履行好全面从严治党主体责任和监督责任。全年查处“一把手”违纪违法62人。

（康健培）

**【疫情防控监督】** 2021年，滨海新区各纪检监察组织对疫情防控坚持常态化监督，出动6823人，检查点位9752个，督改问题1013个，制发各类提示函63件。严肃执纪问责，针对不遵守隔离点值班纪律、擅离职守问题“一形态”处理2人、处分1人。春节前后，对检查发现的部分村庄防控措施不到位等103个问题，向各相关街镇党（工）委、各相关街镇纪检监察组织进行反馈。中秋国庆期间，出动898人，检查点位2081个，将检查中发现的70个点位在落实疫情防控工作中的麻痹大意问题向区疫情防控指挥部进行反馈。

（康健培）

**【厉行节约反对浪费监督】** 2021年，滨海新区纪委监委将厉行节约、反对浪费纳入查处违反中央八项规定精神问题，遏制国内差旅、公务接待、公务用车、办公用房中的违规违纪违法现象，不定期开展明察暗访，发现99起，处理132人，制发“纪律检查建议书”，推动工作落实落地。

（戴晓原）

**【扫黑除恶专项斗争“惩腐打伞”常态化监督】** 2021年，滨海新区纪委监委围绕创建“无黑”城市目标，围绕“惩腐打伞”和重点行业领域整治两条主线，常态化研究部署推动工作，立案12人、给予党纪政务处分7人，留置2人。区纪委监委第二监督检查室被授予天津市扫黑除恶专项斗争先进集体，两名纪检干部被授予天津市扫黑除恶专项斗争先进工作者，并分别记二等功和嘉奖。

（戴晓原）

**【大数据监督】** 2021年，滨海新区纪委监委探索运用大数据手段，创新纪检监督方式，推进大数据监督平台建设。聚焦重点领域关键环节，建立完善“数据分析、发现问题、及时预警、调查处置、推动整改”一体化监督工作链条，引入海量数据6500余万条，构建起涉及民政、人社等12个领域3411个数据库和115个监督模型。大数据监督平台将比对分析出的线索同步移送区纪委监委案件监督管理室，全年给予党纪政纪处分51人，挽回经济损失72万余元。

（李宝龙）

**【基层监督】** 2021年，滨海新区纪委监委推动纪检监察职能向基层延伸。研究制定《关于加强基层事业单位监督工作的实施意见（试行）》，构建和完善以党组织监督为主导，以纪检监察专责监督为主干，各类监督贯通联动、协同高效的基层事业单位监督责任体系。在村居“两委”换届中，推动完善基层监督组织体系，统筹推行在党委建制的村、社区党组织设党的纪律检查委员会，在党总支部委员会和党支部委员会建制的村居党组织设纪检委员。探索推动基层事权公开，以海滨街道为试点，建立4130名党员干部亲属信息数据库，发现党员干部亲属有涉权事项8人；探索制定全区基层事权公开工作规则、建

9 月 14 日，区纪委监委举办新提拔区管干部党风廉政教育集体谈话活动
刘继坤　摄

立数据平台，推动公开非普惠制惠民资金发放情况，项目审批和承办、承接、承包情况以及其他与国家、集体财产和人民群众切身利益密切相关的基层事权，促进基层权力在阳光下运行。

（姜维超）

**【新任职区管干部集体谈话】** 2021 年 9 月 14 日，滨海新区纪委监委主要负责人对 182 名新任职区管干部进行党风廉政教育集体谈话，并集体观看警示教育片，加强对领导干部的思想政治和纪律作风教育，督促提高政治站位、增强纪法观念、强化责任担当。

（马　魁）

## 作风建设

**【概况】** 2021 年，滨海新区纪委监委坚持把监督中央八项规定及其实施细则精神的落实作为“两个维护”的具体体现，始终站稳以人民为中心的根本立场，狠抓作风建设不放松，大力整治形式主义官僚主义和不担当不作为问题，不断向享乐主义、奢靡之风开刀问斩，持续加大群众身边腐败和作风问题治理力度，推动新区作风建设不断向善向好。

（杜思瑶）

**【车辆非法超限超载执法专项治理】** 2021 年，滨海新区纪委监委对交通运输行业治理车辆非法超限超载执法乱象开展专项治理，提出整改建议意见 24 条，分层分类约谈区交运局主要负责人、分管领导及下属单位主要负责人等 20 人，督促区交运局建立规章制度 25 项，调整 16 个重要岗位人员。

（戴晓原）

**【形式主义官僚主义专项治理】** 2021 年，滨海新区纪委监委落实区委形式主义官僚主义不担当不作为问题专项治理行动要求，围绕专项行动推动落实、整治“指尖上的形式主义”“中梗阻”问题整改落实等重点任务，分 2 轮深入 39 家单位开展调研督查，梳理汇总典型问题 13 个，提出工作建议 11 个。紧盯部门、街镇工作作风和执行工作纪律情况开展明察暗访，发现 28 个突出问题，制作暗访专题片，约谈提醒部分街镇“一把手”。聚焦非法超限超载车辆乱象问题，对 2019 年以来 34 件“治超”行政案件和 462 件投诉举报起底摸排，调查发现问题 11 个。核查新区地方政府专项债券发行慢、天津自贸区创新发展局聘任人员未参保等问题，提出工作建议 6 项。印发《关于两起容错免责典型案例的通报》。全年查处形式主义官僚主义不担当不作为问题 92 个，处理 149 人。

（张瀛豪）

**【享乐主义奢靡之风隐形变异问题专项治理】** 2021 年，滨海新区纪委监委组织全区各单位开展享乐主义、奢靡之风隐形变异问题专项治理，重点治理中共十九大以来七类突出问题，发现存在违规发放津补贴或福利、违规配备使用公车问题、违规报销差旅费、违反工会有关制度规定组织活动、规章制度制定不健全、存在漏洞等方面问题 42 个，处理 7 人。

（付文豪）

**【公职人员违规从事营利性活动专项治理】** 2021 年，滨海新区纪委监委与区委组织部联合制发工作方案，按照自查自纠、集中抽查、重点核查、整改处理四个阶段，开展公职人员违规从事营利性活动专项治理。组织包含区级机关、国有企业、事业单位在内的 802 家单位（部门）2.7 万人开展自查自纠，对 10 家重点单位（部门）的 6623 名党员领导干部开展集中抽查。推动不属于此次专项整治范畴，但仍需退出股份或注销公司的瑕疵问题进行整改。

（杜思瑶）

**【违反中央八项规定问题查处】** 2021 年，滨海新区纪委监委继续保持高压态势，紧盯隐形变异“四风”问题，聚焦重要节点，严明纪律要求和规矩红线，出动 1059 人，深入

2240个点位突击检查，发现疑似问题线索93件。查处享乐主义、奢靡之风问题99起，处理132人，给予党纪政务处分118人，通报曝光13起19人。

（付文豪）

## 廉政宣传教育

【概况】 2021年，滨海新区纪委监委结合党史学习教育，开展分层分类分区域警示教育，推动廉政文化建设，加大廉政宣传力度，为全区纪检监察工作高质量发展提供强有力的舆论支持。

（童小雨）

【警示教育】 2021年，滨海新区纪委监委召开全区警示教育大会，通报形式主义、官僚主义和不作为不担当问题专项治理情况，集中观看《贪欲之祸 失管之患》专题警示教育片。组织全区107家单位1.4万余名党员干部观看专题警示教育片。结合村居换届工作，采取播放警示教育片、发放违反换届纪律典型案件警示录等方式，对5500余名街镇干部、村居“两委”成员开展换届纪律警示教育。抓好市纪委监委17套系列案件警示录的发放、使用和管理，组织全区各单位党员干部借阅学习使用。组织处、科级干部观看市纪委监委警示教育片《各区案件忏悔实录》，受教育党员干部4000余人。制作2021年滨海新区基层违纪违法案件警示教育片，在全区加强“一把手”和领导班子监督推动会暨警示教育大会上进行播放。组织18名特约监察员代表，160名村“两委”负责人、249名街镇领导班子成员，276名社区党组织书记、居委会主任，300余名新任职党员领导干部参观天津市全面从严治党主题教育展，并组织撰写心得体会。

（童小雨）

【廉政文化建设】 2021年，滨海新区纪委监委与寨上街道纪检监察工委联合举办寨上街道廉洁文化戏曲专场演出，演出反映当代基层监督主题的评剧小戏、廉洁主题京剧、评剧选段等7个节目。开展“廉洁文化进社区”主题活动。启动寨上街东风里社区廉洁文化公园，并作为基层廉洁文化阵地试点。天津港保税区纪委建立警示教育基地，推动清廉保税建设。落实市委、市政府《关于推进清廉天津建设的意见》，制定下发分工方案、工作举措，召开专项推进会，建设大沽口炮台清廉文化阵地并代表新区申报市级清廉文化教育基地。组织制作《中华人民共和国监察法》《中华人民共和国监察法实施条例》等学习宣传展牌。组织订阅纪检监察报刊、《党风廉政建设》《新时代纪检监察工作实务指南丛书》《中华人民共和国监察法实施条例》等书籍。

（童小雨）

【廉政宣传】 2021年，滨海新区纪委监委在《中国纪检监察报》、中央纪委国家监委网等刊发稿件14篇，在市纪委监委网站、海河清风微信公众号、市海河传媒《廉政观察》《廉政经纬》《廉润津沽》等刊发稿件47篇，在区融媒体《滨海时报》、“滨海新闻”、“津滨海”等刊发稿件42篇。发挥“廉韵津沽—滨海清风”网站和“滨海清风”微信公众号自媒体优势，陆续开设“庆祝建党100周年·党史学习教育”“党史百年·天天读”“党史知识·自测题”等专栏，集中推送党史知识和庆祝中国共产党成立100周年相关内容；开设“红心向党·勇担使命”专栏，公众号推送稿件950余篇，其中自采写稿件270余篇、网站转载700余篇。

（童小雨）

## 信访举报

【概况】 2021年，滨海新区纪委监委持续完善受理机制，规范工作程序，改进工作作风，推进检举举报平台建设，做好信息反映，不断推进纪检监察信访举报工作高质量开展，发挥了政治生态“晴雨表”和权力行使“观察哨”作用。

（陈鹏辉）

【信访举报受理】 2021年，滨海新区纪委监委及时受理、登记群众信访举报，做好群众来访接待和来电接听工作。全年受理信访举报5995件。制定并向全区各纪检监察组织下发《滨海新区纪检监察机关开展信访举报“四访”工作实施方案》，每周增加一天到区社会矛盾调处化解中心（区信访办）窗口进行接访，将来访接待工作与“我为群众办实事”活动结合，进一步畅通信访举报渠道。排查确定重点上访人员，与相关单位对接落实稳控工作，全国两会、国庆等重大时间节点期间新区未发生到中央纪委国家监委非正常访情况。

（陈鹏辉）

【信访举报基础建设】 2021年，滨海新区纪委监委加强信访举报软硬件基础建设，制定《区纪委监委检举举报平台基层版系统信访举报工作指南》，做好“12388”举报电话接听系统、来访接待系统以及信访举报办理系统的升级建设和使用工作。

（陈鹏辉）

【信访举报专项工作】 2021年，滨海新区纪委监委开展失实澄清正名工作，起草制定实施《区纪委监委开展失实检举控告澄清工作操作指南》，将该项工作作为监督执纪执法工作重要内容，严格按照程序开展。全年开展2次失实检举控告澄清工作，在严明纪律、严肃问责形式主义、官僚主义等问题的同时，把对党员干部的关心保护贯穿工作全过程。

（陈鹏辉）

**【信访举报信息分析】** 2021年，滨海新区纪委监委加强信访举报信息分析工作，强化信访举报形势分析研判，完成《2021年滨海新区信访举报情况分析》等综合分析4篇、《2021年3月份以来滨海新区政法领域信访举报情况分析》等专题分析5篇，剖析原因、提出针对性建议，为领导决策提供参考。

（陈鹏辉）

## 反腐败工作

**【概况】** 2021年，滨海新区纪委监委坚持"严"的主基调，保持惩治腐败高压态势，一体推进不敢腐、不能腐、不想腐，巩固和发展反腐败斗争压倒性胜利。

（宋 欢）

**【审查调查工作】** 2021年，滨海新区纪检监察系统处置问题线索1722件，立案535件，结案536件，给予党纪政务处分497人，对33人采取留置措施，移送检察机关15人，挽回经济损失1.27亿元。

（宋 欢）

**【规范化建设】** 2021年，滨海新区纪委监委严格办案工作程序、规范文书模板、完善办案流程，制作工作流程图，对线索管理、组织协调、监督检查、督促办理、重要事项请示报告等进行规范，出台《滨海新区容错免责备案工作实施办法（试行）》《区纪委监委提级监督工作办法（试行）》《区纪委监委交叉监督协同办案工作办法（试行）》《关于向区纪委监委报告监督执纪执法重要事项的工作办法（试行）》，提升规范化、制度化水平。

（宋 欢）

**【问题线索管理与督办】** 2021年，滨海新区纪委监委拓宽问题线索来源渠道，加强与河北、山东等地区沟通协作，及时移交问题线索，加大异地违法党员处置力度，充分发挥综合业务平台信息化优势，使问题线索从受理到审理全流程可监管、可追溯。完善督查督办工作运行机制，将日常督办、重点督办与专项督办相结合，对重点线索、专项线索、立案未结案件等开展督办，督促办结问题线索200余件、案件150余件。

（宋 欢）

**【监督检查审查调查安全】** 2021年，滨海新区纪委监委加强办案安全管理，组织召开审查调查安全工作会议，传达并贯彻落实市纪委监委部署要求。制作"走读式"谈话安全工作正、负面清单，为纪检监察干部立足本职、履行安全责任划出红线。常态化开展监督检查审查调查安全工作监督检查，对全区65个纪检监察组织围绕办案程序规范性、办案措施合规性、办案场所建设及使用管理、安全预案应急方案等情况进行4次抽查检查，发现6类50余个问题，明确整改时限和整改责任人，守住办案安全底线。

（宋 欢）

**【专项工作】** 2021年，滨海新区纪委监委开展重点领域腐败问题专项整治、党员干部利用"影子公司""干股谋利"贪腐谋利问题监督整治、领导干部调动带上家乡工作队专项整治工作，督促各责任部门履行主体责任和监督责任，推动专项工作做细做实，向纵深发展，三项监督整治工作共立案139人，处分65人，留置19人，移送检察机关审查起诉11人。

（宋 欢）

## 纪检监察干部监督

**【概况】** 2021年，滨海新区纪委监委坚持以自我革命的精神从严从实加强作风和纪律建设，对纪检监察系统违纪违法行为"零容忍"，坚决防止"灯下黑"，以高质量监督促进和保障纪检监察干部队伍建设高质量发展。全年运用监督执纪第一种形态处理纪检监察干部14人、第二种形态处分纪检监察干部5人。

（牛秀娥）

**【内部督查整改】** 2021年5月8日至6月4日，天津市纪委监委对滨海新区纪委监委开展内部督查，针对督查反馈问题，区纪委监委开展内部督查整改工作。成立整改工作领导小组，制定针对性整改方案，细化151项整改措施，明确责任分工，严格时限要求，专人跟踪督办，确保整改任务如期完成。

（赵 帅）

**【内部调研督查】** 2021年，滨海新区纪委监委对第二轮内部调研督查的3家纪检监察组织的督查情况进行反馈。第二轮内部调研督查以发现问题为导向，发现问题65个，提出全力整改、举一反三的整改要求，确保纪检监察干部队伍依纪依法高效履职。

（孙凯健）

【《警鉴》编发】 2021年，滨海新区纪委监委用好典型案例有针对性地开展警示教育，定期整理编发各地查处的纪检监察干部违纪违法典型案例，督促各级纪检监察组织和干部以案示警、以案为鉴，筑牢拒腐防变的思想“堤坝”，形成勤政廉政的政治自觉，全年编发《警鉴》10期。

（李胜男）

【建立健全电子廉政档案】 2021年，滨海新区纪委监委通过综合业务平台系统为91名纪检监察领导干部建设电子廉政档案，通过分级管理、统计汇总、线索查询的功能，了解纪检监察干部信息，更好实现对纪检监察干部的监督管理。

（李胜男）

## 巡察工作

【概况】 2021年，滨海新区区委履行巡察工作主体责任，巡察区级机关部门6家、事业单位16家、国有企业5家、街镇21家，同步开展涉粮问题专项巡察，对三届区委巡察整改情况进行“大起底”，完成三届区委巡察全覆盖任务。查找和推动解决基层存在的落实党的路线方针政策和重大决策部署不到位、落实全面从严治党“两个责任”不到底等突出问题1162个。12月17日，《天津日报》以《落实主体责任，深化政治巡察》为题，报道新区区委巡察工作情况。

（石志远）

【三届区委第十四轮巡察】 2021年3月8日—4月23日，区委安排2个“同步巡”巡察组对塘沽、汉沽、大港供销社开展常规巡察。安排4个巡察组，采取“一对一”或“一托N”方式，对区教体局等6家区管单位党组织开展常规巡察。安排4个巡察组，采取“一托N”方式，对20个街镇巡察整改情况开展“回头看”。巡察过程中，开展个别谈话881人，受理群众来信来电来访132件，调阅有关文件资料4.9万份（册），实地暗访377处，发现突出问题518个。

（石志远）

【三届区委第十五轮巡察】 2021年6月7日—7月21日，区委安排1个巡察组对泰达街道开展常规巡察，完成三届区委巡察全覆盖任务。安排9个巡察组，采取“一对一”或“一托二”方式，对12家区管单位所属的16家企事业单位开展深化改革专项巡察，发现改革进展缓慢、市场意识不强等问题525个。巡查过程中，开展个别谈话708人，受理群众来信来电来访80件，调阅有关文件资料3.7万份（册），实地暗访184处，发现突出问题572个。

（石志远）

【三届区委第十六轮巡察】 2021年10月20日—12月10日，区委组织1个“同步巡”巡察组对区发展改革委（粮食局）党组和区粮食购销公司党委开展涉粮问题专项巡察。巡察过程中，开展个别谈话54人，调阅有关文件资料5100份（册），实地暗访6处，发现突出问题72个。

（石志远）

【三届区委巡察整改情况“大起底”】 2021年10月中旬，区纪委监委、区委组织部和区委巡察机构组建5个起底评估组，对三届区委第一至十四轮巡察反馈问题整改情况进行全面梳理。10月27日—11月16日，集中对第一至九轮经整改评估认定为未整改到位的29个问题、第十至十四轮尚未进行整改评估的1776个问题整改情况，进行现场核查评估，发现三届区委第一至十四轮有42家单位的111个问题未整改到位或需长期推进。结合“大起底”情况，形成《滨海新区关于三届区委巡察整改情况“大起底”工作情况的报告》，经区委同意后，书面报告市委巡视工作办公室。

（石志远）

## 中国国民党革命委员会天津市滨海新区委员会

【概况】 2021年，中国国民党革命委员会天津市滨海新区委员会（简称民革区委会）下设塘沽、汉沽、大港3个基层委员会和开发区、保税区支部，有民革党员420名，领导班子实行民主集中制，主委1人，副主委3人，委员12人。党员中有区人大代表5人，政协委员22人。民革区委会加强思想建设、组织建设、参政议政、社会服务、祖统工作，推动各项工作开创新局面。民革区委会被民革中央授予民革全国机关工作先进集体、民革助力脱贫攻坚工作先进集体，张宗云被民革中央授予机关工作先进个人。

（李　杰）

【参政议政】 2021年，民革区委会完成调研成果98篇，其中社情民意25篇、调研报告48篇、提案19篇、议案6篇。《关于加大保税维修和再制造试点支持力度的建议》在全国政协第56次双周协商座谈会发言。《关于推动新区绿色金融发展的建议》《关于加快国际消费中心城市核心区建设的建议》等13篇调研报告被区政协常委会采用。在民革市委会2021年100个调研题目中，民革区委会占到16个，向市委统战部提交的社情民意“新冠疫苗开放接种后的情况和建议”被采纳。民革区委会报送工作信息77篇，其中3篇被团结网采用、54篇被民革市委会采用。

（李　杰）

【社会服务】 2021年，民革区委会组织党员开展社会服务活动、志愿者协会活动、义诊活动和资助困难学生。参加甘肃扶贫脱困活动，购买扶贫产品1500元。民革塘沽委员会组织所辖4个支部为塘沽街道志愿者协会开展爱心捐款活动，用于扶贫助困、应急救援。塘沽三支部“携手同心助力滨城建设”，慰问公安天津港分局北京道派出所，庆祝首个“中国人民警察节”。塘沽一支部慰问瞰海轩社区工作人员和居民，塘沽二支部与中共天津市第五中心医院两个支部联合开展义诊活动，塘沽三支部与共建社区慰问就地过年的家庭，区委会与民革塘沽四支部慰问97岁民革抗战老兵张作仁。汉沽二支部开展资助特困生活动。民革党员为外来务工妇女同胞开展义诊活动。民革汉沽委员会到丹娜（天津）生物科技股份有限公司调研，从参政议政角度为企业服务。

（李　杰）

【祖统工作】 2021年，民革区委会参加市委会台情报告会暨祖统工作骨干培训会。听取市委会讲解习近平在纪念辛亥革命110周年大会上的重要讲话精神。民革塘沽委员会组织民革骨干党员到台企天津统一企业有限公司调研，民革塘沽三支部到台企华锐全日物流股份有限公司调研。

（李　杰）

【组织建设】 2021年，民革区委会加强领导班子建设，修订完善区委会34项工作制度。出台《民革区委会基层组织换届工作指导意见》，4个二级组织及其11个支部的三级组织完成换届。开展达标示范支部建设，塘沽一支部获得2021年度民革天津市“示范支部”称号。做好组织发展工作，全年发展民革党员20名。发挥内部监督机制作用，对2021年民革区级组织换届实施全方位监督。

组织民革党员参加庆祝中国共产党成立100周年诗歌朗诵活动，作品《永远跟党走》获优秀奖。区

9月7日，大港民革一支部与民革北京西城区第十八支部、海淀区第二支部联合签署共建友好支部合作协议　　民革区委会　供图

委会和大港委员会3名党员参加新区文化馆诗歌朗诵会，作品《绿水青山就是金山银山》受好评。区委会组织12个支部的36名党员参加市委会开展的庆祝中国共产党成立100周年歌唱录制活动。塘沽委员会组织党员参观全球最大民用医院船 Global Mercy 号。塘沽一支部与博达集团举办迎新春共建活动。塘沽一支部在党员之家组织党员学习书法等传统文化。塘沽三支部举办“十四五”知识抢答活动。塘沽四支部举办心理讲座，开展线上学习活动。大港一支部与民革北京西城区第十八支部、民革北京海淀区第二支部开展联合支部活动，签署共建友好支部合作协议。开保支部组织民革党员参观天隆众创空间——隆平小站香文化馆，开展重阳节主题交流活动。开保支部骨干党员深入菲特（天津）检测技术公司开展参政议政专题调研活动。汉沽委员会组织党员参观学习中新天津生态城党建工作，并在中新天津生态城图书馆召开年终工作推动会。民革党员编著的《滨海汉沽盐渔史话》《滨海汉沽渔家味道》出版发行。

（李　杰）

## 中国民主同盟天津市滨海新区委员会

【概况】　2021年，中国民主同盟天津市滨海新区委员会（简称民盟区委会）下设塘沽、大港、开发区支部、区直属支部、高新区支部、中新天津生态城支部共6个委员会，基层支部21个。至年末，盟员738人。第三届民盟区委会实行15委制，主任委员梅志红，副主任委员4人，委员10人。

（刘文利）

【参政议政】　2021年，民盟区委会上报民盟市委会社情民意信息35篇。刘玉彬撰写的《发挥农村污水处理设施作用，阻断病毒粪口传播》被民盟中央《民盟信息》采用，何勇军撰写的《关于加强科技金融立法的建议》、王秋明撰写的《打造供需链导航云平台的建议》被民盟中央《民盟信息》和全国政协《每日社情》采用。全年立项市委会课题5个，其中市级重点课题1个，提出建议信息65篇。在区政协大会上提交建议16篇，大会口头发言1篇。在民盟市委会五年参政议政工作评比中，民盟区委员会获评参政议政先进集体一等奖。11名盟员获评参政议政先进个人。

（刘文利）

【社会服务】　2021年，民盟大港委员已连续5年与大港向日葵自闭症康复中心结对子，为自闭症孩子购买玩具、学习用品，组织学生到向日葵康复中心与他们一起做游戏。塘沽委员会与新村街道民主社区开展文化共建活动，举办庆祝中国共产党成立100周年文艺演出；联合天津市弘滢物业管理有限公司在塘沽街道华云园社区开展第十届“九九重阳节，浓浓敬老情”敬老慰问义诊活动；联合区红十字会、区融媒体中心妇联，在紫云中学举办“关爱民族班学子，助力民族教育”捐赠活动，为留在滨城过年的新疆学生送去节日礼物和问候。民盟区委会协调区红十字会联合盟员徐志礼的“大爱无疆”爱心团队，到天津实验中学滨海学校，对“青海黄南班”学生开展“寒冬送暖 爱心帮扶”活动。

（刘文利）

【组织建设】　2021年，民盟区委会成立换届工作领导小组，制定《关于中国民主同盟天津市滨海新区委员会基层组织换届的工作的实施意见》《民盟天津市滨海新区委员会换届工作方案》。6月15日，召开民盟滨海新区第三次代表大会，选举产生民盟滨海新区第三届委员会。是年，民盟区委员会被评为民盟天津市社会服务先进集体。

（刘文利）

## 中国民主建国会天津市滨海新区委员会

【概况】　2021年，中国民主建国

7月22日，民建区委会调研会员企业　　岳颖　摄

会天津市滨海新区委员会（简称民建区委会），下设塘沽、汉沽、大港、机关直属、滨海高新区5个基层委员会，基层支部30个，会员624人。会员中有市人大代表2人、市政协常委2人、市政协委员4人。四届区人大代表5人（常委1人）、四届区政协委员30人（副主席1人，常委7人）。第三届民建区委会领导班子实行15委制，主任委员张尔祥，副主任委员4人，委员9人（暂空一人）。

（马　超）

【参政议政】　2021年，民建区委员会完成调研报告和社情民意信息61篇。《以中国之治突破瓶颈　实现灵活就业人员无工不保》作为全国政协十三届十七次常委会会议口头发言，《着力消除居民“疫苗犹豫”，加速建立新冠病毒免疫屏障》被民建中央综合采用，《加速发展网红经济，打造消费核心驱动力》《畅通国内资源区域循环，推动东中西部地区之间产业梯度有序转移》等5篇被市政协采用，《依托自由贸易账户体系，进一步加大天津自贸区金融改革创新的建议》被市政协评为优秀调研三等奖。连续多年围绕细胞与基因技术产业调研，形成《推进“细胞谷”行动方案落地，培育细胞与基因产业集群》等成果，建设“细胞谷”作为重点任务被写入天津市“十四五”规划。区两会期间，民建区委会会员中的人大代表、政协委员提交人大建议、政协提案39件，其中《关于细胞治疗施行“分级分类”监管的建议》《全面对标学习深圳先行示范区加速滨海新区改革步伐的建议》等6件提案评为区政协优秀提案。

（马　超）

【京津唐民建基层组织参政议政联动机制暨民建唐山市路南区工委议政日活动】　2021年11月30日，民建滨海新区直属委员会经发支部、金融支部联合民建北京市海淀区中关村支部、民建河北省唐山市路南区工委，举办京津唐民建基层组织参政议政联动机制暨民建唐山市路南区工委议政日活动。活动采用视频连线形式进行。活动课题为《关于深度融入京津冀协同发展，加速构建京津发展第二空间》。民建路南工委会员首先从促进产业协同与纵深挖潜一体化发展、催化产城融合与产学研用一体化协同、完善人才引进与培育使用一体化体系等三个方面提出建议；北京、天津的5名专家会员分别进行主题发言，围绕唐山支柱和优势产业加快发展适宜的高端服务业、新的京津冀区域发展格局下唐山有哪些发展机遇等方面提出想法和建议，三地会员就唐山经济社会发展形成共识。京津冀三地民建会员近40人参加活动。

（马　超）

【社会服务】　2021年，民建区委员会开展各类社会服务活动30余次，捐款捐物2500余万元。其中，在助力巩固拓展脱贫攻坚成果同乡村振兴有效衔接活动中捐款2234.84万元；在“我为群众办实事”活动中捐款19.2万元，为大港欣苑幼儿园更换塑胶场地；驰援河南特大暴雨灾害及其他帮扶活动中捐款250余万元。是年，民建区委会被评为民建中央参与脱贫攻坚先进集体，会员杨晖、王良红、江涌、邢美被评为民建中央参与脱贫攻坚先进个人，会员杨晖被中共中央、国务院评为全国脱贫攻坚先进个人。

（马　超）

【组织建设】　2021年6月8日，中国民主建国会天津市滨海新区第三次代表大会召开，选举产生民建滨海新区第三届委员会。利用“滨海民建”公众号等平台，做好基层活动和作风建设专题活动宣传报道。全年报送工作信息139篇，编辑并推送公众号图文消息158篇，在团结报上发表文章2篇，在人民政协网上发表文章3篇。

（马　超）

## 中国民主促进会天津市滨海新区委员会

【概况】　2021年，中国民主促进

会天津市滨海新区委员会（简称民进区委会）有塘沽、汉沽、大港、天津经济技术开发区、机关直属支部5个基层委员会，基层支部36个，会员676名。会员中有市人大代表1人、市政协委员1人、区人大代表7人、区政协委员28人。会员主要以教育、文化、出版等界别高、中级知识分子为主体。6月，召开民进区委会第三次代表大会，选举产生第三届民进区委会，主任委员金香花，副主任委员4人，委员9人。

（张金香）

**【参政议政】** 2021年，民进区委会完成各类调研成果83件，其中调研报告45件、社情民意信息38件。《关于应对我市人口老龄化的对策建议》等6件调研课题得到民进市委会立项并参加中期推动会；《关于做好中小学课后服务外聘教师管理的建议》等6件信息报“零讯”；《关于妥善解决东方白鹳等捕食养殖鱼生态补偿的建议》等3件信息报《海河同舟》；《关于在临港建设危化品运输车专用停车场或临时等候区的建议》作为中共滨海新区区委直报，得到区委主要领导的批示。报区政协各类会议11件。其中，《关于提升我区社区服务和治理能力水平的建议》作为区政协主席重点促办提案，《关于打造滨海新区“新经济”一流营商环境的建议》等2件提案在区政协常委会发言，《关于恢复重建明星小学的建议》在区政协专题协商会上发言，《关于加快高层住宅小区电动自行车充电车棚建设的建议》作为区政协社情民意信息专报。完善议政调研机制，召开民进区委会议，明确参政议政的领导权责。召开新任基层组织负责人工作会，提出5条具体要求。完善信息报送机制，出台《民进滨海新区委员会关于加强信息工作的实施办法》（修订版），结合执行《民进滨海新区委员会关于加强参政议政能力建设的规定》，对信息工作各方面进行规范和要求。参加民进市委会和区委统战部组织的关于建言献策信息的专题讲座，学习和借鉴社情民意信息的先进做法和优秀案例。通过“滨海扬帆”微信公众号，推送“如何撰写参政议政调研报告和社情民意信息”材料，指导广大会员撰写社情民意信息。组织召开2021年参政议政工作座谈会，采用线上和线下相结合的形式，民进区委会50名参政议政骨干、部分新会员参加会议。利用“滨海扬帆”微信公众号宣传民进中央反映社情民意信息主题年工作。组织会员走访天津港务集团临港工业区、区教体局、区安监局、区网信办，围绕危化品专用停车场建设、中小学课后服务管理、政务新媒体管理等重点调研课题开展政党协商。

（张金香）

**【民进会员献爱心活动】** 2021年，民进区委会整合建立5个民进会员活动之家。会员积极参与社会服务活动，天津市港强集团有限公司与黄南州政府、天津援青指挥部、青海品控军粮供应链有限公司签订“黄南州绿色有机农畜产品采购协议”。发动会员献爱心，动员企业家会员参与学校操场修整认领工作，捐资169.98万元。为大港向日葵自闭症康复中心捐赠笔记本电脑1台，并为60名师生每人购置一套夏季园服。在微信公益问诊平台免费为广大孕产妇及新生儿提供常见病及疑难病的咨询诊治。在微信心理咨询平台为青少年及学生家长提供青春期健康咨询及毕业生心理疏导。

（张金香）

**【组织建设】** 2021年，民进区委会学习中共十九届六中全会精神。完善理论学习中心组学习制度，集体学习6次。编辑并推送“滨海扬帆”微信公众号26期，编辑《滨海民进简报》17期，3篇被民进中央网站单篇采用。开展民进会史宣传，每天在微信群推送“民进历史上的今天”。开展中共党史学习教育活动，制定《民进区委会学习中共党史工作方案》，举办中共党史学习教育宣讲报告会，民进市委会主委张金英进行宣讲，98名会员参会。组织会员观看《长津湖》等中共党史题

6月1日，民进区委会会员徐文章慰问大港向日葵自闭症康复中心师生
吕海芹 摄

材影视作品，会员于沛军的观后感在民进中央网站刊登。参加民进市委会组织的“五大道红色党史”现场学习教育活动。汉沽委员会邀请汉沽一中教师讲授题为《学中共党史要弄懂三个问题》的党课，近20名会员参加。天津经济技术开发区委员会和大港职专支部举办三堂网络自学党课活动，90余名会员参加。开展中共中国共产党成立100周年纪念活动，民进区委会主委金香花做专题宣讲。组织“庆中共百年华诞 抒民进会员心语”活动，200余名会员撰写寄语。组织学中共党史征文活动，推选优秀征文5篇。塘沽委员会与滨海新区文化馆联合举办庆祝中国共产党成立100周年“从传统走来——李涵先生艺术展”。举办“百年圆梦奔小康”——喜迎中国共产党成立100周年窦锡珍农民画作品展，展出作品100幅。

修订和完善《民进区委会委员联系基层和会员办法》，建立《民进滨海新区委员会议事规则》《民进滨海新区区委会例会制度》等规章制度。补充完善后备干部相关信息。完成基层组织换届。全年新发展会员11名。

（张金香）

## 中国农工民主党天津市滨海新区委员会

**【概况】** 中国农工民主党天津市滨海新区委员会（简称农工党区委会）下设塘沽、汉沽、大港、开发区保税区总支部、高新区支部5个基层委员会，基层支部16个，党员455人，主要以医药卫生界高、中级知识分子为主体。2021年6月，中国农工民主党天津市滨海新区第三次代表大会召开。大会听取并审议通过农工党天津市滨海新区第二届委员会所作的工作报告，审议通过《中国农工民主党天津市滨海新区第三次代表大会决议》，选举产生中国农工民主党天津市滨海新区第三届委员会，程涛当选为主任委员，副主任委员4人、委员8人。

2021年，农工党区委会成立参政议政工作委员会、社会服务工作委员会和宣传工作委员会。积极参政议政、参与疫情防控、脱贫攻坚，履行社会服务职责，开展服务活动。农工党区委会被农工党中央授予农工党脱贫攻坚民主监督工作先进集体。高贵玲被农工党中央评为农工党脱贫攻坚民主监督工作先进个人。

（张洪强）

**【参政议政】** 2021年，农工党区委会在加快美丽“滨城”建设、推进高质量发展、智慧滨海建设、促进“滨城”旅游业发展以及医疗卫生体系建设等方面建言献策。完成18篇调研成果。其中，《建好“细胞谷”，打造自主创新重要源头和原始创新策源地》等7篇分别在新区政协会议和专题协商会议上作了发言和交流，《关于促进“双城”格局下滨城旅游业的发展》《关于全力推进北方“声谷”建设的建议》《关于加强自贸区自创区双自联动，促进新区生物医药产业发展》《关于引进等离激元技术在新区落地，建设碳中和示范区的建议》转为区委直报件，《加强自贸区自创区双自联动，促进新区生物医药产业发展》被列为区政协主席督办提案，《关于精准保障网络餐饮食品安全的建议》被农工党中央网站刊载。5人5件提案被评为区三届政协2020—2021年度优秀提案。参加农工党市委会监督调研组，就“双城间绿色生态屏障建设中再生水生态补水利用”议题开展专项民主监督调研、座谈，形成调研报告；参加农工党市委会“促进‘双城’格局下滨城旅游业发展”课题组，开展座谈、调研、考察，形成《关于促进“双城”格局下滨城旅游业的发展》调研报告。

（张洪强）

**【社会服务】** 2021年，农工党区委会举办医疗义诊、健康讲座等21场，参与党员150人次，1000余人受益。塘沽委员会在“环境与健康”宣传周和妇女节、重阳节、学雷锋日等时间节点9次走进社区、

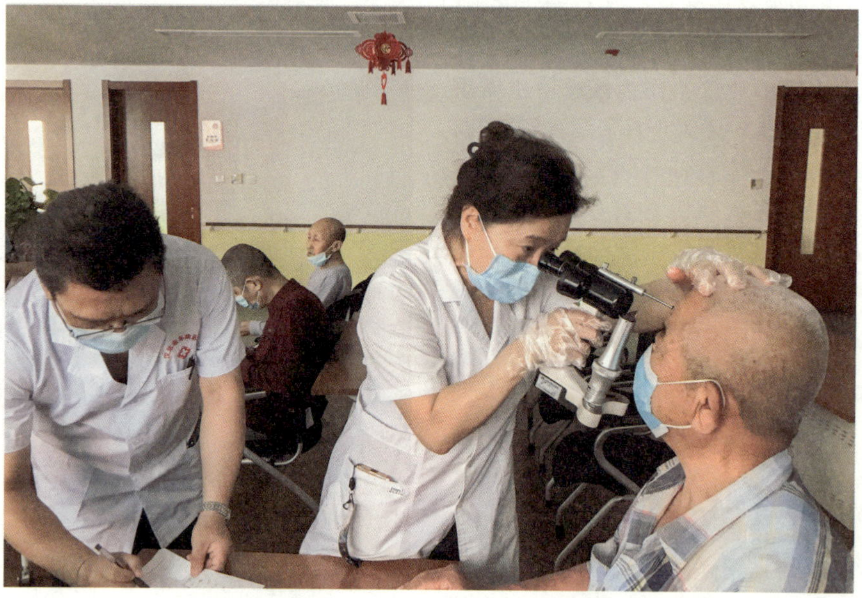

6月5日，农工党汉沽委员会在区第二养护院为老年人检查眼睛

张洪强　摄

养老院为外来务工人员、居民和老年人进行义诊咨询，天津市第五中心医院支部连续10余年在六一儿童节为病患儿童义诊；汉沽委员会在爱眼日、世界防结合日、八一建军节等时间节点7次进入社区、军营、养老院开展义诊咨询、健康宣传；大港委员会利用教师节、世界慢阻肺日等为教师和居民义诊、查体。农工党区委会认领塘沽八幼分园774.57平方米人工草皮改造项目，为其捐款12.4万元；向“农工党爱心公益基金”捐款1.41万元。

（张洪强）

10月15日，致公党区委会参观天津青年宫红色教育阵地　金盛霞　摄

【组织建设】　2021年6月3日，召开中国农工民主党天津市滨海新区第三次代表大会，选举产生第三届委员会。在全区农工党员中开展“学中共党史、合作史，夯实政治根基”思想教育工作，组织中共党史宣讲、现场教学、交流研讨40余场；开展“健康行”等义诊活动20余场；农工党党员撰写心得体会100余篇，受教党员400人次。举办理论中心组学习，加强廉政警示教育，召开廉政风险预警教育会议。全年编发活动信息近90篇，图片300余幅。付金喜的作品《阅读党刊引发的思索、会议和行动》获《前进论坛》杂志社庆祝《前进论坛》创刊60周年征文三等奖。

（张洪强）

## 中国致公党天津市滨海新区委员会

【概况】　中国致公党天津市滨海新区委员会（致公党区委会）于2021年6月召开第二次代表大会，选举产生第三届委员会。致公党区委会领导班子实行11人制，主委卫红梅，副主委4人，委员6人。下设基层组织5个（高新区基层委员会、开发区支部、天津科技大学支部和直属第一支部、直属第二支部），二级支部3个，党员190人，“侨、海”关系的党员占80%以上。

是年，致公党区委会被致公党中央委员会评为中国致公党脱贫攻坚先进集体、副主委金盛霞被评为中国致公党脱贫攻坚优秀组织者称号。

（金盛霞）

【参政议政】　2021年，致公党区委会修改完善参政议政工作表彰办法，突出党员中人大代表、政协委员、各级组织班子成员的带头作用。报送调研、建议、社情民意80余篇，被《海河同舟》采纳1篇，被致公中央采纳3篇，被市政协采纳5篇，区政协议政性常委会大会发言6篇。

（金盛霞）

【社会服务】　2021年，致公党区委会组织全体党员为攀枝花10名少数民族困难学生捐助食宿费；捐款11.97万元用于认领汉沽盐场小学操场的修缮工程；定点帮扶重庆酉阳，认购农产品1万余元。副主委刘霄飞为周边贫困村民提供100余个就业岗位，在全国10余个省开展50余个公益扶贫项目，捐赠各类公益基金、助力高校教育发展；委员陈晓波加入上海联享公益基金，每月捐款1万元以上，投身社会公益活动；党员姚庆佳为汉沽盐场小学捐款3.5万元。开展“致·社区”系列活动，发挥党员行业专业优势，面向社区居民开展系列服务活动。

（金盛霞）

【致公党区委开展中共党史学习教育活动】　2021年，致公党区委会制定开展中共党史学习教育实施方案和“发扬优良传统，争取更大贡献”主题教育活动方案，多渠道多形式开展中共党史学习教育。致公党区委会和各基层组织开展学习、座谈、讲座、参观等活动12次，覆盖率90%以上；开展中共党史知识竞赛、理论文章征集、读书心得体会分享等活动。

（金盛霞）

## 九三学社天津市滨海新区委员会

【概况】　2021年，九三学社天津市滨海新区委员会（简称九三学社区委会）下辖塘沽、汉沽、大港、天津经济技术开发区、滨海高新区5个基层委员会，32个基层支社，建立4个专门（工作）委员会。九三学社区委会领导班子实行15委制，主任委员解光河，副主任委员4人，委员10人。社员915人，以科技界高、中级知识分子为主体。社员中，全国政协委员2人，市人大代表4人，市政协委员4人，区人大代表5人（常委1人），区政协委员31人（常委7人），九三学社区委会委员7人（副主委1人，常委2人）、监督委员会副主任2人、专门委员会成员37人。12人被有关单位和部门聘为特约监察员和监督员，1人当选市总工会委员。

是年，九三学社区委会被评为九三学社中央参政议政工作先进集体，周武获评九三学社中央机关工作先进个人，杨永利、王平、许晓博获评九三学社中央参政议政工作先进个人。

（陈　霞）

【参政议政】 2021年，九三学社区委会围绕美丽“滨城”建设和“四新经济（新技术、新产业、新业态、新模式）”开展调研，形成100余篇调研成果。其中，提交全国政协十三届四次会议提案4件，市十七届人大五次会议建议2件，市政协十四届四次会议提案14件，区政协三届六次会议提案44件，区政协四届一次会议提案42件。《关于促进我市海洋医药产业发展的建议》在市政协专题协商会发言，《坚持共同缔造理念，高质量建设美丽滨城》等10篇在区政协常委会发言；《关于建立“滨城”CCUS合作机制的建议》《关于尽快建立“滨城”碳普惠机制的建议》《关于我区利用海水资源 发展海洋中医药产业的建议》直报中共滨海新区区委得到区领导批示；报送《零讯》6篇、《海河同舟》3篇，《构建产教融合创新体，解决企业招工难和大学生就业难问题》等3篇被《人民政协报》采用，《建议将优势产业“外循环”的布局纳入“十四五”规划》等10篇社情民意分别被九三学社中央、市政协和市委统战部采纳。在九三学社中央第十六届“九三论坛”上建言《夯实工业互联网发展基础，打造科技创新服务平台》，九三学在社中央第三十次科学座谈会暨“大变局下的中国国际人才竞争新方略”圆桌论坛上建言《新发展格局下人才战略的特征分析与发展建议》。《关于天津港对接雄安新区建设更好服务京津冀协同发展的建议》获天津市第十五届优秀调研成果三等奖。《引进和培育“独角兽”企业，加速新区高质量发展》等7件提案被评为区政协优秀提案。

（陈　霞）

【社会服务】 2021年，九三学社区委会坚持以界别特色开展活动，与区科协在新北街道贻成尚北社区联合主办滨海新区2021年科技周首场重点活动——智能科技嘉年华活动，科技周期间组织社员企业参加天津职业教育科技文化节活动，爱鸟周期间举行“爱家乡 护生态”鸟类知识教育宣传，植树节在“九三绿园”开展“推进美丽滨城建设”植树活动。探索拓宽社会服务领域，在泰达医院青少年视光防控中心建立社区委第四个社会服务基地，推广预防青少年儿童近视及相关防控措施的应用普及。儿童节前夕，慰问滨海新区阳光家园启智托养院的孩子们，送去毛巾、沐浴液、洗发水等日用品和节日祝福。参加巩固脱贫攻坚成果同乡村振兴有效衔接的爱心助困活动，完成西部扶贫购物；捐资6.3万元参与维修改造中小学运动操场；社员为河南水灾捐款6.4万余元。开展“我为群众办实事”活动，组织社内医疗专家到紫云东社区送健康，针对老年人常见病开设心血管内科、肾内科、内分泌科、中医科等诊疗项目咨询，现场宣讲新冠疫情防控政策；与区政协联合走进海滨街道求实社区开展义诊咨询活动；为茶淀街道清园里社区居民送医送药；走访杨家泊镇水产工业化养殖小微企业，对种苗生长情况、循环水、温湿度等方面进行现场帮扶指导；与九三学社市委联络工作委员会联合深入社员企业走访调研。

（陈　霞）

【组织建设】 2021年5月31日，九三学社天津市滨海新区第三次代表大会召开，会议选举产生九三学社天津市滨海新区第三届委员会。

4月1日，九三学社区委会在“九三绿园”开展植树活动　陈霞　摄

是年，完成九三学社开发区基层委员会换届，社高新区支社改建为社高新区基层委员会。建立5个内设部门，完善4个专门（工作）委员会，5名社员当选区第四届人大代表，31名社员担任区第四届政协委员。与九三学社天津书画院联合在“社员之家”举办天津九三艺术讲堂，在汉沽盐场开展“爱祖国、爱家乡”主题教育，重阳节举办“书海览阅欢度重阳”活动。全年培养入社申请人60余人，发展新社员38名。

（陈　霞）

**【思想建设】** 2021年，九三学社区委会完善领导班子理论中心组学习制度，把自学、网络学和集中学有机结合。在社员中开展中共党史学习教育、中共十九届六中全会精神学习，举办各级组织负责人思想政治工作培训，参加统一战线党史学习教育专题讲座和中共党史学习教育网络专题班，邀请九三学社市委领导讲党课、讲社章社史，组织社员骨干参加“学党史、强信念、跟党走”活动，参观天津觉悟社纪念馆，九三学社创建76周年之际，组织社员参观平津战役纪念馆。出版《九三滨海社讯庆祝建党100周年专刊》，参加区统一战线庆祝中国共产党成立100周年暨各民主党派、无党派人士、党外知识分子和新的社会阶层人士中共党史学习教育交流分享会。组织社员参加社中央举办的“五史”知识竞赛活动，社区委和3个支社获优秀组织奖，10人获优胜个人奖。是年，九三学社区委、九三学社汉沽基层委员会获评九三学社天津市宣传思想工作先进单位，2人获评九三学社天津市宣传思想工作先进个人，9个基层组织被评为九三学社市委组织建设先进基层组织，44人被评为九三学社市委组织建设优秀社员。

（陈　霞）

## 台湾民主自治同盟天津市委员会滨海新区工作委员会

**【概况】** 2021年，台湾民主自治同盟天津市委员会滨海新区工作委员会（简称台盟区工委）有盟员19人（退休6人），发展新盟员2人。盟员中，市政协委员2人，区政协委员5人，区人大代表3人，区人民法院执法监督员1人，区公安局特邀监督员2人。

（肇　飞）

**【参政议政】** 2021年，台盟区工委赴天津市工业信息局、商务局、发展改革委，南开大学商学院等单位，就发展先进制造业、优化完善产业链构建布局和发展化工新材料、跨境电商多式联运等课题进行调研。向台盟中央提交调研报告1篇，向市政协提交调研报告3篇，调研报告《关于完善跨境电商多式联运体系建设的建议》由台盟市委会报送台盟中央，被台盟中央选用，作为全国政协十三届五次会议的党派提案。在区政协第三届六次会议上，调研报告《关于促进新区物流产业转型升级的建议》作为大会发言，《挖掘新区文旅和职教对台交流资源，助力新区高质量发展》作为联组发言。在区政协四届一次会议上，《完善社会救助保障体系，共享经济社会发展成果》作为大会发言，《发挥新区“区位”优势，推动津台两地电商平台建设》作为大会书面发言。调研报告《关于完善跨境电商多式联运体系建设的建议》《以大数据信息平台建设，推进新区“大数据+化工新材料”融合发展》作为区政协第三届二十四、二十五次的常委会发言。

台盟区工委全年报送社情民意信息4篇。提交的《关于加快智慧交通建设的建议》《关于以大数据信息平台建设推进新区“大数据+化工新材料”融合发展的建议》《关于农村文化建设的几点建议》《关于吸引两岸青年聚集，推动“双创特区”多元化发展的建议》被选入区三届政协优秀履职建言成果汇编。

（肇　飞）

**【社会服务】** 2021年，台盟区工委为结对帮扶地区发展和乡村振兴，捐款8750元。协助天津市和外省市常住和定居台胞办理相关手续；开展文化进社区活动，组织联系画家参与送书画下社区活动；与南开大学联合推荐选手参与2021年度海峡

9月12日，台盟区工委在大沽口炮台遗址开展“铭记历史不忘初心，履职尽责开创未来”主题活动　　台盟区工委　供图

两岸“民族心 中华情”青少年征文演讲比赛。服务新区经济发展，接洽高新技术投资项目5个，其中2个有望落地。台盟区工委主委到天津市永基小学讲授思想政治课，并与教师进行座谈交流。

（肇 飞）

【组织建设】 2021年，台盟区工委完成区级组织换届工作，完成区新一届人大代表、政协委员的推选工作，制定《台盟滨海新区工委政务新媒体“三审三校”工作制度》《台盟天津市委员会滨海新区工作委员会理论学习中心组学习制度》。组织盟员集中学习《中国共产党简史》、《习近平谈治国理政》第三卷、习近平总书记“七一”重要讲话、《中国共产党统一战线工作条例》、《中国新型政党制度》、中共十九届历次全会精神、《中共中央关于党的百年奋斗重大成就和历史经验的决议》等，撰写心得体会。组织盟员收看庆祝中国共产党成立100周年大会，参加台盟市委会组织的市政协文史馆“天津政协光辉历程”主题展，参加台盟中央“阅·思源”读书学习一至四期红色讲堂活动，参观市台联、市黄埔军校同学会庆祝中国共产党成立100周年书画展。台盟区工委班子成员参加中共区委统战部组织的“滨知论道·胜利的密码”中共党史学习教育交流分享会，参加滨海新区各民主党派区级组织新一届领导班子专题研讨班。选派盟员参加台盟市委会2021年骨干盟员培训班、台盟中央第三期新媒体宣传骨干培训班。组织开展“铭记历史不忘合作初心，履职尽责开创美好未来”主题教育活动。台盟区工委被台盟中央评为全盟脱贫攻坚先进集体、2021年地市级参政议政先进集体。《关于提升“滨城”社区治理水平的建议》《关于改善塘沽育才学校周边道路交通环境的建议》《关于加快新区新建小区配套建设落地的建议》3篇个人提案获区政协三届六次会议优秀提案奖；在台盟中央“共画同心圆——奋进在多党合作的大道上”征文中，台盟区工委共6人获奖，其中一等奖2人、二等奖2人、三等奖2人。

（肇 飞）

## 滨海新区工商业联合会

【概况】 2021年，滨海新区工商联坚持政治建会、团结立会、服务兴会、改革强会，发挥工商联在民营经济人士思想政治建设中的引导作用，在参政议政、商协会建设、银企对接、万企帮万村、政策宣讲、法律服务等方面发挥平台作用。被评为2020—2021年度全国“五好”县级工商联。至年末，入库会员2160人，其中团体会员40人，注册的异地、产业商会20家，街镇商会20家。

（梁光纯）

【民营经济调查研究】 2021年，滨海新区工商联开展“共同缔造美丽滨城 促进新区民营经济高质量发展”课题研究工作，课题组组织区民营经济工作领导小组成员单位、各开发区、各街镇、区内平台机构（商协会、银行、律所）、各企业分别开展课题调研，收集调研报告104篇，对调研报告进行筛选，形成课题研究报告选编，为新区民营企业高质量发展政策制定、部门合作提供支撑。

（梁光纯）

【参政议政】 2021年，滨海新区工商联鼓励工商联界别人大代表、政协委员参政议政，围绕振兴乡镇经济发展、提升新区营商环境等开展课题研究，完成《助推街镇经济发展的思考》《工业互联网领域促进民营经济发展的建议》《以高质量营商环境助力民营经济高质量发展》3篇调研报告，并在区政协会议、常委会进行交流。

（梁光纯）

【服务民营经济发展】 2021年，滨海新区工商联先后与18家银行就2021年金融服务举措和产品进行收集整理，形成金融服务工作台账。推动区工商联、区金融局、区街镇工委、中国建设银行四方合作；运用金融保险、担保、助贷等模式加大对民营企业信用贷款，促成四家银行和青商会、中小企业协会、豫商、滨渝、海滨街、胡家园街6家商会对接，给予各家商会总计5亿元授信信用贷款，实现信用贷款最高单笔1000万元额度，落地信用贷款近2亿元，获得授信金额120亿元，实现线上线下融资61.5亿元。落实《天津市“润苗促成长 税联在行动”暨助力小微企业发展“春雨润苗”专项行动方案》，持续优化小微企业税费、政策、融资服务，组建“春雨润苗”小微企业服务组，按照“定点联系、责任到人、服务上门”的工作要求，组织小微企业参加产品推介、网上纳税知识培训，全年政策、金融服务小微企业近千家，实现税费减免3亿多元。

（梁光纯）

【非公经济组织法务工作】 2021年，滨海新区工商联开展宪法、民法典及知识产权等普法宣传；开展促进工业企业绿色发展及政策申报专题政策培训会、“双万双服”促发展等内容政策大讲堂活动，全年组织政策宣讲活动16次，近2000人次参加。建立商会劳动纠纷调解组织，完成滨海新区工商联（总商会）劳动争议调解委员会换届工作；指导街镇商会、异地商会等基层商会组织成立劳动争议调解组织；组建天津市首批民营经济领域纠纷多元化解机制的调解组织。完成对各街镇非公经济组织参与平安滨海建设考评，平安建设工作考评成绩在全市连续5年名列前茅。开展“法律进企业、进商会、进机关”活动，开展涉非涉稳风险专项排查工作和防范非法集资宣传月活动；与区公安局经侦支队制定《关于进一步优化营商环境服务企业发展的实施意见》，启动防范经济犯罪预警平台“企业服务日”活动，启动“检察开放日”服务机制，召开检察长见面座谈活动，为民营企业提供“法治体检”服务。

（梁光纯）

**【民营经济对外交流】** 2021年，滨海新区工商联对现有的16家友好工商联保持长期联系沟通机制，加强两地企业家和促进民营经济高质量发展政策的交流，参加市工商联组织的第五届京津冀民营经济产业对接交流会；组织参加“赴港澳融资上市”、中非论坛等活动，搭建区民营企业“走出去”平台；发挥工商联异地商会作用，开展区域交流和经贸往来活动。

（梁光纯）

**【非公经济人士教育培训】** 2021年，滨海新区工商联打造了“政策大讲堂”“法律大讲堂”和“商会讲习所”等民营经济政策宣讲品牌。与相关部门联合，通过视频会议模式，组织召开滨海新区“十四五”规划和2035年远景目标宣讲会，面向200余家民营企业，从“全面检查高质量小康社会”“十四五时期滨海新区经济社会发展指导思想和主要目标”“十四五期间的重大任务”等方面进行专题宣讲。“商会讲习所”——格局商学院开展16个专题网络授课，参加培训1000余人次。

（梁光纯）

**【民营经济服务社会】** 2021年，滨海新区工商联制定《2021年滨海新区“万企兴万村”专项工作实施方案》，召开滨海新区社会动员和“万企兴万村”工作动员会暨专项工作领导小组第一次全体会议，发布“践行光彩精神，助力乡村振兴”万企兴万村倡议书，区200余家企业签约示范村建设，投入660余万元用于助力乡村振兴。建立天津市第一个防返贫资金池，用于结对帮扶的贫困村产业发展、公益救助、助学等项目，防返贫资金池注资1150万元。承接区动员社会力量小组安排的捐款任务，完成动员社会力量捐款550万元；为对口帮扶示范村建设搭建平台，动员商会、企业参与学校体育设施升级改造，认领2个学校的改造计划。

（梁光纯）

**【会员企业党建】** 2021年，滨海新区工商联制定《滨海新区工商联会员企业党委关于开展党史学习教育的实施方案》，党组书记作“学党史强信念、感党恩勇担当”主题宣讲；组织会员企业党委书记讲党课2次，与课外教育培训商会开展以“学百年党史　扬奋进风帆”为主题的党日活动；加强“两新”党组织书记和商会党务干部开展培训；落实党建责任制度，开展意识形态教育培训；与各商会党组织书记签订“党建工作目标责任书”，落实商会党组织书记、秘书长联谊会制度；组织所属30余家商协会秘书长走进塘沽湾，开展商会工作交流；引导工商联所属商会中共党员入列社区“红网格”，助力和谐社区建设。

（梁光纯）

**【工商联组织建设】** 2021年，滨海新区工商联召开工商联三届八次、九次、十次常委会会议，做好工商联换届前期准备工作，分析民营经济情况和工商联执、常委基本情况，完成201人次非公经济代表人士综合评价，完成4批次、28人次和27个党组织的组织联审。12月6日，召开滨海新区工商业联合会（总商会）第四次代表大会，选举产生第四届领导班子，选出执行委员会委员200名；第四届执行委员会第一次会议选举产生主席（会长）1名、副主席25名、总商会副会长17名，常务委员33名。推动商会制度化、规范化建设，组织各商会签订诚信建设自律书；与街镇工委对接服务街镇民营经济发展，协助杭州道街道招商引资，帮助对接专业机构1家，协助引进企业1家，落地资本1000万元；做好工商联所属商会街镇招商引资政策的培训，分别引进两家企业在大沽街道和杭州道街道落户，实到资本金2000万元。

（梁光纯）

12月6日，区工商业联合会（总商会）召开第四次代表大会　孙津　摄

# 群众团体

## 滨海新区总工会

**【概况】** 2021年，滨海新区总工会加强职工服务中心及两翼分中心建设和使用，提升工会组织服务效能，保障广大职工群众利益。创新成立新业态劳动者工会，开展农民工专项行动，开展“集民智汇民意 凝民心、共同缔造美丽滨城”建议征集活动，精准助力疫情防控。

（吴炳楠）

**【基层工会组织建设】** 2021年，滨海新区总工会依托平台企业，成立“快狗打车货运工会”“水猫工匠零散务工人员工会”两个新业态劳动者工会，推动会员发展、会员服务工作。至年末，发展新业态劳动者会员2万余人。推动25人以上法人单位和具有稳定劳动关系职工建会入会，25人以上单位新建会266家，新增会员1.6万人。全区建会单位1.88万个、会员47.79万人、专兼职工会干部7843人。

（吴炳楠）

**【职工技能竞赛】** 2021年6月—12月，滨海新区总工会开展“金锤杯”滨海职业技能大赛，举办校长书记讲思政课、生物医药、文化创意、机电一体化、建筑、物业服务、家政、无人机技术、厨师、粮油检测员、职业卫生专管员、平行进口汽车营销、汽车维修、少先队辅导员、幼儿园教师、财会等16项职业技能大赛。全区各行业职工近4000余人参赛，91人获个人奖项，36个团体获集体奖项。

（吴炳楠）

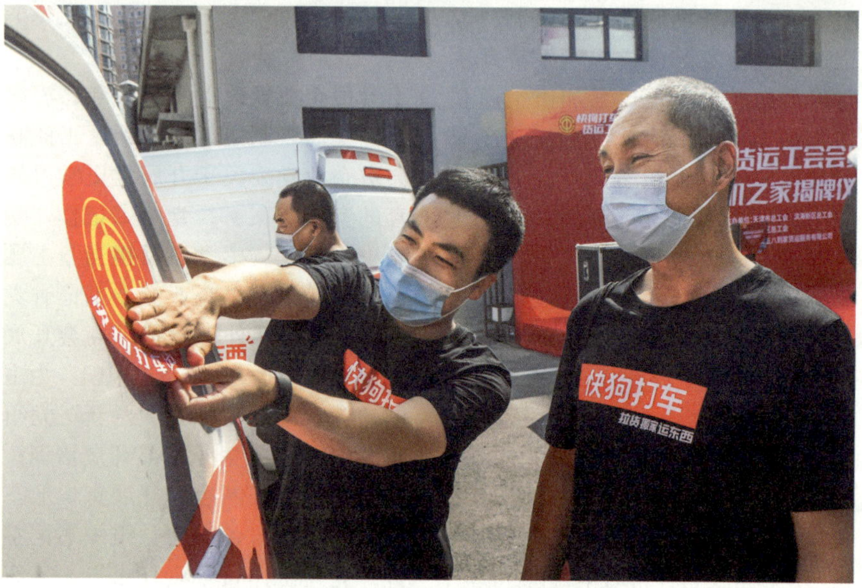

9月1日，滨海新区首个新业态劳动者工会（快狗打车货运工会）成立
区总工会　供图

**【劳模工匠示范引领】** 2021年，滨海新区获评全国五一劳动奖状1家、全国五一劳动奖章2人、全国工人先锋号3个、天津市五一劳动奖状4个、天津市五一劳动奖章3人，天津市工人先锋号6个；崔超等4人获评天津市“新时代职工创新创业之星”。开展劳模和工匠人才创新工作室星级评定工作，命名28个滨海新区劳模和工匠人才创新工作室。评选出10节优秀示范课，扶持一批基层职工教育培训阵地。组织滨海新区代表队参加第二届国家级新区经开区高新区班组长管理技能

大赛，获得区级团体一等奖1个、企业团体一等奖1个、个人特等奖1人；组织参加首届国家级新区经开区高新区职工通用数字技能培训大赛决赛，获得团队一等奖1个，个人一等奖1人；组织参加第二届“海河工匠杯”技能大赛，1名选手获钳工技能大赛第二名，6人获职业资格等级晋升。

（吴炳楠）

【和谐劳动关系创建】 2021年，滨海新区总工会开展集体协商“特别要约”行动，覆盖1.68万家企业，总要约率和总应约率100%，培育天津电装电子有限公司等6家集体协商企业典型。实现已建工会正常生产经营企业集体协商建制率动态保持在96.4%以上。推动建会企业普遍建立职代会制度、非公有制企业建制率保持在90%以上。1.51万个班组31.18万名职工参加“安康杯”竞赛。开展“尊法守法、携手筑梦”法律公益行动，实地宣讲5场，累计服务农民工近1400人次。短视频作品《唱响民法典、典亮新时代》获2021年度天津市法治宣传原创一类作品。设立心理服务热线、心理服务窗口和心理咨询室，开展个性化心理团辅活动12场。

（吴炳楠）

【工会普惠服务】 2021年，滨海新区总工会为2772名会员发放住院关爱慰问金254.95万元；为516名会员发放大病救助金1077.7万元；为363名会员发放专享救助金365.10万元；为现场救助353人发放帮扶金33.85万元；全年发放困难职工补助金23.37万元，发放金秋助学金8.4万元；为30余万名工会会员办理会员专享续保投保。开展“精准帮扶送温暖、同心携手建滨城”冬季送温暖及慰问活动，投入2100余万元慰问7.5万余名职工。开展“共同缔造美丽滨城”关爱一线抗高温送凉爽慰问活动，投入920余万元，分层级分类别慰问约13万职工。在重点节日为困难职工发放慰问金14.8万元；“七一”为困难职工送去500元慰问品。累计建成53个户外劳动者服务站，新村街道崇安里社区户外劳动者服务站获评全国总工会2021年“最美工会户外劳动者服务站点”。举办“工会进万家·新就业形态劳动者温暖行动”，投入55.5万元为快递员、外卖配送员、网约车司机、货车司机四类群体进行“十送”（送思想文化、送问需调研、送免费健康体检、送心理咨询、送平安保障、送慰问品、送法律知识、送困难帮扶、送工作岗位、送技能提升）服务，覆盖职工1.85万余人。开展“为农民工办实事”专项行动，开设农民工服务窗口，推出农民工专项服务包，为3627名农民工免费查体、为50个重点工程工地配备医疗柜、为38个工地食堂配备电视机、为1.42万名农民工发放防暑降温慰问品。组织606名会员疗休养。开展“建功‘十四五’、巾帼有力量”女职工系列活动及6场大型联谊交友活动，评选出53家“市级爱心妈咪之家”，59家“区级爱心妈咪之家”。

（吴炳楠）

【关爱一线工作者】 2021年，滨海新区总工会开展“滨城职工心向党、共同缔造保健康”专项活动，投入916.43万元慰问疫苗接种一线医务工作者和社区工作者；每半月为防疫一线医务人员配送“暖心慰问品”；慰问防疫因公牺牲家属。开展“共同缔造美丽滨城”关爱一线防汛应急人员专项活动，投入58万元为排水、河道巡查、工程抢险、项目值守的1058名一线人员送去慰问品，并为各街镇划拨专项资金。推出“美丽滨城共同缔造 工会抗暴雪送温暖”专项行动，投入110万元为奋战一线的环卫工人和交警做好后勤保障，为因高速关闭而被困的货车司机发放暖心餐1000余份。

（吴炳楠）

【职工思想政治引领】 2021年，滨海新区总工会开展党史学习教育，组建劳模宣讲团线上线下宣讲50余次，开展红色观影、摄影大赛等“滨城职工心向党”主题系列活动，参与职工超过10万人次。举办滨海新区庆祝中国共产党成立100周年职工文艺演出，开展企业改革开放史教育基地评选活动，命名中国建筑第八工程局有限公司华北分公司等9家单位为天津市滨海新区企业改革开放史教育基地。开展“集民智汇民意凝民心”建议征集活动，征集文章708篇，集各方智慧推动建议落地。开展“四送一补”（送技能培训、送教育培训、送文化培训、送活动培训，补工作短板）活动，全年开展整场演出5场，小分队演出15场，为基层工会和职工群众送培训31场。京粮（天津）粮油工业有限公司等3家单位职工书屋获评全国职工书屋示范点，评选出“2021年滨海新区总工会最具活力职工书屋”5家，“活力职工书屋”10家。

（吴炳楠）

【产业工人队伍建设】 2021年，滨海新区总工会启动“蓝海计划”产业工人社会组织建设工程，研究制定《滨海新区总工会购买社会组织服务实施办法（试行）》，初步建立滨海新区工会社会组织资源库，吸纳包括律师事务所、心理咨询、劳动仲裁机构等在内的95个劳动领域社会组织参与到产业工人服务队伍中来，加长服务职工手臂。《深入推进“蓝海计划” 打造产业工人队伍建设改革滨海模式》作为天津市产业工人队伍建设改革典型案例，纳入《全国产业工人队伍建设改革试点案例汇编》，并在《中国工运》杂志上刊发。

（吴炳楠）

## 共青团滨海新区委员会

**【概况】** 2021年，滨海新区团委有基层团组织3302个，团员4.93万人。滨海新区少工委12月换届，下辖中小学少先队学校少工委180个，少先队大队183个，少先队员约14万人。全年，滨海新区团委召开区第三次团代会、区青联第二届委员会第一次全体会、区第二次少代会。

滨海新区由共青团中央授予中国青年五四奖章1人、中国青年五四奖章集体1个、全国五四红旗团支部1个、全国优秀少先队员2人、全国优秀少先队辅导员2人、全国优秀少先队集体1个、国家级青年文明号3个、全国示范性“青年之家”2个。由团市委授予天津市五四红旗团委2个、天津市五四红旗团支部9个、天津市优秀共青团员8个、天津市优秀共青团干部4个、市级青年文明号9个、市级示范性“青年之家”2个，创建市级“双零社区（村）”6家，申报市级“青少年维权岗”创建集体10家。在“津彩青春 团聚V力”首届天津团属新媒体影响力推荐活动中，滨海新区团委获2020年度天津团属新媒体工作优秀团组织。

（孙　畅）

12月8日，共青团滨海新区第三次代表大会召开　　团区委　供图

**【“青马工程”项目】** 2021年，滨海新区开设“青马工程”创新创业实训班、“青马工程”扶农助农攻坚班，培养学员23人。开展“学党史 强信念 跟党走”党史学习教育宣讲会，组织青年讲师团、红领巾巡讲团、“青马工程”学员进行党史宣讲40余场次，覆盖青少年1.1万余人。

（孙　畅）

**【青年思想建设】** 2021年，滨海新区团委组织全区1.51万名团员青年收听、收看庆祝中国共产党成立100周年大会直播。通过座谈会、宣讲会等形式，组织全区各级团组织、少先队、青联学习贯彻习近平总书记“七一”重要讲话精神。运用“青年大学习”号召团员进行线上学习讲话精神，近10万人参加学习。组织开展“红色印记 青春‘滨城’”主题系列活动，制作“红色印记 青春‘滨城’”公益地图。各级团组织围绕诵读红色经典、传唱红色歌曲、讲好红色故事、追寻红色足迹等内容开展活动649场，覆盖团员青年16万余人。举办“永远跟党走 奋进新时代”——“中国青年五四奖章”获奖者（集体）事迹分享会，网上直播累计观看超5.3万人次。2935个团支部、15.01万人次参与党史系列专题团课学习，11.89万人次参加主题团日，2.05万人次参加各类党史学习教育活动。

（孙　畅）

**【青年创业服务】** 2021年，滨海新区团委推动完善青年发展配套政策，印发《滨海新区A、B、C三类优秀青年人才认定标准（试行）》《关于支持吸引大学生来滨海新区见习实习的实施细则》等政策，为11名优秀青年申领高层次人才服务证。召开青年创新创业工作对接会，举办高校学子走进美丽滨城、团聚美丽滨城“百企千人”周末职行大篷车、“美丽滨城高校行”推介会等活动，累计开展活动7期，服务高校师生900余人。举办3期“创响青春 智绘滨城”青年创新创业营，聘请导师为创业青年提供精准辅导，搭建学习交流平台，服务企业、创业团队30余家，覆盖青年近200余人。举办创青春——滨海新区青年创新创业大赛，有效对接投资人与创业者。开展大学生“返家乡”社会实践活动，在机关、企业、街镇社区中提供127个暑期实践岗位，成功对接率29.1%，推进大学生就业见习工作落实。

（孙　畅）

**【青年志愿公益活动】** 2021年，滨海新区团委举办“同在蓝天下 共读一本书”滨海新区与青海黄南、甘肃甘南、甘肃张家川少先队员党

5月7日，第一届创青春滨海新区青年创新创业大赛举办

团区委　供图

史学习教育手拉手活动，新区179个学校与黄南、甘南、张家川179个学校结成一对一党史学习对子。开展“书送阳光　点亮梦想”活动，为甘肃省白银市青少年募集图书1.34万册。发布全年常态化开展的青年志愿服务项目681个，以青年志愿服务进社区、生态文明青年先行等4个品牌活动为主品牌，涉及厉行节约、乡村振兴、为老服务、医疗救助、便民服务等方面。开展“青春暖冬”为新区优秀青年志愿者代表免费拍摄形象照活动。高考期间，在新区高考考点设立青年爱心志愿服务站。引导各级团干部直接下沉到社区一线，在疫情防控、便民服务、心理咨询等方面发挥作用。

（孙　畅）

**【关爱青少年发展】** 2021年，滨海新区团委走访调研20余家成员单位，制定印发《实施试点工作方案》，涵盖9个重点任务，细化17个重点项目，将试点区建设从制度层面转入实践阶段。召开《滨海新区中长期青年发展规划（2016—2025年）》实施工作联席会议第二次全体会议暨青年发展规划实施试点区半年工作推动会，发布2021年重点工作任务82项。结合新区“十四五”规划中青年发展内容，制定个性化、可操作的规划监测指标体系，涵盖指标66项。选派优秀青少年社会事务工作者14人，组建合适成年人队伍，参与未成年人在司法调查、审判等过程中的相关工作。围绕青少年普法教育、心理健康、传染病防控、防拐防骗、消防安全、防校园欺凌等内容开展自护教育活动826余场，覆盖青少年4.27万余人，宣传报道248次。关心关注青少年心理健康，在中高考前夕，专题发布心理健康教育辅导3期。开展2021年“津青小课堂”活动，围绕禁毒防艾、婚恋观、心理、安全急救等12个方面，为社区、村提供线上、线下课程30节。组建青少年法治宣讲团，以“两法两例”为宣传重点，组织以宪法、禁毒防艾、预防非法集资、国家安全法律法规为重点的法治宣传活动741场，受众8.1万人，征集普法作品1220个。发挥网络新媒体作用，制作青少年“禁毒”视频，在全区5个开发区、21个街镇和部分中小学中播放。在“滨海青年”微信公众号发布青少年法治宣传教育活动和禁毒防艾知识，专题发布宣传信息及公益片10条。举办第17届滨海青年集体婚礼，举办“青春有约　津彩‘团’缘”“相约滨城　伊见钟情”等青年联谊活动5场。围绕“完善青年生育政策配套措施”主题开展“共青团与人大代表、政协委员面对面”活动，为青年发展建言献策。

（孙　畅）

**【从严治团】** 2021年，滨海新区团委推动共青团基层组织改革试点工作，滨海新区“两新”团组织格局典型经验做法在《中国青年报》刊载，《党建引领　群团融合　构建立体化、网格化的“两新”团组织格局》一文在《中国共青团》杂志上发表。推进“两新”组织建立，探索以龙头企业带动园区、产业链、合作方、楼宇和大型人才代理机构的建团新路径，智慧团建系统中共建非公团组织数880个。严把团员入口关，探索严格团员发展路径，建立对入团积极分子全过程培养评价机制，提升团员发展管理水平，全年发展学校领域团员2038名。规范完善推优入党办法，制发《滨海新区共青团推优入党工作参考流程》。加强团员档案管理，规范团组织关系转接和团费收缴，推进学社衔接工作。全区139个村、333个社区团组织完成换届。贯彻落实《中共中央关于全面加强新时代少先队工作的意见》，成立工作专班，召开专题座谈会。制定《滨海新区关于〈天津市贯彻落实《中共中央关于全面加强新时代少先队工作的意见》的实施方案〉的贯彻落实方案》。指导全区132个有新一年级的学校开展分批入队工作队前教育，指导各校开展争取“红领巾奖章”活动。制定新区共青团助力“双减”工作实施方案，组建新区共青团助力“双减”工作志愿辅导员资源库，组织驻区高校大学生进校园为少先队员开展课后服务。

（孙　畅）

【“海河青听”主题实践活动】 2021年，滨海新区团委开展“海河青听”主题实践活动，走访基层团组织、企业、学校等140余个，推出18项“我为群众办实事”项目清单，回应基层诉求。与区总工会、区妇联共同举办“集民智汇民意凝民心 共同缔造美丽‘滨城’”建议征集活动，收集意见建议百余条。持续开展覆盖7大项的服务农村地区系列活动，累计捐赠物资6万余元。与杨家泊镇党委、塘沽街道工委签订结对共建意向书。在杨家泊镇、中塘镇开展3次义诊活动，为村民开展免费查体、健康理疗服务千余人次。

（孙　畅）

## 滨海新区妇女联合会

【概况】 2021年，滨海新区妇联完成妇女儿童发展规划（2010—2020年）终期评估，代表天津市接受国务院“两纲”终期评估检查，妇女儿童工作得到高度认可。滨海新区妇女儿童发展“十四五”规划首次纳入区级重点专项规划。滨海新区获评全国三八红旗手1人、全国巾帼建功标兵1人，全国维护妇女儿童权益先进个人2人，全国巾帼文明岗集体5个，全国维护妇女儿童权益先进集体2个。区妇联获全国妇联系统先进集体、全国巾帼建功先进集体、天津市脱贫攻坚先进集体。

（谭延敏）

【妇联重要会议】 2021年3月18日，滨海新区妇联召开二届五次执委会议，增替补执委5人，实有59人。选举产生2名区妇联副主席。会议传达全国妇联十二届三次和市妇联十四届五次执委会议精神。审议通过区妇联二届五次执委会工作报告。8月31日，召开二届四次常委（扩大）会议。学习习近平总书记在庆祝中国共产党成立100周年大会上的重要讲话精神，传达全国妇联常委（扩大）会议和天津市妇联常委（扩大）会议精神，总结上半年全区妇女工作，研究部署下半年重点任务。滨海新区妇联班子成员，区妇联二届常委及各开发区、街镇妇联主席，妇联机关全体干部参加会议。

（谭延敏）

【妇女思想引领】 2021年，滨海新区妇联深化党史学习教育，动员全区各界妇女学习贯彻党的十九届六中全会精神，组建70人“滨城女性宣讲团”，开展宣讲282场。组织开展庆祝中国共产党成立100周年系列活动，承接全市群众性歌咏展演启动仪式；组织开展妇联系统红歌联唱，20家妇联系统单位参与；做好“党建引领·百年芳华——天津妇女百年发展成就”巡展，实现全区各街镇巡展全覆盖；打造“滨城女性”电视专栏17期，制作“滨城女性力量”“以我初心 向党告白”宣传片，展示滨城女性风采。滨海妇女网，区妇联微信公众号、微博、头条号，巾帼特色微信群组成“一网两微N群”，新媒体累计推送图文信息921条，总阅读量377万人次，25篇报道荣登《中国妇女报》、“学习强国”等国家级新闻媒体。

（谭延敏）

【妇联基层组织建设】 2021年，滨海新区妇联召开改革工作部署会。完成全部472个村、社区妇联组织换届。推动区公安局、区水务局、区文旅局、供热集团和区住建委成立系统妇联，在外来务工群众中成立妇联组织。引领女性社会组织发展，培育扶持各类女性社会组织，将女性社会组织管理纳入党建红网格，开展各类活动60场，服务群众3700余人。推动常委、执委工作制度落实，建立执委、先进典型工作室20个，各执委、先进典型工作室开展活动25场，服务3700余人次。举办“滨城”处级女领导干部培训班、基层妇联“领头雁”培训班，实现基层妇联主席全覆盖。

（谭延敏）

【妇女创新创业服务】 2021年，滨海新区妇联召开女企业家“思享会”、女科技工作者座谈会，搭建政企交流平台；开展3场巾帼众创空间双创服务活动。召开家政服务业会员大会，规范行业健康有序发展；举办女性领军企业建设美丽“滨城”建议征集会，面向社会征集意见建议150条。出台《滨海新区A、B、C三类优秀女性人才认定标准（试行）》，为22名优秀女性办理《高层次人才服务卡》；开展“春风行动”、举办相亲交友联谊活动；举办2021年“金锤杯”滨海家政职业技能大赛，开展育婴员、养老护理员、家政服务员三项技能比赛；开展“点赞最美女性”活动，命名最美女社工、女税务人、女法官、女教师等287人。在10个涉农街镇举办“新农学堂”“女性就业赋能”等培训，2000余名妇女参与；在国家粳稻中心举办“巾帼庆丰收 铭记党恩跟党走”丰收节活动；举办“一家一户一元钱”捐款和消费扶贫活动，募集善款20余万元；发动社会力量资助20名黄南州困难学生完成学业。举办黄南州各级妇联骨干及妇女创业致富带头人培训班，精准培训助力黄南州地区妇女参与乡村振兴。

（谭延敏）

【巾帼文明实践活动】 2021年，滨海新区妇联承接全国妇联新时代文明实践中心建设项目，重点打造塘沽街道、寨上街道和海滨街道三个站点，开展志愿服务活动30场，受益妇女儿童6500余人。依托“新时代文明实践点派单平台”向基层派单 99 次，做到即派、即接、即结。承接天津市妇联志愿服务展示交流活动，举办志愿服务“赶大集”10 场次，开展“美丽庭院”创建、制止餐饮浪费等巾帼志愿服务活动 80 余次。开展家风家教主题宣传，举办家风故事分享会，天津市唯一一家引进中国妇女儿童博物馆“家和万事兴”主题展，组织“述百家故事 颂建党百年”征文活动，各级妇联组织开展家风巡讲活动 387 场。联合滨海新区图书馆开展家庭亲子阅读，开展“学国学经典、养善美家风”活动。

（谭延敏）

【服务妇女儿童】 2021 年，滨海新区妇联发放救助款物 282.56 万元，其中主动募集社会资金 58.17 万元，救助困难妇女儿童 4733 人次。联合区慈善协会、社会组织、爱心企业开展“母亲节”救助、慰问留守儿童、关爱孤独症儿童等活动。启动“爱心助学公益基金”项目，帮助 40 名优秀困难学生。开展单亲困难母亲及子女医疗、应急、教育等救助活动。与杨家泊镇羊角村、汉沽街道王园里社区、新港街道安定里社区、小王庄镇南抛庄村建立帮扶机制，在王园里社区打造“一家一站一坊”服务妇女群众综合体，开展心理咨询服务、创业技能培训等志愿服务活动。开展“我为群众为实事”活动 643 次，服务 3.3 万余人。结合企业需求开展交友联谊、技能培训、帮扶慰问、线上招聘等暖心服务，引导广大妇女和家庭稳岗留工、就地过年。

（谭延敏）

【维护妇女儿童权益】 2021 年，滨海新区妇联发挥保障妇女儿童权益跨部门合作机制作用，与区公安、区人民法院、区人民检察院建立定期信息沟通机制，落实家暴告诫制度，提升法律告诫书和人身保护令实施实效，有效防止家庭暴力，保障妇女合法权益。

与区人社局、区总工会联合签订《关于进一步规范招聘行为促进妇女就业有关问题的合作机制》，与区检察院签订《关于在妇女平等就业保护领域加强协作配合增强公益保护合力的协作机制》，推动保护妇女平等就业权利。联合区检察院开展“法治心理讲座进校园”活动，为涉案未成年人提供心理服务。联合有关部门，召开滨海新区婚姻家庭纠纷预防化解工作座谈推动会，实施“婚姻家庭纠纷调解员三年培养计划”，培养 22 名新任调解员。全年接待信访案件 116 件次，发布《滨海新区 2020 年妇女儿童维权十大典型案例集》。举办巾帼法治讲堂、线上法律知识竞赛，惠及 7000 余人。

（谭延敏）

【家庭文明建设】 2021 年，滨海新区妇联推动新时代家庭文明建设工作，重视家庭教育，打造未成年人良好的成长环境。开展“颂百年风华 传红色基因——滨海新区 2021 年母亲节 国际家庭日活动”，为全国最美家庭集中颁奖、全国最美家庭代表家风事迹宣讲。开展“颂百年风华 传红色基因”2021 年滨海新区家庭亲子阅读活动。家庭教育指导中心开展主题讲座 621 期，覆盖 33 万余人。为广大家庭从心理健康、家庭教育等方面提供专业知识，解决相关问题，增加亲子互动。

组织开展寻找最美家庭活动，50 户家庭获滨海新区最美家庭标兵户称号。开展全国及天津市最美家庭推荐工作，于滨等 37 户家庭被评选为 2021 年度天津市最美家庭，王金俊家庭入围全国最美家庭候选家庭。

（谭延敏）

## 滨海新区科学技术协会

【概况】 2021 年，滨海新区科学技术协会构建高标准开放型、平台型、枢纽型科协组织，打造“科创中国”“全域科普”两大工作品牌。推进“科创中国”创新试点城市建设，完善科技经济融合发展机制，以平台赋能生态、人才赋能产业、组织赋能企业，建立“开发区 + 学会”战略合作机制，探索建立“科创中国圈”，引导支持科技企业、科研院所与全国学会开展技术服务、战略咨询、人才培养等全方位合作，激发创新主体的内生动力。深化“全域科普”工作，按照“党建 + 科普 + 创新创业服务”工作模式，健全常态化全域科普工作体系，构建联动协同工作格局，重点推进全域防疫健康科普工作落地落细，全面开展防疫科普知识宣传。加强科协组织建设，完善工作规则，弘扬新时代科学家精神，增强科协政治引领力。健全院士专家工作站、海外人才离岸基地相关政策，吸引技术成果转化项目落地，促进新动能引育和高质量发展。

（王宪达）

【“科创中国”创新枢纽城市】 2021 年 5 月，在中国科协第十次全国代表大会上，滨海新区被中国科协授予“科创中国”创新枢纽城市荣誉称号。9 月，区科协制定《滨海新区落实“科创中国”三年行动计划（2021—2023 年）实施方案》。完善“科创中国”推进工作机制，中国科协挂点组与市科协、区科协成立工作专班，实施三级联动，成员单位包括 7 个区级部门，定期研究和推动落实相关任务，确保试点建设工作高效有序推进。9 月，中国科协领导带领“科创中国”京津冀挂点组成员和中国工业环保促进会、中国化学会专家到南港中国石化高端新材料项目集群项目调研服务，围绕南港乙烯项目产业链延伸，发展精细化工、高附加值新材料产品进行研究论证。坚持需求导向，加强组织赋能，广泛征集企业发展痛点难点堵点问题70余项。推动中国生物医学工程学会、中国药学会、中国通信学会、中国人工智能学会与经开区、高新区、天津软件业协会等开展合作，组织专题对接会18场次，开展高端论坛、成果对接、专题报告活动20场，引导各类创新要素、创新资源导入滨海、导入一线、导入企业，构建起“会企合作、平台赋能、应用驱动、群体突破”的滨海模式。在第五届世界智能大会期间，组织实施“开源创新与信创产业发展论坛”，“科创中国”科技服务团、开源创新联合体、京津冀数字经济联盟与天津市信息技术应用创新产业（人才）联盟等对接，围绕信创产业发展开展对接交流，“科创中国”开源创新联合体与天津滨海高新区签署合作协议，共同推动开源生态建设，促进信创产业发展。组织区内企业申报中国科协“科技服务团示范项目”和“科创中国”创新榜单，获批中国生物医学工程学会“医药健康科技服务团、中国机械工程学会京津冀高端装备制造产业科技服务团两个示范项目，分别匹配资金60万元。强化平台建设，持续完善提升“科创中国”融通平台滨海板块，组织各开发区、街镇等开展融通平台使用专项培训，推动各类创新主体利用平台集聚科技创新资源，在中国科协“科创中国”融通平台上注册入驻科技企业363家，入驻专家115人，登记科技企业创新需求55项，发布科技成果160个，路演活动17个，录入各类科技创新资讯175条，平台累计浏览量29.4万人次。

（王宪达）

**【全域科普】** 2021年，滨海新区科协开展科普活动9900余场。围绕健全常态化全域科普工作体系，强化联动协同的全域科普工作格局，深化全域科普惠民服务。印发《关于开展全域防疫健康科普工作的通知》，组织各开发区、街镇、企业科协和相关部门结合自身实际情况开展防疫健康科普工作。发放防疫科普资源包32批次，发放抗疫风采宣传册、全域科普图书50册，发放疫苗宣传折页500份。与区卫健委、区科技局联合开展“健康科普好声音”活动，推动基层单位结合爱卫月、世界结核病日、爱耳日等节点，普遍开展健康卫生科普活动。科普天津云平台录入防疫科普相关活动2600余场。动员组织科技工作者进社区、进乡村、进学校、进企业、进园区，开展科普宣传、农技服务、科技教育、咨询义诊等公益服务，开展千名专家进基层活动100余场。科普中国信息员新增注册2277人，活跃人数1.67万人，传播科普中国权威信息358万次。寨上街道高亮被聘为2021年市级科普大使。加强全媒体科普宣传，协调有关部门制作《健康滨海》《走进健康》《谣言粉碎机》等科普节目，在滨海电视台、“津滨海”App、天津经济广播、“津云”App播出，“津滨海”开设应急科普、健康科普专栏，全年刊播科普节目265次。推动防疫科普知识及时上墙、挂网、进屏，户外电子大屏开展科普宣传1万余次。建设寨上街道科普基地，打造全市第一家街镇级科普教育基地，科普场馆面积超1000平方米。组建中科蓝海全民科学素质与创新发展研究中心，打造科普进校园特色品牌。开展送科技下乡活动，依托新时代文明实践中心（站所）举办送科技下乡活动15场，受益群众4500人。开展反邪教宣传活动10场，发放宣传品500余份。

（王宪达）

**【全国科普日】** 2021年，滨海新区全国科普日活动主题为“百年再出发，迈向高水平科技自立自强”。科普日期间，全区开展各级各类科普活动600余场。9月11日，滨海新区全国科普日主场活动——全域科普展示交流活动暨全国科普日启动仪式在滨海文化中心中央大厅举办，分管副区长及10个部门负责人出席，160名师生、居民代表参加，现场举办奇幻科学实验秀、“科创

9月11日，滨海新区全国科普展示交流活动暨滨海新区全国科普日启动仪式
区科协　供图

未来—知识达人”快闪擂台赛，16支中小学、社区代表队参赛。

（王宪达）

【青少年科技竞赛和活动】 2021年，滨海新区青少年科技竞赛活动获市级奖项1100余项，获全国奖项48项。举办滨海新区第二届青少年机器人竞赛、创意编程与智能设计大赛等科技创新活动。在第十一届全国青少年科学影像节活动中，滨海新区获优秀作品5项，吴学东老师获优秀指导教师称号。在中国青少年机器人竞赛中，新区派出56支队伍参赛，在全部19个单项比赛中夺得6.5席冠军。15所中小学校被评选为全国青少年人工智能活动特色单位。

（王宪达）

【海外人才离岸创新创业基地】 2021年，海外人才离岸创新创业基地对接海外人才200余位，对接海外优质项目55个，落地企业26家，其中海外人才创业企业10家，吸引15名海外人才到滨海新区落地发展，主要集中于生物医药、人工智能产业方向。10月，天津市创新创业大赛在海外人才离岸创新创业基地举办。组织有关企业申报中国留学人员回国创业启动支持计划、天津市“111”工程优秀企业家、滨海新区高层次人才服务证、滨海新区创新创业领军人才等政策激励项目，华放科技林振华获滨海新区创新创业领军人才称号，智合信息赵和枫获滨海新区高层次人才服务证。基地参与组织各类活动15场，海归精英大讲堂在线播放量累积3000余次，鲁班工坊对接海外企业30余家80余位海外人才，企业直播招聘活动累计在线观看突破1万人次。承办第二届天津市“海河英才”创业大赛海外人才创业赛综合组、生物医药组选拔赛评审会，18个项目获总决赛大奖。

（王宪达）

【科技人才培养】 2021年，滨海新区科协落实第二批杰出科技人才培养计划，与10名培养对象及其所在单位、所在开发区联合签订“培养计划任务书”，建立领导联系机制，明确培养计划工作内容，落实培养期间资助资金的拨付和使用要求。强化院士站日常管理，搞好院士专家工作站申报培训指导，推荐3家企业申报天津市院士工作站和2个单位申报院士专家协同创新中心。落实产业（人才）联盟工作要求。推动科普产业（人才）联盟建设，会员单位130家。开展滨海新区“最美科技工作者”评选，冯景华等10人当选。国家超级计算天津中心冯景华、清华电子信息研究院王瀚晟、中铁设计集团胡叙洪、中海油苏彦春、天津科大王正祥等5人获评天津市“最美科技工作者”，冯景华、王瀚晟、胡叙洪3人被推荐参加全国“最美科技工作者”评选。

（王宪达）

【科协组织建设】 2021年8月，滨海新区科协制定《加强基层科协组织建设的实施意见》，构建党委统一领导、党政齐抓共管、部门各负其责、科协组织履职尽责的工作格局。完善区科协常委会工作规则，建立健全科协主席、副主席联系常委、委员工作制度，规范区科协常委会、全委会工作。指导基层科协组织换届，配齐配强班子队伍，增强基层科协组织政治吸纳力。成立专家服务队，为基层群众提供形式多样、内容丰富的科技类公共服务产品。加强科技工作者之家体系建设。建设一批科技工作者服务机构，注重发挥院士专家工作站人才培养功能，带动创新型人才成长。推选中国科协十大代表2名。

（王宪达）

【企事业科协工作】 2021年，滨海新区科协主动服务企事业单位，对企事业科协工作积极对接、全程指导，在大专院校、科研院所、科技园区、高新技术企业、非公企业等科技工作者比较集中的企事业单位发展和建立科协组织，累计建立企事业科协组织88家，包括5家开发区科协、8家工业园区科协、11家企业科协联合会。天津经济技术开发区科协是全国第一家开发区科协组织，泰达一中科协是全国首个中学科协组织，滨海新区民营企业科协是全国首家民营企业科协组织。天津长芦海晶集团有限公司成立20个科协分会。

推动企事业科协组织投身科技创新，依托企事业科协建立16个院士专家工作站和2个院士协同创新中心，促进两院院士和高端人才向滨海新区聚集。动员企事业科协组织开展全域科普工作，发挥企业自身的场地、设施、人才优势，建设国家级、市级科普教育基地。生态城建成9个科普基地，全年开展各类线上线下科普活动1070场。保税区航空航天科普基地和科普活动品牌获中国科协表彰。天津长芦海晶集团有限公司、丹娜（天津）生物科技有限公司被市科协认定为天津市企事业科技工作者之家建设示范单位。恒银金融科技股份有限公司科协组织研发专项产品，推出了人民币消毒柜，填补了市场空白。

（王宪达）

【反邪教协会工作】 2021年，滨海新区反邪教协会坚持宣传教育，与普法工作相结合、与提升全民科学素质相结合、与科技周和科普日活动相结合，推动反邪教警示宣传教育进农村、进社区、进校园，宣传科学思想，普及科学知识，摒弃迷信思想，批驳谣言传言，深刻揭露邪教反科学、反人类、反社会的本质，帮助群众认识邪教、自觉抵制邪教、提高防范邪教能力。全年开展反邪教专项宣传活动10场，发放反邪教画册、图书、扑克牌、环保袋等反邪教宣传品500余份，受众4000余人。

（王宪达）

【第35届科技周】 2021年5月28日，滨海新区第35届科技周主场活动——校园人工智能嘉年华暨青少年科技成果展示交流活动在泰达一中举办，来自各中小学科技辅导员、学生代表约500人参加活动。印发《关于举办天津市滨海新区第35届科技周活动的通知》，组织10项区级重点活动，开展海洋小使者、国防科普直播"云游"大沽口炮台遗址博物馆、新经济与智慧城市建设高峰论坛等活动。科普云平台录入科技周活动1200余场次。

（王宪达）

## 滨海新区青年联合会

【概况】 滨海新区青年联合会内设秘书处作为日常办公机构，划分科技和技能人才、教育卫生、新闻文体和新媒体、社会组织和社会中介、民族宗教和海外学人、经济管理、金融商务7个界别工作委员会，设立天津经济技术开发区、天津港保税区、天津滨海高新技术产业开发区、天津东疆保税港区、中新天津生态城5个工作站以及滨海新区北部、南部2个联系区。至2021年末，有委员259人。其中，常务委员50人，主席1人，副主席7人。

（沈永博）

【调研交流】 2021年5月12日，市青联主席王凤带领市政协委员、市青联委员代表，就市政协"探索城市发展新途径，打造'津城''滨城'双城发展格局"专题议政课题赴滨海新区调研。6月18日，滨海新区青联组织紫云中学新疆高中班46名学生，走进滨海科技馆，参与设施体验，开展"党旗在我心中 国旗在我心中"主题教育实践活动，促进各民族青少年交往交流交融。

（沈永博）

【区青联二届一次全会】 2021年9月11日，滨海新区青联召开第二届委员会第一次全体会议。邵兵当选为新区青年联合会第二届委员会主席，嵩林、冯晶、齐俊桐、杨晖、张长帅、姚迪、姚亚超7人当选为新区青年联合会第二届委员会副主席，于斌等50人当选为新区青年联合会第二届常务委员会委员。大会审议通过《砥砺奋进新时代 扬帆启航新征程 团结带领全区广大青年在加快推进美丽"滨城"建设中谱写青春华章》的工作报告。

（沈永博）

【区青联二届二次常委(扩大)会议】 2021年12月15日，滨海新区青联召开学习贯彻党的十九届六中全会精神主题宣讲会暨二届二次常委（扩大）会议。与会同志交流学习心得。会议审议通过《区青联委员履职规范（试行）（草案）》《区青联委员直接联系青年制度（试行）（草案）》《区青联提案和建议工作制度（试行）（草案）》《区青联团体会员管理办法（试行）（草案）》《关于吸纳区青年志愿者协会、区新的社会阶层青年联谊会、区青年志愿者艺术团、区青年羽毛球协会、区创新创业联盟为区青联第二届委员会团体会员单位的提议》。

（沈永博）

【新的社会阶层青年工作】 2021年12月1日，滨海新区青联与区新的社会阶层人士联谊会签署结对共建意向书，共同组建滨海新区新的社会阶层青年联谊会，并开展专题座谈交流会。探讨新阶层人士如何发挥积极作用，并从改善营商环境、扶持青年创业和畅通人才流转机制等方面交流意见和建议。

（沈永博）

【委员走基层】 2021年6月24日，滨海新区青联组织区有关职能部门、国有企业青年代表与青年企业家开展座谈交流，"打捞"青年心声，现场回应诉求、对接资源、解答疑惑。来自税务、财务、社保、金融等领域的青年代表对科技企业发展提出合理化建议，来自相近领域的企业、社会组织就多项业务，现场达成合作意向。

（沈永博）

## 滨海新区归国华侨联合会

【概况】 2021年，滨海新区贯彻落实《中国共产党统一战线工作条例》《中华人民共和国归侨侨眷权益保护法》，团结凝聚侨界群众，会同有关涉侨单位，为侨界群众办实事，确保涉侨事项依法依规高效办理，做好涉侨政策法规和疫情防控宣传工作，指导区侨联发挥桥梁纽带作用，服务"滨城"高质量发展。

（区侨办）

【侨联换届】 2021年，滨海新区第三次归侨侨眷代表大会召开，选举产生滨海新区归国华侨联合会第三届委员会。尹波当选为主席，龙云、吴正斌、陈野、陈晓波、周燕玲当选为副主席，陈野当选为秘书长（兼）。

（区侨办）

【侨界庆祝共产党成立100周年】 2021年，滨海新区区委统战部、区侨务办和区归国华侨联合会、区留学人员联谊会共同开展"侨心向党 同筑梦，风华正茂庆百年"系列活动，向侨联基层组织、侨胞之家发出“侨心永向党，聚力建滨城”倡议。启动仪式在杭州道街举办，杭州道街工委向侨联法律志愿服务队授旗。在“滨海统战”开设侨界群众学习党史栏目，定期向归侨侨眷推送红色故事。

（区侨办）

**【“暖侨”行动】** 2021年，滨海新区举办“侨海培训季——线上公益直播课”，从金融、法律、管理等视角为侨企战疫情、稳发展提供指导，吸引498人次收听并观看回放，学员交流人群338人，直播间关注人数894人，解决问题20个。与市侨办、侨联沟通协调，为困难归侨侨眷申请华侨事务经费7万元，比上年增加48%，慰问困难归侨侨眷17户。深入社区为30名出行不便的老年侨界群众办理身份认定手续。

（区侨办）

**【侨捐救助】** 2021年，滨海新区港资、侨资企业为疫情防控、防汛救灾捐款捐物，天津百泰实业有限公司、丹娜（天津）生物科技股份有限公司、天津二十一世纪纳斯达科技发展集团、天津川迪科技有限公司、天津艾思科尔科技有限公司、天津滨海新区汉沽王大夫配镜中心、天津海河生物集团、天津海之凰科技有限公司等捐助66.7万元。侨界人士参与东西部扶贫和支援合作脱贫攻坚活动，帮扶西部贫困村5个，捐款6.5万元。滨海高新区侨联组织侨界人士为河北省富平先咀头小学捐建学生食堂。

（区侨办）

## 滨海新区文学艺术界联合会

**【概况】** 2021年，滨海新区文联召开第一次代表大会暨成立大会，围绕庆祝中国共产党成立100周年主题主线，在泰达街、古林街和汉沽街现场办理并发放会员证。组织文艺展览、讲座、笔会、演出类活动78场次。团结和引领广大文艺工作者听党话、感党恩、跟党走，为加快建设生态、智慧、港产城融合的宜居宜业美丽滨海新城提供思想保证和精神动力。至年末，滨海新区有6个文艺家协会，会员1680人。其中，国家级会员141人，市级会员709人。新推荐30余位会员加入天津市作家协会，推荐2位会员申请加入中国作家协会，推荐3位会员加入天津市美术家协会，推荐2位会员加入天津市书法家协会。

（于江鹏）

**【文化进基层活动】** 2021年，滨海新区书法家协会、区美术家协会艺术骨干走进海军参谋部某信息中心，通过现场书画创作、艺术问题答疑解惑的方式，为官兵送去慰问，创作书画作品30余件。举办“翰墨丹青颂党恩”滨海唐氏家风书画作品展，汇集区唐氏家族专业书画家、美术爱好者34人200余件作品。区书法家协会会同远景社区为13名50年以上党龄的老党员过集体政治生日。区书法家协会红色文艺轻骑兵在春节前夕“送万福进万家”，百余名书法家组成的10余支小分队进社区、进校园、进军营、进工厂、进乡村写对联送福字。

区戏剧曲艺家协会每月进社区、进乡村，全年组织开展15场题为“用党史智慧凝聚民族精神”的惠民演出活动。利用久久曲艺社成立12周年时机，开展曲艺交流与座谈研讨活动。在大港剧院、塘沽小剧场、汉沽剧场等地，分别曲艺专场演出。

区音乐舞蹈家协会与古林街文化中心共同组建古林街室内打击乐团，协会会员每周义务培训，进行艺术指导。全年举办7场专场音乐会。

（于江鹏）

**【文艺界中国共产党成立100周年系列活动】** 2021年，滨海新区文联承办天津市委宣传部、市文联、区委宣传部联合主办的“天津文艺界建党百年精品创作展”，展览以美术、书法、摄影和民间艺术等形式，展出作品178件。区文联与黄骅市委宣传部、黄骅市文旅局共同主办“庆祝中国共产党成立100周年津冀书法美术作品联展”，展出两地60位书画家作品60件。区美术家协会与区文旅局联合主办“丰碑礼赞”庆祝中国共产党成立100周年“皓翔杯”第八届国画展，展出作品60余幅。

区文联和市作协联合主办滨城庆祝中国共产党成立100周年文艺作品征稿大赛活动，召开优秀作品交流座谈会。区文联与区融媒体中心联合主办滨城文艺界庆祝中国共产党成立100周年朗诵会，区作家协会推荐优秀作者作品参加天津市作协中国共产党成立100周年题材文学作品研讨会活动。

（于江鹏）

**【摄影活动】** 2021年，滨海新区摄协与北京摄影函授学院天津分院联合开展为期3个月的摄影函授培训班，8名学员获北京摄影函授学院证书。与天津摄协群艺摄影委员会联合开展《群艺摄影的艺术提升》摄影研讨活动，分为研讨会和艺术采风实践两部分，有10人参加。与天津摄协和滨海湿地保护志愿者协会联合开展湿地生态保护影像故事系列活动，包括生态影像普及讲座，湿地保护志愿服务的宣讲，生态湿地保护影像故事摄影展。与天津摄协联合开展为期2个月的盐业历史与文化影像工作培训，5人参加。与北京摄影函授学院天津分院和天津摄协教育摄影委员会联合开展《湿板摄影、大画幅使用》研讨活动，通过古法摄影技法唤起对传统摄影工艺的传承意识。

（于江鹏）

【文联第一次代表大会】 2021年2月24日，滨海新区文联召开第一次代表大会暨成立大会。会议审议并决定《滨海新区文学艺术界联合会章程》，选举产生滨海新区文学艺术界联合会第一届委员会委员、滨海新区文学艺术界联合会第一届委员会主席团组成人员。会议202人参加，包括第一届大会代表189人，兄弟群团代表、区领导、市文联领导13人。会议由区委常委、宣传部长马波主持。

（于江鹏）

【青少年传统文化教育示范基地】 2021年9月8日，滨海新区文联和区教体局在新北第二小学挂牌成立滨海新区书法家协会青少年传统文化教育示范基地。教育示范基地由学生、教师、书法教育工作者、书法家共同参与，是引导学校重视和加强汉字书写教育、全面提升学生汉字书写水平的活动平台。成立后，新区书协两位会员担任学校课后书法辅导老师，开展书法培训40课时。

（于江鹏）

## 滨海新区残疾人联合会

【概况】 2021年，滨海新区有持证残疾人3.61万人，残疾人专职委329人（村残疾人专职委员112人、社区残疾人专职委员217人），设有肢体、盲人、聋人、智力、精神5个残疾人专门协会。年内，滨海新区创建全国“十三五”无障碍环境区通过考核验收。滨海新区残工委获评“十三五”时期全国残疾人工作先进单位，5个街道获评天津市残疾人工作先进单位，7人获评天津市残疾人工作先进个人。

（程　敏）

【残疾人民生保障】 2021年，滨海新区社保体系34个项目，惠及残疾人3.6余万人，救助资金3300万元。为115名适龄残疾儿童提供送教上门服务，联合特教学校制定个性化教育方案，合理配置师资。全年，审核残疾人就业单位2310家，核定安置残疾人8912人。新增残疾人就业实名制系统录入600人。组织11家用工单位和32名求职残疾人参加市级残疾人专场招聘会。组织21家单位开展线上招聘，提供150个用工岗位，动员500名残疾人参加线上招聘，帮助安置就业困难残疾人7名。重点做好应届毕业大学生安置工作，安置11名残疾人大学生。开展无障碍环境建设工作，制定2021年度困难残疾人家庭无障碍改造工作方案，96户有需求的残疾人家庭全部完成无障碍改造并验收，为1082名低保、低收入智力残疾人发放防走失装置，为1085人发放2021年燃油费补贴28.21万元，电话回访发放率100%，统计2022年度燃油补贴1037人，为3名肢体残疾人申领C5驾照补贴0.18万元，为2名肢体残疾人申领机动车操纵辅助装置补贴0.3万元。

2021年滨海新区残疾人社会保障补贴发放明细表

表7

| 补贴项目名称 | 补贴对象 | 补贴金额（万元） |
|---|---|---|
| 托养服务 | 4608人 | 1135.08 |
| 水电燃气 | 4545人 | 112.97 |
| 一户多残重度护理 | 2703人次 | 54.12 |
| 低保双残生活补贴 | 2643人次 | 39.31 |
| 通信信息消费补贴 | 10397人 | 184.5 |
| 医疗、临时救助 | 26人 | 9.33 |
| 取暖 | 4813户 | 195.25 |
| 奖学金 | 171人 | 54.9 |
| 助学金 | 1294人 | 155.55 |
| 个体工商户办理社保补贴 | 34人 | 人均0.96 |
| 发放自主创业补贴 | 6人 | 3 |

（程　敏）

【关爱特殊困难残疾人】 2021年，滨海新区为低保、低收入困难残疾人4224人发放送凉爽资金42.24万元。发放爱心服装、学习卡、助听器、口罩等1.06万件。联络爱心企业为残疾人献爱心，博格华纳汽车零部件（天津）有限公司向天津市残疾人福利基金会捐赠助残善款12.87万元，用于自闭症儿童康复救助工作。发放市基金会匹配手动轮椅122辆。组织开展“博爱送万家、点亮星星灯”春节慰问活动，向174户有困境孤独症儿童家庭给予春节慰问金8.7万元，把党和政府的温暖送到他们身边。

（程　敏）

【残疾人康复救助】 2021年，滨海新区出台《天津市滨海新区残疾儿童康复救助制度实施办法》，为各类残疾儿童提供针对性、专业化的康复服务，将儿童康复救助资金纳入滨海新区社保救助体系，加大资金投入、拓宽救助覆盖面，确保资金全额保障。为350余名符合天津市残疾儿童康复救助条件的残疾儿童进行救助审批，为1414人次残疾儿童接受康复训练、矫治手术、辅助器具适配给予补贴767.19万元，为符合滨海新区孤独症救助办法的14周岁及以下孤独症儿童543人次发放区级补贴80.29万元。落实《滨海新区精神病人服药、住院救助办法》，为2265人次精神病患者服药、为402人次精神病患者住院给予救助198.16万元。推进白内障复明工程，确定救助对象和救助标准，分别在塘沽、汉沽、大港区域筛选白内障手术定点医院6家，完成审批救助111例。完成为600名残疾人免费体检工作。

（程　敏）

【残疾人扶贫支援】 2021年，滨海新区为4308名低保、低收入和集中托养残疾人投保意外伤害保险，提升残疾人家庭抵御意外伤害的能力；结合残疾人动态更新数据及残疾人需求，免费配发轮椅、拐杖、助行器、沐浴椅等各类辅助器具1272件；为4523名残疾人发放居家托养服务补贴1097.94万元。做好便民服务事项“滨海通办”工作，32项便民服务事项全部上线运行，通过线上办理残疾人各项补贴4748件，实现就近办理、让残疾人少跑路。申请财政专项资金50万元，用于青海省黄南藏族自治州、甘肃省合作市、张家川县扶贫协作和支援合作工作，三地项目均按期完成。

（程　敏）

【残疾人法律援助】 2021年，滨海新区残联稳固做好信访和法律救助工作，制定印发《滨海新区残疾人联合会信访工作制度》等9个信访制度并推动落实，接待来电来访506次，为32名残疾人提供法律援助服务，面向残疾人工作者和残疾人开展普法宣讲活动2场。

（程　敏）

【残疾人基层组织建设】 2021年，滨海新区残联加强组织建设，规范专职委员管理，为37名社区专职委员进行学历和职称变动登记，为10名村专职委员进行离职、退休登记。落实残疾人专职委员薪酬待遇，向各街镇拨付332名专职委员工资等待遇经费2532.38万元。申请7.79万元专项财政资金用于开展社区专职委员体检工作。

（程　敏）

【残疾人证管理】 2021年，滨海新区做好残疾人证管理工作，新办理残疾人证2130人，补办654人，入户鉴定252人。进一步规范残疾人证办理程序，制定残疾人证办理承诺审批事项事中事后监管实施细则。面向街镇开展残疾人证“跨省通办”工作培训，满足残疾人异地办证业务的需求，累计处理新申请、到期换证等业务24件。

（程　敏）

【残疾人文体活动】 2021年，滨海新区残联组织文艺骨干参加全国、市、区各类歌唱、书画比赛屡获佳绩。组织参加“文明实践我来啦”故事汇展示、“法典润滨城——滨海新区残疾人主题书画网络展”活动，征集民法典宣传书法及绘画作品，评选上报优秀作品29幅。做好专门协会工作，组织80余名残疾人参观平津战役纪念馆进行爱国主义教育，组织24名聋人参加冰雪运动季冰上体验活动，组织40名听障人士参加飞镖培训，联合聋协与联通公司滨海分公司共同举办“畅听世界·让爱生长”畅听王卡公益推介活动。采用线上、线下相结合方式对全区200余名中小学心理教师开展孤独症知识宣传。

（程　敏）

## 红十字会

【概况】 2021年，滨海新区红十字工作在应急救护培训、困难人群救助、志愿服务等方面取得较好成效。开展“博爱送万家”“博爱助学”等活动，成立爱心志愿者宣讲团，举办以“我为群众办实事 人道博爱惠民生”为主题的“红十字博爱周”宣传月活动，组织新区红十字系统基层组织建设培训班。滨海新区红十字生命健康安全体验馆成为滨海新区新时代文明实践基地，建成红十字应急救护培训滨海新区公安局基地。

（孙佳超）

【防疫物资使用及储备】 2021年，

滨海新区红十字会开展社会各界捐赠款物接收工作，将中国红十字会总会的专用捐赠款96万元拨付至区卫健委，用于购买3辆负压救护车；为更好地提供紧急救援和人道救助，加强备灾救灾中心建设，增加帐篷、担架、毛毯、鞋套等备灾救灾及防疫物资储备，提高救灾救助实力。

（孙佳超）

**【应急救护培训】** 2021年，滨海新区红十字落实市20项民心工程，走进机关、街镇、学校、企业，举办群众性、普及性培训216期，培训6751人。在全区街镇系统，开展红十字急救员认证培训，培训人数6627人。面对天津科技大学大一新生，举办急救知识专题培训，受益学生2000余人。全年还举办其他普及性培训257期，培训7592人。为天津港集团、区纪委监委、区公安局、大沽口炮台遗址博物馆配备放置AED自动体外除颤仪4台，并举办使用方法培训。

（孙佳超）

**【红十字助力扶贫帮困】** 2021年，滨海新区红十字会于元旦、春节期间开展“博爱送万家”活动，慰问困难家庭1200户，发放慰问金60.87万元。在全国助残日和儿童节期间，开展“博爱助孤助残”活动，为阳光家园启智托养院送去价值2万元的米、面、油、肉等食品。在紫云中学开展“助力民族教育，关爱内高班学子”主题“博爱助学”活动，为182名内高班学生购买吉他、学习用品，价值近4.7万元。为新港街、新村街5户困难家庭发放救助金2.65万元。在重阳节开展“博爱助老”活动，帮扶新区19家养老机构中特困、孤寡、残疾困难老人239人，发放慰问款4.78万元。开展“99公益日”活动，联合市红十字会、腾讯公益发动社会各界为乡村振兴捐款奉献爱心，1.73万人次参与募捐，募集善款11.56万元。接收河南水灾、山西水灾募捐款35.66万元。接收乡村振兴捐款1329万元，将1320万元汇至对口帮扶专户，完成资金拨付。

（孙佳超）

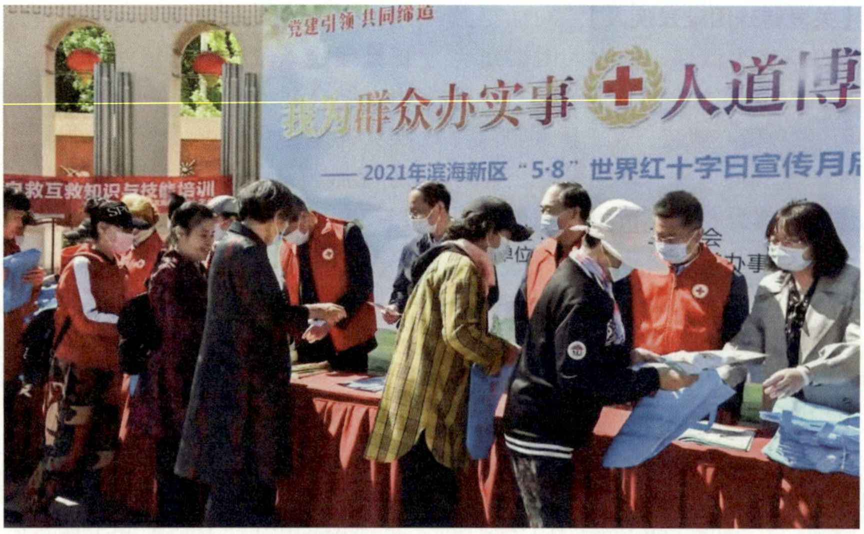


5月8日，区红十字会“5·8”世界红十字日宣传月活动　高杨　摄

**【造血干细胞、无偿献血、遗体捐献宣传管理】** 2021年，滨海新区红十字会开展造血干细胞、器官、遗体捐献和无偿献血知识宣传活动，普及应急救护技能，提高群众对捐献的认识、理解和支持。开展造血干细胞捐献采集，招募志愿者492人，采集245人；累计4614人加入造血干细胞捐献者资料库。全年造血干细胞配型成功2例，完成捐献；累计捐献成功18例。遗体捐献报名19人，18人完成捐献公证登记。人体器官捐献志愿报名登记2450人。协调公证处工作人员上门为2名病危患者办理遗体捐献公证手续，身故后及时联系市人体器官捐献管理中心，将遗体运送至天津市医科大学。

（孙佳超）

**【红十字志愿服务】** 2021年，滨海新区红十字会推动青少年心理健康服务发展，联合区教体局、区妇联开展“关爱生命，助力孩子身心健康”活动，组织红十字祥和心理志愿服务队心理咨询师向学校老师、家长和学生传播生命健康新理念。全年在教育系统开展线上“心理健康”公益讲座14期，4万余人收看；开展线下讲座2期，200余名小学生、70名幼儿园家长和老师接受生命健康、心理健康和救护知识培训。组织第五中心医院的医生和舒博口腔志愿服务队为群众进行义诊，成立让爱延续和富康门诊两支志愿服务队，开展“献血捐骨髓 爱心永相随”主题宣传活动。

（孙佳超）

# 法治

## 政法委及综治

【概况】 2021年，滨海新区政法战线坚持以习近平新时代中国特色社会主义思想为指导，以中国共产党成立100周年维稳安保为主线，以政法队伍教育整顿为抓手，以防范化解各类风险为牵引，推进平安滨海，法治滨海建设，扫黑除恶、打击涉毒犯罪，为滨海新区高质量发展营造持续安全稳定的社会环境。滨海新区被国家禁毒委授予全国禁毒示范城市称号。中塘镇黄房子村获评全国民主法治示范村称号。

（李 健）

【平安滨海建设】 2021年，滨海新区完善社会治安防控体系，建立滨海智控巡防体系，深化公安武警联勤协作机制，设定172个重点巡控点位、100处重点巡控区域、200条重点巡控路线，盘查核录人员5.7万人、车辆5.1万辆，刑事案件发案下降8.2%。探索社区警务和社区政务服务融合共建，全区268个社区警务室，9个农村中心警务站按标准配备民警、辅警，建立以社区民警专业化指导为支撑，以社区干部、网格员、社工、辅警、物业保安、平安志愿者等力量为主体的社区治安防控网。建立区、街镇（开发区）、村居、网格四级平安志愿服务组织体系，平安志愿者队伍14.9万余人。坚持和发展新时代“枫桥经验”，开展矛盾纠纷排查化解“双百行动”，排查各类矛盾纠纷3.59万件，化解3.59万件，化解率99.94%，实现小事不出村居、大事不出街镇、难事不出新区。完善规范区街两级社会矛盾纠纷调处化解中心，实现“授办一体、即接即办”，办理市级矛调中心交办案件366件，办结344件，办结率93.99%，本级受理矛调案件478件，办结94%。开展铁路“清朗行动”。对排查出的86处铁路沿线环境安全隐患，9处涉路治安隐患，3处涉路交通安全隐患，39个涉稳重点人员或涉路纠纷，进行集中整治，按时清零，铁路沿线周边反恐防暴能力水平、安全运行环境、治安秩序、环境景观、群众爱路护路意识明显提升。开展“春雷2021、海域综合整治、开渔期海上风险防控”等6次海域专项行动，查扣“三无”船舶208艘；查处非法捕捞船舶160艘，罚款173.18万元，放生查获的非法捕捞渔获物135吨；清除违规渔具网具9800余套；刑事拘留非法捕捞犯罪嫌疑人15人；拆除非法构筑的码头、停靠点5处，滨海新区海域各类违法乱象明显减少，违规出海导致死亡人数下降44%。

（李 健）

【法治滨海建设】 2021年，滨海新区推进法治政府建设示范创建，获评2021年天津市第二批法治政府建设示范创建综合示范地区，“一企一证”综合改革获2021年天津市第二批法治政府建设示范创建单项示范项目。开展执法事项指导，对五车地拆迁、滨海湖片区拆迁等60余项工作提出法律指导意见；开展案卷评查，定期对全区30余个执法单位开展行政执法案卷抽查并评查，出具评查报告，进行案卷评查通报，全年评查2000余件，提出整改意见1600余条。将习近平法治思想纳入党委（党组）理论学习中心组学习内容，印发《习近平法治思想学习摘编》推动学习宣传；开展普法宣传，组织开展国家宪法日和“宪法宣传周”活动，组织开展民法典宣讲、以案释法巡讲、知识竞赛等各类宣传宣讲活动1000余场；在区文化中心建设法治宣传教育基地；强化基层民主法治建设，3个村、

4月1日，滨海新区海域治理春雷行动启动仪式　　区委政法委　供图

4个社区获评天津市民主法治示范村居称号。

（李　健）

【维护社会稳定】　2021年，滨海新区推动落实维稳领导责任制，区委7次听取全区安全稳定工作汇报，区委、区政府主要领导多次对重点涉稳问题做出批示，区委政法委召开涉稳问题专题协调会80余次，召开视频调度会34次，完成全国两会、中国共产党成立100周年大庆、党的十九届六中全会等维稳安保任务。建立健全维稳工作机制，出台《天津市滨海新区信访领域维稳工作规范》，组织公安、网信、信访联合研判，形成全区涉稳风险"一本账"管理，推进维稳工作规范化、制度化。探索区、镇街两级日研判、日分析、日报告形式，战时每日涉稳风险研判报告取得良好成效，推进社会稳定风险评估，服务新区经济社会发展大局，开展汉南风电项目、新一代天气雷达塔项目等重大决策社会稳定风险评估80件，未发生因决策失误而引发的群体性事件，实现从源头上防范化解社会矛盾风险。区委政法委被评为全国首届重大决策社会稳定风险评估与治理优秀参与单位，新区"中国天津国际直升机博览会"稳定风险评估案例入选全国首届重大决策社会稳定风险评估与治理100个优秀案例。

（李　健）

【社会治理创新】　2021年，滨海新区开展市域社会治理现代化试点创建。编制滨海新区推进社会治理体系和治理能力现代化"十四五"专项规划，组织开展美丽滨城社会治理攻坚行动、滨城心连心实践活动、党建引领基层治理我为群众办实事等系列社会治理实践行动，完成社会治理重点攻坚项目12个，申报认领市域社会治理现代化重点试点项目2个；组织各部门、各街镇办理优化营商环境类实事1800余件，基层社会治理类实事1.6万余件，乡村振兴类实事1400余件，民生服务类实事3.9万余件，求助咨询类实事15万余件。发挥党组织社会治理轴心作用，吸纳4万余名党员干部、12万余名居民志愿者参与社区治理。建立社会治理网格＋警格＋党建网格机制，各街镇吹哨297次，部门报到760次，事项办结232项，办结率79%，办结满意率95%；融合组织在线智慧系统、网格中心便民响应系统，搭建四级处置流程，受理群众诉求34.6万余件，解决群众小事急事13.4万余件，化解疑难事项1.79余万件。

（李　健）

【扫黑除恶】　2021年，滨海新区调整区扫黑除恶专项斗争领导小组，组建区扫黑办工作专班。开展涉黑涉恶案件线索集中倒查和涉黑恶案件财产集中处置等专项行动，侦破涉黑涉恶9类案件140起，审判机关一审判决154人，挖出保护伞案件6件12人，处置涉案金额3.8亿元。开展行业整治，破获各类电信网络犯罪案件7675起，抓获涉诈嫌疑人1493人，打掉各类团伙56个；破获涉自然资源领域犯罪案件30起，抓获犯罪嫌疑人46人；检查交通运输企业110家次；拦检车辆13万余车次，查扣59辆超限超载车辆；查扣违规出租、非法网约车13辆；对工程建设领域存在欠薪隐患项目提前介入并制定工作方案，对涉及人员多、金额多、投诉次数多的问题项目建立预测预警机制，提前预防解决。

（李　健）

【禁毒工作】　2021年，滨海新区加强涉毒犯罪依法打击，集中开展铲除涉毒原植物专项行动。提高对社戒社康人员管理服务效能，社戒社康人员平安关爱完成率100%，对新区在册661家易制毒化学品企业，14种易制毒化学品基础数据进行再梳理，加强易制毒化学品企业实地检查、源头监管和宣传教育，持续清理僵尸企业，全区易制毒化学品非流入流出零发生。开展无悔青春、不负韶华青少年毒品预防教育行动，制作青少年预防毒品

PPT，开展禁毒宣传进校园系列活动；开展禁毒宣传进企业系列活动，在中海油天津研发基地、顺丰快递空港基地等重点企业设立展位；拍摄制作《禁毒民警说防范》短视频，在车站、商业中心等繁华区域电子屏幕滚动播出。全年组织宣传教育活动1500余场次，受教育者30余万人次。

（李　健）

## 法治政府建设

**【概况】** 2021年，滨海新区贯彻习近平法治思想，落实党中央、国务院关于法治政府建设决策部署，推进《法治政府建设实施纲要（2021—2025年）》落地落实，坚持依法治区、依法执政、依法行政共同推进。各级党政主要负责人落实推进法治建设第一责任人职责，区委常委会会议、区政府常务会会议审议区政府2020年法治政府建设情况报告，法治政府建设重点任务纳入依法治区年度工作安排和重点工作清单。加强制度建设、重大行政决策合法性审核，落实行政复议体制改革工作，依托行政执法监督平台提升行政执法效能和规范化水平，滨海新区被评为天津市级法治政府建设示范创建区。

（关　项）

**【依法行政制度建设】** 2021年，滨海新区做好行政规范性文件的制定和监督管理，加强行政规范性文件审查备案评估，健全行政规范性文件动态清理工作机制，组织开展专项清理工作。协助推进重点领域立法，完成市人大、市政府部门的法律法规规章草案征求意见64件，提出的修改建议多次被吸收采纳。

（关　项）

**【合法性审核】** 2021年，滨海新区印发《滨海新区重大行政决策程序规定》。严把行政规范性文件合法性关口，建立重大行政决策合法性审查制度，报请以区政府、区政府办公室名义发布的文件，以及提请区政府会议集体审议的议题，未经合法性审核，不得发文或提交上会，全年审核区政府各类政策文件、重大行政决策事项398件，审核以区政府名义签订的重大协议76件，有效提高文件制定的效率和质量，防范法律风险。区各级党政机关选聘法律顾问，在合法合规审查、重大行政决策、涉法涉诉案件办理等工作中发挥作用。

（关　项）

**【行政复议和行政诉讼办理】** 2021年，滨海新区印发《滨海新区行政复议体制改革实施细则》，增设区司法局行政复议立案室、行政复议与应诉室两个内设机构。增加行政复议工作人员。在区信访办设立行政复议接待窗口、听证室、调解室等功能室。建立《滨海新区行政复议接待工作规范（试行）》《滨海新区行政复议案件立案办法》《滨海新区重大、疑难行政复议案件会审规定（试行）》《滨海新区行政复议案件专家咨询规定(试行)》《滨海新区行政复议规范性文件审查规定（试行）》《滨海新区行政复议法律文书制作、送达规范（试行）》《滨海新区行政复议法律文书履行及督察规定（试行）》《滨海新区重大行政复议案件回访规则(试行)》《滨海新区行政复议应急处置办法（试行）》《滨海新区行政复议案件立卷归档规范（试行）》等10项配套制度。成立滨海新区人民政府行政复议咨询委员会。规范行政复议文书范本37项。建立行政复议与应诉季通报制度和行政复议立案"访议对接"（信访与行政复议对接）机制。与区人民法院建立庭前、庭后负责人出庭应诉实时信息共享渠道，共同督促全区各行政机关负责人出庭应诉。全年新收行政复议案件333件，增长42.92%。审结案件254件，纠错率18.11%。区政府为被申请人行政复议11件，无败议情况。新收行政诉讼案件265件，增长89.29%，区政府负责人出庭率100%。

（关　项）

9月26日，滨海新区司法局举办群众"走进区政府"活动。图为群众代表实地参观区行政执法监督平台

区司法局　供图

【行政执法监督】 2021年，滨海新区制定《天津市滨海新区行政执法公示细则》《天津市滨海新区行政执法全过程记录细则》《天津市滨海新区重大执法决定法制审核细则》，修订行政执法案件质量评查标准、行政执法监督考核指标体系。推动行政执法监督平台升级改造，实现检查对象库、执法人员库、检查事项清单数据化、清单化管理，实现与网格中心、群众投诉热线、数字城管、市互联网＋监管等平台对接，实现在线签收“行政处罚决定书”和在线缴纳罚款功能。全年行政监督平台入库1.77万条执法事项和93个执法主体权责清单，归集各类执法信息27.02万条，组织开展行政处罚法宣讲学习、执法监督平台操作等专项培训40余次。开展执法证件动态管理，组织全区3000余名行政执法人员换发全国统一式样执法证件。

（关　项）

## 公　安

【概况】 2021年，滨海新区公安局坚持政治建警、改革强警、科技兴警、从严治警，践行对党忠诚、服务人民、执法公正、纪律严明总要求，以中国共产党成立100周年华诞、党的十九届六中全会等重大安保活动为主线，推动实施区公安局2021年至2023年工作提升计划，深化公安警务机制改革，夯实新区公安工作基础，统筹抓好疫情防控、维护安全稳定和服务经济社会发展各项工作，确保社会大局持续稳定。区公安局扫黑除恶尖刀突击队被评为全国公安机关扫黑除恶专项斗争成绩突出集体，板厂路派出所被评为平安中国建设先进集体，治安管理支队四大队被评为全国公安机关中国共产党成立100周年安保维稳工作成绩突出集体，200余个集体、1800余人立功受奖。

（张继春）

【维护政治安全】 2021年，滨海新区健全区级维护社会稳定联动机制，成立安保维稳专班实体化运行，强化情报信息搜集，开展分析预警研判，化解处置事件300余起，顺利完成庆祝中国共产党成立100周年、国庆、党的十九届六中全会等重大安保活动；出动警力4000余人次，完成10余次重大涉外警卫任务。完善街镇工作责任体系建设，重点目标分类分级管理，督导检查4个批次，整改各类隐患340余件；开展最小作战单元反恐应急处置演练55次，实现新区暴恐案事件“零发生”。维护网络安全，推进“净网、护网”专项行动，破获一批侵犯公民个人信息等涉网违法犯罪案件，检查重点企业260次，下达“限期整改通知书”240份。

（张继春）

【打击犯罪】 2021年，滨海新区公安局召开打击刑事犯罪工作会议，制定加强刑事案件侦办工作意见，优化打击犯罪机制，整合全局资源，分季开展“滨城创安”专项系列行动，组建七个类案专班。全年破获刑事现案上升36.1%，打击处理上升34.7%。强化源头管控和综合治理，健全完善扫黑除恶常态化机制，开展重点领域常态化整治攻坚战，破获一批涉黑涉恶案件。深化“雷霆”“云剑”“断卡”行动，组建150人专业反诈队伍，聚焦案件压降、预警劝阻、宣传防范工作，构建“全警反诈、全民反诈”新格局。全年电信网络诈骗案件立案下降20.2%，现案破获上升253.4%，抓获犯罪嫌疑人上升58.2%，挽回损失400余万元，成功劝阻受骗群众1000余人，止损1300余万元。开展“猎狐”“秋收”等专项行动，破获经济犯罪案件582起，打处犯罪嫌疑人569名，挽回经济损失10.71亿元。

（张继春）

【公共安全保障】 2021年，滨海新区公安局落实安全生产监管责任，健全分析研判、防范控制、应急处置体系，推进天津港降费提效治乱出清优化环境专项行动，准确掌握涉危涉爆企业安全管理情况，督促企业健全完善安全管理制度，整改

11月29日，区公安局在紫云中学举办交通安全日主题宣传活动

区公安局　供图

安全隐患 100 余处。开展联合消防检查，检查社区、村、九小场所 4.9 万余次，整改消防隐患问题 3.5 万余处。落实外防输入、内防反弹要求，核查重点地区来津人员数据 40 余万条，强化疫情防控重点部位巡逻值守安保工作，落实入境接驳和进口冷链运输护送安保措施，护送冷链运输车辆 1099 趟次。

（张继春）

**【社会治安治理】** 2021 年，滨海新区公安局加强市域治理，推进社区警务与基层网格融合，开展枫桥式公安派出所示范创建，推进社区要素管控和矛盾纠纷全量排查化解，依托三级矛盾调解中心，协同调处化解各类矛盾纠纷 2.9 万余起，调处化解率 99.6%。完成区社会治安防控体系建设考核验收，实现社会面整体防控；落实“1、3、5”分钟应急处突和公安武警联勤机制，开展应急处突实战演练，刑事案件发案下降 8.2%；列管收治肇事肇祸精神病人 365 名，实现个人极端暴力案件“零发生”。开展“平安”创建，推动建设智慧平安社区 724 个，覆盖率 70%；完成 22 家二级及以上医院警务室建设和一键报警设备安装调试，全部校园完成“三防（人防、物防、技防）”达标任务。

（张继春）

**【道路交通管理】** 2021 年，滨海新区开展道路交通事故“减量控大”专项行动，查处各类交通违法行为 146 余万起，道路交通死亡事故和死亡人数比上年分别下降 12.41%、11.49%。完成 313 处路口电子警察并网，优化调整 314 个路口信号灯配时，路网整体拥堵指数平均下降 2.8%，核心区域路网拥堵指数平均下降 19.7%，高峰拥堵指数最大降幅 48.9%。加强秦滨高速开放段道路交通安全隐患综合治理，推进完善交通引导、限速限行、优化调整危化品车道等措施，消除交通安全隐患。通过“线上 + 线下”相结合方式，检查督导重点企业 3709 家次，下达限期整改通知书，清理逾期未检验、未报废车辆。规范安置马路市场，出台夜间、周末、法定假期车辆临时停放便民举措，新增、调整各类停车泊位 1 万余个。强化交通安全宣传，强化与学校、企业、社区及各相关单位联动配合，开展“美丽乡村行”“一盔一带”等主题宣传活动，采集农村交通安全劝导信息 13.7 万余条，推动覆盖 8 个街镇、93 个村的“一栏一标语”工作落地，完成 35 家客运企业 1878 部营运客车“安全带提示帖”张贴工作，在主要道路增设人脸识别抓拍系统，对违法行为当事人现场警示曝光，新华社等多家主流媒体宣传报道。

（张继春）

**【出入境管理】** 2021 年，滨海新区出台窗口单位服务管理规范，细化窗口接待岗位管理举措，落实预约、代办、上门等工作措施延伸服务半径，推行中国公民因私出入境省心、省时、省力等“三省”服务，全年受理永居申请 12 件次；受理、签发各类中国公民出国（境）证件 1.06 万件，解答各类咨询 3 万余人次；办理各类外国人签证、居留许可 2380 件。解决外籍“高精尖缺”人才“引进来”难题，为中海油服、博迈科海洋工程等公司外籍高层次申请人和家属，依据相关政策签发两年至五年的居留许可证件；为中交一航局、大港石化等多家国有大型企业，开通常态绿色通道。

（张继春）

**【沿海岸线船舶管理】** 2021 年，沿海安全保卫总队落实社会治安防控体系建设示范城市创建工作部署，召开船舶管理工作现场会，强化港口、码头、船舶停泊点排查巡控，落实出海船舶和人员信息与进出港报备制度，出台简化便利出海船舶、人员备案措施，提升管理效能。制定《天津沿海岸线风险隐患排查整治工作方案》《天津市公安局“亮剑 2021”海洋伏季休渔期专项行动实施方案》，全面加强水上运输和渔业船舶安全风险防控，会同区委政法委和渔政、海事、海洋等部门以及沿海地区街镇开展海上联合执法 14 次，海上联合巡航 300 余海里，集中整治沿海治安突出问题。办理涉海涉船案件 121 起，非法捕捞水

8 月，沿海安全保卫总队干警检查船舶证件　沿海安全保卫总队　供图

产品案件12起，查扣涉案船舶14艘，涉案水产品60余吨，打处违法犯罪人员30余人。走访属地农委，掌握赴中韩水域捕捞作业船舶及渔船民情况，开展反偷渡、禁止越界捕捞等法律政策宣传，防止涉外事件发生，全年未出现越界捕捞行为。强化“三非”外国人（非法入境、非法居留、非法就业）治理、清查工作，常态化开展海上非法入境情报搜集和靠港渔船舶检查。

（邢 斌）

**【警务为民服务】** 2021年，滨海新区公安局召开6场警企座谈会，为中交一航局等百余家企业提供高效便捷服务，解决15项外协难题，确保新区“1001工程”完成。开展“我为群众办实事”实践活动，制定出台为民服务十件实事、十二项具体措施和重点民生项目、群众诉求“两个清单”，解决群众急难愁盼问题万余件。制定滨海新区户籍制度改革初稿，待市级审批落地；受理居民身份证业务14.7万件，居住证业务5.6万件，海河英才落户1.3万余人，保持有责投诉“零发生”。完善审批许可事项办事流程，实现统一标准、统一流程、统一时限，完成各类审批备案11.4万件次。推出剧毒化学品购买、放射性物品运输许可、边境通行证办理等6项便民新举措；引进布设驾驶人自助体检机10台，为期满换证驾驶人提供24小时体检服务。

（张继春）

**【警务机制创新】** 2021年，滨海新区公安局搭建完成联合指挥作战体系，初步形成“情指勤舆”一体化实战运行机制；成功研发“警务协同系统”“滨城慧眼”等应用项目，建立各类任务和办公群组1.2万余个，围绕警情、案件、情报线索等提供跨警种、跨部门、跨层级的全时空在线移动交互能力，实现线上线下高效协同警务模式；研发不同业务场景实战应用模型21个，实现科技与公安工作融合，助力工作效能实现整体提升。推进执法规范化建设，建立多发案件查办系列指引等制度规范，核查整改执法问题1.1万余件；推行刑事、行政案件每案评分制度，逐级压紧夯实局领导领办、基层领导盯办、法制员（案管组）专办、一线民警主办工作责任。深化派出所警务机制改革，加强派出所情指室建设，突出统筹、研判、指挥、监督牵引作用，构建室队一体化作战体系；强化社区警务室及配套信息科技设施建设，细化室队、警探巡组、民警考核方案，提升警务运行效能。

（张继春）

4月14日，区公安局在新港四小开展国家安全教育日主题活动

区公安局 供图

## 检 察

**【概况】** 2021年，滨海新区检察工作深刻领会习近平法治思想，忠实履行法律监督职责，主动服务发展大局，以高度的政治自觉、法治自觉、检察自觉，推动检察工作取得新进展，依法批准逮捕1125件1507人，依法提起公诉2810件2769人，为建设美丽“滨城”提供司法保障。

（刘 莹）

**【检务服务经济社会发展】** 2021年，滨海新区人民检察院发挥检察职能，整顿和规范市场经济秩序，依法批准逮捕非法吸收公众存款、集资诈骗等涉众型经济犯罪74件77人，提起公诉131件179人。加强涉众集资类案件追赃挽损工作和金融犯罪预防宣传工作，结合骗贷、违法放贷、信用卡诈骗、集资诈骗等多发金融犯罪案件，向群众宣传重大金融风险防范知识。强化知识产权保护，依法对销售伪劣商品、侵犯企业知识产权等犯罪提起公诉22人。落实中央、最高检对民营经济平等保护相关要求，审慎办理民营企业家涉罪案件。

（刘 莹）

**【打击刑事犯罪】** 2021年，滨海新区人民检察院打击危害社会和谐稳定和人民群众安全的刑事犯罪，依法批准逮捕1125件1507人，依法提起公诉2810件2769人。落实“两提高、一降低”（提高定刑量刑建议适用率，提高法院量刑建议采纳率，降低被告人上诉率）目标要求，与区人民法院沟通协调，依法提出量刑建议2711人，采纳2424人。完善监检衔接配合机制，提高职务犯罪指控力度和准度，受理监察机关移送职务犯罪案件20件20人，依法提起公诉14件14人。

（刘　莹）

**【扫黑除恶专项斗争】** 2021年，滨海新区组织召开扫黑除恶专项斗争推动会，明确常态化开展扫黑除恶专项斗争工作要求。对办理的全部涉黑涉恶案件（线索）进行倒查，开展电话回访，回访被害人440人，有效回应280人，发放调查问卷266份。查处以薛某为组织、领导者的黑社会性质组织案专案组被评为全国检察机关扫黑除恶专项斗争优秀集体。

（刘　莹）

**【民生司法保障】** 2021年，滨海新区加强未成年人司法保护，依法惩治性侵、欺凌等侵害未成年人权益犯罪48人。制定《天津市滨海新区人民检察院推进最高检“一号检察建议”监督落实工作方案》，推进青少年保护社会化工作体系建设。成立“启明星未检工作室”，为未成年人做心理测试和心理辅导18次，组织亲情会见18次。20名检察官担任58所中小学法治副校长开展法治进校园活动。发挥控告申诉窗口和12309检察服务平台作用，有效化解和防范社会风险，妥善处理来信来访1740件，检察长接待22件，有效化解集体信访9件，来信7日内程序性回复率100%，3个月内办理过程或结果答复率100%。开展司法救助，办理司法救助案件5件，发放救助金12.5万元。依法惩治高空抛物犯罪行为，开展道路窨井盖问题专项整治，录制专题宣传片在天津电视台、滨海电视台播放。3次邀请人大代表、律师代表、案件当事人以及普通群众代表参加征求意见座谈会，走访区海洋局、区工商联、区烟草专卖局、律师事务所座谈交流，倾听群众呼声。出台11项便民利民措施，开展“送法进社区”“护苗进学校”“解困暖民心”“头顶安全行”“维权弱群体”“海岸线修复”“增殖放流”“拥军优属”“慰问帮扶”等实事行动108件。

（刘　莹）

**【刑事诉讼检察监督】** 2021年，滨海新区加强刑事诉讼检察监督。纠正有案不立、有罪不究等问题，要求侦查机关说明不立案理由74件，制发书面纠正违法通知书8件，制发检察建议42件。严把案件事实关、证据关、程序关和法律适用关，对不构成犯罪或证据不足的，依法不批准逮捕544件813人，依法不起诉333件417人。加强刑事执行监督，向办案单位制发纠正违法通知书108件，办理服刑罪犯、社区矫正人员又犯罪案件19件30人。完成剥夺政治权利刑罚执行专项检察工作，实地走访183个村居，对剥夺政治权利罪犯的刑罚执行情况逐人核查。

（刘　莹）

**【民事行政检察监督】** 2021年，滨海新区加强民事行政检察监督。综合运用提请抗诉、检察建议等方式，加强对生效裁判、调解书以及审判人员违法、执行活动的监督，办理民事监督案件52件，制发检察建议16件。支持起诉工作，融入街道“四方”调处化解矛盾机制，开辟农民工维权讨薪案件诉讼维权绿色通道，与劳动仲裁委员会、劳动监察大队等近20家单位建立联系，构建立体化支持起诉格局，办理支持起诉案件100件，涉案金额490万余元，为农民工讨回劳动报酬290万余元。推进行政检察监督，办理行政检察监督案件20件。

（刘　莹）

**【公益诉讼检察监督】** 2021年，滨海新区人民检察院与区人民法院联合制定《关于加强民事、行政、公益诉讼案件协作配合工作机制》，强化检察监督与司法审判在民事、行政、公益诉讼等方面的衔接配合。开展违建码头专项治理、增殖放流系列活动，成立北大港湿地生态检察工作站，区人民检察院与区农委联合印发《关于加强北大港湿地自然保护区自然资源和生态环境保护公益诉讼协作办法》；与天津铁路运输检察院联合办案，确保地方铁路运行安全。全年受理公益诉讼案件线索109件，立案审查98件，公益诉讼工作核心数据考核指标全市第一。

（刘　莹）

**【规范司法队伍建设】** 2021年，滨海新区检察机关开展政法队伍教育整顿，开展自查自纠，按要求整治顽瘴痼疾，运用监督执纪第一形态对有关人员进行处理，建章立制11项。组织开展各类培训和业务培训20余次，制定《天津市滨海新区人民检察院贯彻落实“三个规定”等重大事项记录报告制度工作办法》。向社会宣传执行“三个规定”工作情况，开展“三个规定”（《领导干部干预司法活动、插手具体案件处理的记录、通报和责任追究规定》《司法机关内部人员过问案件的记录和责任追究规定》《关于进一步规范司法人员与当事人、律师、特殊关系人、中介组织接触交往行为的若干规定》）宣讲活动，提升社会各界对“三个规定”的知晓度。自觉接受外部监督，向区人大常委会汇报工作，听取人大代表、政协委员对检察工作的意见建议。案件程序性信息公开4158件，法律文书公开1490份，发布检察信息2197条，邀请人民监督员对检察办案活动开展监督45次，举行公开听证36次。

（刘　莹）

## 法　院

【概况】　2021年，滨海新区人民法院受理各类案件9.95万件，审执结9.17万件，结案率91.76%，法官人均结案335.2件；审判态势运行稳中有进，法定正常审限内结案率、当庭裁判率等多项指标居全市法院前列；在京津冀协同发展、知识产权司法保护、现代诉服机制、人民法庭建设等方面，为全国、全市贡献首创性成果；新区法院被评为全国维护妇女儿童权益先进集体、司法宣传和通联工作先进单位，包津燕被评为“双百政法英模”、赫连建敏被评为平安中国建设先进个人、李正文被评为全国扫黑除恶专项斗争先进工作者。

（运龙然）

【刑事审判】　2021年，滨海新区人民法院严厉打击各类犯罪，审结刑事案件2230件，判处罪犯2858人。审结故意杀人、强奸、抢劫等严重暴力犯罪和重大责任事故、危险驾驶等危害公共安全犯罪977件。审结利用网络实施的新型诈骗、涉黄赌毒等犯罪299件。审结利用邪教组织破坏法律实施犯罪7件。审结贪污贿赂、渎职等职务犯罪8件。落实宽严相济刑事政策，推进认罪认罚从宽制度改革，对1314名初犯、偶犯、未成年犯依法适用非监禁刑。严格落实罪刑法定、疑罪从无原则，依法宣告2名被告人无罪。

（运龙然）

【民商事审判】　2021年，滨海新区人民法院审结各类民商事案件6.17万件。依法平等保护各类市场主体，审结商事案件3.8万件，标的188.72亿元。其中，金融案件5380件，融资租赁案件5132件，知识产权案件2981件，破产清算案件35件，涉外、涉港澳台案件255件。审结涉衣食住行、业教保医等民生案件6073件。其中，交通事故案件2773件，劳动争议案件1813件，环境资源案件9件，医疗纠纷案件61件，化解“双减”政策落地教育培训纠纷814件。推进家事审判制度改革，审结婚姻家庭案件2799件，促进家庭和谐。加强乡村振兴司法保障，推动无讼村居建设，审结涉农纠纷350件。

（运龙然）

【海事审判】　2021年，天津海事法院收案件2133件，审执结各类案件2011件，考核结案率99.51%。执行结案率95.76%，平均执行天数47.20天。采取执行措施，发布失信174人次，限制高消费196人次。开展执行领域突出问题集中整治专项行动，评查案件2249件，发还款项13笔978.7万元。开展高效为民执行专项行动，执结小标的案件87件。推广移动微法院、在线保全中心等信息化模块应用，为海事纠纷提供立案、缴费、保全、诉前调解等线上、线下全方位服务。加强互联网法庭应用，减轻当事人诉累。与天津报关协会人民调解委员会签署“关于建立海事海商纠纷诉调对接机制的合作协议”，联手中国海事仲裁委员会，开展涉外海事纠纷调解。开展重要节点专项矛盾风险排查工作，全年未发生恶性群体性事件和涉案负面舆情。落实行政机关负责人出庭，全年行政机关负责人出庭率100%，1起海事行政案件入选天津市行政机关负责人出庭应诉十大典型案例。

制定《天津海事法院服务绿色港口智慧港口建设审判机制》。主办海事金融高端法律论坛，邀请涉海金融租赁企业、外地海事法院、海事仲裁机构等40余家单位研讨海事金融法律领域热点难点问题。审理海洋环境污染损害责任纠纷案件和海洋开发利用纠纷案件39件，组织20余家机构举办渤海生态环境司法保护研讨会，与大连海事法院、青岛海事法院签署“渤海生态环境保护司法协作机制框架协议”，助力渤海污染综合治理。完成与雄安新区法院间的海上货运代理合同纠纷案件跨域立案。走访疏解北京非首都功能外迁企业，保障企业涉海物流链畅通。签署服务唐山海洋经济“1+5”法院“司法协作协议”。

（赵学欧）

【行政审判】　2021年，滨海新区人民法院行政庭受理案件565件。其中，旧存案件26件、新收案件539件，审结案件538件，结案率95.22%。新收案件中行政诉讼322件（包括行政赔偿9件），非诉审查案件206件，司法救助案件4件，法赔6件。已结案件中行政诉讼321件（包括行政赔偿9件），非诉审查案件206件，司法救助案件4件，法赔6件，旧存民事案件3件。行政机关负责人应出庭案件数111件，实际出庭案件数104件，负责人出庭应诉率93.69%。定期向区政府发送负责人出庭情况通报，负责人出庭应诉率由一季度的75%增长到四季度100.00%。行政庭判决行政机关败诉案件13件，败诉率4.05%。对行政机关在行政审判中存在的问题，行政庭发送司法建议4份，建议函4份。

（运龙然）

【执行工作】　2021年，滨海新

区人民法院执结各类案件3.45万件，兑现44.49亿元，仅为中国金融租赁公司就查封冻结扣押折合款项22.3亿元。开展执行专项行动，加大失信惩戒力度，移送拒执罪案件4件，拘留、罚款失信被执行人15人次，限制出境、限制高消费1.7万人次，纳入失信黑名单并推送至市场主体联合监管系统1.3万人次。强化立审执衔接，创新执行通知前置，发挥执行指挥中心功能，加大财产网络查控处置力度，案件平均执行天数降至65.9天，网络司法拍卖的成交率、溢价率成倍提高。开展清理拖欠民营企业、中小企业账款和金融案件、执行信访等专项行动，清理发放案款2.6亿元，执结涉西外环高速、滨石高速、海河外滩改造等一批重点案件，集中清理发放执行款、强制腾退中塘镇骨灰堂涉案房屋。

（运龙然）

**【参与法治滨海建设】** 2021年，滨海新区人民法院参与法治滨海建设，推进基层社会治理。全市首创行政争议化解中心，率先推进行政案件繁简分流，司法与行政互动，行政争议实质高效化解成效显著，办结行政案件624件，行政机关负责人出庭率提至95.8%，行政机关败诉率降至2.9%。整合政府机构、行业组织、群团力量，构建法院为中心的解纷体系，发挥社区微法庭功能作用，让矛盾纠纷通过多元非诉方式化解在前端，做好诉前解纷。依法助力新冠疫情防控，高效办结涉抗疫物资生产、野生动物保护等案件。开展法治宣传教育，组织《中华人民共和国民法典》等宣传200余场次，以典型案例弘扬社会主义核心价值观。

（运龙然）

**【法治化营商环境建设】** 2021年，滨海新区人民法院实施审执质效与营商环境双促进双提升行动，同市第三中级人民法院、市海事法院建立联动机制，制定《法治化营商环境建设工作行动方案》，细化分解33项任务清单，成立核心团队，开展大讨论、大培训，深入企业集中的开发区开展调研问需，帮助企业、行业机构解决实际问题。9项重点质效指标居于全市前列，平均审理天数同比缩短11.5天。司法服务直通车为产业发展提供全链条司法解决方案，全国首创“信用+应用”资信担保模式，被商务部评为自贸区改革创新案例。

（运龙然）

5月11日，中新天津生态城环资中心法庭举行法庭开放日活动，图为天津外国语大学附属滨海外国语学校小学三部学生现场参观智慧法庭设备

区人民法院　供图

**【诉讼调解和便民服务】** 2021年，滨海新区人民法院加大人民法院调解平台应用力度，调解案件1.68万件。推进审判辅助事务集约化市场化，评估鉴定周期缩短一半，财产保全效率提高40%。庭室负责人每日轮值信访化解中心，首接化解率59.7%；对重点信访实行一案一策，推动诉求实质解决。滨法智服、我为群众办实事、首例无形资产融资租赁案宣判等工作被《人民日报》、新华社等中央级媒体刊发。设立便民互联网立案调解中心、东疆多元化纠纷共治中心，“一站通办、网上全办、全域可办、多元共办、集约快办”的现代诉服体系，提供全方位高品质诉讼服务。推进诉服中心功能分区、环境改善、服务升级，“一次告知、一次办结、一次办好”成为服务评价标准。当场立案率、首次立案率、自助立案率分别为91.5%、91%、69%，诉讼档案查阅窗口日均接待45人次。

（运龙然）

**【智慧法庭建设】** 2021年，滨海新区人民法院深化智慧法院建设，“云服务”“云调解”“云审判”“云执行”，让公平正义实现更高效。群众通过线上诉服体系，“一次不跑”即可异地完成全部诉讼过程，网上立案率73.1%，其中6.8%的立案申请在非工作时段提交。有23个互联网法庭，日均35个案件通过网络证据交换、开庭或调解。打造12368滨法智服平台，实现服务群众与服务法官的有机统一、市域治理和诉源治理紧密结合，推进“事事回应、件件办实”，日均办理事项180个，入选法治日报社发布的智慧法院创新案例，《人民日报》作专题报道。

（运龙然）

**【“分调裁审”机制改革】** 2021年，滨海新区人民法院深化改革提效能，明确权力清单、突出办案者主体地位，让办案者成为责任主体，深化“分调裁审”机制改革，推进案件繁简分流，“速裁+快审+精审”模式让简案快办、难案精审，提高审判质量效率，建立员额法官为主导的新型审判团队236个，独任法官、合议庭直接作出裁判的达99.96%，小额、简易等程序结案81.9%，案件平均审理天数降至48.9天，一审裁判息诉率提至91.2%，物业类等案件实现即立即调即结。审委会发挥总结审判经验、统一裁判尺度的功能。专业法官会议召开180次，为办案提供智库支撑。推进司法民主，扩大人民陪审员参审范围，一审案件陪审率84.7%。

（运龙然）

**【天津自贸试验区人民法院】** 2021年，天津自贸试验区人民法院制定法院自身建设发展行动方案，抓好项目化年度重点任务落实。涉自贸区案件全部实现专业审判。审结自贸区案件1.92万件，创建全国首个融资租赁法庭、全市首个环境资源法庭、知识产权司法保护优选地、金融案件要素式审判等服务品牌。开展金融多元解纷新模式推介会，探索“快、优、简”的“诉前线上调解+司法确认+监督执行”的金融多元解纷新模式，促进群体性金融纠纷多元高效批量处理，“涉网金融纠纷多元智审平台”入选2021全国政法智能化建设智慧法院创新案例。创造的典型经验入选最高法院首批16个新时代人民法庭建设案例之一。

（运龙然）

## 司法行政

**【概况】** 2021年，滨海新区发挥司法行政职能作用，加强法治宣传，总结“七五”普法，滨海新区司法局获2016—2020年全国普法工作依法治理创建活动先进单位。推进“八五”普法，打造调解工作闭环，做好社区矫正对象和刑满释放人员监管工作，推进律师、公证、法律援助、司法鉴定等各项工作落实。2021年滨海新区被评为天津市第二批法治政府建设示范创建综合示范地区。

（关　项）

**【法治宣传】** 2021年，滨海新区利用“12·4”国家宪法日开展普法活动，法治宣传教育普及率80%以上。总结“七五”普法，推进八五普法工作，制定八五普法规划。完成民法典宣传教育民心工程。将民法典宣传纳入八五普法，成立民法典宣讲团，开展民法典“七进（进企业、进农村、进社区、进机关、进校园、进军营、进网络）”活动，组织民法典宣讲、以案释法巡讲、知识竞赛等各类宣传宣讲活动1000余场。建设区级民法典宣传教育基地，免费向公众开放，推动民法典宣传教育制度化、常态化、长效化。对6个全国民主法治示范村居进行复核。3个村、4个社区获得天津市民主法治示范村居称号。中塘镇黄房子村获得全国民主法治示范村称号。组织138名领导干部进行任职前法律知识考试，组织全区1.36万名国家工作人员进行网上学法用法学习和考试。对教师开展法治教育培训，配齐法治副校长（法治辅导员）队伍，组织参与全国学生学宪法讲宪法活动、国家宪法日宪法晨读活动。组织1371名村居法律明白人参加天津市网上法律知识学习培训。中新天津生态城国家动漫园税收普法教育基地和新北街道晓镇家园法治广场获得天津市法治宣传教育基地和天津市法治宣传教育阵地优秀品牌称号。滨海新区司法局报送的原创作品《唱响民法典、典亮新时代》《民法典之法律在身边》获天津市法治宣传原创作品一类作品和良好作品。

（关　项）

8月17日，区司法局到中塘镇黄房子村委会开展民主法治示范村复核工作

区司法局　供图

【人民调解】 2021年，滨海新区发挥区调解服务中心职能作用，建立纠纷调处三级平台。区、街镇、村居人民调解委员会，建成达标率100%，街镇调解服务中心覆盖率100%，全区建有各级、各类人民调解委员会417个，建立品牌特色调解室13个，其中个人调解室5个。换届选举调整后全区人民调解员1768人，对调整后的人民调解员开展初任培训。吸纳68名律师、公证员、心理咨询师等专业人员和五老人员（退休老干部、老教师、老战士、老劳模、老专家）担任调解员。全年各类调解组织成功化解矛盾纠纷1.23万件，涉及金额3.57亿元。人民调解与公安、诉讼、信访对接，从源头对矛盾纠纷进行调解。全区有行业性、专业性调解组织14个，引导民非组织调处化解矛盾纠纷。公信调解中心（民非调解组织）开办以来，受理调解案件7485件，达成调解协议88件，通过司法确认16件，涉及资金5823万元。

（关 项）

【社区矫正】 2021年，滨海新区建立区司法局指挥中心和社区矫正指挥中心“双值班”制度，组织社区矫正对象参加疫情防控公益活动。加强社区矫正对象手机定位、活动轨迹监控等信息化核查；落实包保责任制，包保人同社区矫正对象定期联系走访、见面谈话、掌握社区矫正对象情况。全年列管全部社区矫正对象无脱管漏管情况。依法处置社区矫正对象突发事件，对辖区社区矫正对象进行情况核对、状态通报和研判。创新探索个案心理评估程序、“孝道正心”矫正项目等对未成年社区矫正对象进行心理矫治。推进“智慧矫正”信息化体系建设，实现“人在网上走、事在网上办”新模式，初步经过司法部网上审核。组织大规模重点时期隐患排查和纪律法治教育7次，开展心理疏导讲座19次。为危重症、视力障碍、精神障碍社区矫正对象办理入户办理接收和协助办理接收手续，协助1名社区矫正对象向法院提出财产执行申请，为1名困难社区矫正对象捐款1000元，为4户困难社区矫正对象家庭进行帮扶。

（关 项）

【安置帮教】 2021年，滨海新区落实《天津市刑满释放人员安置帮教工作流程图》，做到信息核查、人员衔接、信息采集、建档立卷、成立小组、通报公安六到位。对外省市服刑，返津人员，制定衔接预案，提前做好衔接和返津接收隔离准备工作。全年衔接837人，衔接率100%，帮教率100%。做好重大会议、重要节日安全稳定工作，重点人员逐人建立工作台账，开展排查走访。定期对刑满释放人员开展见面、走访、教育，引导其遵纪守法，鼓励其响应国家政策再就业和创业。落实派出所与司法所对接工作机制，加强安置帮教工作措施。对符合条件的刑满释放人员落实首站救助、最低生活保障等救助措施，全年发放首站救助款70.90万元。

（关 项）

【人民陪审员选任】 2021年，滨海新区按照天津市人民陪审员选任工作部署，完成选任工作任务，选任620名人民陪审员。其中，男性占45%，女性占55%；本科及以上学历占52%，大专学历占25%，高中学历占23%；少数民族占一定比例，汉族占94%，其他民族占6%。

（关 项）

【公共法律服务体系建设】 2021年，滨海新区建立公共法律服务体系建设联席会议制度，推进开发区公共法律服务体系建设。建立1个区公共法律服务中心、20个街镇公共法律服务中心、5个开发区公共法律服务中心、1个中关村园区公共法律服务中心、418个村居公共法律服务站。与58家律师事务所和2家法律服务所签订法律顾问合同，80余名律师、基层法律服务工作者参与值班服务。区公共法律服务中心设置公证、法律援助、律师咨询、司法鉴定、仲裁、心理咨询、医疗纠纷调解、投诉建议8个窗口，实现全业务进驻，为群众提供一站式便捷法律服务。塘沽街道、

6月3日，区司法局组织开展青少年法律知识竞赛　　区司法局　供图

11月24日，中新天津生态城劳动人事争议人民调解委员会揭牌
区司法局　供图

太平镇、新北街道、古林街道、寨上街道5个街镇公共法律服务中心建立法律服务智能终端系统，与区公共法律服务中心连通视频咨询。法律顾问提供线下与线上法律服务。区、街镇公共法律服务中心实行固定值班制度，村居公共法律服务站实行预约值班制度，建立村居公共法律服务调度员制度，收集群众需求，预约现场服务4000余次，组织村居法律顾问开展《中华人民共和国民法典》等法治宣讲活动600余场。法律顾问线上开展防疫普法宣传、咨询调解等服务。面向居民宣传推广、指导使用12348法律服务热线、12348天津法网和天津掌上12348，为群众提供法律服务事项办理、查询、咨询等服务。区公共法律服务中心站为群众提供咨询、调解、讲座等服务并录入公共法律服务动态信息管理平台5116件。开展公共法律服务评优表彰活动，48名村居调度员和45名法律顾问被评为2021年度滨海新区公共法律服务先进个人。

（关　项）

【法律援助】　2021年，滨海新区法律援助中心办理法律援助案件1220件。其中，刑事案件656件，民事案件560件，行政案件4件。完善法律援助律师库，建立由31家志愿律师事务所和175名志愿律师组成的法律援助律师库。开展法律援助惠民生品牌活动，全年开展法律服务活动70余次，受众3000余人。办理中国法律服务网农民工绿色通道转办案件9件，完善公共法律服务与法律援助对接机制，通过对接机制转接案件10件。为犯罪嫌疑人、被告人提供认罪认罚等法律帮助，办理认罪认罚从宽等法律帮助案件2143件。开展案件质量同行评估，建立6名律师组成的评估团，采取一卷一评、小组集中评议的方式进行评估。

（关　项）

【律师工作】　2021年，滨海新区律师事务所135家，执业律师1461名，代理民事案件1.58万件，刑事案件1487件，行政案件960件，代理申诉案件58件，非诉案件2065件，从事公益法律服务1.05万件。下发《关于落实〈建立律师事务所与工商联及所属商会联系机制实施方案〉的通知》。开展律师行业专项治理，通过查纠整改，分别处理2名律师违规执业行为。推进法治机关建设，实现全区43个参加考核的党政机关中，公职律师工作全覆盖。全区律师行业建立独立党支部36个、联合党支部9个，5人以上律师事务所单独党组织覆盖率75%。滨海新区律工委承办企业合规论坛，与上海之合网络科技有限公司签订合作协议。

（关　项）

【公证工作】　2021年，滨海新区基本完成津滨公证处的整合组建和塘汉公证处、大港公证处、汉沽公证处注销手续办理工作。完成对渤海公证处党组织隶属关系调整。津滨公证处和大公公证处有执业公证员18名，办理公证案件1.28万件，完成公证收费1417.63万元。各公证处开展我为群众办实事，公证服务零距离系列活动，开展各个阶段的行业突出问题专项治理。为全区幼儿园入学小升初派位、棚改房选房摇号等工作提供现场监督。扩大最多跑一次和零接触公证业务范围，对4项公证事项实现跨省通办。推行网上预约和受理、电子公证书和线上电子数据保管服务等举措，落实“放管服”改革。

（关　项）

【司法鉴定】　2021年，滨海新区有司法鉴定机构6家，从业人员71人。其中，第五中心医院鉴定机构注销，华信（天津）鉴定评估有限公司司法鉴定所成立。办理司法鉴定案件2626件。成立滨海新区司法鉴定行业突出问题专项治理办公室，开展司法鉴定行业突出问题专项治理工作。全年受理司法鉴定投诉6件，涉及法医类3件，物证类3件，其中涉及行政复议1件。

（关　项）

# 军事

## 综述

2021年，滨海新区军事工作坚持以习近平新时代中国特色社会主义思想和习近平强军思想为指导，把政治建军摆在首位，全面聚焦备战打仗为战练兵，深入开展国防动员，做好军事斗争准备，抓好军地双拥共建。落实党委议战议训制度，深入研究军事训练转型发展，常态组织形势战备教育，深入挖掘优质民兵潜力，完成两级机关和基干民兵训练任务，做好应急应战准备。完善国防动员需求对接机制，建立兵员储备长效机制，为部队输送高质量新兵。组织街镇、企业、高校党（工）委书记党管武装工作述职、讲评，开展企业、高校武装部规范化达标建设，在全市率先实现开发区设立武装部。开展军地结对共建，组织部队常态化参与创文创卫等工作，开展退役政策进军营、法律进军营、文化进军营等活动。抓好国防教育，完成国防和军队主题展览，举行国防教育主题活动。

驻区武装警察部队坚决贯彻总队决策部署，围绕打造实战型、服务型、法治型、创新型、融合型、廉洁型后勤，开展政治能力训练，加强执勤安全教育，开展战备建设和战备演练，担负起常态执勤、应急应战和防卫作战任务。

区人防工作围绕建设巩固强大的现代人民防空体系，加强全民国防观念和国防意识的宣传教育，开展人防宣传进机关、进学校、进企业、进社区、进网络。加强人防工程监督，做到“接得住、展得开、管得好”，保证人防工程的质量。加强人防指挥系统建设，实现指挥系统内部通联，更加贴近实战要求。加强对人防工程定期巡查检查、自建人防工程维修、平战结合项目出租管理，确保人防工程及设备设施保持完好状态。

（刘克文）

## 滨海新区军事部

**【概况】** 2021年，滨海新区军事部把政治建军摆在首位，强化“学、做”活动统领地位，开展党史学习教育和党的十九届六中全会精神学习贯彻。全面聚焦备战打仗为战练兵，加快推进军事训练转型，完成演训和应急任务。紧盯新域新质能力升级，挖掘优质民兵潜力，成立民兵应急营。持续征兵宣传发动，科学组织役前教育训练，为部队输送新兵400余人，获评“2021年度征兵工作先进单位”。广泛开展精准帮扶、军地共建活动，为建设美丽“滨城”贡献力量。

（王　博）

**【思想政治建设】** 2021年，滨海新区军事部开展党史学习教育，运用“读原文、悟原理、找根源、话感悟”四步法，深入学习伟大建党精神，深刻领会党的百年奋斗重大成就和历史经验，探索总结的经验做法被警备区要讯专报刊发。抓好习近平新时代中国特色社会主义思想和习近平强军思想的学思践悟，跟进学习习近平总书记最新重要讲话和指示批示精神，严格落实周夜校、月分享、季研讨制度，定期开展读书评书、讨论交流、参观见学等活动。开展“滨海国防新闻人物”评选表彰，宣传最美专武干部和最美民兵先进事迹，培塑赵怀忠先进典型，组织大学生拍摄“青言青语”微视频，在航母国防教育基地布设新时代国防和军队建设主题展览，升级完善“滨海长城”微信公众号。信息服务、新闻宣传工作成效显著，在省部级以上媒体刊发稿件9篇；军事部机关要讯量化排名全市第一。

（王　博）

【军事斗争准备】 2021年，滨海新区军事部落实党委议战议训制度，召开军事工作专题任务部署会。牵头第一协作区首长机关训练考核，组织民兵干部骨干暨教练员集训，完成机关和基干民兵训练任务。深入研究军事训练转型发展课题，成果被军委国防动员部选用。做好应急应战准备，常态组织形势战备教育，滚动修订方案预案，遂行神舟十二号、十三号飞船应急搜救任务，实案实景、实兵实装参加联合战役演习，形成应对强敌重大理论和现实问题研究报告。组织防汛备汛现场勘察，参加警备区检验性拉动演练，完成汉沽火车货运站紧急排涝、子牙新河防汛备勤任务，部队应急应战能力得到检验提升。

（王　博）

【国防动员】 2021年，滨海新区军事部印发民兵工作意见和民兵整组工作实施方案，考察学习民兵应急营建设经验，研究论证模块化编建模式，承办民兵应急营成立点验大会暨天津市民兵建设推动会。编制民兵现代化建设“三年三步三提升”方案，测算“十四五”规划建设任务，制定落实办法，现代化民兵建设成效初显。召开国动委办公室主任会议，完善国防动员需求对接机制，完成年度动员潜力统计调查和重要防卫目标数据整编。研究制定常态化征兵工作实施方案，建立兵员储备长效机制，组建10个高校大学生“预备连”，为部队输送新兵，兵员质量显著提高。

（王　博）

【党组织建设】 2021年，滨海新区军事部认真贯彻军委主席负责制，深入宣传贯彻军队党内重要法规和《军队基层建设纲要》，党委常委分工包干挂钩帮建所属人武部。召开区委常委议军会议，研究国防动员和后备力量建设发展重大事项，接受市委党管武装工作绩效考评；开展企业、高校武装部规范化达标建设，组织街镇武装工作绩效考评，持续优化专武干部队伍，调整超龄街镇人武部部长，在全市率先实现开发区设立人武部。完成现役军官等级转换、待遇级别调升，组织优秀干部实名推荐和各类人员考核考评，推进军事职业教育，军事人力资源政策制度改革落实落地。

（王　博）

【双拥共建】 2021年，滨海新区军事部完成天津市双拥模范城中期考评。妥善解决驻区部队较为关注的交通出行问题，为部队营区周边加装红绿灯、施划网格线。召开驻区部队美丽滨城建设动员部署会，组织部队常态化参与“弯腰行动”、环境清整等工作，下沉社区街道开展包保活动。推动随军家属就业安置工作，完成公务员、事业编家属随调13人，公益岗安置7人，推动国有企业家属安置，协调发放随军未就业补助106人，120余万元。做好军人子女教育优待工作，开展军地结对共建，退役政策进军营、法律进军营、文化进军营、驻区部队体育比赛等活动。

（王　博）

【国防教育】 2021年，滨海新区军事部完成航母公园新时代国防和军队主题展览。在大沽口炮台遗址博物馆举行九一八事变90周年国防教育主题活动，全区鸣响防空警报，驻区部队、学生和退役军人代表150余人参加。泰达航母国家教育示范基地举行“军民同心 共筑国防”泰达航母2021年全民国防教育日活动，面向全国现役、退役军人免门票，国防教育日面向全民免票开放。

（王　博）

【安全管理】 2021年，滨海新区军事部开展清除政治领域官僚主义活动，完成巡视巡察反馈问题整改，抓好基层风气监察联系点转点、建点工作，参加警备区作风纪律集中教育整顿和纪检监察、政法干部培训，组织集中观看《铁纪强军》《党内重要法规》等系列专题片，及时传达违纪违法典型案例通报。落实军地疫情防控要求，新冠肺炎疫苗接种实现应接尽接，组织全员核酸检测。定期组织安全保密形势分析和风险评估，严密组织应急处突和消防演练，开展安全隐患大排查大治理和专项整顿。

（王　博）

## 武警执勤第三支队

【概况】 2021年，中国人民武装警察部队天津市执勤第三支队（以下简称执勤第三支队）党委贯彻总队决策部署，树立“稳中求进、强基固本”的工作基调，部队在复杂环境和艰巨任务面前经受考验，呈现出稳中有进、稳中有升的发展态势。支队在总队党史知识竞赛中获得第2名，1个基层党组织和2名先进典型被总队通报表彰，2人被总队评为“十佳”政治教员，2人被评为优秀政治教员。

（于水鹏）

【思想政治建设】 2021年，执勤第三支队贯彻军委主席负责制，开展政治能力训练，推进“传承红色基因、担当强军重任”主题教育。开展党史知识竞赛、专题党日、“重拾入党初心、重温入党誓词”等活动。探索研究“1+2”教学模式，24支特色文化队伍初具规模，发挥“强军风采”文化活动、“自强·感恩·奋进”成长成才分享会、2546军营广播和军史场馆、荣誉墙、板报橱窗立体宣教功能，开展宣教活动。

（于水鹏）

【遂行任务】 2021年，执勤第三支队开展执勤安全教育，组织正规化执勤等级评定和遂行任务能力评估，排查各类执勤隐患。开展战备建设和战备演练，完成联勤武装巡逻、两会安保等勤务任务。支队被总队评为军事训练先进单位，1个中队被评为总队正规化执勤标兵中队，2人在武警部队重难点课目教练员集训中荣获优秀学员，1人被评为武警部队标兵教练员和总队金牌教练员，1人在全军第一届刺杀组训干部骨干培训中被评为优秀教练员。

（于水鹏）

【基层建设】 2021年，执勤第三支队建立“常委挂钩、季度轮换、周期循环”帮带机制，制定《抓建基层3年计划》和“一队一策”方案。建立新毕业警官结对帮带机制，组织机关基层双向讲评和士兵恳谈会，解答基层官兵问题建议，抓好利军惠兵政策落实，官兵家庭走访、立功评奖报喜、帮扶救济慰问等工作。7个单位被评为“四铁”（铁一般信仰、铁一般信念、铁一般纪律、铁一般担当）先进单位，300名官兵被评为“四有”（有灵魂、有本事、有血性、有品德）优秀个人。

（于水鹏）

【安全管理】 2021年，执勤第三支队开展百日安全竞赛、保密“三清”（手机微信清理、网络信息清密、涉密文电清查）、枪弹危爆品清查整治、网赌网贷专项清理活动，发挥安全服务方舱下基层和“护剑”系统作用，组织网赌网贷、勾连卖密、安全驾驶等警示教育，排查各类安全隐患550余条，有效化解各类矛盾险情，支队被武警部队评为六无（无政治性问题、无严重违纪、无等级事故、无刑事案件、无失泄密、无自杀）先进支队。

（于水鹏）

【后勤保障】 2021年，执勤第三支队围绕打造实战型、服务型、法治型、创新型、融合型、廉洁型后勤，修订一组五队应急保障预案，组织实装实兵现地训练，推进基础设施升级、士官公寓改造等工程建设，更新单位营产营具，建设支队心理健康服务站、心理行为训练场，为车辆安装北斗系统。开展后勤专业大练兵和比武竞赛，组织官兵参加汽训、卫训和军械员等专业集训。推进全员接种疫苗，确保营区零输入、零感染。

（于水鹏）

## 人民防空

【概况】 2021年，滨海新区建设巩固强大的现代人民防空体系，提高战备效益、社会效益和经济效益。抓好人防宣传，加强人防工程建设管理和规划，抓好人防平战结合，加快构建“战时能力强、平时作为大”的现代人民防空体系，推动新区人民防空事业取得发展。

（邓有杰）

【人防宣传】 2021年，滨海新区开展人防宣传教育进机关、进学校、进企业、进社区、进网络活动。推广人防宣传教育进党校、进企业试点经验，发挥人防示范社区宣传教育作用，完成30个新建小区疏散路线和人防工程标识牌设置。结合国防教育日、人民防空创立日和警报试鸣等时机，宣扬人防精神，发放宣传资料3000余份，讲好人防故事，普及人防知识。

（邓有杰）

【工程质量监督】 2021年，滨海新区人防办会同天津市人防工程建设服务中心，为项目施工现场有关参建单位进行质量监督服务近200次。做好人防联合验收工作，完成要件审核、发放一次性补齐改正告知单、参加联合验收、出具联合验收现场验收结论意见书及上传天津市人防工程竣工验收备案表等相关流程。

（邓有杰）

【指挥保障】 2021年，滨海新区加强人防指挥系统建设，明确基本指挥所、预备指挥所、南部防区指挥所和北部防区指挥所的职能定位、建设标准和担负任务。在汉沽建设滨海人防综合训练基地，以人民防空指挥所为依托，集指挥、演习演练、综合训练与保障、效能评估、战法研究等任务为一体的综合性基地。加强人防疏散基地和专业队伍建设，在南部防区建设官港森林公园人防疏散基地，在北部防区规划中心渔港人防疏散基地，保证战时重要人员、物资设备的安全疏散。调整人防专业队伍，明确7支常规专业队、4支特种专业队的组织单位和具体任务，细化人员组成及平时、战时配置，强化指挥协同关系，贴近实战要求。

（邓有杰）

【平战结合】 2021年，滨海新区人防办加强对人防工程定期巡查检查、自建人防工程维修、平战结合项目出租管理，遏制重特大事故发生，确保人防工程及设备设施平时保持完好状态。定期对辖区内人防平战结合出租项目、人防老旧工程、人防自建工程进行安全检查，开展治理整治。开展人防工程第三方巡查工作，与第三方人防设计院签订巡查合同，做好人防工程全方位巡查。

（邓有杰）

## 经济体制改革

**【概况】** 2021年，滨海新区坚持以供给侧结构性改革为主线，全面深化经济体制改革，持续推进落实京津冀协同发展体制机制、开发区法定机构改革、自贸区体制机制创新、国资国企改革等重大改革任务落地。

（刘伟新）

**【自贸实验区改革创新】** 2021年，滨海新区推动自贸实验区政策外溢，向国务院上报自贸实验区扩区方案，在滨海高新区、中新天津生态城挂牌成立联动创新区，在国家超级计算天津中心、国家干细胞工程产品产业化基地挂牌设立联动创新示范基地，“保税租赁海关监管新模式”入选国务院自由贸易试验区第四批“最佳实践案例”，累计向全国复制推广试点经验和实践案例38项。在全国首创“数字仓库+可信仓单+质押融资+大宗商品市场+场外风险管理”供应链金融创新体系，可信仓单创新试单成功，为企业授信28.25亿元，投放规模15亿元。召开首届京津冀自贸区联席会议，签署三方战略合作框架协议，成立京津冀自贸区智库联盟。

（刘伟新）

**【开发区法定机构改革】** 2021年，滨海新区完善开发区监督体制，制定《天津市滨海新区关于统筹加强开发区监督工作的办法（试行）》，出台纪检监督、预算监督等配套办法，构建适合法定机构的“1+N”监督体系。推动海洋科技园区社会职能剥离，印发经常性经费基数划转指标文件，完成119项职能交接工作，滨海高新区与新北街道融合发展机制初步建立。推动泰达街道体制机制改革，完成“两集团，一中心”组建、全员竞聘等工作，构建集团化管理、市场化运作模式。推动法定机构改革选人用人经验向区级机关复制推广，完成部分区级部门副职领导岗位公开选聘工作。

（刘伟新）

**【街镇经济体制改革】** 2021年，滨海新区制定加快街镇经济发展的实施意见，出台加强街镇招商力量、推动街镇工业园区配套基础设施建设、支持乡村振兴、优化街镇项目审批服务、支持街镇楼宇经济发展5个配套实施细则。优化街镇园区管理体制，撤销海滨旅游度假区管委会等4个园区管理机构，大港石化产业园区管委会、大港开发区管委会与所在街镇实行合署办公。推进中塘镇工业园区改革，对招商引资、招商服务和土地规划任务，实施差异化绩效考核，建立薪酬能增能减的机制。优化街镇项目审批服务，实行企业固投项目线上自动备案，13项审批权限按需委托下放有关街镇。出台加快开发区与街镇与融合发展的实施意见，制定大沽街道与天津经济技术开发区融合发展方案。

（刘伟新）

**【要素市场化改革】** 2021年，滨海新区在开发区试点推行新型产业用地政策，完成4处地块控规调整，并在泰达时尚广场、永正制衣、塘沽南站片区等城市更新项目中运用。制定《滨海新区关于新型研发机构深化改革的指导意见》，并在清华大学天津电子信息研究院、浙江大学滨海研究院开展试点。启动天津国际生物医药联合研究院改革，清产核资、董事会组建、经理层选聘全面展开。深化“滨城”户籍制度改革，制定《滨海新区关于做好农民工服务保障的若干措施》。与深交所签署战略合作框架协议，推动企业利用多层次资本市场上市融资，天津津荣天宇在创业板上市、凯莱英医药集团实现“A+H”两地上市、协助百得利（天津）港股上市。北方大数据交易中心获批成立，智慧滨海与36个市级、区级和开发区系统互联互通，日均汇聚数据约200万条、生产数据500万条。开展南疆港区、临港工业区能源综合配套改革试点，编制完成电、气、水解决方案。

（刘伟新）

**【金融体制改革】** 2021年，滨海新区推动融资租赁行业准入及监管事项下放至东疆保税港区，商业保理行业准入及监管事项下放至东疆保税港区和天津经济技术开发区，跨境人民币保理、农业保理等一批全国首创业务模式相继落地。引导优势金融行业创新发展，挂牌成立天津租赁资产交易中心并创新业务，挂牌总额超10亿元；助推滨海—中关村“天津商业保理创新发展基地”创新试点，国新商业保理有限公司发行全国首单公司债券10亿元，新希望保理发行全国首单农业供应链金融ABS业务3.19亿元。“滨海基金小镇”挂牌运营，吸引私募基金管理人、私募股权基金及投资咨询类公司41家，注册资本129亿元。设立小微企业首贷续贷服务中心，推动高新区首贷续贷服务中心揭牌运行，“津心融”平台对滨海新区授信贷款39.09亿元。

（刘伟新）

**【对外经济体制改革】** 2021年，滨海新区融入国家“一带一路”，中欧班列发行5.8万标准箱，比上年增长22.4%，中埃泰达苏伊士经贸合作区实现提档升级。建设国家跨境电子商务综合试验区，支持跨境电商进口企业创新“线下展示+线上交易”零售模式，天津经济技术开发区、滨海高新区分别获批天津市跨境电商示范园区，天津港保税区、东疆保税港区率先开设跨境电商线下展示体验中心。推动平行进口汽车健康发展，全国首批国六标准平行进口车顺利通关销售，口岸进口平行车超过2.5万辆，进口货值225亿元以上。

（刘伟新）

**【“放管服”改革】** 2021年，滨海新区推出“一企一证”改革2.0版，覆盖行业增至49个，实现“一证准营、全市通用”，相关做法在中央深改办刊物印发。建立“承诺拿地即开工”服务标准，推行工程建设项目“一套材料办审批”改革，建立政务服务与招商引资联动机制，政务服务事项“网上办”“马上办”“就近办”成为常态。自贸试验区“证照分离”改革全域推行，762家市场主体享受便利化审批服务。与京冀晋相关地区建立“跨省通办”联动机制，京津冀自贸区内153个政务服务事项实现“同事同标”，北京、天津、广州三地经开区268项事项实现通办。升级“滨海通办”2.0版，推动办事全程电子化，第一批35类电子证照纳入全市电子证照库，各级政务服务大厅“好差评”评价实现全覆盖。

（刘伟新）

**【科技体制创新】** 2021年，滨海新区制定《滨海新区关于进一步支持创新载体平台建设的若干措施（试行）》，国家合成生物技术创新中心取得重大科研突破，在全球首次实现二氧化碳到淀粉的从头合成。落实科研人员职务发明成果权益分享机制，飞腾CPU、麒麟操作系统、自主物联网感知技术等项目以知识产权形式入股成立公司。优化“雏鹰—瞪羚—领军”梯度培育机制，8家瞪羚企业成长为领军（培育）企业、22家雏鹰企业成长为瞪羚企业，累计雏鹰企业1731家、瞪羚企业144家、领军企业120家。与南开大学、辽宁石油化工大学、渤海大学签署战略合作协议，与天津大学合作成立滨海海洋工程研究中心，天津科技大学科技园挂牌运营并获评第一批市级大学科技园。中国合成生物产业知识产权运营中心获国家知识产权局批复。滨海新区被中国科协授予“科创中国”创新枢纽城市荣誉称号。

（刘伟新）

**【国企国资改革】** 2021年，滨海新区制定《滨海新区国企改革两年行动实施方案（2021—2022年）》，国企混改出让出清完成152户，84户全民所有制企业改革全部完成。优化国企治理结构，区直属一级企业及重要子企业全面落实“1+3”权责清单，建成外部董事专家库，调整52户国企董事，为5户直属国企选聘外部董事12名。深化“三项制度”改革，区属国企全部实施市场化用工管理机制，19家企业完成经理层成员任期制契约化改革。加快盘活国企闲置资源，区直属国企累计清收账款24.1亿元；区属国企通过出售方式盘活存量房产21.41万平方米，实现收益22.53亿元，通过出租方式实现盘活收益3.52亿元。经营性国资集中统一监管比例99%，“滨海智慧国资”监管系统19个功能模块上线运行。

（刘伟新）

## 政治体制改革

**【概况】** 2021年，滨海新区稳妥推进政治体制改革，推动人大工作体制创新，深化民主协商体制创新，拓展统一战线体制机制新模式，提高司法便民服务水平，提升国家治理体系和治理能力，实现政治建设与高质量发展互促共进。

（刘伟新）

【人大工作体制创新】 2021年，滨海新区推动备案审查制度和能力建设，听取和审议“一府两院”专项工作报告23项，审查备案“一府两院”规范性文件70件。出台《关于促进和保障滨海新区物业管理与社区治理融合共进的决定》，为创新和完善物业管理及社区治理提供制度供给。

（刘伟新）

【政协民主协商体制优化】 2021年，滨海新区深化协商民主实践，提案办理协商6次，专委会专题协商和界别协商10次。建立界别召集人制度，密切同各界代表人士走访联系。推动政协履职向基层延伸，在开发区和部分社区、企业等基层单位探索建立政协委员活动中心（站、室）14个，举办系列“微协商微议事”。出台《区政协委员履职管理试行办法》《政协滨海新区委员会委员履职考核评价办法（草案）》。

（刘伟新）

【司法体制改革创新】 2021年，滨海新区稳妥推进审判权力运行机制、刑事诉讼制度、民事诉讼程序繁简分流、人员分类管理制度改革，推动建立新型诉侦、诉审、诉辩工作机制，落实认罪认罚从宽制度，审判效能大幅提升。规范重大行政决策程序，制定《滨海新区重大行政决策事项标准》《滨海新区人民政府2021年度重大行政决策事项目录》，建立行政复议咨询委员会，印发《关于进一步推进开发区公共法律服务体系建设的指导意见》，5个开发区成立公共法律服务中心。组建人社、水务2支综合行政执法队伍，统一行使相关领域法律法规规定的行政执法权。完善村居公共法律服务调度员制度，专职或兼职公共法律服务调度员实现385个村居全覆盖。建成联合作战指挥体系，大数据战训中心、通信保障视频运维中心、联合作战指挥中心等投入使用，参照属地分局模式优化天津港分局管理体制。

（刘伟新）

## 文化体制改革

【概况】 2021年，滨海新区坚持发展社会主义先进文化，加强社会主义精神文明建设，培育和践行社会主义核心价值观，推动新闻宣传和意识形态机制管理，以正确舆论凝心聚力，以先进文化塑造灵魂，以优秀作品鼓舞斗志，以优质产业激发活力，爱国主义、集体主义、社会主义精神广为弘扬，文化事业全面繁荣，文化软实力得到增强。

（刘伟新）

【新闻宣传和意识形态管理机制创新】 2021年，滨海新区深化融媒体中心体制机制改革，健全内设部门调整、人员竞聘上岗、绩效激励等制度，构建全媒体传播体系。上线运行新“津滨海”客户端，阅读量突破9.6亿次，日均覆盖移动互联网用户超650万。“学习强国”滨海新区学习平台上线运行。“滨海发布”政务微博连续两年进入全国十大党政新闻发布微博。强化意识形态阵地管理，推进“净网、护网”专项行动，提升重大网络安全风险防御能力。

（刘伟新）

【文化旅游产业改革创新】 2021年，滨海新区整合文旅资源，推出滨城红色、亲海休闲、时尚都市、乡村振兴4个主题20条微旅游线路，推出7大板块10条特色工业旅游精品线路。举办首届乡村艺术节、桃花节、第八届汉沽飞镲节等文旅品牌活动。生态城获批国家文化出口基地，滨海高新区智慧山文化创意产业园入选国家级文化产业示范园区创建名单，天津长芦汉沽盐场工业游项目、天地伟业公司安防视频监控科技旅游基地获评市级工业旅游示范基地。东疆亲海公园、东堤公园、南堤公园、南湾公园等对外开放。

（刘伟新）

【公共文化服务创新】 2021年，滨海新区被命名为第4批国家公共文化服务体系示范区。推动区文化馆、图书馆总分馆制建设，四大公共图书馆实现通借与通还，区图书馆少儿馆区社会化运营项目免费开放，中新天津生态城图书档案馆获批全国第7批社会管理和公共服务综合标准化试点项目单位，区档案馆建成京津冀地区第一家全国示范数字档案馆。开展以庆祝中国共产党成立100周年为主题的群众性文化活动，完成第13届天津滨海艺术节等系列群众文化活动超1000场次，重点主题活动场次累计390余场。新建新时代文明实践基地57个，新时代文明实践中心、所、站实现全覆盖，累计开展活动2万余场次，参与人数32万人次。

（刘伟新）

## 社会体制改革

【概况】 2021年，滨海新区坚持以人民为中心的发展思想，瞄准人民群众最关心、最直接、最现实的利益问题，主动把更多公共资金投向民生领域，全面加快教育、卫生、民生保障、社会治理等领域体制机制改革步伐，取得一系列新成就、新经验，社会治理能力和治理水平得到显著提升，群众获得感、幸福感、安全感明显增强。

（刘伟新）

【教育体制改革】 2021年，滨海

新区推进集团化办学，塘沽一中教育集团塘沽湾学校开学，天津市实验中学育华学校纳入天津市实验中学为核心校的教育集团。创新学前教育办学体制，25 所公办示范幼儿园与 26 所民办园、托幼点签订帮扶协议，实现学前教育发展共同体全覆盖。推进“双减”工作，在全国率先完成“营改非”登记。完善职业教育和培训体系，院企共建的智能制造产业学院、数字创意产业学院揭牌。深化教师人事制度改革，推动“区管校聘”工作，完善中小学教师师德考核办法。在全市率先成立大中小学思政课一体化教学研究联盟。

（刘伟新）

**【医疗卫生事业发展】** 2021 年，滨海新区在开发区、街镇设立流行病学综合调查队伍，建成第五中心医院、大港医院 2 个城市检测基地。第五中心医院、泰心医院完成“智慧住院”建设，塘沽传染病医院、安定医院“智慧门诊”上线运行，二级以上公立医院实现数字医院全覆盖，25 家区属医疗机构实现门诊诊疗数据互通共享。扩大京津冀异地就医门诊联网结算定点机构范围，143 家定点医药机构实现异地就医门诊直接结算。促进社会办医持续健康规范发展，新增社会办医机构 62 家。

（刘伟新）

**【社会保障事业发展】** 2021 年，滨海新区低保、低收入和特困人员救助供养确认权限下放街镇，实现社会救助受理、调查、审核一体化。19 家养老机构和 34 家日间照料中心纳入长期护理保险制度定点护理机构，生态城“银发”智能服务平台入选国家首批运用智能技术服务老年人示范案例。推出全市首个民政“补贴宝”平台，实现养老、救助、残疾人补贴、儿童保护等 24 个项目资金线上点对点发放。建成滨海新区社会组织孵化基地，推动 4 个开发区、21 个街镇社会组织联合会、284 个村居共同缔造理事会建设。建设全市首个街镇社工站，探索具有滨城特色的社会工作服务模式。

（刘伟新）

**【社会治理体系完善】** 2021 年，滨海新区加快建设党建引领共同缔造工作体系，幸福村居、主题园区、党员先锋等九大行动全面实施，组建民生红网格 6953 个、分类组建产业红网格 52 个，2.5 万名党员干部入格报到，356 个社会主体入格提供专业服务。成功申报国家智能社会治理综合实验基地、国家新型城市基础设施试点。坚持和发展新时代“枫桥经验”，推动区行政复议机构入驻区信访办，搭建人民调解三级调处化解平台，形成“基层初调—行专专调—区调解中心合力调”工作闭环，建设特色品牌调解室。深化公安武警联勤协作机制，推动社区警务与社区政务服务融合共建，健全社会治安防控体系。建立“社会治理网格 + 警格 + 党建网格”机制。

（刘伟新）

## 生态文明体制改革

**【概况】** 2021 年，滨海新区牢固树立“绿水青山就是金山银山”发展理念，坚持节约优先、保护优先、自然恢复为主的方针，深化生态文明体制改革，健全国土空间开发、资源节约利用、生态环境保护的体制机制构建节约资源和保护环境的空间格局、产业结构、生产方式、生活方式，打造良好的生产生活生态环境。

（刘伟新）

**【城市规划管理改革】** 2021 年，滨海新区探索控规管理新模式，建立街区控规管理新体系，推动控规修改审批流程改革，整体审批实现比全市平均水平提高 20%。坚持经营城市理念，构建滨海新区特色的“产业导入 + 公共设施建设 + 高品质社区建设”的城市开发新模式，建立城市更新项目库。创新建设投融资模式，实践运用新型建设模式引入社会资本，参与轨道交通Z2线、塘沽湾和中塘示范镇建设、老旧小区改造，全国首创的特许经营引入社会资本融资参与老旧小区改造模式落地。

（刘伟新）

**【城市建设体制创新】** 2021 年，滨海新区全域推进海绵城市建设，建立“1+N”管理体制（“1”以区海绵办作为日常领导机构进行技术统筹，加上各小组成员海绵专班进行分布管理），建设中新天津生态城、塘沽湾等海绵城市示范样板。在 6 个区域实行区域评估，为“标准地”出让提供保障。在滨湾万科城项目中完成全市首例“交地即交证”工作。

（刘伟新）

## 党的建设制度改革

**【概况】** 2021 年，滨海新区坚决落实管党治党政治责任，聚焦关系改革发展稳定全局的关键问题、长期制约党的建设的难点问题、群众反映强烈的热点问题，全面深化党的组织、效能、干部体制改革，推动纪检监督具体化、常态化，增强改革的系统性集成性，提振干事创业的精气神，营造风清气正的政治生态。

（刘伟新）

**【干部选育管用创新行动】** 2021 年，滨海新区制定《滨海新区加强党政领导班子和干部队伍建设三年行动方案（2021—2023 年）》，坚持在疫情防控、创建文明城区、国家卫生城区、推动高质量发展等重点任务和基层一线考察干部，调整处级干部636名。公开招聘3名开发区管委会副主任，从开发区、国企及全国选拔优秀干部到街镇和区级部门任职。实施年轻干部培养工程，健全“难题项目+培训专班”一线工作机制，试行“成长导师”帮带机制，举办实践锻炼培训班14个，选派143名干部参加“五大战略”“四大工程”等攻坚任务。推动“三考合一”从组织绩效向个人绩效延伸，依据考核结果约谈18个单位主要负责人、调整28名慢而落伍的干部、优先晋升职级118人。完善干部监督机制，推动上级“一把手”约谈下级“一把手”具体化常态化，新任职“一把手”谈话25人；推进家访向国资国企等重点领域延伸覆盖，累计开展家访764人次。一体推进容错纠错防错，对2起6人予以容错免责。

（刘伟新）

**【人才体制机制改革】** 2021年，滨海新区升级“鲲鹏计划”，出台《滨海新区引进人才住房保障实施办法》《滨海新区高级专家延迟退休操作规程》等政策。优化高层次人才服务证制度，扩充住房保障、家属随迁、子女入学等政策待遇。成立乡村振兴、供应链金融、新能源、海洋文旅、数据安全5个产业（人才）联盟，联盟总数18个，争取市级部门引才政策和支持措施32条，链接企业和高校院所1807家，累计引进高层次人才4537人，促成产业链合作项目2200余个，涉及资金额超1400亿元。优化人才评定机制，实施用人单位自主聘任初中级职称政策，助推生物医药联盟承接中高级职称评审工作，赋予中科院天津工业生物技术研究所、天津茱莉亚学院等单位评价权。深化院地合作，推动中科院天津工业生物技术研究所与天津科技大学共建工程生物学院，促进北大滨海研究院与天津财经大学合办“金融科技菁英计划MBA项目”并完成首批招生，协助天津科技大学与康希诺等企业联合建立生物医药现代产业学院，实现天津职业大学360网络安全产业学院、长城信创产业学院、瑞普生物产业学院落地。

（刘伟新）

**【纪检监察体制改革】** 2021年，滨海新区纪委监委深化纪检监察体制改革创新，开展开发区纪检监察体制改革、派驻机构改革，深化国企纪检监察机构改革，推进“派驻+监督中心”建设，推动制度优势转化为治理效能。

授予开发区监察权。根据《监察法》《监察法实施条例》，出台《关于深化开发区监察体制改革试点工作的实施方案》《开发区监察专员办公室工作职责及内设机构设置》，向天津经济技术开发区、天津港保税区、滨海高新区、东疆保税港区和中新天津生态城5个开发区派出监察专员和监察专员办公室，授予监察权，实现对五大开发区公职人员监督全覆盖。

派驻机构改革。推动组织机构建设，开展派驻机构监督体量专项调研，制定《区纪委监委进一步深化派驻机构改革的实施方案》《区纪委监委各监督检查室对口联系开发区纪委、区纪委监委派驻机构、区属企业纪委的分工方案》《区纪委监委派驻机构监督范围调整方案》。会同区委编办对区直属法定机构和区直属事业单位情况开展调研，将其全部纳入区纪委监委派驻纪检监察组监督范围。强化考核结果运用，制定派驻机构绩效考核结果运用工作办法，将考核情况作为干部评优、调整的重要参考。推进派驻机构干部队伍建设，充实调整6名处级干部、23名科级干部，确保各纪检监察组实有人员3到4人，且均配备有女干部。

国有企业派驻改革。深化国有企业纪检监察体制改革，制定并印发《关于在区属国有企业开展派驻改革试点工作的方案》，从区直属、区国资委管辖、开发区管辖三大类区属国有企业中选取6家较大规模的区属国有企业开展派驻改革试点，由区纪委监委或开发区纪委设立派驻纪检监察组（派驻纪检组）。明确职责权限，赋予派驻纪检监察组8项履职权限，履行党的纪律检查和国家监察2项职责；赋予派驻纪检组7项履职权限，履行党的纪律检查职责。在试点工作完成后，各开发区参照试点企业派驻纪检组组建模式，推进一级区属国企开展派驻改革。

探索在区属国有企业纪检监察组织下设监督中心，强化对所属下级企业的监督。选取临港控股公司、滨海建投集团、区国资运营公司3家国有企业为试点，在企业纪委下设6个监督中心，新增27名监督工作人员。监督中心运行以来，处置问题线索36个、立案14件、处分4人。

（刘洋旭）

**【人民团体】** 2021年，滨海新区深化产业工人队伍建设改革，推进新形态建会、新就业劳动者入会，25人以上单位建会和具有稳定劳动关系职工入会实现全覆盖。共青团基层组织改革持续加力，构建以龙头企业带动园区、产业链、合作方、楼宇和大型人才代理机构的建团新路径，建成并上线云平台“青年之家”51家。其中，全国示范性“青年之家”2家，市级示范性“青年之家”2家。妇联改革成效明显，承接全国妇联新时代文明实践中心建设项目，组织实施“巾帼文明实践”与志愿精神共成长志愿服务品牌项目。

（刘伟新）

# 中国（天津）自由贸易试验区

## 综 述

**【概况】** 2014年12月31日，中国（天津）自由贸易试验区（以下简称天津自贸试验区）设立，系北方第一个自由贸易试验区，2015年4月21日挂牌运行。

天津自贸试验区总面积119.9平方千米，涵盖3个片区：天津港东疆片区30平方千米（含东疆保税港区10平方千米），是北方国际航运中心和国际物流中心的核心功能区，重点发展航运物流、国际贸易、融资租赁等现代服务业；天津机场片区43.1平方千米，是天津先进制造业企业和科技研发转化机构的重要集聚区，重点发展航空航天、装备制造、新一代信息技术等高端制造业和研发设计、航空物流等生产性服务业，形成民用航空、装备制造、电子信息、生物医药、快速消费品和现代服务业等优势产业集群；滨海新区中心商务片区46.8平方千米，是天津金融改革创新集聚区、滨海新区城市核心区，重点发展以金融创新为主的现代服务业，拥有金融“全牌照”区域，基金、保理、租赁、资金结算等业态快速发展，初步形成创新金融、科技互联网、国际贸易与跨境电商三大特色产业集群。

2021年，天津自贸试验区融入国家战略，服务京津冀协同发展和“一带一路”建设，各项工作取得进展和突破。印发自贸试验区发展“十四五”规划，为国家全面深化改革和扩大开放探索新路径、积累新经验。

（丛　琳）

**【主要经济指标】** 至2021年末，天津自贸试验区新登记市场主体1.28万户，比上年增长18%。其中，外商投资企业256家，增长22%；备案境外投资机构30个；实际使用外资金额21亿美元；实现税收收入（全口径）560余亿元，增长20%。天津口岸进口平行车辆逾2.5万辆，进口额225亿元，总体业务量占全市比重60%以上；天津港年集装箱吞吐量首次突破2000万标准箱。

（丛　琳）

**【自贸试验区推进工作领导小组第七次会议】** 2021年4月1日，天津自贸试验区推进工作领导小组召开会议。听取天津自贸试验区改革发展情况和自贸试验区管委会体制机制改革等情况汇报，审议讨论自贸试验区东疆片区、天津机场片区、中心商务片区2020年工作情况和2021年工作安排。天津市委书记、领导小组组长李鸿忠，市委副书记、市长廖国勋出席并讲话。

（丛　琳）

## 自贸创新成果

**【概况】** 2021年，天津自贸试验区围绕天津市委“十四五”和2035年远景目标规划建议中提出的“着力建设国内国际经济双向循环的重要资源要素配置枢纽、京津冀现代产业集聚区、中日韩自贸区战略先导区，打造世界一流自由贸易园区”的目标定位，做好自贸试验区长远发展的制度设计和顶层谋划，确保自贸区稳步健康发展。

（丛　琳）

**【创新成果评估推广】** 2021年，天津自贸试验区总体方案、深改方案完成“逐步减少个人对外投资的外汇管制”等5项任务，创新发展“109条”任务完成85项，累计实施制度创新措施502项；“保税租赁海关监管新模式”入选国务院自由贸易试验区第四批“最佳实践案例”，累计向全国复制推广38项试点经验和实践案例，占全国集中复制推广的18.6%。委托第三方评估机构开展天津自贸试验区过去五年（2015—2020）制度创新成果评估，形成差异化改革、特色化探索的“天津经验”。中山大学自贸区综合研究院发布“2020—2021年度中国自由贸易试验区制度创新指数”，在全国自贸试验区省级综合排名中，天津居第三名（上海第一、广东第二）。

（丛　琳）

**【《自贸试验区发展“十四五”规划》印发】** 2021年，天津自贸试验区管委会组织编制《中国（天津）自由贸易试验区发展“十四五”规划》（以下简称《规划》）。总结评估“十三五”时期天津自贸试验区发展情况，谋划“十四五”时期自贸试验区建设工作目标、重点任务和实施路径。《规划》明确“十四五”时期天津自贸试验区建设的战略定位、片区功能和发展目标，提出构建畅通“双循环”的新贸易格局；建设服务实体的金融开放创新高地；做优互联互通的运输自由体系；建设开放合作的国际科技创新高地；探索支持前沿产业发展的制度体系；全方位推动京津冀产业协同发展；深化面向日本、韩国的开放合作；积极参与高质量共建“一带一路”；打造国际一流营商环境。

（丛　琳）

**【联动创新工作】** 2021年，天津自贸试验区在拟扩展区域中选取滨海高新区、中新天津生态城部分区域设立联动创新区，印发《中国（天津）自由贸易试验区滨海高新区联动创新区总体方案》《中国（天津）自由贸易试验区中新生态城联动创新区总体方案》，滨海高新区先进计算与关键软件（信创）、细胞生态海河实验室挂牌成立，中新天津生态城获批北方大数据交易中心，建设中新双向创新创业谷。全国首创自贸试验区联动创新示范基地建设模式，分别在国家超级计算天津中心、国家干细胞工程产品产业化基地挂牌成立自贸试验区数据产业化、基因和细胞治疗联动创新示范基地。印发《数据产业化联动创新示范基地建设实施方案》，基因和细胞治疗示范基地企业合源生物获得天津市第一张细胞药品生产许可证。

（丛　琳）

8月11日，自贸试验区在高新区、生态城部分区域设立联动创新区

自贸办　供图

## 服务地方经济

**【概况】** 2021年，天津自贸试验区印发《中国（天津）自由贸易试验区创新升级实施方案》，建立创新发展项目立项管理制度，围绕构建投资、贸易、金融、人员、数据、运输等要素跨境流动的制度政策体系和打造法治化营商环境、对外交流合作平台，以点带面推动制度创新突破。

（丛　琳）

**【投资自由化便利化】** 2021年，天津自贸试验区畅通外商投资渠道，东疆片区新承接27项海事执法事权，成为全国第三个实现海事全能审批的区域，吸引国海海工、招商工业、福船集团等多家船舶企业落户。推动中韩医美产业合作，落户自贸区首个中韩合作项目。至年末，区内设立各类外商投资企业近4000家，占全市外商企业比重的四分之一，实际使用外资额占全市40%以上，成为天津市重要的市场主体和投资聚集地。

（丛　琳）

**【贸易自由化便利化】** 2021年，天津自贸试验区生物医药产业创新发展，推进临床急需进口药品绿色通道试点，固化报批流程批准天津肿瘤医院空港医院临床急需进口药品7个批次、2个品规，大幅降低患者用药成本的同时，吸引罗氏制药等知名企业落户机场片区。高端制造维修业务创新升级，推动保税维修再制造产业规模，承接俄罗斯籍火车轮渡船保税维修业务，新增远昌冷藏集装箱保税维修项目，成立保税维修企业联盟，保税维修再制造新业态向更多行业发展。推动通过环保试验检测合格的滞港平行进

11 月 4 日，天津自贸试验区国际创新个体化医疗研究院揭牌
自贸办　供图

口汽车通关。跨境电商提速增效，深化跨境电子商务综合试验区建设，创新“线下展示＋线上交易＋门店自提”电商零售新模式，制定“一次登记”“一点对接”一体通关、便利退货、全程电子信息传输等支持措施，逐步向联动创新区、市内六区、武清、蓟州区等地复制推广。

（丛　琳）

**【金融自由化】**　2021 年，天津自贸试验区以商业保理差额纳税模式创新、人民币国际保理突破等持续创新，为商业保理打造一流政策环境。至年末，区内有各类保理企业 531 家，商业保理资产 2840 亿元。开展商业保理差额纳税，完成国内首笔跨境人民币保理业务。建设天津租赁资产交易中心，推动挂牌交易项目 7 个，总规模逾 10 亿元，资产盘活功能初步发挥。东疆片区通过货机跨境资产包交易、保税“客改货”飞机再租赁等全国首创性业务创新，完成飞机 136 架、国际航运船舶 91 艘、海工平台 23 座租赁业务，比上年分别增长 8.8%、160%、43.8%，船舶租赁、海工租赁、离岸租赁、飞机资产交易业务数量均创历史新高。截至年末，自贸区内各类租赁企业 4000 余家，注册资本 6776 亿元。供应链金融初显成效，全国首创“数字仓库＋可信仓单＋质押融资＋大宗商品市场＋场外风险管理”供应链金融创新体系，“可信仓单”质押融资业务授信总额 23.5 亿元，投放规模超 15 亿元。

（丛　琳）

**【数据自由有序流动】**　2021 年，天津自贸试验区在国家超级计算天津中心成立天津数据安全产业（人才）联盟，举办医疗健康大数据产业发展创新论坛，推进医疗健康相关数据存储和应用项目落地，上线国家血液系统疾病临床医学研究中心线上平台、中国疾控中心慢病中心死因与慢病大数据库等项目。通过超算中心，慢病中心与国家癌症中心、中银保信开展对接。

（丛　琳）

**【运输自由化】**　2021 年，天津自贸试验区网络货运高速增长，东疆片区引入网络货运企业数据传输过滤服务，搭建网络货运平台数字看板。至年末，获批网络货运企业 46 家，占全市一半以上，带动交通运输业营业收入 487 亿元。油气产业不断突破，出台《关于促进中国（天津）自由贸易试验区保税油气产业发展的若干意见》，创新“一船多供”“先供后报”“保税船舶物料跨关区直供”等政策，打通国产燃料油保税供应和分拨通道。全年，完成保税燃料油供应 3209 票，累计向大连、秦皇岛、青岛等分拨燃料油 38.9 万吨，创历史新高。打造冷链交易市场，提供集海外采购到港

2021 年，国内最先进的天津东疆港大冷链商品交易市场自动化冷库
自贸办　供图

口运营、仓储物流、交易、金融及终端配送等一体化全产业链服务。

（丛　琳）

**【自贸区法律服务】** 2021年，天津自贸试验区启动条例修订工作，委托开展立法后评估。出台《关于促进中国（天津）自由贸易试验区法律服务业发展的若干意见》。自贸试验区法院建立2+N自贸司法服务直通车，设立“一带一路”国际商事调解中心。推动以地方立法方式促进产业发展，参加市人大立法工作推动专班和联合起草组，起草形成《基因和细胞治疗产业促进条例（征求意见稿）》，为细胞治疗先行先试提供法治保障。

（丛　琳）

## 服务国家战略

**【概况】** 2021年，天津自贸试验区围绕落实京津冀协同发展重大国家战略，主动融入协同、服务协同，充分发挥自贸试验区对外开放引领作用，与北京自贸试验区、河北自贸试验区签订“京津冀自贸试验区三方战略合作框架协议”，探索京津冀自贸政策“一地生效，三地同效”，逐步构建京津冀自贸区政策协同体系，承接北京非首都功能疏解，推动“京津冀+‘一带一路’”口岸建设，探索开展国际规则对接实践，推动自贸区原产地声明制度创新，加强压力承载测试，为国家政策出台做好“试验田”。

（丛　琳）

**【国际规则对接实践探索】** 2021年，天津自贸试验区深入研究区域全面经济伙伴关系协定（RCEP）、中欧全面投资协定（CAI）、全面与进步跨太平洋伙伴关系协定（CPTPP）等国际多双边经贸协定，提出务实建议。在RCEP对标方面，推动自贸区原产地声明制度创新，大幅压缩原产地预裁定时限，实施通关便利“一企一策”；为综保区企业和重点日韩企业开展专题政策辅导，支持自贸区重点企业申请RCEP“经核准出口商”资质，1月1日，泰达洁净材料有限公司一批出口日本的货物获得天津首张RCEP原产地证书，降税幅度4.3%；推进第三方检验结果采信，推动进口机电产品国际检验互认。举办自贸区日本商界RCEP专题对接会、中韩RCEP经贸合作座谈会等一系列活动。与韩国仁川经济自由区域厅互通信函，推动签署《进一步深化合作备忘录》。充分研究CPTPP，召开系列专题会议，研究对标国际高标准经贸规则等工作，邀请中国贸促会副会长张少刚到津授课。持续跟踪CAI进展，做好研究借鉴。

（丛　琳）

**【服务京津冀协同发展战略】** 2021年，天津自贸试验区发起召开首届京津冀自贸试验区联席会议，签署“京津冀自贸试验区三方战略合作框架协议”，发布13项京津冀自贸协同创新成果，成立京津冀自贸试验区智库联盟，三地自贸区协同创新为服务京津冀协同发展战略提供新的“破题”思路，框架协议内容被国家发展改革委起草的支持京津冀自贸区协同发展意见大量采纳，推动国家部委谋划京津冀新一轮政策赋能。建立政务服务京津自贸区通办联动机制，联合印发工作方案，推出3批153项“同事同标”事项。京津两地市级政务服务中心采取“互派人员，互设窗口”方式推进政务服务“跨省通办”，提出696个办理服务事项。建成“京津冀+雄安（3+1）”政务服务“一网通办”平台，有119个事项上线办理。加速承接北京非首都功能疏解，华电集团、中国联通等一批央企项目落地，累计承接非首都功能重点项目超4000个，注册资本近6000亿元。

（丛　琳）

**【服务“一带一路”倡议】** 2021年，打造“京津冀+‘一带一路’”海外工程出口基地，中车长客天津公司、中绿能综合能源服务等项目主体落户东疆片区。中欧班列常态化运行，获得经二连口岸出境至欧洲每周一列的固定中欧班列计划。开通“一带一路”集装箱航线40余条，天津港集装箱吞吐量稳步增长，增幅位居全球前十大港口第一，其中60%以上的外贸货物来自“一带一路”沿线国家。

（丛　琳）

# 天津经济技术开发区

## 综　述

**【概况】** 天津经济技术开发区（简称经开区）于1984年12月6日，经国务院批准建立，系首批国家级经济技术开发区。经开区东区为最初批准建立的区域；后依次辟建逸仙科学工业园、微电子工业区、化学工业区（2008年更名为现代产业区）、西区、南港工业区、南部新兴产业区、中区（2021年调整至南港工业区）、北塘企业总部园区（2016年12月更名为天津滨海—中关村科技园）、一汽—大众华北基地；2017年12月，滨海新区原中心商务区并入经开区。占地面积由建区时的33平方千米扩至403平方千米，形成东区、商务片区、西区、南港工业区、滨海—中关村科技园、现代产业区、逸仙科学工业园、微电子工业区、南部新兴产业区、一汽—大众华北基地的“一区十园”发展格局。

2021年，经开区以党史学习教育为抓手，为群众和企业解决办理百余件实事，完成经济发展、疫情防控、创文创卫等各项任务。全年主要指标增速保持稳定，地区生产总值2379.6亿元，比上年增长6%；实际利用外资增长17.8%，内资增长24.8%；固定资产投资增长10.6%；区级一般公共预算收入161.47亿元，增长4.5%。户籍人口11.78万人，比上年增加0.22万人。

（周春华）

**【“滨城”核心区建设】** 2021年，经开区落实滨海新区美丽“滨城”建设攻坚行动，开展城市更新、楼宇去化工作，提升城市功能，改善城区面貌，推动东区与中心商务片区连片发展。推进泰达时尚广场、永正制衣项目，塘沽南站片区项目开标；诺德金融大厦、江西大厦等7座楼宇复工，盘活面积112万平方米。改善城市环境，空气质量全年达标213天，河湖水质达标，双城绿色生态屏障建设任务基本完成。

（周春华）

**【改革创新】** 2021年，经开区深化自贸创新，16项试点经验被复制推广。推动商业保理创新基地建设，保理融资余额、资产总额均占天津40%；提升金融服务实体经济能力，滨海基金小镇挂牌成立。推进“放管服”改革，拓展“一企一证”适用领域，建立平台经济集中登记管理系统、互联网药品零售企业快速审批机制，首推滨海新区“四证联发、拿地即开工”案例。推动京津冀国家级经开区间高频服务事项“同事同标”“跨省通办”。深化内部改革，调整完善园区管理架构，整合为三大片区，提升管理效能。深化国企改革，成立环投公司、城市更新公司，加快市场化转型。

（周春华）

**【入选绿色低碳典型案例园区】** 2021年，国家生态环境部公示绿色低碳典型案例征集获选名单，天津经开区入选绿色低碳典型案例园区类名单。经开区以创建“绿色工厂”“绿色设计产品”“绿色供应链示范企业”和能效“领跑者”等工作为抓手，提升重点用能单位节能管理水平，推动技术改造和产业绿色升级。企业累计获得国家级绿色工厂14家、国家级绿色供应链示范管理企业7家、天津市绿色工厂25家，呈现区域绿色制造聚集示范效应，促进产业向低碳化发展。先后获评国家生态工业示范园区、国家循环化改造示范试点园区、国家低碳工业示范园区、国家绿色园区、全国首批循环经济试点园区、APEC首个绿色低碳示范城镇等国家级绿色品牌。通过政策补贴和荣誉评选等多种方式推动企业加大低碳项目投入。

（周春华）

## 产业发展

【概况】 2021年，经开区围绕建设先进制造研发中心，调结构、增效益，吸引实体项目，对产业链进行补链强链，培优做强新兴产业。全年规上工业总产值5399.74亿元，比上年增长5.6%，规模以上工业增加值增长6.6%；规上营利性服务业收入892.55亿元，增长20.2%。进出口总额2609亿元，增长12%，其中出口1223亿元，增长12.5%。新增用工突破10万人，增长30%。

（周春华）

【高端制造业】 2021年，经开区工业战略新兴产业增加值增长9.7%，高技术制造业增加值增长16.8%。汽车制造产业产值1415.45亿元，下降11.6%，工业增加值下降6.8%；装备制造产业产值749.52亿元，增长6.8%，工业增加值增长4.7%；电子信息产业产值1106.01亿元，下降5.3%，工业增加值增长3.2%；化工新材料产业产值855.16亿元，增长19.8%，工业增加值增长0.6%；医药健康产业产值665.42亿元，增长30.5%，工业增加值增长27.2%。产业用地项目出让27宗，比上年增长2倍以上。服务机器人、集成电路、锂离子电池、医疗仪器等高端产品产量均保持增长态势。

（周春华）

【现代服务业】 2021年，经开区生产性服务业、战略性新兴服务业、高技术服务业收入分别增长15.1%、14.8%和16.1%，所占比重均有提高。推进国家数字服务出口基地建设，搭建混合云运营管理平台、AI视频云服务平台等，打造数字服务贸易产业聚集区。完善互联网产业生态，一批以“互联网+”为代表的大健康、运输物流、生活服务等新经济类项目落户。挖掘金融特色资源，促进保理行业发展，经开区成为国内首个承接商业保理省级权限园区、首个商业保理行业团体标准试点区域，央企保理50人论坛永久落户，新增保理企业20家，增长5倍，保理融资余额与资产总额均破千亿元。滨海新区首家基金小镇成立，基金管理人及产品落地41家，基金业管理资产规模逾3.6万亿元。

（周春华）

【绿色低碳产业】 2021年，经开区实施双碳“五个一”工程，即建设“一个双碳大厦”，组建“一个双碳联盟”，围绕“一个排放权交易所”和“一个低碳中心”，发展“一个绿色金融”，打造低碳产业集群，吸引低碳技术研发、碳资产管理、碳认证等双碳服务产业加速聚集。落实“碳达峰、碳中和”国家战略，梳理摸清工业碳排底数，确定碳达峰路线图，完成首个污染物协议减排项目。开展绿色产业示范基地建设，组织申报一批国家级重点支持和示范建设项目。推动组建双碳联盟，打造双碳大厦，促进绿色行业头部企业聚集。天津排放权交易参与全国碳市场联建，发布全国首个区块链碳中和存证产品。泰达绿色低碳发展模式入选生态环境部2021年绿色低碳典型案例。

（周春华）

【第17届中国汽车产业发展（泰达）国际论坛】 2021年9月4日，由中国汽车技术研究中心有限公司、中国汽车工程学会、中国汽车工业协会、中国汽车报社联合主办，天津经济技术开发区管理委员会特别支持，日本汽车工业协会、德国汽车工业协会联合协办的第17届中国汽车产业发展（泰达）国际论坛在天津市滨海新区开幕。论坛围绕“融合·创新·绿色”的年度主题，聚焦行业热点话题展开研讨。开幕会上，中国汽车技术研究中心有限公司党委书记、董事长、总经理安铁成，天津市委常委、滨海新区区委书记连茂君等围绕“国家‘双碳’目标与汽车产业低碳、安全发展展望”主题发表演讲。此届泰达汽车论坛召开智库视点、开幕大会、高端对话、高峰研讨4场全体会议和10场分论坛会议，并特别设置以“碳中和愿景下的产业管理与布局”为议题的政企智库闭门会。论坛聚焦政策标准动向、企业战略布局、市场格局变化、产品优化升级和前沿技术方向等领域，关注汽车产业战略性、前瞻性议题，研讨产业发展趋势，为推动汽车产业可持续高质量发展建言献策。

（周春华）

## 招商引资

【概况】 2021年，经开区树立全员招商、协同作战导向，强化指标意识，完善工作机制，建立项目评估体系，创新政策兑现保障模式，完善招商制度。全年实际利用外资14.69亿美元，增长17.8%。新批外商及港澳台投资项目91个，投资总额55.63亿美元，出资比例91.5%；53家企业完成增资，投资总额增加57.93亿美元。实际利用内资404.07亿元，增长24.8%。

（周春华）

【产业链招商】 2021年，经开区推进制造业链条向“微笑曲线”两端延伸，PPG全球涂料中心、纬湃科技研发中心、奥的斯智慧检测中心等研发类项目，京东大药房华北区总部、诺普信达医药销售中心等销售结算类项目落户。京津冀细胞

4 月 25 日，康希诺生物新冠疫苗三期生产基地产品下线仪式

经开区志办　供图

谷挂牌成立，康希诺国际创新疫苗产业园、凯莱英瑞博小核酸等项目落地建设。对集成电路产业进行补链强链，依托产业基金投资兆讯科技、爱芯科技等芯片项目，引育促进芯片和半导体企业发展。智慧医疗产业链条初步形成，汇聚 30 余家优质互联网医疗平台，形成集人工智能辅助诊疗、基因测序、药品新零售等于一体的产业生态。

（周春华）

**【协同招商】** 2021 年，经开区落实京津冀协同发展战略，中海油集团国内最大油田化学品项目、国家管网液化气接收站管理公司、中石化天然气销售公司等一批央企落户，承接京冀项目 488 个，总投资 1114 亿元。落实街镇协同发展要求，选派招商干部赴街镇挂职，帮助街镇规范招商流程、建立工作体系、拓展项目渠道、开放载体资源，协助有关街道对接项目 20 余个，投资总额 25 亿余元，7 个项目落地或选址。

（周春华）

**【大项目建设】** 2021 年，经开区以南港石化产业龙头项目 120 万吨 / 年乙烯项目为代表的中石化高端新材料产业集群项目启动，南港乙烯项目开工，渤化“两化”（天津渤天化工有限责任公司、天津大沽化工股份有限公司）搬迁和中沙聚碳酸酯项目试运行。康希诺新冠疫苗基地等56个项目建成竣工或投产，雀巢、辰光制药生产基地等113个项目开工建设。

（周春华）

## 科技创新

**【概况】** 2021 年，经开区聚焦创新驱动战略，提升自主创新能力，构建科技、教育、产业、金融融合创新体系，开展核心技术攻坚，加速科技成果向现实生产力转化。研发经费投入占地区生产总值比重 3.6%。航天瑞莱公司升级为国家级企业技术中心，芯海创公司等 6 家企业获批市级企业重点实验室，康希诺公司等 11 家企业获批天津市企业技术中心。

（周春华）

**【创新成果】** 2021 年，经开区国家级高新技术企业新增 165 家，累计 892 家；科技型中小企业、雏鹰企业、瞪羚企业分别入库 983 家、493 家、52 家；新增科技领军及领军培育企业 21 家；狮桥租赁等 4 家企业成为独角兽企业；新增种子企业、市级专精特新企业、“小巨人”企业总量占滨海新区三分之一。凯莱英公司赴港上市，成为天津市第二家同时在内地和香港上市民营企业；裕丰碳素公司等 2 家企业在新三板挂牌。康希诺新冠疫苗、长征五号 B 遥二运载火箭、天河 E 级原型机、自主高端芯片等民生和国之重器在经开区生产下线。举办各类创新创业大赛，增强区域创新氛围，推进离岸创新创业基地等创新载体建设，国家级众创空间和孵化器企业 10 家。

（周春华）

**【创新人才引进】** 2021 年，经开区以无人机和新材料、互联网新经济、生物医药人才创新创业联盟，以及精细化工和新材料、供应链金融产业人才联盟为枢纽，推动人才链、产业链、项目链、技术链、资本链融合发展，联盟入驻企业 400 余家，新落地项目 116 个，投资 221 亿元，创造就业岗位 5000 余个。加大对“高精尖缺”人才引进力度，新引进国务院政府特殊津贴专家，新增博士后工作站，引进培养中高层次人才。

（周春华）

**【细胞谷试验区】** 2021 年 9 月 17 日，京津冀特色细胞谷试验区（简称细胞谷）在经开区挂牌。围绕京津冀特色细胞谷试验区建设，经开区重点建成以疫苗和小核酸药物为代表的新型细胞药物生产基地，建成细胞治疗中心和生产基地，建成集研发、转化、应用、生产于一体的细胞产业聚集区。建设细胞产业全链条，形成以昂赛和博雅为代表的干细胞产业、以康希诺为代表的疫苗抗体产业、以灏灵赛奥为代表的 CAR-T 免疫细胞产业、以瑞博生物为代表的基因治疗产业、以奇云诺德为代表的基因检测产业等全产业链条，具备细胞提取制备、细胞存储、研发生产、成果转化等全链条能力。建设“细胞谷”研发核心区，依托国家生物医药国际创新园建设，拥有天津国际生物医药联合研究院、亚历山大孵化器、GMP车间、细胞产品国家工程研究中心等研发、孵化、服务平台，作为“细胞谷”一期项目载体。规划建设“细胞谷”二期工程，包括建设符合欧标和美标的GMP实验室和中试厂房，进行部分免疫细胞治疗研发转化及生物药CDMO业务。建设“细胞谷”转化核心区，规划面积145万平方米，依托经开区西区生物医药园建设，围绕康希诺建设天津市唯一集疫苗研发、生产、仓储、物流、销售于一体的国际化创新疫苗产业集群综合园区；依托瑞博和凯莱英建设中国最大的小核酸生产基地，打造“细胞谷”产业转化的核心区域。重点推动临床研究转化、平台孵化，推动细胞产业临床研究型医院建设；以经开区超算中心、泰达城市大脑等数字医疗服务，完善细胞产业技术创新发展的政策体系，强化载体孵化能力。

（周春华）

## 深化改革

**【概况】** 2021年，经开区针对制约高质量发展矛盾和短板，推进法定机构改革，落实滨海新区“三考合一”部署，建立包括定量与定性、年度与季度、部门与个人相结合的闭环考核体系。优化“一区十园”管理模式，调整设置覆盖8个飞地园区的片区管理局，建立“园区吹哨，部门报到”制度，理顺各类现场管理职能，强化园区招商引资和企业服务职能。

（周春华）

**【自贸改革】** 2021年，经开区牵头完成跨境人民币保理、农业保理数字化服务平台等全国首创业务模式。在国家超算中心挂牌成立全国首个自贸联动创新基地，参与制定离岸贸易支持政策、数字人民币等工作。推进天津市服务业扩大开放试点、数字服务出口基地、碳普惠创新示范中心建设等工作。加快泰达综合保税区发展，获批天津市首家增值税一般纳税人资格试点，完成天津市首单工业品异地保税展示业务，园区进出口总额突破100亿元，比上年增长7倍以上。

（周春华）

**【企业改革】** 2021年，经开区企业完成混改出让出清21家，6家企业提前完成天津市、滨海新区两级公司制改制任务。完成国企股权划转社保基金工作，实施国企聘任制、职业经理人试点、薪酬绩效考核等改革措施。泰达城发集团、产发集团、南港集团、新金融公司盘活各类资产12.68亿元，经营收入提升20%，债务全部接续。成立专业运营公司，形成以市场化合作方式开展城市运营更新、口岸产业促进等工作。完善国企监管机制，修订完善国资监管清单、投资管理办法，建设智慧国资平台，实现对区属企业整体运营全方位监管。

（周春华）

## 营商环境

**【概况】** 2021年，经开区优化企业服务机制，创新政务服务，导入公共服务资源，在各园区实施政务服务延伸模式。提升企业服务水平，本着“无事不扰、有求必应”“不为不办找理由，只为办好想办法”宗旨，深入企业开展服务，打造亲清政商关系。

（周春华）

**【企业服务】** 2021年，经开区构建产业营商环境指标体系，为全国产业营商环境建设提供示范。建成经开区营商环境监测信息化平台，升级企业服务云平台，为企业匹配和推送464项惠企政策。为园区企业提供现场咨询服务2200次，办理事项300余件。推进“双随机、一公开”活动，形成“进一次门、查多项事”机制，建立公平竞争审查制度，完善公平竞争审查工作机制。提升政策兑现效能，企业获得政策兑现资金比上年增长10%。营商环境考核指标综合排名位居各开发区前列。

（周春华）

**【政务服务】** 2021年，经开区与北京经开区、广州经开区共建全国首个国家级经开区“政务服务改革创新合作联盟”，268项政务事项实现三地之间“跨省通办”。获批天津市首个平台经济集中登记试点，百余户平台企业的零散用工完成注册登记。在天津市首创互联网药品零售企业审批服务机制，行政审批时间压缩90%以上，助力京东大药房、春雨互联网医疗等项目开展业务。拓展“一企一证”适用行业领域，综合许可证颁发数量位居滨海新区之首。不动产登记中心智慧便民系统实现“交房即交证”，受到国务院第八次大督查表彰。

（周春华）

**【公共服务】** 2021年，天津茱莉亚学院校园落成，耀华中学滨城学校、华东师范大学附属天津泰达学校、泰达岳阳道小学落户。周大福K11开业，泰达足球场及周边商业改造提升启动。推进泰达图书馆智慧化建设，国家科技图书文献中心（NSTL）泰达服务站新增注册用户2857人，文献传递（全文传递及代查代借）3.1万篇，连续10年获国家科技图书文献中心（NSTL）表彰。

开展全域旅游示范区申请工作，以“园区变景区”“社区变景区”“公园变景区”“场馆变景区”“商场变景区”的“五变”工程，盘活经开区的工业园区、商业综合体、公园、文化场馆、社区，形成全域旅游“一张图”。以于家堡、响螺湾区域海河下游两岸滨河公园、彩带公园为中心，辐射于家堡洲际酒店、茱莉亚学院、塘沽南站、海昌极地海洋馆、潮音寺等人气网红打卡点，打造特色旅游景区。

（周春华）

## 区域建设

**【概况】** 2021年，经开区坚持规划引领，优化布局，盘活存量资源，引入增量项目，解决一批历史遗留问题。提升滨城“核心区”功能品质，增强区域载体支撑能力，并通过国家卫生城市复审。编制工业项目立面导则、城市建设基础资料汇编，制定建设项目技术经济指标手册，为基础设施建设和招商引资前期决策提供数据支撑。

（周春华）

**【城市空间载体建设】** 2021年，经开区推进城市空间载体重塑工作。优化核心区规划，提升塘沽南站、潮音寺、蓝鲸岛、于家堡东半岛等片区规划。成立城市更新公司，永正制衣、时尚广场项目完成挂牌招标，塘沽南站项目通过滨海新区审议，中海产业园项目开展方案编制和产业招商。盘活空置楼宇，出台楼宇盘活试点实施意见，“一楼一策”制定盘活方案，启动诺德金融大厦、江西大厦、九方城市广场等项目盘活工作，总体盘活面积112万平方米。完善区域出行环境，洞庭路下穿进港二线铁路地道等一批交通路网建成通车。

（周春华）

**【南港口岸及配套建设】** 2021年，大港港区首个10万吨级通用液体化工品泊位渤化码头对外开放；中石化LNG码头2号液化天然气泊位完成首船靠泊，成为国内首座投用的“双泊位”LNG码头。港区对外开放泊位增加至10个，涵盖液体化工品、LNG、散杂货等多个业务类型。开通南港港铁物流专用线，打通港铁联运“最后一公里”。华电热电联产项目、海水淡化示范项目、大港500千伏变电站、滨海新区南部水系连通工程等投入运营或开工建设。南港工业区围填海历史遗留问题报备全部完成。

（周春华）

**【低碳经济促进中心】** 2021年，天津泰达低碳经济促进中心有限公司（简称泰达低碳中心）的天津泰达低碳科普基地获得天津市优秀科普基地称号。科普基地坐落于泰达MSD-H2低碳示范楼（天津市双碳大厦），该楼宇应用18项节能环保新技术，相比国家绿色建筑三星标准，实现节能33%，减碳37%，是天津市首个低碳示范楼。泰达低碳中心是由管委会全额出资，2010年成立的专业化绿色发展促进平台，在环保减排、节能减碳、绿色建筑、循环经济4个领域开展工作。至2021年末，先后实施欧盟产业共生项目、中美中日等国际合作项目，组织面向100余个园区2355家企业1.3余万人次专业培训156场；组织国际清洁技术对接121场，收集1000余项技术，达成近300个对接意向，节能减排约35万吨，废弃物填埋量减少237万吨，减碳近40万吨的减排成果，发展成为天津市科普基地、全国科普教育基地、国家生态环境科普基地、全国碳市场能力建设（天津）中心、天津市专业技术人员继续教育基地、国际清洁技术转移中心和国家级经济技术开发区绿色发展联盟常设秘书处。

（周春华）

## 区域管理

**【概况】** 2021年，经开区提升社会治理水平，社会纠纷矛盾调处化解中心建成入驻，非法集资案件综合信息监管系统上线运行。建设金融法庭，开展“八五”普法工作，办理法律援助事务1686件，积案化解率50%。经开区调整优化防疫工作领导小组和指挥部，组建防疫专业工作组8个，成立并实体化运行疫苗接种、隔离点、进防冷链工作专班。完成76万余剂次疫苗接种，构筑全区免疫屏障。

（周春华）

**【应急管理】** 2021年，经开区开展安全生产专项整治三年行动攻坚、行业领域安全大排查大整治，排查整治安全隐患1.3万项，约谈警示、停业整顿违规市场主体800余次。编制重点企业应急管理“一企一案”，形成12个重点领域风险筛查标准、64个行业企业风险等级评定指引。加强信息化体系建设，整合完善全区应急指挥系统，在大规模核酸检测、疫苗接种、救灾救援中发挥信息保障作用。制定疫苗接种、群防群控等工作方案和应急预案10余项，组织社区封控、核酸检测应急演练，对重点场所、重点环节、重点人群开展区域排查管控，统筹海港、冷链和进口货品防疫工作，坚持“人物同防”、全过程闭环管理，开展防疫督查检查150余次，处置涉疫应急事件60余起。全年安全生产形势保持平稳。

（周春华）

**【环境整治】** 2021年，经开区制定环保督察专项工作方案，各渠道信访案件全部办结，完成污染防治攻坚工程类项目80余项。加大水系整治力度，压实河长制工作职责，开展河湖巡查巡检230余次，黑臭水体基本消除。打造智慧环保平台，整合各类环保数据，开展污染源自动监控线上巡查1.6万余次，推送预警信息3000余条。全年$PM_{2.5}$比2020年改善22%，达标天数比例比2020年上升6.9%。

（周春华）

## 滨海—中关村科技园

**【概况】** 2021年，天津滨海—中关村科技园（简称科技园）落实习近平总书记视察时重要指示精神，坚持协同发展和自主创新路线，围绕载体统筹、招商引资、创新驱动、协同联动和配套提升开展工作。天津科技大学科技园运营，市级知识产权服务业集聚区建成入驻，天津市中小企业信用担保中心整建制迁入。与中关村发展集团合作设立科技园产业基金，在资源导入、产业对接、运营管理方面实现协同联动。理顺园区楼宇载体管理运营机制，开通摆渡车、政务服务站、公共法律服务中心等，打造类中关村创新创业服务体系。全年新增注册企业907家，比上年增长76.1%，其中科技型企业占比53%。实现注册资本金606亿元，比上年增长25%，其中北京企业295家，增长57.9%。全口径税收6.15亿元，增长70.8%。推动楼宇去化面积4.3万平方米。

（訾　颖）

**【招商引资】** 2021年，科技园与北京中关村召开联席会4次，谋划产业基金、M0新型产业用地等工作。赴北京中关村、南宁中关村等开展园区推介和招商引资8次。中智科技天津分公司、神华国能朔黄铁路公司等央企项目落户科技园。编制科技园战略规划、产业规划，围绕京津两地产业特色，挖掘经开区制造业潜力，运用北京科技创新能力强，头部企业多的优势，加强两地产业互动。其中，北京威努特技术有限公司入选2021信创产业独角兽Top100强，对接经开区制造业企业，发挥其在工控信息安全领域专长，协助科芯生态农业公司对接天津市有关部门，并获批天津市1.33万公顷设施农业项目。天津联汇智造科技有限公司参加世界智能大会，与多家世界500强企业签署订单。

（訾　颖）

**【企业服务】** 2021年，科技园落实《天津市支持重点平台服务京津冀协同发展的政策措施（试行）》，推动科技园纳入环评创新试点范围，企业可直接使用园区整体环评报告，无需单独进行环评申报。宣传惠企政策，帮助园区企业拓展市场、对接金融资源，协助企业办理各项落地手续。组织卡雷尔机器人有限公司、飞图同辉科技有限公司等6家园区企业负责人作为主论坛嘉宾参加第5届世界智能大会。设置公共法律援助中心、政务工作服务站，开通滨海—中关村到滨海站的免费摆渡车。组织第2届天津市“海河英才”创业大赛、2021年中英科技创新项目线上路演等创新创业活动英中创客大赛、餐饮配套对接会、创客经验分享会等活动20余场；开展产业研习社、建行大学、合能增长学院等产业培训品牌活动40余场。

（訾　颖）

**【体制机制】** 2021年，科技园落实《关于推动滨海—中关村科技园高质量发展的若干措施》，承接天津天保控股有限公司、天津海泰控股集团有限公司、天津泰达集团有限公司负责20.02万平方米空置载体。完成租赁协议项目占统筹托管面积63.8%，实现当年接手托管当年去化的目标。1月20日，科技园组建滨海新区第一个主题园区党建引领共同缔造理事会，形成“理事会、协同专班、秘书处、智囊团”四位一体运行模式。举办理事会专项会议7次、学习交流及招商活动5次，协调解决企业问题近百件。

（訾　颖）

**【科技成果】** 2021年，科技园高新技术企业入库98家，比上年增长188%；科技型中小企业入库152家，增长281%；雏鹰企业入库94家，增长176%。和能人居科技（天津）集团有限公司、天津锐创环保集团有限公司、杰瑞石油工程技术有限公司3家企业入库瞪羚企业。战略性新兴产业、高技术制造业、高技术及新兴服务业营业收入51.73亿元。天津科技大学科技园成立并获评天津市级大学科技园；辽宁石油化工大学（滨海）石化产业研究院、天津市中小企业信用融资担保中心落地。

（訾　颖）

**【基础设施建设】** 2021年，科技园完成总部基地载体设立统一导视系统67万平方米，启动天保14号楼企业会客厅、嘉庭公寓装修，利用政府专项债，提升科技园与经开区东区的互联互通工程。开展整体道路维修、园区中央厨房及商业配套设施等工程。BESTOWN创梦空间投入运营，打造涵盖项目路演、党建政务服务、商务休闲于一体的企业家会客厅。滨海中医医院门诊部和住院部投入运营，嘉庭公寓装修完成并启动预约，维也纳国际酒店投入使用。科技园中心法庭、科技园知识产权服务业集聚区投入运营。对重点路段交通标志、标线、电子设施设备等进行隐患排查，优化公交站点，规范园区共享单车停放点。

（訾　颖）

# 天津港保税区

## 综　述

【概况】 1991年5月12日，天津港保税区成立。2002年10月15日，天津市委批准开发建设空港经济区。2017年12月22日，临港经济区并入天津港保税区。2020年5月15日，天津保税物流园区转型升级为天津港综合保税区。至2021年，保税区形成“三区两港”空间布局：即管理空港、临港、海港三个片区，坐拥天津港和滨海国际机场海空两港口岸资源。天津港保税区规划管理面积223.2平方千米。其中，空港区域102平方千米（含天津航空物流区7.6平方千米），临港区域115平方千米，海港区域6.2平方千米。临港区域规划岸线73.07千米，有大沽口和高沙岭两个港区实现口岸开放。

2021年，天津港保税区作为我国开放型经济的重要平台、京津冀协同发展和“一带一路”倡议的重要支点，享有天津自由贸易试验区和天津滨海新区先行先试特殊政策，对外开放和创新功能优势明显。全年引进重点项目1367个。其中，世界500强项目39个，实体项目327个。瞄准“制造业立市”“制造强区”，引进40个重点制造业项目落地、20个智能科技项目落户、85个生命健康项目入区、28个新金融项目集聚。

天津港保税区维修再制造产业联盟成立。完成首单异地进境保税租赁业务件申报，远昌集装箱获批开展保税维修业务，保税维修和再制造产值11.8亿元，增长156.5%。8批次临床急需用药申请获批，总货值超千万元。临床急需进口药品审批升级为一单多病人。罗氏制药设立全球首个个体化医疗研究院。天津中燃启动保税燃料油混兑业务。海港保税区交管自贸服务站获评天津市青年文明号。

（翟　怡）

【功能政策增强】 2021年，天津港保税区和天津港综合保税区整合升级推进顺利，临港综保区审批工作启动。天津空港型国家物流枢纽入选“十四五”首批国家物流枢纽建设名单，国际邮件互换局投入使用，处理进出口邮件300万件，大通关基地进境水果、冰鲜水产品、食用水生动物指定监管场地获批，国际航空物流中心建设取得阶段性成效。中欧（中意）产业园建设提速，引入希捷植物营养剂、雅德工业、高利尔包装等10家企业，落户中国意大利商会天津办事处。设立中欧产业基金，与天津大学合作建立中欧先进制造产业研究院。

（翟　怡）

【对外贸易提质】 2021年，天津港保税区海关特殊监管区进出口总值1241.07亿元，增长39.3%。天津市首家跨境电商线下展示自提平台落地。跨境电商总单量2431.84万单，增长13%。平行进口汽车滞港问题彻底解决，1.58万台国六环保标准平行进口汽车完成通关、投放销售。加强国家外贸转型升级基地建设，服务外包业务合同额11.31亿美元。粮交所创新开展竞价交易业务，线上成交量11.77万吨，成交金额3.6亿元。

（翟　怡）

## 产业发展

【概况】 2021年，天津港保税区大通关基地一期跨境电子商务产业园年底投入运营。集中建设进口肉类、水生动物、冰鲜、苗木等指定监管场地。完成“百千万”亿发展目标。区级一般预算收入、区级税收双双破百亿，分别达108.7亿元、

103.1 亿元，增长 14.3%、20.8%；国内生产总值 1089.5 亿元，增长 9.8%；限额以上商品销售额 1.03 万亿元，增长 37.6%。规上工业总产值 1696.7 亿元，增长 24.5%；固定资产投资 350.5 亿元，增长 9.9%；内联引资到位 400 亿元，增长 21.2%；实际利用外资 7.2 亿美元，增长 9.1%；新增市场主体 4204 户，节能减排降碳完成新区下达目标任务。

天津港保税区落实高新技术企业倍增计划，优化科技型企业梯度培育机制，国家高企、雏鹰、瞪羚、领军企业分别达到 503 家、376 家、24 家、24 家。认定国家级科技型中小企业 597 家，已聚集科大讯飞、新松机器人、华大基因、瑞普生物、博迈科等超 2000 家创新型科技企业。区域 R&D 投入强度 5.96%，技术合同交易额逾 120 亿元。7 家企业通过市级企业技术中心认定，市级以上科技创新平台 138 家。合成生物学海河实验室揭牌。“双创”企业达 36 家，其中国家级 8 家。实施国家大中小企业融通型特色载体建设项目，创新创业中心获批国家级科技企业孵化器，渤化安创、天保人力获评国家级中小企业示范平台。中国科学院天津工业生物技术研究所在国际上首次实现二氧化碳到淀粉的从头合成，相关成果在线发表国际学术期刊《科学》（9 月 24 日）上。国家合成生物技术创新中心总投资 19.2 亿元，完成投资 9.58 亿元，主体结构施工基本完成。国家合成生物技术创新中心获批以来承担国家级科技攻关项目 98 项，攻克酶蛋白理性设计等生物底层技术。筹建“合成生物学海河实验室”，并通过市科技局专家论证，人才规模逾 1000 人，重点针对分子设计与药物制造等四个方向开展基础科学研究和关键核心技术攻关。

（翟　怡）

**【产业升级提速】** 2021 年，保税区加速发展战略性新兴产业，二、三产业比例优化提升为 27.6：72.4。工业结构向高端迈进，新增国家“专精特新”“小巨人”企业 8 家，市级单项冠军企业 5 家。5 家企业获评国家级绿色制造项目。战略性新兴产业产值 450.8 亿元，增长 17.6%，占全区工业总产值的 26.6%。装备制造业产值增长 19.1%，航空产业产值占全市 90% 以上，首架 A350 宽体机交付，A321 项目落地，交付 58 架 A320 和 2 架 A350 飞机。98 个项目获天津智能制造专项资金 1.63 亿元。“北方声谷”加快建设，“生物制造谷”13 个重点项目集中入驻开工。发布海洋、氢能、生物制造三大产业自主创新规划，国内首个海洋油气装备“智能制造”项目开工，海工装备产值增长逾 40%。京津冀燃料电池汽车示范城市群获批，国内首批 100 台氢燃料电池叉车正式投产。新兴服务业发展活跃，高技术服务业和现代新兴服务业收入增长 41.1%，占服务业收入比重 67.4%，灵活用工、网络货运收入分别增长 1.4 倍和 82.3%。

（翟　怡）

**【重点项目建设】** 2021 年，保税区扩大资金来源，新增入库纳统项目 175 个，专项债项目申报发行到位资金 16.8 亿元。抓好项目建设，安排 5000 万元以上项目 228 个，中铁六院总部基地、中科复星天津生物产业基地、恒瑞医药研发中心等 79 个重点项目开工建设，国家合成生物技术创新中心、海河乳品新厂、中粮佳悦等 88 个续建项目顺利推进，卢森堡埃驰汽车零部件生产基地、海工装备制造基地、A320 机身系统总装等 32 个项目竣工投产。加强土地管理，19 宗土地挂牌出让，总面积 104.5 万平方米，实现收入 47 亿元。盘活 6 宗闲置土地，8 个停滞工程重新复工。临港北区 30 平方千米海域“小备案”取得自然资源部审批。丰富区域配套，Z2 线开工建设，临港公交快线通车运营。临港悦居青年公寓、空港天住领寓、空港龙湖冠寓等 6 个项目争取中央奖补资金 6736 万元。全市首个大型“工改工”城市更新项目—海港城市更新项目完成招标，空港二期生活区基础设施、空港三期产业区基础设施、航空物流区基础设施、临港岸线修复治理等项目有序开展。

（翟　怡）

**【海洋装备产业】** 2021 年，天津港保税区制定《天津港保税区海洋产业自主创新发展规划（2021—2025）》上报自主创新规划小组审定；制定《天津港保税区海洋经济创新型产业集群发展规划（2021—2023）》上报国家科技部评审；制定海洋装备智慧配套产业园建设和政策支持方案。组织联盟 30 余家成员单位召开联盟发展研讨会，专项研究碳中和实现路径和产业变革。组织海洋装备产业链上下游企业专题调研 10 余场。组织联盟焊接材料与技术供需融合论坛，覆盖联盟 43 家企业 80 余人。撮合对接海洋装备和海水淡化两大联盟主席单位技术交流。建立招商信息互通机制，发掘巨力索具、淡化所膜技术、尤世达海洋工程等项目。搭建联盟网站正式上线并链接保税区政务网。与天津大学、天津理工大学、哈尔滨工程大学开展合作，分别建设天津市海洋油气生产装备技术工程中心、天津市海洋工程先进焊接制造及评价重点实验室、海洋油气生产平台上部模块数据完整性管理平台，突破卡脖子技术；与天津职业大学、中德应用技术大学、轻工业职业技术学院合作，引进海洋装备专业技术人才 56 人。

（翟　怡）

**【生物制造产业】** 2021年，天津港保税区生物制造产业联盟与天津职业大学、天津科技大学、中医院大学开展合作共建，累计引进人才123人，建设6个院士大师工作室。中科海河生物医药产业基金启动工商注册和合伙企业设立，首期20亿元。6月23日，中国（天津）生物制造谷重点项目集中开工（入驻）活动举行，瑞芬生物、瑞普生物年产万吨级稀少糖产业化项目、中科院工生所万吨级健康食品生物制造项目、生物制造产业园建设项目等13个重点项目集中开工（入驻），总投资90亿元，总占地面积90万平方米，初步形成生物制造谷“技术创新—成果转化—产业应用—反哺创新”的融通发展格局。

（翟　怡）

**【新能源（氢能）产业】** 2021年，天津港保税区氢能产业工作一端推动基础设施建设（制氢和加氢），另一端突出示范运营场景拉动效应。两端共同带动核心产业落地，发挥商业化市场主体作用，逐步形成产业集群。加快渤化永利加氢母站建设，推动与国家能源集团等龙头企业开展光伏＋绿氢示范项目合作，逐步由灰氢向绿氢转型；推动法液空氢气输配及液氢项目，完善氢气供给网络。推动中石化瑞达公司落地，投资建设油、气、电、氢综合能源站，首批2个站点完成土地摘牌。推动未势能源上市总部项目；加快重塑科技项目落地注册；支持新氢动力与杭叉集团合作研发氢燃料电池叉车项目，杭叉集团天津新能源叉车公司取得生产资质，首批订单投产。细化落实运营场景，打造“车—站—景”联动闭环生态，推动组建中石化氢能源(天津)公司，同步推动新天钢、荣程钢铁、天津港运营平台。在国家会展中心(天津)首展期间组织天津市氢能示范产业

5月21日，2021RoboCup机器人世界杯中国赛暨亚太机器人世界杯天津国际邀请赛在天津港保税区空港体育中心开幕　　天津港保税区管委会　供图

园成果展示系列活动；会同滨海产业基金，筹划设立氢能产业基金。

（翟　怡）

**【北方声谷】** 2021年，北方声谷在科大讯飞云计算研究院的支撑下，搭建天津讯飞大数据平台，与恒银科技、联合利华、联想来酷、应大皮衣开展合作，以AI技术赋能传统行业，发挥北方声谷在人工智能领域带动作用，为大企业降本增效，为中小企业挖掘更多应用场景，形成大中小企业融通的数字产业生态。与天津商业大学信息学院签署战略合作协议，开展人工智能专题短训、实习实践、推荐就业等合作；与天津仁爱学院探讨共建人工智能学院，对人工智能、大数据专业人才进行联合培养。

（翟　怡）

**【RoboCup机器人世界杯中国赛暨亚太机器人世界杯天津国际邀请赛】** 2021年，天津港保税区举办RoboCup机器人世界杯中国赛暨亚太机器人世界杯天津国际邀请赛。来自10余个国家和地区200余支参赛队通过“线上线下”同步比拼。大赛有128支代表队竞争2021RoboCup机器人世界杯中国赛10个赛项冠亚季军，75支代表队竞争亚太机器人世界杯天津国际邀请赛2个赛项8个子赛项冠亚季军。大赛代表亚太地区机器人学科竞赛最高水平。

（翟　怡）

**【合成生物学海河实验室】** 2021年11月27日，天津港保税区完成合成生物学海河实验室揭牌仪式。实验室占地面积2.5万平方米。集天津大学、南开大学、中科院天津工业生物技术研究所、天津华大基因、凯莱英医药集团等，共同推动和支撑实验室建设与发展。围绕“健康中国”“美丽中国”“碳中和、碳达峰”等国家战略实施，突破认识生命、改造生命、合成生命到设计生命的重大基础前沿问题，发展合成生物学领域关键核心技术并实现产业化应用，打造合成生物技术和产业发展的自主创新重要源头和原始创新主要策源地。

（翟　怡）

## 招商引资

**【概况】** 2021年，天津港保税区

以民用航空、高端装备制造、快速消费品等特色主导产业为依托，抢抓人工智能、生物医药等战略性新兴产业发展机遇，关注京津冀、长三角、珠三角等区域资源项目合作，主动适应引领经济发展新常态，吸引产业带动力强、投资强度大、经济效益显著的重点产业项目入区落户。

（翟　怡）

**【大好项目落户】** 2021 年，天津港保税区联想（天津）智慧创新服务产业园、霍尼韦尔过程控制中国区运营中心和研发中心、普林电路集成电路智能工厂、佛吉亚新能源汽车部件、国丰海洋装备制造基地、加拿大木桥集团轻量化汽车内饰材料生产基地、海油发展天津装备制造与运维基地等 40 个重点制造业项目落地，总投资 115.3 亿元。飞马无人机、赢彻自动智能驾驶等 20 个智能科技项目落户。海天北方总部基地、新型冠状病毒 DNA 疫苗生产基地、中国钢研科技集团塑醒生物降解材料生产总部等 85 个生命健康项目入区。新奥集团产业投资总部、中梁控股中国区投融资总部、叮当电商保理、长城汽车 QFLP 等 28 个新金融项目集聚。

（翟　怡）

**【北京项目引入】** 2021 年，天津港保税区承接北京非首都功能转移，引进北京项目 380 个，总投资 1822 亿元。深化与央企合作，推动中国兵装集团技术创新投资基金、中电建集团天津投资公司、国家电投集团资产管理公司等 13 家央企二、三级公司落地。

（翟　怡）

**【贸易项目增加】** 2021 年，天津港保税区引进方大一商贸易总部项目、河钢集团华北贸易结算中心、包钢集团贸易结算中心、北京中铁建工物资华北采购中心等大宗商品贸易项目 118 个，新增项目贸易规模 1500 亿元。

（翟　怡）

## 营商环境

**【概况】** 2021 年，天津港保税区以打造一流政务服务体系为目标，聚焦企业群众实际需求，持续推进“放管服”和“一制三化”改革，不断优化营商环境，全面推进美丽“滨城”建设。

（翟　怡）

**【服务企业】** 2021 年，天津港保税区开设“水电气”能源配套办事窗口，实现商事登记、投资项目、人力资源同类型事项全窗口受理。全市首创“企业开办 + 银行开户”“3+1”一体化服务，企业开办“智慧秒批”被评为天津市“我为群众办实事”20 个服务百姓创新案例之一。最简告知承诺制持续升级，覆盖 12 个行业，办理 387 件事项。办理“一企一证”率 100%。推动质量强区，获批天津市首批质量认证示范点。天津港保税区消协被评为 2021 年度全国消费维权先进集体。开展规范天津港口岸收费以及转供电主体不合理加价等专项治理，退降费 3800 余万元。

（翟　怡）

**【民生福祉】** 2021 年，天津港保税区完善公共文化服务体系，推进书香保税建设，组织各类活动 600 余场。临港社区卫生服务中心建成投用，空港医院二期、临港医院、空港社区卫生服务中心迁址改建、逸阳小学、东七道九年一贯制学校、空港四幼、空港五幼等一批重点项目开工建设。国寿嘉园·乐境养老社区运行，社区老年日间照料中心、老人家食堂试点运营，养老服务不断完善。全市首个城市管理智慧平台“城市啄木鸟”正式上线。推进节约有序用电，保障 101 家重点企业电力需求。做好东西部协作和支援合作，投入资金 6132.43 万元。

（翟　怡）

**【生态质量】** 2021 年，天津港保税区持续推进蓝天、碧水、净土三大保卫战。$PM_{2.5}$ 浓度 36 微克 / 米 $^3$，超额完成年度目标。天保临港热电 5 台 75 吨燃煤锅炉启动改燃，腾盛海洋、艺虹印刷等 8 个单位挥发性有机物（Volatile Organic Compounds）设施完成升级改造。落实河湖湾长制，获水利部全面推行河湖长制先进集体，区内无黑臭水体。推进土壤污染防治，完善垃圾分类收运体系，满足环境质量标准要求。引导企业节能降耗，渤化永利二氧化碳回收利用项目试车投产。推进清洁能源利用，新增 25 个光伏项目。

（翟　怡）

# 天津滨海高新技术产业开发区

## 综　述

**【概况】** 天津滨海高新技术产业开发区（以下简称高新区），原名天津新技术产业园区，成立于1988年。1991年经国务院批准成为首批国家级高新区。2009年更名为天津滨海高新技术产业开发区。2014年成为全国第六个国家自主创新示范区。高新区先后获批国家创新型科技园区、国家双创示范基地、国家文化和科技融合示范基地、国家生态工业示范园区、国家新型工业化产业示范基地、国家新能源产业化基地、国家知识产权示范园区、国家海洋高新技术产业化示范基地和国家网络信息安全产品和服务产业集群、国家科技部企业创新积分制第二批试点单位。

高新区规划面积135平方千米，包括华苑科技园、海洋科技园、渤龙湖科技园，并参与京津合作示范区的建设发展。华苑科技园规划面积11.58平方千米，是天津市第一个无燃煤区和国家ISO 14000环保示范区，吸引西门子、丰田等一批世界500强企业投资办厂；海洋科技园规划面积58平方千米，重点发展以飞腾CPU、麒麟操作系统等为代表的新一代信息技术产业，全力打造"中国信创谷"；渤龙湖科技园规划面积30.5平方千米，重点发展以恒大国能汽车、恒天新能源等整车及关键零部件为代表的新能源汽车产业，以航天五院、十一院等为代表的高端装备制造业。京津合作示范区规划面积35平方千米，是京津冀协同发展战略的重要承载地。

2021年,高新区把握"津城""滨城"双城建设总体要求，聚焦"国家自主创新示范区升级版""北方一流科技城"建设目标，坚持质效并进，网安集群连续两年获国务院督查激励，获批建设天津市跨境电子商务示范园区、天津市第一批质量认证示范区，中国（天津）自由贸易试验区滨海高新区联动创新区揭牌。科技创新底盘持续壮大，科技部火炬中心批复企业创新积分制试点，建成中国（天津）知识产权保护中心，成立"科创中国"知识产权服务中心、天津新能源产业（人才）联盟，总规模500亿元京津冀协同发展产业投资基金落户。全面实施产业链"链长制"，加快建设京津合作示范区，加快重点项目建设。

是年，高新区优化年度考核办法，创新月度、季度考核机制。推

2021年，海洋科技园新貌　　夏梦奇　摄

动海泰集团综合改革，全年完成全民所有制企业公司制改制 4 家，完成混改企业 3 家、出让企业 1 家、出清企业 9 家，超额完成改革目标任务。制定《天津高新区营商环境优化提升服务方案》，提出 38 项重点攻坚任务。强化“以函代证”“承诺制办理”“容缺后补”等便利化举措，审批事项 100% 实现“网上可办”“马上办”“一次办”比例均 95% 以上。实施“综合一窗通办”改革，政务服务办所属各类行政审批和服务类事项 100%“一窗”接件办理。在全市率先开展区域能评、区域环评改革探索，获评滨海新区政务服务创新案例。深化工程建设审批制度改革，试点产业类重大项目“拿地即开工”。

（郝娅娜）

【国有企业改革】 2021 年，高新区制定国资系统改革发展“十四五”规划、高新区国有企业改革两年行动方案，全面规范国有企业董事会建设，完成外部董事聘任及国资公司总会计师委派工作。推动海泰集团综合改革，坚持精简高效的原则，推动集团完成本部内设机构和核心二级公司改革工作。清理退出低效无效资本，引进优质民营企业。推行职业经理人制度，推动国有企业建立完善全员竞争上岗、薪酬分配机制等现代企业制度。建立协同高效监管手段，提升监管效能。推动“智慧国资”信息系统平台建设。完成系统需求调研、软硬件环境和重点功能模块搭建，上线运行。出台高新区国有企业负责人经营业绩考核办法，组织完成 2020 年度国有企业业绩考核工作。健全国有企业市场化经营机制。围绕高新区国有企业职能定位，优化国有资本布局，实施战略性重组整合，推动完成海洋开发公司划转海泰集团工作。助力国有企业回笼资本，实现国有资产的规范管理和高效利用。成立闲置资产盘活领导小组，组织召开内部推介会，配合招商“筑巢引凤”。全年新增土地房产出租与销售面积 17 万平方米，盘活收益 2.86 亿元。

（郝娅娜）

【政务服务改革】 2021 年，高新区印发《天津高新区 2021 年营商环境建设重点任务》，提出 38 项重点任务。组织营商环境领导小组各成员单位对照重点任务清单开展工作，推动高新区营商环境提升。印发《天津高新区营商环境优化提升服务方案》，组织高新区两委各部门集中开展营商环境专题培训。组织政务服务办营商环境工作组成员开展营商环境建设评价指标线上培训，围绕评价体系中开办企业、办理建筑许可、获得电力等 18 个指标展开重点学习，确定 12 项重点提升任务并开展企业深度访谈工作。实施“综合一窗通办”改革。以提升企业、群众办事便利度为目标，探索推行“前台综合受理、后台分类审批、统一窗口出件”服务新模式。调整重组政务服务办设立综合通办窗口，编制作业指导书、加强集中培训，实现政务服务办所属各类行政审批和服务类事项 100%“一窗”接件办理。推进“滨海通办”“跨省通办”。拓展滨海新区帮办平台服务新渠道，完成“滨海通办”便民服务事项帮办平台电子印章采模归集工作。设置“跨省通办”“滨海通办”专窗，其中网上办事大厅可办理“跨省通办”事项 134 项。探索“掌上办”服务新模式。推进“掌上办”相关工作，推动政务服务从“网上可办”向“指尖易办”延伸。梳理“掌上办”事项，加强宣传辅导，引导企业群众通过津心办 App 及高新区政务服务微信公众号进行掌上办理，办理“掌上办”政务服务事项 458 件。推行审批招商协同联动机制。出台《天津高新区政务服务办强化政务服务与项目招商协同联动机制实施方案》，为各招商部门及其招商项目提供政策咨询、前期指导、事项办理等全流程、全方位的精准服务。该项举措被新区吸纳为美丽“滨城”建设和“环境优区战略”攻坚工作任务在全区推广。

（郝娅娜）

## 产业发展

【概况】 2021 年，高新区地区生产总值增长 9.4%；规上工业总产值 861.65 亿元，增长 18.5%；固定资产投资 158.69 亿元，增长 12.8%；限上商品销售总额 3941.53 亿元，增长 34.3%；规上营利性服务活动收入 1206.82 亿元，增长 7.6%；一般公共预算收入 55.56 亿元，增长 11.0%；实际利用内资 240.41 亿元，增长 32.32%；实际利用外资 9.35 亿美元，增长 17.89%。工业保持高位运行，规上工业产值 861.6 亿元，增长 18.5%。项目投资连续 25 个月两位数增长，新开工入库高效太阳能叠瓦组件智慧工厂项目、卫星互联网系统整星生产线建设、天津中环领先半导体硅片项目等 5000 万元以上项目 38 个，投资 273.15 亿元。中电科创园、PK 大厦等 128 个续建项目加速推进。竣工立联信天津项目、科技展示中心等 32 个项目，投资 171.74 亿元。租赁和商务服务业、科学研究和技术服务业营业收入分别增长 17%、3.3%，交通运输、仓储和邮政业实现营业收入 65 亿元，增长 45%。

（郝娅娜）

【规划引领】 2021 年，高新区印发《天津滨海高新技术产业开发区国民经济和社会发展第十四个五年规划和二〇三五年远景目标纲要》，明确“十四五”发展目标及战略定位，编制《天津滨海高新技术产业开发区“十四五”时期产业发展规划》。印发《天津滨海高新区产业链高质量发展实施方案（2021—2023年）》，通过“链长＋专班＋平台”工作机制，围绕信创、新能源、生物医药、高端装备、新经济服务五大主导产业链开展攻坚行动，促进产业能级和综合竞争实力提升。编制完成《“中国信创谷”发展规划（2021—2025年）》《“中国信创谷”建设三年行动计划（2021—2023年）》，明确“311信创体系”，经天津市打造自主创新重要源头和原始创新主要策源地领导小组印发。制定并印发《天津滨海高新区促进信息技术应用创新产业发展办法》及实施细则（中国信创谷九条），着力从培育成长、研发投入、核心环节、信创人才、应用示范等维度进行重点支持，切实提升信创产业能级和区域产业活跃度。

（郝娅娜）

**【项目建设】** 2021年，高新区成立重点项目工作办公室，下设6个工作组，定期对重点项目实地调研走访，强化协调服务，高效率、高质量推进项目建设。腾讯高新云数据中心、生物医药及智能制造项目产业园等46个市级重点项目有序推动。其中，曙光天津产业基地二期工程内部精装修，新动能大厦项目地下室结构施工，津荣天宇精密部品智能制造基地项目厂房主体完工，叠瓦组件项目进行机电安装。

智能科技项目加快发展。中环领先、空间电源、保富电气等9家企业获批工信部第3批专精特新小巨人。其中，4家企业获得择优支持，资金逾800万元；天津赛象科技股份有限公司、天津中环领先材料技术有限公司2家企业获批天津市第二批市级制造业单项冠军培育企业；航天神舟飞行器有限公司、天津同阳科技发展有限公司、禧天龙科技发展有限公司、天津恒达文博科技股份有限公司4家企业获批天津市第一批市级制造业单项冠军种子培育企业；天津凯发电气股份有限公司、天地伟业技术有限公司、天津恒达文博科技股份有限公司3家企业入选市级工业设计中心培育，天地伟业技术有限公司、天津同阳科技发展有限公司入选天津市2021年度市级服务型制造示范培育企业；天地伟业技术有限公司获2021年现代服务业发展中央预算内投资专项资金支持；25家企业的29个项目通过天津市2021年第一批智能制造专项公示，获支持资金1.1亿元。

制造业转型升级取得新成效。天津市环智新能源技术有限公司、天津环鑫科技发展有限公司、飞腾信息技术有限公司、海光信息技术股份有限公司等10家企业获批天津市企业技术中心；先进操作系统创新中心获市工信局批复建设天津市先进操作系统创新中心，国内首家由国家地方共建的现代中药创新中心揭牌。天地伟业等4家企业获批2020年度市级绿色工厂，组织中环半导体、天地伟业等申报2021年度国家级绿色工厂、绿色供应链、绿色产品等绿色项目。

（郝娅娜）

**【双自联动】** 2021年，华苑科技园、海洋科技园、渤龙湖科技园三片区32.6平方千米获批建设中国（天津）自由贸易试验区滨海高新区联动创新区。高新区印发《高新区落实〈中国（天津）自由贸易试验区滨海高新区联动创新区总体方案〉工作方案》，成立联动创新区建设工作领导小组，从建立组织机构、明确任务分工、建立保障机制三方面细化落实举措，与自贸试验区开展协同创新。在制度创新引领产业发展方面，“中国信创谷”、京津冀特色“细胞谷”双谷建设取得突破。先进计算与关键软件（信创）、细胞生态海河实验室揭牌，“中国信创谷”发展规划及“中国信创谷九条”政策发布，获批在国家干细胞工程产品产业化基地建设中国（天津）自由贸易试验区联动创新示范基地，探索开展基因与细胞治疗试点。在发展贸易新业态新模式方面，天津市跨境电子商务示范园区（滨海高新区）暨天津开放大学跨境电商产业园揭牌。在知识产权服务体系方面，京津知识产权质押贷款风险处置资金池、科创中国知识产权

11月16日，细胞生态海河实验室在滨海高新区揭牌　　夏梦奇　摄

服务中心启动。在加速金融开放创新方面，“设立京津冀协同发展基金”入选首届京津冀自贸试验区联席会议创新成果经典案例集。

（郝娅娜）

## 招商引资

【概况】 2021年，高新区实施产业链“链长制”，围绕信创、生物医药等五大主导产业，建立“链长+专班+平台”工作机制，编制产业链招商图谱、重点项目库、重点招商名录，出台信创等专项政策。招商引资成效显著，全年落地重点项目922个。实际利用内资240.41亿元，增长32.32%；实际利用外资9.35亿美元，增长17.89%。制定飞地经济推动工作计划以及招商工作专项行动方案，与3个对口街镇建立定期联系机制，协同街镇组织项目对接60余次，赴外地联合招商5次，组织联合培训9次。飞地经济和招商帮带落地项目81个。其中，飞地经济实缴项目7个，到位资金2270万元；招商帮带实缴项目2个，到位6302万元。

（郝娅娜）

【中国信创谷建设】 2021年，高新区落实《“中国信创谷”建设三年行动计划（2021—2023年）》，围绕“311信创体系”，加快完善产业链条，培育产业生态。引进全球领先的MCU芯片设计企业先楫半导体、中环领先半导体硅片、安力信等信创重点项目90余个。集聚飞腾、麒麟、长城、曙光等规上信创企业113家，信创产业实现营业收入563.6亿元。中国信创谷“动能区”控制性详细规划获区政府批复。协调配合市工信局申报国家信创产业高质量发展示范区。配合国家信创工委、市工信局共同筹备主办全国信创论坛。

（郝娅娜）

【京津冀特色“细胞谷”建设】 2021年6月4日，“细胞谷”试验区揭牌，中国（天津）自由贸易试验区联动创新示范基地、天津市细胞技术创新中心、天津市细胞药品监管科学研究中心揭牌成立，颁发“细胞生态”海河实验室证书。合源生物获得药品生产许可证书，天九再生医学AIE诊断试剂获得CE认证，并与天津市第五中心医院成立首个“产学研医”联合转化基地。中国医学科学院“成果转化及产业集群”板块签约落户，获科技部批复成立天津市细胞产业创新型产业集群。高新区聚焦创新药物、医疗器械、医药服务等领域，重点培育合源生物、天九再生医学、和创生物等企业。细胞产业相关企业30余家，基本形成涵盖细胞提取制备、细胞存储、质控检验等细胞全产业链。全年生物医药产业营业收入39.2亿元，比上年增长12.9%，规上企业数量约占全市五分之一。生物医药综合竞争力位列全国第8位，较上年提升1位，环境竞争力、产业竞争力、技术竞争力、人才竞争力及合作竞争力5项分指标全部进入前十。

（郝娅娜）

【承接北京非首都功能】 至2021年末，高新区签约落地华能国际电力天津清洁能源分公司项目、中化设计院（天津）有限公司新能源新材料孵化器等重点项目267个，总投资419.9亿元。承接招商局、中国医药、中国国际工程咨询等北京央企二、三级子公司落地项目22个。天津市政府授权高新区对京津合作示范区实行属地化社会管理，建立日常联络、督促检查、信息报送、每月例会等工作对接机制，明确任务清单和落实时限，列表推动，以周报汇总、月工作会形式开展属地化管理工作。承接示范区内人才落户、企业安全生产监管、市场监管等职能；与天津市新华中学签署合作办学协议，示范区内首所十二年制公立学校落地；协助新区政务服务办完成示范区首批住宅项目的房屋销售许可办理；推动天津市公安局确定在示范区内设立派出所和交警队；推动确定示范区内道路路名。

（郝娅娜）

## 科技创新

【概况】 2021年，高新区围绕打造自主创新重要源头和原始创新主要策源地有关要求和滨海新区“创新立区”发展战略，推进“优化强化顶层设计、创新主体提质增效、创新平台赋能升级、创新环境完善提升”等重点任务，推动高新区主要科技创新指标继续领跑全市。全年，高新区有效国家高新技术企业、入库国家科技型中小企业、雏鹰企业、瞪羚企业等各类创新主体数量均位居全市第一。29项成果成功入选天津市科学技术奖授奖名单，获奖总数占全市14.72%，技术发明及科技进步特等奖全市占比超过50%，入选成果数量和质量均创历史最好成绩。

（郝娅娜）

【自创区建设管理】 2021年，高新区加强国家自主创新示范区顶层设计，推动召开示范区领导小组会议，印发《天津国家自主创新示范区“十四五”发展规划》。举办《天津国家自主创新示范区条例》施行一周年知识有奖竞答，刊发公众号专题文章，投放宣传标语等系列活动，宣传贯彻示范区《条例》，推动法治观念深入人心。加强与自贸试验区联系，推动出台自贸试验区滨海高新区联动创新区总体方案。推动科技文献服务包在示范区全域推广应用，支持示范区科技企业开展研发创新。

（郝娅娜）

【创新体系建设】 2021年，高新区加快科技创新体系建设，编制规划和专项计划，制定印发《天津滨海高新技术产业开发区科技创新“十四五”发展规划》《天津滨海高新区关于落实〈天津市科技创新三年行动计划（2020—2022年）〉的工作举措》《高新区绿色发展五年工作方案》《天津滨海新区国家级文化和科技融合示范基地行动方案（2021—2025年）》。推动高新区扩容工作，编制《天津滨海高新区扩容方案》，以市政府名义批复。研究新版国家高新区评价指标体系，完成《天津滨海高新区争先进位分析报告》，加强与火炬中心联系沟通汇报，争取更多资源支持高新区建设。抓住企业创新积分制试点申报机遇，研究指标体系、评价应用等创新机制，制定《天津滨海高新区企业创新积分制试点工作方案》，获批科技部火炬中心企业创新积分制试点。修订出台《天津国家自主创新示范区创新创业通票管理办法》，推动科技文献服务包上线运行。

（郝娅娜）

【创新主体培育】 2021年，高新区加强高新技术企业培育库建设，对入库企业进行精准培育，推动高企群体持续壮大，全年有效高企1901家，比上年净增304家，增长19.0%，占全市20.6%。打造企业梯度培育支持政策体系，多种举措壮大创新主体底盘。2021年度评价入库的科技型中小企业1590家，增长23.5%，占全市17.3%；雏鹰企业885家，增长65.7%，占全市17.8%；科技领军（培育）企业41家，增长215.4%，占全市17.8%；瞪羚企业57家，增长14.0%，占全市15.0%；快狗打车、海光信息新晋独角兽企业，独角兽企业累计占全市的三分之一。

（郝娅娜）

【创新平台建设】 2021年，高新区新增研发机构17家，其中国家级研发机构2家，天地伟业技术有限公司获批国家级工业设计中心，天津市现代中药创新中心获批国家地方共建创新中心现代中药创新中心。高新区推动细胞生态和先进计算与关键软件（信创）海河实验室在高新区落地揭牌，服务海河实验室建设，瞄准关键核心技术和共性问题，打造自主创新和原始创新的核心支点和“国之重器”。组织市级产业技术研究院开展年度绩效考核，4家机构获批市级绩效奖励资金1000万元，其中2家机构被评为优秀。以浙大滨海研究院为试点，实行新型研发机构改革，配合新区科技局印发改革方案并组织实施。认真履行安全生产监管责任，对7家创新平台定期开展安全生产检查，推动隐患整改，确保相关研发机构和企业科研生产环境安全稳定。

（郝娅娜）

【科技成果转化】 2021年，高新区推动技术成果加快转化。主动服务技术合同认定登记龙头企业，开展专场政策培训，深挖技术合同交易额增量，全年技术合同交易额116.75亿元，比上年增长17.2%。加强技术转移队伍建设，推动各类科技服务企业认定为技术转移机构，组织企业人员参加天津市技术经理人培训，壮大技术转移转化专业人才队伍，高新区技术转移机构38家，占全市技术转移机构20%。承办科技部第六届中国创新挑战赛（天津）信创产业赛，探索“揭榜挂帅”机制，打造以需求为引导、企业为主体、市场为导向、产学研深度融合的技术创新供需对接平台，营造“企业出题、能者破题、揭榜比拼”的创新创业氛围，促进信创产业技术成果转化落地。落实“百城百园”行动方案，围绕推动网络信息安全产业“卡脖子”技术攻关和成果转化，编制项目申报指南并组织申报，3家企业获支持中央财政引导地方科技发展资金300万元。

（郝娅娜）

【科技金融创新】 2021年，高新区完善科技金融服务环境，研究制定科技金融政策，为科技企业发展提供全生命周期金融产品供给。利用天津科技金融中心平台，举办融资服务活动近60场，服务企业与机构对接140余次。完成首届“银企杯”银行大比武活动，推动459家科技型中小企业获银行信贷支持11.53亿元。参与推动设立新动能基金、信创产业基金等政府引导基金，支撑实体经济加快发展。争取天津市高成长初创科技型企业专项投资基金，精仪精测、中科谱光等2家企业获首批投资1400万元。研究制定上市企业扶持政策，加大上市挂牌辅导与政策帮扶力度，全年新增科技型上市企业津荣天宇，累计11家。

（郝娅娜）

【“双创”生态建设】 2021年，高新区做好“双创”生态体系建设工作，编制完成《天津滨海高新区大众创业万众创新示范基地建设方案（2021—2023年）》，“双创”示范区基地工作获得国务院督察激励。编制《天津高新区打造特色载体推动中小企业创新创业升级成果案例集》，持续打造特色载体推动双创升级，被火炬中心绩效考评为“优”等。与天津大学合作申报国家“芯火”双创基地，为高新区集成电路产业引进专业公共技术服务平台。巩固创通票政策优势，累计发放创通票1324张，完成兑现3849.41万元，惠及724家企业。落实“科创中国”试点，推动滨海新区以高新区为主要试点园区获批首批创新枢纽城市（全国共4家）。强化科技人才队伍建设，15人入选天津市引进国境外专家项目，5人入选滨海新区创新领军人才，4人入选滨海新区最美科技工作者。开展全域科普，会同市科协共同举办第35届科技活动周开幕式及系列活动，推动科普信息员注册550人，组织推动6家单位入选全国、天津市科普基地，连续三年获批中国科协年度优秀调查员推荐资格站点。

（郝娅娜）

## 区域管理

**【概况】** 2021年，高新区抓统筹、惠民生，结合“我为群众办实事”实践活动，聚焦企业和群众反映的热点难点问题，补齐民生事业各项短板。围绕加强宜居社区建设、大力发展教育事业、完善基础配套设施等8个方向，制定实施18项服务企业和群众的系列实事，推动御湖湾幼儿园、外国语大学附属高新区学校、渤龙湖体育健身中心、渤龙新苑社区党群服务中心等一批民生项目，提升区域教育、医疗、生活等配套环境。高质量推动“双减”、国卫复审、文明城区创建等重点任务。制定《高新区党建引领网格化治理工作方案》，建立四级网格化管理服务架构，组建9支网格工作力量，实现“网格呼叫、部门报到”全域覆盖。

（郝娅娜）

**【社会事业】** 2021年，高新区渤龙湖御湖湾幼儿园开园运营。天津外国语大学附属高新区海洋外国语学校宁海路小学部启动智慧校园招标，天津外国语大学附属高新区华苑外国语学校年初动工，渤龙湖体育健身中心竣工，高新区渤龙新苑党群服务中心11月中旬对外开办，华苑科技园社区卫生服务中心主体年底竣工。

补充招录专职社工10名，制定《天津滨海高新区社区工作者管理办法（暂行）》。组织各社区开展“我为群众办实事”主题实践活动，开展各类活动152场次、惠及2833人次，征集群众诉求198条、为群众办实事52件。孵化培育文体活动、志愿服务等各类社区社会组织23个，推动各社区建立共同缔造理事会。

做好困难人群兜底保障。实现精准救助，对低保、特困家庭、残疾人两项补贴享受人员、困境儿童开展月度核查并发放各类救助资金。与建设银行对接合作，依托“安心养老”系统对所有高龄老人进行月度生存认证，并及时准确做好健康关爱金的转移支付发放工作。面向残疾人提供各类助残服务。在全国助残日等重要时间节点，组织开展义诊、入户慰问、主题宣传、微体验4个系列12场主题活动。

成立高新区武装部，对退役军人和优抚对象开展新春走访慰问，为退役军人和优抚对象发放“八一”慰问金和优抚金。

（郝娅娜）

**【区域治理】** 2021年，高新区制定《高新区党建引领网格化治理工作方案》，建立4级网格化管理服务架构，组织9支网格工作力量，组建基层网格队伍472人，实现“网格吹哨、部门报到”机制全域覆盖。围绕区域治理重点短板策划组织专项巡查50余次，提出系统治理意见10余条，上报问题1246件。走访企业1652家，协调解决企业问题61件。“创通票”项目作为高新区依法治区亮点案例被新区选报至市依法治区办，高新区办公室获2018—2020年度天津市维护社会稳定工作先进集体；高新区网格设计工作获评2021年全国网格中心优秀案例。

统筹推进区域平安建设。畅通群众诉求渠道，全年办理上级转信621件，接访338批1145人次。健全高新区矛盾调处中心机制建设，推动领导干部接访下访，完成渤龙湖矛调中心提升改造。完成服务热线并入12345政务服务平台，受理咨询与诉求事项8.08万件，按时办结率100%。

开展安全隐患大排查大整治，整治危险化学品、出租厂房、受限空间、涉爆粉尘等重点领域，开展“一企一册”工作，建立企业安全风险管控档案，定期组织开展重点行业安全生产互助联盟活动。检查企业6044家次，督促整改隐患8250项，无重点隐患情况。强化节日前和关键时期的领导安全督查检查，开展三年行动督查工作，加大督查督办工作力度，开展道路交通、城市建设、特种设备、危险废弃物、孵化器等领域督查工作。

树立防大汛、抗大洪、抢大险、救大灾意识，年内启动7次Ⅳ级响应、1次Ⅲ级响应、1次Ⅱ级响应，确保平安度汛。完成高新区第一学校作为天津市示范性固定应急避难场和渤龙湖公园作为紧急应急避难场所的建设工作。新增1家无人机勘测和高处灭火的应急救援队伍。

（郝娅娜）

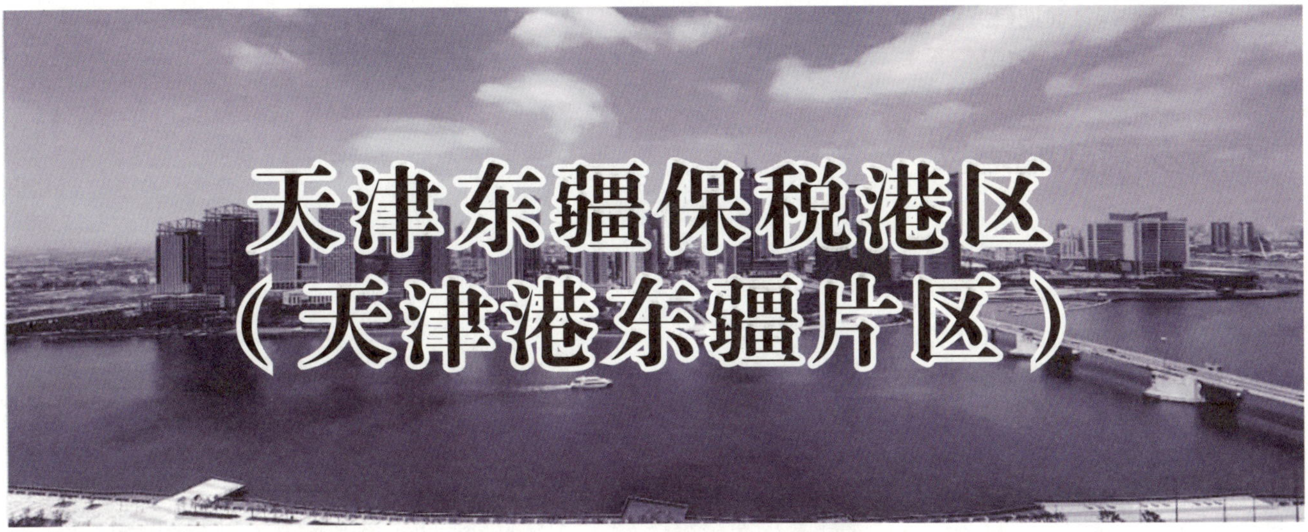

# 天津东疆保税港区（天津港东疆片区）

## 综　述

**【概况】**　天津东疆保税港区（中国（天津）自由贸易试验区天津港东疆片区）占地面积 30 平方千米。其中，海关特殊监管区 10 平方千米，综合配套区 20 平方千米。

2008 年 4 月，东疆保税港区第一家企业注册成立。2011 年 5 月，国务院批复《天津北方国际航运中心核心功能区建设方案》，同意以东疆为核心载体开展国际船舶登记制度、国际航运税收、航运金融业务和租赁业务政策创新试点，推进国际化市场体系建设。2012 年 8 月，财政部、海关总署、国家税务总局联合发布《关于在天津东疆保税港区试行融资租赁货物出口退税政策的通知》，12 月，商务部授予东疆保税港区为国家进口贸易促进创新示范区。2015 年 4 月，天津自贸试验区在东疆片区挂牌。2017 年，东疆保税港区完成 1000 架飞机租赁、税收超过百亿、落户企业超过万家。2018 年，东疆进出口额位列全国保税港区榜首，获批成为全国首个享受租赁企业外债便利化政策的地区，并完成全国首单试点。2019 年，东疆保税港区完成管委会法定机构改革，成立东疆保税港区党委。2020 年 5 月，国务院批复同意天津东疆保税港区整合优化为天津东疆综合保税区，规划面积 10.29 平方千米。

2021 年，东疆保税港区加快北方国际航运核心区、金融创新运营示范区、改革开放先行区建设，着力培育汽车流通、网络货运、成品油、供应链金融等产业发展新动力，不断优化市场化、法治化、国际化的营商环境，夯实区域公共配套基础，经济运行稳中向好，社会大局和谐安定。

（汪　军）

**【改革创新举措落地】**　2021 年，东疆保税港区租赁企业率先开展“无税不申报”试点，商业保理企业发行 ABS 实现差额纳税。天津市商务局支持东疆开展成品油零售电子商务试点。在东疆海关支持下，完成保税客改货飞机再租赁、货机跨境资产交易、保税钻井平台向风电安装平台改造再租赁等多个全国首单创新业务。推动冻品、跨境电商商品和老爷车等保税展示交易业务创新模式落地。东疆海事局承接全流程海事执法事权，成为全国第三个海事全能审批区域。政策体系不断优化，围绕主导产业，率先出台政策，稳定企业预期；完善司法保障、融资支持、配套服务，支持产业高质量可持续发展。创新辐射效应增强，“保税租赁海关监管新模式”代表天津入选国务院第四批自贸区最佳实践案例；“保税＋租赁”入围海关总署综保区典型案例；邮轮服务贸易新业态发展经验入选商务部全国服务贸易创新发展试点实践案例。

（汪　军）

**【智慧东疆和智慧综保区建设】**　2021 年，东疆保税港区以智慧平安社区为切入点，结合前期应对新冠疫情处置所暴露出的信息化需求和社区管理实际需要，经多地考察及对区域政、企、民调研，设立以人民为中心，以服务产业为立足点，以集中共享、开放协同为目标的建设指引，制定《天津东疆保税港区“智慧东疆”建设方案》，从政务协同、区域治理和产业发展三大方向出发，为打造智能高效、便商亲民的现代化政务协同生态，构建宜居、宜业、宜旅，港产城融合的智慧社会治理体系，强化现代化的产业服务能力提供整体规划和方向指引。为贯彻推进新型港区和数字物流园区建设，探索实现数字化新型区港一体化，同步开展智慧综保区前期研究工作。

（汪 军）

## 国家发展战略落实

**【概况】** 2021年，东疆保税港区坚持创新立区，发挥综合保税区、自贸区区域叠加、功能互补优势，获批天津市首个国家示范物流园区，出台租赁产业自主创新发展规划，完成保税客改货飞机再租赁、货机跨境资产交易等全国首单创新业务，使国家战略在东疆的创造性实践中得以探索和贯彻实施。

（汪 军）

9月，东疆保税港区完成全国首单境外公司的客机退租后“客改货”再租赁业务　东疆保税港区管委会　供图

**【北方国际航运核心区】** 2021年，东疆保税港区强化与天津港集团联动，研究制定支持天津港建设世界一流港口三年行动计划。推动中欧班列常态化运营，获批从东疆始发的图定中欧班列，畅通国际物流通道。获批天津市首个国家示范物流园区，推动优化航运物流产业结构，强化冷链物流行业优势，加速智慧物流行业发展，打造港口型国家物流枢纽。谋划“东疆 + 滨海新区核心区”高质量发展示范基地建设，探索与天津临港产业园、周大福金融中心合作，用飞地模式解决产业发展瓶颈，探索产城融合新路径。

（汪 军）

**【金融创新运营示范区】** 2021年，东疆保税港区制定出台《租赁产业自主创新发展规划》，锚定打造飞机租赁、船舶租赁和离岸租赁三大世界级中心，以及汽车租赁、建筑设备租赁、新能源租赁和医疗器械租赁四大全国性租赁中心的发展目标。完成172架飞机租赁业务，推动二手飞机再租赁、存量转租赁等模式创新，以C919为代表的国产飞机交付全面提速，为中国航空金融发展注入新动能。船舶海工租赁加速发展，完成107艘国际航运船舶租赁业务，比上年增长181%，船舶离岸经营性租赁成为天津市服务贸易出口新亮点，海工平台租赁助力海外资产回归，获得国务院国资委高度评价。完善租赁产业生态，推出商事多元解纷中心、诉中信用保全、无形资产判例等系列首创，租赁法庭搭建互联网审判中心，实现审判质量、效率双提升，全年受理各类租赁案件5063件，司法环境成为租赁产业发展助推器。搭建区域性租赁资产流转平台，丰富租赁基金、资产管理公司和保理公司功能，强化飞机资产管理、船舶资产管理等公司服务水平，租赁公司全年服务17家企业，交易租赁资产13.93亿元。创建租赁人才产业联盟品牌，成功举办第二届中国（东疆）航运产业周、第八届全球租赁业竞争力论坛。租赁资产规模逾1.3万亿元，约占全国的16%，跨境租赁资产突破1042.7亿美元，约占全国的80%。新增商业保理企业31家，占全市56%，资产规模1300亿元。

（汪 军）

10月，东疆保税港区古董车在东疆亲海公园、国家会展中心（天津）举办的中国（天津）国际汽车展览会开展保税展示业务　东疆保税港区管委会　供图

【第二届中国（东疆）航运产业周】 2021年5月18日—20日，第二届中国（东疆）航运产业周在滨海新区举办。论坛以“‘十四五’规划与航运产业新五年”为主题，由第八届“中国航运50人论坛”年会、第六届中国海事金融（东疆）国际论坛、2021天津北方国际航运枢纽发展论坛、第七届ISEA业务合作与对接大会、中国海事金融沙龙、海工装备高端研讨会、海事金融法律高端研讨会、第七届航贸物流展示洽谈会暨畅物流·稳外贸高峰研讨会等活动组成。吸引涵盖外贸货主、航运、货代物流、供应链服务等供应链上下游各方企业，以及金融、中介服务等机构的积极参与，有350家企业及相关机构的450名代表出席开幕会，有5000余名嘉宾通过网络直播观看会议。

（汪 军）

【第八届全球租赁业竞争力论坛】 2021年12月22日—23日，由全球租赁业竞争力论坛、中国·东疆租赁产业（人才）联盟主办的2021年（第八届）全球租赁业竞争力论坛峰会在万丽天津宾馆举行。峰会以“融入产业链，擘画新租赁”为主题，设置12个主旨演讲，“转型的战略选择与落地实践”“产融结合，求解租赁与集团联动的痛难点”两个高峰圆桌讨论，围绕汽车、科技、双碳、新基建、人才管理等热点话题设置7场平行论坛。来自政府、银行、制造厂商、头部金融租赁公司、融资租赁公司的主要负责人出席，并在峰会期间就不同主题做发言，其中副总经理级别（含）以上高管参会占比85%。峰会致力于促进租赁业之间业务协作，探索租赁业可持续发展道路，以理性、建设性态度促进融资租赁业健康发展。

（汪 军）

12月22日至23日，第八届全球租赁业竞争力论坛峰会举行

区融体中心 供图

## 产业发展

【概况】 2021年，东疆保税港区地区生产总值增长7.4%；固定资产投资178.5亿元，增长41.8%；税收360.7亿元，增长37.7%，纳税亿元以上企业70家，第100名企业纳税额逾6300万元；一般公共预算收入108.2亿元，增长35.3%。其中，产业税收占比96.1%；实际利用内资180亿元，增长11%；实际使用外资7.9亿美元，增长17.9%；限额以上商品销售额5222.6亿元，增长29.3%；外贸进出口1190.9亿元，增长11.1%。全年新增市场主体3636家，注册资本金2284.3亿元，超亿元企业182家；外贸进出口1190.9亿元，增长8.9%。

（汪 军）

【国际贸易】 2021年，东疆保税港区招商物产、路易达孚、中煤能源为代表的大宗商品贸易拉动商品销售额、进出口贸易额稳步增长，路易达孚实现大豆进口600万吨，标杆效应明显；以东方雨虹、安丰钢铁、加多宝、蒙牛、三全为代表的品牌结算总部成为贸易板块税收主力军，实现税收22亿元，比上年增长62%；以立白、中粮为代表的网络社零业务优势突显，增长50%，成为贸易业态新亮点。创新模式方面，益海嘉里离岸贸易业务实现常态化运行，“九块田”作为北方首个跨境电商保税展示新零售线下顺利开业，跨境电商出口突破14亿元。贸易主题园区加快建设，依托阿里巴巴考拉智慧物流中心等新建园区及九州通药品等载体，夯实跨境产业园综合服务体系。推进跨境电商品类创新，加快推进菜鸟第三方中心仓项目进度，为中小企业提供一站式跨境进出口双向综合服务体系。以申报国家骨干冷链物流基地为契机，依托9座已建、在建冷链物流项目和东疆数字金融一体化服务平台、冷链交易市场，形成“9+2”发展格局，智能化、数字化、低碳化冷链物流体系加快布局。

（汪 军）

【新兴优势产业】 2021年，东疆保税港区依托汽车租赁、汽车贸易和网络货运等行业形成的良好产业基础，推进汽车流通产业链快速发展。以一汽租赁、平安车管家、先锋租赁等为代表的汽车租赁资产总额突破1000亿元；平行进口汽车瓶颈问题逐步解决，长春、上海、中机科实验室投入运营；17万平方米丰驰汽车产业园开业运营，成为汽车展示交易、检测维修新载体。二手车试点出口企业与汽车租赁形成上下游联动，出口数量和出口额占全市近70%。完善网络货运产业生态，升级共享经济平台企业综合服务系统，引进中建材网络货运、美团智运、美的安德物流等，获证企业46家，占全市一半以上，税收46.2亿元，增长239%，带动交通运输业营业收入433.7亿元。开展成品油零售电子商务试点，引进鸭嘴兽、途虎养车、能链等一批独角兽企业，为产业创新发展注入活力，逐步向汽车出行、汽车文化、汽车科技、汽车后市场等领域拓展延伸。此外，荣程钢铁、中谷海运成立碳资产管理公司，泰心医院、九州通、平安健康设立医疗器械研发、药品分拨流通项目，在供应链金融、智慧物流、物联网科技、新零售等领域逐步形成新的产业集聚。

（汪　军）

**【北方首个跨境电商保税展示新零售店“九块田”开业】** 2021年国庆节期间，东疆保税港区首个区外跨境电商保税展示新零售店“九块田”落成开业。该零售店集保税展示、线下体验、线上下单、快递直发等功能，融合直播等新零售方式搭建中小企业利用跨境电商模式拓展市场的渠道和平台，包括美妆、日化品、保健品、食品等小商品种类600余种。

（汪　军）

## 政务服务

**【概况】** 2021年，东疆保税港区坚持厚植优势、聚集融合，推深做实放管服改革，深化登记制度改革，落实“证照分离”“一企一证”“跨省通办”“滨海通办”等改革举措，优化政务服务，提高监管效能，打造优质人才环境，绘制产业用地“一张图”，区域营商环境日益优化。海关总署对2020年度134个综合保税区发展绩效评估中，东疆排名东部第6、全国第9，荣列AA级综保区，取得天津历史最好成绩。

（汪　军）

**【放管服改革】** 2021年，东疆保税港区深化商事登记改革，上线企业登记“业务指南一窗集成”，实现企业开办一网通办扩容，上线“星级管控服务平台”，打造窗口+招商部门的“专家+管家”服务体系，为企业申报提供针对性指引，企业开办网登率达98%以上、无纸化率92%。推进建设项目审批改革，新型产业用地在东疆试点，产业项目审批实现“拿地即开工”，探索“申报即合格”消防验收模式，成为新区唯一的不动产登记电气热联动试点区域。

（汪　军）

**【营商环境】** 2021年，东疆保税港区调整融资租赁、国际贸易、航运物流等主导产业以及平台经济、文化科技等新产业的政策支持体系，制定覆盖司法、融资、人才以及配套在内的服务政策，推出《进一步支持产业聚集和创新发展的鼓励办法》。成立租赁和新金融产业园区理事会，跨境电商、汽车物流、冷链物流产业园区联合理事会，网络货运产业园区理事会，累计解决企业在税务、运营、人才等方面问题83个。加快诚信体系建设，企业年报率91.7%，个体工商户年报率100%。开展吐槽大会、“机关干部走流程”“春雨润苗”等政企交流活动，设立“办不成事反映专窗”“助老专窗”，促进“好差评”评价体系建设，“双万双服促发展”有序推进，接收、办理企业问题705条，办理率100%。推进国企改革，完善东疆控股、发展集团现代化企业制度，开展董事会调整和聘任制经理层改革，出台国资监管规程管理办法，搭建国资信息化监管平台，提高监管效能。

（汪　军）

**【监管效能】** 2021年，东疆保税港区推进信用监管，推行部门联合“双随机、一公开”执法模式，开展“集约化”排查，推进信用惩戒和信用修复工作。加强食药质量监管，建立食安委（办）会议机制和食品安全共治共管机制，开展食品、药品安全事故桌面推演，完善应急处置机制。打通东疆进口冷链食品追溯数据通道，推进食品、医疗器械企业分级分类评定与监管，加强药店“四类”药品实名登记情况管控，推动中铁装备申报新区质量奖。深化专项检查和案件处置，开展转供电、恶意专利申请等各类专项执法检查272项，全年行政处罚案件立案930件，结案566件。

（汪　军）

**【人才保障】** 2021年，东疆保税港区实施人才项目，开展“海河英才”“鲲鹏计划”等各项人才政策实施，推动高层次人才引育平台建设，获批4家企业博士后分站。完善人才服务保障，持续优化人才安居环境，做好产业人才贡献奖励，强化专家智库建设，推荐申报天津市有突出贡献专家1名、区委法律智库建议人选1名。加强与南开大学、中国矿业大学等高校合作，全年引进4名博士后，指导1家企业入围全国博士后创新创业大赛揭榜领题赛总决赛。

（汪　军）

【土地支撑】 2021年，东疆保税港区盘点现状产业底数，开展新型产业用地、弹性出让等创新。推动停滞工程处置，完成梅赛德斯物流园项目分项竣工验收，协调处置英利物流中心项目资金问题。解决历史遗留问题，框架收储东疆区域内天津港集团剩余土地，捋顺土地整理成本返还途径，完成海铁大道污水处理工程、动力中心等项目用地、规划手续补办，解决八号路以北区域供电及区域内通信基站设施的遗留问题。

（汪　军）

9月，东疆保税港区支援建设的青海尖扎县马克唐镇中心幼儿园开园
东疆保税港区管委会　供图

## 改善民生

【概况】 2021年，东疆保税港区坚持以人民为中心，注重普惠性、基础性、兜底性的民生保障，小学管理步入正轨、亲海公园投入运行、移动餐车投入使用、医疗服务引入社会资本、公共文化供给日益丰富、对口帮扶持续深化，精准防控金融风险，非法集资化解率100%，信访和便民服务热线办结率100%。

（汪　军）

【基础设施】 2021年，东疆保税港区重点民生项目加快建设，亲海公园投入运营，成为京津冀亲海休闲娱乐的网红打卡地，停车配套项目、第一幼儿园完成建设，人才公寓及社区服务中心完成主体工程验收。市政设施稳定运行，推进天津港非经营性资产移交，推进海绵城市建设，优化公共交通运行，试点“不动产与电气热联动”，开展供暖入户“访民问暖”专项行动。

（汪　军）

【民生服务】 2021年，东疆保税港区打造优质特色教育，深化区域“联谊校”“兄弟校”合作，制定青年教师培养计划，落实“双减”任务，“一班一案”制定课后服务菜单，开设十余项课后服务课程，实现“五育并举”。完善医疗服务体系，拓展瞰海轩诊所诊疗科目，引入医小鹿诊所互联网医院、爱康国宾综合门诊部等2家社会资本医疗机构。完善民政服务机制，推进“社区+网格组”社区管理模式，加强“四失五类”人员关心关爱，健全退役军人服务体系，东疆发展（集团）获评滨海新区爱国拥军模范单位。

（汪　军）

5月20日，东疆保税港区亲海公园对外开放　　李广飞　摄

【打造东疆文化品牌】 2021年，东疆保税港区通过读书分享等形式，巩固党史学习教育成果，庆祝中国共产党成立100周年。打造“文韵东疆”“书香东疆”等文化品牌，利用国学课堂、云课堂、非遗文化体验等多种形式，开展特色群众参与性活动，搭建新时代文明实践活动阵地，开展各类文体活动49场。加强公共文化服务供给，以新区图书馆东疆港分馆、社区图书室、流动图书车、管委会职工书屋为服务

阵地，促进图书流动，打造学习型区域，向群众提供数字化服务，引领全民阅读新风尚。

（汪　军）

【社会保障】 2021年，东疆保税港区推进“一地存档，就近服务”，构建线上人社服务，打造引才落户绿色通道。实施稳岗扩岗激励政策，全年新增就业1.6万人，新增参保企业694户，发放就业补贴650.51万元，为63户初创企业对兑现房租补贴。构建和谐劳动关系，试行“调解＋监察”联合办案机制，全年化解劳动争议374件。

（汪　军）

【帮扶协作】 2021年，东疆保税港区深化与青海省尖扎县劳务协作，兴建扶贫车间13家，开展推土铲运机、刺绣剪纸、家政服务、民族歌舞等培训班。汇聚社会力量，推动畅享（青海）网络科技有限公司落户尖扎，平安租赁捐赠走廊书吧，全年动员企业捐款200余万元，消费帮扶3100万元。举办“红帆领航 情系尖扎”，开展万企兴万村活动，累计拨付209.8万元帮扶资金支持当地教育、农业设施以及就业基地建设。

（汪　军）

【不动产与电气热联动试点】 2021年，东疆保税港区与天津市能源集团以及国家电网进行深度密切合作，成为新区“不动产与电气热联动”试点区域，实现“一窗受理”集成服务升级。申请人在办理不动产权证书后，系统会自动将申请人相关个人信息关联并发送至供气、供热、供电等公用事业部门，实现信息互通共享，解决群众办理周期长、涉及部门多的问题，打通便民服务“最后一公里”。

（汪　军）

## 区域治理

【概况】 2021年，东疆保税港区坚持牢固树立系统观念，运用信息化手段加快构建系统完备、运行高效的机构职能体系，编制完成应急管理“十四五”规划，修订突发事件应急预案，推进安全生产专项整治三年行动，$PM_{2.5}$浓度比上年改善27.7%，畅通12345、信访、网民留言等群众诉求渠道，安全、生态、社会和民生治理的现代化水平不断提升。

（汪　军）

【安全生产】 2021年，东疆保税港区编制应急管理“十四五”规划，推进安全生产专项整治三年行动，启动“双重”预防机制，强化安全生产风险预警和事故教训汲取与对照检查，全面签订安全生产责任书。开展工贸危化、建筑施工、道路交通、消防安全、特种设备、公共场所、公共设施等重点领域（区域）隐患风险防控，全年整改安全隐患2233处。对“一企一册”重点风险再识别、再分析，推动智能用电监测系统建设向学校、社区、景区、办公楼宇延伸，安全管理模式向“预警式”优化升级。推进企业班前会、班组长技能培训、安全分享活动。

（汪　军）

【应急保障】 2021年，东疆保税港区修订突发事件总体预案，完善36项专项应急预案，编制20家重点企业“一企一案”，组织瞰海轩社区编制基层应急处置预案。与天津经济技术开发区、中新天津生态城签订应急救援框架合作协议，与公安、消防等部门构建起预警信息共享与联动机制，完成专业救援队伍签约。开展防潮防汛、高层火灾等应急演练活动14项，推动企业开展各类风险场景应急演练358次，成功处置大风、风暴潮以及“9·4”特大暴雨、“11·7”特大暴雪等灾害事件。

（汪　军）

【环境治理】 2021年，东疆保税港区从严管控扬尘污染，开展大气污染物溯源分析，实现施工扬尘监管全覆盖，全年治理裸露空地4万平方米，$PM_{2.5}$浓度34微米/米$^3$，同比改善27.7%，$PM_{2.5}$浓度、改善率及综合排名均位列新区第一。抓好渤海综合治理，落实湾长制常态化巡查，实施入海排污口排查整治，累计清理岸线垃圾和近岸海漂垃圾130余吨。打造干净舒适市容环境，建立东部岸线治理联勤联动机制，违规占路经营行为得到有效治理；实现道路扫保全域机扫、推行垃圾专业化收运、专业化处置；开展城市管理巡查全覆盖，发现并整改问题1100余处。

（汪　军）

【纠纷调处】 2021年，东疆保税港区畅通群众诉求解决途径，整合12345便民服务专线、智慧信访系统、政务网及东疆官网留言等平台，实现群众诉求处置标准化、规范化，全年办理群众诉求3551件。推进智慧社区建设，实现进出小区人、车数据采集，整合现有数字化监控系统，运用信息化手段辅助社区管理。发挥矛盾纠纷调处化解机制作用，区域社会矛盾处于平稳态势。

（汪　军）

# 中新天津生态城

## 综　述

【概况】　中新天津生态城是中国、新加坡两国政府间重大合作项目，也是世界上第一个国家间合作开发的生态城市。2008 年 9 月 28 日开工建设。2013 年 5 月 14 日，习近平总书记到中新天津生态城视察时指出：生态城要兼顾好先进性、高端化和能复制、可推广两个方面，在体现人与人、人与经济活动、人与环境和谐共存等方面作出有说服力的回答，为建设资源节约型、环境友好型社会提供示范。2013年底，滨海新区实施行政管理体制改革，原滨海旅游区和中心渔港经济区并入中新天津生态城。

2021 年，中新天津生态城实施“生态城市升级版”和“智慧城市创新版”双轮驱动发展战略，努力建设国际合作的生态之城、智慧之城和幸福之城。抓住京津冀协同发展机遇，累计承接北京非首都功能项目 500 余个，协议投资额 350 亿元，市场主体数量突破 1.5 万家，主导产业上下游资源加速聚合，在“四上”企业中占比 87.3%、收入增长 30%。城市品质持续优化提升，合作区逐步建成宜居宜业宜游的高品质生活圈，北部产业区成为发展实体经济的新引擎，渔港片区建成全市最大的冷冻品交易集散地，临海新城实现“规划先行、基础保障、整岛出让”，初步展现出完整立体的城市形象。连续 3 届受邀在世界智能大会分享智慧城市发展成果与探索实践，并在全市复制推广。推进“完整居住社区”国家试点，提升集团化教育办学水平，深化大健康服务体系，联动国家海洋博物馆、国家动漫园等城市地标，打造夜间经济带和夜文化中心。常住人口 12 万人，城市职住平衡指数逾 50%，树立一流人居环境样板。

（郭　争）

【科技创新载体平台】　2021 年，中新天津生态城制定清华电子研究院二期资金管理办法及产业发展专项资金使用方案，推动完成新型研发机构改革，启迪之星（天津）认定为 2021 年市级小型微型企业创业创新示范基地。支持电子院项目研发、融资和产业化，围绕光电子芯片、医工结合、智慧城市等主要领域初步构建产业生态圈，聚集上下游企业近 90 家。初步形成以华慧芯为龙头的光电子芯片产业链，带动 10 余家上下游产业链企业在生态城落户。华慧泰有和无限起航投资项目 38 个，投资额 2.07 亿元；智毅聚芯、极光智能完成千万级 Pre-A+ 轮融资，华谱智能等 6 个在孵项目获评优秀创新创业项目团队等。3 家众创空间完成市级众创空间科绩效评估，占全区获良好等级众创空间总量近 50%。指导推动孵化器组织各类双创活动 95 场，包括 BEU-Talk 北航青年创业家内部分享会、金融大数据挖客杯大赛等。举办第 4 届中国医疗器械创新创业大赛生态城专场赛暨第 4 届生态城“创新之星”评选大赛，来自全国各地的 20 支项目团队经过项目团队路演、作品展示、专家问答等环节的激烈竞争，云耀深维（江苏）科技有限公司的适用于医疗植入体、介入体制造的微米级 3D 打印技术项目和杭州佳量医疗科技有限公司的基于脑机接口的植入式闭环神经刺激器项目获得一等奖，5 个项目进入全国总决赛。印发《中新天津生态城国家高新技术企业服务券实施管理办法》，修订《中新天津生态城科技创新促进办法实施细则》《中新天津生态城科技创新载体管理办法》，完善科技创新体制机制。推动扶持创新创业企业，新增就业 1.05 万人，累计备案企业3361家。

（郭　争）

【打造人才高地】 2021年，中新天津生态城投入人才发展专项资金1800万元，为区内企业培养415名优秀人才入选国家、市级、区级重点人才项目计划，提供岗位1300余个。通过生态城人才引进网络招聘平台，打造“线上活动不打烊、线下服务不停歇”招聘新模式。组织召开高层次人才专场招聘会、云招聘直播等活动，打造区域企业与人才间的招聘生态链。完善人才政策体系，打造更加贴合产业发展、企业需求的升级版人才政策、“人才+产业”联盟政策体系；推动获批1家博士后科研工作站、1家高技能人才培训基地、1家创业孵化基地、11家青年就业见习基地。开展“职称服务月”专项行动，争取高级职称政策支持、拓宽初中级职称评审覆盖面。用足用好各级激励举措，区内企业获天津博士后创业创新赛一等奖、海河英才创业大赛一等奖、9家企业入选天津市“项目+团队”重点培养名单。

（郭　争）

【优化营商环境】 2021年，中新天津生态城推行极简审批、帮办代办等创新举措，服务效率提升50%以上。在全市率先完成“一套材料”审批改革，由一个部门集中受理，将多套材料统一成一套、将多个专家评审会整合成一个会，最后向企业出具1份批复文件，企业办理工程建设项目前期手续时间从3个月压缩到3个工作日，企业办事成本降低20%。在全市率先实现政务服务“掌上办+自助办”，开发智能政务工作台，升级智慧政务平台“掌上办”功能，实现19个高频审批事项自助办理、审批结果立等可取、证照自助打印等智能化、便利化服务。组织部门编制承诺制审批监管实施细则137项，明确审批、监管各自职责和联动机制，实现承诺制审批监管无缝衔接。优化“管家+专家”式服务，走访区内重点企业，问题收集回复率100%。出台初创期和上市储备期等不同帮扶政策，为200余家企业开展法治体检。定期开展管委会领导包保走访企业和“政企下午茶”等常态化政企互动活动，听取企业诉求、解决企业问题。

（郭　争）

## 产业发展

【概况】 2021年，中新天津生态城加快建设以智能科技、现代文旅、大健康等为主导的产业高地和原始创新策源地，构建有活力的产业生态。全年地区生产总值增长10.9%，新增“四上”企业140家，创历年新高，聚集3家100亿元、27家10亿元、32家5亿元量级的单体企业。第三产业增加值占GDP 80%，高技术服务业占服务业增加值85%，产业税收占比69%。平台经济营业收入增长24.6%，数字经济产值增长10.4%，新经济、新业态迅速成长壮大。培育国家级高新技术企业157家、瞪羚企业13家、雏鹰企业221家，国家科技型中小企业认定272家，创新驱动潜力显著提升。

（郭　争）

【智能科技产业】 2021年，中新天津生态城智能科技产业聚焦实体，一汽丰田新能源汽车布局3个主力车型并吸引近10家配套项目落户，华峰测控作为全市首个集成电路测试设备生产基地全面量产，华慧芯科技集团激光器光电芯片项目实现国产化替代，华海通信技术有限公司光纤中继器项目落户。连续5届深度参与世界智能大会，签约落户互联网、大数据、人工智能等领域高科技企业100余家，包括阿里巴巴、华为、太极、360集团、易智瑞等行业龙头项目，总投资额50余亿元。抢抓数字经济战略机遇、产业机遇和市场机遇，获批成立京津冀首个大数据交易中心，组建大数据研究院、360数据安全中心等，构建“技术开源”与“交易撮合”融合服务的数据交易生态，打造数字经济谷核心区。生态城数字经济营业收入400余亿元。坚持“链条

11月8日，中新天津生态城获批成立京津冀首个大数据交易中心
中新天津生态城管委会　供图

式培育，集群化发展”，利用“大数据＋人工智能”手段精准招商，组建新能源汽车、智能机器人、集成电路等11个产业链专班，与国内大数据领军企业上海爱数合作，开发企业知识图谱，对企业进行多维度分析，在产业项目挖掘、项目可行性分析、产业链招商等方面，为招商人员提供支持。

（郭　争）

**【文化旅游产业】** 2021年，中新天津生态城的国家重点文化出口企业占全市60%，数字文化新技术实验室顺利落户国家动漫园。举办亚洲品牌论坛、首届全域旅游休闲节。编制文旅“十四五”发展规划及实施细则、国家旅游度假区创建规划方案及五年行动方案，策划夜经济发展、静态交通、海洋旅游消费发展等方案。占地140万平方米的万达国际文旅岛签约落户，东堤公园、南湾公园建成开园，方特水世界、熊出没酒店开业运营。海博酒店、英莲帮酒店、东方酒店、宝龙亚朵酒店、格林豪泰商务酒店等配套项目落户，全年综合游客接待量突破700万人次。

（郭　争）

**【获批国家文化出口基地】** 2021年3月，中新天津生态城组织申报第2批国家文化出口基地。经过企业走访调研、第三方机构评价、专家评审及部门复核等环节，凭借在产业聚集、公共配套、营商环境等方面的综合优势，获批第2批国家文化出口基地。至年末，中新天津生态城有2400余家数字文化企业，在国家动漫产业综合示范基地、国家3D影视园、国家版权示范基地等国家级载体叠加促进下，落户猫眼娱乐、蓝色光标、华策影视、阅文集团、新经典文化等文创龙头企业，培育国家级重点文化出口企业6家，占全市60%，国家重点文化出口项目3个，占全市75%。

（郭　争）

**【天津海洋文化旅游产业人才联盟成立】** 2021年9月26日，天津海洋文化旅游产业（人才）联盟成立大会暨战略发展交流会在中新天津生态城投资服务中心举行。8个重点文旅合作项目集体签约，总额逾150亿元，项目涵盖文化旅游、影视传媒、运动休闲、健康科技、酒店住宿等领域。北京、上海、广州、深圳、重庆、江苏、陕西等旅游城市知名企业加入天津海洋文化旅游人才联盟。同时，发布中国杯青少年科技体育大赛半决赛、成立滨城海洋文化旅游公司以及多条精品旅游线路。

（郭　争）

**【首届全域旅游休闲节】** 2021年4月24日—11月30日，中新天津生态城首届全域旅游休闲节系列活动启动，总体策划以“聚集人气、促进发展、创立品牌、惠及民生、四级合作”为目标，突出“生态、智慧、海洋、主题游乐、中国共产党成立100周年”五大主题。其间，连续举办全域旅游休闲开幕式、2021年文旅部数字文化产业研修班、天津市海洋文化旅游产业人才联盟成立大会等，内容涵盖特色歌舞、幽默儿童剧、互动魔术、红色音乐会等文化演出以及特色文创集市、卡通运动会等互动活动，受到游客及景区的欢迎，接待游客逾200万人次。通过休闲节活动以节促商，28家企业、650亿元合作项目集体签约。

（郭　争）

## 生态城市

**【概况】** 2021年，中新天津生态城推进城市开发建设，启动建设项目609个，固定资产投资235亿元，比上年增长10%。推进生态城市指标体系2.0升级版，形成实施、评估、反馈和改进闭环管理，国家绿色发展示范区建设取得成效。制定“十四五”发展战略规划，确定五年行动计划和能源保障规划。推动中央环保督察、渤海攻坚战等涉海工程建设，守护蓝色海湾。蓟运河、故道河、静湖实现水系连通，形成蓝绿交织、水城共融的生态格局。

5月，中新天津生态城不动产登记中心成为天津市首座实用型零能耗智慧建筑　　中新天津生态城管委会　供图

解决土地长期历史遗留问题，出让产业用地8宗、经营性用地8宗，计108.9万平方米，为招商引资和开发建设创造条件。

（郭　争）

【绿色建筑】 2021年，中新天津生态城落实绿色建筑100%指标要求，新增绿色建筑192万平方米，绿色建筑总面积2048.8万平方米。利用可再生能源，引入社会资本建设光伏项目，启动滨旅北部给水加压泵站、方特停车场和海博停车场光伏项目研究，太阳能光伏设施应用形成规模。编制绿色建筑面积奖励政策，中新天津生态城作为试点区域先行先试，完成万科住宅、金新城住宅商业、河南建业等首批项目奖励资金拨付。开发绿色建筑性能保险产品，通过中国人保总公司审批和银保监会备案。深度融合新一代信息技术，通过“产能、储能、用能、控能、节能”技术创新集成，推出全市首座实用型零能耗智慧建筑，并参加第5届世界智能大会，实现由示范“小屋”到应用“大屋”的升级，每年可节约17.2万度电、减少二氧化碳排放329吨。

（郭　争）

【无废城市建设试点通过验收】 2021年，中新天津生态城垃圾分类、无废细胞、气力输送、智慧固废等被生态环境部评为具有代表性、可复制推广的亮点经验模式。出台生活垃圾管理办法、餐厨垃圾管理办法等，为生活垃圾、餐厨垃圾、建筑垃圾、医疗废物、危险废物等管理提供制度性保障。引入新加坡餐厨垃圾处理工艺，在生态城医院试行餐厨垃圾就地处理。启动“无废细胞”创建工作，印发机关、学校、景区、酒店等场景绿色生活指南文件。开展垃圾分类精品示范小区建设，推动锦庐园、季景兰庭、鲲玉园、芙蓉北苑等30个垃圾分类精品示范小区建设和运营。升级完善无废智慧监管平台，整合资源，提升固废管理智慧化水平，完成第五届世界智能大会系统展示。加快建设可再生能源利用工程、可回收物分拣中心项目，稳步推进中部片区气力输送系统建设和北部片区气力输送系统建设，旅游区生活垃圾地埋收集站建成投用。加强“无废城市”宣传工作，建成开放垃圾分类宣传教育体验馆，制作“无废城市”主题宣传片。

（郭　争）

【环境治理】 2021年，中新天津生态城制定《中新天津生态城市政养护精细化管理方案》，实施“专业划分、设施分级、作业分类”维护管理。推广应用PDA系统，实现市政巡查、维护作业信息化全方位管理。建设升级版城市绿道工程，改造提升起步区、中部片区生态谷，启动建设18.4千米的城市绿道环线工程，串联南堤步道公园、故道河公园、永定洲公园、中新友好公园等十大公园。完善市场化绿化养管模式，新增绿化面积16万平方米，累计绿化面积1065万平方米，加快建设城在景中、城景相融的“花园城市”。强化施工扬尘精细化管理，创新帮扶式环境执法模式，空气质量达标天数76%，排名全市第一。营造绿色出行环境，优化公共交通出行环境，引入跨区公交游2路，临海新城与轻轨线无缝接驳。完成公交成本规制制定，优化2条线路，增设5对站点。推动美团共享电单车投放，解决居民近距离出行需求。加快临海新填海造陆区域生态修复，推动相关工程前期研究及工程建设20项。

（郭　争）

【“生态之旅”场景开放研学活动】 2021年，中新天津生态城“生态之旅”场景开放研学活动启动。主要面向区内中小学生，在春、秋季学期每周五上、下午两个场次开展。通过现场展示讲解、互动体验等方式，介绍生态城在节能低碳、生态环保、无废城市等领域的先进理念和建设成就，培养学生、居民增强生态环境保护意识，践行绿色低碳生活方式，形成生态城特有的“城市记忆”。根据学生年龄特点，开放生态环保、节能低碳、无废城市、智慧城市等类型的11个体验场景，设计多条专业化、差异化体验场景和线路，激

9月30日，季景天地购物中心开业　　生态城管委会　供图

发学生的好奇心和求知欲。

（郭　争）

## 智慧城市

【概况】 2021 年，中新天津生态城作为首批国家智慧城市试点和世界智能大会永久展示基地，运用前沿技术，围绕民计民生、产业促进、城市治理，推动理念创新、技术创新、模式创新、应用创新、机制创新，打造智慧生态城。连续 3 届受邀在世界智能大会分享智慧城市发展成果与探索实践，生态城典型经验在新疆若羌、大连金普新区等地复制推广。京津冀首个大数据交易中心获批复，大数据研究院、数字安全研究院加快组建。联合中国移动共建 5G+AI 实验室，共享 5G、数据和模组资源，为创新创业提供实验基地。联合阿里巴巴打造跨境电商直播基地和淘宝培训天津中心。运用大数据湖和算法，精准感知区域经济运行态势，串联上下游产业链，主动为企业发展提供精准服务。

（郭　争）

【第 5 届世界智能大会分论坛筹备】 2021 年，中新天津生态城围绕提高治理能力、促进产业发展、提升民生服务，升级智慧应用，推出零能耗建筑、智慧大脑、智慧园区、智慧工地、智慧社区、智慧城管 6 个智慧应用场景，智慧城市建设得到新加坡吕德耀大使等 70 余位驻华使节的高度评价，被国内 600 余家媒体广泛转载采用，央广网、改革网、中国发展网等国家级网络媒体密集刊发相关图文、视频等，报道总量 1200 余篇次。

（郭　争）

【智慧服务民生】 2021 年，中新天津生态城利用 5G、人工智能、物联网等先进科技手段，打造便民、惠民的智慧活力社区；银发 AI 智慧应用平台聚焦老年群体的高频事项和服务场景，让老年人关爱从求助响应升级到主动关怀，贴心服务 600 余户重点关爱人员，并入选国家首批运用智能技术服务老年人示范案例。搭建智慧供热系统，通过传感器感知室内外温度，综合居民用热情况，自动调节供热量，做到“精准供热”“按需送热”，实现能源高效利用。采用领先的定向声技术，开发搭建智慧广场舞系统，将声音的传播角度和音量控制在合理范围，让大家既能跳得开心，又能减少扰民。

（郭　争）

【“新经济与智慧城市建设”高峰论坛】 2021 年，中新天津生态城首次“新经济与智慧城市建设”高峰论坛举办。中国工程院院士姚建铨、吴志强和鄂维南出席论坛并作演讲，阿里、太极、爱数、易智瑞等企业承办 4 场分论坛。论坛以线上、线下相结合方式，邀请中新两国知名专家、企业代表 800 余人，共同探讨人工智能、云计算、大数据、物联网和 5G 等前沿技术应用。

（郭　争）

【服务城市治理】 2021 年，中新天津生态城编制《中新天津生态城建设新一代人工智能创新发展试验区核心区实施方案》，优化由运营中心、数据中心、安全中心、标准中心组成的指挥系统，连接 18 类 30 余万个城市神经元节点，把握城市的运行动态。依托国家城市信息模型（City information modeling）试点，建立三维城市空间模型，通过云计算、大数据与人工智能技术对城市信息进行加工分析，实现应用场景中人、物、空间数据互联互通。利用智慧交通系统及时响应，域内 51 个路口形成自动配时网络，每 15 分钟可自动优化路况。

（郭　争）

## 改善民生

【概况】 2021 年，中新天津生态城坚持公共服务牵引发展战略，以公共服务建设作为社会事业建设的重要抓手，为居民提供优质公共产品。至年末，域内有社区 19 个，交付小区 66 个，规划户数 6.22 万户，交房户数 5.25 万户；幼儿园 16 所、小学 8 所、初中 6 所、高中 3 所、中职学校 1 所，在校、在园学生 2.4 万人，教师 2367 人。

（郭　争）

【社区治理】 2021 年，中新天津生态城新一轮社区治理管理体系改革创新启动，制定新时期生态城社区治理服务管理组织架构方案，创新探索片区管理体系，完善党建引领社区治理服务新模式。健全完善社区治理服务网格化管理等 4 项配套制度，对 52 处党群服务中心（站）进行标准化提升，推行“红色引擎工程”“功能型党支部”、社会组织党员联络站等试点，搭建“社区党委—小区党支部—党员网格员—党员楼长—党员中心户”五级组织服务体系，形成社区基层党建红色链条联动机制全覆盖。启动综合执法进社区，成立社区执法中队，建立“三级联动”工作机制，开展社区城管工作室试点，建立城管工作室 4 个，成立城市管理社区志愿者服务队，开展城市管理志愿服务活动。

（郭　争）

【教育文化】 2021 年，中新天津生态城与天津外国语大学签署《中新天津生态城管理委员会天津外国语大学合作办学补充协议（四）》，在5个学部的基础上增设2个小学部和1个高中部；与天津市南开中学、天津市南开中学滨海生态城学校就合作办学协议主要条款达成一致；天津汉德职业学院、天津生态低碳职业技术学院纳入天津市高等教育“十四五”规划草案；海嘉学校小学、初中招生范围扩大到全市。天津科技大学附中建成开学。改造扩容13所运营幼儿园功能教室和哈巴谷亲子中心，增加500余个学位。改造提升北师大附校共享空间，增加8个教室、360个学位。推动中福中加地块小学、幼儿园完成精装修，加快推进33地块南开小学、50地块中学、滨旅北部十二年制学校等10个项目施工进度。加快临海新城中学、北岛九年制学校等15个项目前期设计，推动项目早开工、早建设。以智慧型场馆建设和高水平文化服务为核心，完成第三社区无人值守分馆提升改造，通过推动滨城4家公共图书馆通借通还服务，中新友好图书馆特色智慧项目得到普遍借鉴和应用。结合中国共产党成立100周年纪念主题推出系列精品特色文化活动，举办“为中华之崛起而读书”、“4·23”世界读书日等主题活动，开展“绘美丽滨城”儿童绘长卷、“全校齐诵一篇文 同窗共读一本书”等阅读推广活动。中新天津生态城智慧图书馆服务和管理标准化试点项目获批全国第7批社会管理和公共服务综合标准化试点，生态城第二社区分馆获评中国图书馆学会2021年书香社区。

（郭　争）

**【医疗卫生】** 2021年，中新天津生态城完成生态城医院绩效考核和社区卫生服务中心管理岗位竞聘，理顺薪酬机制。推进社区卫生优质服务基层行，提升改造生态城社区卫生服务中心。加快建设天津中心妇产科医院滨海院区，天津大学新城医院作为全市首家非营利性社会办三级综合医院开诊运营。启动智慧医疗服务体系一期建设，搭建智慧医疗应用场景。开展公共场所卫生监督量化分级管理，对各商区、临街取得卫生许可证的公共场所检查并进行量化评分。推进婴幼儿照护工作和托育机构规范化建设，区内2家托育机构获中央资金支持。

（郭　争）

**【商业配套】** 2021年，中新天津生态城域内季景天地购物中心、爱琴海购物广场开业，万达商业广场落户，10个社区级商业中心建成投入使用。引进红星电影世界、冠军冰场、星巴克、百丽、爱步、周大生等60家品牌首店入驻。策划生态城夜经济发展方案，举办“滨海宝龙嘉年华”夜市等活动，区域消费业态不断丰富，初步形成高品质生活服务圈。

（郭　争）

**【全国第7批社会管理和公共服务综合标准化试点】** 2021年3月，中新天津生态城图书档案馆申报的中新天津生态城智慧图书馆入选国家标准化管理委员会下达第7批社会管理和公共服务综合标准化试点项目，成为天津市图书馆领域首个国家级社会管理和公共服务综合标准化试点项目。中新天津生态城智慧图书馆服务和管理标准化试点项目基于中新天津生态城图书档案馆智慧化建设实践，以“智慧服务”“智慧管理”为主要着力方向，力求拿出一套具有说服力的公共图书馆智慧化建设发展路径以及场馆服务和运营管理标准化指导准则。

（郭　争）

## 中新合作

**【概况】** 中新天津生态城落实第12次中新联合协调理事会确定的工作部署，持续深化中新合作。中新联合协调理事会第13次会议召开，依托协调理事会工作机制新争取3项国家支持政策，深度参与全球城市可持续发展探索实践，推进生态城经验复制推广工作。

（郭　争）

**【多领域务实合作】** 2021年，中新天津生态城新争取开展分布式发电市场化交易试点、智慧城市基础设施与智能网联汽车协同发展试点和住宅维修资金购买商业保险3项国家支持政策。中国（天津）自由贸易试验区中新生态城联动创新区挂牌，实现自贸区建设和中新双边合作优势叠加、政策互动、联动发展，创新推出跨境电商线下提货、冻品保税展示交易等13项改革试点。结合生态城人口、经济、基础设施和周边地区发展情况，中新双方共同制定中长期土地开发计划。成立联合工作组，完善城市功能。打造面向东盟的贸易服务平台，导入新加坡等国家贸易、医疗、教育、文化、旅游等领域优质资源，推动京津冀企业借力新加坡进入东盟市场。新加坡淡马锡理工学院和国家动漫园联合开展文化领域创新创业合作，中新友好图书馆与新加坡国家图书馆完成第一批图书交换互赠。中新天津生态城管委会与新加坡国家发展部签署花园城市备忘录，联合新加坡国家公园局共同完成《建设生态城市升级版、智慧城市创新版——将“花园城市”作为生态城新十年战略目标之一》研究报告，制定“全方位打造国际一流的全域花园城市”战略目标，初步提出建设中新友好花园、启动建设生态谷绿道二期项目、规划建设城市主中心中央景观轴等项目。

（郭　争）

**【智慧城市建设经验复制推广】** 2021年，中新天津生态城梳理总结智慧城市建设经验和成效，在第5届世界智能大会期间，发布智慧城市白皮书和智慧城市总体规划，分享典型应用和创新做法，打造自主知识产权，为其他城市和地区提供能复制、可推广的智慧样本。编制中新天津生态城可持续发展经验复制推广系列手册，设立中新天津生态城城市可持续发展研究推广中心。中新双方举办国际贸易单一窗口推介会，发挥中新天津生态城国际商业联盟平台作用，推动新加坡等外资企业落户。参与全球城市可持续发展探索实践，牵头编制的《全球智慧城市运行指南》颁行，生态城智慧城市实践经验上升为国际标准。梳理总结生态城典型应用和创新做法，在“一带一路”绿色发展圆桌会以及世界城市峰会智慧城市研讨会上分享发展经验，为其他城市和地区提供能复制、可推广的发展样本。

（郭　争）

**【中新国际贸易单一窗口推介会】** 2021年7月16日，“单一窗口”中新（加坡）合作试点项目天津推介会在中新天津生态城举办。天津市商务局和生态城商务局、经济局、合资公司线下出席推介会，国家口岸办、天津海关以及超过40家相关企业代表通过线上方式出席。会上，相关负责人对“单一窗口”的功能、“单一窗口”中新合作项目建设情况、未来计划以及首单试点企业成功经验进行介绍。

（郭　争）

**【生态城智慧城市实践经验上升为国际标准】** 2021年，中新天津生态城牵头研制的ISO 37106：2021国际标准《城市和社区可持续发展—可持续城市建立智慧城市运行模型指南》出版发布，该标准是可持续智慧城市顶层设计框架标准，围绕ISO/TC 268城市可持续发展管理体系核心标准ISO 37101提出的内容和方法，通过逻辑模型和变革理论设计智慧城市从投资到实现不同阶段收益的发展蓝图，为智慧城市和社区（公共、私营、志愿部门）的决策者在开发、协商、实施智慧城市战略方面提供指南，并通过总结提炼现有最佳实践经验，形成一系列稳定、可重复的模型，帮助全球城市管理者建立开放、合作、以人为本和数字化的智慧城市运行模式，实现城市可持续发展。通过国内外专家团队互动协作，阐释全球智慧城市可持续发展的逻辑架构和管理规则，凝聚国内以中新天津生态城为代表的新型智慧城市建设管理经验，为全球智慧城市建设不断提供可持续发展的“中国经验”和“中国方案”。

（郭　争）

## 宏观经济管理

**【概况】** 2021年，滨海新区加强对经济工作领导，统筹疫情防控和经济发展，围绕功能定位和“双城”布局，将“推进天津滨海新区高质量发展”写入国家“十四五”相关章节，推动重大事项纳入天津市“十四五”规划。及时分析研判经济运行情况，提出切实可行的应对措施，促进经济健康发展。主动融入京津冀协同，承接非首都功能疏解成效明显，推进“跑央企、引项目”的能动机制，与央企集团对接。落实支持民营企业改革发展措施，强化对民营企业的市场、人才、资金、政策精准服务。组织区级领导、区级部门包联帮扶，通过政企互通服务平台，为企业解决实际问题。坚持生态优先，完成能耗“双控”和煤炭消费总量控制指标。推进风电、光伏、储能等新能源项目。

（王　芳）

**【服务京津冀协同发展】** 2021年，滨海新区精准聚焦中央企业承接非首都功能。聚焦首批疏解的中央企业二三级公司，适配滨海新区产业发展重点领域，建立“跑央企、引项目”的能动机制升级版。走访中央企业集团总部25家，借助世界智能大会、举办线上线下交流会、开展重点项目集中签约等形式，邀请40多家中央企业参加，全年61家中央企业二三级公司和项目落地滨海，注册资金667亿元。

推进服务京津冀的重大工程项目建设。滨海—中关村科技园基础设施互联互通工程进展顺利，实现园区直达滨海高铁站和滨海国际机场的公交线路频次优化调整。南港大乙烯等重点石化项目集群在南港精细化工新材料产业基地全面启动建设。航空物流基地大通关一期一标段跨境电子商务产业园建设完成，首个项目天津国际邮件互换局项目入驻运营。北京大学滨海医院改扩建工程获批全面启动，京滨西站配套工程加快推进。

完善社会事业、公共服务协同机制。建立环境保护联防联控机制，共同推进区域重污染天气预警、会商及应急联动。在教育卫生方面，中国核工业大学建设加快推进，与清华大学附属小学共建临港实验小学、与北师大附中共建十二年制学校等，与北京朝阳教育学院合作骨干教师培养、与人大管理培训中心开展教师管理队伍联合培养等；在医疗卫生方面，京津冀异地就医普通门（急）诊直接结算和京冀执业医师在新区多机构备案等医疗资源共享服务加速推进；在人才认定方面，实现三地专业技术人才职称资格互认、高端外国人才办理来华就业手续和审查结果互认；在政务服务方面，首个“京津通办”自助服务厅在新区投用，179项北京政务服务事项和200项天津政务服务事项实现24小时自助办理，在毗邻京冀的三个街镇开设服务专窗，全面推行“见证发证”，56个政务事项实现“跨省通办”。在交通方面，打通“断头路”，完善区域内公交通行能力，加快京滨城际、津潍铁路建设，塘承高速新区段、津石高速天津东段全线建成贯通。

（于朋成）

**【“十四五”规划纲要编制】** 2021年1月15日，滨海新区第三届人民代表大会第八次会议审议通过《天津市滨海新区国民经济和社会发展第十四个五年规划和二〇三五年远景目标纲要》（以下简称《纲要》）。《纲要》主要包括三大板块，共16章。第一板块，主要是总结发展成就、分析发展环境、锚定2035年远景目标，提出指导思想、基本原则和主要目标。第二版块，主要是提出深度实施重大国家战略、优化“滨城”发展布局、全面提升城市功能品质、构建国际一流营商环境等13项重大战略任务。第三版块，主要是阐述加强党对规划的领导、做好规划衔接等保障措施。

（徐恩宁）

**【“双万双服促发展”活动】** 2021年，滨海新区成立“双万双服促发展”活动领导小组。新成立1个区级服务组，累计42个区级服务组；新增平台登录企业1553家，累计1.3万家。做好“双万双服促发展”活动与“132”工作机制相结合，成立854个“132”工作专班，实现6408家“四上”企业全覆盖，服务中小微企业和个体工商户10.9万家。强化问题解决，30位区级领导包联90家企业和120个重点项目，全区各帮扶组召开问题协调会1800余场，各单位、各部门全年走访企业3.26万户次。企业在平台上反映问题1568条，解决1453条，解决率97.39%。强化政策宣传，利用“政企互通服务平台”发布融资贷款、“惠企21条”“惠企27条”等政策信息21条，开展政策宣讲会5150次，5.9万人次参加。强化考核评价，细化考核内容，对5个开发区、20个街道、29个部门“双万双服促发展”活动进行现场督查检查，并列入各开发区、街镇和部门“三考合一”事项。搭建企业应用场景，15家企业入选天津市重点企业应用场景。

（李井利）

**【《滨海新区新动能引育工作方案》制定实施】** 2021年，滨海新区印发《滨海新区新动能引育工作方案》，组织开展季度调度，汇总战略性新兴产业提升发展工程、高新技术企业倍增及创新型载体培育工程、高端人才集聚工程、金融服务实体经济工程、招商引资协同工程和新基建配套工程六大工程任务进展情况，形成每季度进展情况报告。至年末，工业战略性新兴产业增加值占全市规上工业增加值的15.6%；高技术制造业增加值占全市规上工业增加值的10.5%；高技术服务业及以互联网和相关服务业为代表的现代新兴服务业增加值占全市服务业增加值的15.26%。新动能引育投资项目191项，投资规模总额2219.3亿元；储备项目212项，确定投资规模1448.23亿元。

（赵　航）

**【编印《滨城“1+3+4”产业工作手册》】** 2021年，滨海新区编印《滨城“1+3+4”产业工作手册》，包括《产业空间布局指引》《重点支持产业目录》《重点产业招商指引》三部分。《产业空间布局指引》实现项目精准集聚，通过明确“开发区—片区—主题园区”三个区域层级重点发展的核心产业及布局，形成“区域＋产业”的特色发展模式，引导形成布局清晰、错位有序、功能集聚的产业发展格局；《重点支持产业目录》实现项目精准扶持，对重点支持的产业细分领域用10位代码赋码，实现精准扶植。设置“打补丁”机制，通过产业图谱数据库动态监测，对热门投资赛道及重点领域及时补充进入目录，确保动态更新；《重点产业招商指引》实现精准招商，通过建立产业图谱数据库，找问题，诊断“缺链断链”。对标国际国内行业龙头、重点城市和地区，明方向，开展“筑链补链”，形成“1+3+4”（智能科技产业＋生物医药、新能源、新材料三大新兴产业＋航空航天、高端装备、汽车、石油石化四大优势产业）各产业细分领域对应产业链条的精准招商目标清单。工作手册发至全区各相关部门、各开发区、各街镇。

（杨　娜）

**【主题园区（主导产业）考核评分细则制定实施】** 2021年，滨海新区制定《主题园区（主导产业）考核评分细则》，评分细则按照绝对值和增速各占50%的比例进行赋权，完成各开发区季度考核打分。至年末，经开区新一代信息技术产业占新区同产业比重77.07%，化工新材料产业占新区同产业比重37.85%，汽车制造产业占新区同产业比重92.77%，生物医药产业占新区同产业比重79.61%；保税区高端装备制造产业占新区同产业比重36.67%，食品加工制造产业占新区同产业比重60.58%，运输设备制造产业占新区同产业比重43.46%，限额以上商品销售额占新区整体比重40.03%；高新区新一代信息技术产业占新区同产业比重32.25%，生物医药产业占新区同产业比重6.86%，新能源新材料产业占新区同产业比重11.94%，现代新兴服务业产业占新区同产业比重18.11%；东疆融资租赁和商业保理产业占新区同产业比重61%，航运物流行业占新区同产业比重19.3%，限额以上商品销售额占新区整体比重20.3%；生态城智能科技服务产业占新区同产业比重7.99%，文化健康旅游产业占新区同产业比重25.73%，绿色建筑与开发产业占新区同产业比重29.05%。按季度形成主题园区（主导产业）分析报告，对各开发区充分挖掘主导产业增长潜力、不断培育壮大新动能提供目标导向。

（杨　娜）

**【粮食储备管理】** 2021年，滨海新区印发《滨海新区区级储备粮食质量安全管理制度》，加强储备粮出入库质量监管。制定粮食质量安全监管工作计划，推动国家食品安全示范区创建工作，加大新收获粮食和库存粮食质量安全风险监测和政策性粮食销售出库检验检查，制定新收获小麦扦样计划和玉米扦样计划，完成1个小麦取样点、6个玉米取样点的扦样工作。修订《滨海新区区级储备粮管理办法》《滨海新区区级储备粮轮换管理办法》。出台《天津市滨海新区区级储备粮动用方案》，修订粮食应急预案。加大监督检查执法力度。全年开展执法检查96次，检查粮食经营企业192家。开展社会粮油统计和供需平衡调查工作，为精准调控提供决策依据。

（周　昕）

**【粮食行业安全管理】** 2021年，滨海新区开展春、夏、冬季粮油安全、防雨汛检查、政策性粮油库存检查等专项检查工作。分层次召开粮油企业会议6次，落实国粮局安全生产检查指引文件精神。研究制定《滨海新区粮油行业联合大检查实施方案》，指导企业深入开展安全生产隐患自查。聘请有资质的第三方安全评估机构依据安全生产方面法律法规和规章制度对粮油企业的基础管理、现场设备管理两个方面开展拉网式安全生产检查，检查出安全隐患问题130个，出具安全生产检查报告13份。

（周　昕）

**【绿色石化产业链建设】** 2021年，滨海新区成立落实天津市绿色石化产业链工作领导小组，建立产业链重点企业沟通联络机制，定期走访调研企业发展现状及存在问题，按月分析企业经济运行情况，逐月汇总梳理重点项目进展情况，持续做好对接服务工作。全年，新区绿色石化产业链225家企业，在链企业产值3600.59亿元，增速48.8%。中国石化天津南港高端新材料项目集群在南港工业区启动，中国石化在津投资603亿元，建设南港120万吨/年乙烯、北京化工研究院中试基地、长城润滑油、催化剂生产基地、LNG扩建、石科院科学实验基地、工程院成果转化中心、光伏新能源、石化e贸平台等11个重点项目。

（赵　航）

**【服务业发展】** 2021年，滨海新区印发《滨海新区服务业“十四五”发展规划》。天地伟业、中创物流、万科冷链等重点服务业物流业项目加快建设，获得国家资金支持。天津港保税区获批天津市空港型国家物流枢纽，东疆保税港区获批全国第三批示范物流园区，中新天津生态城和东疆保税港区申报国家骨干冷链物流基地。全年，服务业增加值比上年增长7.7%，占全区的52.7%。高技术服务业增加值及以互联网和相关服务业为代表的现代新兴服务业增加值占全市服务业增加值15.26%，超过年度目标1.26个百分点。

（李　媛）

**【民营经济发展服务】** 2021年，研究制定《关于建立滨海新民营经济运行分析机制的工作方案》，开展民营经济季度监测分析和年度监测分析，整理形成民营经济运行分析报告。编制《天津市滨海新区民营经济发展“十四五”规划》。开展首届领军民营企业评选活动，评选领军民营企业百强榜单，包括新区民营企业销售收入、依法纳税百强企业、专项贡献百强企业单，并向社会公布。开展“共同缔造美丽滨城、促进滨海新区民营经济高质量发展”专题研究。收集调研成果百余篇。将优秀调研报告汇编成《“共同缔造美丽滨城、促进滨海新区民营经济高质量发展”课题研究报告选编》，8个部分，报告32篇。滨海新区民营经济增加值1466.47亿元，增长10.5%，民间投资434.18亿元；占经济增加值30.1%。全区（含自贸区）市场主体30.15万户，增长11.17%，占全市市场主体的20.39%，其中民营企业15.14万户，增长8.85%。全区（含自贸区）新增市场主体4.91万户，增长21.76%，占全市新增市场主体的23.28%，其中新增民营企业1.92万户，增长20.55%。

（刘倩倩）

## 土地资产管理

**【概况】** 2021年，滨海新区优化土地资源，提高新区土地资源利用效率。加大土地出让力度，加强批而未供、闲置土地处置。推进建设项目用地报批，推动“田长制”实施，落实耕地非粮化。完成设施农业用地核查整治工作，设施农业备案项目79个。

（康艳红）

**【土地收储】** 2021年，滨海新区土地发展中心经办收储及相关业务80项。高新区完成见章盖章收储项目4宗，用地面积18.57公顷；经开区完成见章盖章收储项目12宗，用地面积186公顷；保税区完成见章盖章收储项目1宗，用地面积35.88公顷；完成天津港区域7宗地土地收储，土地面积13.84公顷，协议金额6874万元；完成天津长芦海晶集团有限公司1宗土地收储，土地面积0.48公顷，协议金额184.32万元。

（左永康）

**【土地交易】** 2021年，滨海新区土地发展中心发布土地出让公告110宗。接待现场咨询1300余人次，电话咨询1600余次，窗口接件出让方案140余宗、出让合同120余宗、补充合同130余宗，审核报名材料170余件，受理报价120余件。完成现场交易91宗，土地出让招标拍卖挂牌 109 宗。出让土地面积 688.56 公顷，土地出让金总额 162.12 亿元，实现政府收益 62.75 亿元。

（左永康）

【储备土地管理】 2021 年，滨海新区土地发展中心加强储备土地的巡视看护工作，定期巡视排查看护管理土地 89 宗，建立看护人员每日巡查、领导小组成员每周巡查、领导小组组长每月巡查的长效巡视排查制度。完成储备地块裸露地面、环境治理、火灾安全隐患的排查工作，实施新北路国泰实业、汉沽五纬路崔庄地块裸露地面苫盖工作，苫盖土地面积约 8.88 万平方米；实施京津塘高速公路南瑞 A 地块、北塘东海路总参北塘盐场地块、汉沽茶东村、北塘渔人码头等地块破损围挡修复工作，修复储备土地破损围挡约 992 米。开展项目地块土壤污染调查和风险评估工作，场地调查 47.71 公顷、完成 9.8 公顷。

（左永康）

【土地供后管理】 2021 年，滨海新区土地发展中心处置闲置土地 19 宗，处置超期开竣工项目 23 宗。涉及闲置土地处置、开工延期、竣工逾期 7 宗，签订补充合同 17 宗。在 OA 监管系统监管的项目中发现有问题项目 85 宗。开展全过程监管，包括土地出让金、土地交付确认书（土地交付）、开竣工等监管，开具土地交付确认书 10 宗；与登记中心配合开展“交地即拿证”工作，方便企业及时办理土地初始登记等后续手续；对个别未按期交付土地出让金项目，开具“出让金催缴通知书”。

（左永康）

【土地征转及补充】 2021 年，滨海新区农用地转用、土地征收、临时用地 30 宗，面积 81.21 公顷。加强占补平衡管理和补充，完成 2 个项目占补平衡工作。包括 2021 年第十八批农用地转用项目（海油大道与高新八路交叉口西南地块），补充耕地面积 2.13 公顷，补充粮食产能 1.91 万公斤；蒙西煤制天然气外输管道（大港分输站）项目，农用地转用土地征收，补充耕地 0.82 公顷，补充粮食产能 6138.75 公斤。

（左永康）

【土地市场管理】 2021 年，滨海新区累计出让土地 126 宗，成交土地面积 831.62 公顷，土地出让金总额 197.4 亿元，实现政府净收益 80.19 亿元。其中，经营性用地成交 53 宗，土地面积为 182.03 公顷，土地出让金总额 154.48 亿元，实现政府净收益 68.59 亿元；工业用地成交 73 宗，土地面积 649.59 公顷，土地出让金总额 42.92 亿元，实现政府净收益 11.6 亿元。

（康艳红）

【批而未供土地处置】 2021 年，滨海新区 2004—2018 年批而未供土地计划盘活面积 2069 公顷，已盘活面积 457.9 公顷，盘活率 22%。其中，自然资源部考核的 2009—2018 年批而未供土地的任务 358 公顷，已盘活面积 190.96 公顷，盘活率 53.3%。此外，滨海新区根据清查整治行动数据组织各大功能区编制 2021 年滨海新区批而未供土地年度消化计划和三年滚动消化计划。

（康艳红）

【闲置土地处置】 2021 年，滨海新区闲置土地处置到位 67 宗，土地面积 833.7 公顷，已收闲置费 2432.9 万元。违约竣工项目处置到位 27 宗，土地面积 142.8 公顷，已收违约金 1267.2 万元。违约开工项目处置到位 4 宗，土地面积 8.2 公顷，已收开工违约金 24.84 万元。

（康艳红）

【建设项目用地报批】 2021 年，滨海新区完成蒙西煤制天然气外输管道项目、北京燃气天津南港液化天然气 2# 阀室项目、中塘污水处理厂、中塘消防站、工业储备等 17 个项目组卷报批工作，申请用地总面积 42.94 公顷，其中农用地 39.15 公顷。对欣苑二幼和港城投资公司的小王庄示范镇农民安置用房增建项目、塘沽公路联络线工程、汉南风电项目等 10 余个项目，按照新程序开展启动公告及安置补偿方案公告工作。完成新区 2021 年第六批、七批、八批等 9 个项目批后公告，完成征地补偿费拨付等批后落实工作，整理归档 9 个批次件。

（康艳红）

【耕地保护“田长制”实施】 2021 年，滨海新区推动耕地保护“田长制”实施，向各街镇下发《关于严格控制耕地转为其他类型农用地的通知》《滨海新区防止耕地“非粮化”稳定粮食生产工作方案》，提供永久基本农田的图斑位置图及相关表格，重点对胡家园街等 6 个街镇的“田长制”推动落实情况、设施农业备案管理情况、耕地“非粮化”落实情况等耕地保护工作进行抽查。

（康艳红）

【违法用地整治】 2021 年，滨海新区将农村乱占耕地建房专项行动、土地资源利用清查整治、历年督察整改问题一并纳入“疾风厉势”专项行动，通过图斑切分和去重，形成新区历年遗留违法用地“一本账”。经梳理，历年遗留违法用地“一本账”共涉及图斑 5648 宗、2012.6 公顷，总量约占全市的 8.7%；已整改 2016 宗、917.29 公顷，宗数占比 37.29%、面积占比 45.58%。

（康艳红）

【农村乱占耕地建房问题整治】 2021年，滨海新区全面开展新区农村乱占耕地建房问题的外业摸排工作。新区纳入农村乱占耕地建房问题整治台账图斑1232个，项目总面积211.68公顷（占用耕地157.06公顷，含基本农田1.75公顷），已整改184宗，48.21公顷（占用耕地37.03公顷，含基本农田0.1公顷）。

（康艳红）

【地热井专项清理整治】 2021年，滨海新区开展地热井采矿权整治工作。新区具有采矿许可证的单采地热井56眼。至年末，封填16眼，改造为观测井7眼，完成改造整合10眼（将其中5眼改造为回灌井与其余5眼整合），完成补建回灌井方案审查10眼。

（康艳红）

【卫星图片整治工作】 2009—2018年，滨海新区历史遗留违法用地333宗、154.56公顷，已完成整改271宗、120.18公顷，其余62宗、34.38公顷违法项目仍在整改中。其中，1宗项目、图斑面积0.95公顷因涉及民计民生，经区委政法委专题研究，决定暂不拆除。

2021年，自然资源部累计下发卫星图片图斑2145宗、3054.75公顷。经核查研判，无新增违法用地，建区十余年来首次实现全区范围内违法用地“零新增”；其中43宗、25.51公顷违法建设，按相关规定以整改任务的形式转办属地街镇综合执法部门依法处置。

（康艳红）

## 国有资产监督管理

【概况】 2021年，滨海新区深化国资国企改革，构建国资监管格局。至年末，区属国有企业资产1.10万亿元，增长6.32%；所有者权益总额3778.33亿元，增长4.54%；实现营业收入438.49亿元，增长22.83%；利润17.38亿元，增长183.84%；净利润8.16亿元，增长130.26%。

（齐　芳）

【国有资产管理】 2021年，滨海新区国资委制定《滨海新区区直属企业投资监督管理办法（试行）》《滨海新区区直属企业投资项目负面清单》《滨海新区区直属企业境外投资项目负面清单》《关于进一步加强区属国有企业财务管理工作的意见》。加强对国有参股企业管理，出台混合所有制改革中加强党组织建设、规范股权代表管理的相关文件制度。制定《滨海新区直属国有企业董事会建设和工作评价暂行办法》《滨海新区直属国有企业外部董事管理暂行办法》，印发董事会向经理层授权事项指引。建设103名专业人才构成的外部董事专家库，完善52户国企董事调整工作，为滨海建投集团、滨海国投公司、土地开发公司、文投公司4家直属国有企业选聘8名外部董事。加快“滨海智慧国资”监管系统建设，财务运行分析、企业改革、大额资金监测、“三重一大”等19个功能模块上线运行。推动各开发区国资监管部门建设智慧国资监管系统。启动党建平台、人才库系统等模块规划，推动二期项目实施。完成各开发区产权登记系统端口、评估管理系统端口开放工作。产权登记81项。其中，占有登记25项，变动登记41项，注销登记15项。

（齐　芳）

【服务国有企业】 2021年，滨海新区国资委进行疫情防控工作。选派干部职工200人次，参与隔离点及协助疫苗接种工作。推动市统计局分派2323家企业职工疫苗接种摸排工作，接种16.2万人。以区属地一级企业集团为单位，分驻区央企、市管国企、开发区国企、区直属国企四个层面组织推动和摸排统计，疫苗接种近15万人。落实安全生产主体责任，将企业安全生产工作目标与领导人员经营业绩一并考核。印发《区国资委督促直属企业开展安全生产专项整治三年行动工作方案》，梳理涉及危化品企业名单并按危化整改要求做好企业排查工作。开展国有企业安全生产和消防安全整治百日攻坚行动，排查可能存在的各类隐患。完成三年帮扶困难村东湾河村工作，在天津市考核验收中排名第二，做好乡村振兴工作衔接，协助销售农产品超过3万元。发挥区属国企作用助力东西部协作，指导滨海国投公司在青海省黄南州投资500万元设立扶贫商贸企业，区国资系统捐助帮扶款、购买帮扶产品1000余万元，投入5000余万元落实疫情防控、创文创卫各项工作任务。办理各类信访事项，回应信访人诉求，指派专人到区社会矛盾纠纷调处化解中心值班，接待来访群众。对重点信访事项，明确包案领导和负责人，有序推动办理。落实三级领导包联工作，协调解决企业难点问题。

（齐　芳）

【国有企业改革】 2021年，滨海新区国资委推进区国有企业改革工作，印发《滨海新区国企改革两年行动实施方案（2021—2022年）》。开展区属国企混改工作，跟踪掌握混改进度，动态调整改革任务清单，混改出让企业50户、出清企业102户。开展“三项制度”改革工作，推进用工市场化制度改革，区属一级、二级国有企业均实施市场化用工管理机制；健全选人用人制度改革，区19家一级企业集团均制定经理层成员任期制契约化改革实施方案并全面推行；完善薪酬分配制度改革，严格区属国有企业负责人年度经营业绩考核，运用经营业绩系数、党建考核系数、绩效年薪系数核定企业主要负责人绩效年薪。开展经营性国有资产统一监管工作，制定《关于规范各部门、各街镇出资设立企业的接收和管理操作程序》，指导各单位做好移交工作，经营性国有资产集中统一监管比例（按资产计算）达到99%。

（齐　芳）

【国有企业转型】　2021年，滨海新区国资委推动企业转型创新，以滨海国投公司为平台，分别在市场化基金、环保、大健康、新能源等产业方向实现布局，新设企业7家，总投资规模2.5亿元。推动滨海国投公司所属企业整合，形成以国资运营公司为平台的城建、供热、商业、粮食四大板块，涵盖资产管理、民生服务、城镇化建设、供热、商业贸易等五大产业领域，缩减企业，实现提质增效。推动滨海建投集团和城建集团整合，研究提出商投集团和粮食购销公司调整整合初步方案。

（齐　芳）

## 财　政

【概况】　2021年，滨海新区财政工作坚持稳中求进工作总基调，全区经济呈现稳中加固、稳中向好态势，社会民生得到有力保障。落实预算法及实施条例要求，落实《关于进一步深化预算管理制度改革的意见》，整改各项审计问题，依法接受人大监督。深化财税体制改革，制定新一轮开发区财政体制，合理划分新区本级与开发区的财政收入范围和支出责任。建立街镇财力增长激励机制，设立街镇高质量发展资金，激发街镇发展动力。坚持统筹兼顾、突出重点，精打细算、严控开支，“三公”支出在上年压减的基础上继续从严管控。坚决兜牢“三保”（保基本民生、保工资、保基层政府运转）底线，落实“三保”资金专户管控，保障“三保”支出正常支付。加快预算管理一体化系统建设，全面实施预算绩效管理。

是年，全区一般公共预算收入572.4亿元，完成年初预算101%，比上年增长11%，其中税收收入505.7亿元，比上年增长11.7%。全年辖区总收入、市级税收收入对全市经济增长贡献率均在50%以上。全区一般公共预算支出807.9亿元，完成预算90%，比上年下降3.3%。

（高贵明）

【财税政策执行】　2021年，滨海新区落地各项财税政策。争取资金方面，全年争取中央及市级专项资金40.8亿元、高质量发展专项资金50亿元、新增政府专项债券244.6亿元，保障经济社会重点领域发展和美丽滨城“十大工程”建设。减税降费方面，坚持普惠性减税与结构性减税并举，落实国家和天津市减税降费各项举措，全年减税降费超过35.4亿元，增强市场主体活力和发展后劲。政府采购方面，完成集中采购项目2493项、采购规模10.13亿元，其中招投标项目175个（含5个涉密项目），采购预算9.54亿元，实际采购金额8.5亿元，节约资金1.04亿元，节约率11%。惠企利民方面，继续发挥常态化财政资金直达机制作用，确保资金直达基层惠企利民，全年拨付15.7亿元，惠及企业503家、45.09万人次。

（高贵明）

【财政管理】　2021年，滨海新区完善开发区财政体制，制定《滨海新区重点税源企业跨区迁转管理办法（试行）》《滨海新区财政调度资金管理办法（试行）》《滨海新区生态保护补偿办法（试行）》3个配套办法，明确除滨海—中关村科技园和东疆保税港区租赁产业以外，各开发区产生的税收区级留成部分超过收入基数部分，由区财政与各开发区按照10∶90比例分配；全区范围内企业正常迁转的，迁入企业形成的税收区留成部分，5年内由迁出地和迁入地按5∶5划分原则；建立国库资金调度制度，初步形成生态补偿转移支付机制。

支持街镇经济发展。每年将市财政返还滨海新区的增量分享收入（70%部分）区本级留成部分，全部用于支持街镇发展，建立街镇财力增长激励机制；在全区高质量发展专项资金中，单独安排一定额度的专项资金，设立街镇高质量发展资金；除棚户区改造、示范镇建设以及轨道交通建设等重点项目平衡地块，街镇土地出让收入扣除土地整理成本以及各项计提资金后，其余部分按照10%比例分配给街镇使用。

加强预算绩效管理。印发《天津市滨海新区委托第三方机构参与预算绩效管理工作暂行办法》《天津市滨海新区财政局预算绩效管理内部工作规程》《天津市滨海新区各开发区、街镇（园区）全面推进预算绩效管理工作实施方案》等5个管理办法，形成涵盖绩效管理全流程各环节的制度体系。组织区级部门、街镇和开发区业务及财务人员开展绩效管理专题培训，2000余人次参加。对区级部门全覆盖开展绩效管理工作，完成绩效目标、监控、自评表约1.5万个。优化财政资源配置，对15个重点项目开展事前绩效评估，8个项目开展财政重点绩效评价，4个区级部门和3个街镇开展部门整体支出绩效评价，形成财政安排预算的有力依据。

推进政府采购领域改革。针对

采购人，加强政府采购流程的业务指导和宣传培训；在组织采购活动、落实政府采购政策、合同履约验收和资金支付方面，强化采购人主体责任；加快推进电子化政府采购，提升政府采购透明度；全面梳理采购过程中存在的痛点和堵点，并以目录方式对177条禁止规定予以明确，为采购人划出禁区和红线。

推进预算管理一体化。完善预算基础信息、项目库、预算编审各环节各阶段业务流程、岗位设置及管理权限，开展预算管理一体化系统业务培训13期，烧制Ukey2022个，实现编码、软件、规程、制度、运维“五个统一”，全区预算管理一体化系统顺利上线。

财政支出管理。围绕“一新三区”（打造经济发展的新阵地、打造主导产业发展的配套区、打造中小微企业发展的集聚区、打造假日休闲经济发展的活力区），强化税收征收征管，加大稽查力度，堵塞征管漏洞，确保颗粒归仓，兜牢“三保”底线。全年“三保”支出143.6亿元，较上年增加32.07亿元，增长28.75%。

化解债务考核管理。将债务化解纳入新区“三考合一”指标体系，压实化债相关主体责任。做好债务风险率压降、债务化解、到期债务违约一票否决等要素综合考评，激励各化债牵头单位提质增效、协同配合主动性，实现化解债务全周期的闭环考核管理。

（高贵明）

**【政府债务管理】** 2021年，滨海新区注重防范化解债务风险，实际化解债务174.8亿元，完成年初任务目标163%。

降低融资成本。通过债务缓释，将短期债务置换为长期贷款20笔、67.52亿元，高利率成本降为低利率成本17笔、34.71亿元，非标产品转换为银行贷款6笔、53.4亿元，公开市场债券转换为银行贷款140笔、176.2亿元。

盘活闲置资产。按照“宜整合则整合、宜转则转、宜售则售、宜租则租”的原则，印发《关于印发滨海新区区级行政单位房屋资产盘活工作方案的通知》，盘活党政机关事业单位出租闲置房产13处，面积15.43万平方米，地下空间出租28处，实现收入397万元。加速盘活天津港“8·12”受损房屋资产，认购784套，面积8.06万平方米，合同额12.3亿元，销售回款11.61亿元；利用为长租住房726套，面积7.24万平方米，实现融资化解隐性债务10亿元。

（高贵明）

**【保障和改善民生】** 2021年，滨海新区加大民生支出。其中，教育支出79.9亿元，比上年增长25.1%；社会保障和就业支出24.5亿元，比上年增长20.9%；文化旅游与传媒支出6.2亿元，比上年增长17.4%；节能环保支出6.7亿元，比上年增长13.1%。

助力教育高质量发展。保障教育经费“两个只增不减”。印发《关于进一步做好义务教育阶段学校课后服务工作的实施方案》，办好办实“双减”政策下学校课后服务。东壹区九年一贯制学校施工达到正负零，实验中学海港城学校投入使用。

助力乡村全面振兴。及时足额兑现种粮农民资金、耕地地力保护、农机购置、农业保险保费等强农惠农政策0.67亿元。对口支援青海省黄南藏族自治州、甘肃省合作市和甘肃省张家川回族自治县101个帮扶项目1.38亿元，巩固拓展脱贫攻坚成果同乡村振兴有效衔接。

助力关爱弱势人群。推动12家企业划转部分国有资本充实社保基金，进一步优化养老金保障机制。打造民政“补贴宝”平台，实现高龄老年人关爱金、低保等24项财政补贴资金线上点对点乡村发放，发放0.28亿元，惠及5.6万人。

助力城市运行更新。投入30余亿元，保障环卫扫保、垃圾清运、绿化养管、采暖供热、公共交通、路灯照明和路桥养护等公共事业服务运行。发行轨道交通专项债81.9亿元，加快轨道交通B1线和Z4线建设。发挥2.95亿元财政资金撬动作用，引入社会资本实施56处远年住房老旧小区改造工程。

助力文体事业蓬勃发展。巩固全国文明城区成果，推动新时代文明实践所（站）和“五爱”教育阵地建设。投入0.14亿元，保障区文

11月2日，区财政局到甘肃合作市调研　　区财政局　供图

化中心、图书馆、文化馆、科技馆等公共文化设施免费开放。

助力医疗卫生服务上水平。投入疫情防控保障资金2.96亿元，支持疫苗存储冷链设备采购以及第五中心医院、大港医院核酸检测基地建设。争取专项债资金，提高医疗卫生资源供给质量，北京大学滨海医院门急诊楼、滨海新区中医医院、滨海新区肿瘤医院投入使用，完成天津医科大学总医院滨海医院搬迁。

（高贵明）

**【推动绿色低碳高质量发展】** 2021年，滨海新区加强大气、地表水、土壤、海洋生态环境保护及污染防治能力建设，申请中央财政支持天津海洋生态保护修复专项资金和市级海域使用金7.9亿元，推进渤海综合治理和海岸线保护工作。

全年投入33亿元加快国家级企业技术中心、高新技术企业、科技型企业、专精特新中小企业培育，支持智能制造、曙光、麒麟、天河三号、数字孪生城市（一期）建设，推进"新基建"项目高标准建设，助力市场主体创新和关键核心技术攻关。

筹集专项资金和争取债券额度245亿元，支持津石高速建设、落实京津城际延长线运营补贴，兑现天津市第五中心医院（北京大学滨海医院）、清华大学电子信息研究院、北京大学（天津滨海）新一代信息技术研究院等合作共建项目财税政策。扶持滨海—中关村打造良好创新创业环境，助力天津港加快建设世界一流绿色智慧枢纽港口。京津冀协同发展产业投资基金注册落地，滨海产业基金核准基金规模超百亿。

（高贵明）

## 税　务

**【概况】** 国家税务总局天津市税务局在滨海新区下设滨海新区税务局、开发区税务局、天津港保税区税务局、高新区税务局、东疆保税港区税务局、中新生态城税务局、第四税务分局、第三稽查局等8个分局。

2021年，滨海新区区域内税务分局贯彻执行税务、稽查相关的法律、法规、规章和规范性文件，有效组织各项税收、社会保险费和有关非税收入，维护和规范税收秩序，开展税务稽查，落实减税降费，深化征管改革，升级税费服务，进行税收宣传，为新区区域经济高质量发展提供有力保障。

（高颖超）

**【滨海新区税务】** 2021年，国家税务总局天津市滨海新区税务局完成总局口径税收收入（含调库）184.15亿元，一般公共预算税收收入104.14亿元，区级税收收入69.6亿元；完成非税收入（不含社保、工会、年金）5.52亿元，社会保险基金收入86.39亿元。

减税降费。落实减税降费等各项税收优惠政策，促进煤电和热力保供，支持制造业中小微企业，成立专项工作协调机制小组，走访辖区企业，强化政策跟踪落实和效应分析。开展税收政策宣传宣讲，微信公众号发布信息1798条、阅读量17.8万人次，受理业务咨询10万户次，开展培训34次，做到宣传辅导全覆盖。

征管改革。落实《关于进一步深化税收征管改革的意见》，按照实施方案要求，推进各项改革任务落实。推行增值税专用发票电子化、"七税两费"综合申报、财行税合并申报等工作。完善跨区税源重点工程管理，落实"双随机、一公开"检查工作，推行"首违不罚"事项清单。受理京津冀跨省迁移流程优化后全市首例业务，优化税收营商环境。

税费服务。开展便民办税春风活动、"春雨润苗"专项行动，推进"非接触式"办税缴费，推广微信预约，推进智慧服务厅建设。打造"智能语音＋人工坐席"咨询热线及"7×24小时"税企联络群，建立健全"好差评"常态化工作机制。扩大不动产中心税务窗口承办事项范围，率先在全市实行"街税银"一体化合作代办社保费工作模式，并升级为"社税银"服务平台，入选区政务服务十大创新案例并获最优服务奖。

依法治税。落实货劳政策和风险管理双轮驱动闭环管理，做好企业所得税及个人所得税年度汇算清缴、土地增值税清算、非居民企业

4月15日，区税务局推进智慧服务厅建设　　胡春晓　摄

管理等工作，规范财产行为税、资源和环保税管理，推进灵活就业人员社保费和非税收入划转，常态化开展扫黑除恶专项斗争。配合做好国务院第八次大督查、法治政府建设、依法治区等工作，开展第30个全国税收宣传月、国家安全日、国家宪法周等普法活动。

（胡春晓）

**【开发区税务】** 2021年，开发区税务局完成全口径税收474.06亿元（含免抵调），征收社会保险费112.3亿元，非税收入12.5亿元。利用税收大数据建立应享未享清册，新增减税降费14.42亿元。开展经济税源状况分析调研，完成税收分析报告24篇、组织收入汇报材料19篇。加强各税种、各重点行业监管分析，查防并举强化风险管理，加大土地增值税清算力度，重点监控间接转让股权、特殊性税务重组、红筹股回国上市等事项。

征管改革。制定六方面81项改革措施，创新推行“四慧”（慧征管、慧办理、慧分析、慧联动）举措。开办“慧征管”系列课堂，推广“云培训”，提高执法精确度；发挥全面依法行政领导小组、重大执法事项审核小组职能，完善工作规程，提前介入重大事项，用法律顾问、公职律师依法行政，降低执法风险；落实“首违不罚”清单，推行告知承诺制；加强执法督察，强化内控管理。实行“慧办理”，简化流程，做好跨区域涉税事项网上办理集中测试；利用大数据筛选建立小微企业汇缴直退清单，加速审核、应退快退；推进增值税专用发票电子化工作，做好财产行为税合并申报工作。进行“慧分析”，精准监管，打造重点行业分析精品，完成区域重点行业分析、跨区域联合分析7篇；做好高风险事项和重点领域风险分析应对，落实增值税发票管理快反机制，防范增值税发票风险、出口退税风险、增量留抵退税风险；强化千户集团企业税收风险人工复评，开展大企业专场培训、精准辅导，推行大企业个性化服务。开展“慧联动”，成立涉税复杂事项工作专班，对企业收购、破产等复杂事项“专家会诊”，提升业务应对层级，打通征管流程，提高复杂事项办理效率；加强跨区域协作，配合稽查部门打击虚开骗税等违法行为；与经开区社保分中心、自然资源、城市管理等部门建立协调联络高效运维机制，完成灵活就业人员社会保险费划转、多项非税收入划转工作，提高社会保险费和非税收入征收水平。

4月27日，开发区税务局深入企业开展政策精准辅导　　何梅　摄

纳税服务。开展地铁“税收专列送政策”税宣活动，循环播放税收公益广告；扫码征集纳税人需求，针对性推送适用政策，做好所得税年度汇缴，开办现场、钉钉、千聊等各类培训21场，微信推文356篇，平台互动4328次，电话辅导6.63万次，短信提示26.84万次。整合办税服务厅窗口职能，定制特色办税名片，按业务类型提前预约、精准受理，平均等候时间再次提速；录制“云课堂”，推广财产行为税合并申报、跨区域涉税事项网上办理，推行“自助办”“预约办”。落实“银税互动”政策，解决企业融资难题，对专精特新企业开展“一企一策”精准帮扶，举办“走出去”企业座谈会；招募10名“税务体验师”，体验预约办税、电子专票等事项；与经开区企业服务、招商部门联合培训、联合辅导、联合帮扶。开展“春雨润苗”专项行动，实地走访、电话回访企业3000余户，解决企业急难愁盼问题400余项。

（何　梅）

**【保税区税务】** 2021年，国家税务总局天津港保税区税务局完成所辖区域内各项税收、社会保险费和有关非税收入的征收管理等工作，全年组织税收收入超过300亿元。

税费收入。实施《中华人民共和国契税法》《中华人民共和国城市维护建设税法》等新税法，完成灵活就业人员社会保险费、防空地下室易地建设费、水土保持补偿费、排污权使用费、土地闲置费和城镇垃圾处理费等非税收入的划转征收工作，全年组织税收收入超300亿元。

减税降费。聚焦关键节点、重点对象、纳税人需求，多举措落实各项税费优惠政策，帮助纳税人缴

4 月 16 日，保税区税务局开展税法进校园活动　　吴文博　摄

费人及时适用相关优惠政策措施。全年新增减税降费 9.62 亿元。

征管改革。落实《关于进一步深化税收征管改革的意见》，落地增值税专用发票电子化改革试点工作，开具电子专票户数和开具电子专票份数相应的数据比例均位于天津市前列。跨科室抽调 8 名业务骨干组成“税管家”，对接保税区管委会招商引资团队，助力引进税源稳、税额大、落地快的高品质新业态企业。与保税区管委会多部门建立快速数据互通机制，有针对性地开展数据分析利用，4 篇税收分析专项报告获保税区管委会主要领导肯定性批示。开展普法宣传，深入企业、校园开展税法宣传活动，统筹落实“首违不罚”制度、《京津冀税务行政处罚裁量基准》，依法加强纳税人的权益保障。

纳税服务。持续推进“非接触式”办税，降低办税缴费成本。推广线上办税缴费渠道，提供电话、微信、电子邮件、邮寄等多渠道服务，打造网上办税、自助办税、手机 App 办税全功能体验办税方式。加大线上问题解答力度，建立点对点微信群，为纳税人提供税法咨询、纳税辅导、在线答疑、征期提醒、风险提示等税费服务。推进票 e 到家服务并承担邮寄费用，全年为 1.6 万户次纳税人邮寄发票 2600 余万份。举办专场培训，参训企业 1000 余户。多渠道收集纳税人堵点、难点问题，以一月一图的形式制作高频问题图解，线上线下阅读、播放频次超过万余次。开展税务干部“当一天办税人”体验活动，47 名干部代理陪同 76 户企业办理业务，查找问题 23 个，并进行整改。

（吴　瑕）

**【高新区税务】** 2021 年，国家税务总局天津滨海高新技术产业开发区税务局执行税收、社会保险费和有关非税收入的法律、法规、规章和规范性文件，组织各项税收、社会保险费和有关非税收入，维护和规范税收秩序，服务高新区区域经济高质量发展。

税收收入。坚持组织收入原则，科学分解收入任务，逐级压实责任，定期召开组织收入推动会和税收分析会，加强收入目标监控和执行情况督导，形成组织收入强大合力。

减税降费。结合国家自主创新示范区实际，开展一对一精准辅导，落实研发费加计扣除政策。落实“无纸化办理”要求，加快出口退税审核进度，全年审核出口退税申报户次同比增长 9%，退税额同比增长 42%。成立缓缴税费专项工作服务团队，走访相关企业，宣讲政策、问需问难。利用税收大数据对缓缴企业进行精准定位、精确分类、精细辅导，帮助企业充分享受政策红利。

税收管理。落实“首违不罚”清单制度，提升纳税人获得感和税法遵从度。搭建风险指标模型，对重点企业、重点领域开展风险分析。落实货劳税政策和风险双轮驱动闭环管理机制，加强增值税发票风险管理，强化案头分析和部门联动，

8 月 27 日，高新区税务局深入安捷物联宣讲税惠政策

高新区税务局　供图

成功打击团伙作案，防控虚开增值税发票违法行为。

纳税服务。推出天津市首个税控设备自助发行智能机器人，依托“新税通”有针对性地开展“云”宣讲，纳税人足不出户尽享“政策大餐”，积极探索新业态模式下的出口退税流程，相关做法被总局报道，推进增值税专用发票电子化，推行9个财行税种合并申报和增值税、消费税主附税整合申报。

（路凝山）

【东疆税务】 2021年，国家税务总局天津东疆保税港区税务局完成税收收入353.3亿元，增幅38%。完成中央级税收收入188.6亿元，增长38.2%；完成地方级税收收入164.6亿元，增幅37.8%。征收社保费13.8亿元，完成7项非税收入7.4亿元，代征工会经费0.65亿元。

征管改革。落实《关于进一步深化税收征管改革的意见》，做好电子专票及发票全链条风险管理双试点工作。以大数据平台建设为支撑，在调研原交通运输部推行无车承运试点试运行模式的基础上，与东疆保税港区管委会联合打造“共享经济平台企业综合服务系统”，实现“以网管网、线上线下一体化监管”的新型监管模式。以大数据为依托，实行风险分级分类管理，完善“堵漏增收”风险分析识别指标体系及模型库，发挥风险管理导向作用，优化税源。

纳税服务。优化办税流程，压缩业务办理等待时间。对辖区企业“云办理”《中国税收居民身份证明》，网上提交资料、享受直接邮寄到家服务，工作时间压缩在1天之内。利用“网络直播”送政策，为纳税人提供“零见面”培训服务。启用“纳税综合咨询服务平台”，拓宽税企沟通路径。做好政务服务“好差评”工作，全年收到评价28万余条，好评率99.99%。在天津市纳税人缴费人满意度常态化调查评比中综合得分86.69分，位列第五名。

招商引资。参加东疆保税港区管委会外出招商及招商对接会，在企业落地前即实现“税企面对面”。回应企业问题，开展宣传税收政策，为东疆保税港区管委会提供招商建议，助力优质新增税源快速落地。加强重点项目的纳税监测跟踪服务，开展飞机租赁、新增税源等税收专题分析，发挥“以税资政”作用。

（马　策）

3月3日，东疆港税务局工作人员帮助纳税人体验自助办税服务

马策　摄

【生态城税务】 2021年，国家税务总局中新天津生态城税务局负责中新天津生态城（含滨海旅游区、中心渔港经济区）、汉沽街道、茶淀街道、寨上街道、杨家泊镇范围内的税费征收管理等工作。组织全口径税收收入115.3亿元，组织市一般公共财政预算税收收入63.4亿元。

减税降费。强化税收分析预测，增强税收管理能力。定期召开收入形势分析会，积极应对减税降费、疫情防控等影响，开展纵向理念分析和横向行业趋势研判，科学预测税收发展趋势。利用税收大数据挖掘生态城经济增长点、反馈政策落实堵点、找出税源发展难点，形成12篇月度税收分析报告。依托大数据跟踪政策落实成效，强化政策效应分析，推出“减税降费专项定制”服务，实现税费优惠政策精准实施。全年新增减税降费4.51亿元。

组织收入。依托智慧税务大数据平台及税控系统，加强增值税征收管理；开展企业所得税汇算清缴工作，设立台账，逐户辅导，实施精细管理；制定个税年度汇算工作方案，组建退税审核团队，完善税务咨询服务，完成个税年度汇算工作；强化土地增值税管理，组建专业化团队，制定清算管理操作指引，全年土地增值税入库8.32亿元。推进社保费网络申报，强化政策宣传辅导和系统操作培训，落实征管职责划转各项工作。开展国际税收管理工作，组织非居民税收入库1.35亿元。

风险管理。提升税收执法水平。依托大数据技术，突出风险管理导向，规范风险应对工作流程，完成风控任务80批次，涉及582户次风险纳税人，入库税款及滞纳金1.35亿元。

税收征管。执行“首违不罚”清单制度，深化落实“三项制度（行政执法公示制度、执法全过程记录制度、重大执法决定法制审核制

4 月 15 日，中新生态城税务局走进生态城第二社区宣传减税降费政策
何佳　摄

度）”，落实重大执法决定法制审核。强化执法督办制度，由业务科室组建联合工作团队，定期对业务风险点进行筛查，下发执法督办任务单，对发现的执法风险点及时提醒，实现知风险、早应对。

办税服务。增设“一分钟速办”业务，在现有办税窗口数量不减的基础上，将涉税业务繁简分离，确保简事快办，单笔业务等候平均时长由 12.2 分钟缩减为 2.6 分钟。优化微信预约办税，纳税人按照预约时间到办税服务厅办理涉税业务，实现“零时差”办税，平均等待时间减少近 5 分钟。建立个性化台账，实现“标签化”管理，推行税收专家顾问与企业“一对一”直连服务模式，精准推送匹配的政策解读、疑难解答、办税指引，使纳税人缴费人懂政策、会操作。

纳税监管。对不同信用状况、风险级别的纳税人缴费人开展分类监管，从而实现监管成效最大化、对市场主体干扰最小化，促进市场主体诚信经营、依法纳税。

税务信息共享合作。建立信息联动机制，与中新天津生态城管委会各委办局开展专题会议讨论重大项目 30 余个，将重点企业、项目实现数据共享、信息共用。完善协同推进机制，加强与生态城法制局、教体局、团委等部门的联系，推进国家动漫园税收普法教育基地升级改造。

（何　佳）

**【第四税务分局税务】** 2021 年，国家税务总局天津市税务局第四税务分局征收税费收入 330.13 亿元。其中，税收收入 280.34 亿元（一般预算 47.57 亿元、中央级收入 232.77 亿元），社保费 23.53 亿元，非税收入 26.26 亿元。

组织收入。关注海洋石油行业收入走势、经济指标和税收数据，协同稳定税源，在严峻的税源转移形势下保持税收基本盘不动摇。全年辖区内纳税人享受研发费加计扣除 18.87 亿元、增值税留抵退税 1.13 亿元、制造业中小企业增值税缓缴 38.56 万元。

征管服务。落实《关于进一步深化税收征管改革的意见》要求，强化大企业合作遵从管理，建设风险共治机制，推广“非接触”办税项目。通过全覆盖宣传、精准推送、一对一辅导、各海域联合汇缴会等方式，完成企业所得税、个人所得税汇缴任务。开展“便民办税春风行动”“春雨润苗”等活动，打造精品纳税人学堂，推广“走出去、请进来”特色宣传，优化营商环境。

（于芳溪）

**【第三稽查局稽查】** 2021 年，国家税务总局天津市税务局第三稽查局，隶属国家税务总局天津市税务局垂直管理，承担天津市税务局列名大企业的税务稽查、税收高风险事项应对和协查工作，负责滨海新区、天津经济技术开发区、东疆保税港区、中新天津生态城、第四税务分局、津南区、宁河区区域内税收、社会保险费和有关非税收入违法案件的查处以及查办案件的执行工作。

税务稽查。发挥稽查以查促改、以查促收、以查促管作用，筑牢税务管理“最后一道防线”。分析重点税源，实施项目制管理，运用税收大数据提升执法精确度和监管精准度。全年 225 人次赴全国 24 个省份外调取证，完成组织收入任务。成立天津市首家警税合成作战指挥中心，通过“公安 + 税务”合成作战，探索建立“1+3+9（成立指挥中心运行管理机构，打通物理隔离、人力分散、信息壁垒三项限制，双方互接专网、派驻办公，实现数据交换、线索移交、情报研判、联合办案、联合会商、联合培训、联合宣传、联合保障、台账管理九大功能，联合打击违法犯罪）”税警协作实体化滨城新模式。建立“查管互促、查管联动”模式，总结分析辖区暴力虚开特点，提出优化征管建议 3 条。

税收服务。开展“我为纳税人缴费人办实事暨便民办税春风行动”，解决纳税人缴费人的急难愁盼问题。落实《关于进一步深化税收征管改革的意见》，清理长期未结案件，以案件的快查快审快结帮助中小企业。推行说理式执法，将“释法明理、法理相融”的执法理念贯穿稽查案件查办的全过程、各环节。

6月4日，第三稽查局工作人员与新区经侦人员在警税合成指挥作战中心探讨案情　　赵保森　摄

开展税法宣传进机关、进社区、进企业、进校园等活动，在地铁9号线、崇安里社区开设税法“流动课堂”。联合滨海新区公安局、工商联等部门，在中塘镇刘塘庄村开展“企业服务日”活动，针对企业难点、堵点、痛点开展辅导和政策解读。构建“新媒体+税法宣传”新体系，制作拍摄动漫视频《远离涉税“黑名单”，共建诚信经营圈》，作品收录于第二届“税眼看发展”全国短视频大赛作品集，并在中国税务报公众号发布推广。

（杨静雅）

## 金融监管

【概况】　2021年，滨海新区助力京津冀协同发展，优化审批流程，加大机构引入力度，吸引金融优质项目落地滨海新区。聚焦产业做好银企服务，修订完善《滨海新区关于支持企业上市融资加快新动能引育的有关政策》，推动2家企业成功上市。加快金融创新运营示范区建设，引导重点优势金融行业创新发展，探索建立区基金小镇，完善基金生态体系。完善多渠道银企对接平台建设，创新监管模式、化解隐性债务、做好防范和处置非法集资工作。

是年，中国人民银行滨海新区中心支行制定《关于做好2021年金融支持地方经济发展工作的指导意见》，加强窗口指导，引导金融机构加大信贷投放，调优信贷结构。至年末，滨海新区金融机构本外币各项贷款余额13225.7亿元，比年初增加699.5亿元，增长5.6%；中小微企业贷款余额6270.7亿元，增长9.5%。

（潘广宇　张琦琦）

【推动企业上市融资】　2021年，滨海新区推动企业上市融资。天津津荣天宇精密机械股份有限公司在创业板上市、凯莱英医药集团实现“A+H”两地上市；区政府与深交所签署战略合作框架协议，强化双方在资本市场领域合作。将拟上市后备企业纳入区领导三级包联服务名单，融合滨海新区“双万双服促发展”活动。组织召开3场资本市场培训活动，邀请深交所、北交所专家授课辅导，为新区拟上市后备企业和有意愿上市企业进行资本市场培训。

（潘广宇）

【完善银企对接平台】　2021年，滨海新区举办17场银企对接活动，包括涉农企业银企对接、航运保险政策宣讲、知识产权证券化、绿色金融政策宣讲以及融资租赁企业对接会等。设立并启用滨海新区小微企业首贷续贷服务中心，为小微企业提供首贷续贷政策咨询、贷款产品介绍和贷款受理等金融服务，通过“政务服务+金融服务”形式，实现“让群众少跑路”。高新区首贷续贷服务中心揭牌运行。“津心融”平台入驻区政务服务中心，运用大数据思维，挖掘企业税务、社保、医保等数据价值，缓解金融机构与企业间信息不对称问题，整合各类型金融产品，搭建线上金融服务“超市”，信创、生物医药、融资租赁等重点行业从中受益。各类平台服务区企业2890家，授信贷款39.09亿元。

（潘广宇）

【融资租赁商业保理创新发展】　2021年，滨海新区加大优势行业创新发展力度。融资租赁方面，有融资租赁企业1472家，占全市98%，租赁资产总额1.2万亿元。区金融局与自贸办、区市场监管局等部门建立联合创新工作机制，探索以融资租赁方式进行知识产权融资的规范化流程，为开展无形资产租赁业务创造良好环境。推进融资租赁企业和高新技术企业的合作，助力高新技术企业突破融资困境、开拓多元化融资途径，4家注册在滨海新区的融资租赁公司开展著作权、专利权、商标权的无形资产融资租赁业务，涉及租赁资产标的物总额30余亿元。成立天津租赁资产交易中心，挂牌总额超过10亿元，促进融资租赁公司改善流动性，降低资产集中度。

商业保理方面，区保理行业在平均企业资产规模、企业活跃程度、企业创新程度等方面处于国内前列。至12月末，全区保理企业636家，占全市 99.8%，总注册资本 1102 亿元；资产总额 2839 亿元，占全国保理资产总规模近三成；发放保理融资款本金余额 2291 亿元。助推滨海—中关村天津商业保理创新发展基地创新试点，开创国内企业债券确认、无形资产保理、资产数字化保理等创新模式，6 月试点完成全区第一笔商业保理差额纳税业务。

（潘广宇）

**【“滨海基金小镇”建设】** 2021 年 5 月 15 日，滨海新区探索建立的“滨海基金小镇”在于家堡金融区新金融大厦挂牌运营。至年末，“滨海基金小镇”吸引私募基金管理人、私募股权基金及投资咨询类公司 41 家，注册资本约 129 亿元；组织首届滨海基金小镇投资论坛、私募投资基金管理人登记法律事务培训等活动 12 场，700 余人参加。在各开发区建立“滨海基金小镇”分支机构，发挥各开发区招商引资专业优势，吸引更多基金公司及相关产业落地新区。出台《滨海新区政府关于促进股权投资高质量发展 支持滨海基金小镇建设的若干措施》，提出建立全业态功能的基金生态体系、完善多元化行业治理和服务机制、拓宽市场化募资渠道等 11 项支持措施，发挥“滨海基金小镇”行业聚集和服务辐射作用。

（潘广宇）

**【货币政策落实】** 2021 年，滨海新区中支印发《关于深入开展滨海新区中小微企业金融服务能力提升专项工作的实施方案》，通过三大专项行动（精准服务促融资行动、典型示范优服务行动、金租惠企创特色行动）、六项工作举措（强化货币政策工具支持和引导作用、搭建线上线下银企对接机制、开展金融机构督导走访、创建中小微金融服务示范窗口、开展优秀典型案例评选和搭建金租特色惠企经验交流平台等）推动改善中小微企业融资状况。引导法人机构通过贷款展期、无还本续贷、调整还款计划等方式为小微企业减轻还本付息压力。审核普惠小微企业贷款延期台账 6.92 亿元，惠及小微企业 342 家，平均延期 12.7 个月，总体延期率 47.9%，落地奖励资金 664.72 万元。推动滨海新区企业发债规模增长，31 家企业通过银行间市场发债融资 1867.8 亿元，增长 26.8%，占天津市 57.7%。深入天津市排放权交易所、生态城管委会、金融机构，了解绿色金融现状和业务发展难题，推动绿色金融产品创新，为天津市申设绿色金融改革创新试验区提供支持。指导金融机构为某企业办理“双质押登记”模式的碳配额质押贷款 1000 万元，被天津银行、日照银行等金融机构复制使用。

（张琦琦）

4 月 26 日，滨海新区小微企业首贷续贷服务中心揭牌　　徐文男　摄

**【金融风险防范】** 2021 年，滨海新区中支按季完成银行业法人机构央行评级工作，对地方法人银行开展压力测试，加强法人投保机构风险监测，对部分法人机构开展存款保险现场核查。落实重大事项报告和风险自评估制度，掌握金融机构风险状况，压实机构主体责任，推进高风险机构风险化解。加强挤兑风险防范，开展应对异常集中取款风险事件应急演练。加大存款保险宣传力度，实现存款保险宣传在新区社区和行政村等基层区域全覆盖。按要求开展对反洗钱义务机构的年度考核、监管走访以及风险评估等工作。做好防范非法集资、扫黑除恶专项斗争、反恐怖、打击走私综合治理、禁毒和打击治理跨境赌博等各类专项工作。

（张琦琦）

**【金融服务与管理】** 2021 年，滨海新区中支落实天津分行关于地方金融组织（融资租赁公司）专项统计工作要求，采集 81 家数据 14.2 万个。拓展征信自助查询渠道，滨海新区自助查询代理网点增至 19 家、设备增至 25 台，提供个人信用报告查询 18.36 万笔，增长 15.9%。受理征信投诉业务 198 笔。办理企业信用报告查询 6082 笔、司法查询 240 笔，分别增长 9.6%、215.8%。做好动产和权利担保统一登记公示系统宣传、统计工作，办理系统常用户 92 个。推动天津荣程联合钢铁集团接入中征应收账款融资服务平台，助力新区获批第三批社会信用体系建设示范区。加大现金流通管理，抓好现金投放回笼工作，保障货币供应稳定。深化多部门合作，组织召开辖区反假联席会议，开展风险提示、反假联合宣传及培训。加大整治拒收现金力度，防止拒收情况反弹回潮。深化现金服务示范区建设，督促辖区完善金融机构适老性设施建设和服务举措，多措并举提升货币发行工作质效。履行国库服务与国库监督职责，服务预算执行和社会民生。守牢资金安全与系统安全“两条底线”，强化财税资金运行保障。开展代理支库实地调研，提升各级国库服务效能。拨付计划支出、“点对点”直拨和“三保”账户资金，保障专户资金当日审核拨付。完成预算管理一体化系统上线运行，支持地方财政推进预算管理一体化改革。推动个税汇算清缴、海关政策性退税、小微企业退税等减税降费政策实施，解决企业及个人退税难题，释放惠民利企政策红利。组织开展国债主题宣传，提高群众储蓄国债知识的认知。强化准备金账户监管，加大对辖区内开户金融机构管理力度，防范资金运行风险。做好辖区窗口指导，对接金融机构解决实际困难，推动辖区法人金融机构上线综合前置子系统。统筹推进银行账户风险防控与优化账户服务。指导商业银行推行简易开户、账户分类分级、公示负面清单等措施提升账户服务水平。加强常态化监管，深入辖区银行网点开展优化账户服务暗访，督导银行机构落实支付降费相关政策。深化联防联控，开展涉电信网络诈骗银行账户专项治理，推进涉诈涉赌“资金链”治理，支持农民工欠薪治理及“双减”工作，全年处理金融消费者投诉事项4次，组织开展“3·15金融消费者权益日”“拒收人民币是违法行为”等主题宣传活动，持续推进的“宣传品牌创建”工程。推动金融多元解纷机制取得新进展，天津市金融消费纠纷调解中心累计受理滨海新区区域内金融纠纷调解71笔，完成调解47笔，实施司法确认14笔。

（张琦琦）

**【外汇创新试点政策受益面拓宽】** 2021年，滨海新区中支搭建市场主体外汇业务办理便利化场景，服务政策落地，推动“E路汇通”嵌入式登记。推动便利化政策落地，辖区企业利用资本金外汇收入支付便利化政策办理业务8400余笔、超5亿美元，利用贸易外汇收支便利化政策办理业务5800余笔、超24亿美元。开展问卷调查3次、座谈2次、暗访10次，推动辖区个人经常项目外汇业务便利化。简化租赁公司办理船舶离岸融资租赁对外债权登记业务申请资料，将审批所需材料缩减至11项，降低企业办理业务的时间、资金成本。完成15笔船舶离岸融资租赁对外债权登记业务，形成新的离岸租赁增长点。推动经营性租赁收取外币租金业务开展，鼓励企业利用经营性租赁结汇新政策结汇。服务地方机构扩宽融资渠道，为新区首家汽车金融公司办理8亿元人民币外债登记业务，推动消费金融公司首笔12亿元人民币跨境融资业务落地。为绿色产业、绿色项目办理外资业务涉及30余亿元人民币。服务创新发展，与东疆管委会建立推动区域新型国际贸易发展的常态化工作机制，离岸转手买卖业务跨境收支较上年大幅增长。推动全国首笔保理商跨境人民币国际保理业务落地，解决企业国际业务周期长占用资金多、汇率波动大等问题，实现业务模式创新，支持天津“保理业之都”建设。调研中埃·泰达苏伊士经贸合作区（以下简称苏伊士经贸合作区）跨境人民币政策需求，参加苏伊士经贸合作区政府间协调委员会第三次会议，努力形成天津自由贸易试验区与境外苏伊士经贸合作区“双区联动”发展新模式，推动跨境人民币业务发展。探索开展辖内银行政策落地执行评估，召开银、政、企三场义务监督员座谈会，开展政策落实情况自测自评、外汇便利化政策知识测试、滨海新区重点外汇管理政策落地执行情况问卷调查。通过知识测试、暗访、座谈等方式对辖内银行个人外汇政策掌握情况和执行情况进行调查。引入“问卷星”在线考试系统服务

3月14日，人民银行滨海新区中心支行开展“3·15 金融消费者权益日”宣传活动　　人民银行滨海新区中心支行　供图

11月18日，人民银行滨海新区中心支行赴工商银行开展外汇管理情况调研　　人民银行滨海新区中心支行　供图

考试平台，设置包括经常、资本、国际收支、结售汇和跨境人民币五方面近600道题目，提升辖区银行从业人员的政策理解力，参与答题超4500人次。强化辖区8大支柱行业定期监测，建立14+N家货物贸易、9+N家服务贸易企业库，实行重点企业动态监测。非现场监测企业超1.3万家次，核查银企70余家次。对近30家B/C类企业进行分类监管到期评估，对其中10家企业降级分类处理。开展数据质量专题管理年活动，加大国收统计申报数据监测。加强跨境资金流动趋势性、苗头性问题研判，打击违法违规行为，维护新区涉外经济平稳运行。

（张琦琦）

## 审　计

**【概况】** 2021年，滨海新区立足“审计监督首先是经济监督”定位，依法忠实履行监督职责，发挥审计在党和国家监督体系中的重要作用。全年计划审计项目41个，完成的审计项目38个，由于特殊原因终止审计项目1个，向市局提交审计报告1份。

（宋泽昊）

**【预算执行审计】** 2021年，滨海新区利用大数据资源和手段，对财政财务数据进行审计数据分析，针对审计分析的相关疑点问题，重点延伸审计28个部门单位，审计查出资产管理不规范等4大类25个问题。审计期间相关单位积极整改，有效促进部门单位规范会计核算和资产管理，强化财政资金规范管理。

（宋泽昊）

**【重点项目审计】** 2021年，滨海新区对政府投资的41项工程实施竣工结算和决算审计，其中计划内审计项目13个涉及15项工程。区审计局完成区政府交办的审计项目26个涉及26项工程。按审计意见，相关单位已进行整改或做出整改承诺。

（宋泽昊）

**【经济责任审计】** 2021年，滨海新区完成经济责任审计项目14个，重点关注领导干部经济决策、政策执行、经济管理和资金使用等权利的行使情况，审计发现财政财务收支、政府采购、“三重一大”、信息系统等问题。区审计局受区委组织部等46家单位委托，分175批对拟提拔、任命、评优的9921名干部进行审计并给予查询回复，为组织部门提拔任命干部提供参考依据。

（宋泽昊）

**【资源环境审计】** 2021年，滨海新区落实《领导干部自然资源资产离任审计规定（试行）》的规定，开展自然资源资产管理和生态环境保护责任履行情况审计，审计中关注领导干部贯彻执行落实市委、市政府和区委、区政府有关法律法规、政策措施、自然资源资产管理和生态环境保护目标完成等情况，揭示资源环境领域存在的违法违纪违规以及资金管理使用中的问题，促进

9月6日，政府投资绿化项目审计现场　　区审计局　供图

区域自然资源资产节约集约利用和生态环境保护。

（宋泽昊）

【企业审计】 2021年，滨海新区加强对国有企业的审计，研究国企改革审计的方针政策，增强国有资产管理、国企改革、风险防控等方面的审计监督力度。审计发现23类46个问题，撰写《关于滨海新区部分国有企业经营情况的调研报告》。

（宋泽昊）

## 统 计

【概况】 2021年，滨海新区推进统计现代化改革。深化地区生产总值统一核算工作，撰写《滨海新区统计局关于2020年生产总值统一核算基础数据的审核反馈意见》，开展统一核算数据评估工作；研究制定《滨海新区季度各开发区生产总值统一核算方案（2021）》，编制优化初步核算、统一核算、审核评估相关流程的模板；对各开发区平滑指数进行研究及试算，制定《各区域专业数据协调性评估办法》；搜集、整理、评估区及下辖各开发区、各街镇、重点企业核算支撑指标，完成生产总值初步核算、统一核算、审核评估工作，撰写《滨海新区各开发区季度生产总值统一核算数据质量审核评估方案》。推进专业统计改革任务落地，做好新动能引育、民营经济、中小微企业等重点领域统计监测分析，开展战略性新兴服务业、高技术服务业、新服务、科技服务业、生产性服务业、生活性服务业、健康产业、数字经济8个领域派生性产业监测工作；制定完善《滨海新区战略性新兴产业、高技术制造业、高技术服务业统计监测方案》，做好战略性新兴产业、高技术制造业、高技术服务业统计监测和分析工作；推进固定资产投资制度改革，健全项目跟踪机制，跟进法人单位和产业活动单位并重等国家重点改革任务，落实知识产权投资统计方案；加大对投资运行目标监测，以及“三新”（新产业、新业态、新商业模式）经济投资、实体经济投资、行业结构投资、民间投资、工业投资和基础设施建设领域等重点投资领域监测，为推进供给侧结构性改革提供参考。

（马文雪）

【依法治统】 2021年，滨海新区组织开展全区国家统计督察反馈意见整改，研究制定《滨海新区贯彻落实国家统计局督察反馈意见整改工作实施方案》《滨海新区统计局贯彻落实国家统计局督察反馈意见整改工作方案》及相关整改工作清单，组织全区各相关部门和全区统计系统开展整改，制定督察反馈意见整改措施69项，全部完成整改。组织统计执法工作，制定年度执法工作方案，组织执法人员参加市、区两级业务培训和业务研讨。全年对60家企业开展行政执法检查，对1家统计违法企业进行行政处罚。开展统计法治宣传，开展普法学习教育。全面推动诚信统计工作，组织企业开展信用承诺工作，面向普法骨干、统计调查对象、社会公众开展《天津市社会信用条例》《天津市企业统计信用管理办法》《天津市统计从业人员统计信用档案管理办法》的宣传，推进统计信用体系建设，在信用中国平台上公示受到行政处罚的企业1家。

（马文雪）

【统计筑基工程】 2021年，滨海新区深化统计筑基工程，建立区统计局数控小组、各业务室、各开发区和街镇多级联动、协同推进工作机制。研究制定《2021年深化筑基工程 提升数据质量工作安排》，建立任务清单，明确任务分工和完成时限，定期召开数据质量提升工作例会。区统计局各包联小组深入各开发区、街镇开展筑基包联宣讲、帮扶服务，宣讲专项行动的重要意义、部署安排和工作要求等。以统计数据“一套表”系统审核为依托，充实数据审核流程，加强数据的逻辑性、匹配性和协调性的审核能力和力度。建立健全重点指标统计台账，推动街镇建立完善统计台账，改进工作方式方法，提

9月17日，区统计局开展第十二届中国统计开放日活动 郑雪莹 摄

高工作效率。

（马文雪）

【统计服务】 2021年，滨海新区推进智库型统计建设。加强经济运行监测，关注全区经济及社会发展相关重点目标任务，聚焦常态化疫情防控以及外部环境变化等客观因素带来的困难挑战，加强经济高质量发展运行统计监测，第一时间搜集、审核、汇总和发布主要经济指标数据。持续深化统计分析，向区领导及时反馈月度、季度、年度全区经济运行情况；针对经济运行中的热点和问题做好专题分析研究，撰写《重点指标、重点企业及重点原材料价格影响情况报告》《滨海新区“七人普”数据结构分析》《从人普数据看滨海新区经济社会积极变化》等专题分析和汇报材料；围绕高质量发展，形成新动能引育指标监测和运行分析；按季开展街镇经济运行发展变化专题分析，及时向区委区政府和街镇经济发展领导小组办公室报送统计分析报告。开展重点课题调研，赴中海油、北疆电厂、天津泰达低碳经济促进中心等企业开展调研，撰写《滨海新区能源需求与产业结构转型升级调研报告》；完成调研课题《引育新动能 推动高质量发展——以滨海新区为例》。全年撰写统计分析报告58篇、统计专报54篇、统计简报20篇、统计内参4篇，报送各类统计业务信息258篇。

（马文雪）

## 价格管理

【概况】 2021年，滨海新区推进疫情防控应急保障工作、收费统计分析工作、推进农业水价综合改革、农产品成本调查工作、民生价格管理和价格监测预警等工作。2020年，行政事业性收费总额1.19亿元，比2019年减少3085.66万元，减少20.5%。主要因新冠疫情原因导致收费总额大幅减少。经营服务性收费总额4.19亿元，比2019年增加1.45亿元，增长52.9%。增幅突出的法律服务费2.37亿元，增加2.23亿元，增长15.9倍。主要由于区司法部门调整统计口径导致收费单位由2019年的9家增加到100家。由于新冠疫情导致各类法律事务明显增多，律师业务明显增加，收费也随之增加。

（蒋国梁）

【价格政策调整】 2021年，滨海新区按照天然气采购成本与销售价格同向等额联动原则，调整城市燃气管网非居民天然气销售价格。2021—2022年度供暖季城市燃气管网非居民天然气最高销售价格：一般工商业及其他用气价格每立方米3.72元，集中供热用气价格每立方米3.43元。燃气经营企业可在不超过上述价格标准基础上，自主制定具体销售价格。调整后的价格执行时间为2021年11月1日至2022年3月31日。

（蒋国梁）

【民生价格管理】 2021年，滨海新区通过电话、8890便民专线、政务网平台、主任信箱、人民网、北方网和信访等方式咨询价格政策热点民生问题，受理并办结各种渠道政策咨询104件，办结率100%。其中，涉及居民燃气供热供水收费政策、转供电价格、停车收费、物业收费、垃圾清运费、幼儿园收费、蔬菜价格、门票价格和价格举报等方面，并在第一时间与发件人沟通对接，解答来件人相关问题咨询。

（蒋国梁）

【农产品成本调查】 2021年，滨海新区做好农产品常规调查、直报调查、专项调查和月度分析工作，及时掌握成本和收益情况，分析变化趋势，为价格决策服务。5月10日—14日，对太平镇、中塘镇、小王庄镇、杨家泊镇9个生猪调查点进行调查，了解农调户生猪养殖情况、饲料价格变化及成本收益情况。做好农产品成本调查工作，完成生猪蛋鸡成本价格及饲料价格变化情况调查月报，发挥好价格监测和农产品成本调查人员点位的作用，做好市场分析和价格预警工作。

（蒋国梁）

【猪粮比价格监测】 2021年，滨海新区完善政府猪肉储备调节机制，做好猪肉市场保供稳价工作。开展实地调研，设立3个猪粮比价格监测点，监测品种主要包括生猪（育肥猪）、能繁母猪、仔猪、精饲料、玉米、豆粕、麦麸等。其中，执行周报制度包括生猪、精饲料、玉米、豆粕等价格；执行月报制度包括生猪补栏量、出栏量、存栏量和能繁母猪存栏量等数据，严格执行监测报告制度，科学准确计算猪粮比价指标，为完善全市猪粮比价监测统计分析提供数据支持。

（蒋国梁）

【推进农业水价综合改革】 2021年，滨海新区农业水价综合改革领导小组对11个涉农街镇开展农业水价综合改革工作验收，规范涉农街镇农村水权分配、以电折水计算方式、以电折水工作台账等，完成以村为单位的农业用水定价、水费收取、节水奖励及超定额累进加价、农水政策宣传等工作，完成农业水价改革实施面积1.96万公顷。

（蒋国梁）

【应急价格监测】 2021年，滨海新区启动疫情期间粮油肉蛋菜及防疫等相关商品价格应急监测工作，坚持日监测、日报告制度，不分工作日、节假日，依托11个菜市场对涉及民计民生42种农副产品进行价格监测，采取电话、微信、实地多种方式开展市场调查，确保价格数据准确，上报及时，为疫情防控期间价格稳定发挥积极作用。全年上报价格监测分析45期，上报农副产品等价格类信息1.53万条。

（蒋国梁）

4月7日，执法人员检查配餐企业　　区市场监管局　供图

## 工商行政管理

【概况】　2021年，滨海新区优化服务质效、严把安全关口，不断加强市场监管能力建设，健全完善依法监管机制，同步推进疫情防控、创城创卫和优化营商环境、维护市场秩序、严守安全底线等市场监管业务工作。在全市率先试运行市场主体住所在线核验功能。获得国务院办公厅督查激励，成为天津市唯一一个“深化商事制度改革成效显著、落实事中事后监管等相关政策措施社会反映好”的地区。

（修晓文）

【市场主体发展】　2021年，滨海新区新增市场主体6.53万户，同比增加16.95%。新增内资企业2.61万户，注册资金5800.32亿元，同比分别增加12.64%和减少11.45%。其中，国有控股企业649户，注册资金437.44亿元，同比分别增加10.56%和61.37%；民营企业2.54万户，注册资本5362.88亿元，同比分别增加12.69%和减少14.6%。新增外资企业543户，注册资金268.82亿美元，同比分别增加25.69%和减少7.1%。新增个体工商户3.87万户，申报资金25.66亿元，同比分别增加19.93%和18.41%。

至年末，滨海新区有市场主体31.25万户，同比增加11.05%。内资企业实有16.6万户，注册资金5.69万亿元，同比分别增加7.72%和10.15%。其中，国有及国有控股企业1.09万户，注册资金1.64万亿元，分别同比减少0.9%和增加4.77%；民营企业15.51万户，注册资金4.05万亿元，同比分别增加8.38%和12.49%。外资企业实有6956户，注册资本2308.09亿美元，同比分别减少5.86%和增加7.34%。个体工商户实有13.96万户，申报资金107.66亿元，同比分别增加16.39%和12.04%。

（修晓文）

【优化市场主体准入环境】　2021年，滨海新区统筹推进“放管服”改革，在区市场监管局加挂营商环境建设室牌子。企业登记平台持续优化，实行“证照分离”改革审批改为备案事项1132件，“一制三化”（承诺制、标准化、智能化、便利化）审批17.75万件，优化审批服务事项1.32万件，“信易批”（守信、容易、审批）2845户。在全市率先试运行市场主体住所在线核验功能。加快“企业开办一窗通”建设，全面实行“网上办、不见面”审批，全年网络登记率90.55%，其中无纸化登记率92.02%。扩大智慧审批试点，上线平台经济集中登记系统和场景式“智慧秒批”试点，实现营业执照秒办。

（修晓文）

【市场秩序监管】　2021年，滨海新区加强日常市场价格监测，集中开展6次特定商品价格专项检查，新区总体价格水平保持平稳。开展规范天津港口岸收费专项行动，为企业减负262.44万元。开展供水供电等公用事业收费价格监管，全覆盖检查391家转供电主体，退还多收电费1925.47万元，立案处罚10起、罚款10万元，曝光典型案件6起。强化广告市场治理，健全完善新区整治虚假违法广告工作联动机制。加强广告宣传导向审查，开展“护苗助老”广告和农村户外广告“假乱俗”问题治理等，集中整治违法违规利用中国共产党成立100周年等商业营销宣传行为。强化网络交易监管，开展2021“网剑行动”，规范“双11”“双12”网络市场秩序。开展校外培训机构不公平格式条款专项整治，集中评审、指导214家校外培训机构。加强住房租赁市场合同监管，检查住房租赁企业、房地产经纪机构202户。

（修晓文）

12月7日，执法人员检查商品价格　　区市场监管局　供图

【消费者权益保护】　2021年，滨海新区广泛开展“3·15”国际消费者权益日宣传教育系列活动。推行消费维权服务站及“ODR”（在线消费纠纷解决）企业工作机制建设，建成消费维权服务站70家、“ODR”企业62家，解决投诉纠纷3605件。全年受理各类消费者投诉举报6.6万件，同比增长44.88%，办结6.39万件，办结率96.91%。各级消费者协会受理消费者投诉762件，累计为消费者挽回经济损失1111.71万元。市场监管局妥善处理区委组织部缔造办派转的提级工单47件，会同区教体局、区商促局、区卫健委线下办理相关投诉举报工单，处理校外培训机构退费、单用途预付卡投诉举报、早教机构退费投诉工单579件。

（修晓文）

【市场监管执法办案】　2021年，滨海新区紧盯重点领域商品、重点区域范围，全面推进民生领域案件查办“铁拳”行动，聚焦食品、药品、特种设备、危化品等重点领域开展安全隐患排查整治和专项行动。加强非法集资监测预警，组织开展排查和化解非法集资风险专项行动。开展打击传销工作，加强直销企业监管。全年查处各类违法违规案件1.28万件、办结案件1.28万件，同比分别增长138.84%、109.88%；移送司法机关29件，同比增加81.25%；全年罚没款803.24万元。强化公平竞争审查制度，印发《天津市滨海新区公平竞争审查抽查检查制度》，完成公平竞争审查增量审查475件。

（修晓文）

## 质量技术监督管理

【概况】　2021年，滨海新区推进质量强区战略，修订《滨海新区质量奖管理办法》。质量认证服务能力显著提升，成功获批全国第二批试行CCC（强制性产品认证）免办自我承诺便捷通道区域，获批天津市第一批质量认证示范区。2020年度市级质量工作考核获得A级等次，连续3年位列第一。8家企业入选2021中国品牌价值榜，连续三年位列全市品牌得分排名第一。质量基础支撑能力指数全市排名第一。天津港、滨海新区检验检测中心获批全市首批质量基础设施“一站式”综合服务试点。全方位强化特种设备安全监管，深化电梯领域监管改革和制度创新，特种设备监察室获得“全国市场监管卫士”荣誉称号。

（修晓文）

【质量提升行动】　2021年，滨海新区启动第七届滨海新区质量奖评选工作。探索开展重点工业企业产品质量信用分类监管。日常巡查检查工业产品生产许可获证企业117家，开展生产条件监督检查24家。开展重点产品及安全环保类产品质量抽检1823批次。开展危险化学品、防疫物资车等29项产品质量专项整治，检查企业521家。联合多部门开展“全国质量月”主题活动41项。滨海新区2020年度市级质量工作考核获得A级等次，连续3年位列第一。8家企业入选2021中国品牌价值榜，连续3年位列全市品牌得分第一。质量基础支撑能力指数全市排名第一。天津港、滨海新区检验检测中心获批成为天津市首批质量基础设施“一站式”综合服务试点。全区企业申报2021年质量攻关项目445项、获奖187项，位列全市第一。5家企业包揽第四届天津质量奖。

（修晓文）

【标准化管理】　2021年，滨海新区开展企业标准自我声明公开工作，1118家企业声明公开7334项标准。组织新区企业申报2020年天津市标准化资助项目资金，16个项目获得资助。开展团体标准随机抽查、企业标准随机抽查工作。开展百城千业万企对标达标提升专项行动，新区23家企业完成对标达标68项。

（修晓文）

【计量监管】　2021年，滨海新区依法做好能源计量工作，对33家重点用能单位进行能源计量审查。对加油站、眼镜制配单位实施诚信计量分类监管，重点检查21家加油站的120台加油机和21家眼镜制配单位的61台件包含焦度计（屈光度计）、验光仪、验光镜片组。对31家集贸市场的1160台电子计价秤开展检查。对制造计量器具的获证企业开展监督检查，随机抽取17家企业组织实施检查。开展计量标准专项监督检查，抽取单位15家，检查计量标准42项。开展计量单位使用情况专项监督检查。检查图书零售单位52家，检查产品总数705件。接受水表、电能表、热量表等计量仲裁咨询57件，受理2件计量仲裁申请。

（修晓文）

**【认证监管】** 2021年，滨海新区获批成为全国第二批试行CCC（强制性产品认证）免办自我承诺便捷通道区域。受理免于办理CCC认证申请891起，发放证明884个，涉及253.7万件产品，货值1.47亿元，滨海新区免办的企业数、产品数及货值均超过全市70%。开展小微企业质量认证提升行动，2家小微企业获得ISO 9001质量管理体系认证证书，其中1家企业质量管理实践入选国家市场监管总局小微企业质量管理优良实践案例。滨海新区获批成为天津市第一批质量认证示范区，滨海高新技术产业开发区、天津港保税区获批成为天津市第一批质量认证示范点。

（修晓文）

**【重点产品质量监管】** 2021年，滨海新区重点加强成品油、车用尿素、涂料和胶粘剂等与环境保护重要指标相关产品的质量监管，并对环保类产品进行产品质量监督抽查。抽查建筑涂料生产企业4家15批次、成品油生产企业2家20批次、车用尿素生产企业4家6批次、成品油及相关产品销售企业219家969批次、车用尿素产品销售企业120家150批次、涂料、胶粘剂销售企业34家56批次、食品包装及塑料购物袋销售企业11家32批次。

（修晓文）

**【特种设备安全监察】** 2021年，滨海新区深化电梯领域监管改革和制度创新，公布电梯“按需维保”改革试点名单。搭建电梯专项资金保障体系，修订《天津市滨海新区居民住宅电梯应急基金使用管理规定》。组织开展新区特种设备安全专项整治三年行动，开展公用管道安全隐患排查、充装单位专项检查、危险化学品安全隐患大起底大排查、场（厂）内专用机动车辆专项整治、“防风险、遏事故、保平安、迎中国共产党成立100周年”特种设备安全集中攻坚专项行动等，检查企业4094家，发现并整改安全问题2561项、安全隐患193项。

（修晓文）

## 食品药品安全监督管理

**【概况】** 2021年，滨海新区开展食品安全事故实战应急演练，在全市率先完成食品经营环节信用分级监管。金元宝批发市场食用农产品电子追溯管理系统建设经验在全市范围内推广。在全市率先实施药品、医疗器械经营使用信用评价和分类监管，深入开展“滨城药盾”攻坚行动，因2020年在不良反应监测工作中表现突出，获评全国药品不良反应监测评价表彰。

（修晓文）

**【食品安全监管】** 2021年，滨海新区编制《天津市滨海新区食品安全“十四五”规划》，修订《滨海新区食品安全应急预案》，创新发布“食安滨海”指数。开展食品安全事故实战应急演练。统筹创建国家食品安全示范城市工作。在全市率先完成食品经营环节信用分级监管，推进食品生产领域信用体系建设，开展风险分级监管2.75万家。组织“食品安全宣传周”活动。实施“迎接建党100周年食品安全整治百日行动”、年度“攻坚行动”、野生动物“清风行动”与校园食品安全守护行动。开展各级食品监督抽检1.14万批次。强化食品生产经营从业人员培训考核，食品安全员抽考覆盖率100%。金元宝批发市场食用农产品电子追溯管理系统建设经验在全市范围内推广。

（修晓文）

11月15日，执法人员查验食品标签　　区市场监管局　供图

2月25日，执法人员检查药品价格　　区市场监管局　供图

【药品医疗器械监管】　2021年，滨海新区实施药品、医疗器械经营使用信用评价和分类监管。率先启动医疗器械唯一标识工作，推行企业13家。开展“滨城药盾”攻坚行动，推进打击非法收售药品、兴奋剂药品经营、检验用体外诊断试剂及手术室用防护医疗器械、医疗美容和儿童化妆品等专项整治工作，加强药品、医疗器械、化妆品风险排查处置，检查药店4114家、医疗器械经营企业2348家、医疗机构455家。开展“安全用药月”“医疗器械安全宣传周”“化妆品安全科普宣传周”宣传活动。监督抽检药品293批次、化妆品52批次、医疗器械49批次。做好不良反应、不良事件的督促上报工作，获全国药品不良反应监测评价表彰。

（修晓文）

## 知识产权管理

【概况】　2021年，滨海新区加强知识产权管理，知识产权发展不断迸发新活力。实施专利强企工程，实施高价值专利培育项目17项，开展发明专利“清零”，12家单位获得中国专利奖。建成滨海新区第一批230名知识产权专家库。设立知识产权运营基金6000万元，提升创新企业融资规模。建成知识产权服务业集聚区，支持高新区建立知识产权融资“一站式”服务基地，引进3家优质知识产权金融服务机构。在全市率先制定《滨海新区假冒专利行为举报奖励办法》，获批天津市第一批区域专利行政保护试点单位。知识产权保护中心荣获全国知识产权系统先进集体。

（修晓文）

【知识产权运营服务体系建设】　2021年，滨海新区发布《天津市滨海新区知识产权发展“十四五”规划》，研究制定《滨海新区知识产权运营服务体系建设资金管理办法》与《2021年滨海新区知识产权运营服务体系建设项目申报指南》。推动20类135个项目申报、评审、立项，项目支持资金7233万元，组织行业专家对重点项目开展4次集中培训指导。加快推动6个重点产业知识产权运营中心项目建设。15个产业规划类专利导航项目和30个企业创新类专利导航项目顺利完成结项工作。聚焦“1+3+4”（智能科技产业+生物医药、新能源、新材料三大新兴产业+航空航天、高端装备、汽车、石油石化四大优势产业解释）战略产业布局，实施专利强企工程，实施高价值专利培育项目17项，开展发明专利“清零”，12家单位获得中国专利奖。推进品牌战略发展工程，新增通过知识产权贯标认证企事业单位100家。创新高校院所转化模式，完成50家中小企业成功转化专利技术。建成区第一批230名知识产权专家库。是年，新区知识产权发展指数达到183.05，比上年增长18.63%。

（修晓文）

【知识产权融资服务发展】　2021年，滨海新区设立知识产权运营基金6000万元，提升创新企业融资规模。组织50余家企业参加2021年滨海新区银企对接会，有效增进知识产权与金融尝试性融合。完成《滨海新区知识产权运营基金管理办法》和《滨海新区知识产权融资风险补偿资金管理办法》起草。推进滨海新区知识产权运营基金管理人及托管银行、合作机构遴选工作。推动知识产权证券化工作，公开遴选2家滨海新区知识产权证券化牵头机构，督促指导11家中介机构加快债券发行申请进度，完成证券化储价交易文书和法律文本初稿，储价基础资产现金流拆分复核与交易文件定稿。建成知识产权服务业集聚区，滨海高新区建立知识产权融资“一站式”服务基地，引进3家优质知识产权金融服务机构。

（修晓文）

【知识产权保护】　2021年，滨海新区召开知识产权保护大会。建立知识产权保护重点联系机制。制定电子商务平台知识产权保护机制，与天津海关签署《滨海新区知识产权保护暨天津口岸安全风险联防联控工作协调协作备忘录》。新区获批成为天津市第一批区域专利行政保护试点单位。开展商标代理机构分级分类监管。深化打击侵犯知识产权和制售假冒伪劣商品工作，全年查处知识产权违法案件62起，罚没款66.35万元，销毁侵权商品12万件。成立第二批国家海外知识产权纠纷应对指导中心地方分中心。成立中国（滨海新区）知识产权保护中心生物医药服务分中心、天保智谷工作站。分别在5个开发区政务服务大厅设立商标咨询服务窗口。获得国家知识产权局专利预审服务IPC分类号扩充批复，高端装备制造和生物医药产业IPC分类号小类增加至80个。

（修晓文）

## 信用体系建设

**【概况】** 2021年，滨海新区制定印发《滨海新区创建第三批社会信用体系建设示范区工作任务分工手册》，完善创建工作机制。滨海新区获评国家级社会信用体系建设示范区，成为天津市首个国家级社会信用体系建设示范区，填补京津信用领域空白。

（刘克文）

**【区域信用状况监测】** 2021年，滨海新区发展改革委加大督查通报力度，建立第三方驻场人员绩效评价通报机制，稳定占比类指标项避免出现重大失误，加大创新项、信易+案例推广成效等手段，滨海新区在天津市市排名提升并连续保持在第一。区发展改革委（区诚信办）印发《社会信用体系建设考核评分细则（开发区版）》，并参照天津市公布的滨海新区双月信用监测评价结果，形成并公布各开发区双月信用监测评价结果，评价结果与新区“三考合一”季度考核结果挂钩。

（宋　雅）

**【重点信用领域专项治理】** 2021年，滨海新区印发《关于滨海新区构建以信用为基础的分级分类监管责任体系的通知》，推进信用为基础的分级分类监管。50余个领域实现分类监管、动态监管、精准监管，实施失信联合惩戒百日攻坚行动。落实国家发展改革委“屡禁不止、屡罚不改”严重违法失信行为专项治理工作部署，梳理核实相关企业261家，治理14家。

（宋　雅）

**【市场主体信用监管】** 2021年，滨海新区制定《天津市滨海新区部门联合“双随机、一公开”抽查检查制度》，联合抽查领域53个，覆盖22家区级单位，联合检查市场主体893户。依托行政执法监督平台，打造“双随机”检查应用场景。健全市场监管系统“双随机、一公开”规章制度，推进内部业务条线联合抽查全覆盖，联合抽查主体562户。创新市场主体年报工作机制，实现全程电子化填报，全区年度报告率近90%，大型企业实现100%应报尽报。组织全区开展无证无照专项治理，查处无照经营案件289件，开展宣传活动64次。开展诚信缺失突出问题专项治理。健全守信联合激励和失信联合惩戒工作制度，完善信用风险分类和修复机制，列入经营异常名录企业6882户、移出3013户；列入严重违法失信名单企业3936户、撤销36户、提前移出12户；完成市场主体信用风险分类修复3070户。

（修晓文）

**【信用修复初审】** 2021年，滨海新区完善“信用中国”网站和地方信用门户网站行政处罚信息信用修复机制，开展信用修复初审工作。指导被处罚对象按照失信程度，通过签署承诺书、履行处罚义务、提交信用报告等流程进行信用修复。对市场主体提出的信用修复申请进行初审，主动电话沟通问题。累计审核2150条，修复1219条，信用修复合规性、及时性100%。

（宋　雅）

**【第3批社会信用体系建设示范区创建】** 2021年，滨海新区被确定为第3批社会信用体系建设示范区，成为京津地区首个示范城市。区发展改革委牵头，组织区诚信建设领导小组成员单位，在42个区级部门、5个开发区、21个街镇启动实施。区发展改革委对照评审指标，完成《天津滨海新区关于参评社会信用体系建设示范区的自评报告》及佐证材料上报、指标异议申请和国家发展改革委指标抽查、指标整改等工作。

（宋　雅）

# 农业

## 综述

【概况】 2021年，滨海新区坚持以农业供给侧结构性改革为主线，加快培育农业发展新动能，打造乡村振兴“滨城模式”，推进各项工作落实，全区农业农村工作呈现稳中有进、稳中向好态势。农业综合生产能力稳步提升。实现农林牧渔业总产值52.41亿元，比上年增长26%。其中，农业总产值10.9亿元，比上年增长11%；林业总产值1170万元，比上年下降71.9%；牧业总产值15.74亿元，比上年增长9.7%；渔业总产值25.65亿元，比上年增长50.7%。实施高标准农田建设项目3个，面积840公顷；双城绿色生态屏障管控区内造林绿化完成造林面积67.07公顷；全区生猪存栏比上年增长78.18%，推进生猪产业集群项目建设，提高水产品“菜篮子”的稳产保供水平；推动农机化作业为农业生产保驾护航；加强重大动物疫病防控工作。北大港湿地自然保护区保护修复成效明显，落实湿地保护长效机制，实现保护区重点区域巡护全天候、全覆盖，推进保护区面积实现总量管控。提升依法行政能力，农产品质量安全和安全生产监管得到加强，强化食用农产品产地准出与市场准入的有效衔接，开展各类专项检查，排查风险隐患，加强重点时段、重点环节、重点领域的安全监控和管理。继续推进农业科教建设和农业产业发展，举办科技下乡活动，开展农业科技、科学普及服务，组织农业品牌创建，加强基层农业技术推广，完成农业技术人员和农民技术教育培训。

（王　萌）

11月11日，工作人员进行湿地保护区巡护　　孙洪义　摄

【高标准农田建设】 2021年，滨海新区实施高标准农田建设项目3个，总面积840公顷，其中汉沽街道86.67公顷、小王庄镇491.67公顷、太平镇261.67公顷。节水灌溉工程面积289.87公顷。总投资1890万元，其中中央财政补助1260万元、市级财政补助630万元。

（梁子扬）

【农业品牌化建设】 2021年，滨海新区加快推进农业品牌化建设，推动质量兴农、绿色兴农、品牌强农工作。至年末，全区有19家涉农经营主体的21个农产品获“津农精品”农产品称号，其中区域公用品牌2个、企业品牌10个、产品品牌

12 月，区农业农村委举办技术培训现场教学　　区农业农村委　供图

9 个。葡萄种植业协会的“茶淀”葡萄品牌、海升水产养殖有限公司的“海得润滋”对虾品牌、冬枣协会的“崔庄冬枣”冬枣品牌、永丰蔬菜种植专业合作社的“滨润永丰”蔬菜品牌被认定为“津农精品”中的“国内知名品牌”。

（刘　娟）

【农业科技下乡活动】　2021 年，滨海新区举办科技下乡活动，开展农业科技、科学普及服务，指导农民做好农业生产工作。在疫情防控期间，各农业技术推广单位将科技下乡融入日常工作，利用线上咨询、线下“一对一”技术指导等方式，做好农业生产科技服务工作。利用“新时代文明实践赶大集”活动平台，开展农业新品种、绿色种养殖技术、农产品质量安全宣传和咨询。全年开展线下主题活动 46 场，参与农民 1730 人。

（曹吟梅）

【农业人才队伍建设】　2021 年，滨海新区加强基层农业技术推广，重点围绕冬枣、葡萄、蔬菜等主导产业，打造高素质农民队伍。以家庭农场主为重点培育对象，举办新型农业经营和服务主体能力提升培训、种植养殖能手技能培训、农村创新创业者培养、农村实用人才带头人培训。全年培育高素质农民 120 人，培训家庭农场经营者 100 人，引进“设施农业生产带头人”20 人。

（曹吟梅）

【农业对外开放合作试验区建设】　2021 年，滨海新区配合农业农村部调研组完成天津赛誉食品有限公司调研工作，考察冻干水果出口加工基地。完成组织申报国际种质资源试验利用、示范推广基地建设项目（天津天隆在田农业科技有限公司）。完成“十四五”期间农业走出去国内配套支撑项目建设需求调度工作，收集报送天津港强集团有限公司、天津天隆在田农业科技有限公司、天津海河农业科技有限公司等 3 家企业农业“走出去”配套仓储物流设施项目、科技支撑项目。

（李　彤）

## 种植业

【概况】　2021 年，滨海新区粮食种植面积 2.48 万公顷，产量 11.23 万吨；蔬菜播种面积 1666.67 公顷，产量 6.25 万吨。开展防止耕地“非粮化”工作，制定《滨海新区防止耕地“非粮化”稳定粮食生产工作方案》，加强日常的抽查检查，及时处理农地非农用和粮地非粮化的有关问题。做好粮补工作，制定《滨海新区对种粮农户实施耕地地力保护补贴实施方案》，耕地地力保护补贴面积 2.6 万公顷，补贴资金 3699.42 万元。开展休耕轮作项目，休耕工作完成实施面积 260.4 公顷，补贴资金 195.32 万元；粮豆轮作完成实施面积 84.47 公顷，补贴资金 38.01 万元。完成小站稻种植 433.33 公顷，超额 33.33 公顷完成年度指标任务。

（傅　乐）

【粮食生产】　2021 年，滨海新区粮食作物种植面积 2.48 万公顷，产量 11.23 万吨。其中，小麦 7880 公顷，产量 2.13 万吨；玉米 1.49 万公顷，产量 7.92 万吨；其他 2040 公顷，产量 1.18 万吨。粮食单产 302 千克／亩、同比增长 12.9%。

（傅　乐）

【蔬菜生产】　2021 年，滨海新区落实“菜篮子”市长负责制蔬菜生产考核指标，完成蔬菜播种面积 1666.67 公顷，产量 6.25 万吨。新增露地高等经济作物的面积 866.67 公顷，新增设施农业建设面积 311.6 公顷。

（傅　乐）

【稻渔综合种养示范项目】　2021 年，滨海新区宁丰源种植专业合作社和天津市健源农业种植有限公司开展稻渔综合种养，种植面积 266.67 公顷，项目通过专家评审和区级验收。其中，天津市健源农业种植有限公司承担的天津市稻渔综合种养示范项目，完成河蟹总产量 7.75 吨，总产值 38.75 万元，产量 15.5 千克/亩。

（于秀臣）

【设施农业建设】 2021年，滨海新区成立设施农业建设工作专班，统筹协调各项工作开展。编制出台《天津市滨海新区设施农业“十四五”发展规划》，印发《滨海新区2021年设施农业(种植业)建设实施方案》和《滨海新区种植业设施建设实施细则》，将相对集中连片建设面积1.33公顷以上新建的智能连栋温室、二代日光温室和钢骨架暖棚纳入补贴范围。其中，智能连栋温室最高给予不超过总投资30%补贴，二代日光温室每亩补贴4万元（不含市补），钢骨架暖棚每亩补贴2万元（不含市补）。全年落实设施农业建设面积355.59公顷，完成年度计划106.67%。

（于秀臣）

【农业病虫害防控】 2021年，滨海新区东亚飞蝗发生程度为中等发生，发生区域以北大港水库为主。采用飞机防治方式，使用生物农药对蝗虫开展除治工作，防治面积8666.67公顷，蝗虫危害总体损失率控制在5%以下，实现蝗虫“不起飞、不扩散、不成灾”目标。

（李豆豆）

【种植业面源污染治理】 2021年，滨海新区为减少化肥使用，开展商品有机肥使用示范项目，实施商品有机肥补助4000吨；开展测土配方施肥技术推广项目，建设6个配方肥示范区，集中展示配方肥施用效果，示范面积500公顷；开展耕地质量调查监测与评价，取土样化验标本40个。实施农药减量化行动，开展安全用药技术宣传培训，推广天敌释放等绿色防控技术手段，预防控制病虫害发生，减少农药使用，实施赤眼蜂防治玉米螟项目面积6666.67公顷。开展农田残膜回收利用，编制《2021年滨海新区农田残膜回收利用工作实施方案》，农田残膜回收率保持在80%以上。

（于秀臣）

【秸秆综合利用】 2021年，滨海新区制定农作物秸秆综合利用工作方案，明确目标责任、完善扶持政策、注重宣传引导、强化督查巡查。“三夏”期间，完成小麦秸秆综合利用9060公顷，其中实施还田7326.67公顷、打捆离田1733.33公顷，小麦秸秆基本实现全量化利用。秋冬季秸秆综合利用面积1.91万公顷。其中，还田1.42万公顷，打捆离田4920公顷。全区农作物秸秆综合利用率99%。

（史晶晶）

## 林 业

【概况】 2021年，滨海新区持续推进林业生态建设，不断提升绿化工作水平。林业生态进入平稳发展时期，林业生产力布局和林业产业结构得到调整和优化，森林资源质量得到较大改善。至年末，林地面积1.56万公顷。北大港湿地自然保护区保护修复成效明显，落实湿地保护长效机制，实现保护区重点区域巡护全天候、全覆盖，推进保护区面积实现总量管控，确保湿地面积不减少，保护强度不降低。

（王 鑫）

【造林绿化】 2021年，天津市规划和自然资源局下达滨海新区造林任务26.67公顷，均属双城绿色生态屏障管控区内造林绿化。实际完成造林面积67.07公顷，完成全年任务指标的151.5%，生态效益提升明显。

（王 鑫）

【林业有害生物防治】 2021年，滨海新区加强美国白蛾监测预报，及时发布监测预警和防治信息。加大美国白蛾综合治理力度，对农村地区实行监测全覆盖，科学指导防治工作。实施美国白蛾联查制度，开展杨扇舟蛾、杨小舟蛾、杨树病害等防治督导工作。全年农村林业有害生物防治作业面积1.71万公顷，防治率100%。林业有害生物防治抽检结果显示，平均有虫株率0.18%、平均寄主叶片保存率94%，收到良好的防治效果。

（王 鑫）

【林长制实施】 2021年，滨海新区提升林草资源生态系统功能和保

10月22日，区农业农村委开展森林防火演习 窦玉峰 摄

护管理能力，压实保护发展林草资源的主体责任，结合实际建立三级林长组织体系。全区设区级总林长2名、区级林长14名、镇（街、开发区）林长32名、村居林长366名，建立区级林长对口联系督办检查工作体制和部门协作会商机制，设置区、镇（街道、开发区）级林长制办公室，确保“林有人造、树有人护、责有人担”。

（王　鑫）

**【森林防火】** 2021年，滨海新区实行“人防＋技防”模式，坚持全季全域防火，建立一月一次森林防火专项督导检查机制，与环境监测铁塔视频监控应用融合，推广应用“防火码”，消除死角、盲区。组织森林防火宣传周、宣传月等活动，利用宣传栏、标语、喇叭广播、微信等形式开展宣传，发放各类宣传材料1万余份。

（王　鑫）

**【湿地保护区管理】** 2021年，滨海新区落实《北大港湿地自然保护区管理工作方案》，实行“人防＋技防”保护模式，创新“政府＋民间”巡护机制，出动专职巡护人员3612人。依托卡口对进入人员和车辆进行检查，禁止无证车辆进入湿地，禁止火种进入湿地，严防捕鱼猎鸟行为。开展进出保护区企业施工车辆和人员管控，批复维修作业15起，监督大张坨储气库运输危物工作9次，外运危废10余吨。对接天津市规划和自然资源局以及天津市规划设计院相关部门，与涉及保护区相关部门协调沟通，深入保护区实地点位勘察，多方征求意见，形成保护区范围及功能区调整方案，按程序上报天津市人民政府审定。

（刘　健）

**【湿地保护区保护修复】** 2021年，

4月16日，区农业农村委举办湿地保护成果展示交流　刘洪悦　摄

滨海新区开展北大港湿地自然保护区生态修复和野生动植物保护，完成独流减河南部水循环及万亩鱼塘湿地生态补水6800万立方米。保护区有水湿地面积由2017年的140平方千米增至260平方千米，有水湿地保有率75%。利用芦苇、盐地碱蓬等本土植物恢复湿地24公顷。开展野生动物巡护员专职培训2次，培训48人。接听群众举报电话42起，妥善处置受伤鸟类，救助野生动物42只。其中，国家一级保护动物1只，国家二级保护动物13只，其他均为国家“三有”保护动物。补充候鸟食源，投放鱼苗1.75千克、玉米1000千克。保护区植物种类由2017年的50科159种增至65科260种，观测到的鸟类由2017年的249种增至281种，过境候鸟达100万只。

（刘　健）

**【湿地保护区科研宣教】** 2021年，滨海新区与天津师范大学签署北大港湿地自然保护区实习教育基地共建协议，与天津大学环境学院、国家海洋局天津海洋环境监测中心共同开展典型海岸带生态修复关键技术研发，总结津石高速公路工程穿越北大港湿地保护区生态环境动态监测项目，与天津师范大学筹备共建北大港湿地生物多样性实验室。组织开展天津市第36届爱鸟周、“生态教育进校园”“保护湿地爱护鸟类”项目学习成果展示交流、天津市野生动物宣传月等活动，发放宣传材料900份、鸟类图志100本，悬挂宣传横幅10条，提高公众爱鸟护鸟、守护绿色家园意识。

（刘　健）

## 畜牧业

**【概况】** 2021年，滨海新区生猪存栏26.21万头，比上年增长78.18%；生猪年出栏28.83万头，比上年增长36.83%。肉羊存栏8.49万只，比上年减少7.52%；肉羊年出栏5.25万只，比上年减少15.87%。蛋鸡存栏185.02万只，比上年增长15.13%。肉鸡存栏27.2万只，比上年增长169.31%；年出栏肉鸡359.54万只，比上年增长55.83%。肉牛存栏0.68万头，比上年增长28.30%；年出栏肉牛0.64万头，比上年增长100%。奶牛存栏2.43万头，比上年增长10.45%。全年肉类总产量3.63万吨，比上年增长36.98%；蛋类总产量2.38万吨，比上年增长3.48%；牛奶总产量13.53

万吨，比上年增长 4.48%。

（赵桂英）

【重大动物疫病防控】 2021 年，滨海新区做好口蹄疫、高致病性禽流感、小反刍兽疫、布鲁氏菌病的强制免疫工作，免疫抗体达不到规定标准的，进行强化免疫。对高致病性禽流感、口蹄疫等重大动物疫病检测 349 份。其中，自检血清学样品 133 份、送检病原学样品 216 份。天津市腾源畜牧养殖有限公司、天津奥群牧业有限公司开展国家级动物疫病净化创建场和示范场复审工作，通过国家专家组审核，取得国家级动物疫病净化创建场和示范场称号。

（杨太春）

【重大项目建设】 2021 年，滨海新区开展生猪产业集群项目建设，包括由天津京鑫新环保科技有限公司承担的杨家泊镇畜禽养殖粪污资源化利用中心建设项目配套工程、滨海新区顺德利畜禽养殖专业合作社承担的粪污资源化利用堆肥中心项目、天津市聚源态畜牧养殖专业合作社承担的种养循环粪肥还田项目、天津新六农牧科技有限公司承担的小王庄镇南和顺 21.6 万头生猪育肥项目（一期）项目。年处理生猪粪污 3 万吨，产出基质肥 1.05 万吨，实施液态粪肥还田 266.67 公顷；年处理畜禽粪污 1.8 万立方米，消耗秸秆 6000 立方米，年产农家肥 8000 吨。小王庄镇南和顺村年存栏 21.6 万头生猪育肥项目、太平镇红星村存栏 1.35 万头母猪繁育项目已引种投产。

开展奶业产业集群项目建设，澳新牧业（天津）有限公司的良种奶牛引种场基地建设项目，每年可为国内市场提供 3.6 万头进口良种奶牛。

（白 珊）

【畜牧兽医行业管理】 2021 年，滨海新区配合市农业农村委政务服务处完成 12 家饲料生产企业许可证换证、新增生产线现场核查工作。按照《兽药生产质量安全管理规范（2020 年修订版）》，配合上级部门完成 3 家兽药生产企业 GMP 证书审核发放工作。规范兽药生产经营行为，依托国家兽药产品追溯系统，推动全区 7 家兽药生产企业、16 家兽药生产经营企业进销存管理，对辖区兽药生产经营使用环节实现闭环监管。

（刘志鹏）

【畜禽养殖废弃物资源化利用】 2021 年，滨海新区推动实施粪污治理工程的 192 家规模养殖场、实施畜禽养殖废弃物资源化利用项目的 33 家单位设施设备正常运转。实施区域内商品有机肥生产企业有机肥销售补贴项目，增加 6 万立方米畜禽粪便、2 万立方米养殖废水处理量，补贴使用商品有机肥 1.48 万吨，减少化肥使用 750 吨，解决规模以下养殖场户粪污处理和资源化利用能力不足的问题。实施畜禽粪污治理和资源化利用三年行动方案，完成 170 家规模以下养殖场户治理任务。

（刘志鹏）

## 渔 业

【概况】 2021 年，滨海新区推动渔业产业发展，在海淡水养殖、海洋捕捞生产、渔船更新改造及减船转产、渔港污染治理等方面得到提升，推动渔业产业向绿色环保、提质增效、优化产业结构方向发展。

是年，全区水产养殖投产面积 3333.33 公顷。其中，海水养殖投产面积 706.67 公顷，产量 1.14 万吨；淡水养殖投产面积 2626.67 公顷，产量 1.44 万吨；育苗投产水体 15 万立方米，育苗量 45 亿尾。主要繁育养殖品种有中国对虾、南美白对虾、大菱鲆、半滑舌鳎、牙鲆、河鲀鱼、三疣梭子蟹等。新增稻渔综合种养面积 266.67 公顷。

全区有捕捞渔船 340 艘，发放涉外渔业许可证 104 本，海洋捕捞产量 2.7 万吨，品种主要有虾蛄、海螺、章鱼、梭鱼、鲶鱼、鱿鱼、鲅鱼、小黄鱼、毛蚶等。全年水产品总产量 5.28 万吨，总产值 12.29 亿元。

（高哲颖）

【水产养殖种质资源普查】 2021 年，滨海新区开展水产养殖种质资源普查，成立 8 支普查小组进场入户开展普查工作。涉及繁育品种 15 个，包括中国对虾、凡纳滨对虾、石斑鱼、半滑舌鳎、硬壳蛤等；养殖品种 34 个，包括牙鲆、大菱鲆、半滑舌鳎、斑石鲷、凡纳滨对虾、青虾、中华绒螯蟹等。完成普查主体 136 个，普查面积 6566.67 公顷，普查物种累计 275 种，完成率 100%，系统录入完成率 100%。

（高哲颖）

【海洋渔业资源增殖放流】 2021 年，滨海新区组织实施南港工业区、一航局一公司、临港产业区等占海补偿增殖放流项目。确定海洋生物增殖放流方案，组织专家开展论证，监督实施放流，放流各类鱼蟹蛤苗 0.9 亿尾（粒），包括中国明对虾、三疣梭子蟹、花鲈、毛蚶、青蛤等。

（高哲颖）

【渔船更新改造和减船转产】 2021 年，滨海新区规范渔船管理，完成海洋渔船标准化更新改造项目 8 艘。5 月重新印发《天津市滨海新区海洋捕捞渔民减船转产项目实施方案》。完成减船转产拆解 10 艘捕捞渔船。

（高哲颖）

## 农业机械化

【概况】 2021年，滨海新区农业机械总动力18.04万千瓦（不含排灌和运输动力），投入拖拉机、联合收割机等农业机械3047余台（套），为“春耕”“三夏”“三秋”农业生产的顺利进行提供有力保障。机耕、机播和机收面积分别为2.26万公顷、2.39万公顷和2.22万公顷。

（史晶晶）

【农机具购置补贴】 2021年，滨海新区落实《天津市2021—2023年农机购置补贴实施方案》，优化报送程序、加强信息公开、强化监督检查，规范农机补贴政策实施。全年签订申请表60份，受益各类合作社、农户35户；使用中央财政补贴资金（含报废）65.75万元、市财政补贴资金（含报废）37.14万元；补贴机具325台套。对《天津市农业机械报废更新补贴实施方案》进行政策宣传，提供政策咨询、信息查询和信息登记，拨付报废更新中央补贴资金2.5万元。

（史晶晶）

【全国主要农作物全程机械化示范县创建】 2021年，滨海新区成立创建全国主要农作物生产全程机械化示范县工作领导小组，制定全程机械化示范县创建工作实施方案，完成主要农作物全程机械化示范县申报工作，玉米耕种收机械化率99%，小麦、水稻耕种收机械化率100%。滨海新区被农业农村部认定为全国第六批率先基本实现主要农作物生产全程机械化示范县。

（史晶晶）

【农机安全生产管理】 2021年，滨海新区开展农机安全隐患排查、年度检审、安全月、专项治理等农机执法检查活动，全年检验拖拉机联合收割机512台，拖拉机联合收割机注册登记64台，办理转籍过户30台，培训考核拖拉机和联合收割机驾驶员54人次，到期换发驾驶证37人。受理便民热线事项11次。开展农机事故隐患排查18次，出动执法人员210人次，检查农机合作社、种植园区54家次，排查隐患7件次，下达整改通知书4份，全部督促整改完毕。立案查处违法案件1起。全年未发生农机安全生产责任事故。

（史晶晶）

【农机深松整地】 2021年，滨海新区制定农机深松整地作业项目实施方案，在太平镇、小王庄镇、中塘镇完成2666.67公顷农机深松整地作业任务，项目通过天津国际工程咨询集团有限公司验收。

（史晶晶）

## 农田水利

【概况】 2021年，滨海新区新建高标准农田建设项目840公顷，总投资1890万元。其中，新增节水灌溉面积289.87公顷，铺设低压管道27.23千米；新建小型泵站11座、维修泵站1座、购置移动泵车1台；架设输变电线路4.03千米，安装变压器11台；新修田间道路8.29千米；新建涵闸1座，新建、重建管涵47座；清淤渠道40.93千米。

（梁子扬）

【农田灌溉水利用系数测算】 2021年，滨海新区开展农田灌溉水利用系数测算工作，从重点小型灌区中选取前沽村灌区和后沽村灌区作为样点灌区开展灌溉水有效利用系数测算工作。重新划定3个葡萄种植实测典型地块，安装22套田间观测设施。开展田间试验，专人观测记录灌水试验数据，对田间观测设施进行管护。经测算2021年前沽村灌区和后沽村灌区灌溉水有效利用系数分别达到0.7380和0.7019。

（雷恩琦）

【农田水利设施运行维护管理】 2021年，滨海新区加强农田水利设施运行维护管理，印发《天津市滨海新区农田水利设施运行维护工作实施方案》，成立滨海新区农田水利设施运行维护工作考监督小组，组织各街镇摸排辖区内农田水利设施基本情况，建立“一镇一册”“一村一表”的农田水利设施台账，明确农田水利设施产权人、使用人及管护责任人。组织各街镇制定农田水利设施年度维修养护计划，对辖区内农田水利设施进行巡查检查。对各街镇农田水利设施运行维护工作开展情况进行半年和年度考核。

（雷恩琦）

【农业用水管理】 2021年，滨海新区加强农业用水管理，完善供水计量设施，采购安装67具地表水在线远传计量表，基本满足新区骨干渠系以上农业用地表水计量要求，建设滨海新区农业水价综合改革计量系统，实时监测重点农业种植区域和骨干渠系以上取水口的农业用水数据。印发《区水务局关于2021年农业水权分配及发放水权证的通知》，制定2021年度农业水权分配方案；完善农业水权制度，结合各镇村农业种植实际，按照《天津市农业用水定额》明确各街镇及村级用水主体水权水量，发放水权证131本。

（雷恩琦）

# 农业安全

【概况】 2021年，滨海新区落实党政主要负责人履行推进法治政府建设第一责任人职责，明确农业安全“一岗双责”，严格依法行政，加强农产品质量安全和安全生产监管，全年未发生农业生产安全及农产品质量安全事件。

（金 月）

【安全执法检查及宣传培训】 2021年，滨海新区农业农村委加强法律文书审核，审核执法案件165件，对外合同文书70件。开展《中华人民共和国动物防疫法》、“世界野生动植物日”、“爱鸟周”等宣传活动，举办渔船船员安全培训、农机驾驶员安全培训，发放《野生动物保护明白事项》《禁止及限制使用的农、兽药名录》《农产品质量安全法宣传单》《农用机械使用指南》等各类宣传资料4600余份。全年出动执法人员5808人，行政处罚165件，罚款170.91万元、没收违法所得4438元。规范执法平台的运行，完成执法证新申领以及换证工作，对执法支队和北大港湿地管委会不在执法岗位的执法人员进行清理，梳理持证人员222人，新增执法人员2人，注销持证人员129人。开展案卷评查检查工作，规范执法行为和执法案卷的制作，按照自由裁量权的规定进行行政处罚。

（张尧瑞）

12月30日，区农业农村委开展食用农产品安全联合检查 金月 摄

【农产品质量监管】 2021年，滨海新区开展食用农产品“治违禁 控药残 促提升”三年行动等农产品质量安全专项整治行动，查处农产品质量安全案件1件、农资案件1件。加强食用农产品产地准出与市场准入的有效衔接，出台《滨海新区进一步加强食用农产品产地准出市场准入衔接机制实施方案》。开展农产品质量安全风险监测及监督抽检，委托有资质的第三方检验机构抽检进行实验室定量检测，抽检各类样品1440批次。区级抽检合格率98%以上。

（金 月）

【安全生产监管】 2021年，滨海新区制定农业安全生产工作要点，开展各类专项检查活动，排查风险隐患，加强重点时段、重点环节、重点领域的安全监控和管理，全年出动检查组390余个，出动检查人员1500余人，检查生产经营单位394家，排查隐患32项，下达整改指令32份。深入重点生产区域，宣传安全生产法律法规及相关知识，全年发放各类安全生产宣传材料1900余份。

（徐 冰）

# 工业

## 综述

**【概况】** 2021年，滨海新区规上工业企业1271家，完成总产值1.05万亿元，增长17.5%，其中工业增加值增长8.1%。街镇工业生产实现产值642亿元，增长17.3%；五大开发区工业生产实现产值7962亿元，增长10.5%；8家重点企业实现产值1858亿元，增长61.3%。工业固定资产完成投资882.86亿元，增长6.6%，占全社会投资的42.6%。制造业完成投资409.19亿元，下降2.4%。重点工业项目230个。其中，结转在建项目101个，新开工工业项目129个。

（张　桐）

**【产业结构调整】** 2021年，滨海新区加快产业结构战略性调整。促进传统产业转型升级、战略产业加快发展，制定印发《滨海新区工业高质量发展“十四五”规划》《滨海新区促进中小企业发展“十四五”规划》，完善跨部门协调联动工作机制。围绕动力电池、信息安全、生物医药、绿色石化、汽车产业集群等重点产业申建国家级先进制造业集群。信息安全、动力电池产业集群通过工信部产业集群竞赛初赛。印发《滨海新区推动产业链高质量发展工作方案（2021—2023年）》，以产业链为抓手，集中攻坚信息技术应用创新、集成电路、生物医药、中医药、新能源、新材料、高端装备、汽车和新能源汽车、绿色石化、航空航天、轻工纺织11条产业链，培育做大车联网1条产业链。

（张　桐）

**【中小企业创新服务体系建设】** 2021年，滨海新区形成完善的中小企业创新服务体系。146家企业进入专精特新种子库，236家企业通过市级专精特新认定，50家企业通过国家专精特新“小巨人”认定，15家企业获国家重点专精特新“小巨人”认定。累计获评市级小型微型企业创业创新示范基地11家（其中国家级2家）、市级中小企业公共服务示范平台16家（其中国家级7家）。

（张　桐）

**【产业创新发展】** 2021年，滨海新区持续普及推广两化融合管理体系，累计贯标试点企业133家，81家企业获得两化融合管理体系认定证书，累计打造数字车间和智能工

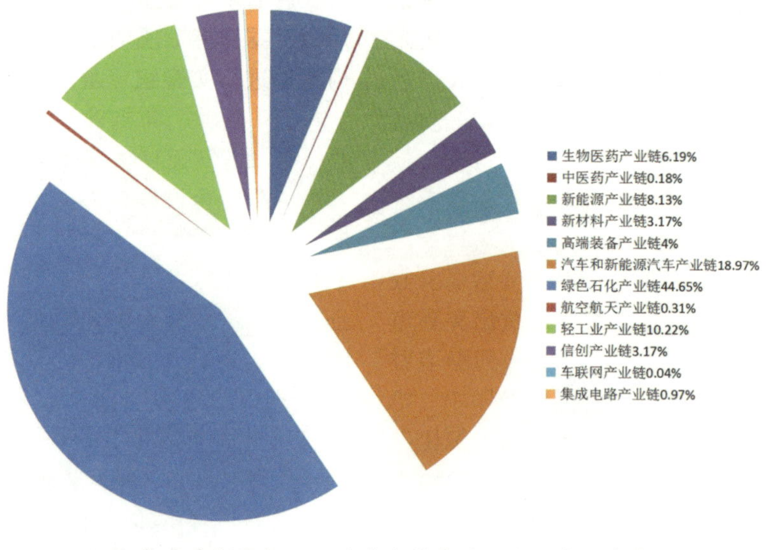


2021年滨海新区规上工业产业链产值比重分布示意图

厂 72 个。推动近 300 家企业完成两化融合水平评估。推动 37 家企业完成智能化改造咨询诊断服务。引导企业开展云化改造，安捷物联、国网瑞嘉两家企业入选工信部 2020 年企业上云典型案例。推动京津冀工业互联网服务平台等工业互联网平台建设，构建本地化工业互联网生态体系。先进计算与关键软件（信创）海河实验室在天津滨海安全信息产业园正式揭牌。建立工业技术创新体系，累计获批 7 家市级制造业创新中心、1 家国家地方共建创新中心、36 家国家级企业技术中心、280 家市级企业技术中心，36 家企业入选工信部工业企业知识产权运用试点名单。华为两朵云服务范围涵盖高校、企事业单位近 500 家，提供价值超亿元的云服务，吸引 76 家企业落地新区。

（张　桐）

## 航空航天产业

**【概况】** 2021 年，滨海新区航空航天产业链在链规上工业企业 19 家，产值 25.06 亿元，增速 4.3%。聚焦空客飞机、直升机、无人机、运载火箭、卫星及超大型航天器 5 条子链，持续巩固“机、箭、星、站”研发制造优势，构建军民一体化先进制造业体系，打造具有国际水平的航空航天产业基地。

（甄胜刚）

**【国家重大任务保障】** 2021 年，天津航天长征火箭制造有限公司总装的长征五号 B 遥二火箭成功搭载天和核心舱成功入轨，长征七号遥三运载火箭将天舟二号货运飞船、遥四火箭成功发射天舟三号货运飞船送入预定轨道，以运载火箭总装为龙头，争取国家重大项目在津布局，跟踪服务国家“一带一路”空间信息走廊示范项目在新区选址工作。

（甄胜刚）

**【民用无人驾驶航空试验区建设】** 2021 年，滨海新区拥有无人机制造、培训、运营企业 45 家，新增无人机企业 8 家，年度产值完成 10.5 亿元，年度无人机飞行达 1.08 万架次，累计完成飞行小时数 8272 小时。联合中国民航大学谋划“一区两园三业四场多景”产业发展体系，推进无人机产业补短板、强基础、促融合；探索试验区无人机应用场景，开展试验任务和应用场景双向需求征集，为企业搭建应用平台，加快形成成果输出；无人机综合监管运行平台具备试运行条件。明确天津航空产业开发公司作为试验区建设运行主体，投入 1000 万元建设飞行服务站。

（甄胜刚）

**【产业服务平台建设】** 2021 年，滨海新区联合汇智平台（天津平台）出台全国首部“军创券”政策。成立大连理工大学专利天津认定中心，填补天津市国防专利领域空白。北航热动力试验基地项目落位保税区。中核集团与天津市合作项目顺利开展，中核质子治疗示范中心项目组织专家论证，核工业大学（天津）建设项目顺利推进。

（甄胜刚）

**【重点项目建设】** 2021 年，滨海新区以空客、中航直升机等龙头企业为核心，发挥空客飞机总装、交付领域优势，提升直升机、无人机研发制造能力。空客天津首架 A350 飞机完成总装测试并正式交付，标志着空客天津同时具备 A330、A350 宽体客机总装和交付能力。AC332 直升机在天津直升机公司开铆。航空工业直升机（天津）协同创新中心启动建设。

（甄胜刚）

11 月 16 日，信创海河实验室揭牌　　高新区管委会　供图

## 绿色石化产业

**【概况】** 2021 年，滨海新区绿色石化产业链在链规上工业企业 224 家，产值 621.1 亿元，增速 24.7%。突出南港工业区世界一流绿色化工新材料基地定位，支持大中型企业升级改造，加快推进石油化工产业向下游延伸。夯实烯烃及其聚合物产品、丙烯酸酯、合成橡胶衍生品

等领域基础，重点提升轻烃生产水平，推进苯酚、乙烯、丙烯腈综合利用等项目，引进和研制乙烷制乙烯、催化裂解、高性能聚乙烯、聚氨酯等高端产品和项目，提升上下游一体化水平。

（李金刚）

**【重点项目建设】** 2021年，滨海新区投资10亿元以上项目共计16个，总投资1217.6亿元。其中，天津渤化化工发展有限公司‘两化’搬迁改造项目已竣工；中石化南港120万吨/年乙烯及下游高端新材料产业集群项目已打桩并进场施工；南港乙烯、仓储、第二污水厂项目及电力、燃气等配套项目均取得海域使用权证，完成填海竣工验收，总投资291.0亿元，已投资18.7亿元；中海油渤海海域油气勘探与开发项目在推进建设，总投资260.0亿元，已投资227.4亿元。

（李金刚）

**【南港工业区绿色发展】** 2021年，南港工业区作为天津市绿色石化产业发展的承载地，一直致力于打造绿色、低碳、创新、高端产业圈。经过多年开发建设，南港工业区形成具备承接大型石化项目的承载平台和配套能力，建设“双电源”“双气源”“双水源”保障模式，建成港口、铁路、公路、管廊为支撑的立体集疏运体系，10万吨级航道全天通航，口岸持续扩大对外开放，形成千万吨级原油储备和LNG周转能力，吸引中石化、中石油、中海油、渤化、壳牌、沙比克、BP等企业投资落户。

2021年，参与编制的《天津市绿色石化产业链工作方案》落地实施。年初，全球最大EPS生产商台湾见龙机构投资1.28亿美元，在南港工业区建设40万吨发泡聚苯乙烯项目，并设立投资公司与华北贸易中心。5月，中石化天津南港高端新材料项目集群启动，集群以120万/年南港乙烯项目为龙头，包括北京化工研究院中试基地、长城润滑油、催化剂生产基地、光伏新能源、石化e贸平台等11个项目，双方将共同打造天津南港工业区世界一流化工新材料基地，中石化北方最重要的生产基地和化工产品物流、销售中心。催化剂和e贸网项目已签约落地，南港乙烯项目土建顺利开工，其他精细化工和新材料、清洁能源、科研创新、贸易类项目也在加速推进。天津市石化产业转型升级代表项目——渤化“两化”搬迁项目，已进入中交投产阶段；中沙新材料园项目打通全流程，进入试生产阶段；中石化LNG和北京燃气LNG应急储备项目等重点产业项目稳步推进。是年末，南港工业区累计签约实体项目124个，总投资超1600亿元。其中，已建成企业90家，在建项目19个。

（李金刚）

## 装备制造产业

**【概况】** 2021年，滨海新区高端装备产业链在链规上工业企业98家，产值322.77亿元，增速20.4%。发挥在海洋工程装备、轨道交通配件领域优势，夯实机器人生产领域基础，引进智能化高端数控系统、高性能伺服驱动、数控装备智能系统等高端项目和先进技术，重点推动机器人系统集成等重大科技成果产业化和自主品牌建立，打造更为广泛的机器人应用场景。

（朱萍萍）

**【智能制造】** 2021年，滨海新区落实天津市“智造十条”政策，支持智能制造试点示范、首台（套）、企业上云等项目。加快推进数字车间和智能工厂建设，已打造一汽大众、敏信机械、康希诺等72家智能工厂与数字车间。信泰汽车、和能人居、伊利乳业、凯莱英4家企业入选国家级智能制造优秀场景，中石化天津分公司、美克家私2家企业入选国家级智能制造示范工厂。

（朱萍萍）

**【重点项目建设】** 2021年，海洋石油工程股份有限公司投资建设的天津海洋工程智能制造基地一期工程通过机械完工验收专家审查会审查，标志国内首个海洋油气装备制造“智能工厂”土建工程、设备安装及单机调试基本完成。新兴重工天津高端装备智能制造产业园二期项目开工，面积约2.6万平方米，总投资1.4亿元，主要承接三兴汽车天津生产基地。

（朱萍萍）

## 汽车产业

**【概况】** 2021年，滨海新区汽车和新能源汽车产业链在链规上工业企业107家，全年产值1529.77亿元，下降10.5%。围绕汽车及新能源汽车产业链上整车制造、新能源核心零部件、汽车电子、汽车动力、汽车车身和汽车底盘六条产业子链，通过扶优做强重点企业，推动重点项目建设，延伸布局薄弱环节，推动滨海新区汽车及新能源汽车产业链高质量发展。

（朱萍萍）

**【重点项目建设】** 2021年，滨海新区建设完成一汽大众探岳、Q3车型升级项目和一汽丰田K-SUV混动版车型（770B）项目等12个项目。重点储备丰田875B车型导入项目和施洛特大众DQ381变速箱壳体智能制造项目2个项目。

（朱萍萍）

【新能源汽车补贴】 2021年，滨海新区按市工信局、市财政局通知要求，会同区财政局做好2017年度新能源汽车第一批区级财政补助资金清算工作，发放第一批补贴材料1886份，补助车辆1886辆（租赁1848辆，非租赁38辆），补助金额2425.25万元（租赁2362.47万元，非租赁62.78万元）。

（朱萍萍）

## 信息技术产业

【概况】 2021年，滨海新区信息技术应用创新产业链在链规上工业企业53家，产值25.23亿元，增速14.6%。围绕基础软件、CPU设计和集成电路、网络安全、应用软件及终端设备5条子产业链，推进产业链“卡脖子”技术攻关，扶优做强重点企业，推动建设重点项目，延伸布局薄弱环节，巩固提升信息技术应用创新产业链领先优势。集成电路产业链在链规上工业企业5家，产值12.96亿元，增速6.8%。重点发展IC设计、封装测试、芯片制造、材料等四大子产业链条，以经开区、高新区为重点区域，围绕重点企业、关键环节，以“芯火”双创基地（平台）为依托，以IC设计、封装测试为核心，实施一批重大项目，破解并掌握一批关键核心技术，推进产业链“卡脖子”技术攻关，加快推进产业基础高级化、产业链现代化，推动新区集成电路产业高质量发展。

（聂德雷）

【人工智能创新应用先导区建设】 2021年，滨海新区成立天津（滨海新区）人工智能创新应用先导区建设工作领导小组，印发《天津（滨海新区）人工智能创新应用先导区建设实施方案》，部署公共服务平台、核心产业、场景建设和机制创新；举办第五届世界智能大会平行论坛中国人工智能创新发展高峰论坛暨揭榜优胜成果发布会和揭榜优胜成果展；组建“天津新一代人工智能产业（人才）联盟”；推动建设天津（滨海新区）人工智能创新应用先导区公共服务平台；14个项目被推荐至工信部人工智能创新应用揭榜任务，征集重大项目58个、重点应用场景234个、典型案例51个。

（聂德雷）

【信息技术创新中心】 2021年，滨海新区发挥中国工程院邬江兴院士及其国家创新团队研发优势，推进新型研发机构改革创新，打造“创新中心—孵化平台（芯海创）—产业公司（井芯微）—创新联盟（SDI联盟）”的四位一体三大飞轮创新发展模式。累计承担国家和国防重大工程项目14项，推出一系列全国乃至全球领先的重大创新成果；自主研制的3款高端交换芯片连续三届获“中国芯”殊荣；围绕谱系化产品、产业化融资建立起覆盖全国的代理商网络，产品应用单位达318家，累计产品销售额7000万元。牵头成立软件定义互连（SDI）技术与产业创新联盟，实现创新链、产业链、生态链与资本链高效融合，举办第四届软件定义互连技术与产业创新联盟大会。

（聂德雷）

【重点项目建设】 2021年，绿菱电子研发产业化基地项目建设年产量6000吨集成电路制程专用系列高纯电子气体材料，厂房主体完成土建施工。芯灵通射频前端芯片项目，完成Wi-Fi6的国产替代。6月，交付两种不同工艺的MPW流片，其中功率放大器是第二次MPW流片。封装基板于7月交付加工。

（聂德雷）

## 新能源产业

【概况】 2021年，滨海新区新能源产业链在链规上工业企业47家，产值91.53亿元，增速6.3%。形成以锂离子电池、风电、光伏、氢能为主的产业集群：锂离子电池行业从材料到成品生产形成布局，有力神、三星、巴莫科技等规模企业，产品包括电池、正极材料、电解液等，年产值近100亿元，部分产品产量排名全国前10位。风电企业成为新能源产业链支柱，有维斯塔斯、东方电气、明阳、歌美飒等风电企业，产品包括叶片、发电机、塔身、控制系统等，年产值近300亿元。光伏产业发展态势良好，有中环股份、三安光电等企业，年产值近200亿元。氢能产业以保税区为重点，以渤化集团为核心，进行产业基础建设、推动产业示范应用场景，重点引进新氢能源发展、新氢动力、杭叉集团等企业，初步具备从制氢、加氢，到氢能设备使用的产业链雏形。

（周新颖）

【能源电力“碳达峰、碳中和”先行示范区建设】 2021年，滨海新区围绕产业布局优化、节能降耗、绿色制造、资源循环利用、工艺创新、数字化赋能构建工业领域碳达峰路径。与国网天津市电力公司签署“推进能源电力‘碳达峰、碳中和’先行示范区建设战略合作框架协议”，持续优化调整产业结构、能源结构，深入推进资源节约集约利用，坚定不移走生态优先、绿色低碳的高质量发展道路，全力实现新区“双碳”目标。至年末，滨海新区累计获评绿色园区2个、国家级绿色工厂24家、市级绿色工厂企业62家、绿色供应链管理示范企业11家、绿色制造系统集成项目3个、绿色制造系统解决方案供应商5个和绿色数据中心5个。

（周新颖）

**【动力电池产业发展规划】** 2021年，滨海新区贯彻落实制造强区战略，加速新能源产业发展，支持向新能源汽车转型，制定印发《天津市滨海新区动力电池产业发展工作方案》。突出产业引领，明确未来发展方向，以磷酸铁锂电池为基础，发展消费电池、储能电池产业。以动力电池为牵引，培育石墨烯正极材料、钠离子电池和氢燃料电池产业。

（周新颖）

## 轻工产业

**【概况】** 2021年，滨海新区轻纺规上企业实现产值854亿元，增长20%，占规上工业总产值的9.95%。其中，食品行业实现产值712.84亿元，增长20.68%，占轻纺产业83.47%；轻工行业实现产值127.56亿元，增长24.49%，占轻纺产业14.94%；纺织行业实现产值17.90亿元，减少24.19%，占轻纺产业1.59%。

（李金刚）

**【重点领域及龙头企业】** 2021年，滨海新区农副食品加工业规模以上企业产值464.66亿元，增长29.2%。拥有利达粮油、中粮佳悦、嘉里粮油、九三大豆、路易达孚、京粮粮油、邦基正大等国内外知名大型粮油企业。食品制造业规上企业产值199.53亿元，增长6.4%，涵盖方便食品饮料、乳制品、宠物食品等几个主要方向。在食品制造方向，以雀巢、康师傅（顶益、顶津、顶园）、可口可乐、山海关饮料为代表，聚集了一批食品饮料及方便食品代表企业。在乳制品方向，聚集伊利、澳斯、邦士、明治乳业、养乐多等代表性企业。在宠物食品方向，聚集了雀巢普瑞纳、玛氏等代表性企业。文教、工美、体育和娱乐用品制造业规上企业产值49.07亿元，增长47.4%。其中，珠宝首饰制造领域龙头企业为梦金园、尚金缘分别完成工业产值28.8亿元、4.3亿元，增长71.8%、60.8%。体育用品领域龙头企业为天津七二九体育用品有限公司，是专业从事乒乓器材生产与营销的跨国供应机构，完成工业产值5330万元，增长45.7%。

（李金刚）

**【政策宣传实施】** 2021年，滨海新区工信局开展新区食品工业企业诚信体系建设，举办培训，向新区食品工业企业广泛宣传食品诚信体系建设工作。落实《天津市关于进一步支持发展智能制造的政策措施》，鼓励企业进行智能化升级改造，推动企业用好智能制造等各项支持政策。

（李金刚）

# 商贸服务业

## 综　述

2021年，滨海新区创新招商办展模式，全力引育新动能，促进商贸经济逐步回暖，推动商务经济实现企稳向好。是年，实际利用内资（上报数）1419.3亿元。其中，金融和租赁业资金到位673.07亿元，占比47.42%，居各产业首位；工业资金到位374.44亿元，占比26.38%，排名第二；文化、教育、医疗、企业管理等其他行业资金到位136.94亿元，占比9.65%，排名第三。限上商品销售总额完成2.57万亿元，增长32.8%。限上社会消费品零售总额累计完成469.73亿元，下降1%。

（董小权）

## 招商引资

**【概况】** 2021年，滨海新区打好招商引资攻坚战，坚持聚焦新动能招商，精准承接北京非首都功能，组织好“云签约”活动，推进重点项目落地，不断加大街镇招商力度。

（李广黎）

**【重点招商活动】** 2021年，滨海新区举办并参加招商引资推介活动17次，组织开展4次大型重点项目集中签约活动，安排238个项目参加签约，投资总额约936亿元，涉及新一代信息技术、新能源新材料、高端装备等多个新动能领域。针对各开发区和街镇招商工作需求，组织专业招商培训交流学习活动6次。统筹推动包括艾克森美孚、中交建、祥源控股、航天际华、东软集团、美团出行、万达集团、方大集团、恒大集团、宝能集团、宝德集团、华电集团、国能集团、泰康建投等知名企业重点项目。聚焦京津冀协同发展招商，建立央企招商服务台账，推动京津冀协同发展基金、中国人寿不动产投资基金、互联网新经济企业伊对运营管理中心等重点项目落地。

（李广黎）

**【落地招商项目】** 2021年，滨海新区招商落地项目8907个，投资额6992亿元。其中，内资项目8589个，外资项目318个。投资来源地为京冀的项目3589个，投资总额4039亿元。投资额较大的内资项目主要有：中国电力建设集团有限公司央企总部项目，投资额1200亿元；北燃南港LNG接收站工程项目，投资额203亿元。投资额较大的外资项目主要有：天津太钢大明金属制品

2月4日，滨海新区重点招商项目“云签约”活动　　车宝安　摄

有限公司项目，投资总额1亿美元；天津敏实汽车零部件有限公司项目，投资额7000万美元。

（李广黎）

## 商业商贸

【概况】 2021年，滨海新区统筹疫情防控和商业发展，加强商业精细化管理，推进商业领域国家卫生城市复审；完善商业载体建设，引进首店首品，举办滨城国际消费季活动，拉动消费持续增长。

（郭 铭）

【商业设施建设】 2021年，滨海新区有大型商业设施（6000平方米以上）54个。其中，商业综合体19个、商场17个、超市18个，总建筑面积约170万平方米。天津K11 Select购物艺术中心、中新天津生态城爱琴海购物公园、季景天地购物中心、金隅嘉品Mall、滨海吾悦广场等大型商业设施建成开业，新建连锁品牌便利店21个。

（郭 铭）

【商业民生项目】 2021年，滨海新区有在营菜市场64个，总建筑面积约18万平方米；新建并投入使用高新区渤龙新苑菜市场。在滨城国际消费季期间，开展滨城热销购物季、滨城海滨消夏季、滨城海鲜品鉴季、滨城艺术文化季、滨城畅游欢乐季、滨城夜市畅饮季六大消费季活动，举办艺趣公园文化节、万达广场"星耀永利"民俗节、友阿奥特莱斯水上冲关游乐节、SM平行小镇潮玩造物节、智慧山·那山音乐节、方特嗨啤冰饮节、于家堡宝龙广场夏日生活节、贻成福地广场星光云海美食节、鸿泰千百汇初塘空中花园霓虹节、北塘古镇甘南风情节"乐活滨城"十大夜间经济街区消费活动，丰富夜间消费生活。

（郭 铭）

【菜市场管理】 2021年，滨海新区不断提升菜市场管理水平，开展菜市场卫生环境、食品安全、停车秩序攻坚行动，提升菜市场软硬件服务，集中解决菜市场管理不规范、划行规市不规范、周边环境脏乱、交通秩序混乱等突出问题，持续巩固治理成果，抑制反弹回潮，建立菜市场管理长效机制，菜市场经营环境和服务水平得以提升。

（郭 铭）

【商贸领域安全生产】 2021年，滨海新区督导检查商贸领域企业231家次，出动检查人员240人次。重点检查企业的安全责任制、应急预案、演练培训、消防器材、卖场摊位、自有仓库、燃气安全等，发现一般问题隐患32处并督促企业完成整改。

（郭 铭）

【食品追溯体系建设】 2021年，滨海新区重要产品（肉菜）追溯体系建设项目52个节点（大型超市11家、菜市场41家）全部达标，1月—10月达标率100%，11月全区节点平均达标率93.9%，12月达标率100%。

（郭 铭）

## 电子商务

【概况】 2021年，滨海新区有电子商务平台企业30家，涉及民宿、信息服务、钢材、百货、房地产等行业，其中规模影响较大的为途家在线信息技术（天津）有限公司。全区有交易型网站企业55个，交易型网站60个，涉及食品、家居、办公用品等行业，其中规模较大的为天津航空有限责任公司。入驻电商企业包括滴滴出行、云账户、大杰致美、58同城、58到家、淘宝商城爱蜂巢、美团（大众点评）、聚美优品、好乐买、赶集网、京东全球购、华润等。培育了天物大宗、欧贸中心、天天希杰等本土电商示范企业。滨海高新区国家电子商务示范基地、中新生态城天津市电子商务与互联网创新创意基地建设初具规模。

（甄志强）

【打造电子商务平台】 2021年，滨海新区加快消费行业数字化升级，引育美团（大众点评）、物美多点等电商平台和线上商贸标杆企业，建设夜间经济数字街区，增加优质产品和服务供给。推动传统商贸流通企业应用转型，开展以电子商务应用为中心的新一轮电子商务转型路径，引导传统商贸企业开展网络营销，实现33家商贸企业向电子商务应用转型。

（甄志强）

【培育本土平台企业】 2021年，滨海新区推动经开区抖音直播生态产业园建设，整合自媒体流量平台、电商流量平台、网红达人资源、直播电商机构、品牌商家企业，带动经开区互联网内容创作、电商、文旅产业发展。经开区抖音直播生态产业园聚集包括美团、滴滴、58同城、大杰致美等互联网平台企业。加强泰达高端电子商务产业基地建设，项目占地面积13万平方米，已落户电子商务相关企业40余家。

（甄志强）

【天津港保税区"互联网+产业化升级"】 2021年，滨海新区推动天津港保税区"互联网+产业化升级"。发展平台经济、共享经济、体验经济和快递经济，加快各行业各领域数字化改造，实施城市大脑、电子发票、移动支付等标志性工程，发展数字生产性服务业。天津品唯电子商务有限公司落户天津港保税区。北京汇通天下（G7）、百世集团、中储智运等网络货运平台项目也已落地。

（甄志强）

**【滨海高新区国家电子商务示范基地建设】** 2021年，滨海新区推动滨海高新区国家电子商务示范基地建设。推动天津津贸通、拾互动、杭州花蜂科技、深圳锦航能源等企业的跨境电子商务、跨境直播、跨境数字营销、数字化物流及能源供应项目进驻，引入天津市电子商务协会、天津市跨境电商协会等专业机构。组织贸易企业、生产企业参加各项促销费行动，鼓励传统实体零售企业数字化转型；协助企业通过各种促销形式拉动消费。培育新型消费模式和热点，为企业进行电商销售相关培训，鼓励和引导实体商业运用抖音等应用程序直播带货、促销引流。

（甄志强）

**【天津抖音直播生态产业园建设】** 2020年8月，天津抖音直播生态产业园落地天津经济技术开发区双创大厦，面积11万平方米，项目由抖音平台发起。2021年，产业园依托“堡子里”资源，为直播业态上的视频制作、创作创意、电商服务等相关机构提供自媒体运营及视频制作的载体、内容和空间支持，打造内容创造场景基地、供应链选品基地、行业发展基地，建设融媒体交流中心、文化旅游资源共享中心、泛娱乐培训中心、沉浸式体验商业中心。至年末，已有10余家头部公会、供应链服务机构入驻产业园。

（甄志强）

## 会展经济

**【概况】** 2021年，滨海新区会展业整体发展态势良好，会展企业数量和规模继续增长，会展经济提质增效，会展软硬环境持续优化，人才储备不断扩充。制定印发《滨海新区支持区内企业赴境外参展的奖励暂行办法》。至年末，全区会议及展览服务类企业2.83万家。其中，100万元（含）至500万元1.08万家，500万元（含）至1000万元4578家，1000万元（含）至5000万元4810家，5000万元（含）至1亿元1911家。展览展示、广告传媒、策划设计、印刷制作等会展类相关企业4.69万家。

（王　非）

**【第五届世界智能大会组织工作】** 2021年5月20日—23日，第五届世界智能大会在天津市举行，滨海新区完成承担的7个方面28项具体工作，涉及总体设计、场馆服务、嘉宾邀请、会展布置、会议接待、氛围营造、线上平台、市场化运作等环节。组织市场化合作，与34家企业形成实质合作，现金收入1000万元左右，其他实物及服务赞助价值超过6500万元。借势推动招商工作，从3月起全区组织开展招商活动493次，走访接待企业794家，推动重点智能科技项目426个（420个注册落地）。组织109个项目参加集中签约，总投资额约432亿元。其中，内资项目100个、投资额295.25亿元，外资项目9个、投资额21.03亿美元，数量占全市半数以上。

（王　非）

**【会展活动】** 2021年，滨海新区做好国家会展中心首展组织宣传工作，组织各开发区及区内企业赴国家会展中心对接，设计美丽滨城宣传灯箱和展板，协助市合作交流办搭建展馆洽谈区，展览期间向易华录、腾讯云、华为、中建信息、奥的斯电梯等30余家企业宣传推介滨海新区营商环境。全年开展招商134人次，对接企业218家，洽谈项目63个，其中意向合作项目35个、意向投资额114.9亿元。举办泰达汽车论坛，参与迪拜世博会天津活动日、亚布力论坛、国际投资贸易洽谈会，通过招商推介、提供宣传材料等方式开展招商引资。协助组织非公论坛新区考察活动、南开校友企业家联谊会考察活动，推介新区营商环境，向参会企业家和嘉宾全方位展示“滨城”建设成果，拓展招商渠道。组织10家优秀企业赴沈阳参加辽洽会，为企业展示交流、拓展合作搭建平台。

（王　非）

**【区现代企业展示交流中心建设】** 2021年，滨海新区商促局成立区现代企业展示交流中心整体设计组，结合滨海新区产业及展厅情况，完善布展内容，完成中厅展陈设计方案修改和各企业展厅的设计工作。明确拟邀请企业名单。邀请滨海新区科技龙头企业、科研类机构及各行业企业参展，已对接企业171家。

（王　非）

## 供销社工作

**【概况】** 2021年，滨海新区供销合作社围绕主责主业，打造为农服务平台，探索为农服务新途径；盘活资产，提升资产运营效能。全年区供销社系统实现销售总额4.38亿元，零售额完成3.75亿元，营业总收入完成1.04亿元，增加值完成1.02亿元，实现利润1448万元。

（黄浩民）

**【供销合作社机构改革】** 2021年，滨海新区推进供销合作社综合改革，对塘沽、汉沽、大港三个供销合作社进行整合。8月，区委区政府成立滨海新区供销合作社改革工作领导小组，部署区供销合作社综合改革工作。10月，成立滨海新区供销合作社筹备组。12月，滨海新区供销合作社成立。编制30人，设办公室、合作指导科、综合业务科、资产管理科四个科室，主要职能：研究制定全区供销合作社的发展战略和发展规划，指导全区供销合作社的发展和改革；按照政府授权对重要农业生产资料和农副产品经营进行组织、协调、管理；维护全区各级供销合作社的合法权益；指导全区供销合作社的业务活动，促进城乡物资交流；宣传贯彻党中央、国务院有关农村经济工作的方针政策；代表区供销合作社参与合作社联盟的各项活动；承办市供销合作总社和区委、区政府交办的其他事项。

（黄浩民）

**【为农服务】** 2021年，滨海新区供销社践行主责主业，推进为农服务工作。塘沽生产资料公司为农民提供化肥70吨、农药4吨、各类种子6吨、小农具650余件、机械农机具40余台。塘沽基层社发展主营业务，依托成员社启航餐饮配送业务，实现供货量翻番、利润翻倍，并达成后期深入合作意向。全年发展农民专业合作社5家、成员社1家。推进基层组织建设，领办专业合作社1家。提升农民专业合作社经营能力。完善农民专业合作社管理办法，加强对专业合作社的监督管理，协助连富葡萄种植专业合作社完成节能阳光温室葡萄种植大棚改造提升和雨季大棚修缮工作。组织完成两季葡萄育苗栽培，提升茶淀玫瑰香葡萄品牌效益。协助浩龙农民专业合作社做好大棚蔬菜种植工作。组织帮扶专业合作社开展豇豆、四季豆、长圆茄子、西红柿、青椒、油菜、无土栽培西瓜、火杏、柿子、山楂、大白菜等30多个蔬菜水果品种的种植，合理规划种植结构、品种、种植面积，取得良好经济效益。

（黄浩民）

## 烟草专卖

**【概况】** 2021年，滨海新区不断推进卷烟营销、专卖内管、企业管理等方面建设，组织开展“6·29”烟草专卖法颁布30周年纪念活动、反走私综合治理普法集中宣传月活动，开展各类法治培训，增强干部职工、零售户以及广大群众的法制意识，顺利完成年度目标任务。

（刘　颖）

**【卷烟经营】** 2021年，滨海新区烟草专卖局贯彻“总量控制、稍紧平衡，增速合理、贵在持续”总方针，应对市场变化，动态调整销售策略，有效改善供需关系。全年销售卷烟8.16万箱，完成全年销售计划的100.08%；实现销售收入（含税）27.8亿元，同比增长5.47%；实现单箱收入3.41万元，同比增长5%；实现税利7.41亿元，同比增长4.77%。

（刘　颖）

**【规范和整顿卷烟市场】** 2021年，滨海新区打击卷烟非法流通，维护卷烟经营秩序，坚持“海陆联动、重拳打击、严打严惩”，联合区海警局对36处临时码头、野码头及重点区域进行专项检查巡查，查获假私卷烟952条，案值13余万元，确保海陆双向打假打私不留死角。全年查办涉烟案件232起，查获卷烟726.43万支，总案值463万元。开展规范和整顿卷烟市场秩序专项行动，以及“守护成长”专项行动，推进电子烟市场日常监管。7月，开出全市首张向未成年人销售电子烟罚单。

（刘　颖）

**【烟草专卖零售许可证管理】** 2021年，滨海新区烟草专卖局制定实施《烟草制品零售点合理布局规定》，实现合理化布局平稳过渡，办理许可证250个。制定《行政许可回访制度》，坚持新办证户日常滚动式回访检查，强化许可证后续管理。加强便民服务，开展为残疾人送证上门服务，解决客户拆迁后的行政许可问题。建立行政许可评价监管体系，加强行政审批监督，提升许可证管理效能，全年许可证新办697个、注销645个、歇业100个。至年末，有效持证户5397户。

（刘　颖）

4月27日，工作人员深入商户推广消费者营销服务平台应用
区烟草专卖局　供图

# 对外贸易和区域经贸合作

## 对外贸易

**【概况】** 2021年，滨海新区进出口完成6339.1亿元，同比增长13.6%，占全市的74%。其中，出口2445.3亿元，同比增长26.1%，占全市的63%。完成第四届进博会工作任务。探索滨海新区中欧班列发展新模式，支持泰达合作区提档升级，带动企业参与“一带一路”建设，开拓沿线国家市场。创新发展服务贸易，中新天津生态城成功申报第二批国家文化出口基地。推动国六环保排放标准平行进口汽车常态化发展，继续保持全国龙头核心地位和市场占比。跨境电商继续保持稳步发展，B2B出口呈现快速增长态势。举办二手车出口海外展销会，出口额在全国位居前列。

（董小权）

**【实际使用外资】** 2021年，滨海新区实际使用外资43.24亿美元。其中，租赁和商务服务业资金到位19.41亿美元，占比44.9%，居各产业首位；金融业资金到位10.7亿美元，占比24.8%；科学研究和技术服务业资金到位2.81亿美元，占比6.5%；制造业资金到位2.38亿美元，占比5.5%；批发和零售业资金到位1.75亿美元，占比4%。

（吉兴华）

**【服务外贸企业】** 2021年，滨海新区对区内外贸企业开展走访帮扶活动，了解企业需求，搭建服务平台，实现供需对接，为企业解决订单、融资、物流等方面问题。举办RCEP政策宣讲会，帮助企业深入对接政策，开拓多元国际市场，稳定外贸基本盘。提高天津口岸贸易本地结算率，引进50个贸易结算项目，推进进口冻品线上交易平台、大宗矿产贸易供应链金融服务平台建设。在第四届中国国际进口博览会上，滨海新区组织393家企业、社会组织和政府机构参会，与新加坡、巴西、瑞士、乌拉圭、美国等11个国家的参展商达成采购协议；举办以“借势滨海 共享机遇 共赢发展”为主题的招商引贸推介会，组建招商团队开展多项招商活动，进博会期间吸引投资超31亿元。

（董小权）

**【对外服务贸易基地及平台建设】** 2021

11月5日，在第四届中国国际进口博览会上，滨海新区举办招商引贸推介会
王玮 摄

7月26日，“中国（天津）二手车出口海外展销会—迪拜站”首发式
田靖娅　摄

年，滨海新区培育文化贸易优势，助推中新生态城成功申报第二批国家文化出口基地。发展数字贸易，推动国家数字服务出口基地建设，天津经济技术开发区成立国家数字服务出口基地工作推动小组，对接业内机构，探索搭建数字服务贸易载体平台。依托商务部服务外包业务管理平台，加强对服务外包企业政策宣讲、业务管理、数据统计等服务，组织企业申报中央及天津市服务贸易专项资金。

（董小权）

**【对外经济合作】** 2021年，滨海新区新增备案境外投资机构76个，新增中方投资额21.81亿美元。位于苏伊士运河走廊的泰达合作区，占地面积7.34平方千米，累计入驻企业120家，实际投资额超12亿美元，累计销售额超26亿美元，缴纳税费近1.7亿美元，直接解决就业4000余人，带动就业4万人，经济效益和社会效益显著，是埃及境内综合环境最优、投资密度最大、单位产出最高、中资企业最密集的园区。滨海新区全年发行中欧班列5.8万标箱，同比增长23.4%。

（董小权）

**【平行车进口】** 2021年，天津口岸国六环保排放标准的平行汽车进口常态化工作逐渐恢复，全年进口平行车辆2.5余万辆，进口额225亿元。印发《促进平行进口汽车销售工作方案》。解决滞港平行进口车辆问题，完善提升平行进口汽车管理服务平台，加大三包售后服务体系建设，举办推介会、撮合会等活动，扩大平行进口车产业链条和宣传推广，为平行进口车常态化平稳健康发展奠定基础。

（董小权）

**【二手车出口】** 2021年，滨海新区二手车出口849辆，货值额超1212万美元。举办“二手车出口海外展销会（迪拜站）”活动和二手车出口埃及首发仪式，进行车辆展示销售、积累海外资源、拓展合作渠道，除展车全部售出外，签订后续意向订单400台以上（其中170台车辆已发船出海），实现二手车出口关口向国外迁移，逐步建立“国内供车—海外展销—售后服务—稳定盈利—扩大出口”的良性循环模式。

（董小权）

**【跨境电商发展】** 2021年，滨海新区跨境电商进出口总单量2848万单，交易额约48.68亿元。天津经济技术开发区、滨海高新区分别获批天津市跨境电商示范园区，其他各开发区相继建立淘宝跨境电商直播基地、跨境电商出口联盟等产业园或集聚区，吸引多家跨境电商企业进驻运营。推动保税仓、公共仓从一般仓储功能升级为集供应链和物流为一体的中心仓模式。鼓励跨境电商进口企业开展“线下展示+线上交易”新零售模式尝试，跨境电商线下展示体验店在东疆保税港区、天津港保税区等地试营业。

（董小权）

## 口岸管理

**【概况】** 天津口岸是中国北方对外开放的门户。拥有3个经国务院批准对外开放的口岸，包括1个水运口岸（天津港）、1个空运口岸（天津滨海国际机场）、1个海面油田交货点口岸（中国海洋石油渤海公司海面油田交货点）。

2021年，天津口岸完成进出口贸易值1.67万亿元，同比增长25.6%。其中，进口8333.2亿元，同比增长16.4%；出口8322.5亿元，同比增长36.3%。

天津港货物吞吐量完成5.3亿吨，同比增长5.3%；集装箱吞吐量完成2026.94万标准箱，同比增长10.4%。天津港口岸外贸货物吞吐量2.94亿吨，同比增长3.4%。其中，外贸进口2.01亿吨，同比减少2.9%；外贸出口0.93亿吨，同比增长20%。口岸外贸集装箱完成887万标准箱，同比增长5.1%。

天津机场货邮吞吐量完成19.49万吨，同比增长5.4%。进出境货邮吞吐量8.76吨，同比增长12.7%。其中，进境3.68万吨，同比增长

16.4%；出境 5.09 万吨，同比增长 10.2%。

天津口岸出入境人员 31.8 万人次，同比减少 50.2%。其中，出境 12.79 万人次，同比减少 54%；入境 19.01 万人次，同比减少 47.3%。出入境旅客方面，空港口岸出入境旅客 11.28 万人次，同比减少 70.1%。

空港口岸出入境飞机 2855 架次，同比减少 35.9%。海港口岸进出境船舶 1.52 万艘次，同比增长 0.2%。

（王 洋）

**【扩大口岸对外开放】** 2021 年，天津港北疆港区天津港第二集装箱码头有限公司集装箱码头 N10 至 N12 泊位、大沽口港区临港造修船基地 2 号修船码头 1 号至 3 号泊位、大沽口港区天津博迈科海洋工程有限公司临港博迈科 2 号码头、大港港区天津渤化南港码头仓储有限公司渤化 1 号至 3 号液体化工泊位、大港港区中石化天津液化天然气有限责任公司液化天然气（LNG）码头 2 号泊位等 5 个码头 11 个泊位实现口岸对外开放。

（王 洋）

**【进境指定监管场地建设】** 2021 年，华锐全日物流股份有限公司、天津港国际物流有限公司冷链基地进境肉类指定监管场地及天津航空口岸大通关基地进境水果、进境冰鲜水产品、进境食用水生动物指定监管场地获海关总署批复。天津航空口岸大通关基地进境肉类指定监管场地通过海关总署验收、进境植物种苗指定监管场地通过天津海关预验收。

（王 洋）

**【雄安新区通关服务保障】** 2021 年，天津口岸组织召开津雄两地联席会议，宣传推广天津口岸政策措施，推动雄安新区与天津口岸开展业务对接合作。完善天津港服务雄安新区“一中心三节点”（天津港集团雄安新区服务中心，保定无水港、白沟无水港、胜芳无水港）功能，深化与堆场企业合作，将拼箱、公路运输、海铁联运等物流服务产品向雄安新区及周边区域客户投放，在胜芳、保定无水港设立集装箱落箱堆场，提升海运物流通道服务能力与效率。全年天津港服务雄安新区“一中心三节点”实现操作量 1.23 万标准箱。

（王 洋）

**【无水港口岸功能建设】** 2021 年，天津口岸引入信用保险等服务项目，丰富天津港内陆无水港及营销网点服务功能。在中国国际服务贸易交易会期间，举办天津海港口岸交流对接宣介会，向腹地企业和政府部门宣介天津口岸功能优势和通关政策措施。

（王 洋）

**【跨境贸易便利化】** 2021 年，天津口岸开展天津市促进跨境贸易便利化专项行动，落实《天津口岸 2021 年促进跨境贸易便利化专项行动实施方案》18 项重点任务。持续开展京津跨境贸易便利化专项行动，京津商务（口岸）、海关等 10 部门联合公布实施第 8 批 25 项创新措施，配合北京市政府完成世界银行评估跨境贸易指标磋商等工作。推动落实《2021 年优化港口营商环境专项行动实施方案》，提高口岸通关效率。12 月，天津口岸出口整体通关时间 0.47 小时，优于全国水平 61.8%；进口整体通关时间 31.63 小时，优于全国水平 4.1%。国家发展改革委开展全国 80 个城市和 18 个国家级新区营商环境评价，天津市跨境贸易指标排名全国第五，被评为标杆指标。在 2021 年全国十大海运集装箱口岸营商环境测评中，天津口岸获最高星级。

（王 洋）

**【口岸服务模式创新】** 2021 年，天津口岸推广进口“船边直提”和出口“抵港直装”，组建京津冀协同推广“船边直提”“抵港直装”领导小组，研究制定并推动实施《天津市北京市河北省关于联合推广进口“船边直提”和出口“抵港直装”的实施方案》。京津冀三地联合推广以来，天津港进口集装箱直提率超 20%，出口集装箱自运抵码头到装船时间小于 24 小时比例超 12%。天津市“直提直装”等便利化改革做法得到国务院和海关总署肯定，获世界银行认可。包括“船边直提”在内的深化通关便利化改革工作，被国务院办公厅列为向全国推广的经验做法。在 7 月 21 日的国务院常务会议上，扩大出口货物“抵港直装”和进口货物“船边直提”试点成为深化跨境贸易便利化改革、优化口岸营商环境重点举措之一。

全面推广进口提货单电子化，推动天津水运口岸集装箱进口提货单电子化操作业务。拓展免除查验费试点，在原有免除查验没有问题外贸企业吊装移位仓储费用试点基础上，将以集装箱整箱货物直接运抵码头实施查验的拼箱货物，纳入天津市免除查验费用试点范围。

（王 洋）

**【口岸服务信息化建设】** 2021 年，天津口岸深化国际贸易“单一窗口”功能建设及应用。完成国家“单一窗口”标准版中国新加坡合作项目试点任务，实现中国新加坡企业货物申报相关数据交换验证。“单一窗口”全国口岸收费及服务信息发布系统上线，为营造良好口岸营商环境提供信息化支撑。推动进出口环节监管证件在线申领工作，30 余种监管证件通过“单一窗口”实现网上申报、网上办理。做好跨境电商综合服务平台运行维护，保障“6·18”“双 11”等跨境电商大促销期间大单量运行。

增强天津市港口统一收费管理服务平台易用性、平稳性、安全性。推进货代、船代、堆场、运输、报关、检疫、码头、理货等港口业务全覆盖。至年末，平台累计注册企业 3000 家，完成收缴费业务 42.69 万单。

（王　洋）

## 海关管理

**【概况】** 2021 年，天津海关在滨海新区区域内设大港海关、新港海关、临港海关、塘沽海关、北塘海关、东疆海关、南疆海关、保税区海关 8 个分关，主要负责进出口货物通关、检验检疫、物流监控、企业管理、稽核查、打击走私等工作。同时做好口岸疫情防控，打赢“外防输入”保卫战，保障口岸生产经营不受疫情影响。区域内营商环境不断优化，贸易便利化不断提升，推动海关改革措施落地见效，为滨海新区积极融入国家发展战略、服务京津冀协同发展及“一带一路”建设、服务新区外贸发展做出贡献。

（高颖超）

**【保税区海关关务】** 保税区海关于 1993 年 12 月正式开关，业务门类涉及通关、保税监管、物流监控、跨境电商监管、稽核查等工作，自 2019 年初开始承接天津口岸件装危化品集中监管工作。2021 年，保税区海关接受进出口货物申报 11.6 万票、监管进出口货物 829.7 万吨、货值 1719.74 亿元，分别同比增长 29.5%、30.7% 及 44.6%，开征税款 127.62 亿元，同比下降 22.84%；增设津保税关 0230 新关区代码，新增备案企业 793 家，注销企业 275 家，辖区内有效备案企业 5465 家。

重点任务。完成天津海关重点工作任务 16 项，协办完成工作任务 57 项，牵头 2 项关级课题研究，参与撰写口岸监管、区域发展、平行车、危化品等领域政研文章及政务信息，保税物流园区综合业务科获评 2019—2020 年度全国青年文明号。

综合业务管理。压缩通关时长，确保报关单据“日清日结”，进口整体通关时长 21.48 小时，出口整体通关时长 0.66 小时；推广汇总征税，设置专岗对汇总征税缴纳入库情况进行监控，分关汇总征税比例达 29.92%，提升 10.6%；成立规范申报工作组，提升规范申报率，清理历史存量，做好新单“预审核”，正确率 99.25%。开展“直提直装”作业。推动保税区内企业加入首批远程视频“监管产装”名单。辖区企业直提箱比例 27.53%，直提企业参与度 63.74%。

特殊监管区域发展。保税区海关分关成立专项工作组，与口岸海关协同配合，推动中规车、海洋机械装备等口岸商品入区，推动分关路虎揽胜等口岸中规车及重点企业医疗器械、飞机等重点商品入区；采用核放单电子传输放行、整合口岸查检和目的地查检、与口岸海关加强通关配合。保税区海关特殊监管区域全年完成一线进出口值 1236.68 亿元。

跨境电商监管。开展打击跨境电商进口走私“断链刨根”专项工作，对 1935 项重点低价商品进行网上巡查，对 5 家企业进行稽核查作业，稽核查有效率 100%。推动线上展示、线下交易“体验店”模式，起草《保税区海关跨境电商网购保税进口商品展示体验业务操作指引》，天津关区首家跨境电商展示体验店“酷吧小店”在海港保税区开业。建立应急保障组，完成“6·18”、“双 11”等大促保障工作，跨境电商进口单量 2424 万单，同比增长 12.23%。

钢材业务监管。制定应急预案，解决钢材集中入区情事，探索形成应急协同长效机制。制定卡口临时登记放行机制，“先入区后补录”，实现车辆入区“零等待”；完善双向疏通机制，与保税区内仓储企业对接，及时卸货、快速提留、减少滞留；打造快速通关机制，报关行提前报备入区量，动态核增核减底账，实现账货相符；开展钢材类专项核查工作，对重点企业钢材物流流向，实际入区数量进行盘点，防范骗取出口退税。全年保障集中入区钢材车辆超 3 万辆。

11 月 8 日，保税区海关关员在查验中规车　池明磊　摄

服务航空产业集群。创新监管模式，实施航空产业全链条集群监管。创新主辅料分类监管模式，完成全国首架空客 A350 双发远程宽体客机入境总装，首架 A350 飞机完成总装并交付使用；创新“单一品名，单一税号”监管方式，完成全国首架 A320 机身系统装配项目监管，实现企业从单一机翼装配发展到整机装配生产线升级，A320 机身系统装配项目首架在津实物交付；创新简化链内企业零部件加工、检测、维修等互转业务手续，完成飞机零部件结转监管货值 370 万美元；创新“保税维修 + 区块链”监管模式，利用区块链技术实现上链数据交叉验证，上线运行区块链“AOG 航材管控”应用场景，办理 13 票业务，货值超 1200 万元，“AOG 航材应急维修新模式”等 8 项经验向京津冀复制推广；创新“航空产业链企业货物状态原地转换”模式。在天津关内复制推广。

助力汽车产业。解决滞港车问题，成立工作专班联络协调认证、商务、环保等部门，与平行车平台试点企业、平行车协会等建立信息互通机制，优化通关查检流程，疏浚滞港平行车积压情况，实现“国六”环保新政下全国第一批平行车通关，共二线出区平行车 1.9 万辆，货值 94.7 亿元，征收税款 50.78 亿元。助力汽车产业链延伸，扩展综保区中规车保税规模，开展中规车保税业务车辆 5022 台，涉及奥迪、保时捷、捷豹、路虎等品牌；推动进口汽车保税改装出口业务，协助企业进行系统测试，确定监管方案。新增 2 家企业开展进口汽车保税改装出口业务，涉及乘用车、旅居车等车型。

助力粮食食品产业。首家试点企业完成 637.3 吨成品货物外发加工业务，货值 363 万美元；以非转基因大豆为试点，制定进境粮食中转监管业务流程，允许重点企业落地区内开展粮食物流中转业务，吸引粮食贸易资源入区，促进区域农产品加工贸易产业升级换代。

5 月 13 日，北塘海关关员到企业进行监管　　赵福林　摄

培育辖区企业。实施“一对一”精准培育，向辖区内 80 家企业送服务“结对子”。以企业需求为导向制定认证培育方案，推动辖区企业升级。开展辖区企业认证培育 93 家，接受高级认证企业申请 28 家，新增高级认证企业 16 家。

（苏　菁）

**【北塘海关关务】** 天津北塘海关成立于 2019 年 1 月 31 日，隶属于天津海关。负责北塘港区（中心渔港）和中新天津生态城范围内海关各类管理工作，承担天津关区机检审像工作。

2021 年，北塘海关发挥机检审像职能，打击洋垃圾进口，严把进出口食品安全关，优化营商环境、促进贸易便利化提升。接受申报报关单 4432 票，出具纸质入境货物检验检疫证明 5554 份；实征税款 4.66 亿元。开展出口食品申报前监管 628 票，进口冻品查验 1886 票报关单、2370 自然箱。特殊物品出口申报前监管 103 票，属地查检 15 票，进口后续监管 1 票，特殊物品企业日常监管 7 家次。办结 54 起核查作业，查发率 80%。机检审像审核报关单 3.76 万票、图像 4.76 万幅。

打击走私。打击洋垃圾、濒危动植物等敏感商品走私行为，查发伪报、夹藏情况 990 起，其中重大查获 56 起。

食品安全。严把进出口食品安全，检出不合格食品 19 批。

通关便利。推广通关便利化改革措施，建立并运行“稳定通关作业时间”工作机制。推进企业信用培育和高级认证工作，辖区 1 家企业通过审核，实现辖区海关 AEO 高级认证企业零突破。

（运　童）

**【大港海关关务】** 天津大港海关成立于 2019 年 1 月 2 日。主要负责大港港区和南港工业区进出口货物通关、检验检疫、物流监控、企业管理、稽核查等业务。

口岸通关。2021 年，监管进出口船舶 326 艘次，增长 22.1%。进口货量 708.76 万吨，下降 11.93%，货值 53.48 亿美元，增长 12.99%；出口货量 76.1 万吨，增长 171.3%，货值 2.11 亿美元，增长 414.63%；开展监管作业场所实地巡检 63 次，视频监控检查 1022 次，对辖区内保

12 月 15 日，大港海关关员查验液化天然气管道　　王道明　摄

税仓库进行安全检查 10 次，检验进口 LNG666.6 万吨。做好华北地区清洁取暖和冬奥会气源保障任务。

企业管理和综合治税。推广“不见面审批”，以远程指导、线上审批方式完成 52 家企业信息注册和变更。开展企业巡查、安全检查 8 次，完成 1 家企业 AEO 认证工作，辖区企业满意度调查位居天津海关第一名。进口平均通关时长 3.53 小时，缩短 24.2%；进出口提前申报率 100%，汇总征税报关单比例 38.3%；征收税款 30.1 亿元，增长 82%；设立天津关区首本跨直属关区集团保税联网账册。

服务重点项目和口岸开放。对接渤海化工、中石化 LNG 二期等重大项目的规划建设需求，实施“嵌入式”监管和“一对一”服务，指导码头规划建设和口岸开放验收通关准备。南港通用码头开放泊位由 2 个新增为 4 个，由 4 万吨级提升至 22 万吨级，出口量和货值分别增长 11.5 倍和 15.5 倍，货物种类由 1 种增加至 6 种；助力“两化（天津渤天化工有限责任公司、天津大沽化工股份有限公司）”搬迁重点项目，天津渤化南港液体化工码头 3 个泊位完成开放验收和外贸船舶验放；助力全国首个双泊位 LNG 接收站首船高效安全通关。

（王道明）

**【东疆海关关务】** 2009 年 8 月 12 日，海关总署下发《海关总署关于设立天津东疆保税港区海关的通知》正式批复设立东疆保税港区海关。2010 年 12 月 29 日，东疆保税港区海关正式挂牌。东疆海关主要从事口岸通关、保税监管、物流监控、稽查、旅检、跨境电商、融资租赁等海关业务，基本涵盖除快件以外的海关各业务领域。2021 年，实征税收 281.18 亿元，约占天津关区的 20.64%。

通关便利化。建立全链条进口通关效率齐抓共管综合治理机制，明确各环节通关时间标准，推进通关效率管控常态化。进口整体通关时间压缩 33.52%，提前申报率由 71.77% 上升至 83.54%。多举措抓好出口通关效率，逐船管理、动态监控，出口整体通关时间较去年压缩 73.58%。成立船边直提工作专班，创新性提出“经纬度”工作法，从纵向的商品种类管理和横向的流程管理两个方向推进船边直提工作，直提率 25%。多次召集相关企业进行推动座谈，从区内集装箱堆场入手，协调码头压缩收箱时间，抵港直装率增长较快。创新开展“同船运输”，监管内贸船舶作业 15 航次 1.2 万标准箱。提高天津港内贸船舶装载空箱周转效率，监管内贸船舶装卸空箱作业 16 航次 9.84 万标准箱。与码头及船方协作配合，完善天津港口岸集装箱货物中转换装监管模式，做好对中远海运整船换证监管，完成监管换装作业 3 次。保税展示交易商品扩大至冻品、电商，创新“维修改装 + 租赁”，获天津海关复制推广。

改革创新。6 项创新举措通过天

5 月 8 日，东疆海关关员对跨境电商仓库进行安全巡查　　叶子涵　摄

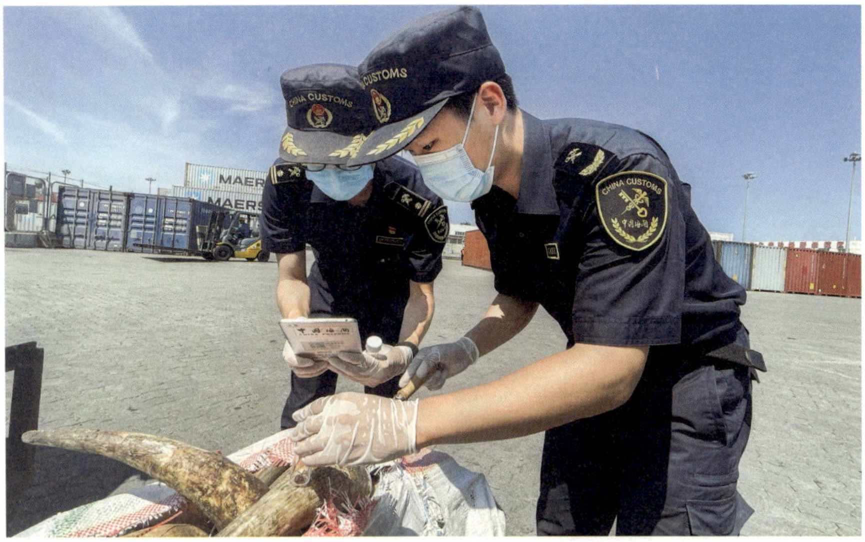


7月27日，东疆海关关员在进口牛角中查获有害生物“黑寡妇”蜘蛛
任文思　摄

津自贸试验区海关监管创新举措备案。推动跨境电商B2B出口业务继续上量，形成“电商五法”（因地制宜、架桥指路、栽桐引凤、有的放矢、逻辑印证）。促进融资租赁发展，办理179个标的物的进出口租赁业务，涉及货值648.13亿元，同比分别增长38.76%、80.64%。创新飞机“维修改装+租赁”业务模式，助力盘活国内旧飞机处置市场，获得天津海关复制推广。全年办理该业务5票，涉及货值11.56亿元。推动保税展示交易扩围，成立专项保障小组，办理天津关区首票跨境电商保税展示交易业务，拓宽企业销售渠道。召开多场业务推动会，对冻品、农产品进出口企业进行保税展示政策宣讲，与北塘海关建立联系配合机制，对北塘冻品展示场地进行实地验核。完成冻品保税展示交易业务12批，货值974.93万元，展示商品94批次，涉及货值4709.75万元。

口岸监管与打击走私。打击固废走私，查获固体废物1319.77吨，通过自主风险分析布控，查发固体废物5票。打击濒危物种及其制品走私，查发违规携带象牙制品进境情事1起、违规携带濒危红木制品进境情事1起；查发典型伪瞒报出口濒危植物及其制品2票，分别为北沙参60千克、沉香属植物20千克。严守国门生物安全和食品安全，截获检疫性有害生物565批次，查获不合格进口冻品229票。打击出口骗退税，查发出口短装情事7起，货值约221.8万元。申报货物重量总计119.7吨，实际货物重量总计小于2吨。

综保区建设。推动分类监管，针对保税仓储企业受疫情影响仓库大量闲置的问题，支持企业对分类监管的非保仓储区域灵活备案，开展大宗货物“分批出区”业务。区内17家保税仓储企业开展分类监管业务，盘活闲置库容27.11万平方米，总体仓库利用率由不足50%提升至80%以上。丰富东疆口岸专业功能，区内华锐全日物流有限公司获批进境肉类指定监管场地资质，为机构改革以来天津关区首次新增指定监管场地。落实综保区“21条”（《关于促进综合保税区高水平开放高质量发展的若干意见》共提出21项具体任务举措，着力培育综合保税区在产业配套、营商环境等方面的综合竞争新优势，推动综合保税区发展成为具有全球影响力和竞争力的加工制造中心、研发设计中心、物流分拨中心、检测维修中心、销售服务中心五大中心），推出更多优惠措施，扩大大贸车保税入区规模，进口大贸车1.03万台。

综合治税。通过无问题报关单“日清”机制、坚持节假日值班、预约加班制度、加强优惠政策宣讲等优化服务措施，吸引摩托车、乳品等新税源。保税核查补税实现近年零的突破。

疫情防控。实施船舶登临检查573艘次，采样1587人次。承办样本洒漏、职业暴露专项演练，组织开展内部疫情防控演练2次。协调东疆边检、海事开展东疆口岸海域净化巡查工作。创新核酸采样“三岗六步”作业模式，首创消毒作业“四人消毒法”，整体作业效率提高44.37%。完善作业人员“培训考核、监督管理、自查督查”三位一体安全防护体系，建立“一看、二练、三实操”培训模式。进口商品核酸检测采样4536票，采集8.7万样品。消毒查验1.18万箱，其中监督预防性消毒2086箱。建立三级监督机制并及时监督整改。

（王　欣）

**【临港海关关务】** 天津临港海关是受天津海关直接领导，负责高沙岭港区和临港经济区范围内海关各类管理工作的执行机构，承担关区海运口岸现场验估工作和关区化验工作。2021年，天津临港海关学习贯彻落实习近平总书记重要指示批示精神，落实2021年天津海关工作会议精神，推进“一流海关”建设迈上新台阶。

税收征管。加大对再生类商品的数据分析，实现审价补税800余万元，关区再生塑料价格水平同比提高20%，再生金属同比提高15%。提升通关效率，确保重点物资验估“零等待”。面对冻品市场波动较大的情况，建立“抽验+先放后

6 月 24 日，临港海关关员对全球最大民用医院船进行现场监管

临港海关　供图

补”验估方式。开展价格核查，对进口汽车补税 1.05 亿元，对天津摩比斯汽车零部件有限公司补税 1276 万元，对纸尿裤、大豆滞期费、可可预混食品等产品补税 600 余万元，对红酒商品补税 270 余万元，对进口冷冻牛肉补税近 200 余万元。

便捷服务。推行提前申报、两步申报，全面推进无纸化，进口提前申报率 83.9%，出口提前申报率 95.7%，两步申报率 9.4%。以“零延时”压缩通关时间，进口平均通关时长 25.9 小时，同比压缩 12.2%；出口平均通关时长 0.98 小时，同比压缩 32.4%。保障“天鲸号”顺利通关，吸引纸浆和钼精矿企业进口，助力渤化石化出口丙烯零的突破。推出“天津临港”微信小程序预约查验。推动进口大豆、玉米、大麦“边检、边卸、边运、边用”措施顺利施行，平均一条船为企业节省 100 万元。打造全国首个船舶区外保税维修中心，根据风险定制船舶监管流程，实现“一船一方案”，以保税维修方式进口待维修船 10 艘，价值 1.93 亿美元，为企业减少资金占压 2.5 亿元。纾解船舶维修废钢处置难题，企业节约处置成本约 200 万元 / 年。助力国内首造“Global Mercy”号医院船顺利交付。

口岸疫情防控。履行疫情防控职责，打赢“外防输入”保卫战，保障临港口岸生产经营不受疫情影响。检疫监管入出境船舶 1433 艘次，对 1.34 万名船员进行体温筛查，6568 名船员实施流行病学调查，办理船员换班 1476 人，妥善处置有症状船员、曾在境外检出阳性人员，办理船员紧急就医。核酸检测采样 2164 人次，保障临港口岸疫情“零输入”。

安全生产。针对主要存储货品为纸浆的保税仓库，增设 4 组热成像双光谱网络智能球形摄像机，实现远距离全天候的视频监控和温度检测，并在超温度阈值时自动报警，确保纸浆存储安全。推动企业采用全淹没式高倍数泡沫灭火系统。开展安全生产隐患排查，重大节假日前开展全覆盖式检查，加强日常巡查，与口岸局、应急局形成安全生产联控机制。保障国门生物安全和粮食安全，首次在进境散装玉米中截获检疫性有害生物四纹豆象。

（刘　杨）

**【南疆海关关务】**　天津南疆海关成立于 2019 年 1 月 30 日，隶属天津海关。是南疆港区范围内海关各类管理工作的执行机构，承担南疆港区、北疆港区的出入境货物的数量、重量检验鉴定和出入境船舶的申报、吨税、检疫、卫生监督等船舶监管相关工作。2021 年，天津海关所属南疆海关实施精准检疫，严守国门安全，持续打击“洋垃圾”走私，深化“固废清港”行动，海关系统查扣的数量最大的一批走私入境固体废物全部退运出境，捍卫天津港“碧水蓝天”；融入国家发展战略，贯彻落实国务院“放管服”改革要求，进一步优化营商环境，推动海关改革措施落地见效，为天津口岸和滨海新区外贸发展做出贡献。

固体废弃物清退。落实习近平总书记关于“绿色港口”和禁止洋垃圾入境的重要批示指示精神，做好滞港固废退运工作，至 3 月 29 日，涉案 49.8 万吨固体废弃物退运出境，实现天津港第二次“固废清零”，“洋垃圾”退运工作先后被中新社、央视《经济信息联播》《新闻 30 分》等媒体报道。运用矿产品固废现场排查仪对大宗散装矿产品进行快速排查，将固体废弃物拦截在矿产品卸货前。

生物检疫。先后截获绿豆象、四纹豆象、米象、德国小蠊等有害生物和病媒生物 31 艘次，海港口岸外来有害生物标本、矿产品禁止进口固体废物展示馆获评滨海新区新时代文明实践基地。

商品检验。严把进口大宗散货重量鉴定关，散装锰矿、铬矿进口量均居全国首位；开展抢水作业，保障载重 32.05 万吨的超大型“VLOC”轮“双子座 2”靠泊卸货，刷新天津港开港以来靠泊的散货船舶载重吨纪录。支持炼化企业打通低硫船用燃料油天津口岸出口通道，助力天津市打造北方最大的低硫燃料油北方保税油品分拨中心和保税

1月10日，南疆海关关员进行水尺计重　　　　张良　摄

油品中转基地，新增2家企业在天津口岸开展低硫燃料油出口业务，年出口量152万吨，货值48.4亿元。

口岸监管。对大宗散货矿产品实施布控查验，对辖管水域进行海上巡查，巡航380海里。规范危化品监管，危化品监管岗位全员具备监管资质。天津港首次采用自动化设备进行取样工作，规范送样环节，实行盲号制度管理。

综合治税。发挥与新港海关综合治税联系配合机制作用，用“请进来、走出去”相结合的方式深入企业主动访求问需，宣传海关便利措施，综合运用提前申报、预约验放、汇总征税、关税保证保险等便捷通关模式，“一站式”帮助企业协调口岸通关问题，打造个性化通关方案，新增9家税源企业在天津口岸开展原油、稀释沥青、LNG进口业务。

助力地方。运用“船边直提”理念，推动大宗散货“散改集”绿色物流模式通关，全年监管矿产品2000余列、723万吨。强化大宗商品检验，严守商品质量安全关，为近3亿元的大宗进口矿产品提供索赔依据。配合联防联控机制应检尽检要求，做好换班船员卫生检疫工作，所检换班入境船员在地方隔离期间未被检测出阳性；与胡家园街道大埝村签订结对共建协议书，开展国门生物安全宣传。

场所监管。帮扶企业完成海关监管作场行政审批，实现监管作业场所扩容22万平方米；加大监管场所巡查的频次和力度，召开企业安全生产政策宣贯会，组织企业签收落实安全主体责任告知书。与天津市港航管理局南疆管理处完成“安全管理合作机制”共建，与新区应急管理局建立沟通协调机制。

（兰朝辉　张凌康）

**【塘沽海关关务】** 塘沽海关受天津海关直接领导，负责经开区（不含中心商务片区）范围内海关各类管理工作。业务范围涵盖通关、查验、企管、加贸、稽核、特殊区域监管等方面。

2021年，塘沽海关推动网格化服务品牌升级。以“送政策、送答案、优服务、助千家”为中心，将近千家辖区企业划分到69个网格中，69名党员包干对接、贴近服务。全年联系企业1.05万家次，走访调研企业122家，解决问题225个。5月，网格化服务在天津关区推广。

推进便捷服务。推广“船边直提”“抵港直装”等便利措施，进出口通关时间大幅缩减，优于全国水平；释放原产地签证政策红利，超九成原产地证可实现“线上签证、自助打印”，签证金额大幅增长。

服务“一区一场所”发展。推行7×24小时通关服务，针对企业诉求推行“分送集报”“整报分出”“区域内非保转保税货物”等便利措施，助力泰达综保区企业设立天津市综保区首本一般纳税人账册并开展业务，丰富保税展示等新业态。泰达综保区全年进出口值增幅显著，天津经济技术开发区保税物流中心（B型）全年进出口值连续18个月在全国87个同类区域中排名第一。

（杨　凯）

**【新港海关关务】** 天津新港海关受天津海关直接领导，是天津关区唯一的副厅级隶属海关，也是关区内人员最多、业务量最大的隶属海关。主要负责北疆港区、国际物流二场、国际物流三场、中铁集装箱中心站和滨海新区中心商务片区以及汉沽街道等13个街道、新城镇等5个镇范围内的通关、征税、统计、查验、检疫、物流监控、企业稽查等海关业务。

2021年，新港海关打击“洋垃圾”和濒危物种及其制品走私，服务京津冀协同发展及“一带一路”建设，推动冷链商品监管提质增效，开展党史学习教育为群众办实事、办好事，全年收到企业感谢信69封、锦旗70面。

海关监管。打击“洋垃圾”走私，查发旧棉被、废纸等非法进口固体废物67票、3362.99吨，退运非法进口固体废物68票、4700.26吨；打击象牙等濒危物种、野生动物及其制品走私，查发“象牙”“黄檀木”“桃花心木”等濒危物种及其制品走私11起、10.22吨；落实出口知识产权优势企业培塑计划，查

7 月 21 日，新港海关关员对进口南非葡萄柚开展现场检疫　顾苗青　摄

办知识产权侵权案件 85 起，货物数量 148.6 万件，比上年分别增长 112.5%、91.5%，分别占天津海关货运渠道的 81.7%、90.7%。

检验检疫。组织实施口岸传染病监测和卫生监督，开展出入境动植物检疫和监督管理，负责进出口食品卫生、质量的检验、监督和管理，组织实施进出口商品法定检验。在卫生检疫方面，在澳大利亚进口燕麦草的集装箱内截获西欧小家鼠，为天津口岸首次截获该物种；在动植物检疫方面，截获豚草、三裂叶豚草、西方苍耳、黄顶菊、假高粱、法国野燕麦、印度蒺藜草等有害生物；在食品、化妆品检验方面，退运销毁不合格进口食品、化妆品，涉及糖果、粮食加工产品、油籽、发酵酒、饮料、干坚果、中药材、运动营养食品等多种货物。

税收征管。解决异地海关保函备案"卡脖子"问题，方便异地企业在新港海关申报纳税。强化属地纳税人管理工作，吸引属地企业将异地进口货物向新港海关申报纳税。实征税收 752.44 亿元，比上年增长 19.21%，占天津关区 55.22%。

法治建设。通过"海关政策直播间"活动向企业做普法宣传工作；为案情简单、情节轻微的统计类、舱单类案件开辟快速通道，轻案快处，繁简分流，分类速办；提高案件办理速度，设立专用邮箱，提前审核企业提供材料电子版本，压缩企业等待时间。办结"简易程序和快速办理"案件 790 起，罚款 246.79 万元。案件办理实现"零超时、零复议、零诉讼"，执行率 100%。

打击走私。移交非法进口固体废物案件线索刑事立案 9 起，涉及废纸、废塑料、废金属等货类，涉案非法进口固体废物 602.24 吨，刑事立案数占天津海关该类案件刑事立案数的 100%；移交涉及进口偷逃税款案件 10 起，总案值 3.63 亿元，偷逃税款 9284 万元，涉及红酒、洋酒等高税率消费品及坚果等民生类商品；出口现场移交线索刑事案件 2 起，涉及偷逃税款及走私出口禁止出口货物，均为国家进行出口管控的高污染、高耗能商品。

通关保障。迭代升级出口通关时长长效管控机制，建立"三依三控（依船监控，依箱管控，依单防控）"新举措，出口提前申报比例 95.44%。出口整体通关时间 0.61 小时，比上年压缩 48.31%；出口边境合规时间 51.23 小时，压缩 32.41%。全年进口整体通关时间 46.84 小时，比上年压缩 4.07 小时。

服务发展。针对外贸企业"用箱难、订舱难"难题，优化申报流程，提升空箱周转效率，实施国际航运与贸易监测，提醒企业加大配载散货船舶比例；推动天津港国际物流发展有限公司进境肉类指定监管场地获批；联系辖区冷链进口企业，创新"先申报通关、后更改信息"通关模式，妥善处置大连转港冻肉难题；聚焦进口汽车检验难题，扩展汽车查验场地，避免车辆二次倒运，整体实现卸船即验；发挥天津港进境粮食口岸区位优势，加快粮食及农耕物资快速进口，设置大宗粮食通关绿色通道，推行"边检、边卸、边运、边用"监管服务模式，引导企业采取"两段准入"（以进口货物准予提离进境地口岸海关监管作业场所为界，分段实施"是否允许货物入境"和"是否允许货物进入国内市场销售或使用"两类监管作业的海关监管方式）模式，降低进境粮食通关时长；聚焦南非进口柑橘，与区政府、港务部门协同配合，细化查验流程，确保全国首艘南非柑橘冷链散装货船在天津口岸顺利通关。

自贸制度创新。5 个创新项目被天津海关复制推广，其中"保税物料跨关区直供"被纳入京津冀协同创新项目清单，在天津自贸区"党建引领激发创新"活动中被评为"最佳创新"项目。推动"保税船用燃料油混兑"业务在天津地区落地，缓解环渤海地区低硫燃料油紧缺局面。保障天津港保税船用燃料油供应 3209 票、204.79 万吨，比上年分别增长 47.13%、68.22%。

重点改革。拓展规范化、标准化、信息化应用，扩大"进口船边直提、出口抵港直装"工作上规模。建立对商品数据分析、对作业船舶实时监控、与属地海关、天津港集团和

11 月 9 日，新港海关查获货标分离侵权童车　　都业良　摄

码头协调配合以及应急保障等多项机制；恢复冻品船边直提操作，推动矿产品直提工作，保障大宗农产品货物快速通关，解决入保税仓库过境货物无法直提问题；实施进出口企业网格化管理，走访 14 个隶属海关，引导企业利用好“船边直提、抵港直装”政策。办理“船边直提”13.35 万箱，同比增长 68.53%。办理“抵港直装”28.59 万箱，抵港直装率 21.17%，达到“一流海关”指标要求。

科技建设。持续跟进天津港北疆港区 C 段智能化集装箱码头建设，从海关监管及业务需求角度对 C 段码头场所建设、数据共享以及查验场地布局等提出“智慧海关方案”，研究确定各类设备安装点位 124 个。配合天津港做好智能化集装箱码头联调联试工作。

（都业良）

## 区域经贸合作

**【概况】** 2021 年，滨海新区继续推进京津冀协同发展招商，推进与长春市对口合作工作，推动实现跨区域经济协同发展。

（孟　葵）

**【京津冀协同发展】** 2021 年，滨海新区加强滨唐、滨沧产业园区发展合作平台建设，研究建立滨唐、滨沧协同发展合作示范产业园长效工作机制，完善沟通对接机制，强化联合招商机制，推进政策资源共享，组织新区企业代表赴产业园考察，推动项目落户滨唐、滨沧产业园。

（孟　葵）

**【津长合作】** 2021 年，滨海新区与天津长春产业合作园和天津长春双创示范基地等重点平台开展交流互动。协助长春市在长春新区和长春综合保税区建立两个政策体制创新协同发展示范区，加挂“天津自贸区政策协同创新示范区”牌子，在区域内进行天津自贸区政策体制创新的复制推广。组织带领盛实百草药业（天津）有限公司、乐行无忧（天津）科技有限公司、天津疆越国际贸易有限公司等 7 家企业到长春市长春新区、津长产业园、中韩（长春）国际合作示范区、兴隆综合保税区等进行考察对接。双创中心建设成绩优异，榴莲咖啡累计招商引资 135 家企业（天津 14 家），2021 年度 57 家（天津企业 4 家），成功培育高新技术企业 8 家。

（孟　葵）

# 旅游业

## 综 述

2021年，滨海新区有国家A级旅游景区8家、星级酒店22家，旅行社65家，天津市级工业旅游示范基地9家。是年，为促进文化旅游消费，弘扬滨海奋斗精神，助力美丽滨城建设，滨海新区努力打造“滨城”文旅品牌，整合文化旅游资源，推出30条旅游线路，开展一系列特色旅游活动。建立文旅商会协商机制，以星级饭店、国家A级旅游景区复核为重点开展旅游企业服务质量提升工作，督查指导东疆湾和茶淀葡萄园国家A级旅游景区复核整改，完善信用体系建设，实施文旅市场分级分类监管，提升服务水平。

（王桂然）

## 旅游开发

**【概况】** 2021年，滨海新区人民政府印发《天津市滨海新区文化旅游产业发展“十四五”规划》。成立天津海洋文化旅游产业（人才）联盟。持续推动滨海新区国家文化和旅游消费试点城市建设工作、智慧山创建国家级文化产业示范园区工作、经开区创建天津市级全域旅游示范区工作。携程集团所属的携程旅游北方游客集散中心、携程购物商城跨境电商北方服务中心、携程研究院旅游消费（北方）研究中心三大中心在滨海新区挂牌，打造“全季旅游”样本。

（刘子洁）

**【滨城文旅品牌打造】** 2021年，区文化和旅游局整合区内文旅资源，推出不同主题、特色鲜明的精品线路，满足不同群体出行需求。发布“红色文旅、海韵滨城”微旅游线路，推出4个主题20条微旅游线路；推出滨城国际消费季文旅活动亲海近海11个点位；整合滨城工业旅游资源，以“探寻工业文明，镜见滨城发展”为主题打造7大板块、10条特色工业旅游精品线路。

4月18日，“我最喜爱的滨海网红打卡地”颁奖暨汉沽盐场首届芦花海盐“春扒节”启动仪式　　区文旅局　供图

## 2021年滨海新区推出精品旅游线路一览表

表8

| 旅游主题线路 | 旅游主题项目 |
|---|---|
| 滨城红色主题线路 | 滨城巨变海河游、民族工业溯源游、自立自强印记游、革命历史教育游 |
| 亲海休闲主题线路 | 海洋文化科普游、碧水金滩休闲游、北塘出海体验游、中心渔港出海游、邮轮母港近海游 |
| 时尚都市主题线路 | 滨城地标打卡游、公共文化沉浸游、海河两岸风情游、欢乐家庭亲子游、浪漫都市购物游、全域旅游生态游 |
| 乡村振兴主题线路 | 空中体验特色游、生态乡居采摘游、现代农业休闲游、盐渔风情特色游、绿屏康养生态游 |
| 工业主题线路 | 航空航天——大国重器、科技引领——智能智造、民族之光——津门老字号、百姓生活——美食美味、智慧港口——天津港海上之旅、滨城能源——大港油田、绿色环保——低碳体验 |

（刘子洁）

**【特色旅游】** 2021年，方特熊出没酒店运营，客房305间，床位600张。方特水上乐园以熊出没动漫元素为主题设计装饰，有《天目蓝池》《熊熊乐园》《超级大喇叭》等九大主题特色水上项目及近百个主题造景。东疆亲海公园集休闲观光、商业、运动休闲于一体，吸引大批游客。村旅游持续发展，小王庄镇徐庄子“古枣民宿”试运行，民宿由接待区、古枣林、丰收广场、幸福塘等四大功能板块组成。2021年完成第一期建设并投入运营。北部片区首家民宿“莓香居”开业纳客。通过盘活闲置农房，发展“乡村旅游+民宿”，引导村民利用自家住宅空闲的房间，结合地域性人文和自然景观，以家庭副业方式经营，提供旅客乡野生活之就餐住宿处所。

（刘子洁）

6月28日，2021滨城工业旅游线路发布会。图为中新药业集团做现场推介
区文旅局 供图

**【“我最喜爱的滨海网红打卡地”授牌暨汉沽盐场首届芦花海盐“春扒节”】** 2021年4月18日，由滨海新区文化和旅游局、天津长芦汉沽盐场共同主办的“我最喜爱的滨海网红打卡地”授牌暨汉沽盐场首届芦花海盐“春扒节”启动仪式在盐业风情游览区举行。滨海新区文旅局通过滨海发布微信公众号组织的2020“我最喜爱的滨海网红打卡地”活动，经网友投票，天津泰达航母主题公园、国家海洋博物馆、滨海新区博物馆、海鸥表博物馆、滨海新区图书馆等20家单位获评，并被授牌“我最喜爱的滨海网红打卡地”。“春扒”是海盐生产古老的采收方式。“春扒节”的设立是长芦汉沽盐场发展工业旅游的首创之举。长芦汉沽盐场在发展海洋特色旅游、工业旅游方面，不断探索出新。在浏览区设盐文化广场、七彩盐田观景台、东方红火车头打卡地、古韵渔船等颇具特色的新看点，并展示大批新开发的美容、美食等文创产品。这一节庆旅游活动的开展，对于丰富滨城特色旅游、休闲体验、科普研学旅游新亮点、带动滨城北部旅游发展、促进滨城文旅创新都具有重要意义。

（刘子洁）

**【东疆湾沙滩景区入选首批国家体育旅游示范基地】** 2021年，东疆湾沙滩景区入选国家体育总局办公厅、文化和旅游部办公厅公布的首批国家体育旅游示范基地名单，成为天津市唯一获此荣誉的单位。经天津市文化和旅游局评定，滨海新区天津长芦汉沽盐场工业游项目、天地伟业安防视频监控科技旅游基地入选第三批天津市工业旅游示范基地，滨海新区的天津市工业旅游示范基地数量增至9家。

滨海新区入选天津市工业旅游示范基地情况一览表

表9

| 示范基地名称 | 入选批次（入选时间） | 地址 |
|---|---|---|
| 港口工业海上之旅 | 第一批（2019） | 天津市滨海新区观海道1001号（国际邮轮母港） |
| 康师傅梦想探索乐园 | 第一批（2019） | 天津经济技术开发区睦宁路218号 |
| 康师傅饮品体验馆 | 第一批（2019） | 天津经济技术开发区洞庭路与第五大街交口 |
| 可口可乐世界展览馆 | 第一批（2019） | 天津市经济技术开发区洞庭路140号 |
| 中新药业现代中药产业园 | 第一批（2019） | 天津市滨海新区经济技术开发区第十大街21号 |
| 海鸥手表博物馆 | 第二批（2019） | 天津市空港经济区环河南路199号 |
| 万寿家巧克力工厂 | 第二批（2019） | 天津空港经济区环河南路323号 |
| 天津长芦汉沽盐场工业游 | 第三批（2021） | 天津市滨海新区大丰路89号 |
| 安防视频监控科技旅游基地 | 第三批（2021） | 天津华苑产业区（环外）海泰华科二路8号 |

（刘子洁）

## 文化旅游融合发展

【概况】 2021年，滨海新区召开图书馆文旅服务对接会，服务全区主要旅游景区单位文旅融合需求，推动新区文旅融合发展。区图书馆文旅融合试点工作通过验收。各开发区图书馆结合区域特点和自身优势，把阅读推广服务向景区深度延伸。成立滨海新区文物保护与旅游服务中心，统筹文化和旅游资源，推进文化和旅游事业融合。

（曹迎昕）

【图书馆文旅融合试点工作通过验收】 2021年7月17日，滨海新区图书馆文旅融合试点项目通过文旅部组织的专家组集中评审验收。2019年6月入选全国文化和旅游公共服务机构功能融合试点单位以来，滨海新区图书馆从文旅融合功能创新、设施建设以及服务开发三方面着手，借鉴全域旅游模式，从场馆景观化、阅读活动旅游化、消费体验化、传播数字化4个维度拓展，综合运用丰富馆藏之宝、打造吸引之物、培育品读之名、扩大流量之用、打开百姓之窗、体会生活之美、拓展消费之法等举措方法，实现文旅职能的融合。

（曹迎昕）

【文物保护与旅游服务中心揭牌】 2021年8月30日，滨海新区文物保护与旅游服务中心揭牌仪式在滨海新区博物馆举行。中心以3家博物馆实体馆为主体，以博物馆运营开放、不可移动文物保护、区域旅游服务为主责主业，承担区域文物保护相关工作，以及区域博物馆收藏、保护、研究、展示、宣教、服务工作和区域旅游服务相关工作，同时新增旅游宣传推介、旅游信息咨询、旅游项目预订、旅游商品开发、受理旅游投诉等服务。

（曹迎昕）

【滨海新区第二届沙滩阅读节】 2021年6月—10月，由滨海新区文旅局、共青团天津市滨海新区委员会与滨海

6月11日，“青春启航　文旅相随”滨海新区第二届沙滩阅读节启动
区文旅局　供图

新区妇女联合会共同主办，滨海新区图书馆和东疆湾沙滩景区共同承办的“青春启航·文旅相随”第二届沙滩阅读节在东疆湾沙滩景区举办。第二届沙滩阅读节活动采取常态化招募形式开展真人海报、研学游、读遍书山·品读、手工制作等20余种阅读推广活动，吸引更多读者参与全民阅读，体验文旅融合的魅力，给读者带来独特的阅读文化体验。

（曹迎昕）

## 旅游管理与服务

**【概况】** 2021年，滨海新区完成16家四星级以下饭店和8家A级景区的年度复核工作。落实安全生产督促检查职责，推进落实《滨海新区旅游行业安全生产专项整治三年（2020—2022年）行动实施方案》，确保文旅市场安全稳定。组织重点景区开展消防实地演练，召开全区文旅企业安全工作会议，举办客运交通企业、旅行社等旅游企业安全教育培训。完成“双随机、一公开”文旅行业全覆盖检查工作，抽查企业30家，对检查结果进行公示。落实《天津市生活垃圾管理条例》，开展文旅行业垃圾分类和不主动提供客房一次性日用品检查。开展文旅市场质量体系建设和社会信用建设，完善信用体系建设，实施文旅市场分级分类监管。全年，滨海新区出动行政执法人员4200余人次，检查文化旅游场所1800余家次。办理行政处罚案件51件，办理投诉举报案件300件，办结率、回复率、满意率100%。

（李月文）

**【旅游服务监管】** 2021年，滨海新区完成滨海旅游厕所上百度地图工作，为全国旅游厕所监管系统内的75项旅游厕所项目粘贴二维监管码。对公共文化设施和旅游公共服务设施的执法检查21家次，出动执法人员50人次，对区内公共文化旅游设施的行业监管、疫情防疫、安全生产、反恐等工作进行300余家次的检查，对相关单位提出整改意见并进行复检。

（王桂然）

**【星级饭店质量管理】** 2021年，滨海新区星级饭店22家，其中五星级饭店6家、四星级饭店10家、三星级饭店6家。做好疫情防控储备使用隔离点的同时，各星级饭店不断加强运营管理，投入资金对服务环境升级改造，提升对客服务品质。突出各自服务优势，推出经营特色服务推广，通过网络直播、外卖平台等新型网络渠道推广营销，注重员工教育培训，提升滨海新区星级饭店的服务质量和水平。天津泰达中心酒店被评为首批市级文明旅游示范单位，为滨海新区唯一获奖单位。

**滨海新区2021年星级饭店一览表**

**表10**

| 企业名称 | 星级 | 详细地址 | 房间数 |
| --- | --- | --- | --- |
| 万丽泰达酒店 | 五星 | 滨海新区开发区第二大街29号 | 285 |
| 天津泰达国际酒店暨会馆 | 五星 | 滨海新区开发区第二大街8号 | 157 |
| 天津滨海喜来登酒店 | 五星 | 开发区第二大街50号 | 324 |
| 天津滨海圣光皇冠假日酒店 | 五星 | 滨海新区空港经济区中心大道55号 | 388 |
| 天津赛象酒店 | 五星 | 华苑产业园区梅苑路8号 | 355 |
| 天津瑞湾开源大酒店 | 五星 | 滨海新区塘沽新港一号路2527号 | 281 |
| 天津永丰港丽酒店 | 四星 | 滨海新区经济技术开发第二大街1号 | 240 |
| 天津泰达中心酒店 | 四星 | 滨海新区开发区第三大街16号 | 225 |
| 天津惠中酒店 | 四星 | 开发区第三大街南海路口芳林泰达园A座 | 150 |
| 天津美华酒店 | 四星 | 滨海新区经济技术开发区黄海路10号 | 190 |
| 天津依兰国际酒店 | 四星 | 滨海新区开发区盛达街39号 | 261 |
| 天津锦龙国际酒店 | 四星 | 华苑产业园区梅苑路16号 | 200 |
| 天津鑫茂天财酒店 | 四星 | 华苑产业园区榕苑路1号 | 197 |
| 天津中心渔港鲤鱼门酒店 | 四星 | 天津市滨海新区中心渔港经济区扬帆路 | 223 |
| 天津胜利宾馆 | 四星 | 滨海新区塘沽津塘公路11号 | 285 |

续表10

| 企业名称 | 星级 | 详细地址 | 房间数 |
| --- | --- | --- | --- |
| 天津君汇建国度假酒店 | 四星 | 滨海新区大港学府路88号 | 135 |
| 天津金世界酒店 | 三星 | 滨海新区塘沽新港二号路2169号 | 102 |
| 塘沽远洋宾馆 | 三星 | 滨海新区塘沽新港二号路36号 | 152 |
| 天津市诚实阳光大酒店 | 三星 | 滨海新区汉沽新开中路3号 | 91 |
| 天津石化天华宾馆 | 三星 | 滨海新区大港北围堤路（西）68号 | 71 |
| 大港油田宾馆 | 三星 | 滨海新区大港油田三号院 | 119 |
| 海得润滋酒店 | 三星 | 滨海新区大港津岐出路千米桥北侧 | 70 |

（高　健）

## 旅游景区景点

**【概况】** 2021年，滨海新区有国家AAA级及以上旅游景区8家。其中，国家AAAA级旅游景区6家，国家AAA级旅游景区2家。重点旅游景区接待游客448.5万人次、比上年增长81.8%，景区综合收入4.74亿元、增长74.57%。

（李月文）

**【天津国家海洋博物馆】** 坐落于中新天津生态城，占地面积15万平方米，建筑面积8万平方米，展览展示面积2.3万平方米。2020年，获批国家AAAA级旅游景区。天津国家海洋博物馆建筑主体3层局部4层，陈列展览内容围绕“海洋与人类”主题展开，分为“海洋人文”“海洋自然”“海洋生态”三大板块，设六大展区15个展厅，同时设有博物馆商店、餐厅、咖啡厅、影院等公共服务设施。2021年，天津国家海洋博物馆获评2020年度我最喜爱的滨海网红打卡地、天津市社会科学普及示范基地、津门新地标、新时代文明实践基地、“城市书吧”，全年接待观众162万余人次。

2021年，天津国家海洋博物馆先后开放《海洋灾害》专题展览、《蓝色家园》海洋活体展厅、《从风帆到行轮》展厅及“余庆”号导弹护卫艇。与天津博物馆合作举办《无界：海上丝绸之路的故事——中国销往欧洲纹章瓷器精品展》。举办《巍峨的丰碑——弘扬伟大的长征精神 走好今天的长征路》红色主题展览。完成《海上丝绸之路主题文化空间》更新调陈和《海洋灾害》专题展览核心展项造浪池提升改造。夏秋季开设帆船、游艇等特色体验项目，冬季开展冰雪主题体验项目。基本陈列和《从风帆到行轮——近代船舶与航海技术的演变发展》专题展览分别获得天津市文物博物馆学会颁发的天津市第三届（2021年度）博物馆原创陈列展览特别奖和优秀奖。推出线上系列科普内容，包括25期“听海”海博电台音频节目、10期“向海而生”科普推文、16期原创“探海”微视频和13期“普法小课堂”微视频。承办中国自然科学博物馆学会2021年年会；与韩国国立海洋博物馆围绕对海洋文化的传播、交流与合作签订《海洋文化传播合作与交流谅解备忘录》；与国内15家科技文化场馆和科学文化领域的社会组织联合发起成立中国科技文化场馆联合体；与天津大学合作共建天津大学与国家海洋博物馆海洋科技教育实践基地；与天津大学联合中国—东盟中心举办第二届中国—东盟“向海而学”学生视频大赛。

（王　珂）

天津国家海洋博物馆　　区文旅局　供图

**【天津泰达航母主题公园】** 位于

滨海新区汉沽八卦滩，以“基辅号”航母为载体，集航母观光、武备展示、主题演出、会务会展、拓展训练、国防教育、娱乐休闲、影视拍摄八大板块为一体的大型军事主题公园。2010年，获批国家AAAA级旅游景区。作为国家国防教育示范基地，2017年，泰达航母公园联合驻津海军院校资源，引进退役驱逐舰、潜艇及两艘护卫艇。以“基辅号”航母为核心，国产退役“重庆号”驱逐舰、鱼雷潜艇、护卫艇，共同组建“航母编队”。

2021年，泰达航母打造“平津战役主题展览走进泰达航母国防教育基地”红色教育阵地，承接企事业单位党工团体、研学团体259批次，3.9万人。吸引陕西“红都号”千人研学首发专列到泰达航母开展研学活动；启动“云上航母”工程，推出AR项目，以“云上航母”App为载体，融入航母游览信息、电子地图、AR导览、AR小游戏等模块，让游客在家也能亲身感受到航母文化，通过线上引流游客到景区实地参观。全年约10万人次参与线上体验剧本沉浸式体验项目、直播营销等新消费业态。与区军事部、汉沽人武部联合举办“新时代国防和军队建设主题展”揭牌，开辟航母国防教育新阵地；推出对现役、退役军人实行免票入园政策；成立泰达航母退役军人之家。承接2021新城商业华北区域招商会、东风新车发布会暨航母全尺寸投影秀、广汽传祺“没有弯道的传奇世界”等大型会展会务活动。引入汽车特技表演、恢复《航母风暴》演出。完成年度A级景区复核工作。

（高　健）

**【天津方特欢乐世界】** 坐落于滨海新区中新天津生态城，由深圳华强集团有限公司投资兴建，是京津冀地区第四代高科技主题公园。2016年，获批国家AAAA级旅游景区。2014年暑期开业，由飞越极限、魔法城堡、大闹水晶宫、熊出没历险、火流星、津门大峡谷等20多个主题项目区组成，涉及主题项目、游乐项目、休闲及景观项目200余项，以及商店、餐厅、4D影院等公共服务设施。

2021年，升级《烈焰风云》项目，“五一”期间举办“爆米花时光列车”活动，端午节举办“龙舟竞渡”吃粽子等活动，国庆节推出200架“无人机”主题科普活动，吸引约8万名游客参与。天津方特欢乐世界连续获评2020年度我最喜爱的滨海网红打卡地、天津市社会科学普及示范基地、年度文明单位、滨海新区第三批战略性新兴产业领军企业。

（高　健）

**【天津海昌极地海洋公园】** 位于滨海新区响螺湾旅游板块，占地面积5万平方米，建筑面积4.7万平方米。2010年9月30日开业，由极地海洋馆、阳光海游城、酒店式公寓、城市旅游大道及嘉年华板道街等五大功能区构成。内设南极企鹅岛、神秘北极村、海底隧道、远古海洋、鲨鱼港湾、珊瑚海、白鲸湾、柳穿鱼巷、海草堂、探奇鱼宙、未来水母馆11个展区。2013年，获批国家AAAA级旅游景区。被誉为最受消费者欢迎的十大热门海洋主题公园之一、亲子游项目首选目的地。

2021年，天津海昌极地海洋公园夏季开放“冰河世纪”新场馆；开展“欢乐儿童月”，举办机器人音乐会；与蒙牛、奔驰利星行合作举办第三届醇夏冰棍节。冬季于室外开放滑雪场项目，举办“迷你冬奥会”，让游客体验冰雪运动与极地萌宠的双重乐趣。繁育4只北极狼、1只松鼠猴、2只绿颊锥尾鹦鹉、2只阿德利企鹅，在企鹅孵化期间联合中央广播电视总台推出《企鹅陪产室慢直播》。参与救助国家二级保护动物石珊瑚和国家一级保护动物长丝（鱼芒），举办“地球一小时”环保主题夜游活动，参与“我在长江有条鱼”长江水生生物科学增殖放流活动，联合天津渔政署开展“保护水生野生动物共建美好家园”公益宣传月活动，开展“与星星同闪烁用爱包容所有”孤独症家庭公益月活动。与滨海新区图书馆合作“阅读+计划”研学行，与中新友好图书馆合作举办以“探蔚蓝·阅世界”为主题的科普阅读活动，开展《震撼之书·动物原来这么大》新书发布会。

（高　健）

天津海昌极地海洋公园　　区文旅局　供图

东疆湾沙滩景区　　区文旅局　供图

【东疆湾沙滩景区】 坐落于天津港东疆港区的东南部休闲旅游度假区内，是京津两地唯一沙滩亲海岸线。景区东临渤海，西至观澜路。东边界由总长约3千米的防波堤环抱而成，沙滩南北长约2千米，总面积约2.46平方千米。海域总面积约2平方千米。总用沙量约15万立方米，卵石用量约7万立方米。2014年，获批国家AAAA级旅游景区。2021年获批国家体育旅游示范基地。2021年，开展青少年帆船帆板培训项目、与滨海新区图书馆合作举办“沙滩读书节”活动。

（高　健）

【大沽口炮台遗址博物馆】 坐落于滨海新区塘沽东南海河入海口两岸，是展现中国近代史上帝国主义入侵，民族不畏列强、抵御外犯的民族教育和青少年教育基地。博物馆总占地面积约93.8万平方米，建筑面积2.1万平方米。主要遗存南岸的“威”字炮台、“镇”字炮台、“海”字炮台、长炮台4座炮台。1988年被国务院列为第三批全国重点文物保护单位，2005年被中宣部命名为全国爱国主义教育示范基地，2009年被国家国防教育办公室评为首批国家国防教育示范基地，2012年被国家旅游局评定为国家AAAA级旅游景区。2014年，“海上国门”展陈获评“第11届全国十大精品展览”优胜奖。2016年12月被国家发改委、中共中央宣传部、财政局、国家文物局、国家旅游局等命名为红色旅游经典景区。2020年被中国关工委评为全国关心下一代党史国史教育基地、被中国博物馆协会核定为国家二级博物馆。2021年，被文化和旅游部评为第一批国家级文明旅游示范单位、被教育部评为全国中小学校外研学实践教育基地。

是年，大沽口炮台遗址博物馆推出“滨城红潮——滨海新区党的革命历程主题展”“‘家和万事兴’家教家风主题展”“人民至上——天津市抗击新冠肺炎疫情纪实展”“纪念毛主席‘向雷锋同志学习’题词发表58周年线上展览”4场临特展。以“宣讲＋巡展”红色联动、支部共建、馆校共建、展览交流等形式，送展览进图书馆和各学校。组织举办庆祝中国共产党成立百年主题、家教家风主题、国家博物馆日、国防教育以及民族团结进步宣传教育等活动百余场。推出“红色筑基工程”青少年教育品牌项目。运用“口袋博物馆VR”“大沽口炮台防卫拼图”“海上国门精品课件”“原创红色电影”等教育资源推出多项品牌系列活动，精品红色课堂先后走进16所中小学校，受到师生好评。

（高　健）

【天津茶淀葡萄科技园】 坐落于滨海新区汉沽茶淀街北部。占地面积500亩，建有玻璃智能温室大棚1万平方米，塑料智能温室大棚3万平方米，葡萄避雨设施栽培30亩，葡萄Y型架设施栽培20亩，葡萄竖行架栽培50亩，年产葡萄20余万公斤。葡萄品种200余种，涉及欧亚种、欧美种、欧美杂交种、美洲种。主栽品种为地理标志产品“茶淀玫瑰香”葡萄。该产品为园区先后举办多届“葡萄文化旅游节”，每年夏季到访游客超过5万人次。2010年，园区获批国家AAA级旅游景区。2017年，获批全国乡村旅游与休闲农业5星级园区。

2021年，园区推出住休闲木屋，享户外烧烤项目、草地帐篷露营项目，举办“接近大自然·亲子农耕体验活动”，深受游客喜爱。

（高　健）

【天津大港奥林匹克博物馆】 坐落于滨海新区大港官港湖南侧博物馆路236号，建筑面积4858平方米。是国际奥林匹克博物馆联盟成员之一，为国际奥委会批准成立的中国第二家奥林匹克专题博物馆。由国际奥委会委员吴经国多年筹划、创建并亲任馆长。博物馆呈开放型结构，主体建筑分为上下两层，旨在通过向公众展示奥林匹克历史及珍品文物，让公众了解奥林匹克知识，宣传并弘扬“更快、更高、更强”的奥林匹克精神及重在参与、公正、和平的精神理念。2012年，获批国家AAA级旅游景区。

2021年，举办中国奥林匹克运动主题、北京奥运会回顾等展览和奥林匹克与环境保护公益骑行、滨城春季公益跑、捡拾垃圾美化城市环境、植树造林美化家园等公益活动20余次。与天津外国语大学、天津医科大学临床医学院等签订志愿者共建基地协议，对志愿者进行服务培训。

（高　健）

东疆亲海公园　　贾成龙　摄

**【东疆亲海公园】** 2019年7月，东疆管委会启动建设东部沿海岸线基础设施环境提升生态修复工程。2021年5月20日建成，并正式开放运营。该项目经前期网络征名投票后，正式命名为东疆亲海公园。公园位于东疆保税港区观澜路以东、新港八号路南、重庆道以北，全长1.8千米，总面积约20万平方米，配备3个服务中心和756组户外配套设施，包含购物、展览、餐饮、文娱、教育、观景等多种功能，集商业、运动休闲及停车场于一体的城市公共空间。

公园由北向南依次为海贝广场、亲海区、沙韵广场、滨海长廊、云帆广场。海贝广场全长约400米，占地面积约1万平方米，主要有湿地观赏区、环形景观廊桥（长约350米，最高点13米）、服务中心及小型停车场。亲海区全长约700米，主要有观海岸线、运动球场、儿童活动空间。沙韵广场全长约200米，主要有儿童沙滩游乐区、户外餐吧、下海台阶（临水界面长90米）以及景观挑桥（总长65米）、服务中心及小型停车场。滨海长廊全长约378米，占地9072平方米，设有长凳、遮阳板，为市民提供休闲好去处。云帆广场全长约140米，广场总面积约2万平方米，主要有滨海看台、休闲广场、服务中心及小型停车场。为保障人员财产安全及平稳有序运行，配备救生衣、救生圈、救生绳、救生杆、折叠隔离围栏、警戒带、急救药箱等救生物资品，及沙袋、铁锹等防汛防潮物资品，为需求者提供无偿服务。

（东疆保税港区管委会）

**【中新天津生态城东堤公园】** 2021年5月1日，中新天津生态城东堤公园对外开放。公园位于生态城临海东侧，东临渤海，西至东堤路，南起海旭道，北至妈祖文化园。公园全长3100米，总面积约35万平方米，以滨海、瞰海、享海为主题，由南向北依次为星海广场、星空平台、海事探索广场、海洋主题乐园、渤海之门、海渔广场、未来海岸、文化信仰等8个功能节点。公园集观海、科普、休闲、健身为一体，设4处观海平台、1处人工休闲沙滩、2个景观湖，以及房车营地等2个停车场，配置儿童游乐设施、各类健身器材等配套设施。

（郭　争）

**【天津方特水上乐园】** 2021年6月6日，天津方特水上乐园正式对外营业。乐园紧邻天津方特欢乐世界及熊出没酒店，总面积逾3万平方米。乐园以熊出没动漫元素为主题设计装饰，有“天目蓝池”“熊熊乐园”“丛林探险”“超级大喇叭”等九大主题特色水上项目及近百个主题造景，其中多个项目荣膺国际行业旅游协会最佳水上设备奖。“天目蓝池”包含900平米的无边泳池及休闲区，泳池内还有3米深潜水区，可满足游客游泳、潜水需求；“超级大喇叭”最高平台近19米高，游客乘坐皮筏自最高处滑下，盘旋加速，解压又刺激；真实模拟海洋冲浪的《乘风破浪》，拥有8种波浪冲击模式；“萌熊乐园”“熊熊水寨”通过大量熊出没动漫元素打造多款适合儿童及亲子互动的戏水项目；“熊岭天泉”建有多个养生温泉池，并设有按摩池等，游客可在此得到全面的放松。

（郭　争）

# 建筑业 房地产业

## 建筑业

【概况】 2021年，滨海新区围绕促进建筑业转型发展，深化建筑市场治理，加强建设工程质量安全监管，开展创优创先行动，打造一流建设营商环境，较好实现全区建筑业平稳较快发展目标，建筑业产值持续稳定增长。完成公开招标、邀请招标2504项，金额总计516.41亿元。打造一流营商环境，增设营商环境建设室；深化工程建设审批制度改革，设立住建综合服务窗口。全面开展建筑市场、房地产市场整顿治理，持续整治围标串标、拖欠农民工工资、违规上市销售商品房等市场乱象，建立健全住建领域诚信管理体系。

是年，全区有建筑业企业555家，完成建筑业总产值2458.71亿元，同比增长9.9%。全区总承包特级资质建筑业企业7家，完成产值1469.56亿元；一级资质企业110家，完成产值758.43亿元；二级资质企业210家，完成产值99.14亿元；三级资质企业190家，完成产值106.14亿元。其他企业38家，完成建筑业产值25.45亿元。从行业划分看，全区房屋建筑业企业112家，完成产值1060.31亿元；土木工程建筑业企业164家，完成产值1196.55亿元；建筑安装业企业167家，完成产值115.13亿元；建筑装饰、装修和其他建筑业企业112家，完成产值86.72亿元。是年，全区建筑业签订合同额7533.09亿元，同比增长5.1%。

（邵　茂）

【建设工程招投标】 2021年，滨海新区范围内完成房屋建筑和市政基础设施公开招标1515项，邀请招标989项。区本级（原塘沽、汉沽、大港区域）建设工程招投标事务性管理988项次，总中标金额120.79亿元。公开招标项目536项次、中标金额86.64亿元；限额以下直接备案项目262项次、备案中标金额1.29亿元；民营企业直接或邀请备案项目175项，总备案金额32.86亿元；另举行施工资格预审开评标15项次。

规范房屋建筑和市政基础设施工程施工招标投标活动，维护建筑市场主体合法权益，打击围标串标、非法转包、违法分包等违法行为，探索“评定分离”改革创新。编制《滨海新区房屋建筑和市政基础设施工程施工招标“评定分离”办法导则（试行）》，包括适用范围、基本原则、评标要求、定标方法的制定、定标前准备、组建定标委员会、评标与定标结果公示、异议与投诉、监督与管理等内容。继续开展招投标领域扫黑除恶专项行动，排查项目388项，排查发现问题102项，全部处理整改完毕，其中移交黑恶线索2项。

（孙　鑫）

【建筑市场监管】 2021年，滨海新区加强建筑市场管理和综合治理，维护健康市场环境和市场秩序。加强建筑市场承诺制事项事中事后检查，对核心区内承诺审批资质企业开展7个批次履约核查承诺核查。第一、二批次核查201条，第三至第七批次核查企业455家，合格73家，组织整改382家。在各开发区范围内开展为期三个月的建筑领域政务服务事项事中事后监管专项检查，检查企业134家，下达整改通知书64份。对建筑施工企业安全生产许可告知承诺制审批监管开展核查，累计核查建筑施工企业519家，其中新申请安全生产许可企业376家、安全生产许可延期企业143家，下达整改通知138份、完成整改124

家、撤销安全生产许可企业14家。落实勘察设计企业资质和人员资格管理，针对注册地在新区的185家勘察设计企业开展资质动态核查3次，检查企业51家，涉及专业资质63项。

加强企业监管，全区在施项目474项，按照“双随机、一公开”方式随机检查项目154项，下达整改通知98份，涉及整改意见299条，停工单12份，涉及停工意见38条，均已整改完毕。开展施工图审查质量检查4次，检查35个项目，涉及31家建设单位、34家设计单位、15家施工图审查机构，检查专业包括建筑、结构、给排水、电气、暖通、勘察等，检查项目占全区项目总数的6.2%。

（孙　鑫）

**【建设质量安全监管】**　2021年，滨海新区监管在建房屋建筑和市政基础设施项目1031项、建筑面积4200万平方米。其中，区本级直接监管389项、1180万平方米，各开发区属地监管642项、3020万平方米。全区建筑工程质量总体受控，安全态势平稳，未发生较大安全生产事故。

区住建执法支队开展安全生产三年专项行动，组织开展建设工程“安全生产月”“质量月”、建筑施工领域安全隐患大排查大整治、竣工项目质量检查等专项行动。开展各类安全检查，出动执法人员1.35万人。抽查竣工房屋建筑、市政基础设施、轨道交通项目221个标段。对发现存在隐患下达书面整改通知单1362份，其中暂停施工通知单222份。立案处罚205起，处罚金1097.89万元。

推进全区工程质量安全和文明施工管理标准化、规范化、智慧化，在全区推行《建设工程安全文明施工标准化手册》和《建设工程行政执法监督标准化手册》，加快实现施工现场和执法监督标准化建设。加强安全生产许可动态监管，核查安全生产许可1200余件。推动安全生产责任险实施，全区参保建筑施工项目429项，保费约2600万元。基本建成“智慧工地”“智能渣土车”2个智慧化管理平台。

是年，区住建执法支队监督抽检建材1482组（批次），合格1456组（批次），合格率98.24%。开展食品安全检查109项，发现食品安全隐患8项。设有食堂的建筑工地123项，其中122个项目取得餐饮经营许可证，取证率99.2%。提升建设品质，打造精品放心工程，全区建设工程荣获奖项58项。其中，国家级奖项3项（鲁班奖2项、国家优质工程奖1项），市级奖项55项（金奖海河杯4项、海河杯21项、市级文明施工示范工地10项、市级文明工地20项）。

（李广清）

**【消防设计审查验收】**　2021年，滨海新区落实建设工程消防设计审查验收工作，全年验收建设项目172个，其中特殊工程65个、一般工程107个，现场服务和验收422次，建筑面积650万平方米。承接特殊工程消防设计审查，制定实施滨海新区特殊建设工程消防设计审查流程和审查规程，全年审核特殊工程建设项目8个，建筑面积13万平方米。

（张德天）

## 房地产业

**【概况】**　2021年，滨海新区落实房地产市场调整政策，推动房地产市场平稳健康发展，加快构建多主体供给、多渠道保障、租购并举的住房制度，实现住有所居、住有宜居。房地产市场较为活跃，全区新建商品房成交面积333.44万平方米，同比增长10%。培育发展住房租赁市场，新增住房租赁企业32家，新增租赁住房面积180.9万平方米，全区37个项目纳入中央财政租赁住房试点奖补资金保障范围。加强房屋交易资金监管和服务，完善项目预警联动机制和解困帮扶机制，维护房地产市场稳定。

（王明利）

**【房地产开发建设】**　2021年，滨海新区完成房地产开发企业资质审批。全年受理资质审批22件，其中企业资质核定2件、变更19件、资质注销1件。抓实新建住宅配套非经营性公建移交。对景逸名邸、福合园、天禧轩等30个房地产开发项目进行非经营性公建现场查验，并核发配套证明，保障居民生活必需公共服务设施水平。

（潘　静）

**【房地产市场运行】**　2021年，滨海新区房地产市场运行平稳，全区新建商品房成交面积333.44万平方米，同比增长10%。其中，新建商品住宅成交面积291.59万平方米，同比增长11.44%；成交均价1.55万元/平方米，同比上涨4.94%；上市面积294.3万平方米，同比减少16.2%。新建商品非住宅成交面积30.77万平方米，同比增长5.38%；成交均价1.59万元/平方米，同比上涨33.38%；上市面积37.56万平方米，同比增长8.02%。保障性住房成交面积11.08万平方米，同比减少9.68%；成交均价1.16万元/平方米，同比下降7.09%；上市面积6.6万平方米，同比减少61.17%。新建商品住宅待售量429.49万平方米，去化周期约17.68个月，处于合理期间。新建商品非住宅待售量约581.48万平方米，库存压力较大。全区二手房成交面积267.1万平方米，同比增长3.77%。其中，二手住宅成交面积244.3万平方米，同比增长13.42%，成交均价1.24万元/米$^2$，同比上涨0.5%；二手非住宅成交面积22.8万平方米，同比减少45.73%，成交均价7350元/米$^2$，同比上涨38.60%。

是年，全区核发销售许可案件306件，涉及可售面积324.38万平方米，其中，住宅273件，可售面积287.74万平方米；非住宅33件，可售面积36.64万平方米。办理房地产销售许可数据修改52件。其中，房产数据修改22件，非房产数据修改30件。至年末，新建商品房预售资金监管全区新开立账户344户，总面积312.97万平方米。监管账户总进账384.87亿元，总拨付385.01亿元。存量房资金监管全区签订房产买卖协议1.59万件，协议监管总金额96.26亿元，总进账104.52亿元，总拨付109.76亿元,账户余额2.61亿元。存量房资金监管完成与24家合作银行续签金融服务协议。完成2554个商品房监管资金拨付节点现场查勘。

（潘 静）

【房地产市场调控】 2021年，滨海新区坚持精准调控、精准服务、精准设计，构建房地产市场长效机制。出台《滨海新区完善人才购房条件实施细则》和《滨海新区符合天津产业定位企业中未迁入本市户籍职工购房资格办理的操作细则》，全年办理符合购房人员资格1500余人。加强新建商品住宅上市管理，组织开展新建商品住宅上市专项调查，监控新建商品住宅项目建设进度，督促企业按计划上市，全年新建商品住宅上市面积294.3万平方米，同比减少16.2%。持续稳控新建商品住宅价格，合理确定新建商品住宅备案价格，完成价格备案287件，总建筑面积约307.76万平方米。其中，住宅项目面积284.2万平方米，备案均价1.83万元/米$^2$；非住宅面积23.56万平方米，备案均价约2.7万元/米$^2$。防范房价大幅下降，严格监控上市销售项目，控制在规定范围内，稳定市场秩序。加大房地产市场调控宣传，分批次举办培训、座谈会，开展政策宣讲，做好政策咨询解释；刊发51期《滨海楼市》专刊，加大房地产市场政策宣传。做好房地产市场调研分析，完成房地产市场月度运行情况报告12份、年度全区房地产分析报告1份、专项报告6份，向相关部门提供市场总体运行数据18份。

（潘 静）

【住房租赁市场培育】 2021年，滨海新区制定《关于加快培育和发展滨海新区住房租赁市场的实施意见》，改善住房供给结构。培育新区租赁经营主体，组织住房租赁企业与经纪机构等单位召开座谈会，搭建沟通平台；探索主体精准对接，培育发展经营主体，完成租赁住房面积180.9万平方米、3.07万套（间），培育发展住房租赁企业32家。探索“租购同权”，推动新区符合条件区域长租住房享受落户、上学等“租购同权”政策，争取市里政策支持，取得实质性进展。落实《市住房城乡建设委市财政局关于印发天津市中央财政支持住房租赁市场发展试点资金使用管理办法》，完成2020—2021年租赁住房中央财政支持试点资金奖补申报、拨付等工作，完成37个项目，预拨付中央财政支持住房租赁市场发展试点资金2.81亿元。部署各开发区开展保障性租赁住房认定工作，认定保障性住房项目23个。做好房屋租赁备案管理，全年完成房屋租赁备案7931件、156.93万平方米。其中，住宅7382件、110.05万平方米，非住宅549件、46.88万平方米。

（潘 静）

【房地产市场治理】 2021年，滨海新区开展非法集资、黑恶势力等检查排查，出动监管人员3788人，检查督导销售现场2560余次、中介机构及门店2830余次，执法约谈企业20余家，下达责令改正12件，行政处罚2件。开展以“学区房”名义炒作房价、扰乱房地产市场秩序行为专项整治行动，出动100余人，对全区186个开发企业销售现场和288家中介机构进行排查，对35个商品房销售现场和54家中介门面进行抽查，未发现问题。开展规范房地产市场秩序专项行动，打击房地产领域违法违规行为，检查房地产开发企业51家、中介机构、租赁企业62家，检查发现崇和湾项目未在销售现场公示全部准售房源，责令企业限期整改，已改正完毕。加强房地产行业诚信体系建设，在中国信用网站公示商品房行政许可237件、房地产开发企业资质17件、行政处罚2件，信用修复培训30家中介机构。组织各开发企业和中介机构培训学习《天津市社会信用条例》《天津市房地产开发企业信用管理办法》。处置房地产住宅项目延期交房，梳理全区涉及延期交房的住宅项目21个，已交房项目4个。

（潘 静）

【住房保障工作】 2021年，滨海新区做好租房补贴发放工作，累计向中低收入住房困难家庭发放租房补贴1882.05万元，惠及2929户家庭，新增补贴享受家庭410户，其中新增住房租赁补贴（二类）293户、住房租赁补贴（三类）117户。向3户优抚家庭发放租房补贴1.4万元，为138名退役军人开具政策性住房证明。完成高层次人才服务证持证人员租房补贴受理和26.4万元租房补贴资金申请工作。

发展订单式限价商品住房，为

1375个家庭办理订单式限价商品住房购买资格证明，上市1200订单式限价商品住房房源，为住房困难家庭和职工提供更优质选择。

加强公共租赁住房管理，做好公共租赁住房政策衔接，组织印发《滨海新区公共租赁住房管理实施意见》，基本完成《滨海新区公共租赁住房管理办法》《滨海新区公共租赁住房管理实施细则》的起草工作。

推进住房制度改革工作。全年为辖区企事业单位审批补充公积金171件。其中，补充住房公积金建立48件，补充公积金年度调整123件。为38家单位办理公有住房出售收入审批，涉及资金额4.16亿元。办理公有住房出售审批34家，共300套、543间，建筑面积1.95万平方米。为4家企业办理“三供一业”（供水、供电、供热和物业管理）维修资金转移1293.2万元，累计转移维修资金3.62亿元。

解决历史遗留问题，推进大港油田472套公租房产权移交工作，解决教育体育系统历史集资建房和合作建房向职工出售等历史问题。

（陈　晶）

**【公房管理】** 2021年，滨海新区有公产房屋196.78万平方米。其中，民用公产房屋5.96万平方米，公用公产房屋190.82平方米。民用公产房屋中有住宅697户、3.25万平方米，非住宅113处、2.71万平方米。公用公产房屋中有直管公房269处、68.45万平方米，保管自修公房392处、122.37万平方米。现场查勘新建房屋25处，审核拟移交房屋资料16件，完成公房产权界定16件，签订接管协议12件、办理免税证明12件，产权接收81处，未发生公产房屋出售。全年收缴民用公房租金161.38万元。其中，住宅租金30.65万元，非住宅租金130.73万元。办理民用公产房屋承租人变更4户。全年开展公房屋面防水、阳台维修、主下水管维修、更换雨水管等维修194处。

（杨　诺）

**【物业管理】** 2021年，滨海新区有管业项目的物业服务企业390家，从业人员4.9万人，实施专业化物业服务项目1096个，实施旧楼区长效管理小区403个。

加强物业管理制度创新。出台《关于促进和保障滨海新区物业管理与社区治理融合共进的决定》《滨海新区示范小城镇维修资金管理办法》。组织起草《关于加强城镇国有土地上既有住宅维修工作的指导意见》，从政策层面推动解决房屋渗漏、排水管道损坏、外墙脱落、阳台板脱落等居民诉求集中的房屋维修问题。

开展物业管理政策法规宣传。举办宣讲培训会11场，1000余人参加，涵盖街道物业管理工作人员、居（村）委会干部、业委会、物业企业人员，培训内容包括《民法典》、《天津市物业管理条例》、维修资金政策等。

做好物业监管政务服务。全年办理前期物业招标19件、前期物业管理项目区域划分35件，办理前期物业管理备案82件，办理物业服务合同备案61件；办理协议选聘物业服务企业核准1件。办理房屋专项维修资金使用备案77件，涉及金额6313.8万元；房屋应急解危专项资金使用297件，涉及金额1.23亿元；办结应急解危专项资金审核划拨86个项目142批次，划拨资金3068.33万元，受益业主6.35万户，建筑面积667.41万平方米。

开展安全隐患排查整改。针对物业管理项目房屋外檐开裂脱落，电梯、消防、监控安全运行等情况，出动检查人员1803人，检查物业项目868个，发现安全隐患问题408个，涉及消防设施设备损坏、消防安全制度及应急预案不健全、占用堵塞消防通道、电动自行车违规停放充电、共用部位堆放杂物等方面，督促整改隐患问题379个。

各街镇对520个物业管理住宅项目开展星级评价，按月公布排名前20名及后20名小区名单。对服务不规范，对未落实物业服务制度的，约谈相关企业。

针对房屋漏雨、电梯故障等共用部位和共用设施设备申请房屋维修资金维修等问题，申请维修资金57次，项目实地指导99次，窗口受理群众、企业咨询528次，处理群众来电来访261件。解决群众反映的朝阳花园水泵噪声、梧桐苑绿化养护、南益名士华庭电闸跳闸等问题，为群众排忧解难。

对辖区内物业服务企业加强监管，督促物业服务企业落实扫黑除恶专项斗争工作，规范履约行为，通过电子显示屏、宣传栏、横幅、标语等途径宣传相关政策。

（张　伟）

**【不动产登记】** 2021年，滨海新区进一步压缩不动产登记办理时限。自4月1日起，将各类不动产登记时限由现行“1、3、5”个工作日办结压缩至“0、1、3”个工作日办结，同时推动企业间的不动产转移登记即时办结。推动新区范围内税务部门人员全面进驻登记机构，实现全类型交易、登记、缴税“一窗受理”。完成天津首例“交地即交证”工作，试点项目滨湾万科城实现交地与交证即时办结。

2021年，滨海新区各不动产登记机构完成各类不动产登记21.23万件，涉及建筑面积7112.1万平方米、土地面积345.73平方千米，其中抵押登记9.43万件。

（康艳红）

# 金融业

## 银行业

**【中国银行天津滨海分行】** 2021年，中国银行天津滨海分行经营净收入增长1.3亿元，本外币贷款时点余额较年初增加9.44亿元。

支持天津港加快世界一流智慧港口建设，加强信贷支持，累计投放200余亿元。融入“津滨”双城发展格局，助力滨海新区“1+3+4”优势产业转型升级，向租赁和商务服务业、先进制造业、生物医药等重点行业提供全方位金融服务。

滨海分行取得新区财政局国库直接支付代理资格、中标滨海新区公安局特费资金账户、营销国家海洋博物馆运营公司、枫叶国际生态城学校、中国烟草总公司天津市分公司滨海分公司开立账户；争揽新区新入伍义务兵优待金发放业务；与天津茱莉亚音乐学院签署全面战略合作协议。

坚持常态化疫情防控工作，落实疫情防控各项要求。保证金融服务连续性，重点支持防疫企业及物资保障企业，累计投放专项贷款5.5亿元。

拓宽获客渠道，加大对小微、民营企业信贷支持力度，对公普惠业务余额较年初增长2.32亿元，对公普惠贷款户数较年初增长93个。发展线上普惠金融，所辖重点对公网点均实现线上普惠金融业务投放。强化对存量客户的关注，普惠项下公司贷款未出现逾期或暴露潜在不良预警信号。

为重点客户设计“内保FT贷”融资方案，叙做天津分行FTN融资场景项下首笔保函业务，解决客户在经营发展中的痛点和难点问题；联动行内各子公司，为重点客户做天津分行首笔市场化债转股和同业拆借业务；落地天津分行首笔联贷模式租赁保理。

（陈　韵）

**【中国工商银行天津市分行】** 2021年，中国工商银行天津市分行支持“制造业立市”，服务天津全国先进制造研发基地建设，瞄准制造业细分领域产业链，疏通链条断点、堵点，为提升产业基础能力和产业链水平提供优质金融服务，制造业贷款余额较上年增长38%。做实科创金融专业化服务体系，科创金融贷款增长42%。支持碳达峰碳中和，办理全国首单“双质押登记”碳排放权质押贷款，创新“双碳”融资模式，全行绿色贷款增长24%。支持普惠金融，提升小微企业金融服务质效，完善乡村金融服务体系，提升金融服务精准度、覆盖面和可得性，全年普惠贷款增长75%。

加大基建领域补短板支持力度，重点支持滨海新区轻纺大道工程等重点项目，投放贷款388.68亿元，贷款余额1514.50亿元，较年初净增7.18亿元。做活、做优国际业务重点产品，办理辖内首笔自行买入福费廷业务，通过“包买+转卖+跨境转让”等产品叠加组合，做大流转量，办理福费廷业务642.65亿元，增长89%。挖掘跨境人民币业务资源。协助45家优质企业进行便利化申请，实现跨境人民币单笔最大金额及跨境人民币四行占比双突破。跨境人民币完成结算量431.83亿元，增长185.1亿元。

打造“爱购”工行惠民消费品牌，助力居民消费升级，信用卡消费额同业排名第一。优化个人贷款银政直连系统，推动综合化服务，强化基础金融产品，满足客户全方位金融服务需求。个人贷款余额较年初净增67.51亿元。优化网点环境，推进滨海新区渠道布局优化转型，提升网点服务能力。

（高　珅）

6月5日，汉沽支行裕农春播惠农行动　　建设银行天津市分行　供图

孤独症患儿送去慰问和关爱，所辖和平路支行获全国级青年文明号。大港支行开展“护士节”“医师节”慰问活动，为大港医院抗疫一线医护人员提供金融服务；网点上门为百岁老人办理第三代社保卡；携手中塘村、潮宗桥村、徐庄子村建立“裕农学堂”，打造乡村教育金融赋能新模式。汉沽支行依托“裕农春播”活动，党建融合宣讲党史，宣传防范金融诈骗知识，助力汉沽街道行政村实现智慧村务全覆盖。

（徐　垚）

**【中国建设银行天津市分行】** 2021年，中国建设银行天津市分行在滨海新区设4家二级分支机构，基层营业网点50个，金融从业人员1000余人。

驻滨海新区所辖分支机构助力滨城建设，服务实体经济，推进“三大战略”（住房租赁、普惠金融、金融科技），从开办“裕农学堂”到“劳动者港湾”，从强化科技赋能到创新金融服务，满足百姓民生金融需求。与市商务局联合发布“稳外贸金融支持十项措施”，加大与天津海关数据分中心“关银–KEY通”合作力度，扩大电子口岸业务服务范围，便利外贸企业通关。搭建线上跨境撮合平台，为外向型企业提供与国外意向企业谈判、交易机会。自贸分行作为首批入驻新区小微企业首贷续贷服务中心银行之一，在普惠金融、乡村振兴等领域增加贷款投放，收到新区金融局感谢信。开发分行协助盘活政府闲置资产，打造天津市首个体验式青年长租公寓项目——CCB建融家园·启航嘉园店，助力“新天津力量”圆梦安居；为新区民政局搭建“补贴保”民政智能补贴发放系统，为滨海新区、经开区打造的老人家食堂管理系统服务机构32家、覆盖社区247个；以网络供应链“e信通”产品为驻区企业集团打造全国集中委托式供应链平台，实现资金流、发票流、货物流“三流合一”。大港支行搭建与七大新能源发电集团合作渠道，加大对风电光伏行业信贷投入，以绿色金融助力双碳工作。汉沽支行对接滨海创新创业园科技型企业、葡萄种植户及水产养殖户，投放普惠贷款、“兴农担保贷”，分行首笔信贷直通车业务落地，支持当地特色农业发展。

自贸分行携手驻区企业、社区街道开展党团联学共建，举办“金融知识进社区”活动，“六一”为

**【中国农业银行股份有限公司天津滨海分行】** 中国农业银行股份有限公司在滨海新区设有滨海分行、自贸分行、塘沽分行、开发分行、大港支行、保税分行等6家分支机构，营业网点53个，金融从业人员1200余人。2021年，农行滨海区域各机构存款余额超过600亿元，各项贷款余额超过700亿元。

为实体经济提供金融支持。通过线上线下结合方式扩大银企对接，了解域内小微企业融资需求，提升小微信贷资产投放力度和服务管理能力，以供应链金融为抓手解决上

7月15日，中国农业银行天津滨海分行与街镇签署服务乡村振兴战略合作协议
农业银行天津滨海分行　供图

下游小微企业融资难问题。至年末，农行滨海区域各机构制造业贷款余额超过30亿元。其中，高新技术贷款余额超过13亿元；小微企业贷款余额超过19亿元，全年为1500余户小微企业发放贷款，发放户数较上年增加89%。

推进与新区涉农委办局、涉农街镇对接，协助天津分行与滨海新区签署乡村振兴工作战略合作协议，举办新区“加强银农合作，助力乡村振兴”推动会，促成滨海区域各支行与12个街镇签署服务乡村振兴战略合作协议。开展消费帮扶平台推广工作，做好新区22家帮扶经销商户、92家帮扶机构全流程服务，累计实现消费帮扶销售1300余万元。

以数字技术、金融场景赋能业务发展、惠民便民服务，践行普惠金融责任。面向政务民生、消费零售、产业链三大领域，精耕民生、教育、医疗等场景，坚持场景驱动。

推进金融服务工作，坚持从严办贷、从严治贷、从严管贷。压紧压实安防责任，加强重点业务和关键岗位人员管理。定期召开内控合规工作会议，组织开展合规文化建设宣讲、警示教育大会等活动，强化全员合规意识、规矩意识，创建“平安农行”。

（冯士龙）

**【天津银行股份有限公司滨海分行】** 2021年，天津银行股份有限公司滨海分行推动“改革+创新”双轨发展战略在滨海分行实施，各项经营指标持续向好。

加强业务联动，将投行、资管和金融市场等业务进行联动营销，通过债券承销、委托投资、承贷联动、投贷联动等方式强化合作关系，扩大存款规模。扩充客户经理、产品经理、风险经理队伍，将“四位一体”协同客户服务模式嵌入分行公司业务授信审批及风险管理相关环节，提升综合化金融服务能力和风险防控水平。

打造“市民银行”推进厅堂一体化，加强厅堂零售与运营人员配合。拟定“组织管理模式、人员劳动组合、绩效考核方式”等维度转型方案，实现考核机制对业务的推动。成立专业化资产团队，集中整合区域客户资源和有效人力，实现业务高效落地。搭建获客活客渠道。加大公私联动，与社区、街道建立网格化金融对接服务网络，提升市场占有率。

推进风险源头治理，从明确风险文化、完善信用风险管理体系、强化内控制度、加强人员管理与考核等方面查找风险根源、细化工作措施，保障风险源头治理各项政策措施及制度按要求落实。年内，梳理完善内部制度28项，修订制度13项，加强业务流程关键点控制。将推动高质量发展作为精细化管理的方向和目标，实现经营发展与管理服务双提升。统筹发展与安全，落实常态化疫情防控举措，提升辖内安防科技化、智能化水平。

坚持业绩导向目标责任制，树立能上能下用人机制。搭建“四个计划”分层培养体系，通过领导干部“远航计划”、青年骨干“助航计划”、新入行大学生“启航计划”、在职员工“续航计划”，培训3800余人次。加强群团组织建设，发挥职工代表大会作用，保障职工参与民主管理和民主监督权利。落实各项职工福利，完善“职工之家”，成立五大兴趣社团、单身青年俱乐部，开展健步走、乒乓球比赛等文体活动。

分行党委打造“三建三提”（与政府部门共建为基础，提升业务发展的驱动力；与社区共建为抓手，提升零售价值客户的凝聚力；与企业共建为契机，提升合作共赢的战斗力）外联共建党建品牌。与人民银行天津分行共建，开展金融助力个体工商户专项活动，举办“天行信呗租金贷”产品首发仪式；与滨海新区人民政府签订全面合作协议，与滨海新区税务局签订党建共建协议，开启“街税银”一体化合作，多家网点落地社保费代办业务，代办业务1200余笔，入选2021年滨海新区政务服务十大创新案例并获最优服务奖。与滨海新区工商联开展党建共建，向100余家滨海新区企业介绍普惠金融政策，帮助企业解决融资问题。

（李　璐）

## 保险业　证券业

**【中国人民财产保险股份有限公司天津经济技术开发区支公司】** 中国人民财产保险股份有限公司天津经济技术开发区支公司（以下简称人保财险天津开发区支公司）于1986年12月6日成立，是天津开发区注册的首家保险公司兼第一家经营涉外保险业务的机构。主要服务对象包括大中型国有企事业单位、世界500强企业、跨国公司、滨海新区属地标志性企业等各类国内外优质企业。2021年末，人保财险天津开发区支公司设部门10个。其中，业务部门9个，中后台部门1个。

2021年，人保财险天津开发区支公司服务三大客户，经营好三大市场，重点抓好十项工作，落实六大战略服务，坚持企划引领，深挖业务潜力，推动公司业务发展。全年保费收入1.73亿元，利润总额1556万元。

优化国际业务工作模式，健全管理制度体系，组建海外项目专业团队，实现国际业务专业经营，为大型央企、国企、民企提供海外资产保险保障服务。

向地方政府推广政府救助、突发公共卫生事件应急救助、弱势群体（低收入人口）防贫、慈善救助类等保险，完善覆盖全民社会保障体系。推进城乡居民大病保险工作，提升大病保险统筹层次和筹资水平。

对重点行业推广安全生产责任保险，协助企业加强安全生产管理，防范和减少事故发生，分散企业安全风险责任，保护事故受害者权益，保障社会稳定和经济发展。向危险废物重点企业推广环境污染责任保险，分散企业经营风险，发挥保险机制管理功能，助力企业提升风险管理水平，有利于受害人得到经济补偿，稳定社会秩序，参与社会治理。推进社区安全保险，协助泰达社区开展安全培训，在社区公共安全领域建立“应急 + 保险”新机制。

深挖港口企业需求，为企业量身设计多款创新型保险产品，建立低成本、多层次、广覆盖风险保障体系，在智能化码头设备综合保险、网络信息安全保险等方向进行尝试，签署网络信息安全特殊风险保险第一单，实现“保险 + 科技 + 服务”模式下领域新突破。

（赵　静）

**【招商证券股份有限公司天津开发区第三大街证券营业部】** 招商证券股份有限公司天津开发区第三大街证券营业部（以下简称招商证券天津开发区营业部）为招商证券股份有限公司分支机构，坐落于滨海新区，营业面积1200余平方米，业务涉及证券经纪、证券投资咨询、证券投资活动有关的财务顾问、证券承销与保荐、融资融券、证券投资基金代销、期货中间介绍业务、代销金融产品业务等。2021年，滨海新区辖区券商营业部交易量排名第2，全市排名第13。营业部有员工60人。

2021年，招商证券天津开发区营业部保障金融服务，合规经营，稳健发展，未发生风险事件。至年末，辖区排第14名，经纪业务交易总量657亿元，实现上缴利税629万元，较上年增加40万元，增幅近7%。

开展线上投资者教育报告会50余场，较上年度持平。内容涵盖沪港通、股指期货、个股期权、融资融券、风险提示、反洗钱等多方面，为广大投资者普及知识，提示风险。

天津开发部以专项宣传为重点。营业部对客户开展涉及洗钱上游犯罪内容的宣传，加强对反洗钱相关法律知识普及，结合相关法律法规充实反洗钱宣传内容。在营业部大厅摆放宣传材料、悬挂横幅，每日播放宣传PPT，不定期向临柜客户提供反洗钱咨询活动等。反洗钱宣传覆盖1000千余人次，与上年持平。营业部每月对员工、营销人员开展反洗钱专项培训，并在月度例会例行宣讲。增加线上宣传，在线上会议强调反洗钱工作重要性。将开展反洗钱工作与高管人员任职行为考核相结合。反洗钱工作列入高管人员任职考核范围，加强高管人员任职期间监督管理。成立反洗钱工作领导小组，由各部门负责人任职，形成长效监督管理机制。

（刘洪泽）

# 交通 邮政 通信

## 交通运输

### 天津港

**【概况】** 2021年，天津港集团公司货物吞吐量完成4.58亿吨，增长5.4%；集装箱吞吐量完成2026.3万标准箱，增长10.4%，近三年年均增长率8.2%，成为全球第8个年集装箱吞吐量超2000万标准箱的港口。

（苏 平）

**【港口生产运营】** 2021年，天津港集团公司新开通集装箱航线10条，累计133条，“一带一路”沿线港口吞吐量占60%以上。发起组建中国内贸集装箱港航服务联盟，推出“海上高速—FAST”品牌。增强内陆腹地辐射能力，开辟“津海晋门”绿色运输新通道，长春至天津海铁联运常态化运行，海铁联运完成100.1万标准箱，增长24.3%；跨境陆桥运输完成5.8万标准箱，增长23.4%，规模居沿海港口首位。

（苏 平）

**【智慧港口建设】** 2021年，天津港集团公司打造自动化集装箱码头2.0版，C段智能化集装箱码头投产运营，新增生产能力250万标准箱，实现全球首创4项，形成发明创造76项，攻克世界级难题13项。全球首个传统集装箱码头的全流程自动化升级改造实现全面运营，整体作业效率提升15%，单箱能耗下降20%。建成5G基站168座，实现大型装卸设备北斗亚米级精度定位。物流服务平台持续升级，关港集疏港智慧平台实现冷箱业务线上受理、全程监控，“船边直提”“抵港直装”业务领跑全国港口，集装箱进口提货单电子化应用水平持续提高，集装箱主要业务单证电子化率100%、线上受理率超95%。打响津港效率品牌，优化通关流程，船舶准班率名列全球前茅，重点外贸集装箱船舶直靠率100%，集卡平均作业时间缩至16分钟左右，刷新各货类作业效率记录27次。

（苏 平）

**【安全绿色港口建设】** 2021年，天津港集团公司推进安全绿色港口

12月28日，天津港海铁联运完成100万标准箱发运仪式

天津港集团公司 供图

建设。加强现场管控，开展无人机常态化飞行巡检，推进隐患排查专业化、智能化手段，现场管理水平实现提升。严把海港防控关口，建立18个战区落实属地管理，坚持人物同防，开展登轮人员管控、冷链防疫，集中封闭管理人员常态化2000人以上，确保境外疫情“零输入”。发布全球首个智慧零碳码头，构建“风光储荷一体化”绿色能源系统，智慧绿色能源系统并网，100%使用自发绿电，全程零碳排放。44个泊位实现岸电覆盖，岸电使用率、船舶低硫油使用率、直排海污染源达标率均为100%。联盟国际公司获亚太绿色港口称号，集装箱码头公司、联盟国际公司、欧亚国际公司、国家能源集团天津港务获四星级中国绿色港口称号。能源结构更低碳，打造“公转铁+散改集”双示范港口，推进矿石与煤炭重来重去“钟摆式”运输模式，铁矿石铁路运输占比65.02%，“散改集”完成200.8万箱，增长15.5%。

（苏 平）

## 水路运输

【概况】 2021年，滨海新区辖区内有省际运输企业14家、省内运输企业7家、船舶管理公司11家、国内船舶代理企业11家、国内水路货物运输代理企业12家以及船舶194艘。其中，省际运输油船总运力5128吨，省际运输普通货船总运力35.91万吨；省内运输普通货船总运力2023吨，省内沿海运输客船总运力1478吨，省内内河运输客船总运力869吨；省际、省内船舶总运力36.86万吨。

全区有5道渡口，分别为大梁子渡口、刘庄子渡口、南窑渡口、善门口渡口、郑殷发渡口，除大梁子渡口外均为乡镇渡口，渡船7艘。

（王志鹏）

【水路运输及其辅助业核查】 2021年，滨海新区开展水路运输及其辅助业核查工作，对辖区内水路运输及其辅助业55家企业提交的材料进行审验，对各企业开展现场勘验，查验公司主要管理人员到岗情况及其经营资质保持情况，各企业均通过核查。

（王志鹏）

【水路运输行业培训】 2021年，滨海新区举办水路运输及辅助业企业培训，学习天津市行政服务事项操作规程，提高业务办理质量和效率。对水路运输行业最新法律法规进行梳理并组织企业现场学习，提高企业安全意识，引导企业合规经营，举办培训活动2次，培训企业51家。

（王志鹏）

【水路运输行业管理】 2021年，滨海新区做好5道渡口日常检查工作，督促大梁子渡口完成岸基设施加固工程；组织各乡镇渡口为渡船投保意外险，为渡船运营提供保障。成立滨海新区海河水上搜救分中心，弥补海河水域水上搜救短板。组织“春雷2021”专项行动、海域综合整治行动，打击违法运输行为。

（王志鹏）

【渔船检验】 2021年，滨海新区交运局承接船长24米以下海洋木质渔业船舶和全部内河渔业船舶检验、监督、管理和发证工作。全年检验渔船568艘，检验740艘次，拆解船舶21艘，减船转产10艘，签发渔船检验证书568本。区农业农村委做好“船证不符”数据修正及船舶拆解和注销工作。

（王志鹏）

10月17日，全球首个“智慧零碳”码头在天津港投产运营

天津港集团公司 供图

## 海事管理

【概况】 2021年，天津海事局做好海事监管和疫情防控工作，水上交通安全形势总体平稳。辖区发生水上交通事故12起，上升9.1%；死亡失踪4人，上升300%；沉船1艘，下降66.7%；直接经济损失339万元，下降59.4%。

（贾 祎）

【海事交通运输治理】 2021年，天津海事局推进“三年行动”集中攻坚。组织开展专项行动27项，辖区四项指标两升两降，未发生重特

12 月 8 日，天津海事局联合多部门现场处理涉渔“三无”船舶

天津海事局　供图

大水上交通事故。印发《天津海事局水上交通安全管理委员会工作规则》，明确 14 项工作机制，更新 8 类重大风险综合管控预案，典型经验做法在国务院相关会议上交流。推动天津市出台“三无”（无船名船号、无船舶证书、无船籍港）船舶联合认定程序和标准。开展“春雷 2021”等专项行动，查扣“三无”船 70 艘，拆解 68 艘。完成长期逃避海事监管船舶专项整治行动，本港籍营运船舶逃避海事监管情况消除。开展涉客船舶专项整治、游艇综合治理行动，374 项涉客船舶缺陷、61 项游艇管理问题整改完成。开展船舶载运危险货物和船舶防污染专项行动，查处船载危险货物谎报瞒报违法案件 36 起、违法排放污染物案件 44 起。

（贾　祎）

【海事服务】　2021 年，天津海事局完成部属驻津单位“5+1”工作机制 16 项重点工作任务。支持北疆 C 段智能化集装箱码头建设，保障全球首个“智慧零碳”码头提前 9 个月投产运营。升级船舶进出港“零待时”服务举措，天津港船舶直靠率 94%，节约船舶等待时间 9.8 万小时。实施北港池和新港水域常态化“直接移泊”。完成船舶尾气遥测站点布设，在全国率先实现进出港船舶尾气监测全港覆盖。服务保障 LNG（液化天然气）、LPG（液化石油气）和煤炭等能源物资运输船舶安全接卸 800 余艘次。开展 LNG 船舶夜间通航安全研究，在全国率先完成 LNG 船舶夜航实船试验。开展国际海上重要通道保障能力建设研究，为国际海上重要通道、重要支点及重要物资运输保障工作提供支撑。起草推进京津冀船检高质量发展实施意见，推动建立雄安新区船检机构，合力打造雄安新区船检高质量发展试验区。支持天津自贸区建设，海工类船舶登记总体压减超过 500 个工作日。指导辖区培训机构获批全国首个“使用气体或其他低闪点燃料船舶船员”培训资质许可，并在全国率先开展培训。

（贾　祎）

【海事应急保障】　2021 年，天津海事局举办天津市海上搜救综合演习暨海上平台水域通航安全风险防范演习。指定 116 艘应急船舶和 3 架直升机常备待命，成立民兵搜救连，增强搜救应急力量。建立辖区应急力量分布“一张图”，实现海上应急综合处理能力可视化展示。推动《天津市海上搜救应急能力建设专项规划（2021—2030）》颁布实施。建立并运行船员外派机构视频调度工作机制，协调解决船员换班困难问题，保障中国籍船员换班 1.6 万余人次。处置“弘进”轮等 22 艘船舶 86 名船员核酸检测阳性情况，紧急救助伤病船员 121 人。

（贾　祎）

【水上交通运输安全保障体系建设】　2021 年，天津海事局加快“陆海空天”一体化水上交通运输安全保障体系建设，构建安全监管新格局。与长光卫星技术有限公司开展战略合作，启动多维感知技术海事应用研究与探索。推进全要素“水上大交管”建设，开展区域船舶交通管理架构体系研究，形成北海水上交通管理协调中心建设思路并上报部海事局。完成《创新强局三年行动方案》编制。开展“海事服务京津冀协同发展”“区域船舶交通管理架构体系”“船舶压载水监管模式”等 9 个课题研究。建立船舶监管数据湖、系统内首个蓝海数字化服务中台，实现对天津籍船舶动态实时感知和数据全景模拟展示。完成天津港水域船舶污染风险智能化动态防控平台建设，实现对港区船舶污染风险实时监测、有效监管。

（贾　祎）

【海事法治体系建设】　2021 年，天津海事局推动《天津市海上交通安全管理规定》修改列入天津市政府 2021 年立法计划，完成立法调研和修订起草准备工作。制定《固体散装货物安全技术要求》，作为国家标准发布实施。突出问题整改完成 135 项，梳理执法风险 58 项，形成制度性成果 15 项。建立“1+N”规范执法体系、推行“六化”（动态化、模板化、清单化、定制化、多元化、体系化）工作机制，处罚案卷瑕疵情况减少90%，行政处罚平均办结时间缩短48%。参与国际海事事务，提交部海事局提案17份，其中10份提交国际会议，《新冠疫情条件下的临时港口国监督导则》被东京备忘录组织发布。建设天津市水上安全警示教育广场，联合区委政法委等5家单位共同打造天津市普法教育示范基地。

（贾　祎）

## 道路货物运输

**【概况】** 2021年，滨海新区推进道路货物运输工作新业态新发展，保障交通运输疫情防控及安全生产，更新政府服务理念，创新服务模式。政府与企业携手优化公路运输组织模式，依托互联网技术实现运输资源的高效整合和运输组织的无缝衔接，支持道路货物运输行业规模化、集约化发展，加快运输结构调整，改善运输环境。

（刘润忠）

**【货物运输】** 2021年，滨海新区有道路普通货物运输企业2664家，车辆2.71万部，核定吨位43.3万吨；道路危险货物运输企业107家，车辆4792部，核定吨位7.37万吨。全年完成货运量1.15亿吨，周转量225亿吨千米。

（刘润忠）

**【运力储备】** 2021年，滨海新区以4家国有运输企业为核心，组建专业道路货物运输保障队伍，丰富保障队伍装备种类，保障队伍可胜任疫情防控应急物资运输、粮食运输保障以及国防动员交通战备等多类临时性应急工作，确保“召之即来、来之能战、战之必胜”。

（刘润忠）

**【运输结构调整】** 2021年，滨海新区通过财政补贴及区域限行的方式，加快推进新区国三及以下排放标准中重型营运柴油货车提前淘汰，受理淘汰车辆4830部，助力新区空气质量持续改善。

（刘润忠）

**【机动车维修】** 2021年，滨海新区开展机动车维修行业许可制改备案制工作，备案企业增至216家。推进行业信息化水平提升，完成汽车电子健康档案系统对接企业117家，年度质量信誉考核实现网上办理。

（刘润忠）

## 道路旅客运输

**【概况】** 2021年，滨海新区改善人民群众出行条件，充实和优化公交线网布局，提升公交线路覆盖率，覆盖公交服务盲区，提高公交服务能力。全年营运公交车辆2438部，公交线路189条，公共交通年客运量1亿人次，公交线路智能调度覆盖率超过90%。

（石　星）

**【公交线网建设】** 2021年，滨海新区有公交线路189条，线路总长度5919.36千米，公交车辆2438部，公交首末站76个、公交中途站1689个。

是年，新开线路6条，分别为130路快线、525路专线、547路支线、880路快线、822路南线和927路快线；提升调整线路8条，分别为103路、116路、131路、135路、513路、955路、旅游2路和974路。

（石　星）

**【惠民政策实施】** 2021年，滨海新区公交集团与金融机构合作，推动智慧城市建设，开展云闪付、支付宝、微信等优惠便民活动，方便群众出行。

（石　星）

**【长途旅客运输】** 2021年，滨海新区有道路旅客运输企业15家，2座长途客运站，其中包车769部，长途班线77条、车辆26部。全年道路客运量1248.91万人，增长20.75%。

（石　星）

**【客运安全检查】** 2021年，滨海新区在重大节日、活动期间，开展道路客运安全整治活动，确保客运市场安全、稳定、畅通。重点对各公交公司、各客运场站及客运企业进行安全检查，排查公交企业、客运企业200余家次，保障区内公交及班线车辆运输安全。

（石　星）

**【共享单车管理】** 2021年，滨海新区提升共享单车行业管理水平。落实《滨海新区互联网租赁自行车运营服务管理实施细则》，研究国内其他城市先进管理经验，开展调研活动。对接市级部门，研究共享电动车市场准入与管理方式，起草新区共享单车长效治理工作实施方案。集中清收企业过量投放的车辆超1.2万辆次。

（石　星）

**【客运场站和交通运输疫情防控保障】** 2021年，滨海新区对客运场站和交通运输工具开展消毒、通风、人员防护和宣传等工作，落实进出站乘客体温检测、“健康码”查验工作。各铁路枢纽设置隔离场所，检查人员每日进行督查检查。

组建应急保障车队，可随时调用客车150部、货车100部，用于人员和物资的转运工作。组织运输车辆全天候待命，配合指挥部接驳组完成涉疫相关人员接驳转运任务，接驳队伍实行集中居住、统一管理。至年末，运输4305班，接送隔离人员5.05万人。

（石　星）

## 公路设施维护

**【概况】** 2021年，滨海新区公路总里程2282.02千米。各行政等级公路里程分别为国道331.11千米（国家高速公路163.34千米）、省道414.19千米（省级高速公路128.59千米）、县道189.82千米、乡道129.88千米、村道553.89千米、专用公路663.15千米，其中全区高速公路里程291.93千米。各行政等级公路桥梁座数分别为国道125座（国家高速公路85座）、省道71座（省级高速公路48座）、县道22座、乡道23座、村道38座、专用公路15座。

（刘云博）

**【公路设施日常养管】** 2021年，滨海新区加强区级公路养管质量监管。定期开展区级公路养管质量监督检查，定期通报养管质量，统一公路养管标准。集中安排丹东线、京滨线、津神线、港中线、山深线、钱顺路等线路路面维修工作，路面维修20.78万平方米，路面灌缝68.3千米；坑洞挖补2149.5平方米；路肩维修24.35万平方米、除草45.01万平方米，边坡维修13.43万平方米、除草19.02万平方米，侧石整修1573米，更换波形护栏3760米，检查井维修138座；桥梁局部混凝土修补21立方米，更换伸缩缝止水带1368米，桥栏油饰8537米，清理伸缩缝1.08万米、泄水孔2342个，声屏障维修84平方米，桥头护坡维护811.5平方米，维修桥下踏步15道。

（刘云博）

**【普通国省干线修复养护】** 2021年，滨海新区处置2座三类桥，即国道228线大柳沽桥实施桥改涵工程，省道葛万路万家码头桥更换桥面系、更换T梁翼板和湿接缝、修补主梁裂缝、对横隔板进行加固等工程；处置1座四类危桥，即省道津北线四道桥更换所有先张板梁和桥面系。全年完成9.55千米修复养护工程。其中，汉南路7.55千米，大丰路2千米。

（刘云博）

**【“四好农村路”建设】** 2021年，滨海新区加大“四好农村路”（农村公路建好、管好、护好、运营好）建设，完成兴李路（四纬路—崔李路）大修工程、绿色生态屏障建设一期工程（包括郑庄路、义和庄路、黑猪河联络线、中心桥干渠路、永定新河巡堤路、海河巡堤路）、大汉路（小马村—小马村泵站）大修工程改造任务；处置翟庄子北大桥四类危桥1座；开展太平镇示范区创建工作并完成3条示范路建设。落实深化农村公路管理养护体制改革工作方案，制定并印发《滨海新区全面推行农村公路“路长制”实施方案》《滨海新区农村公路路长制领导小组名单及成员单位职责分工》。

（刘云博）

**【新改扩建工程建设】** 2021年，滨海新区实施工农大道（港中路—津冀界）改建工程，工程位于太平镇，北起工农大道与港中路交口，南至天津市与河北省交界处，全长7.3千米，同步实施道路排水、绿化、交通及安全设施等工程。全线采用双向四车道一级公路标准建设，设计速度60千米/小时，路基宽度26米。至年末，完成总体进度60.5%。其中，完成路基工程95%、路面工程35%，完成桥涵工程总体87%、完工桥梁2座；排水工程完成雨水管道2283米、检查井75座、收水井22座，完成78%；安装护栏3500米、完成总量的60%。

（刘云博）

区交运局对公路路面进行日常维护（6月19日摄）　区交运局　供图

**【应急处置】** 2021年，滨海新区修订完善《交运中心突发事件应急预案》《交运中心桥梁突发事件应急预案》《交运中心普通公路防汛抢险应急预案》《交运中心公路、桥梁清融雪应急预案》等应急预案。加强储备应急物资管理，做好应急保障工作，在冬季清融雪期间及年

区交运局进行公路路面雪后应急处置（2月12日摄）　区交运局　供图

中汛期来临前，在中心范围内完成2次应急资源调查。提高公路抗灾抢险能力，开展防汛、防洪、清融雪工作，确保公路桥梁安全运行。妥善处置9月20日30吨柴油泄露、9月21日货车追尾罐车汽油泄露等10起突发事件。开展防风险遏事故保平安迎中国共产党成立100周年、安全隐患大起底大排查、强化重点行业领域整治确保中秋节和国庆节期间安全生产稳定等专项行动，隐患排查40余次，发现隐患86处，均完成整改。

（刘云博）

## 市政道桥管理

**【概况】** 2021年，滨海新区城市管理委员会负责养管城市道路652条、道路面积1474万平方米、车行道总面积984万平方米、人行道490万平方米，桥梁（地道）56座、隧道1座，路灯4.5万基。制定《市政道桥室迎接国家卫生区复审工作实施方案》。5次检查中，发现问题点位279处。其中，道路问题203处、路灯问题44处、桥梁问题32处，全部完成整改。

（周　勇）

**【道路桥梁路灯养管】** 2021年，滨海新区落实三级联查制度和路灯夜查制度，提升养护管理水平。加强日常巡查，强化快速维修机制，发现问题立即组织维修，消除设施病害。组织道路维修3.1万平方米、桥梁维修1848平方米，清理伸缩缝1385米，维修路灯1.07万基。完成调整侧石、升降检查井、焊接桥栏杆、疏通泄水管、维修桥体、电缆维修，控制系统和架空线维修等工作。

（孟宪玮）

**【桥梁设施安全管理】** 2021年，滨海新区保障桥梁每年一次定期检测，聘请专业机构检测桥梁。各桥梁养管单位结合每月桥梁检测和每年定期检测，通过实地踏勘探查桥梁设施运行情况，排查是否存在桥梁（隧道）构件缺失、失效、损坏等安全隐患。通过查阅档案，收集和整理勘察设计资料，施工、监理、监控与竣工技术资料，养护、实验资料及其维修加固资料，运营荷载资料等排查城市桥梁（隧道）是否存在安全隐患，是否满足现行安全规范等情况。结合实地踏勘和查阅档案结果对城市桥梁（隧道）实施安全风险评估，查找安全风险隐患。完成管辖范围内全部城市桥梁安全隐患排查。通过检测，桥梁设施均完好，不存在D、E级桥梁。

（韩　文）

## 民用航空

**【概况】** 2021年，天津滨海国际机场有限公司（简称天津滨海机场）营业总收入10.1亿元，增长11.3%，其中航空性收入和非航收入分别增加19.3%和3.8%。是年，天津滨海机场获评“零酒驾”创建示范单位，工会获评首都机场集团有限公司工会“模范职工之家”，客运服务部卓悦班组获评天津市工人先锋号，“严寒和寒冷地区大型枢纽机场建设工程关键技术研究”项目获中国交通运输协会科技进步奖二等奖。

（陈甜甜）

**【机场旅客运输】** 2021年，天津滨海机场旅客吞吐量1512.7万人次，增长13.9%。其中，国内1501.5万人次，增长16.3%；国际及地区11.2万人次，减少70.1%。春运期间，运输旅客119.2万人次，增长2%。清明期间，旅客吞吐量15.2万人次，日均吞吐量5.1万人次。“五一”期间，旅客吞吐量29.8万人次，日均吞吐量5.96万人次。

（陈甜甜）

**【机场货物运输】** 2021年，天津滨海机场货邮吞吐量19.5万吨，增长5.4%。其中，国内10.7万吨，同比持平；国际及地区8.8万吨，增长11.4%。3月11日，保障超大货物包机进港，包机由俄罗斯伏尔加第聂伯航空公司执飞、乌兹别克斯坦始发，机型IL76，货物2件，30.4吨。3月25日，保障首班俄罗斯叶罗费航空公司波音757-200临时货物包机，航班号ERF9422，航线为

4 月 1 日，天津滨海机场完成首班新冠疫苗国际包机保障
天津机场　供图

莫斯科—天津—下瓦尔。4 月 1 日，保障首批出口疫苗 50 万支至巴库，由阿塞拜疆丝绸之路西部航空承运。4 月 14 日，保障日本航空“客改货”航线首班包机。

（陈甜甜）

【机场功能完善】　2021 年 1 月 20 日，天津滨海机场与中国邮政集团有限公司天津市分公司签署战略合作协议，建立战略合作关系。联合天津轨道交通运营集团推动“机场 + 轨道”融合。5月10日，中国公众心肺复苏认证培训（HQCC）天津滨海机场基地启动。5月18日，天津滨海机场、天津文旅局、天津博物馆合作推出“红色”纪念登机牌。5月28日，天津滨海机场联合厦门航空，召开“津闽快线”服务产品启动会，共同打造的“津闽快线”系列优享服务上线。7月16日，开通机场至中捷客运站地面班线，航空旅客地面辐射范围延伸至河北省东部地区。9月17日，开通长途客运站网络售票服务，旅客通过携程网、智行网、去哪儿网等网络平台实现自助购票。12月7日，中性电子运单系统在天津滨海机场运行。实现物流企业认证、授权、安全、日志等统一化管理。12月10日，完成停车场通道系统、硬件升级改造，投入运行停车场“车牌识别+ETC”混进混出模式。12月30日，RFID（射频识别）行李全流程跟踪系统项目建设竣工，民航RFID天津机场节点具备使用条件。

（陈甜甜）

【航空飞行安全保障】　2021 年，天津滨海机场实现连续保障航空飞行安全 62 周年。3 月 30 日，联合天津市消防救援总队、天津航空开展航空投送实战演练，出动各类保障车辆 22 辆，参演人员 188 人、搜救犬 3 只。6 月 23 日，安防监控及生物识别系统建设项目通过竣工验收。6 月 23 日，举办“安康杯”民航地面设备操作技能比武大赛。7 月 2 日，基于国产卫星 InSAR（合成孔径雷达干涉测量）净空智慧监测系统投产使用，是卫星遥感技术在净空安全管理领域的结合运用。7 月 23 日，天津滨海国际机场使用许可证变更。9 月 23 日，进行综合实战应急演练，涉及机场内外多个单位、部门协同联动配合，特别设置新冠疫苗运输及新能源车起火科目，首次设立航空器搬移科目。10 月 9 日，第一批 40 辆装有定位跟踪器的飞机集装 / 散装货物拖车投入使用，是国内机场首次实现对拖车自动定位跟踪管理。10 月 14 日，联合天津航空举行航空器地面慢车除冰实战演练，是天津滨海机场首次在航空器发动机“怠速”状态下实施除防冰演练。

（陈甜甜）

【民航运营】　2021 年，天津滨海机场运输 12.2 万架次，增长 7.9%。执行正班航线 207 条，减少 50 条。

3 月 30 日，天津滨海机场组织开展跨区域航空投送实战综合演练
天津机场　供图

其中，国内航线198条（港澳台1条），国际航线9条。正班通航城市125个。其中，国内城市116个（港澳台1个），国际城市9个。平均每周执行航班2340架次，增长7.9%。

4月8日，运输赴哈萨克斯坦中国化学工程人员包机。10月29日，保障“米兰—天津”客运定期航线首航。

（陈甜甜）

## 邮　政

【概况】　2021年，滨海新区邮政业务总量50.83亿元，增长37.76%；业务收入65.94亿元，增长24.42%。其中，快递业务量4.23亿件，增长51.76%；快递业务收入60.37亿元，增长26.58%。邮政普遍服务网点82家，快递企业网点108家。

（李　洋）

【快递市场监管】　2021年，滨海新区出动执法人员1295人次，检查快递网点568家次，夜间检查分拨中心36家次，双随机检查企业15家，集中安检20天，处理正式举报投诉152起，下达责令改正通知书41份，行政处罚30家，处罚19.79万元，末端网点备案审核通过1483家，许可实地核查16家次。加强日常执法检查，强化寄递企业安全生产意识，推进安全生产整治工作。两会、中国共产党成立100周年及“双11”、“双12”、十九届六中全会等重大活动期间，执法人员驻守快递分拨中心，现场督导企业落实过机安检制度，结合基层网点检查工作，强化企业落实收寄验视和实名收寄制度。7月出动执法检查165人次，对辖区75处进村网点开展验收工作，均验收完毕，实现村村有网点目标。开展危险化学品安全隐患大起底大排查专项整治行动工作，与公安联合检查19处快递网点、2处辖区邮政企业报送的普通化学品定点收寄场所。开展邮政业重金属和特定物质超标包装袋专项治理工作，对违法企业下达责令改正通知书3份，行政处罚1家。开展禁毒和反恐法宣传，深入快递企业网点，通过发放宣传手册、现场讲解、实地检查等方式，向快递人员宣传打击违法犯罪重要意义。组织辖区快递企业开展消防安全应急演练，辖区寄递企业负责人、安全员参加。召开邮政快递行业统计培训，讲解《邮政行业统计报表制度》，对24家寄递企业进行统计工作专项检查。

（李　洋）

【邮政普遍服务监督】　2021年，滨海新区出动执法402人次，检查辖区邮政营业投递处理场所121家次、邮政报刊亭16家次、机要室8家次、53家次纪特邮票销售网点29套纪特邮票发行销售情况，下达行政处罚决定书1份，责令改正通知书2份，检查通报6份，约谈1次。对邮政场所业务开办、营业服务、安全管理等内容进行日常监督检查。对2处保存监控资料不符合规定期限的网点下达责令改正通知书，对1处未按标明时间打开邮箱收取信件的网点立案处罚1万元。开展辖区邮政普遍服务营业场所等级调整工作，甲级营业场所52处，乙级营业场所25处，丙级营业场所5处。开展2016—2018年农村地区邮政普遍服务基础设施建设项目“回头看”监督检查，实地检查营业场所5处，业务开办、营业服务、安全管理等均符合标准规定。开展天津市乡镇邮政局所专项检查“回头看”监督检查工作，对10处乡镇邮政局所进行实地检查，邮政企业自查发现的问题均整改完毕。对11处邮件投递处理场所高校录取通知书寄递情况监督检查。开展中央第七轮、第八轮巡视专用邮政信箱邮件寄递服务监督检查，对30处营业场所A01252、A01253专用邮政信箱邮件寄递服务进行检查。跟进天津市2020年度普通印刷品全程时限二次监测情况，组织邮政特邀监督员完成2021年度同城邮件时限测试工作。组织社会监督员开展社会监督，监督营业场所115人次、邮筒（箱）5人次、邮票销售90人次、快递网点104人次，反馈涉及快递企业意见建议21条，完成邮政服务质量满意度调查工作。开展邮票发行监督管理工作，出动执法检查107人次，

5月18日，区邮政管理局实地检查国际快递企业　区邮政管理局　供图

组织4名邮政特邀监督员出动检查90人次对141个邮票销售网点29套纪特邮票销售情况进行监督检查。开展机要通信监督管理工作，联合滨海新区国家保密局开展机要通信常规检查2轮，辖区4处机要室均规范运营。开展“扫黄打非”监督管理工作。按邮政快递业“扫黄打非·清流2021”专项行动要求，出动执法840人次，检查邮政营业处理场所121家次、邮政报刊亭16家次、快递总部及营业场所283家次。

（李 洋）

## 通 信

【概况】 2021年，滨海新区启动移动通信基站站址布局专项规划修编工作，部署26项重点任务。全年新建5G基站3392个。开展“千兆光纤宽带进家庭”升级服务，千兆光纤敷设实现全面覆盖，千兆光网用户数13.74万户，5G套餐用户数84.68万户。落实宽带下载速率免费提升至200M等有关政策，协调推进各基础电信企业提高宽带下载速率。出台《滨海新区关于规范通信管道（光纤）租金费用支持基础电信企业加快5G网络建设的实施意见》，印发《进一步规范在住宅小区建设5G移动通信基站》等文件，推进三年内免费租用5G管道（光纤）；完成滨海新区2021年通信基础设施建设政府问题清单153项，协调解决10余项难点问题，全年为通信企业节约场租80万元、电费100万元。开展5G应用场景现状和需求调查，编辑印发5G相关政策汇编和第一批42项5G应用场景需求对接清单，搭建5G场景需求对接平台。服务5G场景应用，在全国第四届“绽放杯”5G应用征集大赛全国总决赛中，新区3个项目获奖；17个项目获5G应用试点示范政策支持、2个项目获工业互联网标识解析政策支持，全年累计获支持资金6966.7万元。

（马胤之）

【中国铁塔】 2021年，滨海新区新增中国铁塔基站站址122个（空港和华苑40个），全区基站站址（不含室分）3312个（空港180个、华苑103个、微电子10个）。继续推进政府办公楼宇、商业设施等重要场景室内分布系统5G改造。协同小组办公室推进场租压降工作，新增政府免场租站址21个，每年为电信运营商节省场租超100万元。累计建成电动自行车5G智能换电柜94处，投资2500万元。新建智慧社区（智能充电、消防通道监控等）10个，投资300余万元。年初，滨海新区人民政府同天津铁塔公司签署战略合作协议。

（马胤之）

【中国联通】 2021年，滨海联通与滨海新区农委签订乡村振兴战略合作框架协议，开展重点领域的数字化建设和合作，共同推进农业农村现代化。与国家超级计算机天津中心、天津长芦海晶集团签署战略合作协议，助力新区企业数字化运营。天津港智慧港口5G应用项目获全国绽放杯金奖，成为全国5G项目标杆。家庭固定宽带网络接入能力达千兆。滨海联通和滨海电信合作共建5G接入网络，全年新建开通5G基站193个、4G基站38个，开通5G室分98个、4G室分27个。

（马胤之）

【中国移动】 2021年，滨海新区开通中国移动5G宏站514个，包含2.6G基站113个、700M基站401个，室分218个。滨海新区家族客户新建小区93个，新增覆盖户数5.46万户。在网客户数96.98万户、5G套餐订购客户34.51万户、宽带用户数（含校园）18.65万户，实现运营收入7亿元。

助力“千兆城市”“全国一流5G城市”建设，率先实现5G全域覆盖，助力天津市成为全国首个5G全域覆盖的省市；打造“0.5毫秒智慧城市”“京津冀超低时延圈”，实现“光网京津冀一体化”；深化5G应用，赋能产业转型，移动协同申报的滨海新区相关项目获第四届“绽放杯”大赛预赛奖项6个，决赛获二等奖2个、三等奖1个，助力区域重点企业5G智慧工厂建设，重点推进项目20余个。助力新区打造智慧工厂示范基地。

（马胤之）

【中国电信】 2021年，滨海电信为加快网络强国、数字中国建设，加大滨海新区通信基础设施建设投资。全年新建管道10孔千米，新建光缆6400芯千米，新建FTTH用户1.96万户，新增商业楼宇13栋。光纤宽带用户数10.03万户，5G套餐用户数21.09万户。全年与中国联通共建5G基站193个，开通5G室分98个，总投资1.6亿元，实现滨海新区5G网络基本覆盖。

（马胤之）

# 城市建设

## 综　述

2021年，滨海新区推动美丽“滨城”攻坚行动，开展“滨城”总体城市设计，谋划重点区域发展，提高城市建设管理水平，探索发展新思路新模式，城市品质稳步提升，城市载体功能持续增强，城市面貌发生显著变化。

全面推动交通、市政、环境等重点项目开发建设，推进轨道B1线、Z4线建设，轨道Z2线开工，轨道建设在建里程108千米，累计完成投资241亿元。接续实施滨城“畅通工程”，4个重大路桥项目建成通车，城市路网体系更加畅达便捷。推动绿色建筑、装配式建筑和节能改造，促进城乡建设绿色发展。推进海绵城市建设，打造中新生态城、塘沽湾两大全市示范片区，建成典范项目37个。落实“20项民心工程”，建立农村困难群众危房动态清零机制，完成1030户农房抗震改造；落实新区老旧小区改造计划，惠及居民4.39万户。

坚持规划先行，完成滨海新区国土空间总体规划阶段成果、12个涉农街镇国土空间总体规划和34个专项规划成果。提升“滨城”总体城市设计，突出海洋风尚、滨河风韵、创新风范的风貌特色定位。加快推进城市更新，出台《关于推进滨海新区城市更新工作的指导意见（试行）》《滨海新区民用建筑规划设计管理创新指导意见（试行）》。做好土地规划管理工作，开展新区城乡建设用地规模边界调整，推进永久基本农田整改补划，完成双城中间绿色生态屏障规划。强化土地管理，提高土地资源利用效率。制定耕地“非粮化”文件规定，推动“田长制”落实。全年累计出让土地126宗，成交土地面积831.62公顷，土地出让金总额197.4亿元。

应对文明城区复审并顺利通过复审、推动美丽“滨城”建设，坚持精细管理，城市管理水平、治理能力不断提高。园林绿化和市容环境持续改善，环卫基础设施建设成果显著，综合行政执法能力稳步增强。供热服务平稳运行，燃气安全有效保障，市政设施日趋完善。依托智慧城市管理体系和网格化管理平台，建立区巡查、部门督办、数字平台检查、社会监督四位一体巡查督办体系，组织编制滨海新区城市综合管理服务平台建设实施方案。结合“京津冀协同发展之产业协同与智慧城市建设项目”总体安排，完成“智慧公厕系统”项目建设并投入运营。落实《滨海新区城市管理考核暂行办法》，重点考核“门前三包”、停车秩序、马路市场、流动商贩规范化管理等12项专项攻坚。

（于秀臣　王莉莉）

## 规划管理

【概况】　2021年，滨海新区强化规划引领，做好国土空间规划工作，改革传统城市建设模式，推动城市更新和城市修补制度创新，推动城市设计法定化，探索新型社区模式和控规管理新模式，全面提升城市管理水平，规划统筹协调作用不断加强。

（康艳红）

【国土空间总体规划编制工作】　2021年，滨海新区国土空间总体规划已阶段完成资源环境承载能力和国土空间开发适宜性评价（双评价）、现行城市总体规划和土地利用总体规划实施评估、三条控制线划定等评估工作，打造“一核双港两副城多组团”（“一核”：“滨城”核心区，“双港”：海港、空港。“两副城”：北翼、南翼综合性副城片区。“多组团”：航运核心区、临港产业区、南港—石化组团以及行政辖区外的空港、科技城组团）的国土空间总体格局。在规划中，坚持生态优先、彰显生态特色，强化“山水林田湖草海”的系统保护，构建新区“一屏一带三湿地五廊道”（“一屏”：双城中间绿色生态屏障；“一带”：蓝色海湾生态带。“三湿地”：北大港湿地、汉沽盐田湿地、塘沽盐田湿地。“五廊道”：连通区域的大型河流生态廊道，即蓟运河、潮白新河、永定新河、海河、独流减河）的生态格局；突出滨海特色、推进陆海统筹，拓展蓝色战略空间，规划三大海洋特色功能板块和八大类用海分区，确立海陆一张蓝图；促进产城融合，推动职住平衡，优化“滨城”未来城镇空间各类用地占比，补足城市功能；落实乡村振兴、加快城乡一体，推进碧野环绕、绿园镶嵌、业兴村美的绿色发展方式，规划“三区三类五集群”（“三区”：北部生态种植聚集区、中部都市休闲农业和农产品加工业聚集区、南部高端种植和现代畜牧业聚集区。“三类”：城郊融合、集聚提升、搬迁撤并村庄分类。“五集群”：葡萄种植、蔬菜草莓种植、生态农业、畜牧养殖、冬枣产业五大产业集群）的现代化农业农村格局。

启动涉农街镇国土空间规划编制工作，推进新区村庄规划编制。对于在国土空间规划体系中确定的34个专项规划，推动编制进度，把握编制质量，做好各专项规划及工作方案等审查工作。

（康艳红）

**【控制性详细规划工作】** 2021年，滨海新区为解决控规管理缺乏弹性的问题，探索构建具有新区特色的街区控规管理模式，结合开发区—街镇不同规划管理主体的实际，构建针对两种不同类型的街区控规体系，建立国土空间总体规划与详细规划之间的传导机制，体现规划管理的科学性和弹性。是年，开展控制性详细规划编制项目85项，完成76项。其中，区本级37项，各开发区范围内履行“见章盖章、见文换文”程序48项。完成大港城区分区DGa（09）05单元和官港水库休闲区分区DGg（09）02单元控规修编以及太平镇农业种植区DGf（09）02单元01街坊局部地块（小王庄产业园区）控规修改等重点地区规划编制方案审批，提升城市载体功能、完善区域服务配套、优化园区产业布局，为新区高质量发展提供规划支撑。

（康艳红）

**【轨道交通线网研究】** 2021年，滨海新区配合市规划资源局，组织各相关功能区、各委办局及设计单位针对新一轮轨道交通修编方案，从线网功能、布局、服务水平、可实施性等方面开展深入研究，优化滨海新区轨道线网。配合市规划资源局开展轨道Z1、Z2线前期方案研究，优化线位和重要节点方案，为线路落地提供基础。

（康艳红）

**【道路交通规划编制】** 2021年，滨海新区编制《滨海新区综合交通规划》《天津市滨海新区综合交通运输“十四五”规划》等专项规划。

（康艳红）

**【地下管线普查工作】** 2021年，滨海新区落实安全生产专项整治三年行动计划，完成地下管线数据普查工作。通过对地下管线普查数据进行清洗整理，完成入库数据总长度约3.53万千米，满足规划管理应用需求的普查层和调绘层数据占比83%。编制《天津市滨海新区城市地下管线信息管理办法》，并以区政府名义印发。

（康艳红）

**【城市更新】** 2021年，滨海新区落实全市“双城”发展战略布局，推进美丽“滨城”建设，提升城市品质，促进产城融合。成立滨海新区城市更新工作领导小组，出台《关于推进滨海新区城市更新工作的实施意见（试行）》，负责组织协调全区城市更新实施工作。至年末，实施第一批5片城市更新项目，项目涉及4个街镇、功能区，完成公开招标和实施主体确认工作。

（康艳红）

**【城市设计】** 2021年，滨海新区完成“滨城”总体城市设计第一阶段工作——滨城风貌概念规划设计，提出海洋风尚、滨河风韵、创新风范的风貌特色定位，和滨河面海、港荣产兴、宜居宜业生态魅力之城的目标愿景，重点塑造“滨城芯”“滨河岸”“滨海湾”三类特色风貌区，统筹协调生活、产业、港口三类背景风貌区，提出总体控制要求，规划出滨城城市形态的初步效果。

把重点地区城市设计部分管控内容和要求纳入控规指标体系，借助控规法定定位将城市设施有关控制要素法定化；借助数字孪生工程，构建新区重点区域城市设计数字模型，实现城市设计愿景的可观看、可触摸，做为与外界沟通的窗口。在杭州道街道组织开展“美丽滨城·幸福社区”城市微更新规划设计竞赛，将新区新洋市场区域作为新型社区改革试点，通过城市设计手段探索实际的新型社区规划设计标准，打破现有《居住区规划设计标准》一刀切的规划标准设置。

（康艳红）

**【重点项目建设】** 2021年，滨海新区完成“滨城夜”魅力空间项目一期规划策划方案工作，以“集约、节约、美观”的原则，推进响螺湾8栋商务楼宇、于家堡9栋商务楼宇以及潮音寺建筑项目、海河开启桥亮化工程和集控中心建设（利用宝信大厦），助力“滨城”夜间经济繁荣发展。

（康艳红）

**【滨海新区城市会客厅策划及建设】** 2021年，滨海新区为体现现阶段规划成果及展示未来规划远景，反复优化布展方案，不断推进“美丽滨城·会客厅”项目的策划及建设。会客厅位于滨海新区洲际酒店十楼，总面积约4600平方米，包括核心厅、专题厅、活动功能厅3个区域。会客厅布展主题为“领航新征程”，主要展示滨海新区从一片盐碱地到一座现代化滨海城市的奋斗历程和贯彻新时代高质量发展理念、开启“二次创业”新征程，以及建设新时代生态、智慧、港产城融合宜居宜业美丽“滨城”的现阶段规划成果及未来规划远景。至年末，核心展厅硬件安装基本完工。

（康艳红）

**【重大项目选址】** 2021年，滨海新区完成火箭军士官学校天津新校区项目选址，推动国防建设和国家重点军事院校发展。重点开展天津海警局海警工作站项目、航空应急救援基地项目等选址工作。

（康艳红）

**【行政审批】** 2021年，滨海新区办结新区范围内各类自然资源行政许可件3498件。其中，规划国土类3430件，测绘类47件，地矿类21件。规划审批建设用地196.25公顷，规划审批建设工程1003.72万平方米。

（康艳红）

**【地名管理】** 2021年，滨海新区核发74个标准地名证书；审批经开区中心商务区、新港街道等区域16条道路标准地名；对掌握的近4500个居民区、公建、道路等地名中“大、洋、怪、重”等不规范地名进行摸底排查，结合实地走访、调查，清理不规范地名2条。校核《天津市地名词典词条》；完善滨海新区标准地名志、地名录成果并通过验收。

（康艳红）

## 基础与环境建设

**【概况】** 2021年，滨海新区对标美丽“滨城”功能定位，坚持“精准规划、精致建设、精细管理、精美环境”原则，全面加强现代化基础设施建设，提升城市载体功能，补齐公共服务短板，推动城市基本面貌和人居环境发生显著变化。

（王明利）

**【年度城建项目计划及项目建设】** 2021年，滨海新区建立全区城市建设统筹协调机制，由区住房建设委组织各开发区管委会、各委局、各有关单位，按照全域化、大口径、分类别，抓续建、促盘活、提效益，保重点、兜民生、防风险的原则，谋划编制《2021年滨海新区城建项目计划预安排》，由区政府办公室印发实施。根据年度计划，全区预安排项目376个，其中续建项目288个、新建项目88个，全年计划投资279.9亿元。至年末，续建项目实际完成投资193.3亿元，占年度投资计划的86.2%；新建项目实际完成投资13.9亿元，占年度投资计划的25%；完工项目133个。

（刘　津）

**【国家“新城建”试点工作】** 2021年，滨海新区组织各开发区、各有关部门和街镇，开展新型城市基础设施建设试点（简称“新城建”试点）申报工作。7月，住房和城乡建设部正式批复同意滨海新区开展“新城建”试点工作。根据住房和城乡建设部要求，编制上报试点实施方案，按照“一年有突破、三年见成效、五年成体系”目标，从打造一个城市数字底座（城市信息模型（CIM）基础平台）、建设N大应用平台（城市运行管理服务平台、一体化数字住建平台、智慧出行“车城网”综合服务平台）、构建一个绿色建造产用体系、创建一个“新城建”综合试验区等方面开展“新城建”试点工作。同步推动建立相应组织领导机构和工作推进机制，启动滨海新区“新城建”中长期发展规划编制工作。

（刘　哲）

**【轨道交通建设】** 2021年，滨海新区重点建设滨铁1号线（B1线）、滨铁2号线（Z4线）、滨铁3号线（Z2线）3条轨道线路，总长度127.6千米，计划总投资974.4亿元。建成后，将与地铁9号线（津滨轻轨）形成新区“两横两纵”轨道骨架线网，串联各重点发展区域和滨海国际机场、滨海站、滨海西站等重大交通枢纽，打造“轨道上的滨城”，融入“轨道上的京津冀”。

滨铁1号线（B1线）。项目线路自黄港欣嘉园至中部新城，全长31.5千米、设站22座。先期实施一期工程（黄港车辆段至天津大道站），全长约25.3千米、设站18座，总投资约246.3亿元。至2021年末，欣嘉园西站、第九大街站、云山道站等6座车站主体封顶，广州道站、金临道站、天津大道站、车辆段、控制中心组按计划施工；欣嘉园东站—欣嘉园站右线、欣嘉园北站—欣嘉园站右线等5个区间已贯通。项目累计完成投资70.89亿

12月，Z2线一期工程滨海机场站—北塘站开工　　曾毅　摄

元，其中2021年完成投资20.2亿元，计划2025年具备通车条件。

滨铁2号线（Z4线）。项目线路自汉沽汉蔡路至中部新城，全长43.7千米、设站24座，项目总投资341.9亿元。至2021年末，完成项目全线16个标段施工招标，24座车站已全面进场，高架段8站8区间按计划施工；地下段5站1区间按计划施工。项目累计完成投资164.38亿元，其中2021年完成投资50.44亿元，计划2024年具备通车条件。

滨铁3号线（Z2线）。项目线路自市区金钟河大街经滨海国际机场至北塘站，全长52.4千米、设站17座。先期实施一期工程（滨海国际机场至北塘段），全长约39.3千米，设站14座，总投资255.7亿元。项目采用PPP（政府和社会资本合作）模式建设，于2021年12月9日开工。至2021年末，开展沿线征拆等工作，东六道站、高渤区间、渤春区间已进场施工，累计完成投资1.9亿元，计划2025年具备通车条件。

（耿晓佳）

**【城市路网建设】** 2021年，滨海新区接续实施“畅通工程”，完善城区路网系统，打通跨河、跨铁路、跨区域交通瓶颈，提升城市路网科学性、系统性，一批重点路桥工程建成投用。

第二大街跨津山铁路桥工程。项目位于新港四号路与泰达大街之间，起于杭州道与韶山路交口，止于第二大街与洞庭路交口，路线全长约1129米，其中主桥长度546米，采用双向四车道城市主干路标准，总投资约4.7亿元。项目于2021年6月6日建成通车，连通经开区第二大街与塘沽城区杭州道，将核心区过铁路通道平均间距由1.6千米减少为1.2千米，缓解核心区西北部、东北部地区交通压力，疏解新港四号路等交通拥堵状态。

洞庭路下穿进港二线铁路地道工程。项目起于新港四号路与经开区洞庭路交口，止于德馨道，是天碱地区南北方向的主要对外通道，路线全长约570米，主线宽54米，城市主干路，双向六车道标准，并同时预留有轨电车通道，总投资约4.9亿元。项目于2021年6月30日建成通车，缓解核心区及周边交通压力，打通经开区、天碱、塘沽洋货市场等区域的交通瓶颈。

闸南路跨南疆铁路桥（银河桥）工程。项目位于中央大道与海滨高速之间，北起中心商务区杉桦道，跨越津沽一线、南疆铁路、大沽排污河、临港铁路，南至中部新城北区银河环路西侧，止于金岸六道，全长约1.5千米（其中主桥长度约800米），为双向六车道城市主干路，总投资2.74亿元。至2021年末，项目完成建设内容，开展竣工验收，建成后将缓解海滨高速、中央大道交通压力，改善临港经济区南北交通不畅状况，完善中部新城北起步区城市资源配置。

（田国旺）

6月6日，第二大街跨津山铁路桥工程通车　　刘从殿　摄

【市政配套工程建设】 2021年，滨海新区完善城市基础设施配套，组织实施汉沽东扩区、东壹区、大港港东新区等区域和聆海苑、港东明轩、宝德时代蓝湾等小区基础设施配套工程，部分项目建成投用。

港滨家园基础设施配套工程。项目位于大连东道延长线，西起港滨路，东至港医路，全长1134米，城市主干路，双向两车道标准，道路两侧同时设有非机动车道，建有远期规划雨污水管道930米、临时雨污水管道620米，绿化面积1.1万平方米，总投资9048万元。项目于2021年6月25日建成通车，缓解新港二号路、三号路出行高峰期拥堵压力。

东壹区区域基础设施配套工程。项目主要服务于经开区东壹区区域，东起海滨高速生态红线，西至太湖路，南起太湖路与顺大街交口，北至第二大街，建设内容为新建第一大街为城市次干路，三号路、顺达街、广达街为城市支路，道路总长度1.92千米，新建雨、污水管道4千米，总投资约1.64亿元。项目于2021年9月16日建成投用，解决经开区东岸名仕花园、远洋琨庭夏荷园、远洋琨庭春花园等住宅小区群众出行难题。

汉沽东扩区基础设施配套工程。汉沽东扩区1.75平方千米路灯、交安、绿化等工程，服务于汉沽东扩区1.75平方千米范围内泰达汉郡、彩虹苑等小区。工程东至沽城路，西至大丰路，南至汉蔡路，北至太平街,工程批复总投资7045.91万元，实施区域内九条道路的路灯363套，路口信号灯20个及电子警察抓拍系统。工程路灯于2021年12月底正式运行，解决汉沽东扩区1.75平方千米范围内出行难问题。

汉沽东扩区东郡家园、咏棠轩、碧锦园、拾光园项目周边道路路灯、交安设施和绿化等工程。项目批复总投资4034万元，主要服务于汉沽东扩区2.78平方千米东郡家园、咏棠轩、碧锦园、拾光园周边道路区域，实施路灯200余套、9组信号灯及电子警察抓拍系统。工程于2021年11月底运行，满足四个小区出行基本需求。

（宗文渊）

【雨污分流管网改造】 2021年，滨海新区坚持生态优先、截污治污，全面落实排水管网建设规划，港船泵站污水调头工程正式通水，大港城区霞光路、塘沽城区春光路片区雨污分流改造工程完工投用，持续补齐老城区防洪、治污、排涝能力短板，改善水生态环境。

霞光路片区雨污分流改造工程。项目位于大港老城区，北至旭日路，南至世纪大道，西至胜利街，东至迎宾街，新建污水管网长度约2千米，新建雨水管网约0.8千米，总投资3847万元，于2021年9月完工投用。

春光路雨水管网新建工程。项目位于塘沽老城区，起于紫云环路，沿春光路自北向南铺设雨水管道，终于新港三号路，全长约371米，项目批复总投资2595.72万元，于2021年8月完工投用。

（杨 益）

【海绵城市建设】 2021年，滨海新区建成区面积383.39平方千米，实现雨水径流控制达标面积101.79平方千米，海绵城市达标率26.55%。修编完成《滨海新区海绵城市专项规划》，编制《滨海新区2021—2023年海绵城市建设实施方案》，制定印发2021年滨海新区海绵城市建设工作方案和项目建设计划，落实年度清单管理343项。打造生态城、塘沽湾两个市级海绵城市重点示范片区，建成天成海富园住宅项目、汉北路道路绿化工程一标段、环河道路绿地公园等海绵城市典范项目37个，涵盖建筑小区、道路广场、公园绿地、湿地水系等类型，形成不同类型的海绵城市建设技术模式。严格执行海绵城市建设标准，完善海绵城市建设项目管控方案，建立项目规划、设计、建设、验收、维护全过程管控机制，构建海绵城市全生命周期管理体系，确保项目建设质量和效益。开展海绵城市宣传活动，在全市推广新区海绵城市建设经验，在中国建筑科学大会进行海绵城市典型经验介绍，组织线上海绵城市宣传报道90篇，开展线下海绵城市宣传活动15场。

（柴晓东）

【绿色建筑和装配式建筑发展】 2021年，滨海新区编制印发实施《滨海新区建筑节能和绿色建筑发展“十四五”规划》和《滨海新区装配式建筑发展“十四五”规划》。将《滨海新区绿色建筑与被动式超低能耗建筑奖励办法》由中新天津生态城试点扩大至全区，规范绿色建筑设计、施工，运行、管理。全年全区竣工绿色建筑项目75个，竣工面积319.35万平方米，占同期城镇民用建筑竣工比例77.36%。推行工业化、信息化、集约化、产业化建造方式，重点发展装配式建筑，全年全区竣工装配式建筑项目35个，面积233.11万平方米，占同期城镇民用建筑竣工比例56.93%。在中新生态城举办“滨海新区—雄安新区建设企业绿色建筑和装配式建筑观摩研讨会”，滨海新区与雄安新区各级建设主管部门、部分建设企业代表50余人参会。是年，对55个项目开展建筑节能执法检查，出动执法人员156人次，发现问题19个，全部督促整改到位。

（张 玲）

## 房屋改造

【概况】 2021年，滨海新区落实“20项民心工程”，推动脱贫攻坚与乡村振兴有机衔接，建立农村困难群众危房动态清零机制，完成农房抗震改造。落实新区老旧小区改造计划，基本完成老旧小区改造任务，惠及居民5.4万户。既有住宅加装电梯工作提速。推进棚户区改造，居住环境得到改善。

（于秀臣）

【棚户区改造】 2021年，滨海新区持续推进棚户区改造。全区列入计划棚户区改造项目49片，涉及12个街道，居民2.54万户，总建筑面积215.61万平方米，原计划投资约353.46亿元。根据实际实施情况和政策调整情况，至年末，已启动棚户区改造项目28片，累计完成投资229.08亿元（含贷款利息），完成投资比例64.81%。

（张　峰）

【老旧小区改造】 2021年，滨海新区实施“筑巢引凤”政策，制定《滨海新区城镇老旧小区改造指导意见》，明确建立健全多渠道筹资机制和统筹资源协调机制，配套出台引入社会资本融资和特许经营模式建设方案，将老旧小区改造纳入“滨城”建设“十大工程”和每年度“20项民心工程”。

全年，滨海新区改造老旧小区56个。其中，塘沽区域小区34个，汉沽区域小区14个，大港区域小区8个。改造房屋1268栋，建筑面积281.74万平方米，涉及居民4.39万户，项目总投资7.55亿元。改造内容以基础类改造为主，兼顾提升类和完善类改造，按照“一小区一策”原则组织实施。改造内容主要包括：屋面防水修复、建筑外檐整修、阳台加固、楼道内墙地面修复、楼道内线路规整、加装公用照明、楼宇门更换或增设、围墙修复、增设或更换道闸门禁、小区道路广场整修、雨污水管线整修或新建、绿化提升等专项内容。

（杨　诺）

【既有住宅加装电梯工作】 2021年，滨海新区按照“业主主体、区街主导、市场运作、政府支持、合力推进”的原则，推进既有住宅加装电梯工作。至年末，全区既有住宅加装电梯施工2部（杭州道街道毓园小区1部、遵义里小区1部），联审1部（塘沽街道馨苑小区），完成公示2部（杭州道街道毓园小区），达成意向16部。

（杨　诺）

【农村房屋提升改造】 2021年，滨海新区开展农村房屋提升改造。建立农村困难群众危房动态清零机制，完成20户困难群众危房改造任务。推进农村房屋抗震改造，建立符合本地实际的农房抗震改造方案，引导农户选择拆除重建、加固改造等抗震改造方式，完善农房改造抗震鉴定和改造的技术标准及管理办法，引入高强度水泥抗震加固技术，完成农房抗震改造1030户。完成全区农村房屋安全隐患排查，排查农村房屋5.16万栋，存在安全隐患1032栋，制定应对极端强降雨农村危房应急机制，落实安全整治措施。

（张　玲）

## 园林绿化

【概况】 2021年，滨海新区城市管理委员会负责绿化养护总面积5260万平方米。滨海新区双城中间绿色生态屏障官港片区（一期）绿化工程全部完工，建设总投资2.79亿元，总建设规模151.33公顷。栽植各类乔灌木10万余株。

（陈　健）

【公园管理】 2021年，滨海新区公园管理以安全为重点。各公园管理部门开展安全生产宣传教育和安全培训，坚持每日常规巡查与专项检查相结合，建立安全生产、风险隐患和突出问题自查自纠的长效机制，严防各类事故发生。维修新港公园西北角景观凉亭、小树林游园长廊，消除安全隐患；建设维修海门园、儿童公园内2处空竹场地，提升其使用功能。加大河滨公园绿地、乔灌木养护力度。动物园繁殖猕猴1只、山羊5只、驼羊2只、绵羊3只、梅花鹿3只、黇鹿3只、兔子10余只。收治大鹦鹉2只；画眉、白眼儿、小黄鸟20余只；夜莺、猫头鹰、小鱼鸥、啄木鸟10余只，红隼5只。维修塘沽森林公园门区石材贴面10余处。

（李慧颖）

【义务植树】 2021年，滨海新区组织各管委会、功能区结合实际制定区域义务植树计划。全区义务植树25万株。其中，以白蜡、国槐为代表的乔木10万株，以碧桃、榆叶梅为代表的花灌木10万株，另栽植部分绿篱和月季。提高栽植量和品种的多样化。研究植物品种、土壤改良、气候特点，因地制宜，选取适宜生长的树种，培育良种壮苗，确保林木成活。注重品种搭配，提升绿化景观效果。按照技术规程办事，注重质量，包栽、包管、包活。义务植树植物成活率达90%以上。

（李慧颖）

## 供热供气

【概况】 2021年，滨海新区供热总面积1.23万平方米，供热方式主要有热电联产供热、燃气供热和地热供热。燃气管线总长度5273千米，管道燃气用户84.04万户。完成24.93千米老旧燃气管网改造、4.5千米供热老旧管网改造和1200户供热室内“一户一环”改造。

（李文嵘）

【供热工作】 2021年，滨海新区提前做好供热设施设备检修改造、燃料购储、安全生产隐患排查处理、供热信访突出问题超前化解等工作，于11月1日达标供热。完成荟菁华煤粉炉改燃项目和地热井治理热源替代工程。初步拟定核心区热电管网与周边燃气锅炉房联网调峰供热方案。开展“我为群众办实事，供热服务上水平”专项工作，对接320户供热用户，上门服务，为用户消除供热顽疾，将新区在册的11家养老机构列入“访民问暖”重点服务对象，建立应急处置联系机制和长效服务机制，主动提供技术支持。

（李文嵘）

【燃气工作】 2021年，滨海新区组织开展燃气安全专项工作，整改管道设施锈蚀问题、空置房入户安检问题、老旧管网改造问题、燃气经营资质问题，清理管道占压2782处，排查治理管线3616.8千米，入户安检59.9万户，整改问题4561处。组织区燃气企业在各自经营区域内开展燃气安全宣传活动，通过燃气安全宣传进校园、进社区，提高用户安全用气意识。制定并印发《滨海新区进一步优化营商环境深化用气报装服务改革实施方案》，鼓励燃气经营企业用建立公众号、增设营业窗口、拓展网上申报等方式办理用气报装手续，实现用气报装业务多渠道办理，建立考核机制，将优化“获得用气”营商环境工作情况纳入燃气行业年终考核。

（李文嵘）

## 市容管理

【概况】 2021年，滨海新区以全力推进文明城区创建工作，以国家卫生区复审工作为主线，强化道路扫保，持续开展“以克论净”考核工作，以考促改，不断提高清扫保洁水平。开展环境卫生专项清整，为市民提供干净整洁、清新靓丽的宜居环境。

（贺君哲）

【垃圾管理】 2021年，滨海新区采用垃圾压缩车直运和垃圾转运站转运两种模式将生活垃圾分别运送至汉沽、大港2座垃圾焚烧发电厂进行无害化处理。城区收集运输生活垃圾66.49万吨，全部实现焚烧处理，城市生活垃圾无害化处理率100%。监督专业公司做好农村生活垃圾转运，确保及时转运规范处置。清运和处理农村生活垃圾8万吨，农村生活垃圾实现密闭化收运和无害化处理100%的目标。全年收运处置餐厨垃圾9.67万吨。

（徐克松）

【渣土管理】 2021年，滨海新区规范渣土备案手续，明确渣土处置流程，规范运输手续办理相关事项。对偷运渣土行为，给予停工整顿并处罚款。妥善解决新区建筑垃圾处置难题，印发《建筑垃圾专项治理行动工作方案》，组织各有关单位开展建筑垃圾堆放点摸排整治工作，共排查整治46处堆放点。

（张声强）

【公厕管理】 2021年，滨海新区各环卫公厕增设小喇叭宣传疫情防控知识。增设雨伞设施，方便居民雨天如厕；改善内部设施，加放香片和香薰，缓解异味；及时检查并清理化粪池，严防秽物满溢跑漏；粪便清运安全生产文明作业，确保清掏及转运过程中无洒落无污染；摸排整改更换破损的蚊蝇帘，有效防蚊灭蝇；全面摸排窨井盖破损和安全隐患问题，建立窨井盖档案，整改存在安全隐患的窨井盖。

（张秀文）

【生活垃圾分类】 2021年，滨海新区调整成立区级生活垃圾分类工作推进领导小组，按照“政府推动、全民参与，因地制宜、统筹推进，源头减量、系统治理”的原则，制定工作目标，明确职责分工，采取会议推动、现场检查、督察通报以及公开考核成绩等形式，统筹推动垃圾分类工作。组织各成员单位开展宣传工作，提高居民垃圾分类知晓率和参与率。发放各类宣传品（册）500余万份；开展主题宣传活动3843次，开展志愿服务活动2308次，相关宣传报道776篇，党员干部志愿服务累计入户宣传83.68万户次；建设垃圾分类示范街区5个。设置垃圾分类收集容器6万余个，垃圾分类收集箱房220个，配置各类分类运输垃圾车41台；建设有害垃圾暂存点8处，确定餐厨垃圾、有害垃圾分类运输处置单位，建成区居民区、公共机构、相关企业垃圾分类覆盖率达100%，形成生活垃圾分类投放、分类收集、分类运输、分类处置的闭环体系。处置厨余垃圾9.67万吨，有害垃圾12.15吨，可回收物52.2万吨，其他垃圾74.49万吨，生活垃圾回收利用率45.38%。

（徐克松）

## 综合行政执法

【概况】 2021年，滨海新区城市管理综合行政执法支队围绕全年工作目标，履行“一岗双责”主体责任，做好综合行政执法各项工作。对各功能区、各街镇《天津市文明行为促进条例》执法工作进行督促，推动《天津市生活垃圾管理条例》贯彻落实。违法建设专项治理全部按时完成存量治理任务。

（刘　娟）

【维护市容环境秩序执法检查】 2021年，滨海新区城市管理综合行政执法支队持续开展日常巡查和各类专项巡查。全年对各类市容环境秩序问题开展检查督促和整改，下达《整改任务单》111份。治理天津港地区环境秩序，开展“短、平、快”式联合执法，采取多部门联合治理行动10次。各开发区、各街镇综合执法机构出动执法人员16.48万人次，开展行政检查6.29万次，责令改正店外堆物、占路摆卖等市容环境秩序违法行为6.81万次，实施行政处罚348起，罚款4.96万元。

（刘　娟）

【落实“双减”政策执法检查】 2021年，滨海新区城市管理综合行政执法支队配合新区“双减”领导小组办公室，制定印发《滨海新区户外广告长效管理实施方案》，成立落实“双减”户外广告专项整治工作小组，召开专题会，明确26个属地单位的管理职能。全区综合执法系统督办重点点位559处、日常清理整改广告窗贴566处、整改沿街户外宣传广告456处，整改沿街商户户外广告牌匾367处、实施处罚1起。

（刘　娟）

【燃气供热行业执法检查】 2021年，滨海新区城市管理综合行政执法支队加强查处燃气、供热等市政设施违法行为，加大对燃气供热企业和用户违法违规行为的处罚力度，配合行业主管部门规范燃气供热企业建设经营维护管理等工作。联合各街镇、各燃气所开展燃气安全宣传活动。全年立案处罚案件4件。

（刘　娟）

【道路桥梁行业执法检查】 2021年，滨海新区城市管理综合行政执法支队执行城市道路相关法律规定，加强城市道路违法行为查处，落实城管行政执法支队相应职责，配合委市政道桥室各项工作，与属地部门加强沟通，建立工作联动机制。全年立案查处7起，处罚2.4万元。

（刘　娟）

【重大案件查处】 2021年，滨海新区城市管理综合行政执法支队承接区政府、区城管委移交的各类市容环境、环境卫生、园林绿化、违法建设等方面重大复杂跨区域案件，办理“天津港国际物流违法建设”“天津港盛储运有限责任公司违法建设”等案件，严格按照法律规定的执法流程开展案件查办。办理案件64起，处罚金额725.72万元，未发生行政复议和法律诉讼问题。

（刘　娟）

【推进“创卫”“创文”复审工作】 2021年，滨海新区城市管理综合行政执法支队研究部署全区市容环境秩序各专项执法工作，以主次干路、校园周边、公园景点等区域及周边为重点，督促各开发区、各街镇综合执法机构强化巡查，打击非法占路经营、占路摆卖等破坏市容环境秩序行为，持续开展违法户外广告设施专项治理，巩固创卫、创文成果。督查治理乱摆乱卖4552处，清理乱圈乱占、杂物堆放368处，非法户外广告设施265处。

（刘　娟）

# 乡村振兴

## 综　述

**【概况】**　2021年，滨海新区完善实施乡村振兴战略体制机制，建立乡村振兴战略工作实施领导小组，制定《滨海新区关于区领导同志联系基层推进乡村振兴的实施方案》，区级领导定期赴联系村推动工作。成立滨海新区乡村振兴局，加挂在区农业农村委员会，负责乡村振兴战略实施工作。

（刘克文）

**【乡村振兴规划】**　2021年，出台《滨海新区乡村振兴战略“十四五”规划（2021—2025年）》《滨海新区2021年乡村振兴实施方案》《滨海新区2021年乡村振兴行动方案重点任务分工台账》《滨海新区支持乡村振兴实施细则》。乡村振兴战略涉及12个涉农街镇、139个行政村，规划面积1255.14平方千米。到2025年，基本实现农业高质高效、乡村宜居宜业、农民富裕富足。围绕乡村产业振兴、文化振兴、生态振兴、人才振兴和组织振兴细化22条具体措施。

（刘克文）

**【乡村振兴工作考核】**　2021年，制定《滨海新区2021年实施乡村振兴战略实绩考核方案及考核办法》《滨海新区2021年街镇攻坚月考工作实施方案》，将乡村振兴工作作为涉农街镇和有关区级部门“三考合一”（班子考核、绩效考核和督查考核三种方式合并）体系的重要内容，增加所占权重。把考核结果作为评先奖优的重要依据，把考核结果与干部选拔任用结合起来。寨上街道、小王庄镇在乡村振兴工作中成绩突出，2020年度考核被评为优秀等次，并对表现突出的个人进行奖励。在2021年全区乡村振兴实绩考核中，对发现的农村生活污水治理进度较慢、户厕改造项目未完成上水连接、中塘镇赵连庄村环境卫生较差等5个问题，制定整改措施并督促落实。

（刘克文）

**【脱贫攻坚成果巩固】**　2021年，滨海新区印发《关于持续做好结对帮扶困难村工作巩固拓展帮扶成果的通知》和《关于巩固拓展结对帮扶困难村工作成果的通知》，优先安排市、区级困难村——汉沽街道大马杓沽村、茶淀街道宝田村、太平镇红星村、小王庄镇徐庄子村纳入区乡村振兴示范村建设。在巩固56个市区两轮困难村帮扶成果的基础上，加强对经济薄弱村的帮扶和指导，编制印发《天津市滨海新区扶持经济相对薄弱村发展实施方案》，确定7个区级相对经济薄弱村（茶东村、茶西村、下坞村、钱圈村、王房子村、辛庄村、大村村），从2021年7月开始开展为期3年的扶持相对经济薄弱村发展工作，选派21名优秀干部组建7个驻村工作组开展扶持工作。

（刘克文）

## 产业发展

**【概况】**　2021年，滨海新区建立特色农业产业链，提升产业效能，着力发展壮大一二三产业规模，以产业振兴促进农业增效、农民增收。发展多种形式的适度规模经营，培育龙头企业、农民专业合作社、家庭农场等新型农业经营主体，多种形式适度规模经营比重达65%以上。制定滨海新区农业生产托管项目实施方案，分别在中塘镇、小王庄镇组织实施，托管服务面积2020公顷，完成“耕”“种”“防”环节的托管工作。成立以分管副区长为组长的滨海新区乡村振兴领域招商引资工作领导小组，推介太平镇窦庄子村酷飞项目纳入全市首批乡村振兴示范村包装项目，组织参与招商推介活动。

（刘克文）

**【优势特色产业集群培育】** 2021年，滨海新区培育都市型奶业、生猪2个优势特色产业集群，完成2个集群项目申报、方案设计、专家论证、投资评审、市农业农村委备案工作，每个项目获取中央财政支持投资1000万元。

（刘克文）

**【市级以上农业产业化经营重点龙头企业培育】** 2021年，天津港强集团有限公司、天津瑞普生物技术股份有限公司2家企业被认定为第七批农业产业化经营国家级重点龙头企业。天津富优农业科技有限公司、天津瑞普生物技术股份有限公司、三尚行（天津）食品股份有限公司、益海嘉里食品工业（天津）有限公司、鼎正新兴生物技术（天津）有限公司5家企业被认定为第十三批农业产业化经营市级重点龙头企业。

（刘克文）

**【家庭农场培育】** 2021年，滨海新区完成家庭农场培育百千万工程任务，小刚家庭农场、滨海新区汉沽津广良谷物种植家庭农场、滨海新区亿汇达家庭农场、天津嘉丰家庭农场有限公司、滨海新区冉冉家庭农场、滨海新区宏盛家庭农场6个家庭农场被认定为天津市示范家庭农场；滨海新区鑫良家庭农场、滨海新区郑氏家庭农场、滨海新区家兴家庭农场被认定为天津市农户家庭农场。

（刘克文）

**【国家级现代农业产业园建设】** 2021年4月28日，滨海新区现代农业产业园入选农业农村部、财政部公布的2021年国家现代农业产业园创建名单。滨海新区国家级现代农业产业园以对虾、鲆鲽鱼等海珍品为主导产业，涉及8个街镇，规划建设8大工程34个项目，计划投资34.15亿元。至年末，完成项目管理办法和资金管理办法及项目申报指南，启动建设对虾种苗繁育基地、对虾标准化池塘健康养殖示范、陆基对虾生态健康养殖、工厂化循环水养殖、现代渔业绿色示范、渔农互补生态养殖示范等19个项目。

（刘克文）

**【农村工业园区建设】** 2021年，滨海新区推进中塘工业园和海滨街道港西工业园区建设，加强同各开发区的融合发展，做好招商引资工作，培育金属加工、机械加工、电子制造、食品加工、塑料制品、包装材料等劳动密集型企业。完成天津经济技术开发区南区（太平镇）现代高效设施农业物流加工产业园前期规划工作。

（刘克文）

**【村集体经济发展】** 2021年，滨海新区出台支持农村集体经济发展的扶持政策，支持农村新产业新业态，围绕乡村旅游、特色种养、民宿开发、农产品加工、观光农业等业态，打造“一村一品、一镇一业”，拓宽集体经济发展渠道。推进村集体资产和空闲资源集中登记，盘活资产资源，增强“造血”功能，探索资源开发型、股份合作型、服务增收型、项目带动型发展村级集体经济的新路子，全年村集体经营性收入持续稳步增长，农民人均可支配收入2.85万元。

（刘克文）

**【小王庄镇国家农村产业融合发展示范园获批】** 2021年3月24日，滨海新区小王庄镇入选第三批国家农村产业融合发展示范园名单。农村产业融合发展示范园创建旨在发挥示范引领作用，加快推进农村一二三产业融合发展。小王庄镇国家农村产业融合发展示范园将建成为融合特色鲜明、要素高度聚集、综合效益显著、利益联结紧密、绿色循环发展、示范效应突出的国家农村产业融合发展示范园。至年末，生猪养殖等项目开始建设。

（刘克文）

**【茶淀街道被确定为第十一批全国“一村一品”示范村镇】** 2021年10月20日，滨海新区茶淀街道入选农业农村部第十一批全国“一村一品”示范村镇名单。茶淀街道以盛产玫瑰香葡萄而闻名，被国家林业和草原局认定为“中国玫瑰香葡萄之乡”。“茶淀”牌玫瑰香葡萄因茶淀镇而得名，国家地理保护产品、天津市地理标志产品，全国驰名商标、天津市著名商标，连续多年荣获全国农产品博览会金奖，2020年入选“津农精品”。至2021年，葡萄种植面积1800公顷，年产量5万吨、产值近4亿元。

（刘克文）

## 文化生活改善

**【概况】** 2021年，滨海新区推动乡村振兴主题宣讲“进企业、进农村、进机关、进社区、进学校、进军营、进网络”，累计开展160余场专题宣讲。开展滨海新区党建引领共同缔造“乡村振兴公益大集”活动，活动分别在小王庄镇徐庄子村、太平镇窦庄子村举行。开展滨海新区文化科技卫生“三下乡”暨“新时代文明实践赶大集”志愿服务活动，将党的创新理论、政策和服务送到基层。加强文化设施建设，街镇文化站建筑面积4.45万平方米。

（刘克文）

【开展群众性乡村文化活动】 2021年，滨海新区开展“滨城”首届乡村振兴健步行、天津农学院学子走进美丽滨城、“乡村振兴、‘柿’红新城”新城镇第二届西红柿文化节、“智汇滨海·领航未来”天津乡村振兴产业(人才)联盟成立大会、中国农民丰收节暨滨海新区太平镇“庆丰收感党恩、引领乡村振兴”第十二届冬枣文化节、“才聚滨城共话振兴”首期乡村振兴人才沙龙等活动。推荐上报第二届“县乡长说唱移风易俗”优秀节目、全国村级“文明乡风建设”典型案例和全国第三批农村公共服务典型案例。参加天津市美丽乡村健康跑活动，滨海新区取得团体第三名。

（刘克文）

【农家书屋建设】 2021年，滨海新区136个农家书屋更新补充包含政治理论、文化、科技、农业、法律、少儿6大类主题出版物100种，总计1.36万册。组织开展“滨海新区党史学习教育活动进万家”、全民阅读日、暑期青少年读书、新时代乡村阅读季、“书香天津·全民阅读”书屋书吧云课堂、“我的书屋我的梦”农村少年儿童阅读实践等活动，满足广大农民群众的文化生活需要。

（刘克文）

【农村全民健身运动组织、设施建设及活动举办】 2021年，滨海新区出台《2021年滨海新区创建居民（村民）健身会的实施方案》，创建10个居民(村民)健身会，居民(村民)健身会累计98个，其中村民健身会21个。在太平镇、中塘镇、小王庄镇等涉农街镇建设乡村体育设施20处（5个多功能运动场、1个笼式足球场、10个社区健身园和4个社区体育园）。采取线上线下相结合的方式举办健身操舞比赛、庆祝中国共产党成立100周年社区健身活动、全民健康跑、围棋网络赛等社区运动会，全年组织群体赛事活动57次。

（刘克文）

【休闲农业精品线路发布】 2021年，滨海新区串联各乡村旅游村（点），设计5条乡村振兴主题游线路，分别为空中体验特色游、生态乡居采摘游、现代农业休闲游、盐渔风情特色游、绿屏康养生态游，于“红色文旅海韵滨城”2021微旅游线路发布会上对外发布。

（刘克文）

【杨家泊镇珍珍舞团获第一届天津市农民广场舞大赛一等奖】 2021年，滨海新区杨家泊镇珍珍舞团凭借舞蹈《再唱山歌给党听》获“美丽家乡舞起来”——第一届天津市农民广场舞大赛决赛一等奖。大赛由市农村中心、市农民体协承办，79支队伍参赛，经过初赛遴选与线上线下复赛，10个涉农区每区各1支队伍进入决赛，参赛舞蹈队分别表演了各自原创作品。

（刘克文）

【小王庄镇渡口村被评选为第二届全国村级“文明乡风建设”典型案例】 2021年5月，滨海新区小王庄镇渡口村入选由农业农村部举办的第二批全国村级“文明乡风建设”典型案例征集活动。渡口村坚持破除歪风邪气，治理陈规陋习、攀比之风，对红白事操办规模、标准等做出规定。开展移风易俗文化演出、评树先进典型和案例宣讲等活动，传承好家训、树立好家规、培育好家风，喜事新办、丧事简办蔚然成风，节俭办事、文明办事的新风尚深入民心。

（刘克文）

## 人居环境改善

【概况】 2021年，滨海新区城镇化建设涉及7个涉农街镇（胡家园街道、茶淀街道、汉沽街道、新城镇、太平镇、小王庄镇、中塘镇）、87个行政村、5.95万户，需拆迁住宅817.45万平方米，计划建设还迁房767.18万平方米。至年末，已批复建设的9个示范镇项目中，胡家园示范镇一期、茶淀示范镇、太平示范镇一期、小王庄示范镇4个项目已基本建成；胡家园示范镇二期、新城示范镇、中塘示范镇、太平示范镇二期4个项目正在建设，大田示范镇项目缓建；4个村的农村城市化项目中，新城村、营房村基本完成签约和拆迁工作，胡北村、河头村尚未启动。城镇化项目还迁房建设（不含公建）累计开工505.76万平方米，占65.92%；总体完成还迁入住2.08万户、占35%，过渡安置1.01万户、占20%，剩余2.86万户尚未启动签约工作；完成住宅拆迁405.63万平方米，占48%。实施农村全域清洁化工程，开展村庄清洁行动春季战役、夏秋季战役和冬季战役，开展19期农村人居环境整治暗查暗访行动，发现各类问题点位1800余处。区人居办抽调15人成立专项督查组，针对城乡结合部重点问题和关键环节，按创卫复审要求完成六轮全覆盖暗访暗查，发现各类问题点位1300余处。

（刘克文）

【农村危房改造】 2021年，滨海新区实施普通农村房屋隐患排查摸底工作，排查农村房屋5.16万栋。其中，经营性自建房5571栋，非经营性自建房4.22万栋，非自建房3829栋（农村区域其他房屋）。经鉴定存在安全隐患的1032栋。其中，C级危房567栋，D级危房465栋。整治完成19栋C、D级危险农村经营性自建房。完成全国自然灾害风险普查农房普查，已通过市级抽验复核。做好农房改造提升，持续实施困难群众危房动态清零，完成20户困难群众危房改造。推进农村房屋抗震改造，累计竣工1030户，完成年度计划任务114.44%。

（刘克文）

**【农村公路、电网基础设施建设】** 2021年，滨海新区出台《滨海新区全面推行农村公路“路长制”实施方案》，建立由区长担任区农村公路总路长、主管副区长担任区级路长、街镇行政主要负责人担任街镇级路长、村民委员会主任担任村级路长、农村公路具体管理单位负责人或养护承包人担任管养路段段长的组织体系。完成道路提升改造5公里，分别是郑庄路、义和庄路、黑猪河路、大汉路。创建太平镇“四好农村路”示范镇，窦太路、崔庄东路、陈寨庄路3条美丽乡村示范路。推进涉农街镇双千兆通信基础设施建设，5G网络实现涉农区域基本覆盖，涉农街镇千兆光网接入能力达到100%。累计投入资金1050万元进行农村电网改造，实施农村电网改造工程，更换智能电表306具、集中式计量箱58台，完善电力设施标示1502个，农村配电网日常检修150余次，更换老旧隔离开关88组，加装防鸟设施1.1万处。

（刘克文）

**【农村邮政快递末端基础设施建设】** 2021年，滨海新区推动各涉农街镇尤其是偏远村庄邮政快递末端基础设施建设，建立区、街镇、村三级农村物流体系，落实运营维护的财政事权和支出责任。完成“快递进村”工程，全区139个行政村均建立村邮站（或快递末端网点），打造“多点合一”的村级服务点，释放农村消费市场潜力。

（刘克文）

**【环境整治】** 2021年，滨海新区编制《滨海新区“十四五”农村户厕改造实施方案》和《滨海新区推进农村厕所革命配套服务体系方案》，进行厕所问题摸排整改及“回头看”，摸排公厕670座、户厕1.22万座，排查出问题户厕6338座、问题公厕285座，全部完成整改工作。印发《滨海新区农村黑臭水体治理工作方案》，开展9条农村黑臭水体治理工程，农村黑臭水体整治效果评估37条。编制《滨海新区“美丽庭院”创建实施方案》，开展“最美庭院”创建活动。

（刘克文）

## 人才建设

**【概况】** 2021年，滨海新区完成139个行政村“两委”换届选举工作。对800余名村“两委”班子成员进行集中培训，推进各街镇开展自主轮训。围绕引进人才、培养人才、留住人才，盘活农村人力资源市场，摸清人才层次和需求特点，加大与党校、科研院所、高等院校的联系，建立内外联动、上下互动、理论实践相结合的人才精准培养培训机制。完成镇村干部素质提升、企业负责人培训、农村带头人培训、农村实用人才培训、就业创业培训、党员冬训等工作。加强村党组织带头人队伍建设，从优秀村党组织书记中选聘事业编制人员20人。引育涵盖博士后、博士、研究员、高级工程师、“田秀才”“土专家”“乡创客”等全方位人才195人。

（刘克文）

**【建立健全人才信息管理台账】** 2021年，滨海新区加强党政人才、企业经营管理人才、专业技术人才、技能人才、农村实用人才等各类人才管理，建立完备人才信息动态管理数据库和村级后备人才、企业人才储备库。至年末，乡村人才规模稳定在1万人左右。建立村“一肩挑”一人一档档案，落实村干部备案管理制度，实行动态管理。补足村级后备力量，每个村至少储备2名后备常量，形成有效人才梯队。

（刘克文）

**【打造“懂农业、爱农村、爱农民”的人才队伍】** 2021年，滨海新区依托“海河英才”行动计划，到乡村人才集中的地区、高校，招聘乡村振兴紧缺适用的各类人才，将“海河英才”与新区“鲲鹏计划”叠加宣传，吸引人才集聚。对符合政策的乡村人才给予补贴，受理人才补贴申请5346人、补贴资金8358万元。通过“三支一扶”（支教、支农、支医和帮扶乡村振兴）计划，招募20名“三支一扶”人员，比上年增长33%。加强村党组织带头人队伍建设，从优秀村党组织书记中选聘事业编制人员，全年选聘20人。

（刘克文）

**【成立全国首家乡村振兴产业（人才）联盟暨天津乡村振兴产业（人才）联盟】** 2021年，滨海新区联合京津冀地区农业、文旅、科技、金融等全产业链企业单位、高等院校、科研机构、金融机构、社会组织，共同发起成立全国首家乡村振兴产业（人才）联盟暨天津乡村振兴产业（人才）联盟，成员单位81家。组建完成水产分盟、茶淀葡萄分盟、畜牧养殖产业分盟、冬枣分盟、种源科技分盟、种植产业分盟6个分盟，筹备组建数字科技分盟。组建联盟专家库，有农业生产全领域专家97名。为18人发放滨海新区高层次人才服务证。与农行天津分行、物美商业、梦得集团、天隆科技等10家企业签署战略框架合作协议，吸引生产、销售、金融、科技等各类企业和人才参与乡村振兴。构建“滨海新区乡村振兴产业基金”+“滨海新区乡村振兴专项基金”的双基金模式。全年举办各类大型活动8次。

（刘克文）

【培育农村创业创新带头人】 2021年，滨海新区激励各类人才返乡入乡创业创新，以创新带动创业，以创业带动就业，徐林成、王贺等8人入选天津市第四批农村创业创新优秀带头人典型案例名单。

（刘克文）

## 乡村治理

【概况】 2021年，滨海新区健全完善党组织领导的乡村治理体系，严格村级重大事项民主决策程序，落实党务村务公开制度。开展村集体经济组织第一次换届选举，下发《区委农办 区委组织部 区农业农村委印发〈关于村集体经济组织换届选举及村集体领办合作经济组织负责人推选工作的实施方案〉的通知》，出台成员代表资格审查标准和推选办法，全区139个村集体经济组织完成换届工作。将2020年度无星村纳入相对后进村党组织整顿范围，开展软弱涣散村党组织整顿工作，落实五星村与无星村结对帮带制度，逐村制定问题台账和整顿方案，持续推进相对薄弱村整顿。

（刘克文）

【村民委员会规范化建设】 2021年，滨海新区109个300户及以上的行政村全部建立人民调解、治安保卫、公共卫生、民生保障、文体教育、环境和物业管理等下属委员会，推动城乡居民群众、各类社会组织和驻区单位共同参与村居治理，增强基层自治组织自治活力和服务能效，形成共建共治共享的治理格局。

（刘克文）

【村务公开系统平台使用推广】 2021年，滨海新区139个行政村全部建立村务公开系统平台，实现系统平台全覆盖，督促指导涉农街镇加强系统的学习使用和推广，熟练掌握操作技巧，及时更新基础数据，做好“村务公开系统平台”和微信公众号的宣传工作，提高系统平台的注册使用率。

（刘克文）

【网格化管理】 2021年，滨海新区健全党建红网格，把农村在职党员编入网格，将511名党员充实到偏远农村，壮大治理力量。全区139个行政村均配备1名专（兼）职网格员，定人定岗定责，打造“全科网格”，建立网格员队伍的管理、培训、保障、激励机制。制定《滨海新区平安志愿者发展规划》，完善区、街镇、村和网格四级平安志愿者组织体系，按照不低于实有人口6%的比例拓展人数，各涉农街镇设有志愿服务站，各行政村均设有1个平安建设服务团队。

（刘克文）

【乡村治理积分试点推广】 2021年，滨海新区开展乡村治理积分制试点工作，制定《滨海新区关于在乡村治理中推广运用积分制实施方案（试行）》，包括爱党爱国、遵纪守法、乡村建设、人居环境、家庭美德、公益美德、移风易俗、兴业致富、其他项目9大项52小项，应用天津乡村振兴产业（人才）联盟“滨海新区乡村振兴专项基金”给予积分兑换奖励。至年末，全区已有12个村启动试点工作。古林街道出台《乡村振兴奖励细则》，对开展乡村振兴工作先进单位、集体和个人给予相应奖励。

（刘克文）

【乡村振兴示范村创建】 2021年，滨海新区编制完成《滨海新区乡村振兴示范村创建工作方案》，选取海滨街道联盟村、杨家泊镇李自沽村、太平镇窦庄子村和红星村、小王庄镇徐庄子村、茶淀街道宝田村、古林街道工农村、汉沽街道大马杓沽村8个村，打造乡村振兴示范村。市里下派的8位驻村第一书记已完成与各相关街镇的对接，并入村开展示范村创建工作。

（刘克文）

【6个村被认定为全国、天津市乡村治理示范村】 2021年，海滨街道联盟村被认定为第二批全国乡村治理示范村，海滨街道联盟村、小王庄镇徐庄子村和小苏庄村、太平镇红星村、杨家泊镇桃园村、中塘镇刘塘庄村被认定为天津市乡村治理示范村。

（刘克文）

# 生态环境保护

## 综　述

2021年，滨海新区以生态环保铁军建设为抓手，深入打好污染防治攻坚战。坚持控煤、控工业污染、控尘、控车、控新建项目，打好蓝天保卫战；坚持控源、治污、扩容、严管，12条入海河流水质实现消劣，打好碧水保卫战和渤海治理攻坚战；严格管控建设用地和农用地风险，推进地下水污染防治工作，完成冲海积地下水重点污染源调查评估，打好净土保卫战。及时处置应急信访事项，不断提高执法效能，提升环境监测水平，强化科技支撑，全力推动疫情防控工作。推动中央环保督察整改工作，强化整改落实。空气质量持续改善，水环境质量整体稳定，土壤环境质量良好，为美丽“滨城”建设提供良好环境保障。

坚持新时期治水思路，滨海新区编制完成《滨海新区水资源综合利用规划》《滨海新区排水专项规划》《滨海新区水系规划》，为今后水务发展奠定基础。对5个街道的9片老旧居民小区进行供水管网改造，全力补齐民生水务领域欠账短板。推动乡村振兴，对5个乡镇、21个村庄、6条河道支流进行河道清淤、景观美化，打造新区特色综合治水示范样板，入选水利部2021年水系连通及水美乡村建设试点。细化落实水库防汛“三个责任人”和蓄滞洪区“三级四类”责任人制度，增强水旱灾害防御能力。加强极端汛情应对，做好各项防御措施，做到积水点一处一预案，有效应对三次特大汛情，全力处置“10·14”洪峰过境。完善水务基础设施体系，推进城乡供水一体化建设，国家发改委以《天津市滨海新区城乡供水一体化 村民喝上放心水》为题在澎湃政务上进行报道，被农业农村部评为2021年度21个全国农村公共服务典型案例。

区海洋局积极发展海洋经济，加大海洋综合管理和利用力度，提升海洋经济发展服务水平，建立滨海新区海洋经济发展专家智库。按照美丽“滨城”、“蓝色海湾”、2021年度渤海综合治理攻坚战、“围填海历史遗留区域生态修复”、京津冀协同发展重大工程项目等多项任务要求，区海洋局持续推进海洋生态修复项目任务落实，海洋防灾减

11月5日，区生态环境局承办2021青年“生态创想·绿色行动”大赛决赛
殷竹君　摄

灾体系逐步构建，海域综合治理成效明显。

（于秀臣）

## 环境保护

**【概况】** 2021年，滨海新区以改善环境质量为目标，以环保铁军建设为抓手，统筹推进生态环境保护和疫情防控工作，打好污染防治攻坚战，推进“双碳”工作，推动新区“三线一单”生态环境分区管控体系建设。生态环境质量显著改善。生态环境局执法工作得到国家和市级表彰。生态环境部、最高检察院、公安部三部委授予新区生态环境局“2020年打击危险废物环境违法犯罪行为活动表现突出集体”，授予刘刚表现突出个人。市生态环境局授予新区生态环境局执法支队“2020天津市生态环境保护执法大练兵表现突出集体”，授予刘刚突出贡献个人。市生态环境局、市总工会、团市委三委局授予环境执法支队“2021年天津市生态环境保护执法大练兵实战比武集体一等奖”，授予王千个人一等奖，徐璐个人二等奖，刘祚宏个人三等奖。

（金建松）

**【大气环境治理】** 2021年，滨海新区$PM_{2.5}$年均浓度38微克/米$^3$，下降20.8%；空气质量达标天数265天，增加14天；达标天数比率72.6%，增加5.1个百分点；重污染天数5天，减少5天。坚持控煤、控工业污染、控尘、控车、控新建项目，开展臭氧污染防控专项行动。按计划推进各项重点工程，削减污染排放，完成热电联产15千米半径范围内5台合计295蒸吨燃煤锅炉改燃、完成卡博特能源中心锅炉更换和烟气深度治理工程、完成24家企业VOC治理改造、推动大港垃圾焚烧发电厂启动实施SCR治理工程；管控挥发性有机物无组织排放，完成21家石化企业和32家仓储企业泄漏检测与修复（LDAR）工作。管控移动源污染，拦检1.35万辆，移动式遥测2954辆，固定式遥测418.3万辆，落实国三及以下中重型柴油货车区域限行要求。专项治理大港地区异味，加大执法检查力度，日常检查和夜间突击检查相结合，应用电子鼻监控和走航监测等科技手段，打击偷排超排行为。深化绿色港口建设，提高天津港铁矿石铁路运输比例，天津港集团铁矿石公转铁完成4720万吨，铁路疏运运输占比65.02%。海铁联运完成100.1万标准箱，增长24.3%。指导并完成纳入重污染天气应急保障范畴的8家企业制定差异化对标改造方案。核查辖区内碳交易44家试点纳入企业及42家报告企业2020年度碳排放报告。“十三五”期间，滨海新区碳排放权交易试点纳入企业连续五年履约率100%。碳排放强度下降27.3%，超额完成下降22%的目标，综合得分全市第二位。

（杨李春　商双飞）

**【水环境治理】** 2021年，滨海新区水环境综合指数1.82，改善15.46%，出入境浓度比0.82，综合排名全市第1。12条入海河流累计水质达到Ⅴ类及以上，达标率100%，其中11条达到Ⅳ类水质，水环境质量总体稳定上升。完善工业园区污水收集、处理设施，排查并纳入监管废水直排企业22家，推进稳定达标排放。对工业聚集区、工业企业开展双随机检查，定期通报污水处理厂水质。监管城镇生活污水和农业农村污水处理。开展北塘水库集中式饮用水水源2021年环境状况调查评估评审及保护区标志牌排查和设置，建立北塘水库饮用水保护区档案制度，北塘水库2021年稳定达到Ⅲ类水质。

（付　蔷）

**【渤海综合治理】** 2021年，滨海新区加大渤海综合治理力度，进行陆海统筹减负、生态修复建设、风险防控应急。开展入海排污口排查整治：摸清入海排污（水）口底数，制定《天津市滨海新区入海排污（水）口整治方案》，开展问题排口治理；完成重点入海排污（水）口立牌；印发汛期、汛后入海排污口监管通知，加强直排海源和雨洪排口管理。推行“湾长制”，印发《天津市滨海新区湾长制考核细则》。

（刘　冉）

**【土壤环境治理】** 2021年，滨海新区落实建设用地环境准入制度，调查评审40个建设地块，重点建设用地安全利用率100%。新区所有农业用地均属于优先保护类耕地，无受污染耕地。筛选土壤污染重点排污单位36家，推动开展土壤、地下水自行监测及土壤污染隐患排查整治。完成34家土壤重点监管单位周边环境监测调查评估。推进地下水污染防治工作，完成冲海积地下水重点污染源调查评估中央生态环境专项资金项目，编制完成滨海新区地下水污染防治规划、地下水污染防治分区方案、完成天津市化工园区地下水环境状况调查工作。

（杨　磊）

**【固体废物污染防治】** 2021年，滨海新区核定危险废物产生单位重点源978家，推进新“天津市危险废物综合监管信息系统”上线，危险废物管理计划备案单位2321家，转移和处置危险废物33万吨，全部实现无害化处置（利用）。完成危险废物规范化管理考核，抽查危险废物经营和产生单位183家，考核达标。开展机动车维修行业危险废物专项整治、生态环境系统实验室危险化学品和危险废物经营单位安全隐患大起底大排查、工业园区污水处理厂污泥专项排查等专项整治工作。印发《滨海新区进一步加强塑料污染治理工作实施方案》，推动塑料污染治理。启动东疆保税港区、滨海高新区“无废城市”建设。推动完成“天津渤天化工有限公司露天堆存电石渣污染”和“天津港环境风险防范设施缺口较大”两项中央生态环境保护第二轮督察整改事项。

（王　晶）

【农村环境保护】　2021 年，滨海新区完成“十三五”以来农村环境整治任务成效评估工作。对全区 333 个社区、139 个行政村开展评星定级考核。完成天津市畜禽粪污治理和资源化利用三年行动方案 2021 年度相关工作任务。制定《滨海新区农村黑臭水体治理工作方案》，完成 9 条农村黑臭水体治理。

（李成民）

【核与辐射安全管理】　2021 年，滨海新区做好核与辐射安全年度监督检查工作，完成对新区 167 家生产、销售、使用、贮存Ⅳ类、Ⅴ类放射源和Ⅲ类射线装置单位的辐射安全监督检查，重点督促辖区内相关企业落实辐射环境安全主体责任，对检查发现的问题督促落实整改。组织开展放射源企业汛期安全检查、医疗机构辐射环境执法检查等专项行动，防范辐射环境安全隐患。按天津市生态环境局委托下放权力事项，全年办理有关放射源备案申请事项 243 件。

（魏亚婷）

【声环境治理】　2021 年，滨海新区环境噪声平均值 54.2 分贝（A），道路交通噪声平均声级 67 分贝（A），功能区噪声夜间达标率 88%，比上年增加 9%。全年，接到热线 12345、12369、局长信箱等投诉案件 1792 件，并全部办结。22 个小区通过安静居住小区复测考核指标，2 个小区申报创建安静居住小区。至年末，全区有安静居住小区 39 个。推进声环境功能区划分与调整工作，覆盖 5 个开发区及 17 个街镇。考试期间噪声污染防治工作，制定《滨海新区 2021 年度普通高考英语科目听力考试及春季考试期间声环境保障方案》《滨海新区生态环境局 2021 年普通高考初中毕业生学业考试期间噪声污染防治保障方案》，覆盖 3.76 万名考生。

（商双飞）

【环境执法】　2021 年，滨海新区落实“双随机”执法和平台跟踪执法，开展生态环境专项执法行动 21 项，与唐山市、沧州市周边地区分别开展 6 次联合执法检查，出动执法人员 9735 人次，检查企业 4119 家次，下达决定 214 起，处罚 2422.09 余万元。落实“两法”（行政执法与刑事司法）衔接，移送刑事案件 2 件，行政拘留 3 起，开展生态环境损害赔偿案件 4 起。

（刘斌　沈思涵）

【环境监测】　2021 年，滨海新区编制完成本年度监测中心质量管理、质量控制等多项质控工作计划。开展环境空气和废气、地表水和废水、海洋、噪声、土壤、信访、应急等类别中 100 余项指标的监测工作，完成 700 余个点位的常规监测任务，出具监测报告 600 余份，上报监测数据 3.5 万余个，环境监测计划执行率、完成率均为 100%。推进预警中心项目建设，完成所有子项目的合同签订工作和 28 个子项目验收，构建滨海新区环境突发事故预警方法体系和环境事故应急防控管理体系，环境监测综合信息网络监管平台实现业务化运行。

（王　莉）

【环境应急与督察】　2021 年，滨海新区生态环境局开展异味、噪声等专项整治行动；建设基础设施，消除环境风险，加快纳入环保督察整改项目进展。巡查检查，防止问题反弹。区领导 39 次带队检查污染防治攻坚工作开展情况并进行现场督办，39 次深入现场推动问题整改。对生态环境保护工作作出批示 70 条。印发《滨海新区贯彻落实第二轮第二批中央生态环境保护督察反馈问题整改实施方案》，明确 22 项整改任务，110 条措施。已完成 76 条，其余 34 条尚在按计划推进；375 件群众信访举报办结 372 件，其余 3 件取得阶段成果；34 件重复举报件已办结。加强应急能力建设。修订《天津市滨海新区突发环境事件应急预案》，编制《海河滨海新区段“南阳实践”“一河一策一图”环境应急响应方案》，组织开展海河流域滨海新区段“南阳实践”环境应急演练；参加区应急局等部门开展的联合应急演练 11 次，全年配合区应急局等有关部门处置涉环境污染应急事件 19 起；与宁河区、河北省沧州市等相关部门建立长效联动机制，及时做好涉环境污染事故的调查处置工作。受理各类信访事项 4903 件，接听群众投诉电话 130 余次，接待来访群众 18 次，处置率 100%。

（王千　张树立）

【创新研究】　2021 年，滨海新区环境创新研究院获批国家自然科学基金依托单位。引进双碳、水环境方向学科带头人，与南开大学、天大大学、天津科技大学等高校签订战略合作协议，成功申请博士后科研工作站，见习基地获市人社局审批。成功孵化国投环创（天津）有限公司，引入中环院环境科技（天津）有限公司，承办 2 次环保创新创业大赛，获得 ISO9001 质量管理体系认证，成功通过天津市产业技术研究院、天津市新型研发机构资格认定，联合企业成立先进制造基地。发表论文 4 篇，合作出版专著 3 部，新申请专利 25 项，已获授权 9 项，承担在研项目 16 项，完成结题验收 4 项，获广东省环境技术进步二等奖 1 项，申请工信部特色载体项目 1 项，完成滨海新区生态环境保护“十四五”规划编制工作。

（殷竹君）

**【环保宣传活动】** 2021 年，滨海新区在“5·22”国际生物多样性日、“6·5”世界环境日、全国低碳日等环保纪念日期间，组织相关单位开展环境宣传教育活动。围绕世界环境日主题“美丽中国　我是行动者”，结合疫情防控要求，组织滨海新区机关企事业单位、开发区、街镇开展主题宣传系列活动，以线上宣传为主，配合有针对性的线下宣传，动员全社会积极参与生态环境保护。开展环保课堂活动，组织环保设施公众开放活动，呼吁市民关注环保、参与环保，倡导绿色低碳的生活方式。

（高童童）

**【医疗废物处置】** 2021 年，滨海新区生态环境局累计收运处置医疗机构医疗废物 2126 吨、隔离点和集中居住点医疗废物 998 吨、大规模核酸筛查医疗废物 136 吨，处置冷链行业及天津港集团高风险从业人员生活垃圾和防护用品等废弃物 645 吨，国际船舶生活垃圾参照医疗废物处理 86 吨，阻断医疗废物二次污染。

（金建松）

**【服务企业污染防治】** 2021 年，滨海新区生态环境局完善执法“正面清单”，强化差异化执法，对守法企业“无事不扰”，对 12 种轻微环境违法行为减免处罚。服务指导产业链重点企业、外资外贸企业，优化生产计划、优化污染排放。指导纳入重污染天气应急保障范畴的 8 家企业制定差异化对标改造方案，并全部完成改造。

（张　莹）

## 水务管理

**【概况】** 2021 年滨海新区着力构建“水安全、水保障、水生态”三个体系，推进“水生态文明建设、民生实事项目建设、重点水利工程建设、水务管理体系建设”四个建设，科学开发利用水资源，不断加强供水、节水管理，加大监察执法力度，有效控制地面沉降，为全面建设生态、智慧、港产城融合的宜居宜业美丽滨海新城建设提供坚实的水务支撑。

（雷恩琦）

6 月 5 日，区生态环境局举办“6·5”环境日主题宣传活动　高童童　摄

**【水资源开发利用】** 2021 年，滨海新区总用水量 6.66 亿立方米。其中，生活用水 2.05 亿立方米（包括城镇居民生活用水 5287 万立方米、城镇公共用水 1.51 亿立方米、农村居民生活用水 202 万立方米），工业用水 1.38 亿立方米，农业用水 2929 万立方米（包括农田灌溉用水 1481 万立方米、林果灌溉用水 544 万立方米、鱼塘补水 882 万立方米、牲畜用水 22 万立方米），生态环境用水 2.93 亿立方米。

是年，滨海新区地表水总供水量 3.91 亿立方米，地下水供水量 414 万立方米，非常规水源供水量 2.71 亿立方米。其中，深度处理再生水供水量 3554 万立方米，粗制再生水供水量 1.8 亿立方米，雨洪水利用量 469 万立方米，淡化海水供水量 5131 万立方米。

（雷恩琦）

**【供水设施建设与管理】** 2021 年，滨海新区现有自来水厂 10 座，设计生产规模 111.5 万米$^3$/日；再生水厂 11 座，设计生产规模 41.18 万米$^3$/日；雨洪水中水厂 1 座，设计生产规模 5 万吨/日；海水淡化厂 3 座，设计生产规模 30.6 万米$^3$/日。形成以外调滦河水、长江水为主，以开发利用再生水、海水淡化水和雨洪利用水等非常规水源为辅，并逐步减少开采深层地下水的多水源优化配置的供水用水体系。

实施老旧小区供水管网改造工程，对康居园、韶山北里、贻成东园、海瀛园、悦海园、宏愿花园、光明里、春风里、美景园9个小区3395户居民进行供水管网改造。

组织开展各项供水安全检查。对各功能区、各供水单位开展安全检查78次，整改安全隐患175项，推动落实属地管理责任和企业主体责任；在重要时期和重大节日期间加强对水源地、水厂运行、二次供水、安全防火、电气设备等重点部位的安全检查。强化供水应急演练。修编完善滨海新区供水应急预案，完成供水单位供水应急预案及备案管理；组织推动供水单位开展应急预案演练和研练28次，提高应急处置能力。

（雷恩琦）

**【地下水管理】** 2021年，滨海新区实施城镇生活、企事业单位水源转换、农业生产水源转换。全年完成地下水压采121.26万立方米。严格超采区范围内地下水禁采管理，超采区范围2021年未新增取水许可。实施地下水水位与取用水户水量监测，2021年开采深层地下水414万立方米，较2020年减少64%。

（雷恩琦）

**【节约用水管理】** 2021年，滨海新区制定《滨海新区节水行动实施方案（2021—2025）》，签署“滨海新区节约用水工作目标责任书”，制定《滨海新区节水光瓶行动实施方案》。开展节水型企业、节水型小区、节水型公共机构创建活动，完成43个节水型居民小区、90个区级公共机构节水型单位创建工作，并通过现场审查；完成11家节水型企业（单位）及9个天津水务行业节水型单位创建工作。

加快工业节水减排。全年未审批涉及钢铁、纺织、造纸、建材行业新改扩建设项目新增取水许可项目，未予延展未按期淘汰高耗水工艺、技术和装备的企业和单位。加快实施供水管网改造建设，降低供水管网漏损，全面新建供水管网33千米，督办各供水单位漏损控制工作，全年漏损率控制在10%以下。执行特种行业水价，推动特种行业节水。全区执行特种行业水价用户277户。全年审批用水计划指标许可52件。

加大节水宣传力度，普及水效标识知识，开展公共领域、居民家庭节水，优先推荐使用已贴水效标识的节水产品，逐步淘汰不符合节水标准的用水器具。全年发放水效标识宣传册200余册。开展节水型器具联合执法检查活动，未发现销售非节水型器具行为。开展节水宣传20次。其中，中央媒体2次，市级媒体2次，区级媒体16次。

（雷恩琦）

**【控制地面沉降管理】** 至2021年，滨海新区年平均地面沉降9毫米，年沉降量50毫米以上区域面积6.8平方千米。制定《2021年滨海新区控制地面沉降重点工作推动明细表》，下发《2021年滨海新区控制地面沉降指标分解表》；组织沉降专题分析会，结合2020年多维立体地面沉降监测成果，继续实施区域地面沉降防控精细化管理。继续实施基坑疏干排水项目取水许可及控沉备案管理，全年办理基坑疏干排水许可59个，15家5米以上基坑项目完成控沉备案。开展多维立体地面沉降监测，投资678万元，采用一孔多标与一孔一标相结合的方案，完成杨家泊分层标组建设、调试与竣工验收，获取监测数据纳入区多维立体监测体系。建设完成滨海新区多维立体地面沉降监测体系展厅，展示内容包括采用技术、应用成效、集成分析等。

（雷恩琦）

**【水政监察执法】** 2021年，滨海新区制定完善行政执法“三项制度”配套制度、实施方案、重大执法决定事项清单、行政执法音像记录清单等执法制度。加大水事违法行为查处力度，查处各类水事违法案件44件。其中，一般程序案件8件、结案6件，罚款17.9万元、收缴罚款13.9万元；警告处罚案件30件，教育整改案件4件；承办上年存量案件2件，结案1件罚款5万元，在办1件，已收缴水资源费5534.59万元。上传至执法监督平台各类执法信息1.31万条。

围绕“世界水日”“中国水周”及“全国节约用水宣传周”，组织开展水法宣传活动，设立展牌60余块，悬挂横幅100余条，发放水资源知识宣传手册2000余册、节水知识手册1000余册、世界水日宣传彩页3000余张、节水无纺布袋2000余个，现场参与群众6000人。

组织执法人员集中学习培训6次，培训内容包括习近平法治思想、行政执法“三项制度”、在线执法等，170人参加培训。

（雷恩琦）

**【防汛防潮】** 2021年汛期（6—9月），滨海新区降雨呈现“降雨阶段性特征明显、降雨日数多、过程雨量大、降雨极端性和局地性强、雨季开始早”的特征，全区平均降水量801.7毫米，较常年同期（414.2毫米）偏多387.5毫米，汛期有52天出现降雨，其中22天出现大雨以上降雨。7月末受台风“烟花”影响，全区普降大暴雨，最大降雨量155.7毫米。9月4日强降雨，泰达街1小时最大降雨量103.3毫米，日降雨量224.2毫米，均超过历史极值；

新区4个站1小时雨量超过50毫米，10个站日降雨量超过100毫米。

汛期以来，海河流域降水明显偏多，雨季开始早结束晚，汛期平均降水量680.9毫米，较常年同期（384.0毫米）偏多约8成，为1951年以来的历史同期最高值。全年处置风暴潮、海浪预警9次，受台风“烟花”影响,7月29日18时55分，塘沽潮位站最高潮位4.88米，未发生海水上溯险情。

6月1日，召开水务系统水旱灾害防御工作动员部署会，调整完善区水务局应急抢险救援指挥部，印发《滨海新区水务局2021年水旱灾害防御工作要点》，组建118人的水务局应急抢险救援队和23人的防汛抢险专家组，细化落实7条一级河道、10条二级河道的工程管理、技术负责人，落实3座蓄滞洪区“三级四类”责任人以及7座水库的行政、技术、巡坝值守责任人和水库大坝安全责任人，组织新任责任人参加线上培训。全年处置雷电、暴雨预警58次，处置防汛Ⅳ级应急响应7次、Ⅲ级应急响应1次、Ⅱ级应急响应1次。

结合防控风险点、薄弱环节等变化情况，修订完善7座中、小型水库的调度、防抢、安全度汛方案。完成3处蓄滞洪区运用方案及居民财产登记核查，重点对群众转移安置责任人包保到户、车辆安排、口门扒除、卫生防疫等措施责任制进一步细化，确保每项责任都落实到单位、到个人。针对河道险工段，制定蓟运河抢险技术方案，落实技术支撑责任。

开展水利工程安全大检查，加强水库、河道、堤防等水利工程运行维护。水务系统16个检查组排查水利工程点位3400余处，对于排查发现的38处隐患点位，全部在汛前整改完成。

盘点冻结价值约2000万元的区级防汛抗旱抢险物资，完成152台（套）抢险机械设备维护保养。累计发放编织袋40.21万条（市防办调拨10万条）、土工布14.42万平方米（市防办调拨3万平方米）、彩条布2.2万平方米、救生衣3888件、橡皮舟4艘、发动机5台、照明设备71台套、木桩1647根、铁锹1000把、铅丝1.55吨。加强防汛应急指挥系统运行维护，滨海新区防汛应急指挥系统236处潮位、水位、雨量、泵站等水文监测设备及控制系统全时运行，实时发布雨、水、潮、情信息。开展滨海新区防汛抗旱指挥部会商调度演练、海河防汛实战演练、城市内涝应急处置实战演练、黄港一库防汛应急演练等多科目综合演练。

强化协调联动，建立跨境河道防汛调度联动机制。7月以来受海河流域连续强降雨及台风“烟花”影响，滨海新区南部河道上游产生较大洪水，全面加强与南部河道“上下游、左右岸”周边地区的沟通联系，协调河北省南运河管理中心、沧州市水务局，提前落实洪水预泄措施。同时，请示天津市水务局，会商海委、河北省水利厅，最大程度地降低子牙新河、北排河下泄流量，减轻新区防洪压力。以小时为结点，全天候滚动发布河道实时水位、上游洪水调度等各类信息1000余条，为前指、沿河单位提供抢险数据支撑。

开展排水设施养护大会战，对160座城市排水泵站、26座农村除涝泵站及配套管网进行维护保养，疏通管道近400千米，维修清掏检查井4250余座、收水井3530余座。对排水泵站、管道、应急设备等进行检查。落实21处积水点“一处一预案”，提前采取“一低两腾空”措施，减少城市积水现象、减少降雨对水环境的影响。

9月4日6时—14时，滨海新区突降大暴雨，平均降水51.8毫米。由于降雨短时集中，远超设防标准，有3处地道、35个道路点位、33个居民区出现不同程度的积水，造成一人遇难事故。派出应急处置队伍533支，出动应急抢险人员8553人，出动车辆892台，增设临时排水机泵635台套，开展积水抢排、交通疏导、封控管制、应急增援等工作，将强降雨影响降至最低。

10月7日—26日，受海河流域大范围降雨影响，子牙新河、北排河、青静黄排水渠、沧浪渠、马厂减河等南部河道持续十几日高水位运行。尤其是子牙新河，10月19日1时，最高水位6.01米。区水务局组成3个抢险专家组、3个专业堤防巡查组编入前线指挥部，24小时不间断深入太平镇、海滨街、古林街河道沿岸，现场指导各单位开展加固堤防、搭筑子埝等防抢工作，排查行洪隐患，严防管涌、漫溢、溃堤险情发生。组织专业技术人员在河道一线开展堤防高程测绘，摸清堤防高程底数，并在现场插旗标注实测高程，为后续加高加固堤防提供科学指导。累计加高加固薄弱堤防24.43千米，安全处置堤防渗漏隐患18处。

（雷恩琦）

**【污水处理工程建设与管理】** 2021年，滨海新区有污水处理厂30座，总处理规模88.06万米$^3$/日，全年污水处理2.7亿立方米，污水处理率96.22%。建立滨海新区污水处理管理台账，配合市水务局推进城镇污水处理厂在线监测设施建设，加强污水厂出水水质行业监管、执法监督。

完成东江路排水方涵清淤工程，批复概算953.56万元，清淤3426.2立方米、砌筑检查井33座、破除沥青混凝土路面及恢复40平方米。完成东江路排水方涵及管道清淤工程，批复概算2624.3万元，清淤6768.45立方米，砌筑检查井169座。

（雷恩琦）

**【市政排水设施养管】** 2021年，滨海新区养管的市政排水泵站160座。其中，污水泵站74座，雨水泵站78座，雨污合流泵站8座；排水主干管网1106千米，污水管道323千米，雨水管道600千米，雨污合流管道183千米；实有检查井1.96万座、雨水井2.17万座。全年疏通管道近453千米，维修清掏检查收水井1.52万座，排水设施完好率95%以上。

（雷恩琦）

6月，中新天津生态城故道河渔网清理　　区水利局　供图

**【河（湖）长制落实】** 2021年，滨海新区现有总河（湖）长2名、区级河（湖）长2名、街镇级总河（湖）长37人、街镇级河（湖）长84人、村级河（湖）长207人。全区1715条（座）水体全部纳入河湖长制管理。其中，市管河道9条、市管水库2座，区管河道44条、区管水库3座，街镇管沟渠691条、坑塘931座、水库2座、景观湖33座。

开展河道清障专项行动。滨海新区联合海河海事局、天津市有关河系管理中心、东丽区、津南区、宁河区河（湖）长办公室开展3次针对市管一级河道非法捕鱼船只、非法渔具（拦河网、地笼等）等问题的联合集中清理专项行动，清理插网、地笼、网箱等阻水渔具66个，清理三无渔船107艘。开展春季河湖环境专项整治行动。对24个街镇（开发区）139个村的1848条（个）河湖坑塘沟渠进行排查，发现存在水环境问题的河湖坑塘沟渠187处；整改河湖长制长效机制问题247个；完成问题治理的河湖坑塘沟渠187处。开展“清四乱”（乱占、乱建、乱采、乱堆）常态化规范化工作。全年清整或销号点位48处，沿河“乱堆”“乱占”立行立改点位82处，1处问题推进整治中。推进规范管理，依法依规对海河1处拖靶码头问题进行研判，消除“四乱”状态。暗查暗访常态化，每月暗查暗访不少于1次。开展河湖水生态环境和水资源保护专项行动，针对跨区域“三无船只”、非法捕捞等水环境突出难点问题，开展4次联合行动，区检察院对履职不到位的3个街镇发出检察建议，督促依法履职。

完善《滨海新区河（湖）长制考核办法实施细则》，增加考核事项，加大考核扣分力度，印发《关于加大滨海新区河（湖）长制考核扣减分数项的通知》。将河湖长制落实情况纳入“三考合一”考评体系。对24个街镇（开发区）进行河湖、沟渠、坑塘、小微水体等水环境情况现场检查和《开展河湖长制履职尽责专项整治方案》落实推动情况检查。印发河（湖）长制考核通报和暗查暗访通报各12份，处置市、区社会监督举报问题电话37个，下发整改通知单76份，挂牌督办通知单3份，印发通报函12份、提醒函35份。全年处置河湖长制水环境问题1747项，全部整改到位。对履职不到位的7个相关街镇进行通报批评，约谈履职不到位的27个相关街镇（开发区）、职能部门，约谈相关责任人31人次。

印发《滨海新区2021年河湖长制宣传工作方案》，进行区级宣传27次、街镇（开发区）级宣传594次。其中，报刊、广播、电视等传统媒体宣传14次，网站、微信公众号、微博等网络平台宣传121次，进农村、进社区（含乡村广播）宣传211次。加强文明垂钓管理，出动工作人员1567人，现场劝导631人，开展宣讲30次。邀请市河（湖）长办专家进行视频培训，街镇级河湖长、村级河湖长、河（湖）长办700余人参加。举办基层河（湖）长办经验交流培训会，各开发区、街镇河（湖）长办70余人参加。开展“榜样河长 示范河湖”创建工作。培树街镇级榜样河长6人、村级榜样河长10人，创建2条一级河道、7条二级河道、12个景观湖、35个农村示范河湖亮点段，完成市级评估。

落实市总河湖长1号令。区级河湖长深入问题点位，推动解决入海河流污染、非法捕捞等河湖难点问题。强化跨区域联防联控机制，与周边各区设立跨界河湖长，践行“合作协议”，主动对接东丽、宁河等区共同解决跨界河湖管护重难点问题。新区会同市水务局推动与省外相邻市县建立“南五河”运行调度信息共享联络小组，实现新区南部跨省河道联防联控，成功处置子牙新河、北排河1996年以来最强洪水过程。实施《滨海新区关于推行“河湖长吹哨、部门报到”上下联动机制的实施方案》，开发区、街镇吹哨11次，有效解决河湖重点难点问题。完成市级督导检查整改。落实“有名有实”专项督查整改长效机制，完成问题整改。开展河湖长制履职尽责专项整治工作，制定整改方案，成立2个联合督察组对24个街镇（开发区）河长履职尽责情况进行督导检查。

（雷恩琦）

**【水生态环境建设】** 2021年，滨海新区完善河道水环境保护制度，执行河道取排水管理规定和非汛期禁排规定。加大加密河道巡视巡查力度，实现入河排口实时视频监控，发现问题立即处置，杜绝不达标水进入河道，全年查处各类水事违法及群众信访举报案件26件。强化涉河建设项目监管，要求河道管理部门建立涉河建设项目审批监管台账，加强现场巡视监管，保证新建项目不违规占用水域堤岸，全年回复涉河审批征求意见44件、承接涉河审批监管事项8项。强化市、区管河道取排水管理，全年市管河道2条取水6次、取水3385.18万立方米，排水98次、排水6711.28万立方米，均向河系处进行备案登记；区管河道3条取水9次、取水59.22万立方米，排水16次、排水178.65万立方米，均由各河道管理单位进行备案登记。开展生态补水，全年向独流减河补水1.7亿立方米，向北大港湿地补水0.75亿立方米。

（雷恩琦）

**【水土保持工作】** 2021年，滨海新区加强水土保持工作组织建设，在区排灌事务中心设立水土保持科，落实生产建设项目水土保持承诺制、区域评估、信用监管、责任追究等制度。将所有已批复项目纳入监管台账，对重点项目提出要求持续跟进。针对各功能区独立审批监管的情况，做好宣传培训及行业指导工作。落实《天津市财政局天津市发展和改革委员会关于征收水土保持补偿费有关问题的通知》，于2021年12月1日开始全额征收生产建设项目水土保持补偿费，同时做好政策解读与服务。

开展生产建设项目水土保持全过程监管，制定《滨海新区2021年生产建设项目水土保持监督检查工作计划》，明确将已批复水土保持方案的现存未建、在建、完建未验收生产建设项目全部纳入监管，并采取现场检查、书面检查、“互联网+监管”及电话跟踪等形式实现全覆盖。区级批复项目55个，涉及人为水土流失防治责任面积1859.15公顷，已全部纳入监管，对16个区级项目开展现场检查，对于发现问题，下发整改意见并督促整改完成。开展水土保持设施验收监督管理，建立水土保持设施备案台账，年内完成备案项目31个，完成自主验收核查3个。强化区域水土保持定期遥感监管，运用卫星遥感等高新技术手段，定期对解译发现的疑似违规扰动图斑开展现场复核确认，对于涉嫌“未批先建”“未验先投”等违法违规行为依法予以查处。年内开展3批次遥感图斑解译，发现疑似违规土地扰动点位219个，涉及5个功能区和16个街镇，经逐一现场调查核实，确定生产建设项目151个。其中，合规项目122个，不合规项目29个。针对涉及违法违规项目，下发限期整改通知，并建立完善跟踪台账。落实水土保持责任追究，对巡查中发现存在水土流失隐患的问题点位涉及企业跟进查处，年内约谈企业4家，立案查处并列入纳入生产建设项目信用监管“重点关注名单”项目3个。

（雷恩琦）

**【水务工程建设】** 2021年，滨海新区完成东方红泵站修缮工程，批复概算总投资4361.74万元，对原址东方红泵站及其配套设施进行原规模改造，泵站规模8立方米每秒。完成南四河水系联通工程，批复概算总投资1.7亿元，对公社河河道进行清淤、复堤，同时对沿河建筑物进行改造。完成马厂减河河道生态修复工程（滨海新区段）。

10月，黄港二库南堤治理修复工程施工　　许彦滨　摄

批复概算940.93万元，对起于西外环高速桥（桩号K23+500）、止于马厂减河闸和葛沽站排水闸（桩号K27+281）段河道进行生态修复，包括河道清淤、排污口封堵、堤岸修复等。

实施黄港湿地生态区水环境综合治理与修复工程，批复概算总投资24.84亿元，包括生态蓄水湖工程、黄港湿地水系连通治理工程、黄港湿地生态区水环境提升工程、黄港二库泵站重建工程、东兴隆泵站新建工程、黄港水库堤岸修复工程、黄港一库生态修复工程等。至年末，生态蓄水湖工程、黄港湿地水系连通治理工程、黄港湿地生态区水环境提升工程三个子项目开工，黄港二库泵站重建工程、黄港一库生态修复工程两个子项目完成施工招投标。

实施北水南调干渠（新城镇北河滩泵站桥至津晋高速穿路箱涵段）治理工程。批复概算总投资1961.22万元，对新城镇北河滩泵站桥至津晋高速穿路箱涵段约3.98千米北水南调干渠进行治理，包括河道清淤、护砌及沿河构筑物建设等。至年末，完成工程量的60%。

（雷恩琦）

## 海洋管理

**【概况】** 2021年，滨海新区以服务高质量发展为中心，完善海洋经济发展支撑体系，加强海洋生态环境保护，提升海洋灾害风险防控能力，加大海洋综合管控力度。

（陈晶晶）

**【海洋经济管理】** 2021年，滨海新区制定《滨海新区关于推动落实天津市海洋经济发展“十四五”规划的行动方案》。编纂《天津市滨海新区支持海洋经济发展政策汇编》。建立滨海新区海洋经济发展专家智库，首批邀请128名专家学者加入，涵盖海洋经济战略与规划、海洋传统产业、海水淡化产业、海洋高端装备制造、海洋技术标准规范、企业管理、海洋法等专业，建立“战略发展顾问团”“技术专家顾问团”“涉海企业发展顾问团”三个层次的专家顾问团队。

（陈晶晶）

**【海域使用管理】** 2021年，滨海新区海洋局核查用海项目27宗（新增24宗，续期3宗），总面积1087公顷；完成南港工业区大乙烯及配套项目共12宗海域验收；完成海域使用金按比例返还新区3.8亿元。按照美丽“滨城”、“蓝色海湾”、2021年度渤海综合治理攻坚战、“围填海历史遗留区域生态修复”、京津冀协同发展重大工程项目（871）等要求推进海洋生态修复。完成28项海洋生态修复工程，修复岸线长度8.8千米，修复滨海湿地538公顷。申报《天津滨海新区海洋生态保护修复项目方案》并通过专家评审，确定成为2022年度中央财政支持的全国16个海洋生态保护修复项目之一，获得中央财政4亿元资金支持。推动海洋公园建设工作，组织召开8次座谈研讨会，开展2轮书面征求意见，编制完成《天津滨海国家海洋公园总体规划（2021—2030年）》初稿。

（陈晶晶）

**【海洋观测预报与防灾减灾】** 2021年，滨海新区海洋局完成海洋灾害综合风险普查试点任务，摸清灾害防御风险底数；完成《天津市滨海新区海洋灾害应急预案》（征求意见稿），完善应急保障机制；完成滨海新区政府与国家自然资源部北海局签署“天津市滨海新区海洋预警监测中心合作共建协议”，为新区海洋观测预警报和防灾减灾提供技术支撑；发布风暴潮、海浪消息、警报、解除通报46期。

（陈晶晶）

**【海监执法】** 2021年，滨海新区海洋局实现执法区域全覆盖、执法终端全过程记录。完成执法巡查359次，行程3.1万千米，航程354.5海里。立案3起，罚没收入79万余元。拆除违建钢板房1处；拆除违规建造的钢质栈桥2座；拆除护坡钢管、木桩500余根；清理护坡石料400余吨；平整恢复岸滩800余平方米；拆除浮筒栈桥1座；督促自行清理土质平台900余平方米；对相关从业人员开展宣传教育并驱离下海游玩和赶海拾贝人员2343人次。防汛专项检查期间，出动执法车，对100余名逗留人员进行劝离，加设硬隔离设施，在子牙新河持续高流量泄洪期间，与各成员单位保证每天全覆盖巡查2次以上。

（陈晶晶）

# 应急管理

## 综 述

【概况】 2021年，滨海新区打通消防生命通道、城市地下管线保护、海上春雷行动燃气排查整治、以防高处坠落专项治理。深化京津冀风险联防联控联治，制定安全风险防范实施方案，完善风险联控体系，深化应急机制建设。开展全国自然灾害风险普查试点工作，加强地震监测预警。完善各类事故应急预案和保障机制，全力做好安全生产、物资保障等应急服务保障工作。

开展火灾防控整治，排查辖区危化、仓储、高层、密室剧本杀等场所隐患。推进护航红色之旅、筑牢防疫阵地、助力夜市经济等消防安全大服务活动。建立涉及消防救援工作舆情合作机制，完善应急联动体系建设，取得较好成效。

（王莉莉）

【京津冀风险联防联控联治】 2021年，滨海新区应急管理局深化京津冀风险联防联控联治，制定安全风险防范实施方案，细化5大类风险点和138项任务。成立区级工作专班，定期专题研究相关工作，会同市港航、海事等部门对涉及的重点问题实行挂图作战、销号管理。中办督导的19项任务细化分解为80项具体整改措施，由新区牵头的43项整改任务，完成19项，阶段性完成9项，持续推进15项。

（白连东）

【应急机制建设】 2021年，滨海新区应急管理局按照“全灾种”“大应急”任务需求，深化区域、部门、军地、社会力量等应急联动，建立“海陆空”三大救援体系。与生态城、北疆海事局签订“滨海新区跨区域应急救援联动协议”，整合三方救援力量，提高跨部门、跨区域应对突发事件的组织协调和指挥调度能力。与北海救助局天津救助基地和深之蓝海洋科技股份有限公司，签订联动救援工作协议和应急搜救合作协议。与中信海洋直升机股份有限责任公司建立“空地”联动救援合作意向。完成《新区危险化学品事故应急预案》等50个区级专项预案新一轮修订，建立50支、7290人的应急救援队伍。落实全年365天、每天24小时应急值守，科学处置突发事件。

（白连东）

【地震应急】 2021年，滨海新区开展地震应急演练987次。其中，区级2次，学校936次，社区23次，养老院3次，企业23次；桌面演练31次、实战演练956次，参演人数26.23万人次。编制完成滨海新区应急避难场所规划（2019—2035年）初稿。维护应急避难场所，更换破损、不清晰的标识牌，新建应急避难场所26处。

11月12日12时54分，滨海新区（北纬38.74度，东经117.60度）发生2.9级地震。地震发生后，及时将震情信息上报区委、区政府，收集灾情信息，配合市地震局现场工作组赶赴震中调查震情。

（刘 晶）

## 安全生产监督管理

【概况】 2021年，滨海新区着力防范化解安全生产重大风险，强化重点行业领域整治攻坚。以燃气事故为警为鉴，及时召开事故现场警示会和视频调度会。深化京津冀风险联防联控联治，制定安全风险防范实施方案，细化5大类风险点和138项任务。成立区级工作专班，定期专题研究相关工作，并会同市港航、海事等部门，对涉及的重点问题实行挂图作战、销号管理。

（白连东）

5月12日，区应急局组织开展防灾减灾及应急宣传教育活动

区应急局　供图

**【企业主体责任落实】** 2021年，滨海新区对重点行业、重点企业、重大隐患和第一责任人进行督促推动和教育引导。约谈企业1100人次，曝光问题企业580家，推动370家高危行业投保安责险，将158家企业纳入失信名单。加强专家指导服务、安全宣传教育和培训，建立班前会议制度，引导企业由被动他律向主动自律转变。

（白连东）

**【安全隐患整治攻坚】** 2021年，滨海新区召开安全生产工作专题会议11次，召开现场会、警示会、约谈会20余次，带队督导点位150余处，协调解决问题200余个。聚焦安全生产三年行动392项重点任务，开展5轮次危化罐区、油气储存基地等专项整治，对69家重大危险源企业开展2轮消地联合检查，督改隐患933处。以燃气事故为警为鉴，开展全链条燃气排查整治，检查用气单位5302家次。开展以防高处坠落为重点的建筑施工领域专项治理，约谈问责100余人次。针对危化品道路运输事故多发情况，组织开展“飓风行动”，检查企业1749家次，约谈238家次，推动1700余部危货车辆安装防碰撞视频装置。全年检查企业5.2万家次，督改隐患4.1万项，停产整顿111家，拘留75人。

（白连东）

**【安全生产管理】** 2021年，滨海新区实现14个区委部门和31个区政府部门安全生产职责法定化，推动相关部门制定“安全生产任务书”“安全生产责任表”，建立6845家重点监管企业台账，消除监管盲区。配合开展“雁阵行动”样板城区建设，推动“智慧应急”和“互联网+监管”在基层形成示范效应，完成信息化二期项目调研，制定完善项目方案，推动安全生产、自然灾害、应急指挥等领域系统实战化推广应用。线上线下开展安全宣传“五进”活动、安全知识大讲堂、安全生产一封信、流动宣传车、主播走一线、安全生产大家谈等活动。

（白连东）

5月17日，区应急局联合塘沽二中开展地震应急避险疏散演练

区应急局　供图

## 防灾减灾救灾

**【概况】** 2021年，滨海新区化解子牙新河等南部河道洪水风险。印发《天津市滨海新区提高自然灾害防治能力三年行动计划工作进度表》，推动26处应急避难场所建设并投入运行。完成自然灾害综合风险普查试点任务，对6大类、22小类、89小项自然灾害风险开展调查，摸清自然灾害风险底数，建立自然灾害风险数据库，形成506万条高质量数据。推动野外火源和森林火险专项排查治理，实现森林防火零火情。指导基层做好灾情统计、报送以及灾后隐患排查治理，完成

“5·12”期间，滨海新区防震减灾科普教育基地开放　区应急局　供图

太平镇农作物被淹等事件灾情核查、统计上报、抚慰金申请工作。推荐上报中新天津生态城锦庐社区、中新天津生态城季景社区和古林街道香逸园社区3个社区为全国综合减灾示范社区，并通过市减灾办专家组审核。

建设应急避难场所，组织地震应急疏散演练，开展房屋设施加固工程自评，完成地震灾害风险普查。在天津市2021年度地方防震减灾救灾工作综合评比中，滨海新区应急管理局获先进单位。

（白连东　刘晶）

**【气象防灾减灾】** 2021年，滨海新区气象局发挥区气象灾害应急（防御）指挥部办公室作用，召开气象灾害防御工作会议2次，专题推动极端灾害性天气防灾减灾救灾工作。部署应对灾害天气，各开发区、部门、街镇均按本部门防灾应急预案，围绕各领域防御灾害，加强责任落实。区委办局和街镇通过突发公共事件预警信息平台发布重要通知440条。参加新区、南港工业区组织的“砺剑-2021”危化品事故综合应急演练、危化品泄漏火灾事故应急演练11次，出动25人次。

（赵聪颖）

**【地震监测】** 2021年，滨海新区实行地震趋势会商制度，联合天津市地震局滨海地震监测中心站每月组织基层观测人员召开月会商，把握区内及邻区地震活动趋势，做好节假日和特殊时段期间地震震情监视。加强强震网络监测点设备维护使用，做好地震数据的采集、上报、地震观测数据图件绘制等工作。协助市地震局做好大沽测震台等项目工程的搬迁、重建。联合区教体局组织新区6所防震减灾科普示范校参加市地震局召开的地震预警终端使用暨学校地震应急预案修订培训班，配合市地震局做好数据观测和设备调试工作。

（刘　晶）

**【防震减灾宣传】** 3月，滨海新区组织天津市实验小学滨海学校参加第五届全国防震减灾科普讲解大赛天津市选拔赛。“5·12”期间，开放滨海防震减灾科普教育基地，组织新区各单位约四百人参观基地。“7·28”唐山大地震纪念日防震减灾宣传活动期间，发放防震减灾宣传手册（社区版）、《家庭防震与应急》、宣传袋等百余份宣传品。

（刘　晶）

## 消防救援

**【概况】** 滨海新区有区消防救援支队、经开区消防救援支队、保税区消防救援支队、高新区消防救援支队和天津市消防救援总队特勤支队5个消防支队，塘沽、汉沽、生态城、南港、临港、大港、东疆港7个消防大队，36个执勤消防站，消防救援人员1900余人。

（张　琰）

**【滨海新区消防救援支队】** 2021年，滨海新区消防救援支队接处警5076起，出动车辆9362辆次，出动警力4.6人次，抢救被困人员39人，疏散被困人员79人，抢救财产价值3.5万元。处置沿海高速挂车追尾汽油罐车事故、LNG罐车泄露事故救援，跨区域增援河北省沧州市南大港东兴工业园鼎睿石化有限公司火灾，以及汉沽军需装备铁路运输排水等任务。检查单位5539家次，发现并督改各类隐患问题6333件，下发“责令改正通知书”3482份，处罚355起，罚款354.4万元，临时查封83家，“三停”（停产、停业、停止施工）76家，拘留9人，辖区未发生较大以上火灾事故。

指导完善《滨海新区公安派出所消防工作指导手册》，开展“小火亡人”防范和电动自行车综合治理行动。将消防工作同步列入“平安滨海”和行政村、社区“评星”考核标准，联合区网格中心制作发放《网格员消防工作指导手册》，修订完善17个消防安全排查事项和2个处置事项，建立量化考评机制。联合住建、文旅、教体、商促、卫建、民政等15个行业部门开展行业消防治理，与公安、电力等部门建立“九小”场所治理、恶劣天气联动防范等合作机制12个，召开标准化管理

6月18日，滨海消防支队承办总队“蓝剑2021”水域救援实战演习
滨海消防支队 供图

现场会4次，创建大型综合体、高层建筑等行业试点8个，开展联合整治77次。全年开展执法评查9次、实地督导11次，制作督察视频片2部，下发通报13期，整改问题310条。组织消防知识宣传2100场次培训4万人，张贴消防宣传海报2万张，建成流动消防宣传站800处，安装电动车警示牌1.6万块。建成生态城消防主题公园，消防科普教育基地网上预约平台预约参观296次，参观学习3.84万人次，消防志愿者平台注册7.69万人次，发布活动93场，全民消防学习云平台注册13.57万人次。利用“两微两号”新媒体平台运营发布消防宣传推文1.5万条，“粉丝”总量26万，获赞总量51万，开展消防安全主题“开学第一课”、消防安全“云”课堂、“3·15”消防产品主题宣传、“119”消防宣传月启动仪式等网络直播，总计播放量310万。在滨海电视台播出专栏节目《直击火焰蓝》12期，中央电视台、人民网《中国应急管理报》、天津电视台等媒体报道支队工作动态50篇。

承办总队“蓝剑2021”水域救援实战演习，完成总队重型化工编队拉动集结及现场测试任务和东部协作区站级防汛突击队拉动集结任务，组织开展“五供”单位联合实战演习8次，跨区域实战演练2次，防汛救灾、地震救援、地下有限空间等拉动演练10余次，仓储物流企业专项熟悉演练8次，危化品企业专项熟悉演练8次，组织修订辖区单位预案471家。在全市率先推动执勤模式改革，完成基层消防站作战编成调整，对三类装备器材进行自动化改造，对4种常用实战操法进行革新，制定《前置备勤工作规定》，建立熟悉演练、设施检查、消防宣传、应急处置、学习教育、爱民活动等六合一备勤机制，改革经验向全市推广。完成3万条危化、高层的信息采集，为辅助决策和现场灾害处置提供有力的信息支撑。研发多种形式消防救援作战调度平台，将辖区77家微型消防站、专职消防队纳入统一调度指挥。将危化品监控系统和天网系统、雪亮工程等3.8万多个监控点位接入指挥中心。

建成胡家园消防站、杨家泊消防站，完成新北路消防站原址重建项目全过程代建单位、设计、勘察、监理招标工作，完成新港消防站原址重建项目的立项批复、全过程代建单位、设计、勘察、招标工作。制定完善《滨海支队战勤保障工作实施方案》，新增储备32种1600余件保障物资；开展灭火救援装备清理核查和装备巡检服务工作，巡检各类车辆130余部，清点装备器材9826件（套）。

在市消防救援总队执勤岗位练兵比武竞赛和职业技能大赛中，均取得全市第二的成绩，获评执勤岗位练兵优胜支队。

（张　琰）

**【经开区消防救援支队】** 2021年，天津经济技术开发区消防救援支队接处警1239起，出动车辆2795辆次，出动警力13238人次，抢救被困人员41人，疏散被困人员55人，辖区未发生亡人及较大以上火灾事故。全年检查单位2317家次、督改隐患2001处、临时查封单位14家、责令“三停”21家、罚款130.6万余元。打造消防传播矩阵，媒体上稿220余条次，发送消防提示短信6.7万条次，消防技能培训惠及1.6万余人。开展直播活动6次，累计观看人数达200万人，“经开消防”系列官方号“粉丝”数超50万，总阅览量突破2500万。支队所属八大街消防救援站在总队队列会操评比中获基层组第一名，获评全国先进基层党组织、全国工人先锋号、全国五四红旗团支部、全国文明单位、全国应急管理系统先进集体。

制定《岗位能力等级达标考核实施办法》，常态化开展全员普考、对抗赛等考核活动40余次。开展专家授课、战训大讲堂和典型火灾战例复盘10余次，35人参加地震、水域、无人机飞手等专业培训并获资质证书。深入辖区重点单位开展专项熟悉演练1500余次，开展防汛、地震、危化品事故等实战拉动40余次，修订预案50余家。开展真烟真火、紧急避险等专项训练以及基地实训、驻厂轮训、综合性测试30余次。完成跨区域增援河北沧州鼎睿石化重油储罐火灾事故、天津慧能塑料工贸有限公司火灾扑救等急难险重处置任务。

南港2号消防站主体完工，进入装修阶段，八大街消防救援站提升改造项目完工。年内增配特种车辆6辆，装备器材1371件（套），升级改造南港远程供水系统。开展车辆装备器材巡查巡检，清查车辆70余辆次，器材13类161种1.7万余件（套），维修装备30余件（套）。为各大灾害处置现场保障泡沫100余吨、油料2吨，餐饮400余人次。

（高　伟）

**【保税区消防救援支队】** 2021年，天津港保税区消防救援支队检查单位2406家次，督改隐患2554处，临时查封24家，三停22家，罚款68.4万元，辖区火灾形势持续稳定，实现火灾"零亡人"。推进"我为群众办实事"清单落实，对照群众在征求意见中提出的5类15项245条需求，开展靶向服务。将公众聚集场所投入使用、营业前消防安全检查时限缩短50%；联合城环、交警等部门，增加5个商业区及社区周边潮汐停车位；对涉疫医院、隔离点及疫苗接种点等场所开展服务指导38次；联合区消防公益联盟、工会公益志愿者联盟、天津电视台团队建立完善"5类小分队"，定向宣传培训4.6万人。推进城市消防物联网远程监控系统建设，已接入250家重点单位；推动85家单位安装智能用电监测系统；推动全部100家仓储物流企业完成消防安全评估；利用"打通生命通道"AI视频监控系统和电子警察开展通道治理；推动居民社区安装21处电动自行车集中充电桩。深入重点单位、施工现场、居民社区、学校等地开展消防培训服务指导400余次；组织防消骨干、公益联盟等五类小分队开展靶向宣传培训40余次；对消防安全管理人员、物业管理人员等"九类人群"开展培训130余次，受众2.5万余人。签约天津电视台开辟专栏、合作拍摄制作宣传视频片18期，每月固定时段播出；利用新华网、每日新报、管委会网站宣传专栏、区呼叫中心、"双微一抖"等载体，发布消防安全信息500余篇、视频1600余个，消防安全提示短信3万余条；组织企业走进消防站参与队站开放120余家次；举办"119"消防宣传月系列活动，举行"天津消防'粉丝'奔现了""双11仓储物流消防安全"直播活动，1000余万人观看；结合"安全生产月"活动，联合辖区工会、文化中心等部门开展线上线下"安全知识抢答赛"5场；举办"天津中小学消防公开课"直播活动，通过央视频、今日头条等App同步直播，累计观看人数100余万人次，评论1.1万条；依托"两个平台"注册人数8.8万人。开展检查60余次，约谈风险隐患突出企业6家。推动管委会下发冬春火灾防控、电动车治理等专项整治通知、方案24份。各部门主动落实消防监管责任，形成齐抓共管良好格局。多部门互相开放监测监控信息系统，实现危化品企业管理"五网联通"。对39家危化品企业开展专项检查，指导100家仓储物流企业构建"双重预防机制"，靶向整治厂房出租及废旧棚房等三类场所，督改餐饮聚集区单位火灾隐患200余处，开展打通生命通道联合执法20余次，发现并督改占用消防车通道违法行为450件。

全年开展典型灾害事故处置桌面推演、专题授课等20余次，组织水域救援、基层指挥员等各类培训及全员普考18次，分级组织8大员、21个岗位指战员开展等级达标考评。推进驻厂培训，开展专家授课、技战术研讨15次，完善训练档案11份，培养技术骨干12名；坚持实战导向，组织开展石油化工单位实战演习、联合演习、实地调研等30余次，并对辖区4支企业专职队开展夜间拉动2次，体能考核2次。

年内新配备器材157种9418件（套）、消防车11辆，依托空港第四消防站建成战勤保障消防站，配备全职保障人员，配备器材113种3436件（套），物资37种1400余件（套），战勤保障车5辆，签订灭火药剂、装备维修、饮食配送等联勤保障协议6份。

在"海河工匠杯"技能大赛天津市消防行业职业技能竞赛中获团体第一名，2人次获单项第一名；在总队执勤岗位比武竞赛中，取得团体第四名，6人次获得单项第一名；在总队政工、后勤等岗位练兵中，10人次获得前六名。11月8日，支队所属临港消防救援站站长助理崔利杰获评全国应急管理系统先进个人。

（雒　鑫）

**【高新区消防救援支队】** 2021年，天津滨海高新技术产业开发区消防救援支队接处警数据519起，出动车辆1316辆，出动指战员6180人，疏散被困人员1人，抢救被困人员4人，火灾13起，全年未发生有影响力火灾；检查单位1551家次，发现隐患或违法行为1450处，督促整改1411处，下发责令整改通知1003份，临时查封决定书10份，责令"三停"单位13家，罚款44.14万元。

建立各行业系统消防安全评估机制，每季度组织开展安全生产和消防安全形势分析，管委会定期召开报告会，综合研判辖区安全风险；投入38.5万元专项资金聘请第三方专业服务机构辅助部门监督执法、帮助企业查改隐患；支队为3个高层居民小区73部电梯配备安装电动自行车阻拦摄像头。推动航天城小区物业落实约75万元应急维修基金，维修消防管网漏水问题；提请管委会投入约60万元启动建设智能化消防便民服务亭；投入14万元聘请第三方消防专业培训机构，对行业部门、企业负责人、消防安全管理人、控制室值班人员、安保人员等900余人免费开展消防培训。

支队“消防便民服务亭为群众撑起服务‘暖心伞’”案例，作为全市消防救援队伍入选团市委《海河‘青’听实践活动案例集》唯一案例；组织消防宣传团、消防志愿者开展志愿宣传活动100余次，登门入户宣讲消防知识；开设消防救援站、消防主题公园线上线下预约，开展119消防宣传月、走进大红门、关爱病童等活动；设计“高新消防”宣传文创产品、“高消消”支队动画形象，率先以节气时令与消防文化结合制作宣传海报，累计在中央级媒体刊发通讯稿26篇；全年制作知识科普、形象宣传等作品100余条，推广2.16万人加入全民消防学习平台。支队官方“新媒体”平台“粉丝”数50万余人。抖音平台发布短视频作品140条。其中，人民网、央视等央级媒体多次点赞转发，全网播放超亿次。微博全年发布5000余条，超过10次登上同城热搜，保持在天津政务微博前十。

支队出台“十条基础工作方法”“机关工作十个严禁”，规范工作流程；创新建设“建设规范化、主题标识化、信息可视化”通讯班，发挥通讯班的信息化效能；与辖区科技企业研发定位搜救系统，该系统可在没有GPS和北斗信号情况下自动切换惯导定位系统，该装备已配备至所属消防站。

（王　潇）

**【天津市消防救援总队特勤支队】** 2021年，天津市消防救援总队特勤支队接处警2130起，出动车辆4428辆，出动警力2.28万人，抢救被困人员44人，疏散被困人员3人，抢救财产价值29.33万元，保护财产价值52.13万元。检查单位2114家，发现火灾隐患2808处，督促整改2828处，下发责令整改通知书份1582份，下发行政处罚120份，下发临时查封决定书20份，责令“三停”单位14家，罚款169.14万元。组织开展消防责任人和消防安全管理人消防培训20场次，线上消防培训授课20场次，累计培训教育5000人次，消防安全第一课及消防安全班会100场次，开展流动宣传150次，累计行车1.8万千米，发放各类宣传材料2万份，全年中央和本市主流媒体发稿40篇，“双微一抖”自媒体发布各类消防提示800余条次。

古林消防站获评全国青年文明号、市级机关先进基层党组织、五四红旗团支部，轻纺大道特勤站获评总队先进基层党组织。支队长张大鹏被评为中国消防忠诚卫士、全国应急管理系统二级英雄模范、天津市优秀共产党员，刘震、何志鹏分别获评“天津好人”“滨海好人”，先后有137人次立功受奖。

按照“双随机＋专项”模式开展消防安全专项治理行动。建立邻里守望制度等10项措施，联合社会力量推门入户宣传，清理电缆井、疏散通道及电动车2700余处。在18个小区500余部电梯安装电动车“禁入”智能识别系统，新建电动车集中充电站40处、智能充电桩200余个。开展2轮次危化品和重大危险源专项整治，排查企业105家次，罚款12.1万元，拆除违章建筑群3.5万平方米。对大型商业综合体开展全面检查，推动落实隐患整改，对辖区内4家技术服务机构和104个服务项目进行逐个检查，并对1家服务机构进行处罚。

牵头召开年度石油化工灭火救援专业队联席会，组织30余名业务骨干在天津石化等单位驻厂轮训，开展各类槽车事故处置实地教学3次，处置危化品事故11起。10月，辖区南部河道出现洪水险情，支队牵头成立临时指挥部，指战员连续10个昼夜死守大堤，保护沿线4个村庄和3333.33公顷良田。召开大港地区多种形式消防队伍联席会，专项培训6次，联合演练4次，在中转油库等单位实战拉动演练8次，完成市应急局综合应急演习。

（王丽永）

## 防汛抗旱

**【概况】** 2021年，滨海新区汛期（6月至9月）降雨呈现“降雨阶段性特征明显、降雨日数多、过程雨量大、降雨极端性和局地性强、雨季开始早”的特征，平均降水量801.7毫米，较常年同期（414.2毫米）偏多387.5毫米，共有52天出现降雨，其中22天出现大雨以上降雨。9月4日强降雨，泰达街道1小时最大降雨量103.3毫米，日降雨量224.2毫米，超过历史极值；滨海新区4个站1小时雨量超过50毫米，10个站日降雨量超过100毫米。10月7日至26日，受海河流域大范围降雨影响，子牙新河、北排河、青静黄排水渠、沧浪渠、马厂减河等南部河道持续十几日高水位运行。尤其是子牙新河，10月19日1时，最高水位6.01米，南小埝面临漫溢、溃堤风险，加高加固防洪子堤24.43公里。

全年启动防汛、防潮、防洪Ⅳ级以上应急响应16次，应对汛期8次强降雨、子牙新河等南部河道秋汛洪峰及台风“烟花”侵袭，确保新区平稳度汛。全年，处置风暴潮、海浪预警9次，未发生海水上溯险情。

（王　飞）

**【防汛应急体系建设】** 2021年，滨海新区强化防汛应急体系建设。一是压实组织责任体系。调整充实区、开发区（街镇）、村居三级防汛组织机构，完善区防指统一领导、分级分部门协作配合的组织架构，细化分解防汛责任区域，重新划定17个防潮责任段，落实河海堤防、水库泵站、蓄滞洪区“行政、管理、技术”3个责任人。二是健全指挥调度体系。修订防汛防潮、抗旱应急预案，制定《防汛抗旱工作安排意见》，编制《防汛应急工作手册》，健全相关部门信息互联互通、力量集中调配、协调应急处置的调度联动机制，运用246个水文监测站点对水、雨、潮情及排水设施运行情况进行实时监测，整合天网视频监控系统对低洼道路积水情况进行全时监控，构建全区统一指挥、协同联动、运行高效的防汛指挥救援体系。三是深化排查整改体系。构建“管理单位自查、行业管理部门检查、各级防汛指挥机构督查”的立体隐患排查体系。巡查全区一、二级河道、防潮堤防及堤上涵闸、主要排水泵站等防汛工程点位，发现并整改问题38项，按照高、中、低风险等级明确13处防潮工程设施风险点及应急措施。四是强化物资保障体系。坚持政府主导、社会共建、多元互补原则，定点储备区级防汛抗旱抢险物资，完善调运方案，做好设备维保养护，保证抢险随时调用。区交运局调配客、货运车辆，及时运送抢险人员和物资设备，保障抗洪抢险运输需求。五是优化抢险队伍体系。民兵防汛抢险队、驻区部队抢险队、防洪抢险救援队、工程抢险队、消防应急救援队等应急力量汛期随时待命，做好遂行抢险救援任务准备。组织开展军地联动、河道防抢、水域救援、低洼排水、“无脚本”指挥调度等防汛演习。

（王　飞）

**【应对强降雨】** 2021年，滨海新区应对汛期8次强降雨侵袭，启动防汛Ⅳ级应急响应7次、Ⅲ级应急响应1次、Ⅱ级应急响应1次，布置强降雨防范应对。监测天气变化，发布预警信息，预腾沥水调蓄空间，预先转移危险区域人员，完善停电停水停气抢修预案，累计派出巡查队伍1853支、出动应急排险人员3.18万人次、3202台作业车辆，巡查河海堤防、排水泵站及穿堤口门涵闸，盯防隧道涵洞、地下空间、建筑深基坑、危陋房屋等易积水出险地带，增设2278台排水机泵、47台发电设备，排水专班值守低洼路段，232座泵站开车排水，最大限度降低强降雨对正常生产生活秩序的影响。

9.4自然灾害事件后，排查区内所有隧道涵洞、地下空间、深基坑、易积水道路、低洼居民区等易积水区域，73处隧道涵洞严格落实双向管制及硬隔离封闭措施，55处易积水道路降雨期间排水专班值守、全时警务管控，70处建筑深基坑、1085处2地下空间、22处地下交通设施、95处低洼易积水居民区全部落实防汛排水、安全防护、避险转移等应急措施。

（王　飞）

**【化解洪水侵袭风险】** 2021年10月7日至26日，滨海新区受上游地区大范围降雨和泄洪影响，子牙新河、北排河等南部河道水位持续上涨，致使部分道路、桥梁受损，子牙新河南小埝面临漫溢、溃堤风险，威胁沿河群众及河滩地农田安全。滨海新区防汛抗旱指挥部出动巡查抢险人员1.41万人次，出动挖掘机等作业机械1239台次，调用40.215万条编织袋、14.42万平方米土工布等抢险物资，用2天时间快速完成24.43公里防洪子堤加高加固，奠定了坚实抗洪基础。太平镇、海滨街、古林街落实防洪响应，预先组织危险区域人员撤离，隔离封闭子牙新河6座漫水桥，提前转移8家企业282人，预先安排可能受泄洪影响的窦庄子、翟庄子2个村庄3550人做好转移准备，确保群众生命安全。26日10时，子牙新河水势回落至安全水位，防洪Ⅳ级应急响应解除，成功化解洪水侵袭风险，保障了人民群众生命财产安全，保住了河滩地农田粮食安全。

（王　飞）

**【防御台风“烟花”威胁】** 2021年7月29日，气象、海洋部门预报，受台风“烟花”影响，滨海新区将出现接近或达到黄色警戒潮位的高潮位，并伴有大风和强降雨。滨海新区防汛抗旱指挥部立即启动防汛防潮Ⅲ级应急响应，组织各级防汛防潮部门迅速行动，从预警信息发布、人员疏散转移、船只回港避风、危险区域巡控、施工安全管理、沿海口门封闭、城乡排水除涝、户外防风措施、渔业生产防灾等各方面落实防御任务，监视雨、水、潮情和台风动向，全线巡查245公里防潮堤防，沿海47处交通口门、49座涵闸做好封闭加固准备，13处防潮工程设施风险点落实防抢力量，不间断巡查危险地带，预先转移撤离海上作业、沿海旅游等涉险区域人员，组织5座渔港430艘渔船全部进港停靠，强化港口、锚地船只避风防浪措施，加强户外广告牌、围挡、大棚、危险墙体防风措施，安排259所幼儿园、773家培训机构停课，暂停户外游乐设施，预置应急排水设备，做好积水强排准备。

29日18时55分，塘沽潮位站最高潮位4.88米，未发生海水上溯险情；受台风影响，全区普降大暴雨，平均降雨量107.8毫米，最大降雨量达155.7毫米，部分低洼道路、居民区因强降雨出现的不同程度积水，降雨5小时内全部排除。

（王　飞）

# 科学技术

## 综　述

2021年，滨海新区坚持创新立区战略，推动优质创新资源集聚发展。拥有国家高新技术企业3922家，国家科技型中小企业入库3722家，雏鹰企业入库2117家，瞪羚企业入库158家，科技领军（培育）企业120家，独角兽企业8家。市级以上研发机构531家，全区技术合同交易额459.77亿元。全社会研发投入强度3.62%。

编制印发《滨海新区科技创新“十四五”规划》，成立滨海新区推动自主创新领导小组。一“心”（国家超级计算天津中心）新机房建成投用，多项指标全球排名第一；三“室”（海河实验室）取得进展，先进计算与关键软件（信创）、合成生物学、细胞生态3个领域海河实验室“核心”落户新区；四“谷”建设取得突破，京津冀特色“细胞谷”试验区揭牌，并入选2021年度国家级创新型产业集群试点（培育），“生物制造谷”在全球首次实现二氧化碳到淀粉的从头合成，“信创谷”集聚信创领域上下游企业1000余家，形成全产业链布局。“北方声谷”讯飞开放平台聚集超过260万人工智能开发者，在国内60%以上的企业得到应用。

（王明涛）

## 科技管理

**【概况】** 2021年，滨海新区推动企业和科研机构参与国家及天津市关键核心技术揭榜挂帅项目，出台《滨海新区推进创新立区、打造自主创新升级版若干措施（试行）》等政策，助力科技项目实现高质量发展。完成市级及中央各类专项补贴资金拨付工作，涉及资金1026.99万元。加大全社会科学研究与试验发展经费的投入，研发环境不断优化，企业、科研院所、高校研发经费不断增加，自主创新能力稳步提升。

实施人才强区战略，加强重大创新平台载体打造，推进科技人才队伍建设，持续优化创新生态环境，提升引才聚才“软实力”。累计引进国家省部级创新人才6人、引进新区创新领军人才84人、培养天津市创新人才推进计划238人，新区青年英才40人、吸引高端外国专家210人，实施外国专家项目23个。

（单　琪）

**【规划措施制定】** 2021年，滨海新区编制印发《滨海新区科技创新“十四五”规划》，实施完善创新体系、壮大创新主体、应用创新成果、聚焦创新产业、引聚创新人才、加强创新协同六大主要任务。编制《滨海新区推进创新立区、打造自主创新升级版若干措施》，在创新载体、创新主体、金融支持、成果转化等9个方面提出24项支持措施，出台涉及人才、载体等方面的5项人才政策实施细则。

（单　琪）

**【中央及市级各类资金拨付管理】** 2021年，滨海新区完成2020年天津市研发投入后补助项目资金拨付，涉及70个街镇项目，资金915.99万元。办理2021年天津市科技计划项目结转资金以及中央引导地方发展专项项目资金的拨付手续，涉及资金111万元。完成2019年市级科技计划项目经费绩效自评价报告、制定2020年市级科技计划转移支付项目绩效目标。核实2019年和2020年市级项目资金拨付到位情况，反馈至市财政局、市科技局。填报2020—2021年科技计划项目专项资金使用情况。

（单　琪）

【全社会科学研究与试验发展经费投入】 2020年，滨海新区全社会R&D（科学研究与试验发展）经费投入212.31亿元，同比增长11.7%。全社会R&D投入强度（R&D/国民生产总值）3.62%，在创新研发中，涌现出一批高质量的科技创新、产业创新成果。近三年，帮扶企业享受研发后补助4.39亿元，争取市级科技项目资金12.4亿元。

（单　琪）

【科技项目管理】 2021年，滨海新区启动揭榜挂帅科技项目组织改革，针对揭榜挂帅项目对康熙诺、瑞普、麒麟、飞腾、先进院、启迪等重点企业开展调研，起草《滨海新区揭榜挂帅项目工作方案》《滨海新区揭榜挂帅服务平台工作方案》《滨海新区2021年重大科技攻关揭榜挂帅（匹配性奖励类）项目申报指南（要点）》。完成2021年天津市杰出青年科学基金、企业研发投入后补助项目以及科学技术普及等项目的组织申报和推荐审核，全区申报市级科技计划项目2170项，其中区本级119项。优化研发费加计扣除项目鉴定程序，组织和指导第三方机构开展项目鉴定工作，累计完成65个研发费加计扣除项目鉴定。

（单　琪）

【科技人才队伍建设】 2021年，滨海新区将原鲲鹏计划的引进高层次人才团队、青年英才培育、科技成果转化人才队伍建设等实施细则写入创新立区政策。开展产业人才走访调研，实地走访调研企业10家，发放调查问卷224家。发挥天津（滨海）科创服务产业（人才）联盟作用，累计引入创业人才近100人，创业项目近80家。举办政策宣讲交流活动，服务企业超过200余家。通过众创空间、科技企业孵化器开展创新创业活动729场，吸纳应届大学毕业生1679人。

（单　琪）

【科技人才服务保障】 2021年，滨海新区为重点科技型事业单位引进科技人才服务，申请发放储备人才补贴88人次，兑现储备人才补贴198万元。参与产业人才联盟活动6场，为产业人才联盟相关单位宣讲创新立区政策、天津市科技奖申报、技术合同登记等相关政策。开展高层次人才、农业科技人才慰问、对接服务，为高层次人才发放慰问金，推荐加入民营经济代表人士人才库。为17名外籍人才办理在华永久居留推荐函，组织开展外国人三证联办窗口便利化服务，对外国人工作窗口进行走访调研，深入实施外国人来华工作许可不见面审批制度，实行全流程网上办理、证件邮递等措施，开辟外国高端人才来津工作绿色通道。

（单　琪）

【“最美科技工作者”评选】 2021年，滨海新区5名科技工作者被评为天津市“最美科技工作者”。分别为国家超级计算天津中心总工程师冯景华、中海石油（中国）有限公司天津分公司高级工程师苏彦春、天津科技大学教授王正祥、清华大学天津电子信息研究院常务副院长王瀚晟、中国铁路设计集团有限公司副总工程师胡叙洪。

（戴宗桐）

## 科技创新

【概况】 2021年，滨海新区编制《滨海新区科技创新“十四五”规划》，成立滨海新区推动自主创新领导小组，出台《滨海新区推进创新立区、打造自主创新升级版若干措施（试行）》及其对应的区本级相关实施细则，制定《美丽“滨城”建设创新立区2021年攻坚行动方案》。国家高新技术企业累计3922家。

（宋　爽）

【科技型企业发展】 2021年，滨海新区认定国家科技型中小企业3722家，全市占比40.47%；入库雏鹰企业2117家，全市占比42.56%；入库瞪羚企业158家，全市占比41.8%。天鹅到家、海光信息、高济医疗成为新晋中国独角兽企业，新区独角兽企业8家。

新增国家级孵化器2家、市级孵化器6家、市级众创空间3家。市级以上孵化器累计35家（其中国家级16家）、市级以上众创空间累计71家（其中国家级24家）。滨海新区7家国家级孵化器获评优秀，占全市46.7%；1家市级孵化器获评优秀，占全市100%，2家众创空间获评优秀，占全市33.3%。组织孵化企业参加大赛，新区35家企业获奖，占全市53.8%。

（宋　爽）

【“细胞谷”建设】 2021年，经开区、高新区两个京津冀特色“细胞谷”试验区揭牌，“细胞谷”专家库组建完成。天津市细胞产业创新型产业集群成功入选2021年度国家级创新型产业集群试点（培育）。康希诺新冠疫苗三期生产基地产品正式下线，腺病毒载体新冠疫苗“克威莎”已附条件批准上市使用，吸入型新冠疫苗取得突破性进展。编制完成《天津市细胞产业创新型产业集群发展建设方案（2021—2023年）》。

（万伟东）

【“生物制造谷”建设】 2021年，滨海新区成立生物制造产业（人才）联盟，吸纳瑞芬生物年产万吨级稀少糖产业化项目等13个重点产业化

9月17日，京津冀细胞产业创新发展高峰论坛　　王英　摄

项目开工入驻，总投资约90亿元。推进国家合成生物技术创新中心建设，在全球首次实现二氧化碳到淀粉的从头合成。建立全球创新网络，现有46家共建单位和3个国际联合中心。“天津市提升行动专项”组织进展顺利，专项经费到位6.66亿元，已与105家企业提供技术服务131项，孵化培育52家科技企业，注册资金超3.6亿元，扶持30家产值超亿元中小型企业，促进7家百亿领军企业产业转型。

（万伟东）

**【“信创谷”建设】** 2021年，信创产业投资母基金成立，天津信创产业（人才）联盟成员达70家，高新区电子芯片平台基础设施项目启动建设，网络安全产业集群连续两年获国务院激励。

（万伟东）

**【“北方声谷”建设】** 2021年，讯飞开放平台聚集超过260万人工智能开发者，在国内60%以上的企业得到应用。搭建天津讯飞大数据平台，整合科大讯飞及相关企业提供的各类AI能力，以“零代码”的形式，将AI能力应用到企业管理、产品升级等方向，赋能智慧金融、智慧工厂、门店管理、大数据营销等方面。编制完成《“北方声谷”发展规划（2021—2025年）》，成立科大讯飞数字化转型赋能中心，国家新一代人工智能示范平台天津中心开始运行。

（万伟东）

**【重大科技创新平台建设】** 2021年，滨海新区制定《滨海新区关于进一步支持创新载体平台建设的若干措施（试行）》，制定《关于新型研发机构深化改革指导意见》及新型研发机构评估指标，组织清华电子院、浙大滨海院及所属开发区共同研究制定具体改革方案，推动新型研发机构改革。先进计算与关键软件（信创）、合成生物学、细胞生态三家海河实验室获市政府批复，落户新区。先进计算与关键软件（信创）海河实验室、细胞生态海河实验室分别于11月16日揭牌运行，合成生物学海河实验室于11月27日揭牌运行。全年新增认定筹建13家天津市企业重点实验室，完成10家天津市企业重点实验室验收；新区获批认定2家天津市产业技术研究院，总数12家；获批认定2家天津市技术创新中心，总数9家。是年，新区10家天津市产业技术研究院获得市级评估支持总经费2000万元。

天津先进技术研究院加强国家专用信息设备应用示范天津基地建设，先后为浪潮、阿里云等260余款产品和应用软件提供适配测试服务；保障天津市、滨海新区20余家党政机关提供信息系统国产化替代工程；入选国家科技部火炬中心新型研发机构典型案例。

国家超级计算天津中心天河新一代百亿亿次（E级）超级计算机研制部署实现重大突破，中心依托系统研制联合40余家机构发布“面向天河新一代超级计算系统的十大E级应用挑战”，基于该系统完成的“大规模新冠药物虚拟筛选”工作入围2021年度的戈登贝尔新冠特别奖，为中国首次入围该特别奖奖项。

清华大学天津电子信息研究院清华电子院建成高端光电子芯片创新中心、电子综合检测中心、人工智能大数据中心等公共技术平台，并与清华精准医学院、北京清华长庚医院、同方股份等合作共建医工结合创新中心、新一代融合通信与智慧城市中心、先进科技创新中心等公共应用平台，为500余家科技型中小企业和科研院所提供服务；建立服务科创企业的资本服务体系。

北京大学（天津滨海）新一代信息技术研究院（含各孵化项目公司）孵化引进天津博雅时空科技有限公司、天津博雅智通科技有限公司，孵化转化“燕云”云管理器、AVS2超高清视频转换器等项科技领先产品，其中云圣智能公司获评“新基建产业独角兽TOP100”“中国科创企业百强”；与市公安局河北分局和大数据协会共建“警协研用联合实验室”。

浙江大学滨海产业技术研究院

新认定天津市产业技术研究院、天津市科技企业孵化器、天津市大学生实训基地等创新性工作平台，获批天津市技术转移示范机构、博士后科研工作站、留创园、众创空间等创新性工作平台21项，承担国家、天津市及重大企业科技项目90余项。

天津中科智能识别产业技术研究院将中科院自动化所的科技成果和项目引入新区进行产业化，已孵化银河水滴、中科虹星等高科技、高成长企业；开展市场化运营，完成银河水滴股权变现，探索出可行新模式。

中英生物医药技术转化与产业化基地2家企业挂牌天津OTC股权交易市场成为直通板企业，2家企业被上市公司并购；与牛津大学共同研发的新冠病毒快速检测试剂盒在国内定型生产并通过欧盟CE认证，出口销售收入150万英镑；转化Measure（美硕）便携式肠癌数字化早期筛查设备及试剂盒项目，已获批3个二类产品注册证和生产许可证，通过欧盟CE认证。

（张　昂）

**【科技金融服务】** 2021年，滨海新区依托滨海产业基金成立天津滨海天创同鑫创业投资合伙企业（有限合伙），基金注册规模5亿元，重点投向高成长科技企业。营造科技金融服务氛围，结合北交所成立等政策机遇，组织融资租赁对接、北交所政策宣讲会等宣传活动。出台《天津市滨海新区瞪羚企业、科技领军企业和领军培育企业股改奖励管理暂行办法》。开展政策宣传，助力科技企业争取市级雏鹰贷款奖励、区级股改补贴，股权融资等。结合“双万双服”工作，服务科技企业上市。是年，新增科技型上市企业1家，即天津市津荣天宇精密机械股份公司。

（张　昂）

**【大学科技园建设】** 2021年，滨海新区落实《天津市大学科技园建设三年行动计划（2021—2023年）》，成立推动大学科技园建设工作领导小组和经开区工作专班，结合区位特色和产业集聚优势，重点推动天津科技大学与滨海—中关村科技园全面融合发展，共建“校区＋园区＋社区”三区联动融合发展的创新生态体系。制定《滨海新区推动大学科技园建设若干措施》，在人才培养、创新创业、载体建设、成果转化、产业协作等方面支持科技园建设。9月，天津科技大学科技园揭牌运营，健康食品、化工新材料、信创等领域的10个团队入驻科技园，天津科技大学科技园被评为第一批天津市大学科技园。

（辛　鹏）

## 科技成果及转化

**【概况】** 2021年，滨海新区获天津市科学技术奖90项，占全市45.7%。其中，科学技术进步特等奖5项，占全市62.5%；科学技术进步一等奖16项，占全市59.2%；技术发明奖5项，占全市50%。新区聚焦科技成果转化和技术市场体系建设，加强区域全覆盖成果转移转化服务体系建设，实现科技成果对接精准化；打造技术转移人才队伍，开展国际技术转移，增加高质量科技成果供给，取得良好效果。

（辛　鹏）

**【市级科技成果】** 2021年，滨海新区企事业单位在天津市科学技术奖评选中，获90个奖项。在技术发明奖评选中，天津凯发电气股份有限公司参与研发的“柔性交直流混合配电网保护与自愈控制关键技术及应用”科技成果获特等奖，天津扬天科技有限公司参与研发的“高性能混联机器人关键技术及工程应用”科技成果获一等奖，中国石油天然气股份有限公司大港油田分公司研发的“断陷湖盆页岩油富集层评价与勘探开发关键技术”和中国铁路设计集团有限公司参与研发的“光伏制冷系统的优化控制技术”2项科技成果获二等奖，中国石油集团渤海钻探工程有限公司工程技术研究院研发的“套管内悬挂膨胀筛管防砂技术研究与应用”科技成果获三等奖。

在科技进步奖评选中，天津市滨海新区信息技术创新中心牵头研发的“高速串行RapidIO控制器”、天地伟业技术有限公司参与研发的“复杂环境智能视觉计算关键技术及应用”、紫光云技术有限公司参与研发的“软件定义的云计算资源管理平台”、天津先进技术研究院牵头研发的“物联网射频感知核心芯片研发与应用”、易思维（天津）科技有限公司参与研发的“智能制造高性能视觉检测成套技术及装备”5项科技成果获特等奖；天津安捷物联科技股份有限公司牵头研发的“边云协同的大型建筑低碳运维智慧物联系统的关键技术研究及应用”等16项科技成果获一等奖；天津航空机电有限公司研发的“C919飞机航空应急供电单元研究及应用”等50项科技成果获二等奖；中海石油（中国）有限公司天津分公司牵头研发的“渤海油田新型射孔增产关键技术攻关与创新实践”等14项科技成果获三等奖。

（白昌文）

## 2021年度天津市科学技术奖获奖情况一览表

## （滨海新区区域内企事业单位参与完成的项目获奖部分）

### 技术发明奖

表11

| 奖项 | 奖励编号 | 项目名称 | 获奖单位 | 获奖人 |
|---|---|---|---|---|
| 特等奖 | 2021FM-1-001 | 柔性交直流混合配电网保护与自愈控制关键技术及应用 | 国网天津市电力公司、天津大学、南京南瑞继保电气有限公司、天津凯发电气股份有限公司、天津三源电力智能科技有限公司 | 李斌、赵亮、何佳伟、姚程、王翀、李晔、尚学军、吕慧婕、袁中琛、温伟杰、王传启、朱海勇 |
| 一等奖 | 2021FM-1-002 | 高性能混联机器人关键技术及工程应用 | 天津大学、北京卫星制造厂有限公司、中国工程物理研究院激光聚变研究中心、天津扬天科技有限公司、天津汽车模具股份有限公司 | 刘海涛、黄田、肖聚亮、李皓、乐毅、徐曦、常青、曹中臣、周莹皓、钟波、田文杰、张智涛 |
| 二等奖 | 2021FM-2-006 | 断陷湖盆页岩油富集层评价与勘探开发关键技术 | 中国石油天然气股份有限公司大港油田分公司 | 蒲秀刚、韩文中、时战楠、官全胜、刘学伟、许静、孙景涛、张伟 |
| 二等奖 | 2021FM-2-007 | 光伏制冷系统的优化控制技术 | 天津大学、中国铁路设计集团有限公司、天津市建筑设计研究院有限公司、国铁工建（北京）科技有限公司、伽利略（天津）科技有限公司 | 董娜、葛磊蛟、江晓东、郑晓庆、刘宝明、吴闻婧、吴爱国、李冬辉 |
| 三等奖 | 2021FM-3-010 | 套管内悬挂膨胀筛管防砂技术研究与应用 | 中国石油集团渤海钻探工程有限公司工程技术研究院 | 张恒、杨文领、张立娜、于学良、王玥 |

### 科学技术进步奖

表12

| 奖项 | 奖励编号 | 项目名称 | 获奖单位 | 获奖人 |
|---|---|---|---|---|
| 特等奖 | 2021JB-1-001 | 高速串行RapidIO控制器 | 天津市滨海新区信息技术创新中心、中国人民解放军战略支援部队信息工程大学、井芯微电子技术（天津）有限公司、天津芯海创科技有限公司 | 刘勤让、吕平、陈艇、宋克、董春雷、汪欣、刘冬培、朱珂、高彦钊、汤先拓、刘宗海、李沛杰 |
| 特等奖 | 2021JB-1-002 | 复杂环境智能视觉计算关键技术及应用 | 天津大学、天地伟业技术有限公司、杭州电子科技大学、北京沃东天骏信息技术有限公司、银河水滴科技（北京）有限公司 | 刘安安、薛超、颜成钢、刘武、刘婧、王健、徐宁、聂为之、李文辉、于宏志、任少卿、黄永祯 |
| 特等奖 | 2021JB-1-003 | 软件定义的云计算资源管理平台 | 天津大学、紫光云技术有限公司 | 李克秋、吴健、胡旭、李明、曲雯毓、陈龙、于瑞国、赵来平、周晓波、刘秀龙、李承东、乐识非 |
| 特等奖 | 2021JB-1-004 | 物联网射频感知核心芯片研发与应用 | 天津先进技术研究院、高新兴智联科技有限公司、天津鲲鹏信息技术有限公司、中国人民解放军国防科技大学、北京智博晟源科技有限公司、天津光电华典科技有限公司 | 刘培国、吴建飞、李建成、郑黎明、王宏义、罗蔚、江汉、李润泽、闫双超、李松亭、王金龙、李聪 |
| 特等奖 | 2021JB-1-005 | 智能制造高性能视觉检测成套技术及装备 | 天津大学、易思维（杭州）科技有限公司、易思维（天津）科技有限公司、北京卫星环境工程研究所 | 郝继贵、郭寅、尹仕斌、郭磊、孙岩标、庄洵、吕猛、孙博、刘海庆、隆昌宇、孙立臣、祁广明 |

续表12

| 奖项 | 奖励编号 | 项目名称 | 获奖单位 | 获奖人 |
|---|---|---|---|---|
| 一等奖 | 2021JB-1-009 | 边云协同的大型建筑低碳运维智慧物联系统的关键技术研究及应用 | 天津安捷物联科技股份有限公司、天津大学、天津师范大学、国家会展中心（天津）有限责任公司 | 胡清华、米玉淼、王晓飞、安青松、冯为嘉、汪运、王立波、孙华志、秦志兴、彭思诚、肖敏、郭济语 |
| 一等奖 | 2021JB-1-010 | 渤海稠油油田采出液一体化高效处理关键技术及应用 | 中海油（天津）油田化工有限公司、中海油研究总院有限责任公司、中海石油（中国）有限公司天津分公司、西南石油大学、长江大学 | 张健、郭海军、段明、张春生、魏强、唐晓旭、王玉、程艳、陆原、靖波、王秀军、方申文 |
| 一等奖 | 2021JB-1-011 | 长输管道自动化高效焊接关键技术及其应用 | 天津工业大学、中国石油集团工程技术研究有限公司、中国石油工程建设有限公司土库曼斯坦分公司 | 李亮玉、牛虎理、刘文吉、王克宽、岳建锋、唐德渝、管松军、刘海华、龙斌、王天琪、段瑞彬、姚海盛 |
| 一等奖 | 2021JB-1-012 | 大规模铁路桥梁数字化设计与综合计算关键技术及应用 | 中国铁路设计集团有限公司、天津大学、中铁大桥勘测设计院集团有限公司、中铁第六勘察设计院集团有限公司 | 苏伟、廖立坚、王雨权、李艳、李林安、霍学晋、李黎、刘习军、吴大宏、杨智慧、刘龙、傅安民 |
| 一等奖 | 2021JB-1-013 | 断块油田高含水期二次开发关键技术与工业化应用 | 中国石油天然气股份有限公司大港油田分公司、中国石油集团渤海钻探工程有限公司、中国石油大学（北京）、西南石油大学、中国移动通信集团天津有限公司 | 武玺、王灿、王晓燕、倪天禄、李宜强、李云鹏、郭拥军、张家良、赖纪顺、徐敏、张所生、李健 |
| 一等奖 | 2021JB-1-014 | 多品种食用盐和高纯药用盐制备关键技术及产业化 | 天津科技大学、天津长芦海晶集团有限公司、天津长芦汉沽盐场有限责任公司、大连盐化集团有限公司 | 唐娜、张佩林、刘立平、温玉科、杜威、项军、郑井瑞、王朝乾、何国华、张蕾、程鹏高、王松博 |
| 一等奖 | 2021JB-1-015 | 复杂环境下高标准双模式的云数据仓库关键技术研究与应用 | 天津南大通用数据技术股份有限公司、曙光信息产业股份有限公司、中汽数据（天津）有限公司、南开大学 | 赵伟、惠润海、张莹、张亚楠、季旻、袁晓洁、陈文亭、温延龙、谢茂强、杜志彬、张圣林 |
| 一等奖 | 2021JB-1-016 | 高比能动力电池用高镍氧化物材料关键技术研究和应用 | 天津巴莫科技有限责任公司、成都巴莫科技有限责任公司、南开大学 | 吴孟涛、徐宁、吕菲、高学平、吴景林、李龙庆、封锡胜、孟凡玉、熊家荣、程晓焜、李磊、华源军 |
| 一等奖 | 2021JB-1-019 | 极端环境下可重构微电网关键技术及应用 | 中国电子科技集团公司第十八研究所、天津大学、天津蓝天太阳科技有限公司、中国极地研究中心（中国极地研究所）、中国科学院上海微系统与信息技术研究所 | 刘兴江、左志强、王议锋、吕冬翔、魏福海、郑光恒、刘正新、李钊、裴东、呼文韬、于智航、李钏 |
| 一等奖 | 2021JB-1-022 | 满足国六标准柴油车排放后处理关键技术研发及产业化应用 | 中国汽车技术研究中心有限公司、中汽研（天津）汽车工程研究院有限公司、天津大学、南开大学、潍柴动力股份有限公司、中自环保科技股份有限公司、广西玉柴机器股份有限公司 | 李振国、吴志新、刘庆岭、王卫超、王建海、王意宝、刘志敏、叶宇、任晓宁、张晓丽、李凯祥、邵元凯 |
| 一等奖 | 2021JB-1-023 | 配网带电作业机器人关键技术、成套装备及工程应用 | 国网天津市电力公司、南开大学、国网电力科学研究院有限公司、国网瑞嘉（天津）智能机器人有限公司、中国电力科学研究院有限公司、北京工业大学、清研同创机器人（天津）有限公司 | 张黎明、张雪波、黄国方、李惠宇、许静静、徐科、刘庭、刘兆领、李聪利、李帅、吴波、刘召 |

续表12

| 奖项 | 奖励编号 | 项目名称 | 获奖单位 | 获奖人 |
|---|---|---|---|---|
| 一等奖 | 2021JB-1-025 | 智能化海洋环境信息观测、处理与导航关键技术及应用 | 天津大学、中国人民解放军92859部队、中国船舶重工集团公司第七〇七研究所、深之蓝海洋科技股份有限公司 | 杨嘉琛、孙磊、魏建仓、吕辰刚、蔡俊华、王川、温家宝、王彦国、范龙、张红良、张敏、王洪达 |
| 一等奖 | 2021JB-1-026 | 智能制造系统可适应规划与数字孪生技术及其应用 | 天津大学、天津市泰森数控科技有限公司、天津市天森智能设备有限公司、天津仁爱学院、天津职业技术师范大学、建科机械（天津）股份有限公司、晋西车轴股份有限公司 | 王太勇、王鹏、田颖、董靖川、季宁、张雷、张子宽、康锋、李秀菊、李士鹏、郑明良、袁斌先 |
| 一等奖 | 2021JB-1-027 | 中药质量标志物理论创建与关键技术创新及其应用 | 天津药物研究院有限公司、天津天士力之骄药业有限公司、南开大学、天津达仁堂京万红药业有限公司 | 刘昌孝、张铁军、白钢、许浚、鞠爱春、王磊、姜民、王玉丽、张洪兵、李德坤、武卫党、卜睿臻 |
| 一等奖 | 2021JB-1-028 | 重污染化工废水高效处理及资源化关键技术与装备 | 天津城建大学、天津理工大学、天津市环境保护技术开发中心设计所有限责任公司、中海油天津化工研究设计院有限公司、天津大学、北京航化节能环保技术有限公司、天津现代职业技术学院 | 费学宁、李梅彤、孙贻超、李亮、冯辉、曹凌云、郝亚超、张天永、郑全军、袁文蛟、苏志龙、刘鹏 |
| 一等奖 | 2021JB-1-031 | 肝胆胰机器人外科手术的关键技术与应用 | 天津大学、中国人民解放军总医院第一医学中心、天津大学医疗机器人与智能系统研究院 | 刘荣、邢元、赵国栋、胡明根、王树新、李进华、张煊、谭向龙、尹注增 |
| 二等奖 | 2021JB-2-037 | C919飞机航空应急供电单元研究及应用 | 天津航空机电有限公司 | 林引胜、韦清瀚、臧思田、胡海宝、陈宇、席朝飞、王玲玲、冀文杰 |
| 二等奖 | 2021JB-2-039 | 安全高效用电信息采集与数据分析关键技术及应用 | 国网天津市电力公司、天津大学、中国电力科学研究院有限公司、天津三源电力信息技术股份有限公司、朗新科技集团股份有限公司 | 孔祥玉、李刚、何海航、刘宣、翟峰、张一萌、刘浩宇、吕伟嘉 |
| 二等奖 | 2021JB-2-040 | 半滑舌鳎繁养关键技术的研究与应用 | 天津市水产研究所、南方海洋科学与工程广东省实验室（湛江）、天津乾海源水产养殖有限公司、天津立达海水资源开发有限公司、天津海升水产养殖有限公司 | 贾磊、张博、刘克奉、赵娜、刘皓、王群山、马超、陈春秀 |
| 二等奖 | 2021JB-2-041 | 被动式建筑保温系统关键材料研发与气密节点无热桥设计工程应用 | 天津城建大学、中亨新型材料科技有限公司、天津朗华科技发展有限公司、深圳中凝科技有限公司、天津住宅建设发展集团有限公司 | 刘洪丽、李洪彦、彭战军、张博、袁文津、高军、郑善、王晓冉 |
| 二等奖 | 2021JB-2-042 | 渤海湾名优土著水产品种人工繁育及养殖技术研究与应用 | 天津市水产研究所、天津市立信水产养殖有限公司 | 钱红、于燕光、马超、逯云召、薄其康、尤宏争、王国彬、宋香荣 |
| 二等奖 | 2021JB-2-043 | 渤海西南部深埋潜山勘探地球物理技术创新与高效评价 | 中海石油（中国）有限公司天津分公司 | 周东红、张志军、李慧勇、袁全社、张建峰、陆云龙、李尧、姜利群 |
| 二等奖 | 2021JB-2-046 | 城市电网敏感负荷电压暂降防治关键技术及应用 | 国网天津市电力公司电力科学研究院、全球能源互联网研究院有限公司、华北电力大学、天津凯发电气股份有限公司 | 霍现旭、王同勋、陶顺、李国栋、徐永海、张军、赵国亮、王传启 |
| 二等奖 | 2021JB-2-048 | 大直径新型近海建筑物的安全分析理论和设计方法 | 天津大学、中交第四航务工程勘察设计院有限公司、中交第一航务工程勘察设计院有限公司、交通运输部天津水运工程科学研究所、鲁东大学 | 肖忠、肖仕宝、焉振、王禹迟、王婷婷、王元战、王玉红、范庆来 |

续表12

| 奖项 | 奖励编号 | 项目名称 | 获奖单位 | 获奖人 |
|---|---|---|---|---|
| 二等奖 | 2021JB-2-051 | 电力设施智能监测关键技术及应用 | 天津大学、北京数字绿土科技有限公司、天津云遥宇航科技有限公司、河北工业大学、天津飞眼无人机科技有限公司 | 杨阳、李北辰、李梦龙、郭彦明、李峰辉、郎玥、王致芃、尹宾宾 |
| 二等奖 | 2021JB-2-052 | 电力物联网全场景智能防护关键技术与系列化装备 | 国网天津市电力公司、全球能源互联网研究院有限公司、天津大学、南京南瑞信息通信科技有限公司、天津奇安信科技有限公司 | 张涛、何金、席泽生、岳顺民、杨挺、郭靓、张卓、林永峰 |
| 二等奖 | 2021JB-2-053 | 盾构隧道智能仿真及安全掘进关键技术与应用 | 中铁隧道勘测设计院有限公司、中铁第六勘察设计院集团有限公司、湖南中天凿岩科技有限公司 | 范国刚、贺维国、陈馈、曹威、冯欢欢、程海云、罗小平、张岩涛 |
| 二等奖 | 2021JB-2-055 | 复杂地质条件下重载铁路长大单线隧道施工关键技术 | 中铁隧道局集团路桥工程有限公司、中铁隧道局集团有限公司、中铁第六勘察设计院集团有限公司、中南大学、中铁隧道集团二处有限公司 | 陈军、秦岭、何占江、陈鸿、宋仪、范建国、刘维正、刘洪震 |
| 二等奖 | 2021JB-2-057 | 复杂海域环境船舶通航安全仿真模拟关键技术及应用 | 交通运输部天津水运工程科学研究所、天津大学、大连海事大学 | 马殿光、王禹迟、吕彪、李晓松、孔宪卫、王元战、杨宗默、尹勇 |
| 二等奖 | 2021JB-2-058 | 复杂深层和页岩油高效水基钻完井液技术及规模化应用 | 中国石油集团渤海钻探工程有限公司、中国石油天然气股份有限公司大港油田分公司 | 张民立、张现斌、陈安亮、王磊磊、李胜杰、杨贺卫、张坤、周涛 |
| 二等奖 | 2021JB-2-060 | 高安全性纯电动商用车控制系统集成开发及产业化 | 中汽研（天津）汽车工程研究院有限公司、中国汽车技术研究中心有限公司、武汉菱电汽车电控系统股份有限公司、天津清源电动车辆有限责任公司、江苏九龙汽车制造有限公司 | 王旭、李丞、陆春、张铜柱、王和平、程彰、王跃辉、张晨秋 |
| 二等奖 | 2021JB-2-062 | 高寒环境长距离输气管道减阻增效防腐关键技术研究与应用 | 中国石油集团工程技术研究有限公司、中国石油集团渤海石油装备制造有限公司 | 郭晓军、崔灿灿、巩忠旺、郭莉、熊伟、徐忠苹、张晓慧、石家烽 |
| 二等奖 | 2021JB-2-063 | 高精度智能视觉检测与识别技术及产业化应用 | 天津工业大学、天津同阳科技发展有限公司、中国包装科研测试中心、沧州景隆环保科技有限公司、清研中电（天津）智能装备有限公司 | 宋丽梅、朱新军、陈文亮、刘卉、杨燕罡、朱建起、武志超、王红一 |
| 二等奖 | 2021JB-2-064 | 高强韧轻量化车轮液态模锻智能制造关键技术与创新应用 | 天津那诺机械制造有限公司、机科发展科技股份有限公司、天津市天锻压力机有限公司 | 胡中潮、张明新、张胜、刘利辉、周正、韩旭、曾政、陈浩 |
| 二等奖 | 2021JB-2-067 | 轨道交通专用无线通信系统关键技术研发与产业化项目 | 天津七一二移动通信有限公司 | 董国军、王智超、张青平、李东建、周磊、魏永为、姚金龙、程树军 |
| 二等奖 | 2021JB-2-069 | 果蔬电商冷链物流保鲜关键技术 | 天津商业大学、西北农林科技大学、国家农产品保鲜工程技术研究中心（天津）、天津科技大学、陕西永红猕猴桃专业合作社 | 关文强、陈爱强、罗安伟、张娜、阎瑞香、何兴兴、肖倩、董成虎 |
| 二等奖 | 2021JB-2-070 | 海上稠油热采高效注热关键技术研究及应用 | 中海油田服务股份有限公司、中海石油（中国）有限公司、中海石油（中国）有限公司天津分公司、中国石油大学（华东） | 孙永涛、徐文江、刘义刚、阎洪涛、李兆敏、王玉、孙玉豹、姜维东 |
| 二等奖 | 2021JB-2-072 | 海域动态天空协同智能监测系统关键技术研究及应用 | 天津航天中为数据系统科技有限公司、国家海洋技术中心 | 李明、陈浩、王厚军、雷建胜、安玉拴、朱铁林、曹海、荆俊平 |

续表12

| 奖项 | 奖励编号 | 项目名称 | 获奖单位 | 获奖人 |
|---|---|---|---|---|
| 二等奖 | 2021JB-2-073 | 航天器交会对接光学制导测试装备关键技术研究与应用 | 天津航天机电设备研究所、北京控制工程研究所 | 龚德铸、李博、吴奋陟、付铜玲、华宝成、何华东、刘昊、王悦博 |
| 二等奖 | 2021JB-2-074 | 环氧浇注干式电力设备老化无损评估与绝缘性能提升关键技术及应用 | 国网天津市电力公司电力科学研究院、天津大学、天津市特变电工变压器有限公司、四川东材科技集团股份有限公司、华北电力大学 | 肖萌、刘力卿、魏菊芳、张弛、李庆民、张鑫、杜伯学、唐庆华 |
| 二等奖 | 2021JB-2-075 | 基于北斗的智能土地及环境在线监察综合技术研究与服务平台建立 | 天津市勘察设计院集团有限公司、天津大学、星际空间（天津）科技发展有限公司 | 王珍、丁乐乐、王震、潘宇明、刘艳飞、张涛、黄恩兴、郭博峰 |
| 二等奖 | 2021JB-2-076 | 基于材料—结构—工艺一体化开发的轻量化车身关键技术研究与应用 | 中国汽车技术研究中心有限公司、天津银宝山新科技有限公司、天津大学 | 孟宪明、方锐、王建海、李洪亮、李杰、张赛、史丽婷、崔东 |
| 二等奖 | 2021JB-2-077 | 基于“人—车—路”全工况的汽车低碳节能关键技术研发及应用 | 中汽研（天津）汽车工程研究院有限公司、中国汽车技术研究中心有限公司 | 杨建军、刘双喜、张先锋、王建海、李振国、聂国乐、牛亚卓、白巴特尔 |
| 二等奖 | 2021JB-2-078 | 基于三维超声智能测容技术的系列膀胱测容产品的开发与产业化 | 天津迈达医学科技股份有限公司、中国医学科学院生物医学工程研究所 | 计建军、王晓春、杨军、庞超、冯子军、周盛、王延群、宋学东 |
| 二等奖 | 2021JB-2-081 | 几种大宗蔬菜供应链保鲜关键技术研发与应用 | 天津市农业科学院、青岛农业大学、国家农产品保鲜工程技术研究中心（天津）、辽宁东盛塑业有限公司、天津科技大学 | 张娜、吴昊、陈存坤、董成虎、纪海鹏、兰璞、阎瑞香、文博 |
| 二等奖 | 2021JB-2-083 | 京津冀地面沉降区轨道交通服役状态致灾机理及对策研究 | 中国铁路设计集团有限公司 | 李国和、黄大中、王少林、王淑敏、尚海敏、齐春雨、张凤维、徐黎明 |
| 二等奖 | 2021JB-2-085 | 绿色农房生土基材料性能优化及其结构体系关键技术 | 天津城建大学、中国建筑材料科学研究总院有限公司、中建安装集团有限公司、天津住宅科学研究院有限公司 | 刘志华、张磊、杨新磊、荣辉、张建新、郭君华、夏凡、江春 |
| 二等奖 | 2021JB-2-086 | 面向“双碳”目标的电网低碳绿色调控技术及应用 | 国网天津市电力公司、华北电力大学、天津大学、国网冀北电力有限公司唐山供电公司、天津英利光伏电站技术开发有限公司 | 陈艳波、迟福建、徐其春、葛磊蛟、刘书玉、王伟臣、张金禄、佟萌 |
| 二等奖 | 2021JB-2-087 | 面向铸造行业的全流程生产数字化及优化控制关键技术与产业化 | 河北工业大学、中汽研汽车工业工程（天津）有限公司、邢台德龙机械轧辊有限公司、天津开发区精诺瀚海数据科技有限公司、中信戴卡股份有限公司 | 季海鹏、刘晶、魏磊、董永峰、赵佳、袁乃博、尹志高、周鹏飞 |
| 二等奖 | 2021JB-2-088 | 能源互联网异构数据实时采集与智能计算关键技术及应用 | 国网天津市电力公司、南开大学、南瑞集团有限公司、北京智芯微电子科技有限公司、天津三源电力信息技术股份有限公司 | 宫晓利、王旭强、白晖峰、张楠、张倩宜、金尧、张旭、张莹 |
| 二等奖 | 2021JB-2-090 | 认知水声传感网络关键技术及应用 | 天津城建大学、天津大学、天津凯发电气股份有限公司、天津久信科技有限公司 | 郝琨、金志刚、罗咏梅、王贝贝、李志圣、王传启、于翔、刘永磊 |
| 二等奖 | 2021JB-2-092 | 商用车辆智能辅助驾驶系统关键技术及应用 | 天津所托瑞安汽车科技有限公司、天津中德应用技术大学、中通客车股份有限公司 | 窦汝振、关志伟、温国强、汪磊、徐显杰、范志先、窦汝鹏、翟羽佳 |

续表12

| 奖项 | 奖励编号 | 项目名称 | 获奖单位 | 获奖人 |
|---|---|---|---|---|
| 二等奖 | 2021JB-2-093 | 设施果蔬冬春温光逆境调控技术创新与应用 | 天津市农业科学院、天津工业大学、天津慧智百川生物工程有限公司、仲元（北京）绿色生物技术开发有限公司、北京工业大学 | 杨小玲、李政、仝雅娜、乔长晟、姚淑娟、马洪英、路遥、巩继贤 |
| 二等奖 | 2021JB-2-094 | 石化场站微细泄漏智能检修机器人系统关键技术及应用 | 河北工业大学、天津大沽化工股份有限公司 | 张小俊、李满宏、高春艳、陈庆同、赵岩、湛庆新、王华伟、张明路 |
| 二等奖 | 2021JB-2-095 | 室内气态分子污染控制技术及应用 | 天津大学、美埃（中国）环境科技股份有限公司、世源科技工程有限公司、天津商业大学、天津中天环境科技有限公司 | 裴晶晶、刘俊杰、刘庆岭、王志强、陈玲、阎冬、张群、徐敬 |
| 二等奖 | 2021JB-2-096 | 碳纳米材料柔性透明导电薄膜产业化关键技术及应用 | 天津工业大学、碳星科技（天津）有限公司、天津博苑高新材料有限公司 | 耿宏章、王文一、耿文铭、李春刚、曹伟伟、耿文浩、王毅、朱庆霞 |
| 二等奖 | 2021JB-2-097 | 铁路（城轨）构筑物状态智能检测关键技术研究 | 中国铁路设计集团有限公司、首都师范大学 | 王长进、谭兆、张冠军、孙海丽、许磊、秦守鹏、洪江华、杨云洋 |
| 二等奖 | 2021JB-2-098 | 无人机电力智能巡检关键技术研究与应用 | 天津市万贸科技有限公司、天津工业大学、天津市倍格德智能科技有限公司 | 韩双立、牛萍娟、王宝娜、赵地、李晓兵、宁平凡、赵筱磊、孙清 |
| 二等奖 | 2021JB-2-102 | 早熟抗病强筋小麦种质创制及新品种选育 | 天津市农业科学院、天津中天大地科技有限公司 | 王建贺、梁丹、刘丹、王从磊、时晓伟、冯刚、杨晓斌、张烈 |
| 二等奖 | 2021JB-2-104 | 种苗工厂化生产关键环节作业机器人研发及推广应用 | 天津理工大学、天津农学院、天津中德应用技术大学、滨辉（天津）现代农业发展有限公司、天津市华伟智盛信息技术有限公司 | 赵辉、赵卓群、单慧勇、王红君、郭健、卫勇、岳有军、杨延荣 |
| 二等奖 | 2021JB-2-105 | 专精特新塑料容器绿色设计与全流程智能制造系统研制及应用 | 岱纳包装（天津）有限公司、岱纳包装（太仓）有限公司、天津大学、考特斯机械科技（佛山）有限公司、碧辟（中国）工业油品有限公司 | 潘玉军、罗震、杨越、冯运、邓永光、陈俊添、郭璟、陈栋梁 |
| 二等奖 | 2021JB-2-108 | 城市缓流水体灰绿耦合综合整治关键技术研究与工程应用 | 天津大学、天津大学建筑设计规划研究总院有限公司、天津港保税区环境监测站、天津市水利工程有限公司 | 季民、赵迎新、王卫红、彭森、杨冬冬、樊在义、李洪飞、迟杰 |
| 二等奖 | 2021JB-2-111 | 复杂化学品污染事故地块应急管控及土壤耦合修复技术集成与应用 | 天津生态城环保有限公司、南开大学、北京市生态环境保护科学研究院、河北工业大学 | 唐景春、宋震宇、杨伟、王世杰、袁珊珊、吕宏虹、郑福居、钟茂生 |
| 二等奖 | 2021JB-2-115 | 基于低碳导向的污水资源化关键技术与应用 | 中国市政工程华北设计研究总院有限公司、天津大学、天津城建大学、天津万峰环保科技有限公司 | 沈煜、郭兴芳、池勇志、申世峰、李彬、战树岩、王强、刘佩春 |
| 二等奖 | 2021JB-2-122 | 间充质干细胞及外泌体在组织再生中的应用与分子影像学评价 | 南开大学、天津昂赛细胞基因工程有限公司、天津市人民医院 | 李宗金、韩之波、齐新、刘娜、赵强、向荣、孔德领、范艳 |
| 二等奖 | 2021JB-2-131 | 水下关键探测装备计量溯源方法及标准装置研究与应用 | 交通运输部天津水运工程科学研究所、山东科技大学、天津大学、天津理工大学 | 曹玉芬、阳凡林、柳义成、张安民、李绍辉、王收军、高术仙、陈允约 |
| 三等奖 | 2021JB-3-138 | 渤海油田新型射孔增产关键技术攻关与创新实践 | 中海石油（中国）有限公司天津分公司、中海油田服务股份有限公司 | 马英文、付建民、韩耀图、张明、李进 |

续表12

| 奖项 | 奖励编号 | 项目名称 | 获奖单位 | 获奖人 |
|---|---|---|---|---|
| 三等奖 | 2021JB-3-139 | 超深井用5-7/8″高强度钻杆研制与应用 | 中国石油集团渤海石油装备制造有限公司、中国石油集团石油管工程技术研究院、渤海能克钻杆有限公司 | 王显林、陈长青、李方坡、纪海涛、张然 |
| 三等奖 | 2021JB-3-141 | 飞机结构用耐高温防腐底漆 | 天津灯塔涂料工业发展有限公司 | 黄震、高萌、孙瑞、何效凯、翟菁 |
| 三等奖 | 2021JB-3-143 | 钢管多样性防腐技术研究与应用 | 中国石油集团渤海石油装备制造有限公司、华油钢管有限公司、渤海石油装备福建钢管有限公司 | 韩秀林、李汝江、孙志刚、王寅杰、崔明亮 |
| 三等奖 | 2021JB-3-145 | 高效节能型铁路真空卸污系统产业化关键技术与应用 | 中国铁路设计集团有限公司、飞泰交通科技有限公司、铁道第三勘察设计院有限公司 | 李江雯、陈为民、吴国华、车跃龙、裴露 |
| 三等奖 | 2021JB-3-146 | 供热管网光纤在线诊断分析系统研究 | 天津市津能滨海热电有限公司、北京启同科技有限公司 | 朴成刚、冯舸、杨雨、吕学成、张小平 |
| 三等奖 | 2021JB-3-147 | 海藻寡糖的生物制造关键技术与应用 | 中国科学院天津工业生物技术研究所、南宁汉和生物科技股份有限公司 | 朱玥明、陈朋、滕昆、孙媛霞、陈成 |
| 三等奖 | 2021JB-3-148 | 航空发动机零部件高温高周疲劳试验技术 | 天津航天瑞莱科技有限公司 | 张部声、王新、李杰、刘德军、张呈波 |
| 三等奖 | 2021JB-3-149 | 基于智能机器人系统的运营商机房安全巡检技术研究 | 中国移动通信集团天津有限公司、河北工业大学 | 赵东明、田雷、符珊、杨亮、张亚娟 |
| 三等奖 | 2021JB-3-154 | 面向碳中和的汽车生命周期评价关键技术及应用 | 中汽数据（天津）有限公司、中汽数据有限公司、天津开发区精诺瀚海数据科技有限公司 | 孙锌、任女尔、刘晶、赵明楠、徐树杰 |
| 三等奖 | 2021JB-3-155 | 皮秒级激光精密切割设备 | 德中（天津）技术发展股份有限公司 | 杨赫、洪少彬、张云龙、张琳、张小龙 |
| 三等奖 | 2021JB-3-162 | 一种高效环保缓蚀复配融雪剂 | 中盐工程技术研究院有限公司 | 宋礼慧、朱国梁、吕本松、张仂、苗玉成 |
| 三等奖 | 2021JB-3-164 | 直缝埋弧焊管生产线智能制造技术研究与应用 | 中国石油集团渤海石油装备制造有限公司、巨龙钢管有限公司 | 王习彬、刘东、韩铁利、孟凡佳、张伟 |
| 三等奖 | 2021JB-3-172 | 食品安全风险因子快速高效检测技术研究 | 天津海关动植物与食品检测中心、浙江树人大学、青岛海关技术中心 | 赵孔祥、陈其勇、韩超、崔淑华、崔颖 |

（白昌文）

**【成果转化体系建设】** 2021年，滨海新区建立“核心节点＋区域分节点＋专业分节点”三级有机融合的“1+N”技术转移网络。区科技局与市科技局共建天津市科技成果展示交易运营中心，将新区科技资源上“云”上“网”，平台汇集科技成果1万余项、技术专家近2000人、科研机构174家、技术转移机构120家、技术经理人547人。加强五大开发区的区域分节点建设，2020年实现各区域均布有技术市场点位，每年开展100场政策宣讲、合同登记、金融对接和成果路演活动。

（辛　鹏）

**【百城百园成果转化示范行动】** 2021年，滨海新区开展“科技抗疫·百城百园”成果转化示范行动，争取中央引导资金的投入。7个高水平项目立项，获得中央引导资金800万元（新区500万元、高新区300万元），推广先进适用技术成果30项；争取到科技帮扶、野外实验场建设、省部共建实验室等各类中央引导资金1910万元。

（辛　鹏）

**【成果转化联盟拓展活动】** 2021年，京津冀科技成果转化联盟组织科技成果交流合作活动。4月，2021中英科技创新项目线上路演交流会在滨海—中关村科技园启动，15个来自英国的优势领域项目参加路演，项目锁定在人工智能、新能源新材料、生命科学、电子信息四大英国优势领域。6月，第六届“清华校友创意创新创业大赛”暨京津冀鲁赛区＋北美赛区先进制造赛道决赛落地新区。大赛设京津冀鲁、长三角、粤港澳等10大赛区，设互联网与新媒体、AI大数据、健康医疗、先进制造、人居环境与智慧农业、文创体育与美好生活、集成电路与物联网等7大赛道；聘请500余名创业导师，与150余家投资机构、100余名天使投资人保持联系与合作；参赛项目超过1000项。10月19日，2021年火炬科技成果直通车京津冀—环渤海专场活动在新区举办，活动以“打造专业化技术转移机构，促进技术要素市场化配置”为主题，来自环渤海地区五省二市的科技主管部门、成果路演团队、行业专家、科技企业、高校院所、技术转移机构代表参加，面对面交流科技创新经验。

（辛　鹏）

**【技术合同签订与交易】** 2021年，滨海新区签订技术合同2959项，同比增长52.1%；技术合同成交额459.77亿元，同比增长23.5%，占全市技术合同成交额的36.8%。

超过四分之一的技术合同涉及知识产权交易，专利技术成交额58.2亿元，同比增长13.4%，发明专利占比持续增长。1000万元以上的重大技术合同278项，成交额426.9亿元，同比增长21.7%，占全区技术合同成交总额的92.8%，大额合同成交额增幅明显。全年技术合同成交额在2亿元以上的企业有14家，成交380项，成交额399.43亿元，占全区的86.9%。

高校与科研院所技术交易活跃，全年1003项，成交总额22.15亿元。其中，天津科技大学签订技术合同332项，成交额1.14亿元；科研院所签订技术合同671项，成交额21.01亿元。

（李晓霞）

**【中加水与环境安全联合研发中心科研成果】** 2021年，南开大学中加水与环境安全联合研发中心承担科技部、国家自然科学基金等各类项目15项，研究人员发表SCI论文23篇，申请发明专利5项、软件版权3项；参加国内外线上线下学术会议，分享在气候变化和水环境安全方面的研究进展。在国际和国内比赛中获奖11项，包括亚洲大洋洲地球科学学会—联合国可持续发展目标视频冠军、第七届全国大学生水利创新设计竞赛第二名、天津市“创青春”双创大赛天津赛区第二名等。

（辛　鹏）

## 科技合作

**【概况】** 2021年，滨海新区贯彻落实京津冀协同发展战略，加强与京津冀和环渤海地区的科技协同，在科研平台引育、交流合作等方面取得积极进展。

深化共建“一带一路”科技人文交流，围绕重点科研院所打造国际合作平台，扩大科技人文交流规模，支持更多“一带一路”参与国家的科学家来华交流工作，取得新进展。

（辛　鹏）

**【滨海新区与天津大学合作】** 2021年，滨海新区与天津大学战略合作领导小组召开工作会议6次。围绕泰达医院、泰心医院、新城医院建设天津大学直属医院体系，打造“综合＋专科”的三级甲等高水平医院群，新城医院启动试运营。7月23日，天津大学滨海海洋工程研究中心在滨海新区天津大学临港工业研究院揭牌，下设海洋智能装备研究所、智能航运研究所、深海极地研究所、高端海工装备产业化基地、环渤海环境监测网络与培训基地，打造集战略研究、技术研发、成果转化、产业孵化、教育培训、学术交流、公共服务等功能为一体的新型研发机构。

（辛　鹏）

**【滨海新区与南开大学合作】** 2021年3月31日，滨海新区与南开大学签署深化战略合作框架协议，双方将在南开大学滨海校区建设、创新载体建设、优势学科共建、人才智力引进、科技成果转化、大学科技园建设、互联网人才创新创业联盟建设、教育合作、校友资源共享等方面深化战略合作。

（辛　鹏）

**【滨海新区与辽宁石油化工大学合作】** 2021年5月15日，滨海新区与辽宁石油化工大学签署战略合作框架协议，双方在滨海—中关村科技园，合作共建产学研一体化平台——辽宁石油化工大学滨海石化产业研究院，规模超1.2万平方米，2022年将形成500人研究生招生规模。

（辛　鹏）

**【滨海新区与渤海大学合作】** 2021年7月27日，滨海新区与渤海大学签署战略合作框架协议。双方共建渤海大学天津滨海基地，建设人才培养、科技成果转化、产业孵化、校友资源聚合的新型研发机构。

（辛　鹏）

**【国家合成生物技术创新中心TIB-IB RWTH生物技术联合中心成立】** 2021年9月，中国科学院天津工业生物技术研究所与德国亚琛工业大学生物技术研究所（TIB-IB RWTH）举行线上签约及揭牌仪式，共建国家合成生物技术创新中心TIB-IB RWTH生物技术联合中心。联合中心依托天津工业生物研究所与德国亚琛工业大学，在蛋白质工程、合成生物学、生物催化、结构生物学和工业生物技术等方面开展合作。2021年合作重点为“通过计算和进化方法开发具有良好可操作鲁棒性的工业酶，并推动其在可持续循环生物经济中的应用”。

（辛　鹏）

## 科学普及

【概况】 2021年，滨海新区巩固推动“新时代文明实践赶大集”志愿服务品牌活动，突出以“党建”引领推动新时代文明实践志愿服务实现精准化、常态化、便利化和品牌化。全年开展新时代文明实践活动86场。其中，组织参加“新时代文明实践赶大集”志愿服务活动9场，进社区开展实践活动22场，进学校11场，科技政策宣讲4场。惠及中小学生、社区群众、高校院所和企业科技人员6000余人次，在《滨海时报》《今晚报》《每日新报》和津滨网等媒体刊发活动消息30余篇。

（戴宗桐）

【科普基地建设】 2021年，滨海新区10家科普基地被批准为市级科普基地。至年末，新区有市级科普基地58家，居全市第一。天津滨海新区寨上街智启未来科普基地成为新区首个街镇政府申报获批的科普基地，基地面积超1000平方米，组建3支特色科普志愿服务团队，开展活动超过40场；坐落在滨海—中关村科技园的天津中科蓝海青少年自然科学探索科普基地，创新“大学＋公益组织＋科普基地＋科技服务队＋高新企业”服务体系，深入各中小学校开展青少年“科普小课堂”活动100场，打造“科普进校园”特色品牌。

（戴宗桐）

【“新时代文明实践赶大集”活动】 2021年，滨海新区整合清华天津电子院、人工智能科普基地等科技资源，组织2个研究院、5家企业20名科技志愿者，组成11支技能培训和科普志愿者服务队，赴北塘街道、汉沽街道、太平镇等8个街镇开展“新时代文明实践赶大集”活动。

（戴宗桐）

## 种业科技研发

【概况】 2021年，滨海新区围绕种业科技自立自强、种源自主可控目标，集中政策、资源、力量，加快实施生物育种重大科技项目，优先启动种源关键核心技术攻关，支持优势企业发展，推动产学研合作，加快构建商业化育种体系，着力与西部地区开展共建工作，推动优质品种异地繁育，取得一定成效。

（辛　鹏）

【种业领军科技企业培育】 2021年，滨海新区加强种业领军科技企业培育。实施科技企业梯度培育提升工程，天津奥群牧业研究院有限公司在滨海—中关村科技园落地，引进兰州大学畜牧育种专家团队开展繁育体系研发，获评市级技术创新中心。天津天隆科技股份有限公司形成天津天隆在田农业科技有限公司、天津天丰泽田生物科技有限公司、天津纳尔生物科技有限公司、天津天隆江大健康食品有限公司4个子公司和3个海外合资公司联动的企业集团，重点开展粳稻育种研发，打造“小站稻”品牌。

（辛　鹏）

【种业科技成果研发】 2021年，滨海新区推动种业科技成果研发，天津奥群牧业有限公司的于田县肉羊产业转型升级关键技术集成及应用示范项目、白银市肉羊产业提质增效技术集成示范项目获评天津市东西部协作科技援助项目，获得中央引导地方专项资金100万元支持。天津市农业科学院、天津中天大地科技有限公司的“早熟抗病强筋小麦种质创制及新品种选育”和天津市水产研究所、天津市立信水产养殖有限公司的“渤海湾名优土著水产品种人工繁育及养殖技术研究与应用”2个种业项目获天津市2021年度科学技术进步二等奖。天津滨海新区海通江洋水产养殖专业合作社“脊尾白虾人工繁育及生态养殖技术研究与示范”项目进行科技成果登记。

（辛　鹏）

【国家肉羊种业科技创新联盟】 2021年，滨海新区成立国家肉羊种业科技创新联盟，联盟由天津奥群牧业有限公司作为理事长单位，集聚国内相关领军企业、科研院校和新型研发机构，合力推动全国肉羊育种科技创新，重点建立肉羊联合育种创新实体，优化提升肉羊生产性能测定平台，构建良种繁育体系，推进“育繁推一体”的商业化育种，培育自主知识产权的肉羊新品种（品系）。

（辛　鹏）

## 生物医药研发

【概况】 2021年，滨海新区印发《滨海新区生物医药产业链实施方案（2021—2023年）》，突出龙头企业和机构核心作用，强化特色园区聚集能力，重点建设“滨城”生物医药产业聚集核心区，打造生物医药产业空间布局新格局。全年生物医药产值513.79亿元，同比增长27.6%。

依托国家合成生物技术创新中心，在保税区打造“生物制造谷”。推进细胞产业国家级创新型产业集群试点和生物医药国家战略性新兴产业集群建设。集聚各类生物医药企业1500余家，其中规上工业企业70余家，累计上市企业13家，全国医药工业百强企业2家，独角兽企业2家。实施凯莱英—瑞博小核酸药物生产基地等在建重点项目63项，总投资约440亿元。康希诺单针新冠疫苗克威莎®等3个Ⅰ类创新药物获批上市，赛诺颅内支架系统等34项Ⅲ类医疗器械注册证获批上市，诺和诺德胰岛素注射液等销售过亿元品种达到35项，累计获得新药证书、医疗器械注册证及临床试验许可证800余项。

细胞生态海河实验室和合成生物学海河实验室正式运营，建成国家合成生物技术创新中心、工业酶国家工程研究中心等国家级创新平台13家，构建"重点实验室原始创新+创新中心技术创新+工程中心应用创新"的创新体系。成立生物医药人才创新创业联盟和生物制造产业（人才）联盟，汇集18名院士专家，集聚领军企业和高校院所300余家，全区生物医药行业从业人员2.5万人。设立天津中科海河生物医药产业基金、中科合成生物成果转化基金等，基金规模超百亿元。是年，新区生物医药领域有效专利超过1.3万件，技术交易389项，CAR-T免疫细胞治疗、5-氨基乙酰丙酸低成本生物制造技术等成果实现转化应用，获批市级以上科技奖励7项。

（万伟东）

**【重大创新成果】** 2021年，滨海新区在新型疫苗、细胞治疗、合成生物、高端医疗器械等重点领域成果频出。实现3个Ⅰ类新药获批上市应用，康希诺生物与军科院合作研发的重组新型冠状病毒疫苗（5型腺病毒载体）克威莎®获批附条件上市，成为国内首个获批的腺病毒载体新冠疫苗。康希诺自主研发的A群C群二价脑膜炎球菌多糖结合疫苗（CRM197载体）美奈喜®在国内获批上市。康希诺国内首创的ACYW135群四价脑膜炎球菌多糖结合疫苗（CRM197载体）曼海欣®在国内获批上市，填补国内尚无四价脑流结合疫苗的空白。康希诺生物自主研发全球首款吸入型新冠疫苗。中国科学院天津工业生物技术研究所在国际上首次实现二氧化碳到淀粉的从头合成。天津药物研究院作为第一单位完成的"基于'物质—药代—功效'的中药创新研发理论与关键技术及其应用"获2020年度国家科学技术进步二等奖。

新获批药物和医疗器械临床试验许可50余项。合源生物自主知识产权的CAR-T免疫细胞治疗产品CNCT19注射液通过国家药监局"突破性疗法"认定，并获批天津首个也是北方第一个细胞药品生产许可证。昂赛细胞的脐带间充质干细胞注射液获得3个Ⅰ类新药临床试验批件。杰科生物用于治疗复发胶质母细胞瘤的Ⅰ类新药JL15003注射液获批进入一期临床试验，用于治疗黄斑病变眼科疾病的专项药剂获批进入三期临床试验，自主研制的新冠中和抗体药物进入一期临床试验。天津药物研究院自主研发的泰普格雷、泰宁纳德2个Ⅰ类新药获批临床试验。天九再生医学国内首个AIE新型冠状病毒抗原检测试剂盒获得欧盟CE认证。中新科炬和丹娜生物等在新冠病毒抗体检测试剂盒方面、旷博同生在免疫荧光单克隆抗体试剂盒方面、威曼生物在骨科器械方面获得三类医疗器械注册证。

（万伟东）

**【专业化载体建设】** 2021年，滨海新区培育构建新区生物医药产业创新生态。打造国家生物医药国际创新园、生物医药园、生物医药创新中心、渤龙产业园、中新生态城生物医药产业园等专业化园区载体。完成10万平方米国家生物医药国际创新园地下室部分建设，地上部分建筑单体至三层以上；3万平方米的生物医药创新中心主体结构封顶，正在进行室内外装修工程，药研院特医食品项目、康圣环球特检项目已入场；8万平方米渤龙产业园整体园区动力提升和一号楼装修改造工作启动，完成环评、结构鉴定及加固工程。中新生态城生物医药产业园一期厂房进行主体施工，二期厂房完成桩基工程；天津中海海慧谷城市更新项目开工，首期将建成集生物医药实验、办公、金融、展示等为一体的"一站式"服务产业园区。

（万伟东）

**【政策先行先试】** 2021年，滨海新区发挥自贸区、自创区政策优势，探索开展细胞及生物医药领域产业政策先行先试，为津城、滨城联动发展探索新模式。中国（天津）自由贸易区联动创新示范基地揭牌成立，中国医学科学院细胞产业转化基地落户渤龙产业园，天津市细胞技术创新中心、天津市细胞药品监管科学研究中心揭牌。配合市级相关部门推动《天津市基因和细胞产业促进条例》的立法工作。初步形成细胞治疗试点实施方案，发挥中国医学科学院血液病医院细胞治疗国家队优势和自贸区先行先试优势，依托高新区华苑国家干细胞工程产品产业化基地细胞存储、研发、生产制备、临床转化应用等全闭环管理环境，推进以点带面试点工作。

（万伟东）

**【完善科技金融支持体系】** 2021年，中科院天津工业生物技术研究所联合天津市政府引导基金、天津市海河产业基金共同设立天津中科海河生物医药产业基金，首期20亿元，已完成合伙企业的设立和出资。国科控股下属中科院资本联合天津市津联控股和滨海产业基金共同发起设立科创产业基金，规模50亿元，首期认缴31.86亿元，已完成注册，重点支持合成生物领域产业化项目。是年，航天泰心、民康医疗、德祥生物等10余家瞪羚企业获投资约6.69亿元。

（万伟东）

**【生物医药联合研究创新平台建设】** 2021年，天津国际生物医药联合研究院与北京市中医药交叉所、京津冀国家技术创新中心、中国（滨海新区）知识产权保护中心等开展合作，建设网络药理学实证研究中心、京津冀国家技术创新中心生物医药工程实验室和国家知识产权保护生物医药分中心。调研产业政策与市场需求，与经开区研究确定调整GMP（药品生产质量管理规范）项目为标准厂房和生物医药技术人才实训基地，完成实训基地建设和资金方案。研究院有限公司通过2021年度天津市产业技术研究院绩效考核评价，获奖励资金50万元。分析测试中心（瀚盟公司）通过CNAS（中国合格评定国家认可委员会）扩项复评审，全年提供检测项目6380余项。药物安全评价中心（旭和公司）完成高新技术企业资质复审和国家科技型中小企业申报工作，全年承接项目93个。

（王　英）

**【生物医药联合研究科研服务与成果转化】** 2021年，天津国际生物医药联合研究院自主研发平台申报纵向项目10项，其中中央引导地方资金项目和知识产权运营服务体系项目已公示立项。与清华大学、南开大学、济宁医学院附属医院、天津市第三中心医院等合作研发课题5项，取得一系列高水平研究成果，在《Cancer Res》（肿瘤研究）《Phytomedicine》（植物医药学）

10月22日，第四届京津冀智能医药创新论坛在滨海新区开幕

王英　摄

等国际学术期刊上发表。对外提供技术抗体制备、检测技术开发等服务11项。与天津科技成果展示交易中心签署合作协议，拓宽科技成果展示交易渠道。全年新增专利申请6项，新增专利授权2项。

（王　英）

**【生物医药联合研究项目引育与企业孵化】** 2021年，天津国际生物医药联合研究院新增孵化项目落户26个，完成国药大健康、修存医药等24家公司注册，新增注册资本3.52亿元。全年提供仪器设备使用和技术服务5950余次。组织举办项目路演、专业论坛、创业辅导、学术讲座等双创活动28次，475家次企业、1978人次参加活动。组织孵化企业参加国家和天津市创新创业赛事，派德洛格公司、御锦人工智能医疗公司获国家级奖项，亘元生物、昌和生物等6家企业获市级奖项。协助18家企业获市雏鹰企业认定，6家企业获高新科技企业认定，36家企业获科技型中小企业认定，获得企业荣誉资质类财政奖励234万元。举办企业研发中心合作发展论坛、第四届京津冀智慧医疗创新论坛等活动。“医脉众创”获评天津市青年文明号及市级工业旅游示范基地。

（王　英）

**【生物医药联合研究产业投融资服务】** 2021年，天津国际生物医药联合研究院与滨海产业基金、海河基金、华晟基金、生态城等政府和投资机构对接，形成共识，推动滨海新区生物医药产业基金设立。举办“津心融”企业融资路演对接会，向专业投资机构推荐院内孵化企业，年内协助5家企业获得融资或意向融资1140万元。与凯莱英合作联合申报融通创新公共服务平台项目，申请专项资金400万元。

（王　英）

**【生物医药联合研究产业专业智库建设】** 2021年，天津国际生物医药联合研究院推动滨海新区“细胞谷”建设，参与国家细胞产业创新型产业集群申报工作，起草集群建设规划，获得科技部批准。入选天津市首批科技创新智库。举办2021京津冀细胞产业创新发展高峰论坛，京津冀特色细胞谷试验区挂牌。推动天津市及滨海新区“十四五”规划落实，完成新区经济社会发展“十四五”规划（科技部分）解读。

与经开区、区科技局共同组建国家生物医药国际创新园（核心区）二期咨询建议专家库，协助经开区在推进创新园二期建设工作中开展相关论证工作，形成咨询建议报告。推动天津市生物医药智能化产业创新中心和天津市科技发展战略研究基地项目申报。申请获批新区知识产权运营体系“专利导航决策机制研究”项目立项。完成《天津市及滨海新区细胞产业支持政策汇编》《天津市支持大学科技园发展相关政策汇编》《天津市支持科技成果转化政策汇编》。

（王　英）

**【人才引育】** 2021年，天津国际生物医药联合研究院引进13名博士以上及海外归国高层次人才来院创办企业。完成5名国家级专家征集和申报工作。组织院内人才、企业参加“海河英才”创新创业大赛，2个项目获奖。为在孵留学人员申报市级高层次留学人才回国资助项目，组织入驻留创企业申报中国留学人员回国创业启动支持计划、滨海新区创业领军人才等人才项目。组织优秀孵化企业灏曦生物、亘元生物、昌和生物等申报2021年中国留学人员创业园最具成长性创业企业评选活动。走访在孵企业、科研平台征集人才需求，先后组织11家企业携68个招聘岗位参加高校毕业生专场招聘活动12场，面试56人、签约13人。

（王　英）

## 气象测报

**【概况】** 2021年，滨海新区平均气温13.9℃，较历年平均值（13.5℃）偏高0.4℃，极端最高气温36.3℃，出现在6月12日，极端最低气温-19.2℃，出现在1月7日，年降水量1114.9毫米，比历年平均值（539.9毫米）偏多575毫米。年日照时数2355.4小时，较历年平均值（2340.2小时）偏多15.2小时。年平均相对湿度59.7%。出现大雾16天。全年气温接近常年，降水偏多1倍，日照接近常年。

（赵聪颖）

**【气象服务】** 2021年，滨海新区发布《气象信息》134期，《情况专报》5期，《重要气象信息专报》14期，《天气快报》6期，各功能区和街镇雨情公报105期。发布暴雨、雷电、冰雹、大风、高温等各类强天气预警信号256期。其中，红色预警信号4期，橙色预警信号9期，黄色预警信号121期，蓝色预警信号122期。

疫情期间，区气象局与区应急局、区卫健委、区农委、区公安局、区民政局等对接，发布防疫信息27.60万条，其中预警大喇叭6.59万条、LED屏8.78万条、LCD屏1.21万条、新浪微博724条。

服务庆祝中国共产党成立100周年文艺演出、天津南港高端新材料项目集群启动仪式等活动。分析服务需求，制定服务方案，关注天气变化，为组委会提供预报预警。

（赵聪颖）

**【气象观测】** 2021年，滨海新区气象局完成塘沽国家基本气象观测站新址观测场（气象科技园）、业务值班方舱、配电系统建设；完成对比观测，科技园新址通过现场验收。通过中国气象局内审组对新区气象局3个观测站内审检查。提升灾害监测能力，与高新区达成新建7部区域观测站合作意向。加强业务学习与考核，组织业务人员封闭集训，获天津市气象行业天气预报职业技能竞赛区局团体第一名、全市团体第二名，全市区级综合业务竞赛团体第五名。

（赵聪颖）

**【人工影响天气】** 2021年，滨海新区人工影响天气办公室实施人工防雹作业59站次。其中，防雹作业47站次，高炮增雨作业1站次，火箭增雨作业11站次，消耗人雨弹798发、火箭弹22枚。区政府、区人影办、炮站所在街镇三方签订人工影响天气作业安全责任书，明确属地安全责任。联合区应急局、区公安局对人影炮站进行安全检查。

（赵聪颖）

**【气象防灾监管】** 2021年，滨海新区气象局与区应急局、教体局联合发文部署推动防雷减灾工作。抓好防雷减灾和升放气球安全专项整治三年行动实施方案，制定具体落实方案。完成“放管服”改革任务，落实审批事项联审联批，防雷装置设计审核35件，防雷竣工验收22件。对防雷重点监管危化企业开展执法检查、城镇燃气场站专项执法检查，检查企业320家，升放气球执法巡查29次。防雷执法监管实现“互联网+”电子信息化。依法开展气象探测环境保护，办理新建、扩建、改建建设工程避免危害气象探测环境初审函询132件。

（赵聪颖）

**【气象科普】** 2021年，滨海新区制定宣传科普工作计划，借助“3·23”气象日、防灾减灾日、科技周等活动开展气象科普宣传，通过微博、微信、显示屏等平台，发布安全生产月主题、安全生产常识、应急自救知识等内容。加强气象新闻宣传和工作动态信息更新。天津市气象局网站刊登报道125篇，中国气象报发表6篇，中国气象局网站发表4篇；与地方电视台和新媒体合作宣传报道采访8次。短视频作品获第三届全国短视频创作大赛（天津赛区）三等奖。

（赵聪颖）

# 教 育

## 综 述

2021年，滨海新区拥有各级各类学校、幼儿园481所，在校生25.95万人，教职工2.72万人，其中专任教师1.99万人。中职学校13所，在校学生6676人，专任教师466人；高中学校32所，在校学生2.76万人，专任教师2578人；初中学校62所，在校学生4.99万人，专任教师4683人；小学98所，在校学生12.36万人，专任教师8240人；特教学校3所，在校学生393人，专任教师62人；幼儿园273所，在园幼儿5.13万人，专任教师3844人。

是年，滨海新区加快推进教育资源建设，编制完成《滨海新区教育设施布局专项规划（2019—2035）》。教育改革创新进一步深化，持续推动集团化办学。教师队伍建设进一步加强，2287人被认定为区级骨干教师，1名校长、3名班主任、4名教师被授予2021年天津市"津门杰出校长""津门杰出班主任""津门杰出教师"称号。思政课改革创新进一步落实，187所中小学校与高校签署共建协议，在天津市率先成立滨海新区大中小学思政课一体化教学研究联盟。推荐50余名思政课教师走进街镇村居新时代文明实践站所，为市民和未成年人作示范宣讲。加强思政课程资源库建设，《蓬勃兴盛天津港》等9个特色案例入选"美丽天津"思政课特色案例。制定《滨海新区提高中小学生体质健康水平八条措施》，组队参加2021年天津市中小学田径冠军赛，滨海新区中小学代表团以团体总分1617分、金牌总数108枚的优异成绩取得团体总分第一名和金牌总数第一名。"双减"（减轻义务教育阶段学生作业负担、减轻校外培训负担）工作成效显著，充分发挥校园主阵地作用，制定《滨海新区关于进一步加强和改进义务教育学校作业管理的若干措施》，在天津市"双减"阶段性重点任务综合督查情况反馈中，新区课后服务得分全市第一名。加强校外培训机构监管，在全国率先完成"营改非"登记，人民日报客户端以《天津滨海新区率先完成"营改非"登记》为题给予报道。

（马林林　刘玉林）

9月，天津市实验中学滨海育华学校投入使用　　苏里　摄

## 教育管理

**【概况】** 2021年，滨海新区教育经费总收入92.73亿元、总支出94.4亿元。调整完善教育资源布局，推进教育基础设施建设，《滨海新区教育设施布局专项规划（2019—2035年）》取得阶段成果，全年新增中小学学位1500个、幼儿园学位300个。制定《滨海新区推进义务教育优质均衡发展三年行动方案（2020—2022年）》，推动城乡义务教育优质均衡发展。出台《滨海新区加强新时代乡村教师队伍建设实施办法》，农村教师队伍建设水平进一步提高。

（于秀臣）

**【教育经费收入与支出】** 2021年，滨海新区教育经费总收入92.73亿元。其中，教育事业费82.26亿元，教育费附加43万元，事业收入7.42亿元（其中学费7.20亿元），其他收入3.05亿元。全年教育经费总支出94.4亿元。其中，教育事业费支出85.4亿元，教育费附加支出43万元，其他支出9亿元。总支出中公用经费支出24.89亿元、人员经费支出69.5亿元。总支出中学前支出12.83亿元、小学支出37.58亿元、初中支出21.4亿元、高中支出12.48亿元、其他支出10.11亿元。

（李浩媛）

**【教育资源提升改造】** 2021年，滨海新区制定实施《滨海新区2021年教育补短板工作计划》，推进教育民生工程，建成实验中学滨海育华学校和大港育秀幼儿园，新增中小学学位1500个、学前教育学位300个。实施C级校舍加固计划，完成太平村中学等5所学校1.53万平方米校舍加固任务。落实资金937万元，对30所学校进行应急维修。实施运动场馆拓展工程，通过寻求企业支持，对34所学校损坏严重的塑胶场地进行维修改造，补齐生均体育运动场馆面积不足短板。推进校园消防设施改造，完成塘沽九中等23所学校、幼儿园消防设施改造施工。

（张红伟）

**【教师队伍建设】** 2021年，滨海新区出台《滨海新区加强新时代乡村教师队伍建设实施办法》。新招聘教师、校医291名，安置公费师范生6名，面向全国招聘高层次人才2名。推进交流轮岗制度化、常态化建设，208名教师参加区域内义务教育阶段学校交流轮岗工作，其中骨干教师占交流教师总数的21.1%。选派5名教师参加教育部援疆教育人才计划到新疆和田地区于田县第二小学支教。加强教师培养培训，成立津门杰出教师郭瑞芬（思政课）工作室，发挥名师的辐射引领作用，全年认定区级骨干教师2287名（含功能区264名）。1名校长、3名班主任、4名教师获评2021年天津市“津门杰出校长”“津门杰出班主任”“津门杰出教师”。刘颖等10名教师被评定为中小学教师系列正高级教师，290名教师参加高级教师评审推荐，652名教师参加一级教师评审推荐。

（汤　瑛）

**【教学管理】** 2021年，滨海新区印发《滨海新区加强和改进义务教育学校作业管理的实施细则》，落实中小学生作业、睡眠、手机、读物、体质管理“五项管理”工作，提升作业质量。发布《加强共同体建设开展初中教学管理视导活动方案》，组织17场初高中教育教学专项视导活动，通过听一次课、组织一次座谈、听取一次汇报、查询相关档案、进行一次反馈的方式来指导学校健全教学管理规章制度，完善教学保障体系，建立良好教学秩序，促进教学质量提升。

（刘　洋）

**【教育督导】** 2021年，滨海新区组织中小学责任督学对责任区中小学体育美育劳动教育课程开课情况以及音乐教室、美术教室和劳动教室被挤占情况开展专项督查。组织中小学责任督学采用校园巡查、推门听课、查阅资料、问卷调查、走访座谈等方式，对责任区中小学落实中小学生作业、睡眠、手机、读物、体质等“五项管理”工作要求情况开展每个月不少于一次的常规督导。调整中小学责任督学挂牌督导责任区，将全区193所中小学校调整为87个责任督学挂牌督导责任区，配备190名责任督学。组织12个区级督导评估专家组72名督导专家，对65所幼儿园的办园行为进行督导评估，其中58所幼儿园督导评估结果为750分以上。对区政府2019年履行教育职责整改落实情况进行复查回访。调整幼儿园责任督学挂牌督导责任区，将全区293所公办幼儿园和取得合法资质的民办幼儿园调整为77个幼儿园责任督学挂牌督导责任区，配备114名责任督学。

（王春庆）

**【校外教育培训机构监管】** 2021年7月底，滨海新区教体局增设校外教育培训监管室，加强对校外教育培训机构的办学资质、教学活动、师资情况、规范收费等方面日常监管。加强对无证无照和其他违规办学行为的治理力度，开展广告治理、违规培训查处等“秋风”专项治理行动，出动约2000人、检查机构约3000个、查处问题200余个。加强校外培训机构预收费资金监管，做到资金监管协议应签尽签，资金监管账户应建尽建，消课计划应交尽交，预收款应存尽存。压减学科机构，完成“营改非”登记。

（王薇薇）

【校园安全】 2021年，滨海新区教育系统开展安全生产隐患大排查大整治工作，排查出安全隐患986项，全部整改完成。开展交通安全、消费安全、“校园欺凌”整治行动，做好反恐防暴工作。区教体局与区人民检察院联合，为45所学校补配法治副校长，法治副校长配备率100%。组织开展中小学安全教育月主题宣传活动，以知识讲座、现场教学、互动交流、情景模拟体验等形式，向学校师生系统传授防诈骗、防盗抢、防校园欺凌、远离“黄赌毒”、防传销、防溺水、交通安全及消防安全、反恐防暴、危险感知和逃生自救等方面的常识和技能。

（陶泓杉）

## 基础教育

【概况】 2021年，滨海新区不断深化教育改革，加强内涵建设，促进学前教育规范发展、提高义务教育质量、促进普通高中育人方式改革。落实《天津市幼儿园保教质量规范》，优化学前教育办学结构，学前教育普及程度和保教质量稳步提高。制定出台《滨海新区推进义务教育优质均衡发展攻坚行动方案》，对滨海新区义务教育优质均衡发展状况进行年度自评。开发满足学生多样化学习需求的课后服务项目，制定完善具体的课后服务工作方案，分年级、分层次设置课后服务“项目菜单”，实现课内与课后有效衔接。

2021年滨海新区小学一览表

表13

| 名称 | 年级数（个） | 班数（个） | 学生数（人） | 教职工数（人） | 坐落位置 |
|---|---|---|---|---|---|
| 滨海新区大港欣苑小学 | 6 | 18 | 647 | 56 | 滨海新区太平示范镇昌德路26号 |
| 天津师范大学滨海附属小学 | 6 | 25 | 1025 | 78 | 滨海新区中心商务区东台路605号 |
| 滨海新区塘沽远洋城小学 | 6 | 57 | 2454 | 161 | 滨海新区胡家园街滨慧花园1-8栋 |
| 滨海新区塘沽紫云小学 | 6 | 28 | 1235 | 78 | 滨海新区紫云环道983号 |
| 滨海新区塘沽三中心小学 | 6 | 24 | 1036 | 73 | 滨海新区江西路996号 |
| 滨海新区港西新城小学 | 6 | 29 | 1120 | 85 | 滨海新区海滨街云祥道878号 |
| 天津华夏未来中新生态城小学 | 6 | 36 | 1361 | 119 | 中新生态城新二街895号 |
| 天津生态城南开小学 | 6 | 58 | 2281 | 185 | 中新生态城中天大道4210号 |
| 滨海新区新北第一小学 | 6 | 32 | 1387 | 89 | 滨海新区河北西路290号 |
| 天津市实验小学滨海学校 | 6 | 15 | 569 | 45 | 滨海新区塘沽航运西路1179号 |
| 天津市昆明路小学滨海学校 | 6 | 15 | 516 | 43 | 滨海新区北塘经济区随州道119号 |
| 滨海新区大港第十二小学 | 6 | 23 | 1002 | 59 | 滨海新区街滨海大道1251号 |
| 滨海新区小王庄第二小学 | 6 | 17 | 595 | 57 | 滨海新区小王庄示范镇华纳街96号 |
| 天津港保税区空港实验小学 | 6 | 49 | 1916 | 161 | 天津空港经济区兴宇路50号 |
| 天津外国语大学附属东疆外国语学校 | 3 | 3 | 79 | 13 | 滨海新区东疆保税港区银川道1号 |
| 滨海新区大港东城小学 | 6 | 41 | 1784 | 113 | 滨海新区大港海景二路328号 |
| 滨海新区新北第二小学 | 6 | 24 | 985 | 55 | 滨海新区河北西路1172号 |
| 滨海新区塘沽福州道小学 | 6 | 28 | 1193 | 84 | 滨海新区塘沽奥林花园路23号 |
| 滨海新区南益小学 | 6 | 26 | 1065 | 75 | 滨海新区福州道3166号 |
| 滨海新区玉簪小学 | 6 | 18 | 755 | 44 | 滨海新区北塘街道欣雅苑 |
| 滨海新区大港第一小学 | 6 | 22 | 889 | 63 | 滨海新区大港迎宾街122号 |
| 滨海新区大港第二小学 | 6 | 46 | 2058 | 110 | 滨海新区大港育秀街14号 |
| 滨海新区大港第三小学 | 6 | 33 | 1478 | 86 | 滨海新区大港凯旋苑65号 |

续表13

| 名称 | 年级数（个） | 班数（个） | 学生数（人） | 教职工数（人） | 坐落位置 |
|---|---|---|---|---|---|
| 滨海新区大港第六小学 | 6 | 25 | 1078 | 70 | 滨海新区大港育秀街366号 |
| 滨海新区大港实验小学 | 6 | 39 | 1737 | 109 | 滨海新区大港福苑里 |
| 滨海新区大港上古林小学 | 6 | 24 | 1010 | 66 | 滨海新区古林街古林里 |
| 滨海新区大港第四小学 | 6 | 33 | 1313 | 104 | 滨海新区中港路12号 |
| 滨海新区大港英语实验小学 | 6 | 25 | 950 | 69 | 滨海新区大港喜荣街与兴华路交口 |
| 滨海新区大港西苑小学 | 6 | 19 | 791 | 62 | 滨海新区海滨街三号院西苑小区 |
| 滨海新区大港二号院小学 | 6 | 14 | 458 | 56 | 滨海新区海滨街油田二号院 |
| 滨海新区大港三号院小学 | 6 | 15 | 530 | 62 | 滨海新区海滨街三号院春华小区 |
| 滨海新区大港花园里小学 | 6 | 12 | 366 | 43 | 滨海新区海滨街花园南里 |
| 滨海新区大港桃李园小学 | 6 | 13 | 402 | 47 | 滨海新区海滨街新盛小区物探 |
| 天津经济技术开发区第一小学 | 6 | 48 | 2093 | 134 | 天津经济技术开发区第三大街37号 |
| 天津经济技术开发区第二小学 | 6 | 43 | 1808 | 122 | 天津经济技术开发区第五大街98号 |
| 滨海新区汉沽东海小学 | 6 | 17 | 632 | 58 | 滨海新区寨上街平阳里社区 |
| 滨海新区汉沽河西第一小学 | 6 | 24 | 1093 | 94 | 滨海新区河西四纬路南8号 |
| 滨海新区汉沽河西第三小学 | 6 | 16 | 624 | 57 | 滨海新区茶淀街九龙里社区 |
| 滨海新区汉沽盐场小学 | 6 | 41 | 1952 | 130 | 滨海新区汉沽文化街8号 |
| 滨海新区塘沽新港第一小学 | 6 | 24 | 1030 | 75 | 滨海新区新港新民街74号 |
| 滨海新区塘沽新港第四小学 | 6 | 37 | 1580 | 104 | 滨海新区新港北仓里11号 |
| 滨海新区塘沽新港第二小学 | 6 | 20 | 853 | 70 | 滨海新区新港海滨路164号 |
| 滨海新区塘沽朝阳小学 | 6 | 29 | 1310 | 85 | 滨海新区春风路431号 |
| 滨海新区塘沽一中心小学 | 6 | 27 | 1196 | 83 | 滨海新区塘沽文化街3号 |
| 滨海新区塘沽草场街小学 | 6 | 30 | 1342 | 88 | 滨海新区草场街204号 |
| 滨海新区塘沽二中心小学 | 6 | 46 | 2007 | 130 | 滨海新区山东路13号 |
| 滨海新区塘沽上海道小学 | 6 | 27 | 1267 | 85 | 滨海新区江苏路593号 |
| 滨海新区塘沽浙江路小学 | 6 | 37 | 1662 | 108 | 滨海新区上海道2461号 |
| 滨海新区塘沽宁波里小学 | 6 | 14 | 569 | 44 | 滨海新区福建路39号 |
| 滨海新区塘沽向阳第一小学 | 6 | 28 | 1256 | 92 | 滨海新区向阳南街10号 |
| 滨海新区塘沽向阳第三小学 | 6 | 28 | 1233 | 86 | 滨海新区杭州道吉林路6号 |
| 滨海新区塘沽广州道小学 | 6 | 25 | 1113 | 76 | 滨海新区广州道61号 |
| 滨海新区塘沽桂林路小学 | 6 | 27 | 1142 | 91 | 滨海新区广州道桂林路2号 |
| 滨海新区塘沽大庆道小学 | 6 | 22 | 888 | 74 | 滨海新区福建北路1889号 |
| 滨海新区塘沽徐州道小学 | 6 | 24 | 1030 | 75 | 滨海新区新河街湘江里增3号 |
| 滨海新区塘沽岷江里小学 | 6 | 24 | 977 | 72 | 滨海新区广州道秀水街3号 |
| 滨海新区塘沽工农村小学 | 6 | 37 | 1582 | 127 | 滨海新区河北路49号 |
| 滨海新区塘沽胡家园小学 | 6 | 20 | 831 | 62 | 滨海新区于庄子路8号胡家园小学 |
| 滨海新区塘沽大梁子小学 | 6 | 17 | 518 | 63 | 滨海新区大梁子曙光道 |
| 滨海新区塘沽新城小学 | 6 | 10 | 317 | 53 | 滨海新区新城镇新城村南门东里 |

续表13

| 名称 | 年级数（个） | 班数（个） | 学生数（人） | 教职工数（人） | 坐落位置 |
|---|---|---|---|---|---|
| 滨海新区塘沽湾第一小学 | 6 | 10 | 345 | 28 | 滨海新区胡家园街河头村永达里1排1号 |
| 滨海新区塘沽河头小学 | 6 | 10 | 292 | 28 | 滨海新区胡家园街南窑村 |
| 滨海新区塘沽刘庄南窑小学 | 5 | 5 | 89 | 24 | 滨海新区胡家园街于庄子路 |
| 滨海新区塘沽善门口小学 | 6 | 7 | 233 | 26 | 滨海新区胡家园街郑庄子村1号 |
| 滨海新区塘沽于庄子小学 | 6 | 8 | 186 | 35 | 滨海新区胡家园街道中心庄村 |
| 滨海新区塘沽馨桥园小学 | 6 | 28 | 1177 | 92 | 滨海新区胡家园街六道沟村馨桥园小学 |
| 滨海新区欣嘉园第一小学 | 6 | 25 | 1094 | 71 | 滨海新区欣嘉园嘉辉路186号 |
| 滨海新区塘沽盐场小学 | 6 | 16 | 601 | 58 | 滨海新区塘沽万年桥北路1716号 |
| 滨海新区塘沽渤海石油第一小学 | 6 | 15 | 546 | 47 | 滨海新区河滨路28号 |
| 滨海新区塘沽渤海石油第二小学 | 6 | 30 | 1310 | 86 | 滨海新区东沽石油新村路299-117号 |
| 滨海新区塘沽渤海石油第三小学 | 6 | 6 | 169 | 25 | 滨海新区建设路400-500号 |
| 滨海新区塘沽博才小学 | 6 | 27 | 1207 | 73 | 滨海新区赵新路6号 |
| 滨海新区塘沽贻成小学 | 6 | 24 | 1037 | 80 | 滨海新区塘沽东江路1655号 |
| 滨海新区汉沽体育场小学 | 6 | 40 | 1837 | 126 | 滨海新区新村街23号 |
| 滨海新区汉沽中心小学 | 6 | 46 | 2105 | 132 | 滨海新区寨上街道府北街1号 |
| 滨海新区汉沽大田小学 | 6 | 13 | 434 | 69 | 滨海新区汉沽街大田村东 |
| 滨海新区汉沽孟圈小学 | 6 | 6 | 92 | 21 | 滨海新区茶淀街孟家郾村南 |
| 滨海新区汉沽后沽小学 | 6 | 7 | 167 | 36 | 滨海新区茶淀街后沽村 |
| 滨海新区汉沽桥沽小学 | 6 | 6 | 90 | 26 | 滨海新区茶淀街桥沽村西 |
| 滨海新区汉沽李自沽小学 | 6 | 6 | 78 | 22 | 滨海新区茶淀街西李自沽村南 |
| 滨海新区汉沽西孟小学 | 6 | 6 | 94 | 26 | 滨海新区茶淀街西孟村 |
| 滨海新区汉沽茶淀小学 | 6 | 15 | 517 | 65 | 滨海新区汉沽六经路32号 |
| 滨海新区汉沽桃园小学 | 6 | 8 | 218 | 38 | 滨海新区杨家泊镇桃园村北 |
| 滨海新区汉沽杨家泊小学 | 6 | 6 | 178 | 36 | 滨海新区杨家泊镇杨家泊村 |
| 滨海新区汉沽高庄小学 | 6 | 8 | 209 | 42 | 滨海新区杨家泊镇高庄村 |
| 海新区大港第九小学 | 6 | 19 | 700 | 50 | 滨海新区大港迎新街19号 |
| 滨海新区大港第十一小学 | 6 | 14 | 444 | 31 | 滨海新区大港建安里 |
| 滨海新区大港第五小学 | 6 | 20 | 591 | 56 | 滨海新区中塘镇张港子村 |
| 滨海新区大港第七小学 | 6 | 11 | 299 | 35 | 滨海新区中塘镇中塘村东侧 |
| 滨海新区大港栖凤小学 | 6 | 17 | 609 | 57 | 滨海新区中塘镇栖凤北路110号 |
| 滨海新区大港仁合小学 | 6 | 15 | 347 | 50 | 滨海新区中塘镇仁和里 |
| 滨海新区大港小王庄第一小学 | 6 | 6 | 92 | 23 | 滨海新区小王庄镇小王庄 |
| 滨海新区大港向阳小学 | 6 | 19 | 387 | 53 | 滨海新区小王庄镇向阳里小区 |
| 滨海新区大港太平第一小学 | 6 | 18 | 482 | 54 | 滨海新区太平镇太平村 |
| 滨海新区大港太平第二小学 | 6 | 12 | 421 | 34 | 滨海新区太平镇同安小区 |
| 滨海新区大港窦庄子小学 | 6 | 6 | 218 | 20 | 滨海新区太平镇窦庄子村9999号 |
| 滨海新区大港福源小学 | 6 | 50 | 2130 | 131 | 滨海新区大港海景九路436号 |

## 2021年滨海新区中学一览表

表14

| 名称 | 办学类型 | 年级数（个） | 班数（个） | 学生数（人） | 教职工数（人） | 坐落位置 |
|---|---|---|---|---|---|---|
| 滨海新区塘沽湾学校 | 九年一贯制学校 | 9 | 11 | 315 | 45 | 滨海新区新城镇邓善沽村 |
| 滨海新区大港同盛学校 | 九年一贯制学校 | 9 | 49 | 2132 | 157 | 滨海新区海滨街道同盛东里社区 |
| 滨海新区大港港狮学校 | 九年一贯制学校 | 9 | 19 | 634 | 79 | 沧州市沧县旧州镇 |
| 天津经济技术开发区国际学校 | 九年一贯制学校 | 9 | 84 | 3688 | 238 | 滨海新区泰达街道紫云社区 |
| 滨海新区大港第五中学 | 初级中学 | 3 | 23 | 915 | 121 | 滨海新区大港街道福安里社区 |
| 天津泰达实验学校 | 九年一贯制学校 | 9 | 80 | 3558 | 220 | 滨海新区泰达街道福瑞社区 |
| 滨海新区大港海滨第三学校 | 九年一贯制学校 | 9 | 11 | 337 | 52 | 滨海新区海滨街道采油社区 |
| 滨海新区大港海滨学校 | 九年一贯制学校 | 9 | 49 | 2184 | 158 | 滨海新区海滨街道怡然社区 |
| 滨海新区大港海滨第二学校 | 九年一贯制学校 | 9 | 15 | 476 | 58 | 滨海新区海滨街道华幸社区 |
| 滨海新区大港海滨第四学校 | 九年一贯制学校 | 9 | 18 | 522 | 60 | 滨海新区古林街道上古林村 |
| 滨海新区汉沽第二中学 | 初级中学 | 3 | 23 | 979 | 112 | 滨海新区寨上街道建阳里社区 |
| 滨海新区汉沽第三中学 | 初级中学 | 3 | 24 | 996 | 113 | 滨海新区茶淀街道宜春里社区 |
| 滨海新区汉沽第八中学 | 初级中学 | 3 | 23 | 1039 | 114 | 滨海新区汉沽街道贾园里社区 |
| 滨海新区汉沽第九中学 | 初级中学 | 3 | 24 | 1086 | 93 | 滨海新区寨上街道建阳里社区 |
| 滨海新区汉沽大田中学 | 初级中学 | 3 | 9 | 252 | 48 | 滨海新区汉沽街道大田村 |
| 滨海新区汉沽后沽中学 | 初级中学 | 3 | 11 | 340 | 54 | 滨海新区茶淀街道后沽村 |
| 滨海新区汉沽桃园中学 | 初级中学 | 3 | 8 | 264 | 43 | 滨海新区杨家泊镇杨家泊村 |
| 滨海新区汉沽高庄中学 | 初级中学 | 3 | 6 | 143 | 39 | 滨海新区杨家泊镇高庄村 |
| 滨海新区大港团泊洼学校 | 九年一贯制学校 | 8 | 8 | 95 | 24 | 静海区团泊镇团泊村 |
| 滨海新区大港油田第四中学 | 初级中学 | 3 | 22 | 819 | 116 | 滨海新区海滨街道西苑社区 |
| 滨海新区塘沽第三中学 | 初级中学 | 3 | 23 | 859 | 83 | 滨海新区杭州道街道贵阳里社区 |
| 滨海新区塘沽第五中学 | 初级中学 | 3 | 26 | 1110 | 102 | 滨海新区新村街道惠安里社区 |
| 滨海新区塘沽第六中学 | 初级中学 | 3 | 40 | 1729 | 154 | 滨海新区新村街道联合村社区 |
| 滨海新区塘沽第九中学 | 初级中学 | 3 | 11 | 370 | 52 | 滨海新区大沽街道南北卫里社区 |
| 滨海新区塘沽新港中学 | 初级中学 | 3 | 22 | 924 | 97 | 滨海新区新港街道海宁里社区 |
| 滨海新区塘沽第十一中学 | 初级中学 | 3 | 25 | 1197 | 116 | 滨海新区杭州道街芳园里社区 |
| 滨海新区塘沽第十四中学 | 初级中学 | 3 | 36 | 1519 | 146 | 滨海新区杭州道街道文安里社区 |
| 滨海新区塘沽第十五中学 | 初级中学 | 3 | 34 | 1496 | 130 | 滨海新区新河街道西江里社区 |
| 滨海新区塘沽新城中学 | 初级中学 | 3 | 10 | 322 | 47 | 滨海新区新城镇新城村 |
| 滨海新区塘沽河头中学 | 初级中学 | 3 | 7 | 221 | 41 | 滨海新区胡家园街道河头村 |
| 滨海新区塘沽盐场中学 | 初级中学 | 3 | 9 | 328 | 50 | 滨海新区大沽街道新桥里社区 |
| 滨海新区塘沽北塘学校 | 九年一贯制学校 | 9 | 34 | 1198 | 112 | 滨海新区北塘街道文化宫社区 |
| 滨海新区塘沽体育学校 | 九年一贯制学校 | 3 | 6 | 100 | 23 | 滨海新区杭州道街道长征里社区 |
| 滨海新区塘沽实验学校 | 九年一贯制学校 | 9 | 42 | 1868 | 142 | 滨海新区新村街道崇安里社区 |
| 滨海新区大港第二中学 | 初级中学 | 3 | 32 | 1480 | 163 | 滨海新区大港街道兴盛里社区 |

续表14

| 名称 | 办学类型 | 年级数（个） | 班数（个） | 学生数（人） | 教职工数（人） | 坐落位置 |
|---|---|---|---|---|---|---|
| 滨海新区大港第六中学 | 初级中学 | 3 | 35 | 1532 | 160 | 滨海新区大港街道晨晖里社区 |
| 滨海新区大港第七中学 | 初级中学 | 3 | 14 | 535 | 88 | 滨海新区大港街道前光里社区 |
| 滨海新区大港第九中学 | 初级中学 | 3 | 19 | 758 | 83 | 滨海新区大港街道七邻里社区 |
| 滨海新区大港第四中学 | 初级中学 | 3 | 27 | 1034 | 134 | 滨海新区中塘镇黄房子村 |
| 滨海新区大港栖凤中学 | 初级中学 | 3 | 18 | 636 | 77 | 滨海新区中塘镇新房子村 |
| 滨海新区大港小王庄中学 | 初级中学 | 3 | 12 | 479 | 65 | 滨海新区小王庄镇渡口村 |
| 滨海新区大港徐庄子中学 | 初级中学 | 3 | 9 | 299 | 41 | 滨海新区小王庄镇徐庄子村 |
| 滨海新区大港太平村第二中学 | 初级中学 | 3 | 9 | 300 | 41 | 滨海新区太平镇太平村 |
| 滨海新区大港窦庄子中学 | 初级中学 | 3 | 4 | 126 | 27 | 滨海新区太平镇窦庄子村 |
| 滨海新区大港苏家园学校 | 九年一贯制学校 | 9 | 29 | 707 | 102 | 滨海新区太平镇苏家园村 |
| 滨海新区大港远景学校 | 九年一贯制学校 | 9 | 12 | 362 | 63 | 滨海新区海滨街道远景一村 |
| 滨海新区大港沙井子学校 | 九年一贯制学校 | 9 | 15 | 498 | 59 | 滨海新区海滨街道沙井子一村 |
| 滨海新区大港滨湖学校 | 九年一贯制学校 | 9 | 10 | 298 | 43 | 滨海新区古林街道官港社区 |
| 滨海新区塘沽育才学校 | 九年一贯制学校 | 9 | 58 | 2649 | 196 | 滨海新区胡家园街道觉祥园社区 |
| 天津华苑枫叶国际学校 | 九年一贯制学校 | 9 | 51 | 1003 | 127 | 西青区中北镇溪秀苑社区 |
| 滨海新区塘沽第七中学 | 初级中学 | 3 | 12 | 476 | 48 | 滨海新区新港街道海防里社区 |
| 天津港保税区空港学校 | 九年一贯制学校 | 9 | 45 | 1850 | 185 | 天津港保税区保税区社区 |
| 滨海新区远洋城中学 | 初级中学 | 3 | 27 | 1226 | 106 | 滨海新区胡家园街道远洋滨尚社区 |
| 天津港保税区临港实验学校 | 九年一贯制学校 | 9 | 20 | 594 | 65 | 天津港保税区临港经济区社区 |
| 滨海新区云山道学校 | 九年一贯制学校 | 9 | 65 | 2828 | 199 | 滨海新区新北街道贻成豪庭社区 |
| 滨海新区中部新城学校 | 九年一贯制学校 | 9 | 26 | 1027 | 76 | 滨海新区新港街道听涛苑社区 |
| 天津师范大学滨海附属学校 | 九年一贯制学校 | 9 | 47 | 2066 | 144 | 滨海新区大沽街道和谐园社区 |
| 滨海新区大港第十中学 | 初级中学 | 3 | 38 | 1736 | 143 | 滨海新区古林街道福锦园社区 |
| 滨海新区塘沽洞庭学校 | 九年一贯制学校 | 9 | 14 | 558 | 60 | 滨海新区杭州道街道智谛山社区 |
| 滨海新区塘沽胡家园学校 | 九年一贯制学校 | 9 | 52 | 2152 | 171 | 滨海新区胡家园街道星海苑社区 |
| 滨海新区塘沽未来学校 | 九年一贯制学校 | 9 | 39 | 1643 | 83 | 滨海新区新北街道融盛社区 |
| 天津生态城枫叶学校 | 九年一贯制学校 | 7 | 7 | 27 | 21 | 中新天津生态城生态城社区 |
| 天津市滨海新区塘沽紫云中学 | 高级中学 | 3 | 52 | 2286 | 228 | 滨海新区塘沽街道紫云园社区 |
| 天津外国语大学附属滨海外国语学校 | 十二年一贯制学校 | 12 | 188 | 7854 | 615 | 中新天津生态城生态城社区 |
| 天津经济技术开发区第一中学 | 完全中学 | 6 | 55 | 2128 | 227 | 滨海新区泰达街道雅园社区 |
| 滨海新区汉沽第一中学 | 高级中学 | 3 | 31 | 1346 | 174 | 滨海新区汉沽街道贾园里社区 |
| 滨海新区田家炳中学 | 高级中学 | 3 | 25 | 1172 | 134 | 滨海新区寨上街道新村里社区 |
| 滨海新区汉沽第六中学 | 高级中学 | 3 | 14 | 561 | 82 | 滨海新区茶淀街道五羊里社区 |
| 天津经济技术开发区第二中学 | 完全中学 | 6 | 33 | 1238 | 136 | 滨海新区泰达街道泰丰社区 |
| 滨海新区塘沽第一中学 | 完全中学 | 6 | 85 | 3777 | 424 | 滨海新区新村街道草场街社区 |

续表14

| 名称 | 办学类型 | 年级数（个） | 班数（个） | 学生数（人） | 教职工数（人） | 坐落位置 |
|---|---|---|---|---|---|---|
| 滨海新区塘沽第二中学 | 完全中学 | 6 | 56 | 2541 | 266 | 滨海新区新村街道丹东里社区 |
| 滨海新区塘沽渤海石油第一中学 | 完全中学 | 6 | 31 | 1295 | 128 | 滨海新区大沽街道石油新村社区 |
| 滨海新区塘沽渤海石油第二中学 | 完全中学 | 6 | 17 | 722 | 73 | 滨海新区大沽街道石油新村社区 |
| 滨海新区塘沽第十三中学 | 高级中学 | 3 | 24 | 1130 | 128 | 滨海新区杭州道街道华蓉里社区 |
| 滨海新区塘沽滨海中学 | 高级中学 | 3 | 16 | 651 | 92 | 滨海新区杭州道街道长征里社区 |
| 滨海新区大港油田第一中学 | 完全中学 | 6 | 29 | 1237 | 178 | 滨海新区海滨街道团结村社区 |
| 滨海新区大港油田第二中学 | 完全中学 | 6 | 24 | 849 | 130 | 滨海新区海滨街道花园南里社区 |
| 滨海新区大港油田第三中学 | 完全中学 | 6 | 30 | 1200 | 113 | 滨海新区海滨街道桃李园区 |
| 滨海新区大港油田实验中学 | 高级中学 | 3 | 20 | 856 | 107 | 滨海新区海滨街道团结村社区 |
| 滨海新区大港油田德远高级中学 | 高级中学 | 3 | 16 | 559 | 61 | 滨海新区海滨街道华幸社区 |
| 天津泰达枫叶国际学校 | 十二年一贯制学校 | 12 | 85 | 1941 | 299 | 滨海新区泰达街道翠亨社区 |
| 滨海新区大港第一中学 | 高级中学 | 3 | 30 | 1396 | 163 | 滨海新区古林街道福汇园社区 |
| 滨海新区大港实验中学 | 高级中学 | 3 | 36 | 1670 | 154 | 滨海新区大港街道前进里社区 |
| 滨海新区大港第三中学 | 高级中学 | 3 | 25 | 1093 | 131 | 滨海新区大港街道七邻里社区 |
| 滨海新区大港第八中学 | 高级中学 | 3 | 40 | 1586 | 162 | 滨海新区大港街道五方里社区 |
| 滨海新区大港太平村中学 | 完全中学 | 6 | 16 | 699 | 67 | 滨海新区太平镇太平村 |
| 天津市南开中学滨海生态城学校 | 完全中学 | 6 | 43 | 2044 | 174 | 中新天津生态城生态城社区 |
| 天津市第一中学滨海学校 | 完全中学 | 6 | 30 | 1296 | 108 | 天津港保税区保税区社区 |
| 天津市实验中学滨海学校 | 完全中学 | 6 | 32 | 1506 | 145 | 滨海新区北塘街道欣雅苑社区 |
| 滨海高新技术产业开发区第一学校 | 十二年一贯制学校 | 12 | 32 | 1025 | 95 | 高新区滨海科技园社区 |
| 北京师范大学天津生态城附属学校 | 十二年一贯制学校 | 12 | 77 | 3051 | 270 | 中新天津生态城海博社区 |
| 天津市海嘉国际学校 | 十二年一贯制学校 | 10 | 10 | 84 | 37 | 中新天津生态城海博社区 |
| 天津科技大学附属中学 | 完全中学 | 2 | 10 | 317 | 47 | 中新天津生态城生态城社区 |
| 天津市实验中学滨海育华学校 | 完全中学 | 1 | 6 | 185 | 30 | 滨海新区新港街道君景湾社区 |

（马林林）

**【学前教育】** 2021年，滨海新区初步形成覆盖城乡、布局合理、普惠均衡的学前教育公共服务体系，学前三年毛入园率85.35%，普惠性幼儿园覆盖率80.41%，公办幼儿园在园幼儿占比为50.04%。推进新区各级各类幼儿园协同发展，调整完善学前教育发展共同体名单，50个共同体制定活动措施，25所公办示范幼儿园与26所薄弱的民办园、托幼点签订帮扶协议。开展普惠性民办幼儿园等级评定工作，21所幼儿园被评定为天津市普惠性民办幼儿园。开展以“砥砺十年、奠基未来”为主题的学前教育宣传月活动，面向全区各幼儿园以“我（们）与学前教育改革这十年”为主题征集案例，向天津市学前教育学会报送案例68篇，大港凯旋幼儿园的案例在中国教育学会网站上公开发表。举办以“建功‘十四五’奋进新征程”为主题的2021年“金锤杯”滨海新区幼儿园教师职业技能大赛，1名教师获一等奖、2名教师获二等奖、3名教师获三等奖。

（李　欣）

**【小学教育展示交流活动】** 2021年，滨海新区推动小学教育优质均衡发展，聚焦“学为中心”的课堂实践研究，组织教学干部围绕“教学五环节如何进行管理”“如何实施减负监控”两个专题开展论坛交流活动。在大港第四小学举办“基于数形结合思想的小学数学‘四画’教学策略研究的探索实践”专场展示活动。在塘沽育才学校举办“思政育人铸魂 献礼建党百年”思政教学的研讨交流展示。在大港向阳小学举办深化教学改革暨双导互动教学模式研究展示交流会。在汉沽桃园小学举办“在单篇阅读教学中落实单元语文要素”研究活动。

（徐 文）

【品牌高中建设】 2021年4月，滨海新区启动首批天津市品牌高中培育建设学校申报工作，鼓励全区高中学校对照建设要求和评审标准申报。举办品牌高中培育建设学校培训会，邀请市教育科学研究院基础教育研究所所长马开剑以“以卓越品牌托起响誉品牌”为题，对各高中校校长、教学校长进行培训。全区24所学校申报天津市品牌高中培育建设学校，经过区、市两级评审，塘沽一中、塘沽紫云中学、大港油田实验中学、大港一中、开发区第一中学入选天津市品牌高中培育建设学校。

（李 佳）

【特殊教育】 2021年，滨海新区核实121名适龄残疾儿童教育安置信息，对应安置的94名儿童接受义务教育情况逐一落实，对17名重度残疾适龄儿童做好送教上门服务。完成新学年义务教育学校随班就读的认定与巡回指导，对资源教室、资源角的使用进行督查指导。对全区第一批次持证上岗的资源教师开展4次专题培训，组织4个孤独症试点单位和全区普通学校随班就读指导教师参加孤独症儿童教育质量提升线上培训；组织全区义务教育阶段学校随班就读指导教师参加特殊教育学校教材国家级示范培训，154所普通学校的504名教师参训。指导塘沽育才学校、云山道学校、大港四中、大港三小、塘沽一幼、大港凯旋幼儿园制定资源教室建设设备选配方案，6间资源教室完成采购并进行安装调试。

（崔慧梅）

【招生考试】 2021年，滨海新区高中招生8997人、毕业7134人，初中招生1.7万人、毕业1.41万人，小学招生2.09万人、毕业1.69万人，特殊教育招生20人、毕业69人，幼儿园招生1.5万人、毕业1.36万人。全年，中考报名1.43万人、录取8755人，高考报名8435人。

（马林林）

【教育科研工作】 2021年，滨海新区完成“十三五”290项各级别课题结题。组织“十四五”课题申报，立项752项。其中，市级583项，区级169项。遴选优秀论文报送参加2021年天津市教育学会“教育创新”论文评选，3篇获一等奖、97篇获二等奖、571篇获三等奖，2751篇获区级奖项。征集2022年度“教育创新”论文3920篇。其中，1127篇上报市教育学会参评市级奖项，在天津市教育学会2021年教育教学成果认定活动中获得突出成果认定4项，获市级认定230项，区级认定403项。完成2022年度天津市教育学会1.04万名会员网上注册。组织第八届青年校长（干部）学术论坛，区级参赛115人，推荐13人参加市级论坛。举办教科研讲座12次、课题研讨交流15次、优秀成果推介活动9次。组织完成2021年度“草根型”优秀案例的征集与评选，在天津市基础教育教学研究课题中期推动会上做典型发言。

（倪红莉）

【“双减”工作】 2021年，滨海新区开展“双减”（减轻义务教育阶段学生作业负担和校外培训负担）工作，严格营利性培训机构市场主体登记，设置教育“双减”审批专窗，办理变更经营范围剥离学科类140户，注销学科类培训机构39户，注销培训机构分支42户。开展广告宣传、收费项目和收费标准、合同文本等方面专项检查，排查校外培训机构2183家，发放校外培训服务合同示范文本1840份。查处发布违法广告、利用合同侵害消费者权益等违法行为，查处案件12件，罚没款71.2万元。区教体局增设校外教育培训监管室，加强对校外教育培训机构的办学资质、教学活动、师资情况、规范收费等方面日常监管。加强对无证无照和其他违规办学行为的治理力度，开展“秋风”专项治理行动，检查机构约3000个、查处问题200余个，初步达到治违的效果。

（修晓文）

## 职业教育

【概况】 2021年，滨海新区有职业教育学校13所，招生2478人，毕业1911人。其中，公办中等职业学校3所，均为国家级重点职业中专，开设有加工制造类、信息技术类、交通运输类、教育类、财经商贸类、旅游服务类等专业，在校学生5000余人；公办高等职业院校1所，开设专业32个，全日制在校学生7000余人，继续教育在校生3000余人；民办中等职业学校2所，开设专业5个，在校生近千人。是年，滨海新区深化职业教育改革，积极融入滨城产业人才联盟，围绕服务滨城主导产业发展，组织区属职业院校推进“双元”育人机制建设，不断适应产业经济发展调整专业布局。

（孙 敬）

【专业建设】 2021年，滨海新区

9月26日，大港老年大学建校30周年庆祝活动　大港老年大学　供图

组织域内各职业院校对接滨海新区产业发展需求，合理调整专业设置。天津滨海职业学院增设老年服务与管理、人工智能技术服务、跨境电子商务3个专业。塘沽一职专增设工业机器人技术应用专业。新建天津北方职业学校（民办中职学校），开设计算机应用、电子商务、会展服务与管理3个专业，纳入年度全市招生计划。组织区属各职业院校结合“十四五”期间发展规划，积极申报创优赋能建设项目。天津滨海职业学院和汉沽中专获批“1+X证书试点”项目建设，塘沽一职专和滨海中专获批中职学校创优赋能（提质培优）专业群建设项目，天津滨海职业学院获批高职院校创优赋能（提质培优）专业群建设项目，各院校建设项目均如期完成。

（孙　敬）

**【产教融合】**　2021年，滨海新区组织各职业院校以“技能：让生活更美好”为主题，开展职业教育活动周系列活动，展示职业教育成果。举办“唐昊喆口腔健康杯”第九届天津滨海职业教育科技文化节暨2021年科技文化作品展、2021天津市滨海职业教育集团建设暨产教融合发展论坛、职业启蒙教育、职场一天工作体验、畅通中高本人才成长通道研讨会等系列活动，完成滨海职教集团董事会换届工作。天津滨海职业学院分别与天津重钢机械装备股份有限公司、鱼坞重创空间有限公司签署协议，共建智能制造、数字创意产业学院。是年，滨海新区公办中等职业学校在天津市职业技能大赛中，2人获一等奖、6人获二等奖、22人获三等奖；在全国职业院校职业技能大赛中，2人获三等奖。

（孙　敬）

## 社会教育

**【概况】**　2021年，滨海新区有民办幼儿园193所，民办学历学校7所，成人文化技术学校8所，社区学院4所，老年大学3所。持续加强民办学校日常监管工作，就民办学校疫情防控、安全管理、师德教育、人员资质、收费管理等提出工作要求。健全社区教育制度建设，加快完善终身教育体系，培育特色优质品牌项目，推进学习型城市建设。制定《滨海新区关于进一步推进老年教育发展的实施方案》，发挥社区教育优势，方便老年人就近学习。

（孙敬　周密）

**【社区教育】**　2021年，滨海新区组织开展主题为“庆建党百年华诞谱终身学习新篇”的全民终身学习活动周系列活动。推进学习型城区建设工作，完善推进学习型城区建设工作机制，完成《滨海新区学习型城市建设监测报告》。加大农村成人教育培训，全年组织开展社区教育和实用技能培训近60场。助力乡村振兴和现代农业发展，魏永华被市教委评为2021年天津市“百姓学习之星”。区教育体育局被市社区教育指导中心评为“四史”教育进社区活动优秀组织单位。加强老年大学师资、课程建设，发挥老年大学的龙头作用，提高服务能力。支持区属高职学校开设智慧健康养老与管理专业，培养健康养老服务业高素质技术技能人才。11月，大港老年大学和太平成校的社区教育创新项目，获准申报教育部创新项目。

（孙　敬）

**【民办教育监管】**　2021年，滨海新区组织检查组对民办学校进行实地检查，对发现的问题提出限期改正意见，督促民办学校规范管理、规范办学。对普惠性民办幼儿园按照等级评定结果发放生均经费补助，申请补助金额6034.94万元。为46所普惠性民办幼儿园发放教育资源奖补资金2055.2万元。组织民办幼儿园、民办托幼点教师和保育员1192人参加“滨海新区幼儿园教师和保育员能力提升计划”集中培训，提高保教人员职业道德和科学保教能力水平。梳理新区域内民办义务教育学校情况，对照《关于规范民办义务教育发展的意见》，对域内民办义务教育学校进行核查，其中3所民办义务教育学校存在学校名称不规范问题，制定整改方案。完成2020年民办学校年检工作。

（周　密）

# 素质教育

【概况】 2021年，滨海新区把社会主义核心价值观纳入学生发展核心素养和学业质量标准。深化新时代思政课改革创新，加快大中小幼思政一体化育人体系建设，将价值塑造、知识传授、能力培养融为一体，推进课程思政建设。深化综合防控儿童青少年近视视力健康教育促进工程、阳光体育运动促进工程、减轻过重课业负担工程、教室光环境达标工程、视力健康综合干预工程、家校联动工程，取得明显成效。

（马林林）

【德育工作】 2021年，滨海新区在全区中小学中开展“学党史 感党恩 跟党走”主题教育活动。“六一”期间，开展“从小学党史 永远跟党走”主题教育活动，11.6万名学生、6609名家长参与活动。以“请党放心 强国有我”为主题，开展中小学统一主题开学典礼活动，迈好秋季开学第一步。引导学生坚定革命信仰、激发报国之志。开展“学史增信 青春逐梦”主题演讲比赛、“初心如磐向未来——悦读之星”故事分享会等活动，培育学生爱国情怀，38名学生获得市级一二等奖。开展“护苗”专项行动，倡导绿色文明上网。选拔推荐16名学生参加天津市“学宪法 讲宪法”演讲比赛、知识竞赛，塘沽紫云中学学生代表获演讲比赛市级第三名，天津外国语学校滨海学校学生代表获知识竞赛市级第三名。以“弘扬传统文化，喜迎百年华诞”为主题，开展中华优秀传统文化成果征集活动，征集10个学校优秀经验。开展中小学教师“讲暖心家访故事”主题演讲大赛活动，103名老师分获区级一二三等奖。开展第三周期第四批次班主任岗前、岗后培训，2350人参加培训。海滨二校吕萍、大港二小刘玉敏、塘沽一中窦小彬获第二届“津门杰出班主任”称号。

2月22日，滨海新区汉沽盐场小学主题开学典礼　　段连生　摄

（苗有志）

【学校共青团工作】 2021年，滨海新区在教育系统团员和青少年中开展党史教育活动，加强思想政治引领。举办习近平总书记“七一”重要讲话精神学习、十九届六中全会精神学习等6个专题的学习，1900余个支部、2万余名团员参加。“五四”期间，举行“学党史 强信念 跟党走”主题入团仪式及18岁成人仪式。规范基层团组织建设，发展1656名青年加入团组织，完成6900余名毕业团员组织关系转接。组织开展1600余个团（总）支部“对标定级”、团书记述职和1.6万名团员评议活动；开展学雷锋、志愿者主题实践活动，发动2万余名团员青年在志愿汇App注册成为志愿者，并在社区报道参与志愿活动，在疫情防控工作中发挥生力军、突击队作用。开展“海河青听”实践活动，全系统1600余个支部开展活动。

（王建军）

【心理健康教育工作】 2021年，

3月31日，滨海新区班主任心理健康教育全员培训　　苗有志　摄

滨海新区以“中小学心理危机的识别与应对”为主题，组织开展班主任全员培训。组建滨海新区心理健康教育讲师团，举办40场培训讲座，全区4931名班主任参加培训，培训包括心理危机的基本常识、学校心理危机的主要类型及识别、需要重点关注的学生群体、班主任如何开展危机预防和干预工作等4个方面内容。开展第三届心理健康教育特色学校评选活动，保税区临港实验学校等22所学校被命名为滨海新区教体系统第三批心理健康教育特色学校。

（苗有志）

**【中小学劳动技能大赛】** 2021年，滨海新区举办中小学劳动技能大赛，79所学校177支参赛队伍的336名选手，分别参加洗手绢、包粽子、整理收纳、电子焊接等10个项目的劳动技能比赛。塘沽胡家园小学等31支代表队获一等奖，经济技术开发区第二小学等46支代表队获二等奖，大港八中等100支代表队获三等奖，大港花园里小学等24所学校获优秀组织奖。

（苗有志）

**【学校阳光体育工作】** 2021年，滨海新区制定《滨海新区提高中小学生体质健康水平八条措施》《滨海新区中小学〈国家学生体质健康标准〉提升计划》。开展全区中小学生体质健康抽测工作，抽测中小学生1.68万人，新区12所学校的1199名学生参加实测，体测结果优秀率6.51%、良好率33.36%、及格率54.05%、不及格率6.09%；优良率39.87%、合格率93.91%。组织学校体育竞赛，开展中小学田径、足球、篮球、排球、乒乓球、羽毛球、“三跳”等10项区级体育竞赛，直接参与中小学生1万余人。参加天津市中小学田径冠军赛，新区中小学代表团以团体总分1617分、金牌总数108枚的成绩取得团体总分第一名和金牌总数第一名，连续7年蝉联团体冠军。塘沽一职专获中职组团体第三名，滨海学院获得高职院校组团体第三名。

（梅洪顺）

**【艺术教育活动】** 2021年，滨海新区以庆祝中国共产党成立100周年为主题，组织开展滨海新区学校文艺展演（美育实践课堂）活动。通过线上和线下相结合的方式展示学生美术、书法、声乐、舞蹈、器乐、戏剧等项目优秀作品，参与学生5万余名。举办“沐党恩、听党话、跟党走”—滨海新区中小学学习“四史”班级合唱和戏剧展示活动，100余所学校的近千名师生参加现场活动。举办“奋斗百年路 启航新征程”滨海新区教体系统庆祝中国共产党成立100周年文艺演出和师生书画大赛活动，768名师生获个人奖项、28所中小学校获优秀组织奖。区彩虹教师合唱团与天津交响乐团联袂举办“凤凰涅槃”—合唱经典作品音乐会。开展中华优秀传统文化艺术工作，13所学校（青少年宫）获评区第三批中华优秀传统文化艺术传承学校，塘沽善门口小学等8所学校获评教育部全国中华优秀传统文化传承学校。以天津设卫筑城617周年为契机，组织全区中小学校开展“弘扬华夏文明 传承津沽文化”第十届津沽文化日专题活动；开展戏曲进校园活动，邀请天津京剧院、天津评剧院、天津青年京剧院等院团到新区演出折子戏6场。

（陈　曦）

## 合作交流

**【概况】** 2021年，滨海新区将“发挥优质资源辐射引领作用，实现新区义务教育优质均衡发展”为总目标，持续推动义务教育共同体发展。推进集团化办学，加强校际交流与合作，促进教育质量整体提高。深化东西部协作和对口支援决策部署，推动区域协调发展、协同发展、共同发展取得新成效。推动跨区域教育合作，促进教育互动融合、资源共享。

（马林林）

**【集团化办学】** 2021年9月，塘沽一中教育集团塘沽湾学校开学。协调对接天津市实验中学，将新建的天津市实验中学滨海育华学校纳入天津市实验中学为核心校的教育集团运营，天津市实验中学教育集团育华学校开学。支持组建南开中学教育集团，中新生态城管理委员会与南开中学滨海生态城学校形成初步合作意向。推进耀华中学滨海学校、天津外国语大学附属高新区外国语学校、天津外国语大学附属高新区华苑外国语学校合作进程，深化合作关系。

（李云东）

**【东西部教育协作和支援合作】** 2021年，滨海新区制定《2021年滨海新区关于东西部教育协作和支援合作专项工作的方案》。选派优秀教师支援新疆及青海、甘肃等地教育发展。至年末，区教体局向受援地援派干部教师130人。其中，援派新疆13人，援派黄南藏族自治州57人，援派张家川县17人，援派合作市43人。开展“一对一”结对帮扶，组织滨海新区133所学校与黄南、甘肃的134所学校续签帮扶协议，结对校间建立学科教研平台、资源共享平台、交流交往平台，开展交流110余次，310余人参加；线上活动390余次，1.06万余人参加；组织网上教学教研390余次，4200

余人参与。办好黄南民族高中班，2018年择优遴选优质高中开办异地黄南民族高中班，办班规模由最初的40名学生、2名内派教师、面向河南一个县招生，发展到238名学生、7名内派教师、面向河南、泽库两县招生。首批实验滨海黄南班高考考生40人中，本科上线率65%，理科最高477分、文科最高497分，突破黄南州河南县历年成绩，创历史新高。

（马林林）

**【国际及港澳台教育合作】** 2021年，滨海新区区属各级各类学校聘用外籍教师250人，分别来自49个国家；在校国际学生674人，分别来自34个国家。在校香港籍学生141人、澳门籍学生2人、台湾籍学生66人。全区具有接受国际学生资质的学校34所，其中6所为年内新申请资质。规范外籍教师管理，加强国际及港澳台学生管理，指导相关学校做好国际及港澳台学生的招收、培养和管理工作。9月，天津日本人外籍人员子女学校迁入空港经济区，学校设小学部、初中部，在校生82人。10月，天津茱莉亚学院落成。

（孙　敬）

天津茱莉亚学院教学楼　　区融媒体中心　供图

**【天津茱莉亚学院】** 天津茱莉亚学院坐落于滨海新区于家堡，占地面积3.25万平方米，由中美两国合作共建，是天津音乐学院和茱莉亚学院合作的二级学院，为茱莉亚学院第一所海外分院。学院提供由纽约茱莉亚学院颁发的音乐硕士学位，为中国首个颁发美国认证的音乐硕士学位的艺术机构，开设大学预科项目及成人继续教育、乐器演奏培训等项目，面向公众举行公开演出。

2017年6月，天津茱莉亚学院奠基开工。建有音乐厅、演奏厅、黑盒剧场以及乐团排练厅、教学工作室、学生琴房和大教室。2019年9月，首届大学预科课程启动。2020年9月，首届研究生课程启动，包括管弦乐表演、室内乐表演、钢琴艺术指导3个专业。2021年10月26日，天津茱莉亚学院校园落成典礼。2021年，学院有大学预科学生105名、研究生70名；研究生中，国际学生占43%，分别来自美国、加拿大、俄罗斯、日本、韩国等11个国家。

（于秀臣）

# 文 化

## 综 述

2021年，滨海新区以庆祝中国共产党成立100周年为主题，组织开展丰富多彩的群众性文化活动，完成第13届天津滨海艺术节等系列群众文化活动1000余场次，重点主题活动场次390余场次，惠及群众118万人次。促进文旅融合，提升文化旅游产业发展实力，打造国家文化和旅游消费试点城市，推动智慧山创建国家级文化产业示范园区创建工作。对北洋水师大沽船坞遗址轮机厂房、亚细亚火油公司塘沽油库旧址办公楼、日本木材株式会社塘沽炮楼、大沽关帝庙等4处国家级、市级、区级文保单位开展抢救式修缮。推进滨城特色博物馆建设，大沽口炮台遗址博物馆被评定为国家二级博物馆，古林古海岸遗迹博物馆完成提升与布展工作，6月开馆运营。

至年末，滨海新区有文化馆1家（场馆4个）、公共图书馆4家（场馆8个）、博物馆9家、文物拍卖机构2家、街乡镇综合文化站21家、农村书屋122个。举办展览331次、演出674场、公益讲座1068场次。图书馆总藏书量471.89万册，外借图书186.61万册。网吧68家、文化娱乐场所39家、影视制作企业370家、网络文化经营单位212家。电视台站6家，广播综合人口覆盖率100%，电视综合人口覆盖率100%。

（李月文）

## 公共文化

【概况】 2021年，滨海新区成立国家公共文化服务体系示范区创新发展工作领导小组，制定《滨海新区群众文化设施建设和服务提升计划》。14个公共文化场馆从“五一”期间开始，延长开放时间，增加服务项目。以庆祝中国共产党成立100周年为主题，开展丰富多彩的群众性文化活动。对基层公共文化设施运行管理相关情况进行排查，整改提升公共文化服务效能，推动第3批基层综合文化服务中心达标验收工作，胡家园街综合文化服务中心以及保税区怡湾社区综合文化服务中心等69个村居综合性文化服务中心通过达标验收。至年末，滨海新区21个街镇文化站和398个村居综

5月5日，天津市第十三滨海艺术节在滨海文化中心开幕

区文旅局　供图

合文化中心全部达到市级建设标准和服务规范。滨海新区被文化和旅游部命名为2021—2023年度中国民间文化艺术之乡，中新天津生态城智慧图书馆服务和管理标准化试点入选国家标准化管理委员会第7批社会管理和公共服务综合标准化试点项目，成为天津市图书馆领域首个国家级社会管理和公共服务综合标准化试点项目。滨海新区文化馆在全国第5次文化馆评估定级中再次获评一级文化馆。

（曹迎昕）

**【总分馆制建设】** 2021年，滨海新区文化馆完成大港街、新港街两个街镇文化馆分馆数字化建设，实现培训直播共享。全区4家公共图书馆把阅读推广服务向企业和工业园区、景区深度延伸。至年末，新增分馆1家，累计42家；新增基层服务点位12个，累计405个；新增汽车流动服务点位7个，累计38个。

（曹迎昕）

**【图书馆少儿馆区开馆】** 2021年6月28日，滨海新区图书馆少儿馆区开馆。少儿馆坐落于汉沽街道府北街8号，建筑面积2282平方米，藏书3.8万册，坐席220个。采用社会化运维方式，拥有低幼阅览、亲子活动、数字体验、报刊阅览、报告展览等功能。至年末，总流通6.42万人次，文献外借2.67万册次。组织活动61场，参与2500余人次。

（曹迎昕）

**【公共图书馆通借通还】** 2021年5月1日，滨海新区图书馆、泰达图书馆档案馆、天津港保税区文化中心、中新友好图书馆共同缔造“滨城公共图书馆联合服务”项目，实现通借通还。读者一次性借书10本，可以在任何一馆归还所借图书。按照《关于滨海新区公共图书馆开展数字资源联采联建与联合服务的意见》，四馆实现数字资源联采联建与联合服务，将各馆单独采购、只服务本馆读者的传统业态，转变为四大图书馆协同采购、分别实施、共同建设、共同服务全体注册读者的新业态。

（曹迎昕）

**【博物馆公共服务】** 2021年，滨海新区各博物馆发挥公共教育职能，开展线上线下社教活动。结合传统节日，组织线上线下教育活动265场，开展志愿服务活动285场，举办新时代文明实践志愿服务活动34场。发挥红色教育资源优势，围绕中国共产党成立100周年筹划红色展览，包括大沽口炮台遗址博物馆《滨城红潮——滨海新区党的革命历程主题展》《家和万事兴主题展》，区博物馆《牢记初心　夺取胜利——中国共产党在天津（1919—1955）》。全年，区属博物馆接待观众15.9万人次。

（曹迎昕）

**【国家公共文化服务体系示范区创建】** 2021年7月，滨海新区被文化和旅游部、财政部命名为第4批国家公共文化服务体系示范区。该项工作于2018年6月启动，历时4年。2021年，完成创建规划任务149项，7个方面34项指标全部达优，其中35%的指标超过东部地区优秀标准，并创造社会主义意识形态引领公共文化服务“十个有”的“滨海模式”。组建领导小组及办公室，研究制定示范区2022年创新发展计划和任务分工。

（曹迎昕）

**【阅读组织孵化基地建设】** 2021年，滨海新区图书馆强化阅读组织孵化基地建设，培育茶淀街综合文化中心文学阅读部等8家阅读组织，在新北街、胡家园街、大港街、杭州道街等开展阅读类公益活动近百场，直接受益群众5000余人，形成初创聚集、纵深服务、创新实践、成果展示和交流体验等功能于一体的孵化平台，把一批社会力量打造成为公益阅读组织。

（曹迎昕）

**【公共服务监管】** 2021年，滨海新区完成旅游厕所上百度地图工作，对全国旅游厕所监管系统内75项旅游厕所项目粘贴监管二维码。完成对公共文化设施和旅游公共服务设施执法检查21家次，出动执法人员50人次，检查区内公共文化设施的行业监管、疫情防疫、安全生产等300余家次，对相关单位提出整改意见并进行复检。

（曹迎昕）

**【滨海全民阅读节】** 2021年4月23日，滨海全民阅读节在滨海—中关村协同创新示范基地开幕，阅读节由滨海新区图书馆、泰达图书馆档案馆、天津港保税区文化中心、中新友好图书馆共同举办，以“阅百年历程　传精神力量”主题，推出以党史学习教育为重点内容的群众性主题阅读推广活动130余项，活动种类除观影、荐读、沙龙讲座等传统项目，还推出少儿朗读吟唱、绘美丽滨城长卷、沉浸式阅读等文旅融合项目。

（曹迎昕）

## 文化活动

**【概况】** 2021年，滨海新区以庆祝中国共产党成立100周年为主题，组织开展重大主题性群众文化活动。以天津市第13届滨海艺术节为载体，开展青年新歌手大赛、市民广场舞大赛、乡村艺术节等线上线下

8月27日，天津市第七届滨海少儿评剧节开幕式暨全国评剧新苗庆祝中国共产党成立100周年华诞专场演出　　区文旅局　供图

十大板块系列活动，累计1000余场次，惠及群众118余万人次，推出一批具有滨城元素、富有滨城气派的精品力作，丰富全区高品质公共文化服务供给，为庆祝党的百年华诞营造有利社会文化氛围。

（曹迎昕）

**【滨海少儿评剧节活动】** 2021年6月—10月，滨海新区举办“雏声戏韵 童心向党”天津市第七届滨海少儿评剧节系列活动。少儿评剧节以“同庆建党百年 共创美好未来”为主题，排演红色经典曲目，评剧戏歌《唱支山歌给党听》MV在国家公共文化云、“学习强国”、天津发布、“津云”、搜狐、抖音、优酷等平台推送，点击量50余万人次。组织评剧新苗深入基层，举办“送戏下乡走进新时代文明实践站”线下系列活动，助力乡村振兴。邀请评剧名师、名家和传承人组织开展培训讲座，举办少儿评剧传承座谈交流会，围绕评剧教学与传承，加强理论研究和经验总结，为滨海少儿评剧创新发展、品牌提升奠定基础。

（曹迎昕）

**【青年新歌手大赛】** 2021年6月20日，“同唱一首歌 永远跟党走”天津市第十届“滨海杯”青年新歌手大赛颁奖仪式暨汇报演出在滨海新区融媒体中心举行。大赛自5月启动，600余名青年声乐爱好者通过网络线上报名方式，经初赛、决赛层层选拔，聂梦晨、王文萍、王文渊3名选手分别夺得美声唱法组、民族唱法组、流行唱法组一等奖，9名选手获得二等奖，15名选手获得三等奖，30名选手获得优秀奖。赛后组织全市青年新歌手成立“同唱一首歌 永远跟党走”文艺轻骑兵，排演红色歌曲在全市巡演，为庆祝中国共产党百年华诞营造浓厚氛围。

（曹迎昕）

**【市民广场舞大赛】** 2021年6月26日，“我心向党 舞动滨城”滨海新区第四届市民广场舞大赛决赛在大港油田颐康园活动中心举行。87支广场舞代表队、近1500人报名参赛。经过选拔，17支参赛队伍晋级决赛，红砖舞团、彩虹舞蹈队、柏立舞团等3支队伍获得一等奖，铁坨里芳华舞蹈队等5支队伍获得二等奖，风之舞舞蹈队等9支队伍获得三等奖，贾园里红点舞蹈队等5支队伍获得最具人气奖。

（曹迎昕）

**【首届滨城乡村艺术节】** 2021年6月18日，由滨海新区文旅局主办，区文化馆和各涉农街镇承办的“幸福生活颂党恩”滨城首届乡村艺术节开幕。艺术节期间，新城镇、汉沽街、小王庄等街镇举办剪纸作品展、戏曲演唱会、消夏晚会、群众文艺会演等活动。涉农街镇以乡村艺术节为自我展示和相互交流的平台，挖掘街镇好人好物好景等自身特色文化资源，通过线上线下组织推出一系列展演展示活动，满足滨

6月26日，滨海新区第四届市民广场舞大赛决赛在滨海新区大港油田颐康园活动中心举行　　区文旅局　供图

6月18日，滨海新区首届乡村艺术节开幕式文艺演出　区文旅局　供图

城农民对美好生活的新期待。

（曹迎昕）

**【优秀书画展】**　2021年5月7日，为庆祝中国共产党成立100周年，滨海新区文化和旅游局组织举办“风雨苍黄百年路　砥砺奋进铸辉煌”赵红岩书法作品展。展出作品100幅，展览以中国共产党入党誓词为总开篇，以党的百年历史时间轴上的重要事件为节点，把红色经典的光辉片段以诗词、金句、警句等形式艺术的串联呈现出来。展览历时半年，在京津冀地区巡展9次，6万余人参观。6月29日上午，由滨海新区文旅局主办，区文化馆承办的“百年风华正青春”滨城百幅优秀版画作品展在区文化艺术中心开展。以庆祝中国共产党成立100周年为主题展出版画精品100幅，以点带面生动讲述中国共产党团结和带领人民共同奋斗的故事，是滨海新区庆祝中国共产党成立100周年重大主题性群众文化活动之一。

（曹迎昕）

**【区春节联欢会播出】**　2021年2月3日，滨海新区以庆祝党的百年华诞为契机，在严格落实疫情防控规定条件下，在滨海演艺中心大剧场组织开展春节联欢会线下录制工作。联欢会节目以点赞滨海新区高质量发展成果、讴歌滨海新区精神生动实践为内容，创作推出诗朗诵《滨城颂歌》、舞蹈《滨海追梦人》、原创歌曲联唱《爱与你同在》、情景剧《创文的一天》、演艺组合《音舞书画贺新春》、广场舞组合《舞动滨城》等滨城元素丰富的文艺作品。春节期间，联欢会节目通过滨城广电网络和“文化随行”“津滨海”等新媒体平台，播出量20余万人次。

（曹迎昕）

**【文化交流交往】**　2021年，滨海新区联合青海省黄南藏族自治州在滨海演艺中心组织开展“同谱民族团结曲，共筑携手发展情”黄南·滨城文化交流专场演出活动。青海省藏剧团和黄南州民族歌舞剧团、滨海新区文艺团队登台表演歌舞和曲艺节目。组织滨城文化志愿者深入黄南州和张家川县组织举办“名家进黄南”等活动，表演歌曲、魔术等节目，并开展书画交流、文化座谈会、公益文化讲座、文化认亲等活动，推进两地文化交往交流交融。开展文化培训活动，100人参加。在文化随行平台开辟专栏“文旅帮扶”宣传文旅特色资源、文旅活动和特色产品。

（曹迎昕）

## 文化遗产保护

**【概况】**　2021年，滨海新区不可移动文物109处。其中，国家级保护单位4处（大沽口炮台遗址、塘沽南站、北洋水师大沽船坞、黄海学社），市级保护单位8处，区级保护单位3处。非物质文化遗产70个。其中，国家级1个（汉沽飞

2月3日，滨海新区春节联欢会在滨海演艺中心组织线下录制
区文旅局　供图

镲），市级 14 个（汉沽评剧、大沽龙灯、小王庄吹打乐等），区级 55 个（大沽落子、东升火龙舞、汉沽女书民俗文化等）。国有可移动文物普查登记 8000 余件（套）。各级各类博物馆 9 个。其中，公共博物馆 4 个，行业博物馆 1 个和民办博物馆 4 个。市文物局将大沽口炮台、北塘炮台遗址、海河防潮闸、港五井、大沽灯塔、汉沽烈士陵园等 6 处文物命名为天津市第一批不可移动革命文物。

（范　宁）

**【文物保护利用】** 2021 年，滨海新区依法对 109 处不可移动文物进行巡查，确保无重大文物损害案件。完成北洋水师大沽船坞遗址轮机厂房、亚细亚火油公司塘沽油库旧址办公楼、日本木材株式会社塘沽炮楼、大沽关帝庙四处国家级、市级、区级文保单位修缮工程。完成《塘沽火车站旧址保护规划》初稿编制及《大沽口炮台遗址保护总体规划（2020—2035）》修编工作。

（范　宁）

**【非物质文化传承】** 2021 年，滨海新区各级非遗代表性项目 70 项，完成第四批滨海新区非遗代表性项目评审 37 项。推动非遗文化传承传播，举办第七届天津滨海少儿评剧节暨全国评剧新苗交流展演、“人民的非遗，人民共享”滨海新区第八届汉沽飞镲节、“2021 年中国农民丰收节暨滨海新区太平镇‘庆丰收感党恩，引领乡村振兴’第十二届冬枣文化节”等大型活动。继续开展“非遗赶大集”活动，展演、展示、展卖非遗代表性项目 30 项。开展“非遗过大年　文化进万家”活动录制工作，录制“汉沽飞镲”“河头落子”“大港剪纸”“东升火龙舞”等短视频，在抖音、快手等媒介推送。举办“永远跟党走”大港剪纸庆端午·表初心·送吉祥活动。为喜迎中国共产党成立 100 周年、庆祝文化和自然遗产日，举办大港剪纸作品展，展示非遗技艺大港剪纸特色。组织滨海新区第六届少儿面塑大赛和汉沽评剧市级非遗传承人李桂霞评剧传承教学十周年成果汇报演出。

**至2021年滨海新区非物质文化遗产代表性项目名录**

**表15**

| 类别 | 级别 | 批次（获批时间） | 项目名称 | 申报地区或单位 |
|---|---|---|---|---|
| 民间文学（共计8项） | 市级 | 第三批（2008） | 盐母和盐母庙的传说 | 汉沽 |
| | 市级 | 第四批（2017） | 张娘娘的传说 | 大港 |
| | 区级 | 第二批（2016） | 大王滩的传说 | 汉沽 |
| | 区级 | 第三批（2019） | 滨海蔡家堡渔家谚语 | 滨海新区文化馆(汉沽馆区) |
| | 区级 | 第三批（2019） | 雾抬寺的传说 | 滨海新区文化馆(汉沽馆区) |
| | 区级 | 第三批（2019） | 汉沽大神堂鱼骨庙的传说 | 滨海新区文化馆(汉沽馆区) |
| | 区级 | 第三批（2019） | 八卦滩的传说 | 滨海新区文化馆(汉沽馆区) |
| | 区级 | 第三批（2019） | 汉沽海鲇鱼的传说 | 滨海新区文化馆(汉沽馆区) |
| 传统音乐（共计5项） | 国家级 | 第一批（2008） | 汉沽飞镲 | 汉沽 |
| | 市级 | 第二批（2009） | 小王庄吹打乐 | 大港 |
| | 市级 | 第二批（2009） | 北塘飞钹 | 塘沽 |
| | 区级 | 第一批（2012） | 五音武法鼓 | 塘沽 |
| | 区级 | 第三批（2019） | 滨海蔡家堡渔家号子 | 滨海新区文化馆(汉沽馆区) |
| 传统舞蹈（共计13项） | 市级 | 第一批（2006） | 大沽龙灯 | 塘沽 |
| | 市级 | 第一批（2006） | 北塘丰登乐会高跷 | 塘沽 |
| | 市级 | 第二批（2009） | 河头落子 | 塘沽 |
| | 区级 | 第一批（2012） | 红星落子 | 大港 |
| | 区级 | 第一批（2012） | 汉沽抢网高跷 | 汉沽 |
| | 区级 | 第一批（2012） | 大苏庄高跷 | 大港 |
| | 区级 | 第一批（2012） | 南和顺高跷 | 大港 |

续表15

| 类别 | 级别 | 批次（获批时间） | 项目名称 | 申报地区或单位 |
|---|---|---|---|---|
| 传统舞蹈（共计13项） | 区级 | 第一批（2012） | 汉沽逗龙 | 汉沽 |
| | 区级 | 第一批（2012） | 沙井子二村秧歌 | 大港 |
| | 区级 | 第一批（2012） | 小辛庄秧歌 | 大港 |
| | 区级 | 第二批（2016） | 大沽落子 | 塘沽 |
| | 区级 | 第三批（2019） | 东升火龙舞 | 滨海新区太平镇东升村村委会 |
| | 区级 | 第三批（2019） | 青新高跷 | 滨海新区新城镇 |
| 传统戏剧（共计2项） | 市级 | 第一批（2006） | 汉沽评剧 | 汉沽 |
| | 区级 | 第二批（2016） | 太平镇河北梆子 | 大港 |
| 传统体育、游艺与杂技（共计13项） | 区级 | 第一批（2012） | 燕青拳 | 塘沽 |
| | 区级 | 第一批（2012） | 形意拳 | 汉沽 |
| | 区级 | 第一批（2012） | 开门八极拳 | 大港 |
| | 区级 | 第一批（2012） | 螺旋拳 | 滨海高新区 |
| | 区级 | 第二批（2016） | 塘沽形意八卦门 | 塘沽 |
| | 区级 | 第二批（2016） | 海下弹腿拳 | 塘沽 |
| | 区级 | 第三批（2019） | 汉沽梅花螳螂拳 | 滨海新区文化馆(汉沽馆区) |
| | 区级 | 第三批（2019） | 汉沽开门八极拳 | 滨海新区文化馆(汉沽馆区) |
| | 区级 | 第三批（2019） | 通背劈挂拳 | 滨海新区武术运动协会(大港馆区) |
| | 区级 | 第三批（2019） | 泊北八极 | 滨海新区崇高武术俱乐部(大港馆区) |
| | 区级 | 第三批（2019） | 螺旋形意拳 | 滨海新区文化馆(塘沽馆区) |
| | 区级 | 第三批（2019） | 滨海新区武子功力拳 | 滨海新区文化馆(塘沽馆区) |
| | 区级 | 第三批（2019） | 萧氏八卦掌 | 滨海新区文化馆(塘沽馆区) |
| 传统美术（共计1项） | 市级 | 第四批（2017） | 大港石化宫廷补绣 | 大港油田 |
| 传统技艺（共计22项） | 市级 | 第三批（2013） | 长芦制盐工艺(晒盐技艺) | 塘沽 |
| | 市级 | 第三批（2013） | “汉沽八大饐”制作工艺 | 汉沽 |
| | 市级 | 第四批（2017） | 大港剪纸 | 大港 |
| | 区级 | 第一批（2012） | 面人王制作工艺 | 大港 |
| | 区级 | 第二批（2016） | 汉沽制盐传统工艺 | 汉沽 |
| | 区级 | 第二批（2016） | 大田豆腐制作技艺 | 汉沽 |
| | 区级 | 第二批（2016） | 程记炸糕 | 大港 |
| | 区级 | 第二批（2016） | 中塘高氏美绣 | 大港 |
| | 区级 | 第三批（2019） | 津沽砑花葫芦手工技艺 | 滨海新区文化馆(汉沽馆区) |
| | 区级 | 第三批（2019） | 陆氏传统手工制陶技艺 | 滨海新区文化馆(汉沽馆区) |
| | 区级 | 第三批（2019） | “西河帮”酿醋技艺 | 天津市隆亨酿造食品股分有限公司 |
| | 区级 | 第三批（2019） | 大港女红民间艺术 | 滨海新区文化馆(大港馆区) |
| | 区级 | 第三批（2019） | 刘氏风筝技艺 | 滨海新区大港街六合里居委会 |
| | 区级 | 第三批（2019） | 老永胜包子技艺 | 滨海新区大港老永胜包子铺 |
| | 区级 | 第三批（2019） | 塘沽侯家虾酱技艺 | 滨海新区文化馆(塘沽馆区) |

续表15

| 类别 | 级别 | 批次（获批时间） | 项目名称 | 申报地区或单位 |
|---|---|---|---|---|
| 传统技艺（共计22项） | 区级 | 第三批（2019） | 斑龙膏制作技艺 | 滨海新区文化馆(塘沽馆区) |
| | 区级 | 第三批（2019） | 北塘海鲜炖肉技艺 | 滨海新区文化馆(塘沽馆区) |
| | 区级 | 第三批（2019） | 贡院字画装裱及修复技艺 | 滨海新区文化馆(塘沽馆区) |
| | 区级 | 第三批（2019） | 津沽锦缎壶套技艺 | 滨海新区文化馆(塘沽馆区) |
| | 区级 | 第三批（2019） | 锔瓷技艺 | 滨海新区文化馆(塘沽馆区) |
| | 区级 | 第三批（2019） | 塘沽侯家咸鱼技艺 | 滨海新区文化馆(塘沽馆区) |
| | 区级 | 第三批（2019） | 大沽船模工艺 | 滨海新区文化馆(塘沽馆区) |
| 传统医药（共计3项） | 市级 | 第四批（2017） | 荀氏经筋推拿点穴法 | 泰达医院 |
| | 区级 | 第二批（2016） | 王氏伤科整骨推拿中医疗法 | 塘沽 |
| | 区级 | 第三批（2019） | 吴氏骨伤诊疗法 | 大港吴景林中医骨伤诊所 |
| 民俗（共计3项） | 市级 | 第二批（2009） | 潮音寺民间庙会 | 塘沽 |
| | 区级 | 第三批（2019） | 汉沽女书民俗文化 | 滨海新区文化馆(汉沽馆区) |
| | 区级 | 第三批（2019） | 滨海蔡家堡船对 | 滨海新区文化馆(汉沽馆区) |

（范　宁）

## 文化产业及市场管理

**【概况】** 2021年，滨海新区有印刷企业108家、出版物零售企业（书店）单位221家、电影发行放映单位26家。推动2131工程和典型宣传工作，完成农村电影放映1632场次。牛子牛书店、希望文化公司被天津市新闻出版局评为2021年天津最美书店，塘沽新华书店、翔实希望书店和读读好书公司入选2021年天津最美书店提名。

（冯国良）

**【执法检查和年度核验工作】** 2021年，滨海新区开展“正道”“新风”集中行动和“净网”“护苗”“剑网”等专项行动，对出版、印刷企业进行执法检查，全年出动执法人员近1200人次，执法车辆315台次，检查出版物市场500余家次。完成116家印刷企业、182家出版物零售单位年度核验工作。

（冯国良）

**【文化市场监管】** 2021年，滨海新区办理出版物、印刷企业行政处罚案件10件；公安机关破获刑事案件3起，刑事拘留3人，取保候审4人，处置7起购买政治性有害出版物事件；完成2起全国挂牌督办重大案件。开展全域潜在风险网站排查，排查区域内网站1万余家，处置违规网站11家，约谈违法违规企业16家次。完善舆情系统，排查清理低俗色情网站平台265家。推送“扫黄打非”相关新闻稿件20余篇。开展未成年人保护，印制发放近2万张“护苗”宣传海报、绿书签。在区图书馆、新华书店及3所中小学试点建立“护苗”工作站。开展预防未成年人网络沉迷宣传教育，引导全区18余万青少年学生自觉抵制网络诱惑。协助天津市“扫黄打非”办承办2021年全国“扫黄打非·护城河工程”联席会议，滨海新区“扫黄打非”工作领导小组办公室被评为2021年全国“扫黄打非”先进集体，杭州道街道丽水园社区被评为第五批全国“扫黄打非”进基层示范点。

（冯国良）

**【版权保护】** 2021年，滨海新区开展知识产权周版权宣传活动，组织86家单位利用微信工作群、宣传栏、户外大屏幕、微信公众号等进行宣传，组织200余所中小学开展版权宣传活动。检查推动软件正版化工作，在机关单位实施安可替代工程，安装1.5万台套国产机、国产正版软件。高新区智慧山科技文化创意产业园被国家版权局授予2020年度全国版权示范园区（基地）称号，高新区易景环境科技（天津）股份有限公司被天津市版权局评为天津市2021年版权示范单位。中新天津生态城国家动漫园参加第八届中国国际版权博览会，获评市委宣传部颁发的优秀组织奖。

（冯国良）

## 档案方志

**【概况】** 2021年，滨海新区强化党管档案职责，夯实档案基础建设，推进档案治理体系和档案资源体系、档案利用体系、档案安全体系建设，提升档案工作制度化、规范化、科学化水平。滨海新区档案馆通过国家档案局专家组测试，成为京津冀地区第一家全国示范数字档案馆。至年末，滨海新区档案馆馆藏纸质档案全宗376个，案卷73.3万卷、以件为保管单位档案71.93万件；档案数字化成果中，纸质档案案卷45.36万卷、1.81万GB，以件为保管单位档案37.51万件、2572GB。依法开放1991—1992年度档案2.41万件。充分发挥局馆联动机制，做好区疫情防控与脱贫攻坚档案指导及移交进馆工作。加大档案监督检查力度，监督检查24家全部通过验收。年内，区地志办做好《天津市滨海新区年鉴（2021）》编纂出版工作。启动《滨海新区大事记2010—2020》编辑工作，完成初稿31万字。做好《天津年鉴》滨海新区部分供稿工作，完成初稿3万字。挖掘文史资料，在《天津史志》刊出稿件4篇。

（刘丽梅　杨香）

【全国示范数字档案馆测试通过】2021年3月30日至31日，滨海新区档案馆申报的全国示范数字档案馆系统通过国家档案局专家组测试，成为京津冀地区第一家全国示范数字档案馆。专家组由上海市、安徽省、福建省等档案馆的专家组成，通过听取工作汇报、审阅相关文档、观看系统演示、进行实地测试等方式，对档案馆基础设施、系统功能、档案资源、保障体系、服务绩效五大方面99个关键指标和数百个测试点进行全面测试。该项目自2019年6月启动，先后投入745万元专门用于数字档案馆建设。区档案馆基于局域网建成档案综合管理系统；依托政务网建成馆室一体化平台，实现电子文件在线移交接收和重要档案数据归集；利用全市民生档案远程服务平台，实现市、区、街镇三级档案信息资源共享，提供“就近查档、跨馆取证”一站式服务；完成馆藏文书类纸质档案数字化345万件，数字率79.26%，馆藏照片、音像档案数字化率100%。

（朱　虹）

【档案法宣传】 2021年，滨海新区在国际档案日、档案开放日以及法制宣传日开展法制宣传。组织全区百余名档案人员集中收看《从资本与政治的关系看中国特色社会主义发展史》。在塘沽街道新城家园社区和北塘街道欣雅苑社区开展档案业务咨询、发放档案宣传单。利用区文化商务中心电子屏幕，滚动播放档案宣传标语。全天候开放档案查询大厅，塘沽、汉沽、大港档案查询点，向档案利用者提供业务咨询。组织开展竞赛答题活动，8237人次参与。通过“泰达记忆”“天津开发区大事记”“印象·生态城”等在线活动，面向社会公众宣传档案文化。

（刘丽梅）

【档案监督检查】 2021年，滨海新区档案局、区档案馆联合开展档案监督检查工作。由主管领导带队，分两组对24个单位进行检查。以脱贫攻坚和疫情防控档案收集整理、规章制度落实、档案馆（室）基础设施建设、人员管理等方面为检查重点，24个单位全部通过检查。加强指导力度，区档案局对区疫情防控与脱贫攻坚档案进行业务指导，对58个脱贫攻坚成员单位开展专题培训。

（刘丽梅）

【档案接收】 2021年，滨海新区档案馆制定《滨海新区档案接收方案》，深入区委政法委、编办、工商联等10余家单位指导调研档案工作。全年接收原塘沽法院、原塘沽老干部局、区卫健委、区工商联、区财政局等9个全宗档案22.55万卷1.78万件，并对馆藏17.57TB档案数据进行在线、离线与异地备份。完成滨海新区疫情防控与脱贫攻坚档案的指导接收工作，接收2020年疫情防控档案1.47万件、2016—2020年脱贫攻坚档案4294件、照片档案751张，完成向市档案馆数字化档案移交工作。接收滨海新区41个立档单位1128件公开文件。

（付国鹏）

【档案提供利用】 2021年，滨海新区档案馆完善档案利用制度，形成方便档案查询的首问负责、限时办结、最多跑一次和绿色通道4项便民服务机制。规范查档程序，制定《滨海新区档案馆接待利用工作窗口服务规范》《滨海新区档案馆政府信息公开查阅规定》。至年末，利用档案6184人次、8010卷(件)次。

（薛啟龙）

【档案便民服务】 2021年，滨海新区档案馆在小王庄镇、太平镇、杨家泊镇、新村街、胡家园街滨尚社区等10个街镇、社区安装民生档案一站式服务平台，为地处偏远和人口相对密集的街镇与社区提供婚姻档案查询服务，率先实现区档案馆加盖电子签章、街镇社区直接出证。相继与黄骅市档案馆、廊坊市档案馆、青岛市档案馆和北京市东城档案馆签订民生档案异地跨馆查询合作协议。全年梳理核查婚姻档案8467卷、9.5万件，解答回复12345平台通知单17件。

（薛啟龙　朱虹）

【档案征集编研】 2021年，滨海新区向社会发布《滨海新区档案馆庆祝建党100周年红色档案征集公告》，征集档案231件，包括书籍、照片、手稿、证件、录像等。举办家训家风家谱展览，分寻根问祖、先贤家训、革命家风、齐家报国4部分，展出照片85幅、展牌234块，并从馆藏2500余册家谱档案中遴选15个姓氏123册珍贵家谱进行实物展示。同时制作网上电子展厅和图册，在滨海档案网发布。展览全年接待学校、街道社区、航天五院和海军图书出版社等单位参观者500余人次。制作《管档筑情怀 守史显担当》微视频在"学习强国"平台展播。在《中老年时报》《中国档案》发表文章2篇。

（刘 霞）

**【年鉴编辑出版】** 2021年，滨海新区出版综合年鉴1部，专业年鉴3部。《天津滨海新区年鉴2021》出版。全书75万字，书前选配照片36张、随文插图189幅，设类目37个、分目215个、条目1285个。年鉴编辑过程中，不断完善编纂要求，在保持框架相对稳定的基础上，根据新区年度特点和地域特色调整篇目，同时规范组稿、编辑、校对、版式设计、装帧印刷等各个环节，明确责任划分、编纂时间进度和编纂质量要求，形成规范的编纂程序和业务制度。

《天津港保税区年鉴（2020）》创刊，于2021年10月由天津人民出版社出版，为天津港保税区首部年鉴，按年度公开出版。全书50万字，除特载、专记、概览、大事记外，设区委管委会、规划建设与环境保护、经济管理等16个类目，书后除主题词索引外，另有全国性主要媒体报道天津直博会目录索引和全国性主要媒体报道保税区目录索引。

（邵 平）

**【志鉴服务】** 2021年，滨海新区地方志办公室主动为区委、区政府、各部门和单位提供志鉴服务，包括向新任领导提供区志、年鉴；向市委巡察组提供指定志鉴40部；向区委办、发改委、纪检委等单位提供有关编制《滨海新区"十四五"经济社会发展规划》、盐业发展研究、生态产品实现价值、自然科学公益性研究、书记讲党课等内容的相关图片及志鉴资料；向图书馆、欣嘉园、欣雅苑、港电社区、第一养护院等赠阅志鉴59部；为居民群众和史志爱好者提供查阅区志及地情资料。陆续与北京、上海、山东等44个省市县区进行地情资料交换，交换志书、年鉴、地情资料98部，并做好地方志书交换登记保存工作。

（邵 平）

## 媒体融合发展

**【概况】** 2021年，滨海新区融媒体中心深化体制机制改革，出台《滨海新区加快推进媒体深度融合发展实施方案》，推动媒体深度融合发展。是年，区融媒体中心被国家广电总局评为2020年度基层广播电视统计工作优秀集体，是天津市区县级融媒体中唯一一家。"学习强国"滨海平台推送的"发现滨海之最系列报道之大沽灯塔篇"获2021年度第二期全国县级融媒体中心优秀作品双月赛一等奖，《从"红领章"到"橄榄绿"再到"火焰蓝"一家三代用热血和生命守护人民安全》获第三期三等奖，党史学习教育报道成果被选入全国学习平台简报。

（信云升）

**【新媒体建设】** 2021年，滨海新区融媒体中心上线"学习强国"天津滨海新区平台，平台设立《新思想在滨海》《逐梦滨海》《文明实践》《学思践悟》《人文滨海》5个频道。打造全新"津滨海"App，整合原滨海掌上行App，将"津滨海"App打造为集宣传报道、信息发布、便民服务为一体的融合传播平台，全年推送各类信息4.17万余条、阅读量9.5余亿次，日均覆盖移动互联网用户超650万。

（信云升）

**【全媒体宣传】** 2021年，滨海新区融媒体中心实现技术平台与优质内容有效衔接，首次启用新媒体演播室，完成"续写更多春天的故事，走进国家级新区"云访谈录制工作，对"百年党史 滨城诵读"活动启动暨新津滨海升级上线仪式进行全程网络直播，总观看量近20万人次；开展"津滨双城闪耀灯光秀活动"网络直播，异地连线、互致问候，总观看量超10万人次；开展"百面党旗映初心"系列活动网络直播，总观看人数超过15.5万人次。整合媒体优势，创新经营创收手段，推出"第七届滨海新区道德模范颁奖暨迎庆建党百年 百场道德模范事迹宣讲""童心永向党2021滨海新区'六一'少儿文艺演出""同唱一首歌 永远跟党走天津市第十届滨海杯青年新歌手大赛""时代新人说 永远跟党走"党史学习教育演讲比赛等活动。

（信云升）

# 卫生健康

## 综　述

**【概况】** 2021年，滨海新区坚持预防为主、防治结合，统筹做好疫情防控和卫生健康事业发展各项工作。加强区域龙头医院建设，夯实基层医疗卫生服务基础，健全公共卫生服务体系，全年新增病床704张，建成卫生服务站126个。精准落实疫情防控措施，推进新冠疫苗接种工作。是年，新区拥有各级各类医疗服务机构741家（包括公立311家、民营430家）。其中，三级医院9家，二级医院17家，一级医院18家，社区卫生服务中心31个。拥有病床8880张，全年入院20.3万人次，出院20.28万人次。

（胡　滨）

**【卫生健康工作规划编制】** 2021年，滨海新区出台并实施《滨海新区卫生健康事业发展“十四五”规划》和《滨海新区健康促进与教育工作规划（2021—2025年）》，印发《滨海新区2021年卫生健康事业补短板工作计划》。《滨海新区医疗卫生机构布局规划（2019—2035年）》阶段性成果矢量数据报送相关部门，并与国土空间总体规划平衡衔接。

（胡　滨）

6月，天津市第五中心医院新门诊楼投入使用。图为智慧门诊开诊现场
区卫健委　供图

**【机构与管理体制改革】** 2021年，滨海新区14家二三级公立医院建立医院章程，7家处级公立医院完成内设机构设置，3家科级单位完成医院岗位设置。制定印发《滨海新区区属公立医院绩效考核工作实施方案（试行）》，完成2020年区属公立医院绩效考核工作，拨付公立医院综合改革补助资金122万元，10家公立医院核定新的薪酬水平。

（胡　滨）

**【医疗机构基础设施建设】** 2021年，滨海新区肿瘤医院一期工程完工，第五中心医院新门（急）诊楼竣工并投入使用，滨海新区中医医院一期工程投入试运行，天津医大总医院滨海医院迁入新址。全年新增病床704张。第五中心医院新扩建及改造工程完成可行性研究报告批复，成功申请专项债资金2000万元和中央预算内资金1.4亿元，大港医院二期工程加快启动。

（胡　滨）

**【公共卫生机构建设】** 2021年，

滨海新区推进社区卫生服务站建设，已建成社区卫生服务站126个。加快推进新建、改扩建等小区社区卫生服务站建设，协调解决老旧辖区社区卫生短板，满足群众就医所需，逐步达到城市社区15分钟就医圈。在优质服务基层行创建工作基础上启动社区医院创建工作，制定区社区医院创建工作方案，组织召开专题培训会，成立区级社区医院创建专家质控组，组织专家深入创建单位进行现场指导；6家优质服务基层行创建申报机构中的4家通过国家复核；5家社区医院创建申报机构，除2家因疫情影响暂停外，其余3家通过市级社区医院评审。

（胡　滨）

**【医疗机构信息化建设】** 2021年，天津市第五中心医院、泰达国际心血管病医院完成“智慧住院”建设，塘沽传染病医院、塘沽安定医院“智慧门诊”上线运行，数字医院全面覆盖滨海新区二级以上公立医院。与科大讯飞集团合作建设人工智能辅助医疗信息系统，在各社区卫生服务中心上线，实现人工智能慢病随访、疫苗预约等功能。制定印发《“滨海平台+医联体”分级诊疗工作方案（试行）》，通过“滨海平台”连通家庭医生、专科医生与社区居民间的联系，配送居民线上药品订单7023单。

（胡　滨）

**【卫生应急】** 2021年，滨海新区急救分中心救护车增加至65辆，其中负压救护车14辆，急救电话10秒接听率始终保持在100%，救护车到达现场平均时间缩短至8分钟左右。区疾控中心应急队出动2379次，报告境外输入病例118例，排查疫情相关人员3733人，全部于24小时内完成流行病学调查并落实集中隔离医学观察措施，未出现疫情扩散事件。强化日常食源性疾病监测，对11起食源性疾病聚集性事件及时启动流行病学调查和处置。全年培训心肺复苏技能3576人，组建区级中医应急医疗队。

（胡　滨）

**【献血工作】** 2021年，滨海新区做好疫情期间血液保障工作，开展机关企事业单位工作人员无偿献血，全区各单位1725人献血43.2万毫升。组织开展世界献血者日无偿献血宣传活动，在街头、社区和医疗机构宣传无偿献血知识，对关心和支持无偿献血事业的单位和个人予以表彰。

（胡　滨）

**【医疗服务合作共建】** 2021年，滨海新区推进与北京大学医学部合作共建，继续强化共建重点科室建设，开展人员交流培训。与天津中医药大学签署共建滨海新区中医医院第二周期合作协议。第五中心医院（北京大学滨海医院）深化与北京大学医学部合作，引进高层次等各类人才74名，儿科学、外科学成为天津市医学重点建设/发展学科，建设“市级医学中心”纳入《天津市卫生健康事业发展“十四五”规划》。

（胡　滨）

## 公共卫生服务

**【概况】** 2021年，滨海新区加强重大疾病防控能力，传染病报告发病率处于较低水平；提高妇幼健康服务水平，全面实施政府25项妇女儿童保健惠民项目；优化家庭发展与老龄工作，为老年人投保“助老健康御险”，为失能半失能人员提供入户服务；夯实基本医疗卫生服务网，落实严重精神障碍管理治疗工作要求，加强职业病及危害因素监测。生态城季景社区、古林街福汇园社区创建成为首批全国示范性老年友好型社区。

（胡　滨）

**【疾病预防控制】** 2021年，滨海新区将塘沽结核病防治所预防职能并入区疾控中心，处置学校结核病疫情32起。HIV筛查近28.5万例，为乙型肝炎患者家庭密切接触者免费接种首针乙型肝炎疫苗424剂次。在二级以上医院和社区卫生服务中心设置肠道门诊20个。适龄儿童免疫规划疫苗接种率均在95%以上。

（胡　滨）

**【妇幼保健】** 2021年，滨海新区在第五中心医院建成天津市区域级危重孕产妇和新生儿救治中心，救治高危孕产妇300余例、危重新生儿90余例。区妇幼保健计划生育中心汉沽分中心业务面积增加1236平方米，全区3个妇幼保健机构房屋面积全部达到天津市标准。全面实施政府25项妇女儿童保健惠民项目，妇女儿童保健服务20万人。

（胡　滨）

**【基本医疗卫生服务】** 2021年，滨海新区建立家庭医生工作室184个，组建家庭责任医生团队301个。每个行政村建设一所标准化村卫生室，推进镇村卫生服务一体化管理，19个符合条件的村卫生室纳入医保联网结算。基本公共卫生服务项目补助标准人均104元，全区建立居民健康档案163.5万份，管理高血压患者18.4万人、糖尿病患者7.3万人，老年人健康管理17.7万人。家庭医生签约老年人23万人。完善基层医疗机构疫情防控体系，规范基层医疗机构疫情处置流程，执行“六步工作法”，发挥社区卫生服务中心、站、村卫生室作用。

（胡　滨）

【精神卫生服务】 2021年，滨海新区实施严重精神障碍患者门诊治疗使用免费基本药物政策，指定3家医疗机构为定点医疗机构，为91名低保患者发放免费药物。发挥塘沽安定医院精神专科优势，继续开展“教医结合”共建大学生心理健康工作。依托两部区级心理服务热线，受理有效热线60人次。加强新冠疫情防控心理援助工作，对5名治愈患者进行心理疏导和随访管理，为9名集中隔离医学观察人员进行心理援助和心理危机干预。

（胡　滨）

【职业健康管理】 2021年，滨海新区完成尘肺病防治攻坚行动区级、市级和国家级终期评估，做好2021年中央转移支付地方职业病防治项目，重点加强职业病、职业病危害因素等主动监测。组织开展“职业健康达人”评选、“健康企业”推荐、《职业病防治法》宣传周、职业健康传播作品征集等活动。在解放路社区卫生服务中心建立区级尘肺病康复站。

（胡　滨）

## 医疗卫生监督管理

【概况】 2021年，滨海新区不断加强医疗质量监管和医疗质量控制体系建设，推动各医院检验结果的同质化，全年组织30余次医疗质控检查。持续发展中医药事业，3所公立中医医院全部开展“一站式”服务。严格执行医师考核备案登记制度，强化卫生执法监督，打击违法行医行为，严防伤医事件发生，全区卫生健康系统社会大局稳定，营造出百姓满意的就医环境。

（胡　滨）

【中医药管理】 2021年，滨海新区与天津中医药大学签署共建滨海新区中医医院第二周期合作协议，区中医医院晋升为三级医院。开展“中医药专家讲中医”活动。改善中医药服务，开展“一站式服务”进一步改造优化服务流程，让群众“少排队”“少跑路”“少等待”；强化“1小时”预约诊疗制度，开通至少3种以上预约方式；开展中医师“义”服务活动，二级及以上中医医疗机构每季度为群众提供1次义务中医药服务等行动。3所公立中医医院全部开展“一站式服务”，实行“一小时”预约诊疗制度。全区65岁以上老年人及0～3岁儿童中医药健康管理服务覆盖率分别为65%、70%。

（胡　滨）

【医疗质量监管】 2021年，滨海新区医疗质量监管取得成效。第五中心医院被认证为首批市级创伤中心，大港医院、泰达医院成为市级创伤中心建设单位；新区各二级及以上公立医院检验结果实现互认。加强区医疗质量控制体系建设，充实医疗质量控制队伍。完善医疗质量控制组相关管理制度，强化质控组内涵建设。针对医疗质量的薄弱环节，制定质控检查、培训计划，组织30余次医疗质控检查工作，涉及发热门诊、院感控制、检验质控及住院管理等方面。加强临床技术应用管理，强化事中事后监管，完成4家医疗机构4项限制性医疗技术备案工作，执行医疗质量安全核心制度和相关诊疗规范。

（胡　滨）

【医师考核备案登记】 2021年，滨海新区办理441名医师多执业机构申请并出示新区医师多机构执业备案同意书。做好定期考核不合格和遗漏人员的补考工作，完成39人。办理50名护理人员多执业机构备案、3名美容主诊医师备案，为72名京冀执业医师在津执业登记。

（胡　滨）

【卫生执法监督】 2021年，滨海新区制定、公布诊所备案管理办法，承接行政审批职能移交。打击违法行医行为，全年立案处罚12件，罚没款61.5万元。引导1730余家企业主动申报职业病危害项目，承办天津市第19次职业病宣传周启动仪式和京津冀首次职业健康工作经验交流会。

（胡　滨）

【卫生健康行业安全生产专项整治】 2021年，滨海新区落实《滨海新区卫生健康行业安全生产专项整治三年行动方案（2020—2022年）》，开展安全生产隐患和危陋房屋排查，加强危险化学品安全管理。对医院重点要害部位进行24小时巡查，严防伤医事件发生，百姓就医环境安全放心。

（胡　滨）

## 医疗科研及队伍建设

【概况】 2021年，滨海新区区域内医院加大医疗科研的投入，医学重点学科建设取得良好成效，申报科研课题24项、申报继续教育项目74项。加大医疗队伍培训力度，组织中青年业务骨干研修学习，60人参加。落实“海河英才”行动计划、一线医务人员优先岗位聘用等政策，完成40家事业单位806人首次聘任工作，医疗人才队伍素质不断优化。

（胡　滨）

【医疗科研】 2021年，泰达国际心血管病医院外科学（心血管外科学）、内科学（心血管病学）、护理学挂牌天津市医学重点学科。天津市第五中心医院儿科学当选天津市医学重点建设学科。组织申报天津市卫生健康委中医中西医结合课题，天津市第五中心医院等医疗机构申报课题24项。成功申报国家级继续教育项目11项、天津市级继续教育项目63项。天津市第五中心医院与天九再生医学（天津）科技有限公司签署战略合作框架协议，“天九再生医学—天津市第五中心医院联合转化基地”挂牌。加强医疗卫生机构临床研究备案管理，逐步建立健全临床研究项目学术审查、伦理审查、立项管理、过程管理、结题验收管理的全流管理体系。

（胡　滨）

**【队伍建设】** 2021年，滨海新区选送中青年业务骨干到市级医学中心、专科诊疗中心研修学习，60名以上中青年业务骨干参加研修学习。确定8所区内进修机构，为全区各级各类医疗卫生机构（含民营机构）的业务骨干提供免费进修学习机会。完成2021年传统医学师承出师考核相关工作。组建区级中医应急医疗队。组织全区300余名中药煎药人员参加煎药培训和考试。

（胡　滨）

**【人才培养和引进】** 2021年，滨海新区落实“海河英才”行动计划，为卫生系统引进的3名来（留）津博士申请市级专项资助。为2人申领C级高层次人才服务证（银卡）。落实人才服务保障工作，协助做好六批次杰出企业家、新型企业家844名申报人选资格审查工作。落实一线医务人员优先岗位聘用政策，完成3家事业单位的特设岗位审批工作。完成21家事业单位258名人员专技岗位等级晋升聘用工作，其中包含28名一线医务人员。审核办理转岗5人。完成40家事业单位806名人员专业技术职务（岗位）首次聘任工作，完成21家事业单位40名系统内部调动人员专技职务聘任、2名政策安置人员专技职务聘任、3家事业单位8名引进高级人才首次职务聘任工作。

（胡　滨）

## 爱国卫生

**【概况】** 2021年，滨海新区加强爱国卫生组织机构建设，完善爱国卫生组织网络，开展卫生创建、健康教育和促进、病媒生物防制、控制吸烟等项工作。国家卫生区复审建立区级长效机制，区级领导常态化包保巡查，高分通过国家检查组检查。全面推进健康天津行动，加强健康城市建设，提升人民健康水平，巩固全国健康促进创建成果，健康教育宣传栏设置达1921个。

（胡　滨）

**【卫生创建工作】** 2021年，滨海新区把国家卫生区复审与全国文明城市复评进行融合，30名区级领导常态化包保巡查各开发区、街镇，持续开展现场督导检查。建立常态工作机制，组织开展旱厕大排查大整治专项行动、“三小”“四小”场所“亮证”专项行动、市容秩序规范专项行动、强化闲置地块环境清整专项行动等10余项专项行动，发动各界力量共同缔造卫生城区。3个街镇（新城镇、杨家泊镇、中塘镇）申报创建国家卫生镇，17个村申报创建市级卫生村，4个市级卫生村开展复审。开展“厕所革命”，完成1.22万座已改造农村户厕问题排查和整改。规范病媒生物防制，蚊、蝇、鼠、蟑螂密度达到国家病媒生物密度控制标准C级要求。

（胡　滨）

**【健康促进工作】** 2021年，滨海新区设置健康教育宣传栏1921个，新开健康媒体栏目3项，普及新型冠状病毒肺炎防控知识。规范建设无烟环境，建设无烟餐厅72家、无烟学校504个，实现无烟党政机关和无烟医疗卫生系统建设全覆盖。培育健康场所，24个社区、6所学校、5家医疗机构、3家企业通过市级健康（促进）场所评估验收，4家单位成为全市典型示范场所。推进杨家泊镇东庄坨村成为健康城市建设和健康村试点。获评全国爱卫办2020年度健康城市建设评价进步最快城市和天津市健康城市建设样板。

（胡　滨）

**【爱国卫生宣传】** 2021年，滨海新区通过区融媒体中心每日播发国家卫生区复审工作动态，“津滨海”专栏集中报道工作进展；更换新健康教育宣传栏195个，利用464处电子大屏播放巩固国家卫生区标语口号，规范建筑围挡558处，更换设置宣传牌1116处，树立“国家卫生区欢迎您”大型宣传景观3处，发放创卫宣传资料近4万份。健康知识普及载体更加多样化，设置健康教育宣传栏1921个，新开健康媒体栏目3项，普及新型冠状病毒肺炎防控知识。

（胡　滨）

# 体育

## 综述

【概况】 2021年，滨海新区加快推进群众身边体育健身设施建设、活动组织建设，促进体育事业健康持续发展。至年末，滨海新区建成北塘文体中心、中新生态城健身休闲中心和滨海新区全民健身中心；在寨上街、中塘镇、新城镇、海滨街、太平镇、小王庄镇等街镇建成6个街镇全民健身中心；建成30余个多功能运动场和笼式足球场以及近千个社区健身园，实现城市社区“15分钟健身圈”的建设目标。至年末，滨海新区有体育社团组织66个、居民（村民）健身会98个、社会体育指导员6000余人，年均组织举办各类群众体育赛事60项次。区教育体育局被国家体育总局评为2017—2020年度全国群众体育先进单位。

（张兴蕴）

【公共体育设施建设】 2021年，滨海新区对街镇和开发区申报的社区健身园、体育园、多功能运动场等公共体育设施建设地点进行实地考察，确定建设点位，7月完成公开招标，8月启动安装，12月底安装完成并对市民开放。全年建成85个社区健身园、28个社区体育园，10个多功能运动场、2个笼式足球场和3条群众健身步道，满足市民就近就便健身的需求。加大对健身设施的检查和维修力度，同专业器材生产厂家签订巡检维修合同，对新区内所有的社区健身园的使用、安全情况等进行定期巡查维修，保障全民健身设施的安全使用。

（张兴蕴）

【体育产业发展】 2021年，滨海新区落实《国务院关于加快发展体育产业促进体育消费若干意见》和《天津市人民政府关于加快发展体育产业促进体育消费的实施意见》，在完善体育场馆设施、扩大体育消费、倡导健康生活等方面进行探索。滨海新区伯明顿体育公司被评为天津市体育产业示范单位。阿尔卑斯滑雪俱乐部申报2021年天津市体育产业示范单位。

（张兴蕴）

## 全民健身

【概况】 2021年，滨海新区积极组织全民健身活动，发挥基层组织、体育社团、体育指导员组织指导作用，建立完善与新区发展水平相适应的全民健身服务体系。

采取线上和线下相结合的模式，举办全民健身运动会健身操舞、桥牌、飞镲、跆拳道、排球、门球、国际象棋、游泳、乒乓球等比赛，举

5月30日，滨海新区全民健身运动会排球比赛　　区教体局　供图

办永远跟党走·津城行“中国银行杯”2021年天津市百万市民健步走大会、庆祝中国共产党成立100周年老年人台球赛、庆祝中国共产党成立100周年社区健身活动、“国庆健身新民俗”展示等庆祝赛事活动，举办全民健康跑、马术公开赛、残疾人门球、足球邀请赛、高夫球邀请赛、津京桥牌邀请赛等传统比赛，累计组织线下比赛35次。举办跆拳道、篮球定点投篮、足球颠球、桥牌、围棋、健身气功、空竹、轮滑等线上体育比赛。全年组织群体赛事活动59次，满足不同人群的健身需求。

（张兴蕴）

【社会体育指导员培训】 2021年，滨海新区举办健康生活方式指导员和社会体育指导员培训，培训健康指导员和二三级社会体育指导员265人；组织30人参加天津市一级社会体育指导员培训班、16人参加国家级社会体育指导员培训班。

（张兴蕴）

【群众体育竞赛参赛项目及成绩】 2021年，滨海新区健身气功、广场舞和健身秧歌队伍，代表天津市参加全国第十四届运动会，获银牌3枚；组队参加第二届全国农民跳绳技能展示活动，获女子30秒双摇跳一等奖和男子30秒双摇跳三等奖；组队参加“体彩杯”天津市“我要上全运”首届社区运动会暨第八届市民运动会排球、羽毛球、游泳、网球、广场舞、健身秧歌、国际象棋等10个项目的比赛，获金牌24枚、一等奖9个。

（张兴蕴）

【体育惠民卡签约服务单位征集】 2021年，滨海新区开展第七批体育惠民卡签约服务单位征集工作。通过市体育局实地考察和专家评审，确定美杜莎（天津）体育文化交流有限公司、滨海新区飞跃羽毛球俱乐部、天津体万体育发展有限公司、天津笑诚体适能篮球俱乐部有限公司、天津跃动体育有限公司等5家新区体育健身服务单位为体育惠民卡签约服务单位。

（张兴蕴）

【“国庆健身新民俗”展示活动】 2021年10月1日，滨海新区举办“国庆健身新民俗”系列展示活动，旨在发挥全民健身示范作用，引导广大群众投入到丰富多彩的体育健身活动中。活动分别在塘沽体育场和汉沽体育场举行。来自新区空竹协会和飞镲协会的近300名群众参与活动。活动中，空竹、飞镲、腰鼓、舞龙、健身气功、太极拳等健身队伍逐一上场进行表演，让市民群众领略到不同健身项目的魅力。

（于秀臣）

10月1日，滨海新区举办“国庆健身新民俗”展示活动

区教体局 供图

## 竞技体育

【概况】 2021年，滨海新区有业余体校3所、体育学校1所，专职教练员104人，年度注册、确认运动员4500余人，在训运动员856人，有一线队员40余人、二线队员约150人。全年有105名运动员获等级运动员称号。拥有国家级青少年体育后备人才重点项目基地1个——塘沽青少年业余体校、国家级高水平训练基地1个——排球体育后备人才基地，塘沽业体校被命名为中国曲棍球后备人才传统校；市级重点项目基地10个，涵盖田径、曲棍球、排球、柔道、篮球、射箭、击剑、足球8个项目。

（赵桂艳）

【后备人才培养】 2021年，滨海新区向上级单位输送运动员53人。举办青少年教练员培训班，并选送32名教练员参加全国体校教练员通用知识培训、7名学校教师参加全国特色传统校的线上培训。组织100名业训教练员参加新区线下教练员培训。4所体校分别开展青少年业训各项目大纲测试工作，按照《天津市青少年运动员选材评价标准》进行各项目的大纲测试，在训运动员优秀率5.7%、良好率19%。

（赵桂艳）

【竞技比赛参赛项目及成绩】 2021年，滨海新区代表天津市参加全国第十四届运动会排球、击剑、曲棍球、手球、田径、篮球等项目比赛，获2枚金牌、2枚银牌、3个第四、3个第六和3个第八。组队参加天津市击剑、排球、举重、篮球、柔道、网球、游泳等项目比赛，获42个第一名、42个第二名、33个第三名。

（赵桂艳）

# 社会生活

## 居民生活

【概况】 2021年，滨海新区居民收入较快增长、消费结构持续升级，居民收支保持增长。全区城镇居民人均可支配收入四大分项实现全面增长，工资性收入、经营净收入、财产净收入增速超过7%，转移净收入小幅增长，其中工资性收入增长占可支配收入81.8%。消费水平基本恢复至疫情前，八大类消费支出全面增长，除食品烟酒、衣着、居住支出外，生活用品及服务、交通通信、其他用品及服务、教育文化娱乐、医疗保健等5类支出均实现两位数增长，其中医疗保健支出增速超过30%。

（张　英）

【人口和家庭服务】 2021年，滨海新区一孩率58.2%，二孩率38.87%，符合政策出生7599人，政策生育率100%。滨海新区“智慧计生”信息系统全面上线运行，办理生育登记1.05万例。为相关计划生育家庭发放奖扶、特扶和慰问金4900万元，到位率100%。印发《滨海新区促进3岁以下婴幼儿照护服务发展体系建设实施方案》，申报发展普惠托育项目8个，发展普惠托位522个。为1.9万余名老年人投保“助老健康御险”，为失能半失能人员提供入户服务2.2万人。

（胡　滨）

【婚姻收养登记】 2021年，滨海新区民政局加强婚姻登记规范化管理，做好疫情常态化婚姻登记工作。引导群众在疫情防控期间不办理聚众式典礼、宴席等，鼓励婚姻登记当事人进行网上预约登记。启用全国婚姻登记管理系统，落实全市通办、周六办公，办理收养登记4例、内地居民结婚登记1.23万对、内地居民离婚登记5711对、涉外婚姻登记9对，婚姻收养登记合格率100%。

（刘　喆）

【居民收入】 2021年，滨海新区城镇居民人均可支配收入5.96万元，比全市平均水平高8096元，位居全市第三；增长8.3%，比全市平均增速高0.3个百分点，位居全市第二；增速比上年提高4.9个百分点，两年平均增长5.8%。其中，工资性收入、经营净收入和财产净收入增长较快，转移净收入小幅增长。工资性收入占人均可支配收入73%，对可支配收入增长贡献率81.8%，是城镇居民收入较快增长的主要支撑。

（张　英）

**滨海新区城镇居民人均可支配收入情况一览表**

**表16**

| 指标 | 金额（元） | 增速（%） | 占比(%) |
|---|---|---|---|
| 工资性收入 | 43512 | 9.4 | 73.0 |
| 经营净收入 | 2258 | 8.6 | 3.8 |
| 财产净收入 | 4897 | 7.1 | 8.2 |
| 转移净收入 | 8915 | 3.8 | 15.0 |

（张　英）

【居民消费】 2021 年，滨海新区城镇居民人均生活性消费支出 3.25 万元，增长 11.8%，增速较上年回升 22.2 个百分点。2020–2021 年平均增速 0.1%，消费支出总体增加，保持居民消费长期增长趋势。区城镇居民人均生存型消费支出（食品烟酒、衣着、居住）增长 6.5%，发展享受型消费支出（生活用品及服务、交通通讯、教育文化娱乐、医疗保健、其他用品及服务）增长 20.9%。

（张　英）

滨海新区城镇居民消费情况一览表

表17

| 指标 | 金额（元） | 增速（%） | 占比（%） |
|---|---|---|---|
| 食品烟酒 | 10218 | 6.2 | 31.5 |
| 衣着 | 3299 | 8.4 | 10.2 |
| 居住 | 5958 | 6.0 | 18.3 |
| 生活用品及服务 | 2441 | 13.4 | 7.5 |
| 交通通信 | 4002 | 17.7 | 12.3 |
| 教育文化娱乐 | 2974 | 24.4 | 9.2 |
| 医疗保健 | 2182 | 31.6 | 6.7 |
| 其他用品及服务 | 1402 | 21.7 | 4.3 |

（张　英）

【殡葬服务】 2021 年，滨海新区民政局加强殡葬服务管理。开展春节、清明节、中元节、寒衣节文明祭扫工作。推动殡葬领域突出问题整治工作。张贴、发放“文明祭扫倡议书”、宣传画等材料 16 万余份。通过“天津滨海民政”微信公众号宣传殡葬政策、业务 14 篇。组织志愿者、社区工作者 4.8 万余人次在重点时段、重点点位巡查劝导，制止群众焚烧纸钱等不文明行为 1.2 万余次。组织社区集体共祭 99 场，参与人员 2500 余人次。组织骨灰撒海活动 3 场，撒放骨灰 165 具；举办节地生态安葬活动 3 场，安葬骨灰 234 具。依法查处制造、销售封建迷信殡葬用品违法行为，出动执法人员 6000 余人次，罚款 3.03 万元。为 1450 人发放丧葬补贴 261 万元。火化尸体 1.25 万具。

（刘　喆）

## 劳动就业

【概况】 2021 年，滨海新区坚持把就业作为民生之本，把稳就业、保就业、促就业摆在突出位置，就业形势稳中有进，各类重点群体得到有效帮扶，主要就业指标处于合理区间。

全年，新增就业 9.67 万人，完成全年计划 9.5 万人的 101%，城镇登记失业率 3.4%，新增就业中私营经济吸纳就业占比 75%。实名登记高校毕业生 7257 人，帮扶就业率 95.3%，青年就业见习 7488 人，安置就业困难群体 2495 人，实现 9 类就业困难群体安置率 85% 以上，“零就业家庭”动态为零。

（谭伟　崔宝强）

【职业技能培训】 2021 年，滨海新区开展各类职业技能培训 15 余万人次，发放职业技能补贴 1.5 亿元。拥有企业培训中心 131 家，企业公共实训中心 12 家。经市人社局审批，确定滨海新区 4 个单位为“2021 年天津市高技能人才培训基地”建设项目实施单位，2 家技能大师工作室为“2021 年天津市技能大师工作室”建设项目。

（付建新）

【创业带动就业】 2021 年，滨海新区持续提高创业质量，向 60 名个人和 16 家中小微企业发放创业担保贷款 5196 万元，带动就业 542 人。兑现创业房租补贴 338 万元，帮扶 1955 人次大学生成功创业。全年组织创业培训班 41 期，对 1997 名有创业意愿的劳动者进行创业培训。

（李佳升）

【就业服务能力提升】 2021 年，滨海新区以北部区域为试点，将就业登记、退工备案、合同续订变更备案等 12 项高频事项延伸至街镇办理，编印《人社公共服务事项操作手册》，为事项延伸办理提供操作依据，加强办理事项的事中、事后监管工作。建立各开发区和南北两翼乡村结对帮扶机制，依托各开发区岗位资源优势建立常态机制，向经济较薄弱的汉沽、大港区域输送岗位，解决居民就业问题。

（谭　伟）

【劳动关系综合配套改革试点】 2021 年，滨海新区以推进工资集体协商、建立工资增长机制为重点，加快建立完善利益共享机制。通过多种形式培养企业和职工的协商谈判技能，加强工资集体协商指导师队伍建设，提高协商质量。制定《滨海新区平台企业劳动用工指导意见（试行）》，出台14项具体举措，维护从业者合法权益，保障平台经济健康发展。

扩大劳动关系三方成员范围，除人社、工会、工商联外，将发改委、工信局、商务委、商促局、财政局、住建委也吸收为三方成员，共同参与构建和谐劳动关系各领域、各环节。探索发挥企业党组织在推动企业和劳动者共同构建和谐劳动关系中的引领作用。成立企业健康管理服务中心，服务中小微企业1000余户，解决苗头性隐患问题300余个。

建立产业（人才）联盟劳动关系“和谐驿站”，有针对性地提供劳动关系公共服务，组织汇聚特色产业垂直领域劳动关系资源，发挥信息共享、典型引领、多元解纷作用。累计开展劳动争议预防处理技巧等学习培训24场，企业家专场讲座11场，企业员工心理辅导9场，源头化解劳动争议32件。在滨海新区图书馆打造全市唯一一家和谐劳动关系图书专区，开展专区链接专题讲座、“和合文化”大讲堂等活动。

与河北工业大学合作研制“企业劳动关系风险指数模型”，开发“劳动关系风险预警处置平台”，提升风险防控水平。通过该平台，每年接收200条有效预警信息，纳入平台监管企业近千户。建设保障农民工工资支付工作管理平台，建立在建工程项目数据库、实时在线监管保障农民工工资支付制度落实情况、欠薪隐患预警、畅通农民工维权渠道和数据统计分析，以数据赋能保障农民工群体劳动权益。

强化社会力量参与，推进和谐主体培育。引入知行社会服务中心、HRCLUB、律师事务所等社会组织参与和谐劳动关系构建，在劳动争议化解、和谐文化传播、企业健康管理、劳动关系专业人才培养等方面，推出一系列典型项目。如：创新实施“雏鸥计划”，与中国劳动关系学院、河北工业大学等院校建立劳动关系人才的院校培养、实践锻炼、人才引进及就业对接的综合协调机制，实现“理论学习—实训—就业”闭环。累计实施“雏鸥计划”三期，参与学生60人，留津就业率达70%。

（刘晓娟）

【和谐劳动关系构建】 2021年，滨海新区推进构建和谐劳动关系百千万计划，打造百名金牌劳动关系协调员，推动新区全域企业组织劳动关系骨干参加劳动关系协调员线上培训，人均超过20课时。打造百家金牌劳动人事争议调解组织，会同区工商联，完善劳动人事争议调解组织的备案审核工作，成立沧州商会、中小企业联合会等7家调解组织，组织律师、学者、一线工作人员深入基层调解组织专项培训、答疑解惑，提升基层劳动关系矛盾纠纷化解能力。培育千户劳动关系和谐企业，年内新申报市级和谐企业12家，新命名区级和谐企业54家。依托“和谐同行”能力提升行动，邀请市三方专家现场对和谐同行企业进行点对点培育，邀请重点企业分享和谐劳动关系工作经验，提升区域劳动关系和谐程度。

启动重点企业用工指导计划，指导企业稳定劳动关系，采取多种措施稳定工作岗位。发布《区协调劳动关系三方委员会办公室关于印发〈滨海新区企业规模裁员合规工作〉的通知》，规范企业职工代表大会、薪酬工时调整、优先留用政策等程序。

加强劳务派遣审批事中事后监管，出台《滨海新区劳务派遣经营许可承诺审批事中事后监管实施细则》。组织劳务派遣大起底、大检查活动，印发《滨海新区关于开展加强劳务派遣机构监督管理专项行动实施方案》。发现劳务派遣机构与承诺内容不符78件次，逐一督促整改落实，反馈撤销行政许可建议1件。

（田鲲鹏）

【劳动报酬权维护】 2021年，滨海新区开展劳动法律法规专题宣传活动。采取进工地、办讲座等方式多渠道宣传《保障农民工工资支付条例》，针对总包单位项目负责人、劳资专管员、行业监管部门的工作人员进行重点培训3期。举办农民工专用账户和工资保障金账户宣传讲座4期，发放宣传资料2200余份。

开展拖欠农民工工资专项治理。完善行政执法与刑事司法衔接机制，建立定期案件通报机制，加强和规范涉嫌拒不支付劳动报酬犯罪案件的查处移送，依法严厉打击和震慑恶意欠薪违法犯罪行为，依法维护劳动者的合法权益。全年，立案200件，追发劳动者工资等待遇800余万元，涉及劳动者510人，时效内结案率100%。检查企业340个（次），其中人力资源服务机构40个（次）。

（刘晓娟）

【劳动人事争议调解仲裁】 2021年，滨海新区印发《关于构建滨海新区劳动人事争议调裁审一体化机制的实施意见》，加强源头化解、统一裁审标准、完善协同办案、强化沟通协调、健全信息保障，合力化解矛盾纠纷，切实维护当事人合法权益。挂牌成立调裁审一体化服务中心，在法律咨询、争议调解、仲裁、诉讼、司法援助方面为提供“一门式服务”“一站式办结”，减少企业和职工纠纷处置成本，提高服务质量和效果。全年，劳资纠纷70%以上在企业内部化解，劳动争议案件调解成功率达86%。

推进“互联网+调解仲裁”服务。开发建设劳动人事争议“E仲裁”和“云调解”平台，实现全流程网上经办。“E仲裁”平台还嵌入企业注册信息查询、法律文本模板参考、法律法规库检索、数据整合分析等特色模块，设置庭审质证、指定发言顺序、开展旁听等功能，大幅度优化了劳动关系公共服务水平，提高劳动人事争议调裁质效。全年立案受理劳动报酬类仲裁案件1104件，通过仲裁为劳动者解决涉及劳动报酬争议的金额1761.15万元。

（刘晓娟）

## 社会保险

**【概况】** 2021年，滨海新区企业基本养老保险新增参保12.03万人，完成市局下达指标任务的109%；企业基本养老保险（在职）参保缴费110.92万人。工伤保险参保缴费109.15万人；失业保险参保缴费107.86万人。完成未参保企业排查1848户；完成本市户籍未参保人员排查5995人。

（洪　宁）

**【养老保险】** 2021年，滨海新区在城镇企业职工基本养老保险中，及时核定1.5万余名本年度新退休人员养老金。做好参保职工因病提前退休的初审工作，配合市劳动能力鉴定委员会完成111名申请职工的材料收集、呈报及查体鉴定工作。落实《天津市企业特殊工种提前退休资格审核管理办法》，配合市人社局抽查相关工作。理顺特岗线上审核工作。完成特岗备案审核738人。推进区属企业单位建立企业年金制度，保障国有企业企业年金与机关事业单位职业年金同步发展。完成企业年金方案备案20个。

调整2020年12月31日前机关企事业单位退休、退职人员基本养老金待遇。全区领取养老金人数38.1万人（企业34.92万人，机关事业单位3.18万人）。

至年末，参加城乡居民基本养老保险突破6万人（参保缴费3.2万人，享受养老待遇2.8万人）。领取城乡老人年补助2.2万人，60周岁至64周岁每月130元，65周岁至69周岁每月137元，70至79周岁每月147元，80周岁以上每月157元。

落实被征地农民基本养老保险政策，严格履行社保资金预缴制度，推动被征地农民参保工作。全年推进落实4批次被征地项目，125名被征地农民参保缴费。

（洪　宁）

**【工伤保险】** 2021年，滨海新区工伤保险参保109.1万人，建筑业工伤保险排查参保项目179个。完成涉尘肺病重点行业企业参保排查262个。完成4543人工伤行政确认，作出劳动能力鉴定结论2882人，保障伤残职工及时享受到工伤保险待遇。

**【失业保险】** 2021年，滨海新区加大失业保险援企稳岗政策支持力度，开通“一键申报”系统，优化工作流程，完善审核报表，简化监管要件，采取数据比对等方式，向符合条件的企业发放稳岗返还资金，发挥稳岗促就业功能。全年审核发放援企稳岗资金2.85亿元。其中，稳岗返还2.25亿元，返还企业2.99万家，惠及职工85.2万人；技能提升补贴6042.7万元，惠及职工3.77万人。完成天津市就失业全年考核指标，促进企业复工达产。享受失业保险金7.71万人次，发放1.12亿元；失业补助金3.89万人次，发放金额1555.5万元。

（崔宝强）

**【工伤认定鉴定】** 2021年，滨海新区建立新冠肺炎疫情防控和处置人员工伤认定绿色通道，即24小时报告制度，申请材料可容缺后补，应在接到申请后即时做出认定结论，办理时限为当日申请、当日受理、当日做出工伤认定决定。工伤认定、鉴定业务推行线上办理。用人单位或职工可通过市人社局官网天津网上办事大厅、邮寄的方式提交申请材料。人社、工业和信息化、住房和城乡建设、卫生健康、应急和总工会部门组建工伤预防联席会议，加强数据交换和信息共享，实施重点行业重点企业工伤预防能力提升培训工程，统筹推动新区工伤预防。

（王治国）

**【社会保障社会化管理服务】** 2021年，滨海新区深入实施全民参保计划，对未参保人员及未参保企业进行调查。通过细化责任，建立追踪机制，精准锁定已纳税未参保单位、未参保人员。健全动态管理机制，在全区范围内持续深入入户调查，宣传参保优惠政策，引导鼓励各类群体持续参保、连续缴费。实现新增参保缴费12.03万人。

拓展自助服务。重点针对新区7.4万名灵活就业人员，宣传手机网络端（包括微信、支付宝）自助缴费功能，简化经办手续，提高工作效率。

（洪　宁）

## 医疗保障

**【概况】** 2021年，滨海新区医疗保障局推进医保工作高质量发展，医保参保扩面超额完成全年任务，推进长护险试点工作，异地就医工作走在全市前列，先后2次被天津电视台有关栏目报道。医保经办工作有序开展，打击欺诈骗保，落实国家和天津市疫情防控医疗保障政策措施。张华伟被评为全国医疗保障系统抗击新冠疫情先进个人称号。

（温　捷）

【医保政策支持疫情防控】 2021年，滨海新区落实疫情防控常态化工作机制。加强与发热门诊、定点收治机构的工作联络，为发热门诊、定点收治机构及其他医保定点机构做好政策指导及服务，为疫情防控提供医保政策支持。落实关于“应检尽检”核酸检测及“应接尽接”疫苗接种的费用保障政策，及时回应社会关切，及时回复核酸退费等疫情相关咨询，做到事事有回应，件件均落实。推动6家民营定点医疗机构386名60岁以上职工疫苗接种工作，实现应接尽接。

（温　捷）

【居民医保参保扩面】 2021年，滨海新区通过强化经办培训、加强政策宣传、深入基层走访推进等方式，多措并举、多部门分工协作，至2021年9月，滨海新区城乡居民基本医保参保缴费55.52万人，完成2021年指标数的107.8%，超额完成全年参保指标任务。提高城乡居民基本医疗保险住院报销待遇，依照全市标准将报销比例在现行基础上提高5个百分点。

（温　捷）

【长期护理险试点】 2021年，滨海新区启动长期护理保险试点工作。制定工作方案，协调成立由分管区领导任组长，医保、民政、卫生健康、人社等部门为成员的领导小组。选取天津市第五中心医院等9家机构为失能评定异议复评医疗机构，确保异议复评工作规范有序开展。充分利用市、区二级媒体，“两微一端”等宣传媒介，多措并举，广泛宣传，提升政策社会知晓率。至年末，全区有66家长护险定点护理机构，通过失能鉴定达到重度失能标准1971人，提供失能护理服务9.41万人次，其中居家护理上门服务5.06万人次。

（温　捷）

【异地就医直接结算】 2021年，滨海新区协调市医保基金管理中心6家驻区医保分中心协同作战，通过开展培训会、深入定点机构面对面服务等方式，促使异地就医直接结算工作快速开展。至年末，全区符合条件的36家定点医疗机构100%开通异地就医住院联网结算；符合条件的142家定点医疗机构100%开通门诊联网结算；1家定点零售药店首批试点开通异地就医门诊联网结算；54家定点医疗机构申报门诊慢特病相关医疗费用跨省直接结算试点单位。

（温　捷）

【医疗保障基金监管】 2021年，滨海新区健全医保基金联合监管常态化机制，联合卫生健康、公安、市场监管等部门开展检查，加强信息交换。联合检查定点医药机构319家，追回基金80.49万元，出动检查人员上百人次。开展“打击欺诈骗保，维护基金安全”集中宣传月活动，利用定点医药机构电子显示屏、微信群、发放宣传材料等多种形式，加大打击欺诈骗保宣传力度，累计印发宣传材料1万余份，播放宣传视频2个，组织政策宣讲会6次，组织警示教育会6次，深入定点医药机构20家，主流媒体和新媒体宣传信息数量3条。

（温　捷）

【医保经办】 2021年，滨海新区组织医保政策宣传活动21次，印发城乡居民医保参保政策折页3万份。走访基层单位和街镇，收集群众诉求，通过多方沟通协调，解决市民因历史遗留原因多年无法享受参保待遇、买特需药品难等一系列群众急难愁盼问题。全年累计经办1.07万人次，涉及金额2799万元。其中，基本医疗保险缴费年限核定审核7472人次；城乡居民医疗费垫付报销2613人次，支付金额1166万元；离休干部医疗费用录入审核517人次，报销离休医药费1353万元；因病支出型困难家庭救助71人，发放救助金额216万元；重特大医疗救助人员156人次，发放救助金额232万元。

（温　捷）

【定点医药机构协议管理】 2021年，滨海新区组织6家医保分中心完成301家医药机构年度定点医药机构协议签署工作。累计开展新增医疗机构核查14家且全部纳入医保定点；开展社区卫生服务中心站及增加执业地址现场核查14家，全部合格；开展将符合条件的养老机构内设医疗机构纳入医保定点现场核查3家，全部合格并纳入医保定点。累计为医药机构提供电话及短信咨询服务1000余次，梳理及帮助解决相关问题100余项。组织辖区6家医保分中心会同区卫健委完成2020协议年度总额管理指标分配工作。

（温　捷）

【事业单位人员补充医疗保险】 2021年，滨海新区坚持“政府主导、区域统筹、财政补助、委托三方”运作模式，构建完善事业补充医疗补助与全市城镇职工基本医疗保险、公务员医疗补助办法衔接机制。公开招标选定3家商业保险机构承办2020—2021年事业人员补充医疗保险理赔服务。建立参保单位与经办机构的业务对接机制，组织区域内80余家所属事业单位的一级主管部门召开业务经办培训。2021年享受财政补贴的事业参保单位398家，在职在编及退休人员4.45万人。

（温　捷）

**【医保支付方式改革】** 2021年，滨海新区推动市医保局关于紧密型医联体整体参加医保支付方式改革支持政策的出台，将大港油田区域公立医疗机构作为“紧密型医联体”，同步推进医保总额打包付费、糖尿病人头付费及DRG（疾病诊断相关分组）付费改革。推动慢性病、特殊病按人头付费常态化模式形成，保障全区19家定点机构糖尿病人头付费和1家丙肝定点机构人头付费的正常开展。天津市第五中心医院肾透析按人头付费试点工作落地开通。组织对辖区147家二级及以下医疗机构的近200名工作人员开展培训，促进医保基金杠杆作用发挥。

（温　捷）

## 民政事务

**【概况】** 2021年，滨海新区印发《天津市滨海新区社会救助审核确认权限下放改革工作实施方案》，将低保、低收入和特困人员救助供养确认权限下放至21个镇街，缩短确认时限，实现社会救助全城协办、就近申办。对333个社区居委会、8个工作站和139个行政村实现基层组织建设全覆盖，组织村、社区完成“两委”换届选举工作。建立旧楼区长效管理工作新机制，开展旧楼区长效管理考核工作，落实全年区级补贴资金。登记注册的社会组织752家（含各开发区）。其中，社会团体200家，社会服务机构（民办非企业单位）552家。在开发区、街镇备案的社区社会组织4304家。

（邵　平）

**【基层社会治理】** 2021年，滨海新区为城市社区工作者和退养主任发放工资及补贴2.34亿元，为社区居委会发放工作经费近2923万元、服务群众专项经费近5357万元。为在职离任村干部发放补贴近2852万元，为农村党务工作者发放工资近800万元，为行政村发放村级组织运转经费2780万元。制定《滨海新区“城乡社区万能章”治理专项行动方案》，开展“城乡社区万能章”治理专项行动。指导监督各开发区及街镇成立落实居委会下属委员会，引导下属委员会发挥作用。制定《社区建设联席会议制度、成员单位职责分工、组成人员及联络员名单》。做好村务公开信息化工作，用好村务公开系统平台，提高系统平台注册使用率，提升村务公开覆盖面。完成2021年度行政村居评星定级工作。其中，五星社区33个、五星村14个，四星社区133个、四星村55个，三星社区134个、三星村56个，无星社区33个、无星村14个。

（刘军熙）

**【社会组织管理】** 2021年，滨海新区年检社会组织509家。其中，合格341家，基本合格167家，不合格1家，慈善组织完成年报11家。动员、鼓励和督促符合条件的社会组织参加评估，加强新区社会组织能力建设。启动社会组织执法处罚工作，对两年不参加年检年报等10家社会组织依法予以撤销。开展社会组织与非法社会组织关联情况摸排工作，社会组织自查，接收上级转办、同级移交案件5件，结案4件，协调相关部门收集证据1件。组织各成员单位对脱钩后续管理工作梳理经验成果形成总结报告。配合做好脱钩单位抽查审计，完成中央法治督察工作要求提供的行业协会商会和行政机关脱钩的全部档案、近三年连续两年不参加年检的社会组织执法案卷和优质案卷。对社会组织孵化基地和新北街道、胡家园街道、杭州道街道、古林街道、大港街道等街道社会组织孵化基地监督指导，落实社会组织孵化基地建设及统筹联动制度，引导社会组织孵化基地专业化发展，完成6个区级社会组织孵化基地命名相关工作。建立社区共事会266个、村共事会18个，制定《滨海新区社区（村）共同缔造理事会管理指引》，通过召开专题会议、实地调研等方式推动村居共同缔造理事会建设发展。监督跟踪拨付使用的社区公益金，了解掌握项目进度和资金使用情况，缴回结余134余万元，督促项目使用单位规范使用资金。完成社区公益事业专项补助经费拨付使用工作，召开专项工作推动会、政策辅导会，支持小王庄镇、泰达街道等8个街镇开展项目14个。各类公益活动支出124余万元。推动滨海社区公益基金会骨干培训项目，面向各街镇社区、社会组织负责人招募社区基金骨干进行培训。从社区帮扶、社区共建、社区环保等方面开展公益活动30余次，整合社会资源，依托社区专项基金以自治、互助方式解决社区难题，支持开展“疫情无情人有情项目”“滨城社工关爱项目”。开展志愿服务组织建设，推动应急安全志愿总队发挥作用，完成队员招募、队伍组建等工作。依托全国志愿者服务网，做好志愿者注册、记录志愿服务信息、出具志愿服务记录证明和志愿服务统计，规范志愿服务行为。严格志愿服务监督管理，依法查处志愿服务违法违规行为。

（刘　功）

**【社会救助】** 2021年，滨海新区完善14个成员单位132个项目组成的社会保障和救助体系，投入9.97亿元，惠及323.31万人次。

创新民政“补贴宝”资金发放平台，将养老、救助、残疾人补贴、儿童保护等24个项目资金直达服务对象，实现资金发放明细化、可查询和智能识别等功能，新华网、人民网、《天津日报》、天津电视台均做专题报道。建立区、街镇和村三级困难群众主动发现队伍，动态监测困难群众并开展救助，至年末，城乡低保、低收入家庭和特困供养人员 7076 户 1.17 万人。开展“政府+慈善”系列关爱特困家庭专项行动，为 119 户生活困难边缘户购买医疗补充保险；开展“政府+社会组织”帮扶活动，利用市区两级救助基金会开展个案精准救助 113 例 57.92 万元，依托“救急难”平台发放临时救助 781.07 万元。建立特困人员照料服务评估检查机制，对特困人员照料服务质量实行“红黄蓝三色”管理。开展“走家入户送温暖 解忧暖心传党恩”专项行动、关爱分散供养特困人员系列活动、夏季送清凉、“幸福暖冬 情暖滨海”“让爱不再孤单 温暖整个冬天”等活动，推动关爱特殊困难家庭常态化。组织 21 个街镇开展社会救助业务“互比、互查、互学”活动，开展社会救助政策培训。救助流浪乞讨人员 177 人次，寻亲成功 22 人次。在 2020 年度天津市社会救助绩效考核中获全市第一名。

（李全红　刘喆）

**【儿童福利保障】**　2021 年，滨海新区民政局建立健全未成年人保护工作机制，以区政府名义印发《关于成立滨海新区划转部分国有资本充实社保基金工作领导小组等议事协调机构的通知》，成立区未成年人保护工作领导小组。开展孤儿和事实无人抚养儿童全覆盖调查走访，实现困境儿童、农村留守儿童信息动态管理；组织困境儿童、农村留守儿童“政策宣讲进村（居）”活动、《中华人民共和国未成年人保护法》宣传月系列品牌活动，推动“福彩圆梦，孤儿助学”活动开展，与区慈善协会联合打造“传递温暖 相伴成长”关爱服务困境儿童、农村留守儿童品牌活动。全区有社会散居孤儿、事实无人抚养儿童、困境家庭儿童、农村留守儿童 2595 人，无艾滋病病毒感染儿童，未发现因疫情造成监护缺失的儿童。发放事实无人抚养儿童基本生活补贴 293.38 万元、困境家庭儿童基本生活补贴 590.92 万元、社会散居孤儿基本生活补贴 38.53 万元。开展农村留守儿童、困境儿童关爱活动 7 场，受益儿童及家人 2000 余人次。做好社会散居孤儿及事实无人抚养儿童助学工作，为 8 名孤儿发放助学金 7.75 万元，为 3 名事实无人抚养儿童发放助学金 9000 元。

（刘　喆）

**【慈善事业】**　2021 年，滨海新区依法审核公募方案，备案 4 家具有公募资格的慈善组织提交的公募项目 7 个。其中，乡村振兴项目 1 个，支援河南抗洪救灾项目 1 个，本地区扶贫助困项目 3 个。指导各慈善组织对捐赠物资统计、公示。全区慈善组织接收捐赠 3555.52 万元，支出 4226.83 万元。

（刘　功）

## 退役军人事务

**【概况】**　2021 年，滨海新区提升退役军人服务保障体系建设质量，协助国家退役军人服务中心举办 2 期全国地市级退役军人服务中心负责人培训班。拓展优抚优待渠道，与天津市永久医院成立滨海新区拥军优属合作医院；与泰达航母主题公园推行全国现役、退役军人免门票政策。推荐相应人选参加天津市第二届最美退役军人学习宣传活动，唐洪祥获评天津市第二届最美退役军人。参加“致敬国家丰碑”全国红色故事讲解员大赛天津市预赛，2 人获三等奖，1 人获优秀奖。

（冒炳杰）

**【退役军人安置】**　2021 年，滨海新区将军转干部分别安置到市属单位和区属公务员、参公、企事业单位，安置率 100%。军转干部的安置岗位均超过安置人数的 32%，退役士兵安置岗位数量超过选岗人数的 71%。以“直通车”安置方式，最大限度实现专业对口、人岗相适、

12 月 22 日，2021 年度滨海新区军转干部选岗会
区退役军人事务局　供图

人事相宜，实现接收单位和军转干部双满意。

（石　磊）

【就业创业】 2021年，滨海新区印发《关于进一步做好退役军人就业工作的措施》，为退役军人实现高质量就业创业提供政策指南。建立涉及10家培训机构28个专业的区级退役军人就业创业承训机构目录、涵盖11位导师的退役军人就业创业导师团队、2家退役军人就业创业孵化基地、新增退役军人就业合作签约企业3家。在全市率先建立连接两头、直通三方、畅通四个通道的退役军人就业信息直通车全新就业服务模式和“五个一”（成立一个组织、组织一次签约、形成一种机制、搭建一系列平台、建立一套制度）的直通车运行模式，全年累计发布政策信息43次，发布招聘信息62次，涉及就业岗位2.9万余个，为退役军人及随军家属解决就业。

（姜晓冰）

【拥军优抚】 2021年，滨海新区开展军人随军家属就业安置工作，为公务员、事业编军人家属对口安置。为重点优抚对象每人发放1500元春节慰问金，为享受生活补助待遇的优抚对象和在乡老复员军人遗孀发放春节慰问金，为“三属”、在乡老复员军人及遗孀和市级双拥模范个人发放春节大礼包。在重要节日向驻区部队、退役军人和其他优抚对象发放市委、市政府《致广大官兵和优抚对象的慰问信》、福字对联。为天津警备区、武警天津市总队和驻滨海新区部（分）队送去慰问信和慰问品。“八一”期间，为驻区部队现役官兵每人发放一套运动服；为滨海新区户籍的退役军人及其他优抚对象、消防转制人员发放慰问金，走访慰问边海防服现役官兵家庭。为全区现役军人在读小学子女赠送读书卡。为立功受奖家庭送去喜报和奖金。开展2021年“最美军嫂”推荐评选工作，滨海新区国佳、任芳获天津市“最美军嫂”称号。

向优抚对象发放优抚资金，为优抚对象发放大病救助资金及优抚对象发放帮扶救助资金，为2019、2020年入伍义务兵家庭发放优待金及2021年度3月份入伍义务兵家庭发放优待金，为随军未就业家属及消防救援人员家属发放补助，为伤残人员更换伤残证。在全市率先完成优抚对象年度确认工作。

（孙宏伟）

【军休服务】 2021年，滨海新区在中国共产党成立100周年之际，为军休干部颁发“光荣在党50年”纪念章。推进大港、汉沽活动站改造工作，完成装修改造、家具配备，海后活动站室外场地提升改造，海图活动站装修改造工程，一所四站的格局初步形成。组织安排“八一”、重阳节、春节等重大节日走访慰问。组织军休干部到蓟州荣疗院疗养。开展5次趣味运动会。

（张加嗣）

【褒扬纪念】 2021年，滨海新区春节、清明节烈士祭扫活动采取临时闭园、网上祭扫的形式开展。发布《致社会各界、烈属的一封信》宣传网上代祭扫活动。组织塘沽、汉沽、大港三个陵园开展“百年风华、缅怀先烈”纪念活动。“9·3”抗战胜利纪念日在大港烈士陵园举行公祭活动；“9·30”烈士纪念日在塘沽烈士陵园举行公祭活动；中国人民志愿军抗美援朝出国作战周年纪念日开展纪念活动。

（王　聪）

【帮扶解困】 2021年，滨海新区为解决退役军人和其他优抚对象在享受国家政策优抚保障后仍因疾病伤残、意外伤害、自然灾害或其他原因所面临的生活、医疗等困难，在春节期间开展关爱困难退役军人活动，为享受政府定期困难生活补助的退役军人等困难群体发放价值13万元慰问品。帮扶困难退役军人及家属，发放救助金5批次，共计78.38万元。撰写《关于推进退役军人帮扶体系多元化建设初探》，被市退役军人局推荐为全国经验交

6月18日，区退役军人事务局举办“光荣在党50年”纪念奖章颁发仪式

区退役军人事务局　供图

流材料。

（王　聪）

【基层退役军人服务站（中心）建设】　2021年，滨海新区中新天津生态城退役军人服务站入选全国百家红色退役军人服务站，塘沽街道、新村街道等21家街镇退役军人服务站入选天津市百家红色退役军人服务站。在天津科技大学建立全市首家高校退役军人服务站，推进退役军人服务保障体系向院校延伸。推进全国示范型退役军人服务中心（站）分级验收工作，各服务站均达到验收标准。定期召开退役军人服务中心（站）工作会议与业务培训会，组织开展2021年度滨海新区退役军人服务保障业务技能比武大赛，61名选手报名参赛。新河街道退役军人服务站副站长缴秀耐被评为2021年度全国退役军人服务中心（站）百名优秀主任（站长）。评选出10名业务标兵、5名业务能手，选送2名选手参加市级竞赛，新河街退役军人服务站工作人员邢进被评为天津市业务兵，加强村居退役军人服务保障体系建设，投入251万元用于村居退役军人服务站建设。

（张江黎）

【关爱退役军人协会】　2021年，滨海新区举办"老兵永远跟党走·传承红色基因，续写军旅荣光"主题书画摄影集邮展、"老兵永远跟党走·让退役军人成为全社会尊崇的人"主题演讲比赛、"建党百年华诞·赓续红色基因"滨海新区优秀退役老兵寻访、"老兵心向党·颂歌新时代"迎庆中国共产党成立一百周年文艺演出等活动，并组织参观市退役军人书画摄影展。组织召开村居"退役军人之家"建设工作推动会，深入各开发区、街镇66家村居开展检查验收，确保村居"退役军人之家"建成率实现全覆盖。与慧德公益协会联手，于"八一"、元旦、春节前夕走访慰问困难退役军人102家。中优退役军人就业创业孵化中心通过开展消防培训，为退役军人提供就业岗位。宣传报道关心关爱退役军人各类信息2216篇。滨海新区关爱退役军人协会被评为天津市退役军人工作模范单位。

（李利祥）

## 养老服务

【概况】　2021年，滨海新区民政局完善老年人社会保障政策，创新养老服务机构运营服务模式，医养结合型机构实现全覆盖，提升养老服务智能化建设。至年末，全区养老服务总床位9000张，有效供给基本养老服务需求。

（赵光宇）

【养老服务政策】　2021年，滨海新区印发《滨海新区社区老年日间照料服务中心社会化运营管理服务绩效考核评估方案（试行）》，加强社区老年日间照料中心服务管理，落实属地和行业监管责任，建立健全常态化综合监管机制。印发《滨海新区养老服务机构失信行为联合惩戒实施方案》，强化养老服务机构诚信体系建设，提高综合监管能力。为入住区养老机构的困难老年人发放补贴。制定《关于做好养老服务领域防范和处置非法集资工作的通知》，防范化解养老服务领域非法集资风险，保护老年人合法权益，促进养老服务业健康发展。

（赵光宇）

【养老服务设施建设】　2021年，滨海新区放宽民间资本和社会力量申请建设养老机构准入条件，对养老机构实施备案管理，新增备案养老机构2家，国寿嘉园·乐境老年公寓、天津爱家养老服务有限公司，新增运营床位1026张。至年末，建成运营养老机构24家、在建养老机构3家，养老机构床位6032张。中福天河智慧养老社区二期工程竣工，新增床位440张。19家养老机构和34家日间照料中心纳入长期护理保险制度定点护理机构，提供居家入户照护服务，新增居家照护床位1000余张。

（赵光宇）

【老年日间照料中心建设】　2021年，滨海新区民政局将新建社区老年日间照料服务中心30家纳入区级20项民心工程，至年末，完成新建或改扩建社区老年日间照料服务中心30个，新增日间照料床位240余张。全区老年日间照料服务中心（站）152个，服务总床位近1200张。社会化运营照料服务中心79个，重点对高龄、行动不便、空巢和失独等老年人提供助餐（就送配餐）、日间托养、生活日用品便利店、紧急呼叫、家政、公共文化娱乐等服务。

（赵光宇）

【居家养老服务】　2021年，滨海新区民政局为3.6万名高龄老人发放关爱金7530.1万元，为389余名困难失能老人发放居家养老服务护理补贴191.1万元。全区备案社区一级食堂16家、二级食堂226个，全年享受老年人助餐服务补贴5.32万人次，发放补贴26.1万元。通过政府购买服务方式建设居家养老服务信息中心，建立老人呼叫服务和应急救援服务系统，对散居特困老人、生活困难失能老人等实施主动关怀服务，推广社区医养结合服务覆盖，实现居家养老服务网络化、智能化、信息化管理。

（赵光宇）

10月，寨上街道建阳里社区老年日间照料服务中心开展"金秋送爽 爱弥重阳"文艺演出活动 区民政局 供图

**【"敬老月"系列活动】** 2021年，滨海新区民政局开展以"敬老爱老 助老 共筑幸福滨城"为主题的"敬老月"活动。区民政局、区慈善协会联合各功能区和各街镇走访慰问百岁老人、部分生活困难老人和养老机构，发放慰问金70余万元。举办滨海新区第四届中老年书画赛活动。举办老年人法律、政策宣传活动、知识竞赛、讲座60余场次，发放政策宣传材料5000余份，媒体宣传信息报道600余条，编写社区板报200余块、悬挂宣传横幅300余条。开展文化娱乐体育活动300余场；开展各类志愿服务活动500余场次；开设社区老年"手机课堂"100余场次。

（赵光宇）

## 关心下一代工作

**【概况】** 2021年，滨海新区关工委开展爱国主义教育活动，推进社区未成年人"五爱"（爱祖国、爱人民、爱劳动、爱科学、爱社会主义）教育阵地创建提升。各级关工委设立功能性党组织加强政治建设和组织建设，实施"五老"志愿者注册登记等各项制度机制建设和"网上关工委"建设。利用中国火炬、天津市关工委手机报和微信公众号、滨海新区融媒体、老干部微信公众号等媒体平台，加大宣传报道力度，全年发布简报和信息157期，向各种媒体投稿320余篇。

（赵雪花）

**【青少年党史学习教育宣传】** 2021年，滨海新区关工委组织"五老"（老干部、老战士、老专家、老教师、老模范）宣讲团认真研读习近平《论中国共产党历史》等指定书目。利用"学习强国""津滨海"等平台，集中收看党史专家辅导报告，并举办专题培训班，邀请市委、区委党校老师授课。组织"五老"观看《看红色遗迹讲红色故事》。邀请老党员、老战士讲述个人参战史、成长史、奋斗史和举办党史讲座，组织"五老"参观党史邮票展。"五老"宣讲团以《中国共产党简史》为蓝本，制作"从小学党史，永远跟党走"PPT宣传片10集；80余名"五老"制作300多个学党史优秀课件和党史小故事。"五老"宣讲团进学校、进社区、进企业开展党史宣讲，通过讲实例和现身说法，覆盖259个社区"五爱"教育阵地，"五老"宣讲团百日宣讲300余场次，受众2万余人次。"七一"前夕，区关工委通过党史竞答、演讲诵读、文艺演出、书画摄影、手抄报等形式，举行"忆党史，颂党恩，助力滨海发展"座谈会，开展"我向党旗敬个礼""唱支红歌给党听""党的光辉照我心""党的故事我来讲"系列活动，近两万名中小学生参与。

（赵雪花）

**【社区未成年人"五爱"教育阵地建设】** 2021年，滨海新区在23个社区创建"五爱"教育阵地。至年末，

10月15日，区关工委到大港街道开元里社区检查验收未成年人"五爱"教育阵地工作 赵雪花 摄

累计建成市级阵地132个、区级阵地259个。组织各区域关工委确定街道、社区两级责任人，完成“五爱”教育阵地建设，听取各区域关工委阵地建设情况，制定具体措施。各区域关工委分别召开中期推动会，交流情况，查找问题。关工委多次深入创建社区，对各个阵地硬件设施、制度建设、“五老”工作室设立、学校辅导老师和辅导员聘请以及活动开展情况进行检查指导，23个新建阵地全部达标，实现社区未成年人“五爱”教育阵地全覆盖。印发《关于进一步加强学校新时代关心下一代工作的实施意见》，探索建立学校与社区共建关系。开展科技、文体、艺术、劳动、阅读、兴趣小组活动。

（赵雪花）

**【青少年创新品牌】** 2021年，滨海新区关工委以庆祝中国共产党成立100周年为契机开展系列活动。在大港二中举办“从小学党史，永远跟党走”——庆祝中国共产党成立100周年图片展巡展，在大沽口炮台遗址博物馆举办“忆党史、铭党恩、守初心”主题教育、“踏寻红色故事，传承红色基因”党史学习教育、“述百家故事，颂建党百年”征文活动等，在博物馆开展“博物馆里的开学第一课”“口袋博物馆进校园”等青少年品牌活动，在烈士陵园开展“英烈在我心中”书画展，并组织近百所中小学3万多名学生到烈士陵园开展祭奠。开展“友善之星”实践活动、“童心向党”读书活动、“七彩假日”和快乐营地夏令营系列活动，深化“心有榜样”品牌活动和“好书伴我成长”阅读活动。“学雷锋大手拉小手志愿服务活动”贯穿全年。深入开展普法教育，推行“关爱明天，普法先行”协同行动，学习宣传《中华人民共和国未成年人保护法》《中华人民共和国预防未成年人犯罪法》和《中华人民共和国家庭教育促进法》，组织中小学生旁听法庭审理，开展模拟法庭活动、参观普法宣传等。加强对特殊儿童群体的关心关爱，到祥羽孤独症康复中心慰问特殊儿童，参加特殊教育学校举行的“爱心乐园”捐赠仪式。

（赵雪花）

**【关工委功能性党组织建设】** 2021年，滨海新区印发《关于推动各级关工委建立功能性党组织的通知》，并深入街镇、社区调研走访，推动街道社区成立功能性党组织。至年末，区关工委在20个街镇、30个社区成立关工委功能性党支部。

（赵雪花）

6月24日，区关工委在大港二中举办庆祝中国共产党成立100周年图片展巡展活动 崔鹏 摄

**【“五老”志愿者注册制】** 2021年，滨海新区关工委探索试行“五老”志愿者注册制，按照区域、街道、社区三级关工委分类登记造册，全年注册“五老”志愿者759人。其中，中部区域390人，北部区域223人，南部区域146人。

（赵雪花）

## 民族宗教事务

**【概况】** 2021年，滨海新区贯彻落实中央民族宗教工作会议精神，铸牢中华民族共同体意识，深化民族团结进步创建活动，发挥典型示范引领作用，加强少数民族流动人口的服务管理，推进民族界代表人士联系交友机制，促进各民族广泛交往、全面交流、深度交融。至2021年末，滨海新区有少数民族54个，人口6.9余万人。有新城镇南开村、海滨街远景一村、太平镇远景二村3个少数民族聚居村。健全完善宗教工作联席会议机制，发挥各部门、各开发区、街镇的协调联动作用，依法管理宗教事务，制止非法宗教活动，坚决抵御宗教渗透，积极维护宗教领域安全稳定。滨海新区有宗教场所11处。其中，佛教寺庙1座，伊斯兰教清真寺7座，天主教堂1座，基督教堂2座。

（邵　绅）

**【宣传教育工作】** 2021年，区委统战部开展“颂党恩·跟党走”主题庆祝中国共产党成立100周年纪念“五个一”活动，“一颗红心跟党走”紫云中学新疆高中班学生以H5形式讲述“少年中国说”，“一支红歌给党听”以音乐短片形式唱响歌颂党的主旋律，“一段记忆感恩党”以“大沽铁钟”为实物记忆追寻红色足迹，“一个故事讲给党”全国民族团结进步模范个人阿依木汗讲述融入滨城故事，“一声祝福献给党”表达爱党、爱国、爱社会主义、爱美丽滨城的由衷情怀。活动视频在“学习强国”“天津民宗”“津云”客户端和“津滨海”等平台推送。举办民族宗教专兼职干部培训班，传达中央民族工作会议精神，550余人参加。举办各级中国共产党的民族宗教工作干部政策法规学习培训，学习习近平法治思想、宪法、民法典和《宗教事务条例》《城市民族工作条例》《天津市少数民族权益保障规定》《天津市宗教事务条例》等法规，参训人数约4000人次。推进宗教界普法宣传，开展民族宗教政策法规宣传月和“国好·法大”主题教育等活动。

（邵　绅）

【民族合作交流】　2021年，滨海新区与河北省唐山市、承德市、秦皇岛市、廊坊市签订“四市一区”少数民族流动人口跨区域合作协议，按照“属地管理、信息互通、权益保障、维护稳定”的原则，建立服务协调、工作通报、民生保障等9项合作机制，做好少数民族流动人口服务管理工作。与青海省黄南藏族自治州同仁市、泽库县、河南县召开少数民族流动人口服务管理跨区域合作工作座谈会，签订“各民族交流交往交融跨区域合作工作机制协议书”。

（邵　绅）

【深化民族团结进步创建活动】2021年，区委统战部组织紫云中学新疆高中班、实验中学滨海学校黄南州高中班学生参加“党旗在我心中、国旗在我心中”教育活动，在大沽口炮台开展传承红色基因主题活动。大沽口炮台遗址博物馆被确定为天津市民族团结进步教育基地，实验中学滨海学校被评为2021年天津市民族团结进步典型示范单位，塘沽湾第一小学等2家单位被评为2021年天津市民族团结进步示范单位。

（邵　绅）

【服务慰问】　2021年，区委统战部在胡家园街道中心桥村开展“送书下乡送课下乡”活动，为青少年送上一堂阅读示范课，捐赠红色经典等书籍。开展“送医下乡送诊上门”义诊活动，邀请医院专家为少数民族流动人口进行健康查体，为部分行动不便老人送诊上门。为紫云中学新疆高中班和实验学校滨海分校青海黄南班在校学生赠送足球等体育用品。暑假期间深入青海省黄南州少数民族困难学生家中家访，并送去慰问金2.1万元。

（邵　绅）

## 精神文明建设

【概况】　2021年，滨海新区着力培育和践行社会主义核心价值观，营造崇尚文明的浓厚氛围。开展群众性精神文明创建活动，增强先进典型示范性带动力，深化“讲文明树新风”系列活动，推动新区志愿服务事业发展壮大，加强和改进未成年人思想道德建设，实现新时代文明实践中心建设全覆盖。塘沽新港第四小学、天津外国语大学附属滨海外国语学校（小学二部）被推荐为创建全国文明校园先进学校。新时代文明实践中心建设实现全覆盖，“文明实践‘赶大集’”项目入选中央文明办《建设新时代文明实践中心工作方法100例》。

（王　冬）

【公民道德建设】　2021年，滨海新区制定《滨海好人常态化推荐评议管理暂行办法》，将滨海好人由两年评选一次调整为月度推选，增加“点赞评议”互动环节。选树滨海好人311名，33人被天津市文明办评为“天津好人”，3人被中央文明办评为“中国好人”；1人当选第七届天津市道德模范，2人获评天津市道德模范提名奖；杨晖、崔蕴获评第八届全国道德模范提名奖。开展道德模范困难情况调查，对14名生活困难的道德模范每人给予5000元帮扶资金。更新道德模范居住地、联系电话、家庭情况等9类2068条信息，走访慰问62名道德模范。打造“德耀滨城”品牌活动，组织开展道德模范、身边好人宣讲报告会。开展“迎庆建党百年　百场道德模范事迹宣讲”120场，9000余名群众参与。在滨城时报开设专栏宣传道德模范、身边好人先进典型80余次。

（郭　宇）

【群众性文明创建活动】　2021年，滨海新区制定《滨海新区文明创建“百加千”计划工作方案》，将区级文明社区、文明村镇评选由三年一次评选调整为每年评选，将届评制调整为复审制，推动区级文明社区、文明村镇全覆盖。全年评选区级文明社区135个，区级文明村镇90个。制定《2021年度滨海新区文明单位重点工作安排》。开展“文明单位结对共建示范文明”活动，85家文明单位与村结成共建单位，30家文明单位与社区结成共建单位。组织各级文明单位开展“美丽和谐滨城你我共同缔造”系列活动50余场，开展“文明单位助力文明城区建设”等活动150余次。搭建“滨海新区文明网”与“天津滨海文明”微信公众号、微博三位一体的网络宣传平台。设立“文明创建”等40余个宣传互动栏目，策划“网络文明传播”等20余个文明专题，月均信息更新量800余条，月浏览量超过2.5万人次。开展各类网络文明创建活动，累计吸引20余万名网民参与。“天津滨海文明”微信公众号WCI（微信公众号传播力指数）综合评分位于区政务微信榜单前列。

（郭　宇）

**【讲文明树新风活动】** 2021年，滨海新区下发《关于开展2021年“我们的节日”主题活动的通知》，规划部署7个传统节日活动。围绕庆祝中国共产党成立100周年，下发《滨海新区关于深化2021年度“我们的节日”活动的通知》。组织全区开展纪念仪式、节日民俗、经典诵读和文体健身等主题活动1200余场。区文明办与市文明办、团市委联合主办“文明城市·共同缔造·大美滨城”暨滨海新区“迎建党百年展滨城风貌”摄影大赛，入选作品3000余幅，最终64幅作品分获66个奖项。制定《滨海新区关于开展“反对浪费、崇尚节约”文明行动工作方案》，开展餐桌光盘行动、节水光“瓶”行动、垃圾减量分类行动、低碳出行行动、绿色办公节约行动，开展各类宣传活动120余场次。下发《滨海新区关于开展文明礼仪教育引导工作方案》，发布“滨滨与你话文明”线上宣传15期，开展“文明礼仪我先行”主题教育，引导线下活动30余场次，参与群众4万余人次。开展“文明交通　你我同行”主题宣传教育活动，组织外卖配送员、公交司机等重点群体进行现场承诺。推进诚信建设制度化，发动各级文明单位、文明社区、文明村镇开展诚信宣传活动140余场次，被国家发展改革委收录信息稿件60篇。依托滨海文明网开展滨城市民最反感的不文明行为网络投票活动，累计投票3.62万票。制定《滨海新区不文明行为专项治理行动方案》，对市民反映强烈的六项不文明行为开展专项治理，各单位出动执法人员19.98万人次、检查5.43万次、责令整改6.06万次、处罚2.37万次。落实“向群众汇报”工作机制，定期通过新闻媒体公布治理情况。

（郭　宇）

**【志愿服务】** 2021年，滨海新区举办区级志愿服务培训2次，开展区级志愿服务展示交流活动2次。组织开展“学雷锋志愿服务日”“文明劝导”“文明祭扫”“文明交通”“弯腰行动”等区级志愿服务活动10余个。开展志愿服务活动1.27万场次，参与志愿者超过45万人次。在河南省防汛救灾工作中，新区50余名志愿者、4个志愿服务组织支援河南。其中，2名志愿者被评为河南省防汛救灾优秀志愿者，2个团队被评为河南省防汛救灾优秀志愿服务组织。在天津市学雷锋志愿服务先进典型宣传推选活动中，滨海新区2名志愿者、1个团队、2个项目、2个文明实践所站、1名工作者获评市级先进称号。

（王　冬）

**【未成年人思想道德建设】** 2021年，滨海新区开展“新时代好少年”学习宣传活动，举办新区“新时代好少年”先进事迹发布会。田梓恒被评为天津市“新时代好少年”。开展以学习宣传“新时代好少年”、中华优秀传统文化传承、“传承红色基因”、学雷锋志愿服务、“劳动美”社会实践活动、“阳光成长”心理健康教育等内容的“扣好人生第一粒扣子”主题教育实践活动。开展“百堂思政课”活动，组织学校教师、先进典型、“五老”（老干部、老战士、老专家、老教师、老劳模）志愿者等进校园、进社区、进乡村，以党史故事、先进典型事迹为内容讲思政课130余场，受益未成年人5000余人。组建未成年人思想道德教育宣讲团，开展宣讲活动20余场。组织青少年以“童心向党”为主题，开展“我向党旗敬个礼”“唱支红歌给党听”“党的光辉照我心”“党的故事我来讲”等学习实践活动。开展以宣誓、升旗、党史学习教育为主要内容的“百万青少年歌颂党”活动，在天津“学习强国”平台“百万青少年歌颂党”专题发稿15篇。在中塘镇中塘村、大港第五小学开展天津市乡村“复兴少年宫”试点建设。在各街道新建24个市级、23个区级“五爱”（爱祖国、爱人民、爱劳动、爱科学、爱社会主义）教育阵地。杭州道街道吉庆里社区等5个“五爱”教育阵地被评为天津市优秀“五爱”教育阵地，付琳等10人被评为天津市五爱教育阵地优秀辅导员。塘沽新港第四小学、天津外国语大学附属滨海外国语学校（小学二部）获评创建全国文明校园先进学校。

（王　冬）

**【《天津市文明行为促进条例》宣传】** 2021年，滨海新区在“津滨海”等媒体上开设专栏，曝光一批乱烧纸钱、乱扔垃圾等不文明行为，呼吁市民群众摒弃陋习，践行《天津市文明行为促进条例》。在全市典型执法案例评选中，新区城市建成区违规养犬、砍伐绿植、随手乱扔烟头3个案例入选。

（王　冬）

**【新时代文明实践中心建设】** 2021年，滨海新区召开新时代文明实践所站全覆盖工作推动会，建成1个新时代文明实践中心、25个文明实践所和469个文明实践站。开展新时代文明实践工作培训，深入21个街镇和天津港保税区、天津滨海高新区、中新天津生态城、东疆保税区为1300余名所站负责人和联络员专题培训12场，讲解新时代文明实践理论体系、思路理念和工作方法。深入南部、北部和核心区42个新时代文明实践所站开展新时代文明实践专题调研，举办10场新时代文明实践工作座谈会。完成《新时代文明实践推动党史学习教育走深走实》等7篇新时代文明实践专题调研报告，《文明实践基地绽放滨城活力——新时代文明实践中心试点建设的“滨城探索”》被中国文明网、人民网、新华网、新浪网等25个中央主流媒体及平台转发。开展“2021年滨海新区文化科技卫生‘三下乡’暨新时代文明实践赶大集志愿服务活动”22场，创新开展“文明实践线上行”直播活动，组织未成年人走进新区生命健康安全体验馆、超级计算天津中心和寨上街道科普基地，在线浏览量超100万人次。与新华社合作开展“文明实践看天津”滨海站活动，对滨海科技馆、大沽口炮台遗址博物馆新时代文明实践基地和塘沽街道鑫苑社区、古林街道官一社区和太平镇崔庄新时代文明实践站志愿服务活动进行直播报道，新华社客户端浏览量179.6万人次。北塘街道新时代文明实践所和寨上街道铁坨里社区文明实践站被评为天津市优秀新时代文明实践所站，滨海新区新时代文明实践中心领导小组办公室被评为2021年全国科普日活动优秀组织单位。

（刘秋生）

**【中国共产党成立100周年系列文化活动】** 2021年，滨海新区组织开展“同唱一首歌 永远跟党走”庆祝中国共产党成立100周年群众性歌咏展演活动，5个开发区、21个街镇、70余个部门参加，选拔44支队伍进行录播展示，3000余人参与，通过滨海电视台、“津滨海”客户端、“微滨城”视频号等区级媒体传播，总浏览量突破百万余次。举办“天津·滨海新区庆祝中国共产党成立100周年文艺演出暨钢琴公益云展播”活动，征集短视频作品280余个，10集展播专题片通过抖音号、快手号、视频号、微博4个国内平台和YouTube自运营频道、Facebook、Ins等7个国外平台发布，浏览量超1.17亿次。开展“学习用典—中国优秀经典故事全国连环画作品展”，接待观展7万余人次，团队观展超过1万人次。与国家海洋博物馆等单位联合举办“巍峨的丰碑——弘扬伟大的长征精神 走好今天的长征路”庆祝中国共产党成立100周年专题展览，与泰达航母国防教育基地联合举办“百面党旗映红心——平津战役主题展览走进泰达航母国防教育基地”活动。

（刘秋生）

**【激发“二次创业”热情宣传活动】** 2021年，滨海新区举办“加强党史学习教育 激发二次创业热情”征文活动，征集各类征文、文艺作品385篇，评选优秀作品124篇、优秀组织奖11个，其中87篇文字作品、40篇音频作品在天津广播电视台滨海广播黄金频道及官方微信、“津滨海”App、“学习强国”滨海频道等平台刊播。编排组织“开展党史学习教育 激发二次创业热情”基层巡演4场和“美丽滨城 创新发展”征文优秀作品分享会1场。

（刘秋生）

**【全国文明城区建设】** 2021年，滨海新区修订完善督导、约谈、奖惩、考核、专报五项制度，印发《全国文明城区长效建设信息专报》8期。分解下发2021年版《全国文明城区测评体系》和操作手册210项任务，召开5次调度会，举行专业培训89场。实地督查检查320余次，下发整改单124份、告知单17份，对40条主次干道和12个交通路口进行整改。推动各开发区、各街镇开展“互比互看”活动，组织社区书记、副书记650余人到17个示范社区进行参观学习。组织“共同缔造”创建成效检查验收，从267个社区中评选出优秀社区20个，合格社区27个。组织第三方测评机构分别开展2次全覆盖测评检查，总达标率分别为87.39%、90.01%，对测评排名后30名的社区进行督查整改。开展“学雷锋志愿服务日”、文明祭扫等活动。由各街镇招募300名志愿者，持续进行文明劝导志愿服务。每月开展群众最反感的六大不文明行为专项治理。征集“滨海文明创建看渐变与巨变”摄影作品102幅。张贴《倡导文明健康生活方式主题公益广告》宣传画报1.32万张。对主要干道破损配电箱施画公益广告画53幅，设计制作景观小品16个。与区融媒体合作拍摄反映创建短板和难点问题的曝光片。编发2021年《市民文明手册》和新版《群众满意度调查问卷明白纸》，设计制作手机版群众满意度答题。完成全国文明城区和国家卫生区永久性标志牌。做好中央复审检查工作，实地摸排整改上报中央的29个类型1000多个点位，落实整改新增标准，专项治理测评检查中发现的突出问题，增设不文明交通行为曝光系统和电动车上牌照安装点，推出共享单车、共享电单车减量退出机制。

（王　新）

# 镇街道

## 综述

2021年，滨海新区建立健全加快街镇经济发展工作机制，增强街镇经济发展动力，开展促进街镇经济发展提质增效专项行动，推动街镇与开发区融合发展。抓好“街镇吹哨 部门报到”，构建共建共治共享治理格局。抓好农村地区疫情防控，推动疫苗接种工作，助力构建全民健康屏障。开展街镇机关作风建设专项行动，推进软弱涣散党组织整顿。加强镇街领导班子、干部队伍的党风廉政建设，提升履职能力和水平，把学习成果转化为为民办实事的成效。

**滨海新区镇、街道基本情况一览表**

**表18**

| 街镇全称 | 四至范围 | 面积（平方千米） | 人口（万人） | 所辖行政村、社区 |
|---|---|---|---|---|
| 新城镇 | 东临于家堡响螺湾，西临双城绿色屏障区及津南区，南接塘沽盐场，北与塘沽老城区隔河相望。 | 29.8 | 1.59 | 黄圈社区、澜和湾社区、源和湾社区、新城村、营房村、邓善沽村、南开村、梁子村 |
| 杨家泊镇 | 东临河北省唐山市丰南区，西接宁河区，南与寨上街相邻，北与唐山市汉沽管理区接壤。 | 61.45 | 1.63 | 杨家泊村、高庄村、李自沽村、东尹村、东庄坨村、西庄坨村、辛庄村、看才村、罗卜坨村、羊角村、魏庄村、付庄村、桃园村 |
| 中塘镇 | 东临大港街，西连静海，南靠北大港湿地，北接津南、西青两区。 | 97 | 7.2 | 大安村、西正河村、十九顷村、张港子村、黄房子村、中塘村、薛卫台村、万家码头村、渔业村、南台村、北台村、东河筒村、西河筒村、新房子村、潮宗桥村、西闸村、刘塘庄村、常流庄村、小国庄村、杨柳庄村、赵连庄村、马圈村、甜水井村、试验场村 |
| 太平镇 | 东邻海滨街，西接小王庄镇，南与河北省接壤，北靠北大港水库。 | 192.76 | 3.48 | 太平村、友爱村、六间房村、窦庄子村、翟庄子村、远景二村、郭庄子村、大村村、前十里河村、后十里河村、邱庄子村、大道口村、红星村、刘庄村、苏家园村、东升村、大苏庄村、五星村、崔庄村 |

续表18

| 街镇全称 | 四至范围 | 面积（平方千米） | 人口（万人） | 所辖行政村、社区 |
| --- | --- | --- | --- | --- |
| 小王庄镇 | 东临北大港水库，西与静海区接壤，南与河北省黄骅市毗邻，北近津淄公路。 | 127.7 | 2.46 | 小苏庄村、钱圈村、西树深村、东湾河村、小王庄村、徐庄子村、陈寨庄村、渡口村、李官庄村、刘岗庄村、南和顺村、北和顺村、南抛庄村、北抛庄村、东树深村、东抛庄村、王房子村、小辛庄村、张庄子村、沈清庄村、北大港农场社区 |
| 塘沽街道 | 东至北海路地道、港滨路（北端）、大连东道延长线、临开西路、海宇道、港航路、新港一号路、北海航海保障中心天津通信中心和原中心商务区新金融公司围墙、北海航海保障中心天津通信中心和中港伟业有限公司四号码头围墙，西至中央大道、新港路、中交一航局一公司机械施工分公司围墙、永太路，南至海河、汇国街（规划）、涛成船舶物资围墙、新港一号路，北至新港四号路。 | 3.36 | 6.2 | 华云园社区、新城家园社区、紫云园社区、祥和家园社区、雅苑社区、馨苑社区、朝阳楼社区、北仑里社区、贻芳嘉园社区、芳云园社区、富贵社区、紫云东社区 |
| 新港街道 | 新港街道分为南北两个区域，北部区域东至新疆路及其延长线、北港西路、吉云八道、反“F”港池陆域边线、渤海湾；西至东海路、航运一道、津港路、航运二道、振华国际物流运输公司北侧围墙、临海路、东方大道、海滨五路、新港四号路、北海路地道、港滨路（北端）、大连东道延长线、临开西路、海宇道、港航路、新港一号路、北海航海保障中心天津通信中心和原中心商务区新金融公司围墙、北海航海保障中心天津通信中心和中港伟业有限公司四号码头围墙，南至海河、港区南侧航道陆域边线，北至观澜北路，面积56.88平方千米。南部区域东至东环路，西至中央大道东侧沟渠，南至物流南路，北至商贸南路、银河环路。面积11.93平方千米。 | 68.81 | 6.8 | 近开里社区、新开里社区、新尚里社区、港航社区社区、三百吨社区、海宁里社区、海防里社区、安定里社区、海港社区、启航嘉园社区、君景湾社区、远洋心里社区、听涛苑社区、垣屏苑社区、鑫隆苑社区 |
| 新村街道 | 东至大连道、滨海立交桥匝道、新华路、新华路立交桥匝道、天碱供排水站西侧围墙、海河，南至海河，西至胡北路、天津津岛船务有限公司西侧围墙至海河，北至京山铁路、新港四号路。 | 5.54 | 7 | 金海花园社区、联合村社区、福星里社区、民主街社区、草场街社区、海河园社区、丹东里社区、向阳里社区、正义里社区、拥军里社区、河华里社区、惠安里社区、崇安里社区、碧海龙都社区 |
| 新北街道 | 东起京山铁路，毗邻天津经济技术开发区；西至新河干渠，与新河街道相邻；南至京津塘高速公路延长线，与杭州道街道相接；北至北环铁路，与北塘街相连。 | 15.88 | 12.7 | 迎宾园社区、首创国际社区、贻成峰景社区、欧美小镇社区、晓镇家园社区、贻正嘉合社区、新新家园社区、贻成豪庭社区、贻锦台社区、融盛社区、贻成尚北社区、诺德名苑社区、蓝山国际社区、伴山人家社区、裕川家园社区、欧美家园社区、桃源居社区 |
| 杭州道街道 | 东起建材路和洞庭路，西至车站北路，南至京山铁路线，北至京津塘高速公路延长线、泰达大街及热电厂南围墙。 | 7.81 | 18.35 | 安顺道社区、北邻村社区、长征里社区、芳园里社区、福州道社区、贵阳里社区、和平里社区、弘泽城社区、宏达园社区、华蓉里社区、吉宁里社区、吉庆里社区、京山道社区、静安里社区、康居园社区、兰庭社区、丽水园社区、米兰社区、泰和城社区、唐山里社区、文安里社区、西邻村社区、新业里社区、新园里社区、延安里社区、贻丰园社区、毓园社区、治国里社区、智谛山社区 |

续表18

| 街镇全称 | 四至范围 | 面积（平方千米） | 人口（万人） | 所辖行政村、社区 |
|---|---|---|---|---|
| 新河街道 | 东起车站北路，西临排灌渠、塘黄路，南倚京山铁路，北至港城大道。 | 31.46 | 8.2 | 珠江里社区、西江里社区、漓江里社区、赵家地社区、新建里社区、震新社区、高辛里社区、南河底社区、四季风情社区、南益社区、南瑞社区、福升园社区、威海路社区 |
| 大沽街道 | 东至天津港南疆港沿海东边线、大沽排污河河口、秦滨高速公路（原海滨大道），西至梁子村、通化路、河南路、大沽排污河、海景大道东侧排污河，南至轻纺大道，北至海河、海门大桥河南路收费站、海门大桥河南路收费站东侧小路、滨河南路、迎宾大道、安阳道、庆盛道、中央大道、天津大道、闸南路、庆盛道、天津师范大学滨海附属小学北围墙、秦滨高速公路（原海滨大道）、海河、闸北路、滨海西区北园北侧围墙、星海园三期北侧围墙、渤海石油东区北侧围墙、海河。 | 185.76 | 9.31 | 和盛苑社区、和美苑社区、和谐园社区、和睦园社区、华安楼社区、远景社区、泰和新都社区、河南里社区、新桥里社区、南北卫里社区、建新里社区、安阳社区、八方观园社区、蓝鲸岛社区、石油新村社区、东盐路社区、闸南路社区 |
| 北塘街道 | 东接渤海湾和天津经济技术开发区，西到黄港度假村和宁河县，南邻天津经济技术开发区和塘沽海洋高新区，北抵中新生态城和清河农场。 | 150.46 | 3.9 | 文化宫社区、杨家场社区、海阔苑社区、海泽苑社区、欣雅苑社区、幸福城一社区、幸福城二社区、揽涛轩社区、融创君澜社区、泰达御海社区、滨海湖社区、欣康苑社区、欣昌苑社区、欣中苑社区、欣平苑社区、东村、西村、南村、北村 |
| 胡家园街道 | 东侧与滨海主城区接壤，西侧紧邻东丽区无暇街，南至海河，北至北塘街、新河街。 | 75.2 | 13.61 | 前进里社区、旭辉澜郡社区、光明里社区、佳顺苑社区、觉祥园社区、佳美苑社区、远洋城社区、星海苑社区、远洋滨尚社区、远洋滨瑞社区、红光家园社区、宇康园社区、欣美园社区、远洋滨雅社区、馨盛园社区、远洋滨兴社区、馨顺园社区、胡北社区、八堡村、南窑村、一疙瘩村、中八车村、大埝村、河头村、六道沟村、周庄子村、头道沟村、中心庄村、中心桥村、田庄子村、中西村、于庄子村、义和庄村、三川桥村、郑庄子村、刘庄子村、五十间房村 |
| 汉沽街道 | 东至汉沽盐场东边线，与杨家泊镇接壤；西至蓟运河；南至津汉快速路、友谊路、府北街；北至宁河区和河北省唐山市汉沽管理区东北边界、滨唐公路并与杨家泊镇西北边界相接。 | 91.82 | 5.93 | 芦后村、芦中村、芦前村、大田村、小王村、大王村、小马村、大马村、下坞村、新立村、滨河家园社区、贾园里社区、后坨里社区、前坨里社区、王园里社区、东滨里社区、金谷里社区、中阳里社区、红霞里社区、田华里社区、新城里社区、华馨里社区 |
| 寨上街道 | 东与河北省丰南市涧河接壤，西至蓟运河，南至渤海湾，北至府北街、红霞路、大丰路、汉南公路。 | 118.96 | 5.7 | 铁坨里社区、坨南里社区、平阳里社区、德阳里社区、建阳里社区、惠阳里社区、华阳里社区、东风里社区、新村里社区、朝阳花园社区、四季花苑社区；大神堂村、洒金坨村 |
| 茶淀街道 | 东靠蓟运河，西邻清河农场，南接北塘街道，北至宁河七里海镇。 | 54.29 | 6.98 | 宜春里社区、三明里社区、五羊里社区、七星里社区、九龙里社区、清园里社区、留园里社区、泰安里社区、雅安里社区、茶园里社区、兰园里社区、民安里社区、崔庄村、留庄村、茶东村、茶西村、西李自沽村、崔兴沽村、宝田村、前沽村、后沽村、桥沽村、西孟村、孟家郾村 |

续表18

| 街镇全称 | 四至范围 | 面积（平方千米） | 人口（万人） | 所辖行政村、社区 |
|---|---|---|---|---|
| 大港街道 | 东起世纪大道以南至凯旋街、世纪大道以北至津歧公路，西至日板浮法玻璃厂，南至独流减河，北至津港公路以东至板港路、津港公路以西至李港铁路。 | 46 | 16 | 春港花园社区、春晖里社区、朝晖里社区、晨晖里社区、晨晖北里社区、地球村社区、港星里社区、港明里社区、曙光里社区、建安一社区、建安二社区、重阳里社区、阳春里社区、福安里社区、福苑里社区、福华里社区、兴盛里社区、兴安里社区、兴德里社区、兴慧里社区、兴华里社区、开元里社区、双安里社区、三春里社区、四化里社区、五方里社区、六合里社区、七邻里社区、前进里社区、前光北社区、前光南社区、振业里社区、胜利里社区、荣华里社区 |
| 古林街道 | 东邻盐田、渤海湾，西接大港街，北与津南区接壤，南与河北省黄骅市南排河镇隔河相望。 | 118 | 12.7 | 凯旋苑社区、润泽园社区、世纪花园社区、官一社区、官二社区、建北里社区、欣欣里社区、港电社区、福绣园社区、福汇园社区、福港园社区、福满园社区、福锦园社区、福芳园社区、海川园社区、海韵园社区、海通园社区、艾维诺社区、香逸园社区、福渔园社区、海信园工农村、建国村、上古林村、马棚口一村、马棚口二村 |
| 海滨街道 | 东邻南港工业区，西接太平镇，南与河北省黄骅市隔河相望，北靠大港水库。 | 158 | 23 | 幸福社区、阳光佳园社区、阳光佳园西社区、怡然社区、同盛东里社区、心港假日东里社区、南春园社区、广场社区、炼盛社区、花园南里社区、钻井新村社区、芳华社区、桃李园社区、春华社区、祥和社区、采油社区、北安社区、新盛社区、团结村社区、西苑社区、二号院社区、安泰社区、同盛西里社区、心港假日西里社区、北苑社区、华幸社区、华福社区、华盛社区、华隆社区、双丰社区、西运社区、求实社区、春阳社区、奉献社区、爱国社区、诚信社区、创新社区、庆祥社区、庆福远景一村、远景三村、沙井子一村、沙井子二村、沙井子三村、联盟村 |
| 泰达街道 | 东起秦滨高速公路，西至京山铁路，南靠天津大道，北接京津高速公路 | 54.14 | 14 | 康翠社区、雅园社区、华纳社区、紫云社区、格调社区、泰丰社区、泰祥社区、时尚广场社区、盛清社区、清谷社区、福瑞社区、天保社区、远洋社区、贝肯山社区、东海社区、翠亨社区、芳林社区、富阳里社区、永利社区、响螺湾第一社区 |

（张　硕）

**【经济发展】** 2021年，滨海新区在区委街镇工委成立区加快街镇经济发展领导小组办公室，制定《区加快街镇经济发展领导小组办公室工作规则》，建立健全会议、督办、调研、数据共享、开发区与街镇融合发展等7项工作制度。配合区发改委制定《关于加快推进街镇经济发展的实施意见》，出台关于招商力量建设、街镇工业园区配套基础设施建设、支持乡村振兴、优化街镇项目审批服务、支持街镇楼宇经济发展等5个方面配套政策实施细则。与区委组织部联合召开街镇招商引资政策培训推动会，推动街镇用好各项招商引资政策措施，制定《关于组织开展加快街镇经济发展培训和经验交流活动的工作方案》，组织开展业务培训交流活动40余次。定期开展街镇经济运行分析，每月对街镇主要经济指标排名通报，推动街镇发展经济的主体责任、部门属事责任、相关部门和开发区帮带责任的落实，推进1+5（1，即《关于加快街镇经济发展的实施意见》；5，即《滨海新区加强街镇招商力量建设实施细则》《关于加快滨海新区街镇工业园区配套基础设施建设实施细则》《滨海新区支持乡村振兴实施细则》《滨海新区优化街镇项目审批服务实施细则》《滨海新区支持街镇楼宇经济发展实施细则》）政策措施落实。制定《关于开展街镇经济发展专项行动的工作方案》《关于建立数据分析联动机制的实施意见》，开展招商引资项目互比互看活动。定期刊发《街镇工作动态》《街镇经济发展工作简报》，与区融媒体中心制定《街镇经济发展新闻报道策划方案》。与区商促局联合开展街镇招商项目集中签约活动，签约项目59个，总投资额约180亿元。全年各街镇完成地区生产总值753.54亿元，增长4.7%。其中，规上工业总产值、限上商品销售总额、实际利用内资等指标保持两位数增长。完成内资到位额73.34亿元，增长35.04%。

（张　硕）

**【“吹哨报到”工作】** 2021年，滨海新区区委街镇工委制定“吹哨报到”实施方案和考核评价细则的补充规定，完善典型事项共享机制、吹哨事项跟踪机制、吹哨事项督办机制、吹哨事项撤单机制及考评机制。在吹哨事项与考核评价中增加街镇经济发展项，协调解决街镇经济发展中的问题，115项吹哨事项涉及街镇经济发展，问题解决率86%。对街镇工作人员开展吹哨报到工作培训，理顺吹哨程序，强化事前研判，降低撤单率，提升办结率。建立街镇“吹哨报到”工作台账，定期对吹哨事项分析研判，强化跟踪督办，推动部门解决街镇、企业问题，提升报到质效。街镇吹哨351次，办结284个，满意率95%。

（张　硕）

**【“共同缔造”工作】** 2021年，滨海新区区委街镇工委调研落实共同缔造理念、开展共同缔造活动情况，从党建引领、搭建议事平台、树牢共建共管意识、共评共享成果等方面总结街镇先进做法，形成调研报告。召开“党建引领共同缔造”经验交流会，分享不同领域共同缔造美丽“滨城”经验和做法，拓宽街镇、村居开展共同缔造活动的思路。

（张　硕）

**【融合发展】** 2021年，滨海新区创新街镇与开发区融合发展机制，制定《关于加快开发区与街镇与融合发展的实施意见》。深化大沽街与天津经济技术开发区融合发展，制定《关于大沽街与经开区融合发展的工作方案》，增强大沽街道经济发展新动力源泉。配合区委改革办就新北街道、新河街道与天津滨海高新区融合发展情况进行调研，形成《关于新北街、新河街与高新区海洋科技园融合发展情况的调研报告》，推动优化街镇与开发区融合发展模式。

（张　硕）

**【基层治理】** 2021年，滨海新区推动做好三届区委第十二轮等巡察整改落实，以两个问题清单、两个报告和区委书记专题会“点人点事”为推动重点，梳理、掌握街镇巡察反馈突出问题，对街镇整改措施审核把关。采取“听、审、访、查”等方式，对街镇巡察整改工作督导推动，下发提示函或反馈意见，为街镇提供意见和建议。

解决街镇“中梗阻”问题，深入21个街镇及所辖村居对街镇权责不对等和街镇机关作风问题开展专项调研，收集分析共性、具体问题150余条，督促整改落实，推动街镇改进工作作风，提升办事效率。推进软弱涣散党组织整顿，了解组织建设、制度执行、组织活动及信访突出问题情况，专题推动指导整顿工作，落实结对指导责任，5个社区完成整顿转化任务。

（张　硕）

## 新城镇

**【概况】** 2021年，新城镇推进农

3月29日，新城镇招商引资项目集中签约仪式　　王连浩　摄

村城市化建设，发展产城融合，招商引资成效明显，优化招商环境，扎实乡村振兴举措，发展特色农业，提高农业科技水平，保障公共服务和居民利益。

（郭萍萍）

2021 年，新城镇梁锦东西苑、邓善沽南北苑还迁房建设 燕军明 摄

**【镇域经济】** 2021 年，新城镇规模以上工业总产值 11.2 亿元，增长 1.35%；限额以上商品销售额 11.28 亿元，减少 38.79%；限额以上社会消费品零售总额 0.11 亿元，减少 97.88%；固定资产投资额 23.41 亿元，下降 47.15%；实际利用内资 20.56 亿元；区级税收 0.7 亿元。农业一产产值完成 4063 万元。

新城镇联合招商办公室挂牌运行，建立新城镇、天津滨海高新区、区商促局和中建新塘公司联合招商机制。与开发区和其他街镇互推项目 17 个，实缴到位 2400 余万元。开展重点项目签约活动，涉及健康养老、商业、汽车等行业 11 个项目，协议投资 30 亿元。激发中介、商会、村居招商积极性，形成招商合力，推荐落地项目 36 个。强化以商招商，形成产业聚集，依托华戎片区吸引一汽重卡、黄河重卡等 10 余家汽车销售企业集聚。整合辖区汽车行业资源，分步推进实施汽车商贸文化创意产业园。开展“双万双服促发展”活动，落实企业包联制度，走访企业 147 次。开展惠企政策宣传 200 余次。用好吹哨报到机制，组织服务“吹哨会”11 次，协调解决企业问题 16 个。

（郭萍萍）

**【北方商用车产业园项目】** 2021 年 12 月 8 日，新城镇华戎片区签约引入北方商用车产业园区项目。项目占地约 2 平方千米，总投资约 3 亿元，由华戎实业集团和天津汽车后市场协会合作开发，目标是构建“一个基地两个市场五大功能八个板块”，形成商用车全产业链生态圈。

北方商用车产业园项目是新城镇汽车产业带整体规划布局中重点项目，汽车产业带规划一期以华戎片区商用车产业园 40 万平方米商用车集聚区为起步区，对园区进行总体规划、建设，按“港产城”融合发展目标，整合辖区汽车行业资源，拓展二手汽车进出口及平行进口车示范点相关产业分步推进实施汽车商贸文化创意产业园，园区将引入 500 家以上汽车相关企业，交易规模 100 亿元。

（郭萍萍）

6 月 11 日，新城镇第二届西红柿文化节开幕 新城镇 供图

**【第二届西红柿文化节】** 2021 年 6 月 11 日，新城镇第二届西红柿文化节开幕。活动主题为“乡村振兴，‘柿’红新城”，以西红柿为媒推介特色果蔬、以节会友展示新城风采，帮助 30 余家农户将果园、菜园“搬”到现场，邀请市民观看文艺演出、品尝特色果蔬、体验田间采摘乐趣，感受新城镇风土人情、乡村风光。现场举办新城镇首届西红柿擂台赛，由观众品尝、投票评选“口感最佳西红柿”并颁奖；各志愿服务团队以发放宣传材料、政策理论

解读、知识普及等形式为群众送去农业技术、就业信息、科普知识、医疗卫生和法律服务资源。新城镇利用西红柿文化节为种植户和商家搭建对标学习、交流经验、品牌推介、洽谈合作的平台，提升本地农产品知名度，做强新城西红柿品牌，帮助农民增收。

（郭萍萍）

**【城镇市化建设】** 2021年，新城镇邓善沽22万平方米还迁房主体完工。西外环项目还迁安置5户。梁子村新增签约选房安置36户。港塘路—天津大道立交桥工程竣工通行。西中环天津大道互通立交桥工程将竣工通车。增设公交站点1处，新城镇公交首末站加快建设。新城东区消防站主体完工。海河景观公园、塘沽一中教育集团塘沽湾学校、天师欧顿幼儿园投入使用。上海道小学塘沽湾分校挂牌运营。梁锦东西苑、源和湾等新建社区配套用房交付使用。汇众商业综合体项目签约落地。

（郭萍萍）

**【环境整治】** 2021年，新城镇实施全域清洁化工程。落实防尘措施，完成双城间绿色生态屏障4.33公顷。推进“厕所革命”，拆除旱厕40余个。推进垃圾分类，增设垃圾桶站6处，推动垃圾箱房建设，做到垃圾日产日清，完善社区垃圾分类考核机制。加大面源污染治理力度，新建农田残膜回收点，采取资源化、无害化、减量化治理办法，整治规模化畜禽养殖场污染。做好森林病虫害防治工作，防治林业有害生物226.67公顷。落实河（湖）长制，治理黑臭水体，实施1.8千米北水南调干渠清淤及物理净化工程，地表水劣V类水体消除。开展河湖“清四乱”专项行动，清理“四乱”（乱占、乱采、乱堆、乱建）8处、水塘24座，

3月30日，新城镇庆祝中国共产党成立100周年群众性歌咏展演活动
王晓敏　摄

打捞沟渠蓝藻1.05万平方米，清淤37.15千米。开展“疾风厉势”专项清理整治行动，拆除治理新增和存量违法建设173处。治理违法用地81宗。开展网格化督导检查，严防“大棚房”问题反弹回潮，完成镇域内128个点位460个大棚、温室再排查。

（郭萍萍）

**【民计民生】** 2021年，新城镇实施精准帮扶，发放低保金、救助金及各类补贴1200余万元。办理缴纳城乡居民养老保险532人，失地农民养老保险75人，实现应保尽保。办理创业担保贷款80万元，举办网络招聘会6场，提供岗位3655个，帮扶就业困难人员1458人次。建设运营老年人日间照料中心2家。完成7个老旧小区1564户居民供水管网改造。做好退役军人和其他优抚对象服务保障，发放优抚金、慰问金及物品折款约47.1万元。开展爱国卫生组织管理、卫生创建、健康教育、病媒防治等工作。发挥基层文化队伍和阵地作用，开展各类宣传活动30余场，科普宣传活动147场，举办新城镇第二届西红柿文化节。推进创文创卫工作。推进东西部扶贫协作和支援合作，完成支援措周乡“牦牛”养殖项目。动员社会力量筹集善款30万元。完成机关人员消费扶贫8.1万元。落实结对认亲“五个一”（建立一个沟通机制、完成一个微心愿、赠送一个节日礼物、解决一个实际困难、购买一次农特产品）帮扶举措，结亲户实现脱贫。

（郭萍萍）

**【社会治理】** 2021年，新城镇开展安全隐患大排查大整治，检查企业339家次，整改隐患572处，行政处罚11起，处罚13.06万元。开展食品安全检查931家次，发现并整改隐患275项，关停取缔无证无照黑作坊8家。开展消防安全应急演练5次，发放宣传材料9500余份，培训500余人。落实信访工作责任，畅通诉求化解渠道，办理群众来信、来访950余件1600余人次，调处化解矛盾45批次75人次，调处成功率100%。推进历史遗留问题化解，信访积案化解率实现100%。推进平安建设，建成使用治安站点9个，排查整治社会治安重点地区6处。推进智慧平安社区建设。推行全域全科网格化管理，上报有效案件2.17万件，按期受理、结案率100%。

办理便民热线件及滨海热线举报件3500件，按期办理答复率100%。

（郭萍萍）

【基层党建】 2021年，新城镇开展党史学习教育，领导班子成员和52个支部书记讲“七一”专题党课69场次。依托“1所8站”（新城镇新时代文明实践所，营房村、新城村、南开村、梁子村、邓善沽村、源和湾社区、澜和湾社区、黄圈社区新时代文明实践站）举办各类理论宣讲、新时代文明实践志愿服务等活动。开展“我为群众办实事”实践活动，拓宽党建红网格服务范围，解决辖区百姓急难愁盼问题。完成滨海新区、新城镇两级党代表、人大代表和新城镇党政班子换届选举工作。组织团组织、村居妇联组织换届。制定全面从严治党主体责任清单和任务清单，召开2021年度民主生活会及巡察整改专题民主生活会。制定“以案三促”工作方案，健全完善谈话机制，运用监督执纪“四种形态”第一种形态，坚持全面从严治党。

（郭萍萍）

## 杨家泊镇

【概况】 杨家泊镇建设用地面积1380万平方米，耕地面积1353.33公顷。域内有津秦高铁、长深高速、滨保高速、滨唐路、芦堂路、汉南路等干线穿境而过。2021年，杨家泊镇整合现有园区，重新规划布局，优化园区营商环境，加大招商引资力度，推动项目落地。成立镇企共同缔造理事会。

（肖　夏）

【镇域经济】 2021年，杨家泊镇规模以上工业总产值7.58亿元，固定资产投资2.68亿元，限额以上商品销售总额47.98亿元，实际利用内资4.66亿元，区级税收收入0.19亿元。确定杨家泊镇新能源、新型建材、现代农业主导产业定位。利用园区整合契机，撤销滨海物流加工区管委会，完成园区管线综合规划编制工作，完成东区四号路（服务中心至滨唐路段）和西区规划次干路二西侧供水管线工程建设。与天津泰达滨海清洁能源有限公司签订战略合作协议，推动园区东区燃气配套设施建设事宜。启动园区污水处理厂项目建设相关工作，完成立项、用地预审和选址手续。开展招商引资，推动有机废弃物综合利用处置、风润杨家泊50兆瓦风力发电等市级重点建设项目开工建设。竣工项目4个，实际投资0.34亿元；在谈项目32个，计划总投资70.38亿元。深化与中新天津生态城合作共建工作，完善“飞地”招商工作机制和贡献分配机制，形成资源共享、项目共享、人员共享。对接推介项目16个，落地注册项目5个。按各街镇主导产业和发展重点，与中新天津生态城、杭州道街道、寨上街道、茶淀街道采取“飞地”模式合作推介项目9个。

走访服务园区企业28次，重点调研10次。开展科技创新宣传服务活动，扶持企业发展，完成2家企业高新技术企业认定工作。开展“双万双服促发展”活动，企业通过天津市政企互通服务信息化平台提出问题9条，问题解决率和企业满意率均100%。

（李俊研）

【镇企共同缔造理事会成立】 2021年4月28日，杨家泊镇召开滨海物流加工区共同缔造理事会成立大会，通过理事会章程，选举北新建材（天津）有限公司等6家公司为理事单位，成立滨海物流加工区共同缔造理事会。理事会设秘书长1人，由滨海物流加工区管委会办公室主要负责人担任。园区理事会加强政府与企业沟通交流，解决镇企业存在问题，特别是中小企业生产生活存在问题。通过“双万双服促发展”线上平台解答企业关于“留岗补贴”等政策咨询，联系中国农业银行天津滨海分行、区发改委“信易贷”平台，协调企业融资等问题9件，走访企业257次，召开银企对接会2场、政企对接会11场。

（王　铎）

【平安建设】 2021年，杨家泊镇推进基层社会治理创新，规范村级综治组织、警务室建设，东庄坨村、桃园村及镇管控中心的雪亮工程建设投入使用2年。防范和处置邪教、社区戒毒、矛盾纠纷排查调处等重点工作实行“周排查、月汇总”工作机制，完成预期目标任务。紧扣国家安全、扫黑除恶、平安创建、治安防范、流动人口管理条例、禁毒法、反邪教、非法集资、无传销社区创建等方面开展集中宣传14次、新闻媒体宣传3次，反邪教宣传信息刊登23篇。提升群防群治，平安志愿者注册390余人，重要时间节点，重点时间节点、路段等工作取得实效，完成重点整治单位目标任务。

（陈　庚）

【环境整治】 2021年，杨家泊镇治理镇域内裸露地面，加强散乱污企业排查管控，执行重污染天气应急响应，改善全镇空气质量，空气质量优良天数率75.6%，改善率14%，$PM_{2.5}$年累计值43微克/米$^3$。巩固李自沽村人居示范村整治效果，推动杨家泊等12个村人居环境整治，实施镇域村庄和镇区公共区域环卫一体化，改善镇域人居环境。全镇生活垃圾实现100%无害化处理，完成54座农村公共厕所上下水连接，实现水冲功能。建立以镇、村二级河长为主的河长制工作体系，实施“一河一策”，开展河道治理，加强日常保洁管理，完成东庄坨村黑臭水体治理，推进13个村级污水处理设施提升改造工作，改善地表水环境，付庄排干水质达到V类以上。完善镇区国土空间规划编制和村庄规划，推进村庄布局规划编制，实现村庄规划管理全覆盖。

（康亚宙）

**【民计民生】** 2021年，杨家泊镇落实各项社会救助政策，完善“动态管理”“长期公示”、近亲属备案”等社会救助工作机制，发挥临时救助“救急解难”作用，发放社会救助金570.41万元，办理临时救助45件，救助人口97人，发放一次性救助金24.42万元，面向辖区困难、重度残疾人发放两项补贴105.44万元。

（孙荣荣）

**【创文工作】** 2021年，杨家泊镇把全国文明城区建设工作列入镇党委、镇政府年度重点工作。修订创文工作方案、完善显现问题长效整治实施方案，制定全国文明城区建设巡查工作机制等政策性文件。召开创文工作部署会14次，完成“智能管理系统”档案材料提交工作3次、创文测评实地整改工作2次。开展学雷锋志愿服务活动40余场。更换灯杆道旗314组、铁艺车贴440余张、宣传栏背板307块，发放各类宣传册、宣传单2.1万余份，拆除私人旱厕50余个，清理杂物、垃圾1000余吨，铲除小广告160余处，施划机动车、非机动车停车位及临时摆摊点100个。

（崔园园）

**【基层党建】** 2021年，杨家泊镇党委开展理论学习，征订党史教材1600余本。进行社会宣传，聘请区宣讲团成员开展基层宣讲报告会4场，组织镇领导班子成员、各村书记组成基层宣讲团开展基层宣讲会、座谈会80余场，受众2000余人。推动“我为群众办实事”活动，建立“我为群众办实事”两张清单。其中，项目清单2件、群众诉求清单2件，解答诉求82项。组织理论中心组开展专题学习23次、专题读书班3次，班子成员提交学习心得28篇。制定主体责任清单215项，上传区监管平台。听取分管领导、各村党组织书记落实党建责任汇报17次，开展述职评议1次、专题研究基层党建工作4次、基层党建巡查2次。完成村“两委”、镇党委、镇政府换届工作，选拔8名优秀党务工作者担任“一肩挑”。发展党员20人，其中35岁以下年轻党员17人。解决三年以上未发展党员村5个。新成立非公企业党支部1个，实现“两新”组织党组织全覆盖。

（董　丹）

## 中塘镇

**【概况】** 中塘镇北距天津市区45千米，南距河北省黄骅市40千米，东距天津港35千米。荣乌高速公路、唐津高速、津港高速公路比邻而过，洋苏公路、津淄公路、黄万铁路横贯其间。2021年，中塘镇完成园区提质、创卫创文复审、人居环境整治、新冠疫情常态化防控任务。完成规模以上工业企业总产值131.8亿元、商业企业商品销售额371.76亿元、商业企业商品零售额2.07亿元，固定资产投资5.54亿元。

（王京辉）

**【镇域经济】** 2021年，中塘镇园区新增项目107个。其中，实体项目25个，总投资13.75亿元；楼宇企业82个，注册资本4.6亿元。新开工实体项目21个，总投资8.76亿元。出让工业地块4宗，面积8.25万平方米；出让商住地块1宗，面积1.31万平方米。实现内资到位额5.29亿元。成立中塘投资委员会。盘活闲置厂房6处，出租厂房1.5万平方米。出租续租招商标准厂房7.5万平方米。编制《天津市滨海新区中塘工业区西南片区土地征收成片开发方案》。推进土地征转手续项目6个；双万双服走访企业455户次，组织对接活动5次，问题解决率和满意率均100%。成立中塘工业园共同缔造理事会，开展“我为企业解难题”“企业职工免费体检”“银企对接会”活动4次。培育国家级科技型中小企业52家、雏鹰企业14家、瞪羚企业4家、国家高新技术企业数量突破110家，2家企业申报专项获批扶持资金130万元。建立“地条钢”排查网络。参加商务部5类大项、36个子项园区综合评价。

（王京辉）

**【工业园区改革】** 2021年4月9日，中塘镇成立工业园区共同缔造理事会，从机制、政策、产业、配套、服务等方面为企业创造优质创业环境。8月16日，召开园区改革动员大会，决定设立中塘镇投资促进委员会和中塘镇园区投资服务中心，统筹负责全镇招商落地项目，定期召开会议审议招商项目，审核把关。8月30日，中塘工业园共同缔造理事会开展银企对接活动。中塘镇投资促进委员会和中塘镇园区投资服务中心转变招商引资思路，实施土地开发建设，提升园区承载能力和服务体系，优化优质营商环境。改革做法和经验在天津市媒体上给予推广。

（王京辉）

**【农业发展】** 2021年，中塘镇生猪出栏3.2万头、肉羊出栏4.2万只、肉牛出栏1.3万头、蛋鸡存栏115万只、鲜蛋产量1.5万吨。陆地蔬菜种植面积116公顷，小站稻76公顷。完成24个村集体经济组织理事会及监事会的换届、闲置资产清查核实、利用价值评估等。完成育肥羊项目隆腾畜牧联合社理事会换届。拓展茶树菇销售渠道，年利润30万元。投资1.5亿元完成80公顷农光互补设施大棚建设，投资6亿元渔光互补项目开工建设。完成1400公顷病虫害防治、3500个林地点位核查工作。发放627.87公顷夏粮补贴、2546.67公顷秋粮补贴。完成667个农村集体土地、厂房等租赁问题合同整改，追缴租金221.23万元。核实撂荒地图斑235个，整治160个图斑、76.31公顷。完成1个市级家庭农场申报认定、2个市级家庭农场专家论证。

（王京辉）

【城镇建设】 2021年，中塘镇与甘肃建投集团签订全域开发合作协议，完成17.53公顷示范镇平衡地块土地出让，二期17万平方米还迁房主体结构施工基本完成，三期60万平方米还迁房办理前期手续。完成中花园小区地热井热源替代管网工程项目。为1.72千米中港路南延（万安路至八米河）采购安装太阳能路灯47座。改造正兴里菜市场室外混凝土路面3579平方米、面包砖地面1778平方米、雨水井59座。维修葛万路停车场破损地面5600平方米、坑洼530平方米。大修葛万路与复康路交口处破损地面2200平方米。完成吉安里小区广场太阳能路灯安装22盏、大港七小道路太阳能路灯安装19盏，中塘卫生院屋顶维修2050平方米。对15座桥梁安全检测。编制镇“十四五”时期的北大港水库库区及移民安置区基础设施项目规划。70余名普查员完成3.4万余间农村房屋隐患排查及自然灾害普查复核工作。成立土地违法整改工作专班，进行违法用地整改319宗、整改面积46.67公顷。镇与各村签订“基本农田保护目标责任书”“耕地保护目标责任书”；制定田长制实施方案，明确责任区域。

（王京辉）

【示范镇还迁】 2021年，中塘镇拆除14个村民房1811户，马圈、赵连庄、北台3个村土地复垦14.49公顷。中塘示范镇安置区一期建54万平方米楼房5827套。其中，具备还迁条件楼房3307套，完成消防验收楼房2520套。1月31日，中塘示范镇龙跃、龙润花园小区首批村民办理还迁入住手续，启动十九顷、新房子、西闸、杨柳庄等11个村1688户村民楼房还迁1900套。其中，龙润花园180套，龙跃花园538套，翔凤花园1182套。二期在建17万平方米楼房1340套，3个小区地下车库和主体建设基本完成。三期60万平方米安置房，正按国家新规范重新调整。

（王京辉）

【社会治理】 2021年，中塘镇成立平安建设领导小组，每月召开平安建设工作会议。落实《中塘镇平安建设实施计划》《中塘社会治安重点地区整治方案》《中塘镇平安村困难帮扶村建设计划》政策。与村签订综治建设责任书，严肃社会治安综合治理一票权制和一票否决警示制度。投资163.9万元完善“雪亮工程”试点和平安治安社区系统更新。制定《中塘镇关于党建工作分类指导的意见》《关于进一步加强党建基础工作的若干规定》《关于加强村级组织建设的若干规定》方案。党员楼长制确定楼长28人、楼栋长101人。按属地原则划分基础网格30个，配备专职网格员32人。建立750人平安志愿者队伍，重要时期安保出勤率95%。受理各类来信177件，处理率97.7%；矛调中心接待来访群众98批次、385人次，处理率98%。

（王京辉）

【基层党建】 2021年，中塘镇组织村“两委”换届工作专题培训4次，完成镇村两级换届。开展基层党组织书记讲专题党课，组织“观平‘语’近人、为群众解忧”系列党课8期。为142名老党员颁发“光荣在党50年”纪念章。组织新一届村“两委”班子培训轮训，举办“优先发展农业农村、全面推进乡村振兴”专题讲座。落实巡察整改责任，指导审核各村巡察整改。加强“两新”（非公经济和社会组织）组织建设，成立大港经济开发区和中塘工业区综合党委，为3238家“小个专”企业下派党建指导员。在人才服务保障中新申报认定储备人才37人，发放住房和生活补贴46.8万元。发展党员62人。新发展农村党员中35岁以下占比53.28%。在农村发展党员违规违纪问题排查整顿中，发现问题线索65个，核实查否41个。落实党建引领共同缔造“我为群众办实事”项目清单和群众诉求清单，收集问题184个，解决问题182个；群众诉求清单收集问题132个，解决问题131个。基层党组织书记走访单位570家、群众1.04万人，收集、解决问题606个。协调区5家单位与镇36个支部开展共建，24个村党组织与84家单位达成结对共建关系，开展活动150余次。

（王京辉）

## 太平镇

【概况】 太平镇距滨海新区核心区56千米，至天津港60千米，至天津滨海国际机场65千米，至天津市区60千米。太平镇农用地面积9506.67公顷，是滨海新区最大畜牧养殖基地。曾获全国一村一品示范村镇、全国休闲农业与乡村旅游示范点、全国美丽休闲乡村等国家称号。2021年，太平镇以全面推进乡村振兴为主题，推动区域经济发展，克服疫情和汛情等不利因素，保持经济运行在合理区间，其他各项事业顺利开展，实现“十四五”良好开局。

（张　超）

**【镇域经济】** 2021年，太平镇规模以上工业总产值32.5亿元，增长1%；限额以上商品销售总额12亿元，增长40%；固定资产投资6.28亿元，增长6.44%；财政收入1.53亿元，增长93.25%。

太平镇与南港发展集团共同组建招商办公室，就天津经济技术开发区南区土地规划、基础设施、能源配套等情况进行再梳理，掌握土规控规批复及土地征转情况。推进签约项目，中节能300兆瓦光伏复合发电项目开工；推动澳新牧业进境隔离牧场项目，完成全部项目建设。对接渤海城市规划设计研究院，加快巧克力小镇项目策划方案编制工作，跟进中铁装配式产业园、高效农业产业基地、中铁七局农产品加工物流园区等重点项目。

（张　超）

**【农业发展】** 2021年，太平镇整合各村冬枣资源，打造“滨海太平·崔庄冬枣”品牌。狠抓大田管理，应用深松深翻、激光平地等技术提升地力，推动设施蔬菜基地建设，抓好93.33公顷设施蔬菜基地标准化生产，修复闲置损坏温室大棚，支持天津市保供基地建设，保证菜品稳定供给。

（张　超）

**【冬枣产业发展】** 太平镇崔庄村盛产冬枣，拥有成片规模完整的冬枣林，约200公顷，600年以上冬枣树168棵、400年以上3200多棵，“崔庄冬枣”被注册为国家地理标志证明商标，“天津滨海崔庄古冬枣园”被列入中国重要农业文化遗产名录。崔庄以冬枣节为契机，做强冬枣产业，以“物联网+”模式带动冬枣产业在产、供、销及深加工项目等方面协同发展，辐射太平镇构建866.67公顷冬枣产业规模化发展格局。扩大线上合作渠道，帮助太平镇特色农产品开拓网上销售渠道，推进品牌创建、产销衔接，为农企农户提供多元化销售渠道。

（张　超）

**【第十二届冬枣节】** 2021年9月30日，太平镇第十二届冬枣文化节在崔庄皇家枣园开幕。主题为“庆丰收感党恩，引领乡村振兴”。冬枣节持续一个月，期间有文艺表演、书画摄影展、非遗展示、农产品展销、直播带货、采摘等活动，通过枣农夸枣、专家游客品枣等方式了解冬枣相关知识，设置太平镇“冬枣王”评选环节，评出年度冬枣种植能手和优质枣园；其他展区展出烫画葫芦、面人、剪纸等非遗展品及镇域民间书法家以农民丰收为主题创作的数十幅书画作品。崔庄开放占地约33.33公顷、枣树龄400～600年的古枣园供游客采摘；与顺丰合作开展网络销售、物流配送，方便市民网上订购冬枣。

（张　超）

**【服务企业】** 2021年，太平镇制定“双万双服”实施方案，新增入库企业5家，四上企业及各行业龙头代表企业实现入库。制定《太平镇电力需求和有序用电工作方案》，根据电力负荷缺口，对企业用电进行调配，指导企业按预案调整生产时序，做好应急响应和安全应对。

（张　超）

**【城镇建设】** 2021年，太平镇对翟庄子村北大桥进行大修，完成5个桥墩植筋加固等工作。拆除旱厕43座，改造2座，新建移动公厕6座。配合区教体局推进郭庄子村欣苑二幼建设工作。解决示范镇二期资金问题，发行“太平镇污水处理设施及配套项目”地方政府专项债1亿元。天保嘉郡公司8月29日进场进行示范镇二期红线内配套施工。

（张　超）

**【民计民生】** 2021年，太平镇与海河人才合作，举办网络招聘会9场。搭建区域内就业供需服务平台，解决镇域内企业用工难、村民就业难问题。做好社险征缴、城乡养老、城乡医疗等工作，各类社会救助经济核对408次，新申请、注销、变更近200次，发放低保、特困、临时救助等救助资金近1000万元。做好退役军人服务工作，接待退役军人来访151人次，发放优抚金和救助、补助424万元。

做好便民服务事项，社区服务中心投入使用，规范镇、村两级便民服务大厅管理，统一制度、标识、服装。建立太平示范镇便民服务站，安排专人负责大厅监督和管理。加大政务公开和政府信息公开力度，最大限度实现利企便民，保障公众对政府工作知情权、参与权、监督权。

开展“传家风、立家规、扬家风”主题活动。组织三八妇女节文艺联欢晚会、五四青年节文艺汇演和六一儿童节文艺汇演，举办共同缔造美丽滨城“永远跟党走　奋进新时代”暨庆祝中国共产党成立100周年文艺活动。

（张　超）

**【环境整治】** 2021年，太平镇加强企业污染排查，强化联合执法，深入企业100余家，对辖区关停取缔的58家“散乱污”企业再次排查，未发现复工复产迹象。做好空气污染治理，落实禁止露天焚烧工作，开展冬春两季控煤治理，按预警响应级别，对镇域内排放源严格管控，落实节能减排、限产停产等措施。加强水污染防治，落实河长制规定，开展春季清河（湖）专项行动，排查19个村171条（个）河湖坑塘沟渠，发现水面问题10处，堤岸问题6处，均整改完成。

制定太平镇全国文明城区建设长效机制工作实施方案，将重点区域划分为25个片区，深化“美丽和谐家园，你我共同缔造”活动、学雷锋志愿服务活动，将宣传栏、LED屏等宣传方式与听取群众意见建议方式相结合，拉近干群距离，打通“最后一公里”。紧盯重点部位、场所，依托网格化管理，做到第一时间发现问题，全面整改。

（张 超）

**【抗击汛情】** 2021年，太平镇受强降雨及上游泄洪影响，子牙新河等河道出现25年最高水位，河道沿线交通、电力、水利、通信等基础设施受损。镇党委、政府完善《2021年太平镇防汛工作方案》，成立太平镇抗洪抢险指挥部，下设应急抢险、交通管制、人员疏散、巡河排查、后勤保障等工作组12个。成立以机关干部、各村青壮年劳动力为主的1100余人抗洪抢险队伍、500余人后备力量，承担河道巡查、渗漏点位抢险、河堤全线加固等任务，防止管涌、漫溢、溃堤险情发生。做好区级抗洪物资对接、转运、调配工作，补足应急灯39台、木桩1397根、救生衣1880件、编织袋25.8万条、土工布289捆、帐篷50顶、救生圈80个、铁锹500个、铁丝500公斤、橡皮艇4艘等防汛物资。

抗洪抢险队在子牙新河、北排河、沧浪渠、青静黄、兴济夹道24小时巡查，出动抢险人员约7530人次，工程机械和运输车辆584辆次，使用木桩1158根、编织袋13.4万条、土料4.8万立方米，对11千米子牙新河南堤加高加固，完成抗洪抢险阶段性任务。

（张 超）

**【安全生产】** 2021年，太平镇开展安全生产集中整治攻坚行动，出动执法人员656人次，检查、复查工贸危化企业328家次，排查安全隐患923项。加强交通安全教育管理，对重点运输企业开展地毯式隐患排查，在全镇主干道路增设18块交通安全警示牌，开展拒绝酒驾专题教育。查处食品安全隐患问题175项，督促商户限时进行整改。

（张 超）

**【基层党建】** 2021年，太平镇开展违反中央八项规定精神和“四风”问题专项整治。入选天津市首批节约型机关名单。以安全生产月、禁毒宣传周、国家安全日等节点为依托，用好政府网站、微信公众号，LED电子屏等载体，培育法治观念。接受人大监督，做好代表建议提案办理工作。为工青妇等群团组织开展工作创造条件，加强国防动员和国防后备力量建设，推进民族、宗教等工作。

（张 超）

## 小王庄镇

**【概况】** 小王庄镇有党组织65个、党员1283人。全镇可耕地面积6666.67公顷，域内有北大港农场、大港水库、钱圈水库。2021年，小王庄镇将打造滨城产村融合示范镇和乡村振兴样板镇为发展目标，全面构建“现代农业产业强镇、清洁能源特色小镇、田园休闲文旅名镇”，推动小王庄镇高质量发展。

（尚用曼）

**【镇域经济】** 2021年，小王庄镇规模以上工业总产值4.86亿元，增长25.54%；固定资产投资4.66亿元，增长31.9%；实际利用内资2.32亿元，完成全年目标的128.9%。推动地热+多种清洁能源集中供热项目签约，储备智慧农业、清洁能源建设等领域项目52个。新增申报国家

3月14日，小王庄镇在徐庄子村开展乡村振兴公益大集活动

李畅 摄

高新企业10家，入库国家中小企业名单14家。推动产业园区建设，完成调修控制性详细规划等部分服务性项目，推进园区基础配套设施建设、土地征转划拨和园区土地挂牌等工作。

小王庄镇举办第二届天津市“开镰节”、第四届冬枣文化节，策划承办滨城首届乡村振兴健步行、滨海新区农民丰收节，推出“王小花”品牌形象，培育出李官庄村大棚采摘、冬枣文化节、徐庄子村乡村振兴实践基地以及“古枣乡居”民宿园区等特色农旅融合品牌项目。

（尚用曼）

**【打造全域“零碳小镇”】** 2021年，小王庄镇与神华（天津）新能源技术有限责任公司签订投资近60亿元战略合作协议，就打造构建清洁能源发电、全镇域能源智慧管理、清洁能源产业链落地、清洁能源交易和清洁能源文化旅游“五位一体”“零碳小镇”展开合作。开发建设风电、光伏等新能源项目，采取新一代高效能光伏、风电技术建设方式，总体建设容量50万千瓦。神华四期风电项目、神华风光氢绿色能源小镇项目取得市发改委建设指标批复，神华三期、华能小王庄村、华能北和顺村风电项目完成核准工作，龙源风电项目完成地勘和试装工作，神华100兆瓦光伏项目完成备案。搭建碳中和智慧能源物联网平台，对一二三产业重点能耗企业进行物联网接入，打造京津冀地区最大清洁能源展示馆，培育建设绿色技术国家技术创新中心、国家科技资源共享服务平台等创新基地平台，形成职业教育实践培训、大中小学双碳教育、旅游基地。

（尚用曼）

**【滨城首届“桃花节”】** 2021年4月10日，滨城首届“桃花节”在小王庄镇南抛庄村开幕。活动由区文旅局等部门主办，小王庄镇党委政府承办，区融媒体中心等多家单位协办，主题为“桃花朵朵醉春风、百年华诞同欢庆”。现场有歌舞、农夫集市、亲子读书会、花韵汉服展示、桃树认领、摄影大赛等活动项目，展现小王庄镇南抛庄村桃园风景。小王庄镇有盛花期桃园66.67公顷，主要分布南抛庄、东抛庄、沈清庄、东树深等村，品种主要为秋彤、久保、北京14号，小王庄镇获国家卫生镇、国家级农村产业融合发展示范园和天津市现代农业产业园称号。活动期间，小王庄镇和中国人民财产保险股份有限公司天津市大港支公司签署战略合作框架协议，区内多家单位、企业、社会组织与南抛庄村委员会达成桃树认领协议，签订认领桃树100余棵。

（尚用曼）

4月11日，小王庄镇举办滨城首届桃花节　　李畅　摄

**【农业发展】** 2021年，小王庄镇获批国家农村产业融合发展示范园创建和天津市现代农业产业园培育项目，新希望南和顺村21.6万头生猪养殖项目投产。完成乡村振兴“挂图作战”任务，新增设施农业106.67公顷、陆地蔬菜和经济作物211.13公顷，生猪存栏、出栏完成率均超100%。推进高效特色农业种植，引进小站稻、海水稻种植20公顷，生产小麦和玉米4550万公斤、蔬菜1500万公斤、果品800万公斤、水产品370吨。天津农发、嘉丰、宏盛家庭农场上榜2021年度市级示范家庭农场。

（尚用曼）

**【城镇配套设施建设】** 2021年，小王庄镇完成徐庄子村和小王庄村3栋教室楼、欣园里一期、振兴里小区、小苏庄村和李官庄村向阳里小区外墙维修粉刷，东抛庄村向阳里小区、振兴里小区楼道内暖管实施提升改造，欣园里、向阳里、田苑里、振兴里、教师楼雨污排管网进行维修改造，消除安全隐患。推进路长制，完成东抛庄村、北和顺村、南抛庄村等乡村公路养护维修工程，翻修农村商业性危房12处，增设和更换太阳能路灯105处，完成老旧小区锅炉房维修保养和欣园里锅炉房烟气在线监测。

（尚用曼）

**【环境整治】** 2021年，小王庄镇农村生活垃圾无害化处理率100%，改造户厕547座。新建公厕4座，维修整改公厕42座，欣园里小区增设日处理量400吨的污水处理柜1台，完成14家规模化畜禽养殖企业粪污治理。打击露天焚烧行为，依法处罚纵火者4人。督促69家餐饮企业定期清洗油烟净化设备。关停2家存在污染排放的企业。督促重点排污单位开展自动监测系统建设，检查域内71家工业企业、17家畜禽养殖场、11个污水处理站的排污许可登记证。做好农田残膜回收，开展化肥农药减量行动和有机肥推广使用，有效控制面源污染治理。

（尚用曼）

【扶贫攻坚】 2021年，小王庄镇推进东西部协作和对口支援工作，社会捐款30万元，消费扶贫10万余元。开展“万企帮万村”“结对认亲”活动，拨付卡加道乡专项帮扶资金25.35万元，用于建设其乃合犏雌牛养殖繁育（人工授精）基地项目。

（尚用曼）

【民计民生】 2021年，小王庄镇完成10项民心工程。做好助困、助学、助老和单亲困难母亲救助工作，发放救助金约400万元。扶持社会力量建设老年日间照料中心1家。组织开展健身运动、文化培训、“京津冀文艺展演”活动等近55场，增建南和顺村多功能运动场、欣园里小区体育路径、徐庄子村笼式足球场和智能儿童体育设施。组织线上招聘会8次、线下招聘会1次，开展技能培训120人次，扶持创业30人，转移就业1510人。

协调开通547公交线路。结束小王庄镇、太平镇之间不通公交的历史。建成社区退役军人之家2个、村退役军人之家9个。强化医疗卫生服务，组织义诊咨询及健康教育讲座，创建区级健康村9个、健康家庭22户、十佳健康家庭1户。

（尚用曼）

【安全生产】 2021年，小王庄镇执法检查危化工贸企业160家次，排查安全隐患558条，施划消防通道禁停标线42处，设置消防通道禁停标识牌39个。推进双安双创，排查食药品安全隐患1000余家，整改隐患61条。开展交通安全宣传50余次，发放宣传材料1.5万余份，新增太阳能爆闪灯11处，震荡带9处、减速提示牌4个。

（尚用曼）

【基层党建】 2021年，小王庄镇召开党史学习教育动员大会。开展中共十九届六中全会精神宣讲会，为镇村两级党员干部授课。加强党管意识形态、全面从严治党、全面实施乡村振兴战略等重点工作部署，开展“凝心聚力、创新落实”大讨论活动50余场，组织党员学习教育培训17批次。联合区委宣传部、天津港保税区、南开大学、市儿童医院等单位打造“红色联盟”，解决群众烦心事、企业困难事400余项，形成共谋、共建、共管、共评、共享治理格局。其中，与区融媒体合作“烟花吹落黄金梨，多方助农暖滨海”项目获评天津市“我为群众办实事”十大经典案例。召开巡察整改推动会9次，完成三届区委巡察反馈问题106项，历时12年张庄子村土地补偿分配问题取得进展。发展党员34人，排查十八大以来发展的276名党员，发现违规违纪9人。举办“七一”表彰大会，为“光荣在党五十年”老党员颁发纪念章196人，选树各条战线先进单位和个人典型117个。深化“五好党支部”创建，渡口村党支部引领新文明建设、推行“喜事新办、丧事简办”做法获评全国文明乡风经典案例。

（尚用曼）

## 塘沽街道

【概况】 塘沽街道地处滨海新区核心区域，是区委、区政府所在地。2021年，塘沽街道编制《天津市滨海新区塘沽街道国民经济和社会发展第十四个五年规划和二〇三五年远景目标纲要》。发展街域经济，环境整治效果明显，民计民生得到保障和改善，百姓幸福感、获得感不断增强。全年，完成规模以上工业总产值0.98亿元，增速9.4%；完成固定资产投资1.13亿元，增速49.3%；完成限额以上商品销售总额20.61亿元，增速-1.2%；完成限额以上社会消费品零售总额0.18亿元，增速7.9%。加强基层党组织建设，直接管理的中共党员3107名、党组织123个。其中，党委15个，党支部108个。

（王 晖）

【街域经济】 2021年，塘沽街道整合招商资源，建立“基金+股权+项目”资本招商模式，与专业基金投资机构深度合作。引进中建能源企业对1万余平方米的堆煤场及3000平方米闲置空地进行改造，建设低碳智慧文娱产业示范园、退伍军人就业基地等项目，总投资1.4亿元。对接项目200余次，在谈项目33个，落地项目24个，签约项目9个，储备项目32个，新注册企业136家，实际利用内资到位额1.44亿元。依托街道商会，扶持培育中小企业36家。推动打造税收“亿元楼宇”，楼宇孵化企业8家。其中，央企2家，民营企业6家。

（王 晖）

【环境整治】 2021年，塘沽街道深化“网格化”治理改革，完善网格员周任务分配机制，制定塘沽街道“飓风行动”工作方案，累计受理工单2.2万余件。清理渣土垃圾1128车，树木打药33车。信息化管理窨井盖，摸清1.06万个窨井盖设施底数。实行“撤桶并点”和“设置垃圾厢房”运行模式，开展“资源回收日”等垃圾分类系列活动，配备12处垃圾厢房、43处四分类宣传架、92处实名制厨余宣传栏、500处分类排行榜，建设12个生活垃圾分类精品示范小区。排查整治标准化菜市场房屋质量4家。鼓励居民使用清洁能源。完成天津市推进突出环境问题整改落实领导小组环保督查件5件。落实重污染天气响应工作，开展辖区内危险废物排查管理、散煤清洁化治理、“散乱污”企业治理、移动源污染防治等工作。巡查河湖坑塘1100余人次，开展天碱明渠综合治理。推进新城家园、紫云园、紫云东、雅苑、馨苑等社区绿色社区试点创建。拆除各类圈占1.7万平方米、新增违法建设0.65万平方米。

（王　晖）

【民计民生】 2021年，塘沽街道完成朝阳公寓老旧小区整治，完成春风里332千米自来水管网改造，完成抗震里小区旧楼区改造。施划停车泊位1900余个。落实旧楼区打分考核制度和商业化小区考评机制，建立业主、业委会、物业服务企业、物业主管部门代表四方协调议事机制。累计开展网络招聘会6场，新增就业1450人，创业培训24人。规范有序承接社会救助审批工作，优化、简化审核审批确认程序，发放各类救助、保障资金和补贴1530余万元。探索“社会救助领域‘我为群众办实事’创新实践，满足居民陪伴就医、代买代购等需求。与天津建华康复护理有限公司合作建设祥和家园社区日间照料服务中心。社区联合共建单位设立“健康小屋”，推动“医养”“康养”深度融合。推动智慧养老体系建设，利用“安心养老平台”“金民系统”“重点关爱平台”等智能服务平台实现精细化管理。打造数据平台，巩固和加强街居两级退役军人服务站示范型建设。开展“双减”行动，治理户外培训广告107处，存入监管账户28万余元，学科类培训机构压减率87.5%。开展第三届塘沽街道社区文化艺术节系列活动。设立9家共同缔造理事会，在馨苑社区和紫云园社区建立“社区微基金”，募集社会资金0.53万元。推动建设“政务一网通”，受理办结“滨海通办”事项1026件。构筑联防联控、群防群控防控体系，做好辖区重点场所社会管控，出动检查人员2000余人次，现场发现问题并指导整改200余次。

（王　晖）

【安全稳定】 2021年，塘沽街道推进智慧平安社区建设，在全市首家创新式对拟建设的35个自然小区使用无线模式传输采集的数据。签署部门和企业安全生产责任书1000余份，检查企业800余家次，查处一般隐患268项，罚款4.55万元。开展食品安全进社区、进市场等“六进”活动15场，查处食安隐患824项。围绕反电信诈骗、反走私综合治理、平安铁路建设等领域突出问题，举办知识讲座、集中宣传17场，发放宣传资料6000余份。累计受理信访案件326件，调处矛盾纠纷213件。

（王　晖）

【基层党建】 2021年，塘沽街道党工委召开会议65次，理论学习中心组集体学习25次，召开廉政专题会议24次，各级党组织开展集中学习300余场次。树立和坚持正确选人用人导向，全年交流轮岗干部31人次，培训干部662人次。开设2场党史学习教育专题读书班，组织红色观影36场次，参观红色场馆、祭奠英烈、主题党日等活动20余次，开展交流研讨130次，现场教学24次，专题宣讲47次，参与人数1600余人。把握运用监督执纪“四种形态”，开展提醒谈话20人次、主动约谈37人次。印发《塘沽街道深入开展讲担当促作为抓落实、持续治理形式主义官僚主义不作为不担当问题专项治理三年行动实施方案（2021—2023年）》等5个专项工作实施方案。制定《塘沽街道关于加强党政“一把手”监督的若干举措（试行）》。成立纪委和纪检监察工作联络站。健全人大“代表听事团”“轮值”制度，搭建“听说办”平台。深化“妇女微家”“青年之家”“滨塘葫芦”等品牌项目建设。

（王　晖）

【打造“滨塘葫芦”特色品牌】 2021年，塘沽街道为加强新时代共青团、少先队工作，强化对少年儿童的政治启蒙和价值观塑造，夯实共青团组织全团带队责任，将“双减”工作推向纵深，举办“‘红领巾 绘精彩’——‘滨塘葫芦’家族形象征集”大赛。创建“滨塘葫芦”特色品牌项目，以“童心圆”三结合教育网络为纽带，通过学校、家庭、社区共建共育，引导学生从学校走进社区，参加党史学习教育宣讲、普法自护教育、志愿服务引领、民俗文化体验等各类全景式、体验式、沉浸式的趣味活动，护航少年儿童全面健康发展。品牌成立后，开展“‘滨塘葫芦’助‘双减’心理减压进校园”、“七彩假日”学校、塘小护“阳光成长”小课堂等活动170余场。

（王　晖）

## 新港街道

**【概况】** 2021年，新港街道在做好疫情防控的同时，推进企业复工复产，实现疫情防控和经济社会发展双战双赢。坚持以抓党建保持政治定力，推进党建引领基层治理体制机制创新。以新动能引育赋能发展，经济工作稳中有升。以惠民生激发发展活力，强化风险防范，安全生产平稳有序，各项工作稳中有进。

（孙懿鹏）

5月16日，新港街道组织开展爱心义卖活动　　孙凯　摄

**【街域经济】** 2021年，新港街道固定资产投资12.5亿元。有企业761家，其中限额以上企业90家，限额以上商品销售总额完成102.2亿元，增长19%。规模以上服务业52家。全年新增市场主体554家，注册资金9.99亿元，自主招商落地企业45家，内资到位2.44亿元，内资任务完成101.66%。与北塘街道、东疆保税港区管委会开展合作，完成企业落地并实缴资金到位1.54亿元。

（孙懿鹏）

**【创文工作】** 2021年，新港街道深入社区梳理各类问题，对照问题建台账、列清单、挂牌督、销账办，现场解决重点疑难问题200余件；线上线下相结合开展宣传，布置“美丽和谐家园，你我共同缔造”等公益广告。坚持深化品牌活动。组建90支志愿服务队，15支快速迎检队伍，重点在环境提升、治安巡逻等方面发挥作用。响应“志愿滨海”“滨海万人行动”活动、开展“爱国卫生运动学雷锋志愿服务行动”。引进社会公益组织入驻社区开展第三方社会公益活动。

（孙懿鹏）

**【环境整治】** 2021年，新港街道改造升级7个老旧小区，新购置四色垃圾桶4500余个、垃圾袋90万个，全部社区实现垃圾四分类100%全覆盖。开展旧楼区社会化管理工作，确定泰达城投物业公司对老旧社区进行管理，街道定期对其进行考核。严格执行“六个百分之百”（现场封闭管理、场区道路硬化、渣土物料苫盖、洒水清扫保洁、物料密闭运输、出入车辆清洗百分之百）老旧社区改造项目施工标准，定期对辖区内施工工地进行监督检查，巡查工地40余次，检查施工企业10余家。开展清洁取暖及散煤排查清理，重点排查小散远点位，累计排查棚户区、民商混租楼200余户。落实河（湖）长制工作要求，开展清河专项行动，做好河湖、海岸线日常巡查，累计巡河（湖）500余次，清理岸边垃圾200余次。

（孙懿鹏）

**【港区主干道路综合治理】** 2021年，新港街道针对天津港区卡子门外运输货车随意路边停放和占道经营问题，配合交警、公安和综合执法大队等部门研究治理办法。成立道路专项治理领导小组，定人、定任务、定职责，定期协商，共同推进道路综合治理工作。由交警负责治理道路两侧乱停车问题，派出所负责治理道路治安问题，综合执法大队负责治理占道经营和商户门前三包问题。治理期间，日均出动执法车辆7辆，执法人员20余人次，以新港二号路、四号路为重点，清理乱停车辆57辆、占道经营车辆2辆，清拖大型货车1辆，处罚违法行为人57人。

（孙懿鹏）

**【民计民生】** 2021年，新港街道发放低保金433.41万元，低收入补贴2.09万元，物价补贴2.73万元，困境家庭儿童基本生活费17.08万元。全年，办理一孩生育登记161人，二孩生育登记107人，再生育审批6人，独生子女父母光荣证发放5人。为89名失独人员发放补贴76.9万元，为82名病残扶助人员发放补助58.06万元。为1065名80岁以上老年人发放关爱金200余万元。开展心理健康讲座、献血宣传、控烟、义诊等健康教育活动6场。

（孙懿鹏）

【安全维稳】 2021年，新港街道开展危险化学品安全隐患大起底大排查、危险化学品领域新情况新问题、化学品储罐集中区安全专项排查、港区部分危化企业安全费用提取和使用、重大危险源等7项专项检查。检查仓储安全生产管理，推动落实“3分钟清单”，督促企业推行智能用电系统，投保安全生产责任保险。对化工危险化学品企业主要负责人及安全管理人员集中开展警示教育。开展危化品整治，组织辖区内9家危险化学品经营企业进行风险评估诊断分级。组织辖区企业根据《危险化学品企业安全分类整治目录》进行自查评估，并在执法检查过程中对自查结果进行核实。开展网格化巡查工作，上报有效案件1.55万件，结案1.53万件，结案率98.98%。会同新港派出所开展两次“净港”专项行动，重点打击治理和睦里、建港里社区黄赌毒违法犯罪活动；会同天津港集团、天津港公安分局开展2021年“护港一号”反恐怖袭击演习。

（孙懿鹏）

【基层党建】 2021年，新港街道开展党史学习教育，邀请专家作专题讲座。海宁里社区联合塘沽第七中学开展“新时代好少年 红心向党”主题教育。港航社区开展“学党史、悟思想、办实事、开新局”专题党课。海防里社区联合辖区企事业单位及部分居民，举办庆祝中国共产党成立100周年党史知识竞赛。街道机关和社区组织开展中国共产党成立100周年诗词朗读会、党史学习进万家、童心向党主题团日、礼赞新时代文艺演出等活动。开展党史学习教育和学习实践活动累计40余次，受众5000余人。

（孙懿鹏）

## 新村街道

【概况】 2021年，新村街道统筹做好疫情防控和经济社会发展，服务保障塘沽体育馆临时接种点疫苗接种和疫情防控隔离点工作。开展招商引资，培育壮大发展动能，持续优化营商环境。做好民生保障工作，夯实社会救助基础，开展暖心慰问活动，抓好“双减”工作。狠抓河湖环境治理和大气污染防治，做好中央环保督查整改工作。打击非法集资、邪教、吸食毒品、涉黑涉恶等违法犯罪活动，加强食品安全、消防安全、交通安全综合治理。

（王诗博）

【街域经济】 2021年，新村街道规上工业总产值完成13.77亿元，增长13%。限上商品销售总额36.56亿元，下降5.9%，限上社会消费品零售总额21.15亿元，增长13%。固定资产投资1.32亿元，下降31.8%。招商引资落地企业65家，实际利用内资到位额1.12亿元，增长11.26%。有中安广源、北京麦道、锦江喆啡酒店、麦当劳、眼科医院、月子会所等储备项目10余个。完成出租楼宇面积7404平方米。完成国家高新技术企业认定12家、国家科技型中小企业认定4家、雏鹰企业认定2家。走访40家企业和新增项目，建立走访台账，摸排企业需求，推动项目进展，解决企业难题34个。与东疆保税港区管委会、塘沽街道、新河街道、胡家园街道、新城镇联合完成“飞地经济”项目落地18个。

（王诗博）

【志愿服务】 2021年，新村街道2900余名党员、志愿者被纳入259个红网格，完成社区发布任务及百姓需求任务5300余条。“网格巡查”平台系统上报案件2.12万件，受理2.09万件。“便民响应”平台系统处置便民服务专线工单7907件，按时办结率100%。常态化开展雷锋志愿服务，至年末，累计在“志愿滨海”App上注册志愿者人数2.39万人，组织发布志愿活动219次，参加志愿活动1.49万人次。

（王诗博）

【民计民生】 2021年，新村街道办理救急难及临时救助111户，发放救助资金54.14万元；专项救助

5月26日，新村街道向阳里社区组织社区志愿者包粽子，并将粽子分送到社区孤老、空巢、退伍军人及困难家庭家中　王红　摄

资金救助 8 户 7.72 万元；市基金会救助 6 人 10.36 万元。为 3.35 万人次高龄老人发放健康关爱金 640.51 万元。发放计划生育家庭特别扶助金 274 人 216.46 万元。建成并运营老年日间照料服务中心 8 个，已运营“老人家一级食堂”1 个和“老人家二级食堂”14 个。开展文体活动 160 余场，公益性培训讲座 40 场。采集就业信息 1807 条，挖掘就业岗位 2093 个，实现新增就业 1830 人，举办网络招聘会 5 场，开展线下招聘会 1 场。企业吸纳本市高校毕业生岗位补贴和社保补贴 206 人，岗位补贴金额 15.73 万元，社保补贴金额 17.61 万元。

开展 11 次校外教育培训机构专项检查。拆除沿街商户户外广告牌匾 70 处，沿街户外宣传广告整改 141 处，大型广告牌匾单体字 33 处，室内广告 301 处，关停 3 家无证无照教培机构。确保辖区 9 家学科类培训机构和 52 家非学科类培训机构规范有序。

（王诗博）

**【获评全国最美工会户外劳动者服务站点】** 2021 年，新村街道崇安里社区户外劳动者服务站获评天津市工会户外劳动者服务站示范站点和全国最美工会户外劳动者服务站。2020 年 12 月，崇安里社区户外劳动者服务站建成并投入使用。按照建设标准，站内配有电视机、空调、饮水机、微波炉等配套设施，可为周边的环卫工人、外卖小哥、市政园林工人、出租车司机、交通警察等户外劳动作业人员提供“冷可取暖、热可纳凉、渴可喝水、急可如厕、累可歇脚、伤可用药”的贴心服务。站内同时准备了充电宝、药箱、雨具等应急物品，随时为户外劳动者和过路行人、司机提供更人性化服务。至年末，服务站累计服务上万余人次。

（王诗博）

**【环境整治】** 2021 年，新村街道排查辖区内 23 个入河排（污）水口，清理水面堤岸垃圾 35.1 吨。对辖区内 300 余家餐饮油烟企业进行摸排梳理，督促清理油烟净化设备。检查核实 8 家汽车维修企业产生危废情况，督导其按要求进行危废收集移交。对裸露地面进行“回头看”，临时苫盖裸露地面 5000 余平方米。开展第二轮中央生态环境保护督察报告反馈问题整改，梳理往年 35 件环保督查件，完成阶段性办结件完结销号工作。

（王诗博）

**【安全管理】** 2021 年，新村街道确定 66 家执法检查单位，并按照计划开展执法检查。全年出动执法人员 500 人次，检查各类企业 144 家，发现隐患 231 项，全部完成整改。开具各类执法文书 352 份，立案处罚 5 起，累计罚款 4.29 万元。按照三年专项行动持续动态更新两个清单，出动执法人员 1047 人次，检查各类企业 501 家次，发现隐患 424 项，全部完成整改。开展燃气隐患专项排查治理，出动燃气安全排查组 55 个，参与排查 179 人次，排查商户 487 家次，发现隐患 130 条，全部完成整改。排查道路交通隐患问题 7 处，整改 7 处。在上海道与中心路交口等 7 处易发生交通事故的路口增设反光水马 20 个、爆闪灯 5 个、减速带 4 条。

（王诗博）

**【综合执法】** 2021 年，新村街道治理存量违建及新增违建，拆除违建 42 处 1023 平方米。全面排查主要道路周边、背街里巷、小区内未经审批设置牌匾标识、墙体广告、楼顶单体字、布标拱门气球等行为，下达“责令限期改正通知书”120 次，清除私拉条幅、乱吊乱挂问题 361 起，清理违章广告信息牌 83 起，清拆灯箱牌匾 62 处，清理布标幔帐 65 起。处罚非法建筑渣土运输 29 起，罚款 2700 元。落实《天津市文明行为促进条例》，集中治理不文明行为。文明条例类简易案卷处罚 39 起，罚款 1950 元。设立普通程序案卷 15 个，普通程序案件处罚 2.92 万元；简易案卷处罚 141 起，罚款 1.61 万元。

（王诗博）

**【基层党建】** 2021 年，新村街道基层党组织 197 个，党员 6100 余人。中国共产党成立 100 周年之际，在辖区 5 个重点点位制作党史广告和主题景观，印制中国共产党成立 100 周年海报 220 份。开展党史学习教育宣讲 3 次，受众 300 余人次，组织青年宣讲团，由 22 名青年开展党史故事宣讲。

全年发展党员 17 人，颁发“光荣在党 50 年”纪念章 919 枚，慰问建国前入党的老党员 19 人。选举滨海新区第四次党代表大会代表 4 名。受到区级“两优一先”表彰优秀共产党员 4 人、先进基层党组织 4 个，街道“两优一先”表彰优秀党员 50 人、优秀党务工作者 28 人、先进基层党组织 8 个。

依托“组织在线”智慧平台，将 2900 余名党员、志愿者纳入 259 个网格之中，解决各类百姓需求 2500 余个。党员干部参加学雷锋志愿服务 200 余次，签订党员承诺践诺书 1400 余份，设立党员先锋岗 50 个。街道领导班子成员点对点帮扶困难群众 9 户。

（王诗博）

## 新北街道

**【概况】** 2021 年，新北街道以党的建设统领全年工作。出台《新北街道落实中央八项规定精神具体要求》等制度，完成 17 个社区“两委”

换届选举工作。开展党史学习教育和“我为群众办实事”活动，解决一些长期未解决的顽固症结；开展“四个走遍”活动，帮助群众和企业解决困难。实施“1457”基层治理工作法（1个载体搭建平台、4级议事党建网络、5项议事流程、7方主体），使居民的“微心愿”不出小区就能实现。开展美丽街区建设，持续提升区域城市品质。完善重污染天气应急响应机制，探索辖区餐饮油烟长效化监管举措，开展清河行动，区域环境质量稳步提升；落实《天津市文明行为促进条例》，推进B1线轨道交通拆迁工作，市容环境面貌持续改善。承接高新区海洋科技园社会职能，社会事务精细化管理水平不断提高。

（李泽坤）

**【服务民营经济】** 2021年，新北街道向信用良好的企业宣传“信易贷”公益平台，组织企业填报中小微企业融资需求，组织银企对接2次。开展信用体系建设，为辖区企业宣讲信用知识32次，组织企业签订信用承诺书。将制造业挂帅、产业链延伸、服务业配套作为招商工作重点，聘请龙头企业家作为街道招商顾问，推动落实金元宝海洋广场固定投资2000万元。依托街道综合便民服务中心、社区便民服务站，推进“一制三化”（承诺制、标准化、智能化、便利化），深化“五减四办”（五减：减事项、减材料、减环节、减证照、减时限；四办：马上办、就近办、网上办、一次办），优化营商环境。承接59项行政许可事项，做好“滨海通办”工作，全年办理业务800余件。落实惠企创业政策，为16个主体申报企业一次性吸纳就业补贴，为2家企业申报大学生创业房租补贴，为8个主体发放留岗红包，深入26家企业、60个家庭调查家庭服务业情况。鼓励自主创业，组织两期创业培训，为1家企业申请创业担保贷款。

（李泽坤）

**【社会综合治理】** 2021年，新北街道巩固创文创卫成果，坚持包保领导和包保科室下沉社区巡查制度，召开协调部署会20余次，整改问题270余个，对金元宝批发市场、东江路汽配城、新北路集贸市场等点位集中攻坚。筛查“六小”（小餐馆、小便利店、小食品店、小菜店、小洗衣店、小理发店）行业640余家，组织50余家商户办理健康证，查封问题商户7家。发放“门前三包”牌1500个，发放“门前三包”台账500本。对辖区内老旧小区和菜市场进行病媒生物防治和消杀，消杀鼠类、蚊蝇、蟑螂。组织“我们的节日”主题活动70余场，5300余人参与。开展“童心向党”“扣好人生第一粒扣子”主题教育实践活动120余场。共治共享共建不断深入。完善孵化基地建设，为6家社会组织免费提供工作场所，为22家社区社会组织和志愿者提供孵化支持服务。组织召开“社区治理我来谈”公益沙龙交流会、“红红火火迎新春”主题团建、“建党百年，红心依旧”向中国共产党成立100周年献礼等主题公益沙龙活动8场。开展新北街道第二届社会组织公益创享计划，支持项目23个，推动牵手计划项目落地。在晓镇家园社区开展“共同缔造美丽滨城”暨新时代文明实践志愿服务活动启动仪式，打造新时代文明实践“样板”。推进“七彩志愿服务，聚力新北同行”志愿者招募，开展486场特色志愿服务活动，招募志愿者团队66支。

（李泽坤）

**【环境整治】** 2021年，新北街道加强大气污染预警监测和污染防治，完善重污染天气应急响应机制。制作发放餐饮企业油烟净化设备清洗运行专项检查台账100余本，189家餐饮企业全部安装油烟净化装置。坚持14家“散乱污”企业常态巡查机制。两级河长巡河2880次，开展2021年清河行动、百日清河专项行动、涉河湖非正规垃圾堆放点排查整治、入河排口信息排查工作。推进B1线轨道交通拆迁工作。开展露天烧烤、非法行医、扬尘污染、渣土撒漏、校园周边治理等10余个专项行动。辖区37个自然小区实现生活垃圾分类全覆盖。落实《天津市文明行为促进条例》，处罚71件，处置网格化平台任务指令156条，办结率100%。

（李泽坤）

**【民计民生】** 2021年，新北街道新建诺德名苑老年日间照料中心、迎宾园社区老年日间照料中心。做好辖区重点关爱老年人群信息采集工作，发放高龄老年人关爱金、居家养老护理、丧葬补贴93.35万余元，办理镶牙条、老年优待证、老年乘车卡96个。联合鹤童老年福利协会开展城乡弱势老人居家服务与照护能力提升项目。做好19家托幼点日常管理，组织38名教职工参加新区红十字急救培训、2021年幼儿园教师和保育员能力提升计划。举办“新小市民假日课堂”“欢乐的蒲公英”夏令营。成立“双减”工作专班，出动检查人员150余人，对30家培训机构进行资金监管，学科类培训机构压减率达100%。落实对接与甘肃省甘南藏族自治州合作市勒秀镇结对帮扶协议，拨付帮扶资金110万元，达成社会募捐81万元，推进5个东西部扶贫对接和支援合作项目，建设乡村振兴示范村，帮助受援地区全面巩固脱贫成果。核实发放低保、低收入金、扶残助残、临时救助资金、物资等320万余元，征缴灵活就业人员保险5500

余次。举办7场“云招聘”，提供岗位4800余个。安置辖区失业人员2788人，采集就业信息1727条，开发就业岗位2846个。开展工资集体协商要约、大病救助等普惠工作。落实退役军人优抚政策，推动退役军人及军属再就业。开展疫情防控、慢病防治、控烟教育、无偿献血等宣传教育活动84场。创建9个区级健康社区、17户健康家庭。开展各类科学普及活动462场，新增三个科普阵地。

（李泽坤）

【安全维稳工作】 2021年，新北街道落实网络安全责任制，完成网络违法和不良信息举报7000余条，网信指令1900条，完成政务数据四清单编制工作100余项，实施清单覆盖率、完备率100%。“12345”便民服务响应热线受理案件5142余件，办结率100%。组织开展安全生产隐患排查检查，对危险化学品经营单位、工贸企业单位、市场超市、宾馆、餐饮等人员密集场所，以及住宅小区电梯、建筑施工、占压燃气管线进行重点检查，发放宣传材料1.8万余份。开展危险化学品安全隐患大排查大整治、打通“生命通道”专项治理等系列活动。检查生产经营单位1200余家，督促各类安全问题隐患整改1330余处，下达执法文书680余份，约谈、行政处罚38家次。指导30余家企业单位编修应急预案，组织和督导各物业小区开展10余场消防暨灾害防御演练。开展扫黑除恶专项斗争。排查矛盾纠纷763余次。加强特殊人群帮扶，推进易肇事肇祸严重精神患者服务管理工作。开展禁毒、国家安全、防范处邪和铁路护路等工作。发放防范电信网络诈骗宣传册6万余册。全年信访案件按期受理率、办结率100%。

（李泽坤）

【法律完全及依法行政】 2021年，新北街道落实法律“六进”（法律进机关、进乡村、进社区、进学校、进企业、进单位）活动，学习宣传民法典，开展各类法治宣传活动120余场。制作普法短视频“民法典来了之遗嘱继承”，在快手平台播放4.6万次，获点赞2000余次。提升改造晓镇家园法治文化广场，打造法治文化长廊和法治宣传步道，获评天津市法治宣传教育阵地优秀品牌。完善依法行政机制体系，组织开展重大行政行为、重大建设项目社会风险评估，严格依法依规履职。提升基层社会治理水平，对首创国际小区58栋供热、封堵孟港排河排水闸门等事项分级分类，精准吹哨5次。

（李泽坤）

【基层党建】 2021年，新北街道完成17个社区“两委”换届选举工作，签署“基层党建工作目标责任书”40份，签订党员承诺书2461份，建立党员责任区74个，建立党员先锋岗18个。组织开展“四个走遍”（走遍所辖社区、困难户等重点人群及重点企业、学校、医院）活动，走访基层单位17家，走访困难群众、居民住户及辖区商户2.04万家，召开问需座谈会43次。推广“百姓需求”小程序，收到百姓需求3950条，办结率100%。在工农村菜市场、谐海路菜市场、贻成尚北菜市场建立3个党支部，组织开展三“心”服务（惠民便民多举措，使百姓“放心”；互联互动强沟通，使商户“暖心”；共建共享增感情，使党员群众“凝心”）红色菜市场系列活动。组织召开新北街道“两优一先”（优秀共产党员、优秀党务工作者、先进基层党组织）表彰大会，为198名老党员颁发“光荣在党50年”奖章。开展以“回顾党的光辉历程、畅谈党的丰功伟绩”为主题的微视频、短文征集活动。

（李泽坤）

## 杭州道街道

【概况】 杭州道街道位于滨海新区中心城区。辖区交通便利，津塘公路和京津塘高速延长线穿城而过，津滨轻轨9号线中心枢纽站塘沽站坐落街域中心。2021年，杭州道街道固定资产投资总额1.81亿元，增速483.9%；实现限额以上社会消费品零售总额1.36亿元，增速21.4%；新增市场主体3643户；税收收入1.81亿元，增速19%；招商引资落地项目57个，实际利用内资到位额1.92亿元，完成全年任务174.45%；在谈储备项目59个，意向投资总额超过300亿元。统筹推进经济发展、民计民生、疫情防控、建设管理、创文创卫、安全监管和基层党建等各项工作。

（曹 萌）

【街域经济】 2021年，杭州道街道围绕经济强街、商贸大街、消费新街定位招商引资。走访浙江商会、北京新合作集团、辽宁孚迪斯、中铁上海局等，促成落地项目57个，在谈储备项目59个，涉及商业楼宇、融资租赁、城市更新、医疗卫生、机械制造、电子信息、新能源等领域。企业数达186家，新增四上企业15家。9个帮扶小组、85名服务专员为企业服务，收集问题18个，已解决实际问题16个；实地走访企业209家次，平台提问9个，解决率100%，满意率100%。组织政策宣讲79次，参加企业3375家次，发放宣讲材料1.72万份；召开问题协调会24次，政企对接会14次，参加对接企业728家。

推进洋货市场周边城市更新改造项目。与国家能源集团国华公司签署合作协议，落实碳达峰碳中和的战略决策，打造福州道、贻丰福地广场、韶山路、芝麻街、中心北路等区域特色小吃街，推动经济多元发展。

（曹　萌）

**【扶贫帮扶】** 2021年，杭州道街道动员社会力量奉献爱心，筹集社会动员款81万元，交滨海新区慈善协会。组织街道机关干部购买消费帮扶产品9.77万元。对口支援尖扎县坎布拉镇1号廉租房维修工程项目如期完工，投入帮扶资金50万元。街领导与甘肃省天水张家川县贫困户进行结对认亲帮扶，落实“五个一”（建立一个沟通渠道，解决一个实际困难，实现一个微心愿，购买一份农特产品，赠送一份节日礼物）举措。

（曹　萌）

**【民计民生】** 2021年，杭州道街道组织社区开展文化体育活动316场、庆祝中国共产党成立100周年室外大型晚会活动9场、戏曲演出1场，组织文化管理员及文化干部培训学习4次。

成立街道和社区两级疫情防控工作领导小组，完善防控应急预案，制定街道社区疫情防控方案、大筛工作方案、居家管控手册等，建立辖区派出所、卫生院、街道、社区、物业多维的联防联控制度，对“七小”（小餐馆、小网吧、小旅馆、小浴室、小歌舞厅、小理发店、小便利店）重点人群开展核酸检测筛查，有效阻断输入性风险，控制流动性风险，严防聚集性风险。遵循“应接尽接”原则，推进全民疫苗接种宣传、摸排和接种工作，设立向阳社区卫生服务中心、妇幼医院、西邻村临时接种点等三个疫苗接种点，接种疫苗近十万人。

（曹　萌）

**【环境整治】** 2021年，杭州道街道在辖区主次干道、背街小巷、交通路口、活动广场、小区明显位置、居民小区主出入口增补、更换各类创文创卫宣传展牌、公益广告7600余块。利用31处电子屏滚动播放创文创卫宣传内容，发放创文创卫问卷调查及明白纸2万余份。进驻运营3家垃圾分类专业服务公司，打造4个垃圾分类精品示范小区和140余个垃圾分类小区，实现垃圾分类全覆盖。配置分类垃圾桶2100余个、垃圾分类标示贴3455张、垃圾袋5.99万个，制作发放宣传册2万余册、宣传材料6万余份、环保宣传购物袋5000个，举办宣传志愿服务活动30余场次和大型专题培训2次。

6月16日，杭州道街道举办“邮票寄党情　方寸忆党史”庆祝中国共产党成立100周年主题邮展
杭州道街道　供图

改善老旧小区基础设施，应急排险49处，维修井盖及管道218处，解决污水外溢问题130处，维修井盖54个。为1400余个楼门安装LED灯9023个。

开展“低碳环保践于行”群众实践活动，通过健步行、低碳骑行、放风筝等体验式活动，推动群众自觉践行文明、健康、绿色、环保生活方式。开展“绿色家园齐守护”共建活动，组织植树护绿活动29次，参与人数逾千人。制定重污染天气应对工作措施，组织各社区进行有序应对。对清洁取暖散煤专项进行拉网式排查，取缔散煤存放及使用点位20余处。

**【安全管理】** 2021年，杭州道街道制定党政领导干部安全生产“职责清单”和年度“工作清单”，调整更新《杭州道街道安全生产委员会组成人员》，研究制定《杭州道街道党政领导干部安全生产责任制实施办法》《杭州道街道安全生产工作党政同责责任规定》《杭州道街道2021年安全生产监督检查计划》等文件。开展执法检查，出动执法人员536人次，检查企业268家次，下达执法文书383份，发现隐患420处，整改420处。立案处罚违法违规企业5家，罚款7.2万元。开展工贸企业安全专项整治、危险化学品企业、仓储物流企业安全专项整治、燃气安全综合治理、冷光烟花安全生产专项整治以及消防安全专项整治，持续排查事故安全隐患。

管控辖区食品药品安全，以农贸市场、商场、超市、批发市场、集贸市场、食品店、猪肉销售摊点等点位为重点，排查“三无食品”、过期食品、食品加工“黑作坊、黑窝点、黑工厂”及非法收药行为。出动2176人次，巡查检查食品经营企业829家次，药店259家次，督促企业安全生产、安全售卖。

（曹 萌）

**【滨海金隅嘉品Mall大型商业综合体开业】** 2021年12月18日，由杭州道街道从北京引进的金隅嘉品Mall大型商业综合体项目开业。项目建筑面积8.1万平方米，总投资8.6亿元。设置超市、影院、餐饮、零售、家居、亲子、生活配套、KTV等八大主力业态，吸纳商户和企业91家，新增就业岗位千余个。

（曹 萌）

**【基层党建】** 2021年，杭州道街道调整部分科室职能，完成14人职务职级晋升。做好社区“两委”换届选举，落实社区“两委”主要负责人“一肩挑”，建强“两委”班子成员队伍，巩固街居双层组织基础。健全街道工委议事规则和“三重一大”实施细则，修改内控管理机制，出台社区管理制度汇编，完善街道处级领导、机关干部包保联系社区和非公企业、定期走访调研、专项服务会议、多方联动攻坚等工作机制。建立“党支部责任区”和“党建红网格”727个，夯实组织体系框架基础，在网格中为民办实事解民忧。率先开展“幸福社区公益超市”惠民活动，拓展志愿服务、便民服务、智慧社区、困难帮扶、乡村振兴等功能，打通服务群众“最后一米”，在各社区形成月度常态化机制。联合中华全国集邮联合会、天津市邮政管理局、滨海新区区委组织部、中国邮政集团有限公司天津市分公司举办“邮票寄党情 方寸忆党史”主题邮展。以静安里社区为典范，将党建引领共同缔造理念厚植社会治理之中，联合辖区企业开展绿地认领、设施改造、绘制文化墙等活动。多方位、多维度、多元化发动辖区力量，共建美丽家园。

（曹 萌）

## 新河街道

**【概况】** 新河街道位于滨海新区核心区西北部。辖区有18条铁路、高速公路、快速路等干道，高铁滨海西站等交通枢纽坐落其中，距离天津滨海国际机场、天津新港均在20千米以内。2021年，新河街道规模以上工业总产值完成8.98亿元，增长33.9%。限上商品销售额完成9.9亿元，固定资产投资额完成1.74亿元。

（吴 杰）

**【街域经济】** 2021年，新河街道新增市场主体860家。其中，企业357家，个体503家。内资实际到位额完成1.75亿元，完成全年任务的134%。组织、参与各类招商推介会、洽谈会200余次，储备项目30余个、签约项目15个、落地项目80个，涉及投资额超30亿元。与天津滨海高新区保持深度融合的“飞地”招商，以“飞地经济”促成优质项目落地，天津滨海高新区向新河街道引荐并注册企业19家，涉及企业注册资金超8亿元；向高新区引荐并注册企业3家、项目1个，涉及企业注册资金4.7亿元。

（吴 杰）

**【环境整治】** 2021年，新河街道推进大气污染防治工作，规范环保巡查，完善街道、社区网格化管理制度，建立大气污染防治应急处置机制，开展马路餐桌和露天烧烤治理、扬尘治理等专项行动。治理“散乱污”企业，建立巡查机制，定期巡查，重点管控4大物流园，禁止“散乱污”企业入驻。落实河长制要求，督促、规范各级河长履职尽责。

（吴 杰）

**【民计民生】** 2021年，新河街道开展“为困难群众送温暖”活动，做好辖区老年人各项服务保障。救助困难老人、困境儿童、残疾人等特殊困难群体，慰问失独家庭、单亲母亲。升级改造震新社区老年日间照料中心，复建高辛里社区老年日间照料中心。开展线上招聘会7场次，组织就业创业培训，累计培训150人，开展各类文化活动126场。

（吴 杰）

**【打造“滨城灵活就业服务中心”】** 2021年，新河街道提升改造原新北路劳务市场，打造“滨城灵活就业服务中心”。服务中心占地1万平方米，分为市场服务中心、便工服务中心、综合技能培训中心、室内外待工区四个部分，可容纳1200余人。内设有8米宽的双向循环车道，停车区域可提供80个免费车位供业务对接车辆停靠。中心两侧设有近50组集装箱板房供招工单位及自由职业者休息、就餐、招工、待工。便工超市两侧设置饮水区、休息区。在休息等候厅设置宣传大屏，设置政策宣传栏，摆放就业创业、劳动保障、技能培训、安全生产等相关宣传手册，方便务工人员阅读学习。中心的成立改善了城市零散工混乱无组织、揽活现场脏乱差等问题，为零散工人员提供招工信息和安全规范的用工保障。

（吴 杰）

**【安全管理】** 2021年，新河街道推进安全生产工作责任制进机关、进学校、进社区、进企业。开展安全生产专项整治。开展安全隐患大起底大排查与仓储物流企业专项整治等多项行动，检查企业400余家次，出动检查人员800余人次，排查隐患203处。排查整治“马路市场”，开展“非法占路经营”和秋冬季道路交通安全大排查大整治行动。推进居民小区建筑消防设施整改，打通“生命通道”行动。开展两会安全生产专项活动，推进中秋国庆期间重点行业领域整治、食品安全专项整治及道路交通安全宣传工作。

（吴　杰）

【综合治理】　2021年，新河街道坚持以人民为中心的发展思想，坚持共同缔造理念，加强体制机制创新，规范工作程序，协调联系各方资源力量，提升基层调处化解能力，将矛盾纠纷解决在萌芽、化解在基层，做到小事不出社区、大事不出街镇、矛盾不上行、问题不上交。全年，街道及社区共调处各类矛盾纠纷868件，接待群众2300余人，涉及金额2300余万元，调处成功率100%。

（吴　杰）

【基层党建】　2021年，新河街道开展“为群众办实事”活动，以组织在线为载体，加强系统建设，细化“我为群众办实事”的责任单元，划分民生基础类网格200个，搭建民生功能性网格88个，持续做好百姓需求的推广和承办工作。落实“一居一品”创建活动，打造“童叟无忧”“连心网”“同心圆”等13个特色品牌。提升“滨海通办”服务效能，实现群众办事线上“一网通”、线下“一窗受理、就近办理、最多跑一次”，受理“滨海通办”事项662件。开展实践调研，走访调研辖区单位及居民群众，征集梳理11大类、267项问题，解决257项。贯彻党建引领共同缔造理念，推进创文工作常态化。推进创文创卫复审工作，组织党员、志愿者及物业力量深入小区开展环境卫生清整及文明建设宣传。开展各类志愿服务30余场。

（吴　杰）

## 大沽街道

【概况】　大沽街道位于滨海新区中东部。辖区内有海晶集团制盐场、渤海石油公司、大沽化工厂等大型国有企业。2021年，大沽街道以党的建设为总揽，大力推动街域经济发展，努力保障和改善民生，积极应对疫情影响，全力推进“活力大沽、和谐大沽、平安大沽”建设，各项工作取得明显成效。

（夏运兰）

【街域经济】　2021年，大沽街道规模以上工业总产值完成158.40亿元，增长34.1%；固定资产投资完成4.53亿元，增长-40.7%；限额以上商品销售额完成85.48亿元，增长21.7%；限额以上社会消费品零售总额完成18.31亿元，增长-1.3%。全年，组织申报高新技术企业（复审）4家，组织申报高新技术企业（新增）12家。新增国家科技型中小企业8家、雏鹰企业4家、瞪羚企业1家。

（夏运兰）

【东西部帮扶】　2021年，大沽街道与甘肃甘南州合作市那吾镇结成帮扶对子。双方就贫困户房屋改造提升、贫困户子女上大学帮扶、村产业基地建设等帮扶内容达成意向，向那吾镇提供6个帮扶项目，援助资金50万元。开展“万企兴万村”活动、村（居）委会结对帮扶、“结对认亲”等各种支援合作。发布“大沽街道广泛动员社会力量参与东西部扶贫协作和支援合作的倡议书”，募捐8.83万元存入区慈善协会指定账户，将价值0.52万余元的衣物送至黄南州特殊教育学校学生手中。

（夏运兰）

【民计民生】　2021年，大沽街道核查并发放老年人关爱金3万余人次，累计550余万元；筹备新建蓝鲸岛社会力量运营养老服务机构1家，促养老服务领域社区、社会工作和社会组织“三社联动”，推动养老志愿服务。新增招聘岗位35个，新增就业1005人，与海河人才联合举办3场网络招聘会，进场单位132家，提供岗位1382个。组织两期创业培训班，完成创业小额贷款2笔共计60万元。

排查整治各种违规违法办学行为。成立由综合执法人员、社区工作者、公安系统包保人员、市场监管局包保人员共20余人组成的联合检查组。检查43家校外培训机构，对10家无证无照家教由教体局包保人员当场下达责令停办通知书，对29家已办理营业执照、托管机构进行监管，4家培训机构签订银行监管协议监管。

（夏运兰）

【环境整治】　2021年，大沽街道对达不到要求的工地进行处罚和停工整治。利用天津市裸露地面监管平台进行动态排查，因裸露地面苫盖、乱堆垃圾问题约谈2家单位。建立长效巡查机制，累计苫盖面积6.7万平方米。治理道路扬尘，及时维修管辖范围内的破损路面，对辖区10余条重点扬尘路面进行喷水降尘，加大渣土车巡查力度。集中整治商铺外溢、占路摆卖、乱涂乱画、乱堆乱放、未经许可设置广告牌、僵尸车等行为。落实“门前三包”责任制，重点对安阳道、河南路等重点路段200家临街商户进行集中整治。建立完善《大沽街在建违建快速响应查处办法》等制度。处理天津环保督办件涉违建3件。拆除已分类点位10处、150余平方米。

开展推动垃圾分类工作。购买四种分类垃圾桶4638个，居民生活垃圾分类覆盖率100%，可回收资源利用率35%以上，41个小区和7个菜市场全部施行垃圾分类，建成垃圾分类示范小区3个（和佳苑、海昌天澜、亚泰津澜），垃圾分类精品小区2个（河南里、建新里）。开展垃圾分类主题志愿者活动80余次，制作展板和箱体40个、宣传栏40个，发放宣传海报2000张。

推进背街里巷扫保、水质治理、河道巡查、旱厕排查、工地检查、园林绿化、大件垃圾清运、路面修复等多项工作，出动1069人次，750余台车辆，清理垃圾1500余吨。重点检查工地6处，督促建筑工地按要求设置健康宣传栏和鼠站。修补远景庄园路面1848平方米。排查41个小区垃圾转运点、垃圾桶放置点等4482个点位，落实套袋封闭，更换破损垃圾桶、桶盖、垃圾桶轮子及分类标识。清理坑塘淤泥388.8立方米，打捞河道垃圾58.2吨。

（夏运兰）

**【安全管理】** 2021年，大沽街道组织32名副科级（含副科级）以上干部签订"执行"三个规定"公开承诺书"并组织街道全体干部职工参加"三个规定"大宣讲活动及调查问卷。摸底排查"九小"（小加工、小仓储、小餐饮、小旅馆、小休闲娱乐、小商店、小医院、小学校、小易燃易爆）场所行业及人员情况。对辖区5家危化企业（28个重大危险源）、7家加油站开展23轮执法检查及交叉互查专项行动。牵头各社区完成833个"九小"场所1359项隐患清零；完成17个社区1.14万具灭火器摸底补充和过期灭火器换粉工作。对辖区3家危化品运输企业和1家物流企业开展日常巡查。针对40家学校、1家养老院、7家农贸市场及15个燃气管道加压站等领域开展专项治理，消除各类事故隐患。出动检查组5730个，检查单位4289家次，累计排查隐患问题2368处，已整改1706处，整改率97%，出具执法文书457份。整治辖区四号汪子片区生产经营单位安全隐患，约谈警示14家生产经营单位主要负责人，实施行政处罚11万元。

开展春季校园复课食品安全保障工作，食安委每季度召开食品安全工作会议，食安办每月召开工作例会，研究部署23项重点工作。完善网格三级管理、协管员队伍建设，设立专项资金30万元，累计支出11万余元，开展专项工作15项，出动检查人员1232人次，检查食品药品经营单位2245家次，发现食品安全隐患1121项，并责令限期整改。开展集中巡查清理19次，清理食品"三黑"（黑网吧、黑游戏厅、黑歌厅）场所25家，清理占路经营和流动经营摊点985处，食安办向市场监管所移交问题线索11条。开展食品安全专题宣传119场，涉及群众8700人，发放资料7700余份。

（夏运兰）

**【矛盾调处】** 2021年，大沽街道开展矛盾纠纷源头化解专项行动。全年接收智慧网信访转办件102件，北方网群众留言88件，中央联席办交办重复信访11件。响应区信访办"网格员信访代办制度"，上报信访件29件。累计接待上访群众15批次，调解成功14批次。

（夏运兰）

**【海域治理】** 2021年，大沽街道打击非法捕捞违法犯罪行为，清理整治非法小码头、船舶临时停靠点、非法建筑物等违法乱象，实现海域治理全覆盖。累计出动执法人员140人次、执法车辆64台次，陆上巡查197千米，重点巡查大沽沙航道、绿源码头、华北水利等点位。会同区海事局、区农业农村委、东沽边防派出所等部门开展"三无"船舶联合认定、移交移送工作。11艘船舶经现场核查认定移交东沽边防派出所，29艘船舶经市渔政渔港监督管理处履行公示程序后完成拆解。

（夏运兰）

**【基层党建】** 2021年，大沽街道举办党史学习教育研讨班3期。开展理论学习中心组集中学习12次，党课宣讲50余次。各级党组织开展集中学习300余次。开展净化政治生态主题党日活动18次。签订意识形态责任书11份。梳理意识形态风险点5处，制定应对措施5条。组织4次纪检监察干部专题学习教育。下发监察建议书2份、提示函8份。利用公众号、新浪微博等宣传媒介，宣传报道"党建引领 共同缔造"相关信息100余条。制作《家园》节目24期。街道政务新媒体推送信息4.01万条次，转发信息1.27万条次，网络跟评446条，举报不良信息6900余条，发送新闻选题120余篇。召开"大沽街道庆祝中国共产党成立100周年表彰大会"，表彰50名优秀共产党员、15名优秀党务工作者和11个先进基层党组织，为"光荣在党50年"的老党员颁发纪念章。邀请全国道德模范张黎明就"我为群众办实事"进行专题宣讲。"长廊下的党史""支部书记""初心使命"3个特色宣讲团30余名宣讲员开展宣讲。完成17个社区"两委"换届选举工作。

（夏运兰）

**【精神文明建设】** 2021年，大沽街道在春节、元宵节、清明节和端午节，街道、社区两级开展"我们的节日"系列活动50余场次。完成新时代文明实践站工作全覆盖。各社区利用云平台“点单派单”系统开展新时代文明实践工作。围绕“理论宣讲、互帮互助、文明风尚、文化健身、科普宣传、法制教育”等主题开展900余场活动。邀请辖区道德模范、滨海好人开展宣讲活动1场，在文明社区开展道德模范、身边好人事迹宣讲活动4场。开展未成年人活动60场次，覆盖青少年3000人次。

（夏运兰）

**【信息化建设】** 2021年，大沽街道完善网信体系建设，推进网信队伍建设。开展网络生态治理专项行动，轮班巡查对本地有影响力的网站、论坛、社区，及时处置有害信息。制定《大沽街道网络管理工作制度》，发展优秀网评员30余人。

（夏运兰）

## 北塘街道

**【概况】** 北塘街道位于天津市滨海新区塘沽区域北部，地处永定河、蓟运河、潮白河三水汇流处，以水产品养殖、海上捕捞、旅游观光和农业生产为主要产业。2021年，北塘街道全口径收入2.64亿元，增长1%；规上工业总产值完成17.85亿元，增长13.77%；限上商品销售额完成4.19亿元，增长16.07%；限上社会消费品零售额完成1.76亿元，增长11.11%；固定资产投资完成3.12亿元，增长17.29%；实际利用内资完成5.22亿元。

（侯绪卿）

**【街域经济】** 2021年，北塘街道累计吸引240余家企业落户北塘，新增“四上”企业2家，开展招商推介2次，组织重点项目签约仪式2次；打造欣嘉园片区“产城融合发展高地”，推荐项目30余个，落地项目9项；推动重点项目建设，对接酒店餐饮、休闲文旅、房地产等重点项目10余个，签约光伏项目2个；飞地招商推荐项目18个，互飞实缴项目6个。新纳入2家企业进入“双万双服促发展”平台服务范围，现有企业和项目登录率100%，信息采集100%，问题解决率100%。助力辖区5家企业完成国家高新技术企业申报，2家国家高新技术企业、3家国家科技型中小企业、3家天津市雏鹰企业完成公示。

10月28日，北塘街道组织开镰拾穗活动　　北塘街道　供图

与天津综合实验站、天津水产研究所等科研院所开展产学研合作，实现水产养殖技术新突破“加州鲈鱼孵化本地化”；与天津天隆科技股份有限公司合作，引进优质小站稻天隆优619。全年对虾产量4000吨，鱼类产量9000吨，粮食产量5242.5吨。9月，国家大宗淡水鱼天津示范区和国家蓝色粮仓科技创新项目示范基地落户。

（侯绪卿）

**【环境整治】** 2021年，北塘街道开展八大攻坚点位、旱厕排查、空置地排查、临时市场等专项整治行动和“聚焦短板，破解难题”系列活动。督促46家“散乱污”企业完成问题整改，加强后期监管，避免问题反弹死灰复燃。推进“煤改电”“煤改气”区域清洁取暖，加强建筑渣土、固体废弃物、涉气工业污染源和餐饮油烟管理。推行垃圾源头减量，配备智能桶站125处，聘用垃圾分类督导员及分拣员29名。开展垃圾分类宣传活动45场次，参与群众1万余人，入户宣传率80%。针对物业公司、底商商户垃圾分类下达温馨提示87份，履行法定义务提示15份，垃圾分类处罚4起，罚款1.4万元。落实街、村级河长常态化巡河制度，更新补换72块河（湖）长公示牌。控制工业废水、城镇废水和农业污水三大污染源，截污控污问题点位150余处，出动车辆1000台次，出动人员近2000人次，清理河道两侧垃圾180吨，河道内漂浮物600余车。整改处理河（湖）长制督办单22份、滨海新区河长制信息管理平台问题事件270余个、区河道巡查问题事件80余个。

（侯绪卿）

**【候鸟保护】** 2021年，北塘街道推动自然生态区保护修复工作，继北大港湿地、七里海湿地后，宁车沽区域成为东方白鹳、鸬鹚等候鸟的迁徙栖息地。在金钟虾场建立“爱心池塘”，累计投放鱼苗1.5万余斤，为候鸟迁徙补充食源。组建15人的生态环境保护巡逻队，通过“人防+技防”的立体巡护，实施24小时不间断全天候监测，与开发区慈善协会签订生态保护协议，组建“老战士”、助力“三农”等多个志愿服务队，累计开展护鸟志愿服务20余次，对接知名专家探索建立环境保护、爱鸟护鸟长效机制，线上线下同步宣传，构建全民参与生态保护的行动体系。

（侯绪卿）

**【民计民生】** 2021年，北塘街道推动解决原杨北、创业两村安置房15年房产证“办证难”问题，推动新北里片区再次收购工作，时隔12年，惠及64户未还迁安置居民。提升社会救助水平。至年末，在保对象341户555人，残疾人两项补贴在册526人。全年新增在保对象68户120人，变更322户571人，注销84户145人。发放低保751.64万元，发放各级各类慈善慰问金23.5万元。走访困难家庭480人次，解决政策问题61个。发放生活补贴1888人、49.77万元，护理补贴4416人、88.32万元。办理失业登记184人、就失业证68人，发放失业金547.32万元，惠及3771人次；举办大型网络帮扶就业招聘会5次，提供就业岗位3596个；落实“一对一”就业帮扶，为115名离校未就业毕业生提供就业服务。加强民办托幼点监管和无证园治理，合理分流安置幼儿就近选择公办园或民办园就读。成立“双减”工作专班，建立包联责任制度，整治校外培训机构和黑家教、无证无照机构25家。开展各类科普活动250场，传播科普中国权威信息9.62万次。

（侯绪卿）

**【安全生产】** 2021年，北塘街道开展安全生产专项整治三年行动和安全生产集中攻坚专项行动，在危险化学品、工贸仓储、消防安全、燃气安全等重点行业领域开展隐患排查整治。检查企业单位376家次，督改隐患551项，下达执法文书592份，行政处罚4家，罚款8万元。组织辖区涉食单位工作人员办理健康证2次，排查食品安全隐患问题197件、整改191件，清理食品摊贩占路经营808家。清理抄没“黑窝点、黑作坊”18家，清理制售工具20余个。制定《北塘街道2021年“零酒驾”创建活动方案》，开展秋冬季道路交通安全大排查大整治，排查并整改交通安全隐患11处。开展道路交通占路经营专项整治，清理整治占路经营95处。排查高层住宅消防隐患150余处，实行销号整改。开展燃气安全专项检查累计12家次，发现隐患8项，已整改完成。强化各领域安全宣教培训，发布活动信息120余篇，发放线下宣传资料1万余份。

（侯绪卿）

**【综治维稳】** 2021年，北塘街道接待群众来访89批450余人次，走访信访重点人、重点群体28批次，排查各类矛盾纠纷72件，化解72件。畅通网络信访途径，收到网上信访件204件。其中，滨海新区政务网信访件66件，天津市智慧信访系统信访件138件，及时受理率、办理率均达100%。发挥网格巡查在基层社会治理中的作用，做好辖区内14大类136个小项的巡查上报处置，上报案件3.73万件。其中，立案1.5万件，自行处置2.23万件。做好“12345”便民热线更换，畅通便民服务专线渠道，处置案件1.09万件。

（侯绪卿）

**【基层党建】** 2021年，北塘街道在“组织在线”平台搭建红色网格233个，注册用户1600人。发布各类任务2013个，处理“百姓需求”5075件。组织5个社区参加全区“共同缔造”评比，其中3个社区获“优秀示范社区”称号。打造“周五约吧”品牌，开展活动167次，解决各类问题408项。为小区安装休闲桌椅、晾衣杆、便民栏。创建“文明实践赶大集”“老战士”志愿服务队、绿色“铁脚板”健跑服务队等6支特色志愿服务队伍，开展活动40余次，服务群众7万余人，辐射生态城、经开区、高新区等3个

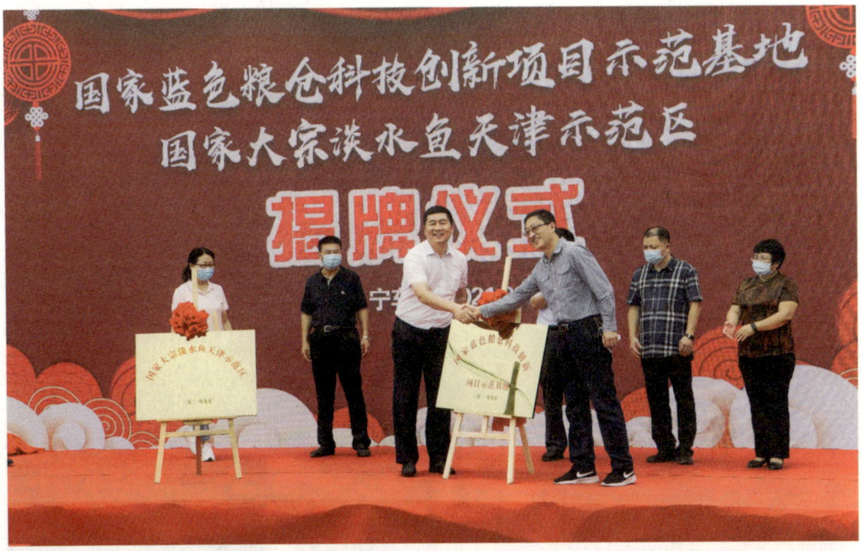


9月28日，国家蓝色粮仓科技创新项目示范基地、国家大宗淡水鱼天津示范区揭牌仪式　　北塘街道　供图

功能区及天津科技大学和滨海职业学院等2所高校。“老战士志愿服务队”“我为老兵办实事”入选天津市“我为群众办实事”经典案例，北塘街道新时代文明实践所被评选为天津市文明实践所。

（侯绪卿）

## 胡家园街道

【概况】 胡家园街道位于滨海新区西部，街域内东西走向的京津唐高速、津滨高速、津塘公路，与南北走向的长深高速、西中环快速路、西外环快速路形成了“三横三纵”的道路骨架，此外还有杨北、塘黄、津北、国防路等公路，交通方便快捷，区位优势明显，是滨海主城区最大的涉农街道。2021年，胡家园街道落实全面从严治党主体责任，夯实基层组织建设，抓好民生实事工程，实施环境治理行动，促进经济发展，推动乡村振兴，推进示范小城镇和棚户区改造工作，已有16个村完成还迁安置。

（孙海彦）

【街域经济】 2021年，胡家园街道完成规模工业总产值4.12亿元，增长37.2%，限额以上商品销售总额完成7.28亿元，增长26.9%，限额以上社会消费品零售总额完成1.78亿元，增长19.1%，固定资产投资完成10.99亿元，增长92.4%。区级税收收入完成0.82亿元，增长16%，实际利用内资完成2.3亿元，完成全年任务的153%。促成招商引资落地企业200家、在建项目4个、储备项目13个。与天津滨海高新区开展“飞地经济”合作，到位项目42个，投资2.95亿元，注册资金2.77亿元。开展街镇之间“飞地”招商，飞出项目10个，注册资金4787万元，飞入项目10个，注册资金1.17亿元。

（孙海彦）

【农业发展】 2021年，胡家园街道发展现代设施农业，培育新型农业经营主体，采取“高校专家团队+科技企业+合作社”模式，推动蔬菜种植等农业产业发展。实施家庭农场培育百千万工程，推进示范家庭农场创建和农民家庭农场培育工作，74个农业专业合作社、11个家庭农场纳入天津市农民合作社管理信息系统。全年新创建市级合作社1个、新培育家庭农场1个。

（孙海彦）

【民计民生】 2021年，胡家园街道37个村居全部实现“一肩挑”，投票推选产生基层组织“两委”成员171名。完成人大代表选举，产生代表26名。完成老年日间照料中心4家。完成光明里12栋老旧楼房提升改造，为632户居民改善居住环境。完成村集体经济组织理事长换届，由“一肩挑”任经济组织理事长。完成星辰苑、星光苑还迁房建设。完成中心桥村、八堡村还迁房建设土地出让、项目备案等筹备工作。社会组织孵化基地开展社区文艺展演、社会组织增能培训、社工心理解压、公益创享计划评审等活动120多场，服务覆盖辖区90%居民。城乡居民基本医疗保险参保2.61万人，城乡居民基本医保参保缴费2.36万人。举办招聘会解决就失业安置1739人，审核发放低保救助1627.6万元。开展“双减”工作，清理培训机构违规广告90处，发放“关停通知书”39份。完善退役军人服务保障体系，重新确认优抚退役军人289人，定期举办退役军人就业培训，安置到国企、大型民企上岗就业。办理生育登记650例，办理《独生子女父母光荣证》40个，奖扶审核上报175人，特扶审批上报13人，征收社会抚养费10.44万元。对口支援甘肃省佐盖曼玛镇，签订帮扶协议，提供帮扶资金40万元。

（孙海彦）

【环境整治】 2021年，胡家园街道清理影响村容村貌环境的垃圾杂物5000余吨，完成72座公厕的全面摸排整改。落实河（湖）长制，开展“海河清四乱”“三区联合清渔”“中心桥村黑臭水体治理”等专项行动，整治各类河道、坑塘、

10月15日，胡家园街道开展文明楼门建设活动　冯俊伟　摄

沟渠190千米，清理垃圾杂物、漂浮物等6000余吨。委托专业队伍对辖区内14座污水处理站进行日常管控维护，改善农村水体环境。大气污染防治实行管理清单动态更新制度，完成400余公顷秸秆离田处理。开展渣土运输、扬尘专项治理，共治理违法行为13起、治理违法行为5起。开展拆违专项治理，拆除中心庄村加油站西南侧违法建设838平方米。治理乱摆乱卖，清理流动摊贩、占路摆卖1135起，简易行政处罚20起，罚款1150元。为巩固创卫成果，清理违法广告信息牌49处、违法灯箱26个、广告牌38处、大型墙体广告2处、路灯广告6处、楼道乱堆乱放31处、贴画25处、拆除私装地锁6个。完成垃圾分类示范小区和40个非精品小区的招投标，实现区域垃圾分类全覆盖。治理违法占用土地行为。开展违建拆除、露天烧烤、乱摆乱卖等治理工作。

（孙海彦）

【安全生产】 2021年，胡家园街道紧盯危化、仓储、建材、燃气和废品回收等5个安全生产重点领域，专项整治14家危化企业，治理安全隐患137项，检查各类生产经营单位1000余家次，对12家企业实施行政处罚，罚款14.7万元。临时消防站出警101次，完成小型消防隐患处置，实施严重火灾初期扑救，为专业消防部门争取时间。汛期坚持24小时值班制度，提前落实抢险人员和物资设备，抓好各排水站点的管理，保持泵站供水站运行，提前腾空河渠、管网，确保排水除涝设施安全运行。防汛期间共出动人员500余人次，完成1.23万栋农村房屋安全隐患排查，对D级以上安全隐患全部治理。开展燃气安全专项整治，清理燃气管道占压点位53处，督促整改安全隐患38处。

（孙海彦）

【社会治理】 2021年，胡家园街道受理群众来信来访373批次、762人次，信访工作受理率、办结率均达100%。处级领导坐堂接待110日，接待群众50批次。网格中心受理案件4.99万件，办结4.55万件，结案率99.69%。开展反诈宣传，先后制作反电信网络诈骗宣传标语600余条，制作宣传展板100余块，印制宣传品6万余份。

（孙海彦）

【基层党建】 2021年，胡家园街道推行“党建＋服务”的工作机制，创新探索“五动”（党建带动、社区发动、居民主动、德法互动、各界联动）工作法，在“组织在线”平台建立390个网格，打造邻里互助议事平台，形成“挎包维修”“法律援助”“安全巡查”“绿植养护”等特色队伍，通过入户走访、平台反馈、调研座谈等方式收集辖区群众诉求573条，逐一销号解决，问题解决率达到90%以上。

（孙海彦）

【街退役军人服务站创建“全国示范性服务站”】 2021年，胡家园街退役军人服务站弘扬“退役不退志、退伍不褪色、换装不换心”精神，开展“我为群众办实事”实践活动，推出10名在各条战线取得优异成绩、作出突出贡献的优秀退役军人典型，其中张洪波获天津市“最美退役军人”提名奖。11月，胡家园街退役军人服务站通过创建“全国示范性服务站”验收考核并获“天津市百家红色服务站”称号。服务站与滨海新区军地人才就业创业服务中心联合创办博才荣军职业培训学校，为滨海新区首创，同时举办双选洽谈会，连接技能培训与就业安置服务。

（孙海彦）

## 汉沽街道

【概况】 汉沽街道位于滨海新区北部，由原汉沽街和大田镇整合而成。京山铁路、唐津高速、津宁高速、112国道、芦汉公路、津汉改线纵贯全境，蓟运河11千米流经区域内。辖区耕地面积301.6公顷。2021年，汉沽街道规模以上工业总产值完成22.32亿元，增长12.42%；商品销售总额完成25.75亿元，下降32.86%；社会消费品零售总额完成1.39亿元，增长1.94%；固定资产投资完成10.12亿元，下降26.08%。

（魏玉青）

【街域经济】 2021年，汉沽街道培育国家高新技术企业17家，国家科技型中小企业8家，科技领军企业1家。引入商贸企业15家。其中，国世通分散式风力项目于12月8日并网发电，天大北冰洋（天津）科技有限公司于12月底开始试生产。推进双万双服促发展活动，实地走访企业78户次，组织政策宣讲活动21次，召开问题协调会18场，政企对接会15场，解决企业提出有效问题47个，问题解决率和满意度100%；组织企业建立商会，已纳入会员35家。

（魏玉青）

【镇村建设】 2021年，汉沽街道优化农村基础设施建设，完成3条乡村公路维修改造、10个村污水处理站周边硬化和护栏加装改造、14座公厕提升改造。完成2个人居环境示范村建设。推进农村人居环境整治常态化长效化，投资278.51万元，开展乡村道路、公厕及户厕等方面日常扫保和监管工作。发展乡村休闲旅游采摘业，以大马牌草莓

6 月 28 日，汉沽街道举办庆祝中国共产党成立 100 周年文艺演出
汉沽街道　供图

为依托，建成以大马杓沽村、小马杓沽村为中心辐射周边的种植采摘园区，草莓种植面积超 22 公顷，大棚 200 余座，亩产值约 7 万元，开办民宿 1 家。线上举办第九届草莓节。

（魏玉青）

**【草莓产业发展】** 2021 年，汉沽街草莓种植面积超 22 公顷，大棚 200 余座，开发种植红颜、章姬、杏香等 10 余个品种，日产量 1 吨左右，亩产值约 7 万元。创建自有品牌，注册“汉沽马沽牌”草莓商标，被中国绿色食品发展中心认定为绿色食品 A 级产品，许可使用绿色食品标志。形成以大马杓沽村、小马杓沽村、福霞生态园以及永丰设施农业基地等种植基地和休闲采摘区。草莓休闲采摘年接待游客约 20 万人次，成为天津市草莓种植规模最大的农业休闲采摘基地。成立汉沽草莓协会，搭建新技术培训、应用平台，推动草莓产业发展。

（魏玉青）

**【环境整治】** 2021 年，汉沽街道开展“碧水行动”，深化蓟运河两岸环境清理整治及坑塘沟渠清淤任务，摸底调查 10 个村 312 条坑塘沟渠，逐条建立台账，安排专人监管巡查，对发现问题立行立改，对产生垃圾日产日清。全年完成 7 条沟渠清淤疏浚工作，治理黑臭水体 6 条。推进大气污染治理，完成 2020 年中央环保督察整改问题“回头看”工作，均无反弹，办理中央和市级环保督察举报件 47 件。深化裸露地面、建筑施工等涉气污染问题治理，重点盯防施工点位；推进油烟净化设施安装，实现辖区餐饮场所全覆盖。深化露天焚烧治理，开展清明节、中元节、寒衣节等烧纸祭祀节点专项巡查治理，打击经营祭祀用品行为，全面禁止祭祀焚烧。

（魏玉青）

**【创文创卫工作】** 2021 年，汉沽街道推进“双创”（创文、创卫）长效建设，摸底辖区 12 个社区 1069 栋住宅楼的建成年代、物业保障、提升改造以及居民构成等信息，从环境卫生、硬件设施、环境秩序入手，建立补弱固强工作台账，组织召开吹哨会、协调会 6 场，整改点位 1300 余处，整改完成率 100%。推进垃圾分类，开展主题宣传 178 次，建设垃圾厢房 10 个。推动“双创”宣传工作，发放明白纸、文明手册、宣传提兜 4 万余份，发放入户调查问卷 2 万份；制作公益广告 500 余块，实现辖区主次干道、小区主要出入口、高速路出口等重点路段、地段全覆盖。推进“美丽滨城家园、你我共同缔造”“互比互看”示范社区建设以及新时代文明实践站标准化建设。

（魏玉青）

**【民计民生】** 2021 年，汉沽街道落细落实辖区困难群众兜底保障工

2 月 1 日，汉沽街道第九届云草莓节暨汉沽草莓协会揭牌仪式
汉沽街道　供图

作，累计发放低保救助金1248.82万元，发放重度和困难残疾人生活（护理）补贴237.09万元、困境儿童补贴51.76万元、高龄健康关爱金368.81万元、居家养老服务（护理）补贴27.84万元。建立健全困难群众问询服务台账和主动发现工作台账，全面摸排辖区内困难群体，定期问询、探访。落实退役军人政策，发放各类抚恤补助320.45万元，基本完成街两级"退役军人之家"建设和提升改造。完成后坨里小区、中阳里小区、瑞田里小区、咸阳里小区、安阳里小区以及前坨里小区等6个老旧小区提升改造。推动就业扶持创业，组织线上线下招聘会7场，提供就业岗位1300余个，实现就业安置1709人；为1家小微企业和5名人员办理小额担保贷款，贷款金额430万元；申报青年就业见习基地补贴26.30万元，惠及2个企业124人次。完成"滨海通办"2.0版升级，办结2021件便民服务事项。

（魏玉青）

**【安全稳定】** 2021年，汉沽街道建立安全生产责任制，制定各类预案12份，组织开展消防演练、防汛演练等4次，开展宣传培训9次。检查工贸、危化企业231家次，督促整改隐患545项，立案6项，累计处罚5.4万元。推广安全风险管控和隐患排查治理双重预防机制建设，完成街域区域风险评估，辖区25家企业建立"双预防"制度，43家企业进入隐患排查信息系统。配合燃气公司排查空置房2252户，处理占压管道点位113处，检查农村煤改燃用户2809户。开展打通"生命通道"专项行动，为46个小区规范施划消防车通道线，开展电动自行车消防安全专项整治，累计出动197人次，整治进楼入户、飞线充电等问题点位300余处。推动充电车棚建设，建成车棚30个，面积约3290平方米。建立健全日常排查化解、分析研判、重大矛盾纠纷统筹处理机制，排查纠纷251件，调处251件。建成33个智慧平安社区，筑牢辖区技防设施基础。

（魏玉青）

**【基层党建】** 2021年，汉沽街道党开展党史学习教育，组织理论学习中心组集体研讨16次，召开专题读书班2期，开展党史学习教育200余场、理论宣讲50余场，开展党的十九届六中全会精神宣讲25场。召开意识形态工作风险研判会。完善网络舆论引导工作机制，建立103人政治素养高、专业技能强的网评员队伍，摸排清理辖区内属地网站、网信企业，搜索、监看、判断、举报各类网上有害信息7353条。成立统一战线工作领导小组，召开工作部署会议3次，党工委书记向区委统战部做专题汇报1次，调整宗教工作"三级网络"队伍，为22个村居配备66名统战干部。开展"我为群众办实事"实践活动，梳理诉求、解决问题41项。完成22个村居换届工作。开展党风廉政建设和反腐败工作，开展谈话提醒1人次，给予批评教育1人。处置问题线索23件，办结13件。其中，立案7人，查否3件，部分查实1件，给予党内警告处分2人，给予党内严重警告处分1人，给予留党察看1年1人，开除党籍3人。

（魏玉青）

## 寨上街道

**【概况】** 寨上街道位于天津市滨海新区汉沽区域东南部，海岸线总长37.19千米，自然岸线15.41千米，滩涂和围海造田面积77.25平方千米。2021年，寨上街道完成工业总产值42.12亿元，限额以上商品销售总额38.07亿元，限额以上社会消费品零售总额1.96亿元，固定资产投资1.76亿元。建成天津市首家街镇级综合科普宣传教育基地，"百姓议事厅"获评天津市"我为群众办实事"经典案例。

（梁　慧）

**【街域经济】** 2021年，寨上街道坚持将发展飞地经济作为拓展街道经济发展空间的有效形式，与中新天津生态城开展联合招商，落地项目2个，注册资金1.8亿元。完成农业总产值1.92亿元。其中，设施渔业企业养成3家，设施渔业育苗生产13家，销售虾苗17.5亿尾（南美白对虾苗9.5亿尾、东方虾苗8亿尾），海水鱼苗（大菱鲆、半滑舌鳎、牙鲆、鲈鱼）1420万尾。海水工厂化养殖成鱼产量95吨，对虾产量10吨。渔业捕捞船只106艘，海洋捕捞产量3801吨；池塘养殖114.13公顷，对虾产量640吨；畜牧养殖企业3家，生产面积4.65万平方米，生猪饲养量7351头，出栏生猪4323头。

打造园区共同缔造理事会，建立理事会应答反馈工作机制，探索"企业点单出题、理事会决策破题、园区买单答题"工作模式，发出的32单"吹哨单"全部办结。优化园区服务环境，实施基础设施提升"美化""亮化"工程，建设标志性园区建筑物3处、导视牌8处，启动营城街道路整体维修，解决沿路11家企业出入不便问题，新建营城工业聚集区投资服务中心，将园区办公室升级为招商引资、企业服务、园区管理的综合性服务中心，发挥商会优势，提供各类讲座培训和政策咨询。

（梁　慧）

**【民计民生】** 2021年，寨上街道发放各类民生专项资金1025.38万元。其中，低保家庭救助金535.7万元，残疾人两项补贴192.3万元，困境儿童基本生活费29.1万元，代课教师生活补贴18.78万元，乡村医生生活补贴37.1万元，乡村（公社）放映员生活补贴1.4万元，计划生育特殊扶助金211万元。元旦、春节期间，帮扶慰问200户边缘困难户，发放慰问物资8万元；开展红十字“博爱送万家”活动，为75户困难家庭送上慰问金。换发天津市第三代残疾人证73张，受理审核廉租住房、经济租赁房补贴77户，完成400户低保复审工作。安置新增就业人员1550人，完成农村劳动力转移就业409人。认定和帮扶就业困难人员241名，为252名办理灵活就业社保补贴，失业证申领336人。开发公益性岗位5个，零就业家庭实现动态为零。举办就业招聘会18场，提供就业岗位3000余个。组织举办创业培训班6期，完成职业技能培训289人、创业培训150人。企业复工复产就业补贴申报12家，补贴4.9万元；为41家企业发放“留岗红包”8.73万元；创业担保贷款申报3家，放款360万元。完成2022年度城乡居民医疗保险参保登记6121人；社会保障卡申领956张，城乡居民养老保险参保新增247人。城乡全额垫付药费报销101人次，报销金额33.3万元，完成10名重特大医疗救助人员信息核实确认，发放救助金27.7万元；完成因病支出型困难家庭医疗救助2人，救助金9.1万元。办理就业登记1644人次，退工登记1297人次；合同续订1203人次；企业备案102家，数据修改18人；援企稳岗184人；申领失业补助金81人，失业金首次申领301人，劳务派遣和人力资源公司质量评估10家，青年见习基地补贴申报1家5人。

（梁　慧）

6月30日，寨上街道举办“探索世界　智创未来”编程活动

寨上街道　供图

**【打造智启未来科普教育基地】** 2021年，寨上街道智启未来科普教育基地获评天津市科普基地，成为天津市唯一一家由街道打造的市级科普基地。基地以儿童青少年和社会公众为主要服务对象，设立科普主题区、科普活动区和科普图书区3个展厅，开展“科普活动进学校、进基地、进社区、进乡村”等科普活动百余场，内容涵盖党建引领、文明实践、科学实验、机器人、编程未来、3D打印、普法教育、安全主题、环境保护、青少年自护、应急救护、健康科普等，受益青少年超1000人次。全国科普日期间，开展线上科普展示活动，累计观看量超过40万次，被评为2021年全国科普日优秀活动。

（梁　慧）

**【文化活动】** 2021年，寨上街道启动“‘寻迹·民俗’献礼建党百年”公益文化项目招募活动，深入挖掘、整合兼具中华优秀传统文化特质和寨上地域特色的文化资源，扶持建立优秀文化团队，打造更多具有寨上特色和文化底蕴的传统文化品牌。举办庆祝中国共产党成立100周年民俗文化展览系列活动24场，举办歌颂党、歌颂祖国、歌颂人民、歌颂英雄的红色歌曲评剧、文学作品诵读活动26场，组织各社区文化骨干开展经典传承活动。开展传统文化进社区活动，举办民俗文化演出37场。

（梁　慧）

**【志愿服务】** 2021年，寨上街道培育11支志愿服务队伍，打造“挎包维修”“银剪刀”“暖夕阳”等10个志愿服务品牌，增设红色放映厅、银发茶聊室等公益服务空间，推动党员志愿服务常态化、长效化。推行社区志愿服务积分兑换机制。东风里社区、建阳里社区、坨南里社区、新村里社区获评滨海新区“美丽滨城家园，你我共同缔造”示范社区。

（梁　慧）

**【安全管理】** 2021年，寨上街道建立处级领导干部安全生产包保工作制度，制定街道安全生产任务书和责任表，完善安全生产基础数据，与辖区74家企业签订“安全生产自主承诺书”，全面开展精细化安全监管工作。全年召开安委会全体会议5次，专题部署会议10余次。开展危险化学品、重点工贸、燃气安全、建筑施工、地下管线、危险废物、消防安全、交通安全专项整治活动，紧盯商超、菜市场、渔港码头、施工工地等重点点位，出动检查920余人次，检查企业（单位）420余家次，发现、整改隐患470项。梳理统计辖区内居民使用天然气2万户，使用液化气钢瓶2354户，企业使用天然气11家，使用燃气气瓶12家，行政处罚企业4家，其中警告处罚企业1家，收缴罚款5.5万元，下达行政执法文书935份。与公安、消防等部门对19处高层建筑小区消防设施损坏问题开展联合检查，召开6次专题会议，督促指导物业公司使用专项维修基金，推动高层消防设施维修。开展电动自行车消防安全治理，建成充电车棚36个，安装充电柜23个、充电桩4个，为6个社区实施新建、改建车棚、加装充电设施项目。开展打通生命通道集中整治，检查居民小区480家次，查处、整改消防通道相关隐患89处。开展食品安全整治行动，出动2110人次，巡查1607个食品单位，保障国家食品安全示范区创建成功。完善应急预案体系，修订街道总体预案和14个分灾种应急预案，与辖区企业签订物资和救援协议。强化安监中队队伍建设，建立检查分组、例会和学习培训等制度，全年开展集中学习23次、执法能力现场考核4次。开展辖区企业负责人安全培训5次，分四批次开展企业主体责任集中约谈会。开展安全宣传“五进”（进企业、进农村、进社区、进学校、进家庭）活动，组织交通安全、消防安全、食品安全、燃气安全等各类宣传760余次，开展安全教育讲座40余场，悬挂横幅布标200余条，发放宣传物品2万余份。

（梁　慧）

【环境整治】　2021年，寨上街道生态环境质量持续改善，$PM_{2.5}$年累计浓度为41微克/米$^3$，优良天数比例为74.9%。引入“环保管家”，全面排查园区工业企业，完善一企一档；深化挥发性有机物、扬尘污染防治，完成6块裸露地块治理，检查施工工地18次，对19家重点企业开展臭氧治理专项排查，督促2家企业完成设施升级改造；开展餐饮油烟巡查，对辖区140余家餐饮服务单位安装及定期清洗油烟净化器情况进行巡查，督促提醒经营单位定期清洗油烟净化设备；做好2次重污染天气应急响应工作，响应期间日均出动检查人员20人次。将辖区10条河道、26个坑塘纳入河长制管理，建立常态化巡查机制，开展2021年春季河（湖）专项清整和河湖环境大清整活动，清理漂浮垃圾5平方米，整治河湖“四乱”（乱占、乱采、乱堆、乱建）2处，清理建筑垃圾、堆物及生活垃圾92吨。组建海岸线保洁队伍，配备6人每天对海岸线垃圾进行清理，专项清整陆上垃圾点2处，清理垃圾16吨。落实入海排口整治方案，设立入海排口公示牌4块，加大对海岸线违规倾倒垃圾巡查和入海河流垃圾清理力度，月清理垃圾20吨左右。推进垃圾分类工作，发放分类垃圾桶320个；举办各种垃圾分类主题活动、讲座100余场，发放垃圾分类宣传材料2万余份，社区居民知晓率100%，垃圾分类覆盖率100%。整治流动摊位7551处，清理违章条幅广告、落地灯箱305处次，清理马路餐桌7处、堆物1607处次，拆除违章广告牌匾86处。

（梁　慧）

【社区基础设施建设】　2021年，寨上街道完善社区基础设施建设，组织实施创文创卫专项工程4项，修复井子107处，更换井盖25处，新做雨水管道193.46米，疏通污水管道49.99米，修复混凝土路面640平方米，更换雨水管550米，新做阳光板246平方米，更换楼宇门5组，新建篮球场围挡36米，花砖修复126平方米。实施老旧小区适老化改造，安装楼道扶手9243.4米、休闲座椅178把、晾衣杆126处、太阳能路灯57盏。完成四季花苑、惠阳里、东风里3家日间照料中心社会化备案运营及寨上街道综合为老服务中心运营，推动坨南里、新村里2家日间照料中心新建项目。施划机动车停车位316个、自行车位130个、无障碍车位30个，建设自行车棚22座，提升改造自行车场所2座，维修自行车棚7座，建设临时停车场1处。维修坡屋顶安全隐患231处、四季花苑宝瓶柱1481.2米，排除高空安全隐患5处，开展6次安全用燃气进社区宣传活动，联合津燃华润排查整治天然气管道安全隐患37处、居民户内安全隐患8处，加强天润新苑燃气管道占压安全巡查5次。

（梁　慧）

【综合治理】　2021年，寨上街道按照“全科网格”要求，采用“网格化+信息化”“网格员+信息员”基层社会治理模式，组建以党员网格员为骨干的网格服务队伍。强化网格化管理平台和便民服务响应系统建设，全年派单2631件，办结2622件，按时办结率100%。加强智能化治安防控，完成“智慧平安社区”建设覆盖率100%任务。探索推行“最多访一次”工作方法，全年接待来访群众800余人次，处置各渠道信访问题120余件，查处化解各类矛盾87件，寨上街道社会矛盾纠纷调处化解中心获评2018—2020年度天津市维护社会稳定工作先进集体。强化阵地普法，提升打造寨上街法治与廉政文化长廊、寨上街东风里社区青少年法治教育基地，平阳里社区入选2021年天津市民主法治社区。推进反恐防暴、扫黑除恶专项斗争，组织开展防电诈宣传讲座17场、禁毒宣传活动40余场、反邪教警示教育宣传活动13场。

（梁　慧）

【基层党建】　2021年，寨上街道推进“不忘初心、牢记使命”主题教育常态化制度化，推进党史学习教育，开展“我为群众办实事”实践活动，办理民生实事102件。完成村、社区“两委”换届，11个社区2个行政村全部一次性选举成功。严格落实意识形态工作责任制，把各类阵地建好管好用好，意识形态领域安全稳定。全面落实“两个责任”，精准纠治“四风”，政治生态进一步向好。健全党的全面领导体制，充分发挥人大代表职能作用，工青妇等群团组织作用进一步发挥，党管武装工作取得新进展。

（梁　慧）

【街道互联网大会】　2021年1月13日，寨上街道举办首届滨海新区街道互联网大会，邀请辖区28家企业、机关单位及6家新闻媒体参会，大会主题“奋进十四五　津彩微空间”。会上，寨上街道与长芦汉沽盐场、和立东升集团、北京沐鱼科技、天津滨海江淮村镇银行、投对科技、33街区文创基地等6家企业签署“纯洁网络生态寨上倡议书”，推动网络生态治理提质增效。寨上街道坚持“网络强街”，创新“预监管于服务”，推动“网络搭台、发展唱戏”，围绕街道电商经济、智慧物流、企业信息化平台搭建、小微金融服务、智能垃圾分类和短视频媒体传播6大主题，探索新路径、建设新样板。

（梁　慧）

## 茶淀街道

【概况】　2021年，茶淀街道围绕“十四五”规划发展定位，开展党史学习教育，实施乡村振兴战略，推动农业特色产业升级。优化营商环境，改善保障民生，保障社会安全稳定，统筹疫情防控和经济社会发展。全年规上工业产值完成14.08亿元，增长3.86%；限上商品销售额完成6.59亿元，增加24.4%；限上社会消费品零售总额完成0.51亿元，下降25.82%；固定资产投资完成5.15亿元，下降9.1%；财政收入4466万元，下降17.02%。

（崔丹丹）

【街域经济】　2021年，茶淀街道建立与兄弟街镇、天津经济技术开发区、中新天津生态城融合发展机制，用好“飞地经济”和帮带政策，建立重点项目周报制度，对接项目126个。其中，落地53个，签约10个。优化营商环境，开展“双万双服促发展”活动，确定三级包联企业机制，明确企业服务专员制度，实地走访企业554次。平台登记企业61家，提出问题33条，问题解决率100%。组织政策宣讲会2次、政企政策对接会1次。组织签订信用承诺书805份。

（崔丹丹）

【葡萄产业】　2021年，茶淀街道凭借葡萄特色优势入选第十一批全国“一村一品”示范村镇名单。引进葡萄新品种5个，推广先进葡萄种植技术，邀请农业专家现场培训12场。在已有6.67公顷葡萄标准化种植下，开展试验、示范、推广工作。加强葡萄智能化建设，开发“区块链＋茶淀玫瑰香葡萄溯源”系统，在5处种植区建成实施。与水果销售龙头企业万果联公司达成战略合作意向，带动茶淀玫瑰香葡萄销往全国。以茶淀葡萄科技园为核心，发展葡萄休闲旅游，吸引京津冀游客5万人，促进一二三产业融合。

（崔丹丹）

【农业发展】　2021年，茶淀街道全面实施乡村振兴战略。产业振兴，以设施农业、休闲农业以及土地适度规模经营为着力点大力发展乡村产业，新建设施农业3.33公顷，茶

2月24日，寨上街道开展“墙根党课”活动，图为三句半节目《同心抗疫》
寨上街道　供图

东村 73.73 公顷土地挂牌成交，溢价率 64.11%。成立天津乡村振兴产业（人才）联盟茶淀葡萄分盟，强化新型职业农民培育、科技人才引进培养，新增“设施农业带头人”10名。

（崔丹丹）

**【民计民生】** 2021 年，茶淀街道设立社会救助经办机构和社会救助管理部门，承接“金民工程”系统，全年发放各类救助资金 1300 万元。检查培训机构 34 家，拆除校外违规培训广告 19 处。后沽村、西孟庄村日间照料中心投入使用。推进三明里、五羊里、八仙里、星达里、泰安里 5 个老旧小区提升改造。举办线上线下招聘会 6 场，提供岗位 300 余个，累计安置就业 1542 人。开展群众性文体活动 300 余场。举办戏曲进乡村等各类文化活动600余场，开展“美丽庭院”创建活动。开展东西部扶贫协作和支援合作，对口支援青海省黄南州同仁市瓜什则乡，支援资金 36 万元，用于“两不愁三保障”项目建设。动员社会力量捐款 30 万元参与东西部扶贫协作和支援合作。

（崔丹丹）

**【环境整治】** 2021 年，茶淀街道加强日常巡查及重污染天气应对，及时发现问题并制止大气污染事件。定期检查辖区内 5 个大型工地。开展裸地治理、餐饮油烟专项整治。设置垃圾分类定时定点投放点，开展垃圾分类宣传教育活动 113 次，入户宣传率 100%，回收线下再生资源 109.49 吨。开展疾风厉势土地违法建设专项治理，拆除违法建设 7 处，占地面积 2506 平方米。落实河长制，推动河渠巡视常态化，开展河湖环境大清整活动。建立健全人居环境管护长效机制，成立督查检查专班，使环境工作制度化、常态化、规范化。打造孟家郿村、桥沽村 2 个人居环境示范村。

（崔丹丹）

**【平安建设】** 2021 年，茶淀街道通过智慧信访平台、政民互动网站及日常接待，办理来访、来信、来电及网上信访件 200 余件。社会矛盾纠纷调处化解中心接待个访、集体访、重复访等共 30 批次，接待群众 1000 余人次。网格平台有效上报 2.64 万件。12345 政务服务便民热线及“百姓需求”受理案件 4227 件，办结率 100%。完成智慧平安社区建设。

（崔丹丹）

**【安全生产】** 2021 年，茶淀街道开展“安全生产专项整治三年行动”“防风险、遏事故、除隐患、迎建党 100 周年专项攻坚行动”，检查点位 658 个，发现整改隐患问题 845 项。强化安全生产执法监察工作，立案处罚 3 笔，处罚 7 万元。举办各类安全宣传活动 72 场，发放宣传材料 1 万余册。强化消防安全、食品安全、道路交通安全、燃气安全监管工作。

（崔丹丹）

**【基层党建】** 2021 年，茶淀街道开展党史学习教育，创新学习方式方法，组建红色宣讲团、金牌宣讲团，创新打造“圆桌党课”“移动初心堂”，开展专题宣讲活动 200 余场、讲专题党课活动 120 余场。开展“我为群众办实事”实践活动，建立社区共享小屋，建立群众诉求 17 项、项目清单 20 项，全部推动解决。开展庆祝中国共产党成立 100 周年系列主题活动。完成农村、社区“两委”换届选举。在“组织在线”等平台建立民生类网格 320 个，发动志愿者 1715 人，发动社会主体资源 13 家，解决各类百姓需求 4832 条。

（崔丹丹）

## 大港街道

**【概况】** 大港街道辖自然小区 44 个。有基层党委 43 个，基层党总支 8 个，基层支部 362 个，党员 9666 人。辖区内有中石化天津分公司、中石化第四建设有限公司和中沙石化 3 家国有大型企业，20 余家中石化天津分公司改制企业。有各类文化队伍 105 支，年均文艺演出约 50 余场。有中学 8 所、小学 8 所、幼儿园 14 所。2021 年，大港街道引育经济发展新动能，做好招商引资工作，坚守安全生产底线，维护社会稳定，基层治理水平提高，增进民生福祉，创新社区服务品质，社区文化事业发展。

（王惜瑶）

**【街域经济】** 2021 年，大港街道工业总产值 88.97 亿元，增长 15.78%；商品销售额 63.24 亿元，社会消费品零售额 5.83 亿元，分别增长 3%、2%；固定资产完成额 2.09 亿元。启动三年筑基工程，完成辖区 151 家限上单位信用承诺书及筑基工程测试、自查表与核查表填报及上报。组织农业银行、工商银行等 17 家金融机构对接 40 家制造类、销售类企业，缓解中小微企业资金瓶颈。园区 2 家企业获专精特新企业认定，并获资金奖励，3 家企业申报市级技术中心。认证国家高新技术企业 20 个、国家科技型中小企业 5 个、雏鹰企业 4 个。

（王惜瑶）

**【街企共同缔造】** 2021 年，大港街道与 16 家石化改制企业、40 家制造类企业分别建立党建引领共同缔造联席会议机制、园区共同缔造理事会，发挥石化产业园区共同缔造理事会作用。完善“企业吹哨、理事会报到”工作机制，解决企业发展难点痛点。打造改制企业式、园区式、楼宇式、平台式共同缔造理事会，联合聚力、抱团发展。通过绿创石化产业促进中心为企业搭建产业链、创新链、人才链和金融链，打造绿色石化产业集群。

（王惜瑶）

【引资引智】 2021年，大港街道与辽宁石油化工大学共建的石油化工科技创新中心举行签约仪式。依托区位优势和产业优势，聚焦石油装备制造、新材料等重点产业，引进优质工业项目落户园区，吸引科技服务型企业进驻楼宇。引进石化产品交易中心，建设石化产品交易平台，分批做好160家企业入驻工作，依托平台优势整合石化生产、贸易零售、仓储物流、金融机构，形成完整产业链条。抓好项目建设，在建项目7个，总投资5亿元；在谈项目11个，总投资15亿元。

（王惜瑶）

【环境整治】 2021年，大港街道排查梳理辖区高耗能、高排放企业，指导企业做好节能减排工作，推进减排措施见效。对辖区内锅炉、炉窑、餐饮油烟企业摸排梳理，组织29家涉气企业依据新地标开展无组织排放检测，督促大气环境、水环境重点排污单位安装在线自动检测设备。开展2021年春季河湖环境专项整治行动，修订完善“一河一策”管理制度，清整河湖33个，更新、修补河湖长制公示牌，建立健全河湖管护长效机制。河湖两岸安装提示牌52个。改善入海河流水环境质量，排查沿河口门28个，无偷排、漏排。拆除各类违章建筑及圈占298处，1.56万平方米。

（王惜瑶）

【民计民生】 2021年，大港街道搭建就业平台，举办线下和线上招聘会27场，组织用人单位932家，提供就业岗位1.7万个，进场人数8437人，达成就业意向1854人。为失业人员办理失业救济金领取6017人次，发放675万余元。调处劳动争议纠纷21起，双方经调解自行和解5起，调解结案16起，涉及82人46.28万元。做好“双减”工作，检查校外机构89家，拆除室外违规广告牌214块、室内违规广告牌125块。建成前进里社区老年人日间照料中心，构建社区居家养老服务供应体系。

（王惜瑶）

12月17日，大港街道在福安里便民广场开展“撤桶并点精准投 引领分类新风尚”主题宣传活动 刘丹 摄

【社区建设】 2021年，大港街道做好智慧平安社区建设、绿色社区建设、老旧社区提升改造、加强和改进住宅物业管理等工作，推进基层治理体系和治理能力现代化。投入资金396万元推进31个自然小区项目建设，智慧平安社区总体覆盖率85%以上。推进生活垃圾分类工作，组织各类宣传实践活动250余次，直接参与2.3万余人次，辐射居民近10万人。完成日常路面、排污等社区基础设施维护类项目3项，投入约2万元，创文创卫复审期间完成社区基础设施维护类项目13项，投入约36万元。推进滨海新区“20项民心工程”之一四化东路工程落地。

（王惜瑶）

【文化建设】 2021年，大港街道融合新时代文明实践活动继承和发扬非物质文化遗产。新建大港街老男孩合唱团、大港街联才相声社，打造汇集剪纸、面人、女红、糖画、篆刻等传统文化元素的开元里非遗文化传承基地，开展文化培训讲座20次、流动图书阅读车服务18次，完善文化服务设施。开展庆祝中国共产党成立100周年书画展览、剪纸展览等传统文化项目，组织全街干部职工拍摄大港街庆祝中国共产党成立100周年主题快闪《不忘初心》。

（王惜瑶）

【安全管理】 2021年，大港街道搭建调解纠纷平台。排查各种矛盾纠纷219起，调处216起，调处化解率98.6%。推进安全整治三年行动，检查各类生产经营单位165家次，发现并整改隐患150项，出动执法人员426人次，下达执法文书

9 月 29 日，大港街道在振业里社区举行新时代文明实践“赶大集”活动
刘丹 摄

212 份。做好“双安双创”市级评审迎检工作，开展食品安全整治“百日行动”、秋季校园食品安全专项检查、流动经营食品摊贩专项整治等工作，联合大港街（古林街）市场监管所开展执法专项行动 6 次。根据消防安全专项整治三年行动方案，集中开展八类场所消防安全治理，督促整改突出问题。开展“一盔一带”、创建“零酒驾”交通安全创建活动。

（王惜瑶）

【基层党建】 2021 年，大港街道建立党员领导干部基层联系点和基层党组织台账 34 个，帮助群众解决问题 210 余件。强化非公党组织教育管理，完成天津津滨石化设备有限公司等 16 家石化改制企业党组织整建制转入工作，转入党员 1600 余人；指导 2 家非公企业党组织按期换届；发展党员 125 人，按期转正 48 人；完善建立 9773 余名党员电子档案，建档率 100%。组织参观李大钊纪念馆、“重走长征路”、大沽炮台等沉浸式实地教学 40 余场，受众 3000 余人。健全完善新闻发布审核、网络意识形态工作通报、重大事项报告等制度，依托大港街道微信号发布信息 200 余条。

（王惜瑶）

## 古林街道

【概况】 古林街道有官港森林公园、奥林匹克博物馆、古海岸遗迹博物馆等人文景观，大港发电厂、六局一公司、华冶公司、大港油田等大型国有企业，港东新天地、和兴等大型商业综合体。

2021 年，古林街道依托资源优势，突出自身特点，努力提升街域经济发展质量；实施乡村振兴战略，推动形成工农互促、城乡互补、协调发展、共同繁荣新型工农城乡关系；持续改善民生，福汇园社区被评为全国示范性老年友好型社区。

（马 爽）

【街域经济】 2021 年，古林街道新增市场主体 1723 家。其中，新注册企业 531 家，注册资金 33 亿元；新注册个体工商户 1192 家，注册资金 6 亿元；固定资产投资额 12.7 亿元，规模以上工业总产值 35.4 亿元，增长 25.67%；限额以上社会消费品零售总额 0.84 亿元，增长 34%。与天津经济技术开发区合作共建，对接项目 3 个。街道重点在谈项目 17 个，预计投资 93 亿元。签约储备项目 14 个，计划投资超 107 亿元，8 个项目完成企业购地申请。在建项目 18 个，投资超 100 亿元。建成投产项目 4 个，投资超 11 亿元。

开展“双万双服促发展”活动，走访企业 500 余次，街道企业和项目登录率、信息采集率、走访率实现“三个百分之百”，解决平台提交问题 60 个。为 114 家企业申请各类政策补贴近 350 万元，为科林、科迈智能制造申请补贴 330 万元，帮助 52 家企业申请惠民银行、农业银行贷款 5108 万元；深化诚信体系建设，开展宣传活动，组织签订信用承诺书 1300 余份，诚信宣传活动在信用滨海平台报道 26 篇。推动入库国家科技型中小企业 9 家、雏鹰企业 4 家，有国家高新技术企业 21 家。街道有四上企业 74 家。其中，房地产开发企业 13 家，限额以上服务业 9 家，规上工业企业 26 家，有资质建筑业企业 9 家，限额以上商业企业 17 家。

明确 5 个村产业定位，推进上古林村整体开发“村民”变“市民”，探索工农村、建国村“村企”共建新模式，发展马棚口一村、马棚口二村观光休闲渔业，推动农村一二三产业融合发展；对接中冶天工、中建七局、中铁十二局、甘肃建投、新天钢集团等单位，对古林里市场实施成片开发和城市更新。

（马 爽）

【万达广场项目落地】 2021 年 6 月 25 日，天津大港万达广场开业，总建筑面积 11.48 万平方米，分地上 5 层、地下 1 层，停车位 700 余个，是滨海新区南部体量最大商业综合体。广场集大型超市、购物、儿童娱乐、餐饮等业态，引入国内外知名品牌 200 余家，涵盖服装精品、运动潮牌、日用家居、娱乐休闲、儿童体验、餐饮美食等业态，汇集国内外品牌 207 个，其中 97 家品牌首进大港，13 大主力店进驻，填补滨海南部综合性商业综合体空白。开业当日客流在全国同期开业的 5 家万达商业体排名第一。

（马　爽）

**【环境整治】** 2021 年，古林街道推广福汇园创文综合示范社区典型经验，开展“净楼之星”、物业公司“腾笼换鸟”、小手拉大手共创文明城等专项行动，破解居民小区、楼栋卫生环境治理顽疾。实施农村清洁化工程，坚持网格化、精细化管理，组织保洁队伍开展常态化检查排查，提升清扫保洁标准，对村庄主要道路两侧、里巷路、河流坑塘整治清理，农村垃圾快速转运，日产日清。

对辖区内河道、沟渠、坑塘、湖泊进行无死角、全方位卫生保洁，63 个入河入海排污口均纳入 App 实时监管。实施古林工业园区雨污分流、工农村—大港电厂河道清淤、汉港明渠清淤联通、大港电厂水系连通等工程，改善河道水质。推进大气污染综合治理，落实施工工地“六个百分之百”（施工工地周边 100% 围挡、物料堆放 100% 覆盖、出入车辆 100% 冲洗、施工现场地面 100% 硬化、拆迁工地 100% 湿法作业、渣土车辆 100% 密闭运输）防治措施、开展荒草垃圾焚烧专项治理，改善空气质量。

开展垃圾分类工作，将垃圾分类工作纳入基层党建，采取街道主导、村居牵头、物业保障、第三方托底工作模式，打造福汇园、福波园、海通园 3 个精品小区，在 2020 年滨海新区居民区生活垃圾分类工作考核中排名第三。

（马　爽）

**【民计民生】** 2021 年，古林街道完成全民参保信息比对排查 1025 人，参保城乡居民医疗保险 7741 人，办理社保卡 2160 人，为困难人员申请认定灵活就业保险补贴 255 人。为辖区居民报销医疗费 300 余万元，涉及 260 余人次，为华北油田 1100 人领取养老保险的老年人进行生存认定，接收 6200 名国企退休社会化人员。为零就业家庭、剩余劳动力、退役军人、大学毕业生群体提供就业服务，组织招聘会 6 场、提供就业岗位 4683 个，协调安置就业人数 1980 人。与建筑单位及用工密集型单位签订“零欠薪”承诺书，调解拖欠工资案件 239 起，涉及拖欠款 1721.3 万元。

做好主动发现困难群众工作，对重病、重残、边缘户等困难人群全面摸排、台账管理，早发现、早救助。发放低保、低收入、特困供养等社会救助金 239 万余元，临时救助金 8 万余元，残疾人两项补贴 98 万余元，老年人关爱金 299 万余元。发挥社会组织、志愿者队伍作用，对独居孤寡老人、残疾人、困境儿童跟踪服务、上门问需。

推动建成街道综合为老服务中心 1 个；建成老年日间照料站 6 个、官港老年人互助大食堂 1 个。福汇园社区获评 2021 年全国示范性老年友好型社区。

开展群众性文体活动 50 余场。打造文化品牌，古林街“八极拳”项目被列入滨海新区第一批非物质文化遗产代表性项目名录。举办红色主题文艺演出 20 余场。

（马　爽）

**【社会治理】** 2021 年，古林街道探索“1+5”专兼职网格员工作模式，将现有村居划分为 42 个网格，每个网格安排 1 名专职网格员，每个社区聘请 5 ~ 10 名退休老干部、老党员为兼职网格员处理 12345 政务服务便民工单 8288 件，办结率 100%，群众满意率 84.3%。投资 2300 余万元完成街道社会综合治理指挥中心、44 个住宅小区两级“雪亮工程”及智慧平安社区项目建设，与 2 个派出所实现视频资源共享。

发挥街道矛调中心作用，接待涉及农村土地、房产合同、经济待遇、物业管理、环境保护等信访和纠纷问题来访群众 47 批 444 人次，处理智慧信访和政务网系统、矛调系统等信访件 316 件次；落实属地责任、发挥机制作用，辖区不稳定因素、信访数量大幅减少。

10 月 16 日，天津小古林集团为古林街道办事处英勇防汛抗洪赠送锦旗
翟铭　摄

开展消防安全专项治理行动，加大对高层建筑、宾馆酒店、“九小场所”“城中村”“三合一、多合一”等人员密集场所进行消防安全检查；组织精干力量对生产经营单位加大执法检查频度和力度，查罚并举，街道出动执法人员1184人次，检查企业542家，发现并整改问题隐患2731处，对38家重点企业进行约谈，对8家企业依法予以处罚，处罚36万余元。

开展“春雷”行动，出动执法人员1100余人次，清理非法码头5个、集装箱210个，拆除彩钢房、砖混房260余处8400平方米，清理“三无”（无船名、无船籍港、无船舶证书）船只159艘，劝离赶海拾贝人员1000余人次。联合边防派出所对马棚口、子牙新河闸口、独流减河防潮闸等区域巡查、盯控，推进渤海湾综合治理。

（马 爽）

【全国示范性老年友好型社区创建】2021年，古林街道福汇园社区建有老人家食堂、养老院、老年人日间照料中心等老年人生活保障场所，有老年综合文化服务中心、社区老年大学等老年人文化需求阵地，舞蹈队、星光合唱团等老年人文体队伍12支，有枫叶红巡逻队、法律援助站、雷锋驿站、义务服务维修队等志愿服务组织，为社区近900名老年人提供服务。实施“夕霞计划”，与“麦田计划”“九九华龄”等公益性组织联合，开展为空巢老人提供生活照料、心理抚慰、亲情关爱等服务。节日期间为老年人送关爱，端午节包粽子，中秋节同赏月，重阳节为高龄老人购买华服、定制蛋糕、集体过节日。联合滨海农商银行、怡康老年养护中心等共建单位，深入辖区高龄老人、独居老人家中走访慰问，送去节日慰问品。社区获评2021年全国示范性老年友好型社区。

（马 爽）

【民间艺术展】2021年，滨海新区民间剪纸艺术大赛暨古林街民间艺术展开幕。活动以“荟萃优秀民间艺术 弘扬滨城传统文化”为主题，庆祝中国共产党成立100周年，挖掘、传承、宣传、发展新区优秀民间艺术，征集剪纸作品200余幅、民间艺术作品200余幅（件），入展作品各100余幅（件），获一、二、三等奖作品27幅（件），特邀16位艺术家作品入展。剪纸艺术作品以庆祝中国共产党成立100周年为主题、以党的重大历史事件为题材，用系列剪纸作品弘扬红色精神。同时，展出民间书法爱好者书画作品，以反映中国共产党壮丽辉煌历程为题材，展示非遗传承人传承创新风采。

（马 爽）

6月28日，古林街道开展庆祝中国共产党成立100周年文艺汇演活动
翟铭 摄

【基层党建】2021年，古林街道完成5个村、21个社区“两委”班子换届选举工作。构建古林街道党建引领共同缔造“谱系”，组织志愿者成立各类服务理事会。打造港电幸福大院、官港老年人互助大食堂、福汇园社区“霞光工程”、凯旋苑社区“寻找最美凯旋人”等党建品牌。工农村获评全国文明村镇，福汇园社区获评全国文明单位、全国最美志愿服务社区等荣誉60余项。在各社区、村组建430个民生党建红网格，打造邻里互助议事平台26个，引入各类社会资源入网格，推动网格内居民、商家及各类组织有序参与社区治理，承办百姓需求5746件，被区缔造办选为典型案例2个。街道机关、各社区、村开展“四个走遍”，走访基层单位535个，走访群众6.35万人，收集问题559个，协调解决542个。

（马 爽）

## 海滨街道

【概况】海滨街道有中石油大港油田公司、大港石化公司、渤海装备公司、渤海钻探公司等国有大型企业。有各类企事业单位2205家，中小微企业2040家，个体工商户6525家，形成以清洁能源、机械电子、装备制造、新型建材、现代农业为主的五大优势产业。2021年，海滨街道改善产业园区环境，园区基础配套设施升级改造取得明显成效；完成国有企业社会化职能移交，街企共建更深入；在疫情防控工作中，形成与几家驻街央企联防联控工作机制。是年，海滨街道获天津市征兵工作先进单位称号。

（孙玉伟）

【街域经济】 2021年，海滨街道规模以上工业总产值32.18亿元，增长5.82%；固定资产投资4.56亿元，增长1.94%。推动园区基础配套设施提升改造，完成园区控详规、环评、稳评、水资源评估，正办理园区市政专项规划审批程序；申报政府专项债项目，获批项目建议书，正编制项目可研报告及“一案两书”，获批资金均用于园区基础设施提升。投资5.5亿元的新希望集团六和农牧公司生猪养殖项目落地，正施工建设；投资3500万元的大港油田分散式光伏发电项目建成投产；投资4亿元的工业危废资源化利用中心项目签订框架协议；推动解决年产值4亿元的天津磐竹混凝土有限公司用地问题。

（孙玉伟）

【企业社会化职能移交】 2021年，海滨街道按照市、区国有企业社会化职能移交工作要求，接收中石油驻街单位离退休人员2.3万余人，完成党员8000余人的保险和党员组织关系移交工作，党员均纳入居住地社区管理。大港油田公司等单位27处离退休场所移交街道，移交总面积4万余平方米。

（孙玉伟）

【环境整治】 2021年，海滨街道深化村庄“五边”（路边、屋边、田边、河边、村边）治理，推动农村清洁化。落实“河长制”，辖区5条河道、72条沟渠、5座湖库、53处坑塘挂“长”，39个排污口建档，聘请第三方技术服务机构专业排查，确保水质达标。打好环渤海综合治理攻坚战，强化对企业危废处置检查力度，确保污染事件“零发生”。应对上游降雨和泄洪量增加引发的子牙新河汛情，组织抢险巡查人员1490人次，机械设备300余台次，对子牙新河约3472米堤防险段加固加高。整改点位168处，清整各类垃圾堆物1000余吨，打捞水面漂浮物及周边垃圾20余吨。组织各社区对1043个点位问题整改，39个社区71个自然小区施划无障碍停车位147个，出动执法人员约980人次。

（孙玉伟）

3月15日，天津新希望集团六和农牧公司生猪养殖项目开工仪式

孙玉伟 摄

【民计民生】 2021年，海滨街道推进“双减”落实，成立工作专班，制定“秋风行动”集中行动方案，对辖区校外培训机构摸底排查，打击违规违法办学行为，41家教培机构纳入有效管理，妥善处理瑞友教育分支机构资金断裂问题。

（孙玉伟）

【安全生产】 2021年，海滨街道落实安全生产“一岗双责、党政同责、齐抓共管”和“四铁”要求，制定海滨街“十四五”安全生产发展规划。开展安全生产专项整治三年行动，对重点行业领域聘请专家队伍联合开展安全隐患排查。

（孙玉伟）

【基层党建】 2021年，海滨街道开展党史学习教育、中国共产党成立100周年主题活动300余场。开展两新组织摸底排查工作，非公企业和社会组织党组织覆盖率均100%，推进“我为群众办实事”，主要领导走访企业、社区村346家，村居工作人员走访居民、辖区商铺8.72万家。做好“光荣在党五十年”纪念章发放工作，发放光荣在党纪念章3408枚。

（孙玉伟）

## 泰达街道

【概况】 泰达街道有6所公办中小学、1所民办学校和10所公办园所，民办幼儿园13所，驻区高校2所，青少年宫1所，成人教育1所。文化服务中心1家，互联网文化经营单位29家、影视制作企业52家、文艺演出团体1家、演艺机构（含经纪公司）23家、演出场所7家（含剧场、剧院）、电影院6家、网吧9家、娱乐场所17家（含游戏游艺场所）、印刷企业14家、出版物零售企业（含书店）24家。2021年，泰达街道举办各类文体活动180余场，包括美丽新时代——共绘新征程滨海泰达居民献礼中国共产党成立100周年美术作品展在内的各类展览10场。举办2021年“泰达杯”全球青年创意设计大赛项目、第八届“泰达杯”青少年钢琴大赛和第七届“曹灿杯”青少年朗诵展示活动复选赛。

（侯爱兰）

**【环境整治】** 2021年，泰达街道对市政设施实施智能化、精细化管理，全年巡查2.8万千米，下达维修任务书541份，完成车行道维修4153.77平方米、人行道维修2969.58平方米，侧缘石维修1158.5延米，日常桥梁维修工程71项。冲洗花砖、便道150余万平方米，沿街无主垃圾点位6041个、清理垃圾1370吨，清运隔离医院1.54万桶、隔离户1673袋垃圾废弃物，农贸市场773吨，清运生活垃圾6.5万吨。完成40次迎宾迎检，9次“以克论净”月度考核。结合庆祝中国共产党成立100周年活动设计绿化景观，布置MSD花海。推进泰丰公园、城市公园、彩带岛公园、口袋公园等绿化环境提升。全年清扫绿地7242.3万平方米，清理绿化垃圾2178.1吨，搭建“物联网+垃圾分类”体系，依靠垃圾分类云平台，实现泰达街垃圾分类整体数治化管理。建设“点—站—场”三级物联体系，打造HOME品牌项目。建成6个示范社区，14个达标社区，6个撤桶并点示范小区。回收厨余垃圾400吨、再生资源350吨、有害垃圾2吨。数字城管中心受理系统案件7.84万条，应结案7.65万条，结案6.75万条。执行“互联网租赁自行车运维服务承诺协议书”，加强共享单车秩序管理。

（侯爱兰）

**【民计民生】** 2021年，泰达街道推进教育资源建设，泰达第四幼儿园开园，泰达实验学校西校区完成交付，滨海职业技能培训中心维修恢复教学功能项目、耀华中学滨海学校项目开工建设，开发区一中二期、第一大街幼儿园、时尚广场幼儿园等项目立项。完成天津市基础教育重点培育项目《泰达中小学劳动教育体系构建与实践研究——泰达答卷》。完成中小学生“五项管理”（作业、睡眠、手机、读物、体质五个方面的管理）专项督导。开展基本公共卫生和基本医疗服务，推进老年人免费查体、健康管理、家庭医生签约等。东海社区卫生服务站投入使用。泰心医院互联网医院提供在线复诊、送药到家、三方视频等服务。海上平台空中救援6次。获批共建国家心血管区域医学中心，获得国家自然科学基金立项1项，新增天津大学博士、硕士导师8人，医技楼、介入中心、停车楼工程开工。泰达医院8个学科实现互联网免费咨询。专家门诊、体检中心、放射检查实行无假日服务。建成泰达创伤综合急救中心。与市肿瘤医院共建胸部肿瘤中心，天津医专泰达医院护理学院挂牌。组织开展2021年小球大爱“国球舍杯”乒乓球公益联赛（天津站）比赛，挂牌泰达企业家乒乓球运动基地，加快“滨海泰达足球营地”项目培育。为公共体育场配备AED心脏除颤设备。

实现低保对象、困境儿童、困难残疾人、高龄独居老人和空巢老人等重点群体包保到人。发放残疾人各类补贴821万元。办理老年人乘车卡673个、老年人证210个，老人家食堂服务老年人3690人，补贴老人餐1382人次，发放老年人各类补贴153.33万元。建成17个社区退役军人之家，发放退役军人各类补贴785.9万元，依托退役军人服务管理站开展各类活动13场次，惠及退役军人462人次。启动社区老年人日间照料中心建设和“社区厨房”前期准备。

（侯爱兰）

**【安全稳定】** 2021年，泰达街道开展安全生产三年整治行动，开展迎中国共产党成立100周年安全生产集中攻坚专项行动。加强平安建设和平安网格员队伍建设，发挥“平安志愿者”作用，鼓励社会组织参与矛盾纠纷排查。开展扫黑除恶专项斗争，推动无黑社区、无黑校园创建率100%。

（侯爱兰）

**【基层党建】** 2021年，泰达街道制定《泰达街道庆祝“建党100周年”系列活动总体方案》，举办“同唱一首歌 永远跟党走”天津·滨海新区庆祝中国共产党成立100周年文艺演出暨钢琴公益云展播活动。制定《党员党史学习计划表》，依托综合文化服务中心开展以“建党百年”为主题贯穿全年的系列文化特色活动等3大类近百场。实施“党建+基层服务”，深化“大党委”建设，构建新形势下城市基层党建工作新格局。研究制定《泰达街道工委党建引领共同缔造美丽“滨城”2021年行动方案》，成立8个行动专班。走访基层单位和群众6.82万人次，收集问题3954个，协调解决3890个。接收百姓需求1.59万件，办结1.55万件，办结率97.34%，五星评价占比98.33%。高标准完成20个社区“两委”换届工作，选优配强“两委”成员。修订《泰达街道关于落实意识形态工作责任制实施意见》《泰达街道关于时政类报告会、研讨会、论坛和讲座管理办法》，补充完善《泰达街道意识形态工作责任制实施细则（2021修改版）》。完善意识形态工作分析研判、阵地管理、检查考核、联席会议、专题督查等五项制度。强化网络和信息安全管理。加强民族宗教管理，巩固统战工作基础。制定泰达街道领导班子全面从严治党主体责任任务清单38项，明确责任到人。在13个设立党委的社区建立纪律检查委员会，在7个设立党总支、党支部的社区选举纪委委员，在新成立的社区建立健全社区纪检监察工作联络站。至年末，受理问题线索18条，立案7件，了结18件，给予批评教育1人，通报批评1人，谈话诫勉1人，严重警告1人，开除党籍3人。

（侯爱兰）

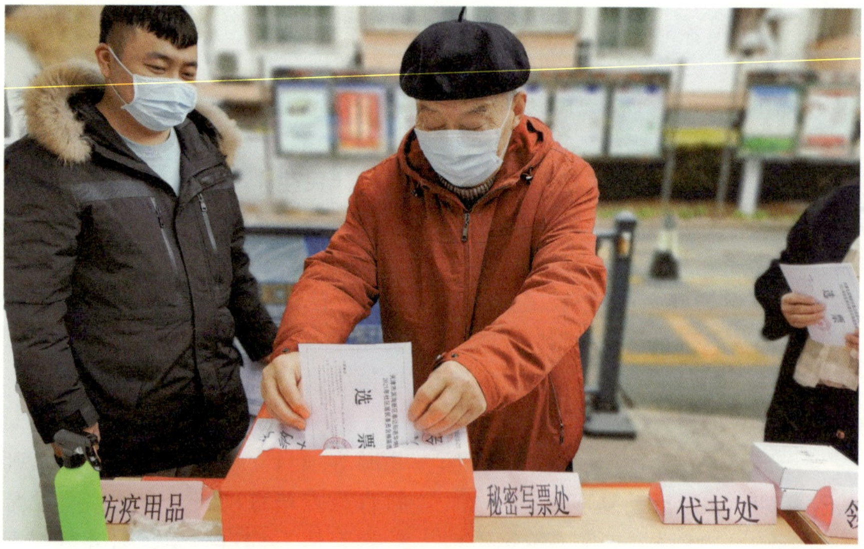


3月20日，泰达街道居民参加社区居委会换届选举投票

泰达街道　供图

**【泰达夏日艺术季】** 2021年5月28日，以“悦见 城市星光”为主题的2021年泰达夏日艺术季开幕。日间有咖啡体验、多肉植物盆栽设计、品茗论花等互动体验活动，晚间有以“梵高艺术世界”“宫崎骏星夜”“星际漫步梦境”为主题的沉浸式森林光影展。6月4日至13日，在MSD广场举办泰达经典音乐文化广场音乐会，共6场演出：乐鸟乐团演唱会、来拿艺术团音乐会、张鸿宇个人音乐会、悦见·瑜伽舞蹈专场、四喜丸子乐团演唱会、儿童好声音演唱会。演出活动结合天津在地企业伊势丹悦见·星光市集，将艺术与美食相结合，数万名市民参与。

（刘　娜）

# 人物 荣誉

## 年度人物

**孟祥飞** 男，汉族，中共党员，理学博士，国家超级计算天津中心党组书记，教授级高工，国务院政府特贴专家，中共十九大代表。先后获得“中国五四青年奖章”“最美奋斗者”“全国先进工作者”“全国优秀共产党员”等荣誉称号。多次获得省部级以上科技进步特等奖、一等奖等科技奖励，获得中国青年科技奖。

孟祥飞长期负责中国重大自主创新成果“天河”系列超级计算机的应用技术研发与开拓，主要研究方向涉及人工智能产业化应用、大数据系统平台研发、高性能计算相关的并行计算、异构并行计算模型研究、人工智能与超级计算融合技术等，及相关技术在重大科学领域、油气能源开发、环境、工业制造、医疗健康等领域的应用。先后发表学术成果和取得知识产权近50项，主持“十三五”国家重点研发计划专项、国家自然科学基金项目、国家发改委高技术服务业专项超过20项。2020年以来，响应“科技抗疫”的号召，第一时间成立紧急攻坚小组，利用超级计算为新冠治疗药物研发、疫苗研发提供技术支撑，同时开展将人工智能应用于新冠诊断的技术攻关。在国际上首个研发新冠智能影像辅助诊断系统并成功上线，为国内百余家医疗和科研机构以及美国、印度、墨西哥等十几个国家服务，访问量超过百万次。

**杨晖** 男，汉族，1986年5月出生，民建会员，云账户（天津）共享经济信息咨询有限公司（简称云账户）董事长，正高级工程师，现任全国工商联执委、天津市政协常委、天津市委联系专家、滨海新区人大常委会委员、全国工商联人力资源服务业委员会主席团成员兼秘书长。曾获“全国脱贫攻坚先进个人”“民建全国优秀会员”“民建脱贫攻坚奖先进个人”“天津市劳模”“天津市扶贫协作和支援合作工作先进个人”等荣誉称号。

杨晖深耕共享经济服务，帮助外卖小哥等5,000多万名个体经营者便捷就业，服务建档立卡贫困户218.2万人，云账户2020年实现收入384.54亿元、纳税25.34亿元，列民企500强第261位。落地“线上秒批”电子营业执照服务，助力拿照就业增收；协助出台全国首个省级服务平台管理办法和4项地方标准，促进行业健康可持续发展。累计拿出1.5亿元投入脱贫攻坚，主动认领的12个挂牌督战贫困村全部脱贫，惠及4949户、19993人。在甘肃甘南州、西藏昌都等地数字赋能助力农特产品销售；在新疆打造“自习鸽”项目，兼顾解决就业和青少年学习。2020年，面对突如其来的疫情，杨晖第一时间捐助1,000万元助力天津、武汉抗疫；采购200万元防疫物资，紧急运往天津对口帮扶的甘肃省天水市麦积区和湖北省恩施市抗疫一线；大幅让利680万元与客户共克时艰，守好共享经济“大后方”。5次向国务院驻湖北工作组、国家发改委报送共享经济复工复产情况报告，建议被国务院常务会议部分采纳。

**崔利杰** 男，中共党员，1985年9月出生，2003年12月从辽宁营口市应征入伍，现任天津市保税消防支队临港大队临港消防救援站站长助理，三级消防长。十七年来获得二等功1次、三等功3次，执勤岗位训练标兵2次，训练能手4次，2019年被部局评为“改革转制教育整训先进个人”，2021年被应急管理部评为“全国应急管理系统先进工作者”、被总队评为“十大杰出消防救援卫士”。

每当遇到险情，崔利杰总是冲在第一个，他经常说的是，“我来打样！如果我回不来，你们再上！”。2019年初，辖区建设工地一塔吊断裂，他挺身而出，孤身穿过90余米高，不足50公分宽的救援通道，以最快速度成功解救两名被困群众；“5·18”天碱爆炸事故救援中，他只身爬上170米高且随时可能发生二次事故的陡峭竖梯，头顶着各种坠落物随时下落的危险，在死神手中抢回了一条鲜活的生命；隆冬腊月，面对甲醇槽罐车阀门破裂泄漏，他用双手顶住堵漏工具直至专家到场，加之甲醇挥发温度骤降，救援结束后的崔利杰全身麻木，久久不能恢复触觉。

崔利杰探索专业化训练模式，把训练拆分为爆发、核心、耐力等多个模块，提出了“模块训练、单元提高”的方法。在他的带领下，队伍整体业务水平突飞猛进，大大提高了队伍战斗力。

## 荣　誉

**【区残联——滨海新区获全国残疾人工作先进单位】** 2021年7月，滨海新区残疾人工作委员会被国务院残疾人工作委员会评为全国残疾人工作先进单位。五年来，滨海新区建立残疾人事业经费保障机制，为残疾人事业提供财力保障，“十三五”期间，全区累计投入残疾人事业资金4.7亿元，全部完成“十三五”规划纲要主要指标。

2019年8月，滨海新区成功举办全国第十届残运会暨第七届特奥会，受到中国残联领导及东亚区特奥考察团充分肯定和高度评价，创造天津温度、体现天津水平。参与服务的志愿者1800人，服务1.42万人次，各类人员4000余人，组织观众3万人次。筹备工作中，在体检等待区设置机器人表演等休闲娱乐项目，在体检工作区实施个性化服务，为全体运动员发放“大礼包”，制定健康计划，运动员体检率99.4%。被中残联领导和东亚区特奥考察团总裁冯美孙称赞是国际特奥会非体育项目的标杆。组织35家区属单位按照一对一原则对接35个代表团，组织46批次1140余人参观滨海图书馆、天津科技大学等文化教育单位。

“十三五”期间，建成滨海新区阳光家园第三托养康复服务中心，项目总投资1.38亿元。连续五年面向全区有需求残疾人开展辅具需求调查，通过摸底、筛查、评估等系列工作，掌握残疾人辅具适配需求，为残疾人配发轮椅、拐杖、助行器、沐浴椅等各类辅具3623件。为6个社区发放体育用品360件。参加天津市第四届残疾人文艺展演参演活动获优异成绩。配合完成全区1.24万处无障碍点位勘查和信息采集工作。每年为全区4000余名低保、低收入和集中托养残疾人投保意外伤害保险。

五年来，滨海新区完善残疾人教育保障体系。为8014人次残疾学生及残疾人家庭子女发放助学金、奖学金967万元。对义务教育阶段适龄重度残疾少年儿童开展“送教上门服务”，累计送教服务657人次，资金382.56万元。新增就业岗位1500余个，100%覆盖并消化区每年新增残疾人就业人数。实现创业残疾人扶持资金申领100%覆盖。年审核安排残疾人就业单位数2300余家，认定残疾人职工数近1万人。

开展无障碍环境建设工作。完成新区创建“十三五”无障碍环境区国家考核验收工作，获创建全国无障碍环境示范区称号。滨海新区获2015-2018年全国残疾人体育先进单位称号,残疾人体育工作成果显著。以“人人享有康复服务”为目标，建立和完善残疾人康复服务体系，《精准康复我们在行动——滨海新区残疾人精准康复工作典型案例》作为优秀案例由市残联推荐向中残联报送。

**【区政务服务办——滨海新区在2020年中国营商环境评价中整体表现优秀】** 2021年，滨海新区在2020年中国营商环境评价中获评整体表现优秀。

滨海新区深化“放管服”改革，以市场主体和社会公众满意度为导向，从企业全生命周期和城市高质量发展的视角，围绕中小企业和城市竞争力至关重要的 18 个指标投资及商业监管领域优化营商环境。“开办企业”指标建设方面，推进电子营业执照跨领域跨行业应用，放宽小微企业登记经营场所限制，企业开办网络登记率 98.95%，“一企一证”综合改革拓展至 48 个行业。“登记财产”指标建设方面，推进不动产登记“一窗受理”，实现合同网签、核税缴税、产权登记、收取登记费及颁发证书等业务全流程在综合窗口一次完成，各类不动产登记实现“0、3、5”的办结时限。“包容普惠创新”指标中，人才引进、招商引资、创新创业扶持方面表现突出，取得重大前沿性技术成果，申报各类知识产权 550 余项，孵化企业 170 余家，新区企业获得市级科技资金 2.75 亿元。“获得信贷”指标建设方面，协调多部门共同解决中小微企业融资难、融资贵问题，开辟上市企业“绿色通道”，新增开通 5 家新区金融机构再贴现业务办理权限，打通货币政策向市场主体传导渠道。“政务服务”指标建设方面，深化“一枚印章管审批”改革，率先实施“一企一证”综合改革，推行审批“最简告知承诺制”，上线“滨海新区政务帮办平台”，探索实行无人审批、极简审批、信用审批分级管理；坚持项目为王，率先推行“承诺拿地即开工”和投资项目“一套材料”办审批。通过审批流程优化再造，新区各部门审批效率大幅提升，单件事项平均办理时间不到法定时限 1/5，较承诺办结时限压缩 20%，95% 以上实现“一次办”。经抽查回访企业、群众，满意率 98%。新区在 2020 年中国营商环境评价国家级新区评价中，在开办企业、劳动力市场监管、办理建筑许可、获得电力、获得用水用气、登记财产、获得信贷、保护中小投资者、跨境贸易、办理破产、市场监管、政务服务、包容普惠创新等 13 项一级指标表现优异，分别成为各领域标杆，改革经验和典型做法可全国借鉴或复制推广。其中，开办企业，登记财产，获得信贷，政务服务和包容普惠创新 5 个方面表现尤为突出。

**【滨海新区——全国首批禁毒示范城市】** 2018年以来，滨海新区开展全国禁毒示范城市创建工作，把禁毒工作纳入社会治理体系和治理能力现代化建设。修订出台《滨海新区禁毒工作责任制》，形成“党、政、企、社区”共建共创四级禁毒工作平台，21个社区戒毒社区康复工作站全部达到一级站建设标准，区公安局组建禁毒专业队伍，对毒品犯罪“零容忍”。强化日常阶段综合治理，全面消除涉毒风险，为新区全部街镇配备毛发检测仪，坚持“逢嫌必检”，实现吸毒人员闭环管控。联合劳动、教育、人社、卫健等部门开展法律援助、低保救助、就业指导、医疗救助、慈善援助等慰问帮扶，深化“平安关爱”行动，帮助戒毒人员摆脱毒瘾，尽快回归社会。对全区656家易制毒化学品企业实施“户籍化”监管，在大港、汉沽、保税地区设立工作站，创新易制毒化学品管理和服务，连续三年实现新区易制毒化学品非法流入流出“零发生”。开展禁毒立体宣教，构建全覆盖预防体系。建立由区禁毒委牵头、区委宣传部协助、有关部门齐抓共管、社会各界广泛参与的毒品预防教育体系，把禁毒宣传教育纳入干部教育培训总体规划，列入党校、干部学院培训课程；组织禁毒讲座千余场，发放各类宣传品150万份；举办“唱响禁毒歌 走好健康路”“全民禁毒宣传”“‘6·26’国际禁毒日”等大型主题宣传活动30余次；组建禁毒宣传阵地406个，建成滨海新区禁毒教育基地；推动禁毒教育进校园，“无毒学校”比例100%，全区未成年人连续三年“零涉毒”；针对涉毒高危人群创新宣传形式，丰富宣传手段，制作禁毒电视专题片，打造“网约车”禁毒宣传流动阵地，拍摄制作“远离毒品，做阳光少年”公益宣传短视频，扩大禁毒宣传覆盖面。

2021 年，滨海新区在争创全国禁毒城市工作中，开创了“党委领导、政府负责、社会共治、公众参与、科技支撑”的“滨城”禁毒工作新格局，形成“毒品治理整体稳中有进、毒情形势总体持续向好”的良好局面，被国家禁毒委评为首批“全国禁毒示范城市”。

### 2021年滨海新区各单位获全国性荣誉一览表

表19

| 获奖单位 | 颁发时间 | 名称 | 授予部门 |
|---|---|---|---|
| 滨海新区 | 2021.03 | 全国禁毒示范城市 | 国家禁毒委 |
| 滨海新区 | 2021.02 | 全国无障碍环境示范市县村镇 | 住建部、工信部、民政部、中国残联、全国老龄办 |
| 滨海新区 | 2021.07 | 全国残疾人工作先进单位 | 国务院残疾人工作委员会 |

续表19

| 获奖单位 | 颁发时间 | 名称 | 授予部门 |
|---|---|---|---|
| 滨海新区“扫黄打非”工作领导小组办公室 | | 2021年全国“扫黄打非”先进集体 | 全国“扫黄打非”办公室 |
| 区融媒体中心 | 2021.03 | 全国巾帼文明岗 | 全国妇联 |
| 区融媒体中心 | 2021.05 | 2020年度基层广播电视统计工作优秀集体 | 国家广电总局办公厅 |
| 区委台办 | 2021.09 | 中央台办“两刊”对台宣传工作先进单位 | 中共中央台湾工作办公室宣传局 |
| 区委台办 | 2021.10 | 全国对台工作系统先进集体 | 中共中央台湾工作办公室、国务院台湾事务办公室 |
| 生态城季景社区 | 2021.10 | 2021年全国示范性老年友好型社区 | 国家卫健委、全国老龄办 |
| 古林街道福汇园社区 | 2021.10 | 2021年全国示范性老年友好型社区 | 国家卫健委、全国老龄办 |
| 区教体局 | 2021.09 | 2017—2020年度全国群众体育先进单位 | 国家体育总局 |
| 塘沽青少年业余体育学校 | 2021.09 | 2017—2020年度全国群众体育先进单位 | 国家体育总局 |
| 塘沽桂林路小学 | 2021.09 | 2017—2020年度全国群众体育先进单位 | 国家体育总局 |
| 国家超级计算天津中心 | 2021.12 | 全国科技系统抗疫先进集体 | 科技部 |
| 康希诺生物股份公司 | 2021.12 | 全国科技系统抗疫先进集体 | 科技部 |
| 板厂路派出所 | 2021.12 | 平安中国建设先进集体 | 平安中国建设协调小组、人社部 |
| 区公安局经侦支队 | 2021 | 全国公安经侦系统情报导侦示范单位 | 公安部经侦局 |
| 区未成年人救助保护中心 | 2021.09 | 全国农村留守儿童关爱保护和困境儿童保障工作先进集体 | 民政部 |
| 经开区第八大街消防救援站 | 2021.08 | 全国应急管理系统先进集体 | 人社部、应急部 |
| 滨海新区知识产权保护中心 | 2021.12 | 全国知识产权系统先进集体 | 人社部、国家知识产权局 |
| 区政务服务办 | 2021 | 第六届全国文明单位 | 中央文明委 |
| 泰达街道办事处 | 2021 | 第六届全国文明单位 | 中央文明委 |
| 古林街福汇园社区 | 2021 | 第六届全国文明单位 | 中央文明委 |
| 区法院 | 2021.12 | 全国维护妇女儿童权益先进集体 | 全国妇联 |
| 区检察院薛静案专案组 | 2021.05 | 全国检察机关扫黑除恶专项斗争优秀集体 | 最高人民检察院 |
| 滨海新区档案馆 | 2021.03 | 全国示范数字档案馆 | 国家档案局 |
| 天津经济技术开发区工会 | 2021.08 | 基层工会财务会计工作先进单位 | 中华全国总工会 |
| 九三集团天津大豆科技有限公司工会委员会 | 2021.08 | 基层工会财务会计工作先进单位 | 中华全国总工会 |
| 天津市滨海新区妇女联合会 | 2021.03 | 全国巾帼建功先进集体 | 全国妇联 |
| 滨海新区科学技术协会 | 2021.07 | 2020年青少年科学调查体验活动优秀组织单位 | 中国科协、教育部、国家发展改革委等 |

续表19

| 获奖单位 | 颁发时间 | 名称 | 授予部门 |
| --- | --- | --- | --- |
| 经开区八大街消防救援站党支部 | 2021.06 | 全国先进基层党组织 | 中共中央 |
| 云账户（天津）共享经济信息咨询有限公司党委 | 2021.06 | 全国先进基层党组织 | 中共中央 |
| 天津港保税区消费者协会 | 2021.12 | 全国消费维权先进集体 | 中国消费者协会 |
| 天津经开区人社局劳动监察科 | 2021.08 | 国家清理整顿人力资源市场秩序专项行动先进单位 | 人社部、公安部、国家市场监管总局 |
| 经开区八大街消防救援站团支部 | 2021.04 | 全国五四红旗团支部 | 共青团中央 |
| 保税区城市环境管理局 | 2021 | 全面推行河长制湖长制工作先进集体 | 水利部 |
| 中塘镇黄房子村 | 2021.02 | 全国民主法治示范村 | 民政部、司法部 |
| 天津津荣天宇精密机械股份有限公司 | 2021.04 | 全国五一劳动奖状 | 中华全国总工会 |
| 天津华大医学检验所有限公司火眼实验室 | 2021 | 全国工人先锋号 | 中华全国总工会 |
| 天地伟业技术有限公司研发本部 | 2021 | 全国工人先锋号 | 中华全国总工会 |
| 中国建筑第八工程局有限公司华北分公司国家海洋博物馆项目部 | 2021 | 全国工人先锋号 | 中华全国总工会 |
| 天津港航工程有限公司第四分公司 | 2021.08 | 第20届全国青年文明号 | 共青团中央 |
| 天津市滨海新区古林消防救援站 | 2021.08 | 第20届全国青年文明号 | 共青团中央 |
| 中国第一汽车集团有限公司天津一汽丰田汽车有限公司泰达工厂第二总装课品质组 | 2021.08 | 第20届全国青年文明号 | 共青团中央 |
| 天津保税区海关保税物流园区综合业务科 | 2021.08 | 第20届全国青年文明号 | 共青团中央 |
| 国家税务总局天津滨海高新技术产业开发区税务局第一税务所 | 2021.08 | 第20届全国青年文明号 | 共青团中央 |
| 天津东疆海关查验三科 | 2021.08 | 第20届全国青年文明号 | 共青团中央 |
| 天津滨海国际机场有限公司客运服务部国内值机分部乐享津程班组 | 2021.08 | 第20届全国青年文明号 | 共青团中央 |
| 天津滨海高新技术产业开发区政务服务办公室 | 2021.08 | 第20届全国青年文明号 | 共青团中央 |
| 天津航天长征火箭制造有限公司 | 2021.04 | 2021年中国青年五四奖章 | 共青团中央 |
| 滨海新区妇女联合会 | 2021.12 | 全国妇联系统先进集体 | 中华全国妇女联合会 |
| 滨海新区网格化管理中心 | 2021.12 | 全国维护妇女儿童权益先进集体 | 中华全国妇女联合会 |
| 滨海新区人民政府残疾人工作委员会 | 2021.07 | 全国残疾人工作先进单位 | 国务院残疾人工作委员会 |

## 2021年滨海新区各单位获天津市荣誉一览表

表20

| 获奖单位 | 颁发时间 | 称号 | 授予部门 |
| --- | --- | --- | --- |
| 生态城社会局党支部 | 2021.06 | 天津市先进基层党组织 | 天津市委 |
| 原天津市滨海新区汉沽社会福利院党支部 | 2021.06 | 天津市先进基层党组织 | 天津市委 |
| 汉沽派出所党支部 | 2021.06 | 天津市先进基层党组织 | 天津市委 |
| 滨海新区交通运输服务中心公路一所党支部 | 2021.06 | 天津市先进基层党组织 | 天津市委 |
| 区疾控中心党委 | 2021.06 | 天津市先进基层党组织 | 天津市委 |
| 天津市金桥焊材集团股份有限公司党委 | 2021.06 | 天津市先进基层党组织 | 天津市委 |
| 天津狮桥国际物流有限公司党支部 | 2021.06 | 天津市先进基层党组织 | 天津市委 |
| 云账户（天津）党委、曙光信息党委 | 2021.06 | 天津市先进基层党组织 | 天津市委 |
| 北塘街道宁车沽南村党支部 | 2021.06 | 天津市先进基层党组织 | 天津市委 |
| 汉沽街道贾园里社区党委 | 2021.06 | 天津市先进基层党组织 | 天津市委 |
| 杨家泊镇东庄坨村党支部 | 2021.06 | 天津市先进基层党组织 | 天津市委 |
| 东疆管委会 | 2021.07 | 天津市文明单位 | 天津市精神文明建设委员会 |
| 区人民法院刑事审判第二庭 | 2021.06 | 天津市扫黑除恶专项斗争先进集体 | 天津市扫黑除恶专项斗争领导小组 |
| 区检察院薛静专案组 | 2021.06 | 天津市扫黑除恶专项斗争先进集体 | 天津市扫黑除恶专项斗争领导小组 |
| 区商促局（区扶贫支援办） | 2021.05 | 天津市脱贫攻坚先进集体 | 天津市委、市政府 |
| 区妇联 | 2021.05 | 天津市脱贫攻坚先进集体 | 天津市委、市政府 |
| 盛实百草药业有限公司 | 2021.05 | 天津市脱贫攻坚先进集体 | 天津市政府 |
| 茶淀街道办事处 | 2021.12 | 2021年度征兵工作先进单位 | 天津市政府 |
| 天津金发新材料有限公司 | 2021.05 | 2021年度天津市五一劳动奖状 | 天津市总工会 |
| 施耐德万高（天津）电气设备有限公司 | 2021.05 | 2021年度天津市五一劳动奖状 | 天津市总工会 |
| 天津飞腾信息技术有限公司 | 2021.05 | 2021年度天津市五一劳动奖状 | 天津市总工会 |
| 天津空港国际汽车园发展有限公司 | 2021.05 | 2021年度天津市五一劳动奖状 | 天津市总工会 |
| 天津渤化澳佳永利化工有限责任公司设备管理部 | 2021.05 | 2021年度天津市工人先锋号 | 天津市总工会 |
| 天津药物研究院有限公司新药评价中心 | 2021.05 | 2021年度天津市工人先锋号 | 天津市总工会 |
| 鸿富锦精密电子（天津）有限公司“零距离”团队 | 2021.05 | 2021年度天津市工人先锋号 | 天津市总工会 |
| 天津市滨海新区人民政府政务服务办公室审批二室 | 2021.05 | 2021年度天津市工人先锋号 | 天津市总工会 |
| 天津海滨高速公路管理有限公司养管部 | 2021.05 | 2021年度天津市工人先锋号 | 天津市总工会 |
| 恩智浦半导体（中国）有限公司前线D班 | 2021.05 | 2021年度天津市工人先锋号 | 天津市总工会 |

## 2021年度滨海新区获全国、“京津冀”、天津市最美家庭一览表

表21

| 称号 | 获奖家庭 | 授予部门 |
|---|---|---|
| 2021年全国最美家庭 | 王金俊家庭 | 中华全国妇女联合会 |
| 2021年全国最美家庭 | 国佳家庭 | 中华全国妇女联合会 |
| “京津冀”最美绿色家庭 | 孙书兰家庭 | 北京市妇联、天津市妇联、河北省妇联 |
| 2021年度天津市最美家庭 | 于滨家庭 杨国华家庭 雷俊玲家庭 张同起家庭<br>邓晓光家庭 王国喜家庭 杨波家庭 张敏家庭<br>孙书兰家庭 李彭胜家庭 孙聃家庭 田凯家庭 刘佳家庭<br>刘玥家庭 韦平伟家庭 李宝有家庭 郭美英家庭<br>李庆会家庭 郭凤英家庭 张红家庭 姜杨家庭 程鹏家庭<br>任洪杰家庭 曾祥高家庭 刘苗蕾家庭 张立安家庭<br>白春英家庭 赵富婕家庭 刘国付家庭 曹锋家庭<br>程延卿家庭 于坤宁家庭 姜劲松家庭 孙博淳家庭<br>梁素艳家庭 曾晶家庭 殷宝亮家庭 | 市委宣传部、天津市总工会、天津市妇联 |

## 2021年滨海新区个人获全国性荣誉一览表

表22

| 姓名 | 称号 | 授予部门 | 所属单位 |
|---|---|---|---|
| 孟祥飞 | 全国优秀共产党员 | 党中央 | 滨海新区超算中心支部 |
| 陈　胜 | 中央企业优秀共产党员 | 国务院国资委党委 | 国家管网集团天津液化天然气有限责任公司 |
| 杨　晖 | 全国脱贫攻坚先进个人、中国青年五四奖章 | 国务院、共青团中央 | 云账户（天津）共享经济信息咨询有限公司 |
| 石　磊 | 全国五一劳动奖章 | 中华全国总工会 | 博迈科海洋工程股份有限公司 |
| 霍奎志 | 全国五一劳动奖章 | 中华全国总工会 | 天津市特变电工变压器有限公司 |
| 张君婷（女） | 全国三八红旗手 | 全国妇联 | 荣程钢铁集团 |
| 刘华冉（女） | 全国维护妇女儿童权益先进个人 | 全国妇联 | 滨海新区人民检察院 |
| 张　艳（女） | 全国维护妇女儿童权益先进个人 | 全国妇联 | 滨海新区妇女联合会 |
| 东　丽（女） | 全国巾帼建功标兵、全国“巾帼新农人”创业典型、全国三八红旗手 | 全国妇联 | 天隆科技有限公司 |
| 李　强 | 个人一等功 | 公安部 | 滨海新区公安局 |
| 曹　锋 | 个人一等功 | 公安部 | 滨海新区公安局 |
| 窦兴海 | 全国公安系统二级英雄模范 | 公安部 | 滨海新区公安局 |
| 李正文 | 全国扫黑除恶专项斗争先进工作者 | 全国扫黑除恶专项斗争领导小组办公室 | 滨海新区人民法院 |
| 赫连建敏（女） | 平安中国建设先进个人 | 平安中国建设协调小组/人力资源社会保障局 | 滨海新区人民法院 |
| 石鑫润（女） | 优秀直播法官 | 中国法院网 | 滨海新区人民法院 |
| 关　颖（女） | 全国司法所模范个人 | 中华人民共和国司法部 | 滨海新区司法局 |

续表22

| 姓名 | 称号 | 授予部门 | 所属单位 |
|---|---|---|---|
| 翟　勇 | 全国机要交通年度业务目标绩效管理考核优秀个人、全国机要交通抗击新冠肺炎疫情先进个人 | 中共中央办公厅机要交通局 | 滨海新区委办公室 |
| 张华伟 | 全国医疗保障系统抗击新冠肺炎疫情先进个人 | 国家医疗保障局 | 滨海新区医疗保障局 |
| 刘月升 | 全民科学素质工作先进个人 | 中国科学技术协会 | 滨海新区科学技术协会 |
| 贺淑荣（女） | 全国文化和旅游系统先进工作者 | 人力资源和社会保障部文化和旅游部 | 滨海新区文旅局 |
| 曾宝荣（女） | 2017—2020年度全国群众体育先进个人 | 国家体育总局 | 滨海新区教体局 |
| 王学武 | 2017—2020年度全国群众体育先进个人 | 国家体育总局 | 滨海新区教体局 |

## 2021年滨海新区获天津市（局）先进个人一览表

**表23**

| 姓名 | 称号 | 授予部门 | 所属单位 |
|---|---|---|---|
| 于朝亮 | 天津市优秀共产党员 | 中共天津市委 | 天津东疆保税港区管委会 |
| 窦　强 | 天津市优秀共产党员 | 中共天津市委 | 天津滨海高新技术产业开发区 |
| 李正文 | 天津市优秀共产党员 | 中共天津市委 | 滨海新区人民法院 |
| 窦兴海 | 天津市优秀共产党员 | 中共天津市委 | 滨海新区公安局 |
| 孟祥飞 | 天津市优秀共产党员 | 中共天津市委 | 滨海新区超算中心支部 |
| 车剑锋 | 天津市优秀共产党员 | 中共天津市委 | 滨海新区区委党校 |
| 杨秀杰（女） | 天津市优秀共产党员 | 中共天津市委 | 滨海新区新北街道贻成峰景社区 |
| 张励军 | 天津市优秀共产党员 | 中共天津市委 | 滨海新区寨上街道 |
| 吴伟强 | 天津市优秀党务工作者 | 中共天津市委 | 天津东疆保税港区管委会 |
| 何昌国 | 天津市优秀党务工作者 | 中共天津市委 | 天津滨海高新技术产业开发区 |
| 陈　晖 | 天津市优秀党务工作者 | 中共天津市委 | 滨海新区公安局 |
| 杨德光（女） | 天津市优秀党务工作者 | 中共天津市委 | 滨海新区司法局 |
| 赵　巍 | 天津市优秀党务工作者 | 中共天津市委 | 滨海新区小王庄镇徐庄子村 |
| 宋明辉 | 天津市五一劳动奖章 | 天津市总工会 | 天津三安光电有限公司 |
| 徐冬生 | 天津市五一劳动奖章 | 天津市总工会 | SEW-传动设备（天津）有限公司 |
| 潘　平 | 天津市五一劳动奖章 | 天津市总工会 | 航天神舟科技发展有限公司 |
| 杜琳琳（女） | 天津市优秀共青团员 | 共青团天津市委 | 滨海新区塘沽街道 |
| 谢致高 | 2018—2020年度天津市维护社会稳定工作先进个人 | 天津市政法委 | 滨海新区塘沽街道 |
| 周庆春 | 天津市扫黑除恶专项斗争先进工作者 | 天津市扫黑除恶专项斗争领导小组 | 滨海新区人民法院 |
| 赫连建敏（女） | 天津市“最美信访干部” | 中共天津市委信访办/天津市人民政府信访办 | 滨海新区人民法院 |
| 程建新 | 天津市残疾人工作先进个人 | 天津市人民政府残疾人工作委员会 | 滨海新区塘沽街道 |

## 天津市滨海新区2021年国民经济和社会发展统计公报

2021年，面对国内外复杂严峻的形势变化和风险挑战，滨海新区坚持以习近平新时代中国特色社会主义思想为指导，全面贯彻党的十九大和十九届历次全会精神，深入落实习近平总书记对天津工作“三个着力”重要要求和一系列重要指示批示精神，在区委、区政府的坚强领导下，坚持贯彻新发展理念，科学统筹疫情防控和经济社会发展，全区经济实现恢复性增长，民生福祉增强，质量效益向好，实现“十四五”良好开局。

### 一、综合

经济运行加快恢复。初步核算，全区生产总值比上年增长7.3%。其中，第一产业增长10.6%，第二产业增长6.9%，第三产业增长7.7%。三次产业结构为0.4：46.9：52.7。

财政收支运行平稳。全区一般公共预算收入572.4亿元，比上年增长11.0%。其中，税收收入505.7亿元，增长11.7%，占一般公共预算收入的比重为88.3%。从主体税种看，增值税168.5亿元，增长9.7%；企业所得税146.9亿元，增长13.0%；个人所得税38.3亿元，增长34.4%。一般公共预算支出807.9亿元，增长0.2%。其中，教育支出83.00亿元，增长29.5%；社会保障与就业支出27.0亿元，增长35.0%；医疗卫生与计划生育支出25.4亿元，增长30.3%。

市场主体总量持续增长。全年新增市场主体6.53万户，增长17.0%。新增内资企业2.61万户，增长12.6%。其中，国有控股企业649户，增长10.6%；民营企业2.54万户，增长12.7%。新增外资企业543户，增长25.7%。新增个体工商户3.87万户，增长19.9%。

创新驱动取得新成效。高技术制造业增加值比上年增长15.5%，高于全区规模以上工业增加值增速7.4个百分点。工业战略性新兴产业增加值增长10.3%，高于规模以上工业2.2个百分点。全区高技术服务业企业营业收入比上年增长8.5%，其中，电子商务服务、检验检测服务、专业技术服务业的高技术服务、研发与设计服务营业收入分别增长53.4%、10.6%、12.5%和7.7%。

### 二、农业

农业生产总体稳定。全年农林牧渔业总产值55.73亿元，可比增长12.7%。其中，种植业产值10.9亿元，增长2.3 %；林业产值0.12亿元，下降51.5%；畜牧业产值15.74亿元，增长25.2%；渔业产值25.65亿元，增长39.3%。农林牧渔专业及辅助性活动产值3.3亿元，下降26.9%。

现代农业发展势头良好。全面推进农业农村现代化和乡村振兴战略，全年新增设施农业建设面积5375.8亩，实施高标准农田建设项目3个，总面积1.26万亩。工商注册农民专业合作社896家，其中市级农民专业合作社46家。共有国家级龙头企业3家，市级龙头企业24家。实施家庭农场百千万工程，培育农户家庭农场3个。成功申报国家农民合作社示范社4家。

主要农副产品产量

表24

| 产品名称 | 单位 | 产量 | 比上年增长（%） |
|---|---|---|---|
| 粮食 | 万吨 | 11.23 | 21.5 |
| 肉类 | 万吨 | 2.39 | 7.2 |
| 奶类 | 万吨 | 15.65 | 18.8 |
| 禽蛋 | 万吨 | 2.75 | 51.1 |
| 水果 | 万吨 | 4.24 | –32.1 |
| 蔬菜 | 万吨 | 6.25 | –28.5 |

## 三、工业和建筑业

**工业生产稳中向好**。全年全区规上工业增加值增长8.1%。在规模以上工业中，分门类看：采矿业增加值增长3.4%，制造业增长8.1%，电力、热力、燃气及水生产和供应业增长43.6%。从重点行业看，石油、煤炭及其他燃料加工工业增加值增长22.9%，化学原料和化学制品制造业增长10.9%，医药制造业增长25.4%，计算机、通信和其他电子设备制造业增长10.7%，铁路、船舶、航空航天和其他运输设备制造业增长20.8%。

主要工业产品产量（工业）

表25

| 产品名称 | 单位 | 产量 | 比上年增长（%） |
|---|---|---|---|
| 原油 | 万吨 | 3407.02 | 5.1 |
| 用电量 | 亿千瓦时 | 254.84 | 6.9 |
| 天然气 | 亿立方米 | 39.02 | 7.5 |
| 钢材 | 万吨 | 581.17 | 13.3 |
| 服务机器人 | 万套 | 55.13 | 167.9 |
| 集成电路 | 万块 | 149564.54 | 87.9 |
| 锂离子电池 | 万只（自然只） | 91776.36 | 25.9 |
| 新能源汽车 | 万辆 | 2.52 | 60.3 |

**建筑业实现较快增长**。全年建筑业总产值2458.71亿元，增长9.9%。全区土木工程建筑业产值1196.55亿元，增长12.1 %；房屋建筑业产值1060.31亿元，增长15.7%。商品房施工面积2839.77万平方米，增长1.0%，其中住宅施工面积1932.38万平方米，增长4.9%。年末全区具有特级、一级资质的总专包建筑业企业117家。

## 四、国内贸易

**商业运行稳定**。全年商品销售额比上年增长32.4%。限额以上商品销售额中，生产资料类商品持续发挥主要拉动作用，金属材料、化工材料、石油及制品、煤炭及制品等四大类生产资料销售额增长较快，分别增长43.2%、56.7%、29.0%和44.7%。

**消费市场稳步复苏**。全年社会消费品零售总额比上年增长0.1%，实现稳步复苏。截至2021年底，全区共有大型商业设施54个，其中，商业综合体19个、商场17个、超市18个，总建筑面积约170万平方米。天津K11Select购物艺术中心、生态城爱琴海购物公园、季景天地购物中心、金隅嘉品Mall、滨海吾悦广场等大型商业设施建成开业。在营菜市场64个，总建筑面积约18万平方米。

**消费结构加快升级**。限额以上单位商品零售额中，消费升级类商品零售额增长较快。其中，可穿戴智能设备零售额比上年增长6.9倍，智能家用电器和音像器材增长6.5倍，新能源汽车增长29.2倍，金银珠宝增长54.4%,化妆品增长11.6%,体育、娱乐用品增长18.1%。

## 五、对外开放

**招商引资取得新成效**。全年新设外商投资企业481家，投资来自

40个国家和地区。全年实际使用外资43.2亿美元，比上年增长15.8%。全年实际利用内资1419.30亿元，增长23.1%，占全市比重42.0%。

外贸出口保持较快增长。全年进出口总额6339.1亿元，比上年增长14.7%。其中，出口2445.3亿元，增长26.1%；进口3893.8亿元，增长6.9%。深化进出口货物“船边直提”“抵港直装”等改革举措，推动天津港建成全球首个“智慧零碳”码头，不断提升口岸营商环境建设。

积极融入“一带一路”。推动创新中欧班列发展模式，全年中欧班列开行5.8万标箱，比上年增长23.4%。经贸投资合作持续深化，引入MTS海关物流系统和Go Bus汽车站。2021年底，建设完成扩展区基础设施、燃气和通讯管线共计2平方公里，已经投入使用标准厂房24600平方米，保税海外仓5000平方米。

**六、固定资产投资**

固定资产投资增长稳定。全年固定资产投资（不含农户）增长7.2%。分产业看，第一产业投资下降9.0%；第二产业投资增长6.6%，其中工业投资增长6.6%；第三产业投资增长7.8%，其中交通运输仓储和邮电业增长8.4%，信息传输、软件和信息技术服务业增长1.2倍，科学研究和技术服务业增长59.2%。基础设施投资比上年增长18.3%，民间投资比上年增长12.5%。

**七、城市建设和公用事业**

综合交通体系不断完善。年末全区公路里程数1630.38公里。其中：国省干道里程456.87公里，区县级公路里程190.77公里，乡村公路里程690.8公里，高速公路291.93公里。全年新开公交线路8条，年末公交线路达到189条。运营出租车辆3907部，公交车辆2438部，其中新能源车辆1238部，占比50.8%。全年更新公交车辆167部、出租车123部、客运车辆128部。全年公共交通客运量10061.48万人次，比上年增长15.7%。

公用事业服务不断推进。全年新增供热面积363.96万平方米。全年收集运输生活垃圾74.49万吨，采用垃圾压缩车直运和垃圾转运站转运两种模式运往焚烧发电厂进行焚烧处理，无害化处理率100%。

**八、交通、邮电和旅游**

交通运输业发展提速。全年港口货物吞吐量5.30亿吨，增长5.3%，比上年同期加快3.1个百分点；集装箱吞吐量2026.94万TEU，增长10.4%，比上年同期加快4.3个百分点。机场旅客吞吐量达到1512.17万人次，增长13.8%；机场货邮吞吐量19.49万吨，增长5.4%。

邮电事业保持较快增长。邮政业务总量50.83亿元，比上年增长37.8%，邮政业务收入65.94亿元，增长24.4%。全年快递业务量4.23亿件，增长51.8%，快递业务收入60.37亿元，增长26.6%。公网电话本地通话量76.96亿分钟，长途光缆线路总长度731.9公里。全区互联网用户216.0万户：其中宽带接入用户46.9万户，光纤接入用户87.2万户。公网固定电话用户63.9万户，移动电话用户288.2万户，5G基站4109个。

旅游行业提振复苏。全区共有星级酒店22家，旅行社65家，A级景区8家。全年实现旅游收入4.74亿元，增长74.6%。天津长芦汉沽盐场工业旅游项目、安防视频监控科技旅游基地获评成为天津市工业旅游示范点。截至年末，全区共有天津市工业旅游示范点9家。方特水上乐园、熊出没酒店两项综合性旅游项目建成开业。

**九、金融**

金融存贷款稳定增长。年末全区金融机构（含外资）本外币各项存款余额7300.25亿元，比年初增加696.76亿元，比上年末增长10.6%，增速高于全市5.4个百分点；各项贷款余额13225.73亿元，比年初增加699.48亿元，比上年末增长5.6%，增速与全市基本持平。

金融市场稳定发展。年末共有上市公司39家，比上年增长2.6%；新三板挂牌公司61家；证券法人机构1家，证券分支机构30家；基金法人机构1家；期货分支机构6家；融资租赁企业1472家；保理企业636家。年末，证券机构开立证券账户118.37万户，比上年增长33.7%。全年证券机构交易总额8159.22亿元，增长2.4%。

银企对接成效明显。设立滨海新区小微企业首贷续贷服务中心，为小微企业提供首贷续贷政策咨询、贷款产品介绍和贷款受理等一站式便捷服务。助推“津心融”平台入驻新区政务服务中心，运用大数据思维，整合各类新金融产品，搭建线上金融服务“超市”。服务新区企业2890家，授信39.1亿元。

**十、协同发展**

全力服务承接北京非首都功能疏解。引进北京项目1095个，协议投资额2821.5亿元。滨海中关村科技园基础设施互联互通工程进展顺利，实现园区直达滨海高铁站和滨海国际机场的公交线路频次优化调整。全年新增项目1093个，累计注册企业超3000家。推动总规模500亿元，首期规模100亿元的京津冀协同发展基金项目落地。

助力京津冀协同发展。建立滨唐、滨沧协同发展合作示范产业园长效工作机制，推动天津保利瑞合众城生物科技项目、天津润景化学药品研发制造项目落户沧州渤海新区，推动天津铭喧唐山分公司项目、天津华盛聚元新材料项目落户唐山曹妃甸区。

**十一、教育和科学技术**

教育事业均衡发展。全区拥有

各级各类学校、幼儿园共计483所，在校生总计26.70万人，教职工总计2.75万人。其中，高职院校1所，在校学生7491人；中职学校13所，在校学生6676人；高中学校32所，在校学生2.76万人；初中学校63所，在校学生4.99万人；小学98所，在校学生12.36万人；特教学校3所，在校学生393人；幼儿园273所，在园幼儿5.13万人。教师队伍建设进一步加强，全年认定区级骨干教师2287人、授予"津门杰出校长"称号1人、"津门杰出班主任"称号3人、"津门杰出教师"称号4人。在2021年天津市中小学田径冠军赛中，分获金牌总数和团体总分第一名。双减"工作成效显著，在天津市"双减"阶段性重点任务综合督查情况反馈中，课后服务得分全市第一。

**科技创新活力不断激发。**拥有国家高新技术企业3922家，国家科技型中小企业3722家。共有市级以上研发机构531家：重点实验室144家，其中国家级18家;工程技术（研究）中心97家，其中国家级16家；企业技术中心251家，其中国家级36家；技术创新中心9家，其中国家级1家;国家级产业创新中心1家;产业技术研究院12家；制造业创新中心7家，其中国家级1家；"一带一路"联合实验室(研究中心)10家。已建成市级以上众创空间71家，市级以上科技企业孵化器35家。全年签订技术合同2959项，比上年增长52.1%。技术合同成交额459.77亿元，增长23.5%。

## 十二、文化、卫生和体育

**文化服务水平持续提升。**全区共有文化馆1个，公共图书馆4个，博物馆3个，美术馆1个，街乡镇综合文化站21个，农村书屋122个。广播综合人口覆盖率100%，电视综合人口覆盖率100%。

**卫生健康体系不断推进。**第五中心医院认证为首批市级创伤中心，大港医院、泰达医院成为市级创伤中心建设单位。家庭医生签约老年人16.24万人，为失能半失能人员提供入户服务2.2万人次。全面实施政府25项妇女儿童保健惠民项目，妇女儿童保健服务20万人次。累计建立居民健康档案153.5万份，老年人健康体检近10万人，管理高血压患者17.4万人、糖尿病患者6.8万人。

**体育事业发展取得新成绩。**为满足居民就近健身的需求，建成社区健身园85个、社区体育园28个、多功能运动场10个、健身步道3条、笼式足球场2个。全年举办线上线下群体赛事活动59次。申报等级运动员共154人，其中一级运动员18人，二级运动员136人。现有等级裁判员410人，其中一级及以上185人，二级225人。

## 十三、生态环保

**污染防治成效显著。**全区共有污水处理厂30座，总处理规模88.06万米$^3$/日，全年污水处理量2.7亿立方米。贯彻落实"双碳"工作部署，深入推进国三及以下排放标准中重型营运柴油货车提前淘汰工作，全年申请受理淘汰车辆4767部，完成率100.08%，全市排名第一。

**生态环境持续向好。**大气环境质量稳步提升，全年$PM_{2.5}$平均浓度38微克/米$^3$，比上年改善20.8%。环境空气质量达标天数265天，比上年增加14天，优良天数比率72.6%。水环境质量持续改善，2021年水环境质量综合指数1.82，比上年改善15.5%，出入境浓度比0.82，综合排名全市第一。

## 十四、市场监管

**市场监管成效显现。**年末全区共有对外开展服务并获得天津市资质认定证书的检验检测机构166家，约占全市总数的25.7%，比上年增加18家，增长12.2%。全年检定强检计量器具3.51万台（件）。全年共有1153家企业公开声明标准7416项，其中国家标准724项，行业标准453项，地方标准2项，企业标准6227项，团体标准10项，涵盖11238种产品。全年抽查安全类产品质量1021批次，已发通报608批次，合格率98.2%。环保类产品质量抽查涉及生产企业14家、销售企业385家，共抽查1248批次，合格率99.8%。

## 十五、就业和人民生活

**就业形势总体稳定。**着力完善积极就业政策，大力推动创业带动就业，全年新增就业登记32.5万人。人才引育成果丰硕，年末共有博士后工作站178个、创新实践基地45个，培养资助在站博士后87人。"海河英才"人才引进落户工作运行平稳，全年共审批发放准迁证13318张，完成落户13507人，政策实施以来累计落户83020人。

**居民收支稳定增长。**全年城镇居民人均可支配收入59582元，比上年增长8.3%。其中，工资性收入43512元，增长9.4%；经营净收入2258元，增长8.6%；财产净收入4897元，增长7.1%；转移净收入8915元，增长3.8%。全年城镇居民生活性消费支出32476元，增长11.8%。其中，食品烟酒支出10218元，增长6.2%；衣着支出3299元，增长8.4%；居住支出5958元，增长6.0%；生活用品及服务支出2441元，增长13.4%；交通通信支出4002元，增长17.7%；教育文化娱乐支出2974元，增长24.4%；医疗保健支出2182元，增长31.6%；其他用品及服务支出1402元，增长21.7%。

## 十六、社会保障和社会救助

**社会保障网进一步筑牢。**进一步完善社会救助保障体系，统筹做好医保经办服务工作。圆满完成异地就医直接结算攻坚任务，全区共有开通异地就医住院联网结算的定点医疗机构36家，开通门诊联网结算的定点医疗机构142家，首批试点开通异地就医门诊联网结算的定点零售药店1家。

**社会救助体系持续完善。**年末全区拥有各类养老机构（含已备案运营和在建养老机构）26个，共有床位6032张，收养人员1686人。已建成社区老年日间照料中心（站）152家，服务床位1200张。城市低保对象6175人，农村低保对象4763人。救助站1个，救助177人次。福利院1个，收养人员123人。落实滨海新区2021年民心工程项目，为全区4308名低保、低收入和集中托养残疾人投保2021年度意外伤害保险。免费发放轮椅、拐杖、助行器、沐浴椅等辅助器具1272件。为4523名符合条件的残疾人发放居家托养服务补贴。为1082名低保、低收入智力残疾人发放防走失装置。

注：

1. 本公报中数据均为初步统计数。

2. 全区生产总值、各产业增加值绝对数按现价计算，增长速度按可比价格计算。两年平均增速是指以2019年同期数为基数，采用几何平均的方法计算的增速。

3. 规模以上工业企业是指年主营业务收入2000万元及以上的全部法人工业企业。高技术制造业包括医药制造业，航空、航天器及设备制造业，电子及通信设备制造业，计算机及办公设备制造业，医疗仪器设备及仪器仪表制造业，信息化学品制造业。

4. 规模以上服务业企业是指年营业收入2000万元及以上的交通运输、仓储和邮政业，信息传输、软件和信息技术服务业，水利、环境和公共设施管理业，卫生行业法人单位；年营业收入1000万元及以上的房地产业（不含房地产开发经营），租赁和商务服务业，科学研究和技术服务业，教育行业法人单位；年营业收入500万元及以上的居民服务、修理和其他服务业，文化、体育和娱乐业，社会工作行业法人单位。

5. 限额以上批发业企业是指年主营业务收入2000万元及以上的批发业企业；限额以上零售业企业是指年主营业务收入500万元及以上的零售业企业；限额以上住宿和餐饮业企业是指年主营业务收入200万元及以上的住宿和餐饮业企业。

6. 固定资产投资（不含农户）统计口径范围为计划总投资500万元及以上的固定资产项目投资及全部房地产开发项目投资。

7. 电信业务总量按2020年价格计算。

8. 邮政行业业务总量按2020年价格计算。

9. 进出口指标为海关通报数据。

# 统计表

## 行政建制（2021年底）

Administrative Divisions, End of 2021

表26

单位：个(unit)

| 项目 | Item | 居民委员会 Residents' Committees | 村民委员会 Village Committees |
|---|---|---|---|
| 合计 | Total | 333 | 139 |
| 天津港保税区 | TPFTZ | 7 | |
| 滨海高新区 | Binhai High-tech Industrial Development Area | 3 | |
| 东疆保税港区 | Dongjiang Port Free Trade Zone | 1 | |
| 中新天津生态城 | Sino-Singapore Tianjin Eco-city | 19 | |
| 塘沽街 | Tanggu Street | 12 | |
| 新港街 | Xingang Street | 15 | |
| 新村街 | Xincun Street | 14 | |
| 新北街 | Xinbei Street | 17 | |
| 杭州道街 | Hangzhoudao Street | 29 | |
| 新河街 | Xinhe Street | 13 | |
| 大沽街 | Dagu Street | 17 | |
| 北塘街 | Beitang Street | 15 | 4 |
| 胡家园街 | Hujiayuan Street | 18 | 19 |
| 汉沽街 | Han'gu Street | 12 | 10 |
| 寨上街 | Zhaishang Street | 11 | 2 |
| 茶淀街 | Chadian Street | 12 | 12 |
| 杨家泊镇 | Yangjiabo Town | | 13 |
| 大港街 | Dagang Street | 34 | |
| 海滨街 | Haibin Street | 39 | 6 |
| 古林街 | Gulin Street | 21 | 5 |
| 泰达街 | TEDA Street | 20 | |
| 新城镇 | Xincheng Town | 3 | 5 |
| 太平镇 | Taiping Town | | 19 |
| 小王庄镇 | Xiaowangzhuang Town | 1 | 20 |
| 中塘镇 | Zhongtang Town | | 24 |

资料来源：天津市滨海新区民政局

Source: Tianjin Binhai New Area Bureau of Civil Affairs

## 滨海新区建成区面积

Developed Area of Binhai New Area

**表27** 单位：平方公里(sq. km)

| 项目 | Item | 2020 | 2021 |
|---|---|---|---|
| 合计 | Total | 383.39 | 427.24 |
| 直管区 | Direct Supervision Area | 143.94 | 169.59 |
| 开发区 | Development Area | | |
| 经济技术开发区 | TEDA | 109.98 | 111.05 |
| 天津港保税区 | TPFTZ | 64.09 | 75.91 |
| 滨海高新区 | Binhai High-tech Industrial Development Area | 34.01 | 36.57 |
| 东疆保税港区 | Dongjiang Port Free Trade Zone | 13.10 | 14.02 |
| 中新天津生态城 | Sino-Singapore Tianjin Eco-city | 18.27 | 20.10 |
| 城市现状建设用地 | Urban Current Construction Land | | |
| 居住用地 | Dwelling | 56.70 | 56.28 |
| 公共管理与公共服务设施用地 | Public Facilities of Management and Service | 15.93 | 19.65 |
| 商业服务业设施用地 | Facilities for Business Service | 24.89 | 26.96 |
| 工业用地 | Industry | 110.99 | 125.61 |
| 物流仓储用地 | Logistics and Warehouse | 35.57 | 35.31 |
| 道路与交通设施用地 | Facilities for Traffic | 62.13 | 62.75 |
| 公用设施用地 | Public Facilities of Administration | 9.19 | 9.04 |
| 绿地与广场用地 | Green Land and Plaza | 59.25 | 51.31 |
| 区域建设用地 | Regional Construction Land | 8.73 | |

资料来源：天津市规划和自然资源局滨海新区分局

Source: Tianjin Municipal Bureau of Planning and Natural Resources, Binhai New Area Branch

## 海域使用情况

Statistics on Use of Sea Area

**表28** 单位：公顷(hectare)

| 海域使用类型 | Type of Sea Area | 2020 | 2021 |
|---|---|---|---|
| 总计 | Total | 339.51 | 808.19 |
| 渔业用海 | Use for Fishery | | 440.58 |
| 交通运输用海 | Use for Transportation | 258.64 | 57.06 |
| 工业用海 | Use for Industry | 64.15 | 221.66 |
| 旅游娱乐用海 | Use for Tourism and Entertainment | 8.51 | 69.30 |
| 造地工程用海 | Use for Land Reclamation Engineering | 8.21 | 19.59 |

数据来源：天津市滨海新区海洋局

Source: Tianjin Binhai New Area Oceanic Bureau

## 气象资料

Meteorological Data

表29

| 指标 | Item | 单位 | Unit | 2020 | 2021 |
|---|---|---|---|---|---|
| 平均气温 | Average Temperature | ℃ | ℃ | 14.0 | 13.9 |
| 最高气温 | Highest Temperature | ℃ | ℃ | 38.5 | 36.3 |
| 最低气温 | Lowest Temperature | ℃ | ℃ | -14.4 | -19.2 |
| 平均相对湿度 | Average Relative Humidity | % | % | 58 | 60 |
| 日照时数 | Hours of Sunshine | 小时 | hour | 2610.8 | 2355.4 |
| 降水量 | Precipitation | 毫米 | mm | 782.6 | 1114.9 |
| 雾天数 | Foggy Days | 天 | day | 20 | 16 |

资料来源：天津市滨海新区气象局

Source: Tianjin Binhai New Area Meteorological Service

## 法人和产业活动单位数（2021年底）（按登记注册类型分）

Number of Judicial Entities and Establishments, End of 2021

(Grouped by Registered Type)

表30

单位：个(unit)

| 项目 | Item | 合计 Total | 法人单位 Judicial Entities | #企业法人 Enterprise Judicial Entities | 产业活动单位 Establish-ments | #企业 Enterprises |
|---|---|---|---|---|---|---|
| 总计 | Total | 108743 | 99376 | 96158 | 9367 | 9286 |
| 内资企业 | Domestic-funded Enterprises | 103508 | 95653 | 92436 | 7855 | 7774 |
| 国有企业 | State-owned Enterprises | 2014 | 1619 | 392 | 395 | 315 |
| 集体企业 | Collective-owned Enterprises | 280 | 252 | 212 | 28 | 28 |
| 股份合作企业 | Cooperative Enterprises | 96 | 84 | 78 | 12 | 12 |
| 联营企业 | Joint Ownership Enterprises | 66 | 38 | 29 | 28 | 28 |
| 国有联营企业 | State Joint Ownership | 32 | 10 | 7 | 22 | 22 |
| 集体联营企业 | Collective Joint Ownership | 17 | 13 | 12 | 4 | 4 |
| 国有与集体联营企业 | State-owned and Collective Joint Ownership | 6 | 6 | 6 | | |
| 其他联营企业 | Others | 11 | 9 | 4 | 2 | 2 |
| 有限责任公司 | Limited Liability Corporations | 19720 | 17472 | 17443 | 2248 | 2247 |
| 国有独资公司 | Sole State-funded Corporations | 546 | 433 | 431 | 113 | 113 |
| 其他有限责任公司 | Other Limited Liability Corporations | 19174 | 17039 | 17012 | 2135 | 2134 |
| 股份有限公司 | Share Holding Corporations Ltd. | 1512 | 801 | 796 | 711 | 711 |
| 私营企业 | Private Enterprises | 77802 | 73495 | 73270 | 4307 | 4307 |
| 私营独资企业 | Sole Private Enterprises | 2847 | 2729 | 2641 | 118 | 118 |

续表30

| 项目 | Item | 合计<br>Total | 法人单位<br>Judicial Entities | #企业法人<br>Enterprise Judicial Entities | 产业活动单位<br>Establish-ments | #企业<br>Enterprises |
|---|---|---|---|---|---|---|
| 私营合伙企业 | Private Partnership | 3120 | 3093 | 3041 | 27 | 27 |
| 私营有限责任公司 | Private Limited Liability Corporations | 71161 | 67091 | 67009 | 4070 | 4070 |
| 私营股份有限公司 | Private Share Holding Corporations Ltd. | 674 | 582 | 579 | 92 | 92 |
| 其他企业 | Other Enterprises | 2018 | 1892 | 216 | 126 | 126 |
| 港、澳、台商投资企业 | Enterprises with Investment from Hong Kong, Macao and Taiwan | 2248 | 1748 | 1747 | 500 | 500 |
| 与港澳台商合资经营企业 | Hong Kong, Macao and Taiwan Joint Venture | 828 | 784 | 783 | 44 | 44 |
| 与港澳台商合作经营企业 | Hong Kong, Macao and Taiwan Cooperative Operation | 13 | 12 | 12 | 1 | 1 |
| 港澳台商独资企业 | Hong Kong, Macao and Taiwan Funded Solely | 1267 | 884 | 884 | 383 | 383 |
| 港澳台商投资股份有限公司 | Hong Kong, Macao and Taiwan Share Holding Corporations Ltd. | 80 | 42 | 42 | 38 | 38 |
| 其他港澳台投资企业 | Other Enterprises with Investment from Hong Kong, Macao and Taiwan | 60 | 26 | 26 | 34 | 34 |
| 外商投资企业 | Foreign Funded Enterprises | 2987 | 1975 | 1975 | 1012 | 1012 |
| 中外合资经营企业 | Chinese-foreign Joint Venture | 661 | 574 | 574 | 87 | 87 |
| 中外合作经营企业 | Chinese-foreign Cooperative Operation | 27 | 24 | 24 | 3 | 3 |
| 外资企业 | Foreign Investment Enterprise | 2032 | 1231 | 1231 | 801 | 801 |
| 外商投资股份有限公司 | Foreign-funded Share Holding Corporations Ltd. | 107 | 49 | 49 | 58 | 58 |
| 其他外商投资 | Other Foreign Investment | 160 | 97 | 97 | 63 | 63 |

## 法人和产业活动单位数(2021年底)(按行业类别分)

Number of Judicial Entities and Establishments, End of 2021

(Grouped by Sector)

**表31**

单位：个(unit)

| 项目 | Item | 合计<br>Total | 法人单位<br>Judicial Entities | #企业法人<br>Enterprise Judicial Entities | 产业活动单位<br>Establish-ments |
|---|---|---|---|---|---|
| 总计 | Total | 108743 | 99376 | 96158 | 9367 |
| 农、林、牧、渔业 | Agriculture, Forestry, Animal Husbandry and Fishery | 984 | 973 | 363 | 11 |
| 采矿业 | Mining | 94 | 40 | 40 | 54 |
| 煤炭开采和洗选业 | Mining and Washing of Coal | 10 | 3 | 3 | 7 |
| 石油和天然气开采业 | Extraction of Petroleum and Natural Gas | 13 | 5 | 5 | 8 |
| 黑色金属矿采选业 | Mining and Processing of Ferrous Metal Ores | 1 | 1 | 1 | |

续表31

| 项目 | Item | 合计 Total | 法人单位 Judicial Entities | #企业法人 Enterprise Judicial Entities | 产业活动单位 Establishments |
|---|---|---|---|---|---|
| 非金属矿采选业 | Mining and Processing of Non-metal Ores | 5 | 3 | 3 | 2 |
| 开采专业及辅助性活动 | Professional and Support Activities for Mining | 62 | 26 | 26 | 36 |
| 其他采矿业 | Mining of Other Ores | 3 | 2 | 2 | 1 |
| 制造业 | Manufacturing | 6405 | 6093 | 6091 | 312 |
| 农副食品加工业 | Processing of Food from Agricultural Products | 104 | 102 | 102 | 2 |
| 食品制造业 | Manufacture of Foods | 156 | 145 | 145 | 11 |
| 酒、饮料和精制茶制造业 | Manufacture of Liquor, Beverages and Refined Tea | 43 | 41 | 41 | 2 |
| 纺织业 | Manufacture of Textile | 62 | 54 | 54 | 8 |
| 纺织服装、服饰业 | Manufacture of Textile, Wearing Apparel and Accessories | 64 | 63 | 63 | 1 |
| 皮革、毛皮、羽毛及其制品和制鞋业 | Manufacture of Leather, Fur, Feather and Related Products, Footwear | 21 | 19 | 19 | 2 |
| 木材加工及木、竹、藤、棕、草制品业 | Processing of Timber, Manufacture of Wood,Bamboo, Rattan, Palm and Straw Products | 119 | 114 | 114 | 5 |
| 家具制造业 | Manufacture of Furniture | 55 | 55 | 55 | |
| 造纸及纸制品业 | Manufacture of Paper and Paper Products | 120 | 119 | 119 | 1 |
| 印刷和记录媒介复制业 | Printing and Reproduction of Recording Media | 99 | 96 | 96 | 3 |
| 文教、工美、体育和娱乐用品制造业 | Manufacture of Articles for Culture, Education, Arts and Crafts, Sport and Entertainment Activities | 72 | 72 | 72 | |
| 石油、煤炭及其他燃料加工业 | Processing of Petroleum, Coal and Other Fuels | 55 | 52 | 52 | 3 |
| 化学原料及化学制品制造业 | Manufacture of Raw Chemical Materials and Chemical Products | 491 | 464 | 464 | 27 |
| 医药制造业 | Manufacture of Medicines | 137 | 128 | 128 | 9 |
| 化学纤维制造业 | Manufacture of Chemical Fibers | 6 | 5 | 5 | 1 |
| 橡胶和塑料制品业 | Manufacture of Rubber and Plastics Products | 366 | 353 | 353 | 13 |
| 非金属矿物制品业 | Manufacture of Non-metallic Mineral Products | 316 | 292 | 292 | 24 |
| 黑色金属冶炼和压延加工业 | Smelting and Pressing of Ferrous Metals | 53 | 51 | 51 | 2 |
| 有色金属冶炼和压延加工业 | Smelting and Pressing of Non-ferrous Metals | 43 | 42 | 42 | 1 |
| 金属制品业 | Manufacture of Metal Products | 652 | 632 | 632 | 20 |
| 通用设备制造业 | Manufacture of General Purpose Machinery | 747 | 701 | 701 | 46 |
| 专用设备制造业 | Manufacture of Special Purpose Machinery | 686 | 658 | 658 | 28 |
| 汽车制造业 | Manufacture of Automobiles | 250 | 226 | 225 | 24 |
| 铁路、船舶、航空航天和其他运输设备制造业 | Manufacture of Railway, Ship, Aerospace and Other Transport Equipments | 133 | 123 | 123 | 10 |
| 电气机械和器材制造业 | Manufacture of Electrical Machinery and Apparatus | 363 | 350 | 350 | 13 |

续表31

| 项目 | Item | 合计 Total | 法人单位 Judicial Entities | #企业法人 Enterprise Judicial Entities | 产业活动单位 Establish-ments |
|---|---|---|---|---|---|
| 计算机、通信和其他电子设备制造业 | Manufacture of Computers, Communication and Other Electronic Equipment | 341 | 329 | 329 | 12 |
| 仪器仪表制造业 | Manufacture of Measuring Instruments and Machinery | 251 | 246 | 246 | 5 |
| 其他制造业 | Other Manufacture | 58 | 47 | 47 | 11 |
| 废弃资源综合利用业 | Comprehensive Utilization of Waste Resources | 25 | 24 | 24 | 1 |
| 金属制品、机械和设备修理业 | Repair Service of Metal Products, Machinery and Equipment | 517 | 490 | 489 | 27 |
| 电力、热力、燃气及水生产和供应业 | Production and Supply of Electricity, Heat, Gas and Water | 308 | 282 | 276 | 26 |
| 电力、热力生产和供应业 | Production and Supply of Electric Power and Heat Power | 166 | 158 | 155 | 8 |
| 燃气生产和供应业 | Production and Supply of Gas | 56 | 43 | 42 | 13 |
| 水的生产和供应业 | Production and Supply of Water | 86 | 81 | 79 | 5 |
| 建筑业 | Construction | 6356 | 5905 | 5905 | 451 |
| 房屋建筑业 | Building Engineering | 781 | 649 | 649 | 132 |
| 土木工程建筑业 | Civil Engineering | 1526 | 1383 | 1383 | 143 |
| 建筑安装业 | Building Installation | 1542 | 1465 | 1465 | 77 |
| 建筑装饰、装修和其他建筑业 | Building Decoration and Others | 2507 | 2408 | 2408 | 99 |
| 批发和零售业 | Wholesale and Retail Trades | 29417 | 27359 | 27348 | 2058 |
| 批发业 | Wholesale | 21339 | 20705 | 20696 | 634 |
| 零售业 | Retail | 8078 | 6654 | 6652 | 1424 |
| 交通运输、仓储和邮政业 | Transportation, Storage and Post | 7294 | 6626 | 6616 | 668 |
| 铁路运输业 | Railway Transport | 14 | 10 | 10 | 4 |
| 道路运输业 | Highway Transport | 1656 | 1439 | 1434 | 217 |
| 水上运输业 | Waterway Transport | 313 | 297 | 293 | 16 |
| 航空运输业 | Air Transport | 92 | 85 | 84 | 7 |
| 管道运输业 | Pipeline Transport | 10 | 9 | 9 | 1 |
| 多式联运和运输代理业 | Intermodality and Forwarding Agency | 4069 | 3797 | 3797 | 272 |
| 装卸搬运和仓储业 | Loading, Unloading and Storage | 998 | 940 | 940 | 58 |
| 邮政业 | Post Services | 142 | 49 | 49 | 93 |
| 住宿和餐饮业 | Hotels and Catering Services | 1830 | 1239 | 1238 | 591 |
| 住宿业 | Accommodation | 331 | 244 | 243 | 87 |
| 餐饮业 | Catering Services | 1499 | 995 | 995 | 504 |
| 信息传输、软件和信息技术服务业 | Information Transmission, Software and IT Services | 7302 | 6701 | 6688 | 601 |
| 电信、广播电视和卫星传输服务 | Telecommunications, Broadcasting, Television and Satellite Transmission Services | 164 | 69 | 69 | 95 |
| 互联网和相关服务 | Internet and Related Services | 612 | 560 | 558 | 52 |
| 软件和信息技术服务业 | Software and IT Services | 6526 | 6072 | 6061 | 454 |
| 金融业 | Financial Intermediation | 5009 | 3965 | 3959 | 1044 |
| 货币金融服务 | Monetary and Financial Services | 3526 | 2866 | 2861 | 660 |
| 资本市场服务 | Capital Market Services | 912 | 867 | 867 | 45 |
| 保险业 | Insurance | 337 | 43 | 43 | 294 |
| 其他金融业 | Other Financial Intermediation | 234 | 189 | 188 | 45 |

续表31

| 项目 | Item | 合计 Total | 法人单位 Judicial Entities | #企业法人 Enterprise Judicial Entities | 产业活动单位 Establishments |
|---|---|---|---|---|---|
| 房地产业 | Real Estate | 3890 | 3365 | 3362 | 525 |
| 租赁和商务服务业 | Leasing and Business Services | 17296 | 15556 | 15394 | 1740 |
| 租赁业 | Leasing Services | 1897 | 1406 | 1404 | 491 |
| 商务服务业 | Business Services | 15399 | 14150 | 13990 | 1249 |
| 科学研究和技术服务业 | Scientific Research and Technical Services | 14097 | 13355 | 13249 | 742 |
| 研究与试验发展 | R&D | 1162 | 1106 | 1084 | 56 |
| 专业技术服务业 | Special Technical Services | 3635 | 3236 | 3182 | 399 |
| 科技推广和应用服务业 | Science and Technology Generalizing and Application Services | 9300 | 9013 | 8983 | 287 |
| 水利、环境和公共设施管理业 | Management for Water Conservancy, Environment and Public Facilities | 475 | 455 | 391 | 20 |
| 水利管理业 | Management for Water Conservancy | 35 | 31 | 11 | 4 |
| 生态保护和环境治理业 | Ecological Protection and Management for Environment | 84 | 83 | 76 | 1 |
| 公共设施管理业 | Management for Public Facilities | 334 | 321 | 287 | 13 |
| 土地管理业 | Management for Land | 22 | 20 | 17 | 2 |
| 居民服务、修理和其他服务业 | Resident Services, Repair and Other Services | 2043 | 1846 | 1801 | 197 |
| 居民服务业 | Resident Services | 733 | 637 | 600 | 96 |
| 机动车、电子产品和日用产品修理业 | Motor Vehicle, Electronic Products and Household Products Repair Industry | 827 | 763 | 762 | 64 |
| 其他服务业 | Other Services | 483 | 446 | 439 | 37 |
| 教育 | Education | 1567 | 1454 | 838 | 113 |
| 卫生和社会工作 | Health Care and Social Work | 459 | 420 | 261 | 39 |
| 卫生 | Health Care | 343 | 311 | 221 | 32 |
| 社会工作 | Social Work | 116 | 109 | 40 | 7 |
| 文化、体育和娱乐业 | Culture, Sports and Entertainment | 2536 | 2425 | 2338 | 111 |
| 新闻和出版业 | News Publication | 30 | 29 | 23 | 1 |
| 广播、电视、电影和录音制作业 | Broadcast, TV, Movies and Record Production | 636 | 595 | 592 | 41 |
| 文化艺术业 | Culture and Art | 975 | 946 | 903 | 29 |
| 体育 | Sports | 282 | 267 | 239 | 15 |
| 娱乐业 | Entertainment | 613 | 588 | 581 | 25 |
| 公共管理、社会保障和社会组织 | Public Management, Social Security and Social Organizations | 1381 | 1317 | | 64 |
| 中国共产党机关 | Chinese Communist Party Agencies | 36 | 35 | | 1 |
| 国家机构 | Government Agencies | 539 | 476 | | 63 |
| 人民政协、民主党派 | The People's Political Consultative Conference Committees and Democratic Parties | 7 | 7 | | |
| 社会保障 | Social Security | 10 | 10 | | |
| 群众团体、社会团体和其他成员组织 | Mass Organizations, Social Organizations and Other Groups | 319 | 319 | | |
| 基层群众自治组织及其他组织 | Grass-roots Mass Autonomous Organizations and Others | 470 | 470 | | |

## 国民经济主要指标

Main Indicators of Economic Development

表32

| 项目<br>Item | 单位<br>unit | 1994 | 2020 | 2021 | 2021比2020年增长(%)<br>Increase Rate in 2021 over 2020(%) |
|---|---|---|---|---|---|
| 户籍人口户数<br>Registered Households | 万户<br>10000 households | 31.89 | 55.70 | 57.60 | 3.4 |
| 户籍人口<br>Registered Population | 万人<br>10000 persons | 99.82 | 149.70 | 153.85 | 2.8 |
| 男 性<br>Male | 万人<br>10000 persons | 52.18 | 76.19 | 78.26 | 2.7 |
| 女 性<br>Female | 万人<br>10000 persons | 47.64 | 73.51 | 75.59 | 2.8 |
| “四上”企业从业人员<br>Number of Employment Personnel in Four Kinds of Enterprises above Designated Size or with Qualification Level | 万人<br>10000 persons | | 94.62 | 98.11 | 3.7 |
| 地区生产总值<br>Gross Domestic Product | 亿元<br>100 million yuan | 168.66 | 5826.63 | 6715.49 | 7.3 |
| 第一产业<br>Primary Industry | 亿元<br>100 million yuan | 3.36 | 19.03 | 24.94 | 10.6 |
| 第二产业<br>Secondary Industry | 亿元<br>100 million yuan | 114.55 | 2626.82 | 3152.06 | 6.9 |
| 第三产业<br>Tertiary Industry | 亿元<br>100 million yuan | 50.75 | 3180.77 | 3538.50 | 7.7 |
| 农林牧渔业总产值<br>Gross Output Value of Agriculture, Forestry, Animal Husbandry and Fishery | 亿元<br>100 million yuan | 4.51 | 41.61 | 52.41 | 26.0 |
| 房屋竣工面积<br>Floor Space of Buildings Completed | 万平方米<br>10000 sq.m | 117.13 | 187.55 | 259.54 | 38.4 |
| #住 宅<br>Residential Buildings | 万平方米<br>10000 sq.m | 62.37 | 129.21 | 182.98 | 41.6 |
| 一般公共预算收入<br>General Public Budget Revenue | 亿元<br>100 million yuan | | 515.49 | 572.41 | 11.0 |
| 一般公共预算支出<br>General Public Budget Expenditure | 亿元<br>100 million yuan | | 806.60 | 807.91 | 0.2 |
| 港口货物吞吐量<br>Volume of Freight Handled in Ports | 万吨<br>10000 tons | 4562 | 50290 | 52954 | 5.3 |

注：2020年地区生产总值为最终核实数据。

Note: Gross domestic product in 2020 is the final verified data.

续表32

| 项目<br>Item | 单位<br>unit | 1994 | 2020 | 2021 | 2021比2020年增长(%)<br>Increase Rate in 2021 over 2020(%) |
|---|---|---|---|---|---|
| 外贸出口总额<br>Total Value of Exports | 亿元<br>100 million yuan | 5.90 | 1939.18 | 2445.30 | 26.1 |
| 邮电业务总量<br>Business Volume of Postal and Telecommunication Services | 亿元<br>100 million yuan | 1.77 | 3.60 | 3.39 | –5.8 |
| 直接利用外资<br>Foreign Direct Investment | | | | | |
| 新设企业家数<br>Number of Newly Established Enterprises | 个<br>unit | 987 | 354 | 481 | 35.9 |
| 合同外资额<br>Foreign Investment Contracted | 亿美元<br>USD 100 million | 16.04 | 336.75 | 278.91 | –17.2 |
| 实际使用外资<br>Actual Use of Foreign Capital | 亿美元<br>USD 100 million | | 37.35 | 43.24 | 15.8 |
| 金融机构人民币存款余额<br>RMB Deposits of Financial Institutions | 亿元<br>100 million yuan | 120.07 | 6307.74 | 6847.65 | 8.6 |
| #住户存款余额<br>Saving Deposits of Households | 亿元<br>100 million yuan | 49.57 | 2885.83 | 3132.44 | 8.5 |
| 金融机构人民币贷款余额<br>RMB Loans of Financial Institutions | 亿元<br>100 million yuan | 119.18 | 12133.86 | 12945.47 | 6.7 |
| “四上”企业从业人员平均工资<br>Average Remuneration of Employment Personnel in Four Kinds of Enterprises above Designated Sizeor with Qualification Level | 元<br>yuan | | 114443 | 123947 | 8.3 |
| 卫生机构数<br>Health Care Institutions | 个<br>unit | 345 | 758 | 741 | –2.2 |
| #医院、卫生院<br>Hospitals and Health Care Centers | 个<br>unit | 59 | 57 | 56 | –1.8 |
| 医院、卫生院床位数<br>Beds in Hospitals and Health Care Centers | 张<br>unit | 4257 | 7908 | 8596 | 8.7 |
| 卫生技术人员<br>Health Technical Personnel | 人<br>person | 9587 | 15910 | 17408 | 9.4 |
| #医生<br>Doctors | 人<br>person | 4586 | 6964 | 7452 | 7.0 |

## 滨海新区国民经济主要指标占全市比重(2021年)

Main Statistics on Binhai New Area Economic Development
as Percentage of Municipality, 2021

表33

| 指标<br>Item | 单位<br>Unit | 全市<br>Municipality | 滨海新区<br>Binhai New Area | 占全市比重(%)<br>As Percentage of Municipality(%) |
|---|---|---|---|---|
| 常住人口<br>Permanent Population | 万人<br>10000 persons | 1373.00 | 204.57 | 14.9 |
| 户籍人口户数<br>Registered Households | 万户<br>10000 households | 426.38 | 57.60 | 13.5 |
| 户籍人口<br>Registered Population | 万人<br>10000 persons | 1151.56 | 153.85 | 13.4 |
| 男 性<br>Male | 万人<br>10000 persons | 571.29 | 78.26 | 13.7 |
| 女 性<br>Female | 万人<br>10000 persons | 580.27 | 75.59 | 13.0 |
| 地区生产总值<br>Gross Domestic Product | 亿元<br>100 million yuan | 15695.05 | 6715.49 | 42.8 |
| 第一产业<br>Primary Industry | 亿元<br>100 million yuan | 225.41 | 24.94 | 11.1 |
| 第二产业<br>Secondary Industry | 亿元<br>100 million yuan | 5854.27 | 3152.06 | 53.8 |
| 第三产业<br>Tertiary Industry | 亿元<br>100 million yuan | 9615.37 | 3538.50 | 36.8 |
| 农林牧渔业总产值<br>Gross Output Value of Agriculture, Forestry, Animal Husbandry and Fishery | 亿元<br>100 million yuan | 509.26 | 52.41 | 10.3 |
| 房屋竣工面积<br>Floor Space of Buildings Completed | 万平方米<br>10000 sq.m | 1933.40 | 259.54 | 13.4 |
| #住 宅<br>Residential Buildings | 万平方米<br>10000 sq.m | 1482.67 | 182.98 | 12.3 |
| 一般公共预算收入<br>General Public Budget Revenue | 亿元<br>100 million yuan | 2141.06 | 572.41 | 26.7 |
| 一般公共预算支出<br>General Public Budget Expenditure | 亿元<br>100 million yuan | 3152.55 | 807.91 | 25.6 |
| 港口货物吞吐量<br>Volume of Freight Handled in Ports | 万吨<br>10000 tons | 52954 | 52954 | 100.0 |

## 滨海新区生产总值

Gross Domestic Product of Binhai New Area

表34

| 项目 | Item | 2021 | 2021比2020年增长(%) Increase Rate in 2021 over 2020(%) |
|---|---|---|---|
| 绝对数(亿元) | Value (100 million yuan) | | |
| 全区生产总值 | Gross Domestic Product | 6715.49 | 7.3 |
| 农、林、牧、渔业 | Farming, Forestry, Animal Husbandry and Fishery | 25.16 | 10.5 |
| 工 业 | Industry | 2959.21 | 7.9 |
| 建筑业 | Construction | 319.00 | -2.7 |
| 批发和零售业 | Wholesale and Retail Trade | 701.51 | 12.3 |
| 交通运输、仓储和邮政业 | Transportation, Storage and Post Services | 376.71 | 9.9 |
| 住宿和餐饮业 | Accommodation and Catering Services | 30.47 | 7.4 |
| 金融业 | Finance Intermediation | 935.06 | 3.9 |
| 房地产业 | Real Estate | 226.14 | 4.0 |
| 其他服务业 | Other Services | 1142.23 | 8.6 |
| 按三次产业分 | Grouped by Three Industry | | |
| 第一产业 | Primary Industry | 24.94 | 10.6 |
| 第二产业 | Secondary Industry | 3152.06 | 6.9 |
| 第三产业 | Tertiary Industry | 3538.50 | 7.7 |
| 构 成(%) | Composition (%) | | |
| 全区生产总值 | Gross Domestic Product | 100.0 | |
| 农、林、牧、渔业 | Farming, Forestry, Animal Husbandry and Fishery | 0.4 | |
| 工 业 | Industry | 44.1 | |
| 建筑业 | Construction | 4.8 | |
| 批发和零售业 | Wholesale and Retail Trade | 10.4 | |
| 交通运输、仓储和邮政业 | Transportation, Storage and Post Services | 5.6 | |
| 住宿和餐饮业 | Accommodation and Catering Services | 0.5 | |
| 金融业 | Finance Intermediation | 13.9 | |
| 房地产业 | Real Estate | 3.4 | |
| 其他服务业 | Other Services | 17.0 | |
| 按三次产业分 | Grouped by Three Industry | | |
| 第一产业 | Primary Industry | 0.4 | |
| 第二产业 | Secondary Industry | 46.9 | |
| 第三产业 | Tertiary Industry | 52.7 | |

# 国内招商引资情况

Domestic Investment

**表35**

| 项目 | Item | 2020 | 2021 |
| --- | --- | --- | --- |
| 项目数(个) | Number of Contracts (item) | 638 | 590 |
| 经济技术开发区 | TEDA | 122 | 86 |
| 天津港保税区 | TPFTZ | 102 | 105 |
| 滨海高新区 | Binhai High-tech Industrial Development Area | 131 | 136 |
| 东疆保税港区 | Dongjiang Port Free Trade Zone | 43 | 39 |
| 中新天津生态城 | Sino-Singapore Tianjin Eco-city | 54 | 71 |
| 其 他 | Others | 186 | 153 |
| 实际到位额(万元) | Domestic Investment Actually Used (10000 yuan) | 11531764 | 14193014 |
| 按区域分组 | By Region | | |
| 经济技术开发区 | TEDA | 3237336 | 4040738 |
| 天津港保税区 | TPFTZ | 3305753 | 4003328 |
| 滨海高新区 | Binhai High-tech Industrial Development Area | 1816823 | 2404068 |
| 东疆保税港区 | Dongjiang Port Free Trade Zone | 1628031 | 1800476 |
| 中新天津生态城 | Sino-Singapore Tianjin Eco-city | 1000710 | 1210975 |
| 其 他 | Others | 543111 | 733429 |
| 按资金投向分组 | By Industry Invested | | |
| 农 业 | Agriculture | 18449 | 30366 |
| 工 业 | Industry | 1012441 | 3744437 |
| 建筑业 | Construction | 194526 | 151803 |
| 交通运输仓储业 | Transportation, Storage | 486682 | 477633 |
| 批发零售贸易业 | Wholesale and Retail Trades | 279527 | 256338 |
| 住宿和餐饮业 | Accommodation and Catering Services | 233 | |
| 房地产业 | Real Estate | 1906381 | 786020 |
| 其 他 | Others | 7633525 | 8746417 |

资料来源：天津市滨海新区商务和投资促进局，表1-11同。

Source: Commerce and Investment Promotion Bureau of Tianjin Binhai New Area.

## 历年国内招商引资情况

Domestic Investment in Every Year

表36

| 年份<br>Year | 项目数<br>(个)<br>Number of Contracts<br>(item) | 投资协议额<br>(亿元)<br>Domestic Investment Contracted<br>(100 million yuan) | 实际到位额<br>(亿元)<br>Domestic Investment Actually Used<br>(100 million yuan) |
|---|---|---|---|
| 1998 | 63 | 13.33 | 6.55 |
| 1999 | 48 | 10.98 | 6.04 |
| 2000 | 284 | 14.78 | 7.99 |
| 2001 | 133 | 15.53 | 10.65 |
| 2002 | 138 | 21.58 | 14.59 |
| 2003 | 503 | 36.12 | 25.41 |
| 2004 | 719 | 76.60 | 52.71 |
| 2005 | 797 | 109.47 | 89.83 |
| 2006 | 647 | | 103.25 |
| 2007 | 716 | | 132.18 |
| 2008 | 539 | | 191.54 |
| 2009 | 453 | | 306.48 |
| 2010 | 396 | | 352.20 |
| 2011 | 612 | | 459.38 |
| 2012 | 716 | | 604.99 |
| 2013 | 693 | | 786.50 |
| 2014 | 984 | | 892.45 |
| 2015 | 631 | | 1077.55 |
| 2016 | 1694 | | 1165.08 |
| 2018 | 583 | | 823.55 |
| 2019 | 896 | | 929.91 |
| 2020 | 638 | | 1153.18 |
| 2021 | 590 | | 1419.30 |

注：2006年开始取消投资协议额指标。

Note: Domestic Investment Contracted have been canceled since 2006.

# 附 录

## 名 录

### 组织机构及负责人名录
（2021年1月1日至12月31日）

#### 中国共产党天津市滨海新区委员会

书　记　连茂君
副书记　杨茂荣（至 2021 年 10 月）
　　　　单泽峰（2021 年 10 月起）
　　　　张　玻（女，2021 年 12 月起）
常　委　连茂君
　　　　杨茂荣（至 2021 年 10 月）
　　　　贾　堤（至 2021 年 7 月）
　　　　车兴东（至 2021 年 9 月）
　　　　张　玻（至 2021 年 10 月）
　　　　宋　哲（2021 年 10 月起）
　　　　孙建华（至 2021 年 4 月）
　　　　任福志（2021 年 4 月起）
　　　　王　琴（女）　韩　昱
　　　　马　波（至 2021 年 10 月）
　　　　徐　恒（2021 年 10 月起，蒙古族）
　　　　戴　雷（2021 年 8 月起）
　　　　尹晓峰（2021 年 12 月起）
　　　　赵前苗　张福旺（2021 年 10 月起）

**中共天津市滨海新区委员会办公室（挂区委国家安全委员会办公室、区档案局、区委保密委员会办公室（区国家保密局）、区委机要局（区密码管理局）牌子）**

区委办公室主任　缴　卫（至 2021 年 7 月）
　　　　　　　　赵前苗（2021 年 7 月起）
区档案局局长　李德禹
区国家保密局局长　曹国庆（2021 年 3 月起）

**中共天津市滨海新区委员会组织部（挂区非公有制经济组织和社会组织工作委员会、区公务员局、区人才工作局牌子）**

区委组织部部长　张　玻（女，至 2021 年 10 月）
　　　　　　　　宋　哲（2021 年 10 月起）
非公经济组织和社会组织工委书记　胡健民（兼）
区公务员局局长　于　浩（至 2021 年 4 月）
　　　　　　　　唐海涛（2021 年 4 月至 10 月）
　　　　　　　　高　杰（2021 年 11 月起）
区人才工作局局长　于　浩（至 2021 年 4 月）

**中共天津市滨海新区委员会宣传部（挂区精神文明建设委员会办公室、区政府新闻办公室、区新闻出版局牌子）**

区委宣传部部长　马　波（至2021年10月）
徐　恒（2021年10月起，蒙古族）
区文明办主任　王东宏（至2021年10月）
区政府新闻办公室主任　于瑞军
区新闻出版局局长　王东宏（至2021年10月）

**中共天津市滨海新区委员会统一战线工作部〔挂区委台湾工作办公室（区政府台湾事务办公室）、区民族和宗教事务委员会、区政府侨务办公室牌子〕**

区委统战部部长　韩　昱
区委台办主任　杜春桥
区民宗侨办（民宗委）主任
杨文芳（至2021年5月）
郭成报（2021年5月起）
区政府侨务办主任　杜春桥（至2021年8月）
关章军（2021年8月起）

**中共天津市滨海新区委员会政法委员会**

区委政法委书记　孙建华（至2021年4月）
任福志（2021年4月起）

**中共天津市滨海新区委员会全面深化改革委员会办公室（挂区委研究室牌子）**

区委改革办（区委研究室）主任　陈华荣

**中共天津市滨海新区委员会网络安全和信息化委员会办公室（挂区互联网信息办公室牌子）**

区委网信办（区互联网信息办公室）主任
陈云山（至2021年4月）
魏　彬（2021年4月起）

**中共天津市滨海新区委员会机构编制委员会办公室**

区委编办主任　高长明（至2021年4月，满族）
于　浩（2021年4月起）

**中共天津市滨海新区委员会区级机关工作委员会**

区委区级机关工委书记　赵前苗（兼）

**中共天津市滨海新区委员会街镇工作委员会（天津市滨海新区街镇工作委员会，列入区政府机构序列，与区委街镇工作委员会合署办公）**

区委街镇工委书记　张福旺（2021年10月起）

**中共天津市滨海新区委员会巡察工作办公室**

区委巡察办主任　袁　杰（2021年6月起）

**中共天津市滨海新区委员会督查室（挂区政府督查室牌子）**

区委督查室主任　魏相如
区政府督查室主任　魏相如

**中共天津市滨海新区委员会老干部局**

区委老干部局局长　唐海涛（至2021年4月）
高长明（2021年4月起，满族）

**中共天津市滨海新区委员会党校（挂区行政学院、区委党史研究室牌子）**

区委党校校长　张　弢（女，兼，至2021年10月）
宋　哲（兼，2021年10月起）
区委党史研究室主任　杨立东

**天津市滨海新区档案馆（挂区地方志编修委员会办公室牌子）**

区档案馆馆长　赵士军
区地方志编委会办公室主任　刘克文

## 天津市滨海新区人民代表大会常务委员会

**三届人大常委会**

主　任　许红星
副主任　郭志寅　张长海　左凤伟
韩　英（女）　许红球
委　员　刁望金　于景伟　马　骁（女）　王天洪
王　杰　王洪军　邓金玉　左　晔（回族）
龙　云（女）　卢　伟　卢志永
白学军（女）　吕金洲　刘永清
刘秋梅（女）　杨　静（女）　吴岳峰
沈中华　宋广长　张世军　张　青
张　明　陈　华（女）　陈庆同
陈志强（蒙古族）　林永梅（女）　郑玉昕
孟　群　哈永琴（女，回族）　宫　靖
徐永焱（女）　董维忠　韩　民　路长春
路有龄　窦连佩　蔡　斌　谭　雪（女）

**四届人大常委会**

主　任　王洪茹
副主任　沈志勇　武广华（女）　张国盛
宫丽艳（女）　窦广春　张金友（兼）

委　员　王志勇　王　凯　王建枝（女）
王晓航（女）方明新　邓金玉
龙　云（女）冯　晶　皮永青　毕光庆
齐丽娜（女）祁素萍（女）杜忠晓
杜新平　李红英（女）李海立　杨廷明
杨　晖　肖新斌　张永兰（女，回族）
张　青　张春育（女）张洪河　张晨光
张殿武　陈志强（蒙古族）范立东
赵恩民　信佩春　袁桂花（女）
徐永焱（女）高贵玲（女）曹亚军（女）
焦广军　谢志庚　路长春　窦克忠
蔡　斌

**区人大常委会办公室**

主　任　路长春

**区人大常委会代表工作室（挂区人大常委会人事任免工作室牌子）**

主　任　窦克忠

**区人大常委会法制室**

主　任　赵志杰（至 2021 年 6 月）
刘金海（2021 年 8 月至 10 月）

**区人大常委会内务司法工作委员会**

主　任　张洪河

**区人大常委会财经预算工作委员会**

主　任　（空缺）

**区人大常委会教育科学文化卫生工作委员会**

主　任　皮永青

**区人大常委会城乡建设环境保护工作委员会**

主　任　徐永焱（女）

## 天津市滨海新区人民政府

区　长　杨茂荣（至 2021 年 10 月）
单泽峰（2021 年 10 月起）
副区长　贾　堤（至 2021 年 7 月）
张　健（至 2021 年 4 月）
陈玉东（2021 年 5 月起）
张国盛（至 2021 年 3 月）
尹晓峰　梁春早（女，至 2021 年 10 月）
戴　雷　梅志红（女，至 2021 年 9 月）
韩学武　梁益铭（2021 年 10 月起）
陈　波（2021 年 12 月起）
张兴瑞（2021 年 10 月起）
张桂华（女，2021 年 12 月起）

**天津市滨海新区人民政府办公室〔挂区政府外事办公室（区政府港澳工作办公室）、区政府研究室、机关事务管理局牌子〕**

党组书记、主任　蒋凤刚
外事办主任　陈　均（至 2021 年 7 月）
程印波（2021 年 7 月起）
区政府研究室主任　蒋凤刚（至 2021 年 7 月）
吴忠强（2021 年 7 月起）
机关事务管理局局长　高　强（至 2021 年 7 月）
董　军（2021 年 7 月起）

**天津市滨海新区发展和改革委员会（挂区粮食局牌子）、中国（天津）自由贸易试验区管理委员会办公室**

党组书记、主任　史继平
自贸办主任　史继平
粮食局局长　史继平

**天津市滨海新区教育体育局（挂区政府教育督导室牌子）**

党委书记、局长　宫丽艳（女）
区政府教育督导室主任　宫丽艳（女）

**天津市滨海新区科学技术局（挂区外国专家局牌子）**

党组书记　刘朱岩（2021 年 8 月起）
局　长　张桂华（女）
区外国专家局局长　张桂华

**天津市滨海新区工业和信息化局**

党组书记、局长　刘　桓（至 2021 年 10 月）

**天津市滨海新区公安局**

党委书记、局长　张　健（至 2021 年 4 月）
陈玉东（2021 年 4 月起）

**天津市滨海新区民政局**

党组书记、局长　任中胜

**天津市滨海新区司法局**

党组书记、局长　刘金海（至 2021 年 8 月）

王建勇（2021 年 8 月起）

**天津市滨海新区财政局**

党组书记、局长　梁宣健（至 2021 年 6 月）
师继军（2021 年 6 月起）

**天津市滨海新区人力资源和社会保障局**

局长、党组书记　马　坤（女）

**天津市滨海新区生态环境局**

党组书记、局长　韩学武（至 2021 年 11 月）
刘海英（2021 年 11 月起）

**天津市滨海新区住房和建设委员会（挂区政府人民防空办公室、区政府民防办公室牌子）**

党委书记、主任（人防办主任、民防办主任）
陈　波

**天津市滨海新区城市管理委员会**

党委书记、主任　张秀启（至 2021 年 5 月）
陈　均（2021 年 5 月起）

**天津市滨海新区交通运输局**

党委书记、局长　王海燕（女）

**天津市滨海新区水务局**

党委书记、局长　刘振江

**天津市滨海新区农业农村委员会**

党委书记、主任　孙家旺

**天津市滨海新区商务和投资促进局**

党组书记、局长　纪泽民

**天津市滨海新区文化和旅游局（挂区广播电视局、区文物局牌子）**

党委书记、局长　王会臣
区广播电视局局长　王会臣

**天津市滨海新区卫生健康委员会（挂区爱国卫生运动委员会办公室牌子）**

党委书记、主任　邓为民
区爱卫办主任　邓为民

**天津市滨海新区退役军人事务管理局**

党组书记、局长　张庆生

**天津市滨海新区应急管理局**

党组书记、局长　张军武（至 2021 年 9 月）
鲁　力（2021 年 9 月起）

**天津市滨海新区审计局**

党组书记、局长　李向前（至 2021 年 2 月）
刘　钺（2021 年 7 月起）

**天津市滨海新区市场监督管理局（挂区知识产权局、中国（天津）自由贸易试验区市场监督管理局牌子）**

党委书记、局长　窦文生
区知识产权局局长　窦文生
自由贸易试验区市场监督管理局局长　窦文生

**天津市滨海新区人民政府统计局**

党组书记、局长　张殿武（至 2021 年 10 月）

**天津市滨海新区人民政府国有资产监督管理委员会**

党委书记、主任　殷　强

**天津市滨海新区人民政府医疗保障局**

党组书记　崔德行（至 2021 年 11 月）
局　长　姜立超（兼）

**天津市滨海新区金融工作局**

党组书记、局长　齐亚莉（女，满族）

**天津市滨海新区人民政府信访办公室**

党组书记、主任　周云明（至 2021 年 8 月）
史春锁（2021 年 8 月起）

**天津市滨海新区人民政府政务服务办公室（挂区行政审批局、区营商环境办公室牌子）**

党组书记、主任　徐　斐（女）

**天津市滨海新区海洋局**

党组书记、局长　马文明（2021 年 1 月起）

## 中国人民政治协商会议
## 天津市滨海新区委员会

**政协第三届委员会**

主　席　韩远达
副主席　刘华建　姜立超　杨金星
杨焕香（女）　蔡庆锋

张军武（至2021年9月）
马延和(至2021年9月) 张尔祥(兼)
秘书长 杨焕香（女，兼）
常务委员 于 浩 卫红梅（女） 王 勇
王永正 王红卫 王岑荣（女）
王俊明 车兴东 尹 波 邓大为
卢 盈（女，满族） 兰玉柱 邢志柏
毕光庆 吕颖虹（女） 朱 涛
刘文利 刘松刚 孙长华（女）
孙德红（女） 李 刚 李英杰
李树发 李保安 李桂杰 李海立
杨宗仪 杨德宏（女） 吴寅秋
应泽从 宋文雅（女） 张 磊
张青云（回族） 张金友 张宗云（女）
张春慧（女） 张桂华（女） 张耀洲
阿依木汗（女，维吾尔族） 陈丽伟
范术刚 林心宪 罗家均 金盛霞(女)
郑月晨(女) 孟宪章 封 虎 赵玉江
赵家旺 信佩春 郗 瑞 贺淑荣(女)
袁一淞 夏秋雨 徐建萩（女）
殷 强 高贵玲（女） 高德禄
郭志超 曹国庆 崔如众 彭文成
韩 慧 黑振桐（回族） 窦广春
窦连彬

**政协第四届委员会**

主 席 韩远达
副主席 马明扬 史继平 杨焕香（女）
董丽敏（女） 丁全海
程 涛（兼） 张尔祥（兼）
卫红梅（兼）
秘书长 杨焕香（女，兼）
常务委员 于 浩 万 钧 马 骁（女）
王 芳（女） 王 勇 王良红
王学森 王瑞刚 方森昌 尹 波
司传领 邢志柏 曲志刚 朱 涛
延 可 庄 剑 刘文利 刘庆凯
刘松刚 刘晓智（满族） 齐惠敏
关章军 江会锋 孙德红（女）
杜春桥 李 振 李 超（女）
李 斌 李 焱 李卫华 杨 勇
杨灿群 杨宗仪 吴正斌 邱 炜
余 流 宋 昱 张 艳（女）
张 磊 张广旺 张青云（回族）
张宗云(女) 张春慧(女) 张荣华(女)
张莉艳（女） 张爱东
阿依木汗（女，维吾尔族） 陈 均
陈 峥（女） 陈玉新 陈丽伟
陈晓波 武晓庆 苑纳新 范术刚
金香花（女，朝鲜族） 金盛霞（女）
单稚刚 封 虎 赵金生 胡健民
钟晓勇 段 红（女） 姜迎春
祝照新 贺淑荣（女） 高 媛（女）
高宝华 郭志超 渠颖辉 尉伟东
葛啸虎 董 军 董竹林
黑振桐（回族） 曾 佳（女） 解光河
窦克栋 魏 海

**区政协办公室**

主 任 杨宗仪

**区政协委员联络室**

主 任 高德禄

**区政协专门委员会第一办公室**

主 任 王学森

**区政协专门委员会第二办公室**

主 任 范术刚

**区政协专门委员会第三办公室**

主 任 张秀启（2021年5月起）

**提案委员会办公室**

主 任 刘明成

## 中共天津市滨海新区纪律检查委员会 天津市滨海新区监察委员会机关 （合署办公）

纪委书记、监委主任 王 琴
纪委副书记、监委副主任 袁守奎
马红刚(2021年2月起)
刘 欣

## 民主党派

**中国国民党革命委员会天津市滨海新区委员会**

主任委员 蔡庆锋（至2021年6月）
张金友（2021年6月起）

**中国民主同盟天津市滨海新区委员会**

主任委员　梅志红（2021 年 6 月起）

**中国民主建国会天津市滨海新区委员会**

主任委员　张尔祥

**中国民主促进会天津市滨海新区委员会**

主任委员　王岑荣（女，至 2021 年 6 月）
金香花（女，朝鲜族，2021 年 6 月起）

**中国农工民主党天津市滨海新区委员会**

主任委员　马延和（至 2021 年 6 月）
程　涛（2021 年 6 月起）

**中国致公党天津市滨海新区委员会**

主任委员　卫红梅（女）

**九三学社天津市滨海新区委员会**

主任委员　解光河（2021 年 5 月起）

**台湾民主自治同盟天津市委员会滨海新区工作委员会**

主任委员　郑月晨（女，至 2021 年 5 月）
陈　欣（女，2021 年 5 月起）

## 群众团体

**天津市滨海新区总工会**

主席、党组书记　张长海

**中国共产主义青年团天津市滨海新区委员会**

书　记　邵　兵

**天津市滨海新区妇女联合会**

主席、党组书记　甄士东（女，至 2021 年 10 月）
杨　静（女，2021 年 12 月起）

**天津市滨海新区工商业联合会**

主席（会长）　姜立超（至 2021 年 11 月）
董丽敏（女，2021 年 12 月起）
党组书记　吕颖虹（女，至 2021 年 4 月）
朱振明（至 2021 年 11 月）
关章军（2021 年 11 月起）

**天津市滨海新区科学技术协会**

主　席　吴正斌
党组书记　窦克忠（至 2021 年 4 月）
吕颖虹（女，2021 年 4 月起）

**天津市滨海新区残疾人联合会**

党组书记、理事长　朱振明（至 2021 年 4 月）
林永梅（女，2021 年 4 月起）

**天津市滨海新区红十字会**

会　长　梁春早（女，兼）
党组书记　王广兴

**天津市滨海新区文学艺术界联合会**

党组书记　徐延琥

## 法院、检察院

**天津市滨海新区人民法院**

党组书记、院长　张长山

**天津市滨海新区人民检察院**

党组书记、检察长　陈振兴

## 开发区

**中共天津经济技术开发区工作委员会**
**天津经济技术开发区管理委员会（与天津南港工业区管理委员会为一个机构、两块牌子）**

党委书记、主任　尤天成

**中共天津港保税区工作委员会**
**天津港保税区管理委员会（与天津空港经济区管理委员会为一个机构、两块牌子）**

党委书记、主任　洪世聪

**中共天津滨海高新技术产业开发区工作委员会**
**天津滨海高新技术产业开发区管理委员会**

党委书记、主任　夏青林

**天津东疆保税港区管理委员会（挂天津东疆港区管理委员会牌子）**

党委书记、主任　沈　蕾（女，至 2021 年 7 月）
杨　柳（女，2021 年 8 月起）

**中新天津生态城管理委员会**

党委书记　（空缺）

党委副书记、主任 王国良

## 镇 街

**天津市滨海新区新城镇**

党委书记 窦广春（至 2021 年 5 月）
卢 盈（2021 年 5 月至 8 月）
罗开双（2021 年 8 月起）
镇 长 张春雷（2021 年 6 月起）

**天津市滨海新区杨家泊镇**

党委书记 闫 宁（至 2021 年 7 月）
王会胜（2021 年 7 月起）
镇 长 刘向昱（至 2021 年 7 月）
王丽艳（2021 年 7 月起）

**天津市滨海新区中塘镇**

党委书记 窦汝春（至 2021 年 5 月）
窦广春（2021 年 5 月起）
镇 长 耿庆辉（至 2021 年 3 月）
崔同湘（2021 年 6 月起）

**天津市滨海新区太平镇**

党委书记 孙玉坤（至 2021 年 5 月）
刘志利（2021 年 5 月起）
镇 长 刘少勇

**天津市滨海新区小王庄镇**

党委书记 刘志利（至 2021 年 5 月）
李 振（2021 年 6 月起）
镇 长 李 振（至 2021 年 6 月）
于麟海（2021 年 6 月起）

**天津市滨海新区人民政府塘沽街道办事处**

工委书记 邓大为（至 2021 年 10 月）
王 善（女，2021 年 10 月起）
办事处主任 李宁博（至 2021 年 9 月）

**天津市滨海新区人民政府新港街道办事处**

工委书记 丁全海
办事处主任 祝照新（至 2021 年 2 月）
田鹤飞（2021 年 2 月起）

**天津市滨海新区人民政府新村街道办事处**

工委书记 杨 林（至 2021 年 3 月）
祝照新（2021 年 8 月起）
办事处主任 祝照新（2021 年 2 月至 2021 年 12 月）
陈 光（2021 年 12 月起）

**天津市滨海新区人民政府新北街道办事处**

工委书记 杨 静（女，至 2021 年 12 月）
办事处主任 孙家琦

**天津市滨海新区人民政府杭州道街道办事处**

工委书记 信佩春（至 2021 年 12 月）
办事处主任 田鹤飞（至 2021 年 2 月）
孔祥睿（2021 年 3 月起）

**天津市滨海新区人民政府新河街道办事处**

工委书记 潘久生（至 2021 年 8 月）
窦克栋（2021 年 10 月起）
办事处主任 王丽艳（2021 年 3 月至 2021 年 7 月）
张林堂（2021 年 8 月起）

**天津市滨海新区人民政府大沽街道办事处**

工委书记 卢 盈（女，至 2021 年 5 月）
杨之博（2021 年 8 月起）
办事处主任 杨之博

**天津市滨海新区人民政府北塘街道办事处**

工委书记 续 光
办事处主任 乔柏林（至 2021 年 3 月）
刘 玲（2021 年 3 月起）

**天津市滨海新区人民政府胡家园街道办事处**

工委书记 石 强（至 2021 年 8 月）
张广旺（2021 年 10 月起）
办事处主任 李 峥

**天津市滨海新区人民政府汉沽街道办事处**

工委书记 张世生（至 2021 年 10 月）
马世强（2021 年 10 月起）
办事处主任 马世强（至 2021 年 10 月）

**天津市滨海新区人民政府寨上街道办事处**

工委书记 丁占奎（至 2021 年 10 月）
周保峰（2021 年 10 月起）
办事处主任 周保峰（至 2021 年 10 月）

**天津市滨海新区人民政府茶淀街道办事处**

工委书记　李桂杰（至2021年10月）
　　　　　张世生（2021年10月起）
办事处主任　吴　山（2021年5月起）

**天津市滨海新区人民政府大港街道办事处**

工委书记　李　刚
办事处主任　仝　浩

**天津市滨海新区人民政府古林街道办事处**

工委书记　郭成报（至2021年5月）
　　　　　窦汝春（2021年5月起）
办事处主任　窦克栋（至2021年10月）

**天津市滨海新区人民政府海滨街道办事处**

工委书记　赵金生
办事处主任　耿庆辉（2021年3月起）

**天津市滨海新区人民政府泰达街道办事处**

工委书记　张国盛（兼，至2021年5月）
　　　　　吴　鹏（2021年5月起）
办事处主任　张国盛（兼，至2021年5月）

（区委组织部　区委编办　供稿）

# 文件目录

## 2021年滨海新区政府主要文件目录

表37

| 文号 | 文件标题 |
|---|---|
| 津滨政发〔2021〕5号 | 天津市滨海新区人民政府关于印发滨海新区重点支持产业目录的通知 |
| 津滨政发〔2021〕6号 | 天津市滨海新区人民政府印发关于推进滨海新区城市更新工作的实施意见（试行）的通知 |
| 津滨政发〔2021〕7号 | 天津市滨海新区人民政府关于印发滨海新区高质量发展专项资金管理暂行办法的通知 |
| 津滨政发〔2021〕8号 | 天津市滨海新区人民政府关于印发天津市滨海新区国民经济和社会发展第十四个五年规划和二〇三五年远景目标纲要的通知 |
| 津滨政发〔2021〕9号 | 天津市滨海新区人民政府印发关于调整完善滨海新区创新型企业领军计划实施方案的意见的通知 |
| 津滨政发〔2021〕10号 | 天津市滨海新区人民政府印发关于滨海新区重大行政决策程序规定的通知 |
| 津滨政发〔2021〕11号 | 天津市滨海新区人民政府关于印发滨海新区民用建筑规划设计管理创新指导意见（试行）的通知 |
| 津滨政发〔2021〕12号 | 天津市滨海新区人民政府关于印发滨海新区2021年政府投资计划和滨海新区2021—2023年政府投资三年滚动计划指导意见的通知 |
| 津滨政发〔2021〕13号 | 天津市滨海新区人民政府关于滨海新区区长、副区长、办公室主任调整工作分工的通知 |
| 津滨政发〔2021〕15号 | 天津市滨海新区人民政府关于印发天津市滨海新区突发事件总体应急预案的通知 |
| 津滨政发〔2021〕16号 | 天津市滨海新区人民政府印发关于加快培育和发展滨海新区住房租赁市场的实施意见（试行）的通知 |
| 津滨政发〔2021〕17号 | 天津市滨海新区人民政府印发关于滨海新区落实国务院政府工作报告重点工作任务分工的通知 |
| 津滨政发〔2021〕18号 | 天津市滨海新区人民政府关于印发天津经济技术开发区国民经济和社会发展第十四个五年规划和二〇三五年远景目标纲要等五个开发区规划纲要的通知 |
| 津滨政发〔2021〕19号 | 天津市滨海新区人民政府关于印发滨海新区2020年土地例行督察反馈问题整改工作方案的通知 |
| 津滨政发〔2021〕20号 | 天津市滨海新区人民政府关于印发滨海新区健康促进与教育工作规划（2021—2025年）的通知 |
| 津滨政发〔2021〕21号 | 天津市滨海新区人民政府关于印发实施“三线一单”生态环境分区管控的意见的通知 |
| 津滨政发〔2021〕22号 | 天津市滨海新区人民政府关于印发天津市滨海新区城市地下管线信息管理办法的通知 |
| 津滨政发〔2021〕23号 | 天津市滨海新区人民政府关于滨海新区区长、副区长、办公室主任调整工作分工的通知 |

续表37

| 文号 | 文件标题 |
| --- | --- |
| 津滨政发〔2021〕25号 | 天津市滨海新区人民政府关于废止滨海新区促进产业技术创新战略联盟加快发展意见的通知 |
| 津滨政发〔2021〕26号 | 天津市滨海新区人民政府关于印发滨海新区积极主动融入双循环新发展格局实施方案的通知 |
| 津滨政发〔2021〕27号 | 天津市滨海新区人民政府关于撤销胡家园产业园区的通知 |
| 津滨政发〔2021〕28号 | 天津市滨海新区人民政府印发关于进一步强化招商引资推动“滨城”建设的意见的通知 |
| 津滨政发〔2021〕29号 | 天津市滨海新区人民政府关于滨海新区区长、副区长、办公室主任工作分工的通知 |
| 津滨政发〔2021〕30号 | 天津市滨海新区人民政府关于印发滨海新区关于做好农民工服务保障工作的若干措施的通知 |
| 津滨政发〔2021〕31号 | 天津市滨海新区人民政府关于印发撤销议事协调机构名单的通知 |
| 津滨政发〔2021〕32号 | 天津市滨海新区人民政府印发关于调整开发区财政管理体制的通知 |
| 津滨政发〔2021〕33号 | 天津市滨海新区人民政府关于印发加快推进滨海新区新型基础设施建设实施方案的通知 |

## 2021年滨海新区政府办主要文件目录

**表38**

| 文号 | 文件标题 |
| --- | --- |
| 津滨政办发〔2021〕1号 | 天津市滨海新区人民政府办公室关于印发《滨海新区进一步支持创新载体平台建设的若干措施（试行）》的通知 |
| 津滨政办发〔2021〕2号 | 天津市滨海新区人民政府办公室关于印发滨海新区示范小城镇安置房专项维修资金管理办法的通知 |
| 津滨政办发〔2021〕3号 | 天津市滨海新区人民政府办公室关于印发《天津市滨海新区行政执法公示细则》等行政执法“三项制度”配套制度的通知 |
| 津滨政办发〔2021〕5号 | 天津市滨海新区人民政府办公室关于印发滨海新区促进3岁以下婴幼儿照护服务发展体系建设实施方案的通知 |
| 津滨政办发〔2021〕6号 | 天津市滨海新区人民政府办公室关于印发滨海新区2021年教育事业补短板工作计划的通知 |
| 津滨政办发〔2021〕7号 | 天津市滨海新区人民政府办公室关于印发滨海新区2021年卫生健康事业补短板工作计划的通知 |
| 津滨政办发〔2021〕8号 | 天津市滨海新区人民政府办公室关于印发滨海新区质量奖管理办法的通知 |
| 津滨政办发〔2021〕9号 | 天津市滨海新区人民政府办公室关于公布滨海新区豁免登记场所第三批点位的通知 |
| 津滨政办发〔2021〕10号 | 天津市滨海新区人民政府办公室关于印发提高天津口岸贸易本地结算率工作方案的通知 |
| 津滨政办发〔2021〕11号 | 天津市滨海新区人民政府办公室关于印发滨海新区区级行政单位房屋资产盘活工作方案的通知 |
| 津滨政办发〔2021〕12号 | 天津市滨海新区人民政府办公室关于印发滨海新区落实2020年保障性安居工程审计反馈问题整改工作实施方案的通知 |
| 津滨政办发〔2021〕13号 | 天津市滨海新区人民政府办公室关于印发新河周转房居住环境改善组织保障方案的通知 |
| 津滨政办发〔2021〕15号 | 天津市滨海新区人民政府办公室关于印发滨海新区城镇老旧小区改造指导意见的通知 |
| 津滨政办发〔2021〕16号 | 天津市滨海新区人民政府办公室印发滨海新区关于落实消防救援队伍人员优待保障工作实施方案的通知 |
| 津滨政办发〔2021〕17号 | 天津市滨海新区人民政府办公室关于印发天津市滨海新区居民住宅电梯应急基金使用管理规定的通知 |
| 津滨政办发〔2021〕18号 | 天津市滨海新区人民政府办公室关于印发滨海新区推进义务教育优质均衡发展攻坚行动方案的通知 |
| 津滨政办发〔2021〕19号 | 天津市滨海新区人民政府办公室关于印发滨海新区乡村振兴战略“十四五”规划和滨海新区2021年乡村振兴行动方案的通知 |
| 津滨政办发〔2021〕20号 | 天津市滨海新区人民政府办公室关于印发滨海新区2021—2022年食品安全监督管理计划的通知 |
| 津滨政办发〔2021〕21号 | 天津市滨海新区人民政府办公室关于印发天津市滨海新区战略性新兴产业发展“十四五”规划等25项重点专项规划的通知 |

续表38

| 文号 | 文件标题 |
|---|---|
| 津滨政办发〔2021〕22号 | 天津市滨海新区人民政府办公室关于印发支持“信创”产业重点企事业单位发展的若干措施的通知 |
| 津滨政办发〔2021〕25号 | 天津市滨海新区人民政府办公室关于印发滨海新区关于全面推行农村公路“路长制”实施方案的通知 |
| 津滨政办发〔2021〕26号 | 天津市滨海新区人民政府办公室关于印发滨海新区2021年设施农业（种植业）建设实施方案的通知 |
| 津滨政办发〔2021〕27号 | 天津市滨海新区人民政府办公室关于印发滨海新区种植业设施建设实施细则的通知 |
| 津滨政办发〔2021〕28号 | 天津市滨海新区人民政府办公室关于印发天津市滨海新区入海排污（水）口整治方案的通知 |
| 津滨政办发〔2021〕29号 | 天津市滨海新区人民政府办公室关于印发滨海新区推进大学科技园建设若干措施（试行）的通知 |
| 津滨政办发〔2021〕30号 | 天津市滨海新区人民政府办公室关于落实高质量发展监测指标中后进指标改善措施的通知 |
| 津滨政办发〔2021〕31号 | 天津市滨海新区人民政府办公室关于印发天津市滨海新区食品安全事故应急预案的通知 |
| 津滨政办发〔2021〕32号 | 天津市滨海新区人民政府办公室关于印发滨海新区推进城市一刻钟便民生活圈试点区建设工作方案的通知 |

# 文　献

## 在区委四届二次全体（扩大）会议第一次全体会议上的讲话（节选）

（2021年12月9日）

滨海新区区委书记　连茂君

**一、要深刻领会“两个确立”的决定性意义，不断增强政治认同、理论认同和思想认同**

党的十九届六中全会是在我们党成立一百年之际，党领导人民实现第一个百年奋斗目标、向着实现第二个百年奋斗目标迈进的重大历史关头召开的。全会回顾党走过的百年奋斗历程，总结百年奋斗的伟大成就和历史经验，其中《决议》用53%以上的篇幅总结了党的十八大以来取得的历史性成就、发生的历史性变革，并进一步指出：“党确立习近平同志党中央的核心、全党的核心地位，确立习近平新时代中国特色社会主义思想的指导地位，反映了全党全军全国各族人民共同心愿，对新时代党和国家事业发展、对推进中华民族伟大复兴历史进程具有决定性意义”。“两个确立”是党的十九届六中全会的重大贡献，是党的十八大以来最重要的政治成果，是开辟未来的最根本的政治保证，决定方向道路、决定党的命运、决定国家和民族的命运。学习贯彻党的十九届六中全会精神，首要的是深刻领会“两个确立”的决定性意义，始终坚决捍卫“两个确立”。

1. 深刻领会党确立习近平同志党中央的核心、全党的核心地位的决定性意义。马克思曾指出，领袖权威对无产阶级政党建设具有重要作用。一个国家、一个政党，领导核心至关重要。党中央有核心、全党有核心，党才有力量。在遵义会议以前，由于党内没有形成一个成熟的党中央，党领导的革命事业再三遭受挫折和失败。直到遵义会议召开，形成了以毛泽东同志为核心的第一代中央领导集体。同样是那支队伍，在以毛泽东同志为核心的党中央领导下，四渡赤水、巧渡金沙江、强渡大渡河，最终跳出了敌人的包围圈，不断从胜利走向胜利。党的十八大以来，中国特色社会主义进入新时代，党和国家的事业发展站在了新的历史关头和关键节点。面对世界百年未有之大变局，面对一段时间党的领导弱化、虚化、淡化、边缘化问题，面对肆虐的新冠肺炎疫情，以习近平同志为核心的党中央，的以伟大的历史主动精神、巨大的政治勇气、强烈的责任担当，出台一系列重大方针政策，推出一系列重大举措，推进一系列重大工作，使中国这艘“复兴号”巨轮行稳致远，使党风政风焕然一新，使我国全面快速控制疫情、率先恢复经济正增长。正是因为习近平总书记核心地位的确立，我们党解决了许多长期想解决而没有解决的难题，办成了许多过去想办而没有办成的大事。习近平总书记是全党拥护、人民爱戴、当之无愧的党的核心、军队统帅、人民领袖，这是历史的选择、人民的选择、实践的选择。

2. 深刻领会党确立习近平新时代中国特色社会主义思想指导地位的决定性意义。理论是行动的先导，没有革命的理论就没有革命的行动。一百年来，我们党之所以能够完成其他政治力量不可能完成的艰巨任务，在同各种困难挑战的较量中取得一次又一次胜利，根本在于坚持把马克思主义基本原理同中国具体实践相结合、同中华优秀传统文化相结合，不断推进理论创新，并善于用新的理论指导新的实践。遵义会议之前，由于尚未形成成熟的指导理论，革命事业走过很多弯路。直至党的七大确立了毛泽东思想的指导地位，新民主主义革命才迅速取得胜利。党的十八大以来，习近平总书记洞察时代风云、把握时代脉搏、引领时代潮流，以非凡的理论勇气提出一系列原创性战略思想和创新理念，创立了习近平新时代中国特色社会主义思想。党的十九届六中全会在十九大“八个明确”的基础上，用“十个明确”对习近平新时代中国特色社会主义思想的核心内容作了进一步概括，丰富和发展了系统完备、逻辑严密、内在统一的科学理论体系。这一理论体系把马克思主义基本原理同中国具体实际相结合、同中华优秀传统文化相结合，以原创性理论贡献标注了马克思主义发展的新高度；这一理论体系深刻回答新时代坚持和发展什么样的中国特色社会主义、怎样坚持和发展中国特色社会主义的重大时代课题，实现了对中国特色社会主义建设规律认识的新提升；这一理论体系深刻回答了建设什么样的社会主义现代化强国、怎样建设社会主义现代化强国的重大时代课题，进一步指明了中国式现代化道路的新图景；这一理论体系深刻回答了建设什么样的长期执政的马克思主义政党、怎样建设长期执政的马克思主义政党的重大时代课题，指引开辟了管党治党、兴党强党的新境界。实践证明，习近平新时代中国特色社会主义思想是当代中国马克思主义、二十一世纪马克思主义，是中华文化和中国精神的时代精华，实现了马克思主义中国化新的飞跃。

伟大的航行需要掌舵者，伟大的时代呼唤新思想。站在“两个一百年”奋斗目标的历史交会点上，广大党员干部要深刻领会“两个确立”的决定性意义，毫不动摇维护习近平同志党中央的核心、全党的核心地位，毫不动摇坚持习近平新时代中国特色社会主义思想指导地位，坚定历史自信，坚守理想信念，继续紧跟习近平总书记奋进实现第二个百年奋斗目标新征程。

**二、要把“两个确立”真正转化为做到“两个维护”的思想自觉、政治自觉和行动自觉**

当前，以习近平同志为核心的党中央团结带领中国人民踏上了实现第二个百年奋斗目标新的赶考之路。但中华民族伟大复兴绝不是轻轻松松、敲锣打鼓就能实现的，必须付出更为艰巨、更为艰苦的努力。在新的征程上，我们必须深刻领会“两个确立”的决定性意义，坚决捍卫“两个确立”，做到旗帜鲜明、坚决执行。

1. 坚决捍卫“两个确立”，必须提升政治“三力”。政治上的主动是最有利的主动，政治上的被动是最危险的被动。在中华民族伟大复兴战略全局和世界百年未有之大变局深度演进互动的复杂条件下，我们只有坚决捍卫“两个确立”，不断提升政治“三力”，才能准确识变、科学应变、主动求变，在危机中育先机、于变局中开新局。要提高政治判断力。判断意味着选择，选择关键在于标尺。党的十八大以来，习近平总书记站在“两个一百年”的历史交会点和中华民族伟大复兴的历史高度，对当前国际国内形势发展、我国新发展阶段目标任务、经济社会发展方略等作出了一系列具有远见卓识的重大论断，深刻阐明和平与发展仍然是时代主题，但国际形势的不稳定性不确定性明显增加；鲜明提出中国特色社会主义进入新时代，我国社会主要矛盾已经转化为人民日益增长的美好生活需要和不平衡不充分的发展之间的矛盾；明确指出我国经济发展进入新常态，已由高速增长阶段转向高质量发展阶段，等等，这些都体现出习近平总书记对时代脉搏的精准把握，对发展趋势的科学判断。总书记的新观点新论断就是我们开展政治判断的标尺和前提，要把习近平总书记的新观点新论断作为逻辑起点，在重大问题和关键环节上头脑特别清醒、眼睛特别明亮，保持政治立场不移、政治方向不偏。要提高政治领悟力。政治领悟力是政治判断力的深化，不仅要知道是什么，还要知道为什么。进入新时代，习近平总书记在科学判断发展形势的基础上，有针对性地谋划了一系列应对之策。比如，打好防范风险、精准脱贫、污染防治三大攻坚战，全力推进“三新一高”，我国不仅稳定保持了世界第二大经济体的地位，GDP突破100万亿元，而且人均GDP由1952年的119元提高到2020年7.2万元，增长了600倍。比如，坚持和完善中国特色社会主义制度、推进国家治理体系和治理能力现代化。根据美国《华盛顿邮报》和哈佛大学的调查数据显示，中国民众对中国共产党的认可度、满意度高达90%以上。比如，坚持“外防输入、内防反弹”，完善疫情常态化防控机制，不仅疫情防控和经济复苏走在全球前列，还形成了最全面、最严格、最彻底的“中国经验”。根据国家卫健委评估，从今年8月起我国新冠疫情防控已进入第三阶段，就是全链条精准防控的“动态清零”阶段，现在国内疫情防控扎实有效，保障了经济社会发展秩序井然。再比如，坚持党要管党、全面从严治党，从根本上扭转了管党治党宽松软的状况，党中央权威和集中统一领导得到空前加强，党风政风焕然一新。这些成绩的取得，殊为不易、极为不凡，更让我们深刻领会到总书记的伟大。踏上新征程，面对新挑战，我们更要深学细悟习近平总书记重要讲话和一系列重要指示批示精神，在研机析理、心领神会、意解情通上求深求细求实，真正学思悟贯通、知信行统一。要提高政治执行力。政治执行力是政治判断力和政治领悟力的落脚点。要经常同中央精神和市委要求对标对表，特别是与习近平总书记对天津工作“三个着力”重要要求和一系列重要指示批示精神、与两次深入滨海新区视察作出的重要指示对标对表，审示我们是否贯彻到位、还有哪些不足，知责于心、担责于身、履责于行，确保中央精神和市委部署落地见效。要坚持把习近平总书记重要指示批示作为党内政治要件，完善台账管理、督导督办、定期检查等工作闭环，做深做实政治监督，做到党中央提倡的坚决响应、党中央决定的坚决执行、党中央禁止的坚决不做。

2. 坚决捍卫“两个确立”，必须学史明理学史增信学史崇德学史力行。党的十九届六中全会作出“两个确立”的重大论断，为巩固党史学习教育成果赋予了更为深厚的内涵、注入更为强劲的动能。要把党史学习教育与坚决捍卫“两个确立”结合起来，推进党史学习教育走深走实。明理要更清晰。坚持多读原著、勤学原文、深悟原理，从百年党史中深刻认识党在革命、建设、改革各个历史时期创造的伟大成就和丰富经验，系统掌握我们党怎样经过反复比较和总结，历史地选择了马克思主义、选择了社会主义道路，开创和发展中国特色社会主义。特别是要深刻感悟进入新时代，是习近平总书记率领我们创造了经济快速发展和社会长期稳定“两大奇迹”，取得了一系列重大理论成果、实践成果、制度成果，进一步明白中国共产党为什么“能”、马克思主义为什么“行”、中国特色社会主义为什么“好”的道理，从而更加坚定马克思主义的强大真理力量；牢记习近平新时代中国特色社会主义思想是当代中国马克思主义、21世纪马克思主义的真理，从而更加坚定共产主义理想必然实现。增信要更执着。我们紧跟习近平总书记开创了中国特色社会主义新时代、夺取了实现第一个百年奋斗目标的伟大胜利。新的征程上，有领袖核心领航、科学思想指引，有中国特色社会主义的制度优势，有新中国成立以来特别是改革开放以来积累的雄厚物质基础，我们比历史上任何时候都更接近、更有能力实现中华民族伟大复兴目标。我们要坚定对习近平新时代中国特色社会主义思想的信仰、对中国特色社会主义的信念、对中华民族伟大复兴的信心，这是我们应有的政治立场、政治信念、政治忠诚。崇德要更坚定。坚持人民至上是党百年奋斗形成的重要历史经验，实现共同富裕是一代代中国共产党人的美好愿望与不懈追求。从“打土豪、分田地”到“半条被子”的故事，从开展“发展经济、保障供给”的大生产运动，到全面取消存在2600多年的农业税，再到党的十八大以来制定关于收入、就业、教育、社会保障一系列举措，充分彰显了我们党的初心使命，更加证明了我们党百年来促进全体人民共同富裕的理想追求。我们要坚守“为中国人民谋幸福、为中华民族谋复兴”之大德，始终秉持人民至上的理念，倾心为企业、为群众、为基层办实事，走好新时代群众路线，把以人民为中心的思想植根心底、付诸行动，让人民获得感成色更足、幸福感更可持续、安全感更有保障。力行要更自觉。党史学习教育最重要的是“力行”，力行是明理、增信、崇德的归宿。要把学习中央全会精神与总结经验、观照现实、推动工作结合起来，围绕区第四次党代会确定的目标任务，抓好经济运行、招商引资、常态化疫情防控、民生保障、安全生产等各项工作，把党史学习教育成果转化为推进高质量发展的实际成效。

3. 坚决捍卫“两个确立”，必须立足新发展阶段、践行新发展理念、构建新发展格局、推进高质量发展、逐步实现共同富裕。旗帜鲜明坚决捍卫“两个确立”，关键是知行合一，担当作为坚决执行。新区要坚持党建引领共同缔造，深入实施“五大战略”、全力推进“四大工程”，全面建设宜居宜业美丽“滨城”，加快打造新时代高质量发展示范区。一要坚定不移更高品位建设美丽“滨城”。深刻把握构建“双城”发展格局的难得机遇，统筹生产、生活和生态三大布局，加快建设生态、智慧、港产城融合的宜居宜业美丽“滨城”。要坚持职住平衡、港产城融合、城乡一体，科学统筹空间、规模、产业三大结构，推动城市基础配套按人口规模配置、与产业发展协同，不断提高综合承载能力；要坚持组团发展的规划布局，突出港产城融合和“海”“河”融汇的优势，打造“一核两副双港多组团”城市空间布局，坚持城市建设不“摊大饼”，避免“大城市病”，建设产城融合、职住平衡的紧凑型城市；要坚持经营城市的发展思维，聚焦“滨城”建设“十大工程”，推动城市开发模式从重开发轻运营向PPP+TOD等市场化综合开发模式转变，用财政资金的小比例投入拉动社会资本的大规模投入，打造经济发展与民生改善的良性循环，实现城市精明增长。二要坚定不移更高标准推进高质量发展。围绕新区实体经济发展优势，推动战略性新兴产业培育与传统支柱产业转型并举，全力打造国家先进制造研发基地中心区。要把科技自立自强作为战略支撑，加快构建“一心三室四谷”创新体系，高标准打造信创、细胞生态、合成生物学三个海河实验室，建设“新型研发机构＋科研院所＋科创园区＋企业创新”多层级创新载体，鼓励引导企业进一步加大研发投入，持续提升创新主体作用，扩大新区在科技创新领域的领跑优势。完善适应高质量发展的人才制度体系，努力实现更多“从0到1”的科研突破，助力产业实现更多“1到N”的创新飞跃；要把发展新兴产业作为重中之重，聚焦“1+3+4”主导产业，以“4-2-1”产业布局为指引，以市场需求为导向，全面实施“链长制”，推动“政、产、学、研、用、金、服”七要素高效联动，坚定主导产业发展方向，保持巩固主导产业链上企业数量及产值持续增长势头，实现传统产业数字化、智能化、绿色化发展，抢抓智能科技等新兴产业制高点，不断提升新动能能级；要把绿色低碳发展作为鲜明导向，实施全方位的低碳绿色生产生活方式，开发利用光、风、氢等绿色清洁能源，提升工业园区集群循环化发展水平，构建一碳排放交易所、一低碳中心、一规范标准，一绿色金融、一双碳大厦、一产业（人才）联盟的“双碳”支撑架构，打造“双碳”发展先导区，力争到2021年底实现新能源产业产值突破1000亿元，到“十四五”末实现风电、光电年发电量突破5兆瓦，让全区四分之一以上发电设备实现“零碳”排放。三要坚定不移更大力度深化改革开放。切实承担起改革开放先行区的重大责任，当仁不让、主动作为，要以更大魄力深化改革、扩大开放。要坚持解放思想，进一步打开脑袋上的“津门”，坚决破除传统思维定式、角色定式和工作定式，“闯”字当头、“创”字为要、“干”字当先，逢山开路、遇水架桥，以思想的大解放推动改革开放的大突破；要系统改革攻坚，在法定机构、要素市场化、市场主体、街镇经济等重点领域改革的基础上，更加注重改革措施的系统集成，推动改革从点上突破到全面深化，不断提高改革的整体效能；要全面扩大开放，深度融入京津冀协同发展和“一带一路”建设，积极参与国内统一大市场构建，全力打造天津港、自贸区等高水平对外开放平台，以大开放推动大循环，在新发展格局中体现担当、展现作为。四要坚定不移更高水平促进共同富裕。树牢以人民为中心的发展理念，多谋民生之利，多解民生之忧，更好满足人民对美好生活的向往。要持续提升公共服务质量，加强普惠性、基础性、兜底性民生建设，为群众提供更高质量的教育医疗服务，完善覆盖全民、统筹城乡、公平统一、可持续的多层次社会保障体系，让发展成果更多更公平惠及全体人民。要持续提高群众收入水平，深入落实党中央国务院关于全面推进乡村振兴、加快农业农村现代化的意见，大力发展街镇经济，不断提升农民群众收入水平；健全实现更充分更高质量就业的促进机制，多措并举构建三次分配制度体系，大力提升农民的人均收入，促进街镇经济发展，推进乡村振兴和城乡一体发展。要持续丰富群众精神文化生活，全力推进文化繁荣工程，常态长效推进文明城市建设，把更多文化资源向基层倾斜，让“滨城”文化展现独特魅力。要持续创新社会治理，综合发挥“五治”并举支撑作用，打造“五共”社会治理共同体，深入开展市域社会治理现代化试点创建，建设法治滨海、平安滨海，成为全国社会治理现代化建设示范区。

4. 坚决捍卫“两个确立”，必须充分激发党员干部干事创业的昂扬斗志。党员干部是党和国家发展的中坚力量，事关党和人民事业发展的根本性问题。在新的“赶考”路上，我们要发扬党的光荣传统和优良作风，建设一支素质过硬、作风优良、敢于担当的干部队伍，为坚决捍卫“两个确立”提供坚强的队伍保障。要建强队伍。把政治标准贯穿于干部选拔任用各环节、全过程，严明政治纪律和政治规矩，严把政治首关，首关不过，余关莫论。把实践锻炼作为提升干部专业化能力的重要渠道，重事功、练事功、善事功，自觉提高“八个本领”“七种能力”，练就干事创业硬脊梁、铁肩膀、真本事，做坚决捍卫“两个确立”的忠诚践行者。要主动奋斗。

中国特色社会主义进入新时代，党和国家事业取得一系列历史性成就、发生历史性变革，根本在于我们党发扬历史主动精神，始终掌握事业发展的历史主动。要深刻把握伟大历史主动精神的丰富内涵，遵循历史客观规律，聚焦改革发展稳定各项工作，以更加昂扬的“二次创业”奋斗激情，迈进新征程、建功新时代。要担当作为。党员干部唯有敢于担当、勇于作为，才能担负起党和人民所赋予的伟大使命。要强化政治担当，发扬斗争精神，增强斗争本领，敢于同各种违反党性原则、危害党的肌体的思想和行为作斗争；要强化历史担当，引导干部本职工作敢担当、创新发展敢担当、关键时刻敢担当，要接好历史接力棒，一张蓝图绘到底；要为担当者担当，充分发挥“三考合一”指挥棒的作用，持续推进鼓励激励、容错免责、能上能下机制落实落地，为敢于坚持原则、敢于担当的干部撑腰鼓劲、当好坚强“后盾”。

## 天津市滨海新区人民代表大会关于保障和促进加快建设美丽“滨城”的决定

（2021年1月15日天津市滨海新区第三届人民代表大会第八次会议通过）

为全面贯彻落实中共天津市滨海新区第三届委员会第十三次全体会议精神和《中共天津市滨海新区委员会关于加快建设美丽“滨城”的实施意见》的安排部署，统一全区人民意志，凝聚社会各方力量，发扬“二次创业”的奋斗精神，推动完成区委确定的工作任务，共同书写好新时代滨海新区高质量发展的新答卷，现就保障和促进加快建设美丽“滨城”，作出如下决定：

**一、广泛凝聚共识，增强加快建设美丽“滨城”的政治自觉和行动自觉**

加快建设美丽“滨城”，是市委市政府落实京津冀协同发展战略、助力打造世界级城市群的战略布局，也是区委贯彻落实市委打造“津城”“滨城”双城发展格局决策部署的重大举措，更是区委坚持人民至上、满足人民日益增长的美好生活需要的实际行动，为滨海新区实现高质量发展确立了目标、指明了方向，具有很强的政治性、战略性、指导性和可操作性。全区各级国家机关、企事业单位、人民团体和全区人民要把思想和行动统一到区委的决策部署上来，坚持稳中求进的工作总基调，立足新发展阶段，贯彻新发展理念，构建新发展格局，切实增强使命感、责任感和紧迫感，接续奋斗、顽强拼搏，掀起加快建设美丽“滨城”新高潮。

**二、明确奋斗目标，坚定加快建设美丽“滨城”的前行步伐**

加快建设美丽“滨城”，必须把握好目标任务，即到2025年，把滨海新区基本建设成为生态、智慧、港产城融合的宜居宜业美丽滨海新城。

加快建设美丽“滨城”，必须始终坚持“六个基本原则”，即坚持党的全面领导，坚持以人民为中心，坚持新发展理念，坚持改革开放创新，坚持系统观念，坚持总体安全理念。

加快建设美丽“滨城”，必须突出实施“五大战略”、打造“四大工程”，即实施“创新立区”战略、“制造强区”战略、“改革活区”战略、“开放兴区”战略和“环境优区”战略，打造“民生福祉工程”“文化繁荣工程”“乡村振兴工程”和“社会治理工程”。

加快建设美丽“滨城”是新时代推动滨海新区实现高质量发展的重大决策，全区上下要坚定目标不动摇，鼓足干劲勇拼搏，以“功成不必在我、建功必定有我”的精神境界和历史担当，立足岗位，投身实践，为加快建设美丽“滨城”贡献力量。

**三、积极开拓进取，全面落实加快建设美丽“滨城”的决策部署**

区人民政府、区监察委员会、区人民法院、区人民检察院要充分发挥职能作用，围绕既定目标“同频共振”，全面贯彻落实加快建设美丽“滨城”的各项部署。

区人民政府要切实强化组织实施，研究制定“施工图”“时间表”，细化分工，压实责任；要围绕法治政府建设，进一步深化重点领域和关键环节改革，完善行政执法体制机制，加快建设信用体系，打造一流营商环境；要担当作为，拿出“杀出一条血路”的勇气和攀岩精神，抓住“二次创业”窗口期，兴起“二次创业”热潮，努力开创美丽“滨城”建设新局面。

区监察委员会、区人民法院、区人民检察院要找准服务保障美丽“滨城”建设的结合点和着力点，依法履行监察、审判、检察职能，增强围绕中心、服务大局的意识，为滨海新区改革发展营造良好的法治环境和稳定的社会环境。

**四、坚持“共同缔造”，不断汇聚加快建设美丽“滨城”的强大合力**

秉承人民城市人民建、人民城市为人民的理念，进一步宣传教育发动全区人民，充分调动全社会力量，更好推行决策共谋、发展共建、建设共管、效果共评、成果共享。全体区人大代表要率先垂范，切实增强履职意识，积极执行代表职务。要充分发挥联系人民群众的桥梁纽带作用，广泛宣传加快建设美丽“滨城”的重大战略意义，积极建言献策，投身到美丽“滨城”建设中去。全区人民要始终保持昂扬的斗志、必成的决心、拼搏进取的状态和舍我其谁的气魄，把坚持“共同缔造”理念作为“二次创业”的强大动力支撑，缔造出美丽滨海、幸福之区。

**五、依法履职尽责，充分发挥加快建设美丽“滨城”的法治保障作用**

区人大及其常委会要依法履行职责，把人大工作纳入到美丽“滨城”建设中去谋划和推进。要发挥法治保障、引领和推动作用，用好市人大授权，积极开展制度创新，为加快建设美丽“滨城”提供有力支撑。要依法行使好重大事项决定权，及时作出决定决议，将加快建设美丽“滨城”的重大决策转化为全区人民的共同意志和自觉行动。要落实正确监督、有效监督的总要求，坚持目标导向、问题导向、需求导向、结果导向，进一步加强和改进监督工作，确保督出质量，督出成效，督出发展，为美丽“滨城”建设助力赋能。

区人大及其常委会要加强对本决定贯彻执行情况的监督检查，定期听取区人民政府执行决定的情况报告，持续推动美丽“滨城”建设。

# 天津市滨海新区国民经济和社会发展第十四个五年规划和二〇三五年远景目标纲要

“十四五”时期(2021—2025年)，是滨海新区在全面建成高质量小康社会的基础上，开启全面建设社会主义现代化建设先行区新征程的第一个五年。科学编制并实施好国民经济和社会发展第十四个五年规划，对于落实“双城”发展布局，推进“二次创业”，实现新时代高质量发展，加快建设生态、智慧、港产城融合的宜居宜业美丽滨海新城具有重要意义。

根据中央和市委关于制定国民经济和社会发展第十四个五年规划建议的精神，按照《中共天津市滨海新区区委关于制定滨海新区国民经济和社会发展第十四个五年规划和二〇三五年远景目标的建议》，编制《天津市滨海新区国民经济和社会发展第十四个五年规划和二〇三五年远景目标纲要草案》。本纲要将“十四五”规划与二〇三五年远景目标统筹考虑，主要阐明“十四五”时期的发展目标、发展重点、发展任务和政策取向，是市场主体的行为导向，是政府履行职责的重要依据，是未来滨海新区发展的宏伟蓝图，是全区人民共同奋斗的行动纲领。

## 第一章 全面建成高质量小康社会开启全面建设社会主义现代化建设先行区新征程

“十四五”时期，滨海新区必须立足新发展阶段，准确把握国内外发展环境和条件的深刻变化，深入贯彻新发展理念，推动高质量发展，在服务构建新发展格局中展现滨海新作为，为全面建设社会主义现代化建设先行区开好局、起好步。

### 第一节 发展基础

“十三五”时期是滨海新区发展历程中极不平凡的五年。五年来，全区各方面坚持以习近平新时代中国特色社会主义思想为指导，增强“四个意识”、坚定“四个自信”、坚决做到“两个维护”，认真落实习近平总书记对天津工作提出的“三个着力”重要要求和一系列重要指示批示精神，扎实推进“五位一体”总体布局和“四个全面”战略布局，按照市委、市政府决策部署，坚持稳中求进工作总基调，坚持以供给侧结构性改革为主线，坚决贯彻新发展理念，坚定不移推进新时代高质量发展，较好完成了“十三五”规划确定的目标任务，全面建成高质量小康社会取得决定性成就，为建成生态、智慧、港产城融合的宜居宜业美丽滨海新城奠定了坚实基础。

国家战略深入实施。积极承接北京非首都功能疏解，累计引进北京项目3283个，协议投资额超过9100亿元。承接载体不断优化提升，滨海—中关村科技园累计注册企业2012家，南港工业区一批优质项目签约落户，未来科技城京津合作示范区加快建设。合作共建滨唐、滨沧示范产业园。津秦、津保高铁相继开通，京津城际延伸线建成并实现公交化运营，京津冀“一小时”交通圈基本形成。“一带一路”战略支点作用持续增强，世界一流智慧港口、绿色港口、枢纽港口建设全面加快，天津港雄安新区服务中心挂牌成立，建成京津冀港口智慧物流协同平台，在全国率先实现区域通关一体化。天津港“一港六区”实现统一运营管理，集装箱吞吐量突破1800万标准箱。泰达苏伊士经贸合作区加快建设，建成高水平中埃经贸合作示范区。

质量效益显著提升。新动能引育不断加快，形成新一代信息技术、汽车和机械装备制造、石油化工、新能源新材料等4个千亿级产业集群，集聚38家百亿级企业，建成8个国家新型工业化产业示范基地。国家海洋经济创新发展示范城市加快推进。战略性新兴产业快速成长，工业战略性新兴产业增加值占规模以上工业增加值达到26.4%，高技术制造业增加值占规模以上工业增加值达到17.3%，高技术服务业及以互联网和相关服务业为代表的现代新兴服务业增加值占全区服务业增加值比重达到42.5%。新业态新模式加速聚集，金融、类金融机构2700余家，沪深港上市企业41家，亚洲基础设施投资银行天津灾备中心落户新区。国家租赁创新示范区建设加快推进，各类融资租赁公司达到1744家，总资产突破1万亿元。飞机、船舶、海工平台等跨境租赁业务总量占全国的80%以上，成为全球第二大飞机租赁聚集地。出台全国首个商业保理监管办法。平台经济快速发展，跨境电商综合试验区建设提速升级。平行进口汽车保持全国65%以上占比。建成国家动漫产业综合示范园、国家数字出版基地等8个国家级园区。

创新要素加快集聚。重大科技创新平台加快发展，一批高水平科研机构、创新平台落户新区，市级以上研发机构518家，国家级众创空间21家。创新主体规模不断壮大，构建"雏鹰—瞪羚—领军"企业梯度培育机制，国家高新技术企业达到3270家，独角兽企业、领军（培育）企业、瞪羚和雏鹰企业超过1600家。科技攻关取得重大成果，新一代超级计算机、飞腾麒麟"PK体系"、12英寸单晶硅片、全球首款软件定义互连芯片和内生安全交换芯片等核心关键技术实现重大突破，26项科技成果获得国家科学技术奖。人才强区战略扎实推进，成立信创、生物制造等8个产业（人才）联盟，驻区两院院士、特贴专家、突出贡献专家等高层次人才1123人。建成中国（滨海）知识产权保护中心，有效发明专利累计达到1.1万件。

改革开放不断深化。营商环境显著改善，"不为不办找理由、只为办好想办法"深入人心，在国家级新区营商环境考核评价中处于前列。持续深化"放管服"改革，承接市级事权622项，凡开发区能承接的全部下放，实现"滨海事滨海办"。295个审批事项全部下沉街镇，实现"滨海通办、滨海统办"。深化"一制三化"改革，政务服务事项"一网通办""最多跑一次"成为常态。全国首创信用承诺审批分级管理，率先推行"一企一证"综合改革。市场主体达到27.7万户，比2015年翻了一番。区级机构改革、国企改革稳步推进，开发区法定机构改革取得重大突破性成效。自贸试验区累计实施478项制度创新举措，37项试点经验和实践案例在全国复制推广，自由贸易账户设立主账户800余个，收支规模超千亿元。出口加工区、保税物流园区、东疆保税港区转型升级为综合保税区。完成全国首单二手商用车出口，全国首个海关区块链验证系统上线运行。

城市功能快速提升。以海港、空港为枢纽，高速公路、高速城际铁路以及快速路、快速轨道为骨架的立体综合交通体系基本形成。绕城高速全线贯通，北海路地道、港城大道北环铁路桥、世纪大道东延、中央大道南延、寨上大桥等路桥工程竣工，津石高速天津东段、塘承高速滨海新区段、轨道交通B1线、Z4线等加快建设。建成全国首个绿色驱动公交服务网络，新开公交线路34条，施划停车泊位9.7万个，群众出行更加便捷。改造农村电网321千米，建成5G基站2900个，核心区实现5G网络全覆盖。改造燃气管网168千米、供热管网67千米。综合整治老旧小区89个、背街里巷11条。大力推行垃圾分类，分类投放、分类运输、分类处置体系基本形成。建成智慧滨海运营中心，搭建"1+4+N"智慧城市管理平台。

生态环境显著改善。"蓝天、碧水、净土"三大保卫战全面实施，空气环境质量和污水处理达标率居全市前列，2020年$PM_{2.5}$浓度49微克/米$^3$，比2015年下降30%，空气优良天数比率提高5.3个百分点。新建、扩建污水处理厂5座，提标改造26座，城镇污水集中处理率95%以上。土壤环境质量总体稳定。"871"生态工程加快推进，北大港湿地保护区列入国家重要湿地名录，双城间绿色生态屏障建设完成造林1.8万亩。打好渤海综合治理攻坚战，12条入海河流全部消劣，修复岸线8.8千米、海洋湿地647公顷，高水平完成近岸海域水质考核指标，153千米海岸线生态功能不断提升。建成郊野公园、街心公园36座，建成区绿化覆盖率39.2%，人均公园绿地面积12.8平方米。构建了全天候、立体式"人防+技防"野生动物保护体系。

民生保障不断增强。每年实施20项民心工程，成功创建全国文明城区和全国卫生城区，国家公共文化服务体系示范区通过验收。社会保障体系不断完善，累计新增就业63.4万人，城镇登记失业率控制在3.5%以内，基本养老、基本医疗、工伤、失业保险待遇稳步提高。建成养老机构12个、老年日间照料中心133家，养老服务床位累计达8000张，"老人家食堂"实现社区服务全覆盖。建设各类保障性住房1.7万套，实施28片2.2万户棚户区改造，全面完成2697户农村困难群众危房改造。退役军人服务保障体系基本建立。社会事业蓬勃发展，新建、改扩建中小学、幼儿园79所，天津茱莉亚学院、南开中学滨海学校、市第五中心医院、第二老年养护院、国家海洋博物馆、滨海文化中心等一批优质教育医疗、健康养老、文化休闲项目投用。中新生态城入选国家全域旅游示范区。21个街镇、415个村居实现综合文化服务中心全覆盖。推行全域全科网格化管理，构建了“三位一体”的闭环式便民服务系统。乡村振兴战略扎实推进，农业产业结构不断优化，农村人居环境明显改善，农民生活质量显著提高。建立“街镇吹哨、部门报到”工作机制，突出抓好南北“两翼”发展,城乡差距逐渐缩小。高标准完成扶贫协作和对口帮扶工作，精准脱贫攻坚战圆满收官。安全生产形势总体稳定，平安滨海建设取得扎实成效。依法治区深入推进，行政执法监督平台被评为全国示范项目。新冠肺炎疫情防控取得重大战略成果，统筹推进疫情防控和经济社会发展实现双胜双赢。

同时，新区也处在负重前行、爬坡过坎、滚石上山的紧要关头，“双城”布局尚在起步阶段，民生领域存在短板，城乡发展不平衡问题依然存在；脑袋上的“津门”尚未完全打开，敢闯敢试、敢为人先的魄力不足；新旧动能转换不够快，战略性新兴产业对高质量发展的支撑作用不强；各类风险隐患依然存在，生态保护任重道远。

### 第二节 发展环境

“十四五”时期，新区发展的外部环境和内部条件发生复杂而深刻的变化，不确定性更大、风险挑战更多，但总体上仍处于重要战略机遇期。

从国际看，当今世界正经历百年未有之大变局，新一轮科技革命和产业变革深入发展，国际力量对比深刻调整，新冠肺炎疫情影响广泛深远，经济全球化遭遇逆流，世界进入动荡变革期，单边主义、保护主义、霸权主义对世界和平与发展构成威胁。同时,《区域全面经济伙伴关系协定》（RCEP）全面签署，中欧投资协定谈判如期完成，为我国更高水平对外开放，更好统筹国内国际两个市场、两种资源、打造国内国际双向循环的资源配置枢纽，带来重大机遇。

从国内看，我国进入全面建设社会主义现代化国家、向第二个百年奋斗目标进军的新发展阶段，正在加快形成以国内大循环为主体、国内国际双循环相互促进的新发展格局。在新的发展格局中，我国制度优势显著，社会大局稳定，治理效能提升，经济长期向好，物质基础雄厚，人力资源丰富，市场空间广阔，发展韧性强劲，继续发展具有多方面的优势和条件。

从全市看，天津开启全面建设社会主义现代化大都市新征程，“津城”“滨城”双城发展布局正在加速形成，依托改革开放先行区、金融创新运营示范区、自由贸易试验区、国家自主创新示范区等先行先试的优越条件，充分发挥区位、产业、港口、交通等方面优势，打造国内大循环的重要节点、国内国际双循环的战略支点。

从新区看，新区肩负国家与天津市赋予实现高质量发展的重要使命，市委市政府持续放权赋能、续航加油、升级加力，倾力支持新区在落实新发展理念中率先突破。经过多年发展，新区积累了雄厚基础，开发区优势突出，街镇发展潜力大，先行先试效应加快显现，开放型经济体系日益完善，城市的承载力和吸引力不断提升。

综合判断，“十四五”时期新区完全有能力、有条件抢抓改革开放、创新转型、区域协调发展的新机遇，在危机中育先机、于变局中开新局，释放改革开放新红利，激发经济发展新活力，努力实现更高质量、更有效率、更加公平、更可持续、更为安全的发展，在新发展格局中展现滨海新作为，奋力开启全面建设社会主义现代化建设先行区新征程，再创滨海辉煌。

### 第三节 二〇三五年远景目标

按照市委十一届九次全会确定的基本建成社会主义现代化大都市的远景目标要求，到二〇三五年，滨海新区基本建成综合实力强劲、人民和谐幸福、具有独特魅力、国际化程度领先的社会主义现代化建设先行区，“一基地三区”核心区、高质量发展示范区、“双城”发展布局全面形成。城市综合实力大幅提升，智慧港口、绿色港口、枢纽港口建设达到世界一流水平，成为京津冀世界级城市群的重要支点；自主创新能力居于全国前列，核心产业竞争力处于全国第一方阵，成为国家先进制造研发中心示范区；实现治理体系和治理能力现代化，建成法治滨海、法治政府、法治社会；建成文化强区、教育强区、人才强区、健康新区，国民素质和社会文明程度达到新高度；广泛形成绿色生产生活方式，生态环境根本好转，实现宜居宜业美丽滨海新城建设目标；形成对外开放新格局，成为国内大循环北方枢纽、国内国际双循环重要战略支点；人均国内生产总值居于全国前列，基本公共服务实现均等化，城乡发展一体化；人民生活更加幸福，实现人的全面发展、全体人民共同富裕。

## 第二章 “十四五”时期滨海新区经济社会发展指导思想和主要目标

### 第一节 指导思想

高举中国特色社会主义伟大旗

帜，坚持以习近平新时代中国特色社会主义思想为指导，全面贯彻党的十九大和十九届二中、三中、四中、五中全会精神，统筹推进“五位一体”总体布局，协调推进“四个全面”战略布局，深入落实习近平总书记对天津工作提出的“三个着力”重要要求和一系列重要指示批示精神，增强“四个意识”，坚定“四个自信”，做到“两个维护”，按照市委、市政府决策部署，坚定不移贯彻新发展理念，坚持稳中求进工作总基调，以推进高质量发展为主题，以深化供给侧结构性改革为主线，以改革创新为根本动力，以满足人民日益增长的美好生活需要为根本目的，统筹发展和安全，加快推进京津冀协同发展，坚持“创新立区、制造强区、改革活区、开放兴区、环境优区”，加快构建现代化经济体系，推进治理体系和治理能力现代化，努力实现“一基地三区”核心区功能定位，打造国内大循环北方枢纽和国内国际双循环重要战略支点、高质量发展示范区、社会主义现代化建设先行区，基本建成生态、智慧、港产城融合的宜居宜业美丽滨海新城。

## 第二节 基本原则

坚持党的全面领导。坚持和完善党领导经济社会发展的体制机制，不断提高贯彻新发展理念、构建新发展格局的能力和水平，确保党始终总揽全局、协调各方，为实现高质量发展提供根本保证。

坚持以人民为中心。坚持人民至上，坚持共同富裕，把增进人民福祉、促进人的全面发展作为出发点和落脚点，发展人民民主，维护社会公平正义，保障人民平等参与、平等发展权利，让全区人民有更多获得感、幸福感、安全感。

坚持新发展理念。把新发展理念贯穿发展全过程和各领域，用新发展理念指导解决新发展格局中的突出问题，推动质量变革、效率变革、动力变革，实现更高质量、更有效率、更加公平、更可持续、更为安全的发展。

坚持深度实施国家战略。着眼于构筑新时代发展战略优势，围绕高质量发展目标，以打造服务京津冀协同发展和共建“一带一路”的战略支点为使命，创造性的贯彻落实中央战略部署，在服务全国发展大局中展现滨海新作为。

坚持“滨城”发展战略。深度落实“津城”“滨城”双城发展布局，树立经营城市理念，坚持精准规划、推进精致建设、强化精细管理，营造精美环境，显著增强城市综合配套能力，全面提升城市品质和竞争力。

坚持深化改革开放创新。坚持“闯”字当头、“干”字当先、“创”字为要，保持创新的闯劲、敢为天下先的胆识、深化体制机制创新的锐气，以改革创新作为永远的基因和血脉，坚决破除制约发展的瓶颈难题和深层次矛盾，使改革开放创新成为推动“二次创业”的强大动力和不竭源泉。

坚持总体安全。牢固树立安全发展理念，把握好安全和发展“两个轮子一起转”的大方向，提升本质安全水平，构建政治安全、经济安全、社会安全、科技安全、生态安全等于一体的安全体系，全面提高防范风险和应急处置能力，打造有利于经济社会发展的和谐环境。

坚持系统观念。加强前瞻性思考、全局性谋划、战略性布局、整体性推进，牢固树立一盘棋思想，推动系统性、集成性改革创新，推动开发区、各部门、街镇同频共振，统筹改革发展稳定安全的关系，实现发展质量、结构、规模、速度、效益、安全相统一。

## 第三节 主要目标

着眼于二〇三五年基本建成社会主义现代化建设先行区的远景目标，综合考虑新区发展的机遇、优势、条件，坚持守正和创新相统一，今后五年经济社会发展努力实现以下目标。

——“一基地三区”核心区功能基本实现。“1+3+4”产业规模效益明显提升，产业生态不断完善，战略性新兴产业成为拉动增长的主引擎，打造若干具有国家创新引领力的产业集群，国家先进制造研发中心示范区加快建设。北方国际航运枢纽地位更加凸现，智慧港口、绿色港口、枢纽港口建设取得重大突破。金融服务实体经济的能力和水平显著增强，形成更加健康良性的金融生态环境。改革开放取得新成效，助推国内大循环和国内国际双循环的体制机制加快建立，更高水平开放型经济新体制基本形成，发展要素市场化改革取得突破性进展，国有企业、“放管服”等重点领域和关键环节改革持续深入推进，营商环境走在全国前列。

——美丽滨海新城基本建成。“一主两副六组团”一核多点城市空间布局更加优化，城市公共服务和基础配套能力显著增强，数字城市、智慧滨海成果显著，港口经济、海洋经济、贸易产业质量效益明显提升，产城融合、职住平衡，生态、智慧、港产城融合的宜居宜业美丽滨海新城基本建成。

——经济高质量发展迈上新台阶。新发展理念得到全面贯彻，在质量效益明显提升的基础上实现经济持续健康发展。创新能力显著提升，新动能进一步壮大。现代服务业和先进制造业双轮驱动成效显著，产业基础高级化、产业链现代化水平明显提高，现代产业新体系基本形成，在全市发展中的龙头引擎和辐射带动作用更加突出。

——社会文明程度得到新提高。社会主义核心价值观深入人心，全国文明城区创建成果不断巩固发展，市民思想道德素质、科学文化素质、身心健康素质全面提升，向上向善、重信守诺的社会风尚更加浓厚，“二次创业”精神更加凝聚，公共文化服务体系和文化产业体系更加健全，城市文化软实力明显增强。

——生态文明建设实现新突破。国土空间开发保护格局得到优化，生产生活方式绿色转型成效明显，能源资源配置更加合理。“一带、一屏、五廊”生态格局全面完成，“871”生态建设工程取得重大进展，“蓝色海湾”整治修复效果明显，主要污染物排放总量持续减少，生态环境质量显著改善，城乡人居环境更加绿色宜居，实现人与自然和谐共生。

——民生福祉达到新水平。优质公共服务供给不断均衡普惠，教育、卫生、文化短板全面补齐，社会保障能力持续增强，实现更加充分更高质量的就业，乡村振兴战略全面推进，居民收入和经济增长基本同步，人民对美好生活的新需求得到更好满足。

——治理效能得到新提升。社会主义民主法治更加健全，依法治理能力和治理体系明显提高，防范化解重大风险体制机制不断健全，突发公共事件应急能力显著增强，共同缔造理念深入人心，社会治理水平和发展安全保障更加有力。

**专栏1　“十四五”时期经济社会发展主要指标**

| 序号 | 指标名称 | 2020年 | 2025年 | 属性 |
|---|---|---|---|---|
| | 港产城融合 | | | |
| 1 | 地区生产总值增长率（%） | 2左右 | 6.5以上 | 预期性 |
| 2 | 一般公共预算收入年均增速（%） | 2.5 | 7以上 | 预期性 |
| 3 | 累计固定资产投资总额（亿元） | 1900 | [12000] | 预期性 |
| 4 | 全员劳动生产率（万元/人） | 44.37 | 50.51 | 预期性 |
| 5 | 常住人口城镇化率（%） | 95.87 | 96.5 | 预期性 |
| 6 | 制造业增加值占地区生产总值比重（%） | 22 | 25以上 | 预期性 |
| 7 | 工业战略性新兴产业增加值占全区规上工业增加值比重（%） | 26.4 | 41以上 | 预期性 |
| 8 | 高技术（制造业）增加值占全区规模以上工业增加值比重（%） | 17.3 | 32以上 | 预期性 |
| 9 | 高技术服务业及以互联网和相关服务业为代表的现代新兴服务业增加值占全区服务业增加值比重（%） | 42.5 | 44以上 | 预期性 |
| 10 | 全区市场主体数量（万家） | 27.7 | 46 | 预期性 |
| 11 | 外贸进出口总额（亿元） | 5783 | 6500 | 预期性 |
| 12 | 天津港集装箱吞吐量（万标准箱） | 1835 | 2200 | 预期性 |
| | 宜居宜业 | | | |
| 13 | 全区居民人均可支配收入增长（%） | 3.5 | 与经济增长基本同步 | 预期性 |
| 14 | 城镇登记失业率（%） | 3.5以内 | 控制在3.5以内 | 预期性 |
| 15 | 新增劳动力平均受教育年限（年） | 15.34 | 15.5 | 预期性 |
| 16 | 每千人口拥有执业（助理）医师数（人） | 3.37 | 3.5 | 预期性 |
| 17 | 基本养老保险参保人数（万人） | 154 | 167 | 预期性 |
| 18 | 学前三年毛入园率（%） | 88 | 92以上 | 预期性 |
| 19 | 人均期望寿命（岁） | 83.03 | 83.28 | 预期性 |
| 20 | 粮食综合生产能力（万吨） | 9.15 | 10 | 预期性 |
| 21 | 油气勘探开发能力（万吨） | 3500 | 4000 | 预期性 |
| | 生态 | | | |
| 22 | 单位GDP能源消耗降低（%） | [完成市下达任务] | [完成市下达任务] | 约束性 |

| 序号 | 指标名称 | 2020年 | 2025年 | 属性 |
|---|---|---|---|---|
| 23 | 单位GDP二氧化碳排放降幅（%） | 〔完成市下达任务〕 | 〔完成市下达任务〕 | 约束性 |
| 24 | 空气优良天数比例（%） | 67.5 | 完成市下达任务 | 约束性 |
| 25 | 地表水达到或好于III类水体比例（%） | -- | 完成市下达任务 | 约束性 |
| 26 | 森林覆盖率（%） | 5.44 | 6.53 | 约束性 |
| | 智慧 | | | |
| 27 | 研发支出与地区生产总值之比（%） | 3.25 | 与全市保持一致 | 预期性 |
| 28 | 国家高新技术企业数量（家） | 3270 | 5800 | 预期性 |
| 29 | 每万人口拥有高价值发明专利数（件） | 18 | 24 | 预期性 |
| 30 | 政务服务“网上办”占比（%） | 80 | 95 | 预期性 |

注：〔 〕内数据为五年累计数。

## 第三章 深度实施重大国家战略 打造京津冀协同发展和共建“一带一路”战略支点

坚持把深度实施重大国家战略作为重要政治任务和历史机遇，紧紧抓住疏解北京非首都功能这个“牛鼻子”，主动融入“一带一路”，加快北方国际航运核心区建设，增强服务辐射能力，在服务重大国家战略中展现滨海新作为。

### 第一节 打造服务京津冀协同发展示范区

打造京津冀高效便捷“出海口”。健全与京冀交通体系，加强海、铁、路、空联动，深化区域港口群、机场群协作，打通跨区域“断头路”“瓶颈路”，完善便捷通畅的城际铁路、公路网络，打造“轨道上的京津冀”。完善天津港集疏运体系，加快建设集疏运专用货运通道，优化提升京津高速、京津塘高速、津晋—荣乌高速及秦滨高速3横1纵主干网络，构建联接北京、“三北”的大通道。深化京津冀港口协同发展，推动组建津冀组合港联合管理机构，构建功能完善、分工合理、错位发展、高效协同的津冀世界级港口群。发挥天津港核心战略资源优势，全力提升港口运营效率，建立服务京津冀和雄安新区专属服务体系、政策体系。推动南港LNG、京津输油管道等重点项目投产运营，加快建设北方大宗商品交易中心、国际冷链物流基地，保障北京油气能源和生活物资供应安全。

打造京津冀配套完善“产业区”。推动滨海—中关村科技园、中欧先进制造产业园、未来科技城京津合作示范区、北方航空物流基地、南港化工新材料基地等重点载体平台创新发展，推动一批承接非首都功能的标志性项目落地，打造非首都功能疏解的重要承载地。精准对接北京非首都功能疏解清单，推动央企和龙头企业区域性、功能性总部及新兴业态项目向新区集聚。充分发挥新区产业优势，强化产学研对接合作，打造研发成果应用场景，积极构建北京龙头企业产业化基地和重点科研成果产业化转移基地。完善产业协同发展机制和支持政策，对承接项目审批手续、人才评价及科技企业认定等实行统一互认，建立京津两地互利共赢政策，确保疏解项目承接稳、发展好，实现企业和人才引得进、留得住。继续加强与沧州、唐山等地合作，强化联合招商机制，推动区域产业链互补关联，加快滨沧、滨唐产业园区建设。

打造京津冀宜居宜游“后花园”。突出亲海品海旅游特色，丰富文旅业态，强化公共配套，提升服务品质，建设一批历史与现代交融的特色旅游景点，构建“海上＋陆上”“线上＋线下”“四季＋全天候”旅游场景和服务体系，形成全域滨海旅游特色，打造海洋旅游文化品牌。坚持业态多元、服务大众、智慧赋能，打造一批特色品质街区。提升京津冀游客购物体验，打造一批高端购物中心，满足京津冀区域消费需求。完善城市公共交通配套功能，构建便捷高效的出行出游交通网络，让京津冀居民来新区“玩得好、吃得香、住得下、行得顺、买得全”。积极对接北京优质教育医疗资源，促进公共服务共建共享，高品质提升城市社区配套，探索实施京冀居民在新区落户及相关配套政策，吸引京冀居民在新区安家置业。

### 第二节 深度融入“一带一路”建设

强化基础设施互联互通。提升天津港服务“一带一路”建设的能力和水平，拓展天津港与沿线国家和地区的航线网络，加密至日韩、东盟等地区的近洋航线和面向欧洲、非洲等地区远洋航线布局。充分发挥中欧班列重要战略通道作用，构建贯通“三北”地区、联通中蒙俄和新亚欧大陆桥经济走廊的腹地运输服务网络，做强国际海铁联运、中转集拼功能，拓展回程货源，提高班列运营效益。

深化双多边务实合作。深度融入区域全面经济伙伴关系协定（RCEP），抢抓中欧投资协定谈判完成带来的经贸合作重要历史机遇，强化与东北亚、东盟、欧盟等国经贸往来和国际产能合作，推动信息、产业、货物、资金、人才等更多资源加速流动。探索在中新自贸协定框架下实现对新加坡更深度的开放，加强与日韩在高端制造、医疗健康、文化旅游、金融服务等方面的资本和项目合作，实现开放共享、合作共赢，打造海上“一带一路”。持续在沿线国家和地区投资设立和运营各类产业园区，高标准建设中意（欧）中小企业园等平台载体，探索建设中日、中韩产业园，推动中埃·泰达苏伊士经贸合作区等境外合作区提档升级，打造陆上“一带一路”。推进国际航空物流中心建设，深化与海关、机场、港口等部门协同创新，拓展航空服务贸易新业态，打造空中“一带一路”。深化与“一带一路”市场对接和贸易往来，推动在沿线国家和地区布局电子商务海外仓，打造网上“一带一路”。

支持企业“走出去”。坚持共商共建共享原则，以交通互联、经贸合作为重点，鼓励企业深度参与“一带一路”建设，构筑国际大循环的战略新支点。支持企业开拓海外市场，加强信息服务和政策指导，帮助企业规避风险，提高国际竞争能力。有序开发海外工程市场，在石油化工、新能源领域开展工程项目合作，带动高端装备走出去，打造海外工程出口基地。

### 第三节 加快建设北方国际航运核心区

加快北方国际航运枢纽建设。对标世界一流港口，发挥天津港海上门户枢纽作用，以区域港口协同增强发展动力，以智慧化、绿色化为发展方向，不断提高天津港在世界航运领域的资源配置能力，加快建设现代化综合服务港、国际贸易港、邮轮母港。加快打造世界一流智慧港口、绿色港口、枢纽港口，推动天津港成为京津冀协同发展的重要支撑、服务“一带一路”的重要支点、陆海深度融合的重要平台、现代化的国际航运枢纽。到2025年，天津港港口货物吞吐量达到5.6亿吨，集装箱吞吐量达到2200万标准箱，在国际航运中心排名进入前20位。

**专栏2 打造世界一流的智慧港口、绿色港口、枢纽港口**

推进港口合理分工。优化港城空间布局，科学划定港城边界，深化“一港六区”统一运营管理，促进港城融合发展。以东疆、北疆和南疆港区作为建设北方国际航运核心区的主要港区，大沽口、高沙岭和大港港区重点服务临港工业发展，为拓展运输功能及部分货类转移提供空间。以集装箱干线运输为重点，调整优化大宗散货运输结构，积极发展滚装和邮轮等运输功能，建设国际枢纽港。加强津冀港口合作，扩大环渤海港口间合作的深度与广度。

精准完善基础设施。有序推动天津港专业化码头建设，分步实施北疆港区、东疆港区智能化集装箱码头工程。提升天津港30万吨级主航道及公共航道锚地功能，加快推动大型船舶锚地建设。

创新多式联运体系。积极拓展集装箱航线航班，持续扩大延伸航线覆盖面。优化集装箱海铁联运班列线路，建立健全铁路运能调配机制，打造“长途精品班列+短途城际快运班列”体系。推进天津港大宗散货“公转铁+散改集”双示范。深化海港、空港联动，加快形成“空铁陆海”多式联运的立体化交通网络。

打造智慧港口。推进无人驾驶集装箱卡车测试应用，实现作业资源智能调配、货物可视化跟踪、物流供应链协同。加快实施天津港绿色智慧专业化码头科技示范工程，健全港口全面智能感知体系，提升在港口装卸、物流运输、工程建设等数字化水平，推进东疆港区智能化集装箱码头一期工程等项目建设，加快对传统码头实施自动化升级改造。提升口岸智能化便捷化通关水平，建设天津关港集疏港智慧平台，支撑“船边直提”“抵港直装”等优化营商环境措施。

加快绿色港口建设。将港口污染防治融入城市生态环境保护体系，船舶和港口生产生活垃圾分类纳入城市固体废物处理系统处置，加快连接港区的城镇污水管网建设。加强港区非道路移动污染源治理，推广作业机械和运输车辆优先使用氢能、天然气等清洁能源，逐步提升船舶低硫油使用率，鼓励风电、光伏等新能源利用与港区建设相结合。推行清洁生产，加快港口装卸、运输、仓储等关键环节技术升级改造，推动散货作业堆场全封闭或防风网改造建设。推动靠港船舶岸电规模化发展和常态化、便利化使用。

建设国际航空物流中心和区域航空枢纽。充分发挥天津滨海国际机场区域枢纽功能，加快拓展货运航线，发展临空物流、口岸贸易，拓展航空物流产业增值服务。高标准建设航空物流区，建成大通关基地，集聚一批航空物流企业，打造国际航空物流中心和北方航空货运中心。推进天津滨海国际机场三期改扩建工程，发展客运支线和中短距离航班，加密东北亚、东南亚及“一带一路”沿线其他地区国际航线。促进通用航空业发展，新建中国通航天津滨海机场。到2025年，机场旅客吞吐量达到3100万人次，货邮吞吐量40万吨。

完善现代航运服务体系。培育航运服务生态，鼓励航运、物流等企业总部或区域中心落户，支持港航信息、商贸、金融保险、航运经纪等现代航运服务业发展，建设国际航运服务集聚区。做大做强跨境融资租赁，发展特色航运保险业务，在自贸试验区试点推进离岸结算，打造北方国际航运融资中心。研究实施以天津港为枢纽港的启运港退税、中转集拼、保税燃供等政策，提高对国际航线、货物资源的集聚和配置能力。加快天津港口型国家物流枢纽建设，建立面向亚太和欧美等地区的国际采购、分拨、配送中心和国际物流运营中心。推动邮轮经济发展，以邮轮物资及免税商品船供业务为突破口，加快开展邮轮物资配送业务，壮大邮轮物流产业规模。做精做深邮轮旅游业，积极开辟邮轮始发航线，提升邮轮码头综合服务功能和口岸通关环境。

## 第四章 优化“滨城”发展布局 实现港产城深度融合

牢固树立现代化城市规划建设理念，深度落实“津城”“滨城”双城发展布局，立足产城融合、港城融合和职住平衡，统筹生产、生活、生态和安全需要，优化开发区和街镇发展功能，打造高品质的城市格局。

### 第一节 优化城市功能空间格局

坚持精准规划。对标雄安新区、北京城市副中心等，树立精明增长、紧凑城市理念，优化城镇开发边界，以世界眼光、国际标准打造具有滨海特色的城市发展格局。坚持空间统筹，实施战略留白、留绿、留璞，设置港城分界缓冲带，做到城市建设与天津港协同发展。坚持“多规合一”，一张蓝图统全局，一张蓝图绘到底，强化管理联动，优化存量空间、谋划发展空间、协同融合空间，推动城市发展由外延扩张向内涵提升转变。

优化市域空间结构。结合“带状组团化”的空间特点，打造“一主两副六组团”的空间结构，推进城市中心—副中心—微中心建设，推动资源要素科学配置、合理流动，实现一核引领、两翼齐飞、多点联动。“一主”以主城区为核心，沿中央大道和海河两岸双轴延伸发展，重点促进人口和高端服务集聚，提升城市品质和服务能级，展现现代化“滨城”城市中心形象。“两副”以大港城区、汉沽城区为核心，完善城区配套设施，增强公共服务功能，建设大港、汉沽综合性城市片区，带动南北两翼均衡发展，实现以副辅主、主副共兴。“六组团”是“滨城”港产城融合的重要载体，明晰产业定位，完善城市基本功能，强化与周边大型居住区的联系，推动职住平衡，实现生产空间集约高效、生活空间宜居适度。

构建良好生态格局。严格管控生态保护红线区域，确保生态功能不降低、面积不减少、性质不改变。完善生态廊道和生物多样性保护网络，提升生态系统质量和稳定性，构建科学合理的生态安全格局。加快推进“871”生态工程建设，构建“一屏、一带、五廊道”蓝绿交织的生态空间格局，重塑“九河下梢、河沽相连”的生态景观。

**专栏3 “一屏、一带、五廊道”生态空间格局**

“一屏”，即双城间绿色生态屏障。依托津城、滨城间736平方千米的生态屏障区，打造津沽绿谷，严控建设用地向西蔓延。

“一带”，即蓝色海湾生态带。严守海洋生态红线，加强陆海生态统筹，优化海岸线功能，综合开展岸线整治修复。

“五廊道”，即连通区域的大型生态廊道。依托蓟运河、永定新河、海河、独流减河、子牙新河五条区域廊道，串联北大港湿地、李二湾湿地、塘沽盐田、北三河湿地、汉沽盐田等大型生态空间，锚固蓝绿空间骨架。

### 第二节 构建错位联动的开发区功能新布局

天津经济技术开发区。聚焦以滨海—中关村科技园、天津经济技术开发区东区、中心商务片区为“一核”的城市主轴，高标准规划建设海河两岸，打造天津汽车城、南港工业区、生物医药产业集聚区、新能源新材料产业基地、新一代信息技术产业基地“五区”引领，特色园区“多点支撑”的空间发展新格局，推动城市建设要素和产业发展要素的集成创新，大力实施城市更新行动，不断提升城市品位，优质发展社会事业，建设美丽滨海新城的核心区。聚焦新一代信息技术、化工新材料、汽车制造、生物医药等主导产业，加速推进产业转型、业态转型，推动研发平台、交易平台、结算平台、贸易平台建设，推动制造业产业链向“微笑曲线”两端延伸，建设先进制造研发基地的中心区。

天津港保税区。统筹“三区两港”格局，差异化提升空间功能，持续完善产城功能互补的高品质宜居环境，建立国际化特色的城市公共等级服务网络。大力发展海洋经济，扩大海洋装备、海水淡化等产业规模，建成国家级海洋高端装备制造业基地、国家海水淡化装备研发生产基地。做强做优临空经济、口岸经济，继续发展高端装备制造、食品加工制造、运输设备制造（航空航天、铁路、船舶）、国际贸易等主导产业，积极发展共享、平台、交易等新业态，聚集一批国际化企业总部、功能型总部和高能级研发平台，构建“总部+创新”产业生态，推进数产城融合，打造宜居宜业国际生态活力新城。

滨海高新技术产业开发区。以“科产城人融合”为理念，以海洋片区为主战场，高水平建成“中国信创谷”，推进城市功能关联集中，打造“滨海科技城”。坚持科技创新、制度创新双轮驱动，聚焦新一代信息技术、现代新兴服务业、生物医药、新能源新材料等主导产业，将华苑片区建成新经济发展活力区，渤龙湖片区建成智能制造集聚区，京津合作示范区建成京津冀协同创新示范区，推进园区特色化、差异化发展，打造国家自主创新示范区“升级版”。

东疆保税港区。依托东疆湾沙滩景区、邮轮母港等资源，丰富赛事运动业态，强化免税购物、美食休闲、海上观光等功能，打造“国家海洋休闲运动中心”。聚焦融资租赁及商业保理、国际贸易、航运物流等主导产业，突出财税金融和制度创新，完善“租赁+”产业生态，放大融资租赁产业特色优势，加快发展商业保理和自由贸易账户，建成国家租赁东疆标准模式，创设天津自贸区的特殊综保区，建设国际一流的金融创新运营示范区、租赁创新示范区和国家进口贸易促进创新示范区。

中新天津生态城。进一步深化中新合作，构建国际一流城市大脑，让生产更智能、生活更智慧、管理更高效，打造生态城市升级版和智慧城市创新版，建设生态之城、智慧之城、幸福之城。聚焦智能科技、大健康、现代文旅、创意设计等主导产业，开展循环经济、土壤盐碱治理、新能源利用、绿色建筑等创新示范，建设无废城市、海绵城市。

**专栏4　各开发区主导产业**

天津经济技术开发区。重点发展新一代信息技术、化工新材料、汽车制造、生物医药等主导产业。
天津港保税区。重点发展高端装备制造、食品加工制造、运输设备制造（航空航天、铁路、船舶）、国际贸易等主导产业。
滨海高新技术产业开发区。重点发展新一代信息技术、现代新兴服务业、生物医药、新能源新材料等主导产业。
东疆保税港区。重点发展融资租赁及商业保理、国际贸易、航运物流等主导产业。
中新天津生态城。重点发展智能科技服务、文化健康旅游、绿色建筑与开发等主导产业。

### 第三节　完善特色发展的街镇功能布局

统筹考虑各街镇功能定位、资源禀赋、产业基础等，坚持突出特色、错位发展，推动街镇分别向城市功能型、产城融合型、特色农业型创新发展，激发街镇发展活力，增强街镇对产业、人口的吸引力。城市功能型街镇，重点实施城市更新行动，加快老旧小区改造，扎实开展环境综合治理，完善城市公共服务功能，增强社会治理智慧化水平，提升城市形象和品质。产城融合型街镇，重点推进新型城镇化建设，优化城镇发展布局，拓展城镇发展空间，完善园区载体功能，按照“因地制宜、特色发展”的原则，持续壮大优势产业，推动产城融合高水平发展。特色农业型街镇，大力实施乡村振兴战略，持续改善农村人居环境，加快建设美丽乡村，明确农业特色发展方向，加快发展现代农业、农村休闲旅游和农产品电商等，推动一二三产业融合发展。

**专栏5　各街镇发展定位**

泰达街。升级“一四四七”社区治理模式和“幸福泰达2.0”，打造美丽滨海新城的核心区。
塘沽街。重点发展检测服务、航运科技、船舶管理等产业，打造政务服务聚集区、港航服务产业重要承载区、现代化海滨城市宜居宜业示范区。
新村街。重点发展商贸服务、教育培训、医疗健康等产业，打造繁荣新村、宜居新村、智慧新村、美丽新村。
新港街。强化与天津港集团融合发展，大力发展航运服务、仓储物流、商务楼宇等产业，在港产城融合方面做出示范。
杭州道街。重点发展商贸服务业和楼宇经济，提升城市品质，打造商贸服务集聚区、楼宇经济繁华区、宜居宜业的新型城市街区。
新北街。全面提升公共服务能力和水平，有序承接滨海高新技术产业开发区海洋科技园社会职能，突出宜居宜业双向互动，服务高新区产业发展，建成生态环境良好、智慧治理高效、人民生活富足、社会和谐稳定的新新北。
新河街。坚持与滨海高新技术产业开发区海洋科技园深度产城融合，加快发展现代物流、商贸服务等产业，打造现代物流服务中心、产城融合示范街区。
大沽街。重点发展油田服务、汽车贸易、文化旅游等产业，打造活力宜居、和谐平安的中部新城区。
北塘街。发展旅游观光、汽车物流及后服务等产业，因地制宜发展高品质现代渔业、设施农业、休闲农业，促进一二三产业融合发展，打造城乡融合示范街区。
胡家园街。重点发展都市工业、大型商贸、现代物流等产业，加快城市更新，优化提升特色陶瓷小镇，打造滨城核心区的西部新城。
新城镇。以产城融合为主线，重点发展大健康、生态农业、文旅休闲等产业，建设成为经济繁荣、稳定和谐、生态宜居、生活富裕、环境优美的南部生态城。
大港街。优化“一城一区两带”布局，完善研发、贸易、制造、物流的石化产业链条，提升街区环境品质和公共服务功能，打造滨城南部片区配套完善的生态宜居街区。
古林街。重点发展轻工制造、新能源、休闲文旅等产业，加速园区转型升级，推动城区提档升级，完善医疗、教育、商贸、文体等功能，打造南部靓丽名片、海景文旅圣地。
海滨街。加快发展石油化工、装备制造、清洁能源（风电）、新型建材四大主导产业，打造南部生态宜居油田新城区、大港油田和南港工业区产业服务基地。
中塘镇。充分发挥特色小镇品牌优势，重点发展汽车零部件、金属制品、轻工电子、现代农业，建设成为以都市型工业为基础、休闲旅游和现代农业为主导的产业新市镇。
太平镇。重点发展现代养殖、大数据、特色文旅等产业，打造现代化养殖示范区、南部新兴产业聚集区、津冀文旅宜居特色小镇。
小王庄镇。发展现代农业、乡村旅游、新能源等产业，建设现代农业产业示范区、乡村休闲旅游引领区、生态富民示范区。
汉沽街。重点发展休闲农业、文化旅游、健康养老等产业，聚力打造“生态富裕、活力宜居、休闲旅游”的新街区。
寨上街。重点发展新能源新材料、高端装备，海滨旅游等产业，打造现代制造业产业集群区和文化、休闲、旅游小镇。
茶淀街。重点发展特色农业、文化创意、电子商务等产业，打造特色农业和特色文化产业基地，建设集旅游、康养、宜居为一体的美丽街区。
杨家泊镇。重点发展现代物流、现代农业、新型商贸等产业，着力打造田园生态宜居宜业特色镇。

### 第四节　推动开发区和街镇融合发展

实施“强街强镇”战略。按照“一街一特色、一镇一亮点”的原则，优化调整产业结构，开展精准招商，走“小、精、特、专”发展之路，在服务大项目、大企业“建链、补链、强链”中，发展壮大街镇经济，增强“造血”能力。加强示范工业园区和农业产业园区开发建设，进一步提升街镇园区基础设施、公用配套等承载能力，深入推进街镇园区改革，释放园区发展活力。

发展“飞地经济”。创新开发区和街镇融合发展机制，深化“飞地经济”发展新模式，打破开发区、街镇行政区划限制，健全规划、建设、管理和贡献分配等合作机制，将“转出地”引入的实体产业项目放到其他“转入地”的产业园区、商务楼宇，实现资源优化配置、发展成果共享、区域协调发展。

## 第五章　全面提升城市功能品质　打造宜居宜业美丽滨海新城

践行“人民城市人民建、人民城市为人民”重要理念，实施城市更新行动，完善城市综合服务功能，强化城市精细化管理，加快提升城市能级和核心竞争力，精致打造高品质的现代化“滨城”。

### 第一节 打造综合交通体系

打造区域铁路枢纽。构建以高速铁路、城际铁路为核心的对外客运网络，以货运铁路为骨架的天津港对外辐射网络，强化与重点区域、城市的客货运衔接，提高对外客货运可达性。推动京滨城际、津潍铁路等建设，提升滨海西站和滨海站区域轨道交通枢纽功能，增加滨海北站停靠车次，新建滨海东站和滨海南站，实现“陆港增线”。提升铁路、轨道、公交、长途客运等一体化运营水平，实现高铁枢纽与城市交通无缝衔接。大力发展高铁枢纽经济，推动高铁站与周边地区产业、商务、休闲等有机融合。

完善公路骨干交通结构。优化疏港公路布局，实现港城客货分离。港内打通北港路，缓解天津港南北转换交通压力。加快建设津石高速天津东段，形成与雄安新区之间的快速通道。推动建设港城大道—京津塘高速联络线，强化东西向集疏港通道疏港能力。推动汉港公路、新杨北公路提级改造，完善国省公路网络，加快津岐公路、工农大道拓宽改造建设。

完善城市道路交通网络。推动实施塘汉公路联络线、西中环海河以南段等项目，强化骨干路网衔接。实施新胡路地道加长、津塘公路—海兴路节点改造、福州道西延，打通瓶颈节点路段，畅通城区道路微循环。推动安阳桥、于新桥、西中环跨海河桥、二大街跨京山铁路桥、车站北路桥、洞庭路地道等跨河跨铁路通道建设，完善建成区道路网络。推动实施汉南路改线、港塘路西延，强化南北部片区路网结构。

完善城市公共交通体系。推动轨道B1、Z2、Z4线加快建设，形成“两横两纵”的大运量快速公共交通骨架网，适时推动Z1线启动建设。建设北塘、滨海西站等客运枢纽，启动轨道接驳支线建设，加快形成轨道、公交一体化网络，扩大轨道交通辐射范围。围绕客运枢纽、轨道站点、大型公共服务设施周边等关键节点，完善非机动车等中低运量交通工具的接驳，打造绿色舒适慢行交通系统，提升交通枢纽服务能级。规划建设一批公交站和停车场。到2025年，绿色交通出行分担率达到80%以上。

### 第二节 高质量提升城市品质

实施城市更新行动。坚持一片一策、分类推进的原则，加快老旧小区、棚户区、背街里巷改造，推进水电气热等民生设施提标改造，支持有条件的小区加装电梯，鼓励配建停车位和充电桩等设施。加强城区积水内涝治理，改造提升易积水片、老旧排水管网，提高排水系统标准和能力。持续推动海绵城市、韧性城市建设，因地制宜推进综合管廊建设。创新城市更新融资渠道和方式，引导社会力量广泛参与城市更新改造。完善教育医疗、文化体育、便民市场、无障碍环境等各类服务配套，打造具有新区特色的十五分钟生活圈体系。到2025年，建成区十五分钟生活圈覆盖率达到100%。

提升城市开发效能。盘活低效利用空间、优化存量空间、谋划发展空间、协同融合空间，有效提升单位土地利用效率。落实片区产业定位，推进旧工业园区更新和有序升级，调整产业结构，优化产业布局，淘汰落后产能，合理调整用地性质，试点推行新型产业用地（M0），增加新型产业空间供给。积极稳妥开展拆除腾退工作，合理利用土地整备、土地置换等方法，引导低效企业搬迁或清退。加强低效建设用地、闲置楼宇资源“二次开发”，鼓励通过微更新微整治等方式，在原址进行改造。

提升城市品位。推动实施道路景观绿化提升工程和城市夜景亮化工程，推进海河、永定新河等河道两岸城市景观提升。加快构建国家湿地公园、森林公园、城市公园、社区公园等多级生态公园体系。持续推进商业街、沿街建筑立面整体提升改造，人性化规范设置各类路标路牌、广告、店铺牌匾、垃圾箱、公交站台、路旁座椅等城市家具小品和休憩设施，提升都市生活体验的舒适感与获得感。注重地形、造型、植物巧妙组合，突出立体绿化和色彩搭配，实施补点、连线、建园、拓面，丰富绿地层次结构，全方位推进街心绿化、道路绿廊、公园绿地和垂直绿化。到2025年，人均公园绿地面积达到13平方米/人。

### 第三节 打造智慧滨海

推进新型智慧城市建设。坚持智慧管理，系统集成“端边网云”体系，完善“1+4+N”的智慧城市总体架构，推动城市感知数据、政务数据、民生数据、产业数据等融合共享，不断拓展智慧城市创新应用场景，建立集信息感知、数据研判、决策治理于一体的智慧城市管理新模式。加快智慧城市服务体系建设，加强5G、人工智能、区块链、大数据等技术在公共服务、社会治理、城市管理等领域的深度应用，完善智慧滨海运营中心集成应用体系，打造全国“智慧城市数字底盘”示范区和引领区。

**专栏6 “1+4+N”智慧城市体系**

“1”是指智慧滨海的城市大脑，以城市运营管理中心为载体，汇集城市各方面数据，打通信息孤岛，打破部门壁垒，实现数据共享互通。系统集成城市综合管理、便民服务响应、应急协同指挥和数据研发等功能于一体，通过对大量数据的分析和整合，实现对城市的精准分析、整体研判、协同指挥，支撑智慧城市可持续发展，实现新一代城市数字化治理。

“4”是指聚焦四大智慧板块，分别是智慧政务、智慧经济、智慧城市、智慧民生。四个板块向下延伸细化，形成N个智慧应用。

“N”是指根据城市管理的需要不断开发出来的智慧应用。

聚焦新型基础设施建设。加快推进信息基础设施、融合基础设施、创新基础设施建设，构建“泛在互联、全域感知、数据融合、智慧协同、安全可靠”的新型基础设施体系。聚焦新网络、新设施、新平台、新终端，实现5G网络全覆盖，加快布局数据中心、人工智能、物联网、构建BIM（建筑信息模型）、CIM（城市信息模型）数字城市系统，全面提升城市建设水平和运行效率。加大物联网技术推广应用，推进铁路、公路、航运、电力、建筑等基础设施智能化改造。完善智慧物流基础设施建设，打造国家数字物流枢纽节点。

加快发展数字经济。以人工智能赋能产业发展，推进数字产业化和产业数字化，推动数字经济和实体经济深度融合，壮大数字产业规模与能级，争创国家数字经济示范区。大力推进制造业智能化升级，建成一批标杆性智能工厂和数字化车间，培育一批智能制造示范标杆企业，打造国家智能制造中心城市。加速数字化技术、商品与服务向制造产业渗透，支持有条件的企业进行应用创新和模式创新，探索更多可落地的应用场景。加强数据资源产权交易、流通、传输和安全保护体系建设，扩大基础信息数据有序开放，建设数据共享开放平台，推动数据资源开发利用。到2025年，数字经济核心产业增加值占地区生产总值比重达到12%。

## 第四节 建设安全高效能源保障体系

提升能源保障能力。完善能源基础设施，形成以油气、电力为重点的多能互补、安全高效能源保障体系，打造能源革命先锋城区。继续深化与龙头企业的战略合作，加大油气资源勘探开发力度，推动本地油田增储上产。充分利用沿海LNG资源，加快南港工业区液化天然气二期扩建和应急储备、天津港南疆港区液化天然气二期、LNG外输管线等重点项目建设，打造北方地区重要的LNG资源接收区。稳定本地电力供应，提高外购电比例，加强特高压电网建设，优化电网网架结构。

持续优化能源结构。推动能源消费向清洁低碳转型，严格控制煤炭消费总量，推动煤炭消费尽早达峰。坚持化石能源清洁利用和清洁能源开发并重，推动煤炭集约清洁高效利用，提高非化石能源比重。建立多元清洁的能源供应体系，有序推进风能、太阳能、生物质能等可再生能源开发利用规模，提升可再生能源消纳能力。稳步推进氢能、LNG冷能开发利用，拓展示范应用场景，建设一批综合示范项目。加大生活、工业、交通等领域电能替代力度，扩大电能占终端能源消费比重。做好碳达峰、碳中和工作，制定并实施力争碳排放提前达峰行动方案，开展重点行业碳排放达峰行动。

建设能源互联网综合示范区。推动能源与大数据、物联网、云计算、区块链、5G等新技术融合，统筹推进网源荷储协调发展，积极推广综合智慧能源和分布式能源发展，推行节能低碳电力调度，建设多能互补的分布式综合能源系统。推进储能关键技术研发，加快储能在可再生能源、分布式发电领域示范应用。加快中新天津生态城智慧能源小镇建设，推广零能耗建筑、主动配电网、虚拟电厂及新型智能电表等建设经验，率先建成能源互联网综合示范区。

## 第五节 强化水安全供给

开展供水水质提升工程。坚持多源互补、量足质优、保护有力的原则，完善水源地保护体系，加大水源地保护力度，提升原水供应安全保障能力。推进重点区域管网配套工程建设，提高供水管网养护管理水平，开展供水管网在线监测点建设，进一步降低供水管网漏损率。

完善供水系统布局。有效整合城乡供水厂，完善城市供水管网设施，优化供水资源调度，形成多源联网、安全可靠的供水系统。推进水厂深度处理改造，强化清水连通互助、输配水高效、龙头水可控，不断提高饮用水水质，基本实现城乡供水均等化。

推广非常规水资源开发。加快再生水利用设施建设，开展建筑中水、雨水应用示范工程建设。优化工业企业用水结构，积极推进海水淡化与综合利用，把海水淡化水纳入现有水资源体系统一配置。

全面推进节水型社会建设。落实最严格水资源管理制度，实行水资源消耗总量和强度双控行动，加强重点领域节水，加快先进工业节水技术、工艺和装备的推广应用，强化农业节水增效、工业节水减排、城镇节水降损，构建节水型生产方式和消费模式。强化节水约束性指标管理，严格落实水资源开发利用总量、用水效率和水功能区限制纳污总量“三条红线”，健全取水计量、水质监测和供用耗排监控体系。

## 第六章 坚持创新立区 打造创新发展先导区

坚持创新在现代化建设全局中的核心地位，把科技自立自强作为区域发展的战略支撑，全面落实“四个面向”重要要求，发挥国家自主创新示范区、“科创中国”首批试点城市等资源优势，坚持以政为引、以用为立、以转为要、以企为主、以人为本，加快打造自主创新重要源头和原始创新主要策源地。

### 第一节 提升自主创新能力

推动基础研究和应用基础研究。聚焦信创产业、生物制造、先进计算等创新领域，努力建设国家重点实验室、大科学装置和创新基础平台，争取海河实验室落户新区，构建具备源头科学创新和前沿技术创造能力的原始创新策源体系。积极参与实施具有前瞻性、战略性的国家和天津市重大科技专项，突破“卡脖子”关键核心技术和行业共性技术，力争在关键电子元器件、成套设备开发、自主可控软硬件、动力电池、创新药物、合成生物、高端医疗器械等方面取得实质性技术成果。

提升平台创新能力。全面提升滨海—中关村科技园、京津冀科研成果转化中心、新经济创新平台等国家级创新平台功能。深化与清华大学、北京大学、国防科大、南开大学、天津大学、中国科学院、中国工程院等知名高校和院所的科研创新合作，发挥好合作共建的清华大学天津电子信息研究院、天津先进技术研究院、浙江大学滨海产业技术研究院、中国新一代人工智能发展战略研究院、中科院微电子所天津分所等重大科技创新平台的作用。支持企业和大专院校建设国家级企业技术中心、工程研究中心，鼓励建设各类研发创新平台，构建非营利性公共技术服务平台网络，形成面向企业的有效开放机制。到2025年，市级以上研发机构达到550家。

**专栏7 国家级重点创新平台**

滨海—中关村科技园。充分发挥京津冀协同创新共同体的优势，完善税收分享机制、提升载体功能，打造京津冀协同创新示范区。
京津冀科研成果转化中心。依托京津冀科技成果转化交易市场，集聚京津冀地区科研院所、高新技术企业，广泛开展国际合作交流和技术转移，推动重大科技成果转化。
新经济创新平台。用数字化手段和云赋能方式，提升服务市场主体的水平。依托智能语音及OCR光学字符识别等多种领先技术，加速企业集聚，建设北方声谷。打造大安全产业，加快培育、孵化新项目和新业务，形成网络安全产业生态。

提高科技成果产业化水平。树立“以用立业、由智变金”导向，重点支持创新成果的转移转化，完善政府引导、市场主导的技术转移体系，打造科技成果转移转化的聚集地。充分发挥京津冀科技成果转化联盟作用，精准对接企业技术需求，联合科研机构、高等院校、行业协会、创新企业等，促进技术、资金、应用、市场等对接，构建紧密的产学研深度融合体。完善技术交易市场建设，推动技术成果展示交易、供需对接、成果融资等，引育一批高水平专业技术转移机构。大力培养技术经理人、创新工程师，探索将从事成果转化和技术转移的执业者纳入人才计划。全面推动大学科技园建设，打造科技成果转化“首站”。发挥“科创中国”首批试点城市优势，推动科技与产业深度融合，提升产业竞争力和科技创新能力。

打造创新标志区和聚集区。全力打造国家自主创新示范区“升级版”，巩固“创通票”“银政通”等制度创新成果，进一步发挥示范引领作用，构建“一谷四区、特色鲜明、相互支撑、协调联动”的高质量发展格局。以中新天津生态城为核心，以智慧城市、自主算力引擎、智慧港口等领域为重点，助力高水平建设国家新一代人工智能创新发展试验区。大力实施创新集聚谷行动，加快“中国信创谷”“生物制造谷”“细胞谷”“北方声谷”等一批主导产业突出的创新标志区建设。

## 第二节 加快培育创新主体

强化创新主体地位。发挥企业创新主体作用，构建“研发＋制造＋服务”模式，促进各类创新要素向企业集聚。支持企业牵头组织创新联合体，承担重大科研项目，成为技术创新决策、研发投入、科研组织和成果转化的主体。发挥企业家在技术创新中的重要作用，鼓励企业加大研发投入，引导重点企业上市融资。深化科技创新平台链条建设，培育新型研发机构。

深化企业梯度培育体系。深入实施创新型企业梯度培育行动，加快推进“雏鹰—瞪羚—领军”企业梯度培育体系，加快培育“独角兽”企业和科技型上市企业，构建大企业与中小企业融通创新的高精尖企业集群。加强“独角兽”企业培育，建立“独角兽”和准“独角兽”企业库，实行动态跟踪服务。到2025年，雏鹰企业数量达到2100家，瞪羚企业数量达到210家，科技领军（培育）企业数量达到160家。

壮大高新技术企业规模。深入实施高新技术企业倍增行动，按照“保存量、促增量、育幼苗、引优苗、建生态”思路，推动高新技术企业培育库与企业登记信息库、知识产权数据库等多库联动，构建遴选＋入库＋培育＋认定“四个一批”工作机制。到2025年，国家高新技术企业数量达到5800家。

## 第三节 构建多层次人才引育体系

加快集聚创新人才。贯彻尊重劳动、尊重知识、尊重人才、尊重创造方针，坚持人才生态和产业生态相结合、招才引智和招商引资相融合，打造人才特区。以“高精尖缺”人才为重点，加快聚集高端人才和创新型人才。依托海外人才离岸创新创业基地，完善国际化人才交流合作机制，打造国际人才集聚区。加大青年人才支持力度，加强与重点高校战略合作，吸引更多高校毕业生来新区创新创业。加快应用型人才培养，做实做细实训基地，建设知识型、技能型、创新型新时代产业人才队伍。实施高技能人才培养计划，加快培养一批敬业专注、技艺精湛的“海河工匠”和技能大师。

持续推进“五个一”工程。制定一系列人才政策，打造“鲲鹏计划”升级版，实施更加精准专业的政策举措。精绘一张“人才＋产业”图谱，建立人才数据库，强化规范管理、动态更新。建优一个人才服务网，实现“一网通办”，提供线上线下“一站式”服务。打造一批产业（人才）联盟，加强产业政策和人才政策衔接配套，实现产才深度融合。做优全国一流人力资源服务产业园，承载职业提升、创业孵化、人才测评等功能，集聚一批人力资源领军企业。

打造产业（人才）联盟。完善“联盟吹哨、部门报到”机制，构建“政府搭台、人才主角、产业发展”的人才与产业融合发展生态环境，持续推进创新链、产业链、人才链、金融链“四链”深度融合，促进政、产、学、研、用、金、服七要素高效联动。坚持放权、松绑、赋能一体推进，赋予联盟人才项目评定和推荐权。推动联盟间、联盟企业间深入合作，重点突破一批“卡脖子”技术，打造成为创新创业的重要平台。

优化人才环境。建立“企业按需点人、新区配套服务”机制，健全人才“引育留用评”政策体系，优化全生命周期的人才服务。支持人才团队携带项目“带土移植”，推行“项目＋团队”支持服务体系，为人才团队提供个性化服务。利用双导师、项目学习、联合培养、共建产业学院等多种途径，完善以产业需求为导向的人才培养体系。进一步放宽人才落户政策，完善配套服务保障措施，帮助解决居住、子女教育、医疗等实际问题。

## 第四节 打造开放包容的创新生态

深化科技创新体制改革。优化科技项目组织管理方式，鼓励实行“揭榜挂帅”激励制度，完善科技评价机制，扩大科研院所科研自主权。健全创新激励和保障机制，构建充分体现知识、技术等创新要素价值的收益分配机制，支持科研机构开展赋予科研人员职务科技成果所有权或长期使用权试点。弘扬科学精神和工匠精神，大力推进全域科普，推动科技场馆体系建设，提升全民科学素质，营造崇尚创新的社会氛围。

大力发展科技金融。完善科技金融生态，构建全生命周期、多层次的科技金融支撑服务体系，拓展科技型企业融资渠道。发挥天使、创投等基金及专项投资作用，推动创新创业投资规模化、聚集化。加强科技金融专营机构建设，探索开展高新技术企业风险信贷，引导金融机构开展知识产权、股权质押贷款等业务。建立健全科技担保体系，支持引导保险机构创新产品和服务模式，为科技型企业提供更多融资增信服务。

提升知识产权服务。强化知识产权保护、运用和服务，搭建知识产权运营公共服务平台，支持创新主体提高知识产权运用能力。深化知识产权金融服务，探索推进知识产权证券化，建设知识产权交易中心。高水平建设国家知识产权运营服务体系试点城区，提升中国（滨海新区）知识产权保护中心和天津知识产权法庭服务水平，提高审查、确权、维权效率，努力建设国家知识产权示范城区。

### 第五节　促进创新创业

完善“众创空间—孵化器—科技园区”全链条孵化体系，高水平推进双创基地建设，提升双创大厦、独角兽大厦、空港创新创业中心等载体功能，打造一批独具产业特色的孵化载体。鼓励引进专业运营机构，盘活闲置楼宇和厂房，打造低成本的创业广场、创业街区。完善创新创业服务，推动政务服务向创业广场、创业街区延伸，设立政务服务工作站，开设行政审批便捷通道，提供一站式服务。鼓励孵化器、众创空间提供专用设备仪器、共享专用软件等服务，持续推动双创载体的专业化发展。开展多种形式科技双创周、双创大赛、双创论坛、双创公开课等活动，营造创新创业氛围，集聚创客资源。

## 第七章　坚持制造强区打造国家　先进制造研发基地中心区

坚持把发展经济着力点放在实体经济上，围绕产业基础高级化和产业链现代化，做大做实新动能“底盘”，发展壮大以智能科技产业为引领、先进制造业为核心、优势产业为支撑的“1+3+4”现代工业产业体系，全面提升产业引领力和整体竞争力。

### 第一节　做强做优智能科技产业

信息技术应用创新。发挥信创产业（人才）联盟作用，完善国家级适配平台，建设国家基础软件创新中心，构建包括 CPU 芯片、服务器、操作系统、数据库、网络安全、终端设备等信创产业核心链条在内的 PKS 和鲲鹏生态体系，构建“企业集聚 + 平台赋能 + 应用驱动 + 群体突破”的协同创新、联合攻关模式，建立信创产业标准，打造“信创谷”。

第五代移动通信。着力突破网络架构、射频芯片和模组、微波器件和天线、测试技术和装备等关键核心技术，快速布局 5G 关键器件、智能终端和应用软件等 5G 基础产业，重点发展 5G 基带芯片、前端射频器件、滤波器、IoT 芯片等基础材料与核心零部件产业，培育发展基础材料、通信设备及新型智能终端制造等 5G 龙头企业。积极发展 AR/VR、无人机、可穿戴设备及融合应用产品和整体解决方案。开展 5G 应用示范工程，打造中新天津生态城 5G 全域应用示范区、天津经济技术开发区 5G+ 智慧城市领先示范区。

人工智能。加快推动无人机、工业机器人、智能装备等重点领域自主创新，建设国家新一代人工智能创新发展试验区。以智能终端语音与图像的智能交互为切入点，重点突破计算机视觉、智能语音处理、生物特征识别、自然语言处理、新型人机交互等核心基础和关键技术领域。应用人工智能技术赋能智能制造，建设人工智能云，加速各行业领域“人工智能 +”应用场景落地。进一步拓展人工智能在医疗、家居、教育、零售等民生领域和政务、交通、安防等社会治理领域的应用。

先进计算。构建超级计算与云计算、人工智能、大数据深度融合的高性能计算服务平台，探索融合智能计算、量子计算、类脑计算等软硬件架构、工艺、应用等多个领域，打造先进计算产业基地。聚焦智慧城市运营，云研发、运营及销售，产业互联网等业务，为服务产业发展的数字大脑打造核心引擎。

区块链。强化区块链基础研究和关键核心技术攻关，构建区块链底层开源技术平台，在产业发展、城市管理、民生服务、公共安全等领域建设落地一批应用场景。构建区块链服务实体经济发展良好生态，推进区块链和生物医药等战略性新兴产业深度融合，培育融合联动的区块链产业。

### 第二节　培育壮大新兴产业

生物医药。依托中科院天津工业生物技术研究所、天津药物研究院、国家干细胞工程技术研究中心等创新平台，推进生物制造谷、京津冀特色“细胞谷”、国际生物医药联合研究院二期、国家合成生物技术创新中心、现代中药产业创新中心等建设，聚焦合成生物、疫苗、细胞及基因治疗等重点领域，打造生物药、化学药、医疗器械、现代中药等若干百亿级产业集群，建成功能布局合理、细分领域特色突出、创新要素高度聚集、具有国际竞争力的生物医药产业发展先导区。

新能源。扩大锂离子电池产业优势，丰富电池关键材料、电芯及电池系统完整产业链，打造上游原材料、中间电池产品及检测、下游电池应用及回收全产业链的动力电池产业集群。发挥风电龙头企业聚集优势，以整机为龙头、零部件配套及相关服务为支撑，推进风电设备制造、变频控制器、分布式智能微网发电系统等风电产业集群发展。积极探索氢能、LNG 冷能利用。

新材料。聚焦新兴产业和优势产业发展需求，打造航空、化工领域新型功能材料、锂离子电池正极材料、汽车轻量化材料、先进结构材料、高性能复合材料、高端焊接材料等为代表的新材料产业集群。推进实用化超导材料的研究及应用，探索建设超导电缆应用国家实验室。

### 第三节　优化提升优势产业

航空航天。以国家航空航天重大工程任务为抓手，强化飞机制造、大型航天器、卫星及卫星应用等优势领域，重点发展大飞机、直升机、无人机、新一代运载火箭、卫星、空间站等，构建从材料研制、产品设计、总装试验、零部件制造、技术应用转化、维修服务的航空航天产业链，打造航空航天产业集群。推进航空应急救援产品研发、人员培训和运营基地建设等，拓展通航产业链。

石油化工。以化工新材料、功能性化学品和精细化工为发展重点，打造油气开采、基础化工原料、合成材料到高技术含量、高附加值中下游产品、精细化工等石化全产业链。鼓励符合园区准入标准的企业向南港工业区聚集，积极引入国内外一流企业及项目，加快将南港工业区打造成为世界一流化工新材料基地和国家级石化产业聚集区。

汽车产业。发挥整车及核心零部件龙头企业聚集优势，打造整车、发动机、变速箱、汽车电子、汽车模具等重点领域从加工、制造到研发、销售、后服务的完整产业集群。推动汽车产业电动化、智能化、网联化、共享化发展，大力发展节能汽车、新能源汽车和智能网联汽车，形成新能源汽车动力电池、驱动电机及电控等关键产业环节完整的产业链条。

高端装备制造。重点发展高档数控机床、机器人、增材制造、大型石油和石化装备、大型农用机械、节能环保及资源综合利用设备、轨道交通装备等，培育一批行业标杆企业，形成以高端成套装备为重点、关键核心零部件为基础、新兴装备产业为先导的高端装备制造产业体系。

## 第四节　大力发展特色产业

海水淡化产业。依托海水淡化与综合利用研究所、海水淡化与综合利用示范基地、海水淡化产业（人才）联盟等平台，加快建设海水淡化试验场、国家海水资源利用技术创新中心等示范工程，加快突破膜技术、浓盐水综合利用等领域卡脖子关键技术，构建集研发设计、成套装备制造、关键材料部件、药剂生产等于一体的海水淡化产业链，拓展海水淡化应用场景，打造国家级海水淡化装备研发生产基地。

海洋装备产业。以海洋油气开采和储运装备、海工关键配套设备、港口航道工程装备、海洋环保与监测探测仪器设备为重点，打造国家级海洋高端装备制造业基地。提升船舶产业发展水平，促进船舶配套业由设备加工制造向系统集成转变，优化提升散货船、油船等传统船舶的制造维修，增加高技术船舶的种类和数量。

氢能产业。加快制氢、加氢等基础设施建设，培育引进一批氢气制备与储运、氢燃料电池生产制造、科技研发和配套服务等领域龙头企业，建设氢能及燃料电池创新中心、检验检测中心、氢能产业研究院，打造国内领先的氢能产业高地。扩展氢能示范应用场景，开展氢燃料电池物流车、叉车、港口机械等示范运营，推广氢燃料电池公交车、氢燃料电池车辆。

冷能综合利用。统筹 LNG 冷能资源，探索冷能梯级开发和要素循环利用，建设一批冷能梯级利用示范项目，打造冷能发电、空气分离、冷链物流等多场景应用的冷能综合利用示范基地。

粮油食品。加快粮油产业转型升级，推进粮油加工企业向高附加值领域和精深加工方向转型。增强粮油产业创新能力，提升粮油食品产业园承载功能，培育一批拥有自主知识产权、具有较强国际竞争力的知名品牌和优势粮油企业集团，提升临港粮油产业基地发展水平。

## 第五节　推进制造业集群发展

提升产业链供应链现代化水平。坚持自主可控、安全高效，聚焦重点产业和关键领域，围绕龙头企业、重大项目，以产业图谱、空间布局指引和重点支持产业目录为指引，以产业集群群长推动产业集群发展为机制，实施串链补链强链工程，实现大项目带头、大中小配套、上下游联动的格局。探索融通发展模式，加强龙头企业和本地配套企业的合作对接，打造大中小企业创新协同、产能共享、供应链互通的生态体系，提高本地产业配套率。推进产业链向上下游延伸，培育一批上下游互为场景、产业链衔接畅通的产业，构建人工智能、动力电池、机器人等一批创新力更强、附加值更高的产业链条，提升产业链供应链的韧性。

培育有主题、有灵魂的产业园区。突出现有园区产业定位和已有基础，集聚配套企业和各类要素资源，加快园区产业优化调整，创新园区开发运营模式，成为区域特色产业的重要承接载体和孵化培育基地。到 2025 年，打造信创谷、氢能产业园、海淡所示范基地、中塘工业园、大港石化产业园等一批有主题、有灵魂的产业园区。

## 第六节　提升制造业融合发展

赋能制造业升级。推动制造业数字化、网络化、智能化发展，通过企业贯标实现新一代信息技术在制造业的深化应用和快速推广。引导企业开展工业网络改造与装备数字化升级，推动石化、装备制造等重点行业聚焦行业数字化转型需求，培育和推广行业解决方案，促进制造业产业模式的根本性转变。引导企业发展数字化管理、智能化生产、个性化定制、网络化协同、服务化延伸等新模式，实现资源高效利用与动态优化配制，全面释放创新活力。

推进制造业服务业融合。鼓励服务型企业创新服务模式，发挥生产性服务业对制造业转型升级的支撑作用。加快发展先进制造业和现代服务业融合新业态，探索系统集成总承包、全生命周期管理、品牌规则控制、众包等制造服务融合新模式。推动物流业与制造业协同联动和跨界融合，培育形成一批物流业制造业融合发展标杆企业。支持天津经济技术开发区开展国家级两业融合发展试点。

## 第八章 抢抓扩大内需战略机遇 深度融入新发展格局

以扩大内需为战略支撑点，把深化供给侧结构性改革同落实扩大内需战略有机结合起来，提升现代服务业能级水平，努力建设国际消费中心城市核心区、区域商贸中心城市核心区，打造国内大循环北方枢纽和国内国际双循环重要战略支点。

### 第一节 加快构建现代服务体系

持续提升现代服务业能级水平。积极推动生产性服务业向专业化和价值链高端延伸、生活性服务业向高品质和多样化升级，深化服务业同先进制造业、现代农业深度融合，加快形成与“滨城”功能定位相适应的服务经济体系。加快发展生产性服务业，大力发展软件与信息服务、研发设计、检验检测、法律服务、现代物流、供应链管理等产业。加快发展生活性服务业，加强公益性、基础性服务业供给，不断提升现代商贸、休闲旅游、健康养老、家政服务等生活性服务业便利化精细化品质化水平，更好适应居民消费结构升级和多样化需求。加快推进服务业数字化，培育数字内容、在线服务、文体娱乐等新业态。推进服务业标准化、品牌化建设。

**专栏8 服务业重点领域**

研发设计。加快研发设计创新应用，支持研发设计企业参与传统制造业全流程协同创新，形成研发设计与制造业全方位、深层次、宽领域的融合发展格局。引导大型工业企业加强工业设计中心建设，支持研发设计企业和公共技术服务平台发展，鼓励发展网络协同设计、众包设计、虚拟仿真等互联网研发设计新模式、新技术。

信息服务。巩固完善基础性信息传输服务，推动大数据、云计算、物联网及移动互联网等新一代信息技术广泛应用，引导信息服务向市场、设计、生产等环节渗透，培育信息服务新业态，助推产业信息化和城市智慧化发展。

商务服务。重点布局法律服务、会计审计、广告设计、咨询评估、人力资源、检验检测认证等服务。引进国内外知名律师事务所、会计事务所等机构，加快培育有竞争力的商务服务机构。

现代物流。大力发展仓储物流、跨境物流、保税物流、汽车物流、工程物流和高端保税加工等专业物流，创新发展智能物流。加快冷链物流集散中心建设，打造服务京津冀进口食品冷链供应基地。支持物流企业建立海外仓，增强物流供应链风险防范能力。

数字创意。加快互动影视、超感影院等新产品开发，加大情感感知、新型人机交互、全息成像等新技术应用，壮大动漫游戏、网络视频、互动娱乐、网红电竞等产业规模，做大天津经济技术开发区直播生态产业园。

健康养老。推广家庭医生签约服务，支持康复医院、护理院发展，推动医养结合。丰富养老服务和产品供给，加快发展居家和社区养老服务，推动养老服务向精神慰藉、康复护理、紧急救援、临终关怀等领域延伸。大力发展银发经济，培育发展老年教育、老年旅游、老年体育等服务业态。

加快发展平台经济。充分发挥科技型龙头企业在构建产业生态平台中的引领作用，打造核心技术支撑、主题特色突出、产业链条完整的生态平台。加快引育竞争力强的平台企业，发展国内领先的工业互联网、物联网等工业服务平台和信息消费、生活保障服务、健康医疗等生活性服务平台，建设特色鲜明的平台经济聚集区。

专栏9　平台经济

电子商务平台。鼓励和支持本土电商示范企业做大做强，成为行业领先、覆盖全国的领军型平台企业，积极引进大型电子商务企业运营结算中心落户。
跨境电商平台。加快建设国家跨境电子商务综合试验区，着力引育跨境电商知名企业，不断扩大跨境电商进出口规模，打造辐射三北的跨境电商集货分拨中心和跨境电商创业孵化基地，成为华北跨境电子商务发展高地。
交易结算平台。优化提升商品类交易场所功能，壮大交易场所企业经营规模。发挥金融资产登记结算平台作用，积极引育企业结算中心。支持北方大数据交易中心建设，开展大数据交易试点，推动京津冀大数据综合试验区建设。
物流专业服务平台。建设统一高效物流信息平台，促进信息技术、港口业务等融合发展。提升物流智能化水平，支持现有仓库数字化改造。构建冷链物流全程监控服务平台，完善冷链物流质量安全监测监管体系。建设智能物流云平台，完善城市配送体系，提升区域物流园区节点。
创新创业平台。推动中小企业公共服务示范平台建设，大力开展供需对接、集成供应链等创新型应用，打造一批创业创新资源有机结合的孵化基地和创客空间。鼓励建设产学研合作信息服务平台，打通科研成果与市场接轨通道，促进科技成果转化。
工业互联网平台。积极推动“天河工业云”向工业互联网平台升级，围绕研发设计、采购供应、生产制造、仓储物流、产品服务等应用领域，开展工业互联网应用创新示范，推动“工业企业上云”。
金融服务平台。依托银政通、信易贷等，创新信贷评估业务模式，增强对科技型企业创新能力评估。鼓励金融机构与龙头企业合作，运用人工智能、大数据等新技术，创新产业链供应链金融服务。
区域特色服务平台。聚焦信息、文化、旅游等新兴消费升级趋势，加快打造个人新兴消费服务平台。推动“互联网+医疗健康”平台、教育云平台建设。建设集创意设计、品牌发布、展览展示、采购交易等功能于一体的生活服务平台。

## 第二节　打造金融运营创新示范区

增强金融服务实体经济功能。大力发展供应链金融，支持自贸试验区相关片区打造“数字仓库＋可信仓单＋融资＋交易＋场外风险管理”综合服务体系，满足实体经济流通、融资和风控的复合需求。用足用好产业发展基金和高质量发展资金，引导更多专业投资机构和优质社会资本支持先进制造业发展。鼓励和引导金融机构增加制造业信用贷款和中长期贷款，支持金融机构创新知识产权等无形资产质押贷款融资业务，鼓励银行开展不良资产证券化试点，扩大保险资金对制造业领域投资。加大金融助力国企改革力度，持续深化金融机构与混改平台全面合作，推动国企股权多元化，优化融资结构。创新金融产品，提升金融对中小微企业的服务能力，推动金融机构对创业创新示范基地等载体进行授信。支持企业上市或挂牌融资，推动更多符合条件的企业通过资本市场直接融资，完善企业上市服务体系和政策支持体系。

壮大优势金融服务业。巩固提升融资租赁业发展优势，打造“租赁＋”品牌，探索充分利用租赁资产流转平台，盘活存量租赁资产，促进租赁业支持实体经济发展和转型升级。鼓励和支持金融机构在跨境租赁、租赁物登记及租赁公司参与银行间市场和交易所市场融资等方面依法合规审慎创新。加强融资租赁体制机制创新，鼓励和引导租赁公司拓宽融资渠道和资本补充渠道，建设高水平国家租赁创新示范区。做强商业保理，加大税务、金融、外汇、海关等领域的协同创新力度，创新开展供应链票据、标准化可信仓单融资、金融科技应用、国际保理等业务，高水平建设北方“商业保理之都”。做大做强空港保险产业园，大力发展保险产业，争创科技、专利、信用等保险业务创新试点，打造保险产业集聚区和试验区。

推进金融开放创新。深入推进自贸试验区金融改革创新，稳步扩大金融开放，提高跨境投融资便利化。支持股权投资基金人民币境外投资。鼓励外资股权投资、创业投资管理机构发起管理人民币股权投资和创业投资基金。推动证券期货机构开展跨境经纪、跨境资产管理等业务。探索开展期货保税交割业务，支持境外企业通过自贸试验区参与特定品种期货交易。积极争取扩大参与离岸金融银行数量和人民币离岸业务范围，促进银行境外发行债券和进行人民币境外投资。

促进金融科技发展。加快集聚金融科技企业，大力吸引金融机构和大型科技企业设立金融科技子公司、金融科技研发中心等主体。加强人工智能、区块链、云计算、大数据等技术突破与金融有效融合，推动金融产品、业务流程、应用场景、风险监管等革新升级。支持金融机构持续深化金融市场科技应用，不断优化各类支付结算服务，推动智慧银行建设，发展智能投资管理服务，利用科技创新进一步丰富金融供给。支持金融科技公司申请参与“监管沙盒”金融科技创新应用测试，加大金融机构创新监管与激励。

强化金融风险监管。健全金融监管和风险防控体系，守住不发生系统性风险底线。坚决整治严重干扰金融市场秩序的行为，完善新兴金融领域监管体系，持续做好互联网金融风险整治，建立常态化的非法集资风险排查机制。坚持“一企一策”精准化解国有企业债务风险。探索以信用为基础的新型监管机制，推动跨部门的信息共享和监管合作。

### 第三节　打造区域商贸中心城市核心区

打造“大商贸”产业载体。深化跨境电子商务综合试验区建设，打通跨境电商通关全模式，不断完善跨境电商基础设施建设，支持开展“线下展示＋线上交易”新零售模式，打造中国北方跨境电子商务发展高地。加快推进国家数字服务出口基地建设，支持在数字贸易商业模式、监管模式、信息化管理和国际合作等方面先行先试。建设东疆国家级进口贸易促进创新示范区，集聚一批贸易型总部和功能型贸易机构，打造能源、资源类商品和先进技术设备进口集散地、北方消费品进口集散地。推动国际汽车贸易中心建设，发展汽车保税仓储和转口保税增值服务，完善二手车出口配套产业链条。

推进外贸高质量发展。壮大外贸主体，大力引进贸易总部、知名专业贸易商、跨境电商品牌企业等，聚集形成一批高能级的平台型、总部型贸易主体。提升出口产品竞争力，发展关键零部件、系统集成制造、船舶装备等高端加工贸易。大力发展知识密集型服务贸易，积极扩大信息技术、金融、保险、技术、文化、知识产权等出口规模，促进服务贸易价值链升级。加快服务外包转型升级，支持发展众包、云外包、平台分包等新模式和服务型制造等新业态。优化贸易结构，推动传统外贸企业在线化、电商化发展，提高出口产品附加值。

增强服务辐射“三北”地区能力。完善天津港内陆物流网络，优化天津港“直通车”服务，拓展无水港布局，推动口岸功能向内陆延伸。发挥汽车、冻品等进口商品规模优势，提升区域流通市场粘性和产业链服务水平。依托东疆保税港区和中心渔港，建设中国北方冷链物流基地，打造京津冀一小时鲜活农产品冷链物流圈。持续深化与兰州新区、长春新区等区域合作。

加强国内交流合作。深度融入国内大循环，深耕长江经济带、粤港澳大湾区等重点区域，不断提升区域商贸合作水平。聚焦战略性新兴产业和优势产业，以产业图谱为引导，以串链补链为抓手，紧盯重点区域、重点企业、重点项目，精准组织招商活动，开展产业链招商、专业招商、应用场景招商、平台招商。创新招商方式，加大网上招商力度，积极开展“云签约”活动。统筹协调开发区、街镇招商力量，健全招商引资联动机制。坚持以展招商、以展促贸，高标准组织开展各类论坛、博览会、产业周等会展活动，支持区内企业走出国门参与各类国际专业展会。充分运用新技术、新手段搭建线上会展平台，丰富展会活动呈现方式。打造展会品牌，持续办好世界智能大会，推动直升机、海工装备等展会市场化和国际化水平提升，充分借助国家会展中心载体资源培育和引进国内外知名展会活动，打造永不落幕的展会经济。

### 第四节　培育消费中心城市核心区

完善消费载体。打响“购滨海”品牌，推进一批大型商业综合体和购物中心建成开业、扩大规模，推动现有商业载体向多元化、体验化转型升级，用好文化地标打造“滨城”网红打卡地，形成若干主题鲜明的特色地标和体验中心。大力发展消费新模式、新业态，加快发展直播电商、社交电商、5G消费体验，支持传统商贸向电子商务应用转型，引育若干引领性强、知名度高的消费平台。丰富夜间消费体验和消费环境，打造“夜滨海”夜间经济示范街区。

加快消费升级。发展免税经济，提升机场、邮轮母港等口岸免税店水平，加快在重点商圈和旅游景区开设免税购物商店。鼓励扩大新能源汽车应用规模，推广家庭安全、健康医疗、智慧娱乐、环境监测、能源管理等领域智能家居使用，引导食品行业向健康食品、特殊功能食品等方向发展。加快构建线上线下融合的“智能＋”消费生态体系，发展无接触交易服务，加快数据消费、线上会诊、线上课堂、远程办公等服务消费新业态发展，开拓城乡消费市场。

优化消费环境。推动品牌滨海建设，创建一批拥有自主知识产权和核心竞争力的品牌产品、品牌工程和品牌企业，深入开展老字号品牌振兴行动，做大做强海鸥手表、隆顺榕药品、海晶盐等一批老字号品牌。加大产品质量监管力度，构建统一管理、共同实施、权威公信、通用互认的质量认证体系，树立消费者对国产消费品信心。强化消费者权益保护，畅通消费维权渠道，建立产品和服务消费后评价体系。

### 第五节　强力拓展投资空间

扩大有效投资。围绕“滨城”建设和产业高质量发展，优化投资结构，保持投资合理增长，发挥投资对优化供给结构的关键性作用，谋划建设一批强基础、增功能、利长远的重大项目。加快补齐教育、医疗、文体等社会民生领域短板，建设生态绿廊、岸线景观、公园绿地等生态设施，扩大企业设备更新和技术改造、战略性新兴产业投资，推进新型基础设施、新型城镇化、交通基础设施等重大工程建设，提高服务效率和供给质量。增强投资有效性，让更多基础设施投资形成优质资产、产业投资形成实体企业、民生投资形成消费潜力。

推进投融资体制改革。坚持“谋划一批、招商引进一批、培育壮大一批、全力争取一批、市场化运作一批”，加大项目谋划储备力度，形成项目滚动发展良好态势。激发民间投资活力，调动民间投资积极性，创新规范推广政府与社会资本合作（PPP）模式，推动形成市场主导的投资内生增长机制。探索以公共交通为导向的城市开发模式，推进城市土地融资模式创新。稳妥开展基础设施领域不动产投资信托基金（REITs）试点，盘活基础设施存量资产，形成良性投资循环。

## 第九章　构建国际一流营商环境　打造全面改革开放先行区

始终把改革开放创新作为“根”和“魂”，坚持改革活区，统筹推进重要领域和关键环节改革，打造适应新发展格局要求、契合新产业发展需求、满足新型人才需要的一流营商环境；坚持开放兴区，以构建自贸试验区升级版为引领，为构筑新发展格局提供强大动力。

### 第一节　构建国际一流营商环境

打造便利化营商环境。坚持“不为不办找理由，只为办好想办法”，做到“企业吹哨、部门报到”。持续深化“放管服”改革，推进政务服务承诺制、标准化、智能化、便利化，打造全国领先的政务环境。全面落实政府权责清单制度，构建事权清晰、精简高效、充满活力、令行禁止的工作体系，进一步规范权力运行机制。创新“场景式”审批模式，为企业提供“专家＋管家”服务。坚持线上全办，提升政府服务便利化水平，推动审批服务事项“应上尽上、全程在线”。坚持马上就办，完善以函代证、容缺后补等制度，确保企业办事“最多跑一次”。坚持全区通办，推进政务服务破除壁垒、数据共享、互联互通，打造更高水平的开放服务型政府。

打造法治化营商环境。把诚信作为优化法治环境的核心根本，推动政务诚信、商务诚信、社会诚信、个人诚信建设，开展守信激励创新试点，营造良好的社会信用环境，打造诚信滨海。在法治框架内调整各类市场主体的利益关系，依法平等保护各类市场主体产权和合法权益，打造稳定、公平、透明、可预期的法治环境。规范执法行为，提升监管的精准化、智能化水平，推广运用说服教育、劝导示范、行政指导等柔性执法手段，完善调解、仲裁、诉讼等相衔接的多元化纠纷处理解决机制，依法慎重实施行政强制。

打造市场化营商环境。落实各项惠企政策，进一步为企业降本减负。降低要素成本，进一步降低用电、用水及用气等价格。降低融资成本，鼓励金融机构加大对实体经济的支持力度，创新金融产品，优化金融服务，有效降低市场主体获得资金的成本，提升企业获得信贷便利度。降低税费成本，牢固树立“放水养鱼”意识，为企业和个人减税降费。降低办事成本，简化报装手续、优化办理流程，全面推行多证合一、多表合一、并联审批，持续压缩口岸通关时间和成本。

打造国际化营商环境。对标对表世界银行和国家发改委营商环境评价指标体系，参照国际贸易投资规则，打造适应新发展格局要求的营商环境。全面实行准入前国民待遇加负面清单管理制度，建立符合国际惯例的市场经济运行机制和体系，推动知识产权保护、放宽市场准入、综合保税区等体制机制创新，对企业开办、工程审批、办税服务、执行合同、招投标、信用体系等服务环节全链条优化。完善内外贸一体化调控体系，促进内外贸政策法规、监管体制、经营资质、质量标准、检验检疫、认证认可相衔接，推进同线同标同质。

### 第二节　打造全面深化改革新高地

推进要素市场化配置。坚决破除阻碍要素自由流动的体制机制障碍，加快土地、资本、劳动力、技术、数据等要素市场化改革，健全要素市场运行机制，完善要素保障服务体系，实现要素价格市场决定、流动自主有序、配置高效公平。科学实施土地征收成片开发，推行新型产业用地政策，健全长期租赁、先租后让、弹性年期供应等市场供应体系，强化地块容积率与土地出让价格等方面的政策支持，推动不同产业用地合理转换。研究制定新市民政策，推动产业人口、流动人口在户籍、公共服务、社会保障、生活配套等方面均等化。培育数据要素市场，建设数据交易中心，完善数据开放共享、交易流通等标准和措施。健全要素市场化交易平台，拓展公共资源交易平台功能，加快发展排放权、粮油、金属、金融资产等交易场所，做大做强天津粮油商品交易所。设立天津石油天然气交易中心，开展能源及化工品种交易。

深化法定机构改革。进一步做深做优做实法定机构改革，加快构建与法定机构相适应的全链条、闭环式制度体系，打造开发区管理体制改革升级版。稳步实施开发区社会职能剥离，探索构建科学有效的管理模式。坚持开发区事开发区办，持续放权赋能，制定各开发区全链审批赋权清单，提升发展能级。放大改革效应，将开发区法定机构改革中形成的先进经验和有效做法复制推广到更多领域、更大范围，充分调动干事创业的积极性和能动性。

深化国资国企改革。按照“混改引战摘牌一批、资产重组转型一批、综合化债处置一批、提质增效发展一批”思路，推进国企经济布局优化和结构调整。制定实施国有企业改革三年行动计划，加速竞争类国企混合所有制改革和非竞争类企业的竞争性业务板块混合所有制改革。完善参控股企业管理办法和运行规则，探索建立股权管理中心。完善市场化经营机制，实行职业经理人制度，健全经理层任期制和契约化管理，统筹用好员工持股、上市公司股权激励、科技型企业股权和分红激励等措施。

支持民营经济发展壮大。创造促进民营企业蓬勃发展、竞相发展的良好环境，依法平等保护民营企业产权和企业家权益，营造激励企业家干事创业的浓厚氛围。完善民营和小微企业支持政策，健全接链、促需、护企常态化机制，在要素获取、准入许可、经营运行、政府采购和招投标等方面平等对待，加大对“专精特新”民营企业的扶持力度，培育一批具有核心竞争力的行业龙头企业。鼓励发展新个体经济，探索完善新个体经营者权益保障制度。大力培育企业家队伍，弘扬企业家精神。

### 第三节 加快打造世界一流的自由贸易园区

深化自贸试验区“首创性”制度创新。对标国际一流自由贸易港区和国际高标准经贸规则，积极推进投资、贸易、金融、人员、数据、运输等领域创新突破，着力营造法治化营商环境和国际化业务发展环境，推进全要素、全过程、全链条的贸易和投资自由化。积极推动自贸试验区扩展区域，探索在滨海高新技术产业开发区、中新天津生态城等区域建设自贸试验区联动创新区，推动实现滨海“全域自贸”，建设国内国际经济双循环的重要资源要素配置枢纽、京津冀现代产业集聚区、中日韩自贸区战略先导区。修订《中国（天津）自由贸易试验区条例》，完善放权赋能、激励容错、协同创新、考核评估等工作机制，探索更具竞争力的管理运行模式。做好自贸试验区法定机构改革“后半篇文章”。

建设国内国际经济双向循环的重要资源要素配置枢纽。探索保税燃供、国际海员管理、沿海捎带、整船换装等海运政策创新，支持天津港加快建设北方国际航运枢纽。推进综合保税区功能升级，积极探索“综保＋自贸”制度创新举措，强化先进制造、国际贸易、科技创新等服务功能。实施跨境服务贸易负面清单管理制度。用好自由贸易账户政策，推动开展服务市场需求的离岸、跨境等金融创新业务，增强跨境投融资服务功能。搭建自由贸易平台，盘活用好各类牌照资源，培育粮油、租赁、保理、排放权等交易市场，增强资源要素配置能力。

建设京津冀现代产业集聚区。进一步优化自贸试验区区域功能和产业布局，支持东疆片区以金融自由为主攻方向，加快向自由贸易港区升级；支持天津机场片区以人才自由为主攻方向，加快建设国际医药健康先行试验区；支持中心商务片区以数据自由为主攻方向，建设国际数据服务特区。研究设立国际科技工业园，探索“境内离岸”研发创新业务。加快推动智能科技、生物医药、融资租赁、海洋经济、数字经济等产业创新发展，探索推进细胞治疗、进口药械、保税维修、保税研发、数据开发应用、国际保理等创新突破，赋能“一基地三区”和“1+3+4”现代产业体系建设。

建设中日韩自贸区战略先导区。对接《区域全面经济伙伴关系协定》（RCEP）、《全面与进步跨太平洋伙伴关系协定》（CPTPP）、中日韩自贸区等国际规则，开展风险压力测试，推进国际经贸合作。深化与韩国仁川自由经济区等韩国、日本特殊经济区域的战略协作关系。加强在高端制造、电子信息、生物医药、医疗美容、健康养老、文化旅游、教育培训等方面的资本和项目合作，促进中日韩优势产业深度融合。推动自贸试验区与中日（天津）健康产业发展合作示范区开展联动创新。加强与日本、韩国海空港联动，做强中欧班列、国际海铁联运、中转集拼功能，构筑联通日韩、东北亚地区与欧洲的国际海空物流大通道。

## 第十章 深入实施乡村振兴战略 打造城乡融合发展特色区

坚持农业农村优先发展总方针和“产业兴旺、生态宜居、乡风文明、治理有效、生活富裕”的总要求，强化以工补农、以城带乡，推动形成工农互促、城乡互补、协调发展、共同繁荣的新型工农城乡关系，构建具有现代都市气息与浓郁田园风光的滨海农业农村。

### 第一节 构建现代农业体系

优化农业生产布局。突出区域特色和错位发展，优化现代都市型农业生产空间结构和区域布局。北部重点聚焦设施生产、生态修复等功能，建设现代化设施农（渔）业发展区。中部重点聚焦农业科技创新、农产品加工物流和农村休闲度假等功能，建设现代化高科技农业发展区。南部重点聚焦精品农业、特色农业和循环经济，建设现代化生态农业发展区。

加快发展现代都市型农业。围绕服务津京大都市，大力推进农业供给侧结构性改革，着力发展中高端农产品，推动农业一二三产业融合发展，培育都市型休闲农业和乡村旅游康养等新经济新业态，构建“科技＋健康＋旅游”立体农业发展模式，成为津京城市居民的农业科普基地、休闲养生基地、乡村旅游目的地。加强农业品牌建设，提升崔庄冬枣、茶淀葡萄、杨家泊对虾、大港杜泊绵羊等品牌影响力，加强农产品质量安全监管。大力发展高端种植业、高端畜牧业、高附加值水产业，加快发展都市服务型农业加工业，推动优质精品农产品进入津京高端市场。大力发展乡村特色旅游，扶持打造一批功能完备、特色突出、服务优良的休闲农业主题园、民俗民宿聚集地、养生养老产业园。大力发展体验式、沉浸式农业，实施智慧农业、“认养农业”、订单式农业等模式，实现农村对城市、土地对餐桌的高质量农产品直接供给。培育一批规模适度、生产集约、管理先进、效益明显的家庭农场，有机衔接小农户与现代农业发展。

强化农业科技创新支撑。坚持走科技兴农之路，健全农业科技服务体系，建设农业科技成果转化中心、科技人员创业平台、高新技术产业孵化基地，加快农业科技成果引进示范及应用。积极推进现代农业、节水农业、生态循环农业等领域技术研发与成果应用。加快推进农业机械化和农机装备产业转型升级，推广种植业新品种新技术，实施高标准农田建设工程，稳定粮食生产能力。开展育种关键技术攻关，建设一批良种繁育基地和高品质基地。推进“互联网＋”行动，促进农业经营主体、加工流通企业、邮政快递企业与电商企业对接融合，推动线上线下互动发展，畅通农产品销售渠道。深化供销社综合改革，全面推进供销合作事业高质量发展。

## 第二节 全力建设美丽乡村

加快补齐农村基础设施短板。完善农村交通网络建设，全面推进“四好农村路”建设，支持村内道路建设改造并向生态产业区、种植区、养殖区延伸。到2025年，基本建成“区域联网、村村直达、便捷畅通、安全可靠”的农村公路网络。全面完成农村饮水安全巩固提升工程，推进城乡供水一体化。实施数字乡村战略，加快农村地区宽带网络和新一代移动通信网络覆盖，加快现代信息技术推广应用。完善农村地区邮政基础设施，提升农村寄递服务水平。

持续改善农村人居环境。统筹乡村规划，留住特有的地域环境、文化特色、建筑风格等“基因”，让乡村守得住乡情、留得住乡愁。深化“百村示范、千村整治”工程，高标准推进农村改厕、生活垃圾处理和污水治理，提升农房建设质量。优化乡村生态，严控地下水开采，加强农业面源污染防治，开展农田土壤污染的源头防范及修复治理。推进农村黑臭水体治理，加强畜禽粪污资源化利用，推广多层次粮经饲统筹、种养加一体、农牧渔融合的高效生态循环发展模式。

缩小城乡基本公共服务差距。推进“以人为本”的示范小城镇和特色小镇建设，强化涉农街镇综合服务能力。加快推动教育、卫生、文化、养老和社区事务等公共服务向农村延伸。完善农村社会保障体系，鼓励新型职业农民及外来务工人员等群体参保。加强农村低保对象动态精准管理，完善农村留守儿童和妇女、老年人关爱服务体系，鼓励发展农村互助式养老。推进文化下乡服务活动，丰富乡村文化生活。深入推进“文明村庄”建设，错位打造特色鲜明的文明实践站，发挥村规民约作用，培育涵养文明淳朴的乡风民风。

实现巩固拓展脱贫攻坚成果同乡村振兴有效衔接。巩固和拓展结对帮扶困难村、东西部扶贫协作和对口支援成果，增强受援地造血能力和内生动力，实现高质量、可持续脱贫。继续推进产业帮扶，组织推动企业赴受援地区投资兴业。持续推动消费扶贫，推进受援地区农特产品进新区。强化人才支援帮扶，提升受援地区技术和管理水平。强化劳务协作帮扶，开展针对性就业技能培训，帮助受援地区贫困人口就业。

## 第三节 健全城乡融合发展体制机制

深化农村改革。落实第二轮土地承包到期后再延长三十年政策，进一步放活土地经营权，引导农民利用土地经营权入股参与现代农业经营。探索宅基地所有权、资格权、使用权分置实现形式，稳妥推进新一轮宅基地制度改革试点，建立实施集体经营性建设用地入市制度，健全城乡统一的建设用地市场。健全完善土地流转规范管理制度，大力推进“点状供地”。深化农村集体产权制度改革，维护集体经济组织成员权益，合理设置股权和管理股权，发展新型农村集体经济。落实最严格的耕地保护制度，坚决遏制耕地“非农化”、防止“非粮化”，大力实施“粮安工程”，完善储备粮管理机制。推广农业用水价格改革。

促进城乡要素合理配置。加快破除制约要素自由流动和平等交换的制度障碍，促进各类要素更多向农村流动。完善农村产权制度和要素市场化配置，提高农村土地、资金、人才、技术等各类要素配置效率。提高农民科技文化素质，培育新型农民，推动乡村人才振兴。建立城市人才入乡激励机制，探索岗编适度分离等制度，鼓励教科文卫体、规划、建筑、园林等人员入乡服务，鼓励大学生、农民工等返乡创新创业。健全农村金融服务体系，加快涉农金融产品和服务创新，发展农业保险。

推进以人为核心的新型城镇化。加快农业转移人口市民化，强化基本公共服务保障，使农业转移人口与当地户籍人口享受同等基本公共服务。落实居住证政策，扩大基本公共服务覆盖面，加快推动居住证长期持有人享有子女教育、就业、社会保险、住房保障、公共卫生等市民化权利。维护进城落户农民土地承包权、宅基地使用权、集体收益分配权，支持引导其依法自愿有偿转让。

## 第十一章　弘扬社会主义核心价值观　打造特色鲜明的文化强区

坚持马克思主义在意识形态领域的指导地位，坚定文化自信，大力弘扬社会主义核心价值观，围绕举旗帜、聚民心、育新人、兴文化、展形象的使命任务，塑造人文城市精神，涵养滨海文化气质，讲好新阶段“滨城”故事，加强社会主义精神文明建设，着力打造文化强区。

### 第一节　传承滨海特色人文精神

加大中华优秀文化传承力度，认真梳理滨海文化与时俱进的精神内核、人文气质和当代价值，总结提炼在盐碱荒滩艰苦奋斗中形成的“精卫填海”精神，大力弘扬大沽口炮台抵抗外来侵略的爱国主义精神，传承中国近代民族工业的实业报国精神，深入挖掘“海纳百川、乘风破浪、勇立潮头”的海洋文化精神，激发滨海人爱滨海热情，激励广大党员干部投身新一轮改革开放大潮。坚持翻篇归零、重整行装再出发，从滨海新区初创历史中汲取继续前行的营养和力量，始终保持“野战军”的狼性、血性，把“敢闯敢试、创新创造、开放包容”精神要素融入到“二次创业”实践中，共同守护滨海新区精神家园。

### 第二节　提高理论引领和舆论引导水平

深化新时代理论武装。深入开展习近平新时代中国特色社会主义思想学习教育，加强理论学习和宣传阐释，充分发挥各级党委（党组）理论学习中心组作用和领导干部“头雁”效应，深刻学习领会习近平新时代中国特色社会主义思想的核心要义、精神实质、丰富内涵、实践要求，不断巩固马克思主义在意识形态领域的指导地位。深入开展“四史”“三爱”学习教育和思政课教育，深入实施青年马克思主义者培养工程，巩固拓展“千名宣讲员走基层”品牌优势，多层次、分众化、互动式推动宣传宣讲“七进”全覆盖。充分发挥“学习强国”滨海学习平台、滨海新区中华思想研究院等阵地作用，打造学习贯彻落实习近平新时代中国特色社会主义思想的“滨城”理论高地。

构建新阶段大宣传格局。坚持正确政治方向、舆论导向、价值取向，构建立足“滨城”、畅通区域、走向全国、辐射海外的大宣传格局。以互联网为主战场、主阵地、主渠道，统筹新闻宣传、舆论引导等重点工作，统筹各开发区、各部门、各街镇宣传资源，统筹各级各类媒体传播平台，做好重大主题宣传、重点活动推介、重要新闻发布，形成中央、市、区三级媒体同频共振，网、端、微、报、台全媒联动的宣传“场效应”。加快推进媒体深度融合，重塑流程体系，健全激励机制，推进内容生产供给侧改革，构建以“津滨海”App为龙头的移动传播矩阵，打造全程媒体、全息媒体、全员媒体、全效媒体，挺进全国区县级融媒体的第一方阵。

加强社会主义精神文明建设。巩固全国文明城区创建成果，推进常态化文明城区建设，深化“决策共谋、发展共建、建设共管、效果共评、成果共享”的“共同缔造”理念，构建完善长效管理、常态推进、立体监督、广泛参与的文明城区建设格局，持续提升城市文明程度和市民文明素质。围绕培育和践行社会主义核心价值观，加强未成年人思想道德建设，选树宣传道德模范，深化文明单位、文明村镇、文明社区、文明家庭、文明校园创建，发挥先进典型示范引领作用，推动形成向上向善的文明风尚。发挥新时代文明实践中心作用，推动文明实践志愿服务精准化、品牌化，培育具有新区特色的品牌项目，实现街镇、村居新时代文明实践所（站）全覆盖，把党的声音和温暖传递给群众。

### 第三节　完善公共文化服务体系

优化公共文化服务供给。持续提升滨海艺术节、泰达夏日艺术季、滨海国际版画创作营、滨海少儿评剧节、滨海全民阅读节等文化活动效能，增强文化影响力。深入推进文化惠民工程，更好发挥图书馆、美术馆、博物馆、文化馆、档案馆等作用，为群众提供更优质更有特色的公共文化服务。加强广播影视、文学艺术等文化精品创作，推出一批讲好“滨城”故事、展现“滨城”形象、弘扬“滨城”精神的时代精品。积极引进优质文化资源，加强与国家级、省市级文化机构建立长效合作机制，推动评剧、版画等特色文化品牌创新发展，不断丰富“滨城”文化内涵。

加强公共文化服务智慧数字化。加强“文化随行—公共文化服务百姓互动数字平台”的建设和应用推广，丰富数字文化服务供给，完善文化工作远程智慧监管。推进公共文化服务设施数字化建设，进一步加强数字文化馆、数字图书馆、数字博物馆等建设，拓展数字文化服务应用新场景、新空间，增强数字服务体验效能，形成数字化特色文化品牌。加强科技文献资源建设，开展专业咨询服务，提高数字文化为经济社会发展服务的能力。

促进公共文化服务改革。深入完善社会主义意识形态引领公共文化服务“十个有”滨海模式，着力推进国家公共文化服务体系示范区创新发展，积极探索现代公共文化服务高质量发展新路径、新经验。推进文商旅融合发展，鼓励社会力量广泛参与公共文化服务新业态、新空间、新阵地。实施全民阅读推广人与全民艺术普及推广人、文化类社会组织培育孵化计划，促进文化志愿服务特色化、品牌化发展，提高文化志愿服务水平。推进南北两翼文化设施建设和组团式发展，不断提高公共文化设施布局的均衡发展水平。推进档案馆库的建设，完善统一集中管理机制。

### 第四节　激发文化产业创新活力

推动文化产业集聚发展。坚持把社会效益放在首位、社会效益和经济效益相统一，深化文化体制机制改革，加强文化市场体系建设，扩大优质文化产品供给。着力培育和壮大文化市场主体，加快引育一批拥有自主品牌、竞争力强的优质文化企业，扶持一批中小文化企业做大做强。加快建设中国3D影视创意园区、国家级动漫产业综合示范园等平台，促进创意设计产业发展，构筑新业态、新优势、新效益。加快发展海洋文化产业，依托国家海洋博物馆、航母主题公园等载体，促进海洋展览、旅游、军事、环保等产业发展，进一步认识海洋、关心海洋、经略海洋。依托天津茱莉亚学院、滨海演艺中心，培育发展文化演艺产业，积极引进知名演艺和演出经纪机构，鼓励国内外知名院团和艺术家原创作品在新区首演首映，提高新区在全球文化演出市场的活跃度和影响力。

推动文旅融合发展。全力推进国家文化和旅游消费试点城市建设，实施文化产业数字化战略，深入实施“文化+”工程，加快发展新型文化企业、文化业态、文化消费模式。建设滨海旅游产业集聚区，打造若干临海地标性建筑和5A级景区，做足大气洋气的海洋文化。完善“百年复兴看滨海”品牌，构建“一廊一带三组团”旅游发展布局，打造沿海蓝色走廊、海河都市观光带，以及工业旅游、乡村旅游、生态旅游三大特色组团。深入推进中新天津生态城、天津经济技术开发区等全域旅游示范区建设，提升全区旅游公共服务水平。

**专栏10　一廊一带三组团**

沿海蓝色走廊。突出亲海品海旅游特色，串联东疆湾沙滩、国家海洋博物馆、妈祖文化园、航母主题公园等海洋文旅资源，推动景区标准化提升工作，打造海洋文化新地标。

海河都市观光带。串联海河外滩、塘沽火车站旧址、潮音寺、北洋水师大沽船坞遗址、天津港、大沽口炮台等沿河景观资源，推动海河游船提质升级，打造历史与现代交融的魅力海河观光带。

三大特色组团。依托天津经济技术开发区、天津港保税区、滨海高新技术产业开发区三大工业聚集区，打造工业旅游研学基地。依托乡村旅游项目、乡土田园风貌、浓郁渔业风情，打造滨海渔家体验区。依托双城间绿色生态屏障、湿地公园、城市公园等，打造生态旅游组团。

保护传承优秀历史文化。坚持在保护中发展、在发展中保护，挖掘具有滨海特色的文化产品，加大对保护性建筑、近现代革命文化遗址、工业文化遗存等保护力度，推进塘沽火车站旧址、北洋水师大沽船坞遗址、大沽口炮台等历史文化遗产保护工程，强化非物质文化遗产保护和活化利用，传承历史文脉，保留城市文化基因。积极引导鼓励社会力量参与文化遗产保护。

## 第十二章　践行绿色发展理念 建设蓝绿交融美丽滨海

牢固树立“绿水青山就是金山银山”理念，坚持环境优区和生态优先，构建蓝绿交融生态格局，加强生态保护与修复，强化生态环境治理，加快形成绿色发展方式，努力打造水清岸绿、天蓝海碧的美丽滨海。

### 第一节　加强生态保护与修复

加强水系生态保护与修复。打好入海河流消劣攻坚战，加大力度治理城镇污水、工业废水、农村污水和养殖尾水，严格入河排污口监管。加快实施“北水南调”工程，实现南北水系连通。严格落实河长制，加强日常巡河护河监管，严控河道水体质量。强化市政排口初期雨水管控，减少初期雨水径流对河道水质造成的污染。严控地下水开采，加快推进地下水封井压采。

建立湿地保护长效机制。建立健全湿地及其连通河流的协同保护和修复机制，加大湿地生态系统保护力度。全面推进北大港湿地自然保护区生态保护和修复工程，严格落实生态保护补偿机制。高标准建设国家湿地公园和天津滨海国家海洋公园。

开展“蓝色海湾”整治修复。全面推行“湾长制”，完善“海上环卫”工作机制，加强海域污染防治。开展海洋生态保护与修复整治，加快实施岸滩修复、减排降污、生态廊道、智慧海洋等工程。实施大神堂、马棚口、蔡家堡等修复整治，实现退养还滩（湿）、岸滩绿化。推动海河、独流减河河口清洁整治，规范整治问题入海排口，分类治理海水养殖污染，加快实现减排降污。提升改造中新天津生态城东堤滨海公园、南堤滨海步道、航母主题公园、东疆湾人工沙滩等景观廊道和生态公园。运用卫星遥感等先进技术，创新海岸线动态监管方式，建立海洋生态灾害监测、预警、应急处置及信息发布体系。完善海洋生态红线制度，严格控制陆源污染物排海总量，严格管控重要海洋生态功能区、生态敏感区和生态脆弱区。到 2025 年，近岸海域水域水质优良（Ⅰ、Ⅱ类海水）比例达到国家考核要求。

完善生态环境保护体制机制。突出科学、精准、依法治污，加快推进生态环境治理体系和治理能力现代化。树立生态底线思维，完善环境保护、节能减排约束性指标管理。落实最严格的生态环境保护制度，健全生态环境保护责任体系。以主体功能区规划为基础，严守生态保护红线、环境质量底线、资源利用上限，严格生态环境准入，充分发挥战略环评与规划环评的指导约束作用。加强生态环境保护合作，积极参与大气、水、土壤污染联防联控，配合推进京津冀区域重污染天气预警、会商及应急联动，加强空气监测、环境整治、环保数据等方面的资源共享。

### 第二节 强化生态环境治理

推动空气质量持续改善。巩固“散乱污”企业综合治理成效，持续推进控煤、控尘、控车、控工业污染、控新建项目“五控”治理，加大以气代煤、电代煤力度。完善重污染天气应急管理，加强重污染天气预警会商和区域联动机制，加强细颗粒物和臭氧协同控制，强化大气污染防治精细化管控。到 2025 年，$PM_{2.5}$ 年均浓度不高于 43 微克 / 米 $^3$，全年空气环境质量优良天数比例与全市持平。

推动水污染综合防治。围绕工业废水、城镇废水和农业农村污水三大污染源，严格源头截污控污。推进直排废水接入污水处理厂，升级改造污水处理设施，强化工业集聚区水污染治理在线监控和智能化监管，实现工业废水稳定达标排放、污水集中处理设施稳定运转。加大力度推进管网雨污分流改造和雨污混接点改造，加强污水处理厂增容扩建与配套管网建设，实现城镇污水应收尽收。到 2025 年，城镇污水集中处理率达到 96% 以上。

加强土壤污染防治。实施建设用地准入管理，持续更新污染地块名录，确保建设用地开发利用符合土壤环境质量要求。强化未污染土壤保护，严控新增土壤污染。加强重金属风险管控，加快实施重金属污染物总量控制。划定农用地土壤环境质量类别，实施农用地分类管理。推广测土配方施肥技术，推行化肥农药减量化。加强白色污染治理，强化农田残膜及农药包装废弃物回收处置。指导土壤污染责任人或土地使用权人在具备修复条件下对受污染土壤开展风险管控或修复。充分发挥协同处置设施作用，提升危险废物集中处置能力。

### 第三节 加快形成绿色发展方式

加快推进绿色低碳发展。开展绿色金融产品和绿色技术创新，加大重点行业清洁生产推行力度，发展壮大节能环保和清洁能源产业。建立健全生态型经济体系，优化产业布局、能源、交通运输结构，建设绿色低碳的工业体系、能源体系和交通体系，从源头减少能耗、物耗和污染物排放。加快绿色制造体系建设，推动工业园区按照绿色园区标准提升改造，提升绿色发展水平，推进天津经济技术开发区绿色制造体系示范区和滨海高新技术产业开发区华苑科技园国家低碳工业园区等建设。进一步健全绿色供应链体系，发挥亚太经合组织绿色供应链合作网络天津示范中心带动作用，复制推广绿色供应链滨海模式。大力推广中新天津生态城“零能耗智慧建筑”等示范样板。

促进资源节约和高效利用。大力发展循环经济，推动工业园区实施循环化改造。构建“城市矿山”废旧资源回收和循环利用体系，实现资源梯级利用、水资源循环利用、废物交换利用，提高废旧资源再生利用率。加强能源节约和综合利用，全面推动电力、化工等主要能耗行业节能改造。优化调整建设用地结构，提高单位面积土地投入和产出水平，全面提升土地资源综合效益。加快中新天津生态城可再生能源循环利用工程等建设。

推广绿色生活方式。倡导简约适度、绿色低碳的生活方式，提高民众生态环保意识，开展节约型机关、绿色家庭、绿色学校、绿色社区创建。广泛开展绿色生活行动，积极引导消费者购买节能环保低碳产品，扩大绿色消费。树立爱粮、节粮意识，杜绝“舌尖上的浪费”。全面推行垃圾分类和减量化、资源化，加快建立分类投放、分类收集、分类运输、分类处理的垃圾处理系统。加快推进第一餐厨垃圾及粪便处理厂等建设。加快发展绿色建筑，鼓励发展新型建筑材料，推进装配式建筑全产业链发展，推动公共建筑能效提升节能改造。积极推行住宅全装修，减少建筑垃圾，避免二次污染。到2025年，城镇生活垃圾无害化处理率、城市生活垃圾分类覆盖率达到100%。

## 第十三章　坚持人民至上　打造高品质生活的幸福城市

牢固树立以人民为中心的发展思想，坚持把实现好、维护好、发展好最广大人民根本利益作为发展的出发点和落脚点，尽力而为、量力而行，加快社会事业补短板，健全基本公共服务体系，基本实现幼有善育、学有优教、劳有厚得、病有良医、老有颐养、弱有众扶，努力让群众的获得感成色更足、幸福感更可持续、安全感更有保障。

### 第一节　提高就业质量和居民收入水平

推进更充分更高质量就业。坚持就业优先战略，实施促进就业行动计划，扩大就业容量，提升就业质量。鼓励创业带动就业，推动多渠道灵活就业，支持发展新就业形态。持续做好高校毕业生、退役军人、农民工和城镇困难人员等重点群体就业工作，强化残疾人等就业援助，扩大公益性岗位安置，确保零就业家庭保持动态清零。健全就业公共服务体系、终身职业技能培训制度，加快提升劳动者技能素质和就业创业能力。加强就业服务队伍建设，健全失业监测预警机制、应对就业难招工难问题长效机制。不断壮大产业工人队伍，提升产业工人技能，提高技能人才比例。持续深化劳动关系综合配套改革试点，打造“和谐劳动关系诊所”、调解仲裁“雏鸥计划”等滨海品牌。到2025年，累计新增就业人数超过62.5万人。

**专栏11　促进就业行动计划**

支持企业稳定岗位。加大援企稳岗力度，引导企业开拓市场，加强对企业的金融支持，规范企业裁员行为。
开发更多就业岗位。积极通过挖掘内需、加大投资创造就业。通过引进项目促就业，培育壮大新动能拓展就业空间。
促进劳动者多渠道就业。鼓励青年群体基层就业，支持群众灵活就业，加强托底安置就业。
支持创新创业带动就业。加大创业培训力度，给予创业补贴。支持创业孵化载体建设，加大创业担保贷款支持力度。
大规模开展职业技能培训。大力推进职业技能提升行动，扩大技能人才培养培训规模，加强职业培训基础能力建设。
强化就业创业服务。推进就业服务全覆盖，加强岗位信息归集，建立重点企业用工输送奖励机制，强化常态化智慧化服务管理。
做好失业人员生活保障。充分发挥失业保险的作用，做好困难人员生活保障。

提高城乡居民收入水平。完善有利于提高居民消费能力的收入分配制度，健全工资合理增长机制，增加低收入群体收入，扩大中等收入群体。探索通过土地、资本等要素使用权、收益权，增加中低收入群体要素收入。多渠道增加城乡居民财产性收入。支持灵活就业和新就业形态良性发展，帮助从业者持续拓宽收入来源，强化多劳多得、有劳必得的收入保障。

### 第二节　提高教育优质化水平

全面落实立德树人根本任务。推进大中小幼思政课一体化建设，加强和改进学校体育美育，广泛开展劳动教育，重视心理健康教育，培养学生爱国情怀、社会责任感、创新精神、实践能力，促进学生德智体美劳全面发展。加强师德师风建设，实施“名师、名校长、名班主任”培养工程，建设高素质教师队伍，全面提高教师专业化水平。支持和规范民办教育发展，规范校外培训机构。健全学校、社会、家庭协同育人机制。

打造全国学前教育普及区。科学布局学前教育资源，健全政府主导、社会参与、公办民办并举的学前教育办园体制。完善普惠性民办园认定标准、补助标准及扶持政策，引导和支持民办幼儿园提供普惠性服务。通过新建、接收小区配套、盘活闲置楼宇等方式继续扩大学前教育资源供给。健全学前教育管理机构和专业化管理队伍，稳步实施分类管理改革。重点推进北塘第二幼儿园等项目建设。

实现九年义务教育优质均衡发展。补齐义务教育资源短板，有序扩大义务教育学位供给。坚持义务教育免试就近入学，建立完善控辍保学监测机制。加快创建全国义务教育优质均衡发展区，重点推进欣嘉园第三小学、东壹区九年一贯制学校等项目建设。

促进普通高中多样化特色发展。

实施优质品牌高中建设工程，加强学校特色课程建设，建立健全市、区高中结对帮扶工作机制，推动普通高中优质特色发展。深化课程教学改革，构建规范有序、科学高效的选课走班运行机制。探索普通高中与创新实践基地、高等院校、科研院所、高新企业、国外优质高中、社会机构联合培养人才的有效机制。重点推进新建大港三中等项目建设。

完善职业教育和培训体系。充分发挥企业和职业院校的双元主体作用，深入对接产业需求，开展校企协同育人。深化职普融通、产教融合、校企合作，探索中国特色学徒制，积极推动职业教育“双元”育人机制创新。支持有条件的企业举办高质量职业教育培训，引导行业企业参与人才培养全过程。改善提升滨海职业学院办学条件，打造职业教育特色品牌。

推动高等教育高质量内涵发展。扩大高等教育土地供给，统筹调配优质资源，打造高等教育产学研一体化高科技园区。支持引进北京、天津及国内外优质高校在新区办学或设立分校，继续加强与南开大学、天津大学等高校在科技创新、人才培养等领域的深度合作。支持天津科技大学高水平发展，加强应用型人才培养，深化校区产研合作，推动研发成果本地转化。支持天津大学国际医学院、中国核工业研究院等加快发展，推动南开大学滨海学院、天津医科大学临床医学院、天津外国语学院滨海外事学院等独立学院转设。

实施学区化、集团化办学。采取学区化、集团化办学、委托管理、义务教育学校共同体建设等创新模式，带动相对薄弱和新建学校发展，缩小义务教育城乡差距和校际差距。做强做优南开中学、天津一中、天津实验中学和天津实验小学等市直属学校滨海学校。以市直属校滨海学校和塘沽一中、浙江路小学等优质名校为主体，组建教育集团。

倡导终身学习理念。依托天津开放大学，加强新区继续教育平台建设。推广线上与线下相结合的混合式学习模式，探索团队学习、体验式学习、移动学习等模式创新。完善社区教育办学体系，增强社区教育网络辐射力。加强老年大学基础设施建设，完善老年人教育培训服务体系。建设学习型城区，鼓励社会力量参与老年教育，扩大老年教育消费，促进老年教育事业规范健康发展。

**专栏12　教育优质化重大项目**

学前教育。推进北塘第二幼儿园、汉沽茶淀街滨河幼儿园、汉沽杨家泊镇中心幼儿园、紫云幼儿园、大港东城第二幼儿园等建设。
小学。推进欣嘉园第三小学、汉沽东扩区小学、海洋科技园宁海路小学、空港第三小学等建设。
一贯制学校。推进滨海东壹区九年一贯制学校、大港海滨港西学校、大港东城九年一贯制学校、北塘九年一贯制学校、滨旅北部十二年一贯制学校等建设。
中学。推进塘沽新港中学（塘沽七中初中）、天津实验中学海港城学校、开发区一中二期建设、新建大港三中等建设。
高等教育。推进中关村科技研究院、滨海校企合作示范区、中国核工业研究院等建设。

### 第三节　打造健康中国“滨海样板”

建立多层次医疗服务体系。把保障人民健康放在优先发展的战略位置，为人民提供全方位全周期健康服务。积极引进市区及北京优质医疗资源，加强与知名医疗机构合作，进一步推进学科（专科）建设，提升医院创新能力和核心竞争力。实施医疗卫生名院工程。将市第五中心医院和区中医医院打造成为龙头医院。泰达医院、大港医院、海滨人民医院、医大总医院滨海医院和医大总医院空港医院建设成为区域医疗中心。支持泰达国际心血管病医院建设国家级心血管病区域医疗中心。提高市肿瘤医院空港医院服务能力和科研水平。积极建设新区肿瘤医院、市中心妇产科医院滨海院区。提升塘沽传染病医院、塘沽安定医院专科服务能力和技术水平。充分发挥天津大学技术优势，共建天津大学滨海直属医院体系。新建、改扩建一批社区卫生服务中心，健全社区卫生服务站网络布局，完善全域15分钟基本医疗卫生健康圈，提升基层服务能力。推进健康医疗大数据应用，大力发展智慧医疗，打造高质量健康信息平台和远程医疗平台。

### 专栏13　医疗卫生名院工程

打造两家“龙头医院”。深化与北大医学部第三周期合作共建工作，扩建市第五中心医院，新增床位600张，力争建成3—5个市级重点学科（专科），建成临床医学研究所，推动市第五中心医院建设“市级医学中心”。推动与天津中医药大学第二周期合作共建工作，启动区中医医院新址并实施二期项目建设，建成高水平三级中医医院及天津中医药大学第四附属医院。

建设四个“区域医疗中心”。泰达医院争创三级甲等综合医院，成为核心区医疗中心。创新与市人民医院合作模式，推动大港医院与海滨人民医院协调发展，均建成高水平的三级综合医院，成为南翼医疗中心。深化与天津医科大学总医院合作，推动医大总医院滨海医院建成三级综合医院，成为北翼医疗中心。创新医大总医院空港医院运行机制，适时启动二期工程，建设特色鲜明的三级综合医院，继续发挥天津市区域医疗中心作用，同时成为西部片区医疗中心。

打造“专科名院”。推动泰达国际心血管病医院管理体制创新，实施改扩建工程，积极创建国家级心血管病区域医疗中心。加强市肿瘤医院空港医院建设管理。积极推动新区肿瘤医院三期工程。推动质子治疗合作项目建设。按照三级专科医院标准，建成天津市中心妇产科医院滨海院区。改扩建塘沽传染病医院，设置独立的负压病房。迁建塘沽安定医院，加挂“市安定医院滨海新区分院”牌子，床位增加到300—500张。

加强公共卫生体系建设。坚持预防为主、防治结合，完善重大疫情防控体制机制，健全突发公共卫生应急体系。优化完善疾病预防控制管理体制，加强区疾控中心能力建设，强化监测预警、风险评估、流行病学调查、检验检测、应急处置等职能。建立稳定的公共卫生事业投入机制，加强人才队伍建设，完善公共卫生服务项目，强化基层公共卫生体系，创新医防协同机制。提高应对突发公共卫生事件能力，完善监测预警处置，健全医疗救治、科技支撑、物资保障体系。提升重大疫情应急医疗救治能力，将市第五中心医院作为综合救治中心医院，塘沽传染病医院作为传染病救治定点医院。强化重点传染病、慢性病、地方病等防治水平，做好尘肺病等职业病防治工作，依托塘沽安定医院规范设置区精神卫生中心。全面推进健康天津行动，大力加强以健康城区（镇村）为重点的健康建设。深入开展爱国卫生运动，巩固国家卫生城区创建成果，养成文明健康生活方式。完善医疗急救体系建设，健全院前急救网络，建立立体120救援服务平台，拓展生命急救通道。完善医疗卫生行业综合监管制度，进一步加强对社会力量举办医疗机构的监管。推进现代医院管理制度建设，健全以公益性为导向的考核评价机制，推行公立医院编制制度、薪酬制度改革。推进职业卫生标准化建设，建设健康企业。实施身心关爱行动，关注关心职工群众心理健康，广泛开展心理健康咨询服务活动。

强化中医药服务体系建设。坚持中西医并重，大力发展中医药事业，注重与智能信息技术融合，促进中药新药研发。加强中医药服务体系和人才队伍建设，区中医医院新址投入使用并成为高水平的三级中医医院及天津中医药大学第四附属医院。加强中医重点学（专）科建设，形成以针灸、肛肠病等为特色的重点专科体系。深入实施基层中医药服务能力提升工程，不断提高基层中医药服务能力和水平。将中医药纳入公共卫生应急管理体系，充分发挥在新发突发传染病防治和公共卫生应急处置中的作用。

建设体育强区。落实全民健身国家战略，构建更高水平的全民健身公共服务体系，提升全民身体素质和健康素质。围绕满足人民群众需求，加强体育公园、健身步道等全民健身场地设施建设。到2025年，经常参加体育锻炼人数比例达到45%以上。推进体育消费提质扩容，建设运动休闲和商业服务融合的体育综合体。丰富体育赛事活动，积极引进高水平体育职业赛事和全民健身系列品牌赛事，继续办好滨海新区全民健身运动会、滨海泰达（国际）超级马拉松等品牌赛事。深化体教融合，促进青少年体育高质量发展。提升竞技体育水平，为国家、全市选拔、培养、输送优秀体育后备人才。

## 第四节　提升社会保障普惠化水平

健全多层次社会保障体系。健全基本社会保险制度，加快发展多层次社会保险，努力形成更加公平、更可持续的社会保障体系。推进社保转移接续，健全基本养老、基本医疗保险筹资和待遇调整机制。落实养老保险全民参保计划，加快发展企业年金、职业年金，规范发展第三支柱养老保险。深化医疗保障制度改革，健全重特大疾病医疗保险和救助制度，建立灵活就业人员社保制度。完善工伤保险制度、失业保险制度，扩大工伤保险参保覆盖范围，强化工程建设领域参保，做好工伤认定和劳动能力鉴定。主动帮扶“四失”“五类”人员，建立常态长效、严密亲密的联系管理服务机制，做好帮扶救助和保障。开展长期护理保险制度试点，重点解决重度失能人员基本护理保障需求。

健全社会救助体系。坚持托底线、救急难、可持续的原则，健全分层分类的社会救助体系，不断提升社会救助水平。发展慈善等社会公益事业，加强慈善组织和慈善活动监督管理，推动慈善资源向基层下沉。健全残疾人关爱服务体系和设施，完善帮扶残疾人、孤儿等社会福利制度。进一步健全农村留守儿童和困境儿童关爱服务体系，推动未成年人救助保护中心建设。推进救助管理机构建设，完善救助保护设施条件，切实做好流浪乞讨人员救助保护工作。

强化住房保障。坚持房子是用来住的、不是用来炒的定位，持续做好房地产市场调控，保持房地产市场平稳健康发展。加大公租房、定单式限价商品住房供应，建立多主体供给、多渠道保障、租购并举的住房制度，加大困难群众住房保障，促进供需平衡、确保住有所居。完善人才住房租赁补贴、公寓租赠、购房补贴等“租售补赠”住房保障体系。

### 第五节 完善养老服务

加快建设多元养老服务体系。实施应对人口老龄化战略，加快建设区、街镇、村居三级管理服务网络，形成以居家社区机构相协调，医养康养相结合的养老服务体系。完善兜底性养老服务社会保障制度和普惠性老年人福利政策，适时扩大重点保障对象范围，将低保、低收入、失独、孤寡、失能等重点老年群体纳入优先保障范围。重点发展农村地区和老旧城区普惠性养老服务和互助性养老，农村人口聚集村实现养老服务全覆盖，加快老年人日间照料中心（站）建设，形成覆盖主城区和人口聚集村“15分钟便利圈”。鼓励社会力量积极参与养老服务设施建设和运营管理。完善行业综合监管机制，推行行业服务规范标准，持续提升养老服务质量。加强养老服务队伍建设，建立养老服务人员定期培训机制，鼓励本地院校开设养老护理专业，推动护理员技能职级与待遇薪酬相挂钩。到2025年，养老服务床位数不少于12000张。

支持发展医养结合新模式。鼓励医疗卫生机构和养老服务机构以多种形式开展合作，提供多层次多样化的医养结合服务。依托海滨人民医院旧址改造，加快建设医养结合康养中心。依托空港医院二期建设，提供非基本医疗的医养结合服务。以杭州道街社区卫生服务中心为试点，开展医养护一体化服务病房建设。支持有条件的二级以上医院开设老年病科。

### 第六节 加强人口服务与管理

持续导入人口。继续实施相对宽松的户籍管理办法，有条件放开落户限制，积极承接首都及中心城区人口疏解。持续完善滨海—中关村科技园、天津港保税区临港片区、滨海高新技术产业开发区海洋片区等园区公共服务配套，提升产业园区人口聚集能力，推动产城融合、职住平衡，促进人口快速增长。提升社区人口管理服务能力，健全完善基于居住证的公共服务供给制度，实现人口管理和公共服务有机统一。

保障重点人群合法权益。坚持男女平等基本国策，优化妇女儿童发展环境，保障妇女儿童合法权益，促进妇女儿童全面健康发展。规范发展多种形式的婴幼儿照护服务机构，建立多层次、多样化、覆盖城乡的婴幼儿照护服务体系。到2025年，每千人口拥有3岁以下婴幼儿托位数达到4个。依法保障未成年人的生存、发展、受保护和参与权，营造良好成长成才环境。全面贯彻落实退役军人保障法，做好关心、关爱、服务退役军人各项工作，进一步完善退役军人工作体系和服务保障制度，推动退役军人安置更有质量、保障更加有力。不断扩大民族团结进步活动的覆盖面，推动民族团结进步创建工作向纵深拓展。

关爱青少年健康成长。实施青年发展规划，优化青少年成长环境，促进青少年全面发展。引导青少年树立共产主义远大理想和中国特色社会主义共同理想，在青少年中培育和践行社会主义核心价值观。加强青少年活动阵地建设和管理，引导青年社会组织健康有序发展。健全青少年权益保护机制，预防青少年违法犯罪，依法维护青少年合法权益。

## 第十四章 统筹发展和安全 建设更高水平的平安滨海

全面落实总体国家安全观，坚持人民至上、生命至上，把安全发展贯穿发展各领域和全过程，统筹传统安全和非传统安全，有效防控重大安全风险，全面提高风险防范和应急处置能力，提高本质安全水平，增强城市韧性，建设平安滨海。

### 第一节 维护国家安全

坚持国家总体安全观。坚持党对国家安全工作的绝对领导，坚定维护国家政权安全、制度安全、意识形态安全，筑牢首都“政治护城河”。坚持底线思维，增强忧患意识，健全风险防控机制，严密防范和化解政治、意识形态、经济、科技、社会等领域各类风险。坚决防范和打击各种渗透颠覆破坏活动、暴力恐怖活动、民族分裂活动、宗教极端活动和邪教活动，健全重大敏感节点“战时调度”机制。开展国家安全宣传教育，充分调动人民群众维护国家安全的积极性。

推进国防动员建设。强化国防动员和后备力量建设，加强军地联动，统筹国防动员和政府应急管理建设，提升平时服务、急时应急、战时应战能力。保障粮食、能源、资源安全，维护港口、油气、电力、供水、交通、通信、网络、金融等重要基础设施安全。扎实推进人民防空、交通战备、经济动员等重点领域动员准备，增强动员保障能力。加强经济安全风险预警、防控机制和能力建设，实现重要产业、基础设施、战略资源、重大科技等关键领域安全可控。增强产业体系抗冲击能力，确保产业链供应链安全。强化全民国防教育，打造国防教育基地，大力宣传人民军队光荣历史，深入开展拥军优属和拥政爱民活动。

## 第二节　全面提升城市本质安全水平

健全安全生产责任体系。落实“党政同责、一岗双责、齐抓共管、失职追责”的安全生产责任制，强化企业安全生产主体责任，推动公共安全隐患排查和安全预防控制体系建设。加强企业安全标准化建设，完善和落实企业安全生产诚信、承诺公告、举报奖励和员工安全教育等制度。加快建立保险机构和专业技术服务机构等广泛参与的安全生产社会化服务体系。

开展重点领域安全整治。坚持“隐患就是事故、事故就要处理”的理念，强化重点领域隐患常态化排查整治，着力把各类问题和安全隐患消除在萌芽状态。工贸行业领域，重点防范机械伤害、高处坠落，深化金属冶炼、涉爆粉尘、有限空间等重点企业的安全专项治理。道路交通领域，继续加大“两客一危”、轨道交通、公交运营、港口码头以及港口罐区等重点领域的安全监管能力，加快推动智慧交通安全管理工程，提升信息化、智能化应用水平。建筑施工领域，健全建筑施工安全综合管理系统，加强对建筑施工现场和管理人员监管，落实防高空坠落、防坍塌、防机械伤害、防触电、防物体打击、防火灾“六防”工作。特种设备领域，强化锅炉、压力容器（含气瓶）、压力管道、起重机械等特种设备的安全监察。提升工业园区本质安全水平，建立风险分级管控和隐患排查治理安全预防控制体系，推进智慧园区建设，加快园区集约化可视化安全监管信息共享平台建设。

提升危险化学品重大安全风险管控能力。优化危险化学品产业布局，提升安全环保水平，严格高风险化工项目准入条件。制定完善危险化学品“禁限控”目录，加强危险化学品动态作业环节安全管理，提升化工园区安全风险管控水平。进一步完善落实危险化学品生产、贮存、使用、经营、运输、处置等环节相关安全监管责任，强化企业主体责任落实，建立以安全风险分级管控和隐患排查治理为重点的双重预防控制体系。运用“互联网+监管”提高危险化学品安全监管水平，提升危险化学品安全监管队伍监管能力。提升海上危险化学品事故风险评估及应急救援能力。

保障食品药品安全。落实“四个最严”监管要求，加强食品药品安全监管，建立科学完善的食品药品安全治理体系。加快创建国家食品安全示范区和国家农产品质量安全区，提升食品安全和农产品质量安全治理水平，确保人民群众“舌尖上的安全”。完善食品安全智慧监管云平台建设，健全农产品质量和食品安全标准体系，建立全程可追溯、互联共享的监管服务平台。全面加强药品全生命周期监管，实现药品“一物一码、物码同追”，大力推行电子处方和远程药事服务。

加强消防安全综合治理。落实消防安全责任制，建立健全社会化的消防工作网络。完善消防站等城市基础消防设施建设，提高消防安全保障水平和应急救援能力。加强对高层建筑、老旧小区、物流仓储园区等重点领域消防隐患排查整治，提升教育、文化和旅游、卫生健康等重点行业消防安全管理标准化、规范化水平。强化消防宣传教育，推行消防安全领域信用惩戒。加强智慧消防建设，推广应用消防安全物联网监测、消防大数据分析研判等信息技术。

## 第三节　强化新兴领域安全治理

加强网络安全。完善网络安全制度体系，强化对数据资源、网络信息和设施的保护，增强大数据安全保障能力。完善公共数据和个人信息保护，提升重大网络安全突发事件和网络舆情处置能力。深入开展网络安全知识技能宣传普及，不断增强全社会网络安全意识和防护技能。加强网络空间治理，推动建立网络综合治理体系，营造清朗网络空间。

构筑生物安全体系。加强港口货物、冷链食品等检验检疫，健全重大传染病应急防控体系，强化疫情防控物资保障。推进高级别生物安全实验室、医药创新共享平台建设，提升传染病病原体、健康危害因素等检验检测能力和创新药物研发水平。加强生物安全监管，依法严厉打击野生动植物偷猎捕猎、滥砍滥伐、违规贩卖及加工利用等违法行为。建立健全动物防疫体系，提高动物疫情处置能力和水平。构建新型生物威胁防御体系，加强外来入侵物种治理。加强生物安全科普宣传教育，筑牢生物安全的群众基础，提升全民生物安全意识。

## 第四节　推动应急管理现代化

完善应急管理体系。强化安全

风险源头管理，加强风险评估和监测预警，从源头上防范化解重大安全风险。健全完善以应急指挥体系、应急预案体系、应急力量体系、应急物资储备体系为核心的应急管理体系。加强应急预案管理，强化各类预案实战演练，提升多灾种应急救援协同能力。大力培养专业应急救援人才，加快应急训练基地建设，完善应急队伍培训、演练和训练，提升应急队伍专业化水平。健全应急物资储备体系，完善多元主体互为补充的储备制度，提升应急物资生产动员能力和调运保障能力，加快建立储备充足、反应迅速、抗冲击能力强的应急物流体系。提升开发区、街镇、村（居）突发事件协同应对、应急资源合作共享的能力。建立城市应急救援信息共享机制，加强各类极端天气气候、地震、水灾等各类灾害的监测、预报、预警和信息发布。

提升应急管理智能化水平。运用大数据、人工智能、云计算等信息化技术，提高重大风险感知灵敏度、风险研判准确度和应急反应及时度，进一步提升风险监测预警、应急指挥保障、智能决策支持、公众自救互救和舆情引导等应急管理能力。加快建设统一的应急指挥和监督平台，强化应急管理装备技术支撑，提高应急管理科学化、专业化、智能化、精细化水平。

## 第十五章　加快建设法治滨海　推进治理体系和治理能力现代化

深入实施依法治国基本方略，坚持依法治区、依法执政、依法行政共同推进，法治政府、法治社会一体建设，坚持把共同缔造理念融入社会治理各方面，完善共建共治共享的社会治理格局，不断提高城市治理现代化水平。

### 第一节　发展社会主义民主政治

支持和保证人大、政府、政协、司法机关及人民团体依法依规履行职能，支持驻区部队、武警部队建设，扩大社会主义民主，形成强大发展合力。推动新时代人大工作与时俱进、完善发展，强化人大对“一府一委两院”的监督，建立健全对各开发区预算监督制度，推进制度创新，增强监督实效，保证人民群众通过各种途径和形式行使民主权利。积极探索人大地方立法权。提高政协政治协商、民主监督、参政议政水平，完善建言资政和凝聚共识“双向发力”制度、程序和机制，推进协商民主广泛多层制度化发展。加强和改进新时代党的统战工作，全面落实党的民族、宗教、侨务、港澳、对台等政策，充分发挥民主党派、工商联和无党派人士作用，促进政党关系、民族关系、宗教关系、阶层关系、海内外同胞关系和谐。深化群团改革，发挥工会、共青团、妇联等人民团体的桥梁纽带作用，把各自联系的群众紧紧凝聚在党的周围。

### 第二节　全面实施依法治区

深化法治政府建设。持续开展法治政府示范创建，推进机构、职能、权限、程序、责任法定化，加大政务公开力度，动态调整权力清单，完善行政问责制度，防止权力异化和滥用，构建具有新区特点的政府治理体系。着力落实依法决策机制、行政规范性文件合法性审核以及重大事项、重大协议合法性审查机制，充分发挥公职律师、法律顾问参与行政决策的作用，确保政府依法科学民主决策。全面落实执法公示、执法全过程记录、重大执法决定法制审核等制度，落实推进行政复议体制改革。加快行政执法监督平台升级改造，推进执法信息互联互通共享。

加快法治社会建设。大力弘扬社会主义法治精神，开展以宪法为核心的中国特色社会主义法律体系宣传教育，全面实施“八五”普法规划，深入开展民法典普法工作，在全社会形成“信法、学法、懂法、守法”的浓厚氛围。加强司法救助，强化对社会重点问题、重大群体性和突发性事件的排查治理，完善特殊人群的监督管理、教育帮扶，提升社区矫正和帮教安置工作水平。健全村（居）法律顾问制度，发挥律师、基层法律服务工作者的作用，提升群众学法用法的意识和依法办事的能力。推进城乡法治文化广场、长廊、公园建设，开展群众性法治文化活动。

完善公共法律服务体系。充分整合律师、公证、司法鉴定、仲裁、司法所、人民调解等法律服务资源，加快实现公共法律服务网络全面覆盖，建成覆盖城乡、便捷高效、均等普惠的现代化、信息化公共法律服务体系。均衡配置城乡基本公共法律服务资源，保障低收入群体、残疾人、农民工、老年人、青少年、单亲困难母亲等特殊群体和军人军属、退役军人及其他优抚对象等重点对象的基本公共法律服务权益。加强公共法律服务实体平台标准化、规范化建设，健全完善村（居）公共法律服务调度员制度，为群众提供均等化、精准化法律服务。加大公益诉讼、法律援助、司法救助力度，构建立体化、多元化、精细化的诉讼体系。

维护司法公正。坚持党对司法工作的绝对领导，深入推进严格执法、公正司法、全民守法，切实维护社会公平正义。深化司法体制综合配套改革，完善监察权、审判权、检察权运行和监督机制，支持法院、检察院依法独立行使审判权和检察权，全面落实司法责任制。推进严格规范公正文明执法，提高行政执法公信力，进一步下沉执法资源和力量。

### 第三节 推进社会治理现代化

健全基层治理体系。坚持“战区制、主官上、权下放”，深入开展市域社会治理现代化试点创建，持续实施幸福新区共同缔造行动，把“党建引领、共同缔造”理念融入社会治理各方面，发挥政治、法治、德治、自治、智治“五治融合”综合效能，构建共建共治共享的社会治理格局。加强城乡社区治理和服务体系建设，完善“街镇吹哨、部门报到”工作机制，推动治理资源和服务重点下沉。深化网格化服务管理，优化“全科网格”设置，健全区、街镇、社区、基础网格四级服务管理体系，落实“九全”机制，构建网格化管理、精细化服务、信息化支撑、开放共享的基层社会治理服务平台。强化基层党组织对村委会、居委会、业委会、物业管理企业、基层社会组织和社区单位的政治引领、组织引领、机制引领。健全基层党组织领导下的基层群众自治机制，在社区治理、基层公共事务和公益事业中广泛实行群众自我管理、自我服务、自我教育、自我监督。发挥群团组织和社会组织作用，大力发展志愿服务和专业社会工作，完善基层民主协商制度，实现政府治理同社会调节、居民自治良性互动，建设人人有责、人人尽责、人人享有的社会治理共同体。提升社会治理科技支撑能力。

创新矛盾纠纷化解机制。坚持和发展新时代“枫桥经验”，畅通和规范群众诉求表达、利益协调、权益保障通道。完善区、开发区和街镇、村（居）三级调解服务体系，发展专业化、职业化人民调解员队伍，构建人民调解、行政调解、行业性专业性调解、司法调解优势互补、有机衔接、协调联动的“大调解”工作格局。深化区街两级社会矛盾纠纷调处化解中心建设，严格落实属地属事责任，实现全生命周期闭环管理，把矛盾纠纷解决在萌芽、化解在基层。强化社会心理服务和危机干预。

深化社会治安防控体系建设。坚持打防结合、整体防控、专群结合、群防群治，推进社会治安综合治理。健全扫黑除恶长效机制，推动实现“无黑”城市目标。推进立体化、智能化社会治安防控体系建设，坚决防范和打击涉枪涉爆、黄赌毒、新型网络犯罪和跨国犯罪，全域开展“平安示范创建”活动，深化禁毒示范创建，开展毒情检测。深化“雪亮工程”等智慧安防平台建设，推动信息技术在监测预警、城市安防、打击犯罪等领域深度应用，努力打造国内领先、国际一流的治安模范现代化城市。

发挥社会组织作用。加快推进社会组织党组织建设工作，加强社会组织管理，引导社会组织有序参与社会治理。积极发挥服务性、公益性、互助性社区社会组织在基层社会治理上的作用，在开发区、街镇、村（居）构建具有整合性功能的社会组织综合服务平台，建设枢纽型社会组织示范点。支持行业协会商会在开展行业自律等方面发挥作用。大力发展公益慈善组织，强化慈善事业社会稳定作用。

## 第十六章 完善保障体系建设 促进规划全面有效实施

坚持党的全面领导，充分发挥发展规划的战略导向，健全完善规划的实施机制，凝聚“二次创业”的强大合力，确保规划目标实现。

### 第一节 加强和改善党的领导

全面落实党的领导制度，贯彻落实党把方向、谋大局、定政策、促改革的要求，完善上下贯通执行有力的组织体系，确保党中央大政方针和市委决策落地见效。坚持用习近平新时代中国特色社会主义思想武装头脑、指导实践、推动工作，引导广大党员干部坚定理想信念，不忘初心、牢记使命，为全面建设社会主义现代化建设先行区而努力奋斗。提高各级领导班子和领导干部抓改革、促发展、保稳定水平和专业化能力，为“十四五”规划落地实施提供坚强的制度保障和作风保障。

### 第二节 强化规划引领作用

强化经济社会发展规划的统领作用、空间规划的基础作用、专项规划和区域规划的支撑作用，建立定位准确、边界清晰、功能互补、统一衔接的规划体系。建立健全规划衔接协调机制，明确衔接原则和重点，确保各级各类规划协调一致。健全政策协调、工作协同、责任落实机制，制定具体方案，明确责任分工，确保任务落实。通过规划的战略指引，强化对市场、企业和社会公众的宏观引导、统筹协调功能。

### 第三节 完善规划实施机制

坚持全链条全过程全要素全生命周期、目标导向问题导向需求导向结果导向、高质量高标准高水平高效益等工作方法，把中央和市委确定的各项目标任务落到实处。强化重大项目支撑，围绕规划明确的重点领域组织实施一批重大工程项目。强化对规划实施的监测评估，健全年度监测分析—中期评估—总结评估的规划评估体系，鼓励开展第三方评估。强化规划权威性、严肃性，经评估确需调整时，报区人大同意后进行动态调整。强化规划实施监督考核机制，自觉接受人大监督、审计监督和社会监督，注重发挥工会、共青团、妇联等群众组织和人民政协、民主党派、工商联、无党派人士对规划实施情况的监督作用，积极开展公众评价，最大限度凝聚社会共识。

“十四五”规划目标宏伟、任务艰巨，我们要更加紧密地团结在以习近平同志为核心的党中央周围，高举中国特色社会主义伟大旗帜，万众一心，众志成城，团结拼搏，创新竞进，为圆满完成“十四五”规划各项任务、全面建设社会主义现代化建设先行区而努力奋斗！

# 索引

**说明**

本索引主要选自本年鉴正文部分，特载、专记、大事记、人物 荣誉、统计资料、附录以及图片不在索引范围内。

本索引按主题词汉语拼音字母顺序排列，主题词后面的数字表示所在页码，数字之后的小写英文字母（a、b、c）分别表示本页的左、中、右栏。主题词后有多个页码的，表示该主题词均在这些位置出现。

## #

## A



## B



## C

## D

## E



## F

## G

## H



## J

## K



## L



## M

## N



## P



## Q

## R



## S

## T



## W

## X



## Y

## Z